U0850886

我们身边的巴菲特

股市传奇人物北大复旦演讲集大成版

谢百三◎主编

南方日报出版社
NANFANG DAILY PRESS
中国·广州

图书在版编目（CIP）数据

我们身边的巴菲特：股市传奇人物北大复旦演讲集大成版 / 谢百三主编. — 广州 ： 南方日报出版社，2013.2
ISBN 978-7-5491-0672-1

Ⅰ. ①我… Ⅱ. ①谢… Ⅲ. ①股票投资－文集 Ⅳ. ①F830.91-53

中国版本图书馆 CIP 数据核字(2012)第 187916 号

WOMEN SHENBIAN DE BAFEITE
我们身边的巴菲特——股市传奇人物北大复旦演讲集大成版　　谢百三 主编

出版发行：南方日报出版社
地　　址：广州市广州大道中 289 号
电　　话：（020）83000502
经　　销：全国新华书店
印　　刷：广州市怡升印刷有限公司
开　　本：889mm×1194mm 1/16
印　　张：36　彩插：0.75
字　　数：1000 千字
版　　次：2013 年 2 月第 1 版
印　　次：2013 年 2 月第 1 次印刷
定　　价：100.00 元

投稿热线：（020）83000503　读者热线：（020）83000502
网址：http://www.nfdailypress.com/
发现印装质量问题，影响阅读，请与承印厂联系调换

□ 本书主编谢百三和他的恩师北京大学厉以宁教授（中国股份制倡导人、设计人）在一起。

□ 本书主编谢百三和前世界银行副行长、北京大学中国经济研究中心主任林毅夫在一起。

□ 本书主编谢百三和时任证监会主席周道炯在一起。

□ 本书主编谢百三和时任证监会顾问梁定邦先生在一起。

□ 本书主编谢百三和复旦大学同学在一起。复旦大学是中国大陆三所亚洲级大学之一。

□ 谢百三教授经常在清华大学、北京大学、复旦大学、四川大学、武汉大学、中山大学、吉林大学（珠）、黑龙江大学、深圳大学等几十所大学讲学。

□ 本书主编谢百三和传奇人物林园（左一）在一起。

□ 本书主编谢百三和他指导过的博士、硕士研究生在一起。

□ 著名金融家、招商银行行长马蔚华与复旦大学管理学院领导为“复旦大学金融与资本市场研究中心”揭牌。

□ 主编和本书作者之一传奇人物应健中老师在一起。

□ 欢迎传奇人物李志林博士来讲学。

□ 2007年春，本书主编谢百三接受中央电视台采访。央视播放了《两谢之争》，另一谢是谢国忠。当时为上证指数2400点，谢百三认为很正常，谢国忠认为有泡沫，后来，同年10月，涨到6124点。

□ 本书主编谢百三和传奇人物孙晶在一起。

□ 调研之余，和福州招商证券工作人员同游鼓山。在“皆大欢喜”石前高兴留影。

□ 本书主编谢百三教授在肇庆调研。

□ 邀请传奇人物石开老师在北京大学讲学。

□ 本书主编谢百三和美国金融专家索罗斯讨论中美股市问题。

□ 本书主编谢百三和传奇人物陈钢在一起。

□ 本书主编谢百三和上海证券市场著名人士在一起：陈钢（前左二）、左安龙（前左三）、应健中（前左四）、杨百万（右三）、童牧野（右二）、方泉（后右一）。

□ 股市传奇人物到复旦大学演讲总是场场爆满，大受欢迎。

□ 谢百三教授受厉以宁、林毅夫教授邀请，多次回母校北京大学讲学。图为他和苏江博士（左一）等北大师生在一起。

□ 本书主编谢百三和以“一叶知秋”闻名于世的上海著名传奇人物、证券专家叶国英在一起。

□ 本书主编谢百三和企业家们在广西北海市。

□ 北京大学是中国当代股份制思想的发源地。谢百三教授常回母校学习、讲学。

□ 本书主编谢百三和他的博士生、硕士生、本科生经常到上市公司调研，每次都受益颇多。

□ 每场报告，北京大学都人满为患，同学们甚至席地而坐。

□ 传奇人物的讲座受到广大师生和投资者的热烈欢迎。

□ 听倪勇博士讲技术分析。他讲得深刻透彻，同学听得如痴如醉。

□ 2012年12月，本书主编谢百三与苏州企业家聚会在沙家浜。

目 录

第二篇　世界级大师的投资智慧

第三篇　基本分析篇

第四篇　技术分析篇

第五篇　中国宏观经济、股市、房市等深度问题研究

前言

《十年一个亿》又要出新版本了，这实际上是第四个版本了，这件事发生在2012年冬天。我相信这个“集大成版”将会为高速前进中的中国，又添一分喜色。它的新名字叫《我们身边的巴菲特》，因为很多演讲者其实就是我们身边的巴菲特，水平有时还高于巴老。

《十年一个亿》是2001年全国经济类畅销书第二名。以后，它和它的续集创造了一个又一个奇迹。一次又一次的加印，真是洛阳纸贵，人们总是一睹为快。而且还出现了不少盗版，我曾一直告到广东省副省长那里。

这些年来，我一直在复旦大学、北京大学、清华大学三所亚洲级大学教学。上的几门课中，最受欢迎的是“中国当代经济政策及其理论”与“金融市场学”两门课。特别是1990年上海证交所与深圳证交所成立后，中国出现了一个发展迅速、后来波澜壮阔的证券市场，“金融市场学”这门课也就受到了各大名校同学极其热情的欢迎。因为很多理论研究与实践，甚至很多来自农村及老少边穷地区、中小城市的同学都把自己和家庭的脱贫致富之理想寄托在此刻的学习上。

在复旦大学，两万多同学都以能选到、听到此课为荣。他们说：“你在复旦上学，却没听过谢百三老师的课和他的讲座，这是你人生的遗憾。”他们在用电脑选课时，往往从选课前开始就不停地刷屏，当然只有极少部分同学能幸运选到此课，并且每次上课（一般都是晚上6：30开始）要提前几个小时去占位。其中还不时有上海财经大学、上海外国语大学，甚至华东师范大学的同学和家长前来旁听。每次学生评估，打分大都为4.85—4.9（众口难调，满分为5）。

复旦大学是中国大陆唯有的三所亚洲级大学之一（另两所是北京大学、清华大学），是中国江南第一学府，教风、学风都很好，“博学而笃志，切问而近思”，学校支持教授每过三年到国内外一流大学去进行半年学术交流。和很多学者出国交流不同，我近两次都选了我的母校北京大学。

因为我是搞中国经济与中国金融市场研究的，北京是国务院、中国人民银行、财政部、中国证监会、国税总局、住房和城乡建设部等经济领导部门所在地。北京大学又是中国的最高学府，是唯一进入世界级大学行列的中国大学。北京大学是我读研究生时的母校，在这个海纳百川、兼蓄并包的学术海洋里，可以学到更多更新更好的智慧、知识以及促使中国高速发展的战略思路。这里曾经有过并且依然有着世界与中国水平最高的经济学大师、大家如一代宗师陈岱孙，中国股份制的创导者及发起人厉以宁，以及年富力强的北京大学中国经济研究中心主任林毅夫（后为世界银行副行长），还有我尊敬的很多很多导师老师。

在厉以宁院长与林毅夫主任（两人同为2008年中国经济年度人物）的热情邀请下，我先后两次在北京大学光华管理学院及北京大学中国经济研究中心，为高考状元最多的金融系毕业班、7个MBA硕士班及北京大学中国经济研究中心几百名同学上课。同时为复旦大学全校开设精品课程“金融市场学”，有的学期竟然每周坐飞机、火车奔波于上海、北京两地，为两所名校开同一门课。两校始终有同学在机场、车站热情相送。同学们都倍加珍惜这个机会！

北京大学中国经济研究中心的课是开放式的，不仅为北京大学几十个系的同学开，也吸收清华大学、中国人民大学、北京外国语大学、北京理工大学等大学的同学选课。选课同学一样报以十二分的热情，每堂课气氛都十分热烈，人满为患。北京大学校内外选课同学400个名额，另100个座位故意空着给旁听的，结果被北京大学、清华大学等未能选上课的同学一抢而空；很多同学不得不席地而坐，窗台上，讲台边，一坐、一站就是三四个小时。正如同学所言，听这些课与讲座本身就是一种极好的享受，一种身处“淘金岁月”（golden rush）的理性享受和兴奋感觉。

面对这些全国成绩最好、最优秀的学生，为了使他们更多地了解中国的投资环境，提升金融意识，我决定在讲课之中穿插地请来全国最高水平的一批金融证券界新老传奇人物来北京大学、复旦大学开讲座。他们大多都应邀而来，其中有改革开放20年20人之一的上海股市排头兵杨百万，有从1400元做到6亿元的个人战略投资家X先生，有最早的颇享盛名的个人投资资深人士陈钢，有一年时间从4.8万元做到40万元而今已有几千万元的散户高手石开，有从哲学研究生走上极其成功投资之路的华东师范大学教授、博导李志林和复旦大学的金脉博士，有在上海极受人尊敬的应健中老师和德高望重的以“一叶知秋”文稿闻名的叶国英老师，还有这些年来迅速升起的新星、投资成绩极好的苏江博士（一年资金翻了六倍），以及追求安全第一的套利高手新星孙晶（相当成功），在上海、深圳都很有名气的价值投资大师、连续几年获得最多投资收益的私募基金负责人林园。

此外，还请到了具有战略眼光、对全球宏观经济有深刻洞察力的钱伟，请到了对技术分析炉火纯青、精益求精的技术分析大师倪勇。（2007年10月，他最早在6124点头部的左侧约6000点来电话：“谢老师，五浪走完了，牛市结束了。”我当时大吃一惊。事后证明，他完全正确，非常正确。可见技术分析的极端重要性。）

这些年来，这些传奇人物对北京大学、复旦大学这些全国最优秀同学的邀请，总是非常热情地在百忙之中千方百计地挤出时间来开讲座，有的来了两三次，如陈钢、杨百万、石开、苏江、李志林、叶国英、应健中、孙晶、金脉、钱伟……每次讲课水平都很高，有些内容虽有重复，但每场必有新意，新体会，新深度。笔者几乎每场必听，常听常新，每每赞叹不止。（因此，本书对这些讲座尽可能一一记录，让读者自己去理解、研究，贴近大师们的内心去领会，去体会，去融入肺腑。）

从2001年《十年一个亿》出版，到它的第二版《中国巴菲特》（南方日报出版社2007年7月第1版），到它的第三版《中国股市传奇人物北大演讲录》（北京大学出版社2008年4月第1版），每版均深受读者欢迎。鉴于近一两个学期，有些大师（及新传奇人物）的投资思路，战略眼光，研究深度、广度均有大变化大进展，很多同学、老师、企业家都期望近年来的这些最高水平讲座尽快整理出来，甚至建议可以出一个“集大成版”。经很多研究生、本科学生录音整理，因此才有了现在读者面前的这本“绿金版”书（之所以用绿色作封面，是因为1992年上海轰动一时的上海新股认购证就是绿色的。它象征这股市的春天与夏天）。

从2000年至今10多年中，中国经济出现了天翻地覆、沧海桑田式的巨变。每年GDP继续以9%—9.5%的世界第一的速度增长；人均GDP达到35083元（合计5450美元），GDP总量达到47.156万亿元（约合7.5万亿美元）。中国近年来以一年超一个强国的速度向前追赶；先后追上了意大利、英国、德国，最后于2010年追上了日本，成为仅次于美国的世界第二大经济体，成为“金砖国家”（巴西、俄罗斯、印度、中国、南非）中最灿烂的明星。

中国经济于近年可能会调整下行一段，但中国经济始终是21世纪世界各国（特别是大国）中运行最快的。

中国证券市场也出现了巨大的变化，中国股民投资者已从2005年的5500万户上升到2012年的1.3亿户（人次，沪深各开一次卡），实际股民为8300万人。沪深两地上市公司已从2005年的1060余家上升至2012年6月的2300多家。2012年6月，上市公司的市值已达27.7万亿，占GDP的59%。中国对长期侵害中小企业的恶疾股权分置进行了坚决的改革，国务院七个部委全力支持，在全国投资者及上市公司、管理层的一致努力下，经过6—7年，现已完成77.3%。

中国证券市场的8000多万投资者从牛短熊长的中国股市中摸爬滚打配股，增发，投资一二级市场，2000—2012年为上市公司募集4.42万亿元（而分红仅2.04万亿元），成为地地道道的中国经济改革建设中“最可爱的人”。中国股民、基民、债民投资者为中国高速发展的经济注入了强大的精神动力和宝贵的资金洪流，作出了外人难以想象的巨大贡献，可谓厥功至伟！

可以说，没有8000多万股民投资者，就没有中国股市，就没有今天高速增长的中国实体经济。人们应该永远铭记这最早一代的中国投资者。

中国GDP20多年来增长17—18倍，但中国股市在10年后又一次回到2000点附近，按照分红及年化收益总计，10年也仅增长了30%多，这是一个令人纠结与痛苦的谜，这就使得中国证券市场变得扑朔迷离，深不可测，既有很多机会，也有很多挑战。本书也努力对此作出解答（见《中国股市为何没有与实体经济同步发展》一文）。

这也是本书出第四版的原因之一，对中国证券市场应该研究之，洞察之，熟悉之，探索之，并发展之。

本书本着多做加法，少做减法的原则，保留了原三版中的很多精华：如复旦大学博士焦巍巍、硕士研究生蔡英明研究介绍世界投资大师索罗斯、巴菲特的论文。

本书还保留了北京大学、清华大学、北京航空航天大学等北京一些著名大学的博士、硕士研究生的论文，他们对巴菲特、索罗斯、格雷厄姆、彼得·林奇、菲舍尔、巴契里耶·法马、马柯维茨等学派及毛泽东哲学、军事思想的学习、研究、探索，可谓深入扎实，入木三分，读了令人荡气回肠。

特别要指出的是，笔者多年来研究中国证券市场，包括宏观经济热点问题的重要文章，本书也精中选优地选入了一些。如《毛泽东军事思想与中国的证券市场》，多年了，笔者仍然对它十分喜爱。《中国股市风雨兼程一路疾行》，讲述了中国股市20年来的简明历史，其文有一个重点："中国股市十大特点"，始终闪烁着真理的光辉。

此外，鉴于中国股市长期是牛短熊长，因此，本书收入了《中国股市熊市操作法》。当然，与此对应也写了《中国股市牛市操作法》。

令我特别怀念和难忘的是《我给朱镕基讲股市》，回忆了20世纪80年代我在上海市政府向这位当年在上海市民中就颇享声望，后来担任中华人民共和国国务院总理的领导人讲解中国股份制改革必要性的观点。至今，他的谦逊，他的谈笑风生，他的雄才大略，他穿着白色短袖衬衫的翩翩风度，还历历在目。

本书还搜集了笔者近期十分重要的十几篇文章，即引致中国贫富差别的十几个个人原因，相信读者会饶有兴趣去研读。中国基尼系数很高，政府有责任，自己呢？自己的责任何在？怎么使自己及家庭早日脱贫致富？

另外还收录了改革开放以来的六次通胀及其治理等文章，以飨读者。

本书继续保留了基本分析篇与技术分析篇，基本分析篇是由水平很高、投资理财也十分成功的杭行副教授和我共同写成，技术分析篇是由这方面的高手倪勇博士等写成。

本书编写过程中得到了我的博士、硕士生的帮助，他们是赵明勋、焦巍巍、沈文莹、孙建平、陆梅婷、蔡文洁、陈小明、李云飞、刘岩、聂倩倩、陆虹、卢高文、汪军红等，特别是吴秀波博士做了大量具体琐碎的工作。北京大学、复旦大学的很多本科生，如安菲菲、梁志伟、李潇等都为此书的整理、录音、校对、组织做了大量的工作。

在此，笔者代表全国读者一并向这些中国最好的大学生、研究生致以诚挚的谢意。

荷兰的股市402年了，英国的股市239年了，美国的股市195年了。新中国的股市才迈出22个年头。

但中国经济及中国证券市场的潜力不可估量。

2004年9月27日，《华尔街杂志》对世界12名获诺贝尔奖的大经济学家进行调查："75年后，哪个国家地区的经济总量最大，发展最快——美国、欧洲或中国？"

罗纳德·科斯、密尔顿·弗里德曼、劳伦斯·R·克莱恩、哈里·马柯维茨、威廉·夏普、肯尼斯·约瑟夫·阿罗、罗伯特·索洛等七名大师都毫不犹豫地选择了China——中国。

笔者也深信，中国经济还可以高速增长几十年，中国证券市场也会有一个很大的发展。

愿此书成为新入市者的启蒙书，愿中国股市传奇人物——中国的巴菲特的经验教训、警世恒言，成为新老投资者的座右铭、金钥匙。

前些年，我在《广州日报》上发表文章时说道："不进股市不会有亏损的危险，但可能冒一辈子贫困的风险。"现在我们更应牢记沃伦·巴菲特的这句名言："投资的第一条规则就是不要输钱，第二条规则就是记住第一条规则。"

"世界潮流，浩浩荡荡，顺之者昌，逆之者亡"，一个世纪前中国民主革命先行者孙逸仙的话，依然激励着我们和各国人民到中国来投资、创业、奋斗！

复旦大学金融与资本市场中心主任
复旦大学管理学院财务金融系教授
复旦大学产业经济学金融产业与证券投资博士点博士生导师
谢百三
2012年11月23日于上海

代序

我给朱镕基讲股市

——中国股市的滥觞阶段

谢百三

编者按：此文选自谢百三新浪博客2009年7月13日的“谢百三博客周”之二，点击率达13.3万人，读者好评如潮。

一、厉以宁提出股份制改革的战略思想

1986年春，我从上海复旦大学出差回到我的母校北京大学。几个月前，我刚刚研究生毕业。由于人们所说的母校情结，我一年回了北京八次。与厉以宁老师通了电话，他以很简练的语言对我说：“你出差来京了，今晚起我在办公楼礼堂有个报告，关于所有制改革的，连讲三天，你来听吧。”晚上，当我赶到北大时，办公楼的楼上楼下、走道、墙边，全被师生们挤得水泄不通（人们太关心改革开放了，无论文理科的同学都心系祖国、心系改革大局）。我在厉老师的讲台边席地而坐，几乎只字不漏地记下了他关于股份制改革思想的报告，而且一坐就是三个晚上。而前排的几十名中外记者，则将这一思想迅速传到了全世界：中国著名经济学家厉以宁指出，“中国的改革可能因为物价改革的失败而失败，不会因为物价改革的成功而成功，中国经济改革的关键是所有制改革”。这在当时一片“抢滩闯关”，把全部精力放在物价改革的主流思潮面前，无疑是一声春雷。

厉以宁的股份制思想从此在中国形成了一个学派，即产权改革学派。这一思想受到了党中央、国务院的高度重视，引出了后来波澜壮阔的中国股市。

二、朱镕基请我讲经济，我给朱市长讲股市

1988年7月10日，复旦大学校长办公室的老师在我宿舍（国定路东18号楼201室，现改为学生宿舍）门上贴了一张纸条，上写：“谢百三老师：市政府办公厅来电话，朱镕基市长要听你讲课，关于当前的经济热点等，时间：7月13日下午1：00，地点：福州路30号上海市政府。”——我一下怔住了，我这水平能行吗？晚上翻来覆去睡不着，去不去，讲什么，请教了北大厉以宁老师，他鼓励我去。我最后还是决定去，我想：市长日理万机，要与学者探讨经济热点问题，干吗不去呢。讲什么，按厉以宁老师的想法，讲当前中国经济改革的两件大事：物价改革和所有制改革。（后来，复旦有校领导建议我顺便讲讲学校住房经费不够的问题。）

7月13日下午1：00，我以一辆旧永久牌自行车代步，准时来到福州路30号。上海市体改委主任贺镐圣已派人在门口等待，他甚是和蔼可亲，问我打算讲什么，怎么讲。我说讲物价改革慢慢改、所有制改革（企业改革）加快，特别是股份制。他连连点头说：“好好！我们想到一起去了。”当时还有好几位年轻（25—35岁）的研究员兴奋地说，就是要搞股份制啊！记得一位女青年研究员握着我的手说：“谢老师，朱市长日理万机，平时我们找他讲三分钟话

都很难，这次他要听您讲两三个小时课啊！上海市的改革开放拜托您啦！”我既激动又认真地回答：“我会好好讲的。”我把他们的想法、提示也记住了。1：30，在市政府一个中型会议室，朱镕基市长准时到来了，他身体甚好，脸上泛着红光，浓浓的眉毛，严肃中透着几分亲切，他向同时到来的上海市其他经济部门领导（如市交通办、市物价局、市财政局等领导）做了介绍：“今天，我请来了复旦大学的青年教师谢百三上课，谈谈当前的经济热点问题，他很有名的，很多报上报道过。”（当时，《人民日报》、《中国青年报》等20多家报纸报道过我在复旦大学讲经济政策课时人满为患的场面，如1988年1月6日，《中国青年报》头版头条报道《复旦大学出现谢百三热》，同日早上，中央人民广播电台也予以报道。朱市长可能知道了。）

在整整两个小时的课里，我前一个小时谈当时人们非常敏感的话题：物价改革慢慢改。大意是：物价改革一定要搞蠕动到位，冲是冲不过去的，硬冲就会乱。我当时讲了十点理由，尤其讲到，硬冲，会有相当多的企业破产，几十万工人可能扛着红旗到政府要工作，并谈到了银行在中间可能起的作用。甚至会出现波兰的情况，猪肉涨价导致物价大涨，导致政权更迭。朱镕基前一个小时中很少插话，非常认真地听着，偶尔说“你讲下去”、“你再讲”。

显然，他在相当程度上是默认我的观点的，快结束这一话题时，他突然问：“《世界经济导报》星期三××的文章，你看过吗？与你的观点差不多，不过没有你分析得透彻。”我当时有点意外与激动，在上海市民中口碑很好的朱市长，这么忙，还在看经济报刊啊！可惜，那篇文章，我没看过，很是不好意思。我当时主张对物价改革要渐进式推进的思想是与主流观点相反的。但后来，1988年8月中下旬，出现抢购风，李鹏总理主持国务院常务会议，决定终止抢滩闯关激进式的物价改革，转入治理整顿；这证明当时我们的观点是正确的。

在后面一小时中，我谈了中国所有制改革（即“国企”改革四种形式），朱市长很感兴趣，尤其是谈到承包、租赁、资产经营责任制、股份制时，他不时提问。对于资产经营责任制，他很奇怪地问贺镐圣：“贺镐圣，这种方式，我们上海怎么没搞？”贺主任立即做了一番解释，大意是，里面有个数学公式挺麻烦，此外与上海的市情也不太符合。

谈到股份制时，朱市长非常重视，眼中闪现出非常关注与异样的光彩，不断插话、问问题，我记得他最担心的是：“这么搞，国有资产会不会流失？”我答：“不会的，净资产1元，往往可卖到5—10元。”记得他还问到，那沈阳金杯为什么1元，在市场上只卖0.8元？我回答：没有股票市场，没有二级市场啊，持股人不方便啊！红白喜事、小孩出国留学都没法兑现，自然没法涨啊！要有个一、二级市场才行！朱市长以“挑剔”的方式与我探讨这件大事，显然，他已对此极为重视，兴趣甚浓。——这可能是后来他多次关心中国股市的一个引子。

两个小时后，朱镕基起身风趣地对大家说：“教授的课讲得不错。但是我要去参加一个外事活动了，你们别走，我请他准备了三小时的课，你们再听下去。”他当时还讲了两点意见，记得其中之一是，他还是支持搞承包的，尤其支持搞那种厂长经理竞标式的承包。

他作为清华大学经济管理学院院长，欢迎我调过去，说：“好啊！欢迎你到我们学院来。”我顺势按复旦大学领导的意思提议，请他也兼个复旦大学管理学院院长，我着重说，复旦大学是与清华大学、北京大学齐名的中国最好的大学呢，他笑着谢绝说：“不了，不了，太忙了。”

课后，上海市体改委的几位青年朋友又围着我重复地说：“谢老师，我们平时与朱市长讲2—3分钟都不可能，今天他一口气听了你两个小时。上海现在有9家较正式的股份制公司，有的已上市了，如果有900家上市公司，上海经济就起飞了。”大家沉浸在激动与兴奋之中，我们隐约感到，上海经济、浦东开发、股市发展可能真的要出现大的飞跃了。

此外，时年朱镕基市长60岁，记得他说：“我已60岁了，要退休了。”我说：“不会的，不会的，你还会为祖国干很多年。”他精力充沛，红光满面，穿一身短袖白衬衣，风度翩翩。他不记笔记（别人都在记，还有4台录音机对着我们录），但他记忆力惊人，且善于抓重点，很得要领。他很少插话，仅对感兴趣的问题发问，不停地说："讲下去，谢老师，你讲下去。"严厉的神色后，是十二分的谦逊与好学。"此人必成大事。"我当晚一直在想。

三、上海证券交易所应运而生，"大小非"无奈形成

1989年12月2日，当时上海事实上已出现了股市的一、二级市场雏形。上海市委召开常委扩大会议，朱镕基当时是市委书记兼市长，请了著名金融专家陈彪如教授与中国人民银行上海分行行长龚浩成。会议作出了一个惊人的决定，即筹备成立上海证券交易所，真正开设一个股市。这既向世界表明中国的改革开放没有停，同时也可解决国营企业直接融资与内部改革的问题。会议临结束时，有人担心地问：让公有制的股——国家股、法人股流通买卖，会不会有人说这是搞私有化？现在正在批资产阶级自由化啊。（大意）面对这一严峻问题，朱市长决定：股市一定要开，但国家股、法人股暂时不流通。岂料，它虽然避开了当时最棘手的问题，但也留下了中国股市先天不足的一个难治之症：股权分置。但是，无论怎么说，这在当时的改革中已是石破天惊的创举了。没有这种阶段性的让步，就没有今天浩瀚如海的股市。

一年之后，1990年12月19日，上海证券交易所正式成立，朱镕基到会祝贺、讲话。深圳这座敢为天下先的城市也闻风而动，紧锣密鼓地暗中筹办。它的实际开张还要早些，1990年12月1日挂牌，但据说为了等"老大哥"上海，因此在铜牌上挂了一块红布，直到第二年春天才在中国人民银行批准下正式宣布成立。

1992年，改革开放的总设计师、一代伟人邓小平亲自支持了这一改革。邓小平看了股市后，高兴地鼓励道："股票、股市这是资本主义的东西，社会主义可不可以用？可以用，大胆地试。不行就关掉，关一半可以，全部关掉也可以。"（实际上是鼓励人们大无畏地试）而江泽民则多次找刘鸿儒等同志了解股市的情况，正是曾任上海市长的他，早在1986年9月26日，亲自批准了延中、飞乐音响等股票的上市。——可见，中国股市从它诞生的第一天起就在中国政府高度关注之下，这就是当时的真实的历史背景。

第一篇

中国股市
最具影响力的演讲

每个被选中的公司都必须是赚钱机器

——一个须高度重视的经验

林　园

编者按：今天我们请到了中国当今股市备受人们关注，也颇有争议，无论在祖国的南方还是北方都大名鼎鼎的一位投资者，他的名字叫林园。他的传奇经历很简单，但又很震撼人心。

一直以来，有些市场人士对林园的事迹有怀疑，我也有疑惑。2007年1月初，我在一个报告会前第一次见到他，他说："谢老师，其实没有熊牛市之分，我做那么多年股票，从来没有赔过一次钱。"我当时第一感觉是他在胡说，太狂妄了，世上哪有做股票不赔钱的人。但报告听了一半，我对他开始尊敬起来。他确实与众不同，竟然用贵州茅台股作抵押借了一笔钱，去买102元的招商银行可转债。这就达到了信用（放大）交易的目的，而且由于可转债是可以由上市公司还本付息的，而本利肯定在105元以上，这样的信用交易就完全没风险了，而只会大赢。现在招商银行已从他买进时的4元多涨到了28元，这笔投资又翻了6倍。而这个机会，是人人都有的，我们怎么没有想到呢？我开始逐渐地相信他了。

1989年深发展面值是100元，股市大跌，深发展也跌破了面值，林园用480多元买了5股。现在他已成功了。

林园老师年纪不大，他是从一个很清贫的、和我们在座同学差不多的境地起步，经过这十多年的努力，现在已成为中国证券界的传奇人物。2008年1月底我和他一起在广州开讲座的时候，股市跌得很厉害，从3000点跌到2451点。我们两个都是坚定不移地看好后市，我看的是大势，他看的是个股。他在会上又说，对于他来说，没有熊市和牛市之分，他买的股票在牛市好，在熊市也好。他非常注重对上市公司的调研，做事情很踏实，有很多经验值得我们学习。

林园长期持有大量的贵州茅台，从最低20多元已涨到1300多元，他的投资理财确实非常成功。2011年，他的私募基金的业绩名列全国第一。

我不是老师，今天在北大、清华同学面前，我会把自己近20年的投资故事和投资体会讲一下，希望带给大家一些启发。

我首先介绍一下自己。1989年我们全家人给我凑了8000元进入股市，刚开始以400多元钱买了5股深发展。1990年年初我就赚到了第一桶金12万。当时我是国家的公职人员，1992年应该已赚到1000万了，我就辞了职，然后一直在股市上专职投资。这么多年，从中长期投资结果看，我没有一次赔钱，都是赚钱的。

20年来，每次投资最后都是赚钱的。我对我做的这个事非常热爱，之所以热爱，我觉得最主要的因素可能就是我一直在赚钱。（笑声）别的事我也做过，但是都没有兴趣。

一、我计划用30年复制100个林园

前两天我参加中央电视台组织的一个节目，讨论大学生是否应该炒股。我觉得，在校大学生也应该炒股。①

投资证券市场，最主要的是时间，我觉得越年轻进入越好。我现在有一个计划，随机性地在全国找100个人，不管他的学历、知识程度，只需要投资8000元。我提出的口号是"10年内

①编者注：在校大学生还是应该以学习为主，不能炒股，但可以模拟炒股。

他的命运掌握在自己的手上，20年变成有钱人，30年变成亿万富翁”。我要看这随机的100人能不能做到。

过去我办了一个公司，我们公司大概有七八个人，现在他们几个人的自有资产最低的也在七八百万。我的司机现在都有2000万。他们的资产如何积累的呢？都是我发的那点工资。我在西安给他们发的工资，在当地算是高的，每月约700元。所以我说年轻人，在投资这个行业中，时间一定是最主要的。我们追求复合增长，时间代表了一切，慢慢来，别急。在国外这也是一个规律，为什么说巴菲特52岁时才拥有两亿美元，因为积累需要时间。特别是在中国，又没有融资的渠道，只能靠我们原始积累，慢慢裂变。2006年我在媒体上说，我今年三个月赚的钱比过去那些年赚得还多。很多人说我吹牛，但是我没有。是因为雪球滚大了，一倍就是过去那么多年的总和。

大家说股市有风险，但是我认为股市没有风险，特别是对大学生来说，风险就是控制死的了。前两天我认识的一位朋友，他到我那里，拿了3万元想投股市，又觉得风险很大。我说这些钱对你有什么风险呢？你只要把你的风险控制死了，把你拿钱的总量3万元控制死了，就没有什么风险。对于你们本身有能力赚钱的人，就更没有风险了。

我们公司的那几个员工，我要求他们每个月发了工资以后不准花，全部放进股市。我就是这样一步步地做的，开始的时候把每个月的收入都放进股市。我印象很深，当时刚毕业在深圳工作，就认识在深圳发展银行工作的一个女秘书。她是重庆女孩，很漂亮。她用每个月发的工资，就唯一买了个洗衣机，然后买饭票，剩下的钱都买了自己公司的股票。这么多年，我一直没有见过她，但是我想她的这个思路是一个发财的思路，她一定发财了。资本的积累是一点一滴形成的。

所以我希望，在座的学生不要考虑股市的风险。你们有能力赚钱，就把钱全部投入到股市里吧。

二、投资股市的本质，就是投资中国最赚钱的企业

首先，我介绍一下我对股市的看法。

我认为，股票市场实际上是一个交易平台。它是企业之间的交易平台，我们不必更深一步看它是投资还是投机。既然是一个交易平台，股市的钱是怎么赚的呢？赚钱的人赚的是谁的钱？我讲我的感受和看法，和书本上讲的不一定能对上号。我认为赚的是赚钱企业的钱，我们投资的公司的钱，它赚的钱，股市给它一个市盈率的放大。赔钱的人赔的是什么呢？是企业经营不好，公司赔钱了，你作为它的老板肯定要赔钱，所以就是市盈率的负向放大。我们投资股市的本质就是投资企业，就是你要投资那些赚钱的企业。所以，他们问我大势，我觉得我判断不了。这个“大势”不是我研究的对象，宏观经济谁能研究得了？我认为中国经济好了，我们投资中国最赚钱的公司，就不会有错。所以我认为大的趋势是向上的。这是我基于对中国人的勤劳、中国目前的竞争力、中国现在的东西还足够便宜等作出的判断。

什么时候股市不好？它有几个指标。我认为最重要的指标就是中国人的工资将来都高了，就是将来中国人和外国人比没有竞争力了。现在外国人和我们工人的工资没有办法比，做同样的工作，中国人的工资只有外国人工资的十几分之一。

我认为中国人的这种竞争力还存在，我就不担心股市。

三、投资第一重要的事情就是赚钱的确定性

我们追求财富的增长，一定要靠时间的积累。我看台湾人算过一笔账，你每年存1万元，把这些钱做投资，按照20%的复合增长率，40年以后，你就是亿万富翁。财富增长就是复合性

的。我对自己的要求就是，在股市上做的任何一个投资决策，都不能有失误。很多人说经验教训是可以总结的，我觉得不能总结，股市上的教训就是金钱上的代价。你十次对，有一次错，我都觉得你这个方法是有问题的。我要求自己是百分之百的正确，一百次中有一次错，你的方法就有问题。没准你错的这一次就是毁灭性的，就像开汽车绝不能出一次车祸一样，股市是不能总结经验教训的。我们不能做自己把握不住的事情。我投资第一要把握的就是投资的确定性，赚钱的确定性。

你赚钱不赚钱是否确定？这种确定性非常重要。如果你的投资收益是不确定的，我认为就是一个赌博，就不能干。我投资的企业一定是我自己能算清楚的，算不清楚的我就不干了，把风险留给市场。投资首先要考虑到风险，首先要考虑到它的底部在什么地方，我的风险是能够预测到的，这样才行。这是一个大的原则，不能有失误。

我们怎么判断投资的确定性？就是你要搞清楚这个公司如何投资，越简单越好。A股有1400多家公司，我认为95%的公司我都搞不清楚。而且可能大部分公司，我永远都搞不清楚。搞不清楚就是风险。我研究的公司，到目前为止不超过25家。我就是希望把大家引到我搞清楚的这25家上来。

四、投资一个公司前，最少要跟踪三年

进行商业投资，我认为最大的诀窍是你自己一定要制造不平等竞争。如果我跟别人在一个平等的竞争线上，大家都去做同样的事，这个事我就不想做了。我觉得这里面我没有优势。我讲一个故事，来佐证一下。

在1999年的时候，我曾经投资过一只股票。这个公司的老板也是我的朋友，他叫我去对我说，林园，我们要发行股票了，你给我去捧捧场。我就过去了。当时的发行价是128元，我认为它的发行价高了我就没有认购。那只股票是在香港上市的，认购的都是一些大的机构，比如摩根斯坦利、高盛。发行之后，来了一个金融风暴，这只股票跌到5毛钱。我认为可以买就买了。没有人接手，都给你了，我买了流通股的30%。这只股票跌到最低的位置是0.19元，我买进的平均价是3毛。我们算它的资产净值是×元，因为它是搞房地产的，非常清晰。这个股票就是不涨，每年涨到6毛，再跌回来，一直到2003年才涨。我买了也不动，我就觉得它不到2元以上就不该卖。结果2003年它涨了，老板给我打电话，说林园你赚钱了吧。我说我再也不跟你打交道了，我笨死了，我是赚钱了，但是这个钱是我赚得最不轻松的钱。以后我就总结了一个经验，没有竞争优势的事，我以后不参与。所以有的民营企业，我以后不打交道了，你爱涨涨去，涨到天上我也不管。

我若想投资一个公司，我不会轻易地买入，最少要跟踪三年。从公开发布的信息，到行业竞争力排名等等都要研究。如果既往是“好孩子”，我就要跟踪。许多人问我，你怎么选择这些企业的？我自己也说不清楚。大概在市场上混的时间长了，好的企业都在脑子里印着呢。首先跟踪三年，觉得跟踪得差不多了，这个企业我觉得好的时候，我会少量买入。然后再继续跟踪，觉得没有大问题了，再大量买入。然后再跟踪。

五、股市里首先要选的公司应该是一个赚钱机器

怎么选择好的公司呢？

全国好的上市公司比例是不太大的。我选的公司首先是一个赚钱机器，符合我的赚钱机器这一概念。今天我希望大家都记住，三年以后你再看，我今天说的是不是赚钱机器。我希望，大家就把我说的作为一个赚钱的标准之一。

像前几年，大家说股票能不能涨也有标准，主要就是看有没有庄，或者是盘子大小。当时是

这个标准。我的标准是：不是仅看它对社会贡献的大小，它能否给我们股东赚钱是最重要的。

有很多公司是很好，它们对社会的贡献很大。像一些竞争性行业里的企业，它的东西便宜了，老百姓就受惠了。但是作为投资人，我们是“钱迷”，从投资的角度我希望它给我多赚钱，这是唯一的标准，别的标准都是瞎扯。我说的好公司，和人们对它的尊敬度，和它对社会的贡献是不搭界的。按我的标准，很多表面上对社会贡献大的公司，对股东来说就是一个败家子，它对社会的贡献也就会与日递减。

赚钱的公司有一些特点。

首先，你看它的赚钱总量。赚钱总量不能低。其次，是毛利率。我们认为18%以下毛利率的企业就不要考虑了，毛利率越高越好，最好是80%甚至90%的毛利率。第三，是它的盈利能力。我们通常考虑的是每股盈利，每股盈利最起码要在三四毛钱，这才是我们要选择的。第四，就是市盈率。市盈率水平是动态的。这个指标决定了我们的买点。我在后面会详细地介绍市盈率这个最主要的指标。

毛利率是最重要的财务指标，观察它的变化是我研究企业最重要的“土”办法。你如果能把这个指标吃透，搞清楚了，即使不看别的指标，至少你的投资不会有大的失误。你要投资一个企业，它的毛利率变化一定要稳定。当然，首先是稳定，毛利率不能是下降的。然后毛利率的变化一定是趋升的，稳定或者趋升才是我们投资企业的根本。毛利率下降的公司，我是不敢投资的。

从公司表象上，什么样的公司才是赚钱机器呢？小投入大产出的企业。它的盈利不是靠增加投资获得的，它一定是小的投入，我们做生意也是这样。像我开餐厅我投资100万，希望它赚一个亿。但不是赚一个亿，需要投资两个亿来获取。投资较小而产出无限大的公司就是我钟爱的公司。

在钟爱的公司中范围要再缩小，要找一些小股本，就是“婴儿的股本”。那种股本很小，但是它现在已经是行业中全世界的老大或者是全中国的老大，市场占有份额非常高的公司，是最容易涨的。我们要找未来三年可能涨10倍到20倍的公司，就是小股本的，盈利能力又特别强的。这点我解释一下，我们选这样的公司，是有道理的。证券市场一定是吹“泡泡”的市场，这个“泡泡”就是市盈率。证券市场有放大功效，我希望是双重的放大，一个是盈利的放大，一个是股本的扩张。如果它是好公司，它的盈利是不断增加的，每年都增加，这就是我们讲的盈利的成长性。盈利的成长性会给我们带来意想不到的收入。这种事在国外就有，20世纪50年代索尼是一家小公司，投资索尼的人们中有一些是卖菜的老太太。这个公司成长了，所以买索尼并长期持有的老太太变成了全日本最有钱的。索尼的股本做到足够大了，股东的收入就可以跟着它成长。所以我们享受的是一种双重的放大，你享受到它的双重放大你就容易发财。

我们这个市场不是你今年一年赚一两倍，你的资产就能上一个台阶的。我的体会是，三年资产必须上台阶，你的重仓股一定要涨一二十倍你才能上台阶。所以我们选公司一定要有诀窍，有的公司是好公司，也能赚钱，但是它的股本足够大了，我们最多是享受它赚钱给我们带来的那一点分红。我们不是追求分红，我们追求的是超常规的发展。所以必须要寻找股本和盈利双重放大的公司，这种公司是我们最喜欢的。我们再缩小一下范围，这种公司会在什么公司中产生呢？刚才我讲了确定性最重要，怎么来完成确定性？我们讲最好是选择“婴儿的股本”，巨人的品牌。如果它本身就是行业巨人，有一个大品牌，但是它股本非常小，就是我们的目标了。

六、选股的三个技巧

一是产品有几千年文化，二是在激烈竞争中胜出的企业，三是没有竞争对手的垄断企业。

品牌能够保证你的盈利，因为它已经在这个行业基本上形成了垄断，或者是市场份额做得足够大的公司。一般来说，这种公司要在老字号里面选。大家观察过没有，一桌菜里面就红烧肉、粉蒸肉吃得多。（笑声）这是几千年来中国人形成的口味，老祖宗做的都不过时，现在大家还是爱吃，而很多新菜流行几天就没影了。

所以我们选股时要掌握的技巧，就是看它的产品是不是一个有几千年文化，或者是几千年来大家都喜欢的东西。几千年都没有被淘汰，说明它的确定性非常高。这就是产生“婴儿的股本，巨人的品牌，小投入大产出”的一个好公司。

还有一种是在目前激烈的市场竞争中脱颖而出的好企业。企业是最怕竞争的，我对选择处于激烈竞争中的企业是会慎之又慎的。你不要看这个行业大家都在做，但是如果它在这个行业中已经做到了龙头老大，或者是老二，这种强势企业，就是我们要介入的企业。如果你选择这种企业，也要特别小心，它会给你带来高利润，但是也会有变化。所以一定要盯着它毛利率的变化。买以前我们看它的毛利率不再下降了，已经趋稳了，已经可以看出它是老大了，我们再买进。特别要注意不要选那些虽然也是一个知名品牌，但是它的产品老是降价，它自己说了不算的企业。像家电企业、手机企业，这么多年再看不到它涨价了，这种企业我们就不要参与了。这个行业已经没有老大老二了，都是老大，这种企业一定是不行的。

现在谈谈我对联想的看法。我看了联想的财务指标，我认为这种企业一定是走下坡路的。IBM美国人都把握不好，你去搞，能搞好吗？也有可能出现奇迹。但是按照常人的思维，判断一个事最基本的就是看大方向，别人搞不好的事，你不要想比别人搞得好，因为你不比别人聪明。我们来看牛奶企业。液态奶基本上不降价了。前几年叫我投资牛奶企业，我都不会投的，但是从去年开始我会少量买一些牛奶企业的股票。蒙牛和伊利是竞争出来的企业，你到商场买牛奶，别的品牌在慢慢地边缘化。不像彩电，我买康佳可以，买TCL也行，这种企业的毛利率我没有研究，但是我知道一个大方向，它的毛利率在下降，它的毛利率没有稳定住，这个时候我们不要去参与这种企业。因为在这个行业中，它没有话语权。

还有就是选择一些没有竞争对手的企业。我认为，一个企业它连竞争对手都没有，那这个企业实际上是最有竞争力的。可能你到这个公司去调研，企业领导人都不会认识到这点。年前我去了一家高速公路公司，这个企业一年赚十几亿。但是我和老板一谈，他说我们公司成长性不够，一年只有18%—20%的成长速度。我想18%—20%你还嫌不够呀，我说老板，我和你的看法不一样，因为我跑的企业多了，我知道赚钱是很辛苦的，特别是那些有业务竞争的企业，你是身在福中不知福，你还觉得自己的企业不是最好的，我认为你这就是最好的公司。你这里是过路收钱的，市盈率是十几倍，我要买。好的公司是没有竞争对手的，竞争力体现在它没有竞争对手上。

七、我的经济利益是第一位的

其实我没有什么投资决策，我也不是长线投资者。只要能给我带来更大的利益，我当然要炒。人一定要做到什么时候说什么话，什么时候做什么事。该炒的时候我一定要炒，我的经济利益是第一位的。我不是一个长线投资者，也不是一个价值投资者，只要能给我带来更大的利益，我当然要炒。我现在说的话都是根据我自己的利益来的。我说这个股票它不跌它就不会跌，我在里面待着，它跌不了。你说我神我就神，但是也不是说我每天拍脑袋，我是有很多的数据做依据的，我自己是清楚的。我从公开信息里已经很了解这个公司了，这只股票如果不好了，我比别人先知道，我就卖了。可能我卖的时候，它就会跌。

像我刚才说，大学毕业生现在炒股有什么不对的？你赚钱是大方向，你的风险是能控制死的，你就向爹妈要1万—2万块钱，再不拿了。就这1万—2万元在里面滚，有什么风险？最大的风险就这1万—2万元，怕什么？风险是要讲，但是不要给这些年轻人讲什么风险，这些人都是糊里糊涂地炒。你给他说多了，实际上是害了他。真的是害人，牛市赚不到钱就是失误和风险，因为中国目前的股市就是这样。目前这个形势，判断成功不成功的唯一标准就是赚钱了没有，这个标准在老百姓心中是根深蒂固的。你给他讲风险，他就赚不到钱了。我1989年入市，我也不知道什么风险，我就是这么闯过来的。买股票也要有激情。前两天我买了1000万股的亚都。他们几家基金公司考察了几个月都没下手，等我买了以后，他们让我让出来，我不让。国外的风险投资、基金公司也等着买，结果我一买，他们没了。对他们来说没有赚钱，这就是风险。就是该做这个事的时候你没有做，这就是最大的风险。所以年轻人，时间很重要。接下来我会谈我们怎么控制激情，但是前提是你要积极参与这个事。

我认识一个女孩，今年28岁，有7000多万。多好呀，她到我这个年龄不知道会有多少财富。时间和金钱一定是成比例的。你们现在可能理解不了我这句话，但是要记得抓紧时间赚钱，这对任何一个人都是非常重要的。

八、现在买58倍市盈率的茅台，以后还会大有收益

刚才讲了哪三种公司是最容易赚钱的。如果让我来选择，我就在这个圈子里选。我分别举一个例子，来说明刚才我讲的那些公司。这个和市场大势没有关系。

首先是确定性。我是2003年4月开始买贵州茅台的。我买贵州茅台以前，有一个小故事。当时我实际上看的不是茅台，而是五粮液。我1992年去西安，办了一个房地产公司。结果有一个开发区的领导，他吃饭老是要喝五粮液，甚至不吃饭也要喝五粮液。我的办公室里就总是放一箱五粮液，他来了就喝。所以我就觉得五粮液挺好，它一上市我就开始买，我当时买了五十几万股，一直到现在也没有卖。

这里先说一下，我有三位老师，他们专门给我看报表。我不让他们参与任何的投资决策，三人也是互相不认识。他们看了各有关上市公司报表以后对我说看法。其中有一个老师，他说他看了五粮液公司的报表，同时也把贵州茅台的报表看了一下，觉得茅台比五粮液更好。因为我几年没有参与A股运作，我都不知道茅台已上市了。我后来一看，茅台的财务指标非常好，我就马上跑到贵州茅台厂去看一下。当时和我一块去的有某基金的两个小伙子。那两个小伙子对我说，他们已经把茅台五年的账都算了，说你买茅台吧，肯定赚钱。因为茅台酒有一个特点，它今年卖的一定是五年前生产的，所以我们没见过茅台酒降价。刚才我讲了商品的价格一定要趋升，它必是盈利的。后来茅台厂的人告诉我，他们是两年涨一次价的。我这个人一般不算涨价的因素。当时我算了一下，它当时的市盈率大概在二十五六倍，我给它算了20%的复合增长率，我计算它2006年的市盈率只有不到9倍。所以后来从国外回来后，又加大了对贵州茅台股票的投资。

我记得在2004年的时候，我给了儿子8万元压岁钱，单开账户买了茅台，每次的分红也都在那个账户里。前段时间我一看，3年多时间已超过200万了。贵州茅台是那种确定性很高的企业，又是一个很强的品牌。当然，当时还有很多因素支持我买茅台。那年11月我们又去了一次厂里，参加了一个茅台的技改会。茅台厂的人告诉我，你现在买是对的，现在存的酒，已经值300亿；你现在买我们的股票，才20多元，两亿多股才不到60亿，而我们的酒已经值300亿了。他说你买肯定没错。茅台账上的现金多，若扣除现金，实际的净资产收益率是90%。我的财务告诉我，这里面有低估的成分①。这种公司，还用想？你坚决买入。我就这样买起来了。首先我要判断，会不会喝它的人越来越少？当时很多基金经理是阻止我买的，说现在喝白酒的人越来越少了，千万不要买。当时我听了觉得也确实对，喝白酒的人确实少了。但是财务指标会救人，你看它的财务指标，看它的销量是不是零库存。结果茅台就是零库存。它就是我刚才说的“红烧肉”。当时我们是用小股本进入到茅台这个大品牌里面去的。

---

①编者注：截至2012年7月时，以30多元上市的贵州茅台的复权价已为1300多元，不断创历史新高。

到今天，茅台还能不能买？100元了，实际上复权上去已500元了。今天我们算茅台的市盈率在58倍，我现在坚信茅台酒的复合增长率每年在30%以上。那么，到2009年，它的市盈率又变成20倍多一点。这我们还没有算提价的因素。其实2007年一季度它的价格又提了16%。所以市盈率的高低是动态的。我认为持有茅台是不会错的，我就拿着，我不卖，它也不会跌，我们算了到2009年它至少涨三倍。我一般不会栽跟头的，至少12个月中不会栽跟头。因为茅台公司有一个认沽价，30多元认沽的，不行我可以卖给茅台公司，它是有保底的，而且还有几大专业银行在里面做担保，股改时有承诺的。

接下来讲怎么给企业算账。首先我要将企业未来三年的账算清楚。算不清楚的企业，你就不要参与。怎么算？第一个是盈利的确定性。像我们给茅台算账，要算它的产量多大，销量多大，它的利润、费用是多大，甚至可以忽略不计它的费用。比如我现在算茅台有50倍的市盈率，我现在买入。它的复合增长率是30%，到2007年时市盈率应该减掉这30%，就是减掉15倍，它的市盈率就降到了35倍。到了2008年，市盈率再降9—10倍，就到了25倍，到2009年就变成了20倍以内。这其中的波动你不要在意。我们按照国际上通用的连续市盈率，如果它的成长性没有这么好的话，它的平均市盈率应该是55—60倍。我们认为到2009年的时候，茅台酒价格应该能涨三倍。这和大盘是没有任何关系的。

九、借鸡生蛋买招商银行

怎么给招商银行算账？招商银行该买不该买？我也不知道。这个企业没有办法给它算账。为什么呢？招商银行的主要盈利来源是那些贷款的企业，来自于存贷差。我从2002年一直跟踪银行股，始终也没有把银行股真正搞清楚，只是看一种趋势。为什么现在要买银行股？因为它的趋势是进入了高增长区。2007年一季报，招商银行是80%的增长①。过去三年，它的复合增长率都是在30%以上，它还会有一个惯性继续往上冲。但是你要我给它算账，我真的觉得难算。因为搞不清楚这些贷款的企业还贷不贷。这是不确定因素，所以招行的账我算不清楚。

那么我为什么买招商银行？我们感觉按照国外的经验、国内的经验，银行业进入了一个高增长期。我们买股票也是在做实验，我就是在高增长期给你投资一把；等你过了高增长期，我就退出来，再去投资别的处于高增长期的企业。股市是一个最好的平台，我把前一个企业卖掉，不用变成钱，接着就可以买第二个企业，实际上是买第二个行业或者企业的高增长期，这样我就一定能比别人快。投资实业是做不到这点的。

为什么招商银行成了我的第三大重仓股，这里有一个故事。

因为我一直留意研究工商银行、招商银行，不管它上市没上市，我都在研究它。我觉得银行股确实还是不错的，财务指标上各种增长都是好的。2005年招行发行可转换债券，100元发行的，上市以后最高也就涨到了108元，多数时间是在102元。当时我是满仓的，在熊市中我只有三只股票：茅台、五粮液和云南白药。当时我就想，我要借钱买，招行100元保本，等于可以转成债也可以转成股。如果市场好，我赌这个公司也值得的。我就赌两元的风险，而且这个也是没有风险的（因为转债还会发利息）。我当时借了16亿。我家里人拉着我不让我买，说风险太大，但我自己觉得没有风险。如果招商银行四年内倒闭的话，是我的风险；即使倒闭的话，我的风险也不是很大的，因为国家要首先考虑债券持有人的利益。所以我把16亿全买了它，到今天，股权分置改革以后我就转股了。2006年股改以前，等了很久很久，没有启动上涨的迹象。这个债券还是102元，我借的银行利息是9%，我说这次真的是要让我亏钱吗？但是过了几天股改开始了，我的利润一下子来了。现在算起来等于是4元买的招商银行。我现在不卖，因为我看到了一种趋势，而且我认为这个趋势成功的可能性是90%甚至是95%。现在算

①编者注：2007年报表，它同比增长100%。

招行的市盈率应该是40倍，我保守估计未来3年招行的年复合增长率在30%应该是没有问题的，3年以后的市盈率就会变成20倍。像招商银行这种公司，我认为40倍的市盈率不算高。所以，我现在拿着更放心了。

十、对优质、稀缺的资源股，我的策略就是不断地买进

2005年，我对银行股的调研结果是，起码未来2—3年还是一个高增长的时期。这就是给企业算账，一般来说，不能够算清楚的你就不要参与。最算得清楚账的就是丽江旅游，五分钟就可以算清楚了，它就是三条索道，一天多少人，流量很清楚，也没有什么费用。所以这种公司就是明明白白的。

企业是越简单越好，这就是我的投资体会。既然你是制造型的企业，产品一定要单一。有人觉得单一会加大风险，实际上那是错的，越单一越好。2006年我投资了一个企业：江中制药。江中制药的产品很多企业都能生产，像“健胃消食片”。但是据我了解，江中卖“健胃消食片”这一个药就卖了10亿元以上，别的20多家公司也生产这个药，才占了不到两位数的份额。这就是我说的这个企业有核心竞争力，而且我们看到它也不降价，它的股本很小。这个公司，就符合我“巨人的品牌，婴儿的股本”的选股标准。

还有一个是马应龙，生产痔疮药的。因为我在学校里是学临床的，我们讲痔疮是“十男九痔”。（*笑声*）德国人的药风靡全世界，全世界基本上除了中国以外，痔疮药市场是被德国垄断的。但它打不进中国市场，就是因为有一个马应龙顶着。马应龙的股本很小，只有1000多万股，但是它把德国药给顶在了外面，因为它卖得便宜，药又好。这个药厂的历史也很长了，比同仁堂还早，符合“巨人的品牌，婴儿的股本”这一标准，它的盈利能力又特别强。我们要选择这样的公司来参与，我们跟着它长大就可以了。

还有一个黄山旅游。为什么会买黄山旅游呢？黄山旅游的品牌很好，但是我买的时候，黄山的总市值还不过20亿，北京的一栋楼还超过20亿呢，岂不是天大的笑话。而且旅游股进入高增长期了，它股本也不大，这种公司你买了不会吃亏的。对于优质、稀缺的资源股，我的策略就是不断地买进。你能拥有它是最大的幸福。很多人说茅台酒高了、黄山旅游高了、招商银行高了，我说全世界其他地方没有这种东西，它是稀缺的。黄山的风景很大一部分是没有开发的，我都去看了，美得很。它的潜力很大，符合我们“投入很小，产出很大”这一标准。黄山人讲，他们只需要把床铺好，地扫好，门看好就行了。你去也要去，不去也要去。生活水平提高了，收入到了那个程度，全国多少人会去旅游啊，这就是增长。这种企业不用求人的，命运掌握在自己手上。

今年春节期间，去黄山的旅客两个月同比增长77%。黄山有一个算法是，旅客增长7%—8%，它的利润就增长30%。为什么会增长？因为今年杭州到黄山的高速公路通了，以往要走六个小时，现在只需要两个小时。所以我相信黄山旅游还是值得继续持有的。这和大盘也没有什么关系。

我再举几个从激烈的市场竞争中脱颖而出的强势企业。刚才我说的伊利、蒙牛，还有江中制药，你说这些企业有什么竞争力？很多研究员也这么问我。我说最终的竞争力是它对市场的垄断，它的产品有垄断性，它的市场占有率在逐步地提高。我买亚都，虽然它没有上市，但是亚都在加湿器的市场占有率是80%，这就是它最大的竞争力。

这种从市场激烈竞争中脱颖而出的强势企业，也是未来的好公司，但是也要加以选择。我们首先要有一个大的方向，即它一定是零库存的。如果它没有库存，它不需要求人，你要买它的产品，必须要先交预付款。比如说黄山、高速公路，你不交钱它不让你过。靠赊款的公司，我一般不会选择。

很多人看好航空业。我说这个看好也是阶段性的，但是最终我不看好航空公司。为什么呢？因为全世界的大部分航空公司都没有赚钱，是亏钱的。我认为航空公司不是因为油价高而

亏损，亏损是竞争带来的。就是因为机票的价格，今天三折、明天两折，全部打折卖。所以没有办法给航空公司算账，这种公司的风险很大。所以航空股我一般不会买，就是因为它的确定性极差。它一年涨多少倍，我们也不会参与。这是我的投资办法，就是给企业算账①。

十一、算企业的三年利润账，就把利润与收益锁死了

我们用市盈率的降低来规避风险。买点的高低我不知道。比如20元买招商银行，到底高不高我不知道。我认为，好的公司，如果买点高了，这段时间可能相对有一定的泡沫，但是随着好公司业绩的增长，这个泡沫会被挤掉。一般是在4—8月之间大家会重新对股票进行估值，一定会把这个泡沫挤掉。只是我算得比较宽一点，给这个企业算了三年的账。我就是一个投资人，企业未来三年的盈利能够算清楚的，我会重仓持有，算不清楚的我不会投入。

接着我谈谈对股票市场风险的认识。我的钱没有一天是闲着的，我就要不断地赚钱。我一直是满仓，没有空仓过。我就是傻子，今天这个钱不给我赚钱，我就不舒服。因为我没有失败过，我就觉得没有风险。我觉得做别的，像开餐厅、做实业风险其实大得很。

如果硬要说风险，就是你做了一个你自己不了解的事就是风险。我们怎么来控制风险？控制风险就是对这个企业进行动态跟踪。

我投资的公司，我会每个月至少打一个电话去了解情况。有人会有疑问：你能了解清楚吗？说这个话的人，他可能不知道我的思路。我不能了解的，我就不会去买。所以我跟踪的企业都是非常简单的企业，能够搞清楚的。我只需要搞清楚它每个月的经营情况，这个月卖了多少货，我自己都可以给它做报表了，这就清楚了。跟踪有很多的技巧，当然这不是我们每个人都能做的，它是一个人综合素质的体现。

老实说，跟踪首先是跟踪一个公司大的方向，看这个企业大的方向到底好不好。其次是看这个企业好不好打交道。有些企业，我觉得也挺好，但是到这个企业一看，它的领导人就爱胡扯，不好打交道，我宁愿放弃，或者我买一点就算了。我买了一家武汉企业的股票，买了几十万股。我给企业打电话，他们说你来吧。结果我飞过去之后再和他们联系，他们说公司领导都出差了。后来我找了一大圈人，包括当地区长都找了。我说，我只了解公开信息原则下的一些情况，股东总应看看自己投资的企业吧。结果他们还是不愿意见，说他们底下的人做不了主。我就说这种企业我只好不买了，不好打交道的企业，就不要跟它打交道了。

我为什么不太会失误？是把企业研究透了，每个季度的动态和季报表我都跟踪了。我就是用这个方法来控制我们将来的收益和风险的。（长时间的热烈鼓掌）

（本文讲座时间为2008年10月，于北京大学。林园也曾受邀到复旦大学来讲学）

①编者注：航空业曾于2007年春夏出现复苏，主要受益于人民币升值，汇兑收益，旅游业旺盛及奥运会、世博会即将召开。

股市制胜的十八种方法与经历

李志林

编者按：李志林教授是上海证券市场的最出名的资深投资专家之一。他是著名的哲学教授冯契的博士生。20年来，他运用深邃的智慧与哲理的研究方法，在股海中叱咤风云，年年“冬播春收”，硕果累累。他的文章、言论发表后，总是引起人们高度关注，总是洛阳纸贵，人们欲一睹为快。

他工作极忙，仅来复旦大学讲学过两次。每次都济济一堂，很多很多同学均早早来占位。据说，他在北京等各地讲学也是这么人满为患。

本次讲座，他讲了自己怎么从研究哲学转攻投资学。他高度评价了中国证券市场，讲述了很多从草根到身家几亿元甚至几百亿元的成功人士的一个个令人震撼的真实故事。他讲了一个道理：在股市，只要认认真真、踏踏实实地研究，很多梦想都可以成真。比如，他讲买房，享受国务院部长级待遇都可以做到。

他最后讲了股市制胜的十八法，条条都是金玉良言，极有价值。李志林老师在酷热中来复旦大学讲学，传经，解惑，讲解自己的切身体会。复旦大学同学和老师深深地感激他。

复旦大学的各位同学和朋友，非常高兴受谢百三老师之邀，跟大家来交流。复旦的同学还是很幸运的，因为有谢百三教授，他把金融、资本市场、投资理财这些当今社会最前沿的、最热门的一些知识，能够在大学阶段就教给大家，我想这样的机会是非常难得的。我和谢教授相识交往已经十多年了。所以对中国的资本市场自以为了解得稍微多一些。那么我今天就把自己的一些感受提供给大家，与大家交流，看看能不能有一丝一毫的帮助。

今天我讲几个方面的内容。第一方面的内容就是很多人经常问到的，一个哲学教授、博士怎么会到资本市场去搞投资，就像有人在问谢百三，复旦大学的教授怎么会对资本市场这么关注。第二个问题，我给大家介绍两个投资理财最重要的致富公式。发财是有公式的，今天介绍两个给大家，让大家做梦。第三个方面，我们不能光从理论到理论，这个资本市场可以做梦，为什么可以做梦，我用很多实证来告诉大家，有很多很多的梦做成功了，用实证来验证。最后一个方面是我今天讲课的精华，我把20年来在中国资本市场里面搏杀的所有的经验归纳为十八种方法，提供给大家。我自以为你能从里面学到一种两种，可能就会使你终生受益。即使不能终生受益，三五年受益也是可以的。

一、没读大学就考上了研究生

我是在1978年，全国恢复高考、恢复研究生考试之后，首届考上研究生的。但是和一般的研究生不一样，我没有读过大学，我高中读到高二，就发生了“文化大革命”。就是我以高二的文化程度，直接考上了著名的哲学家冯契教授的硕士，后来再读了博士，还兼当他的助手。后来又担任了上海东西方文化比较研究中心的秘书长，所以对外文化的交流也搞了很多，也参加了20世纪80年代的“文化热”的研究。在1989年我也接到了哈佛大学两年访问学者的邀请，有两年10万美金的资助，飞机票也寄来了。后来因故没有去成。当时我们学的是哲学和文化，我的专业是中国哲学，用现在的话来说，就是国学，也就是今天于丹讲的内容。于丹并不是国学出身，而我是地地道道的中国哲学硕士、博士，在专业上面下了几十年的功夫，而且拜到了名师，取得了一定的成果。那么后来怎么会投入到资本市场里面呢？

因为我这个人不太守本分，我一生到过的单位、干过的行当很多，大家听我说说。我当过工厂里的工人，后来到机关里面当干部，然后到《解放日报》当记者，在上海人民出版社当编辑，然后到华东师范大学读硕士、博士，到上海东西方文化比较研究中心做秘书长，然后又到股市中开咨询公司——新希望投资咨询公司。我的口号是“你有新希望，请找新希望”。当时在全国各地开分公司也开得很热闹。然后从1998年开始由华东师范大学和国家发改委合办了我们这个企业与经济研究所，我当所长。这之后，跟企业家打交道比较多。

所以我喜欢尝试做不同的新鲜的东西，我还喜欢做自己认为很有益的事情。什么是最有益的事情呢？就是不要空洞地谈理论，谈知识，我们最终能够学到这么多智慧有什么用？我研究的是哲学，哲学就是一种无用之用。上次复旦大学的谢文忠教授，他曾经解释“这个学问有什么用”，他说这是无用之用。什么是无用之用，他举了个茶杯为例。玻璃有什么用？没用，真正有用的是里面空隙的部分，能够盛水来喝。我认为他的观点和我的差不多，哲学的无用之用就在于它的智慧，智慧要运用才有价值。我们曾经把它运用到文化研究。在我们当今的社会，如果要将哲学的智慧运用到政治体制改革上，那还是我们改革开放后期的事。现在排在首位的是什么？就是经济改革——市场经济改革。而在市场经济里面，跟我们每一个人贴得最近的，就是资本市场。

二、上海证交所成立——开天辟地的大事：13亿人口中最优秀、认真、勤奋、敏锐、活跃的人来到了股市

1990年12月19日，上海证券交易所成立，这是一个开天辟地的事件。有了这个交易所，有了这个股市，从此13亿人口里面一部分思想最敏感、活跃的分子，或者说中国社会中最优秀、最认真、最勤奋、最聪明、脑子最好的这些人就进入了里面。现在有多少人？有1亿3千5百万人①，很厉害。现在有那么多人参与，我的兴趣就来了。为什么？我想我研究的是哲学，你们复旦大学哲学系的人少之又少，考哲学系的人，别人都认为他脑子有问题，社会上学哲学的人也很少。其实，哲学很有用，很重要。同时我又想到在股市里面赚钱的也是很少的一部分人，两个小合在一起，你说有用吗？如果你学的专业人人都会，你来做事，这个就需要你拿出十足的本事才行。

如果说哲学在资本市场有用的话，那么就是它给你提供了一种智慧。比如说反向思维，少数人能赢，多数人不能赢，少数人能赢就是反向思维。举个例子，上个星期五，我在《上海证券报》的头版头条的标题是“强势调整，后市有戏”，结果外面的人吓了一跳，他们说这次李老师肯定要犯错误了。为什么啊？上个星期五晚上美国股市暴跌200多点，我们的创业板上市稀里哗啦跌了一片，预计创业板本周至少三个跌停板，结果来了两个跌停板，昨天又上去了。实践能检验真理，上个星期五（上证指数是）2997点，今天（上证指数是）3158点。我对了。整个报刊里面只有极少数的人，还有我们的谢百三教授，预料到了这一结果。创业板这样火爆，是没问题的，要用正常的心态看它，它会前进的，不会拖累大盘。从创业板的观点发表自己的观点，也对，但我们的观点绝对是少数。

三、用哲学辩证思维方法来思考股市：中国有时实体经济越不好，股市反而越好

还有具体情况具体分析，你要有分析的头脑。通过分析，你就会在各种各样的观点、现象、消息、信息里面抓什么是主要矛盾。比如今年年初，所有人都认为2009年的股市全年没有

①编者注：该数字为李志林老师讲学时，深圳、上海两市证交所的开户数字，由于投资者往往同时开深沪两市，故实际投资者约为7000万—8000万人。到2012年1月，此数字为1.6亿户。

行情，是“L”型。理由是什么？因为全球金融危机，因为中国的经济“保八”保不了，最多“保五”、“保六”，所有的人都看到了这个问题。连不该想这个问题的老百姓都说不好，这就一定有问题了。但具体分析，正因为经济有问题，所以股市才能涨。反过来，如果经济好得不得了，外面的人都说好，对不起，股市却跌了。因此要抓住主要矛盾，经济越不好，政府越想要它好；经济越好，股市就越不好。所以以后当你看到经济形势越严峻，美国的经济越困难，不要紧，不要担心，股市反而要涨；如果它们好了，那股市就不行了——不好了，因为银根要收紧。

哲学还给你提供了一个思辨的头脑，就是什么事情都要独立思考。哲学还教给你一种超越的观点，包括超前，你要提前想到。很多人从年初到现在都在怕通胀，买股票不好，这两天才醒悟过来。因为三季度的报表显示，今年大概可以比去年业绩增长25%左右，三季度的GDP看下来，今年“保八”没有问题，所以才开始买进——晚了。要超前。还有要超常规，既然只有少数人能赢，你用常规思维能行吗？肯定不行。所以要超常规。不知大家有没有看过一本书，有两个解放军的中校，在2006年写了一本《超限战》，就讲未来的战争不是常规战、传统战，而是超限战，比如信息战、经济战、恐怖战。所以当时的布什火得要命，这个书的理论被拉登、塔利班拿去了，结果他们搞恐怖战，但是美国人也拿去研究了，确实是要打超限战。所以在股市里面，你要能够取胜的话，必定是超限战。什么叫超限战，我后面会讲到。

还有哲学会教给你一种敏感。因为中国的市场经济是政策主导的、政府指导的，中国是举国体制。我们在奥运会上看到了举国体制的威力。在这次金融危机、经济复苏当中也看出这个举国体制非常厉害，成功了。这是外国没有的。

四、股市真好：你既是董事长，又是总经理；它不要工厂、工人，也不要负责质量，还可以安排大量人就业

哲学还教给你要归纳总结。你不能总是打败仗，打了败仗，要总结；打了胜仗，要归纳，哪些东西是可以帮我继续打胜仗的。所以我觉得哲学是非常有用的。大学的老师如果要投入资本市场，也有一个得天独厚的优势，因为大学老师是不坐班的，用不着天天挤车，准时上下班，在家里有很多的时间可以自由支配。另外投入资本市场，它比投资实业要省力得多。它不要土地、它不要工厂、它不要设备、它不要工人、它不要生产的过程，也不要检验质量、不要出产品、不要放在仓库里、更不要销售，就是一台电脑，你既是董事长，又是总经理，又是财务经理。你想做就做，想不做就不做，你在一天内可以满仓，两个小时内可以空仓，变现极其容易。所以中国现在的稳定要感谢这个股市，不然外面的无业游民，在你们上班的时候，他们就到你们家里去撬锁，去偷。现在不管怎么样，从早到晚，把他锁在了证券公司，锁在了电脑前面，他有钱赚，就不敢干坏事，社会就稳定了。有了这个资本市场，退休了的人、下岗了的人，不要害怕，不要哭丧着脸，因为一台电脑就是岗位，这是非常好的岗位。退了休的人也不会老年痴呆了，因为你天天有活干，天天要动脑筋，每分每秒都有起伏，让你的脑子不停运转。

所以我在想，在座的各位都是全国一流的学子，都是一路竞争上来的，至少算是聪明人吧。你想，如果你跟1亿3千万人进入这个市场，去博弈，肯定是你们聪明。因为1亿3千万人里一般思维的人很多，自以为聪明的其实也很傻，所以如果你能始终保持真正的聪明的话，你的赢面就非常大了。打麻将有什么意思，打来打去四个人，赢了还不好意思，就这么些人，你挣朋友的钱啊！跟1亿3千万人玩，你的境界就提高了。不会说什么哎呀，我的工作怎么不顺利啊，房子怎么这么小啊，朋友、同事、同学间的关系没搞好啊，包括家里面有什么烦恼事啊，我今后想去谋什么出路啊等等，这些事情你都看淡了。因为条条大路通罗马，不是一条路。当然我不是要让在座的各位听了这门课都去走一条路，不是的。条条大路通罗马，这也不失为到罗马的一条路。每个人要根据自己的情况来设定自己的发展模式。

五、要用智慧，合法努力，享受正部级待遇

不瞒大家，早期我进入股市，是为了帮交流中心筹钱，搞学术活动的，后来也是为了自己。因为凡是劳动所得都是心安理得。当初我在做股票，当时思想还未解放，华东师范大学的那些老师一看，什么，李老师，你堂堂的共产党员、博士、教授，不好好工作，去炒股票。做股票就是剥削啊，应该开除我的党籍，开除我的公职——当时还有这样的观点，那些人现在想明白了。现在谁都可以做了，连原来领导干部不能买股票的条例也被删掉了。从理论上说，大学生在适当的时候，用适当的精力、适当的投入，适当地做一点股票，也不影响学习，好像学校也没有禁止。即便你现在不做，以后到了工作岗位，也一定要做。有一个股市里的朋友说了一句很刻薄的话："在当今新经济时代，1亿3千万人已经卷入股市的时代，还有很多人不做股票。不做股票的是什么人？植物人。"当然对你们来说，在学习阶段则是另当别论。1995年，上海东方电视台拍了《中国十大股王》的节目，其中第二节是拍我的。最后主持人问我"你这样投入，最终想干吗？"我当时也被他问得怔了一下，后来我说："我要用自己的智慧，通过合法的努力，自己给自己享受国务院部长级待遇，而且是正部级的待遇。"要想当正部长的人，你可以通过另外的道路去当正部长。结果真的有正部长到我家里说："我们跟你比，差远了。"但是一定要守法、遵法、合法，一定不能搞歪门邪道。

六、认真做好股票，争取早日买房

我想我们每个人都有很多不如意的事情。我们那个年代谈论的都是工资啊、房子啊的事情，知识分子聚在一起就是发牢骚。现在好多了。但也有很多人不如意啊，比如有人说我们现在的"80后"、"90后"最倒霉，你看房价已经涨到5万、10万1平方米了，怎么办？不要发牢骚，你要想，我们像你们这个年纪的时候，还在黑暗中摸索，明明有考得上大学的能力，但是大学的门关着。你说怎么办？为此，有很多人耽误了一生的发展。我们这个年代的人，在你们这个年龄，已经住了几十年的廉租房，而且卫生设备都没有，能够结婚，有一间小房间就不错了。所以如果你今后买不起房子，不要紧，不要怨，先一室一厅地小租一间再说，等到买得起再买。那么有人会说哪年哪月才买得起啊？不要紧，到股市里来赚钱买房，我给大家指了一条道。靠工薪是永远买不起的，这个房价可能还会涨。

这是我前面讲的开场白，就是说，你们即使眼下还不具备进入资本市场的能力，但是一定要对资本市场有概念，要有正确的态度，然后做好准备，今后可以去干。这是我讲的第一个问题。

七、寻找股市里暴富的捷径：买绩优、小盘、含权、多送配的股

第二，投资理财可以实现年轻人的梦想。每个人都要有梦想。1993年，我看了很多关于台湾、香港的股票的书，我就在想一个问题：有没有在股市里面暴富的捷径？搞哲学的人喜欢异想天开。不是一般的富，而是暴富，有吗？后来我找到——买绩优的、小盘的、可以含权的、10送10的小盘股。结果我总结了一个公式：$F=(1+x)n+1$，就是每年一股送×股，n就是年份。现在我们看到，苏宁电器2004年上市的，上市你不管什么价买进，到今天涨30多倍，靠它连续的10送10。那么我就进一步想一个问题：投资小盘股可以暴富，那么投资资本市场可不可以暴富。肯定会的，那么暴富有没有公式？当时不像现在，书很少，看了资本市场的书、金融方面的书、投资理财的书，甚至请教了数学家，都说没有。真的没有吗，我琢磨了好多年，琢磨出来了：$F=A[(1+i)n-1]/i$。F就是你最终获得的财富，A就是每年投入的固定的钱，比如说一万两万，i就是每年的增长率，n就是年份。

我在给大学生讲课的时候讲的这个公式，使他们热血沸腾。我把它做了一个设定，我先

问，你想成为亿万富翁吗？他们很害怕，说不可能，但是想成为亿万富翁。怎么想？每年投1.4万，每年的增长率是20%，40年就可以。20岁的人，每年投1.4万元，增长率是20%，40年后是1.0281亿。做不到也不要紧，但一定要去做。数字不是很大，但是贵在坚持。做到一半不做了，就没办法了。某一年没做到，下一年要补上，平均增长率要达到20%，这种机会在中国有吗？有，在熊市里都有。怎么取得这20%？我会在第四部分的十八法里来告诉大家。有的年轻人说，亿万富翁我是想做的，但我担心不会有每年20%的增长率，还有想做亿万富翁想疯了、生病了的人。其实能挣到500万就够了。怎么来投？每年投资1万，每年盈利10%，到60岁退休，就是446万。但是我们很多人现在没有446万，不要紧，年轻就是资本。回去好好想想，有人说，我很激动，回去睡不着觉，借用孟子的一句话“人皆可以为尧舜”，我把它转一转，就是“人皆可以成富翁”。

下面给大家第二个公式，就是财富翻倍。我2000年在海南体育馆讲课的时候碰到了邱××，当时他还是国家统计局的新闻发言人，40多岁。我问他，邓小平1980年时说，到2000年我国经济要翻两番，结果真的翻了，这里面是怎么计算的？我是搞哲学的，对这方面不懂。他说有个七十二定律：$n=72/100i$。所以20世纪90年代，李鹏、朱镕基的政府工作报告里说，确保我国经济增长7%左右，就是10年翻一番，20年翻两番。所以年年讲七。但是中国经济很争气，每年能增长9%，结果1995、1996年我们就提前完成了翻两番的目标。所以我问这个问题，是来了解财富怎样可以翻两番。如果我们投资资本市场的话，你也必须想清楚这个问题，可以自己排一下。你可以通过自己财富的增长率来确定自己财富翻倍的时间。比如说我每年只增长10%，那么7.2年翻一番；如果每年增长14%，那么5年翻一番；如果每年增长20%，三年半翻一番；30%，两年半翻一番；40%，1.8年翻一番。这是一种方法，来排自己的财富翻番计划。根据自己的计划来确定i，也可以倒过来做代数，来确定自己必须在多少年翻番，n确定：2年，36%；3年，24%；4年，18%；6年，12%，这就是投资理财。绝大多数股民，没有这种计划，干到哪里算哪里，结果赚到的往往被砍掉。我觉得我们如果开始投资理财，首先要根据自己的情况，把这两个公式研究透，这是非常有用的公式。我们当时进入资本市场的时候，根本不知道有这两个发财的公式。所以这应该是对大家很有帮助的。

我跟一些年轻人讲的时候，他们比较能接受亿万富翁的公式。但是对于一些年龄比较大的人，他们怎么反应啊？他们在想，等我有一亿的时候，我已经老到喝流质了，有什么意义呢？对于年龄大的人，A可以扩大，因为年龄大，资金也多，你不要1.4万，3万、5万就可以快了。但是对你们在座的年轻人，我想你们首先定一个每年投1万，每年盈利10%的计划。以后走上工作岗位了，工作好一点，有四五千元一月的工资，一年投1万是没有问题的。

八、从无人理睬的“打桩模子”到真正的亿万富翁——我被深深地震动了

关于投资资本市场，下面讲第三个内容。我们讲得轻松一点，讲一些实证的东西，看看能不能成。我首先给大家讲一个从“打桩模子”变成亿万富翁的故事。什么叫“打桩模子”①？看过周立波的海派清口吗？那就是了。那个“打桩模子”，我们最早是在西康路的申银证券公司——上海最早的证券公司见面的。谁也不知道他叫什么名字，我也不知道，他对自己的身份掩盖得很实。证券公司举办证券讲座要收10元钱的门票，他从来不买门票。他的理由是“公共场所谁规定要收门票的？”证券公司的人回答不上来。他说：“你这个房子是不是租来的？”“是的。”“是不是公共场所？”“是的。”“是的就不能售票。”他还和售票的人打架。最后，有时候他就混进来了；有时候工作人员多，混不进来，他就趴在窗口，仔细听，一小时过了，人家走了，他就混进来听。他听讲座非常卖力，卖力到什么程度呢？他千方百计、削尖脑

①编者注：“打桩模子”——上海俚话，即游手好闲、投机倒把的人，小混混。

袋要去参加上市公司的新闻发布会。那个年代，一个股票上市前，上市公司会兴师动众地由当地人大常委会主任、政协主席、副省长等等带队，过来招待上海的新闻记者、专家，然后开新闻发布会。每人送一份厚礼，上市公司则用精美的宴席招待大家。结果这个老兄竟然能够场场必到。他既不是新闻记者，也不是专家，怎么能够来呢？原来他是专门问新闻记者讨名片，口袋里各种各样记者的名片都有。然后一家上市公司上市前他就打电话给公司的董事长秘书，问："我是什么什么报社的，你们的新闻发布会在哪里？几点钟？"所以他常常到各种高级宾馆，到了以后随便摸张记者名片出来，礼品一拿就进去吃饭。后来他被人发现了，我们发现他每次都来，就问他，他说他是冒充记者进来的。然后我们把他赶出去，他就走了。本来他就不是来吃饭的，他就是来拿一份礼物，看看董事长、总经理是谁，然后去问人家要名片，他就喜欢结交上市公司的高层。有时候，一天有两三场上市公司新闻发布会，他都会赶到。一直到1995、1996年他还这样。

2001年，我在兴国宾馆和一个美国学校谈合作的事情，我正在咖啡厅里喝咖啡，看到了他，我想他现在不做了，可能装斯文了。（笑声）直到我们谈完了，他才过来跟我讲："李老师，你认识我么？"我说："好像认识。"他说："我一直在等你，请你赏个光，到我家里坐一坐，看看我的新房。"我说："我没空。"他说："就两分钟，就在兴国路和昌平路口。"我说："你住这个房子？"他说："是，我买下了。"实际上他是要到我这里来显阔。我想，你这个房子我是想买的，但是还买不起，我就去看了看。他家里面很大，400多平方米，2000多万买下来的。但一进去，他的家具全都是破的、旧的，没有新的，而且都是宁波的。他是苏北人，怕被看不起，冒充宁波人。我就问他："你这么多钱，好厉害啊，应该有好几千万了吧？"他说："李老师，你小看我了，我早就上亿了。""你怎么赚的啊？""我原来贩外币，到外地买卖国库券，收月饼票、购货券，后来买认购证，再后来，一级半市场挂牌收不能上市的股票，两块、三块，然后又买了转配股、国有股、法人股，我就做这些事情来赚钱。""现在你做得怎么样？""现在高手都不做二级市场的。""你做什么啊？""玩股权，2000年就开始玩股权了，××公司、××公司……六家大公司的十大股东里都有我，不信你去看。"后来我一看，都是十大之内的，才大为震动。"那你的家具不去换一换？"他说："我没钱了，我的钱都在里面了。""那你要用钱的时候怎么办？""我五一、国庆、春节都抛1000股，一年只要抛三个1000股，兑现就都有了。"他很节省的，后来我们从他的车库出来，他的车库里都是垃圾。我问："你怎么不买车，车库里都是垃圾？""买什么车啊，我养一部车不合算的，我在大街上一招手，大街上的车都是我的。"是这样的人，才能讲出这种豪言壮语啊。他做的事情，除了贩外币有点不合法，其他的都是合法的，所以股市里面就有这样的人。

九、从余秋雨到陈发树，成为亿万富翁都靠资本市场

大家最近看到，徐家汇商城在上市之前经过了国家发改委的审核，其中余秋雨是股东，一共有×万股，很多人批评他，说他开后门，但没办法，他买的时候没人要的啊。2001年股票炒得很热的时候他买下了，那个时候成本很低，如果这次上市，它20块发行，开盘30块，余秋雨就有了×元，8年时间赚了几十倍。上个星期五，创业板一挂牌，就有86个亿万富翁出来。光是神州泰岳一个股票就有12个亿万富翁，一挂牌就是12个。现在福布斯排行榜排在前面的人几乎没有人不靠资本市场排名的，因为他们都是玩股权，新出来的比亚迪、新希望的刘永好，还有其他的一些都是这样的。紫金矿业陈发树三年前招聘了职业经理人唐骏，他很厉害的，在微软待过，在盛大待过，给他开的条件是3年报酬×亿元，这个报酬高，每年要给他×万元，但是唐骏必须完成的任务，是三年内要帮他排进福布斯中国排行榜前30名，做到了吗？也做到了。最近，陈发树捐了一个基金就有×亿，可见他的财富膨胀得多厉害。这些人都是靠资本市

场发家。我刚才讲的这些人都不是在二级市场，都是玩股权的。

十、1050张认购证，闹得人们时抢时推、时穷时富

就在二级市场做大的有没有？有的。上海有一个大户叫“饭桶”，1986年就进入股市，是最早的投资者，比杨百万还早，宁波人。1990年上海证交所成立，发认购证，这个消息人人都知道。像我们这种自以为聪明的人都不买，我们就想：认购证发行量是多少，30块的发行价是怎么定的，有多少只股票可以摇奖，摇下来的钱给谁的，中签比例有多高，认购证的周期有多长等一连串，这就是个黑箱。它只是公告：上海发行认购证，每张30元。这样一来，大家都断定，这肯定是在为慈善事业做贡献。但是，这个“饭桶”聪明，他想，共产党的第一个新生事物一定是大机会。就像前面的中小板、创业板，现在不要看高，过两年后看看，自己当时不要太傻啊，第一天就应该买的。虽然套牢，但不要紧，两个10送10你就看不懂了，房子也可以买起来了。

这个“饭桶”是很朴素的，他说，从1949年新政府成立起，日伪、国民党的银行里的存款都由中央银行兑付了。于是，他就相信这个认购证绝对不会骗人的，然后到处宣传，50多个亲朋好友、邻居全都到他的地方登记购买。江海路营业部（杨浦区只有一家），1050张全部买回来。结果刚刚买下，第二天小报上说，印刷厂日夜加班加点印认购证，印的数量不得了，这个钱肯定要打在水里了。买下认购证的人都纷纷给水果摊、卖香烟的小贩20块一张卖掉，小贩再25元、28元一张卖给路人。买进去的人慌了，原来买了的50多人，都不要了，他3万块的家当没了，堆了一堆认购证，登记了的只剩5个人要的，其他人都走掉了，他挨家挨户给，别人说我只是说要的，没有签过名，不具有法律效力。他说：“你们救救我，好吧？我3万块没了，日子怎么过？你们要凭良心啊。”结果人家趁混乱把他的单子抢过来，撕了，没有凭据了。气得夫妻两个人生病住院，住了一个星期。一星期后，厂里面工会发善心，给他们报销掉200张。还有80多张。出了院，上午回到家，下午那些登记的人就来了，20张就拿走了——原来外面炒到500块一张。傍晚，更多的人来了——原来外面炒到1000块一张。两三天以后，外面炒到3000块一张，门口就是这些人问他要回来。他说，我那200张被厂工会拿走了。这些人大吵大闹，都是几十年的亲朋好友，一算，20张就是6万块，活了一辈子，到现在也没有6万块。这个时候什么亲情、友情全部都不要了，就吃住在他家里不走了，挥拳头要打。最后有人主张打官司，他说不行，这些人都是杨浦区的工薪阶层也蛮苦的，登记也是登记了的，本子给他们撕了，他们现在反悔就算了，就给他们了。吃亏是福，宁波人的家训。认购证就给他们拿去了，拿去了700张，这是什么概念？每100张稳赚50万，一共350万，350万在1991年就相当于现在的3500万，就这么拿走了。

但是他仍在做，天天在看。后来，1994年，股市从1500点跌到了325点，硬抢去认购证的这些人都输掉了，有一个还发了神经病。他全部买的是转配股，不能抛的，就套在了里面。到了2001年，转配股上市了，赚了十几倍，等于多买了几千张认购证。这个时候，正好指数2200点，钱来之不易，股价个个都高，不敢买股票，一家证券公司说，反正你也不用，融资给我们吧，年息10.5%，于是签了协议给他。正好碰到上证指数从2245点跌到998点，一路跌下来，这家证券公司财务出问题了，赖掉了。结果他就一直等到2005年初，证监会才判定这个钱是融资给他的，才拿到钱。结果，大熊市没有亏，他拿到了钱，又正好碰上了2005年开始的998点到6100点的超级大牛市。

这是二级市场的例子。这个老人很有意思，他请我喝咖啡，说：“李老师，你是教国学的，能不能给我一个人开讲座？”我说：“你有毛病吧。”然后我们就分手了，分手了以后我的车从南京路那儿开的时候，看到这个“饭桶”挤在公交车门边，洋洋得意地向我招手。我就看不懂了，75岁的老人，儿子也没有，身价七八千万，从来不坐出租车，老挤公共汽车，因为

有老年卡可以免费，不要钱。股市里面什么人都有。（众大笑）

十一、股市里的人绝对都是精明的：古今中外智慧无所不用其极

股市里面还有很多智商很高的人，也赚了很多钱。我举个例子，有个姓吴的大户，开了自己的融资公司。有一次，在广东某地开了资本市场论坛，他去了，我也去了。结果他深更半夜来敲门借衣服。原来，是下午开完会，大家吃完饭，人家都去休息了，他去嫖娼找小姐，本来说好的500块，好像是服务了不止一次，小姐问他要1000块，他说没有，就是500块，小姐硬问他要。结果他火大了，给了小姐一个耳光。一个耳光打出大问题了，黑社会的人把他的门堵住了："今天要么断一只手，要么给5000块，不然摆不平了。"他说没钱，没钱不行啊。他灵机一动：打119，这没有火灾，打了是要出洋相的；打110，警察来了会把他抓进去，你嫖娼。于是他打了120，说是心脏病，救护车来了，外面的人说这里没有病人，里面说有的，医生来了，他就装作生病的样子，救护车把他救走了。救护车开到一半，他说："我好了，谢谢。"300块就解决了，这是股市里面很有意思的例子。没有人能想到的怪招他都想得出来，所以这种人能赚钱。但是到最后，智商太高，用坏了智商，结果就经济犯罪了，诈骗了，在那里倒卖非法发行的股票，现在还关在监狱里。但是不得不承认，他一路过来，古今中外的智慧他是无所不用其极，股市里的人都是绝对精明的人。

还有一个人，是在二级市场直接操作的，姓×，是我的好朋友。1990年在外滩和平俱乐部，我去了，他说："李老师，我听你讲课一个多月了，我现在总共只有两万块，准备跟你炒股票。"但是他在嘉定，他说："我可以调辆车子借你用，给你配个专门的大哥大。"就这样两万块起家，现在就在二级市场炒股票，天天晚上和我通电话。他个人有很多亿元了，他们三个人的一个团队去年有×亿元，现在我估计×亿元都不止。这完全是在二级市场干出来的。可以做梦吗？可以的。但是我们不要去想那么大，或者像刚才那个人那样犯罪。就是说，这个市场里面是可以做梦的。

十二、中国资本市场的发展趋势

我来讲讲第三个问题：中国资本市场发展趋势。讲到资本市场发展趋势，离不开美国金融危机，美国金融危机过去了没有？表面上过去了，实际上还没过去。我去年做过报告，用哲学观点讲金融危机的真正原因，金融危机的原因一般人认为是银行把钱借给了不该借的人，这个对吗？既对又不对。因为这个数字只有1500亿美元。第二个原因是，把不良贷款和好一点的贷款打包发债券，而且用百年老店花旗银行、摩根银行等来发。中国也上当了，还好不多，可以承受。但是美国金融危机的真正黑洞是第三个层次——CDS。就是把好的贷款和不好的贷款打包，挂牌，让场外的人来赌。比如说，谢老师说，这个包500万，我说1000万，最后讨价还价，700万。谢老师说：700万可以，但是到期以后资产没了，怎么办？我说：担保我来做，如果输了，我赔你700万，但是有个条件，你每个月要给我付保费。谢老师说，凭什么相信你呢？因为我是雷曼兄弟，我是高盛、花旗银行、摩根斯坦利、通用汽车，相信了吧？但是通用汽车就倒在这里，一个两个还可以，但到处都是，行吗？不行。最早暴露的是雷曼兄弟，结果布什发现这不是赌博吗，不能救的，就让它倒闭了。想不到后来花旗来了，花旗因为是美国的象征，中国工商银行和中国银行眼睛睁得很大的，要收它，一块钱一家，真的好收不给你。这样的赌博，就像中缅边境的赌玉， 一块石头，有人说100万，有人说30万，最后60万买下，砸开后，是200万的玉，买的人好开心。但是要是里面没有东西，你就自认倒霉。所以这个也是这样。美国的CDS交易就类似于猜玉里面有没有东西，就是纯粹的赌博，就像我们赌一辆开来的公共汽车是单号还是双号。这种交易牵涉到62万亿美元的

资金，一买一卖，要除2，就是30万亿美元，这30万亿美元有毒资产什么时候到期？2010到2011年到期，如果美国的经济不能上去，如果美国的房价不能上去，这个包里面的坏东西会再爆发，美国第二次经济危机会来。有的人说，美国第三季度经济不是很好吗？这是因为奥巴马政府比布什政府聪明，布什一看都是坏资产，结果做出来严重亏损。奥巴马说，没有到期的毒资产不算，到期的算，所以第三季度美国经济好。其实好吗？不好，所以，美国经济可能将会有第二波的探底。我最希望美国经济探底，那么我们的机会就来了。最近把未到期的毒资产剔除后，美国的经济算算还可以，但是美国经济负增长结束，并不意味着会马上进入正增长啊，因为日本也可以长期零增长，所以美国的零增长还要持续一段时间，还要看2010年，30万亿美元的毒资产能化解多少，如果只剩五六万亿美元，那就解决了，如果还有20多万亿美元，那就不行了。所以美国的银行有破产的，现在还是这样。

十三、“中国的五次盛世”——21世纪是中国的世纪

这样的危机中，我们中国可以趁机崛起。今年国庆节，不知道大家看了谢老师的文章《中国的五次盛世》没有，很长中国人志气的。大家去看看，网上有的，写得很好。我感到很自豪，你们这个年龄的人在国外自豪得不得了，中国人有地位啊。因为从2004年开始，中国的GDP一年超一个国家，2004年超意大利，2005年超法国，2006年超老牌帝国英国，2007年可能超德国，因为汇率问题，2008年超德国，2010年将超日本，因为日本的负增长很厉害。原先邓小平讲2049年新中国成立100周年中国赶上中等发达国家。现在算下来可能会在2020年左右超过美国。有人说我们人均没到，把农民也算了进去。在我看来，上海的稍许日子好过点的人比美国人生活质量好多了。所以我感到这是中国趁机崛起的机遇。奥运会前反华多厉害，我们奥运开幕式一开，声音都没有了，所以张艺谋应该记功的，应该也发给他一枚金牌。所以19世纪是英国世纪，20世纪是美国世纪，21世纪是中国世纪，这句话，肯定没错。而且我们有举国力量，有人说我们总量达到，但是人均达不到，没用的。不是的，中国人一旦有事，调动资源的能力很强。如果中国的GDP成了世界第一，台湾自然就会回归祖国，中国国力强盛了以后，“台独”想都不要想，也不用到那个时候，现在想都不要想，这次我们60周年展示的武器，有了射程400公里的远程弹道导弹，要打哪里打哪里。我们可以自己反击保卫自己的祖国。（鼓掌）

十四、格林斯潘是对的，要用积极的股市政策救经济

我感到未来中国社会的趋势，经济的趋势是向上的，这是我们判断中国资本市场最重要的一点。现在有人说我们的商品已经过剩了，如果美国的经济一直不好，我们怎么办？不要紧，因为我们还有城市化，还有这么多的农村人口，这个过程是漫长的。那么在这样的趋势下，我感到我们中国的资本市场总体的趋势是震荡往上的。我一直有一个想不通的问题：我们的运动员跑接力跑都是一棒一棒往前跑的，我们的国民经济今年总量增长了8%，明年是在这个基础上，再增长8%，后年在这个基础上再增长，这是一步步地往前走的。唯有中国的股市，就这么一段路，它要你走5遍10遍的。就像我们足球队训练运动员，它不是跑长跑，它是折返跑，我们中国股市就是折返跑的。所以管理层脑子没转过来，让老百姓赚钱他们心里难受，让你赚钱不如我赚钱，拼命地发股票，就是发新股，这工商银行、中石油，本来不是蛮好的股票吗，都是世界上最赚钱的公司。但是，由于它上市的时候，一下子搞世界第一，从此它就变成了好公司坏股票。所以这个股票我不会买，称它为好公司是对的，但是股票是坏的，因为它太大，它是外婆的外婆，永远不能生孩子。我们要有生育能力的，坏公司也有好股票，所以宁要坏公司好股票，不要好公司坏股票。所以你去看，中石油、工商银行股票都死掉了。都说有价值，

为什么没人买呢？因为你一买涨上去，它马上再融资，它资本准备金率不够，要补充资本充足率，要再融资，就是这些。他们的管理能力不行，明明是国家给他们吃的皇粮，都是世界第一，这么大，它都搞不好。然后（资金）又不够了，又要问你们再融资，所以不好买的，它不送给你钱，老是问你要。像汇丰银行每个季度送你两毛，它敢送吗，它一年给你两毛都不到。那么，最近美国的格林斯潘连续写了两篇文章，提出要拯救美国的金融危机、挽救美国的经济光用货币政策和财政政策是不够的，要采取积极的股市政策。格林斯潘这个话我感到真是讲到点子上了，因为大家看看，2009年上半年，美国的股市只有6400点，现在上万点了，就是几个月的时间它就这么上来了。我们在3月份的时候2400点，在上星期还是2900点，搞来搞去还只有20％。香港从11000点搞到22000点，翻了一倍啊，3月份到10月份就是一倍上去了，为什么？我感到我们内地没管理好。我们只知道用积极的投资政策，用大把大把的钱投资，结果当然投资过剩。钢铁，我们7亿吨产能，温家宝总理讲了，要压缩到4亿吨，我就搞不清楚了，那些人还天天说钢铁股有价值，可以投资，整个行业都过剩了你还会好到哪里去。美国就采取了积极的股市政策，所以看起来股市涨上去了，老百姓信心来了，好像很好了。然后企业股权增加了，它可以拿股权抵押去贷款，个人股票升值了，可以拉动个人消费，个人还可以去贷款。美国最希望有更多个人贷款，美国的消费占GDP的80％，个人贷款起拉动作用。然后股票指数涨上去了，这个社会就感到经济复苏了，有信心了。

十五、鸦片战争、甲午中日战争失败的原因之一：中国没有资本市场

我感到我们中国的资本市场肯定是能够崛起的，在最近的10年，我们的经济能发展得那么快，尤其是2008年以来，这一两年我们能避开美国金融危机的冲击，就是靠的金融市场。在1840年鸦片战争的时候，当时的大英帝国的GDP只占到大清王朝的1/6，但是我们被打败了；1894年甲午中日战争，那时候日本的GDP只占到大清王朝的1/5。一个是1/6，一个是1/5，最后还是我们失败了。什么原因？因为人家知道用资本市场来筹资，就发特别战争债券，然后很快融到资，购买先进武器，然后就赢了。我们的北洋水师军舰很先进的，但是没有更新啊，人家一筹到资金马上就来更新的。我们的大清王朝是怎样去筹资的？派出成群的官吏到地方去盘剥，去收，一面收一面贪污，等到拿到钱去买，仗都打完了。所以我们的未来、中国的崛起必然靠资本市场，所以我想如果把格林斯潘最近提出的要靠积极的股市政策来挽救、刺激经济，拿到我们中国来，保增长调结构，方向就对头了。所以我不知道我们还有什么招，这招如果拿来用的话非常有用，这是非常有利的。美国的GDP（增长）是负的，它的股市还可以这么涨，离金融危机前的高点只差25％。巴西只差10％，韩国只差15％，经济负增长的香港也只差25％。只有世界经济增长第一，差8％的中国内地到现在才3000多点，在半山腰，还受到了腰斩的酷刑。是管理有问题吗？有问题。所以我感到未来如果采取积极的股市政策是保增长、调结构，让我们过剩的政府投资慢慢退出的一个很好的替代品。所以我对资本市场的前景是看好的。

还有些学者，如郎咸平非常会讲话，很有煽动性，他做节目也很出彩。但是郎咸平还有许小年、谢国忠，他们最大的一个失误就是讲观点的时候没考虑到中国国情。中国最大的国情是有13亿人口，相当于五六个欧洲，世界上没有的，你郎咸平能领导吗？还有中国人多地少，人均只有0.6亩，还要照顾耕地，不能饿死人啊，这个人均占有率是非常低的，这么样一个土地供不应求的国家。李泽楷不是在那炒地皮吗？现在高上去让你老外不敢买。他们往往拿出跟收入比不成比例的房价，全世界最高，也错了。中国老百姓的收入要打一个大大的问号。美国人工资单长，收入短；中国每个人工资单短，但收入长。工资只是收入的一部分，有对夫妻两个人工资1000块也活得很滋润的，股票炒炒，麻将打打，在美国行吗？不行。还有外地来沪的属于新上海人的一族，他买房子的钱不全是自己的，他在老家的家族——兄弟姐妹亲朋好友为了捍卫这个荣誉，跟他说，你千万不能回来，回来就没面子了，你死也要待在上海。买房子买不

起没关系，我们供，所以房子还会慢慢涨。最近传来了新的信息，一个是浙江的温州，一个不大的城市，房价已经突破4万元/平方米了，比北京、上海还高。当然对你们“90后”是一个坏消息，但是坏消息可以变好消息，因为你可以想办法来实现这个目标，所以房价要大幅度下来是比较困难的。这样的话，我们每个人在资本市场争取盈利的紧迫性就越来越高了。

美国挽救金融危机，奥巴马与布什采取不同的政策。布什是用政府资产救，要经过国会两院批准；奥巴马是民主党的班底，他采用数量扩张的货币政策——也就是印钞票还有美元贬值。现在人民币是硬顶在那里，照理应该是要升，但是就是不动也升了，每年我们要损失1500亿美元左右。如果美元继续贬值，我们怎么办？所以也需要发展资本市场，搞股指期货、开创业板啊。

十六、我的股市取胜十八法

下面我讲的最后一个方面就是取胜股市的十八法，这是我的绝招。股市有风险，入市须谨慎，那么怎么会有1亿3千万人来呢？都说股市有风险，那我们哲学就是搞转化，能不能把高风险变中风险，中风险变低风险，低风险变零风险，零风险变正收益？能否找到股市中只赢不输的方法？只要不发生天灾或战争，我们能否找到只赢不输，或者极大多数赢，极少数输的办法？我找到了，告诉大家：

第一，反季节操作法。

自然界规律，《黄帝内经》曰：“春生夏长秋收冬藏”。中国股市会不会也是春生夏长秋收冬藏呢？不是，中国股市往往是“春升夏不涨秋割冬套”。（大笑）20年的中国股市，夏天从来没涨过。春天为什么升呢？因为春天如果不升，那我们全国人民一年要喝西北风了，就像农民不种庄稼，证监会、交易所、上市企业，靠谁养啊，股民怎么办？所以不管牛市熊市一般都涨的。熊市也涨20%。有人说2008年不涨，错，2008年股市好得不得了。夏天为什么不涨？因为政府春天让你赚钱，让你得意忘形，夏天让我来赚。所以每年夏天要把新股集中地抛出，一下子改变供求关系，所以年年夏天，天大热流大汗就是股市不涨。秋天有收的，但是要快，慢一点就套牢了。冬藏，就像北方人为什么这么会讲话，为什么出了赵本山，因为北方人冬天在炕上唠嗑。但是中国股市冬天只有套牢的股票。

所以我提出了相反的八个字，冬播春收夏歇秋抢（众笑），每年年底为什么跌？因为所有的私募基金、公募基金、个人、上市公司都要结账，还有国家财政，税务局全部要收，所以冬天的股市大多会跌。现在这两天有人昏头了，说：“李老师，这是一波跨年度的行情来啦。”我说你不要激动，12月份开始要跌，大家都要结账，哪有那么多人民币给你结，所以股市不跌怎么行，跌下来让你套牢你就不结账了。有人说跨年度的行情，除非国家领导人说“今年全国不差钱，今年年终不结账”。20年股市都要结账的，都是冬天来结的，大家都在结账，股市跌下来。

所以冬至开始买进，最晚拖到元旦过后1月上旬的腊九严寒。冬播，买进之后马上就跌下去了，是要准备套死的，再播，全部播完以后休息。春收，一般6月份以前，今年拖得晚一点，7月份，恢复扩容，就完了。秋抢，今年的秋天舒服了，抢了三波了，第一波2639点到3668点，增长16.26%，第二波2722点到3123点，增长15.16%，然后第三波就从本周2923点开始。秋抢抢三波，我认为现在还是秋抢的范围。11月中旬要结束的。抢完休息，然后冬天再来干。

会做的人做两波，冬播春收一波，稳赚10%、20%、30%、50%。像今年的3200点。胆子大一点的秋天再去捞一把，但是要快。在我看来，捞到春天这波的人稳赚赚好了，秋天这波做不做也无所谓了。有本事大的两波一起捞，有的前面错过了后面抢，反正抢来抢去抢10%总是没问题的。因为再傻的股票涨10%也是稳的，像工商银行这样的傻股票10%也有的。

第二，势投资法。（略）

第三，量分析法。（略）

第四，五八规律。（略）

第五，0点胜算法。（略）

第六，选股的“四幅山水画”。

我们看到在机械制图里面，明明是圆的东西，它最后变成方的了，图里面是这样的。中国的国画是讲意境的，一个很复杂的建筑寥寥几笔就出来了，这个用的是什么，用哲学来讲就是高度的抽象。黑格尔说：“抽象就是打碎它的外壳，抽出它的合理内核，抽出它最最简单的元素。”那么我把中国股市的所有的K线图和指数、所有的个股的走势抽象出四幅山水画。

你把这个东西弄懂了，买东西的时候，第二幅山水画的时候开始买一点，第四幅山水画的时候大胆地买进。有人说买了亏损了，我怎么买啊？亏损的东西在第四幅山水画的时候也不再亏损了。因为股价已经充分消化了它的坏消息和亏损，正因为有这些坏消息、亏损才买得到这个股价。正因为那些好消息，它才会是那个价。大家脑子千万要复杂一点，我这个人反向思维，我专门喜欢买传出坏消息的东西，不买传出好消息的东西。好消息股价高也坏，坏消息股价低也好。

第七，半球理论。（略）

第八，选法选股。（略）

第九，筹法。（略）

第十，论法。（略）

第十一，股本挑选法。（略）

第十二，选股抓外生成长性。（略）

第十三，止损止盈法。（略）

第十四，波段操作法。

学哲学的人都知道，事物运动的规律是波浪式前进，螺旋式上升，趋势是往上的。在股市里面，就表现为波段。曲线比直线长。那么，我们怎么来把握高点和低点呢？我刚才讲了成交量、各项的技术指标，然后市场的人气、它的周期等等我们都可以判断，这个不展开讲了。

第十五，提前判断热点。

我们有很多人，等到大家都知道这是热点了，他才去追。而往往在晚期去追求这些热点的人，往往一套就是几年，这就是我讲的热点要提前。要提前把握热点，比如说明年世博、迪斯尼，就提前埋伏上海本地股，然后搞一个组合——概率论的组合，搞10个。因为上海本地股太便宜了，像交运、强生、申达，现在都还是6块多，现在它们重组都不止这个价。所以你可以去搞一个组合。

第十六，指数与个股的错位论。（略）

第十七，反大众预期法。

很多人迷信机构的报告，你去看好了，每年年底机构对来年的预测，很少是对的。在2007年底说中国的股市到8000点、10000点的大有人在，结果来了个1600点。然后到了2008年底，说明年全年没行情的，没用的，是“L”型，结果来了个“T”型，一路往上走。不要说大众了，机构的一致性观点也要错。想想他们也一定会错，他们说跌，还会有人买吗？他们说涨，还买得到的吗？中国的机构我认为可能不是他们水平低，有部分可能是骗人的，不要轻易相信。像我和谢老师一样讲真话的寥寥无几。

第十八，用心地研究政策取向。

中国的股市都是政府调控的，现在的调控手段是越来越娴熟了。要上创业板，就上创业板；为了上创业板，先把主板打下去。创业板出来，再一起上去。以后再推一个股指期货，大家都不怕了。政府现在有的是筹码，有的是国家的力量。所以我们要用心研究政策取向，我发现每一次重大的行情，无论上涨还是下跌的行情都是和政策有关的。1993年、1994年从1558点跌到325点是和通胀有关而下来了；1995年、1996年从512点到1510点也是和反通缩有关的；1999年“五一九”行情是和“国企三年要扭亏”、“股市为国企服务”有关的；2001年到2005年的下跌是和国有股减持寻求方案有关的；2006年、2007年的上涨是“股改”和“人民币升值”两大原因推动的；2008年大跌是抑制经济过热，防止通胀加上美国的金融危机造成的；2009年时全国的背水一战，国际金融危机之下，“保八”一定要成功，就让股市上去了。政策取向里，经济是一个因素，特别是货币政策的变动也是要密切地加以关注。

我就简单地介绍这18种方法，希望能够有一两点对大家有启发，谢谢。（长时间热烈鼓掌）

注：关于18种方法，李志林老师分析得非常详细、认真，受到了复旦大学学生们的热烈欢迎。但由于篇幅所限，不能在此一一详载。读者可与李志林教授直接联系（上海中山北路3663号华东师范大学，总机：021-62233333转，邮编：200062）。

（本文讲座时间为2009年11月5日，于复旦大学）

一个复旦校友极为辉煌的投资历程

——从借款10万到筹措公司上市

金 脉

谢百三：今天我们请来了自己学校的校友金脉老师，从哲学王子到投资大家，他是我们复旦哲学系的两大名人之一。复旦哲学系的两大名人，一个是郭广昌，复星实业的董事长，另一个就是金脉。金脉是1996年的7月份开始创业，借了10万块钱，投资理财，搞证券，搞金融。现在已经转到实业这方面来了，办了很好的实业。

我从来就认为，不论什么专业，金融的、管理的、经济的，还是哲学的、数学的、化学的、历史的，都可以学好金融学。不要以为只有高级计量经济学的数学模型才是金融。不是这样的。数学是一门重要的经济学工具，但数学不等于经济学。搞经济学、搞金融要认真，认真地学。今天我们把金脉老师请来讲课。我们已经好几年没见了，他还是这么年轻，真令人高兴，他的事业已做得很大了，已在想办法在创业板上市了。大家热烈欢迎!

金脉老师有件事我印象很深，好几年以前，他听了我“中国当代经济政策”的一门课，从此以后决定从哲学转向金融学。（长时间鼓掌）

一、一课之恩，涌泉相报，感谢谢老师把经济学之火传给我

感谢谢百三老师和各位师弟师妹，给我这么一个机会，让我十多年以后再回到复旦。就像刚刚谢百三老师讲的，我是1987年来复旦读硕士研究生的，谢老师当年在复旦就非常红了，估计现在比当年还要红。当时谢百三老师开了一门叫“中国当代经济政策”的课程，在我们复旦是顶级的金牌课程。我们修哲学的也慕名来听。当然，我自己来听这个课的时候，也有前面的一些思想基础，这里就不去说它了。后来谢老师讲得很好，当时中国还没有股份制经济，他就把股份制经济的星火传到了复旦，当时我们听了之后非常开眼界。所以后来就“误入歧途”了，不研究哲学，开始研究经济了，受了很深的“毒害”。（众大笑）后来不研究哲学开始做生意了，我们哲学系的系主任吴晓明教授，他比较鼓励我，说了这么一句话：“你去经商，是中国哲学界的一大损失啊。”这件事一定程度上要怪谢老师。（继续大笑）

所以谢老师让我过来跟大家交流交流。谢老师曾经在那个阶段对我有恩，一课之恩，一字之师都应该铭记一辈子的，一课之恩当然也应该有所回报了。所以就来跟大家交流交流。因为谢老师是一个意志力非常坚定的人，他要是抓住了你，就不肯放了，是很难摆脱的，不如早点来交差。（笑）

那现在呢，我就来讲一下。从1994年我弃学从商之后，一开始就和谢老师讲的一样，做股票，看走势。后来就是做股权，再后来就是做实业。我这十几年就走了这么三个阶段。对人生的道路，我相信在座的各位师弟师妹都很有自信心，都为自己的人生设计好道路了，今后就是按照这个计划往前奔。经过十年二十年之后，你们就会知道，人生的道路不是自己设定的。人在十年二十年之后，到底会走到哪里，你们想都想不到。要保持一种对于客观世界灵活应对的心态。

二、全家脱贫致富的希望迫使我放弃大学教职而下海经商

我1990年硕士毕业，到那个当时叫作“第一医科大学”的学校去教社会科学。现在这个学

校已经被复旦收编了，是吧？从1990年到1994年在那里教书。然后又从学校里走出来，去做证券。那时候我对哲学还是很痴迷的。但是为什么会走出来呢？一句话，就是“穷则思变”。穷到什么程度呢？1990年我在学校里面任教，第一个月的工资是124块。我在复旦读研究生的补贴就有94块了，等于就是从穷学生到穷教师，这个钱就只够我自己吃饭的。我们家是安徽农村的，我姊妹四个，所以全家人把脱贫致富的希望都寄托在我身上了。每个月只有124块，哪一天有脱贫致富的希望啊？（笑）所以那时候穷得连女朋友也交不起，交女朋友也可以，就是得女孩子埋单。所以我们这块复旦大学的牌子还是很牛的啊，别的不敢说，女孩子埋单还是情愿的。我在学校里教到1994年，工资也只涨到350块。那时候确实是读书无用论泛滥的时候，当时都说“搞原子弹的不如卖茶叶蛋的，拿手术刀的不如拿杀猪刀的”。所以那时候下海从商的理由，实事求是地说，就是经济上没有出路。因为我在家里是老大，要带领全家脱贫致富，起码要让后面的弟弟妹妹们能够上得起学。就由于这种压力，从哲学王子变成了一个商人。

三、上哲学课受到医学院同学敲桌子，鼓掌欢迎

第二个原因，也很有趣。到1994年的时候呢，我在学校教书教不下去了。个别领导不让我教了。我当时在医科大学人文学院教哲学。你们知道医生和大家的观点不太一样的，在座的有学医的么？有一位。可能你比较特立独行。一般学医的同学跟复旦的同学相比，复旦的同学多是抱着治国平天下的抱负来的，很关心社会上的事物，关心人类的命运。反之，学医的同学，要么是世家，多数人不关心社会事物，他们关心的是人的身体。他看到每个人都是生物的个体，脑子里想的都是刀子从哪里下去比较好一点。所以我到医科大学去教哲学，教着教着就变成社会学了，社会学教着教着就变成社会政治学了。一开始学生们也就是一边翻英语书一边装着听，后来呢就慢慢地听，再后来就认真地听。最后我每一节课一般都有十次以上的鼓掌，比我们在复旦的讲座要热烈。（热烈鼓掌）我上讲台的时候一路就是鼓着掌送我上来，等我讲到高潮迭起的时候他们就拼命地敲桌子以示回应，我走的时候还鼓掌欢送我。所以这个课我只讲了两个学期，到第三个学期就调整了。个别领导说，金脉啊，你这个思想比较活跃，我们调整一下，有更重要的任务给你。前两年，有很多研究生，博士，还有很多海归，都来听我讲课，后来都成了朋友。有件事很感人：第二个学期结束之后，考完试，他们竟然都拿着课本来找我签名，我说我又不是明星，签什么名啊。他们说，你比我们眼里的明星还要明星。每个人都让我签。很荒诞的是一个女孩子拿裙子让我签，我说这个我干不了。第三个学期学校就不让我教了，让我带着一个二年级的孩子班出去玩，而且也不能讲哲学和政治了，要教逻辑学。（笑）所以在医科大学，无形之中也把我教学这条路给堵上了。其实，像我们这样从复旦出来的，讲什么事情是“从心所欲不逾矩”。起码我在上课的时候也不会偏离这个规矩，但是不知道为什么他们就是怕。后来听说有个说法，讲哲学的时候没人听是正常的，有人睡觉更正常，有人鼓掌就不正常了，肯定是有问题啊。所以后来呢我感觉到在医科大学这个山头上教书，看来是很难教下去了。于是，我就开始考虑另谋工作与生计了。所以许多事是逼出来的。

四、感谢小平同志鼓励发展证券市场

不过我们要以感恩的心对待这个社会啊，好在1992年邓小平南方谈话，一个八十多岁的老人，给中国的改革开放带来了第二个春天，在上海率先开设证券市场。一开始我也不是很有兴趣。我记得一开始发认购证的时候，“认购证”谢老师肯定也跟你们讲过，一张后来可以赚一万块，买的时候多少钱呢？30块一张。我记得那时候市中心有个上海工人文化宫（在广东路，黄浦万国在那里），好多人在那里倒认购证，炒股票。这个文化宫的五楼，每年秋季都有一次文汇图书展。我记得1992年还是1993年的时候，证券市场已经开始了，我去五楼买书，

抱了一摞书下来了很高兴。在楼下看到好多人在炒股票，炒得也很高兴。我就觉得很奇怪，这帮人像流氓一样的干什么呢，吵吵闹闹的。“街头股评家”在那里滔滔不绝，像讲国家大事一样。反之，我想在他们眼里，一个人抱了一摞书下来了，肯定觉得这人是书呆子、傻子，都到了证券经济的时代了你还在那读书。但他们的狂热引起了我的重视，证券市场一定有迷人之处。后来到了1994年，我就自己出来了。

我觉得在所有学问里面，百无一用是哲学。但有意思的是，这“百无一用”里也有股票这个东西。股票，我给它的定义就是“抽象的商品”。商品有很多都是具体的，比如桌子、电脑、水，这都是比较具体的，股票是一种抽象的商品。而哲学是所有学问里最注重抽象的学科。所以呢，学哲学，研究哲学，最后炒股票，好像就是到对门串门儿一样简单，很自然。从学校出来，我就没选别的职业，就到了证券公司，帮公司炒起股票来了。因为哲学和股票在精神上是比较接近的。我们知道有一个一度“臭名昭著”的投机大师索罗斯，掀动了20世纪90年代的东南亚金融风暴，而且在这次的金融危机中，这人还能赚钱，好多人都对他恨之入骨。这么多人亏钱了，他还能赚钱，为什么呢？因为他是研究哲学的。他本身就是一个哲学家。反之，大家知道在美国有一家基金，曾经红极一时，是一帮有理工科背景的人、诺贝尔奖获得者组成的基金会，后来成千上万的投资者被他们玩得血本无归。①接触了股票之后，我发现股票投资是一门艺术，它综合了心理的、社会的、政治的、经济的各种因素。它是一门艺术，绝对不是说拿若干参数和一个固定的模型，机械地代入，最后来决定是买还是卖。如果是那么简单，大家想想会是什么结果。如果有一个人，发现了这个模型，那他也不要去调查研究了，什么都不用干了，他只要呆在家里，有一台电脑，就可以把世界上的钱都赚到他们家里去。这种可能性是没有的。但是许多出身背景是理工科的人，比较迷信模型这种东西。可以说，股票里面，痴迷于模型，推销模型，鼓动大家以某种模型来谋利的人，基本上就是“以其昏昏，使人昭昭”，如果不是这样的人，那他就是骗子。所以你们如果涉及到证券投资，千万不要太盲从迷信模型。这点上，咱们的谢老师是个很好的榜样。他一直保持着理论密切联系实践的心态，这种心态是正确的。

1994年之后，我进入了证券投资这么一个领域。做到1997年，是给别人打工。1997年之后，自己开了家公司。到了2001年前后，可以说是掘得了人生的第一桶金，从此人生道路也跟以前截然不同了。

五、复旦大学哲学系出了不少企业家，我希望排名第三

所以哲学和股票投资，有很密切的关系。最近我听说大学里愿意学哲学的学生中尖子生比较少。我觉得，可能是因为好多自以为聪明的孩子其实不够聪明，如果你够聪明的话，先在大学里学两年哲学。如果你把哲学学通了，再学别的就会更加容易。我们举个例子吧，复旦大学出来的实业家有很多，谁的事业做得最大？原复旦团委书记郭广昌。他就是复旦大学哲学系出来的。谁投资做得最潇洒？虞锋，他也是哲学系出来的，是我的同门师弟。谢老师刚才把我地位拔高了。在复旦哲学系，他比我的地位高。他和我是一个导师。他在聚众传媒跟分众传媒打得不可开交的时候，卖给分众传媒了，之后自己拿了几千万美金和25%的股份，潇潇洒洒地到美国去游学去了，留下一个大摊子让江南春他们没日没夜地去辛苦吧。多聪明啊！同学们为你们的哲学系鼓鼓掌啊。（大家鼓掌）

这两位都比我年龄小，都是我的师弟，也都比我有出息。所以我的压力很大。早两年，每

①编者注：金脉这里讲的是1997年，诺贝尔奖获得者默顿、斯考尔斯等指挥科学家火箭对冲基金严重失误，造成90%的巨亏；后由格林斯潘亲自调动美联储来拯救美国金融市场一事。次年，受此刺激，经济学诺贝尔奖授予一位文科学者，印度的一位福利经济学家。

年年底的时候，我的导师陈京璇教授都会把他比较得意的弟子叫到家里来吃顿晚饭，大家交流交流。陈老师经常讲，我们哲学系，不说学问，从企业发展来说，已经出了一个郭广昌，又出了一个虞锋，金脉啊，下一个就看你了。我的压力很大，所以这两年都不敢到他家去了。

六、懂金融不懂哲学则盲

德国有个古典哲学家，叫康德。他有句名言："理性无感性则空，感性无理性则盲。"那么哲学和其他学科是什么关系呢？比如说金融学，也可以这么说，懂金融学不懂哲学则盲，懂哲学不懂金融学则空。所以我们学哲学的人去玩金融，肯定要先把金融学的知识学一学，像谢老师的知识我都要学一学，得把他的长处吸收过来。所以学哲学的人学其他的知识，是肯定要学的。反之就不一样，学金融的，学会计的，或者学历史的，他不见得会学哲学，他觉得哲学这个东西可能若有若无，这就是你们的损失。所以从长期来看，为什么学哲学的玩股票玩得更好，道理就在这里。

后来股票我玩到2001年前后就不玩了。大家看一看中国证券市场的发展历程，就知道2001年前后是一个高峰，2240多点。然后从2001年到2005年一直跌到1000点。反反复复，每次都淘汰了一部分人。从2001年起，我基本上就不玩了，转向了研究股权投资。

七、股权分置使二级市场股市运作难上加难

这就是我的第二个阶段，从玩股票转向了玩股权。

为什么会发生这个变化呢？2001年前后，大家都很热的时候，我感到二级市场玩不下去了。为什么呢？当时有两个因素，一个是证券市场从国外回来的"海龟"越来越多了，"土鳖"越来越少了①。"海龟"来了干什么呀？讲规范，讲"洋规范"。然后就是"加强监管"。加强监管是对的，但不能处处照搬国外模式。中国股市2001年是个分水岭，之前是"庄家时代"。为什么会形成"庄家时代"呢？因为所有的股份只有30%是流通的，70%都是不流通的，流通盘很小。那个时候呢，有个几千万资金，最多一两个亿就能把一个公司，哪怕是个烂公司炒到天上去。2001年之前就是庄家盛行，你有庄家的消息，就可以赚钱。"海龟"来的多了，就开始打击庄家，规范炒作行为，然后那批想在股市上兴风作浪，想坐庄来炒股的人呢，就没有出路了。我是反对庄家的，但也不主张按国外模式，管得太死太细。这样的话，这个市场就会平静，就会没有利差了，不活跃了。

再一个因素就是，当只有30%的股权是流通的时候，会发生什么事呢？70%的股权就是发起人股，他们的利益和流通股股东的利益是不一致的，他们不看股票的涨跌，涨跌和他们没有关系。最典型的就是那个经过若干次炒作后，当时一只叫真空电子的股票，已经不知道被庄家炒作过多少轮了。最早的时候，发生过一个笑话，有一次，这个股票跌得很凶，从二十几块跌到几块了，有股民就找到这家公司，说你们怎么回事，股票怎么跌得这么狠。这个公司董事长竟说了一句名言，他说："股票涨跌跟我们有什么关系？是你们股民自己的事。"这事要是在香港就是轩然大波了，股票的涨跌跟股东的身家有直接的关系。但是在内地就不一样了，因为他的股票是不能流通的，你的股价再高，对他没有影响。那他发股票干什么呢？就是要圈钱。当然，他也会希望股票涨，什么时候呢？当他想套取社会资金的时候，他就会配合庄家把它炒高。拿到钱之后，就不管了。所以，大股东和小股东之间利益不一致，他不会关心股价，那么你去这样的二级市场里寻找机会，那不是缘木求鱼么？机会会越来越少。所以鉴于这两点，我

①编者注：中国留学生出国回来的人才叫"海归"，也被戏称为"海龟"；"土鳖"指在国内学习就业的未出国的人才。当时证券市场各大机关、机构起用了不少海归人才。

当时就认为二级市场是绝对不能玩了。①

那么二级市场不能玩了，什么东西能玩呢？在这个市场里面呆着的就必须思考这个问题，我们学哲学的跟学其他的有一个区别，就是特别爱思考，甚至纯粹是为了打破规范，你们学其他专业的可能就在规范之内思考，我们学哲学的就是要打破规范来思考。这是哲学家的思维和一般人的思维不一样的地方。

八、政府一定会让大股东流通，从二级市场转向股权投资

那么，思考下来的结果是什么呢？就是这种大股不流通，只让小股流通，这种市场，第一会走向死局，第二，这是中国的证券经济所不能允许的事情，如果这样的话，这个市场就死掉了。这个市场死掉的话，作为市场经济的火车头，它就失去意义了。那我们的这个经济改革开放还要继续，所有总有一天，政府会让这个不流通的股东流通，让它跟这个流通股东同呼吸，共命运，同股同权。那个时候，他就会想方设法维持高的股价，这样的话你投资才能够比较安全。所以，我当时就根据这个思考，不断地往前走。2004年的时候，你们有兴趣可以上网查一下，我出了本书，叫《决战全流通》，我跟华东师大的葛正良教授合编的这本书，我出了思路，他出了人写。这个是工商时报出版社出版的，是在2004年，而我们的股权分置改革是2005年。我记得当时，我和谢老师在附近有个叫“小天府”的酒家还发生过一次争执。我跟谢老师关系很好，所以就经常交流一些比较内心的想法。我认为，全流通一定要搞，那个时候还是2003年大概还早，谢老师当时就认为，“应该的，金脉你说的是对的，应该搞，但是政府不见得会搞啊。政府搞了，你说万一国有企业，国有大企业，一旦全流通了被外国人买走了怎么办？”现在想这个想法呢，是不太会发生的，对不对？涨高了以后让他们买好了，从此以后100块的价钱谁愿意买谁买好了，他不愿意买了，10块钱他都不愿意买了，不存在这个事。但当时，经济界也好，政界也好，确实都有这个想法，因为要打破一个规范是很难的。

中国社会最近30年的变化还算快了，但归根到底里面的一些制度要想改变确实是很难的，一些人不敢想也不敢碰。当时，因为我们是学哲学的，所以就没什么规范。其实不敢做，就要先敢想。我认为，全流通一定要搞，而且全流通之后，股市（当时是1500点左右）大概要涨个两倍，比较合理。那么这种想法，不仅谢老师，你当时可能有些不理解。现在的交通银行董事长胡怀邦，当时在银监会做副主席，他那个位置比较高，他是北京金融学院院长出身，北京高层的信息、北京金融政策的变化，他应该很清楚。我说有没有可能搞全流通，因为不搞全流通的话，中国股市就垮掉了，搞了全流通后，股市会暴涨。他说，“第一，不大可能；第二，就算搞了全流通，股市也不一定会涨。”前不久，我们又见了一次面，他说，“你的眼光很独到啊。”所以，要想训练出独到的眼光，劝大家多读点哲学。

有了这样一个思路之后，就会有行动，我认为全流通一定要搞，那么全流通搞了之后，什么样的投资会获益最高呢？你们想想，什么样的投资会获益最高？当时股市是1500点，有人就决定二级市场不玩了，那么什么样的投资获益最高呢？就是当时的法人股。就是一个不流通的股本，这个不流通的股本当时价格特别便宜。黄金很值钱，因为它能流通，如果不流通，如同粪土。因为法人股不流通，所以它的价钱非常低，很好的东西只按照面值1—2块钱进行交易。偶尔买家多的，它又会波动到2块多到3块也不会再高了。但是二级市场是什么价钱呢，已经1500点了，二级市场价钱还是10块钱以上，平均价格要12到15块。法人股只有3块钱以下，那有人当然就买法人股，因为法人股将来流通了以后呢，跟二级市场是接轨的，哪怕二级市场不涨，我法人股跟你一个价，也可以赚得比较好。所以那个时候，有人就主动地从二级市场转向了股权投资。

①编者注：金脉在这里实际上是批判了股权分置的危害性。

九、一级半市场收金藏银，真是个阿里巴巴啊

在这个问题上，我想多说几句。法人股之前，有一个“一级半市场”。在此之前我玩过一级半市场，这个“一级半”是什么东西呢？你们在座的有谁说得明白么？跟着谢老师学证券，千万不能就是亦步亦趋，谢老师讲到哪里你就学到哪里，这绝对不是好学生。要想成为一个好学生，就要把谢老师没讲的，也要去学习，这样你才能成为好学生。谢老师讲了当下的市场该怎么干，那么你要理解当下的市场，你就要把以前的市场历史翻出来，自己去学、去摸。中国的证券市场是怎么来的，你要挖根。你不挖根，跟着谢老师学，谢老师他是积累了十几年的经验的，他说一句话，100斤的分量到你们耳朵里就只有10斤了。别认为你们听进去了，其实差得远了。要想尽快接近谢老师的水平，必须下苦功，谢老师讲了一个小时，你必须花三个小时去阅读，阅读证券市场其他的文献。你们要是被动地，或者说是机械地跟着谢老师这么讲的话，你的这个证券是学不好的，很难学好的。

什么叫一级半市场？先说一级市场，就是发行，发行完了以后就叫一级市场。发行完了还没开始上市交易，明天私下开始交易了，这叫一级半市场。这个一级半市场是什么人玩，你知道么？全部是社会上的，或者叫社会人，全是社会人玩，就是一些没有正常职业的，甚至有少数一些是有刑事背景、犯罪记录的人在玩这个一级半市场。上海是中国最大的金融证券城市，你们知道在上海，除了做实业的不算——做实业的上市了，这些人不算，那些纯粹没有搞实业，或者没有拿自己的公司上市，通过证券市场赚钱的是谁么？就是这些玩一级半的人。我知道里面有个名不见经传的人，他也不愿意出名。他们有一个队伍，这些人的素质表面上看很低，很多人高中都没有上过，只是初中甚至是小学水平，跟你们的学历差得很远，但是他们的财富是你们的一万倍。其中有一个人就是高中没上过，他去里面投，这个人现在身家在30亿—40亿之间。

中国社会绝对不是你们所看到的那一个层面，它是很厚的。中国社会现在是越来越厚了，有很多层面，你们看到的可能就是这样一个层面，比较光明，或者说有光明，有灰暗。但是，下面还有一个层面，再下面还有一个层面，你们是不知道的。你们要想办法了解下面的东西，不要总是盯着上面，你们如果不了解下面的东西，你们的脚也不踏到实处，脚踏实地，甚至是扎到地下去？你们将来想做什么事情，想做大都很难很难，真的是这样。千万不要被自己身上现有的光环所迷惑了：我是天之骄子，我是复旦学生，我出来就应该怎么样怎么样。年轻是你们最大的优势，也是你们犯错误的理由。但这种心态千万不要保持得很久。比如说大学出来了，在社会上混个一到两年，这种东西都应该扔掉。要论到做事情，在这个社会上，跟这些玩一级半的人，跟这些没有学问，甚至是一些有犯罪背景的人相比，你们差得远了。我为什么敢这么说？因为这是我自己的切身经历，我跟他们学了很多东西。因为这个社会的成长，社会的发展，社会的各种东西，绝对不是书本上所能够看得明白的。我们所看到的只不过是很浅很浅的一部分，这大树的根，深深地在地下。你们一定要注意。

我当时就接触了玩一级半的这些人。这个股市，大家都知道，我入市的时候是1200点，就是上一个高点，第一个高点，1200点。1993年、1994年，1200点后来跌倒325点。然后再涨到2001年的时候翻了一倍，变成2245点。这里面的，就是说，好多人都输掉了，输得倾家荡产。但是这些玩一级半的人，身价暴涨。他们是能够拿到这个发行以后还没有交易，或者是另外一种股票，当时叫作内部职工股，现在已经没有了。当时就是每家公司要发行股票，它会为自己的职工留一定的份额，叫内部职工股，干部多拿一点，职工少拿一点，每人都配一点，等到上市就发财了。但是这个股票，有个特点，要公司上市三年以后才能流通。好多公司，上海的公司可能好一点，外地的公司，它这些股东、职工生活水平很低，拿到这个股票什么时候上市他也不知道，什么叫上市也不知道，什么叫股票，这东西不就一张废纸么，骗人的，我们公司我知道的，烂得很，股票怎么能赚钱？这么一批玩一级半的人，就到他们家里，去动员他们卖出

来，用很低的价钱买在手里面，然后等到三年一上市，有可能就3倍、5倍、8倍这么赚钱。所以这么一批人，还是上海证券市场里的一些“大鳄”，他们不去做庄，他们甚至也不去发行股票，他就干这个，发了大财。他们认为一级半市场，内部职工股市场里面收金藏银，这里是阿里巴巴的山洞。我们纯粹从财富的角度看，来讲这个问题，因为你不是学金融学、金融工程学的嘛，从怎样积累财富的角度来说，这些人，比我们聪明。所以我不是建议大家不学书本上的知识，不听谢老师的课，要听，要学，还要好好学。但是，一定要保持另外一部分，至少50%的心态是开放的。千万不要认为课堂上学的东西，书本里说的东西，就是真理，就包医百病了，不是的，连一半毛病都医不了。要想使自己金融方面的能力增加，就要了解社会上一些你以前闻所未闻，见所未见的东西。

所以，我跟这帮人接触，这帮人都是很粗野的，各种各样的表现，言谈举止都很粗野，一开始跟他们接触我也不习惯。但是，又说到学哲学这个问题上，就是比较变通。学了哲学就会变通。所以，慢慢就跟他们交上了朋友。在2001年之前，就跟他们玩这个一级半市场。当时我们就从二级市场抽了些钱出去，交给他们到外地去，买这个一级半的东西，买这个职工股。他们都是拎着箱子去，一箱一箱的现金拎着去的。记得一个箱子大概能拎150万元。这个是不规范、不安全的行为，人民币怎么能够这样子运？然后出去收。收过来一上市，就卖掉了。你知道他们把我们看到的充满希望的这个二级市场，叫什么吗？叫作“垃圾场”。他们到这个市场来干什么的？来倒“垃圾”的。①所以你们要能在这个市场里找到金子，就相当于在垃圾堆里面找金戒指一样，非常难。因为哪怕就是有那么一个金戒指，被万倍的垃圾盖着，你怎么能够找得到？那个幸运的人怎么就是你呢？很难的。所以我不接触这些人，我也不知道，我刚从学校毕业出来到证券公司的时候，很有自信心，认为没有我学不通的道理，从小学到研究生，认为都是尖子生，没有我学不懂的方法。所以，我就认为这个证券市场，靠我们的脑子来建立一个模型，就可以无往而不胜了。殊不知，我们玩的是垃圾。我们是在垃圾场里玩游戏。而那些倒垃圾的人，就是赚了我们的钱，高高兴兴的。所以这个社会，是很多层面的，要多了解一些东西，把自己的思想增厚了，这是玩金融所必需的一些准备。我通过跟这些玩一级半的人交往，也让我自己大开眼界，重新认识了社会，了解了这个社会究竟是什么样子的，社会的力量到底在哪里。书本知识重要，但是绝对不能拘泥于这个东西，应该走到这个社会的底层去，去了解了解这个社会的力量到底在哪里。最大的力量，在民间，在社会的底层，绝对不在书本上面。要意识到这个很不容易。越是读书好，越是迷信书本的价值，迷信书本的力量，所谓知识就是力量。但其实，好多时候不是这么回事。你们知道咱们南宋有位伟大的诗人叫陆游，他没死的时候，总是壮怀激烈，总是想着讨伐胡虏，然后收复中原失地，一辈子就是郁郁不得志，总觉得自己有满腔的热血、宏大的理想，皇帝却总是不任用他，到了晚年他才知道，这个收复失地根本是做不到的事情，不是皇帝不用你，用了你你也做不到。为什么到了晚年才知道？因为他阅历丰富了。所以他到晚年，留给儿子的诗里面，有一句话很有名的：“纸上得来终觉浅，绝知此事要躬行。”书上得来的东西呀，太浅了，只不过是很浅很浅的，只是一棵小草，绝对长不成大树。真正要想知道这个投资是怎么回事，改变社会又是怎么回事，一定要去实践，多实践，多了解社会底层的人在干什么，多了解实践中的人在干什么。所以，谢老师请我来，我也想顺便说点实话，说点心里话，因为好多人是戴着面罩跟你们讲话的，我很难得来跟你们讲一次，跟你们讲实话。将来你们，我知道很多人很快就会走到社会上去，千万要丢掉我是复旦骄子这样一种光环，这是自己欺骗自己的东西。你越是迷信这个东西，你将来栽的跟头就越大。你越是早一天把这个东西褪去，拥抱大地，你才能干出大事。

后来职工股这个东西，玩到2002年前后就没有了。证监会也意识到了，这个职工股说是给职工的，实际上职工没赚到什么钱，大部分被管理的高层拿去了。其次职工股1块钱一股，上

①编者注：这种提法值得商榷。

市变成10块，不公平。再次，政府发现了，证监会也发现了，流到职工手上的这些东西，职工，甚至是一些管理层，他们也没有把职工股握在手里面，而是流到一帮“倒手”手里了。感觉到这样，再搞这些东西就没有意义了。所以到2002年就停掉了，内部职工股就停掉了。一个公司，如果说你还有内部职工股，还有一个内部职工持股会，对不起，这样的公司你不能上市。你要把它通过一定的方式处理掉，不处理掉你不能上市。就是为了防止职工股，防止这个市场的无效化。那么后来，因为我考虑到要股权流通了，这个一级半东西不能玩了，内部职工股这个东西不能玩了，那么玩什么呢？有些人就玩那些还没有流通的股票。

从2002年开始，就在上海，上海毕竟是中国金融的龙头，它不是谁说龙头就是龙头，它自然的有那么一批人，在这里边，创造出一种新的金融手段，然后带动我们的金融政策在发生变化。所以当时，就会有些没有流通的股份，在典当行里去典当融资，然后再拿到拍卖行里去拍卖。这个东西原来它拍卖行里的经营范围没有的。原来它拍物资，拍地块，拍命名权，拍专利，谁让你们去拍股票？没有这么一个流通手段，没有这么一个交易手段。不过市场的力量是伟大的，人民的力量是伟大的，尤其是基层人民的力量是伟大的。星火燎原，上海滩没有一家拍卖行不拍卖股票的，不拍卖股票你赚什么钱啊。由上海延伸到江浙，再往内地。当时的法人股拍卖，蔚然成风。所以我们当年改革，就是一个典型的案例。我们的改革不是谁特别聪明，当然邓小平很聪明，是总设计师，但是不是他一个人的智慧，我们的改革，好多智慧都是民间发明出来的，再突破这个社会的规范。突破的时候还受到打压，甚至可能要关到牢里去。就是人民创造了这个新的东西，然后政府发现，这个东西与其堵，不如改，就变成了改革措施了，这显得我们的政府非常英明。善纳民意，这也是英明的表现，与那些木头脑袋、打死了也不愿意吸纳民意的政府相比，我们的政府相当聪明，相当英明。这个法人股拍卖，拍卖行里的经营里面没有啊，当时压不住，大家都干这个。后来发现这个已经冲击正规的市场了，正规市场大家都不玩了，都去买卖法人股去了，那么正规的市场有两条道路，第一条是你把法人股流通，法人股开放，但还没有走到，还没有可能一上来就做到开放，让不流通的股票马上去流通。那怎么办呢？只有先把这个火苗给扑灭。就在2003年前后，把这个法人股拍卖——我讲了一些书本上没有的东西——当时很热的，给叫停了。因为我们的政府还是很有力量的，后来就叫停了。

停止了以后，这个法人股好像就没有办法交易，不然。市场的力量真的是伟大的，无孔不入。你法人股拍卖不行了，他可以有另外一条途径，就是假如某家公司，他手上有上市公司的股票，他拿股票这个东西到银行去抵押贷款，后来这笔钱还不了了，银行就到法院起诉，说他欠我钱不还，你把他抵押在我这的股票给拍卖了，我把本息拿回来，剩下的是他的，没有该他倒霉。这个司法处分股权的方式还存在，于是社会上的这批投机分子，我们用一个负面的说法，叫投机分子；从正面来说，是他们一次又一次地冲击坚硬的外壳，我们当时政策的坚硬的外壳，就是他们通过某种方式把它戳破了。就这批人，比方说谢老师欠我钱，老赖，怎么都不还。这个我也不能派人去打他，只得找一法院，你看怎么办。然后法院给强制执行，说我拿去拍卖。所以谢老师的这个股票，就会被法院查封。查封以后就是拍卖，拍卖以后到证券登记公司去登记，然后就过到我的户上了。本来谢老师的股票是通过3块钱这个价格卖给我的，后来一流通，变成30块。就通过这种方式，没有流通的股票在流通了。从正常的社会面来看，是一个不规范行为，或者说起码是不合规的，里面还有一些不妥的手法。但是正是这些东西，一次一次地冲击、刺激我们那些传统体制与传统思维，最终推动全流通。因为你这个股权不流通，不是个事儿，哪个国家也没有这个发行股份不流通的。通过这种方式，后来政府也意识到，我不让你流通，你就去拍卖；我不让你拍卖，你就去通过司法渠道。所以后来，只有股权流通。我2003年写了这本书，2004年出版，2005年就股权流通了。中国的证券市场，走了这么一个路，然后，我本人也走了这么一个思路，也走了这么一个历程。这对我启发很大。

十、市场的伟大力量迎来了全流通的时代

在全流通的前期，社会上已经有大量知名的和不知名的人士出来讲，一定要全流通，不全流通，这个证券市场就没有前途了。这个你们要记住这么一个人，张卫星，这个人是北大的，据说他是研究天体物理的。他脑袋很大，说起话来滔滔不绝，特别有激情。这个人是个聪明人，大家当时都想到了这一点。你像我们2004年出版了这本书，在北京出版这本书的时候，我北京的责任编辑约了他，跟现在这个做股评的水皮一起吃了顿饭。他那个大脑袋就在那滔滔不绝地讲，当时，他就设计了个方案怎么样实现全流通，怎么样对老股东进行补偿，就是这个老的流通股东要补偿，因为发起人是一块钱一股，流通股东都是15块、20块、30块这种价格购买的。你如果要流通，这个二级市场的市值就要下降，这明摆着这些流通股东要吃亏，那怎么办？这个流通股东的利益要损失，这个份额，这个70%的份额要流通，一要分期流通，二要拿一部分补偿当时的流通股份的持有者。我们当时都是这个思路，他也是这个思路，北京还有一大批学者也在吹这个东西，很难的，当时这个民间跟政府在这个东西上交锋得非常厉害。

当时，像北京的有一些很有名的金融界的高层，包括学者，像×××老先生，像×××，在证监会工作过的，都反对全流通，他们认为——包括×××，还是海归的一个学者——海外的股票也不见得全流通的，说英国的国有控股公司的股份也不流通的。拿国外的例子、东西迎合我们传统思维的一种想法，其实是阻挠了改革的前进，但民间的力量已经忍无可忍了，因为股市。你不流通啊，股市从2200点，跌、跌、跌，跌到1000点，反弹到1200点到1500点，再跌到1000点，马上就要崩盘，这个是我们早就预见到的，我们也为此做了准备。反正，有人也拿了点法人股，他们想反正你总有流通的一天，你流通我就发财，所以，遇到机会的时候，你要做准备，你不能光说机会来了，你没准备，跟你没关系，所以我们做了点准备。后来政府高层，包括代表官方形象的经济学家也意识到了：再不流通，1000点要跌破了，跌破1000点的话要崩盘了，大家都知道完蛋了，所以不得不全流通，出来了，要流通。那么要流通，马上就遇到一个问题：要不要补偿？吴敬琏老先生——我很尊敬他，他说我们市场——中国的市场经济就是他作为一个典型代表来鼓吹的，所以我很尊敬他。但他最近这些年，说了很多错话，确实说了很多错话，其中之一就是说："为什么要补偿啊？同股同权，公司法里面就是这样说的，这么写的。为什么要补偿？"他这样就与民间、与人民的立场脱离了，高高在上。所以一个人你高高在上，必然要栽跟头，说的话就等于是一阵风，没有意义。包括陈淮，国务院某部委的经济学家也说："为什么要补偿？国外都没有的，国际惯例也没有说大股东流通要向小股东补偿，没这事儿。"

这是一些书生之见，就是说，这些人，尽管是国家顶级的经济学家，其实好多时候还是书生之见。哎，你不补偿，也可以呀，跌，继续跌，跌到后来就不得不补偿了。就是关于补偿这个事儿，也挺有意思的，要补多少，当时也有分歧，一个一开始是个市场化的概念，有的公司补得多一点，有的公司补得少一点，最后，由于国有控股公司，它代表了国家形象，代表了一个指标性的东西，有几家国务院控股的大公司，都是10：3。就是流通股东，比如说你有10000股，他就从法人股里面拿出3000股补偿给你，叫10：3，一股有0.3的补偿，它形成了这样一个标准之后还发了一个文，说不得超过10：3。结果民间的，也跟着就10：3了。我在《决战全流通》里面，有一个预测，我认为好多股票因为发行价太高，像清华同方这样的都发到40块以上，46块。（谢百三：增发是70块。）增发是70块吗？我记得有一次是46块，从市场圈了大量的钱，就应该多向社会补偿才公正。一个不公正的东西总不能传之久远，所以要公正。那么，我有我自己的一个算法，我认为总的比例，一定要达到10：4到10：4.5比较合理，有的股票，可能要10送8，甚至可能要10送10才比较合理。因为流通股东对公司的资本金积累的贡献可能比你70%的股份还要大，还大得多，凭什么你70%，对不对？你不要说我的股价是多少，我买股票的钱实实在在地进入公积金了，你的公积金的增厚都是我给你的，所以，我当时就认为，

应该补偿更多一点。

所以后来这个国有企业按照10：3形成了规范，那就10：3，老百姓、民营企业也就10：3。有的民营企业曾经想多一点，也有的民营企业，更加抠门儿，10：3都不到，10：2.5，甚至10：2.3，最差的还有10：2都不到的，你们应该跟他闹一闹，流通股东跟他闹。当时有一个券商协调会，在流通股东跟发行人股东之间进行协调。有些老板就是抠，抠得不得了。我参加过浙江的一场股权分置改革协调会。我是不想参加的，我参加这个东西没意义，当时有一个记者去参加那个会，他拉着我去了。当时董事会，大股东，大股东代言人，包括券商——可能被大股东收买了，这些券商都站在大股东这一边——也说这个公司怎么怎么好，这个比例怎么怎么合理，其实跟我也没关系，但是在那个场合上——人不能到特别的场合，要不会憋不住的——我就出来发了个言，活跃活跃气氛。

我说你们这个事，我是学哲学的，我从哲学上给你们讲一下，老子有句话，叫“既以为人己愈有，既以与人己愈多”。我们的先人们太聪明了，2000年以前一本《道德经》五千言，充满了智慧，字字都闪金光，真的，老子有一句话叫“既以为人己愈有，既以与人己愈多”，就是你越是给了别人，你自己并没失去，你给别人越多，你得到的反而越多。我说你现在是大股东，你这个20%，10股给人家2股，你认为你占便宜了，你认为你给得少你就占便宜了吗？你们将来会不会二次融资啊？将来再融资的时候，如果这个公司，比如说是1亿股，就是流通股东3000万股，你给他20%，就是3600万股，那么你将来再发股票，再融资的时候，流通股东只有3600万股，假如你给他的多，达到了5000万股，将来你融资的时候是不是有更多的人给你贡献？这个道理你们都不懂吗？他们不懂，好多人都看着眼前利益，一叶障目，不识泰山，他们不愿意，眼前能少给点就少给点，这个事情在哪个地方有报应了呢？你们知道在哪个地方有报应了么？当时整个潮流就是10：3送，你没办法，能抠点再抠点，他们认为这样就对自己有好处。6000点暴跌，6000点暴跌到1600点，跌下来的时候大家都知道了，法人股都出来了，所以股市暴跌，假如法人股的比例跟流通股东的比例相比，不像现在那么悬殊，你多给他一点，当初多给他一点，比如说变成5：5，还会砸得那么厉害吗？这不是自毁身价吗？这是谁造成的？自己搬石头砸自己的脚。跌下来你才知道：法人股太多了，万恶之源。你当初干吗去了？

你要想让自己的身价卖得比较高，就多给别人点，给得越多，自己得到的也就越多。这是一个高级的智慧，一般人不到40岁以后是意识不到的，当然不排除有很多聪明人，可能20岁就知道了，“既以为人己愈有，既以与人己愈多”，我当时就跟他们讲这个道理。他说不行，10：2。后来跌了，跌得很惨，现在，想流通，说我要卖点股票，就是公司，第一次是多少？30%，后来每次抛1%的法人股，一卖就跌。在香港市场不是这样的，比如林青霞的老公，卖那个ESPRIT服装的，越卖越涨，跟他们那个就不一样。我们卖股票的目的是什么呀？是兑现，是从社会里面圈钱，是一个自利的行为，人家在海外卖股票，是一个利他的行为，因为我这个股票，现在比如说盈利是一块钱，我知道我明年能盈利两块，那我卖给你的话，你拿到不是一股赚两块吗？是个利他的行为，大家都争着买啊，所以只要发行人股东想卖了，大家都抢，本来20块的就变成25块了，越卖越高，这就是一个正常的有道德的经济人、企业家的行为。而我们内地的，为什么一卖就跌？因为你是利己的。这个社会上没有傻子，倒过来说就是没有比别人聪明的人，自以为聪明一定是比别人更傻的。

那么全流通呢，后来经过反复的争论，我感觉到要出来的时候，等着它涨，另外还想干点事儿。干什么事儿？当时是1000点左右，1200点附近，一旦全流通，拿法人股的，我当时认为10：4补偿，就是10：3送我当时认为也要暴涨。因为全流通，大股东跟小股东的利益一致，这就是一个最大的利好。当时我与一家国企准备成立一家专做二级市场的私募基金。一年之后果然全流通了，全流通以后就是一个投资时代了，我们要找好股票，找性价比最好的，买了就长期持有了，因为我看好中国经济，看好中国社会未来20年的发展，买了就不动了，那是什么概念啊？我没想要炒到6000点，我认为全流通以后至少要涨到4000点，股票就涨两三倍了。筹备了一年多，将要注册的时候，这家公司被上海市的另外一家国企兼并了。

十一、人生不如意之事十有八九，要调整好自己

你们到社会上去之后，你们会意识到，这是人生，不如意之事十之八九，不要认为我以前怎么怎么棒，我以后就一定会怎么棒，没这回事儿，真的。

我有时也遇到挫折，后来就反思，就是说你要自己调适自己，人生不如意事十之八九，这是我们的古人说的，到今天仍然是有价值的。你们现在，多数人可能认为自己很得意，从幼儿园就是No.1，到今天还是优秀的学生，是学生会的干部，各个方面的积极分子，那么将来这个社会是属于我的，我一定会怎么样怎么样，不一定的，我先给你们泼盆冷水，不一定，而且越是盲目地自信将来可能就摔得更狠。

因为你们要有一个概念，西方流传了几千年的概念，就是上帝造人是平等的。你们自己想一想，你们，包括我，读书好，上最好的中学上最好的大学，与此同时，就会有大量的人上不了中学上不了大学，这些人跟你相比，难道他们是贱民吗？难道你们比他们更有价值吗？包括我。有的事情遇到挫折了之后我就反省得很深，我们作为一定意义上的成功者，真的比那些失败的人更高贵吗？上帝真的特意选了我们吗？让我们活得比他们更好吗？如果是这样，那上帝就是一个偏心的母亲，如果有上帝。上帝不会偏心，我告诉你们，上帝不会偏心。反之，当我们占据了社会的资源，读书的资源，就业的资源，那么就有一大批人失去了资源，这批人就该受穷吗？如果他是你的兄弟姐妹呢？你怎么想呢？他不该受穷，他跟你一样，在上帝面前是平等的。但是在现有的制度下，他就被淘汰了，他就在社会的底层。所以我们对自己一时的地位、名誉、成绩，我们往往是沾沾自喜，认为这都是我自己努力出来的，这都是我的本事，这都是我自我奋斗的结果，我告诉你不是的，是规章制度造成的。谢老师肯定讲过，什么样的规章制度就选择了什么样的结果。这是规章制度造成的。而这个规章制度，当然国内外都按照这个规章制度来进行，不见得是道德的，它是有效的但它不一定是道德的。它可以选择出来一批人，对社会的构建可能有一定的作用，但不见得是道德的，它就让一大批人沦落在社会底层，过着痛苦不堪的生活。

所以遭遇那个挫折之后，对我很有意义，我反省得很深，然后心态就平和下来了，平和下来之后我感觉我很轻松，感觉到很幸福，反之，老是要和别人赛跑，老是要当第一，太累了。一个是太累了，其次，一定意义上说，这也是不见得道德的行为，你是踩着别人的血汗爬到了最高层。所以当我们一时一事比别人更有成就的时候，一定要谦卑，我们跟任何人在上帝面前都是平等的，我们所掌握的资源绝对不是因为我们有能力，绝对不是我们靠自我奋斗得到的结果，你的自我奋斗连20%都不会到，是制度让你这样的。所以要保持一种谦卑的心，面对这个世界，会增加你的人生厚度，让你待人处世，待人接物的时候反而会很踏实，更容易成功，更不会栽跟头。反之，你老是觉得自己了不得，我自我奋斗，什么东西都是我自己奋斗来的，自己了不起，这样的心态进入社会是要栽大跟头的。这是顺便说说这件事儿。

十二、股权投资最近三年非常热

二级市场私募基金这个事儿没做成功，使我财富的增长失去了一次机会，给人生的增厚提供了一次机会，我很感谢这件事情。机会失去了就失去了，要知道在这个社会上，要想在一定的时间之内，尤其在比较关键的时候，因为这个1000点涨到6000点也只有两年的时间不到吧，2005年5月份开始，到2007年，两年左右，1000点狂奔到6000点，在这期间，没有抓住机会就没有机会了。因为机会都是稀缺的，不是每人都能抓得住的，所以后来我也在思考。那些二级市场的私募，已经到6000点了你就是给我钱我也不会要了，要了没用啊，价格已经远远超过价

值了。我不会要，那么我干什么？除了手上的股票一点一点地抛出去，还能干什么？我继续往前走，就走到了股权市场，走到了股权投资。

在流通市场上找机会，毕竟很小了，那么你怎么办呢？你就往下走，这也是我前几年练出来的一种心态。流通市场我不跟你玩儿了，法人股交易，私下交易已经没有了，流通股也价格高了，我就不跟你玩了。玩儿什么呢？玩儿股权投资，就是没有上市的股权，它便宜，因为它没有上市，没有流通价值，所以它比较便宜，那么能够拿到这种股权。当然前提是：你得充分调研，判断它这个公司有没有上市的可能性，这个公司有没有价值，它的产业怎么样，他的产品怎么样。做了充分的调研，然后再去投，这叫股权投资。二级市场我不跟你玩儿了，玩儿这个，后来就进入了股权投资这个东西。它跟二级市场相比，比二级市场便宜。二级市场目前还是将近30倍的市盈率——25倍，我已经不太关心了，那么股权市场，国内外通行的不超过8倍，像去年的金融危机，比较惨的时候，再就是今年上半年，5倍也买得到，那它上市了以后，你是25倍，我是5倍，我不希望它涨更多，到这个时候我就赚了5倍的钱了，你还一分钱没赚。所以一定要找到不那么充分竞争的地方，当然它有缺陷，就是流通性差，第一，没上市之前没有办法流通；第二，私下交易，就是一对一的、协商式的交易。交易的风险比较低，但是，万一你今年发现这个公司很好，盘子也很好，然而明年公司董事长患癌症去世了，这个公司就垮了。

所以要流通比较难，这个怎么办？怎么样规避这个风险？这么一个不按照计划、不按照理想发展的风险，要怎么规避？只有把股权投资的池子做大。把池子做大，我的钱才多，比如我投了30个项目，有5个项目瞎掉了，我还有25个。投资要大，当然能分散风险，你1亿元有可能分散风险，你100万怎么分散？你100万投一个公司人家不要你，所以必须把池子做大。我们这种投资行为，前期的叫VC（风险投资），后期的叫PE，就这两种模式的投资。（谢百三：这个主要是对于中小企业一些没上市的公司，中小企业板和创业板是吧？金脉：对，是的。）但是我们的具体环境对于这种投资还有很多不利的地方，比如说对于企业的发起人，它的监管就很差。因为毕竟我们整个社会的执法环境还有待提高。所以具体到各个企业，它向你融资的时候，说得什么都好，拿你一个亿，我投资什么设备，然后明年就赚多少钱，然后你合同写好，违约条款也写好，律师公证，没用的，到他手里的，三转两转就找不着了。这种短视的、不法的商人，还是很多，所以这是我们今天股权投资的一种风险。

总的来说，股权投资在中国，尤其是创业板开了以后，股权投资是一个机遇。所以最近三年股权投资非常热，许多年轻人，有能力的年轻人，都加入了股权投资的行列。从二级市场转向了股权，我认为这个事情能做大，股权投资这一块在中国，创业板出来了，这一块肯定能做大，但是我们，具体到我个人，是从证券一路上走过来的。所以我们不可能，不太把钱被动地投给谁，一定要掌握一定的主动权，这个时候就会跟企业在经营理念上经常发生冲突，毕竟我们现在集合的资金还不是很大，跟这些项目谈判的时候，跟那些著名的基金有差距。有一些顶级的基金公司已经以十亿为单位进行融资了，甚至都百亿了，有国资背景的基金公司都百亿了。我们还没那么大规模，所以二级市场低迷的时候，这些企业家都是孙子，但那边二级市场一旦活跃，他们就变爷爷了，就投不进去了，这就是中国的投资环境。

十三、古之能成大事者，都经过失败的磨炼，心胸开阔

我们这两年也投了一些东西。但是既然二级市场成熟了，创业板开始了，对于每一个人，不管你是搞金融的，你是搞实业的，机会平等的，我与其辛辛苦苦筹资过来投资你，然后被你玩儿，还不如我自己玩儿。（笑）一个人走到哪里，不是自己能够设计好的，上帝才能设计，我们自己设计不了的。所以最近两年，我一边做股权投资，一边就在探讨，寻找一种组合的方式，什么样的团队进行组合，我们自己来做一个公司。所以这第三个阶段，从去年开始，搞了

东北的一个项目，然后我们觉得各个方面，成功的概率还是比较高，然后我们就几个股东组合，来运作这个事情，所以转向实业就有这么几个契机。我转向实业，也可以说是二级市场私募基金失败以后，自然而然的这样一个转变。

毛泽东有一句名言，“反动派是捣乱——失败——再捣乱——再失败，直至灭亡，我们革命派，人民，是斗争——失败——再斗争——再失败，直至最后的胜利”。这个东西我原来也没看到，我最近看王蒙的书里面说了这句话，就是革命的成功不是一帆风顺的，许多次失败很厉害，比如近代辛亥革命推翻清王朝，后来就失败得很厉害，军阀谋求私利，搞得国家民不聊生，然后共产党起来了，国共合作，看起来春风得意，一马平川，最后被废掉了，大屠杀，大革命失败，后来不得不长征到陕北。到后来日本人进来了，国共合作了，看来就是老大不打我了，老大老二合作了，可能会喘口气吧，日本人也蛮狠的，所以在抗日战争后期，共产党差一点被饿死，1943年、1944年的时候，非常惨，随时就准备断气，一口气仿佛一根游丝一样的，后来终于缓过神儿来了，天时地利人和，所以毛主席的总结不是说斗争——胜利——再斗争——再胜利，直至大胜利，不是这样的，他老人家很客观，斗争——失败——再斗争——再失败，直至最后的胜利，所以最后的胜利是很多次失败逼出来的，我们的企业家也一样，比如说史玉柱。我们安徽老乡很擅长营销，我就说你可以发财，但不能没道德，骗人的话，把农民都骗了，他们太可怜了。他为什么成功呢？就是归结于前面珠海的巨人大厦倒掉了，他才会重新反思，怎么样做才会取得成功。如果那次不倒掉呢？他可能就碌碌无为了，在珠海那地方随波逐流了。

几个房地产大鳄，比方说王石，大家都知道是房地产行业里比较受人尊敬的房地产商。他为什么会做地产？因为他贸易不太成功。这个人聪明。所以一个人他可以不享受，但你一定要思考。思考一定要在前面，没经过充分的思考，你是不能成大事的。所以他就思考，他认为改革开放，尤其是特区的建设，一定会吸引大量的资金、人流到特区来。那干吗？第一就是需要房子，所以他就转向房地产。20年来他就非常成功。包括我引以为豪的学弟郭广昌，他现在做房地产做股权投资，都很成功。他的公司，在投资界有个说法，它就是一个综合性的股权投资公司。它现在很成功，一个股权投资做得很成功，一个方向做得很成功。最早的时候卖医疗试剂，想大量地招兵买马，想把这事干大，最后发现干不大。他就卖房子，卖房子不需要高科技。高科技要想高收益可难了。卖房子，不需要高科技，又不需要成本，拿过来又不花钱的，卖掉就收佣金。1996年前后，他卖房子也赚了点钱，后来也是做大，我们复旦大学出来的都想做大。做大了以后，出了很多波折，1997年、1998年时房地产垮掉了。那一轮的房地产萎缩，又要门面，又要租金，人吃马喂的，又要工资、水电费，怎么办？头一轮赚的钱也没了，只能熬，熬到2000年前后，他卖房子。他这个人聪明，加上好学，修的是哲学，所以他意识到，不同的行业要试，千万不要用某个框子把自己框住了。他明白得快，比我快，我很佩服。所以他在卖房子的时候发现，开发房子很简单。你认为房产商很厉害，个个都腰缠万贯，财大气粗。其实房地产的自有资金比起股票市场里最恶性的融资，透支比例还要高，因为按照法定，一个项目投资，注入资金35%就行了，炒股票就不行。1：2的融资谁给你融啊，非常难的。在房地产里面算是可行的。那具体的操作呢，一个35%的注入资金，也可以有很多的玩法，这35%也不需要，只要有10%就行了。1亿元的项目，我用1000万元就干起来了，赚50%我就赚5000万，大不了1000万亏掉，按这个盈亏比例，是值得投的。所以他那个时候通过卖房子，转变为开发商，正好遇到中国房地产的黄金十年，很了不起。

虽说你们的人生现在都是一片阳光，很多大公司都愿意录取你们，你们的道路看起来都很平坦，但可能将来大家都会栽跟斗的，不会栽跟斗的不会成大器。所以在这个社会，一定要在40岁之前栽一次大跟斗，才能成大器，你们要为这个做好准备。在栽跟斗的时候，无论栽多大的跟斗，我给你们一次忠告，相信自己，一定要挺过去。

我有一朋友也是复旦校友，是做房地产代理的，20世纪90年代的那一轮房产热潮时，他在深圳做房地产赚了很多钱，也是盲目扩大。房地产买卖中介公司怎么赚钱呢？要包销楼盘，比如说你这楼盘做好了，成本要5000元／平方米，我6000元／平方米买你的，你就赚20%。那个时候房地产商能赚20%已经很高兴了。王石不是有句名言吗，卖房子赚钱从来不超过20%，就是毛利润从来不超过20%。6000万元他拿到手里之后，他不需要全买，有500万元做订金就可以了。正好这个房子要往上涨的时候，6000／平方米的房子变成七千八千九千一平方米，那要赚多少钱？要赚很多很多钱。所以他当时很得意，本来是给一个香港人打工，后来把老板炒掉了，所以我们复旦出来的都比较牛，喜欢炒老板。他炒老板自己干后，很快就发财了，从一个中介商，奋斗了没几年，搞了1000多万元。他觉得这是一个可复制的模式。当你认为你的人生，你的某种赚钱方式是可复制的模式之后，对不起，风险来了。这个时候风险是最大的。他按照这个方式到处去接楼盘，比方说人家让你付10%的订金，他一共1000万，一个项目500万，两个项目就没有了。他想做第三个项目第四个项目第五个项目时，钱从哪里来的呢？他开始从社会上借高利贷。因为他认为到他手里1：5地放大，他出10%就赚50%，他借你30%的高利贷，他还赚20%。等他把高利贷都借足了，把生意都做满了，泡汤了，房价跌到4000元／平方米了。他怎么办？他没办法了，只有一条路。他的办公室大概在30层，站在高高的楼顶，不敢往下看了，好像下面的世界比较精彩。他有三次走到楼顶，都没有跳下去。要跳我就见不到他了，他后来没跳，偷偷地逃回上海，潜伏了一段时间。

等到1999年以后，上海的房产开始复苏。因为有这个经验的积累，他也够聪明，所以很快就重整河山，在上海又站起来了。现在他起码有几千万元的身家。之前欠的一两千万的债早就还掉了。所以遇到这个挫折的时候，哪怕是致命的，哪怕是巨大的挫折让你过不去了，也要放开，一定要放开，没有过不去的坎，一定要有这种敞开的胸襟。失败就再来嘛。所以许多能成大事的人，古之能成大事者，一定会经过这种磨炼的。没这种磨炼是成不了大事的。

十四、金融之后搞实业，心中踏实

这两年我转向做实业，找好的项目做实业，有几点需要考虑的。一个你无论是二级市场投资还是股票投资，你总是先买股权买股票，买完之后再卖。中国有一句老话，南京到北京，买的没有卖的精。卖方占有100%的信息，而你买方从不同方面给你看，艳若桃李，背面则冷若冰霜。所以买进的股票再卖出是被动的，总是风险比较大。第二个就是现在干实业，因为有金融和股权，有这个很开放很自由很完善的市场，小企业也可以上市。所以，对我们实业的发展可以说迎来了一个春天。

因为我们原来实业的发展，有一个瓶颈，就是要融资，小企业银行不贷款，这是一；第二民间小企业，私人也不愿借钱给你。越大的企业越容易融资，越小的企业越难。现在这个创业板开了之后，可以说这个中国的中小企业发展迎来了一个春天。那么在这个新的市场环境之下，我也想挣点钱，不想赚钱了。

最后我想简单地给大家做一个鼓励，我说到赚钱和挣钱，比如说，在国际投资界，巴菲特就比索罗斯受人尊重，尽管索罗斯也有钱，也是一个资本家。为什么呢？因为索罗斯只会赚钱不会挣钱。而巴菲特会挣钱，他会组织一个企业，几十年的发展，把一个破产的企业变成为一个赚钱的企业，这是巴菲特了不起的地方。

那么大家可能多多少少都知道，投资之神巴菲特有很多投资的高招。那么这些高招，我看这些写书的人都不会赚钱，说得很高也不见得很高，都是一般常识。巴菲特的书里面我也看过，我对一个地方的印象特别深，叫“我永远不拿美国打赌”。从来没有人把这个列为巴菲特的投资法宝、投资技巧，没人说过。但我认为这是巴菲特之所以成为巴菲特，最重要的理念，是巴菲特相信美国永远不会失败。他对美国的信心是无限的，他从来不赌美国会输，他从来不赌美国会垮。所以每一次大家都认为美国要垮了的时候，就是他赚钱的时候。每一次华尔街风暴，冲击最厉害的时候，就是他捡低价股的时候。

他认为美国的制度、美国的文化、美国的人民是世界上最好的，所以可能会有更大的风波，但他永远不会倒掉，永远不会垮掉。华尔街证券市场永远不会关门。所以基于这种信心，永远是跌得最厉害的时候，他就买股票。所以这次大家确实认为他了不得，又看到这个华尔街的股价，在跌得最惨的时候，他把证券公司吃掉。美国银行他一块钱吃掉，我们的比亚迪汽车他八块钱吃掉，现在都涨了十倍，一年涨了十倍。为什么？他不相信美国经济会垮、美国的制度会垮，他认为美国的制度是最好的。那么我说这个是什么意思呢？为什么要说这个？这些年来我也逐渐地积累出这么一个自信，不拿中国打赌。因为中国经过了五千年的文明积累，到了今天，一定是一个不太容易输的社会。

你看中国证券市场，每一次风险很大的时候，如果你大胆坚持，你会输吗？你不会输的。所以我现在对中国的前景也很有信心，所以我也不打算拿中国打赌，也希望大家不要拿中国打赌。那么这种信心基于什么呢？基于两点：一个就是中国的制度转型，中国的发展有没有前景，会不会有波折，会不会崩溃。波折是会有的，崩溃是不可能的。为什么会这样呢？因为中国有五千年的优秀文化，而这个文化，到了今天，到了21世纪，开始结出正面的积极的果来。

100年前，我们的父辈祖辈，把中国文化看得一文不值。鲁迅先生就说，年轻人最好少读或不读中国书。那个时代是西风最强的时候，中国文化地位最差的时候，那么经过100年，中国人民顽强地奋斗，当初认为很烂的东西，现在这个价值体现出来了。中国人讲究的这种中和、中庸，善、仁、礼、义，这些东西在今天开始发挥出它们正常的作用了。它们能维系这么一个13亿人口的国家不会崩溃，在这一点上，西方许多一流的政治家都预测失败了，而且也陆陆续续地承认自己失败了。而在十年之前，他们就认为中国的经济改革、政治改革，尤其是经济改革不可能成功。你的经济怎么可能成功呢？不可能，这是西方国家的逻辑，一就是一，二就是二。

而中国人拥有一个变动的世界观，有时一不见得是一，二不见得是二，这是中国人的高明之处。所以在西方人看来不可能的事，在中国人身上成功了。30年的经济奇迹，世界上所有的社会主义国家的改革，可以说都由它过渡到西方国家的模式。至于中国，就是说西方国家的一些优秀的东西我们在学，但是没有像原来苏联和东欧那样变天。因为它们也是一就是一，二就是二这种思维模式，而中国例外，这是中国例外的地方。这是因为中国优良的文化基因在发挥作用。所以我说中国的社会发展有波折但不会崩溃，这个细分下来就是所谓的社会转型，无非就两点。一个是经济的自由化，一个是政治民主化。而经济的自由化大家都知道，中国的经济自由已经达到需要遏制的程度了，已经发展到垄断，发生到恶性了，这个自由已经超出了西方人可以容忍的程度。所以，我们不用担心中国的经济自由。那么大家包括投资界，包括学界，包括老年人中年人，以及你们在座的少年要关心中国演变发展会不会一帆风顺，将来会不会在这里产生大问题，我认为不会，原因在哪里呢？我们的文化是很优秀的，它让我们13亿中国人有波折但不会发生崩溃。

所以我现在坚信，中国不会出大问题，不要拿中国打赌。这是一个作为投资人应该有的理念。有了这种理念之后，可以用比较肯定的心态做事，关于这个做事今天就不多谈了，因为时间差不多了，有兴趣的话大家可以交流。好，那我来回答几个问题。这个同学让我推荐几本中国证券市场史方面的书和我自己的东西，不好意思，我自己是个经历者，但我还真没读过这样几本书。你们去找一下，以你们的聪明智慧一定能找得到。我自己的书已经过时了。这个同学让我谈一下中国当前实业投资的大环境，应该是很好的，有了全流通，一个创业的春天到来了。希望每个人将来都成为这个创业环境里面的人，哪怕是一分子，都是可贵的，不一定非要成领头羊。所以在这个地方，关于这个“从哲学王子到投资大家”，这个所谓的“投资大家”，我认为这个意思是希望我能够用我的有限积累“投资给你们大家”。我的话完了。（长时间热烈地鼓掌）

谢百三：今天金脉老师给我们做了一个很好的讲座，你怎么下去了，我还要同学给你献花呢。我们给金脉老师献花啊。

金脉：谢谢大家！（鼓掌）

谢百三：我给金脉老师送两本书，一本书是金脉老师当年听过我的课的课本，现在出了新书的《中国当代经济政策及其理论》，北京大学出版社出的，另一本书是北大、清华、复旦三个学校的校友写的《心中的校园》，是我主编的，里面反映了这些学校里面最好的同学的想法。同学们，今天金脉老师，也是我们的师兄，给我们上了一节很好的课，他是我们哲学系的研究生，到医学院去上过课，后来自己去证券市场。今天我也一直非常仔细地在听，他怎么做二级市场的股票，后来又做股权投资。股权投资就是现在创业板和中小企业板没有上市的企业，没有上市，它们需要200个股东，你作为它们的股东，但是这个股东有可能成功，有可能不上市，那么就完了。所以他们要把这个池子做大，最后他自己搞了个实业，他现在有多少资金呢，我也不好问，他也不肯说，反正金脉老师做得很大很成功，我是看着他一步一步起来的。我们要学习他的学习精神，创业精神，奋斗精神，百折不挠的精神，不断反省总结、不断前进的精神！再一次鼓掌，谢谢金脉老师。（鼓掌，长时间鼓掌）

（本文讲座时间为2009年12月10日。2011年12月金脉又来讲过一次，可惜未能辑录）

放弃外企CEO，一年投资翻六番

苏　江

编者按： 苏江博士来复旦讲学三次。每次听课同学、年级完全不同，本来我们以为他的讲课内容会雷同，但细细听过之后，发现他每次讲的都很有新意与深度。他是在北京大学中国经济中心读研，后来自己就创办公司，又是为外资企业负责管理的成功人士。因此，他是从经院派同学、实业派成功人士迅速转为金融、证券理财高手的；他又是2—3年内财富增长了几倍的代表人物，这也可见金融证券业之魅力。他年富力强，为人热情，聪慧，乐于助人。他的讲座充满学习、探索和不断进取的精神，很受同学们的喜爱。为了使大家更好地理解他的投机理念，特全辑录于此，以飨读者。

非常高兴再次来到复旦！今天我将先讲一些经历、故事，然后再讲一些对市场的分析，最后介绍一些前沿理论和自己研究的一些成果，让大家了解金融学、投资学和自己努力的方向。

一、从国务院部委到外企领导到下海办公司到喜爱炒股

谢老师希望我讲一些创业的经历，我是白手起家，但我可能并不那么典型，相对来说，我的条件可能好一点。但是，在我们那个时代的人，家里即使富裕也不是特别富裕，有钱的数量级和现在也不一样。所以说我的发展也确实有一个过程。我的性格特点和别人可能不大一样，家里条件虽然蛮好的，但我上初中的时候就喜欢写文章来挣钱，我觉得让家里人供养我心里会不太舒服，所以初中的时候就挣一些钱，来满足这种心理。但是挣得很少，只是一种尝试。

上大学的时候，我办过培训班来挣钱，我是拳击专家，所以做过规模还可以的培训班。但这些都并非正规地去做，我毕业的时候，到国务院的部委里上班，接触了一些科技和外贸，经常出国。单位里的人级别非常高，我刚进入单位时就是正科级，几年后就可以当处长。当时我的同事，三十几岁就当了部级干部。但是我自己对做官没有什么兴趣，我当时的兴趣是做生意。部委里也有三产公司，我就想调过去，领导觉得很好笑，说那都是没人要的人才去的。但我还是坚持想去，就停薪留职了。

我自己去做生意。这个倒是算白手起家，我尝试做一些国际贸易，还是赚了一些钱。在这个过程中，我认识了一些大老板，当时主要和香港、台湾的老板合作，有一些老板觉得我很能干，想和我合伙做生意，当时也做过，所以，也算是白领。通过和这些老板合作，我又积累了一些经验和物质上的基础。两三年后，我自己就办了公司，主要是做电子领域的，研发、生产、贸易都有。研发主要是清华微电子系的人，设备从航天部弄来的，生产主要在深圳。现在公司还在但我只是股东了。在事业上，我可能比较喜新厌旧，因为做实业，从研发到生产，到贸易，到连锁，我都做过，做完之后我就不太感兴趣了。

二、和博导一起去旅游，发现了“锂都”

后来，我发现自己对学术非常感兴趣，实际上就是爱钻研一些事情。可能和我的性格有关，我不爱做简单的事情，在挑战中自得其乐。

我现在的状态是工作、生活、娱乐，好像都是一体的。我没有工作的感觉，比如大家平时都做的研究行业、分析宏观形势、制定交易的策略等，我认为也是在享受和娱乐，没有工作的感觉。比如说去旅游，我前一阵和一位博导、金融专家去江西旅游，我平时很少旅游，这次

是纯粹休闲，本来打算去井冈山，由于发大水，就去了宜春。快到宜春的时候，我看到了路边的牌子“打造亚洲锂都”，我对锂比较有研究，我上次来复旦的时候，就大谈锂，兜售西藏矿业，我们对这行业调研很多，宜春怎么当亚洲锂都？当天晚上，有朋友招待我们，我就问：为什么你们叫亚洲锂都？朋友回答说因为他们有云母石，实际上是固体矿，石头里能提炼出锂，我也调研过，以前世界上提取锂的，都是通过固体矿，近年都是通过盐湖，盐湖的成本比较低，像西藏矿业就是这样，包括南美也有。我问怎么回事，其实他们对产锂的成本等许多情况也没考虑到，市里还专门开过会，补充了一些思路。为什么叫亚洲锂都有可行性，他说比亚迪来这要投资70个亿，比亚迪是专家，不可能盲目投资，具有国际视野，一定有存在的理由。我通过上网查资料想了想，明白了为什么叫亚洲锂都，提取锂成本确实很高，但江西那有产业优势，有做发电机，甚至于做汽车的，安源煤矿有产车的工厂。机械、电机底子不差，是个基地，有产业集群的优势。虽然物理成本提炼锂确实高，但运输成本降下来了，矿量的存储量不算小，综合来说，有它的优势。再看宜春的上市公司江浙电器，当时是15—16元，于是我就打电话指挥买进江浙电器，没两天就开始涨，一口气涨到30多元，我对江西突然找到了感觉，走到哪都问资源的事，稀土、煤炭就埋在那边，我对煤炭很关注，当时就对安源股份综合评估了一下，确实不错。我举这个例子，就是娱乐、生活、工作融合到一起，很和谐。一次我纯粹想休息的旅途，又融进了工作，我没感觉得很累，收获更大，很快乐。

三、一定要培养自己有超电脑的能力

对学术的看法，我提一些我的观点。我成长的路径和大家都不一样，我青年的时候，是半专业运动员，对学习不太关注，只关注感兴趣的几个点，不感兴趣的不听，感兴趣的自己看远远超过要求的，学习忽好忽坏，综合来讲，我给别人的印象，不是个好学生。但是，我客观比较，真正搞学术的，我还是算一个，真正搞学术的比较少，这可能和我们的教育文化有关。大家都知道中国是应试教育，本科考不上好的大学，对人生确实影响很大都知道应试教育不合理，如果没有应试教育，自主招生会更腐败。地位较高的人的孩子，也是正常去考，中国本科招生还是比较公开，比较规范。本科还是基础教育，管得严点，危害没有那么大。但硕士生和博士生教育确实应该放开，当然也有很多问题，你自己读到硕士生、博士生，你别为了学位而学术，那么你将来出来，面临严峻的竞争时，可能就被PK下来，你自己要有自己的思想。当然，我对所谓的学术和学习，我的理解是这样，很简单，就是你尽量培养一些电脑不具备的能力。因为其实我们潜在的PK对手就是电脑，很多劳动技能电脑都能替代你，再过五年十年量子计算机出来后，会改变更多。先跟电脑PK，再跟人PK，电脑本身就很强大，那么，你没有必要学习电脑已有的优势技能，如记很多东西，背很多东西，一点意义也没有，一个百度全解决了。什么是人的思维？就是电脑不具备的能力，你自己要发扬的。所谓的你对混沌的判别，或者直觉思维能力，二元电脑是永远达不到的，人本身是四元的，自己不知道，舍本求末，天天背一些东西，现在没有必要多背，你是要多思维，计算机没有感悟的能力，它是统计、归纳、储存的能力，你要有感悟的能力。

举一个形象的例子，我以前特别爱下围棋，如醉如痴。我们都知道计算机深蓝和国际象棋大师卡斯帕罗夫比赛，卡斯帕罗夫还能赢一代深蓝，遇到二代三代深蓝时，卡斯帕罗夫就不行了，因为国际象棋9×9，共81个点，计算机通过高速计算，用排除法或是枚举法，找到最佳方案，而人肯定有纰漏的。围棋不一样，如果凭借二元计算机的运行模式，计算机肯定下不过我，不是我水平超高，而是它处理不了人具有的思维，首先用枚举法举不了，计算量太庞大，它有360个点，规则又太少，不像国际象棋，围棋是平行的，每个点都能放，它只有一个规则围死，两个眼。下围棋，它需要模糊的判断力，国手下围棋，感觉就比较好，实际这是人所具有的更高级的思维。我估计量子计算机也不行，这就是人的思维。没事时下下围棋很好，它可以强化人所独有的思维。我觉得下围棋对大家有很多好处，不要去背书，所谓博学的人，能了解很多事情，但是我个人感觉很多本源的东西都是通的，一回事。包括我先搞体育的，后来又研究经济、金融、证券投资，你要是真是研究透了，很多原理都是通的。学术方面就说到这里。

四、学金融多年无感觉，谢老师一次课茅塞顿开

我后来也是对经济学金融产生了浓厚的兴趣，做了很多研究。我做股票时间比较长，没找到感觉。也许是积累到了这个程度，也许是机缘，我做证券投资，收益大幅增长，确定为主要的发展方向。我是认识谢老师后开始做股票，我听了谢老师一次课，当时在讲吉林敖东，分析吉林敖东这只股票，一次课让我茅塞顿开，知道了股票是这么回事。我积累了很多知识，本来就是学金融的，研究方向也是资本市场，也做了一些投资实践。当时，我觉得证券市场没有规律，都是在碰，没有清晰的方法。谢老师讲的东西我也知道，确实没有那么分析过，这就是实践和理论的区别。听了那次课后，我很兴奋，一夜都没有睡觉，就开始研究参股券商。

金融投资怎么学呢？我讲我的经历，大家可能都知道了一些。首先，理论知识肯定是要有。听过这方面的课，或者看过这方面的书，当然你不要去泛泛地看，带着问题去看，有问题，就想办法解决掉，解决了一个问题，你可能就开拓了一下，你的问题就越来越少，你就会好得多。但是还要大量实践，互相交互。金融学是应用学科，没有应用是不可能掌握好。我以前学理论时，老师都是大家，但是客观上讲，学这些东西，对你实际投资作用不是特别大，我倒是觉得，你即使不是很懂你入门的功课，不要花费太多的精力，几个点你要搞清楚，花点工夫，如市盈率是什么、到底怎么估值，然后还要有很多实践。实践也是一个激励机制，你自己研究的一些东西，你付诸实施，市场证明你是对的，对你也有回报，这样可能是个良性循环，你会越来越感兴趣。我也是这样，学了很多年金融学，也做了许多研究，但是证券投资收益很一般，问了几个专业干这个的同学，其实主要还是自己没有一套体系方法，先是有一些基本理论，然后有感性认识，很多实践，最好学习一些大家，就是水平很高的人，他已经参悟了许多规律，那么你站在巨人肩上，站地肯定高。但是，你不积累到一定程度，这些人跟你说，也没有用，包括我跟你说一些东西，你在不同阶段，你的理解是不一样的。谢老师办了一些讲座，请了一些人来，特别好。我自己效用就很高，我就是跟谢老师认识、听了他的课以后明白了，那段时间，主要是做券商股，参股券商，回报也非常好，激发了浓厚的兴趣，就势把别的板块也研究了很多，感觉差不多。然后，在北大又举办讲座，谢老师请了很多人，听每一个人讲都不太一样。我基础比较好，消化吸收能力比较强，听完之后，大概的投资思路我大概都知道了，而且能运用到我这里去了。但你没有经历这个，你未必知道，别人是积累了十年二十年，有些人是很聪明的，包括我现在的一些朋友，像钱伟老师，通过交流，有很多东西事半功倍，每个人都自己研究了很多东西，你自己不可能每方面都有禀赋，你也没有那么多时间，大家交流一下，非常好。大致是这个过程，就是理论上有一定基础，然后自己去实践，再带着问题再去探究这个理论东西，反复交汇着来，到一定程度，再问一些比较有经验、比较有造诣的人，这样几年下来至少能赚钱吧。如果你有这方面的禀赋，成为一个投资家也是可能的。我个人认为，做投资的人是最快乐的。

五、有悟性有定力的人投资很快乐

我做过很多行业，也认识许多不同行业的朋友。从我的个人经历和对别人的观察，我认为做投资的人很快乐。他的时间很自由，想做就可以做，不想做就去玩。而且他在玩的时候其实一样赚钱。一方面股票频繁操作本身就不太好，有时候就需要你不去盯着。另一方面，你去旅

游，出国看当地民风、经济，也会有很多感悟。尤其是到大自然里去。大自然蕴含很多真理。我们说天人合一，一些宇宙本源的规律在大自然中就可以体现。所以投资的人很快乐，不是整天疲于奔命，必须要连续工作，陷入被动。很多人搞实业有钱没有闲，挣到很多钱，实际上很苦，在给人打工。而做金融投资的人，我个人比较下来，收益来得更快些。更为重要的是，你的财富有充分的流动性，可以很容易转换成现金。很多人有几十亿甚至上百亿，但是可支配的能有多少？他的财富已经变成一种责任，甚至是负担。但是做投资的人财富的转换成本很低。实际上你在买一家上市公司股票的时候，就相当于在投资这个行业，只是你的转换成本相对而言非常低。很多人认为投资一个原始股比去二级市场买股票成本低。其实不见得。比如在2008年有很多上市公司股价跌破净资产，低于它的重置成本。好比说它需要10亿去建一个工厂，但是现在6亿就卖给你了。那你何乐而不为？这种机会每隔几年就会有一次。所以做金融投资是有利可图的。大家如果能有机会从事这一行业非常好。但是它需要从事它的人有一定的素养，这里的素养不是说需要你精明，也不是需要你博闻强记，我觉得它还是需要你有悟性，有定力。

六、基本分析与技术分析都用

我们一般分析一个市场，如果要去考虑它的中长期发展，和基金公司、证券公司一样，常常采取自下而上的方法。什么是自下而上？就是我们要先看宏观经济情况的好坏，再看某一行业情况的好坏，最后再看个股的情况的好坏。还有一些人在用技术分析的方法，技术分析不是自下而上，它就是看图形。还有一种合理的方法，我也在用，和其他方法交互使用。这就是自上而下的方法。比如一只个股有特点，盈利好，市盈率低。为什么市盈率低呢？我们就分析是不是这个行业不太好，还是说这个行业各只个股估价都是合理的，只有这一只价。如果是后者，那么就要分析这背后的原因。有可能它的母公司想注入资产，人为操纵股价，也有可能企业存在内在危机，市场还不知道，属于内幕消息，但是有人知道了就会表现在股价上。如果是后面那种情况，股价可能呈现先涨后跌的形态，但是这种情况比较复杂，需要丰富的经验。

我的分析方式，刚刚提到是自上而下的分析方式，但是我的自上而下又和别人的自上而下不同。我第一看它的内生趋势。这种内生趋势，不是说通过经济学理论分析出来的，它是一种模糊的离散的混沌的分析模型。我的分析方法跟技术分析有点类似，但是比技术分析又升级了一下。因为通常的技术分析，比如波浪理论没有一个时间标准。哪个是顶，哪个是底，哪个是一浪，哪个是二浪，各有各的说法。它没有比较好的识别标准，实际上是没有掌握浪型的本源规律。我的方法相对比较准，我实践了几年，大概能判断股指的运行趋势。

它大概会按照这样的内生规律上涨，但是有一些外生变量会干扰它。我们说是噪音，但是大的干扰，就可能是撞击。

怎么区分内生和外生变量？举个例子，前几天政府提高存款准备金率，如果说这个政策是合理的，那么它就是内生规律里本身就包含的，它不是外生变量，你就不用去考虑会影响股市的运行规律。这和一般说的内生外生不太一样，需要理解：如果事件是基本合理，那么它就不是外生变量，是内生趋势包含的，你就不用去考量它，按照内生趋势去看。如果说一个政策很不合理，那么它就是一个撞击。举个例子，2008年下半年有一次央行很意外地提高了两个百分点的存款准备金率。当时的情况是全世界都已经发生金融危机了，各国政府都已经在救市了。那么我国的这个政策，就显得很不合理。我当初按照内生趋势算预计股指会从6124点下跌到大概2700点，但它遇到很大的撞击，一直跌到了1600多点。撞击产生多大影响不太好量化，但是你可以通过概括规律，作出一个预测。外生变量，不论是噪音还是撞击，都是可以修复的，通常说几个月就可以修复，一般不超过一年。只要股票市场是尊重市场规律的，不像20世纪90年代的时候完全是政府操纵型市场，那么市场就可以自己修复。不过20世纪90年代的这种情况不太可能发生，因为现在资本市场的一举一动关系到实体经济，甚至关系到我们国家的方方面面。所以包括政府都尽可能不要背离股市的内生趋势。我们要把握内生趋势，需要较高的经济水平和悟性，但是根据这个模型算出来的运行轨迹，股市大体不会偏离。可能说2012年的股市走势和我们预测的结果前后差几个月，但是大体的趋势不会错。

现在的政策就比较合理，而我判断会有一个大的推动力推高股市。这种推动力有可能是内生的，也有可能是外生的。产生这种推动力是因为我们的经济情况非常特殊。现在的情况是美国正在采用量化宽松政策，释放出大量流动性。其他的一些国家，只要是通胀压力不大，黄金储备比较多，一定大量印钞票，谁印得多，谁就赚便宜。欧洲因为依赖资源输入，容易产生成本推动型通胀，可能不属于此列。中国的通胀现在已经起来了，而且未来可能抗通胀压力会比较大。在这种国情下，政府非常不希望看到物价上涨引起社会不和谐。而且房市也已经打压了一段时间，力度超乎寻常。我本来预计今年股市的调整只会持续到3、4月，结果一直调控到7月，我认为就是因为政府对房地产的调控出人意料。我本来以为政府会考虑到经济增长的要求，不会下手很重，没想到政府调控房市这么坚决。不过即使这样房市也没有掉头向下，还是在观望。据此，我判断政府是不会让房价上涨的，而且我相信，两三年内，房价能稳住。因为很多供给都在产生变化，很多措施都会出来，包括廉租房上市，地方分税制改革，土地财政局面的改变，房价就会回归到它正常的情况。但是房地产业需要一定的供给和产出，因为需要拉动经济，房地产的低迷会影响到很多产业的发展，造成失业，也会造成不和谐。考虑到上述正反两方面的因素，政府就要思考怎么解决流动性的问题。而且美国又在大量释放流动性。热钱进来怎么办？企业和个人手里都有钱，肯定会让它去升值，特别是在实体经济不太好的情况下，普遍都不愿意投资实业，而是愿意投资有价证券等金融资产。新兴国家，特别是中国，经济增长潜力很大，人民币现在正处于上升通道，资金都希望落在人民币资产上。境外的钱在进来，国内2008年救市的4万亿仍旧在大量释放流动性。这些钱去不了房市，政府也不会允许它们刺激食品、农产品等别的一些商品。那怎么办？只能进股市了。进股市有什么坏处？短期看来没有坏处，股市上涨，大家都高兴，老百姓高兴，国企增值也高兴，中小企业也更有可能通过上市解决融资难的问题。而且国家要大力推出新三板市场，这个市场上市门槛比较低，而且可以转板，有退出机制使资金活跃，还会发展做市商制度活跃市场交易。那么政府也不希望股价跌，股价跌，这些构想都实现不了。所以周小川曾说到一个“池子”，有人说“池子”就是股市，这个问题没有这么简单，但是股票目前肯定要担当一部分这方面的责任。我们现在炒股票特别好，既帮了国家，自己又赚钱。当然长期看也不行，一方面会影响实业，企业不好好做实业，都来股市里了，另外股价上涨还会产生资产泡沫，如果有一天泡沫崩溃，就会产生严重后果。那么究竟怎么样调控就需要看政府的调控艺术了。

判断好大趋势之后，怎么选股票，选什么板块、哪只个股就很重要了。选股有短线的选法，也有长线的选法。我前面已经说过，最近的一次调整，可能元旦前就会有，春节前可能有一轮大一点的调整。那么这个时候投资可以保守一点，可以不参与，但是一定要关注市场。如果最近要投资，可以选择一些市盈率比较低，前一段时间没有涨过的股票。这里需要说明的一点是股票不是一起都涨的，是轮着涨的，所以聪明的投资者就能选择在正确的时间选择正确的股票。但是这需要水平，如果你不能做到，这里有一个笨办法，就是持有，只要是好股票不要怕不涨，都会涨，只是有先后，资金迟早会把估值的洼地填平。

七、小金属股、锂、稀土及煤炭等，我十分关注

那么说说我的选股方法。我比较偏爱的还是小金属股票。之前稀土已经涨很多了，别的小金属也会复制它。它们的上涨有其内在的原理，不是资金平白无故就找到它了。为什么锡、锑、钼、钨这几种股票涨得比较好？它们已经涨过了，但是下次它们还会是生力军。为什么各种资金都会找到它们？一个是因为它们是中国资产，另外它们是中国比较有优势，而且比较稀

缺的资源。中国资产哪种比较好？理论上最好的是房产，房产不可复制，而且是非贸易品。但是由于特殊的原因，房产不合适。我认为商业地产过半年可能有一个很好的机会，但是今天不做赘述。剩下的就包括我们今天讨论的这些小金属。我们国家有一个很大的特点：我们缺的东西，价格总是涨得很高，被外国人漫天要价。比如石油、铜、铁矿石。而我们有优势的东西，比如稀土、钼，价格都很低。甚至有的私人，他偷采之后走私，当垃圾卖。现在我们国家醒悟了，也要控制这些资源的价格。特别是现在全世界都在比印钞票，这些资源就更加显得值钱，都是硬通货。

在稀土板块这波上涨之前，我去给一个很大的央企作报告，他们有些高管跟我说时就谈到稀土，当时他们就知道，稀土价格会上涨得非常离谱。因为我们有掌控权，而且有漫天叫价的基础。很多现代工业和前沿领域都大量地需要稀土，特别是重稀土。但是它的用量并不是很大，就是说它的弹性不大，你价格涨两倍，它一样要用。所以现在中国的策略确实很对，特别是现在全世界都比着印钞票，我们这个硬通货还是留着点好，不要出口。那么稀土肯定更值钱，因为它本身就值钱，而且是中国的资产，被低估，还很稀缺，以前又是折价。现在稀土的价格，有人跟我说了，说涨了多少多少，我都不敢相信，总之是一个很恐怖的数字。但是后来我经过仔细研究，觉得很合理，因为它不敏感。包括锂，我一直跟大家推崇锂。锂对一辆汽车的成本没有什么弹性，锂涨一倍，汽车价格也涨不了多少，因为它只是一小部分。但锂很缺，你涨价他也得要，因为没有替代，所以锂有很大的涨价空间。

但是你们去买稀土的股票首先要分轻稀土跟重稀土。重稀土主要在江西赣州一带。四川也有一些，但包头的包钢稀土的稀土是轻稀土，而且它的矿产不在上市公司资产包里，所以它的上涨有一些泡沫。它有的是一些技术，主要靠它自己有个研究院，所以技术上它是全球比较厉害的，而且是有解决方案，一些应用领域都有。但是有风险，因为价格涨很高以后，母公司不可能还那么便宜把矿产给你，它是签了两年的包销协议，两年内按一个价格给它，大概那价格幅度空间不是很大。但以后不一定，因为现在那都是国家战略物资。像重稀土呢，江西政府很聪明，它这重稀土不给别人，自己去弄。有可能是国资委控制的一个没上市的公司拥有采矿权。它不上市，它不会卖给中铝，不会卖给广晟，也不会卖给五矿，所以稀土这块的炒作空间不见得那么大。反而有些你意想不到的，可能还会更有空间。举个例子，中科三环。它没有稀土，它是稀土的下沿，做一些应用产品的，比如说存储器，但是它产量比较大。你乍一听，好像它没有对稀缺资源的掌控，按理来说没有多少升值空间。但仔细分析就明白，它确实有。首先它的用量比较大，这是第一；第二，现在我们国家基本控制了稀土原料的出口，但是稀土的产品没有控制，那么可能像中科三环，现在涨得也不错，但还可能有空间，为什么？因为禁止出口没有挡住产品出口，而且它可以漫天要价。以前是受上游的制约，不可能卖很高的价格，现在是只有它能出口，稀土原料不能出口，而且加工单也会增加，可能在一定时间内就会对它的业绩产生影响。但是像我们就不爱做这些股票，因为不可测的东西很多。比如说政府突然发现不对，连成品也不让出口了，那它的业绩肯定就没这么好了。所以，做股票不能靠直观的感觉，而要去分析里面的供求关系。你按照我这几个思路，这几个小金属可以去关注。如果说春节前大跌，春节后会盘整一下，调整就是量会缩小很多，当然了，如果你水平更高一些，它大概调多少也能算出一个模糊的结果。

这两年，我一直推崇煤炭板块。有些股票，比如说有色板块，每一轮牛市它的涨幅总是最大，每一轮熊市，跌得也一定会最惨，波动很大。比如说一些铜的企业，云南铜业，2007年从几块钱涨到98元，2008年又从98元跌到几元钱。你要把握不好节奏就会很惨。但现在这个阶段，有色板块的行情还没完。如果把握得好，有色这块给你的回报会很大。而煤炭不一样，即使到了2008年煤炭股业绩下滑得也不是很厉害，因为煤炭的需求是刚性的。你们不要有错觉，以为发展新能源，传统能源占比要下降。是“占比”下降，但绝对的消耗量每年都在增加。从29亿吨要到50亿吨，到60亿吨，实际用煤量一直在净增长。另外，煤炭的集中度一直在提高，这些上市公司都是整合的主力，内在的与外延的都在增长，所以它的业绩不会下滑。假设2012年下半年崩盘了，暴跌，这个跌比2008年跌的幅度还大，煤炭股票业绩下滑也不会很厉害。所以煤炭股，你只要看它的静态市盈率，只要市盈率不太高就可以买，它一定能涨。当然涨得太高，不要去追。煤炭板块的行情是比较好识别的，可以比较稳定带来回报的。它是一个中坚力量，今天中午小孙来接我的时候，我还跟小孙说下午不会跌，但是我没想到中石油会拉高，因为上午煤炭板块普涨。煤炭板块普涨，大盘一般不会突然诡异地崩盘，在另外的时间不一定是这样，就现阶段这波行情，它是中坚力量。因为中石油、中石化、银行都没有启动。它的板块比较大，权重肯定比有色高，可以说是它带领大盘上涨。有些医药、重组或创业板乱涨，都是各种其他原因，不是主流的，是非正常的。煤炭上涨才是主流资金的态度，你可以去关注它。

其他有重组的需要你的判别能力，不见得是内幕消息，因为靠内幕消息的人是发不了财的。还是看你的判别能力，当然你要到一定程度，有一定信息来源和判别能力，这是比较高级的重组的板块。当然还有其他的，比如说低估了要补涨。但你把握一点：抗通胀的就是稀缺性的东西。而且明年下半年会有一个临界点，可能是经济下滑之类，商业地产会有一次大的机会。因为商业地产跟住宅不一样，它涨高了对百姓的影响没那么大。但是经济要拉动还是需要增长点，而且商业地产本身现在是低估，因为我们本身是搞商业地产的。所以我对商业地产比较了解。

八、传统理论的局限性：太粗浅

传统理论的局限性还真是很大的。在经济领域和金融领域，传统理论的局限在于预测上。我们现有的分析模型，基本上是没有用的。传统的理论是线性的思维，以这种线性的思维去识别混沌的现象是不可能的。比如，做模型，做回归分析，一个很重要的前提是这些变量之间没有相关性，有相关性就是复杂的函数，而不是线性关系。通常非线性的东西都能够转化成线性的，所以总体上可以归结为线性的东西。但是在资本市场这个宏大的市场里，实际上它是混沌现象，它有N多的变量，而且每个变量之间都有相关性，而且每个变量的权重都无法确定，有时每个变量都能起到决定性作用。所以，线性回归，统计分析没什么用。统计分析的用处，只限于局部的、低速的、少量的研究，对于海量的成混沌态的指数来说，就无能为力。很多人做回归统计，分析历史，企图预测指数，都屡试屡败。因为股市总是把你的经验变成教训，把你的优点变成缺点。因为它是混沌的，而且是动态的、对称的。这点比较复杂，比如当你形成上涨的刚性预期的时候，刚开始还比较迟疑，当它真的不断上涨后，你觉得它还能上，觉得它是神话的时候，它一定会掉头向下。所以很多人包括理论界说股市是不能预测的。这个说法一定又是错的，预测看你怎么理解。预测一个大致的方向和大致的点位区间是没有问题的，我们就是吃这碗饭的，如果不能预测，我就不干这行了。股市中有非常多确定性的东西，只是有些人不了解，做不到。你想成为一个好的投资家确实很难，你要懂很多东西，而且性格禀赋上要奇异一些，要有定力，有悟性，不要太敏感，也不要太贪恋，这是心理层面。

我对心理学没什么特别的研究，但是接触过一些研究心理学的，我听了他们的一些研究方法，后来觉得都没戏。但我跟他们说了我研究的一些理论，他们都非常感兴趣。我以前在复旦大学讲课时说过，个体的心理和大众的心理变化是不同的。个体的变化是随机的，他的决策有随意性，但一个整体决策没有随意性。人数到一定数量时，心理的波动是有规律的，没有局限性。这就是我研究的结果。我们都在用，我们的研究都是有实践的，而且是拿大笔的钱去检验。传统理论的研究对整体研究不太多，都是抽样统计，然后线性回归，或者拿一些历史数据说事，这些都没有意义。研究混沌，用微积分、偏微分方程都不是正路，它们对一些特殊现象有效。好比牛顿定律研究低速宏观的事物是可以的，但是对于天体这种宏大的世界或微观的世界就失灵了。就是说这些理论对局部特殊现象起作用，但对整体是无效的，特别是证券市场。

我再说一次所谓的分形，很多人不知道，但是你们可以奔这个方向去研究。我认为对经济现象的预测，未来的出路就是用混沌分形的方法去解决，我已经在用，效果还不错。在座的同学都很优秀，未来可以试着朝这个方向去研究。股指的形，就是涨和跌，大概说一下，因为这里头还很复杂，不是几句话能说得完的，我给你们提示一下，你们自己可以去看。简而言之，这是它一个形，无论股指走一千年还是一年，它总有一个最高点。有一个最高点，就能形成这样一个形。先往上涨后往下落，落的可能是一部分，不见得完全对称，因为实体经济在发展。不仅仅是股指，它也是自然界宇宙中最本然的规律。然后这一个形会分为四个形，一、二、三、四个涨跌，然后每个涨跌又可以分四个形。而且这四个形的排列是有规律的，就好像DNA里的碱基对，它就是四个元素。我跟人家说过，解释这种形最好的方法就是太极，其实古人说的很多哲学都有分形的思想。但现在我们就说循环会比较好，说太极好像有点迷信。知道这个规律以后，你就可以选择K线，比如说月线、周线。设定不同时间的线，就能一层层把形分出来，学物理的人会明白，这叫尺度决定维度。设定不同尺度，它的维度是不一样的。选择的线也不一定是就是月线、周线，也可能45天线比较好。每一个涨跌实质上都体现了大众心理的变化，一个涨跌结束，大众的心理重新归零。当然这个并没有这么简单，我只是提示一下，至于为什么是这样，你们可以自己找书看，终极目标就是预测股指。

所以我再强调一下，经济学尤其是金融学，是一个应用的学科，你不要只是看书上的东西，不要迷信传统理论。有些东西，你越看越完蛋。还有经济学以及金融学其实是非常粗浅的，只要你足够用心，你就能很容易地取得突破。你看获诺贝尔奖的那几个东西，谁都能想到，只是要你表示出来而已，或者说他本身就是芝加哥大学或哈佛大学的名教授，他有这个渠道把它们发表出来。其实都是很粗浅的东西，基本上没有什么用。退一步说，如果说那东西很有用，比如说可以预测股指，他还会拿出来公布吗？不太可能。所以它这里面有悖论。金融学、投资学要发展，理论和实验是有矛盾的，真正的一个教授发现一个理论能预测市场，你送他诺贝尔奖，他也不会说。自己赚钱就好了呗，而且这个回报是巨大的。

九、关键不是赚钱，而是不亏钱；复合增长很厉害

我很多朋友，他们的情况跟我不一样。我的条件相对比较好，起步比较高。我认识一些人真的是白手起家，一介贫民，也没有多高的文化，几百块钱开始做，做到几个亿。就是做证券市场，自己做，没有内幕消息，我感觉他们也不是发现了多深奥的规律，他们就是很喜欢，很狂热，那么他们肯定是专家。另外一点他们的共性就是不犯低级错误。我感觉他们犯了很多错，就是没赚着钱，踏空。今年踏空，2007年也踏空，感觉他们做得很差了。但是长期下来，他们还是赚了很多钱，后来我想为什么呢。原因就是他们熊市不亏钱，甚至还赚钱，这样持续的复合增长，那就非常可怕了。所以做证券投资，你一定要理解复合增长。巴菲特就是最鲜明的例子。巴菲特每年的复合增长率是20%多，但是他不亏钱，这点很重要。你想想，比如2007年你赚了10倍，2008年你只跌掉50%，你赚的5倍就没了。巴菲特牛市的时候其实一点都不优秀，大概也就比平均水平高一点而已，但是熊市的时候他做得比别人都好。那他就远远把别人甩开了。我认识的几个朋友也是，牛市做得都不好，甚至于踏空，算是比较差了，但是熊市他们不亏钱，那么他们这种增长就很快。7个10%就是两倍，10个两倍就是1024倍。所以，只要你不亏钱，增长就很快。如果亏钱，涨涨跌跌那就没什么意义，赚5倍然后跌去80%，又回到原位。而且往往有些人牛市初期只拿1/10的财产进去，等到牛市顶峰要跌的时候，全部的家当杀进去了，还借了很多钱，房子抵押或卖了杀进去，那最后肯定是净亏，不对称的。多数人都是这样，而且总是在底部卖掉了。这也是个悖论，什么叫底部？就是多数人卖掉了，才是底部，多数人还没卖，那怎么会是底呢？就没人卖了才是底，你能成为最后那几个人，那你的心理素质肯定超强。

可以跟大家这么说，我每天经历的涨跌的钱太多了，但我从来没想过钱，从来没有。就是把投资当游戏，跟下棋是一样的，甚至于比下棋还要淡然，下棋要是输了一盘还很紧张，投资倒更没什么，该玩就玩去。如果想到钱一定做不好。有一次去银行存了一笔现金，旁边的人都用异样的眼神看着我。后来我想为什么，噢，原来是因为我拿着钱，没想这么点钱大家都这么惊讶。后来我就想着钱，想着那都是人民币，然后那一段的操作就完蛋了。因为很紧张，自己看着自己一套别墅烧了，能不心疼吗？但是赚一套烧几套很正常，你只有想到那是一个游戏，你才能坚持，心态才比较淡。你应该判断一个终极的结果，然后去执行。

做短线的人都比较着急，急着赚钱。但更高级的智慧是：快就是慢，慢就是快。做短线让人觉得很快，其实赚钱很慢。做短线的人没有人挣到大钱，挣大钱的都是做长线的。因为有一种理论，我叫它黑天鹅理论，就是上涨一定能超出你预期的范围。所以有一种投资方法就是找到有安全边际的不会亏的股票，它能涨到多少不知道，但是不会亏钱你就拿着，一直等到黑天鹅现象出现。它会涨到很离谱的程度，你实在受不了就把它卖了。（笑）这就是一种赚钱的方法，而且这种方法非常好用，我的几个朋友投资回报率非常高，就是采用这种方法。它就是不可理解的，很极端的。我朋友买一只股票，从8块钱跌到1块钱，他就拿了几年，最后一看，比买的时候还涨了20多倍。

苏江先生答同学问：

同学：分形是从一个小的局部循环形成大的整体，是不是也能从一个大的趋势，倒推出一个小的范围？

苏江：没错。有种科学研究方法，比如西方的时政科学，它是自下而上的研究。比如一个苹果，先把它切开看它内部的构造，这是自下而上的方法。还有一种方法是自上而下的方法，就是去看苹果树，反而更容易给苹果下定义，因为树就是苹果的籽来的。

同学：预测近期的指数应该以多大的尺度比较合适，10年可以吗？

苏江：10年太长了，人的生命周期才多少？你首先要知道一个大的前提，就是中国股市的一轮牛市大概也就两年，熊市也就一年多，五年一个循环。再说中国股市总共二十年，设一个十年的线没有意义。但是年线还可以，如果想让形一层层上来，就看月线、周线，对指数可以简单看看日线，个股一般不看。

中国股市，你首先知道一个大的前提，它的循环，比如说一轮牛市，大概就两年，跌的话可能也是一年多，一年半至两年。大概是这样的周期，五年走完一个循环。现在看中国，股市开办总共才二十年，如果你设定一个十年的线，那就什么数据都没有了。现在看年线还可以，基本没有问题，但是想更准确一些，要让它的形层层地出来，可能选择的尺度就要更合适。现在来说，这么短的时间，看月线大概就能了解。我简单地看就是看月线、周线，然后稍微参考日线，指数看看，个股我看得不多。简单的操作就是这么看。如果你设定的线再细一点，比如说45天线，数据可能会更精准一点。（同学：我周围有一个同学的分析方法是用两周线来做的。）

那种就是纯技术分析了，他们用的是经验性质的东西。你看两周线，有的人看60天线，然后分析说跌破它会怎么样，上涨会怎么样，那个是纯技术分析的东西。技术分析不是没有规律，实际上技术分析表达的就是一种内生的、更高级的规律。但是应用技术分析的人，一般来说，都是用经验的方法，历史上它是怎样。他不知道为什么是这样，没有人说得出来。而且技术分析使用的标准不统一，仅用他们的分析方法，涨和跌其实都能出来，最后的结果是根据自己的偏好出来。我们不是说严格的你要用哪天线，它的一个更大的前提是物理世界。就是说，它的尺度决定你的维度。你可能不太理解，我可以给你简单解释。比如说微观层面，尺度在这种普朗克距离以下，大概我记得是10—33厘米，就是说微观世界。电子运行是六维空间，它有很多奇异现象是三维世界里你不理解的东西。比如说同一时刻，一个电子同时在两个地方出现，类似这种情况，它是六维的。你再宏大，再往上走，这个我准确的不知道，可能多少光年是一个尺度，那么可能宇宙是一维的，它是不一样的。但是你要精准，要选好这个临界的值。因为我们对这个更宏大的世界研究还比较少，现在有很多说不通的理论，互相矛盾的理论，就是因为它的临界到达一定尺度的变化，它的维度会变化，运行规律也会变化。那么这是一个具体的分支了，就是这个股指的变化。但是它实际上是一个宏大海量的，肯定也不是低速的，肯定也不是常规速度的。因为人的神经反应是光速的、海量的，那么它是成混沌态的。混沌态里的规律就是这个规律，它是对立统一的。两种力量，你可以说正和负，你要研究更高级的理论，你要抛开空间这种理念，两个就是对立的，但是又是统一的，所谓相生相克。一个上涨一定有一个下跌，两个伴着来。它最后的结果，标准来说，一定是完全对称的，归零。但是它不是一个完美系统，它会有偏差。但是它运行的规律就是一个变四个，然后往下去分解，可以出来，但是肯定不好理解。我研究这么长时间，这么短时间内，它有很多前提，你的很多观念都要变才能逐步理解。我提一个方向，就是让你们去看那些书，不是我现在说一下你明天就能应用了，那是不可能的。有些东西我还在研究，大概就是这样。

同学：苏老师，我想提一个关于稀土的股票——紫金矿业。××公司最近一两个月一直在不断出利空的消息。按照股票市场的说法，越是出利空，将来它涨的趋势就越大。第二个，股票目前这段时间，在高位盘整，而且有些不正常。我想问，您对它怎么看？

苏江：你这个观点，不断出利空的消息预示着未来就会涨，这就是一种经验，可能未来会变成教训。在高位的时候利空就是利空，2008年的时候高位就是利空不断。不要说机械地去套，这样你就容易会付出代价。但是如果说是做股票有些水平的人，懂股票的人，基本不会去做××。几个原因：一、这个企业出的利空是真利空，这个企业确实不道德，不规范。比如说，它污染环境这么厉害，而且还瞒报，确实是比较恶劣的。另外你看它本身的东西，稀土，实际上它没什么稀土，就是炒一个概念。福建在龙岩、长汀是有一些稀土的，但是非常少。可能厦门物业还有一些采矿权，但是量非常少，整个福建都没有多少稀土，它就是一个概念。它那更是少得离奇了，沾边可能沾一点，基本上没有工业价值。另外一点，这个公司主要的价值不是稀土，是铀铜，是黄金，主要是黄金。但是它的矿是贫矿，单位的含金量不高。也就因为现在黄金价格涨得比较高，它的提炼技术不断提升，然后造成它目前利润还可以。但是这种企业都很不诚信，真真假假都有。它是某某省某某县的，某某县里的主要财政都靠这一个公司，官员退休了都在这个公司干。这个公司乱七八糟，不要做这个股票。而且它估值有问题，是拆分过的。反正尽量是碰都不要碰这个。

关于分析理论，我想知道一个比较实战一点的例子，或者说实证分析的方法。

比较实战一点的，简而单之，但是也比较有用的——看股票K线的时候，从上往下看，先看月线，再看周线，再看日线，这样比较清楚。当然你看股票K线的运行规律，至少要懂波浪理论。波浪理论先研究得差不多，然后等你研究很熟了，别人知道的都知道了，然后觉得波浪理论就是把握不住，到底怎么应用，看不准哪个是一浪，找不到起点、终点，那个时候再来找我，我到时候和你解释，可能会更好一点。实际上波浪理论是一个数据统计的结果，它不是一个理论。艾略特发现这个规律，就是股指它这种现象，但是他可能没有进一步研究，也不好研究。因为对分形的研究，现代物理学也是近几年才有的，以前也没有这方面的知识，而且它也不是那么简单的。但是波浪理论已经占有六成的知识了，你再往下去研究，你再去琢磨它，可能会好一些。但是你说简单实用的方法就是先看年线、再看月线、再看周线、再看日线，从上往下看，就比较准。你别光盯着一方面，有的人还看30分钟线、60分钟线，那个没有多大意义，大概就是这样。

同学：我想交流一下锂的事情，因为今年开始很多公司投产锂。我去很多锂的公司调研，发现碳酸锂根据未来投产以后的产量，就算到2015年以后，碳酸锂的供应市场也是严重过剩，就像去年多晶硅一样。厂家都认为很好，但后来你看多晶硅跌得一塌糊涂，严重过剩。现在看来锂是不是也是这个情况？

苏江：不是。情况是这样的：多晶硅是沙子，量很多，不太一样，而且多晶硅本身用量也比较大，是另外一回事。锂是可开采的资源，是比较稀缺的。理论上讲土壤里到处都有锂，但是没有工业价值，开采成本太高。就好比海水可以分解成氢气和氧气，无穷无尽的能量，而且是环保的，产物是成水。但是它的成本太高，没有工业价值。锂的情况是这样。为什么你看到报告说锂会过剩，因为锂电动汽车真正的放量、供应市场的时候，应该在2015年之后了。中国现在炒得比较热，只是说它的规划出来了，而且你预期可以看到远景，它的量会逐步增长。它不会饱和，用不了多少年，大概锂汽车可能放量以后的十年二十年，可能锂就会没了。因为以后汽车这方面，基于传统能源的，比如汽油，用起来成本会很高，而且这方面应用技术成熟以后，肯定是大量用锂。你可以设想全世界的汽车有多少，一个汽车锂电池，需要的碳酸锂是0.08吨，全世界有多少汽车，而且锂电池还有消耗。

除此以外，锂还有更大的用处，现在该技术还不成熟，我相信十年后至少基本轮廓能出来，现在有的国家包括印度都在试、在用。就是我们现在的原子能、核能，是核裂变给予的。核裂变我们可以控制它，让它在这个临界状态不爆炸，从而可以利用它的能量。但是核聚变现在是控制不了的，你可以用作武器来轰炸对方，但是控制不了它的进程，这个工作比较复杂。核聚变以前我们用氘和氚，而锂金属放在水里，就产生氘和氚。所以说，如果核聚变可控的话，全世界的锂拿去做这种核聚变的核能去利用，那全世界所有能源都不需要了，煤、石油就不用了，光锂来做可控的核聚变提供的能量就足以解决全世界的能源问题了。锂天然就有这个优势，放在水里就可以产生氘和氚。而且它也不是说像你想的这么简单，只有汽车用的，还包括储能、携带能，大容量便携电池等，有多领域用途，不是那么简单。我们算过，锂不会过剩，而是肯定不够。而且你在选取锂资源的时候也不太一样。我为什么那时候和复旦大学的同学讲西藏矿业的碳酸锂基本上就是纯天然的。从盐湖里，水捞出来晒干了，基本上就是碳酸锂了，当然是粗盐咯，还有些别的杂质。全世界别的地方盐湖都不是。（同学：但是据我所知，西藏矿业碳酸锂还有非常高的碳酸镁的含量，它的碳酸锂只能作为工业级的，就是电池级的。）不是，这个你搞错了。碳酸锂的杂质是什么？就是镁。比如说青海察尔汗盐湖，就是盐湖集团的那个，它的镁锂比是40∶1。一单位的碳酸锂，伴生在一起的有40单位的碳酸镁，就是镁的化合物。西藏矿业是多少？1∶1，全世界独一无二的，所以说它类似于纯天然。当然它后续要加工，比方说加工成电池级的，高纯度的，是需要一些工艺。以前中国这方面的工艺比较落后，但现在就是在突飞猛进。为什么这次说是比亚迪给的投资？它是有前提条件的。不光是要你的钱，也是要你的技术，而且有了钱本身也就有了技术。像这种提纯，不光是说西藏矿业的碳酸锂了，就是盐湖集团40∶1的碳酸锂，现在都可以提纯出来。它和佛山照明是同类的，跟它们合作。像技术这方面，肯定是在不断进步，是没有什么问题的。西藏矿业以前那么便宜，为什么不涨？主要原因是运输问题。它处在西藏日喀则的山区里面，很偏。它把晒干的粗盐，运到青海再去加工，光是运输就已经很多钱。但是它运输条件会解决的，它是个变量。现在它就在解决，日喀则在修铁路。然后还有别的一些原因，比如说军事原因，日喀则处在边境，挨着印度。因为别的原因，它的公路和很多东西都在改善，而且它还有很多可提高的地方。比如说它以前是把柴油拉上去用，大量用柴油，肯定很贵，而且它很慢。他们弄很多池子，把盐湖里的卤水捞出来放在池子里，通过太阳逐步晒干，这个过程很慢。西藏本身的电力供应，现在正在改善，国家也在大力支持，利用水发电，综合方面都在逐步提高，能源供应也会解决。如果运输解决了，包括能源也解决了，比如说池子用电加热，那就会很快，效率一下就提高了，产能就上来了。而且它如果就近去加工，那成本就很低。比如说江西，就没法和西藏比了，西藏有很大优势了。碳酸锂的量不多，全世界大概也就是2000万—3000万吨，而且可采的没有多少。

同学：美国、香港过境非常容易，很多资本化的操作造成公司资产不是真的净资产。为什么在我们国家净资产就可以当作是净资产？

苏江：这有几个大前提。第一，美国已经是80岁老太太了。谢老师常说，中国是18岁的小姑娘，能比吗？中国的企业都处在上升期的，都是在成长的。美国的企业，能够成长的不太多，可能个别有，但总体上不多。而且有一个情况：国有企业，往往是为了个人的利益，会有一些特殊的处理。很多国有企业，包括国有企业的上市公司，它是经常有的阶段是要把资产说是净资产也好，固有资产也好，都是要做低的。像民营企业很多人，往往喜欢把净资产做高，国有企业不是这样，是要做低的，国有企业的利润都是要做低的。每年到这个时候，很多大国企就在拼命地花钱，把钱给花掉，为什么？因为每年的利润不能增长太多，今年利润增长太多明年我怎么过，明年利润降低了我怎么交代，所以要让它每年都增长。我们的国有企业，和别的企业不太一样。当然也不是说所有时刻都有动力把净资产做低，有时候也有做高的，具体的要看它需求怎么样。很简单的道理，一个上市公司要增发新股，如果是资产注入，往往是这个上市公司的国有企业占比不多，比如只有20%的股份，它可能想扩大自己的控股权，那么它要注入一个资产。比如说我注入的这个资产占你们的20%的股份，那我就占40%了。这种情况下它一定把上市公司做亏，甚至于做到“ST”，让你感觉要退市，很便宜。那么我同样的资产，比如说10个亿的资产，占的股份就不一样了。比如说从20块跌到5块，它为国家保值增值了，他自己怎么说也有交代了吧，可能还有别的利益。而且往往是这种国有企业的重组的间隔期，里面有大量的暗箱操作等等。就是把你打得很低，买进去我好做老鼠仓，是多重原因。还有一种情况，这个上市公司占的股份很高，比如说它以前做过资产注入，可能有60%—70%的股份，这种情况，它一定是把股价拉得很高，然后通过增发新股圈钱，就是面对市场或者定向增发，就是圈钱、圈现金，不是圈资产、不是注入资产，那这个动力肯定是虚高。它把业绩怎么做得高一点，成本怎么摊得低一点，它有很多合理的方法，比如说折旧法怎么去用，库存怎么去记，那我就把业绩做得好好的，股价高高的。高价圈了一大笔钱，圈完了股价“当”就下来，明年的业绩一定下来，就是这个道理。比如CC股份，我倒不说CC有财务操作，也许有市场情况，但是可以举个例子。2007年的时候，CC的盘子大概是130亿，CC每股的盈利都能超过1块钱，那阵要收购BTC，另外还有换股比例。那两股比着涨，谁都不输给谁，CC最高涨到过60元吧。CC那么大的盘子，每股盈利都能达到1块多，就是说它一年有一百多近两百亿的盈利。那现在呢，今年CC巨亏，重组完了反而被收购了。当然也有市场环境，一方面那时整个中国股市是大牛市，而现在是震荡市。此外，它的产品价格降下来综合的原因，但也有任务完成就不一样了，应该很有可能有这种因素的，有的案例是一定有这种特别的因素，就是这个情况。

刚刚那位同学，他也提到了，西藏矿业锂的含量比较低。我个人也经常有这种经历，明明是一个利好的情况，但是把利好看成没有那么好，经常犯这种错误。

同学：市场肯定有很多这种误导。甚至有些权威媒体，或许是真不懂，或许是受利益的驱使，消息都是真真假假。很多权威媒体的资讯、消息也是这样。所以你要去调研、研究。很多人去看所谓的研究报告，他们可能就看一个结论，预测它今年的盈利怎样。这非常不好。我想请问一下，苏老师你是怎么做研究的，是雇了一群人研究还是怎样？

苏江：我前段时间还写了一篇文章，一个金融系统比较权威的金融杂志把我这个文章放在头版了，就是写基金做一对多为什么那么失败，思路为什么不好。这就涉及到金融机构怎么管理的问题和怎么运营。我的观点是什么？就是球星战术。一个机构、研究所，主要就是一两个人。投资研究这种所谓有点混沌的东西，决策的人一定要什么都懂。如果说分块，你研究铁，他研究铜，你研究市场策略，他研究宏观经济，这样的话联合不到一起。它不是简单的1+1=2，可能是1+1不到1，就是说需要一个灵魂人物，需要一个通才，一个人去把握，其他人做辅助，怎么辅助都可以，就是帮帮忙。我看到的一些，我们公司，包括别人也是这样。我不愿意让别人弄，别人弄没什么用，很累，说还不明白，自己弄就够了。很简单的东西可以让别人去弄，但主体要靠自己去抓。而且真正判断一个板块、一个股票，肯定是靠你自己了，靠别人是没有用的，因为两个人的思维完全不一样。

同学：老师，授人以鱼不如授人以渔，你觉得可靠的信息来源或者你亲身去做的调研，有什么经验可以推荐给大家分享的吗？

苏江：这个东西，我以前一直谈学习的方法和成为一个成功者的必要条件，就是兴趣和动力。你对证券投资就是感兴趣，感兴趣就自然而然你好像什么都知道，就自然水到渠成了。如果说你为了挣一个亿，为了怎么样去做，那肯定动力不足。因为我说了，每天工作都是娱乐，都是不知不觉的。每天我要看大量的研究报告，看宏观情况，看国际国内市场，我把它当作生活方式，不是为了明天怎么样。我说过我做投资不是为了挣钱，从来没有想过，就是生活方式，不看它难受。所以你到这种状态，你才能掌握很多东西。如果不是这种状态，你可能就是硬性的，我为了什么去弄，肯定不行，看了也会忘，没那种感觉。我举个例子，谢老师的一个朋友，可以说就是我朋友了。他只做无风险套利，有一点高风险高收益的这种投资，他只做指数投资，从来不做个股投资。他认为个股很难掌握，所以他做指数的，跟踪指数。有一次我和他聊天，就是聊西藏矿业，让我真的是大大惊讶。他跟我说了很多，他对锂的研究比我还要多得多，他说了一些我还不知道的东西。这个前提是什么？我在大量关注锂，我在大量投资这块，我肯定是做了很多研究。另外一点，我有个朋友，他正好就是给国家发改委做新能源的报告，包括最后给国家提建议，新能源如何去做，很厚的一个报告。这个报告出来我肯定就看了，我也是相应地参与一些意见，所以我比较了解，锂这块我应该还算是可以的。但我们这位老兄，根本不做个股投资，锂跟他都没有关系，他居然了解得比我多。那就想想吧，这就是做投资的人，他完全不是利益的驱使，他纯粹是兴趣。如果说跟他有一点关系是他大量地买攀钢钢钒[①]，钒也可以做储能的电容，但是因为它的体积太大，做汽车的不太合适。他一直在研究钒对锂的替代，可能是有这个原因，不见得他什么都懂。以前我也和他聊过煤炭，他也非常非常懂，但是他不做个股的，这就是投资人。

同学：苏江老师，那我们就是要尽量学习，然后就真假自辨了。

苏江：对，就是先接受。每个人的禀赋不太一样，但是多考虑，所谓的真假就能判断出来。所谓你被假象骗了，可能是因为心不静了，有贪欲了，看人说好就急着去买，忽略一些别的东西了。而且是功到自然成，当你把它作为一种生活方式，可能就不一样了，要积累。你可能觉得铜赚钱，我要研究一下铜。没有用，可能研究一下就忘了，而且你可能没有那么敏锐。我为研究一个非常小的东西，比如一句话，或者一个参数到底是真是假，可能跟我的投资没什么关系，我都会很变态，不把这个弄出来可能几天什么事都不干。但是研究出来以后你就更是专家，更自信了，而且通过研究这个可能又发现了很多东西，这就是研究。

投资的前提就是你要喜欢，如果不喜欢，你可能这个行业都干不了了，你也干不下去，你喜欢它什么都会有，不是因为谁教你。当然研究到了一定程度，会有一些方法。比如我举一个简单的例子，那时候我还不是很成熟，我碰见了以前的导师，他是研究国家产业的，也是给中央高层领导提政策建议的。他跟我说："2006年煤炭的价格应该逐步要放开了，那么市场化以后电煤、焦煤肯定是价格很好的。你帮我挑两个煤炭股票，看哪个好。"我那时真是不懂煤炭，然后回去以后是一夜没睡。我研究东西，只要搞不明白，真的是一夜不睡，一天两天都

①编者注：苏江来讲学时，ST钒钛（即攀钢钢钒）为8.2元；2011年4月为13.50元，涨幅已达50%以上。

可以，不吃饭都可以，很投入。然后我花了一晚上时间，研究完就给他挑了三个股票，还真的是挺准的。研究一晚上大概知道了，第二天上午我给一个在煤炭企业做高管的同学打了一个电话，问了一下他多年的经验，他有专家的视角，不是你看报告就能感受到的东西。但是前提是你很懂，像我跟他一说他都很惊讶，说你没搞过煤炭啊。我说我是做投资嘛，就研究了一晚上。他一听，都是很认真，里里外外跟你说，大概说了说就没问题了。然后我跟我那个导师汇报了，推荐了三个股：西山煤电，潞安环能，还有大同煤业。然后他选了西山煤电。2007年嘛，然后他西山煤电赚了七倍，所以我贡献很大。但就是那次弄了一下，以后基本对煤炭就很懂了。以后呢，就逐步跟踪它，你对它的历史情况很清楚，那么就会更了解。有些事可能是很特殊的事情，比如大同煤业。大同煤业在2007年，它的涨幅严重滞后于别的股票，为什么？有两点重要原因。一、它在香港想上市，结果被否了，咱们国家2007年决定资源类的股票原则上不去境外上市。二、它的董事长去世了，去世以后很多事情就乱了，股票就停在最高46元吧，不涨了。跟它同类型的股票像西山煤电这些涨到七八十元，它就停在40多元。那么它本来就低，你知道它的情况，所以呢，今年做很多人说它的点位都到6000点了，6000点40多元是有折价的，它不应该是这样，实际上应该是更高些，就这个道理。你要是对它的历史情况很清楚，那么就不太一样了。所以呢，没有一个偷懒的方法，就是你得去喜欢它，就不一样了。

你说ST股的问题，那是中国独有的状况，没人买就退市了，每天都没有交易量。中国为什么ST股这个现象很特殊？它有历史和现状原因。我们以前很多企业上市不是考虑业绩，就是国企脱困。每个省给几个指标，这个省就是看哪个企业顺眼，哪个企业越差、越困难，越让它上市，去解决问题，所以很多企业形势不太好。同时在中国上市又是一个稀缺资源，大量的优质资产想上市排不上队，就走另外一个捷径：去借壳。地方政府也有这个动力，比如西安，有这么个企业，它ST了，它要退市，我也很难堪。另外我这个省也没几家上市公司，那么有上市的冲一下，那么我让我这省优质的资产去借它的壳，所以说有大量的借壳现象。包括我们2007年还是2008年出了一个政策，大量的房地产企业去买壳借壳上市，就是这个情况。所以知道了这些内在原因以后，你就知道原则上中国基本没有真正退市的股票，有的话也是有特殊的原因，比如说像以前的蓝田股份，就是是很特殊的原因，基本上没有。甚至于都退了市的股票，政府还想让它恢复上市，就是进了三板以后条件符合了，再申请还可以回来。所以它退市，或者像香港一样变成仙股的那种风险，你的钱就永远变成沉默的东西了，这种现象基本上没有。跌得很低的时候就很有可能你去买的，特别是有些股票股本不太大，股价又很低，借壳的成本很低，而且速度又快，那当然愿意借壳了，所以就一直会有借壳的现象。包括现在，创业板是不能借壳的，A股主板市场的这些壳资源，还是有一定道理的。包括我的一些同学、朋友，是钻得很深很厉害的金融家。但是他投资所有的钱，全是买了ST股，买十只二十只。你说他是金融专家，怎么炒垃圾股，他这个投资组合，任何人做都炒不过他。为什么？他那个借壳概率是很高的。20只里可能有两三只借壳成功了，赚的钱就够了，其他的其实也亏不了，你在这个壳的价格不是很高的时候去买就是了。

ST股是一个很奇特的现象，你可以去理解它，但是没必要去做它，没有什么意义，而且往后的情况会变，很多资产去创业板上市直接就能上了，甚至于你现在让某些人上主板他们还不愿意上，因为创业板的溢价更高，它发行的价格更高。所以壳这块，我们一般不太做，但是像我那个同学，是个金融专家，他做这个的回报率就很高，它也是有道理的，大概这个东西就这样。它是历史进程中的一个特殊现象，不用对它太关注，但是每个现象背后的原因你如果都能看明白，那你的水平就提高了。

同学：苏江老师刚才说高手能找到正确的法子，那我觉得找到正确的卖点很重要。现在我想了解一下股指处到了大浪的什么阶段，想知道第五浪的最高点会在什么时期到来，想知道老师以什么依据来判断波浪理论？

苏江：我前面说过一点混沌分形的理论，我不知道你是否理解。现在这个浪，应该是三浪里头，三浪的一浪。这个听着肯定晕，这就是按分层来的。三浪是什么？你看看波浪理论大概就知道了，老是说3312、3313，你要知道它是什么意思，要不然你无法理解。你要知道波浪理论怎么说。知道波浪理论的表述就可以了，但它找不到起点和终点，它不知道黄金分割是怎么回事，为什么黄金分割能起作用。而且有时候是不一样的，按那种方法可能会有相反的结果。但我们那个不会，结果就是确定的，但不是算命先生，算不到准确的几个点，但是方向、大概区间不会错。这个真的很复杂，我建议你去看看波浪理论。（长时间的热烈鼓掌，同学敬献锦旗与鲜花）

（本文讲座时间为2010年11月11日。2011年12月苏江应邀又来到复旦大学为研究生讲学，又是大受欢迎，可惜未能辑录。）

争取成为投资大师

——只涨不跌的三大品种

苏 江

编者按：苏江，数学学士，金融学硕士和博士。毕业于北京大学，在武汉大学金融中心从事研究，《证券市场红周刊》特约撰稿人，中经朗润投资公司总经理，师从平新乔、林毅夫、易纲、谢平等名师。2008年曾来选学谢百三老师在北大经济中心的金融市场学课，投入股海，一年多收益6倍，成为实际操作最成功的经院学派人士之一。他的讲座有理论有实际，归纳总结非常深刻、清晰，值得一读。

可能是由于他的经历与复旦大学很多研究生相似，所以每次讲课都大受欢迎，听众非常多。讲完后，常被复旦学子们围得水泄不通，并答疑一个多小时。

很高兴能来到复旦大学和同学们交流一些关于证券投资方面的经验。复旦大学和北京大学、清华大学一样，都是国内最优秀的大学。但是国内的教学思路和管理方面始终存在一些问题，就是在激发优秀学生的潜能和引导学生正确规划未来方面仍存在一些有待改进的地方。我自己也有过一些思考，不过我本人的特点是比较自由，没受过太多的约束，读书的时候能够尊重自己的兴趣，涉猎广泛，其实很多东西看起来没有什么关联，但到最后发现它们的原理都是相通的。记得苹果公司总裁乔布斯写过一本书，大概讲的是我们要找到自己的兴趣点，跟随着自己的心声去行进。依兴趣做出的各时期看似不相关的事情，可能会勾勒出非常漂亮的人生轨迹；反之，如果你一直工于心计，只顾眼前利益，到最后你的人生反而可能不会很理想。所以我希望大家都能找到自己的兴趣点。以下谈几点体会。

一、证券投资容易上瘾，证券市场机会多多

证券投资是一个容易上瘾的行业，也就是说，对多数人来讲产生兴趣不是问题。同时，证券投资非常具有挑战性，对人的要求很高。首先，你的知识必须要广博，不但对经济学、金融学要有深刻了解，对数学、物理学、哲学、心理学，最好都要有一定了解。另外，你个人的性格禀赋要适应证券市场。我在这里主要给大家讲一讲证券投资的基本原理，激发起大家的兴趣，同时我也要告诉大家怎么提高自己在投资方面的能力。

现在你们人生最大的财富就是年轻，有时间，有充足的时间空间去实现财富的梦想，方法就是把握复合增长。巴菲特成功的要点就在于：首先，对于要投资的行业做深入的研究。比如说他投资比亚迪之前，对新能源产业一定做到了心中有数，这一点可以保证他不输给别人。而他超越别人的地方在于，在熊市亏得比别人少，牛市涨得比别人多。能够持续地复合增长。每年20%的增长好像不多，但几十年持续每年20%的增长就相当可观了。中国市场一轮牛市的周期往往有一段时间，如果做得很成功，翻倍也并非难事。牛市到顶后往下的趋势通常也是很明显的，并没有难到不能识别。有些人判别不了，一方面是因为知识不够全面丰富，另外也是由于个体性格上的弱点。举个例子，在2007年末，也就是6000点时，谢老师跟我讲，银行实行从紧的货币政策额度制管理后股市的行情应该不行了，我同意他的观点，中石油权重太大发行价又太高，大盘肯定承受不了。所以我们都清仓了，在往后的大跌中没有受多少损失。其实当时大盘见顶的政策信号和技术信号都比较明显，但是很多人对恐惧和贪婪是无法自控的。总的来说，证券市场机会很多，如果大家有兴趣，也觉得自己适合走这条路，不妨坚持走下去。而

且谢老师为大家创造了这么好的环境。我本人也算是学院派出身，很庆幸自己认识谢老师，因为他离市场很近。以前我离证券市场其实很远，虽然我是学金融的，但是对于金融市场的把握不是很好。而通过与谢老师的交流，包括与他的朋友们的接触，对投资有了更好的把握和更深层次的理解，投资的业绩也好了很多，并逐步发现了许多规律。谢老师不仅是学院里的经济学家，也参加一些市场实践。说到投资，可能大家认为都是专业人士才会从事的，实际上，我们每个人都有理财的需求。有些人认为钱放在银行里是最保险最安全的，但有些经济学常识的人都知道，在通胀情况下，放在银行的钱实际是在损失；而且投资是稍微学习一下就可以操作的，对每个人一生的影响也很大。我们刚刚讨论过复合增长，投资中积累的财富总值会有着巨大的变化。如果你是学经济的，却把钱存在银行里，那就是对自己的学识和智力的污辱。很简单的道理：你不理财，财不理你。尤其是在上海，金融中心，商业气氛很浓，大家都应该有这样的意识。在这里我只是想阐述一下投资的重要性。有些人觉得投资不是那么简单，掌握不了，就把钱存在银行里，这是一个错误的观点。

二、“乱世买黄金”——不同时期投资不同品种极为重要

既然我们每个人都需要投资，那么投资到底是怎样的呢？投资品种大致有几个大类：黄金、大宗商品、股票、债券、外币。有人会觉得自己只有几万块钱，就不需要考虑太多投资品种，其实不然。既然要学习投资，那么各类品种我们都应该去了解，10万块的投资策略和1000万的投资策略区别并不大，都要组合投资不同的品种，而且不要因为本金少就随随便便地处理。我说过，你们现在最大的财富就是年轻。一个人有1000万，但他已经五六十岁了。你们现在20岁，可能只有10万元的可操作本金，可是当你们五六十岁时可能已经是亿万富翁。这几种投资品，由于经济周期的不同，可能价格波动不一样。一般在通货膨胀时大家为了保值会去购买黄金。最佳的黄金投资机会实际上是在一般通货膨胀后期，也就是所谓的恶性通胀（20%左右）发生前。因为发生恶性通胀后，实体经济肯定非常不好，用一句通俗的话讲叫“乱世买黄金”，而不是在温和通胀期。比如现在黄金就很火，但是在这个半年周期内黄金走势可能不会好，因为现在实体经济在恢复。而且在通胀初期，也就是温和通胀时期实体经济业绩其实都非常好，股票证券市场很繁荣，投资回报也很好，黄金的价格不会走得很高。2009年大宗商品的表现比较突出，因为流动性过剩的因素。不同时期的投资品都不一样，而我把它形象地比喻成“弹钢琴”。在特定的时间点弹特定的琴键，就会演奏出美妙的乐曲。当然，投资的节奏和弹钢琴的节奏肯定是有区别的。主要的区别在于时间周期的不同。弹钢琴是隔一秒半秒按下一个键，而投资比较合理的周期可能是一个月，可能是两个月，这里取决于投资偏好的不同。至少过度频繁的交易是不可取的。同时，“弹钢琴”中也蕴含着很多技巧学问需要我们掌握，还有一些时间结构需要我们研究。这些掌握了，那么你人生的财富乐章就会非常动听。

三、基本面分析非常重要，对动态市盈率等要项看法

影响一个资产价格的变量，主要有这几个：基本面、资金面和情绪面。平常你们听股评和一些投资人士的分析也会经常听到。基本面，我不用说太多，因为你们学经济学金融学的在教科书上都能学到。基本面有几种方式计算：折现估值法，就是根据每年的回报率和现金流来折现估值。比如说今天的100块和一年后的100块肯定不一样。因为今天的100块钱至少在一年后会产生一定的利息收益，如果回报率是8%，那么一年后的100块就变成了108块。这种方法一般学院派会用，但是它好听不实用。为什么？因为我们无法准确预估每年的回报率，实际上这种算法的误差非常大。通常人们说市盈率就是每股股价除以每股收益，这实际上把因果颠倒

了，市盈率实际上是收益率的倒数，也就是折现率的倒数。我们平常算静态市盈率可以用每股股价除以每股收益。A股市盈率变化幅度大概在10—70倍，在2007年历史最高点6124点时市盈率大概在70倍，在2005年998点或2008年1664点时的市盈率大概在10倍或10倍不到。自己在计算市盈率时要把握住一点，它的每股盈利一定是可持续的，不要是一次性收入。比如说一个公司有股权资产转让，转让之后市盈率很低，可能只有5—10倍，专业人士都不会去买，因为这只有一次性收益，明年的每股盈利可能就变低了。一次性的收益只能提高它的净资产。另一点就是做基本面分析，会计学肯定是要学好，要会看财务报表，能够看出报表隐含的信息：上市公司是在隐藏利润还是在透支利润，公司潜在的财务风险等等。基本面的分析方法，学院里的课程都会讲到，我也不用讲太多。市盈率方面把握住静态和动态市盈率，一般机构投资者都会看未来几年的市盈率状况，也就是所谓的动态市盈率。现在还有PEG，就是和企业的增长率结合起来看。还有重置法计算估值，教科书上都有。

四、个股之考察流动性——利率、汇率、货币升值影响货币供应量，影响股市

基本分析的是资产的价值中枢，但还有资金面和情绪面这些因素。资金面的研究实际上是需要对宏观经济有所把握，资金面和基本面的关系是基本面决定股价的价值中枢，理论上讲价格围绕价值中枢波动，但是资金面对价格产生很大的影响。如果说资金不足，市场价格就会有一个折价，比方说本来从个股看基本面应是10块钱股，但是市场缺乏流动性，购买欲望不强，市场价格会达不到10元。当资金充足，比如说2009年，投放很多货币，流动性过剩，市场价格就会超过基本面确定的价值中枢。那怎么分析资金面的情况，现在资金是多是少，未来资金是多是少，就要看你对宏观经济的把握，与利率和汇率都有关系。大家都知道利率降低，市场资金会变充裕，汇率也一样，人民币有升值的预期，那么海外资金就会通过各种渠道流到大陆来做套利，2007年的南方航空股价表现非常好，从8元涨到了28元，上涨的原因主要就是受益于人民币升值。弄清楚M1、M2所代表的经济含义对考察流动性情况也很有帮助。

五、对经济股市分析要特别重视分析内生变量

我们还要提到内生性、外生性这两个概念。事物的发展规律是有其内生性的轨迹，外生变量可以改变事物一段时期内的运行轨迹，但一段时期后，偏离的轨迹会逐步回归到内生轨迹上。学数学的同学一定知道有一个拓扑的概念，内生轨迹上的一些节点是一个事物运行的拓扑点，即在两个节点之间实际运行轨迹受外生变量的影响会有多样性，但终会回归到下一个节点上，非线性混沌经济学中有内生因子、分维等概念，表述的就是这类不确定现象中的一些确定规律。2008年金融危机使得国际资本从我国大量撤出，我国同时又实行严厉的财政和紧缩的货币政策，使得流动性严重紧缺，2008年11—12月又实行极度宽松的货币政策，流动性又开始过剩，符合内生需求的政策使得经济依内生轨迹平稳运行，2008年最后一次提高存款准备金率被普遍认为是不合理的政策，使得资本市场和实体经济严重偏离了正常轨迹，但之后存款准备金率开始不断降低，经济和股市又逐步回到正常轨迹上来。对经济做预测就是要分析哪些是内生的变量，哪些是外生噪音，并关注一些拓扑结果。

六、情绪面因素——要重视海量群体之心理

现在行为金融学很时髦，我跟这方面的研究机构做过一些交流，他们基本上是做抽样回归分析这一类的计量统计方法，但是人与人之间的心理行为活动是相互影响的，不符合概率统计中事件独立性的要求。投资心理就个体来说是随机性比较强的，但是就海量群体而言，比如我

们投资市场上的投资群体，大众的整体心理表现可能是很有规律的，甚至是十分简单的标准。个体和个体之间既有共性又有差异性，集合体现到市场上共性的行为显著呈现出来，个体间差异性很强的部分相互对冲后就不能显著呈现出来了，那么大众心态可能就是以类似正弦波的形态周期性地变化着。上市公司整体业绩的变化与GDP的增长是正相关的，GDP的增长曲线类似于一条高频震荡的波，它和大众心理曲线会产生叠加共振，所以股指呈现出看似不规则的运行走势，比如说牛市6124点就是大众心理涨到了顶点，实体经济也呈现出增长高峰，两者产生共振，而熊市低点是在大众情绪最悲观、实体经济状况最差的情况下产生的。2008年1664点之后的上涨因素，首先是大众情绪面由悲观到极点逆转为对未来开始有期望，随后实体经济也慢慢转入回暖期。到目前，大众情绪还没有到信心膨胀状态，我估计2010年我国的GDP增长率达到10%—11%没有问题，那么在实体经济高增长和大众信心达到膨胀的双重作用共振下，2010年股市应是有机会的。

七、技术分析——我用波浪理论的升级版：混沌理论

考察情绪面又导致了另外一个方法，就是技术分析，民间人士乐此不疲，专业机构人士应用的相对少些，上海有家券商定期发布风水测市报告，拿易经预测指数，不少机构也关注。我和那家券商交流过，有时他们的一些观点和我的很相似。但是我用的是混沌分形的一些思想，算是一个系统的理论方法，我感觉他们主要是应用一些古人的预测方法，理论性不够，对预测结果有随机性。技术分析方法中的波浪理论、宇宙历法其实都是有用的，但是掌握不容易，我觉得用的人很多都没有把握住它们的原理。像江恩理论，一些人应用它做短线。江恩确实是短线高手，但他有一个神秘的比率没有告诉世人。我认为短周期内的干扰因素很多，规律性不易把握。一些方法有时有效有时失效，意义就不太大了。波浪理论大家可以认真看看，它对长周期的预测是有一定效果的。我的混沌分形方法算是波浪理论的升级版。波浪理论是有一些物理学上解释的。而技术分析在民间为什么能存在呢？有一些股民老想掌握“一招鲜”式的秘诀，但想掌握有效的技术分析方法比掌握基本面分析方法其实要难得多。另外，技术分析的方法对研究股指走势是有用的，对个股就不一定了，个股往往在方向选择的时候做出骗线来。我以前写过一篇文章《证券投资思维方式分析》，网上可以搜到，大家可以参看一下。

八、能涨难跌的品种：可转债、认沽权证、现金选择权一致性夺宝

在变化无常的股票市场中，有时会出现一些无风险或低风险的套利机会，这类投资通常称为结构性投资，而投资大师对这样的投资机会是绝对不会放过的，2008年底我就是靠持有“可转换公司债”度过了最后的一跌，并增值坚持到2009年牛市。

具体分析一下，大致分为三类：

1．可转债：我做过调查，一些证券市场的成功投资人士都有一招应对熊市的法宝，即可转债。我的一个朋友，2005年靠大量持有招行可转债度过了998点那一轮熊市，并在2007年获得了几倍的收益，即使持续持有到2008年大熊市，也会有不菲的收益留存。当然，目前的可转债的价位已很高，没有太多套利机会了。但以后还会有多次机会。

2．含认沽权证的股票：2006年至2007年的盐湖钾肥和南方航空等都是对应有认沽权证的股票，在正股下跌到认沽行权价附近时，可以坚决买进正股，低风险获取正收益。2007年6月22日，南航“股改”复牌后一路下跌到8元附近，而南航认沽权证的行权价是7.43元，在当时牛市环境下百分之几的下跌风险应该可以承受，可以忽略，而且南航又有人民币升值的汇兑收益概念。果然，南航反转向上，3个月内攻到了30元。这个机会跟熊牛交界，行情模糊时是何

等之状啊！

3．现金选择权类：在2008年那轮熊市中，如果说还有牛股的话，不能不提到攀钢钢钒[①]，特别是钢钒权证。鞍钢为攀钢系的重组提供了9.59元的现金选择权，国资委已批准，但因中国证监会还未通过，加上市场上各种有意无意的传言，认为攀钢承诺靠不住，使得攀钢钢钒一度跌到6元多，最精彩的是钢钒权证在临近行权前在现金选择权缺失传言的影响下一度跌到3元多，在熊市中出现了一周获取收益近一倍的套利机会，如果投资者对中央大型国企有基本的了解和信任，对有关上市公司重组的相关法律条款有基本了解，就能把握无风险获取丰厚收益的机会。

2008年12月邯郸钢铁公布了被唐钢吸收合并的方案，其中邯钢的股东享有4.1元的现金选择权，但之后的较长时间内，邯钢的股价一直在4元以下徘徊，若是买进持有，风险基本没有，但若坚持持有到现在，可无风险获取不菲的收益。

九、巴菲特：记住投资的第一条规则就是不能亏损

以上所述几个例子总结一下就是利用可转债、认沽权及现金选择权等配套衍生产品抵御资本市场不确定风险，而中国资本市场的特点就是波动率高，黑天鹅现象出现频繁，持有下跌风险被屏蔽掉的股票，其结果往往是获取确定性高收益。巴菲特曾对投资者提出过两句忠告：第一句，记住不要亏损；第二句，记住第一句话。这两句忠告实际道出了投资的精髓，就是风险控制。长期坚持这种结构性投资，持续的复利将会带来惊人的投资回报。

十、坚定信念，长线投资

买卖股票不要频繁操作，追涨杀跌。一方面会损失很多交易费，另外一方面，你往往是在重复地割肉。统计学上有一个实验，在任意的时间抽取任意的股票组合，随着你持有时间的延长，你的亏损概率在降低，到第五年的时候亏损的概率趋向于零。如果你偏要较真，说6124点的时候我48元买的中石油，那放五年会不会回来，这个不一定。（众笑）这已经是很极端的个案例子了，没什么意义，所以就不探讨了。

当股指有了一个超过60%的调整产生的时候，你就闭着眼睛去买进股票，买什么呢？就买行业龙头，什么都不会买就买银行股吧，买完以后，拿上一年，正收益是大概率事件。但一般人就没有这个魄力和定力。

在什么时候不好做判断呢？就是在这个中间位置，比如现在的3000多点，它是从底部已经起来了，也没有到最后的顶部，短期内可能涨也可能跌，你想效益最大化，可能是有一些选择，比如选择哪个板块，选择哪只股票，仓位上怎么控制，需要一些处理。但是这些东西都是锦上添花的东西，而且做不好可能会捡芝麻丢西瓜，实际上很简单，找涨得少的拿着就行。

市场的规律是跌幅在30%以内时，一般是短周期箱体调整，跌幅超过30%，它不会在40%停留然后往上走的，基本上就会跌到60%。这可是一个经验，可能符合统计性规律，可能符合混沌现象的内生规律。

谢老师也有很多技术。只要一只股票跌幅超过“一定比例”，谢老师就斩仓止损止盈，所以谢老师的资产一直能比较平稳地往上增长，当然我不是这种做法，我是做大周期的较长线投资。“一定比例”对短线是有指导意义的。

①编者注：攀钢2008年8月14日为6.25元，到2009年4月23日实际股价达9.72元，年收益率高达83%。

十一、多学各种知识，众采百家之长

我建议大家看一点《易经》的东西。（众议论）我知道在学院里说这些可能不是很好，但是有条件的人，特别是搞理科的，你有兴趣的话，看一下。看什么呢？不要看那些卦辞、孔子的十翼，你就看那个八卦图，从物理学的角度去看。也可以看点《黄帝内经》，它是《易经》的一个应用领域。证券市场和《易经》的联系工具就是波浪理论。八浪就是八卦，再应用分形思想去思索。我也没有完全弄明白，这是一个值得突破的方向，据说，莱布尼茨做二进制也是受到八卦图的启发。我认识一些留美回来的教授，对中医都很感兴趣，他们肯定也是从古人的知识中看到了新的智慧。

十二、要敢于创新，爱因斯坦说过："如果开始不是荒谬的，那么这个东西基本上是没用的。"

你不要总跟在别人的后头。像我们现在的一些硕士博士论文，许多都是千篇一律，找个行业，两堆数据，做个相关性分析论文就出来了。这不仅没有任何意义，还浪费了很多资源，但是大家都是这么学，这么毕业，都是套路化。刚才我在吃饭的时候跟几位同学讲过，大家都要面对现实，要毕业，要找工作，要吃饭住宿。但是在现实之余，要多扩充些有用的知识，几千年来，人类积累了多少的知识和智慧值得你去学习和探索。宇宙中事物的变化规律都是曲线循环的，知识也有循环性。几千年前的人在某些方面可能比我们强很多，有时越是离你远的东西，你越要关注一下，不要一见难理解的事就认为是荒唐的。爱因斯坦说过一句话："如果开始不是荒谬的，那么这个东西基本上是没用的。"就是说你研究的东西，如果真是有价值的，刚开始往往别人都认为是荒唐的。有时候我们要问问自己的内心，你到底适合做什么？你的才能在哪里？每个人都有你天才的地方，你通常的一个严重缺点在某领域成为了优点，那么你很可能就是这个领域的天才。比如，我是比较懒散不敏感的人，在证券市场不但没带来麻烦还带来了不少好处。我平时记忆力很差，但股票相关的知识资讯我就能轻易记住。

不要人云亦云。别人去留学，你也留学；别人干这个，你也干这个。在条件许可的情况下想一想，自己到底适合做什么。可能刚开始的时候不知道，可以广泛地试一试。当你发现自己的路以后，你会走得很快，而且你会非常快乐，因为你干自己喜欢的事，工作变成了娱乐和享受。我觉得自己智力水平很一般，什么都一般。为什么成长的路径在别人看来好像还是很顺利，甚至于还有些人挺羡慕的？可能关键一点是能让自己比较随意，跟着心声走，不为眼前的一点利益，让自己委屈。常常习惯性地让自己委屈，那你就一辈子都委屈了。

十三、不要盲从股评媒体

媒体的经营策略是什么？正反两方面的东西都要登，而且媒体的导向就是吸引眼球，提高阅读率收视率，然后卖广告盈利。有时媒体里误导性的报道你要分辨清楚，举个例子，媒体报道说招商银行巨额亏损了10个亿，10个亿是很多呀，如果说我们在座哪位亏损10个亿那肯定是比较痛苦的。（众笑）招商银行的股本将近200亿，亏损10个亿，对每股盈利只产生5分钱的影响。但是一般的投资者受不了：就这么被洗出去了。反过来也一样，它想卖出中石油，有的媒体就会报道，"中石油是全亚洲最赚钱的公司"。所以有的人觉得48元也便宜。媒体股评，这些免费信息我都会看，天下没有免费的午餐，有时要反向地综合地看。也不要相信小道消息，像谢老师这样人脉很广，但据我所知也不会靠什么内部消息。一个准确的内幕信息价值是巨大的，但怎会满街流传呢？而且内幕交易是违法的。有个别私募基金的人士，他们宣扬的投资风格就是机械地长期持有招商银行。我刚才说过，巴菲特的长期持有方法是建立在美国30年经济持续增长的背景之下，熊市时，巴菲特也是要减仓的。但是这些私募同志就是不管牛熊闭着眼睛拿着，牛市的时候可以出来风光一下，说说如何成功，熊市就躲起来了。我认为至少金融企业是不适合绝对超长期持有的。一些媒体或机构是怎么做的呢？在牛市要筑顶时，就大谈××与巴菲特的长期持有，让你要有长期投资意识，结果你就高位接盘套进去了；然后在熊市快见底的时候，一定是说巴菲特也会适时减持，比如巴菲特投资港股中石油的例子，或举那些短线投资挣钱的例子，比如某个人炒权证挣了很多钱，目的就是让你频繁操作、不要捂股，好把你在黎明前洗掉——当然，这里有故意的，也有无意的，媒体不是投资大家，也是常人，会追涨杀跌。

金融危机后，全球资产价格的波动方式可能向周期短波幅大的趋势发展。跟全球货币体系有关系。以前布雷顿森林体系建立的时候，美国占全球GDP百分之四十几，美元成为世界货币，对西方经济的发展曾起到促进作用。后来又改进过，比如《牙买加协议》。目前，美国占全球GDP的份额约20%，可能还要下滑，美国长期又是贸易逆差，所以美元已很难胜任世界货币的职责，但目前又没有可替代其的货币，那么全球资产价格的大幅波动就在所难免。另外，世界财富的分配非常不合理，分布极不均匀，贫富差距呈加速趋势。大量的财富都集中在少数人手里，投入私募基金，全球实体经济效益都不是很好，整个西方消费需求都不旺，这些钱就去炒大宗商品，推高资产价格，通过制造资产泡沫来获利。这种金融状况对发展实体经济肯定不利，但对高水平的金融投资者会带来比较有诱惑的机会。

大家对金融投资的魅力，可能没有太多感性认识。2007年的时候我认识的一个人，不太懂投资，做港股的权证，30万元曾增值到3000万元，但由于没有止盈，最后又跌回去了。证券市场就是这样，一个阶段的成功会让人产生错觉。我不主张大家都去做权证，有时间约束的资产价格波动风险是不能度量的。如果你按照B-S模型来确定期权价格，你将面临巨大的风险。我也做一点港股的权证，小赌怡情式的，有获得很高收益的时候，也有权证归零的败局。股票的风险是可以靠时间来化解的，只要能坚持持有，最终相当部分股票是不太容易亏钱的。

十四、大同煤业——使我2009年收益增长四五倍

今天给大家讲一只股票——大同煤业的案例。它是大概2006年10月上市的，因为当时上市前几天另一只新股被恶炒过，证监会就严查恶炒新股者，所以它上市开盘价钱就不高，12块钱。之后就一直跌，走势像一个圆弧底一样。大概到2007年4月，开始往上涨，走出了一个锅瓣儿形状。从10块涨到46块后没有像其他煤炭股那样再涨，原因可能是它的董事长去世和发行港股被否决。其他好的煤炭股2007年涨了六七倍甚至更多，但大同煤业只有4倍。2006年底2007年初的时候，我问过几个“民间股神”，他们都说煤炭股历来不活跃，没得做。当时，我的导师平新乔教授正好在做煤炭行业的产业研究。中国计划经济时代遗留的价格控制在煤炭行业还存在，尤其是电煤，大同煤业就是以电煤为主。因为价格控制，压低了煤炭企业的业绩，即使这样，当时煤炭企业的业绩也都算不错，市盈率一直比较低。资源品定价逐步市场化是我国重要的改革方向，煤炭定价的市场化已提上日程，煤炭企业的业绩增长潜力很大。所以我们坚定看好煤炭板块。北京的钱伟老师（也是谢老师的同学），听到我们的想法后非常赞同，并告诉了我们一些煤炭行业的细节要点。

任何一只股票都有它不可预知的因素，比如大同煤业董事长的突然去世、香港上市发行被否，所以要组合投资。2008年资源类板块跌幅很大，云南铜业从98块跌到五六块钱。有色金属是强周期行业，需求价格弹性很大，市场好，价格高涨；市场不好，需求萎缩，价格就暴跌。2007年业绩优良的有色企业，2008年都变成了亏损。煤炭板块也跟着有色金属暴跌，2008年底时大同煤业最低跌到了9块钱。我在2008年底就呼吁大家买进，但是大家都不敢买。我是这么考虑的：电煤很大一部分是刚性需求，比如生活用电，大同煤业2008年的业绩还是稳定增长

的，正常情况下每股盈利应是2块钱，市盈率只有5倍。应该买进，必须买进。后来到2009年7月份，大同煤业就涨到了54块，涨了5倍。

2008年底我在北师大讲课的时候和学生们说，现在投资可能是你们一生中最好的时机，建议大家买大同煤业，如果亏钱了可以找我报销，并预计能涨到60块钱左右，有的同学在54块时也没有卖掉，我问为什么，他们说是我说的能到60块，我真是哭笑不得。我们判断价格只能是个大概数字，哪能那么准？

举这个例子就是提醒你们要坚信自己，要认真研究行业。如果你不懂经济学，对国家政策不了解，不对行业做深入的研究，就会错失煤炭大牛股。像一些民间股神，凭感觉经验来判断，就会错失机会。要了解全球经济的形势变化，2009年的投资主题就是流动性过剩。大宗商品会涨，石油会涨，但是我们国家对石油定价还没有市场化，石油价格涨，中石油业绩不一定就好，但煤炭价格基本上都逐步放开了，所以就要选择煤炭板块。炒股票要关心国家经济和世界经济。全球经济回暖，银行信用体系恢复，2008年金融危机的时候，美国银行之间的拆借都停顿了，怕对方倒闭，信用体系崩溃，造成流动性枯竭。美国和世界股市大跌。现在就不一样了，信用体系基本恢复，货币乘数发生效应，市场流动性又开始泛滥，短期内西方主要国家在实体经济的增长没有完全恢复的情况下，不会贸然收紧流动性。当然，要密切注意中外经济政策的变化，特别是货币政策、财政政策等。现在请同学提问。

苏江先生答同学问：

同学：苏老师，目前有色金属的库存量还是比较大的，还可能上涨吗？另外，您怎么看白糖期货的走势？

苏江：不错，这个同学还是有一定观察力的。先说大宗商品，我为什么选择做煤炭呢？因为产能有限，现在煤炭供应还是很紧张，秦皇岛港的煤库存还是比较低，甚至于温总理讲话要求保证煤炭供给。投资大宗商品肯定要选择供求弹性比较低的，比如说铜，是有库存，因为经济回暖，需求增长很快，铜的生产扩张能力比较弱，厂商想增加一个产量他的边际成本很大，比如一个矿山，产量就是100万吨，你想改成110万吨，边际投入很大，以后的需求降回100万吨，回报率就降低很多。而且产能的扩张需要较长的时间周期，赶不上需求的变化。历史上铝的价格变化就不大，铝土矿供应弹性很大，开采简单。2007年铜曾涨到8万块钱一吨。

我对白糖的研究不太多，所以也给不出太好的建议。

同学：老师，我请教一个问题，你说大同煤业在2008年的时候业绩是没有下滑的，你有没有觉得这个假设的前提是有点问题，发电量如果下去的话，怎么会有那么多煤炭需求呢？没有需求为什么价格不会下来？

苏江：你说得很对，有些知识，你要掌握到精微处，我提醒你几点。第一，山西的煤炭整合知道吗？小煤矿全关了，而且国家的政策就是一方面资源品价格市场化，一方面就是煤炭产业整合，提高集中度规模，私营的一些小煤矿，不仅开采浪费，还安全事故频出。山西省希望像大同煤业这样的有实力的企业把那些小煤窑兼并改造。山西小煤矿占很大比例，我国煤炭产业集中度还很差。所以发电量当时确是下滑了，但煤炭上市企业的业绩没有下滑，正是在电煤需求不是很紧的时候，国家才会推出一些新举措。往后还有更大的机会，就是借壳上市。有一些大的煤炭企业都还没有上市，比如山西煤运，煤炭行业排第三位，一年收益是几十亿元，都还没有上市；安徽的淮南煤矿，每年上亿吨的产能。山西煤运是这次山西煤炭产业整合的最大受益者，它应该需要通过资本市场融资来完成收购。

同学：那你觉得煤炭价格上涨主要是因为流动性过剩，还是你说的国家政策？

苏江：全球范围来说煤炭的定价就不合理，按能量比来说，煤炭价格比石油低很多，我们国家有一个特点，就是中国缺乏的资源，价格会很高，中国富足的，价格都很低，稀土和煤炭就是这样，有些政策还待改进。大同煤业还具有外延式增长，母公司已宣布了在2014年之前所有煤矿全部并入上市公司，它的储量是900亿吨，每年产量是一亿多吨，会逐步达到2亿吨，大同煤业近期也收购了一些煤矿，产能在今年就会释放，原有的塔山煤矿产能也在扩张。现在不推荐你们去买煤炭股了，买其他的安全股吧。现在要注意了，年尾不会有跨年度行情，年底还是有一个调整，如果你懂波浪理论就会知道，针对从1664点涨到现在的3000多点，会有一个调整。以后，要看那时的政策及具体情况发展。

争取成为投资大师（续）

——努力练习内功，大师一点，任督二脉就通，就起飞了

苏　江

一、北大、复旦、北师大同学都有可能成为有才华的快乐富翁

非常高兴再次来到复旦大学，又跟同学们见面了。我上次给大家讲课的时候主要是讲投资的方法分几个方向，一个是基本面，一个是资金面，还有情绪面。基本面是金融学中的基本知识，是学院派的，主要是把握市盈率以及会计的规则、技巧，这些对你们投资股票是非常有帮助的。应用基本面分析法是在你买进的时候确保安全边际，投资首先要考虑的是风险，投资的精髓就是风险控制，了解基本面情况以后，就要分析它的市盈率合适不合适，特别是动态的市盈率，如果觉得非常有安全边际，那就做一个投资规划，确定买进的时机、数量和持有的时间等，在证券、基金公司工作的人，都会用到这些。另外一点就是资金面，流动性过剩就会产生资产溢价，流动性缺乏就会产生折价，今年就是流动性过剩。判断流动性的变化依靠的是宏观经济学功底，未来央行的货币政策取向、汇率的变动以及热钱的变动都要考虑到。还有就是情绪面，这块学院派研究得不太多。目前行为金融学的线性回归研究方法，我个人认为不太得当，个体的情绪、意向、倾向、预期可能是有随意性的，但是群体的数量达到一个规模以后，比如像中国A股市场，参与的人应该过亿了，那么整体大众的情绪波动是有一定内生循环规律的，内生轨迹类似于正弦曲线，它跟实体经济的波动产生叠加共振形成了股指的波动。这些知识在你毕业后去应聘时可能会用到，可能就是你超过别人的地方。

行为金融学发展方向应该是研究系统整体的内生规律，波浪理论、江恩理论都是描述内生规律的。什么叫内生规律呢？基本面、资金面、情绪面都是非独立互有非线性相关性的，一个国家的经济基本面发展好，往这个国家流入的资金有可能就多，当然还有别的因素，反过来也一样，比如说资金过剩，或者说温和通胀，那么经济基本面就容易走好，企业盈利状况最好的时候就在温和通胀的时候。城乡居民消费品的物价指数即CPI在3％以下，超过7％肯定是必须正视的通胀了，是各方都不愿意看到的。这三个变量之间是非线性相关关系，你不可能用一个所谓的模型，把这三个变量统一起来，用计量回归的方法是没有用的，它是复杂函数。实际上，混沌市场有其确定的一些规律，就是内生规律，虽然市场系统外会有一些噪音干扰、撞击、影响它，它会在短时间内轨迹变化无常，但是长周期来说，它内生的规律是很显著的。股指期货推出后，内生的规律会更明显，因为现在这个市场是单边市场，实际上就是机构和散户博弈，是个非对等的博弈，是机构在赚散户的钱，因为机构这些人都是一样的教育背景，大家沟通很容易，他们人少，资金量大，散户整体资金量在市场上是超过半数的，但他们是散沙，而且知识缺乏，情绪脆弱。股指期货推出来就会改变了，因为它不是单边市场了，是双向的，就是做空也可以挣钱，那么A机构与B机构对市场的判断以及利益取向就会有分歧，机构内部就要分化博弈了，而不是一致围猎散户。市场的噪音环境将会减弱，股指的实际走势会更符合内生轨迹，我们学到的研究股指内生规律的方法就会更有用。我讲课爱泛泛地说些知识的轮廓，课下还要你自己下功夫研习。北师大经济学院的学生已适应了我的风格，他们进步很快。北京大学有一些学生在跟我学着做，他们中的一些人将来可能会成为有才华的快乐富翁。希望你们将来也能这样。

二、执著地推荐新能源行业

跟大家讲一下近期股指走势的分析。上次课我说过大概11月下旬要跌，很有意思，记得周星驰在《大话西游》里说过“我猜对了开始但是没有猜到结局”，我是相反，猜到跌的结局了，但是开始运行的方式不完全是我预测的先涨再跌。但我认为两种走势本质上相差不大。我当时认为年底要跌一下的话，一定要先涨再跌，一方面可以拉高出货，另一方面是银行等大盘股先拉一下再往下砸的话才容易砸出恐慌盘，才会出现惯性地、非理性地下跌，正好2800点那有个缺口，它直接就打下去了，这是机构利益最大化的运行格局，那些能够操控这个市场的人都是想这么去做的，但是迪拜危机的出现打乱了市场短期节奏。你说现在涨，肯定涨不了多少，而且你可能是当解放军帮了别人忙，你一拉别人就抛就跑，所以就涨不上去；你打也不可以，要是往下打的话，市场这些银行股、大盘股，它先前没怎么涨过，估值也不高，你怎么打得下去？打不好，到时候被人家轧空。而且这个时候政策也很敏感，我们分析中央经济工作会议应该有利好，根据这个情况，大盘本来是可以拉起来的，拉个10%—20%，然后中央会议的利好又出了，那些没经验的人就会去追，正好机构就把货抛掉，货出得差不多后，就开始营造利空了，手里尾货又开始砸，那么12月底1月份市场就会非常惨烈。现在走成了牛皮市，涨得不多，跌得也不多，量缩得很厉害，大家都看不清方向。通常市场急剧缩量是在选择方向的，再放量的过程就是确定未来方向了。

我会给大家具体分析一个行业板块，把前面讲的方法应用实战一下。谢老师不是让我请客吗？但是也没有那么大的饭堂啊，我就告诉大家一个行业板块，你们挣钱了，自己去吃就行了，或者分小组去吃。（大笑）2008年底时我执著推荐煤炭板块，2009年底我要执著推荐的是新能源行业。我当时看准煤炭股多少也有运气的成分。

三、央行行长到北大讲低碳经济令人惊叹

上次课我跟大家提过一下要关注锂资源，这次我详细分析一下。

现在各国政府都很关注低碳经济和新能源，哥本哈根的会还在开着，今天温总理也去参会了，我们国家的主席、总理都反复强调发展低碳经济、新能源的重要性。前几天，周小川同志去北大演讲，我以为肯定是讲货币政策，但那天晚上他讲的是低碳经济。我当时很震惊，一个央行行长怎么来讲低碳经济？而且他很熟，说明领导层非常关注这一块。确实，美国总统奥巴马现在也是对美国新能源的发展非常重视。实际上，美国的策略是什么呢？就好比说当年比尔·盖茨、戴尔他们在硅谷的兴起——算是第三浪潮——就是信息技术的兴起，让美国有了一段时期的高增长。美国的文化崇尚创新，现在信息技术已拉不动美国的经济，金融创新也创出了次贷危机，美国经济需要寻找一个新的增长引擎，新能源被寄予厚望。但是在这个新的产业兴起的博弈格局中，中国处于还可以的位置，不是很差，不像以前没有任何的机会。现在，东西方国家在哥本哈根吵架，争论的焦点是什么呢？西方工业化开展了这么多年，往大气中排放了很多碳，现在新兴的发展中国家刚开始进入工业化时代，碳排放量处在增长期。以西方为首的发达国家已经由工业化进入了信息化金融化时代，他们现在搞碳关税等东西限制发展中国家的发展。如果实行碳关税，中国的航空公司飞欧洲飞美国的航班，根本没法飞，会亏得一塌糊涂。所以新兴国家不干。金砖四国联合起来，包括七十七国，他们的原则就是共同但有区别的责任，不能忽略历史排放责任。发展中国家刚刚进入工业化，碳排放量不可能跟发达国家按同样的核算标准，不可能说西方国家以前排放的碳，就是白排了，西方需要补偿发展中国家。所以现在争论很多，包括二氧化碳促使地球升温的问题，其实地球温度到底是升是降都是有争议的，并不是显而易见。最关键的是这场博弈不是科学的博弈，它是经济利益的博弈。综合来看，碳排放肯定有危害，我们国家尽早将新能源产业发展起来还是很重要的。

新能源主要有几种。一种是风能。我国是世界上风力资源最丰富的国家之一，可开发利用的风能储量约15亿千瓦。2008年底，我国风力发电装机容量已超过1000万千瓦，预计2009年将超过2000万千瓦。按照国家规划，未来几年我国将成为世界上风力发电装机容量最多的国家，粗略估算未来风电设备市场将高达几千亿元。但由于电网载荷不足以及输配电智能化发展的滞后，包括内蒙古等地区已出现风电闲置的情况。风电技术和工艺也在不断发展更新过程中。风力发电是个很有前景的产业，但是对上市公司而言，直接受益还不是很明显。而且我们国家风电的核心技术也未掌握，还是依靠进口，只能做一些风叶及配套的设备。金马股份是做风机轴承的，是损耗品，效益相对好一些。另外一种新能源是光伏发电，它的成本很高，而且生产光伏的原料多晶硅本身就是高耗能行业。光伏在有些偏僻地区还是有发展需求，比如说在西藏山区里头，不能搞水电风电，但那里阳光充足，适宜建光伏发电，解决局部地区的用电。清洁能源还包括核能，这里我不想多谈，因为它受益的上市公司不是特别确定，而且核电成本本身也很高，只是具有清洁性优点。核电设备公司东方电气还是有一定投资价值。

四、我9元买进西藏矿业，它一直涨到20多元

我们最关注的，就是纯电动汽车。因为汽车的排碳量高，中国一直也在搞这方面的研究，像比亚迪，很出名，有一些专利，像磷酸铁锂这块在世界上还是非常不错的。这块日本搞得非常好，美国在一些局部技术上搞得还可以，中国不算太差。还有像镍氢电池技术，日本比较领先，但是未来几年后，镍氢电池肯定会被淘汰，因为它本身有很多的局限性，只是现在发展得比较成熟，所以在应用它。我们国家信产部规划的思路已经出来了，这两三年是以镍氢电池为主，锂电池也上马，五年后将以锂电池为主。规划到2013年中国电动汽车产量将达100万辆。中国很幸运在这场博弈当中具有一定优势。可开采锂资源主要存储于两个地区。一个是南美，主要是委内瑞拉，中国和日本也在争那块资源，但是委内瑞拉原则上是不给别的国家开发。还有一块锂资源在中国，主要在三个地区，最多的是青海的察尔汗盐湖，属于盐湖集团，大概有700多万吨氯化锂的储量。还有中信国安，它在青海设立的公司主要就是为了开发吉乃尔盐湖的硫酸锂，储量大概也有400万吨。再有就是西藏的扎布耶盐湖，碳酸锂储量约300万吨，由上市公司西藏矿业控制，是世界锂资源的一颗闪耀明珠，而且也是唯一拥有天然碳酸锂的盐湖。我们做金属锂的材料就是碳酸锂，包括我们做电池，比亚迪搞的磷酸铁锂电池，直接的原材料是碳酸锂。西藏矿业的碳酸锂是纯天然的，直接抽取卤水出来晒干了即可成粗锂盐。南美和青海的是氯化锂或硫酸锂，要转换成碳酸锂，多一道工艺。而且那里的镁和锂共生在一起，镁很多，40：1，去镁工艺近些年才有所突破。而西藏矿业的镁锂比是1：1，基本上不用去镁，因此西藏矿业制锂的成本是最低的。

今天中午我和谢老师及另一位老师×先生吃饭。×先生是超级高手，很博学，他是主要研究指数的，做无风险套利的，不做个股，他认为个股风险太大因此不做的。我跟他聊锂，感觉他比我还清楚，坐在那儿，突然聊到的一个话题，他竟然比我还清楚，这就是大家啊。然后他说了一个钒做电池的技术，将来有可能对锂构成威胁，我回去查了一下，钒的技术还没成形，一个技术到成形到应用到确定标准到推广到配套实用，周期会很长，不是说一年两年的问题，就是短时间内构不成威胁。钒因为容量小，做电动车电池体积太大。大概是明年3月份之前，信产部关于电动汽车的标准应该会推出，基本上是绕不过锂的，锂是储能最高的金属。由于锂与水会发生反应生成氘和氚，所以未来基于核聚变的核电站会大量使用锂，目前技术上还有很多问题，实现还比较遥远。如果这一技术成熟了，全世界靠锂就解决所有能源问题了。有一种超长线的投资方法，就是你看好一个品种的未来，你就买进持有，不管大盘涨跌，持有五年，甚至十年，可能会获得超额回报，但前提是你不能看错。钱伟老师持有盐湖钾肥达到了十年，收益超过了50倍，至今还在持有。锂资源可能也有这样的机会，值得我们做进一步的研究和

关注。知识就是力量呀，我在2009年初的时候就买进过西藏矿业，9元，最低价是6元，后来涨到过20多元，但我没有拿到，大概16元就出掉了，因为我觉得它当时是亏损，也不知道锂电池汽车的发展规划，所以拿不住。后来钱伟老师正好在做新能源方面的研究，对锂电池方面的情况比较熟悉，我请教他后对锂电池相关的规划和进度就清楚多了。以前锂有一个缺点，容易受热后爆炸，不容易并联。比亚迪搞的磷酸铁锂，相关的技术应该是没问题，而且，成型的车都有，在试用的车都有，应该是差不多了。我还密切关注锂在其他方面的应用，包括它作为电池储能，西电东送，以及不稳的风能多余电的储存等等。我一直倡导要有主见，不要人云亦云，你们别光听我忽悠，要静下心来研究思考，如果你可以找出我的盲点，否定我的判断，那你就是超越我的水平了。

五、开拓思路，不断进取

做行业研究，大体就是按照前面说的思路去做。研究个股、研究行业与研究股指内生规律不是一回事。内生规律这一块，其实很简单，你研究任何一个系统，就是现在的计量手段和线性模型解决不了的系统，只要符合混沌状态你就可以研究，用两分法，分成对立统一的两部分，两部分的此消彼长就是按波浪理论的规律在运行。我告诉了你们赚钱的方法，但是我们所谓的权力、财富，到底是什么？你有财富其实就是你的人生自由度多一些，你可以想干什么就干什么，财富的作用就是这样。那么，权力是什么？权力就是选择权和决定权。实际上也就是你的自由度。能力也是这样，你有能力，那么这个公司不好我就去别的公司。你有能力当然就能创造财富，或许也有权力。当然权力有些人喜欢有些人不喜欢，但它是一个维度，你的决策的维度。有些人可能就是一维的，他就可能被限定，就是一个点圈在那儿，而有的人是二维的，有的人是三维的，有的人是八维的，他们的选择权力越来越大。知道了财富的意义你就知道了自由的价值。要拓展自己的知识，才能拓展自己的自由度。你们如果考试不过就没办法毕业了，但你每天只为了考试成绩好些死记硬背那些书本知识，那就有些问题了。经济学有个边际效益下降原理。考试考到一定程度比如良以上，它的边际效益就下降了。考试不要老想着考满分、考第一。老想着考第一是自己把自己给“绑架”了。回归统计支撑这种说法：一个集体里头最有成就的，排名都是在十几名的。当然有些天才，随便怎么考他都是第一，那是另外一回事。那种人很少。我知道这么一个故事：以前中国科技大学少年班很出名。有个人一直在少年班考第一，后来他们班里不如他的人，在美国已经成为一个知名的科学家了。他回国去看“老一”，那个神童还在科大，当老师，可能还不是教授。为什么？他一直是本科，没读硕士。为什么不考硕士？其实他好几年每次都去参加，进了考场又出来了。为什么他没考？他怕他考不了第一，丢人，被自己的荣誉感“绑架”了。

做证券投资、金融投资，说简单其实很简单，你能把握几个原则，看透了而且坚持，你就能够达到赚钱的目的。说难也很难，它是跨学科的综合知识体系，想知其所以然，对人的挑战是非常大的。这个领域都是最聪明的人在博弈，为什么呢？因为它是最赚钱的，赚钱最快，而且是干得最舒服的。既有娱乐性又有财富效益。在这个巅峰博弈场，你能够胜出，对你的要求当然就很高了。所以你们想要人生的自由度最大化，就要多学知识，不要局限于书本上的东西。

我个人认为，经济学首先是门应用学科，如果你真的懂经济学，你投资股票获得成功不应该是难办的事。分析一下经济状况，政策趋势，利率怎么变动，汇率变动方向，你怎么会不赚钱呢？有的经济学家总宣称自己从来不炒股，但常对股市指手画脚，这就不太好。第一，做股票不丢人，而且能促进经济理论水平，也能促进家庭的收入水平。第二，没做过股票的人对股市的认知难免有偏差，高瞻远瞩者，也是一步步走到高处的。

六、学了五年金融不会做股，谢老师一个例子打通我任督二脉

我为什么追随谢老师呢？谢老师理论水平很高而且实际操作也非常好。我以前是学经济学的，办过实业，但是刚开始进入资本市场的时候我是碰壁的。周围有一些同学都是证券专业人士，我就虚心向他们请教，有长进，但还是处在迷茫状态。后来碰到了谢老师，那时谢老师在北大给本科生开讲座，我就跑去听。他当时讲的是吉林敖东怎么做，就像我们今天讲的这个，其实是从谢老师那里学来的。那时我才知道原来是这么分析股票投资的。我学了五年的金融，老师都是大腕，北大经济中心创造了国内最好的学习金融知识的条件。而且我读研究生的研究方向就是资本市场，毕业论文做的就是改进期权定价模型。按理说水平不应该差，但实际投资还欠火候。那天听了谢老师的讲座我感觉任督二脉打通了。晚上回家没睡觉，就研究起来。我知道券商板块怎么定价怎么着手了。一直研究到了天亮。开市后很兴奋，赶紧买进了吉林敖东，又买了些我深夜研究出来的：辽宁成大，两面针。几个月下来就翻了一番。谢老师说通过上交所的市场交易量（钱龙软件上很容易查到整个市场的月、季成交量及与去年的比例）和公司占市场份额，就能从整个市场的同比算出全国性券商公司的每股盈利。吉林敖东当时每股拥有1.8股广发证券，而广发证券是仅次于中信证券的全国第二大券商，很容易推算出它在2007年第一季度的成交量及收益；辽宁成大情况相同，也持有广发证券。它当时是40多块钱，严重低估，谢老师说110元以上没问题，结果是涨到了160元。我不只是听完课第一天晚上没睡觉，第二天也没怎么睡觉，其实那一年都没怎么睡觉，我每天都强迫自己要休息。这种状态持续了两年。两年后我不敢那样了，我怕我会得精神病。那一年多我每天去北大的一个面馆食堂吃饭，每天吃刀削面。后来有一天面店停业，我只能去别的地方吃了。我发现米饭极其好吃。我想了一下，那一年多我天天都吃那刀削面，每顿饭都吃那个，我都浑然不知道。每一天吃饭都是边想着煤炭边吃饭。（众笑）每天都抱着电脑或者看书研究，每天的运动就是绕着未名湖散一圈步。然后什么都没有。天天晚上如此，都是强迫自己躺下去，其实也是在想事，都不知道自己睡没睡。这种状态极端了一些，但我还是健康快乐的。人总要做自己有兴趣的事，如果良性循环的话，那真的是核动力，你就能起飞了。所以说谢老师对我的帮助非常大。你们争取让谢老师用一手指给点拨一下，你们的任督二脉就给打通了。但你们首先基本功得练好。郭靖刚开始也不行，练到一定程度之后，遇到大师，一下子就笑傲江湖了。还有钱伟老师，把我带到了很高的投资境界，在做人做事生活态度方面，钱伟老师也是我学习的榜样。（笑，鼓掌，长时间鼓掌）

（本文讲座时间为2009年10月22日，于复旦大学）

（苏江邮箱：nagame@pku.org.cn）

证券市场N形环绕理论

苏　江

基于市场有效理论假说建立的传统资产定价模型因对现实市场解释的缺乏，受到质疑，基于线性回归的计量模型不适宜研究非线性混沌的经济现象，人们认识到股市波动的偏随机游走性，并发展出混沌吸引子理论和赫斯特指数分析等方法。利用分形几何形态理论研究金融现象相对还较少，利用混沌理论对传统理论的弊端揭示有余，但解决还有不足。本文从股市交易价格所形成的形态入手，得出股市总体变化维度在1.5左右的结论。根据约5倍分级递进的1分钟、5分钟、30分钟，日、周、月为时间尺度分类记录形态，进行各级别完全分类研究。经过包含合并原则的去除噪音处理，合理划分出一些表征显著的概念：

顶折点：三根K线中间最高点确定，反向是底折点。

有效连接：两个相邻的折点之间有不被包含的K线，则称这个连接是有效连接。

顶转折点：在一系列相邻的顶折点中，处于最高点且具有有效连接，则该点称为顶转折点，简称顶。反之为底转折点。简称底。

线段：相邻的顶和底有效连接成一个线段。由底到顶称为上涨线段。由顶到底称为下跌线段。

N形态：同一时间级别的三个相邻且有相交价格的线段所构成的形态构成一个N形态。以此作为基本的形态单元。

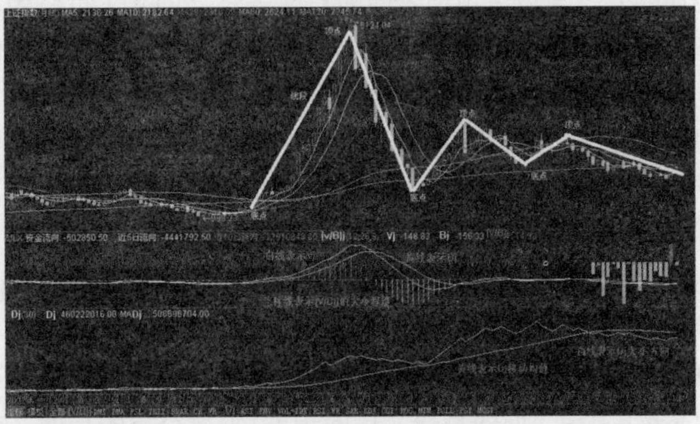

N形种类：股票价格走势基本形态由三个线段构成，可分为三种：第一种是其余走势价格都高于起点，且最后结束的顶点高于所有点，称为上涨N形态；第二种是其余走势价格都低于起点，且最后结束的底点低于所有点，称为下跌N形态；第三种是其余的N形走势，称为盘整N形态。

N形破坏连接：一个下跌N形之后的连接线段，线段的顶高于N形的第一个下跌线段的底点。则称该下跌N形被破坏，一个上涨N形之后的连接线段的底点低于前一N形的第一个上涨线段的顶点，则称该下跌N形被破坏。连接线段与N形的第一个线段成反向。

N形扩展：一个N形之后相邻的线段不满足破坏连接线段的条件，则该线段与下一个相邻的线段称为该N形的扩展线段，扩展可多次，所有的扩展线段与对应的N形构成扩展N形，称为标准N形。扩展线段并入N形的第三根线段中。一个N形只有被破坏才确立并完整。同时，一个上涨或下跌的标准N形最后一根线段至少需要与两根本级别的均线相交，否则趋势不明显，还是盘整类N形的性质。

连接定理：一个线段，要么是一个标准N形的破坏连接线段，从而构成下一个N形的起始线段；要么就是构成该N形的线段。

类核：一个N形中三线段相交价格所构成区域称为类核。记为LH（t，n），t是时间级别，

n是同级别相邻的核的次序。

盘整核：若至少9个相邻的线段含有共同相交的价格区间，则这些相交价格点构成的区间称为盘整核。记为PH（t，n），t是时间级别，n是同级别相邻的核的次序。

两种核可统称为核，记为H（t，n）.形成盘整核的几个线段所构成的全部形态称为盘整带。显然，三个类核的相交价格区域是盘整核。起始线段类型为上涨走势的核称为涨核。反之称跌核。

绪场强度：是描述预期情绪力对股价走势影响强度的指标记为B=qvB=Φ/L，其中q：流动价子数量；v：价子流动速度；Φ：绪力线通量；L：绪力线宽度距离。

理论简介：股价所有走势都是三种形态N单元的排列组合，一个形态可分裂成三个次级形态，N形运动的结果是形成核，扩展核，串联核，再形成反向核，并生成更高级别的N形和核，同级核分布满足能量守恒。通过纵向分析各级别形态之间的分维相似关联关系，较好地预测价格形态的发展趋势。

一个上市公司经营中的钱物循环流转本质是能量在一定机制和结构中的循环，好的机制结构会使公司股本分割最小单元“实子”制造出更多的价值记为“核内正价子”数量，价值投资预期就是对公司实子产出正价子的预期，交易场中货币基本单元“负价子”与正价子数量正相关，确定股价的股票负价子数量与年度实子新增加正价子的比值就是该市盈率，通过创立基于能量交换的股价交易类粒子能量机制，得出全新的交易结论：股票价格的确定是由包含最多负价子的成交股票单位所对应的价子数量唯一确定，股价是由流入流出的资金净值以及该净值分布在参与交易的股票单位的分配方式决定的。本文还运用动力学原理，研究价格走势形成的内在驱动机制，论证了均线系统与情绪预期之间的对应关系，创立了价格场理论和预期场理论，开创性地建立了价格与预期的交互场变模型，得出价格运动方程和期权定价模型，并得到实证检验。

定理1：线段长度定理：顶和底是股离子在三维价绪场做螺旋运动时与价格时间平面相交的点，顶和底构成的线段是螺旋圆周的直径。半径R=D（v/B），其中，D为价格对资金的弹性或久期，v为价格变化速度，B为绪感强度。环绕一周的时间T=2πD/B

定理2：N中线段：一个N形是三维价绪场中一个螺线环在时间价格平面的投影，螺线圈的直径是N形的第二个线段。计算公式可参照定理1.

定理3：盘整核能量定理：一个盘整核是三维价绪场中三个环面相交的螺线环在时间价格平面中的投影。核的高度h为相交面的直径，核的长度l为盘整核的长度。核的能量E=h*l.

定理4：顶点价格定理：一个上涨线段顶的价位P=｛（2R）^2-t^2｝^1/2+P1，其中，R为半径，T为环绕一周的时间，P1为底点的价格，将定理1带入可得P=R[4-（π/v）^1/2]+P1

定理5：看涨期权价格定理：设一个看涨期权的初始时间由底开始，设期权周期为T1，由该底开始的环绕周期为T，若T1＜T，由定理4可得：看涨期权的价值=P（T1/T）-Q，其中，Q为T1期限内的资金成本

如图，我们以上证指数自2002年4月至2012年12月共计10年的月K线走势图为例来分析。图中，Dj白线是该时期久期D的模拟值，MADj黄线是久期D的模拟值Dj的移动均值线，而Vj白线是上涨速率的模拟值，Bj是绪场感应的模拟值。（V/B）j是上涨速率与绪场感应比值的模拟值。V/B模拟线的零轴表示Vj/Bj=1，低于零轴说明Bj强于Vj，比值小于一，成兰柱，柱越长说明比值越小，绪力越强，Vj减速转向的发生越临近；零轴之上，Vj/Bj大于1，成红柱，柱越长说明Vj增强，Bj变弱。

我们可以清楚地观察到：上证指数从2002年4月的最高1680点跌到2005年6月的最低998点，期间基本上是Dj无增长，Bj小于Vj，只有2004年4月的前5个月Dj略高MADj，即D值有增长，而同期Vj略高于Bj，Vj/Bj大于1，相应的这几个月有个反弹达到了2004年4月的反弹高点1783点，从2002年1680点到2005年998点出现了一个月线级别的下跌N形，对几条均线做了一个

螺旋环绕。

2005年6月的最低998点出现之后，Dj快速增长，Vj/Bj红柱逐渐增长，股指快速走强，到2007年10月，Dj达到峰值，Vj/Bj也达到峰值，股指创出了历史最高点6124点，虽然涨幅很大，但只形成了998点到6124点的一个月线级的上涨线段。

2007年10月之后，Dj开始下降，Vj开始向下，此时绪力是最小值，Vj/Bj为负值，成绿柱，所以股指快速下跌，直到2008年10月，均线距离收窄，Bj增强，Dj达到最低点，股指减速转向，随着Dj的增强，股指开始向上，但此时Vj/Bj还是小于1，虽然反弹了几个月，但仍成兰柱。

2009年3月，股指快速上涨，Vj/Bj超过了1，兰柱变成了红柱，但红柱没有持续放大，因为反弹使得各级均线距离收窄，绪力增大，Vj/Bj不能有效增大，Dj的增长斜率也不够大，最终，在2009年8月达到顶点3478，此后Dj值小幅震荡，Vj/Bj基本保持靠近1，所以股指也是盘整震荡。2005年998点到2009年10月3478点，构成了一个月线级的盘整N形，对最高级别到162倍之下的所有均线做了一次螺旋环绕。

从2011年4月3000点开始，Dj跌破平均线MADj，Vj向下，Vj/Bj的绝对值增大，均线距离增大，绪力强度Bj变弱，股指跌到2012年12月的1949点，Dj值开始止跌略微拐头向上，MADj也平移，看月线以下时间级别，周线及以下级别均在1949点位，Dj金叉穿过了MADj，而从顶点3478点到1949点是一个月线级下跌N形，环绕了中短期月级均线，但从3478点到1949点跨越了162倍月线之下的所有均线，对于半年级时间尺度来说，3478顶点到1949点是个下跌线段。

我们按日级别为基础将股价走势分成九个标准阶段：

1. 底部盘整阶段：均线系统呈空头排列，5日均线与时间水平轴的角度已接近或超过45度，成交量已创出年度新低，这时的走势围绕5日均线做小幅的震荡，D值和V值没有稳定的方向和大小，也构不成顶点和底点，唯一的变量是B值在增强，这是由于随着5日均线的横向小幅震荡使得长短期均线的距离在缓慢收窄，这样，下跌趋势基本停止。这种走势会形成级别比较低的分钟级别盘整核。

2. 走出底部：基本面或政策面的一个显著超预期变化将平衡打破，突然的放量快速上涨使得一个底点形成，并使得短期均线与价格轨迹同向运动，这一上涨线段的顶点将出现在较高级别的均线上，之后对该高级别均线做幅度不大的环绕，形成位置较高的底点，之后的上涨线段的高点一定在年线之上，形成了一个从底部走出年线的日级N形。这一阶段机构资金占比较大。

3. 盘整上涨阶段：上涨N形之后的走势有一个或几个对包括年线在内的均线的环绕，最终结果是低级别均线越过年线，形成多头排列，除非是超强的走势，一般这一过程会扩展形成更高级别的N形。这一时期基本面，政策面一般都是回暖的状态。散户资金进出开始活跃。，

4. 加速上涨阶段：多头排列后，股价走势会带动短期均线同向运动，使得短期与长期均线距离扩大，长期均线也形成上翘趋势，对个股来说，连续的涨停会使得中长期均线随K线同向运动，股市的基本面，政策面一般都是呈趋好状态。而回调的发生只是围绕最短期的均线做环绕，不容易形成顶点。一旦有明显的顶底点形成，而底点形成在中期均线，就预示着这一阶段已近尾声。而这一阶段的散户资金流入占比开始快速提升，而机构资金占比成加速下降趋势。总体成交量成逐步放大的状态。尾声时政策面已开始出现转向的信号。

5. 筑顶阶段：以散户为主的资金加速流入，成交量创出近一两年的最大量。震荡加剧，顶点和底点开始出现，并形成串联的核。尾声的信号是成交量锐减，说明资金后续流入已乏力。

6. 其余的破位下跌、盘整下跌、加速下跌、筑底阶段：四阶段参照1至5点反向分析即可。

N理论描述了资产价格波动的物理特性，建立了用物理学成果解决金融问题的有效方法。对几乎所有的基本面分析，技术分析都有解释效果。

套利交易：安全好收益高

——股市中最符合巴菲特思想的盈利模式

孙 晶

编者按：孙晶是我带过的复旦大学研究生。他刚过而立之年，学习非常认真、勤奋。他精力充沛，思路清晰、敏捷，为人也很热情、诚恳、正直，好交朋友。一位投资大师与他谈过一小时，在告别时私下对我连连说："此生非常努力，非常肯钻研，以后必成大器。"孙晶是完全按照巴菲特投资理念及思想来思考、研究，并在资本市场中驰骋运作的。很多老师、同学推崇他高超的运作能力。所有听过他课的同学都收益匪浅。我们期待着孙晶的更大的成功。孙晶两次来复旦演讲，一次比一次讲得好，内容虽有重复，但仍有很多新意。为了使读者对套利交易能透彻理解，我们特地录辑于此，重点加以推荐。

谢百三：股票有几种投资方式，第一种是趋势投资，就是股市往上涨的时候什么股票都会涨，挑个热点股捂着。第二种是价值投资，像巴菲特，发现了可口可乐，不管涨跌长期投资。像我们的青岛啤酒，原来一般就3—4块钱，现在涨到30多块，什么道理？大家后来吃惊地发现，青岛啤酒和可口可乐的道理是一样的，全国人民喜欢，喝完了人们还要喝的。第三种投资方式是套利。套利非常重要，亏的概率较小，股票亏的概率只有10%。其实，这一种模式也是最符合巴菲特思想的。巴老有一句名言："投资理财的第一条原则就是不亏损，第二条原则就是记住第一条原则。"套利交易，实际上是价值投资的一种，是安全系数较高的一种模式。为什么那么多老百姓老亏钱呢？这值得我们思考。孙晶的套利已经达到了炉火纯青的程度，他虽然仅30多岁，但很多朋友都请他指教。今天他专程从苏州赶来，事先做了一个礼拜的准备。孙晶是我在复旦大学的研究生，水平很高，请大家用热烈的掌声表示欢迎。（掌声）

一、从工程师到专业做股票

大家好，首先做一下自我介绍，我叫孙晶，在座的各位大部分都是"80后"、"90后"，而我属于"70后"。1991年从大连理工大学毕业就开始关注股票，但当时是学通信技术专业的，先进厂做工程师。工程师好像没做好，就改行做销售，刚开始是卖保健品，保健品卖得还不错，但觉得这个行业不好，就重新回到了通信行业。真正自己开户做股票是在1995年，但很早就开始关注股票，大概从1991年开始。1992年，我记得当时上海的股票有一段时间有个规定，8只股票天天有涨停板，一天只能涨5%，连涨了几个月，后来就放开了，股票就疯涨一气，一下涨到了1500点。当时我判断，股票价格这么高，肯定会跌的，后来果然跌下去了很多。我观察了两年，我觉得自己对股票涨跌的判读还可以，就想自己上场练练兵，1995年就去开户，开始做股票。结果我运气不错，1995年5月份开户，开户没几天，就遇上了"5·18"井喷，这一天我买的股票都基本上涨了20%—30%，因为当时是没有涨跌停板的，我就觉得股票上是可以赚钱的，但后来由于工作太忙，把这事儿给忘了。过了一两年，我再看我的股票，才发现，以前赚的钱又都没有了。但我那时还是侧重于工作，没有专注于股票，中间退出过，但1997年再次进入股市，又遇到一个大牛市，又赚到了一些钱，我觉得股票赚钱挺容易的，我就多待了一段时间，但后来，又全部归还给股市了。1999年5月19日第三次进入大股市，运气不错，5月初进入股市，正好遇见"5·19"井喷，我刚开始进去就又赚到钱了，我就觉得股票的钱真容易赚，我每次来都能很轻松地赚到，但几天之后，钱又赔进去了。我发现自己在1995年、1997年、1999年进股市，每次都赶上大行情，但每次都赚不到什么钱。之后我就专注自己的主业，在网通公司做销售，但发现还是不太适合自己。2005年底，我来到复旦大学，当时也很关注股票，到2006年底，有人让我帮他的账户提出投资建议，因为是牛市，当时建议提得还不错，别人觉得我还可以。到2007年有人跟我说，我现在有几百万，你专门帮我提建议吧，你不用去上班了，专心做股票就行。刚开始我不肯，我觉得这事儿不靠谱，但当我真正开始专注这个行业的时候，我觉得自己找到了一点感觉。2007年开始做，慢慢地越研究越好。2007年对我来说是比较成功的一年，2007年是大牛市，我三四月份进入，当时的指数是3000多点，当时我们的资金一共有几百万元，当年涨到6000多点，指数大概是涨了100%多，我当时还和王亚伟比，我觉得自己的水平比他还高，跑得比他还快。实际上是没有可比性的，他管理几十亿元，而我只操作几百万而已。到了2008年，我在2008年初和很多人交谈的时候就判断2008年是个大熊市，所以在2008年初我就把所有仓都清了，但当时忽略了重要的一点，就是这个熊市不可能这么早就结束的，就从3000多点开始抄底，结果越抄越低，到了年底，亏了将近40%，这个业绩和指数比看起来还可以，但其中还是有很多教训。2008年底，我觉得新一轮的牛市会重新开始。2008年我就调整策略开始做，但2008年上半年结束时，我基本把仓位都清掉了，3000点左右我开始清，只留了一部分仓位，到了2008年下半年盈利部分还继续涨，我就觉得我要只做一件事情，就是套利。其实套利是我2006年开始做股票的时候就开始做的，但真正升华成理论是在2008年下半年，经过验证，我觉得这套理论很适合中国现在的证券市场，但市场变化很快，很多事情要随机应变。

二、中国有多种套利：跨市场套利、增发套利、权证套利，还有叫人哭笑不得的“坏消息套利”

大家知道股票市场所谓的赚钱方式一般有两种：一种是所谓的趋势投资，但我认为趋势不是投资，是投机；第二种是价值投资，但一般人没办法搞清楚什么是价值投资。听起来很简单，像巴菲特，他一只股票能持有21年，我估计中国没有哪个人敢持有21年，也没有哪个公司敢持有21年，后来我觉得自己要稳健地发展，就要有自己的一套方法，趋势投资和价值投资都不适合我。其实我也挺赞赏价值投资的，但要持有5—10年，一个公司的股票才会涨5—10倍，但你不知道它是第几年涨，如果它在第三年或第四年涨，我觉得这不适合我，最后我找到的最合适的方法就是价值投资中的套利。什么叫套利？套利有很多种解释，国外说套利是一种成熟的赚钱方式。美国有一个叫西蒙斯的人，他号称是定量投资，近15到20年每年的盈利是37%，超过了巴菲特，但实际上复利是很可怕的，比如说曼哈顿岛，当年印第安人以24美金卖给了美国人，如果当年那24美金是用来投资的话，他们可能现在返回来能买下几个曼哈顿岛。我认为套利虽然每一次的回报看上去都不多，但如果它的成功率很高的话，那它实际上就是一种连续的复利，是什么概念呢？我认为每次套利能赚到3到10个点，这种套利行为是可以操作的，如果你一次能赚7个点，一年能做3到4次，就将近30%的收益，你如果一年能有30%的收益，是什么概念呢？1万元，18年，如果每年能收益30%，现在就有100万人民币。10万元，每年50%，是什么概念呢？11年半就是1000万，22年就是10亿元，36年100个亿元。套利是一个成功率比较高的大概率事件，国外的期货市场和跨市场的套利比较多，我将中国股票市场套利做了一下总结，有以下几种：股改套利，跨市场套利，重组套利，跨品种套利，增发套利，权证套利，“坏消息套利”。（众笑）今天主要讲一下增发套利，因为我做得最多，到目前为止，成功率可以说是100%。增发的周期长，品种多，机会多多，一年基本上有好几次机会。还有就是坏消息套利，也是一种常见的套利方式。

三、股改套利

股改套利，大家已经错过这个机会了，它在2006年到2007年最多，我当时最喜欢做有权证的股改套利。我当时向我同学推荐邯郸钢铁，向他们介绍，股改前买这种，成功是一种大概率事件。股改套利其实是有很多的，有的两年，有的四年，到现在有的公司还在，或许四年还没到，有的人承诺三年，像有些黄金股，有些定向增发，增发之后呢，公司由小规模变成一个大规模的公司，收益也会增加，但这个机会比较好，需要大家多多关注一下。我记得一个股票叫云维股份，它现在还没有兑现承诺，它是要两年内注入到公司里面去的，但它去年效益不好，所以改成了四年，这两年的话，这个资产肯定是要注入的，所以说这些有承诺注入资产的公司到了一定期限以后它肯定会有所表现。

四、重组套利的典范：攀钢钢钒

再讲一下比较少见的案例，比如重组套利案例，攀钢钢钒。当它跌到8.4元时，我向很多人推荐它，说这只股票很好，它的大股东鞍钢承诺，老股东将会有一个“现金选择权”，等于有10%的保底，他们说做股票赚10%这种事情太无聊，不要向我们推荐。后来它跌到了7.3元，我说现在有20%的保底，这回有几个人考虑了一下。再后来它跌到6.3元，将近40%到50%，我给别人说，他们说这事儿肯定不靠谱，哪有天上掉馅饼的事情，怎么会有钱白送给你。当跌将近50%的时候，已经没有人敢买了，但还有30%的上升空间，已买的人还竟然问我要不要抛掉，我说只要你相信中国共产党，相信中国政府，你肯定会赚钱的。过了几天，鞍钢过来举牌，开始涨停板，我就给那些7块多买的人说让他们9块多再走，这是最最典型的送钱案例，中国有一亿股民都看到了，但是真正去操作的人很少，真正操作的一般都是大资金。后来攀钢钢钒、长城股份还有攀渝钛业三家公司合并的时候，权利是不统一的，他们每个人都可以获得两年保底12%的收益，就是你如果买攀钢钢钒，两年以后可以获得10.55元，买长城股份和攀渝钛业，你经过置换以后你能获得8.73元，但它承诺每年分红0.12元，要上税，但上税以后还有的赚，基本上能到8.94元。看到这个机会我就给别人说，先不要买了，如果这三个公司合并之后，第一天开盘，会找一个折中的价格，我当时如果买长城股份的话，换成攀钢钢钒大概是8.3元到8.4元，但攀钢钢钒当时的价格是9.6元，我认为中间一定会有一个机会，它会在8.7元左右，但会在9.6元以下，因为9.6元买的都是银行和信托，你8.3元买的肯定有机会卖出去，当时我去给别人说，去买长城股份，过半个月之后换成攀钢钢钒，9元到9.4元抛出。大概半个月，合并之后，我记得交易最高是冲到了9元以上，这个收益我认为它是一种套利事件，而且时间很短，10%的收益，等于是捡钱。当时我准备做趋势投资，所以仓位很少，要是在2500点以下，我肯定做趋势投资、价值投资了，这样收益会更多的。但是，因为下半年指数一直在3000点附近，我就专门研究套利。

五、跨市场套利

还有一些套利对不是老股民的人来说意义不大，这只是一种方式，像很多在内地和香港都上市的股票，除了像招商银行这样的金融股，可能港股、A股一样高，大多数股票是很离谱的，像中石化，H股价格只有A股的一半，如果当年28元买的中石化，我觉得你完全可以换成H股的，既然想分红，一股分两股还可以。像南方航空、东方航空，A股的价格是H股的4倍，我记得当时我叫人去换中国铝业，一股A股可以换三股中国铝业H股的，如果只靠分红利，还不如搞港股，所以这种跨市场套利也是一种机会，现在港股户头也很好开。还有A、B股，你套得深的话，你完全可以买B股，B股只有A股的1/3到1/4，这种东西一般人使用价值不大，因为套牢，中国人不得不长期持有、长期投资。还有就是跨品种投资，使用价值也不大，作为国内的投资者，最不喜欢干的事情就是割肉，一般来说，不愿意割。为什么会亏钱？很多情况是什么结果呢？大家不懂止损，套牢的股票不动，等股票涨起来之后呢，喜欢把新涨起来的股票卖掉，套牢股票留下来，然后再买，剩两只股票，结果又有一只套牢一只赚钱，他又把那只赚钱的股票卖掉，最后满仓都是套牢的股票，就像吃苹果一样，家里的好苹果和坏苹果，你偏偏喜欢吃坏苹果，结果好苹果也坏了。一般来说，别人给我一个账户，满仓股票，我看哪个赔钱就先把哪个抛掉，留下赚钱的，而不是亏损的。所以我说，这种跨品种套利，和中国人的性格有关系，不是特别实用。还有一种跨板块，实用价值也不大。

六、权证套利：中信国安不断发放好消息

还有一种权证套利，中国股票市场唯一的衍生品目前来说就是权证了，你持有这种权证了，就能以某种特定价格买入或卖出股票。认购权证，你可以去买这个股票，有价差的时候你可以去做，我去年有权证买攀钢钢钒，比市场价便宜，买了之后直接在市场上卖掉，倒了几次之后也有差价的。还有应用最多的是权证形成前的股票，行权前的波动可以套用。今年最典型的就是中信国安，权证到期是九月中旬，到六七月份，股市有一个高点，当时它就到了19块多，具备了行权的能力，它后来跌到了14元，这时离行权还有一个多月，如果涨到19块以上，这个公司就有机会圈到17亿的钱，8000多万股，每股行权价17块多，所以公司有很大的动力把这只股票推上去。我给别人说，你应该在十四五块的时候买到这只股票，然后在行权前抛掉。事实上也是这样，因为中信国安要行权圈钱，就不停地放好消息，股票成功地从十四五块一直涨到了19块。中间还有一个武钢股份，它拉得太急，致使行权没有成功。青岛啤酒有一段时间是横盘28块左右，它要行权成功，就要想各种办法到30块附近，后来青岛啤酒到了这个价格而且它成功行权，中信国安不怎么好行权，因为公司的基本面太差，行权失败，17亿只圈到1个亿，然后天天暴跌。权证套利未来还有两个机会，一个是上海汽车，行权价26.91元，我现在不愿意买，因为它到十二月底才行权，中间的变数太大，有人想过年结账，把上海汽车卖掉，那我不是帮它埋单吗，而且前面的涨幅太大，到十二月中旬，我会考虑它，而且它要行权成功，会想办法买通舆论，让股价上去；另外一个是中兴通讯，行权价41元，在一二月底，但它是横着的，放在自选股里面，我一直关注着。

七、认购权证套利

增发权证是怎么来的呢？当时公司发了一笔可分离债券——可分离的可转债，可分离债券是什么呢？就是说我发行了10亿元债券，我同时附有，比如说，附有1亿张权证，然后债券归债券，权证归权证。一般来说，可分离债券的话，债券的收益率是非常低的，大概一般都是0.6—0.8元／年，所以一般这种可分离债券上市的话，它的价格都会跌到70块，一般来说我觉得到70块、75块，高一点到80块，然后当时它的权证就可能会涨到2块、5块到10块，然后它这个债券是一定要还的，比如说公司圈了10个亿，像中石化，那个权证他圈了300亿元，可分离，它还有多少张权证？它这个300亿元一定要去还掉的，一定要作为钱还掉的，但它的权证行权时间是多少呢？它的债券期限一般是五年，但它权证行权一般是两年，因为债券是要用钱买的，权证是股权融资，它拿到这笔钱以后就不用还了，所以一般来说，公司为了真正拿到这笔钱，它可以拿这笔钱用两年、三年以后再去把这个债券还掉，对它来说这个成本非常低的，最多摊薄一下每股股民的收益，但是它这个钱是不用还的。所以像武钢它行权失败，后来就没办法，重新增发，今年配股还是增发，反正武钢今年干过一次事儿，好像是配股。像中信国安它以后肯定也会干这个，因为它这个债券已经拿到了，过两年还是要还掉的，所以它以后还要再融资，但是它难度大，成

本高，不如权证零风险。所以说，这个权证，作为一个上市公司，它一定要想办法把这个钱圈到，但是它有可能圈到，也可能圈不到。

谢百三：我解释一下，因为很多同学，尤其是我们本科生对权证还不太知道。就是说我在两三年以前发出的权证，到了股民手里，你拿了这个权证，你就可以以多少多少价钱买我的股票，比如说刚才孙老师讲的上海汽车，好像是SH.600104，这个上海汽车的权证①呢，两年还是三年以前说好的？

孙晶：两年以前，一般是一年半到两年。

谢百三：2009年12月31号这天可以行权，什么价格行权呢？26块9毛1，也就是说，公司必须把这个股票弄到30元左右，那么拿着权证的人才会来买。意思就是，我这个股票已经到30块了，他们可以以26块9毛1来买。所以公司一定会千方百计说怎么好怎么好，什么我明年利润可以达到1块5，我的汽车卖了几百万辆，拼命说它自己好，好了以后呢，这个上海汽车就不停地涨。大家看，它很早很早就涨上来了，因为人家知道在2009年12月31号有个权证，如果你涨到28块、29块、30块呢，人家26块9毛1的人就会拿着权证买这个股票，这个公司可以收进来60个亿，如果你涨不到26块9毛1，人家这个权证不要了，你就25块，我26块9毛1去买你吗？这60亿公司就拿不到了，所以有这样一个预期以后呢，大家十块八块就开始买了，就这个意思。

中信国安它已经成功了，但是股价只待了两三天就掉下去了，因为当时的股市形势不太好，从3400点往下暴跌，那么有几个基金就开始"叛变"，一叛变，一看，已经到了吧？（孙晶：到过了。）到过了，马上就掉下去了。

孙晶：不过这个权证投资我建议一般都是在它行权前的日子考虑是否投资最好。

谢百三：行权前半个月的时候。福建高速呢，现在进去太早，因为还有一个多月。我呢，已经进去了一点上海汽车……（众笑声）孙老师认为太早，因为还有一个半月，这一个半月（孙晶：变数太大了。）它可能会跌下来，我估计上海汽车还是有点儿办法的，我买了一点，但是买的不太多。

八、增发套利：云维股份获利颇丰

这个权证我建议行权前就走了，因为行权以后变数太大了。我一般不做这个事情。实际上今年我做得最多的一种就是增发套利。什么叫增发呢？就是说第一次发行叫IPO，首次募集版，以后就叫增发，中国的增发是花样百出啊，多得不得了，最常见的就是定向增发和公开增发，但是定向增发比较多。定向增发有向大股东增发的，不过这都是空的，什么我18块钱一股向它增发，大股东拿一定资产帮它买下来，但是这个事情都是假的。我记得当时，SH.600320振华重工，它股价六七块钱啊，它向股东增发价是18块不到一点，大股东愿意买，18块钱一股，现在市场上6块钱就可以买到，它18块钱一股说我买下来，这实际上就是拿一块资产来忽悠你们，所以定向增发向大股东增发时，除非资产价值确实比较好——但这种情况不是特别多——你可以考虑，一般来说，定向增发的时候这只股票我不太研究的，以前还可以，现在越来越少。还有一种定向增发是向投资者定向增发，这个东西是什么？这个是要拿到现金的，一般来说会找十家，十个人。像一个法人股大王刘益谦，他经常去干这个事儿的，定向增发，锁定一年，然后可以了。这个可以考虑。这种股票什么时候可以考虑呢？因为定向增发有个特点：定向增发的价格是先确定的。价格提前确定，就是说大概在董事会公告后20个交易日不低于这

①编者注：上海汽车的认购权证为26.91元，行权时间是2009年12月31日后的七个交易日；如果届时股价超过26.91元，人们就会去行权，该公司可以收到近60亿元资金。因此公司上下努力了一年，并不断通过媒体公布出利好消息，股价曾上摸27块多。但投资者对此十分冷静和警觉，一到26.91元附近就有大单抛出。结果上海汽车公司功亏一篑，终于未能行权成功，大跌到20元一带。但从年初的4元多买进，做套利交易是一定成功的。

个价格的90%确定好、定下了，但是这个东西机会就少了，因为价格确定了。我为什么喜欢公开增发，公开增发最大的魅力在于什么呢？它的价格是随机确定的，等一下我会讲，我先讲定向增发。定向增发有个什么特点呢？你觉得这个价格接近或低于它的增发价的时候你可以去搞一把，因为增发成功的话它要拿现金出来的，所以一般要高于增发价20%人家才愿意去干。像浦发银行，它当时都比它增发价高20%，否则的话没人干了，你想我去买了我买套啊？不如到二级市场去买了。所以一般是高于增发价20%。所以如果你关心这个增发价，它接近于这个增发价，或只高10%左右的话你可以考虑一下。而且你要关注它定向增发的日期。等会儿我从公开增发讲增发的流程，等一下再讲案例。

我先讲公开增发的流程。其实定向增发和公开增发的流程是接近的。有几个流程，第一个是需要董事会通过，然后它会召开一个股东大会，董事会通过之后这个股票你就可以开始关注了，它可能就会有异动。实际上这个时候是没戏的，因为这个消息大家都容易判断出来是怎么回事，地球人都知道的事情，对你玩股票一点价值都没有，所以说我基本不关心公众舆论的，因为大家都知道的事情对你赚钱一点帮助都没有，只会误导你，所以我建议大家以后那种股评少看。股东大会结束以后，这里就很重要了，一般来说，三到六个月证监会会过会。但有时工作效率较低。我记得有时候会忘记这个事情。最经典的事情是赤天化这只股票，当时去审核的时候，最后一看发现，赤天化定向增发股东大会批准年限已经过了，然后临时撤会，说我不能审了，赤天化一听，它自己也忘了这事儿，然后它就补开股东大会，再重新过一遍会。反正在中国有的事情很乱。所以我觉得这个日期也蛮难判断的。（众笑）

其实最最重要的部分就是过会到拿到批文，证监会每年都会开发审会，一百多次啊。过会到拿到批文当中，我研究过，如果哪个公司增发，过会到拿到批文最短的要25天，最长的50多天，我也没研究出个什么原因，但是中间变数可以找到机会。我记得最典型的是最近两只增发的股票。一个叫报喜鸟，一个是叫赤天化，它们两个是10月16日同时过会的，报喜鸟11月13日就拿到批文，赤天化是在边远地区贵州，到目前为止还没拿到批文，都是第107次会议通过的。但是这个时间基本上可以框定，所以我关心股票就在这个时候，就是过会以后，我是最最关心这个股价的。我先讲阶段，再讲案例。拿到批文到发行，这个很快的，一般来说一到六个月，最狠的，拿到批文立即增发，这种公司也很多的，有时候我都来不及看。还有一个，叫福建高速，大概它那个批文拿了三个多月了，还没有来得及增发，但是它半年内必须做这个事情。

从发行到上市，我觉得叫第四阶段，从上市到年报是第五阶段。第一阶段我兴趣不大，一般从第二阶段开始，我就开始研究这个股票。我做得最多的就是第二阶段和第三阶段的股票。我举个简单的例子，我今年做过一个叫云维股份，这个股票我觉得是我做得相对来说比较成功的。它是八月初拿到的批文，我是九月中旬进去的，我记得当时我看它20日均线，我是15.5元左右开始买的，我当时买了以后，应该是在这个位置，因为我买的很多，大概买了100万股，然后“啪”一下就上去了，过了几天涨了一下，还没涨上去，到了国庆节它开始暴跌，一直跌倒13块1毛7。当时很多买的人都在抱怨它，有的人看我博客买的，但是我在博客上一般不推荐股票，而且我都说了你买了以后后果自负，有人还抱怨。当时我就说这个事情是大概率事件，你成功是大概率事件，你要成功发行，发行价一定要跟股价有10%以上的差距才能够成功发行。但是公开增发有一个特点，就是它的发行价是不确定的，它要增发的前一天才确定发行价，所以这个东西才是它的魅力所在和我为什么喜欢它。所以你到它公告发出来以后你根本不知道它发行价多少，所以你也没办法确定你什么时候买。后来我研究了一下，它有一句最重要的话，就是“不低于前20个交易日的平均价”，为什么喜欢第三阶段？就是说，过会到拿到批文到发行，一般来说，最快的公司是30天，最慢的公司是150天，不过中国很少150天，一般30天到60天都发完了——不是30个到50个工作日，然后你在它批文快到之前寻找它的20日均价，因为它的发行价一定不低于它的20日均价，这个是已经确定的，但是你股票总归是波动的，它不可能这么走，对不对？所以你在第二阶段第三阶段这个时候看，一般它接近20日均价时你可以考虑买入，但是这个时候有可能被套牢，就像这个云维股份一样，我买了以后最多套牢2块，但是我看它半年线都跌破了，它当时拿到批文时的价格是22.54元，它半年线是我买入的那个价格，如果这个公司13块钱就发行这个股票，我觉得这个董事长就要被撤职了。

套利就是你根据上市公司和它的群众效应，增发有几个利益群组，一个是上市公司，一个是它的承销商，就是券商。上市公司希望以高价，就是以最少的股份圈到最多的钱。中国承销商有个特点，你如果卖不出去，你这个股票要包销的，我记得最厉害的就是中信证券，当时给那个太钢不锈增发，发了10个亿，它大概包销了6个亿，所以现在他们都学乖了，因为那是小券商，一下子套进去不得了。像这个云维股份，它要圈8个亿，它找谁干的呢？找红塔证券干的，红塔证券这个公司我估计注册资金只有一二十个亿，如果8个亿都是自己去包销，肯定不干，所以他们一定会想办法，让这个股票最后会有一个比较合理的走势。果然，它是第一批发三季报的，后来就如我所愿，最后我成功地在17块4毛9卖掉了云维股份，平均价差不多在15块8到15块9，卖的那天我还说了——他们说第二天怎么走——我就写了一句17块4毛9它肯定有大概率了，最后它在17块停了停，过两天卖掉了。当时我做云维的时候我错过了很多机会，大家看一下，今年增发的股票一共有哪些股票，海正药业——我觉得海正药业是我错过的最可惜的一只股票，我从14块就开始研究它，后来我就嫌贵，我看那个20日均线越搞越高——还有什么呢，华泰股份——你看啊，它到增发前总是有一波上涨的。鑫富药业、鲁阳股份，鑫富药业增发前也有一波上扬。我们不讨论后面的啊，那是第五阶段的事情。然后是新兴铸管、美的电器，它这个东西都是过去式，我现在还有未来式，将来可以见证。

现在有三只股票已经过会了，两只拿到了批文，一只还没有拿到批文，你们可以验证一下我的话。一只叫福建高速，福建高速它必须要发行，这是不让它乱搞的，它估计过两天就要增发了；还有一只叫赤天化，赤天化现在是我的重仓股，我现在一大半资金都在里面，我是11块6左右买的，大家反正可以看，我准备13块就把它卖掉，因为我是套利，即使它以后涨到50块，那也跟我没有关系，我只做套利，套利跟我带来的几次机会，我觉得一年30%—50%就可以了，而且下半年我套利已经赚了20%—30%了，我觉得蛮好的，所以我为什么喜欢它呢？因为赚钱是大概率事件。还有一只叫报喜鸟。这三只股票已经过会了，为什么我不喜欢报喜鸟呢？它跟赤天化同一天过会，你看它前面太陡了，我害怕它将来会像云维一样，万一市场不好，它这个20日均价就往下走了。为什么我喜欢赤天化呢？因为它20日均价基本是平的，波动很小的，所以它要发行的话，而且是最近几天就要拿到批文了，因为它们两个同一天过会，赤天化上个礼拜五就拿到了，贵州虽然是偏远地区，但我估计半个月以后它也应该拿到了，而且它现在市场好，它现在不圈钱以后什么时候圈啊，我预估它的发行价会在11块6左右，而且它发行的话，一定会到13块左右，然后我就卖掉它，剩下的就跟我没有关系了。这是第二阶段第三阶段，最大的魅力在于什么呢？最大的魅力在于增发价是不确定的，而且增发价有个规则，就是要高于前面20日的平均价，你最好找一个相对平均一点的价格，如果有低于20日均价的机会，坚决买入，不管是不是熊市，只要你这个市场不是太离谱，不是极端熊市，这个东西就是很靠谱的事情，因为没有人愿意放弃这个圈钱的机会，中国人好像从来不嫌钱多的。所以，今年一共有十几只股票增发，当时我错过很多只，但是每一只都验证了我的说法，我刚刚说的鲁阳、鑫泰，还有包括我前面说的平高电气，前几天增发的，它的增发价是17块7毛，它增发前也有一波上扬的，你看，它到19块多。它实际上基本面是最差的，我为什么不喜欢它，因为它的基本面。我自以为聪明，选了一个基本面最好的云维股份去做，浪费了我一个月的时间，实际上当时我要是做什么鑫富药业啊、海正药业啊，早就发财了，但是这个事情不会改变我的逻辑，因为我觉得安全第一，真正到了熊市的话，到了未来的话，你还是需要基本面好，有东西帮你支撑。当时云维股份我分析过很多次，我认为这只股票肯定能涨到30块，但是为什么17块5我就卖掉了？因为我是做套利的，如果有机会我以后肯定还会买的，包括资产注入。这是第二第三阶段，我不知道大家是不是明白，等一下有时间大家可以提问，现在我就是讲过了，反正第二第三阶段机会最多，而且是最有魅力的阶段，不过一定要记住，它从过会开始到它拿到批文，尤其拿到批文这个节点附近的日期是最合适的套利时间。

然后就是第四阶段，就是说它开始增发了，增发其实就像打新股一样。但是中国增发中签率差别很大的，像前一阵子增发的叫国元证券，它的中签率有百分之七十几，国元证券你看啊，它增发圈了一百个亿，是今年增发募资最多的，它基本上所有的人都赚钱了，虽然它的增发价高达19块8，而且圈钱一百个亿，它的整个流通盘当时只有2.6个亿，它增发的流通盘一天可以上市五个亿，就是说它一天之内流通盘增加了将近200%，那些人还是赚得不少，但是我去申购的话，有的申购就没有意义，像我是申购的云维，那个时候正好市场波动，我去申购云维，云维的中签率是16%，最后我的收益是两元，我是18块几丢的，大概赚了15%，但是如果你有1000万的话，那你基本上能中160万，160万你有15%的收益是多少？二十几万，这就是百分之二点几，也就是一个礼拜的时间吧，百分之二点几的收益，这个东西肯定是比打新股好，所以一般让我去打新股我兴趣不大。但是有时候大家发现，像云维啊，国美啊，大家都发财了。然后大家就看到那个叫卧龙地产的股票，都去申购了，其实我也去申购了，中签率只有多少？0.6%，害得我白忙，卧龙地产实际上也是我，今年也是因为我手软，卧龙地产你看它增发前的K线图，真是完美，两个涨停板啊，他们公司做得太恶毒了，那个利好的消息放得实在是力度过大，连我都没想到，我当时11块就想买它了，结果它居然涨到15块，我150万元进去一股都没中到，气死我了，后来就是说打新的增发我一般不去打了，我要判断这个要不要去打。中间还有一个什么过程呢？增发股上市之前，举个简单例子，譬如说卧龙地产，增发股，你现在卧龙地产已经复牌两天了，复牌以后，现在非增发股是可以上市交易的，增发股是不可以上市交易的，增发股什么时候能上市交易呢，要5到8个工作日，这是我经过几十只股票的总结啊，最多的是6个工作日，最长的，我等了8个还是9个工作日，我记得是新兴铸管，中间有市场波动的时候你就有机会，今年在第四阶段我做过两次，今天我做了第三次，5到8个工作日，这个时候会发生什么事情呢？股票可能会跌破增发价。美的电器，它当时增发价是15块7毛4，因为那个市场波动过于激烈，当时我就毫不犹豫地在15块5毛1买进，在什么时候买呢？就是它在增发股没有上市——因为增发的时候它股票是停牌的——复牌，到它增发股上市之前，我15块5毛1买到，结果，它还有个什么特点呢？它一般在5到8个工作日，最常见6个工作日，它一般会在第4个工作日的晚上，应该是第4个工作日到第5个工作日的晚上，发增发上市公告。增发上市公告有什么作用呢？就是在第七天上市吧，第6个工作日之前，如果这个股票在增发价之下，它一定会做一个拉升的。无数事实证明了这一点，所以我只会在第3到第4个工作日之间去买，我不会提前买，因为我吃过亏的。又一次我记得有一个叫中捷股份增发，就是前几年，16块钱增发的，结果六天之后它变成了12块儿，我记得，但是到第七天它又一个涨停板我记得，虽然一个涨停板但是也只有13块儿，我虽然买得早了点，但是我也赚了一点小钱。所以我一般在后面的一些日期去买它，包括美的电器我就是这么干的，所以第一天、第二天我买进，15块5毛1，当天晚上，公告就出来了，美的电器增发，第三天上市，结果第二天我就挂了15块9毛8，你看有一天开盘价15块9毛8，我做的，我当时几千手，就出去了，因为这个可以大资金运作，当然我的资金比较小。还有一只股票我今年做的，叫新兴铸管。新兴铸管最热闹，新兴铸管增发前乱涨，涨到14块8，公司直接就11块7就发行了，11块7发行了以后，它最后是什么结果呢？我看它价格太高了，我就说它可能跌破11块7的，当时我就干了一件什么事儿呢，我就天天在跌停板上挂股票，结果突然有一天真的跌停板，我一下在跌停板买了将近一万手，那天真的跌停啊，跌到10块9毛儿，后来我就叫别人去买，人家都说这事儿我们不干，这事儿太可怕了。但是这只股票真是可恨，我这只股票放了三天，它超过了正常工作日，正常工作日是六天，它到了9个工作日，让我多套了三天，我还是成功地以11块6卖掉了，我觉得这只股票看起来不好，是钢铁股。其实我心理学学得还是不够好，为什么呢？这只股票的中签率只有不到1%，比新股还低，有上百家机构去做，你想想看那个机构领导说你们这帮什么人啊，怎么这么笨啊，怎么11块7去买呢，跌到10块9时你们都去干吗了？当时中签率这么低，所以他们为了挽回面子一定会把股票拉上去，结果果然，增发第二天、第三天竟然涨停板，涨到接近13块，但是我的目标是套利，就是6%，实现了就OK。实际上套利是要有纪律性的，你不能说这个股票你以后能涨到多少啊，这事儿我觉得跟套利没有关系，因为很多股票，包括趋势投资这个需要命很好的人做，我觉得我命不是那么好，所以我觉得趋势投资我做不来，这就是第四阶段。

我今天做了什么事情呢，我今天买了一点点平高电气。平高电气什么情况呢？平高电气增发价17块7，你看今天最低价是17块6毛2，那我就在17块7买一点。正常情况下，我说不是今天晚上出公告，就是明天晚上出公告，它上市的话不是23号就是24号，你看看它，结果17块7，它就到尾牌了。这个东西，如果它今天晚上出公告，那明天早上就卖了，如果是明天晚上出公告，那么礼拜一早上就卖掉。我准备卖多少呢，根据情况，反正它上市前一天我先挂18块4毛9，如果它上市前一天到不了这个价格，那我18块1毛9、18块9分我也卖了，但是我相信一点，就是正常情况下，它增发股上市前，一定会比17块7高的，否则承销商没有面子的，否则很多人都没有面子，它的中签率只有16%，所以这个东西大家可以现在看到。我就是举这个例子，大家可以实验验证，反正这个东西实验验证时间很短，我相信三天就可以验证，就是说我明天能不能在18块9分以上把它卖掉，我的目标是18块4毛9，当然它卖不掉我会调低价格，只要赚钱就走。

像我现在的话，我今年最后两个月只干两件事情，一件事情就是创业板，一件事情是套利，所以我股票只有两只，一只是套利的股票，一只是创业板的股票。创业板我买探路者，我半仓，接近半仓，我大概30%—35%，探路者不属于套利范畴，但也可以从套利的理论来解释我为什么要买探路者。我是在什么时候买的呢？我是在40块1分买的，为什么我说它可以用套利的理论来解释呢，因为我把套利定义为价值投机，所以它有价值，又有投机，那么就叫套利。

九、在创业板中掘金的独特尺度与方法

首批创业板一共有28只股票，上市前我就给它们排类了，我挑了三只股票，一只吉峰农机，一只是探路者，一只是亿纬锂能。当时我在博客上说了，我的博客大家可以看看，创业板上市前一天我怎么写的？我说可以在30块以下买入吉峰农机或者亿纬锂能，探路者大家都太看好，所以价格肯定太高，所以就不买它。第一天我就挂上了，都挂在亿纬锂能和吉峰农机上，结果深交所就来找我，说你挂那么多股票怎么可以！他说一个账户只能买一万股，你怎能乱买呢。反正我明白了，新股不能乱买，我本来一个账户就要买10万股，挂也不可以。不过吉峰农机，说实话，我做得非常之失败，我第一天就成功地在28块8毛1上买了5000股，当时我就跟人说第二天创业板肯定集体跌停，我毫不犹豫地在跌停板上挂出了吉峰农机，第二天我就在32块几毛几卖掉了吉峰农机，我好像还有交易记录的，我看看还能不能看到。“28块买进，当天就涨到了60多块”，51块8，涨到51块8，现在已经破了最高了。第一排就是吉峰农机，这是我一个小账户，基本上也能代表了证券买入。今天我讲的所有股票都不是推荐啊，我不向任何人推荐股票，所有人听了我的讲座买的股票后果自负，你亏光跳楼不要怪我。客户我都跟他讲亏光跳楼都和我没关系，我不能保证你能盈利，否则你不要做我的客户，都这样的，所以吉峰农机涨到50块，第二天被我32块卖掉，现在涨到62块，他也不会来找我的，所以现在30乘以5000，15万元，账户只有30多万元，是吧，他的账户只剩1/3了，他现在还是对我很好，很客气，他不会生气的，因为我话说在前面。他那个实际上是什么呢？我是把创业板28只股票，我挑出4只股票，分成金银铜，这不是推荐股票啊，这只是我的个人看法。再次重申，创业板风险极大，有可能让你血本无归，不能乱买。金就是吉峰农机，本来银我定义为亿纬锂能，现在我把它改成探路者，铜牌我定义为那个爱尔眼科和那个亿纬锂能，博客上还是写的银。为什

么说它是金银呢？实际上从中国市场，这个套利机会什么时候出呢？就是说，你圈钱次数越多，那你股价以后一定会涨得越高。比如说——女生不要生气——打一个不恰当的比喻，如果你只有一个老婆，那你生孩子数量肯定是有限制的，但是你有五六个老婆肯定能生更多的孩子。基本上就是这个概念。你其实看看中国最牛的股票苏宁电器，现在复权1012块，上市的时候只有几十块，这个就不用打了，他们已经看到过好多次，应老师来讲过，别人也来讲过，我只是讲什么呢，我跟他们讲的不同一点呢，大家注意一下，苏宁电器圈钱啊，一年甚至圈一到两次钱，它不送股，大部分都是转股，它公积金哪来？都是高价增发，它为什么能？有的股票，你说它一下子80块，它如果钱用不掉，它没有第二次增发机会，它就很难再高送配下去，所以为什么说万科涨了800多倍呢？万科实际上你看基本上年年要增发的，只要是牛市它不增发它不姓万，所以你看哦，就是说为什么我看重吉峰农机和探路者，它们都有个特点。就是说，28只股票，有的股票很荒唐的，打死我也不会去买，虽然它会涨上天。我记得有个什么叫上海佳豪的，它是搞设计的，我不知道它圈了几十个亿要怎么花，我到现在都没想明白，就像我记得海通证券募了300多个亿，有的还存在银行里。像这种股票的话，我不敢买。怎么判断创业板股的成长性呢？它能圈钱。而且它要能不停地圈钱，不停圈的前提是什么呢？就是要把圈的钱立即花掉，才能不停地圈，所以像吉峰农机，它钱就容易花，它干吗呢？它开店，各个城市开店，那钱用起来就快，但是开那种超市它就不容易了，苏宁和国美它就发展得快，所以我有个股票叫步步高，圈钱圈得慢，因为它开超市，品种要几千种。像这个吉峰农机，几十种货的，像探路者它卖它自己的东西，所以吉峰农机我怎么看好它呢？因为它的本事最大，就是说它花钱一定很快，而且它的市场占有率多少？0.4%，去年7个亿，今年三季度11个亿，而中国的农机市场2000个亿，所以人家都看重它，62块也不会觉得很高，但是我不会去买它，为什么呢？我到年底是要结账的，到年底它万一30块我怎么办，我今年不是白干了？所以我不能买它，但是这个东西从价值角度来说，我认为它三年应该能到200块，价值投资可以①，但是我做的这个行业，决定了我不能去买它。我为什么买了探路者呢？探路者它刚开始太热，所以它第一天从62块到68块，我想你这个东西太贵了，我说我不买，我说我一定要等到它跌破42块我才买，所以我后来就天天挂40块1分，我说你们能埋单吗，那我天天挂，结果我终于买到了，那天我一口气买了1500手，15万股，然后他们问我什么时候卖掉它，我说我也不知道，反正我现在看，哪天开始挂涨停，它要是哪天涨停我就把它卖掉了，高点不卖掉它下来10%—15%，虽然它今天涨到过48块，但是它涨到43块我把它卖掉，因为做股票最重要的一点是要学会止盈和止损。什么叫止损呢？你买的股票，跌了7%—10%，我觉得你应该把它抛掉了，或者你差这个最高点差7%—10%，你说已经到了20块，你赚5块钱了，这不行的啊，你一定要抛掉，比如说18块5，最后赚个3块5，也比最后14块好，中国人一个特点就是，我看到20块了，我为什么18块要卖它，有人现在不敢问，他要敢问，我说我不帮你提建议了，你自己去做吧，所以他们不敢来问我为什么涨到20块没卖，我15块卖了，不敢来问。这个东西就是你做股票一定要学会。所以探路者今天48块6毛9分涨停板，我今天没挂，因为它哪天43块、44块我也会卖掉它，但它要是往上我也会卖掉它，所以说赚钱就行，不要天天想我最高曾经多少，我现在低了，我舍不得卖，讲出去多没面子啊，这种没面子的事情我做多了，比如28块8买进、32块卖掉的吉峰农机。我过来给大家讲讲也没什么关系，因为最后市场承认你什么呢？你一年能获得多少盈利，你在这个市场能生存多少年，也不是你做对几次，我觉得我一年做对60%就可以了，不用次次都做足，所以你看我卖掉的股票个个都飞上天去，美的电器，15块9毛8卖的现在都二十几块，像什么海鑫药业我错过，中信国安我错过，卧龙地产更可恨，这种事情多了，但是你每年只要抓住几次机会就可以了。像探路者它是生产销售一体化的公司，它就有点像耐克，但是说白了，我对吉峰农机更有信心，因为探路者它的营销方式我看不懂，我做销售出身的，所以销

①编者注：本讲座是作者根据股市当时形势作出的分析，读者只能作为参考，主要是学习他的思路及研究操作方法。

售方面我专业，所以我看到别人销售的套路不专业我就有点担心啊，它主要是加盟店和那个什么，但它花钱也快啊，多开店直营店，它肯定会很快的，它花得快，就它业绩做得漂亮，它有可能再次圈钱。你像创业板这样的，第一次圈钱，20块几分，公积金变6块，第二次我60块，公积金变15块，如果我6块钱两次10送10，我就剩1块了，我只够两次，我下次再60块圈到了，或者30块圈到了，但是我这时候已经10送10过了，然后公积金又涨上来了，还是7块钱，然后就能继续10送10，苏宁电器就是这么干的。你看哦，有些公司就是圈一次钱，这些公司未来很难，28只股票，我最喜欢它，如果我有钱长期投资的话我肯定买它，但这个价格我现在不愿意买，第二个我现在就买探路者，我也不准备长期投资，但是它有长期投资的价值我才会去考虑它，它已经跌破了最低价。爱尔眼科它是做服务行业的，医院不能随便开的，你要有医生，所以它生产医生的进度我比较担心。亿纬锂能它是做电池的，做电池跟别人不一样，别人电池是要充电的，它做电池是一次性的，而且这个市场是有广阔的市场，正宗的物联网概念股，远望股14块钱开始买，然后嫌它贵，涨到25块。亿纬锂能也是物联网概念股。目前创业板最大问题在于贵，实际上大家想一个问题啊，所谓股票的估值啊，什么估值太高实际上都是胡扯。为什么说胡扯呢？因为大家看到的估值方案，我讲得极端点，事实上是很荒唐的，它怎么估值呢？它说市盈率是多少市净率是多少，这个事情我觉得很荒唐，我的估值逻辑是跟他们不一样的。我认为它三年后能涨到200块，那它现在100块也是便宜的，所以现在市盈率市净率是多少并不重要，关键是三到五年它的公司业绩能支持它200块的股价，所以最重要是成长性，行业和公司的成长性最重要，所以有些估值都是胡扯。你像中国以前的利润还能荒唐到哪种地步呢，我记得中国有个股票，每股净资产是负的21块钱，我估计它明年如果重组成功的话，它明年的每股利润可能达到10块钱，但它净资产还是负的2块钱，但它市盈率5块钱只有零点几，这个事情很荒唐。所以市盈率我不要看。还有个市净率，很多人不看，其实市净率有的时候要注意一下，它每股净资产2块钱，它股价20块钱，这个股票要小心点，不然大家都不看这个问题。像那种成长性特别好的，那个吉峰农机，市净率现在是10倍，苏宁电器现在市净率经常在10倍左右。我希望大家跟别人不一样的一点呢，就是大家关注一个市销率，我就是讲讲大家不看的东西，看得着的东西上网找找就行了。市销率就是市值和销售额的比值，中国的股票市销率荒唐到一塌糊涂，有的公司销售额一年只有1个亿，市值有40个亿，就是说你拿40个亿去买1亿的东西，而且这个东西没有成长性，不像吉峰农机我现在拿40亿去买它，今年卖10个亿，明年它卖20个亿，这样的话，它明年1.5个亿，那你这40亿什么时候能收回来，所以说市销率非常重要。像乳业市销率是比较低的，中国很少有股票市销率非常低的，像这个，这个整个创业板，开盘出来，市销率最低的，是吉峰农机，它今年的市销率是2，探路者我为什么有点担心呢，探路者6700万，20多个亿的话，它的市销率也有十几倍了，我觉得它成长性快的话也可以，但吉峰农机的市销率，市值30个亿，它今年13个亿，它如果今年60个亿，它市销率也只有5，探路者都十几倍了，像其他股票，像乐普医疗可能更大，这个行业，再过十年市销率也很难达到1。一个成熟的股票，我觉得，市销率一到2我就觉得很好，因为你成熟期的毛利已经很低，净利润也很低了，市销率不能太高，你去看一下它的销售收入，然后跟它的市值做一下比较，太离谱的，譬如吉峰农机每年成长率100%，苏宁电器市销率高点，都是可以降低的。你说一个股票到成熟期，到5，你说它最后不是死的很惨，主板还可以，创业板，你说不定以后退市了，它连ST的机会都没有。

十、从公积金角度看高送配，从高送配角度找套利机会

那我继续讲套利，第五阶段，上市到年报，有点技术含量，我也做不好，我也没有什么成功的案例，但是有一点，增发以后会产生公积金的增加，像云维股份SH.600725，每股净资产只有三四块钱，它增发比如说是16块钱，增发以后就接近8块了，市净率就变成2了。它本来市

净率是4，它公积金从2块钱增加到6块钱，它就具备了高送配的能力，中国人最喜欢干的事情就是高送配，所以这种公司到年报的时候高送配是大概率事件。我观察过，大部分都会高送配，也有的慢一点，它第二年来。我记得，它第一年愣不高送配，它第二年搞个10转8，业绩很差，我都没想明白，反正这是第一年和第二年。所以上市到发布年报。还有个什么问题呢？增发它是干什么的？它是买资产，它都是有项目的，创业板为什么圈钱呢？它编故事说它要拿这个钱去干什么？所以那些上市公司，增发实际上是资产注入，所以它的年报也不会太烂，所以这个股价中间不是涨得太离谱的话，你观察一下，到年报前后还是有机会的。增发股，大家到哪可以去看呢？在东方财富网，有个新股栏目，下面有一个叫增发股，有个列表的，所有今年增发的股票上面都有个列表，但它是没有未来的，有未来的就我刚说的那三只，报喜鸟、福建高速和那个赤天化。到今年年报的时候你可以去中间挑，有点像价值投资，这个大家自己去研究。价值投资，在中国我也搞不来。

十一、千万别忘了“坏消息套利”

还有一个简单一点的，就是“坏消息套利”。大家持有股票的时候就怕利空，其实我发现我想买股票的时候我有时竟然就盼利空，我没那么坏良心，专门希望有天灾人祸，我是指天灾人祸有时是免不了的，人类总是在这些不顺心，在痛苦磨炼中成长的，就是说地震水灾等等，我们无法用人力避免，它客观地、时不时地会发生。如果发生的话，可以通过捐款去救人。但有时在股票上如果能赚更多的钱，当然也就可以捐更多的钱。去年地震的时候东方电机是地震重灾户，它当时股价受坏消息影响大跌。我还干过一件遗憾的事情，招商银行，今年我20多元卖掉它，我一直想买回来，前面我天天挂13块8毛1，结果突然有一天，它突然出来个坏消息，我心里一黑，然后我改13块1分，结果它跌到13块6毛1分它不跌了，气死我了，13块5毛7。后来总结说我还是不够果断，实际上坏消息出来的时候是最好买入点，不管你是长线短线，你也应该买入，第二天卖掉你也赚钱。实际上有时候就是个心态调整，我觉得我跟中国足球队射门队员的水平差不多，我的操作水平，虽然别人看起来可以了，人们对我夸奖了，但是我自己总结下来，跟中国足球队射门差不多，大部分球都不进，幸好我发现的东西多。还有五粮液，你看，9月9日那天，说人家来查它了，当天跌停板，第二天拉上去。中间就套利冲进去，我是说套利哦，不是长线投资机会，所以我说一周三天内，你买入然后再卖出，这就是“坏消息套利”。

大家什么时候去做股票呢？具备了良好的技术知识之后，再去做股票，千万不要一知半解去做。我个人认为中国人大部分不适合做股票，否则我也没有这个机会在这个市场长期生存下去。你们中的大部分我认为也不适合做股票，大学生要抓紧学习，但是经过学习以后，可能大部分也适合做股票，但是你们一定要认真地学习，特别是主课，你们中的大部分人还是要从事主业的，股票可能还是辅业，不像我都是主业了，所以你们的基础功课也不要落下了，我作为一个毕业将近20年的本科生，给你们一个忠告啊。

谢百三：听了孙晶的课，我很感动，像“坏消息套利”啊，我们过去也发生过，但是没有把它上升到规律。这种事情我们都经历过，孙晶现在把它上升到理论规律上了。孙晶，非常努力非常勤奋。大家记得我一个博士生说的话，凡是成功者都非常努力、非常勤奋、非常认真、非常肯学习。他今天讲的套利我估计很多同学听不懂，市盈率，市场价格除以去年的每股利润叫市盈率；市净率，市场价格除以每股净资产。以后抓紧学习吧。

“坏消息套利”，这个东西，难度在什么地方？真谛在于出了这个坏消息，以后有没有比这更坏的消息出，这就是判断的魅力，如果你判断以后没有更坏的消息，那你就买进。孙老师的魅力在哪呢？他就能判断，在今后不太长的这段时间里，这是最坏的一个消息，这种情况下，就应该买进。利空出尽是利多，股市就是讲的这个东西。学要学那个本质的东西。

孙晶：选五粮液、招商银行，万一以后有个坏消息，还可以活过来。但如有更坏的消息出来，它没有机会了，那就惨了。这种公司相对保险。

谢百三：有些公司出好消息、坏消息，都没有人关注。有时出触动它根基的坏消息，那肯定不买。

孙晶：我担心五粮液会有人起诉，会被罚款。

谢百三：五粮液是名酒，这个是不能动摇的。

孙晶先生答同学问：

同学：套利操作方法，需要多少年的股市经历才可以？

孙晶：从来没做过股票的人不能做。有的人看着我的博客套利，他是闭着眼睛买的。没有技术支持肯定不要做，你搞不清楚什么是定向增发，什么是增值增发，第二个，增发前的时间点也不能确定。你今天没学明白，我博客上有600多篇文章你可以去看。但是你没有技术支持的话，我还是建议你不要看，看600多篇文章还是很费时间的。

同学：套利有一个时间概念，多长时间就不属于是套利呢？

孙晶：我一般认为我做套利只做三天，三个月之内实现。这样我才能重复做多次。如果一年能做多次，收益非常可观，哪怕我临门一脚非常臭，我的收益也是相当可观的。（大笑）

（本文讲座时间为2009年11月19日，于复旦大学）

（孙晶邮箱：sunjing1970@vip.sina.com）

再谈套利交易

孙 晶

大家好，我先做一下自我介绍，我叫孙晶，1991年本科毕业，本科读的是工科的无线电技术专业。我是从1991年12月开始关注股票，那时我已经工作了，但因为当时在国企工作，没有足够的钱来炒股，就只能旁观。到了1995年，终于有了2000块，就去开了户。从1995年到2006年，我炒股基本上就是乱买一气。大概是从2007年开始，一个非常偶然的机会，我进入了私募的行业，帮别人管理资金进行股票投资。因为2007年市场非常好，一年可以很轻松地赚个三四倍，所以当时我还没有特别关注关于套利方面的事。2008年我做得不怎么样，当时亏了30%—40%。但我自我感觉还非常好，因为那时觉得比大盘跌得少就可以了。可实际上却是没有找到一个很好的方向。2008年到2009年，我开始研究如何在股市上进行套利。其实我在2006年、2007年也做过这方面的事情，但是一直没有认真地重点研究过，直到后来我发现在股市上套利机会非常多。

一、市场上每年都有套利机会

一般做股票的人喜欢研究趋势、价值投资什么的，觉得价值投资有自己的模范，比如巴菲特。然而价值投资需要读非常多的书，我们都知道那些数学模型非常厉害，可我就是一直没有学会，所以我就不太懂这些。再后来我发现中国市场上有很多特有的规则，它会产生很多套利机会。大家不要小看了这些机会，为何巴菲特能够成功？他实际就是在追求一种复利。巴菲特是排名前五的富豪，但他的收益每年就是20%左右。那他为什么就进了排名前五呢？就是因为他岁数足够大。你们现在都还很年轻啊，你们用你们初中高中的数学知识可以算出，如果每年的收益是30%，那么你们18年就是100倍，36年就是10000倍。我想任何情况下，36年10000倍的收益都足够让你衣食无忧。现实中却有很多人追求每年100%的收益率，每年100%收益，真的很快，但那些基本上就是英年早逝的了。

关于套利，我觉得在中国市场寻找每年20%—50%的复利增长机会是有可能的。我认为套利就是一种大概率的获得盈利的方式。以前主要应用于期货市场，在股票市场上应用面就比较窄了。但我觉得在股票市场上套利比在期货市场上更易成功，因为期货市场会受到种种限制，尤其是在中国。像在我读书的时候，就是从1980年到2000年，年年都要翻番，这意味着每年只需要增长7.2%，20年以后就能翻两番。按照这个逻辑算呢，100年，就是2的10次方，就是1000多倍。但对于套利呢，我希望它一个季度增长7.2%，那么20个季度才5年，也能翻两番，那10年能达到多少呢？这就是说复利是能使资产很快地增长。

关键是，很多人并不适合在股票市场。为什么？不是因为知识，而是心态问题。中国开账户的股民大概有1亿多[①]，这些真正开户的股民的整体智商肯定要比那些没开的要高，因为没开账户的没有参与，所以大多数的人过得还可以。经常参与股市的人，大概一半以上，经常深陷亏钱的郁闷中。并不是因为他不聪明，而是战胜不了人的本性，那就是贪婪和恐惧。其实很多本性都很难改变的，每个人都会有贪婪和恐惧，包括我在内。

谢老师跟我说，我去年讲课理论太多，同学们听得都不太明白，所以我今年就多讲案例，理论知识捎带着讲一些。

---

①编者注：到2010年12月，中国在深沪两市开户的户数为1.3亿左右，由于多数投资者同时在深沪场开户，故真正的投资人数为7500万—8000万。

二、重视套利使王亚伟名声大振

股票市场上套利有很多种，以前有股改套利，现在股改套利很少了，也就还剩十几只股票。跨市场套利，在中国市场应用不太成熟。重组套利，应该比较多的。还有跨品种套利、增发套利、权证套利、“坏消息套利”等。

王亚伟是能把基金真正做好的人。你归结一下他为什么成功，他是怎么做到4年10倍？实际上他是在进行重组套利。做重组套利需要很大的耐心。你买的股票可能要放一两年，作为基金经理的王亚伟能够放得起，因为他选择的标的多。但对于我来说，我的资金规模可能只有几千万元，比较少，所以我跟他的做法不同，这种资产注入型的套利我做的就比较少。王亚伟是非常成功的，大家都看得到今年他的几只股票，像是ST昌河，还有中航精机，以及他现在持有的ST山焦。王亚伟重组套利成功的关键在于什么呢？实际上他就认为这种公司在有资产注入的情况下会产生质变。大家到股票市场上来是为了赚钱的，只有股票涨了才可以赚钱。股票为什么会涨呢？我们不要去研究什么K线，什么趋势，这种东西很难。道理其实很简单，大家只要记住股票涨是因为在未来这个公司会成长。

公司成长的方式可以有两种：第一种叫作内增式增长，自己做市场然后不停地打拼，最后成为行业中的领军人物；第二种是外延式增长，通过资产注入或者一些其他的方式来使公司成长。比如苏宁电器，苏宁公司是近几年中国内地最牛的公司。它为什么可以成长这么快？这不光是靠管理水平，最重要的一点，是因为它上市了。上市的好处是每年都可以增发。你可以看看苏宁电器的成长历史，如果我没有搞错的话，它每年都要进行定向增发，它不公开增发，这实际上是属于外延式增长和内增式增长双轮驱动。

套利，我想大家能够更多关注的是外延式增长，因为内增式增长它包含了很多专业的难以理解的东西，比如有些产品是真的假的，所包含的技术含量有多少，这些我都不懂。我是学电信出身的，本身是搞技术的，也稍微了解一些关于技术含量的东西，但我对通信行业公司的股票却一个都不敢买。这种东西很难说，其他东西也可以类同。

我为什么研究套利时，更关注它外延式增长的机会呢？公司之所以能够外延式增长，靠的是以下几种方式：第一种是资产注入，第二种是收购，第三就是扩产。扩产原始积累是很慢的，它需要钱。王亚伟成功是因为他抓住了很多外延式增长的机会。也就是说，他有一个华夏基金，这种基金公司有一种专门研究上市公司的背景。当他看到哪个爸爸有钱，就买他的儿子。这种做法成功性很大，因为一个爸爸可能有好几个儿子。先是有一个投资机构来研究这种东西，然后他再根据自已的逻辑进行筛选，成功率也有了保障。

三、股市是无法预测的，但套利是可以预测的

我对王亚伟讲的一句话感同身受，他说的是“股票市场是无法预测的”。很多人都想根据图形的支持位什么的预测股票，但这种东西是没办法预测的。但是，可以对很多股票还有上市公司进行合理的推测。包括套利，包括资产注入，都可以经过合理推测后得出结论。我现在举个例子，山焦原来的名字是山西焦化，但是因为它老是亏损，就ST了，它亏损得多了，就加个星号，所以就是*ST山焦。根据前三个季度来看，它应该还会亏损。如果第四季度不能扭亏为盈的话，它今年就要退市了。但是它旗下的两只基金都是中国最牛的两只公募基金，所以这个公司背后应该有些故事。山焦是一个很小的上市公司，但是它的“爹”或“爷爷”很有钱。虽然它说三个月之内不会重组，但不是说三个月之后不会重组。他们所盼望的是，最好今年也会亏损，然后直接退市停盘。但一般想要投机的人希望它不要亏损，因为亏损退市就要停盘一年半载的。一年半载对公司无所谓，还可能会有丰厚的收益，他们的资金能够扛很长时间，放个一两年都是无所谓的。所以我相信停盘是大概率事件。

另外还有云维股份，云维股份也是一个大集团小公司，控股公司是云维集团，云维集团是煤的下游产业链。控股的云维集团很有钱，也就是说其“爹”不是很有钱，但其“爷爷”是非常有钱的，“爷爷”是控制整个云南的煤炭集团。像这种公司的未来，在以后的一到五年资产注入是大概率事件。但这种东西还要看这个公司是怎么运作，有时候也不一定。再比如洪都航空，其“爹”就很绝情。“爹”有钱但永远都不给它儿子。

再说云维股份，我为什么看好云维股份呢？它有一个股改承诺，还没有兑现，本来两年内它应该和那壳牌技术合资，共同搞一个煤化工项目技术专业。但是因为它不好，就没有注入这个公司，就又延长两年，到明年它一定要再找个什么借口。还有更重要的一点是，这两年云维股份的产能扩张非常大。它的净资产每年大概只有4块多钱，可它每股负债能达到13块多，也就是每股总资产十七八块。所以它的产能如果放大的话，是非常厉害的。但是这样有很大风险，因为它的负债率太高了。可即便如此，它也是不用太担心，因为它“爹”和它“爷爷”都很有钱。像这种套利需要很长时间，可能一年两年三年甚至四年。因为这种公司成长两倍三倍甚至四倍都是很正常，关键是看你有没有耐心。

四、攀钢钒钛存在着巨大的套利机会

在中国类似的重组案例非常多，像攀钢钢钒这样的就不用我多讲了，去年我都讲过了。这是2008年最牛的一只股票。2008年以后，包括现在还有很多套利机会，可是很多人都不会买，因为它要跨年度。我觉得不适合我，所以我买的也很少。我做股票一般是当年结算，跨年的事情我很少做。攀钢钢钒是很明显的套利机会，因为如果到明年4月它涨不到承诺的价格10块5毛5，它必须拿出270亿来兑付给原始股东，这种兑付是前无古人后也不会有来者的。现在所有的重组都叫作有意义才能有现金选择权，也就是说你要投反对票才会有选择权。反对票多了，这套重组方案就会被否决，就像云天化一样。云天化有三家公司重组，最后都被否决了。因为既想要选择权又想要重组，这种事情是不可能的。包括现在的盐湖钾肥跟盐湖集团重组，莱钢股份和济南钢铁重组。像这种重组的股票，只要你有耐心，套利就会成功。云天化在现在市场上的价格还没有1664点时高。还有济南钢铁、盐湖钾肥，盐湖钾肥和盐湖集团是很明显的套利差价。所以你们千万不要买盐湖集团，因为1股盐湖钾肥可以换2.9股盐湖集团。

跨市场套利这种事情和大家关系就更少了。有人40块钱买了中国石油，说是想要留给孙子，就问我怎么办。我说你可以把它卖了，然后到香港以同样多的钱多买几股，大概是1000股到香港可以换1400股回来，它每年都会分红的，这样一来收到的红利肯定要比原来的多。不过这样的事一般很少。还有A、B股套利，有的A股价格是B股价格的两三倍。跨品种套利，也是套牢的。我买股票一般不割肉，也很少买套牢股票，长期套利股票更少，所以这种方式应用不多。

五、我研究的重点是公开增发套利

我研究最多的是公开增发的套利。听完我课的很多人都有误解，认为套利就只有公开增发，事实却是在整个市场上套利机会多不胜数，公开增发只是其中一种。只是我是觉得这种套利比较适合我，所以我做得就比较多。

一般来说，我把公开增发分为几个阶段：第一阶段是股东大会通过到证监会过会，第二阶段是过会拿到批文，第三阶段是拿到批文到发行，第四阶段是发行到上市，第五阶段上市到年报。每个阶段基本上都有公报。我一般不是特别关注第一阶段，除非市场特别糟糕的时候，因为这个阶段时间太不可控了，有的时候六个月，有的时候一年半，按理来说是半年。最经典的一次是去年的赤天化，它拿到证监会审批时，公告都已经发了，可回过来一查发现股东大会这边的期限已经过了，就只好撤销公告，重新再开会，再来过。这种事情很难办，所以我一般在过会到拿到批文后这段时间做。

权证套利现在也很少了，现在大概就剩一个长虹，而长虹也没有什么套利机会。权证套利最好的机会在于它的股票价格不到它的行权价格，但又差得不远的时候。这种情况去年比较多，像是武汉钢铁、青岛啤酒、上海汽车①。这样的机会在半年到一年应该很少能再看到。

六、坏消息套利与可转债套利

坏消息套利和可转债套利是两个概念。坏消息套利，像去年和前年的五粮液，今年的紫金矿业。上市公司传出很坏的消息让股票跌得很惨的时候，都是买入机会。可转债套利的话，我来用案例讲吧。我买了塔牌集团。为什么买塔牌呢？首先它的基本面不差，而且它还有一个可转债。我买得稍微早了一点，但我觉得机会还是有的。它的行权价格是13块多一点。所有的可转债股票都必须有一个规则，就是如果债券如果没有兑换成股票的话，上市公司就要还钱给可转债投资者。在中国市场，没有哪个公司被要求强行还钱。这实际上就是利用市场比较好来完成这个行权。

简单一些，看一个案例：王府井和厦工股份。在可转债到一定程度，连续20个工作日，它都会涨到高于行权价30%。但可转债的规则是不一样的，有的规则是30个交易日中的任意20个大于30%就可以。塔牌的规则就不好，它要求连续20个交易日高于行权价30%，才可以强制把可转债转股。我们看塔牌转债，它现在已经严重溢价，现在的价格是110元。你们记住，在高位买转债是一件很吃亏的事情，高于130块到140块，它就不适合买了，低位可以买。如果它连续20天都高于17块，你就必须转股，如果你不转股，他就会以105块的价格把你的可转债收回。在转债完成转股以后，公司就完成了一次增发，使得它的净资产得以提高。你看现在如果它的净资产没过5元4毛几的话，那它的转股价就必须是13元多，这就相当于它的净资产进行了一次增发。

我看股票一般看两个，看盈利情况，更看净资产。其他的就不太关注。因为股票看利润是不靠谱的，尤其是有色金属，像是驰宏锌锗，它现在每股盈利5元6毛1，但是以后可能突然盈利1毛甚至亏损。所以说，看股票，最靠谱的就是看净资产。任何股票的估价如果偏离净资产太远，它的风险都是相当大的。在洋河股份它的净资产是多少呢？13元多。像这种增长就是不可持续的。假设是可以持续的，但实际上是不可持续的。到了300元，就是20多倍。现在盈利五元十元的，要是哪天盈利变为5毛钱了，你说它还能值多少钱？按20倍的平均才15元。有的股票弹性非常大，像云南铜业，因为它的利润很好，所以它曾经从5块钱一只涨到九十几元。但接下来它又跌了八九元钱，最后从八十几元跌了95%。我选的有的股票虽然涨得慢，但是比较安全。再说塔牌集团，它要转股就必须连续20天价格涨到17元以上，由此推断在未来半年以内，它应该能够涨到18元以上，于是我就买了它。这就是可转债的套利。

现在来讲我做得最多的公开增发，公开增发的套利机会有很多，先来看美的电器，这是我之前操作过的。我买入美的电器的时候应该处于增发的第四阶段，当时已经宣布增发，增发价格是15块5毛1，我认为如果就当时股价而言，投资者买了增发股票挣不到钱，会很生承销商的气，因为承销商为了推销掉股票会忽悠很多机构来买。当时我在15元左右买入，在增发股上市的前一天把它卖掉了，这个收益是比较稳健的。这个情况属于发行价已经确定，而投资者已经参与了增发，这时股价跌破发行价，参与进去的投资者都很郁闷，这时承销商就会动脑筋让它涨上去。还有一个典型案例是新兴铸管，它的发行价格是11元左右，有一天跌停板到8块多我

①编者注：上海汽车2008年底发过一个公告，将在2009年底对老股东发行一个26.91元的认购权证，于是公司上下努力、拼搏。一年后，股价达到27元多。

就买入了很多，后来增发股上市，承销商拼命把股价拉起来了。它们属于一种类型，都受益于利益集团的博弈，这种上市前股价跌破发行价的机会相对较少。今年也有一个例子：通富微电，它的增发价格是16块9毛3，几天后破发，我当时申购了不多，后来18元左右卖掉的。

我做得更多的增发套利是另一种情况，就是在公司被核准后和拿到批文之前买入。这时要关注的是20日均线，比如现代制药，我15块5买入，在证监会核准后，我认为它两个月内可以拿到批文，但是花了很长时间它才拿到，后来我19元多卖掉了它。我觉得这一次套利我做得不错，但是别人不这么认为，因为它后来涨到23元左右。即便如此，我对这一次的收益也很满意，因为我做的是套利，而别人做的是趋势，理解角度不一样，我实现了套利目标就是成功。

大家肯定想问怎么来找这类股票，其实很多时候我都是通过公开信息来了解到的，东方财富网可以看到过往增发的股票。去年我从美的电器开始做套利，在2009年7月左右，到目前为止大家可以看到已经有20家左右的公司增发成功，所以大家可以清楚的是这类机会还是有很多的。选择套利标的的时候大家要注意，我一般选到的都是很差的，我买云维股份的时候海正药业也在增发，因为我觉得海正药业公司太差所以选择了云维股份，但是买过之后云维股份跌了10%左右，而海正药业从14元涨到26元多。

另一方面，大家比较关心增发前的信息来源，其实这些信息都是在证券会网站公开的，我们从公告中就可以找到被核准的增发股票。我通常每个礼拜去看一下就会了解增发股票的公司。

增发为什么会有套利的机会？因为这是中国股市中的一种规则，一般来说，定向增发与公开增发不同，定向增发的价格是事先定好的，而公开增发的价格是增发前20日的平均价格或是增发前最后一个交易日的平均价格。对大多数公司来说，通常采取前一种办法。当然也有公司采用最后一个交易日的平均价格增发的，不过一年以来仅有一只。那么采取前一种办法的公司为了尽量抬高增发价格，在增发股票前公司会拼尽全力拉升股价。现在来看长江证券，它现在属于增发的第二阶段，已经核准，批文还没拿到。我现在重仓这只股票，为什么呢？它现在已经被核准，应该在一个月以后拿到批文，而且它的股价现在离20日均线很远，并且20日均线离半年线也非常远。我最关心的是它圈钱的数额，公开增发不超过6亿股，金额不超过90亿。如果要圈到最多的钱，增发价要在15元才可能圈到90个亿，如果按照目前的12元的股价来看，没有人会去买增发股票，一般来说，增发时股价要达到16元以上才会有人来参加增发，但是很多人现在不买，而在股价达到15元的时候再买，他们喜欢做趋势，喜欢高买。其实大多数人的心理是涨的时候想买，跌的时候不敢买，这是典型恐惧和贪婪的体现。我认为它肯定会涨到15元附近。因为如果按照目前的20日均价即12块5毛5来增发，长江证券仅能圈到75亿元左右，如此一来，公司会少圈15亿人民币。而15个亿对于长江证券是什么概念呢？通常券商公司辛辛苦苦赚一年才可以赚到15亿元左右，那么这时它一定会想尽办法地将股价拉到15元以上。而券商的股票增发过后，跌破发行价的状况很严重。以招商证券、华泰证券为例，在增发之前股价被拉到一个高位，而增发过后，股价一落千丈。又如国元证券，去年增发不超过100亿且不超过5亿股，那么股价要到20元才可能实现，但是我认为这个公司业绩很差，表现不佳，所以我觉得它的价格被炒高的可能性很小。但是它最后以19块8的价格增发成功。更邪的一只股票叫西南证券，它是定向增发，增发价格是固定的。当时我认为它的股价要到16元左右才会有人来参加增发。可是事实上，股价在13元左右时有人以14元多的价格买了它的增发股，并自愿锁定一年。看来券商的办法都是很多的，所以我相信长江证券最后可以以一个很高的价格增发成功。

其实我今年也有许多败笔，比如长安汽车，我也买了点，现在的价格是10元多，我12块5买了第一批，11块5买了第二批，后来发现了长江证券我就放弃它了。这一笔是我买得比较失败的一次，12块5是它的相对高点，我是贴着20日均线买的，所以买入的时机有很大问题。不过我目前不会考虑卖掉它，因为它最后可以涨回我买的位置。但是我在这只股票上肯定赚不到多少钱，最多不亏，因为它即使以9元发行也会圈到不少的钱。

所以大家在选择套利标的的时候要重点关注20日均线，如果20日均线比较高，就考虑在低一点的时候买入。当然在20日均线上买也无可厚非，收益也会有一些，只不过会浪费很多时间。另一方面，要关注增发公司的行业、板块、地域，通常来说买中小板收益会比较可观，通富微电就是最好的例子，还有华东数控、三维通信等等。去年到今年增发的医药股表现都很好，比如现代制药、鑫富药业、海正药业。

为什么说我去年选择套利标的是比较失败的？应该是因为我研究得还不够透彻，去年增发的股票有20只，我参与了5只，但是基本是收益最差的5只。我希望大家要注意观察，选择标的会更加合适。机会是很多的，但是要看选择的标的。目前来看，我的操作水平是差到不能再差了，但是大家要注意，水平虽然有限，但是收益还是很可观的，大家比我聪明，收益肯定会高于我。

我买股票通常是满仓买，有些人蜻蜓点水，拿出10%左右来买，这个收益是很有限的。目前我也是满仓，主要就是两只股票——长江证券和榕基软件，榕基软件不是套利股票，是我自己选择的成长性股票。公开增发大家都应该有所了解了，我讲的案例比较多，大家主要关注的就是20日均线，这个很重要，长江证券就是我认为买得比较成功的例子，因为我的买价离20日均线非常远，收益应该会是不错的。

公开增发套利大家应该清楚了吧。我今天讲的案例比较多，希望帮助大家理解。再补充一下，大智慧软件里，那个绿色的线就是20日均线。这个20日均线你要关注的。你看长江证券我就觉得我买得成功，因为我离那个均线非常远。我觉得我这次操作得比较好，希望结果也会好。这是公开增发套利。就讲那么多吧，再讲定向增发套利。定向增发套利我今年看中过一只股票叫鲁西化工。不过也是介绍给别人的。他过了不到一个月很兴奋地打电话给我说：“很成功啊！”定向增发与公开增发最大的不同在于定向增发拿到批文的时候或者说更早一点被核准的时候，定向增发价格已经固定了。我们讲这个西南证券，它的价格应该说就是不能改变了。所以增发价格要么非常离谱，要么拿到批文的时候价格很贴近增发价。这个时候大概就可以考虑套利了。

定向增发与公开增发的不同有几个，一是它价格是事先规定的，公开增发是由增发前20日均价确定，定向增发是董事会决定的。二是公开增发的股票发行以后8到10个工作日就可以上市了，而定向增发要锁定一年，所以公开增发的股票要是高于股价10%，很多人都愿意去买的。而定向增发要高于20%以上大家才考虑去买。像西南证券这种“雷锋”毕竟比较少，大部分都是要高于20%才会去买。所以我就讲，包括鲁西化工等这几个股票，它当时的定向增发价大概是5块多，它当时就郁闷发不出去，后来动脑筋运作涨到7元多，就成功发掉了。定向增发要锁定一年。大家认为，股票现在5元多，还不用锁定一年，不如直接去买，所以没人干。包括还有个南洋股份，发行价14块5毛8，股票一直十五六元，不够保险。

定向增发和公开增发后来我总结了一下，中小板很重要，中小板股定向增发以后就涨得很快。定向增发有两种，一个是对大股东的定向增发，这个和我们没有关系，和机构投资者有关。第二种是圈现金的定向增发。对大股东定向增发你不要考虑它价格。当时振华重工定向增发价17块7毛8，市场价8元钱，它是向大股东增发的，大股东18元参与定向增发。不但放入资产，还以10亿现金买入。我们选择的一定要是这种圈钱式的，向实名特定的机构投资者增发的定向增发，这是属于套利关注的标的。像这个南洋股份，它就是中小板。

现在拿到批文、被核准，还没有增发的，就有黑猫股份，增发价9块1毛6，我认为这种股票跌得越深越好。它基本上会跌到10元以下，11元以下我就会考虑了。它是中小板的，以后有机会的话可以考虑。像长航油运，也有机会，但是需要耐心，等到2011年3月8号之后。它还没有拿到批文，核准只是开会通过，并不是它能增发了，除非是工商银行，它老板比证监会主席还大，直接去拿就好了，那很快的。工商银行核准后5天批文就拿出来了，现代制药4个月还没拿到。核准以后还不能发股票，一定要批文邮寄到上市公司，正常情况一般要25—50天，特殊情况只要几天或者几个月。长航油运属于核准批复，就是已经拿到批文了，批文半年有效，到

3月8号就到期了。长航油运发行价五六块，现在有两种方式发行，一是找“雷锋”，像南京油运，它多少钱都会去认购的。第二个是市场上去找，但是没有7块钱没人肯要，所以我觉得这个股票明年涨到7块钱以上概率是85%。长航油运因为要跨年度，所以我更倾向于长江证券，现在没有买长航油运。还有中国铁建，这种公司都是国家重点扶持的，发行价7块多，现在这个样子也发不出去的，所以明年也会涨一涨，这些股票都被列入我在关注的自选股。

定向增发这个价格是规定的，这里就有了套利的基础。黑猫股份等三个股票，三个是同一天批准的，另外两个中小板的，定向增发只有十一二块，现在股价二十五六块，只有黑猫跟增发价最接近。所以定向增发套利机会也是存在的。为什么会存在？因为利益集团在博弈，你增发以后，那些人会有好处。承销商有承销费，上市公司圈到钱，公司净资产会增厚。举个最简单的例子，像长江证券，它现在总股本20多个亿，净资产每股4块2毛7，增发6亿股圈到90亿，每股净资产增加2块多，增发结束增加到6块5毛左右，你这个公司就够安全了，掉下来也不会太惨，像洋河股份股价就高高在上，没有保障，不敢买了。有点像中国船舶，虽然它现金流很多的，也不需要去圈钱，但它离净资产太远了，所以最后结果不会很乐观。如果融券做空洋河股份，我会去做的，做两年，坚决做。净资产增厚对上市公司很有利，像长江证券成功以后圈到90个亿，就有80多个亿公积金，公积金高了就可以高送转。

下面谈谈增发后的股票更可能会高送转。

前面讲到增发的几个阶段：第一阶段不予考虑；过会到拿到批文，拿到批文到发行做一个时间段考虑，因为有的公司是拿到批文就发，有的是先不发。所以拿到批文更可靠，因为有半年的时间限制必须发行。第四阶段发行到上市这个时间非常之短。最后一个阶段，上市到发年报。增发股一般就会暗示你它会高送转。增发股增发前都会有路演的，这个在网上也搜得到。大秦铁路当时8块5毛，增发售价8块7毛3，大家过了明年就可以买它了，因为路演的时候就暗示它会高送转，而且它以前从来没有高送转。上市公司通过拉低股价来配合增发，包括定向增发、公开增发，此后高送转可能性在50%以上，中小板更高。去年发行的，美的电器10转5，新安股份10转12，云维股份10转8，平高电气10转3，卧龙地产10转8，福建高速10转5，赤天化10转10，华东数控中期10转12。东港股份是2011年重点的高送转，大秦铁路也是。新的股票除外，老的股票选高送转就是选公开增发和定向增发的，去年定向增发的也有很多是高送转的。所以增发的股票上市以后到年报这个过程当中，很多股票就会有高送转，这是中国人很喜欢的，其实什么也没拿到，有时候还要上税，但大家喜欢。转股不上税，送红股都要上税的。

七、立足本业，保持良好的心态

我认为通过证券市场的交易赚钱，如果你心态平稳，不是很难的事情。为什么你会觉得难呢？因为天天关注市场。我最希望有人找我出去，可能我会做得更好。我一般在实在找不到事情干的时候去看股票，一般情况要有其他事情我就先去做其他事情。我一年交易次数很少的。我估计我不会超过10次。我只有买卖股票的时候去看股票。尤其大家在做学生的时候，认真复习看书，把心思用到学习上，你股票会做得更好。像我一个朋友现在他不做股票了，我帮他做。原来他天天研究，但业绩很一般，后来犯了事被警察抓进去关了半年，股票好得不得了，出来赚了5倍，因为是2007年，2008年就惨了。我是专业做股票的，都不是每天关注涨还是跌，你们学生更应该少看股票，把精力放在学习上，把知识学广了，以后研究股票更容易触类旁通。

我认为大多数人都不适合做股票，心态没有调整好，我为什么不买基金或不推荐别人买基金？因为基金经理心态也不是很好，市场里天天看。为什么毛泽东率领土八路能打败蒋介石黄埔军校的军士？因为他们在军校学的东西太正统了，大家都知道怎么打了，就打不下去了。像粟裕他不懂黄埔军校的东西他就行，打得很漂亮。市场也是这样，科班出身的基金经理不一定做得好。王亚伟就是工科出身，所以做得比较好。你太专了可能做得不会太好。所以大家认真学习，把其他方面弄好一点，股票操作会更好。尤其学生，买个股票，一到两个礼拜关心一次就够了。

我有个博客，大家如果有兴趣可以去看看。不过先要看博客前面的声明。

谢谢大家！（鼓掌，热烈鼓掌）

孙晶先生答同学问：

同学：关于定向增发、公开增发的套利，有统计数据可以指导操作吗？

孙晶：没有，如果有的话大家都研究好了，就没有套利机会了。今年有效的到明年不一定有效。

同学：怎么找刚才老师说的那些信息？

孙晶：比如证监会网站、东方财富网。这些信息都是公开发布的。

同学：什么是中小板？

孙晶：002开头的是中小板，300开头的是创业板。

同学：如何进行权证套利？

孙晶：权证套利非常少，整个市场就只有长虹了。当时中信国安很典型了，当时行权价17元，股价只有14元，后来拉到19元多。现在这种机会非常少，长虹虽然有权证，但也不会发生套利了。

同学：燕京转债有套利机会吗？

孙晶：燕京转债没有特别关注过。标的优先考虑中小板的股票，比如塔牌集团。补充一下，除了增发成功的，包括转债成功的都会是高送转的优先标的。

同学：比如说在套利第二第三阶段已经实现了10%—20%的收益，如果考虑高送转，你会继续持有吗？

孙晶：看时间，在年报前就会持有，年报后就不持有了，像赤天化，我预计会高送转，就持有了半年，浪费了很多机会。卖点要在利好出尽之前，否则也逃不掉了。

同学：每股净资产是什么意思？

孙晶：有一个市净率的概念，比方说股价10块钱，净资产4块钱，市净率就是2.5。洋河股份就离谱了，股价200多块，高于净资产十几倍。换句话说，顶两个华夏银行。中国船舶，就是涨到300多元，没有除过权，23元多的净资产，虽然业绩很好，但后来向净资产靠近。在成熟市场，正常公司的平均股价，是净资产的1.5—2倍。公司总有成熟的时候，成长到一定程度，就要考虑净资产能否达到股价一半，否则长期持有十分危险。

同学：为什么要关注圈钱的数额？

孙晶：圈钱这个叫法不妥，准确的应该称作融资。公开增发股票的数量是有上限的。增发公告上说明募集资金多少钱，你就可以合理估计价格是多少。发行数量越少越好，长江证券，融资90个亿，如果发行5亿股，每股发18元，每股净资产会更高。发行股价越高，每股净资产增厚越高。

同学：要买收费的股票软件吗？

孙晶：一般不买收费的软件，毕竟“雷锋”不多。广告说三天10%，那一年多少钱！所以不会推荐给你。收费软件对大多数人没有实际用处，软件让你追涨杀跌，人追涨可以，杀跌就不行了，所以一般不推荐买收费软件。

同学：老师的选股流程和操作方法？

孙晶：我一半选套利股，一半选成长股。今年选了回天胶业、榕基软件。都是48元买进的，回天胶业64元卖，后来到了70块。成长股我很谨慎，持有时间也比较长，要半年以上。中小板一般都一个子行业。我选择的标准是：大行业，小公司，多子行业。回天胶业是属于胶水行业，非常大的行业，比如里面的德国汉高是世界500强。回天胶业在四个细分行业，高铁、风能、太阳能、汽车电子等子行业都是领先的，所以成长性很好，不用担心的。榕基软件也是一样的。软件这个大行业有四个子行业，它是小龙头，所以我考虑它。套利的股票我选择公开增发、定向增发的股票。

我手上重仓的不会超过两只。90%以上的资金不会去买超过两只股票。即便我关注的股票很多，我也只会买两只。

同学：如何进行短线操作？

孙晶：我一般不做短线，我希望周一到周五有人找我出去玩。我一年操作股票不会超过六趟。像我今年就买了成长股回天胶业、榕基软件。买了一次回天胶业，卖了一次回天胶业，买了一次榕基软件，总共一趟半。做得越多最后结果会越糟。你佣金成本非常高。佣金也是复利，每次3‰复利计算起来也是蛮多的。这就是券商的复利，所以我买了长江证券。

（本文讲座时间为2010年12月9日；2011年12月和2012年1月，孙晶又到复旦为研究生作过讲座）

下乡时挑粪挑到肩膀肿，如今扛钱扛到肩膀红！

陈　钢

编者按：陈钢是深圳股市最早的成功投资者与著名证券研究专家。他的最大特点就是对中国经济与股市充满信心，乐观、乐观、乐观！他在战略上看好中国股市的同时，在战术上又非常重视学习、研究，对每一次股市投资非常认真。他酷爱读书，读证券公司及大投资银行的研究报告。所以20年来，他始终是中国证券市场最有影响的资深专家之一。他对技术分析、基本分析都很认真。他还乐于交友，在业内口碑颇好。

前些年，我受厉以宁老师、林毅夫老师之邀，在北京大学光华管理学院与北京大学中国经济研究中心讲课，都请他讲过课，在复旦大学的几次“金融市场学”课中，也请过他。他通常都能来，他的热情、他的信心、他的分析，赢得了北京大学、复旦大学同学的热烈欢迎，师生们总是欢声不断，并且掌声不断地感谢他。

在2009年本次讲座中，他特别谈到了自己如何从一个囊中羞涩的中文系硕士研究生，到下海、投身于中国资本市场的经历，让人唏嘘不已。报告中，他对中国的盛世股市之分析也令人耳目一新。他对笔者的一些夸奖、溢美之词，大家看过付之一笑就是了。我感觉自己常常看市，但运作都很差很差，也为自己的分析判断失误而不安与内疚。

今天非常感谢大家。一到这个教室我就很热，是因为大家的热情，所以说我西装也要脱下了。大家能听到谢老师的课应该是一件很幸运的事。我跟业内一些大家，比如说在国内券商排名前三的大行的首席投资官、常务副总裁、管理100个亿的公司的大老板谈谢老师，他们都觉得了不起。这些人都是经济学博士，都认为谢老师很可能是中国所有教经济的博导当中较少的能从长期的股市投资实践中来阐发我国经济学的重大问题的学者。这毫无疑问，我们为谢老师这样杰出的教授鼓掌。（热烈鼓掌，大笑）

认识谢老师很多年了，我觉得一直在谢老师这里学到很多东西，而且我觉得谢老师刚才说的话和××老师说的话是一样的。但是谢老师更确切地告诉大家，为什么要这样做呢，××说得很清楚。譬如说你要交什么样的朋友，你就在你们家庭的亲戚里面列个50人的名单，看最富有的人是谁，然后再从你的同学、朋友里面列个50人的名单，看他们的最高收入是多少。你列出这个名单以后你自己就看，我这辈子有这么多收入就好了，还要比他们多很多很多。如果你觉得你要比你家庭的亲戚系统里面和你的同学、朋友里面多很多，那你就会发现，这些人你和他们没得谈了。因为你和他们谈，你水平就这么多，所以刚才谢老师这句话我也补充一下。我在上海、深圳的一大堆朋友全是在20世纪90年代就有几千块钱收入，这帮人现在很多是在中国二级市场做股票，少则五六千万、七八千万，多则都几个亿、几十个亿，基本上都是上亿的富翁。你看他们就做股票证券挣了这么多钱，会觉得很奇怪吗？

因为刚出差回来也没有准备，我就分三部分内容向同学们汇报一下——

第一部分　我的个人成长史

一、我原来是个中文系的穷学生

第一个内容，就是谢老师说“听讲的很多都是工薪阶层家庭出身的同学，很希望听听当年是怎么从一穷二白通过股市致富的”。这方面，我以前在北京大学、清华大学也没讲这个，在复旦大学讲了几次课也没讲这个，今天就讲讲这个过往经历，向同学们汇报一下。

我是中文系的，我当年在读本科的时候非常热衷研究文艺评论。全国评选25篇优秀短篇小说，连续三年好多篇，我每年都会评上，最好的成绩被评上二十几篇。所以我自认为有一定的文艺评论天赋，后来想考文艺评论研究生。

指导文艺评论研究生的老师很好，请同学到他家里吃饭。我到老师家里吃饭，一看老师家里坐的椅子摇摇欲坠，往上一坐可能散架，筷子是快断了的筷子，我心里震撼了。我想我二三十年后如果是这么贫穷的命运，这样下去可能不行吧，我动摇了。

二、深圳，多么美好的世界，在这里我从买深发展开始学炒股

所以在20世纪80年代我就投奔深圳去了，因为深圳是全国人民心中的圣地，那个时候我们一去就会有500块钱工资，但是当时广西的教授（我是广西人）也只有60来块钱工资，那我觉得500块钱简直是天文数字，感觉很满足。后来到深圳，我在街上看见有人开着一个鱼雷般的车过来。我问这个车怎么这么雄壮啊，他们说那个叫“奔驰”。有点像项羽、刘邦当年敬羡地看秦始皇坐豪华马车过大街前呼后拥的那样，我就充满信心地说过不了几年我也能买辆这个车子开，这个车开上去应该过瘾。后面几个人都在笑话我，说你就现在这熊样，还想买辆奔驰，这不是天大的笑话么。我说看着吧。因为当时到深圳已经感觉不一样了。我业余时间给一个香港人打工，他要紧急加工一批物资送到日本出口。我就用中文系培养的才能设计并贴了几个富有煽动性的广告，招聘一些人来做这个报酬丰厚的工作。然后一下子来了很多人，我就挑几个能干的，干了三天三夜，那批货物全部验货合格。结果他给了我1万3千块钱，我傻掉了，你想想那个时候内地的教授一个月才60块钱。我拿着这么多工钱有点傻掉了，这就是深圳啊，这不得了啊，这是多么美好的世界啊！

然后怎么做股票的呢？那时候我还是很穷，一个月几百块钱也没多少钱可以花，因为深圳物价也高。我是1987年到深圳的，1989年深圳又发新股票了。其实早在1987年深发展就发了，1989年也发了，1988年万科也发了，万科发的时候都没人要。当时我们楼下一个体育老师，身高1.90米，很魁梧的一个大汉。他就去炒股票，炒了股票他1990年就买了一辆2万元的摩托车在那儿开。那时候这辆摩托车等于现在的奔驰，至少也是中档轿车了，像雷克萨斯这样的中高档轿车。每个老师都上去骑一下，我也上去了骑一下。这一骑，我心里豁然开朗了，骑了一下我就扔在旁边，我说这个车子过时了，这个是“人包铁”很危险，我以后要买辆好车，“铁包人”，还是要买辆奔驰。我们打球的这些老师个个都笑得前仰后合，哈哈，陈钢，你怎么会要买奔驰呢？人家能骑得起这个车就不错了。我就指着那位1.90米的体育老师说，你听着啊，你这个四肢发达、头脑简单的家伙做股票都能挣钱，我以后要是做股票能比你多挣多少钱啊。我说现在我宣布一个重要的决定，你们要跟我说话就赶快来跟我说了，否则过几年你们就不好见我了。他们就在那里很吃惊地说，怎么就不好见你陈钢？我说是这样，过几年我就要坐奔驰、住别墅了，你们这些“傻帽”我不是看不起你们，到时我实在没时间来跟你们说话。他们个个笑得厉害，说你怎么会这么狂妄？然后有个老师很给面子，问陈钢你什么理由？我说非常简单，这个四肢发达、头脑简单的家伙，用脑力致富的话怎么会是我的对手。我说我现在要做股票我起点出手一定比他高很多，过不了三个月他就会过来问我股票是怎么回事了。他说你干吗呢？我说我看书啊，我说这个学校谁看书有我厉害的？我看金庸的系列能够24小时看，我能够躺在火车下面不停地看。插一句，我小时候看书就很厉害，我原来看小说一小时能看8万字，现在看财经类的文章一小时也能看6万字。现在培养到星期六、星期天如果在家的话基本上会看上几十万字的东西。所以当时我说只要用脑的话，体育老师怎么会是我的对手呢？

说干就干，我马上就去找书，当时只有薄薄的两本股市的小册子，我马上把它看得滚瓜烂熟，然后再托人去香港买书回来看。你们现在很多图形不懂，像很多股票的图形，什么断头闸、上吊线这些是台湾、日本那里看过来的，这些都有图示的，都很多的。我就是这样看了很

多书，所以有没有巴菲特，我觉得我们做股票还是能挣钱。为什么？因为我们当时就知道，做股票你一看书就知道，要找市盈率最低的，要找每年挣得快的公司，这样分红就很多，股价就涨很多。所以实际上有没有巴菲特都没关系，你只要一看书就知道。

我1990年开始做股票，但一开始做股票就亏钱。我第一次做的时候拿了2300块钱，还借了1300块，就3600块钱买了50股深发展。深发展当时80多块钱买，天天跌。第一轮股灾在1991年就跌出来了，跌到1991年8月份的时候，我又买了一些，后来跌到130块。深发展在1991年10送4，当时股价在25块钱，一除权。当时大家还不懂除权，全国人民没见过股票除权啊。当时25块钱就变成14块钱，14块钱实际上也是贴权了，但是实际上等于跌了4块钱。当时一开盘从25块下到了14块，整个大厅黑压压的挤满人，当时都没有座位了。就听到后面一片“啊……”的惊叫声，有人就晕倒过去了，没有办法，怎么会跌那么多呢？当时我还没转过弯来算，大家都很紧张地等着。新中国的第一个股票除权历史是1991年的深发展。从25块跌到14块钱就有人晕倒了，后来还跌到13块。这个时候眼看新中国的股市要完蛋了，深圳市政府就开会托市，仿照美国、日本托市买深发展。拿了2个亿买深发展，买了两个月也没涨。但是慢慢、慢慢从13块钱涨到16块钱，之后两个月时间深发展从16块钱涨到36块。深圳市政府挣了2个多亿，听说现在还不知道怎么花，还在深圳市政府那边，这是1991年的事了。

三、爸爸出去小了个便，我就挣到了他一辈子的工资

我在股市的第一桶金是什么？当时我只有几千块钱么，后来我就借钱买股票。这里面有一个故事，而故事里面就有第一桶金。当时我认为深发展这个股票太贵了，16块7。我就去买刚上市不久的深宝安，深宝安也很著名。当时我三四块钱买，五六块钱出，八九块钱买，十一二块钱出。大概就是在1992年的时候，我爸当时退休了，给国家政府打工打了30多年，就拿了3.5万块钱。那天他第一次过来看股票，当时极力反对我做股票。他说这怎么能做呢，过去共产党是反对做这个事情，你这样做是不对的。我说爸你老思想了，股票试验是邓小平同志支持的，因为小平当时南方谈话的时候，说“股票要允许看，坚决地试”。当时有些老领导反对，但是小平说股票要坚决地试。

这回我爸跟我去市场看了，当时挤了很多人，他又挤出来，十几分钟，股票涨了1块多钱。我爸不敢相信这事，说你这涨了1块多钱什么意思。我说1万股就挣1万多块钱。他说那你买了多少股，我说我买了2万股，他说你就赚了3万块钱？我说我赚了3万块钱。他说你现在拿出来给我看看，我说好，我马上出来就赚到了，我出给你看。他说成交了？我说成交了。他说你就挣了三万块钱？我说挣了三万块钱。我爸当时脸色都苍白了。后来他是怎么总结的，他说他撒泡尿出来就是他一辈子的工资了啊。

他这回才知道股市的厉害。因为我爸20世纪50年代就工作了，1992年就退休了，退休就领了3万5千块钱。他说我去撒泡尿的工夫你就挣了3万5千块钱，这个东西不得了啊。所以虽然我爸今年七十多岁了，身体有毛病，但是只要我一打电话回去说儿子来和你谈股票了，我爸就不管什么时候都接电话说你说吧，我爸精神很好啊。我爸现在从一个小散户也做到好几百万。所以我在股市的第一桶金就是这么来的。

四、第一桶金使我毅然弃教，下海全职做股票

股市的第一桶金还导致了我毅然决然地下海，专门做股票。1993年从几万块钱做到二十多万块钱，有时候一天就能挣四五万块。那时候我在深圳一年大概就能挣1万多块钱。当有一天我挣了三四万块的时候，我就觉得不行了，当你一天的收入已经超过你两年打工收入的时候，你怎么还能打这份工呢？当时我在深圳一个高中教语文课，为了回来讲课我尽量打的士回来。

而且股市那里没有电脑看的，刚开始1990年、1991年时深圳只有4个营业部，没有电脑，每个营业部价格都不一样，有时候我们看这边价格低赶快买一点跑到那边价格高的抛，设有店堂交易的。现在如果我们坐店堂交易肯定都会有电脑。所以第一桶金导致了我的毅然下海，所以1992年到现在我就一直专业做股票。当然中间我也有房地产投资、做期市，但是这十七八年主要还是做股票。

五、“下乡时挑粪挑到肩膀肿，现在扛钱扛到肩膀红”

我在1993年、1994年的时候还投资了股市的一级半市场。什么叫一级半市场呢？当时发行新股不能马上上市。很多人1块钱拿了原始股就两三块钱卖了，我当时就花了10万块钱，买了5万股左右的一级半市场股票。然后他们要上市的时候就已经每股涨到十几块钱，然后我就拿去卖。卖的时候都是现金交易啊。然后我拿个牛仔包背了挣来的57万块钱的现金走到机场，走到机场里就很忐忑啊，拿了这么多钱到机场，到时候机场会不会扣住呢？到了机场以后人家说你打开，我就迟迟不打开，怕人家没收。结果他说你干吗啦？我就狠下心来打开。不料人家很开通地说你是做股票的吧，我们见得多了，没事，你拿走吧。我都吓着了呢。（大笑）以后我就想，十几年前我在乡下插队落户、当知识青年，那时候我挑着大粪、挑着粮食，肩膀也挑肿了，当时想，以后我挑人民币也能挑这么重的就爽了。我背的57万现金也有10块钱、50块钱、100块钱的，很重，肩膀都勒出红道道了。我说，终于实现了我十几岁是在农村时候的壮丽理想，背钱背得肩膀都红肿起来，这个是令我非常非常激动的事情。

就是因为太激动，使我丧失了现在成为百亿和几百亿富豪的机会。当时我就认定一辈子一直做股票，其实这是一个非常大的错误。所以不是说人年轻的时候会犯错误，就是人到四五十岁可能还会犯特别重大的错误。这个到后面第二个主题部分我再跟大家讲。当时我就觉得这个太美好了，你想一年一个家庭有个30万块就算很好，你一下就扛回五六十万，而且扛得肩膀都肿了。那时候没有异地信用卡，厦门的卡拿到深圳不能用，所以只能背现金。所以一级半市场里面也还有这样一大桶金的故事。

在这个部分里我想说的就是，因为当时太穷，而且有人做股票致富了。我就想我的优势在哪里呢？读书，别人不是我的对手，只要考试、读书我就不怕。考高中的时候，我在16所初中中是考第一的，考高中高分录取。所以打小就不怕考试，就怕你不考试，不考试我就没门，考试我就有门。所以我一开头就觉得我有巨大的优势，我太爱读书了。一出手做股票我就是用的名门正宗的华山派正派剑法，不是令狐冲学的歪门邪道。一提点就是正宗的华山剑，不是野门路，就是看市盈率做。

六、央视、深视都请我，我成为深圳家喻户晓的名人

因为我是中文系的，后来我老在证券部评点股市，证券部没几家。有一次评点完了以后，大家已经愣掉了。我在那里说，不对，应该是这样、这样的，这个是应该这样，全部都没有声音了，大家就围住我。就像我们蹦迪，最后有两个舞得出色的，围着他们在那里看了，其他人都不跳了。

这样有个四五次以后，有个女记者跑过来问，你叫什么名字？我说我叫陈钢。你能不能给我们报社写稿？我说可以啊，那有什么问题，我说你们写的那些东西都很差。然后我第一篇股评就是1992年在《深圳特区报》发出来的。第一篇股评我记得很清楚，就是《反弹反转与目前的深圳股市》。所以说我做股市评论的第一篇文章也是名门正派，到现在为止整个中国做股票

的人已经超过1个亿了[1]，但是真正懂得反弹和反转的区别的，还是不多。所以今年5月底6月初时，我还是在《证券市场周刊》上发文章《论反弹反转与目前的沪深A股》，我还在写17年前的题目。为什么呢？到现在为止，很多人我觉得他们对于反转都不明白，我在第三部分会说什么叫反转。当年那篇文章出来后，人家就觉得这人很厉害，深圳电视台就请我上去讲。我1993年就开始在深圳讲，1993年、1994年、1995年、1996年我在深圳是家喻户晓的人物。深圳当时只有400万人口，有250万股民。因为很年轻么，很多没结婚的么，有的结婚也只有一个孩子。250万人都认识我的，我去吃饭、去唱歌都不行，人家经常会拦住你，说陈钢先生，你看这个股票怎么样，我买了这些，你看，你看……就这样。（笑声）

到了1997年以后我就不出来做股评了。但是可以这么说吧，自从陈钢同志1997年在中国股市评论界退隐以后，到现在为止我认为包括目前很著名的一些股评机构距离我当时的水平还是有差距的。为什么呢？我当年推荐股票，出来第一天涨的最高价就是后面的最低价，几乎没套过人。所以后来有一些庄家找到我说，陈钢我们合作吧，我看你点的那些股票没有一个有庄的。我说我干吗要和你合作，和你合作坐庄我不是违规了吗？那时候还没有巴菲特的书读，巴菲特的书是1997年才出来的，我们1997年才知道巴菲特。但当时我也知道寻找低估的、绩优的、低市盈率、高成长的股票，我当时就懂这个理论了。所以我股评做得很火，当时在深圳是个名人。1996年在中央电视台也讲了几次，中央电视台第一次请外面的股市的嘉宾上去讲，就是我，1996年。所以后来又去中央电视台讲了几次，后来全国电视台都来请。上海的左安龙同志一直到1998年才上电视台，以前都是在电台。我在中央电视台做股评的时候，左安龙同志还在电台讲。当年就这样做股评出名了，当时做股评，你买好股票去推荐，股票涨起来你卖出，不违规的。后来这样做就违规了，现在就不能这么做了，现在这么做就违反证券法了，所谓的操纵预期交易、操纵股价之类的罪行，所以这个也没得做了。我的大致经历是这么一个情况。

七、亏大钱的董事长手脚冰凉，我安慰他，第二天出现井喷大涨两年

到了1997年以后我主要就是跟市场、机构、上市公司打交道。可以这么说吧，我1992—1997年这段时间，主要跟做股评的人在一起，1998—2008年以后这十年磨一剑，我主要是跟市级的人物、机构、券商、基金经理在一起。现在的很多基金管理公司的总经理可以说当年都是我的学生。上海现在有一个管理着700亿基金、手下有15个基金的基金管理公司的总经理，在今年初吃饭的时候，他说1993年我还是清华的硕士生，在这里实习，你已经是整天上电视的人，我们想请你吃顿饭都不敢。

还有一个基金管理公司的董事长。当年他那个基金要成立，要找宝钢去给他们认购，也是我出奔驰车跟他们一起去帮忙。这次去大杨创世，一个基金的投资总监很牛地跟我冲突。后来我问人他在哪个部门出的，说他是那个基金出的。我说那个基金的董事长，当年没有我帮忙都没有那个基金。所以我资格还真是老啊，现在我都觉得资格老得不行了。跟那些基金经理、基金投资总监去调研上市公司，我觉得我都不能跟他们认识了，因为他们的董事长、他们的总裁都曾经是我的学生。说说那个基金的董事长吧，1999年“5·19”行情的时候，那年5月18日那天我在深圳亲自送他到机场，他手都冰凉了。因为他当时可能亏了很多钱，我就握着他冰凉的手说你放心，我估计行情一两天内就起来了，第二天“5·19”就起来了，所以这个董事长也对我非常尊敬。所以这个行情我也预测到了。“5·19”行情时跟谢老师也做了密切的交流，谢老师抓住了一个大牛股。我跟谢老师1998年认识的。（笑声）

---

①编者注：全国登记开深沪证券卡的有1.3亿多，但考虑到一般人深沪两市都开户，因此真正的股民尚在7500万—8000万。

八、大行首席分析师年薪百万，硕士以下没有了

前面七八年我是做股评的道路。因为没有像你们这样接受正规的金融基础理论、专业知识的培训和学习，我觉得水平蛮低的。现在大行的研究所的首席分析师，比如谢老师的学生××。她2005年毕业的，也是你们复旦出来的，到了××研究所，结果2006年就拿了第三名，在××研究所一下子年收入从普通分析师到了资深分析师，拿了60万。如果她再拿到一个第二名就能拿到首席分析师。现在大行里面像××、××、××、××这些大行，首席分析师的年收入都是很高的，远远超过院士的收入。院士的也只有几十万。我知道国信的一个首席分析师在公司里面就能拿到很高报酬，因为他经常出报告，有些上市公司都会请他们这些公司给他们做财务顾问。他就给公司拉了个项目，有项目就奖励。所以我就觉得现在复旦的同学如果有这种机会的话就到大银行去。

现在这些在大的研究所里做股市分析的人都博士啊、硕士啊，基本上硕士以下的没有。所以说现在学历要求很高，现在的分析比较严谨、比较科学、比较专业、比较规范、比较国际化、比较专业化。我们那个时候的这种水平、能力各方面都不够，那是严重的不足。我总结下就觉得，凡是要做二级市场的股票、进入证券投资市场，你肯定还是要有比较好的专业知识才行。

九、没有专门学过经济、金融的也能做好股票

我后来——1997年以后到现在——一直都是自己来做。我2000年自己成立了一家公司，招几个研究员，培训了一些人来做研究。现在这公司在上海也是不错的，我发现我有我的办法，这个我在第三部分再说。我培训了一些非专业的人也能够做很好的分析，就是没有专门学过经济、金融，没有做过股票的人在我那里面几个月，也经常能找出连续暴涨的股票，比如说这个天业股份。有个人当时我不是很重视，就给他1000块让他去找，结果他就找出了一只好股票。找出来以后，我们观察了一下，一看完蛋了——没买，这只股票是暴涨啊。这就是在我们公司训练两个月的结果。所以后来我基本不亲自炒股票，而是招聘了几个人炒股，这也是我个人独特的研究股市的系统，比一般人还是做得好很多。

比如2006—2007年，最好的一个盘是400万的盘做到1.02亿，一个80万的盘做到8000万。为什么会做到8000万呢？我是用的透支的方法，在我有80万的时候借了100万，变成360万后我又借300万，变1000万我又借1000万，最终借了3000万，最后涨到8000万。这个盘当时高位时没出，虽然如此，最终的利润仍然很大，结果比一般人好很多。比如今年的话，1块钱可以做到4块钱。有些人也做股票，我一问，2007年2万块钱，做到现在还是2万块钱。我的司机给我2万块拜托我帮他炒，他后来拿走4万块钱，账上还有3万块钱，现在基本上帮他赚了7万块钱。我的意思是大盘我也能1块做到4块，小盘的话，一个司机的钱你不能拿着冒险吧？但我也能做得很好。我想这就是一些个人操盘的经历。

以上就是我在人生几个阶段的历程与体会。

第二部分　中国处于5000年来最长最好的盛世之中

第二部分我想跟大家谈谈，谢老师在2006年、2007年提出的一个很伟大的概念，就是“盛世中国”时代已经到来。包括凤凰卫视在内的各方媒体和一些北大学者都有对谢老师的观点进行恶毒攻击，这些人对此观点表示强烈鄙视。我认为谢老师的观点非常正确，在国内当时也是最早提出的，大家看到今年国庆的很多晚会都叫“盛世中国60年华诞庆祝晚会”。什么叫“盛世中国”？你总不能等到我们人均GDP超过美国的时候才叫盛世吧？肯定是把这个国家发展最快的那一段叫盛世。那么我就谈一些我思考的问题，前面已经说过，我把今年定为调查反思年。

一、中国处于经济迅速增长期

第一个大的问题是怎么看中国的现在和将来。我觉得很简单，有智者把历史这样划分：1919年到1949年是一个民族自我觉醒的时代；1949年到1979年是中国人民自立的时代，是人民能吃饱饭的时代；那么从1979年到今年这30多年来确实是一个自强的时代。而我认为从2009年到2049年，也就是建国100年是中国人自大的阶段，这个大是强大的大。也就是说这后30年绝对是中国的盛世年代。

如果不出意外，我个人认为××××到××××年中国的GDP总量将超过美国，因为就按中国每年增长8%算，到那时就是十五六万亿美元GDP。同时考虑到人民币将在未来不断升值并且是加速升值，这种趋势是不以人的意志为转移的。人民币能在将来升值并能够自由兑换，我们现在的目标是上海在2020年能够能为国际金融中心，这就是告诉我们人民币将在2020年前完成自由兑换。一旦人民币能够自由兑换，那有什么影响？那么人民币兑美元至少是四点几，我估计是三点几。基辛格博士从1973年开始，就在北京、广州、上海设置工作组进行物价调研。基辛格认为现在人民币兑美元应该是1.3：1，他的这项成果应该是有一定指导参考价值的，你想他的公司给中东的大老板做一次顾问就是50多万美金。就算是3.5，我们的GDP总量会有10多万亿美元，这是有可能超过美国的，美国未来的发展前景也不一定很好。

香港的一位叫曹洪超的股神就认为美国现在的这样一个熊市要过10年才能结束，这个熊市是类似于日本那个20年的熊市一样。日本1989年不是三万八千多点吗？现在也就是一万多点。这个曹洪超5000块起家做到2个亿，但我认识很多内地做股票的像这样的有很多，而且年纪还不大，只有40来岁。我还认识北大厉以宁老师的一个研究生，从1993年、1994年开始用业余时间炒股，现在在某大机构当副总，2万块钱做到15亿—16亿。他现在的主要目标就是捐款，他北大的一个同学在江西出家，当了道长，对他说了句“同学施主，别来无恙”，他就给捐了500万。所以中国股市出了很多这样的人物，我想说的就是，中国在今后30年中应该可以创造很多世界奇迹。

所以大家想想看，我们的GDP总量最迟在××××年超过美国。同时我们可以看看中国历史，中国可不能当世界第一哦，为什么不能当？只要中国一当世界第一那至少当一两百年的时间。我们可以看看清朝，就看那三爷孙，康熙、雍正、乾隆就干了一百多年。所以同学们，我们处在什么时代？在你们花季的年龄，我们的祖国就要成为世界第一。《世界是平的》的作者最近刚写了一篇文章说中国已经出现比核爆炸更伟大的事件了。这里他指的就是胡锦涛提出的中国将实施低碳政策，而美国的政界企业界还不重视。那么再过十几二十年中国将在这个领域中居于领先地位。同时中国现在软实力的影响已经不得了了。去年美国有代表性的70所中学小学的老师在暑假对中国进行了45天的考察，结果发现17处中国学生比美国学生优越的地方。可以说随着中国的发展他们更会发现中国有好多好的地方。就像前港督、现牛津大学校长彭定康对布莱尔所说的那样，随着中国的发展，发达国家有必要重新思考自己的价值观，西方发展的路线并非唯一的路线，中国的模式值得仿效和学习。比如《纽约时报》就问了“我们所有的银行都要变成伟大的社会主义国家银行吗”的问题。中国的人口比美日欧加起来还多，这14亿的人口走向共同富裕是人类历史上从未有过的。

二、上市使很多人成为百万、千万富翁

第二个问题，我把今年定为考察反思年，是因为我迫切地感受到不能光做股票，光做股票是完全错误的。我建议同学们没做过股票的开个户头，因为只有自己做才能理解什么是金融产品、金融意识，什么叫理财、增值。但做股票的同学也别只盯着股票，我就是因为第一桶金太突然让我对股票太热爱，从而也丧失了很多宝贵的机遇。

你们想想看，我们1998年才房改，中国的房地产业在1998年才起步，就世界范围来看，房地产的发展周期一般为18—22年，由于中国地域辽阔，那么中国的周期可能就是22—25年，从1998年算起就是到2020年左右。我的确是很惭愧，1999年第一次出胡润富豪榜的时候，我算了一下，刘晓庆是以5600万排第46名，我可能比刘晓庆排名还要前几名。但到现在，第1000名的门槛都是10亿，我没达到，我觉得我落后了太远，觉得自己真是井底之蛙。所以我要把自己的投资生涯分为两个阶段：1992年开始的专业炒股到1998年，然后是1998年到2008年。为什么我不把今年列入呢？因为今年是考察反思年，因为我觉得我早应该做实业了，像我们1997年、1998年就已经有很多钱了，那时候我若进入房地产，现在早已上市了，也就是百亿身价的人了，挤进全国前500了吧。最近中小板有个房产公司上市了，那个老板也是我认识的，以前也只是个国安的小员工，一上市这个人也有30亿。所以由于我们是发展中国家，很多产业都有较大的发展的空间，你丧失这些机遇是不可饶恕的。2002年，北京有一个姓钱的人搞了个韩国烧烤，现在也要上市，估计也有30几亿的资本，2001年才投了200万。2000年李彦宏为了求得500万的投资金额，他说他都要跪下了，你说我们那时在干吗呢？为什么我那时不认识李彦宏呢？我们投1000万都可以的啊。李彦宏的公司投了1万，现在是2000多万啊，他现在是300多美元1股。所以百度门口写着“百度人民银行”，那个就写得像“百度人民银行”，很多接线员都是千万富翁。因为当时李彦宏说公司很差钱，大家尽量筹集点钱吧。结果员工就几千块几千块地投，其中有个门卫借了20000块投，他说自己不懂这些，但看到老板很好，跟大家聊天说比较困难，那我们就帮帮他呗，结果2万变成几千万，虽然他在上市后不久卖了，但还是赚了很多钱。

三、中国机会多多，复旦大学同学要心胸豁达，心存志远

所以没做股票的同学一定要学着做。但是已经开始做股票的同学不要只关注股票，这就跟在大学里谈恋爱一样，不要认为自己碰到的就是最好的。复旦大学可能没有这种情况，有些学校每年都有因为争夺女同学而弄出几条人命的。男同学要心胸豁达，在座的每一个男同学都可以追求在座的最漂亮的女同学，当女同学对你不屑一顾时，你可以微笑着对她说：“20年后你的女儿、儿子会来追着要我签名，我一定是中国的名人！”一定要有这种信心和雄心壮志。一定要有梦想，青春之所以美好不是因为你可以精力旺盛，每天大喊大叫，而是在于你想做的事就一定能做成。当17岁的克林顿在白宫受到肯尼迪总统接见的时候他就立下宏愿一定要当总统。当两千多年前的项羽和刘邦看到秦始皇的车队时，分别发出了“大丈夫当如此”和“彼可取而代也”的感叹，也注定了两人会因争夺天下而决战。

同学们的自我定位要非常明确。就好比说，同学们回家跟父母谈股票的时候不要想到自己是父母的孩子，而应想到自己是复旦大学金融学方面有一定造诣的高材生。我回家跟我父亲谈股票的时候，就说：“爸爸，您是我爸爸，我是您儿子，这是无法改变的。但在股票方面，你是一个散户跟伟大的投资家谈，您就听我的话就好了。这不是父子关系而是散户和投资家的关系。”所以一定要明确自己的定位。我就已经下定决心一定要介入房地产和低碳经济等高新技术领域，要在未来十年之内担任上市公司的董事长。我2002—2004年在广西南宁投资一个500万的房地产项目，是一个山坡地，山顶还有泉水。我当时没有很多钱而且股东意见不一，买进后卖出，我是300万买进1300万卖出，赚了好几倍。但当我今年中秋节去看，我整个人全部傻掉，那座山建满了十几层二十几层的房子。山腰和山顶的房子景观很好，上面是6000多元／平方米，下面是4000多元／平方米。这个接我手的老板5年之间赚了12亿—15亿的净利润。所以说今年是个反思年。

前面提到的韩国无烟烤肉烧烤店，我以前都不知道，是在《21世纪经济报道》上看到的，听说他在上海也有分店，后来我就跟手下的人去吃了一下，还很好吃。还有一个重庆“渝富洗脚馆”可能也快上市了，既不是中小板也不是创业板而是主板。每年一家店的利润都是

六七千万，它有20几家大店，还不算加盟店，上市后资本应该有200多个亿啊。一个洗脚店有200多个亿啊。所以中国现在还是创业的黄金期，同学们要定位好自己应该做什么。刚才有个女同学说她以后想当外交家，那说不定20年后就是驻某国的大使或外交部发言人。如果有同学立志当谢百三老师这样的名教授，那几十年后我们就会在讲台上看到他。但是如果说你还是比较爱财或比较缺钱，那你就搞挣钱的门路，首先兼顾各行各业，我现在看《新闻晚报》、《新闻晨报》之类就很仔细。我有一套上海的小别墅，300平方米。我当时就是看报纸知道有人在排队买这个别墅，甚至排了七天七夜，只要36万，现在已经56万了，等我去看时已经涨到120万了，我就买了下来。大家知道现在多少钱？已经涨到680多万了。所以现在有那么多的发展机会，不局限于房地产，还可以是低碳经济。昨天美国密苏里大学发明了一个小型核能电池，装在手机上可以用5000年，而且安全有保障，并且这种技术已经用在心脏起搏器上。所以科学的发展也是难以想象的，低碳经济、节能环保这些行业肯定是中国未来非常大的市场。

现在很多外国人很担心我们中国的贫富悬殊，不过中国现在真的是好得不行啊，什么叫好得不行呢？中国第一条全世界最长的高铁，从广州到武汉，1068.8公里，3个小时，随着高铁时代的到来，现在所有贫穷落后的地方，以后都会变成城里人争相下去的地方。为什么？因为那个地方青山绿水，好养老、养生。广西的巴马长寿之乡“风景区十日游”全部爆满，根本没有接待能力，农家乐全部爆满。我们广西人到那里去全部爆满，没有住的地方，但是现在巴马县已经开始建五星级宾馆了。那里现在有个度假村能容纳5000人，有五星级的、三星级的还有普通的，它在搞一个养生度假村。所以现在越贫穷越落后的地方以后会变成非常美丽富饶的地方，城里人都厌恶了城市空气污染的生活，所以以后农村是最大的消费市场，搞不好那些世界品牌的店都会开在那里，因为那里将是富人居住的地方。所以现在我们的同学一定要明确目标，现在基本这样，要挣2000万，估计十几二十年就可以挣到，要挣一二十亿，十几二十年也能挣到，你要当教授，到2030年也基本可以做到，所以你们现在一定要明确。

第三部分　我做股票的几点经验：看企业、看行业、看股本

接下来还是要回到第三部分，来讲股票。很多同学很想知道股票应该怎么做起呢，我觉得股票基本就是两个方面，以我十九年半的股票经历，我觉得主要抓住两个方面——第一个是对股市宏观面要做分析，我觉得要对全国股市动态进行全面分析，宏观面分析做得最好的是谁呢？是谢百三老师，你们一定要看谢老师在新浪网和《金融投资报》的文章，他对股市的宏观面的分析，在全国最全面、最细致、最深入、最有高度、最有专业性、最有实时性，谢老师的分析我是每期必读。有个真实的例子，2006年谢老师在北大做讲座时，有一个企业家在寒风中瑟瑟发抖，等了半个多小时，知道谢老师的名气想跟着谢老师做股票，后来他从1个亿做到了4个亿，这就是教授，名教授，很厉害，这就是宏观面分析。

对于股票宏观面的分析，我在去年12月1日正式提出牛市来了，熊市结束了。为什么在12月1日正式提出呢？你们看这个大阴线，这天消息面上出了108个基点的下调利率，1996年我就读了谢老师的文章，利率大幅下调，股市会涨起来的，大家一看这么大的阴线，都“哇！”第二天、第三天大家都很悲观，我说总会结束的，因为在去年11月7日出台了“4万亿投资计划”拉动经济，基本面会发生重大变化，加上利率发生变化，加上最重要的一点，股市从6124点跌到1660点。我从2008年11月开始拼命和别人吃饭。现在想起来还是行动能力不够，以我的能力，如果当时我不是拼命和别人讨论，而是拼命筹集资金的话，我现在可以多赚很多钱。所以我从今年开始和基金经理、券商来往就很少，我个人觉得股市是做出来的，不要去多讨论，不要去说太多，要去实实在在地做，我当时就说股市从6124点跌到1660点，你都不敢去做，那你这辈子都不要做股票，因为这是一个大底部，而且熊市整个就结束了，而且我当时就认为很可能在1600点的时候就是中国大三浪起步的时候。

如果有热衷于做股票分析的同学，可以给我发一个E-mail，我可以把今年写的5篇“中国牛市大三浪从1664点开始”的文章发给你，我是中国唯一一个这么写的，没有人这样写。我当时就觉得波浪理论从998点到6124点到1664点，很可能是这个经典描述，那么波浪理论是怎么描述这个牛市第一大浪的呢？“当人们还在熊市的麻木中浑浑噩噩时，牛市的第一大浪就以迅雷不及掩耳之势给人们带来了巨大的惊喜。”你看，整整4年多，这个是牛市第一大浪，然后从2245点掉到这里998点，长达4年漫长的熊市，在2006年以前，有人把做股票的列为和扒手、妓女同类级别的存在，在2005年你说你是做股票的，你去找个对象都很难，但是当人们还在长期的麻木之中，对股市还没有感觉的时候，你看，它就以迅雷不及掩耳之势让指数整整涨了5倍，那年我们周围朋友当中做得最差的赚钱赚了10倍，10倍都不让你进我们的俱乐部，因为指数都涨了5倍，你只涨10倍！但是波浪理论对第二段的描述是这样的：“然而，人们还来不及收获第一浪带给他们的惊喜时，股市又以迅雷不及掩耳之势把第一浪的胜利果实全部吞没了。”这是第二浪的描述，这个时候，大多数人是没有收获甚至亏损的，他们退出股市，选择观望，十分沮丧。这时候，悄悄地，一波最漫长的最丰厚的最富收获性的第三浪又轻轻地向你走来了，你看这里的阳线拉得这么大，你看涨幅多大，这个涨幅是45%，这个涨幅是51%，这个涨幅是64%，这么大的阳线前面都没有，你看这里最大的也就14%。你看第三浪就这么悄悄地走来了，不过你看这第三浪的特点，最绵长、最丰厚、最具有收获性。

我举一下我今年的经典之作。第一，低碳经济给我今年第一桶金。2009年1月9日奥巴马宣布要大力发展循环经济、低碳经济。我1月10日开始买这类股票，我们11日、12日都没休息，我让我公司里的人都到我家吃和睡，没日没夜地把低碳经济的股票都找出来，然后我就买了三天，第一天从5.69元涨到5.98元，第二天就涨到6.05元，我就觉得很奇怪怎么没人打呢？第三天，拼了命地买，结果就买涨停了，我发动大家赶快买，这个股票可以涨到十几块钱。这是一个经典之战，结果我赚了一倍多吧。

第二，巴菲特送了我第二桶金——大杨创世连拉涨停。最近的一个经典之战就是这个，大杨创世我可能是它的最大股东。在这个位置的时候有报道，巴菲特给企业寄来视频，说他穿了他们家的西装感觉很好，结果那天高开低走，我只买了一点点，后来我想想不买不行的，这个东西怎么能只买这么点啊，你想巴菲特和比尔·盖茨都穿这家西装，你想想这还得了？这个公司肯定要出现重大变化的，这段视频放出来以后，就等于给他做了一个上亿元的广告，后来我就买买买，买了百十万股，结果突然有个人买了200万股就把它打上去了，再后来就涨涨涨，我到这里还在买，一直到这里我没出有点笨，这里应该出的没出，后来还来了个跌停把我气坏了，我接着买，力图把这个跌停板打开，但还是跌停板，把我气坏了。9月30日从13块钱拉到14块2，调动了很多资金来买，但还是涨不起来，我真是气坏了。到了十一后的第一天，它跌到十四块零几，我都觉得怪了，这股票应该是20块钱的股票，怎么会这样？再买吧。再买，它就涨上去了。那我来告诉你什么是第三浪呢？这就是第三浪啊。这涨跌充满了惊喜啊。给你赚了一倍多，有很多这样的机会。所以这是投资者快乐的天堂啊，这是投资者一生中最快乐的时光啊。你们不要笑，等你们有了1000万的时候，你们肯定不会碰到一只1月份到3月份涨1.5倍的股票，然后9月份、10月份又有一只涨一倍多的股票，不大可能了。只有在我们中国发展如此迅猛的时候——我们谢老师说的这个盛世中国。

股市主要包括两个面：基本面和宏观面。宏观面包括政治是否稳定，宏观经济是否正常发展。如果宏观经济发生衰退，宏观经济不能正常增长，那就完了，政治不能稳定，整天动乱，连命都没了，股市肯定不行。还有第三就是汇率和政策（包括外汇政策、能源政策，宏观上的方针政策、产业政策）是否存在问题，第四就是企业的整体盈利情况如何。我觉得股市宏观面主要就包括这四个方面。知道美国股票为什么大涨？很简单，因为摩根大通——世界前十的大银行——去年的三季度季报9分钱，今年0.81元，涨了8倍，我自己的预测和大行的预测是0.5元，结果今年干了0.81元。英特尔——全球最大的电子巨头——也很好。所以宏观面决定了股市的系统性，包括系统性风险和系统性盈利。什么是系统性风险？比如这么大的金融危机，又涨到这么高的6100点要跌肯定会跌死，98%以上的股票都跌，只有不到1%的股票不跌，中国大概有五六家股票不跌，这些股票太好了。什么是系统性盈利呢？比如说你在2005年底、2006年的时候买股票放着不动，现在就涨好几倍，这是系统性盈利，这说明你对宏观面的研究非常重视。宏观面的问题就决定了牛市熊市的问题，所以你要知道宏观面决定一切，但是你要真的赚大钱，还是要看股市的微观面。股市的微观面就是如何选择上市公司，这就好像股市里的哥德巴赫猜想。你什么东西都不看，只要你股票选对了，当从6100点跌到1600点，你可以一分钱不亏。而从998点涨到6100点，很多股票都涨了40倍以上。比如说×××涨了35倍，就是说你从股改的时候去买，6块钱的时候买，加上几次10送10和股改。再比如说驰宏锌锗（SH.600497），9块钱买入，加上股改，加上10送10，我们算过，大概是40倍，所以你拿着好的股票放着不动，三四年就涨三四十倍。10万放着不动就是三四百万了，你买1000万放着不动，一年半后卖掉就可以赚4亿！

大家注意选股的要点。选股要注意什么问题呢？选股首先还是要看公司的基本面有没有出现重大变化，只要公司的基本面出现重大变化，那这个公司的股价就会变成癌细胞在人体内扩散一样，变化非常猛烈，比如驰宏锌锗等都是基本面出现过重大变化。它的重大变化是什么呢？就是锌的价格从1200涨到4700，我2005年反复讨论这个问题，由于不够深入，下手不够坚决，再一个是不肯持有，所以就失去了这个机会。所以这次大杨创世我毫不犹豫投下重仓，因为太多的历史经验和教训，再不动手就不行了，不需要和任何人商量，就是买。因为基本面出现变化就是你发财的机会来了，就是财神爷对你微笑、财富女神要亲吻你了，大量的财富要涌入你的门口了。我在这个位置的时候没买，因为再收市的时候，我买了一百多万股他都没怎么动。驰宏锌锗，当时我们已经研究透彻了，它只要锌价涨20%，它的利润就翻一番，它从1400起步涨到4000多，涨了十几倍的利润，它的行业规则——规律就是这样：只要价格涨20%，利润翻一番。为什么？其实很简单，就好像房产一样，利润原来是20%，现在房价再涨20%，利润就翻一番了，但很多人都没想明白这个道理。所以基本面一旦发生重大变化时，这个股票你就要异常注意，你就要立即行动，这种机会是时不我待。这次的大杨创世呢，我就进去调研过，由于巴菲特的介入，美国福布斯、境外的传媒、美国的大行全部出席来调研，大杨创世发言人说获得国家某领导同志的表扬。同学们想想，全世界最富的人比尔·盖茨、巴菲特，还有我们的国家领导人都愿意穿大杨创世的西服。大杨创世的董事长李桂莲也是我们谢老师的好朋友。而在三年前，大杨创世的董秘就说我们董事长说要让巴菲特穿上我们的西服，大家都是笑一笑，觉得老大在做白日梦，但现在巴菲特就穿上了，如今她想快点让奥巴马也穿上大杨创世。奥巴马是巴菲特的好朋友啊。我告诉你那个比亚迪，巴菲特是8元钱买的，然后一下子拉到17元，后来跌了一点，今年3月中旬13.5元，今天是10月15日，七个月不到，今天中午的收盘价是77.5元。3月中旬13.5元，现在就是77元，所以巴菲特看中的企业股票的巨大魅力，人们终于领略到了，这就叫股神。那么我的问题是作为股东，你是很简单对吧，我个人认为这个东西你可以选择，你自己的盘拿10%或者不管高低拿15%进去，看看一年以后它会涨到哪里去。因为很简单，我们来看这个公司的股本结构，这个公司会发生这么重大的变化，因为它的股本很小，总共就1.6亿，所以这个公司就很简单，它又有如此巨大的品牌效应。这个企业这么小，我们可以给它议价。我认为由于它是国家领导人和世界最大富翁穿的西服，它可以利用这个有力点迅速扩大它的营业额，所以说我认为个股的选择首先看基本面，这个是压倒性的；反之，如果这个公司基本面发生不好的重大变化，我们就应该立即退出。当然要看营业额它有没有突飞猛进的变化。由于它是巴菲特和国家领导人穿过的西服，我认为它很快将就会变成世界性的品牌，像一些什么其他名牌，我认为我以后就只穿大杨西服。现在它在帮金融系统——像大连一些银行——做两三千元的西服，做金融的人都喜欢穿巴菲特喜欢穿的服装，沾沾财气嘛。所以大家选股票先看基本面。

二是看这个行业，看这个行业发展空间怎么样。我一直很看好房地产行业，我认为房地产在中国起码有20年的好日子过。像中国的这个城市化才40%，但一般要到70%才算成熟国家，所以房地产行业发展空间很广阔。像很多的企业行业太小，中国国际集装箱它占世界70%份额，但是没有用，全世界只有20亿—30亿，它拿完了也没用，所以看这个行业是否有广阔的前景很重要。

三是股本大小。像工商银行它股本这么大，它不可能10送20送3，它只能送现金，所以股本结构很重要。

四就是刚才谢老师也叮咛我一定要讲的，看基本面最核心的是要看管理团队，董事长和管理中心。像万科很厉害，王石一人很厉害，但王石不在，万科也基本没问题。

所以一看公司基本面有没有发生重大变化，然后看行业的发展空间大不大，再就是管理层团队。所以这个真的是要放进考试试题，今天晚上讲的这个很重要，以后你和你的朋友、家人、同学讲起这个股票就变得很厉害，我就像那种六七十的海外高人把这个内功打到你里面去。

一般这种讲座都会推荐几个股票，这个你不一定要买，自己看着爽了玩，看它会不会涨。我就胡乱讲讲，说一下，交流一下心得。这几个股基本面实在太好了；这三个股票建议你们只是参考，赔了不要找我算账，赚了不用和我分成，风险盈利自负。（众笑声，鼓掌声）

陈钢先生答同学问：

同学：你在很多文章中一直强调市场感觉的重要性，请问你是如何排除市场杂乱信息聆听自己内心的声音？中国廉价劳动力的优势越来越少，民族品牌不够，有竞争力高端企业少，科技创新能力大大不如西方，所以你怎么看中国经济的劣势，为什么依旧保持高速增长？

陈钢：我觉得中国廉价的劳动力还肯定会有很多，民族品牌不够有竞争力？知不知道现在美国、欧洲一线明星在干什么？在拿中国消费的那个卡。知不知道那个LV包包在生产什么？是那种民工拿的那个蛇皮袋，卖十几万一个，那些明星就买这个。你怎么就知道中国的品牌不如他们那么响？以后中国的月亮比美国的圆，很多中国人放的屁都是香香的。这个东西怎么讲，20年前香港的那些电影都管那些讲普通话的人男的叫北佬，女的叫北姑，什么表叔表婶都是穷光蛋；现在在香港不会讲普通话已经找不到工作了，在国际上的一线品牌店一讲普通话马上点头哈腰笑脸相迎，一讲白话就笑你没钱买不起。现在出手最大方的是中国人，海外的华人出手买东西是大方，今年一个人在某个机场的出口大概买了1690万的红酒，把那个外国人都震惊了，上了那个报纸的头条，这个还怎么讲竞争力不够？竞争力太够了。我的一个朋友的孩子是在加拿大长大，5—12岁在加拿大，现在回到国内，她的看法就是白人都是些穷人，为什么？因为中国人在加拿大都是有钱人，开奔驰什么去吃饭，然后外国人都是买了吃，然后他就说嗨，那些穷人跟他们比算什么。我那天跟他们吃饭就震惊了，他就说中国人就住那种大别墅，所以他说中国人都是有钱人。我说我们大学不如西方，这个很正常，如果大学比西方好那些外国人都来了。什么中国经济劣势，劣势个鬼，巨大无比的优势。我告诉你中国人，你记住你只要是个中国人，你的基因里就有勤劳勇敢，尤其是勤劳。×××我认为是个不亲中国的经济学家，但是我认为他有句话讲得好，他说所有的西方人赚大钱的目的就是去消费去旅游去购买衣服用光花光，然后再去赚；除了你们中国人，包括在座的各位，赚了钱看看数，洗洗脚甜甜地睡了，谁会这么去花钱对不对？我这段时间大杨创世赚了2000万我花了吗？我没有啊，我昨天晚上吃的是麦片、青菜、面包，青菜是没放油盐的，肚子很饿啊，我就这样庆祝我的巨大收获，为什么我们中国人就这样？还有像谢老师一个学生，西北电王啊，和我喝咖啡都是我埋单的。你以为中国人有什么劣势，我告诉你往后必将统领世界潮流，这是必然的事情啊，不可阻挡，一点办法都没有。以后智利的铜矿，加拿大的油矿，澳大利亚的铁矿，它们的公司中国全可参股，没有办法一定是中国参股。你拿什么来阻挡我们十几亿中国人的勤奋？一点办法也没有。那天俄罗斯的几个评论就是说我们只能成为中国原料的附庸，这也已经是最好的结果了，总比埋在地下强吧？没有办法它们已经埋了几千万年了，还要埋到什么时候，中国人来开采总比这个土地租给中国人让给中国人强吧？不然怎么样呢，你有什么办法来阻挡这样喷火欲出、蒸蒸日上、无可阻挡的大国崛起呢？没有一点办法，为中国喝彩吧！

同学：如何搜寻、观察中国公司的股票呢？

陈钢：我们公司有五六个研究员，我会要求他们每天搜索所有公司发布的消息。所以这是陈老师的优势，就是谢老师说的一周看一次各种报纸，那些公司发生的事你都要知道。我还有一个办法可以无私地告诉大家，就是看创新高，股票你看这个它一个月突破了重要的线，你看那——但那里面还隐藏着重大的东西，这个我就不说了。可能11月或12月就会出来，一出来那个公司的业绩就知道了，所以到那个时候就不得了。所以第一个是公开的基金报告，第二个是大证券公司的报告。这些报告啊，同学们应该注意，这是获取信息很重要的途径，里面都有的，申银万国这些都是大公司，大公司的报告是免费的，同学们上网易、上搜狐啊，那个各大门户网站都有。我的研究员每天看少于30份报告的话，这天的工资就没了，我的公司要求每天看30—50份报告，一般要求看80份报告，我们大量看这种报告。第三个就是打电话到这些上市公司去问，我今年就买了那个什么药业，我自己就觉得不对，这个怎么走得这么强呢，于是我就派人去问他们有无大事未公开披露，他们往往说没有没有，但就是走得很强，以后很可能就10送10。所以创新高的公司基本面就可能发生变化。你就一直打电话问公开信息，我公司现在男男女女都是特别能打电话的人，而且脸不变色心不跳。（大笑）我让他汇报一下最近的情况，他就×××，我说他再不回答你就投诉他、告他，这种时候他就没办法，你看这个他在这里，我就觉得不对，他创新高了然后打电话去他也说什么什么，后来也没买多少。所以你通过创新高来寻找。所以我现在就是这样，一个去年刚硕士毕业的学医疗公共卫生管理的女生，现在已经找了好几个爆大牛股，而且奖金她已经拿了好几万块钱，还有一个金融系的本科生来这里没一个月就找出了这个天利股份就是这个创新高，没什么理由就拼拼拼！是吧。经济学硕士没做过股票，结果就弄了个涨停出来，我说这个发500块奖金。这个没买，但是只要是它能涨，那我就发奖金。所以我现在就是训练一些人主要根据这些基本面的变动寻找一些内在的变化，主要是内在的，只要是这个就会涨。基本面的变化是非常重大的，变化那就变成裂变，我的公司很简单，就是寻找特别能涨的股票。所以我说前面的那些感觉呢，你还是睡觉好了，你还是要从公司的基本面去寻找。

所以一旦确定以后，我说你说但听这个内心的声音老是听得不够坚决，有的时候经过20年的历练还是不行。我那天拿了100万股，然后一出来我说怎么这么低呢，那天那个股票在1块1毛1，那天最高的时候涨到10块钱，然后我在9块7的时候有15分钟的行盘时间，这段时间呢我打了一个电话，我说赶快出去了，这个对方呢是我的亲戚，她管那个盘，她说跌这么多还出来干吗，因为那个时候我要换买那个600×××，就这么一句话300万就没有了。你看看9月30日那天，正好它下跌我没买到，后来买到8块8，后来9块多没了，但是那天你要是9块7一买，然后8块3买这个，那就赚到很多钱了对吧？多出30%，多出很多钱了，300万。这个谢老师也说我说得很对，当你觉得感觉不对，你觉得这个基本面不足以支撑的时候你赶快出，迟一点都会吞掉几座山，你千万不要低估你的这种感觉和行动的关系。当你操作几万块的时候你可能损失几千，几十万的时候可能是几万，当你操作上百万、千百来万的时候，就这么几秒就30万了，像我这个就是1000万的。所以说这个个股的交易如果说是挣钱的话我觉得这个还不够，我们还是要更多地投入到实业中去，谢谢大家！（长时间的热烈鼓掌）

（本文讲座时间为2009年9月）

珍惜青春，珍惜盛世，珍惜股市

——陈钢老师及助手们的演讲

陈　钢　杨正明

编者按：陈钢与他的助手们在复旦大学的第二次演讲也很好，内容是全新的。他在本次讲座中又谈到：第一，中国处于5000年大盛世的理由，很有说服力。第二，年轻人要珍惜青春，充满信心，他鄙视与严厉批评自杀轻生者。第三，他让助手、研究员认真学习，研读上市公司报告，结果获得大胜。学习学习再学习是他的制胜法宝。本文特辑录于此，以飨读者。

第一部分　陈钢老师演讲

我是从几千块钱起来的。所以你们要是说，陈钢老师我没有钱怎么做股票？我问你，你有没有2300块钱？我的起家老本就是2300块钱。之后我一个亿两个亿亏掉的时候，我一点都不心痛。为什么？因为我的老本就2300块。我们现在竟然吃一顿饭就几千块钱。昨晚招呼一些老领导也吃了几千块，让他们很高兴，因为有80岁的老人，当年都是我的老领导。现在你一餐饭就经常把当年起家的老本吃掉，所以你就会觉得很痛快。谢谢大家，今天应谢老师之约，给大家讲讲股票、人生、祖国这几个关键词。

同学们可能想听几个问题：第一，我对当代中国现状和未来的看法，还有我们当代大学生应该怎么规划自己的人生，这个你们好像比较关切。第二，我是怎么创业的，我遇到挫折的时候是怎么应付的。第三，我在这20年的股市操作里面，有什么重要的经验和心得，包括最近发现了什么好的股票来向你们推荐一下。我觉得同学们这三个问题都是非常现实而又宏大、有针对性和灵活性的。

一、珍惜青春、永不自杀、终生奋斗

那么我先从第一个问题谈起。最近有一个人物，他是北京大学耕读社长，据说是清华大学神童女作家蒋方舟的偶像，这个人还说骂我诗歌的人都去死吧。我就想不明白了，然后我又看了一下北大那个帅哥前面说的一段话，说的是以后毕业怎么办，怎么找工作，找个对象有了摩擦怎么办，这些都是人生中令人疑惑的大问题，那么为了这些问题你就出家了？

他现在出家去了，而且我知道北大出家的人不止一个，我的一个一起在中国二级市场作战了十几年的天才级朋友，我认为也是世界天才级的人物，他今年40出头，两万块钱起家，用了15年在业余时间把两万块做到20个亿。然后这个哥们前一段时间去了江西看他一个在当道长的同班同学。这个道长见他就说，各位施主别来无恙，也不喊他们大学同学的名字，只是满面笑容。我这个哥们有钱，他就一高兴给这个道长捐了500万，现在我这个哥们在西藏云游。我说他活着基本上等于死去了。他说我怎么等于死去了呢，因为他再也不想进去了，他觉得有这么多钱够了。当然他的主营业务还是做公家的事业，这是北大的一个天才人物。

说说我自己，当20多年前我还是大学生的时候，我经常在校刊上发表一些文章，还经常提出一些和教授不同的看法，年轻时就被很多男女同学崇拜，他们就会来咨询我。其中有一个女同学可能是谈恋爱苦恼了，她有一次就怯生生地拉着某一个男同学叫我到一边去，说她想问我一个问题，我说你直接来问就好了，她说她不好意思。我说你有什么问题，她说陈钢同学你有没有厌世的想法，自杀的念头？我当时就思考了十秒钟，和她讲了以下的话，我也希望这话可

以作为同学们一辈子能够记住的话，为什么呢？因为据我所知，每年在北京、上海的高校中自杀的本科生和研究生都不下好几十人。我就想不通这些花季年华没见过什么世面、没经受过什么沧桑，甚至没经历过痛苦的人怎么就这么厌倦生命？

我当时是这么回答那位女同学的："我是永远不会自杀的，有三个理由。第一个理由，生命的孕育过程就非常的艰难，是几亿个精子在激烈的竞争中和一个卵子结合，才能突围而出。所以一个生命本身能到这个世界上就是经过了非常激烈的厮杀，是从几亿当中厮杀出的优胜者。况且从类人猿到人经过了几十万年上百万年的进化，生命活到今天是相当不容易的，从生命的形成和从一个野兽变到人是多么艰难的过程，这是第一个层面，我要珍惜这段生命。第二个理由是什么，我要想想我报答了我的父母没有？我报答了关爱我的亲朋好友、老师、乡亲们没有？我如果都没有报答我的父母亲人朋友师长，我就这样去死那就连狗粪都不如。第三个理由，我们是不是有一个国家一个民族的？我报答了我的国家我的民族了没有？"我希望把我的价值观奉献给同学们，首先要问一问我对得起我自己这条生命么？其次要问一问你对得起父母么，对得起师长朋友么？第三要问一问你报答了你的国家你的民族你的社会了没有？你痛苦，你有什么痛苦？你饱受了1840年以来中国一直被外国侵略、在外国人的铁骑践踏下的耻辱了么？你被八国联军火烧家门、奸杀掳掠了么？你饱受外国侵略者的欺凌了么？你作为一个清华的学生说你去死吧，你凭什么让人家去死？反过来人家也可以说你算什么呢，你也去死吧。当然，对我们来说，你还是个孩子，我也不是说你要去死，但是孔老夫子这句话肯定是放之四海而皆准的，就是"己所不欲，勿施于人"。你叫人家去死，人家也可以叫你去死，你这样子叫人家去死，可是全中国可能几亿人都叫你去死，对不对？所以，你这不是傻帽一个么？你说这个干吗呢？

我认为，第一点我要告诉大家，在我们的青年时代，确立自己一个正确的人生价值观是非常重要的。

我昨晚向80岁的地委书记——他当时管800万人口——还有地区专员说，中国人有五福。这个五福我查过了，是在《书经》和《洪范》出现的。在座的不知哪一位能说出五福，只要这个同学能说出五福是什么福，我就给予他1000块的奖学金。谁举手就站起来说。

（戴眼镜的同学说："善终、康宁、厚德、长寿、富贵。"）

请坐下，中了四福，但是还差一福。我来说吧，五福是这样的，你们可以把五福和著名的外国心理学家马斯洛的学说做一个比较，会发现我们比他厉害多了。

五福第一福是平安，你们都没说平安，所有的幸福都是建立在平安之上的，所以你们说的那个厚德不成立，因为厚德只是意向品格上的取向，它没有衡量的指标。第二是什么？富贵。那能不能说是贵富呢？不能，因为富了才贵。所以我老是反对谢老师开个摩托车，这是不对的，他要开个奔驰、宝马才好一点。如果谢老师在这里肯定就说，我就不要了啊。那为什么呢？因为安全啊，开摩托车，要有时车撞坏怎么办？那么你有奔驰、宝马的话，贵一点的话，身份也贵一点，所以这是个好东西啊。第三是施善，后面是长寿、善终，就这五福了。你看它们基本上是递进式的。我觉得人类最终价值观的核心就是达到这五福。最近有一个大新闻，巴菲特和比尔·盖茨要过来，劝中国的富人们捐款，后来听说怕劝捐，很多富豪都拒绝了，包括福布斯排名第一名的宗庆后，他反对，说他就不捐。你不捐是你的事，但是你施善是要的。我估计中国的五福最终将成为人类的终极目标，成为人类终极的核心价值观。所以你自己要考虑一下，我首先要平平安安的，让父母让所有的亲朋都放心。其次，我要争取用正当的手段追求很多的财富，为什么？因为自己的生活要过得好，家里的生活要过得好，亲朋的生活要沾你的光要过得好，都要有钱。所以现在呢，光有爱情，山楂树之恋，我估计是不行的。爱情当然是需要面包的，我刚刚吃了两片面包来上课，没吃饭，要是不吃这两片面包肚子很饿，上不了课。然后呢，你们就要做慈善，回报社会。然后你们要长寿，一定要长寿。然后你老了，你不要晚节不保，不要疾病缠身。什么叫善终呢？有两个意义。一个是晚节很好，第二就是当你尽天命要死时，把你的子孙叫来，跟他们吃一顿饭，说一番话，很美好地喝一杯酒，然后下午睡一觉就过了，这就叫善终。所以从这个角度来说，中国人的价值观将成为全人类的核心价值观。

二、再论中国处于5000年最大的盛世

第二点我想和大家讲讲怎么看中国经济形势。我认为谢老师在三年前提出的论点现在无疑被证明为真理的现实。什么是真理的现实呢？就是中国现在进入5000年来最大的盛世。这是我们谢老师对当代中国经济、当代中国政治最有力最精辟的概括，是谢老师代表复旦大学向全世界人民做出的一个重大的贡献。

后来谢老师在凤凰卫视被两三个“傻帽”教授围攻。我当时就对谢老师说，你为什么不把陈钢叫去，我把他们干掉。他们就这样为难谢老师，谢老师一条好汉难敌三手，三个“傻帽”来围攻谢老师。围攻么要有用，实际证明那三个都是跳梁小丑，你拿什么来阻挡中国滚滚向前的经济洪流，拿什么来抵挡我们这些立意经商的青年学子们？

我这一年，向同学们汇报一下，参加了上海交大的CEO学习班，每逢周末，每月一次，我们这些都是非常累的人啊，我们班上资产最多的人大概有七八十亿身家吧，最差的可能是一年挣几百万的，就这些人上至五十六七岁，下至三十出头，这么辛辛苦苦来上课啊，而且很多学员是从外地来的，拖着个行李箱进来，就是来学习的。所以你看到这个情况就会知道中华民族是不可战胜的。像我也是，年纪一大把。先说这么多上年纪的企业家、这么多有成就的企业家周末坐在这里学习，一学就是从早上9点到下午5点，中间休息1个钟头。整个教室里全部坐满了人，全部是这些事业有成的人，所以不要说你们辛苦学习，像我这种人早就功成名就了，也在拼命学习啊。

所以呢，中国经济从大的方面来看，首先是人口红利，我们的人口红利可能要到2020年到2025年才会消退。2015年只是一个分界点，但没把农村人口算进去。刘易斯拐点大概会在2015年到2018年才会出现。真正的刘易斯拐点就是劳动力短缺，中国的城市化率现在认为是47%，这是不对的，大概只有37%，为什么呢？因为1.5亿的农民工们还没有城市里的房子、还没有享受城里的居民待遇，所以中国的城市化率只有37%，所以中国的内需市场无比的广大。中国的GDP按购买力平价我们早就是世界第二了，到今年上半年，我们的GDP超过日本。但是，在喊“我们GDP超过日本了”基本上是没有经济学常识的人的话，购买力平价我们早达到七八万亿美元了。

下面这段话大家记住，这是奥尼尔，就是金砖四国之父、高盛首席经济学家奥尼尔，不是NBA大鲨鱼奥尼尔，他提出来2039年中国GDP是三个美国GDP的总量。这是什么概念？就是不到20年，在你们三十八九岁，不到40岁，刚刚评上教授，当上厅长、副厅长的时候，我们中国的GDP就是美国的三倍。

然后大前研一，知道大前研一的同学请举手。他是日本的经济学家，看来知道的还很少，你们还是看的东西太少了，我觉得应该多看看。大前研一目前是日本最活跃也是最杰出、最尖端、最前沿的经济学家了。在2002年陈水扁当选台湾地区领导人的时候，他邀请了两个人，一个是写《中国即将崩溃》的作者，一个是大前研一。红地毯迎上去。但是讲完课后，《中国即将崩溃》的作者还是踩红地毯走了，但他却从没有红地毯的地方走了。为什么？因为他说台湾人民现在要做好准备分享中国经济的高速成长的好处，但是另一个人说中国经济即将崩溃，还拿了一届诺贝尔什么奖。他在2000年出了本书叫《中国即将崩溃》，但是中国经济在即将崩溃中越发地成长。大前研一最新观点说，我从前几年开始就在日本的报纸专刊杂志书籍和电视台上跟日本人交流，而且我认为我是教导日本人民，要适应在20多年以后中国的GDP将是日本的十倍，我们日本就有可能只有中国十分之一的GDP，我们要适应像墨西哥和美国、丹麦和德国

的关系，那也很好啊。你现在要是没预见到20多年后的中国是什么样的中国，对广大的日本人民来说是很悲哀的一件事。大前研一这个话跟我们香港另一个很厉害的经济学家张五常说的话是一样的，中国肯定是10个甚至15个日本那样的经济总量。

所以我们展望一下中国未来经济发展格局那是相当的美好啊，我就问你拿什么来阻挡中国的前进？同学们你们来说说有什么负面因素，比如说有环境污染，高房价。现在男同学都担心我买不起房子女同学都不会看我一眼了，我待会就说说这个问题。

大战也是打不起来的，因为要打的话大家都有核武器，人类不会干这种事的。局部阶段性战争可能有，比如阿富汗战争、伊拉克战争。但是大的没有，现在谁敢动中国，中国2015年航空母舰肯定会有的。

人口现在也太少了，我认为还有两三年我们国家就会放开政策，可以生两个孩子。我们家在四川请了个保姆，她是农村的，她老公去国外做劳工了，她才30多岁，有一个7岁的女儿，问她会不会生第二个，她说不生，太贵了很难养。所以现在上海的丁克已经从前几年的百分之五点几升到现在的百分之九点几。现在如果只靠上海人，差不多100年后上海人就绝种了。地道的上海人一辈子生0.9个孩子，跟香港差不多的，这是很恐怖的事情。现在日本最大的问题就是一对夫妇只生1.26个孩子，他们说再过50年我们日本就只有六七千万人口，连中国中部中等的省都不如，所以现在日本很多小学都没办法开学，就是两三所小学合到一起来了，为什么，没有孩子啊。德国在最近20年用了很大的力量增长了20万人口。现在只有两个国家比较有希望。一个是美国，增长率是1.3%，英国是1.5%。中国是0.69%，但是中国这个0.69%肯定是超过1%的，因为还是很多人要生的。而且中国人——怎么说呢——孔老夫子的教导影响太大，就是“不孝有三，无后为大”。他就是无论如何都要生，他不生就不是人！

（同学：我觉得最大的问题应该是能源问题，因为有一个很简单的例子，中国大量能源都是靠从中东进口的。）

石油问题也是没有关系的，中国现在耗油量太大了，所以只要把水龙头拧小一点，就不用进口，而且现在中国发展新能源，我等会讲股票就会讲到。我先把第一重仓股给你们介绍一下，否则你们就不知道什么是中国能源问题。看陈钢同志的重仓股第一次涨停，它是干什么？解决新能源问题的，还是能买的。中国现在在新能源的利用方面基本和美国、日本处于同一起跑线上，所以你不用太担忧。你还有什么要说的？

（同学：我的意思是，科技发展是有时间性的，但是中国的石油大量依靠马六甲海峡进口，但是马六甲海峡又是非常狭窄的。美国人曾说过他们可以用一把机枪劫持马六甲海峡。）

请坐，作为复旦大学的男同学有这种国际的眼光，是非常可喜的事情。但是这个问题不要紧的，中国现在有和俄罗斯，甚至包括东盟之间的刚刚开通的石油管道。中国才不会一条路走到底的。我们还有非洲，现在进口非洲的石油已经有25%—30%了。所以美国想把中国掐死一点门都没有，只能和中国搞好关系。

白宫经济委员会主任还有副国务卿（都是管经济和管外交的实力派人物）过来，对美国的政治形态形成了很大的影响，把希拉里架空了。

我们复旦大学在国际政治研究上是出过大人物的，比如王沪宁同志，时任中央政治研究室主任，跟了两届主席了。他是1953年出生的，是我们复旦大学的骄傲。

对我们国家来说，我们整天都要谈这四个字，所以我们国家再强大我们永远都有忧患。中国现在向内需发展非常好，三驾马车，出口、投资、消费，只有消费是环比同比都在增长。我们看看一大堆股票，再找陈钢提出的三浪三的股票，重庆百货。我们看看这些股票就知道了。你看它已经比3500点高很多了，最近他到了54块8毛5。2009年8月份最高，3478点的时候它是23元，现在2600点，它是52块钱，三浪三啊。再看看伊利，就更厉害了，去年16块2毛5最高点，现在38元。我在2009年6月份、10月份和今年3月份提出三浪三理论，就是中国股市在走爆炸式的三浪三，大盘没有走，但是一大堆股票在走。

这么说吧，一辈子如果能经历两次“三浪三”，就能“富可敌国”了，就能挣几个亿了。做股票的人一听说三浪三来了，即使他要“死”了，听到这个消息他也能立刻“活”下去。比如说一个人五六十岁，重病在身、来日无多了，别人告诉他“你的初恋情人来看你了”，他也会有气无力地说“来就来吧”，也没有力气看。但如果有人对他说三浪三可能要来了，他就马上起来，赶快打开图就要看。

三浪三就是这么重要！这就是做股票人的命啊！三浪三是个非常美好的事情。

它为什么美好呢？很简单。比如从2001年到2005年，我们有100万块钱，可能会变成仅有30万。但是从2006到2007年，我们看下大盘，我们在讲中国经济形势的时候也要结合一下股市，这样会好一些，请看：这是2001年6月5日，这里最高点，到了2005年6月份跌到只有998点。你的100万也就变成30万。但这时开始了三浪一啊！

998点开始就是波澜壮阔的三浪一。三浪一的概念是，如果做得好，可以赚到10倍到20倍！比如你的100万这时变成了30万，如果这时做得好的话，一年时间就能变成300万。那么即使在2001年这么高点的时候买的100万，亏掉了70万，在三浪一可以补回来。

三浪三是比三浪一还要厉害的！

中国这架高速奔驰的列车，没有力量可以挡住它。今年是特区改革开放三十年，我们取得了伟大成就。比如说深圳，简直让人不敢相信啊！在1982年的时候，北京市副市长和国家计委的人就去做了个规划。因为深圳在1979年只有1.2亿的GDP，1980年也只有2亿的GDP，他们在1983年得出一个结论，深圳大概到2000年的时候，GDP大概会变成100亿！

一位老人非常兴奋，他是邓小平。他说：“怎么会这么好？我得去看看！”这就有了小平的第一次南方视察。他为什么1984年去深圳呢？就是因为那些很古板的人说：“到2000年，深圳可能就有100亿的GDP。”小平十分兴奋。到了1991年，深圳的GDP已经300多亿，小平此时更加兴奋了，决定再次考察，于是这就有了1992年的南方谈话。你们很多人是那时候出生的，还不知道那时有多困难，如果没有那次讲话，你们今天能不能坐在复旦大学的课堂都难说。为什么？因为没有改革开放的话，很多事情无法预料。

小平的南方谈话，决定了改革开放的正常发展，因为那时总说要引进外资，但这样的话，我们到底是姓“社会主义”还是姓“资本主义”呢？以前这个问题一直在争论。而小平的南方谈话说清楚了这个事，就是不要再讨论这个问题了，只要对增强国家的综合实力、改善人民生活有好处，对提高生产力有好处，我们就要做！后来江泽民同志的“三个代表”重要思想就是从这里来的。到了2000年，深圳GDP到达1700个亿；到了2009年，GDP是8200亿左右。（鼓掌）

现在，胡锦涛总书记考察深圳以后，深圳推出一个计划，到2015年GDP要再翻一番，那将是现在香港GDP的1.5倍！我们在2003年、2004年的时候，有人给中央建议把深圳划到香港去，变成香港特别行政区深圳区，因为当时觉得香港是高收入、高消费、高增长的地方，而深圳正好相反，而香港没有太多土地了，发展空间没多少了，不如香港把深圳收过去。幸好我们没采纳这个建议！因为到现在深圳的地税收入就超过800亿，而香港的地税收入400亿不到。再过10年，一个深圳就等于两个香港了！

从只有1.6万人，只有1.6亿GDP的状况发展到现在的规模，只用了30年。这在人类的发展史上是从来没有过的！没到过深圳的人一定要去看看啊，否则就不知道什么是“奇迹”，否则就不知道什么叫“速度”，否则就不知道什么是中国的“未来和希望”。

从深圳这个缩影中我们就能看出，中国的前进无法阻挡。我对中国的经济、中国的明天感到无比的美好。想到祖国能有这样的腾飞，我经常激动得夜不成眠。我们是活在一个多么幸福的年代，如果我们活在之前4900多年，我们很难见证中国这样的发展。

在大家毕业以后，2016年到2018年，我们的GDP就可能超过美国。到后面中国就很难遇到10%的增长速度了，因为总量太大了，不可能再像几岁的小孩那样每年增长几厘米。所以，中国在这个盛世美好的时候，有了你们这般朝气蓬勃的年轻人，这是祖国的幸运，更是你们的幸运！

这是我对未来的展望。

三、当代大学生怎样规划人生——50万与5个亿处于同一起跑线上

下面，我再讲第二个话题，即“当代大学生如何设计规划自己的人生”。

这个问题确实很重要，我先从这样一种现象说起。我们在《知音》等杂志上经常能读到这样的报道——某大学两男生为了一个女生而争风吃醋进而决斗，然后一个男生死了，一个男生重伤，这种事情还经常出现！又或者是男的追女生不成，然后自杀。最近，深圳高级中学，学生一般都是100%能考上大学的，一个男生读完《红楼梦》就跳楼自杀了，居然这种事情都有。

我想说，怎么规划自己的人生是个大事情。

我不知道你们会在心里种下一颗怎样的人生种子？

我认为你们应该种下一颗理想的种子！因为经过20年、30年你一定能够实现的。

大概在26年前，我在广西工作，在祖国一个偏僻省份的某一个县城的中学做语文老师。我的一个最出色的女学生考到了复旦大学，一年后她给我来信，她说：“陈钢老师，在我们那个小县城里，你无疑是非常优秀的人士，但在复旦大学里面，岑溪（地名，即多山的意思）那个地方相比起来太小了。”她的意思是，我在岑溪很优秀，但在全国就是微不足道了。我就满怀信心地给这个同学回信，我说：“你放心好了，20年后我很可能就在复旦大学讲课！而你呢，我有些忧虑你是否真正能够成才。”她当时很漂亮，参加了复旦大学的舞蹈团，要到处演出。“我担心你在复旦大学里花枝招展的，不用心于学业，可能会一事无成。”20多年过去了，这个同学在广西某个地级市担任了十五六年的普通审判员，她是复旦大学法律系毕业的，连一个庭长都没能做上。而我，经常来复旦大学上课，所以大家为我的成就鼓鼓掌吧！（掌声）

说这个例子，我是想告诉同学们一个问题现在有很多人教育孩子要考上名校，我就经常持反对的观点。为什么呢？我告诉大家，我就是一个县级师范学校大专班的学生，读了3年（待会还有一个读2年大专的小股神和大家讲一讲），这就是我的学历。我有亲戚，北大硕士毕业的，一直受我这个县师范学校毕业的财政支持。现在他在北京有三套房子了，如果没有我的话，他们还处在贫穷的边缘上，肯定在北京呆不下去了。

从我们家的情况来看呢，我觉得读什么学校问题不大。我现在可以说，你就是在清华、在北大、在哈佛、在耶鲁，我也可以和你拼一拼。大家都拿500万或者1000万，过10年看看会怎么样吧。

我在交通大学CEO学习班上，经常说“现在拥有5亿的人和拥有500万的人是处在同一起跑线上”。别人问我为什么，我说：“很简单，让我们看看10年前马云50万，李彦宏50万，丁磊50万，都是50万起家的。现在张朝阳可能是最少的吧，也就几十个亿。丁磊是非常了不起的，胡锦涛都在听他的发言，现在已经有170个亿左右了。他的股票在香港已经涨到几十万点了，在2007年，香港32000点的时候，他的股票是60元，现在早就涨到七八万点了，而当初他只有50万起家啊！”

现在创业的门槛50万可能不行，那就500万吧。上个星期天，我跟一个有5个亿资产的人一起吃饭。他有1亿投资房地产，1亿做债券，5000万在做票据产品，剩下2.5亿用半仓来做股票，他追求安全。投了500万之后，如果企业五六年内能上市，那就不得了了。比如东方财富网，它的CEO沈军原来是做股评的，名气远不如陈钢好。我是1992年开始做股评的，他是1996年开始做的。他做股评做不过我，但他2004年就做了东方财富网，500万起家。

东方财富网最高峰到达100元，总股本1.68亿，有3900万股，接近16亿。他今年就可以套现了（去年年初上市的）。500万创业，即使明年跌到40元，4000万股也有16个亿。就7年时间，500万变成16个亿。

中国现在是一个创业天堂，全世界最神奇的创业土地。所以现在拥有500万和拥有5个亿的

人是“一样”的。

所以，大家要做好人生规划。要多看些书，比如卡耐基的、希尔·拿破仑的美国励志书。我自己的个人成功和读书是密不可分的。美国有个人叫乔·吉拉德，就是“卖汽车卖得最好的”的那个人，他说：“你要穿最好的衣服，住最好的房子，坐最好的车。”我当时有个单车，除了铃不响，其他地方都响。（笑）我看了他的书之后，我就把这个单车扔了。我出门就打的，很快就没有钱了啊，于是就得想办法去赚钱。它对我的影响还是很大，它告诉我们要成为什么样的人。这非常重要！

回到前面那个现象，比如说我们复旦大学的男同学们，你们看到复旦的才女、最漂亮的同学你就去追她，没有一点问题。如果她不理睬你，你就告诉她：“20年后、30年后，你的儿子、女儿会追着找我要签名的。我到时候如果想到是你这个老同学的话，我还是会给他签的，不过要加几句话。”

当然，女同学也是这样的，看到那个最帅的男同学你就去追他，没有什么问题。

这里讲个真人真事，北京大学一个只有1.46米的女生，长得不漂亮，个子也矮。一直到38岁没有找到对象，后来就和一个50多岁的老教授结婚，老教授满腹牢骚，生活很不幸福。一直到40多岁都没有孩子，于是她就离婚了，觉得自己很痛苦、很悲惨。因为女人没有爱情，即使事业很成功她也觉得悲惨（男人有时候事业成功了，他基本上也会有女人了）。后来一个偶然的机会，她走进了心理咨询室，一个心理咨询师告诉她：“你是北大毕业的，又是博士，又是副教授，你应该追求自己的美好人生啊，你不应该有自卑感啊。”最后，这个女生嫁给了一个身高1.80米的正教授，而且年龄比她大三四岁的、风度翩翩的美男子！他们过得非常幸福。她再也不自卑了。

同学们不要对着镜子叹息自己的容貌。

没关系的！你很美，你很帅！

为什么？因为你有青春。

青春之所以美好，因为它可以让你变成你想成为的人。我也可以和大家交流一些个人的体会，我是十几年前离婚的，中间有七八年时间是单身，但中间我有和比我小20多岁的女生约会，约会之后我说：“你比我老得多。因为在思想上、在知识储备上、在进取心上、在身体素质上（我每天都游泳的，45分钟不停地游1500米），不管哪方面你都比我老。”

大家要很明确，我们是非常美丽的、英俊的。不仅仅因为是现在，而且因为我们会拥有更美好的未来。

人永远要解决一个问题：“我是谁，从哪里来，要到哪里去”。你们告诉自己，我是复旦大学的天之骄子；我从小学、中学的激烈竞争中脱颖而出；我要成为中国社会、国际社会上成功的、杰出的、有用的人士！

什么是成功？不是一定要赚几十个亿、几百个亿。比如谢百三教授和亿万富豪相比，他的身价或许不如他们，但是他的精神财富丰富。对于那些一毛不拔的百亿富豪来说，他们在谢老师的人格魅力前就显得没法比了。

上海有这个价值尺度，医生、老师都是受人尊敬的。上海有个姓查的小学老师，她到安徽一个山区任教，得了急病。上海人民医院的一个很有名的医生，他是给上海市委书记、市长看病的，他当时立即联系了医院的救护车，亲自去接查老师到医院治疗。上海《新民晚报》头版头条报道此事，而你看过什么时候《新民晚报》的头版头条报道了百万富豪的事情呢？没有的事啊。所以这个价值尺度非常好。它对人的本质的把握是一流的，但是深圳有些问题，广东有些问题：因为他们永远问一个问题：“这个人有多少身价？”这是仅用金钱财富做衡量的，这个不是很好。

人生的规划要有个远景。一定要把这个想法死死地告诉自己，我要成为这样的人。那么20年、30年后就会成为这样的人。

这就是人生的规划，人生的理想和远景。一定要把它当成一个实实在在的事情。你看所有美国成功学的书，会告诉你要把自己的理想变成一种潜意识，这意味着你时刻要达到你的目标，那你就会达到的。

四、我的股市创业经历

进入第三个话题，我想讲一讲我是怎么创业的。以前，我一直都在中学里做老师，我在1981年大学毕业以后做老师，一直做到1992年小平视察南方就不做老师了。因为我是在1990年6月，拿了2300元去炒股票，炒来炒去就觉得这几千块钱太少，就去借了几万块。到1992年，借来的几万块钱就炒成了20多万。突然有一天我的股票暴涨，那时没有涨停板，我的股票那时一天涨了5块钱，一天挣了5万元啊。我都傻掉了。我那时一年才挣1万块钱。我一想，这可是个大数啊，我一天挣了几年才能挣来的钱啊！

小平视察南方了，我觉得中国会进入一个飞速发展的时期。

我有个特点，非常喜欢看书，那个时候做股票是看书做的。我那时住在四楼，三楼有个体育老师，1.85米的个子，很厚实的胸膛。他做股票赚的钱，买了辆日本的雅马哈摩托车，那个时候的雅马哈摩托车和现在的奔驰一样。我就向他去来借开一下，开过我说这个车不行啊，不安全！我说我弄个奔驰或者宝马吧，他就开始笑，笑到肚子都疼了，说："你这个陈钢啊，你怎么就能买得起奔驰、宝马？"我就敲了敲了他的胸膛，这种四肢发达、头脑简单的人居然能问这种事。我一晚上看书能看50万字！这个傻瓜后来天天来问我怎么买股票了。

当时做股票，我第一件事就是把所有能找到的股票的书都拿来看，起先只有一本薄薄的书，我一晚上就看完了。我那时候就懂得什么叫市盈率，什么叫成长性，什么叫市净率，但是这个书还不够，于是就托香港的朋友带书。我在20年前就开始看关于香港、台湾地区以及日本股市的书，什么"断头轧"、"上吊线"、"棺材形"我全知道了。

"上吊线"就像一个人吊着一样，一般这个线是很恐怖的，看到这个是赶紧"跑"的。不过现在在搞超级细菌，一堆游资又杀进去了，资金把这个图形打化了。之前这是典型的上吊线。

这个是"棺材"的上缘，这个是"棺材"的下缘。"棺材顶"就是死亡之路，年初的时候我就觉得是不是大盘会跌到2100点、2200点，因为像"棺材顶"啊！这些都是20年前看的书教会我的，香港、台湾地区以及日本股市有很多关于这些的书。

前一段时间，我公司的那个女硕士也没看过多少这些讲股票的书，一看到"出水芙蓉"就让我买这个股票，我觉得那是不行的。

"出水芙蓉"是前期横盘，然后突然放量，拉出一根漂亮的K线，这个一般是短期买入的信号。我们公司运用这种东西赚了很多的钱。

我打小就有看书的习惯。我曾经在水井里差点被淹死，后来被人救起来了，我就发誓一定要会游泳，没有老师教怎么办，就把学游泳的书拿来读，游泳的书教你先用个脸盆放些水，练习在水里面呼气。我那个时候读中学，天天就这么练，别人说我"神经病"；打篮球有个交叉步过人，我也是看书学；打乒乓球也是，自己看书钻研。我只受过一年的少年体校乒乓球训练，但我在深圳是乙级队的第五名。但单打我是进不去的，因为深圳的甲级队是国家队，乙级队也有很多省队的队员，当时我们学校打到第五名也不得了了。他们就说我一定受过专业的训练。我说没有，我就是爱看书。有书我就会看，看了就能学会。

学习就是终生的事情。我经常对我的家人、亲戚朋友说："你业余时间、晚上时间干什么？你如果不看书你就不行了，多看才能有进步。"

既然做股票一天赚了5万块，日常工作一年挣2万不到，于是1992年以后我就开始专业炒股，也遇到了不少挫折。因为当时的本小，借了很多钱来炒也赚了很多钱。因为不是学金融出身，也没有用"富人"意识。不像你们在座的各位有科班出身的。

1. 股市大跌时，有人当场晕倒，风险极大，借钱炒股要慎之

那同学们要问我遇到多大的挫折，因为当时本小嘛，本小要去借很多钱，借很多钱炒，然后赚很多钱，赚很多钱呢都没有了，因为不是学金融出身，不像你们很多同学，是经济系的金融系的，我就没有那种风险意识。所以你们看，我曾经在1999年“5·19”行情①大家看看，就只有7个星期这波行情——我把2200万炒到9600万。就11年前，7周，就7周行情，就从1043点涨到1776点，7周，我把2200万的本炒到9600万。怎么炒的呢？借钱呗。2200万的本不够，再去借了2000万，就4200万，翻了一番过一点。但那也没用啊，高位不出，不控制风险。不控制风险的话，后来一跌50%，那你就跌了很多钱了。说到这里，我们谢老师出的书是很有用的。

我可以说一件我家里的事给大家听，我尊敬的深爱的岳父去年已经过世了，但是他在牛市的时候，就是2007年的时候，他把谢老师主编的《十年一个亿》（有我在北大演讲的那本书）看了，看了之后呢，他就跟我说了一段话。我岳父是很温文尔雅的人，他很委婉地提醒我，说：“陈钢啊，这个谢老师说，炒股票还是不要透支吧，透支不好。融资风险太大了，对吧。”我当时就没听进去，而且这个牛市一起来就涨得很厉害，这个钱。这波行情里面我是做了多少倍啊，这是不得了的事情。我在这波行情里面大概是赚了三四十倍差不多，我是做得很好很好的。做得太好呢，人呢就不觉得他是人，就觉得他是个神。但是人当然不是神的嘛，对吧。你看，就从这波行情里面，就这一波行情，不到两年的时间我曾经赚了三十多倍，这三十多倍不是1万块的三十多倍，甚至不是100万的三十多倍啊，那是相当可观的。但是在高位的时候没有注意风险控制，没有注意风险控制一下子就打了，当然不会打光了，但是损失还是很大。所以谢老师的书是很管用的，里面反复强调风险控制，所以我要把这段话拿出来讲给大家听。因为现在很多同学，我估计很多男同学为了在父母甚至女同学面前显示自己很能干，他就借点钱来炒股，借父母的还可以，还顶得住。但是你要借他人的钱做，你要控制好风险，你不控制好风险你就完蛋了。

我告诉你们风险有多厉害，我在2006年、2007年有个80万的盘做到8000万，但是最后跌到多少呢，跌到1200万。为什么？因为透支了嘛。我有80万，做到300万的时候借300万，做到2000万借2000万，做到3000万借3000万，所以80万做到8000万没有用，到最后跌到1200万。当然也是比80万多了很多，但是这个东西（风险控制）大家还是要很注意。

大家问我最大的挫折是什么？就是在深发展这里，我来告诉大家，就这里第一次做股票的时候有自杀的念头，从那以后从来没有过了。我们来看下中国的第一次股灾是怎么来的，就从深发展这里来的。在1991年，当时复权了，当时是这样，深发展从1块钱开始涨，涨到130块钱，然后就涨疯了，后来政府不懂得控制，就说每天下5%或10%，就每天跌每天跌，从130块跌到25块钱，这已经够多了吧，然后呢又10送4，那时候大家不懂除权，10送4的话，你拿25除以1.4不是很简单嘛，就等于18块钱左右。但是我们那时候不懂除权，然后全中国第一次10送4，1991年的第一次除权送股，就是第一场股灾的喜剧和悲剧是怎么上演的——当时黑压压的股民没有坐着的，都站着看着那个盘，25块钱一开盘就跌到15块钱。实际上它正常价也就17块8毛5对吧，但是一跌到15块就一下子10块钱不见啦，全呆了，因为当时的股民也就做了1年多的股票，谁懂什么股票，就想怎么我25就变成15啦，大家都鸦雀无声，后来就有一个妇女“啊”一声就晕倒了。那你想想看，她可能有1万股，本来25万，一下子就变成了只有15万，你想想1992年，你们刚出生啊，那时候那么穷，1992年的一万块钱相当于现在的十二三万块钱啊。后来就有人喊“有人晕倒啦”，他们就说“赶快找人吧”……我那个时候借了钱的啊，当时借了6万多块钱，大概还剩下2万多块钱，那时自杀的念头都有了，当然后来也不会自杀，就觉得没

---

①编者注：1995年5月，中国政府决定启动股市，以应付亚洲金融危机对宏观经济的冲击。5月19日起，股市开始大涨，从1000点向2001年6月的2145点涨去，这就是著名的“5·19”行情、牛市。

什么事儿了，从那以后就再也没有这样的念头。后来也亏过很多很多钱，最多亏过2个亿，1个亿2个亿经常亏的，亏都没事了，为什么呢，因为你就2300块钱起家的嘛，那么你亏完所有的钱你还有房有车对吧，你没有什么问题啊，所以你就不怕了。

所以说最大的挫折是什么？就是股票跌死，跌到你想死了，这是最大的挫折。那么还有什么挫折，当然人生还有很多其他的挫折，比如说感情啊家庭发生变故啊，但是这些痛苦都是可以争取改变的。当然男同志可能事业的挫折最大，男人有事业基本上就没有什么问题了，一切问题都能够迎刃解决，他能把很多注意力转移到事业上。女同志这方面有时候就容易想不开，这就不好，所以女同学有时候也需要注意。

2. 选股票注重看老本面，看公司公告

现在讲第三个问题——怎么选股，有什么选股心得。我去年跟大家讲了，最重要的是关注股市和股票的基本面，只要基本面发生变化，我们就马上全仓杀入。去年我就反复讲这点。我在公司里面反复培训我的一个员工，这个人跟了我十三四年吧，我整天骂他，最近骂出一个成果来，他现在已经变成一个小股神。他那天反复给我推荐的一个股票，我说你又不知道这只股票，他说老板这个公告不得了，你要赶快看，后来我一看那个公告果然是不得了的一件事情。这个股票我们是大概16块钱左右买的，现在已经赚了百分之二十几了。但是他跟了我13年，才成正果。这个人只有初中文凭，基本上是个没有文化的人，但是他就每天在那读报告，每天读，已经连续读了好几年，每天大概要读十万多字的报告，我认为他现在读报告的水平已经超过我们很多博士和博士后。现在我们有请这位初中毕业生，我们公司现在的小股神——杨正明先生！

第二部分　杨正明老师演讲：从酒店服务员到小股神

一、当服务员时注意变化很大的陈钢

同学们好。我是16岁初中毕业时南下打工的，当时因为调皮在考试前摔了一跤，无法参加考试，后来就没再读书了，就去深圳做事。那时深圳劳工制度也没有现在这么完善，雇佣童工。我一开始先是在工厂里做，做了差不多一年，工厂里工作比较枯燥，后来就去了一家餐厅，在这家餐厅里工作了差不多两年。一开始也就是扫扫地、打打杂，做服务员。大概是1990年的时候，做到了领班。就在那里工作时认识了我们陈总。因为他经常周末约他的朋友过来喝茶，我知道他要来的时候，都会提前给他留好位置，泡一壶他喜欢喝的茶，我们做接待嘛，都要注意好这些细节。他会请一些人，包括深圳大学的教授，在那里聊天。我在旁边也听不懂，只是发现他每次来都有一些新的变化。比如说拎的大包又不一样了，过一段时间拿个“大哥大”（手机）又来了……我当时只是觉得很奇怪，怎么他每次来变化都这么大……

二、初中生学炒股有信心：巴菲特说过能看懂数据就行

因为深圳经济高速发展，来酒楼餐厅消费的人很多，我后来就把那家酒店承包下来自己做。大概做到1996年，这个时候深圳经济支点开始向内地转移，陈总就来到了上海。1996年有个比较大的行情，但是我那个时候没有开始做股票，偶然一次机会就又跟陈总联系上，他说他来了上海，我说我也想去上海看看，这样就跟着陈总来了上海。陈总说，我们公司里做股票一般都招聘专业的人才，我们是比较好的朋友，但是你又没有学过这个专业，那怎么行呢？我是这样回答他——你以前不是告诉我，巴菲特说过只要能看懂数据，就可以做股票，所以只要能认识字就好，能看看一般的数据。陈总就说，那你就来吧。我来了以后，他教给了我一些思路，我就反复根据这些思路去选。

公司可以分很多类，一类是绩优股，这类每年的业绩都是比较稳定的，市盈率也比较低，像汇丰银行、深发展、中石油、工商银行，第二类是成长性比较高的，像苏宁电器，这类就是发展比较快，这类企业的主营业务也适应了中国人民改善生活的需要。我的选股心得就是一条，按照老板给我的方法——创新高理论。任何牛股肯定都是往上走的，它肯定都有这个创新高的过程。有时候，一些股票的创新高就变成了顶，但是更多时候，牛股都是从这个创新高里走出来的。

包括这个华神，它在2007年2008年的时候就已经到过30多元了，这个是复权过的，这个是除过权的了，这里到过35元，当时就是公司转型，出了一个新产品，是植入性的，叫利卡丁，这个药是专门治疗肝癌的。但是生物制药是有兽源的，还有一种是人源的，人源的是比较新的，这个公司当时的技术是很新的，所以大家就比较看好它。但是它一直量化生产，可能是因为在操作上有些技术还没有成熟。

它当时的情况就是虽然可以解决这些问题，但是很不方便，就像我们以前使用的手提电话，虽然可以打电话，但是很大，这种药普通的病房是不能做的，一定要专门的病房才能做。之前我们就看过报告知道有这样一家公司，后来这个公司就出了一个增发公告，要做4个项目，一个就是这个利卡丁，要做小剂量的利卡丁，这跟以前就不一样了，以前一支剂量比较大，售价比较高，一支要2万8千，现在这种小剂量的一支8000元，这样的话以前要特殊病房才能做，以后普通的病房也能做了。它有个可行性报告，我就把这个报告通读了一遍，回去又仔细地研究过，从技术分析上说呢，它在缩量，就觉得可以买。当时刚好大盘行情不太好，往下调了，所以它就在跌，还曾经跌停板过，但是后来呢它就开始一直走强，并且创了新高。

因为陈总是比较严谨的，他前面也跟大家说了风险的问题，这个药我们确实不太懂，而且它当时业绩也很差，还没做出来，我再提一下，它创了新高之后还回调，之后大盘跌的时候它都不跌了，所以我是从看公告和“创新高”两方面来看它的。这就是我选择华神的经验。

三、为推荐好股，坚持已见，声音都沙哑了！抗命成功，股票大涨

（陈钢：这个佛山照明为我们公司创造了很大的效益，我们买了很多。当时他（杨正明）给我打电话推荐这只股，我说不行！他讲到声音沙哑，一直坚持说行！后来他就又给我发短信，我说这只股不行！他说一定行！大家就是要学习他的这种精神，这种敢于抗命的精神。杨正明就做到了！）

在说佛山照明之前，先说说另外一只股的选股经验，当时这只股也是出了一个公告，当时我只是私下里在嘀咕，没有告诉老板。那天它13块9的时候还是可以买得到的，到15块多的时候也有两个多小时的时间是可以买的。这个公司当时已经是基本面发生裂变，它以前是做汽车，附加值都不高，而且这个公司总股本比较小，才1亿多。而它投资增发的这个项目就要十几个亿了，而且它这个新项目做的是新能源，做锂电池，最重要的一点是它的大股东，就是它的控股股东是比较牛的。

同时出来的还有一个000157，这是受到老板（指陈钢）严厉批评的一个案例。这一天出了一个10送15的公告，我就打电话告诉老板，老板就说要是它这个10送15取消了怎么办，我就没有去细细地想这是一个公司的公告，是已经发布的公告！所以我们公司虽然买了，但是买的成本提高了，因为我们是第二天才开始买的。

这两件事以后就出了佛山照明这个事。根据我们公司的创新高的理论，在这里我就已经看过，但是它就一直跌，我就把它放进自选盘。它在这天的时候又创新高，我一直关注，然后它又跌了，跌了以后到这里的时候它们公司也出了一些其他的公告，到这天的时候它的成交量就明显地（增加）。老板说了创新高有几个方面——创新高、成交量和形态，这三个要结合起来的，它的价格和量是正相关的。那天晚上佛山照明就出了一个公告，要和台湾的碧祥公司合

作，这个碧祥是比较早就进入新能源这个领域的，技术比较成熟，而且它有磷酸铁锂的专利技术使用权，俄罗斯去太空去火星的这种计划也是跟碧祥合作的。那么我第二天早上就跟老板说了这个情况，而且它也符合我们公司的创新高理论。

所以我不是一下子就选出了牛股，而是经过前面反复地犯错误，只要再严谨一点点，把公告多看几遍，看出它背后股东的东西，不说我们从头到尾，只要中间这段的利润也是非常可观的。

谢谢大家！

陈钢：赶走一个研究员，公司损失1个多亿。

一定要看公告，很多公告都不得了。现在做股票已经进入了一个非常专业化的时代。当时我担心SZ.000157（10送15）会不会取消，但是其实当时这个公告是公司的董事会发布的，董事会发布的就不会错了。

为什么要杨正明出来说呢？因为我想告诉大家小杨现在的情况，他靠做股票这辈子已经衣食无忧了，如果给他10万，不管市场好坏他一年也能翻一两番，如果100万，再怎么差的市场他一年赚30%—50%没问题。他这辈子靠这个吃饭没问题了，他只是个初中毕业生，倘若凭我们复旦大学学生这种学历这种智商，那是不得了的。

现在让一个在我们公司三进三出的女生讲一下，她只是在上海读了两年大专。她2007年到我们公司来，我觉得不合用，就把她赶走了，去年春节又过来，我觉得不合用又把她赶走了，然后我们公司偶尔有应酬，就叫她过来聊聊，她就说她还在研究股票，我就问她还想不想回来，她说想，现在是第三次招进来。

我非常后悔，因为去年赶走她让我损失了大概1亿—1.5亿的利润，她去年走之前给我留下了这个股票。她在去年三四月就不停地给我推荐这个股票，结果我没买，我说你看这个破玩意整天都不动，推荐了几个月也没用，你走吧。结果你看，这个股票后来从5块多涨到25块，整整增长了4倍，去年你想想指数也就二千五六百点吧，今年也差不多，指数没什么变动，但是她推荐的股票涨了整整4倍。为什么不买呢？原因是不调研，不了解真实情况。这点她也欠缺实地调研的功底。后来我觉得这个丫头还可以，所以现在又重新招进来，她现在是我们公司的高级营业员、研究部副主任，我觉得她再出一两个牛股，她就可以管博士了。我们也有请这位邓诗菲同学来谈谈她的体会！

邓诗菲：大家好！其实我大学里面学的是理科，以前也没有接触过股票这个东西，当时是实习的时候进到陈总的公司，因为自己完全不懂，进去之后就离开了。离开之后就跟家里要钱做股票，感觉这个东西还是很刺激的，自己就很喜欢这个东西。它跟创业不一样，你可以用很少的资金去累积变成很大，这个过程可以学到很多东西，我不是说用它赚钱，我是乐在其中，我觉得这个东西很好玩，所以我就很喜欢。第二次进去的话也没有待很长时间，然后就慢慢地学习怎么样去做股票，后来陈总觉得我水平还是不够，觉得我有没有其他的发展，可以自己去做。后来我各个行业都有涉足，最后还是觉得这个行业自己比较感兴趣的，又自己去钻研，也是去看书，从书上去学习。当然自己去炒股也花了很多学费。

陈钢：关于创新高后回抽。

所有的股份创新高以后会回抽。所谓创新高，就是突破前期高点。创新高了则说明这个公司基本面发生了变化，其中一定有你不知道的原因，因此我们应该狠下心挖掘发生变化的根本原因。

我们公司有个女才子提出这个股票，可惜！她给我推荐后，我们还因此庆祝了一番。结果我们在盘整的时候把它卖了，因为觉得它老不涨，其他股票都在涨！我们在想这个题材怎么不起作用？这就错了！因为我们在其创新高后没有做一件事情，这件事情是压倒性的事情，创新高后回抽，应该做什么？那就是一定要到公司实地考察，考察了以后，如果确实好的话那这个股票就真不得了。

我给很多人介绍了这只股票，其中有个朋友买了一百多万股，后来只剩下五万股，都是在最低位出掉，但出掉之后，股价一飞冲天！可惜！

陈钢先生答同学问：

同学：在股票控制风险方面有什么措施？

陈钢：谢老师做得特别好，定一个折损线，只要亏了7%，马上撤走。谢老师用这个办法，在短短15年个人财富增长了数百倍。所以谢老师以后一定是中国的凯恩斯教授！（笑）

同学：没有资本怎么办？

陈钢：找父母要一点，找亲戚朋友借一点。拿一万块钱做就可以了。两三千也行。只要是想做，肯定能够有钱的，一万块钱肯定不是大数。

同学：陈老师，请问你有孩子么？你有对他做人生规划么？你希望他走上一条什么样的路？对他有何期望？

陈钢：我对他没有什么规划，只要他健康快乐，不做违法违规的事情。你没有办法左右，让他接班接不了，由他去。

同学：陈老师，靠公开消息够么？

陈钢：够啦！0541就是公开信息，我赚了很多啊！再比如050233大杨创世，巴菲特说："我授权你们宣传，我巴菲特这辈子只穿你大洋创世的西装！"我一看这个消息就马上买，赚了不少，从9元多买后来一口气涨到20元。胡锦涛办公室也授权他可以宣传："胡锦涛的西装也是在你们这里做的。"而且巴菲特说："我将建议我的好朋友比尔·盖茨也穿这样的西装，如果我跟比尔·盖茨开一家大杨创世的西装店，肯定能比现在赚更多的钱。"用这样的招牌弄成视频，顶得上100亿的广告。可是公司老总不懂怎么运势，现在只有1个亿的利润。这个老总没有接受我的建议，如果接受，股价可能涨到150元或160元。如果按我的设想，用一个营销总监在上海响应公关政府金融家都要穿大杨创世的西装，那么一定涨。可营销总监在上海到现在一家都没开。这些人都不懂，如果有10个亿的利润现在肯定是150元股价了。因为老总是从小工坊做起来的，没有金融品牌意识。

对大势之总看法：

看看大盘，跌成这样，明天怎么走？明天应该至少要小涨中涨甚至大涨，至少涨20个点，好的话涨50个点。为什么？原因很简单。

我们看两个股票：工商银行大陆收盘3.97块，香港收盘5.92块，将近5.97块，差2块钱，2块钱是什么概念？去掉香港汇率0.88块，大概变成5.2—5.3块，工行相差30%，农行也相差30%。工行、农行、招商银行这些H股跟我们的A股相差30%的差价，这说明我们自己对国内银行没有看好。香港银行是全世界的基金都在炒，试问，到底是我们这些只有20年股市历史的中国股民懂股票还是这些具有200多年炒股历史的人懂股票？显然在这方面中国股民水平太低。现在工行的估值是什么水平？今年有5毛钱业绩，5毛钱是多少市盈率？8倍市盈率都不到。跌到1664点的时候，工行的估值是11.5倍，现在相当于跌到1110点。跟998点相比，998点市盈率是10倍。也就是说现在工商银行的估值跟上海指数2005年相比，等于800点的水平。怎么会这样？我认为是国内的股民投资者不懂。他们总是担心拨备啦，地方政府融资平台啦，烂账呆账啦，这些事情是发展中的问题，不可能一棍子打死，肯定可以慢慢解决。

中国经济总量是多大的量，中国银行业今年的利润是8000亿将近9000亿，明年1万多亿了，到了2020年肯定是2万亿—3万亿，现在总的烂账呆账大概1万多亿，不可能一年塌掉，到以后很容易搞定的。现在怎么可以杞人忧天？

股市是这样的，越跌越能跌，越跌心里越慌；反之，越涨越能涨，越涨越赶追，17元买进18元又赶买一点，19元又敢追，市场就是这样，有一句话“市场永远是错的”。为什么？在1995年上海指数在500点的时候，我让朋友买股票，朋友只能偷偷买股票，为什么？因为这个时候当众买股票会被说是白痴，很多人都不看好。上海第一财经电视台在跌到2300点的时候，有人说一些私募基金已经看跌到1700点。我要不是做了20年股市，我要不是很牛，我都会困惑！如果让我陈钢说，部分私募基金以陈钢为代表而看到17000点，为何？我个人看法是，最迟到2018年中国GDP会过美国，而股市作为经济的晴雨表，一定会在2018年出现一轮很大的牛市，出现牛市靠什么呢？靠工行。我觉得工行最高市盈率是50倍。银行20年的平均值是28倍。现在回到28倍市盈率概率很大。只要工行有一次回到28倍甚至只需要回到20倍市盈率即可，明年每股5毛收益后年6毛，大后年7毛，也就是在未来四五年里会涨到每股8毛钱的收益。

1929年美国金融经济大崩溃的时候，花旗的市盈率是多少？20倍以上。花旗在破产之前，105年的历史，从来没有跌破过20倍市盈率，现在到同期指数的15家银行，中小银行市盈率平均值都在20倍以上。我想不明白，现在谁是世界金融危机的发源地？是咱们中国么？是美国啊。好像我们是世界金融危机发源地似的。个人认为，工行在未来五到六年内，如果市盈率上拨20—25倍，回到16—20块钱，那怎么看？工行涨4倍，指数会涨6倍，现在的2600点乘以6就是15600点，所以我要看15000点到17000点。现在在中央电视台、第一财经电视台这些做股评的都是我的徒孙！根本没有大赚过大亏过，没有挖掘过牛股，没有预见什么历史性的牛市性的行情，有什么资格去讲？有股评资格证书，可是你赚了1000万么？赚了1个亿么？赚了2个亿么？亏了1亿么？亏过1000万么？所以很多要靠自己独立思考研究，要有自己的主见！才能打赢大盘！

关于来公司实习的事：

最后讲一下，去年我来讲座之后同学们热情高涨，写了很多热情洋溢的评语，很多同学要求到我的公司实习。结果有这么一个传说：在上海交大和复旦之间比较，如果要找有灵性的悟性好的同学就来复旦找，要找埋头苦干的就到交大找。可是到我这公司做的几个同学都做不下去，因为在这的工作很无聊很苦闷，没有新鲜感没有刺激感。谢老师的一个得意门生，研究生毕业，来我们这，年薪10万。10万块钱的年薪对一个复旦的硕士毕业生肯定不是一个值得骄傲的事情。杨主任的年薪肯定超过他的。在做股票这件事情上一定要沉得下心去，踏踏实实干。有一部电视剧《阳光灿烂的日子》反映织云锦的事情，徒弟给师傅端茶倒水倒尿壶都要三年才能给你说点什么，没跟上十年八年是出不了师的。在做股票这方面，用三四个月、半年的时间能学到真功夫那就了不起。

1998年我看过《华尔街》，是一个在华尔街工作了45年的金融家写的三本书，其中一本《金融守则》中有三句话：

在华尔街的第一个十年，你什么都不是，你不会比别人多赚，也不会比别人少赔；

在华尔街的第二个十年，你不会比别人多赚，你会比别人少亏一点；

只有在华尔街干满30年，你会比别人多赚很多，比别人少亏很多。

我对这三句话深有体会。我已经做了20年，在比别人多赚方面挺好的，少亏方面做得不好。我后面主要是做少亏的事情，控制风险。任何一项事业，没有几十年的奋斗根本是不行的。

做股票呢，我认为要有20年的功底，至少十五六年。但也有非常厉害的天才，比如那个私募高手徐××，1978年生的。不过他跟我一个天才朋友相比，可能还没入门。举一个例子，莱宝高科。我的一个朋友说，出了以后会涨到32元。结果真是这样。徐××是天才，但一看势头不对，啪啪全出！我这个朋友2005年900万，2007年5个亿，2008年底变成2.5个亿，现在回到8个亿，前面到过9个亿。怎么做的呢？全部是估值！认定股票好坏不折损。最近他两次给我推荐一个股票，必须买，我不买。我说太高了，业绩也很差。他说这个是国家限制的。而且全世界里中国稀土最多，要把它作为战略物资，像黄金那样控制，后面会10元钱10元钱地涨，结果，一口气涨到77元钱。12个交易日，从46涨到77①，这是何等壮观何等磅礴的事情啊！周围一大堆这种神仙朋友。（长时间热烈鼓掌，献花，赠锦旗，同学们围上去签名留念）

（本文讲座时间为2010年9月16日，于复旦大学）

①编者注：后来涨到90多元。

十年六个亿：金融市场战略投资家X先生传奇经历

谢百三

编者按：X先生是笔者十多年的挚友与老师，他十多年如一日，勤于学习，与时俱进，不断地提高自己、完善自己。其金融学水平、经济洞察力远远高于北大、清华、复旦的一些学富五车的金融学教授。几年来他依然生气勃勃地活跃在中国资本市场上。他经过十多年在证券市场里的摸爬滚打，已从当时的100万做到6个亿了。现在他依然小心谨慎地研究着、摸索着、运作着，他更加成熟、更加稳健，也更充满信心。他一直很低调，中央电视台曾来电话，想请他上“春晚”，被他婉言谢绝。所以只到北京大学、复旦大学各讲过一次课，但他的思想、投资理念、大思维给人们以巨大的启示。我们辑录一次，以飨读者。第一文是从笔者的视野写他，第二文是他的讲课录音。

1994年12月的一天，我到凉城菜场买菜，主要去看看大米的价格，因为从大米价格就可大致推算出物价（居民消费价格——CPI）的走势，而它对金融市场影响很大。忽觉有人拍了拍我的肩，“你是谢老师吧？”回头一看，见是一个陌生中年男人，我问：“你是谁？”他说：“我姓X，也是做股票的，现在我有100万元了。你昨天报上的文章，有一点不对。”随后他指出了我错在何处。我回去一查，果然错了。我突然发现X先生很聪明很厉害，就去找他。从那以后我们就经常在一起进行切磋，久而久之也就成了好朋友。

一、从工程师到股民、债友

由于众所周知的原因，X先生不愿说出他的真名，他说“就叫我X友吧”。他是从工科大学毕业的，搞自动化控制。他为人善良，不善于搞官场与社会交际，对人友好，见了人总是乐呵呵的。他在自己的业余时间里研究起了股票、债券、期货等经济问题，并利用业余时间炒股，搞国债买卖。他起先仅有1400元钱本钱，通过到东北做国债现券的异地交易而挣了2万多元钱。接着买了一些股票，通过炒二手股挣了一些钱；后来又买了些1992年的国库券，结果一下子增加了4万元。1992年10月，党的十四大召开前后，当时股市处于600点的位置上，他从一份公开发表的调查报告中计算出，上海完全投身于股市的二级市场的40万股民剩余资金还有40亿元，而此时已公布的股票大部分都已上市，因此，股市虽还在下跌，但X友已开始以倒金字塔方式逐步建仓进货。他算出来，仅股民们这些资金，就可以将股市托起到800点以上，他认为“氯碱”这艘远洋巨轮上市后，股市的恐慌症就会好转、消失，一个轰轰烈烈的牛市就会到来。后来股市一直跌到392点，X友的钱也都已打完了，这时他虽然心里有些不安，但依然乐呵呵地上下班，安慰担心不已的妻子，他坚信冬天之后就是春天！党和政府一定会来救我们的！果然，氯碱、联农等一上市，股市就呼呼地涨起来了，而且第一波就直冲800点，大家都夸X友算得准。但他却怀疑自己算错了，是不是还有一波。股市到800点后，开始回头，他捂住不跑；股市回到600点停住了，他顿时醒悟过来：这是回档一下，让踏空的股友及新股民加入后续资金呢。果然，股市第二次又冲到800点了，很多人劝他跑，说：“再不跑，又得回去了。”他不跑，说：“一定还有第三波。”果然，股市在大量新生力量、后续资金的援助下，加上“透支盘”的助威，风风火火地冲上了1500点。X友开始坐不住了，因为他感到市场资金已经用完了，他现在是整天都在想着什么时候跑。但他毕竟是人而不是神，1500点，他没跑；后来股市向下直泻，出现了日振幅200点的奇观。“不好，股市累了，得向下走了！”趁着申华配股引起的反弹，当股市又冲到1300点时，他全数以低于市价的报单，全部撤了出来。从这以后一直到1997年，他再也没有进过股市，他认为："这个股市从长远来看，还没有到投资价值区，我是靠理性、智慧打仗的，不参加了。"但他很感激股市，因为他手里有了20万资金。从此，他就把眼睛盯住了另一个新兴市场——国债交易。这使他对金融市场的探索、了解、运作开辟了一个更广阔无垠的新天地，使他的人生发生了重大的变化。

二、从杨百万式的现券买卖到国债期货拼搏

X友刚开始时也是像杨百万（杨怀定）那样，来回于东北与上海之间，搞国债的现券异地买卖。那时他的生活也够辛苦的，因为他已经停薪留职了。他三天两头坐船去大连，再换公共汽车、大卡车，有时为了赶时间连饭也顾不上吃。辽宁出苹果，所以他饿了就买苹果吃，又可解渴，但长年累月吃苹果还是吃腻了，现在再也不肯吃苹果了，看到苹果就心烦。虽然苦，但他心里却像有一盏灯，因为在东北朋友的帮助下，他的存款正在迅速增加，到1993年10月25日，上海证交所开出国债期货交易品种时，他已有了40万元。他以其中的14万元买了保值的金边债券——000193（1993年3年期国债现券，后来到期兑付了171.99元），从此就再也没去动过它。"这成了我生活的保险金，如果做期货亏了，亏到只剩14万了，我就金盆洗手了。"他说，"那说明，我不是那块料，那就退出来，用这14万过平常日子。此外，有了这14万，我心也定了，敢于在债市中轻轻松松地去拼搏。"这样，X友真正投入国债期货市场的就是26万元。从那时起到1995年7月，过了17个月，X友26仗全胜，且大多数是大胜。虽然他也有浮动账面亏损，最多一次亏过8万元，但他能总结经验教训，错不过两次，且大多数是赚大钱的。到了1995年5月18日，他已拥有600多万元。他对国债期货市场充满深情，他说："我每天读书看报，研究政策，把国债现券、期货市场弄得滚瓜烂熟，靠政策、靠数学、靠理性、靠科学、靠智慧，向市场挣钱。我们不会搞人际关系啊！知识分子，就是得靠自己的智慧去闯！"他向我介绍了其中的几大战役。

三、妻子一席话使他的资金一天翻了番

X先生进入国债市场后，一个最重要的事件就是他到上海图书馆通过一个月的学习、钻研，彻底弄懂弄通了保值储蓄率、通胀率、零售物价指数、居民消费品价格指数这些与国债期货有关的基本知识。①这为X先生以后的国债期货运作打下了扎实的基础。他后来之所以能26仗仗仗全胜，概源于此。

有一次，他经过反复计算，发现有一个国债期货品种如果介入，胜算的概率为95%。依他平时的风格，只以10%的资金做国债期货，以90%的资金做风险投资的保证金准备金。但这一次胜算的可能性太大了，他开始变得极度不安起来，在后院的林阴道上来回地走着，长达几小时。午夜3点，妻子找出门来，知情后，说："算准了，就大胆地干，大不了亏光了回工厂去，我们的名字还在厂里呐，本来就是工人么，我会陪你的。"X先生心里豁然开朗。第二天开盘后，他以全部资金25万满仓杀入，结果当天就涨停板，资金翻了一番。

晚上，他高兴极了，睡在床上看着天花板，想：这个证券市场真神啊！太好了，真该感谢邓小平的改革开放，有了这么个好市场！

①编者注：磨刀不误砍柴工，这正是我们很多个人投资者比不上X先生的地方。大多数人都是一知半解，以其昏昏，使人昭昭地在瞎子摸象式地操作，又怎么能不亏呢！

四、读报学文件发了一次大财

1994年10月，1992年5年期国债的对应品种315（1994年12月底兑付的期货品种）走到了118元价格的位置上，这个品种价格与该现货品种（1997年4月1日到期，到期本息152.50元）的票面收益率为13%左右（当时市场对于1992年国债有无贴息问题还无人议论，可视作无影响），而当时的保值贴补率为6%左右。根据人们的预测，1992年5年期的092现券加上保值贴补率一起，收益率起码有14%。而事实上，118元这个价格还远远未到位。此时，315品种开始启动，价格缓缓上涨，当时大多数债友看空，认为价格拉得太高了，“是某北方大机构借了巨额资金在拉抬，瞎搞，拔高出货。”X友不敢轻易作结论，他得去读读报纸、学学文件。此时，在涌金投资理财顾问有限公司的发起资助下，北京开了个国债问题高级研讨会，财政部国债司司长高坚指出：中国国债市场要实现四化，第一化就是国债利率市场化。这引起了X友的深思：这对债市意味着什么呢？不久，高坚又在另一场合指出：中国将来的国债、金融商品的市场利率应该以银行同期利率、为全体人民接受的利率为准。此外，X友还发现，高坚还在不同场合多次强调：中国的国债利率一定要走国际惯例道路，国债利率应低于银行同期利率。X友逐字逐句地吃透这些话的精神。还有一件事更是深深触动了X友：当时北京发了一只2年期的“地铁债券”，年利率为14%，竟然被首都人民一抢而空。X友心里一亮：高坚讲了，利率应以全体人民接受的利率为准，那315品种的收益率13%加贴补率6%（当时市场的预计）约为19%左右，大大高于地铁债券的收益率，这说明315此时的价格太低。他又查了当时的银行2年期利率约为11%左右，更加意识到315价太低，收益率太高，不符合高坚传达的国家精神。经过2—3天思考，他不顾大多数债友反对，毅然做多，以50万元在118元价位打进1000口。果然，经过多空一番拼搏后，315价格开始急剧上涨，涨到120元时，X友获价差2元，盈利40万元，遂高高兴兴地平仓了结。X友说：“后来实际上涨到128元，最后混合交收时跌到123元。但当时自己资金不足，怕再跌回去，落袋为安思想较重；回想起来，太可惜了。”X友对这场战斗的三点体会是：一、不要怕什么大机构、小机构，应坚信真理；无论价格被他们如何扭曲，最后总得以财政部宣布的价格为准。二、要多看报、看书。他眼睛亮亮地说：“报纸当中有黄金啊！”①三、做国债要算收益率，现货、期货收益率都很重要，比股市中的市盈率还重要。

五、“符合大众心理，领先大众一步”

1995年1月初，与1992年3年期国债（192）对应的国债期货品种327为146—147元的价格，而与1992年5年期国债对应的（319）品种价格则为144元左右。当时，中国人民银行总行公布的保值贴补率为9.83%，按照市场一般预测，物价还得上涨，保值贴补率还下不来。恰在此时，上海某大报在头版登了一文，说我国通货膨胀率首次回落，表明我国治理通货膨胀已取得明显效果。这一篇文章立时在国债市场引起了强烈反应。因为通货膨胀回落对全国人民来说是好事，但对国债市场则意味着保值贴补率可能下降，国债期货与现券价格都得回落，利于空方而不利于多方。X友见报一怔，他仔细对比了上海该报与《中国证券报》，发现《中国证券报》头版报道的国家统计局公布的物价数据中，今年该月与上一年同月的同期物价上涨指数确实比上一个月下降了，但只是涨幅变小了一点点，仍在涨，因这个月的物价比上一个月的月环比数仍上升了1.9个百分点。据此，X友算出的保值贴补率约为10.4%左右②。因此，X友与许多惊慌失措准备第二天去抛空、多头平仓的债友相反，坚信受保值贴补率影响最大的192现券与327期货品种价格应上涨，而不是下跌。327的理论价格应是100元（本金）+28.5元（利息）

①编者注：X先生的体会，其他很多传奇人物也有同感，杨百万曾订阅100多份报刊。
②编者注：后实际公布数为10.38%。

+10.4元×2（保值2年）＝149.3元，而现价146—147元明显太低（可涨2—3元，按当时的结算法，应赚80%—100%），故可做多。但是，当时他要单独在327上做多，又担心贴补率会真的下来，自己会算错（上海市场很多人这么认为）。能否套做一下呢？他想，如果贴补率真的下跌，与1992年5年期对应的31系列将会跌得更惨，因为092的现券是2年后的1997年4月到期，到那时贴补率可能会更低。因此，X友决定套做。在327上，他在市场一片恐慌、价位跌到145.8元时，以50万元坚决做多1000口；在319上他也以50万元做空1000口。X友是学工程的，因此他用概率论的理论分析了这次战斗。他说，当时的情况有6种可能性：1.月保值贴补率继续上升；2.月保值贴补率下降；3.1992年3年期国债提前兑付；4.192券不提前兑付；5.192券补5.48元的贴息；6.192券公布不补5.48元的贴息。在这6种情况下，只有在公布有贴息时，319以及其他的31系列期券会比192券对应的327涨得更快（327补5.48元，092券可以补10多元），其他5种情况都是319比327涨得慢、跌得快。那么，如果真的有“5.48元贴息”问题，也只有在3月份发新国债前或6月下旬327兑付时这两个时间可能公布，不可能在1995年1月公布，而且更重要的是，全国市场95%以上的人士都不相信贴息，大众心理不信的事，就可以暂时忽略不计。X友说，一定要相信市场，服从市场。“符合大众心理，领先大众一步，就会无往而不胜。”结果，市场完全按照X友预计的方向发展：327上涨0.6元，319下跌2元，上下共盈利2.60元，时间是半个月。327与319同时平仓，前者盈利12万元，后者盈利40万元，半月收益率52%，年收益率1248%。X友说，之所以这么快就平仓，还是怕新券发行，真的公布有贴息，因此必须在这之前平掉，将风险降到最小。事后，X友说：“尽管后来真的公布了贴息，但我仍然认为自己的操作方式是对的，因为，市场认同极为重要。这就像电流方向，原本应该是负电荷在流动，但因发明电流时人们就说正电荷在运动，结果一错就错了100多年——那就算了，不必硬扳回来。当然，政策性风险必须考虑，因此，必须抢在政策公布前，领先大众一步跑掉。”

六、掌握好“收益率”这把尺子

1995年3月下旬，市场上出现了一个奇怪的现象，与1992年5年期国债（092）对应的期货品种317（1995年6月到期）与319（同年12月到期）这两个品种到期时间差半年，但价格却离得很近，317在147元左右，319在154.5元左右，两者有7.5元差距（最近时仅7.1元），即317和319之间的价差形成的年收益率仅10.2%左右。这种局面维持了四五天，是非常不合市场规律的。X友查了一下电脑终端显示屏，发现这时国债R182（即为6个月）的利率（完全是市场竞价）为17%左右，此外，这时193券（1993年3年期国债）与它在深圳的到期（时差11个月）对应品种6316的套期保值的年利收益率为18%。因此，半年的收益率应在17%左右方为合理，即317与319之间的收益率造成的价差应在12—12.5元。X友经过深思熟虑，当即在317上以147元做空500口，在319上以154.4元做多500口，共投入资金200万元（此时，保证金已按新规定上升为2000元）。经济规律是不可抗拒的，一星期以后，无论整个市场大势是涨是跌，在剧烈的波动中，317与319二者的价差拉开到13.5元（市场为了纠偏，往往会走过头的）。此时的319已多次触涨停板，而317由于离混合交收的时间相对较近，走势较软，则仅是双向自由成交，这说明319还有上冲余地。X友为了慎重起见，就此平仓，落袋为安。一周中，赚取差价6.05元（手续费已扣除），获利60.5万元，收益率为30.25%，年收益率为817%。X友满面春风地说：“收益率是市场规律这只看不见的手给我们的一把尺子，应该好好用它。”X友说：“在大势看不清，又无法单枪匹马地与大机构作斗争时，以收益率为尺子，跨品种、跨期套做是最保险的，但多空方向一定要弄准。”他还指出，市场有时是疯狂的，会多次出现价格扭曲。如1994年12月—1995年1月的326与327品种，时差三个月，正常差价应为6元，加之326面临混合交收，压力较大，实际价差可在7—7.5元，但二者实际价差竟只有3元多，二者反向套做，做几千口的巨量都万无一失。后来价差果然拉大了。

七、解套有术，反败为胜

X友说，人非圣贤，岂有不犯错误的，他也曾做错过，最多一次亏过8万元，有一次差点把在市场上的保证金都给打穿了。但在绝大多数情况下，即便是套住了，我们也还是可以想办法自己解放自己的。千万不要惊慌失措，也不要在一时亏损的情况下过于悲伤，更不要自杀——总会有解决的办法的。以最近一次为例，1995年3月下旬，X友在339（与1993年3年期对应的品种，1995年12月到期）上以163.59元做空50口，谁知做了个地板价，结果账面亏得很厉害。到165.20元他又做空150口，但339看来似乎上冲仍有力量。X友一下子吃不准了，觉得不能再以倒金字塔做了，得另想办法。他冷静地观察了一下周边市场，发现深圳与上海339时差2个月的6316品种停在167.2元上，与339只差2元，这是很不合理的。按收益率应差2元左右，加之上海实行混合交收，期货与现券还会倒挂3—5元，因此应差5—7元，显然不合理。X友立即在6316上做多400口（因为深圳每做1口的面值为1万元，上海做1口为面值2万元）。X友想，好了，这下就不怕了，要涨，6316涨得更凶；要跌，339跌得更快；市场的手一定会把它们的价差拉开的。结果，几天以后，到3月31日，二者价差已拉开到4.4元，339为163.4元。X友此时在339上的做空已获成功，平均价有了1元多差价收益；而6316为167.8元，也有了0.4元收益。考虑到差价还可拉开，故X友说，等几天再说吧，它们一定会分开5元以上的，但现在肯定已经反败为胜了。

八、一度在商品期货市场驰骋风云

X先生在1995年5月18日国家决定暂停国债期货市场试验后，一度还曾在商品期货市场上驰骋过一番；由于他多次获胜，他的资金迅速上升到3000万元。但是，由于商品期货市场中不规范的东西更多，X先生有一次终于失手了，他发现自己可能把方向搞错了。当时他在做红小豆期货，他发现开空仓的推理上有错误，而且这些错误的性质是致命的，他当时在外地，遥看上海期货市场，觉得后市的风险控制他已完全不能驾驭了。当时，他想到了止损，斩仓；但这一刀斩下去，他将立刻亏损1000万元，可是如果不斩仓的话，以后则可能会陷入灭顶之灾。想明白后，他就下决心止损；开盘后，他开始开多仓，止损出局，尽管心在痛，手在颤抖，但心里却是明白的；当天出局后一计算，亏损1000万元，保住了2000万元。他彻夜难眠、痛定思痛，从此以后他就告别了商品期货市场，再也不愿进去了，转而进入了另一个相对安全、活跃的股票A股市场。

九、金泰使他的资金上了6800万

从1997年起，X友又重新回到股市中来。他的特点是不轻易大战，战斗的选择十分慎重，一年选3次品种，有3次大战就足矣。他在拥有3800万资金时，盯住了一个新型的品种——证券投资基金，尤其是其中较好的一个：金泰基金。他重回股市做的第一笔交易就是金泰基金。他选择金泰基金的原因主要有：第一，当时基金较少，单个基金盘子大，流通性好。第二，根据基金条例，基金有配售新股的权利，收益较稳定。当时×友装成初学者在万国证券门口询问了800多人，对他们对基金收益的预期进行平均测算，结果为每单位基金的收益可达到0.159元①。按696国债利率上浮一倍，测算出基金金泰的价格可以达到1.93元。X友认为，市场共识就是它的

①编者注：这种社会调查极其重要，连很多大机构都做不到！

趋势，就是它的定位方法。第三，基金每月要公布一次净值，这相当于国债期货每月公布一次保值贴补率，有公示效应，能引起公众的关注。在金泰基金上市前一天晚上，X先生破天荒地从电话里听了上海10位股评家的168声讯台，想了解一下他们对金泰基金与开元基金定位的看法，结果除了一位认为1.50元/份以下可以大胆买入外，其余9位都认为应定价在1.30元/份左右，因为国外的证券投资基金都定价在净资产附近。X先生听罢，悄悄地笑了：你们都错了。国外的大基金有中国这么优惠打新股的高收益吗？国外的大基金大多是开放式的，随时可兑现，当然应定在净资产附近。中国是封闭式的，而且只有2家，稀缺资源，而且还不交印花税，手续费又低，庄家必炒无疑。清晨，他给笔者打了个电话，告诉了他的打算，说，我很少满仓介入，今天要满仓介入了。实际上，他仍未满仓介入，他常说他自己很小心，也很胆小，因为中国的证券市场风险很大很大。我说，何以这么晚才来电话，我都没钱了，否则可以跟一些。他说：我怕你一写文章告诉大家，价钱就上去了[①]。开盘后，他先以1.45元买入300万元，越跌越买，一直买到1.30元，用其已有的5000多万资金中的3500万对金泰基金进行大规模建仓，建仓平均成本为1.36元。然后，他就带上手机上四川峨眉山旅游去了。后来果然一切都如×先生预期的那样，金泰基金最高到达2.31元，但他却未抛，因为涨得再高些也是很有可能的。

后来，金泰基金与开元基金价格开始快速下滑，他发现直接原因是由于这两个基金竟然主动放弃了一次新股认购机会。他以投资人身份立即打电话去询问，基金管理公司的人支支吾吾地胡扯一气，说什么这两个新股有风险。后来，他发现管理层很快又推出了几个基金。X先生认为基金的基本面已发生了重大变化，而且基金以后还会下跌，不能再继续持有了，于是就花了一个星期的时间，慢慢地以2.07元平均价全部退出。他这次投资每个基金收益达到0.71元，从而使得他的总资金也上升到6000多万元了。

十、“涨停板打开，我要打梅林的”

2000年到来了，X先生应邀到复旦大学来参加一次上海股评人士的聚会。他悄悄对我说：“梅林已经几个涨停板了，我追了两天都没追着。涨停板大约在15元附近会打开，我要打梅林的。”我当时只是当他随口说说的，并未在意；不料，当第6个涨停板打开后，X友果断介入，大规模建仓——约占资金35%左右，之所以不敢满仓打入，是怕庄家发现，影响庄家炒作。X友之所以敢于在已涨了一倍多的15元“高位”建仓的原因是：

第一，可以避免业绩浪的冲击。当时，全国通货紧缩，大部分企业的业绩都不好。加之当时正是年终财务报表尚未出来之时，那些传统股票很容易受业绩浪的影响。而对于网络股在美国的NASDAQ市场的狂热炒作，早已在中国股市中形成共识，而且各大报刊还搞了什么网络股指数来凑热闹。这也就是说，网络股的定价不是根据市盈率，而是根据公众视线流量确定的，这样就可以避免业绩对它的冲击。

第二，上海梅林的85818家喻户晓，公示率高，很容易被人接受。

第三，网络股是潮流，是大趋势。这次炒作网络股是由基金发动的，基金经理人是年轻的管理者，比较容易接受新兴事物，也比较容易追新浪潮，他们是网络的先驱，从而也就必然会投入到这一热潮中去。因此，网络股是中国A股市场的热点，而梅林又是“热中之热”，无疑成了万众瞩目的龙头股。而且，梅林连拉6个涨停板时，一般机构根本无法建到仓。原来的机构要出局，新的机构要介入，一定还会翻一番。于是，经过深思熟虑之后，X友决定重仓介入。

X友在购买了上海梅林之后，他怕自己沉不住气，就又跑到外地名胜古迹去旅游了，因为参加盘整总是难熬的。盘整了一个星期后，就开始了飙升，最高涨到33元多。但当时X友并未认识到这是一个高点。上海梅林此后开始下跌，其下跌主要是受到美国司法部对微软的肢解

①编者注：其实，如果要求保密的话，我是决不会写文章讲出去的。

的影响。X友从这一信息出发认识到，市场经济是一个竞争经济，电子商务要取得超额垄断利润是不可能的，因此网络的超额垄断利润也将破灭。此外，X友听说经济学家吴敬琏在批评梅林，说梅林不就是个卖水的吗，加了个网，就成了高科技股了？他认为吴敬琏的讲话影响很大，等于将秘密给捅破了。他想不能再等下去了，于是X友便果断地在25元将上海梅林全部抛出。但即便如此，他每股收益也近10元。

十一、"鞍钢转债太好了，市场全错了"

从上海梅林获利出来后，X友又选择了鞍钢转债。在仔细阅读了鞍钢转债的募集说明书后，他认为鞍钢转债不仅具有它对应的股票——鞍钢新轧的所有功能，而且还有投资风险小、收益高的新功能。跌，至少可得到106元（年息1.2%），而涨则空间很大，极为安全（当时大盘的上下一时还看不清楚）。可转换债券是一种介于股票和债券之间的有价证券，它的风险比股票小，灵活性高于债券。在股市下跌的行情中，即使其价格也随股价的下跌而下跌，它也明显地具有抗跌性，这主要是因为它有保底价值的缘故。其实这个保底价值就是债券本身的价值，是可以为投资者带来的有保障的收益。此外，可转换债券还具有一个可以转换股票的买入期权价值，而它则还有可能使投资者分享到发行公司鞍钢新轧利润的增长、股票价格上涨的潜在价值。

从鞍钢转债的实际情况来看，鞍钢集团是我国中央所属512家重点国有企业之一，风险性小；而且在其募集说明书中特别对股票下跌做了说明，从而使它的看涨期权有了保障。从国外股市的一般表现来看，可转换债券中包含的看涨期权通常应有票面价值的10%左右；另外，鞍钢转债可以保证投资者有1.2%的无风险年收益率，再按照当时新股发行方法的规定，它还可以享有打新股的收益，一年下来最低也可达到4%；这样，鞍钢转债的最低收益率也在16%左右。X友在100元附近全线出击，虽然鞍钢转债曾两度竟荒唐地跌到95元附近，但"是金子就总是要发光的"，它的价格本来已比鞍钢新轧低20%，加之鞍钢新轧价格的不断攀升，它也扶摇直上。他曾于2000年5月15日受邀到复旦大学管理学院为博士、硕士与本科生讲学，当时的鞍钢转债为95.80元，他大声地对同学们说："这个鞍钢转债太好了，而整个市场全弄错了。"次日，不少同学及家长都买进了96元的鞍钢转债。一周后，鞍钢转债走出徘徊一个月的局面开始大幅上涨，一浪高过一浪，涨到120元附近，营业部经理高兴了，让小姐打他的呼机："X友，你的鞍钢转债大涨了。"他平静地笑笑："还早呢。"后来，鞍钢转债涨到144元。X友虽未在最高点出货，但却也获利颇丰，这使他成功地成为亿元大户。①

十二、个人战略投资者的宽阔胸怀

X友很不愿意让人们认为他是个炒股高手，是个被人羡慕的个人大户。他一再说自己是个个人战略投资者。他十分钦佩毛泽东，说毛泽东的哲学思想、军事思想太了不起了；他对毛泽东的《矛盾论》中的许多重要观点都是反复学习，并用于股市实践。他对邓小平也很热爱，说小平给我们带来了富裕的生活。他生活依然简朴，戴着块80元的旧手表，整天乐呵呵的。在自己手里拥有600万资金时，他在上海闹市区买了套期房，解决了自己多年房子太小的问题；在资金达到2500万时，他又买了套新房；在资金达到8000万时，他则买了幢别墅。不知是否因为毛主席过去坐的是红旗牌小轿车，他也买了辆红旗牌小轿车，但事后他却多次说，上海出租车太方便了，这个小轿车投资还是有些不太合算。

X先生在笔者的说服下，终于同意到复旦大学、北京大学和对外经贸大学等高校来进行讲

①编者注：2000年5月15日，X先生到复旦大学讲课，此日鞍钢转债收盘价格为95.41元。60天后涨到140元以上。

学。同学们对他那高瞻远瞩的战略分析、精彩的演讲、谦虚和不张扬的奉献精神报以热烈的欢迎。当人们问他有了这么多钱以后干什么时，他说他希望成立一个私人管理基金，希望以后有机会能与索罗斯斗一斗。至于钱么，他说：“没有是不行的，但太多了也是没有用的，将来一定是取之于社会，用之于社会。你们是可以看得到的。”他为人谦虚，依旧与平常人一样，每天高高兴兴地去买报纸、买菜，而且喜欢到祖国各地的名山胜水去旅游。他至今仍不希望过多张扬，而是希望过一种平平静静的生活。

从一千四到六个亿

X先生

谢百三：X先生是笔者十多年的老师与挚友，由于众所周知的原因，X先生不愿说出他的真名。他是从工科大学毕业的，搞自动化控制。他为人善良，不善于搞官场与社会交际，对人友好，见了人总是乐呵呵的。他在自己的业余时间里研究起了股票、债券、期货等经济问题，并利用业余时间炒股，搞国债买卖。

他起先仅有1400元钱本钱，通过到东北做国债现券的异地交易挣了2万多元钱。接着买了一些股票，通过炒二手股挣了一些钱；后来又买了些1992年的国库券，结果一下子增加了4万元。到1993年10月25日，上海证交所开出国债期货交易品种时，他已有了400万元。从那时起到1995年7月，过了17个月，X先生国债期货交易26仗全胜，且大多数是大胜。虽然他也有浮动账面亏损，最多一次亏过8万元，但他能总结经验教训，亏不过二，且大多数是赚大钱的。到了1995年5月18日，他已拥有600多万元。1997年他到北大来的时候，已经有3700万了，2000年年初是8000万。后来他有1.4亿了，从1997年我认识他到现在，他的资产已经翻了100倍。后来，历经2006—2007年10月大牛市及2011年大熊市，他的投资越来越旺，现在已达6个亿了。

他虽然是理工科大学的毕业生，但是对金融学却研究得很深，而且很扎实。另外，你们慢慢就会听出来，X先生不仅学金融、学管理，而且他还学哲学，尤其是毛主席的哲学思想，指挥他奋勇前进。

X先生曾经到北京大学、复旦大学各作过一个报告，受到了北京大学光华管理学院、复旦大学经济学院（包括财务金融系、国际金融系和金融系）同学的热烈欢迎和高度评价，中央电视台编导曾多次来电，让我转邀他在春节联欢晚会上介绍他自己投资炒股的经验，说在一个大熊市里能取得如此好的成就，太了不起了。但此邀请被他婉拒了。后来中央电视台又来电说要给他化装戴上墨镜，加上山羊胡，让他去上“春晚”，他风趣地说这还是我吗，让他们找个演员去演就行了。X先生就是这么一个水平极高、做事低调，踏踏实实、严谨投资的中国民间巴菲特，让我们以热烈的掌声欢迎他来作报告。

谢谢大家，刚才谢老师谦虚，其实我有很多理论上的问题都是要请教谢老师的。我今天讲的东西，如果同学们有不同的意见，请提出来，当场举手或者递条子，我在学术上喜欢与大家争论。

一、我的投资经历

我是从1988年开始参与证券市场的，到现在已经有了20年的历程。这20年的历程，大约可分成三个阶段。

第一阶段，从1988年到1991年，当时资金从1400块增长到4万块，主要是参与国债现货异地买卖获得的。当时是把国库券从沈阳贩到上海。起步阶段没有办法，往往都是很残酷的，不可能是阳春白雪，当时坐火车从沈阳到上海要31个小时，我有的时候每周要往返两次，光在火车上就要花124个小时，艰苦程度可想而知。当初经营的特点是资金非常少，非常辛苦。像这样跑，实际上挣的也很少，每一次大概挣个两三百块钱，除去吃的喝的和路费100多块钱，也就挣个100多块钱，这样大概搞了4年左右。

第二阶段，从1991年到1994年。1990年上海和深圳成立了证券交易所，进行了电子报价。这样一来，每个地方国库券的价格基本差不多，因此异地买卖国库券的生意也就不能做了。

1991年我入了股市。当时由于自己对股票的认识比较肤浅，资金基本上是随大市沉浮。在这个阶段让我记忆最深的，是有一年的6月份左右大市从1500多点经过六个月跌到300多点，我的资金也从25万元缩水到7万元左右。当时我每日如坐针毡，度日如年，非常难受。但我始终抱着一个信念：股票是国家发的，国家是对人民负责的，它一定会来救市的。这个观点同学们现在听了一定会觉得很荒唐，但当时我就那个水平。抱着这个信念，我一直坚持着，后来到了1991年11月份，大市出现反转，我也开始转危为安，资金也从7万逐步恢复到25万。就这样在这三年中，我的资金涨涨跌跌，基本上仍维持在25万左右。

第三个阶段是从1994年到现在，我的资金从25万发展到现在这个水平，资金量增长了1000多倍，按复利计算，每年增长2—3倍。在这其中，有一次交易是在我人生中起转折作用的。我经过几个月的研究和分析，包括到市图书馆查阅了有关资料，搞清楚了国债期货中保值贴补率的计算方法及商品零售物价指数、消费物价指数的定义。通过计算，我认为当时的合约被严重低估，如果做多的话，把握非常大。认真的计算使我信心大增，我决定满仓买入国债期货合约。

当时我做好了两手准备：如果成功，那当然很好；如果不成功，我在单位还没有辞职，大不了回单位继续做我的工程师，权当潇洒走一回了。事实上，这一天国债期货的走势与我的预测完全符合，当天就上扬了2块多。我开仓之前是25万，当天就增值到50多万，翻了一倍多一点。我当机立断马上就平仓了，毕竟还是落袋为安。应该强调的是，在我这十几年的经历中，也仅有这一次做国债期货是满仓的，在以后的国债交易中，我基本上保持1/5—1/10的资金量做期货。我认为要取得收益总是要承担风险的，关键是你承担的风险跟你取得的收益是否平衡，这是最关键的。诸葛亮不用空城计不行，但要用多了他一定会倒霉的，道理也在于此。在所有投资者当中，我有几点是比较特殊的：第一，我在整个证券投资当中不透支；第二，我从来不打听内部消息；第三，30块的认购证，我买了10张，不像有些人买了很多，但也正因为我只买了10张，所以在这方面很不幸运。

二、我的投资理念

我认为在股市当中应该看清大市："牛市不抓回档，熊市不抢反弹。"

为什么这么说呢？因为只有看清了大市，才能在牛市中挣到比较多的钱。在牛市中如果我们抓回档的话，踏空的机会远远大于抓住回档的机会，这也就是我在前面谈到的风险不能适应。在熊市中抢反弹的话，道理同样如此。此外我认为在熊市中寻找牛股的获胜概率也是比较小的。因为熊市当中绝大部分股票都要下跌，要想从中找到牛股，难度实在太大，我这种人水平一般，估计没有这么幸运可以找到少得如同凤毛麟角般的牛股，而且上帝也没有对我这样开恩过。

第一点，符合大众心理，领先大众一步。在做股票中，我们讲究的是领先大众一步。如果我们不领先于大众，一直随大流，跟在大众的后面，股评家推荐什么，我们买什么的话，那就很可能会吃套。因为一个股票再好，你把它的优点都发掘出来了，那它的股价本身就已经包含了这些优点，这时如果你再买进去的话，风险就是比较大的。还有，我们只能领先于大众一步，不能领先太多，领先太多的结果有时候也非常悲惨。我们讲在期货里面如果大势是往下走的，你太领先开空仓的话，它还在往上涨，那你很可能就会被拉爆，或者叫打穿。在人类历史上，哥白尼和伽利略很伟大，他们发明了日心说，但是他们太领先了，结果都很悲惨。有的时候领先大众一步也体现在我们可以利用大众的错误心理，提前一步了结。怎么说呢？我想举个例子，我们在研究电流运动方向的时候，总是讲正电荷运动的方向，实际上我们知道，正电荷是不运动的，运动的是电子，而电子则是负电荷，因此在这个问题上从发明电流到现在就是错误的，但是在很多人都认为错误是正确的时候，你就没有必要去硬扳龙头，硬扳龙头人家就会说你不懂。下面我举三个例子来说明我讲的道理。有一点要说明的是，我举例子，有的时候同一个例子会在很多不同的地方用到，因为我交易的次数少，大交易我只做过七八次，因而我不可能像有的每天交易多达好多只股票的投资者那样能讲出很多例子。

第一个是“500001金泰基金”的例子。发招股说明书的时候，我认真看了，其中有一条，就是讲到可以对基金配售新股（基金就有了一种特权，享有配售新股的优惠）。但是由于这一条在招股说明书的条例里面写得很不明显，所以很多投资者当时都没有在意。第一天，开盘价是1块4毛5分，开盘价实际上是我做的，后来一路下行，最低的时候跌到1块3毛左右，我叫我的助手把我的资金都按1块3毛1打进去，成交了1500多万股，价格就往上抬了。后来过了没多久，中国证监会就落实了这个利好消息，给基金配售了新股，基金的价格也连续上涨，当时最高价涨到2块3毛多，我没跑，后来在2块7分的时候获利了结。后面又增发像新华基金等，我认为基金多了影响供求关系，因为商品的价格不仅是由投资价值决定，供求关系也起到一定的牵制作用。从这一点来看，我们应该发现别的投资者没有发现的事情。只有领先于别的投资者一步，你才能挣到大钱。

第二个例子是鞍钢转债。当鞍钢转债发招股说明书的时候，我也认真看过。我看到其中有一条，就是在转股价下跌30%的时候，上市公司要马上兑付转债，要付给投资者5%的利息。我对这一条信息是这样分析的：当时股市正处在一个基本牛市的状态下，如果鞍钢公司不在近阶段把股价拉高的话，熊市来临的时候，股价可能会下跌，如果下跌30%的话，鞍钢公司是很亏本的，它发行转债就要失败，就要马上兑付。因此我认为，鞍钢公司不会做这么傻的事情，而是会很着急地通过提高企业效益等合法手段把股价弄上去。一般来说，上市公司如果愿意让股价往上拉的话，总是会有合法办法的。后来过了几个月，价格确实往上涨了。

第三个例子，就是上海梅林。当年炒网络股时，梅林在连续6个涨停板、涨到15元的时候，我看了有关报纸，研究了有关信息，发现当时的投资理念是，在电子商务中B2C的商业模式能够取得垄断超额利润，而且，网络股是只认第一，不认第二，最著名的就是亚马逊公司。当初我对这些理论是非常的困惑，不怎么懂，但我当时考虑这一波行情本身是由基金发动的，基金里面绝大多数是年轻的分析人员，他们比较容易接受国外的理论，而这些理论当时也正是NASDAQ中最流行的理论，我认为他们是完全有可能按这些理论去操作的，所以我在第4个涨停板的时候连续按照涨停板的价格挂牌，结果在第6个涨停板的时候才给我买入。这里还要补充两点，当初电子商务还有另外一个概念，即B2C；另外一点，配送网络也是一个瓶颈限制。清华的方兴东和中公网的首席执行官谢文都有专文提到这个事。而梅林借助正广和的送水网络，在上海范围内是做得比较好的，所以它的概念符合网络股的概念。我在15块多买入梅林，一直涨到30多块，我没有跑。后来出了两件事，一件事是我身边的谢教授跟我讲，吴敬琏老师在一次公开的场合说，梅林这种网络股是假的，也就是送送水。吴老师是我们经济学界的泰斗，他讲的话，在我们整个经济学界是有很大的引导作用的，如果他把这个秘密揭露出来的话，我想很多投资大众也会认识到的。第二件事，那个时候，美国司法部要肢解微软，理由就是微软垄断经营，实际上微软的垄断也不过就是一个捆绑式销售，也没有什么特别恶劣的地方，从这一点来看，政府是不允许垄断的，而且是有法律规定的，如反托拉斯法，不会让你随意地垄断市场。现在亚马逊还没有垄断市场，如果它垄断市场，我相信会有第二个杰克逊大法官把它肢解的。从这一点出发，我认为网络股中只认第一不认第二这个概念应该被打破，如果打破了这个概念，那么网络股的超额利润也就不存在了。出于这两点考虑，我就把梅林给平仓了。我举这个例子，主要是说明我买进去的时候也认为这超额利润是错误的，但是，既然超额利润这样一个错误理论会被大众接受，那么我们就不妨利用起来。要领先大众的觉悟，就是要在大众还没有觉悟的时候提前跑掉，梅林就是我的这个理论在实践上的应用。

三、抓主要矛盾

在现实生活中，总有一个矛盾是起着关键作用的，其余的矛盾都是围着这个主要矛盾的转化而转化的，我举两个例子。

第一个例子，在319国债期货的后期，它的价格远远超过保值贴补率计算的价格，很多人从保值贴补率的概念出发，认为应该开空仓。而在当时的情况下，保值贴补率并不是一个主要矛盾，主要矛盾是国债现货的流通量非常小，多头不管保值贴补率的高低进行逼库，这才是问题的主要矛盾。如果我们不抓住事物的主要矛盾，硬看保值贴补率去开空的话，结果就会变得非常可怕。

第二个例子我要讲国债回购。我挣钱当中有很大一部分是买入国债现券，然后回购放出，融入资金，再买入国债，再回购放出，这当中挣钱的诀窍就是国债上涨的收益刨除回购的利息，如果收益大于利息的话，我就是盈利的，否则就是亏损的。回购利率的高低在这当中起着关键性的作用。在有一个国债要兑付的时候，抵押国债的多少就是一个主要矛盾，因为如果抵押现券减少，融出资金是不会变的，它不会因为抵押券的减少而不融出资金。这样一来，供应不变，需求减少，价格就要下跌，价格下跌就意味着回购利率的下跌，而回购利率下跌，我的盈利就能增加。

四、战胜自我，忘记成本价

有的时候，很多人会问："你买入的是什么价钱？"如果买入价很低，获利丰厚的时候，人家就会劝你"该跑了，你已经挣了很多钱了"；如果你买入的价格很高，现在的价格很低，他就会说"你套得这么深，还跑它干什么？"我认为这些观点都是错误的，因为市场不会因为你成本价的高低而改变它自身的客观规律。我们在做股票的时候，只能看后面的形势对你现在的股票持仓是有利还是无利，如果后市发展对你是有利的话，你获利再丰厚也应该坚持拿着；如果后市发展对你是不利的话，你套得再深也应该斩仓。我举两个例子。

当年，我开空仓做咖啡期货，当时损失有1000多万。那时我的资金总量才3000多万，因此损失1000万就意味着损失1/3。经过分析，我发现自己当初开空仓的推理中存在错误，而且这个错误是致命性的。从这一点来看，后市的风险我已不能驾驭，那么到底该不该斩仓？在当时那种情况下，如果斩仓心是很疼的，因为毕竟是我1/3的资金。但我看到，如果我不斩仓，后市更可怕，也许今后就再也不能进入期货市场了，当时我已经觉得失控了。从这一点考虑，我最后还是斩仓了。此后的形势跟我的预测差不多，如果我不斩仓的话，再过两个星期，我将分文不存。

第二个例子讲红小豆期货。红小豆期货我用40万开仓，盈利从100万、200万、300万、400万，一直上升到700万，我才觉得这个价格是正常价格，潜力已经挖尽了，如果继续持有，后市就跟我的分析相违背了，于是我才决定平仓。当我之前挣了100万、200万的时候，有很多朋友都劝我"你应该平仓了，你心太黑了"。我说在整个市场里，没有心黑心白，只有对后市把握得准确与不准确，如果我们心慈手软平仓的话，那会损失很大一块利润。当时我看到后市的发展还是对我有利的，所以我才一直坚持下去。

五、具体问题具体分析，不照搬经典理论

因为经典理论的成立是要有环境和条件的，如果脱离了那个具体的环境和条件，经典理论就可能是错误的。前苏联十月革命的胜利是靠城市包围农村，而我们中国革命的胜利则是靠农村包围城市，如果我们照搬苏联的经验，那么结果就可想而知了。在做股票中，我们也要仔细

辨别经典理论成立的条件是什么。我举一个例子来说明这个问题。

我还举当时500001金泰基金这个例子。当时金泰刚发行，在预测开盘价及后面的交易价格的时候，很多股评家照搬经典理论，认为基金的交易价格应该在净资产值附近。当时基金的净资产值是1块，开盘价是1块4毛5，收盘价不到1块4毛，很多股评家都认为这个价格已经很高了。他们认为高的理由是翻了一些书，里面讲基金的价格与净资产值应该靠拢，而当时的情况是基金的供求关系严重失衡，中签率只有1%左右。要知道，一种商品的价格不但取决于它的投资价值，还取决于它的供需关系。当初供需失衡那么严重，我认为它的价格应该远远地超过它的净资产值。当供需矛盾比较激烈的时候，它的价格是应该按照收益来算的。当初696国债的收益率大概在4%—5%，我把它放大一倍，到10%，按照配售新股每年大约取得3毛左右的收益来算，当时市场预测基金能够涨到3块左右，实际上这个是可以被接受的。而当初的情况也正是供需严重失衡，因此我才敢大胆建仓。当初有一个股评家陈先生，他说价格太高；后来隔一天，中国证监会副主席陈耀先说这个价格基本满意。后来我说陈先生不满意，陈耀先满意，到底是有个“耀”管用。

六、重基本分析，轻技术分析，不要太迷信财务报表

因为我们中国目前的证券市场基本上是一个投机市场，如果在投机市场里炒作，就不得不考虑炒作的题材。所谓炒作题材，也就是炒主流热点。这个问题在炒作中是至关重要的，也是我们做基本分析时应该特别重视的。而技术分析只是一个局部的问题，很多机构大户都完全有资金实力来操纵技术参数，你要阴线就画阴线，你要阳线就画阳线，你要三浪就三浪，你要五浪就五浪，这都是很方便的事情。事物的发展在微观上是没有规律的，而在宏观上是有规律的。在财务报表这个问题上，我认为不必过分看重，因为在我们中国，即使上市公司的财务报表很好看，也不见得一定有投资价值。

原因有两个。比方说，像×××，财务报表非常好，但我仔细查了一下，它从上市到现在，从没有现金分红。如果这种股票是在国外，也许会被投资者所抛弃，其实像这种蓝筹股跟ST股没有什么区别，虽然它的财务指标很好看，但对投资者来说没有用处。另外，有一些财务报表很好的公司，到最后你会发现，它竟是作假的。这是因为我们现在的投资者很难对上市公司进行监督、调查和了解，即使你去调查的话，也基本上是人微言轻，人家也不一定肯如实地答复你，因此你得到的信息也可能是虚假的，让你吃不少苦头。此外，我还买过琼珠江，我分析其历史上的财务报表，不管是流动比、速动比、净资产收益率、资产负债率，各项财务指标都近乎完美，我想这种股票投资价值很高，赶快买来做长期投资，不怕没有丰厚的回报。谁知过了半年以后，出来的报表却让人大跌眼镜。事后我才搞清楚，这只股票有虚假的成分。

七、不看庄家看股票

有很多投资者，总要去打听庄家的消息，想与庄家共舞。我认为这个不可取，第一，庄家的行踪不是你这样道听途说就能打听得到的，庄家的行踪是一个商业机密，他怎么会随便地公示于人呢，而且打听本身就是件很困难的事情。第二，庄家坐庄也不一定成功，如果庄家坐庄都会成功的话，那么每一个大资金都会去坐庄的，如果坐庄总是成功、散户总是失败的话，那散户为什么还要参与股市呢？所以你即使跟上了庄，也未必就一定能成功。有的人问了，不看庄家，你怎么操作呢？我认为我们只要研究股票的质地是不是适宜坐庄，如果这只股票的质地适宜坐庄，今天没有庄家，明天也会有庄家，申银万国不来坐庄，华夏证券也会来坐庄，因为这只股票的题材适宜坐庄。庄家也是有头脑的，他们也是会进行认真分析的。实际上我们看树林里有没有鸟，我们不要去数树林里的鸟，只要看这个树林的生态环境，如果生态环境

很好的话，今天没有鸟，明天鸟也会来的。在“文化大革命”的后期，中国出了王张江姚“四人帮”，那个时候由于我们国家的民主与法制建设受到了极大的破坏，即使不出现王张江姚，也要出现赵钱孙李，即使不出现“四人帮”，也要出现“三人帮”。宏观事物的发展是有规律的，我不能说明天的天气比今天热还是冷，但我可以说半年以后的气温肯定比今天高，因为地球跟太阳的关系发生了改变，这是一个宏观规律。

八、做自己熟悉的行业，不盲目投资

现在一般都讲“不把鸡蛋放在一个篮子里”，而我的操作则与此恰恰相反，基本是把鸡蛋放在一个或两个篮子里，很少分散风险，我认为这样操作风险非但没扩大，反而是缩小了。在我们市场经济充分发育的今天，各行各业竞争非常激烈，而人的能力是有限的，不可能去熟悉每一个行业，当你投资不熟悉的行业的时候，你在这一行业的竞争中就处于劣势。处于劣势还能盈利？这个我是很难想象的，我们只能在处于优势的行业中才能盈利。当然，做自己熟悉的行业也不是说要你故步自封，不去开发新的行业，如果19世纪你专门从事马车业，那你可就苦了，因为那是个没有发展前途的夕阳产业。我们就是要不断开发新的产业，但在新的产业还没有成熟的时候，我们不要投资，或者只花少量的钱进行投资，在取得经验、熟悉了以后再对这个行业进行大规模投资。（长时间的鼓掌，献花。X先生回答同学问题）

中国股市风雨兼程一路疾行

谢百三

一、风云初会星河转——中国股份制崭露头角

首先，我要谈一谈中国股票市场是如何兴起的。

第一，中国股份制改革是怎么出现的？

1978年中国开始进行经济改革，首先从农村开始。中国的新民主主义革命是从农村开始的，农村包围城市，是成功的；中国的经济改革也是农村包围城市，也是成功的。农村里出现了土地承包，出现了乡镇企业，出现了许多“万元户”，后来人们发现农村改革的很多东西是城市改革时可以学的。从1978年到1984年，改革主要发生在农村。1984年中国共产党十二届三中全会宣布开始在城市大规模进行经济改革。农村中的乡镇企业开始了集资办企业，当时的口号是“以资带劳”、“带股进厂”。那时候，我在杭州西湖边的浙江美术学院①复习功课，备考北京大学研究生。每天在食堂吃饭时会碰到一个美丽的20岁左右的女同学，她很客气，毫无美术学院一般女生的洋洋自得劲儿。后来才知道，她是个人体模特儿。她说，你不会看不起我吧？我说不会啊，我很敬重你，这是为艺术而献身！我知道人体是世界上最美的。她后来叹着气告诉我，说没办法，她们家乡的社办企业要搞股份制，进一个工人要带2000股（1股1元钱）；她在美院当模特儿赚的一些钱，已帮她哥哥进厂当工人了；她还要努力，帮她弟弟进工厂；他们进厂后，还要帮她自己也进工厂。我听了很感动，觉得这个女孩实在太不容易了。这也是中国市场经济形成初期原始资本积累阶段人们奋斗的缩影。那时，江苏的苏南、西安的郊区、河北、河南、山东、陕西、福建，尤其是重庆等地17000家乡镇企业全都实现股份制。这种股份制是我们现在的股票市场的基石和萌芽。

第二，从1984年开始到1985年，城市国有企业改革很艰难。

城市改革主要是四种形式：第一种是承包。但是人们发现承包只能管个两到三年就不行了，有以下几个毛病：

承包后的企业领导权、自主权还是得不到保障，企业自主权不明确。

承包后，企业往往有短期行为——拼机器、拼设备、拼人才，短期行为很严重，没有长期打算。

承包的利润指标很难确定。原材料涨价就完不成；成品涨价可以得很多奖金。

保盈不保亏。盈利了一定要发奖金，亏损了就赖账，“要钱没有，要命有一条”。

所以，承包搞了两年以后，国家、企业与经济学家都发现不行。然后，我们又把希望寄托在租赁上。承包与租赁差不多，但租赁有个抵押资产。假如完不成任务，就会没收你抵押在上级主管部门的电视、冰箱、国库券等。试验的结果是，租赁同样有很多缺点，承包的毛病它都有，另外，还有几个承包没有的毛病：

只适合小企业、小商店。因为企业大了以后，承租人就找不到那么多财产来抵押了。

党、政、团跟承租者的关系非常不好协调，有的承租者就像当年的资本家。

租赁企业职工的工资始终涨不高。承租者和职工的关系很对立。

搞来搞去，大中型企业没法改好，就又有了第三种方案。这第三种方案叫资产经营责任制，把承包和租赁的优点结合起来了。但其本质上还是一种承包，也有承包所具有的毛病。在这种情况下，厉以宁教授在全国率先提出了股份制的思想。那是1980年5月，厉老师在中共

①编者注：即现在的中国美术学院（杭州西湖畔）。

中央书记处政策研究室和国家劳动人事部关于就业问题研讨会上，第一次提出了用股份制解决就业问题的设想。当时的情况很糟糕，全国预算内国营企业的亏损一年比一年多：1985年预算内国营企业亏损是10.69%，亏损企业4000多家；1988年亏损是12.25%，亏损企业4700多家；1989年，亏损企业多达6200多家，亏损面达16%；1990年，亏损企业多达11890家，亏损面达到31.5%。这些都是中国开设资本市场之前发生的情况。后来国营企业亏损面就更大了，百分之七八十都是亏损的，为什么呢？没有改革前的国营企业就是当年的人民公社，就是大锅饭。企业领导权力不大，责任不大，利润也不大，所以国营企业的机制就是人民公社的机制。在这种情况下，我国的预算内国营企业亏损金额：1985年达到26亿，1988年是63亿，1989年是136亿，1990年是286亿。在这种情况下，北京大学的厉以宁老师提出了股份制设想。这个设想提出后，当场受到其他经济学家的责难："厉以宁，照你这么说，以后要成立个证券交易所吗？"厉以宁老师回答："那当然。"一些经济学家听了哈哈大笑（他们可能认为这是资本主义的东西）。据悉后来厉老师被请到国务院国家机关作了一场报告，介绍股份制的思想。1985年春天，厉以宁老师在北京大学的办公楼礼堂举行了三个晚上的报告会——中国所有制改革。我正好到北京出差，他在电话里让我来听课。在会场上我找不到座位，就在他的讲台下席地而坐，听了三个晚上，一字不漏地记了三个晚上。报告内容就是讲股份制，当时就引起了很大的轰动。外国人都知道中国有个"物价改革学派"是以吴敬琏老师为代表的，现在才知道中国还有个"产权改革学派"是以厉以宁老师为代表的。北大文理科几十个系不同专业的同学把办公楼礼堂挤得水泄不通，因为大家都关心我国的经济改革。它关系着中国今后几十年乃至几个世纪的命运、前途及振兴道路，因此极受人关注。当时前两排是中外几十家媒体的记者，连走道里都站满了同学。厉老师的思想后来放到我的书《中国当代经济政策及其理论》里去了，关于股份制改革这一部分几乎完全是厉以宁老师的思想。

二、春风吹碧，春云映绿——新中国的股票破土而出

刚才是个引子，下面来谈谈中国证券市场的发展历史。

在中国证券史上，人们公开承认的新中国第一股是1984年11月18日发行的飞乐音响。这是中国人民银行上海分行批准的，发行50万元，每股50元；股票的65%对社会发行，35%对法人发行；不能退股，可以流通，且有股息，个人股票可以保本保息（怕无人来买）——这其实是很矛盾的，股票怎么可以保本保息呢？

1985年1月，上海延中实业股份有限公司成立，全部以股票形式向社会筹资，成为第一家向社会公开筹资的集体所有制企业。第一个买延中股票的是一个转业军人，为的是能抽签中奖一套住房——他没有自己的房子，便大清早3点就排队，第一个买了延中的股票，后来他成了几百万元的大户。

1986年9月26日，中国工商银行上海信托投资公司静安证券业务部宣布成立，它是我国的第一个证券营业部。一共12平方米，共2只股票。后来出现了所谓的"老八股"：延中、飞乐音响、电真空、申华、豫园商城、浙江凤凰、飞乐服份、爱使电子8家。

1986年11月16日，中国改革开放的总设计师——邓小平在北京会见纽约证券交易所董事长约翰·巴尔林，并向他赠送了中国第一股——飞乐音响股票。社会主义国家竟然有股票？这在约翰·巴尔林的心中无疑是原子弹爆炸。只要搞股票市场，这个国家一定是改革开放的，一定是搞市场经济的。他拿着这张股票激动得手就颤抖起来了。他要求到上海来过户。当时上海的"证券交易所"就12平方米，怕丢脸，一再推却，他一定要来。后来只好让他来了。巴尔林一看就明白了，笑着说："你们不必为此难过。我们纽约交易所的前身是在华尔街的一棵大榕树下，我们在那里搞了三四年，起先政府不理我们。我们可以确信，中国将来的证券公司会铺天盖地，会发展得极快。"当时大家都以为他是鼓励鼓励而已。同学们，现在是2007年5月，21年

过去了，大家想到过吗？现在在上海市区的任何一站地方，东南西北任何（公交车路程的）一站地的方圆内一定会有1—2家证券公司，它比菜场还要多。这个局面，被纽约证券交易所的董事长在21年前就预见到了。

1987年5月，深圳发展银行首次向社会公开发行股票，成为深圳第一股。当时多数人不太肯买，弄不清是怎么回事。深圳市命令：每个处级以上干部必须买2000元，不买也得买。2000元在当时是个很大的数字，深圳的干部95%都买了，但也有极少数不肯买，家里人拉后腿：这么一堆纸头，花这么多钱，有什么用！有人就借口家里有人病了，老家发大水了，要求照顾一下，不买了吧……多少年过去了，凡是买了2000元深发展的人后来大多成了百万富豪，而没买股票的都失去了一次绝佳的机会。

三、霹雳一声惊寰宇——上交所、深交所应运而生

1988年7月13日下午1点，上海市体改委主任贺镐圣亲自主持了一次报告会，就是由我向时任上海市市长的朱镕基和30多位市领导作一场报告。这是朱市长亲自点名请我去讲的。我就谈了中国当前的经济热点，第一个小时讲物价改革。我当时的观点是，物价改革是冲不过去的，只能慢慢地改，不能两三年到位，不能搞“休克疗法”，要搞“蠕动到位”，否则，方方面面受不了。第二个小时讲企业改革，中国的希望寄托在所有制改革，即股份制改革。其间，朱镕基市长质疑：搞股份制会否使国有资产流失？我回答：不会的。因为一元钱可以卖三元五元啊。他惊讶之余表示了极大的兴趣。从此之后，我给他的信件，封封有回音。1989年发生了一场政治风波，风波后一些外资企业撤资了。在这种情况下，我们要向世界表明两件事情：第一，我们中国的改革开放没有停；第二，我们要帮国营企业解决改革发展的资金问题。朱镕基决定尽快成立上海证券交易所，我觉得前述1988年7月讲的课对于时任市长的朱镕基决定1989年在上海成立证券交易所是有关系的。

1989年12月2日，上海市委召开常委扩大会议，会上决定成立上海证券交易所。1990年12月19日，上交所成立了。在成立大会上，朱镕基有个讲话，大意是：大家不要到处宣传，悄悄地实践。全国各地都想成立，我们上海先成立了，因为上海一直是全国金融中心。1991年4月，经国务院授权、中国人民银行批准，深圳交易所也成立了，7月3日正式营业。但实际上，深交所比上交所成立得早——1990年12月1日成立的，当时由于没有政府机关的支持，是民间发起成立的，因此在深交所的铜牌上挂了块红布。1991年10月31日，中国第一次发行了B股——南方玻璃股份有限公司和深圳物业公司。同学们，B股的实践是失败的，已经没有办法继续发展下去了，只好拖下去了。

四、满园春色关不住——初生的股票市场生机勃勃

1992年元月，上海出现了股票认购证，30元一张，我就是这个时候进入股票市场的。当时，有幸认识了兴国宾馆的叫王彬的朋友，他告诉我上海将卖股票认购证。我买了50张。最后统计的时候，全上海卖出了200多万张，比预计少了很多。于是认购证的黑市价马上涨到了300元一张。加之，小平南方谈话，大量新股上市，100张认购证买成股票，一上市就卖掉，可以赚50万。当时上海滩年轻人谈恋爱，只要打听到对方家里买了认购证就知道家藏了好几个金元宝，就容易谈成。我买的50张给我赚了25万。有了第一桶金，感到反正也是股市里赚来的，就大着胆子开始做二手股票。从1992年到1995年，一直亏，25万亏到15万。后来就下决心不做了，觉得我不是做股票的料。当时自己安慰自己，英国首相丘吉尔做了一天股票也是大亏的。幸亏证券公司知道他会亏，做了不少对冲动作，说：“丘吉尔先生，您没有亏。”（大笑）还有一个大物理学家牛顿，做股票也是亏的。我就自比他们，安慰自己并不是杰出的人都能做股票

的。就在这时，我到北京来出差，林坚老师来看我，他当时有300万，我就15万。我们聊了一晚上，觉得这次又有一个机会了，决定去做国债期货，我感觉会大涨。林坚老师借给我3.8万元，连续两天涨停，一下子赚了7.6万元。这么一下子，我的资产又回到20万元以上了，从此我走出了阴影。1992年1月19日，邓小平视察了深圳10天，他了解了深圳的股票市场，明确指示："有人说股票是资本主义的，我们在上海、深圳先试验了一下，结果证明是成功的，看来资本主义的有些东西，社会主义也可以拿过来用。即使错了也不要紧嘛，错了关闭就是了，全部关也可以，关一半也可以，以后再开。哪有百分之百正确的事情。"同学们，这段话明确地是在鼓励大家搞股票市场。但是，有"左"的思想的人却认为：小平同志讲了，不行就可以关掉的。而上海市领导明白小平同志这指示后，一下子就发行了几十家公司的股票。

1992年2月21日，上海电真空发行B股，这是我国第一家在上海上市交易的B股股票。

1992年3月21日，经上海市市长黄菊批准，决定全面放开股价，进行自由竞价交易。当时，所有股票都买不到啊，都是涨停。自放开价格后，该涨多少就涨多少，股票就这样涨上去了，从1992年100点涨到了1400多点。

1992年8月10日，深圳开始发售新股认购抽签表，也就是认购证。出现了100万人在深圳争购抽签表的场面，发生了震惊全国的"8·10风波"。

五、风雷怒，鱼龙惨——非"牛"非"熊"，"朱"市也

1992年8月11日，上海股市首次狂泻，三天之内跌了400多点。

1993年6月29日，青岛啤酒股份有限公司在香港正式上市，这是首家在港上市的内地国有企业——第一家H股。

1993年9月30日，宝安集团宣布拥有延中5%以上的股票。市场上，好多股票都跌，唯独延中悄悄涨，背后是宝安在偷偷地买。按规定，每到收购的5%要举牌。但4.99%不用举牌，所以宝安"打了个擦边球"，用不同的账户分别购进了不到5%的延中股票，在9月30号那天一下子倒到一个账户上，瞬间上升到14%，超过了5%，也就成了大股东了。延中股价当天狂飙，下午冲到48元。当时有个40多岁的上海工人，头发有点白，他买了2000股延中，10元买的，他喜滋滋地告诉我赚了。12元时他跑了，高兴地说赚了4000元了，这在熊市里很不容易。后来宣布收购，涨到48元时，他蹲在地上捧着脸大哭起来，说丢了7万多。我把他踢起来，说："窝囊废，男子有泪不轻弹。证券市场有的是机会，起来！我还一点没买呢。"（大笑）再说延中，宝安集团收购它选择在9月30日也是有讲究的，国庆节放假3天，上海的市领导都放假了，企业反收购也没法进行，只好接受事实。从此，中国股市出现了收购浪潮。

1994年7月28日，中国股市再次跌到低位，从1500点跌到325点。那时，我在新加坡作讲座，给很多新加坡企业家上课，我跟他们说，中国股票已经跌得很低了，你们可以考虑买点B股，因为市盈率只有5—7倍。他们都说太低了。这时，黄菊市长在上海的一次处级以上干部会议上说，现在股票跌到400点以下，大家可以去买，我已经给中央写了信了，中央一定会有行动的。可还是没有人敢买，市场信心低落到极点。不久以后，1994年7月30日，国务院出台"三大政策"救市——"半年之内不发新股；组织部分社保资金进入股市；给有资信的证券公司大量贷款"。7月30日股市跳空高开，一路上蹿。一个月后从325点涨到1052点。当时，我受当时青岛市市长俞正声之邀，在青岛给500名处以上干部讲学，开市前打长途电话给上海证券公司，让他们转托一位朋友，让他把我的国债卖掉50%，买成股票，买什么都行。后来股票天天涨，一周后涨到780点。我讲完学，兴冲冲地回上海，一问，他没帮我买，因为当天他竟没去，后来也不敢买了。哎，错失良机。（笑）所以中国股市有个特点：政府的宏观调控能力极强，一声令下股市就起来了。

1995年5月10日，政府通过了《银行法》和《票据法》。中国证监会重申：国有股、法人

股转配部分不上市。这要追溯到1989年成立上交所时，为了避免被戴上“资产阶级自由化”、“国有资产私有化”的帽子，朱镕基市长决定国有股和法人股都不上市流通，只有33%老百姓的公众股可以买卖。这个决定在当时是必须的，不然上交所的成立会受到思想观念上、法律上极大的阻力和攻击。但这个决定也造成了中国证券市场一个奇特的难治之病——股权分置。何为股权分置？它是指国家股、法人股和流通股是处于分置状态的，国家股、法人股不能流通，而个人股是可以流通的。这使中国股票市场陷入残疾的状态。

1995年5月18日，朱镕基决定暂停国债期货交易。受此消息影响，A股市场跳空高开130点，留下了新中国股市上的最大的一个跳空缺口。1996年4月1日，我国取消保值贴补，物价第一次跌了一个月。5月1日，中国政府决定降息。由于实际利率是负的，人们大多不愿意储蓄，因此将资金投向股市。至此，中国股市摆脱了多年的熊市，慢慢上涨。从1996年的4月一直涨到11月下旬，政府开始警惕了，在中共中央机关报《人民日报》上发表了一篇批评股市的小文章，大意是“严禁利用股市恶炒垃圾股牟取暴利”，我看了很吃惊，《人民日报》怎么会出这样的文章？后来据说是政治局同意发的，希望股市不要再恶炒了！但投资者继续炒，当时的股民达到了2100万。到了12月，股市到了1200多点，当时我已半仓了。跑了后，股市还在涨。同学们，左右经济最大的力量就是政府。有的股评家在大会上公开叫嚷：“人民要涨，政府又有什么办法呢？”这种看法显然是不对的。1996年12月16日，是一个周日晚上，电视台直播了《人民日报》第二天要发表见报的文章，题目记得是《关于目前股市的形势》。夜深人静，上海的大街小巷鸦雀无声，都在收听收看新闻报道，因为上海的股民最多。人们心里害怕极了，《人民日报》是中共中央机关报，怎么会发文章骂股市呢？第二天，深沪两市全部股票跌停板，周二继续全部跌停。我打电话给在北京中国证监会的一位副主席，询问《人民日报》为何出这样的社论？他回答：“我们忍无可忍，一再警告，它就是不停地涨。”我说：“那现在是两个跌停板了，在西方国家就是股灾了！”他道：“你这个教授虽然是研究股市的，但也不能老是帮股市说好话啊。”我回道：“股市涨跌是有股市自身规律的。主要是由于银行不断降息，资金无处去，大量资金不得已进入了股市。其实，其他的资产也都在涨，苏州的墓穴从2000元一个涨到了6000元一个了，我一个朋友买了40个墓穴。邮票也在涨，10块的涨到了200元了。炒坟墓、炒邮票还不能收税，炒股要交印花税，多好啊！”他说：“我们会收到很多印花税，但会少掉很多产品税（增值税），那样我们经济就完了。广东的农民把拖拉机卖了，牛也杀了，都来炒股。”我说：“为什么要杀牛啊？这不胡说吗？杀牛跟买股票有什么关系啊？”他又道：“不要争了，你这个教授自己炒股，立场不对。”我心里想：“你不炒股，你的立场也不对，就是不为投资者着急！而且不炒股，就是站在希望跌的立场上。”最后，我说我要到北京来面见朱镕基副总理。他说：“谢百三，不要来了，中央已经在布置行动了。”第二天上午10点，上交所的总经理杨祥海与深交所的总经理庄心一同时在两个交易所发表讲话，鼓励大家继续去交易。因为，当时没有交易了，没人敢去买，交易量几乎是零。讲话的精神随即传开，所有股票全部涨停板。管理层一看，刚调整得差不多了，怎么又涨停了，要是涨回去了怎么办呢？不行不行，再发指示。第四天又全部跌停板。后来，不敢再这样调控了。据悉，朱镕基同志后来有个讲话，说：“这次对股票市场的宏观调控是必要的，但现在已经调到位了。”“这个股市有人说‘牛市’，也有人说是‘熊市’，也有人说是‘朱市’，不是一头猪的‘猪’而是我这个‘朱’。”（大笑）

1997年2月19日，一代伟人小平同志逝世。这天沪深两地采取大量措施护盘，上海用四川长虹救市，深圳用深发展救市。当天清晨，北京同学来电告知小平同志去世了。我打开电视一看，正在播讣告，心里一下子就沉了下去，难过极了，好半天说不出话来。北京同学还说，国家很稳定，改革开放不会停，股市在长期也是好的；今天股票会全跌停，可以买1/2，明天还会跌停板，再买1/2。我去证券公司了，开盘后人们极度悲伤，果然全跌停板。看了一会，我发现刚公布了10配3、10送6、业绩207元1股的长虹股打开跌停板有人在买（护盘者），我就站起来，让小姐报单买长虹。谁知所有“大户”、“中户”全站起来，有人说“谢老师买股票了”（因为我平时很小心的），他们全冲过来让小姐报单。经理出来大叫“谁买得多，就先报谁的”。我钱少，买得最少，最后买，长虹已涨5%了。（后来，我一生气，就离开了这家证券公司。）

1998年8月，受亚洲金融危机的影响，港股大跌，A股也大跌，到了1050多点。我当时给朱镕基总理写了一封信，呼吁道股市已跌破半年线了，必须救市。朱总理很快将信批转给了证监会主席周正庆。这样，政府再次联合各大券商救市，在一个下午就涨了100点。

1999年5月19日，由于中国经济受了亚洲金融危机很大的影响，国务院经过反复研究召开了政治局会议，决定启动股市，摆脱亚洲金融危机的影响。当时，国家拿出多项措施、政策，因此出现了持续两年多的大牛市。当时主要采取了14项措施，其中包括：企业资金可以进入股市；保险公司可以间接通过买基金进入股市；向基金配送新股；基金公司可以进入同业拆借市场；股票可以作为贷款抵押物等。

2001年春节前后，以吴敬琏老师为代表的一派学者认为中国股市像个赌场，黑幕重重；以厉以宁老师为代表的一派坚决反对这种看法。吴老师的观点是：先规范，后发展。厉老师的观点是：边发展，边规范。我是支持厉老师的。最糟糕的是2001年的6月12日，财政部、证监会发了个通知：国有股的10%实行市场价减持。然后股票不断下挫，直到2005年的6月9日，从2245点跌到了998点。管理层对此也无计可施，领导同志说：“大家对国有股减持有看法，我们就不减持了。这个难题就留给下一届政府的聪明人去解决吧。”从此停止了国有股在二级市场上直接减持的尝试。

2003年2月，中国证监会主席换成了尚福林。尚福林接了这个摊子，他很能干，成了中国证券市场上领导能力较强、金融意识较强、较有创新精神、较有改革精神、较得人心的新一届证监会的领导人。

六、中国股市十大特点

现在总结一下股权分置改革之前的中国内地股票市场的十大特点：

第一，中国内地股市在相当长的时间里不是经济的晴雨表。全世界股市都是，内地不是。因为，中国内地股市价格严重偏高，当时是美国股市同类股票价格的三倍、香港同类股票价格的四倍。中国内地股市不是实体经济的晴雨表，实体经济非常好，但股市总是跌。

第二，在相当长一段时间中，中国内地股市多数企业是国有企业，产权不清，责、权、利益相分离，效益低下。没有改革好的国有企业是变相的人民公社，一度占到55%以上。

第三，由于相当多上市企业效益低下，所以不肯分红，分不出红，也不想分红。而大部分公司不分红，这在西方发达国家成熟市场是难以想象的。

第四，无论国有企业、民营企业还是中外合资企业都有强烈的投资饥渴症。不论牛市、熊市，都非常渴望圈钱。在这里圈到的钱都比搞实业挣得的要快、要多。

第五，中国内地股市没有做空机制。只能买进，或离场（抛掉），不能卖空，这样很糟糕。股市下跌，在可以做空的市场有一部分人就可以盈利，一部分人亏损。而中国是下跌就全国人民都套牢，特别痛。为什么没有做空机制呢？起初，中国内地股票市场的一大宗旨是为国有企业服务，让国有企业的股价高一点对发新股有利。而这样搞，没了做空机制，股价就会偏高。

第六，没有合法的坐市商制度。在美国纳斯达克等市场，每个股票有几个合法的庄家，也叫坐市商。

第七，国家的调控能力极强。1997年时，我有个口号：“戴花要戴大红花，炒股要听党的话。”基本分析大大胜于技术分析。我认为基本分析要占到70%，技术分析占30%。

第八，中国内地股市与货币政策关系极其密切。利息涨，股市跌；利息跌，股市涨。

第九，中国内地证券市场有“两化”：上市公司国有化，证券交易所行政化。现在，世界上大多数证券交易所是公司制，整体上是向公司制方向改革、发展；而我国是会员制，交易所总经理等都是管理层任命的，都是国家干部，因此，实际上是一种特殊的会员制，即行政会员制，它有点像国有企业。

第十，中国内地证券市场的最大特点是：股权分置。同学们，这点弄懂了，就把中国内地股市弄懂了。所谓股权分置，是中国内地股票市场由于特定的历史原因和政治原因，从1990年成立中国内地股市的那天起，中国的所有上市公司都实行股权分置，国家股、法人股不可以流通，允许流通的只是占33%左右的公众流通股。有的股价为何涨不动？就是由于不断有非流通股被放出来。而吉林敖东所以能不断上涨，就是因为它的非流通股少。

七、阳光总在风雨后——中国证券市场伟大的制度性改革

关于股权分置问题，我们举个案例来分析：有个股票叫AXBD，它的流通股占了25%，75%是法人股。它是一家民营高科技企业，民营企业家和他的朋友共出资0.9亿，占了7500万股，每股平均是1.2元。老百姓的出价是30元，拥有2500万股，共募集资金7.5亿元。这样出现了全世界罕见的奇怪现象：出钱少的成了大股东。这首先是一次事实上的侵权，别的国家也有类似的情况，但价差不会如此悬殊。当然大股东的股票不能流通，自然要价就低了。成立股份制公司之初的小股东就在无形中大大吃了亏：由于大小股东的资产要混合，净资产值8.4亿多了，这位企业家及朋友的法人股净资产值及他们的身价顿时从不到1个亿一下子上升到6.3亿元以上了，而中小股东的资产却从7.5亿下降到了2.1亿，损失巨大。中央电视台记者给我打电话，问我这个股开盘价位会是多少。我说60元左右，它是个高科技公司，流通盘仅2500万股。后来开盘真的是60多元，然后一路上涨，老百姓很勇敢，一直追到90块，接着开始往下掉到40多元。小股东强烈恳求大股东送股，可最初大股东不同意，决定送5000万元现金红利。这样，法人股股东拿到3750万元红利，而小股东只能拿到1250万元。法人股股东两年多就可收回投资，小股东则要命了，要60多年才能收回投资。所以，在股权分置的病态状况下，组建上市公司以后，大股东实际上每时每刻都在侵犯小股东的权益。这实质上是股权分置的必然结果。

这造成了一个非常可怕的后果：大股东和小股东不是一条心，利益往往是对立的。全世界股份公司中的大股东都代表小股东的利益，而在中国股份公司里大股东不代表小股东的利益，因为法人股不能流通，股价涨跌跟它没关系。最典型的就是上海的某上市公司，当时17元的股价，16元配股，股东大会上中小股东全部都反对，可董事长理都不理，投票同意。形成的方案是国家股、法人股放弃配股，中小股东、公众股必须配股，配股是一种义务和责任。大股东放弃义务和责任，却让中小散户承担，因为大股东掌握半数以上的投票权。这就是典型的“强奸”民意，但却是合法的，拿他们一点办法都没有。这就是制度不合理。大股东千方百计吃“唐僧”的肉，少数公司大股东千方百计坑害中小股东。在股权分置下，中国股市成为上市公司的天堂、二级市场中小股东的牢狱。

不仅如此，股权分置还带来了一个危害——股市没法对外开放。为什么呢？因为只有1/3—1/4的股票可以流通，股票少，钱多，股价高（流通股股价一度是美国同类股价的2—3倍，是香港同类股价的4倍）。所以，绝对不能让外资来上市，它们来上市就等于把河南商丘的房子拿到上海南京路去卖，能行吗？而南京路的房子拿到商丘去卖是没问题的。所以，我们企业可以到美国去上市，美国企业在现有条件下决不可以到中国来上市。只要漏网上一只外资股，我们就反对一次。后来，经济学家华生支持我，证监会就不让外资企业来A股上市了。

后来，一些经济学家就向尚福林主席汇报这些问题，尚主席又向温总理汇报，所有的问题根源都出在股权分置上。这场艰难而重要的改革得到了党中央、国务院的支持。温总理支持改革，而且说干就干，2005年5月9日，这场历史性的改革就开始了。当时包括我在内的一些理论

界、证券界人士都忧心忡忡，担心改不成。但后来，这锅夹生饭还是煮熟了，关键是有政府支持。这场改革的伟大意义在于它彻底切除了中国股票市场的一个大毒瘤，几年后将会实现全流通。这场改革对于中国证券市场的重要性相当于当年的土地承包，具有历史性意义。尚福林功不可没，历史将会记住他的名字。

股权分置改革是一次重大的革命。但是，我认为股权分置改革还是不彻底的，还是有重大缺陷和遗憾的。平均10：3送股我认为是不够的，我们算过还应送得更多一些。10送3，中小股东还是吃了亏的，但总比不送要好啊！有关方面的理由是："从2245点套住到998点人是有的，但不多，大部分在1900点、1800点跑掉了。所以我们不能让后面进来的人捡太大的便宜。"我认为这种解释是不对的！当年，美国由于独立战争、南北战争，财政部发了很多国债，但由于财政困难一直还不了，其国债价格从100美元跌到50—60美元。后来发行的国债没人要了。新任美国财政部长向总统建议旧国债应该还，一定要一分不少地兑现，并加上多年的利息，因为我们面对的是全美国人民，这样才能在民众中重塑政府信用。后来就这么做了，美国老百姓又信国债了。故而我认为股权分置改革是重大的历史改革，但留下了重大的历史遗憾、重大的历史心痛。2005年5月9日到2006年5月9日，非流通股可以放出来5%；到2007年5月9日，又有5%可以放出来流通。2008年5月9日以后可以实现全流通。2007年7月，有关权威部门又规定，今后几年，凡是大型国有企业，三年中每年减持国有股、法人股平均超过5%的，必须报国资委批准。这就使得全流通的压力有所缓减了。应该说，这是很正确的一个决定。

中国股票市场经历着一场大的革命，就像果树嫁接：果树不嫁接永远长不大；果树嫁接时期，抵抗力差，特别容易得病。但现在遇到了绝好的机会——人民币升值。我认为，股权分置改革的成功推进是中国大牛市的极其重要的原因之一，但是另外一个更重要的原因就是人民币升值。中国只有在股权分置改革完成、全流通实现、人民币完全自由兑换后，中国股市才可以完全走向世界。

总之，中国股市处在中国几千年来最好的发展时期，政治安定，经济高速增长（可以维持几十年）；劳动力、人才既多又优秀，且极其廉价；市场又无限大；整个中国国泰民安，朝气蓬勃。因此，我非常看好它的发展与未来。当然，它像日本这样，一段时期也会大跌的。

（本文选自《十年一个亿》、《中国股市传奇人物北大演讲录》，曾于2008年、2011年多次在北京大学、复旦大学演讲过，完稿于2012年7月复旦大学）

中国股市熊市操作法

——熊市是杯苦丁茶

谢百三

学生们都知道，我是烟酒不沾的人，就是喜欢喝点茶。在股市里实践这么多年来，我深深地感觉到，牛市像杯龙井茶，熊市像杯苦丁茶，各有各的味道，各有各的喝法。今天特来谈谈如何在股市下跌期生存发展的一些心得体会。先讲讲我工作、投资的大体经历。

我是从北京大学研究生毕业后到复旦大学管理学院工作的，其间曾有两年借调到清华大学经管学院工作。这些年来在领导和老师们的关心下，在同事们的关照下，事业上有所长进，一共出版了15本书（其中一本是英译本，两本是在国外出版的），发表了280多篇论文。

此外，几年来我给政府写的经济报告也曾多次得到胡锦涛、朱镕基、温家宝、项怀诚、俞正声等领导同志的批示、回信。1999年我被评为博士生导师，前后带了十多名博士生、几十名硕士生。虽然工作很忙，但也常常投身到股海中亲身实践，虽然至今资金上的收益增长缓慢，但每年也都有所收获，资金的成长性也要比银行利息高。虽然与本书出现的传奇人物们不能相比，但自己很知足。我经常提醒自己：宁可放弃一些可有可无的机会，也不能冒太大的风险。此外，事业高于一切，虽然没有钱是不行的，但是钱够用也就行了。我还牢记关于学习经济学应注意的四点：掌握好经济理论、经济历史、统计学和社会调查研究。坚持理论联系实际，既将书本上的知识拿到实践中去检验，又将实践中的案例用于教学。丰富的案例使我开的几门课“中国当代经济政策及其理论”、“金融市场学”、“证券投资学”、“西方经济学”等成为较受复旦大学同学欢迎的课程。2000年和2007年还受邀为北京大学光华管理学院和北京大学中国经济研究中心开设“金融市场学”等课程。

经常有朋友让我谈谈对股市投资的看法，我整理了一下，主要有如下几点看法。

一、牢记巴菲特“尽量不输钱”的投资规则，对风险时刻保持高度警惕

世界各国股市都有一句警语：股市有风险，入市需谨慎。巴菲特说：“投资的第一条规则就是不要输钱，第二条规则就是不要忘记第一条规则。”这都是千真万确的真理。特别是中国股市，风险尤其大，主要表现在：

1. 制度性风险

1990年11月—2005年5月9日，中国股市是全世界唯一一个股权分置的股市。也就是说，由于历史的原因，中国的上市公司中，有66%的国家股与法人股不可公开流通。这部分股票在公司上市时往往只有1—1.5元的成本，而公众流通股的IPO新股发行价则高达10—30元。这样，出资少的成了大股东。大股东们完全不管中小股民的死活，大多数公司高价配股、高价增发，把圈钱看得比什么都重要。2005年5月9日中国政府决定进行“股权分置改革”以后，国家股、法人股已有一部分付给中小股东作为对价。（2005年5月9日—2008年5月9日有30%的对价股和10%的“小非”先后上市。）2008年5月9日—2009年5月9日将有40%—47%股权全部解禁；其中在2008年约有3万多亿市值的“大非”股票将解禁，而2009年“大非”的解禁量更大。此外还有大量的战略投资者股与先前没有流通的“小非”股也可能继续上市兑现。这对市场形成的压力是相当大的。因此2008年起，股民们要高度警觉，注意这种制度性风险。大约在好些年以后，

"大小非"全部解禁完，中国股市这种制度性风险才会完全消失。①

2. 系统性风险

系统性风险主要指股市宽幅震荡、齐涨齐跌的风险。这在其他国家（地区）股市也有。但在中国股市，这种风险特别大，主要是政府对股市的调控、干预能力极强。例如，1996年12月《人民日报》评论员发表文章，严厉批评股市炒得太高，造成股市连续大跌，从1200点跌到777点；1999年5月19日，股市又在政府的主导下，发起了长达两年之久的波澜壮阔的大牛市行情，上证指数从1050点涨到2245点；但到2001年6月，又由于财政部决定在新股首发中，以市场价减持10%的国家股的政策，导致股市大跌4年，从2245点大跌到2005年6月的998点；2007年5月30日，政府一夜之间决定调高印花税，使交易费用由原来的2‰上升到6‰，这一决定导致中国股市从4335点大跌到3404点，跌幅为21.5%，使很多投资者损失惨重。因此，除了少数特例外，中国大多数股票处于这种系统性风险之中。覆巢之下，安有完卵？在这种风险下，很难找到较安全的股票。如亚通会从22.68元跌到2.26元，跌幅达到90.0%；TCL股竟会从9.46元跌到1.72元；上海医药会从30.88元跌到6.6元（复权后）……这种情况比比皆是，令人胆战心惊。中国股市系统性风险的一个重要原因就是人民币不能自由兑换，内地股市由于钱多，加之当时有2/3的国家股、法人股不能流通，因此大多数股票的价格比其他地区同类股高得多。如中国铝业2008年3月初在上海是32元，在香港则是15.1港元；南方航空在上海是21元，在香港仅7港元。未来，随着中国股市逐步与国际接轨，向下的系统压力与风险就特别大，此点要切切注意。

3. 个股风险

中国的个股风险也很大，无论是大盘绩优蓝筹股，还是小盘题材股，都会发生局部性的、板块性的，或者是个股的崩溃。如从2007年11月到2008年3月初，绩优大盘蓝筹股中国平安，从149元跌到45元；中国石油从48元跌到8元多；招商银行从45元跌到30元。这些股票的跌幅巨大。而中小企业、ST板块在2007年5月30日—2007年10月22日（全国银行行长会议决定实行从紧的货币政策）也大跌一场，不少股票的跌幅达25%—30%。这说明中国股市在常态与大多数情况下，风险也很大。所以一定要加强学习，认真研究，如履薄冰，学会熊市操作法。

二、尽可能选择价格较低、刚刚启动、买进可放一段时间的安全品种

回忆起来，这些年凡是收益较好的股票，都是在股价刚刚开始涨、价格较低、比较安全点位买进、有较大潜力的品种。例如1995年2月份，我算出来1993年发行的三年五年期国债上涨空间极大（当时为118元左右），就把钱全买了三年期品种，7月份我去了新加坡国立大学讲学，国债一直涨个不停——在新加坡可以看到四天前的《中国证券报》——而每涨1元，自己的收益也就多了2000元。虽然当时身在异国他乡，但心里感到中国太好了，讲学也十分安心。1996年4月我兑付时，它已涨到171.99元。

此外，我在1997年6元买的第四制药（上海医药的前身），后来涨到20多元；1999年22元买了贝岭，后来涨到38元；2000年10元买的黄河科技，后来涨到了22元，等等，也都是这种情况。2005年7月大牛市开始了，我仍然挑选价格处于较低位的可以放一段时间的股票，例如2007年1月买的山东铝业和兰州铝业，换成中国铝业为6元一股，后来涨到50元；又如12元买进每股持有2股广发证券股的吉林敖东，后来涨到160多元。这样，既可以投资理财，也可以专心搞些教学、科研。但到了相对高位时，就要慎之又慎了，千万要冷静，不可忘乎所以，牢记"冲动是大敌"的股谚。

①编者注：直到本书出版时，上海与深圳两大证券市场分别还有25%—30%的国家股、法人股未流通，还在每周上市兑现之中。

三、防止坐“电梯”，年年有进步

前已谈及，在相当长时间里，中国股市是个震荡很大、大起大落的政策市。跌低了，政府会来组织救市；涨高了，管理层又会坚决平抑。直到今天，这种情况还存在。因此，对于个人来说一定要做到“防止坐电梯，年年有进步”。特别要防止反盈为亏，记住“留得青山在，不怕没柴烧”的道理。这几年来的实践证明，一定要给自己画资金曲线，一旦市值上去了，就不能让它坐电梯回到原起点。1999年出现“5·19”行情时，6月30日是最高点，上证指数为1756点，当时我很兴奋，很激动，赚了钱也没想到跑。但过几天，北京一朋友来电说，国务院领导发话了，说股市这次启动是好的，但现在涨得太快了，该歇一歇了。这使我很惊愕。我迅速查了一下自己的股票市值，7月1—5日，天天下跌，资金曲线很快就降下去了，先后跌破了这次盈利的10%、20%、30%、40%，此时我才突然醒悟过来，必须下狠心立即止盈，保住另外60%的成果（其实按止盈止损理论应更早些跑）。我一夜未眠，第二天早早赶到股市，10分钟内便把所有股票全抛出，最后总算保住了50%的成果。虽然与几天前（6月30日）比损失了不少钱，心里一时有些难过，但过了几天，当我看到股市跌得更低时，就觉得自己果断了断还是对的，这实际上使自己1999年的资金上了一个小台阶，为后来的进一步发展留下了宝贵的本钱。

四、止损原则极重要，铁的纪律要执行

由于中国股市长时间熊长牛短，加之即使在大牛市中也会有较深的回调，因此，不仅要学会止盈，而且要下狠心在关键时刻止损。上述第三点“防止坐电梯”就是止盈原则。而止盈一般人还是做得到的，因为毕竟还是盈利的。但是在小亏、中亏、大亏时止损就比较难了，但这又极为必要、极为重要。止损止盈的原则，实质上在军事理论上就是牺牲小部队，掩护大部队撤退，中国革命史上很多战役都用过。比如历史上著名的“狼牙山五壮士”、“八女投江”都是革命壮士在这种情况下的英勇之举。这是悲壮的、痛苦的，但是是不得已的，是必要的，从全局上看是值得的。

不会止盈止损的人绝对做不好股票。我的一个亲戚以3万元开始学做股票，到1999年赚了9000元。1999年7月5日我劝她快跑，她当时只剩下6000元盈利了，她却不肯跑；后来剩下3000元、1000元，到只剩下赚100元时，她打来电话问我该怎么办，我说还得跑，权当锻炼了一次，还用股市“潇洒走一回”的道理来开导她，但她还是不甘心，最后反过来亏了4000元，那时候她已经后悔不迭了。后来我发现止盈止损的办法，能使我们的资金每年都可以一小步一小步向上增长。经过比较，我觉得石开主张的跌10%止损似乎多了些，有朋友主张跌5%—6%止损又少了些，因为有时候跌5%—6%后又涨上去了——像新中基，就是在跌5%—6%时我止的损，后来又涨了5元，令我有几分懊恼——因此我认为，从最高点下跌7%左右就止损较合适（在特大牛市中，在大市及个股基本大势不变时，这个止损比例及要求可适当放宽一些。或先跑，过后再买回来。但在熊市、牛皮市、平常市中则一定要严格执行）。如招商银行在2007年的大牛市中有过多次波段下跌，一旦从近期最高点跌破7%就跑，以后一定有个更低点可买回来。如：2007年10月31日最高46.33元，11月2日跌到43.08元（7%），此时必须出逃；7%止损是一个很重要的方法。

五、要算总账，不要过于计较个股的得失

有时，某一个股套住了，亏了几千元，有的人死活不肯割肉，结果资金全套死了，成了几个月甚至几年中的一块心病。我也是经过一段时间的摸索才慢慢明白过来，如果买在大势或个股的头部上，狠狠心也要割；如果是平时，就采取割一半的办法——如果另一半涨上去，亏

损就补回来了；如果跌下去，也不怕，反正还可以用另一半钱抄底。如果大势、个股在向下跌，跑一半一般是正确的策略，可以进退自如。1998年我的一个老同学25元买了方正科技6000股，22元时我劝她先跑4000股，留2000股。她照办了，当时账面亏了2万元左右，我们心情都不好。后来方正跌到10元（复权后的15元），她倒吸了一口冷气。但等到2000年方正科技涨到33元，复权后等于57元多时，她却跑了个天价，结果反过来又挣了6万元，扣除1.2万元损失，实际还盈利4.8万元。此外，一半一半割肉，心态会保持得比较好。

同样，一只股票涨得很好，但可能已到头部了，也可一半一半跑，万一上去了，还有一半。此外，在自己有的两三只股票中，如有一个上涨了几元，跑出来时，则要将另一个亏的一起跑掉——要算总账，总账拉平，就可以平仓——不要只跑盈利的。亏的不跑，那部分会像癌症一样越亏越大，最终会使自己处于很狼狈的境地。只要总资金不亏，就可以退出来从头开始。比如红军从长征开始时的30万人损失到只剩下2万人，后来又重新壮大起来，到抗日战争胜利时，壮大为200万军队。而你现在还保了个本呢，只要保住本金，总有东山再起之日。股市无论牛市、熊市，一年起码有3—5次较大的机会。希望多多，不要太灰心懊恼。

六、在具体操作时不要过于崇拜名人权威，“股市无专家”这话有道理

每一个人在股市都亏过钱，每一个名人、权威都可能会使你“吃错药”。记得有一位名人第一次给我出主意，我听了照办，结果当天就亏了4800元。当时我的总资金仅几万元，晚上为此难以入眠。另一次，一位朋友说，这个小伙子是这儿水平最高的，你听他的吧。结果听了他的话，买了某股的最高价，后来亏了2万元，我只得狠狠心跑了出来。其实，他们丝毫不会也不可能来骗你——都是真心对你好——只不过是适合他的打法，不一定适合你。此外，普通人往往“一朝被蛇咬，十年怕井绳”，总抱着老经验、老教训不放，如2005—2007年的大牛市中，做得最差的竟是一些做了十多年的老股民。他们是亏怕了，一震荡就跑，一涨又不敢追，做成了“熊市里满仓，牛市里空仓”，真是可叹可惜。因此，我建议多听听大家的建议，对于让自己多次受益的朋友的意见，必须重视。因为他的理论、手法可能会比较适合你。在我很多好友中，有几位的意见我是极为重视的，因为跟着他们炒股似乎较顺利。

七、不要随便教人买卖股票，听错了建议也不要让别人赔偿

记得电视剧《北京人在纽约》里有一句很有名的格言：“你要使他上天堂，就把他送到曼哈顿去；你要使他入地狱，就把他送到曼哈顿去。”这是由于美国纽约的曼哈顿有条著名的华尔街，那里是美国纽约证券交易所所在地，是美国乃至世界的证券、金融中心，华尔街就是股市的代名词。可见，在股市里帮人分析、劝人买卖股票要特别谨慎。否则，很可能陷入窘境。

笔者有过五次这类教训，并且为此赔了钱。

几年以前有一次，股市正从2245点向998点一波一波地下跌。南京一位多年的老朋友来电，谈及他在承包某项目后，有了25万元钱，但入股市半年来只剩下21万元了。我告诉他，股市现在是1800点，还会继续下跌，建议他果断止损出局，保住这21万元的救命钱。他在之后的几天中不停地来电话问我怎么办，后来在我的建议下，他终于咬咬牙将股票全部抛出，保住了20.5万元。不料抛出不久，股票开始反弹。这位朋友又不停地来电话，一天来了九个电话问我现在如何是好，说他妻子、女儿（已工作）听说股票斩仓出局后，非常生气和着急，家里还吵起来了。这使我十分不安，因为在他们家，这就是救命钱。于是，有一天晚上9点上完研究生的课，我立即带了些钱往南京赶，并通知这位朋友与另一个同我们关系都很好的战友半夜里在南京火车站接我。下半夜，我们三人在这位朋友家中签了个协议，大家商定由这位朋友在当天股市开盘以后几分钟内将前两天抛出的股票买回来，中间损失的差价约5000元，加上佣金、

税，由我补足，共约7000元，今后盈亏由朋友自己负责。做完了这一切，我松了口气，又匆匆搭大巴赶回上海。不料这位朋友竟然没有买回来，股市继续反弹，最高点时他的损失达10%左右。据说他十分难过，问战友怎么办，战友说："这你就不能怪谢老师了。你叫他怎么办？叫你买回来，你不买，还能怪他吗？"后来，反弹之后股市又大跌下去，他的心情才慢慢平静下来。

这事件给我很深的教训，即不能随便劝人买股，也不能随便劝人抛股。

此后，该友又来过电话，问我对股市的看法，我怎么还敢说呢，只是苦笑笑说："真的说不清啊。"后来我知道，在很多年里，这个朋友的市值一直停步不前。其实，当一个人对股票的操作只有建议权，而没有实际的经营管理权、运作权，盈利也不能归他，但他却要承担亏损风险时，这件事就没有办法进行了。而且这种事情的结果，使我们少了很多可以互相切磋的患难股友。

八、该满仓时就满仓，该休息时就休息

我一直对那些上证指数以后要涨到几万点的说法持怀疑态度。因为中国加入WTO后，与国外市场一接轨，60多倍市盈率的A股是上是下一目了然。A股股价长时间以来是香港、海外同类股的2—3倍，这种由供求关系形成的股市，从本质上来看其风险是很大的。所以，我认为该满仓时就满仓，该休息时就休息，有时甚至可以一下子休息1—2个月。尤其在中国股市中无论是上市公司还是券商，很多国有企业奖金、分红是封顶的，很多单位完成了当年利润指标以后就不想做了，因此每年都有个冬眠期。此外，一般不要满仓，而要半仓，甚至是小半仓。这样一来，股价下去了，还可再补；股价上去了，资金曲线慢慢往上爬，虽然增长得慢一些，但心很安定，不会影响工作与学习。满仓了，整天心理压力很大，即便赚了钱，人的健康却大受影响。

九、成本推进型牛市及货币从紧政策下股市的策略

前已叙及，中国股市目前主要是低利率或负利率引起的银行存款大搬家，是人民币升值引起的流动性过剩，是成本推进型牛市，因此，一定要从成本角度来考虑。个股也一样。例如，东方钽业，主力在31元建的仓；亚通转配股上市，主力在13—14元建的仓；隆平高科上市，主力在42元建仓，这些股票以后都有一段涨幅，一般可涨25%—30%，否则主力退不出来。但是，当国务院决定实行从紧的货币政策时，特别是2007年10月22日召开了全国银行工作会议，提出2008年中国将实行十分从紧的货币政策时，对于大部分大盘蓝筹股来说，就只好先抛了再说。

十、事业高于一切，同时兼顾投资

俗话说："男怕走错行，女怕嫁错郎。"男子就要以事业为重，否则就是平平庸庸，虚度一生。当事业与投资理财发生矛盾时，一般情况下要以事业为重。我1986年开始在复旦大学工作；1987年出版了两本书；1988年1月《中国青年报》、《人民日报》、《解放日报》、中央电视台、上海电视台等20多家海内外媒体以《复旦大学出现谢百三热》为题报道了我的一门"中国当代经济政策及其理论"课受到欢迎的情况；1988年7月13日，当时还是上海市长的朱镕基同志邀请我为他与市政府30多位经济部门领导讲课；我在复旦大学、清华大学开的课总是大受学生们的欢迎，220人选修，有300人挤着来听；1988年受邀为烟台市委市政府讲学（当时烟台市长为俞正声）。这些成就的取得与各级领导和复旦大学的同事们对自己的关心是分不开的。

这些年来，我坚持搞研究、搞事业，不计较小事。例如，1999年5月17、18日，北京朋友多次来电话说：近日政治局开会了，要启动股市，振兴中国经济，可能有大行情，我们已经开

始建仓了。但我丝毫不为所动，因为当时我正忙于申报博士生导师，又有不少研究工作要做。直到6月3日，我才在再三考虑之后，全线买进22元的上海贝岭（600171），后来在38元抛出，虽然没有北京那朋友做得好，倒也自得其乐。有时投资和事业两者有冲突也没关系，因为投资机会还是比较多的，一年只要抓住1—3次机会就应该知足了。而在熊市的大背景下，踏空则是无所谓的，机会是无限的。

十一、要像关心自己的小妹妹、小弟弟那样对待自己的资金和股票

资金就是自己的子弟兵。虽然事业是第一位的，但这丝毫也不是说在你买了股票、国债后就可以毫不在乎了。实际上，它的重要性仅次于事业。有些人以工作忙为由，买了股票后就不去管它了，除了少数大牛股，对绝大多数股票来说，这样做都是很危险的。在今天的社会，对于70%—85%的家庭来说，如果没有一笔稳定的积蓄，就应付不了买房子、结婚、养孩子、上大学和读研究生、看病、下岗后生活、养老等事项，生活就会十分拮据。

因此，在北京大学给MBA同学上课时，针对社会上出现的越来越高的离婚率，我曾不无揶揄地说："有时想想，有一笔稳定的积蓄还是很重要的。比如说爱情吧，人家对你好时，是真心爱你，人家对你不好时，也是真心不爱你了。你难过之后，别去缠人了。接受教训吧，想办法存款、投资理财吧，你那笔存款会忠实地陪伴着你。"（北京大学MBA同学对此报以长时间的掌声）

1999年，我给复旦大学退休老师建立了一个30万元的小基金，20多名老师每人出1万—2万元。后来打新股打了四个月，收益11%，大家都很高兴。但这个基金后来还是解散了，因为有件事深深地刺激了我。一位64岁的老伯伯中风偏瘫了，其两年前再婚的62岁的妻子以给他看病要用钱为由，从我这儿要回去了2万元合伙投资的本金，临出门时她还说了声："我中彩了。"当时我心里还直纳闷。直到一天后老伯伯的儿子来要钱我才知道，这个"新老伴"见老伯伯中风，就拿走了仅有的2万元存款回自己原来的家去了，并提出离婚，要分一半家产，连一个水泥自来水池也要折价平分。原本就是工薪阶层，父亲又中风不能自理，全靠子女们服侍，这个家庭一时间真是雪上加霜。后来还是由派出所民警同志和居委会阿姨们出面，对那个"新老伴"进行了一番严肃的批评教育后，这件事才算解决了。虽然这是个比较极端的例子，但在很多家庭中，钱还是十分重要的。

2000年秋冬，我来北京大学作学术交流，听说黑龙江鹤岗考来的一位同学，一人考上北大要整个家族团结起来供她读书；而一名山东状元则将全家仅有的1万元钱拿来读书用了。亲耳听了这些事后，真是让我唏嘘不已。

因此，我们对钱还是要重视的，还是要经常想着自己的投资、股票等。打个比方，就像自己有个小妹妹或小弟弟，你不会整天去管他／她，你也不会整天跟着他／她，但你心里得想着他。我们与资金、股票的关系也是如此。你不会因为牵挂着小妹妹、小弟弟而不去搞事业吧，但万一小妹妹、小弟弟夜不归宿，或者几天不见，你们会不会全家出动去寻找？所以说，永远不要因为工作忙而忽视投资，尤其是在证券市场上发生大的转折的关头（如大跌、大涨前夕）。资金就是你的子弟兵，你要关心与善待它们，把它们派到最安全、发展最快的地方去，只要它们能年年壮大你就可以放宽心。如果部队年年在缩小，那就不好了，说明你的投资策略出了问题。

十二、每天学习，锲而不舍，不要舍不得买报刊

每天我都要上网看看新浪、搜狐、腾讯及中金在线等网站的证券、财经版。此外，每天我还要看上几份报纸，像《中国证券报》、《上海证券报》、《证券时报》、《参考消息》等，

到周末则又增加了《证券市场研究—证券投资》、《证券市场红周刊》、《金融投资报》。平时花上40分钟到1小时，周末花上半天到一天时间，既了解了证券市场乃至经济理论界的最新动态，又获得了投资信息，真是个一举数得的好办法。一年花费2000—3000元在报刊上，实在是很值得的。有的朋友股市里亏几千几万不心疼，却舍不得花1—2元买报纸，这就是因小失大了。事实证明，不看报刊是会失去大机会或闯大祸的。比如2000年11月的一天，中国证监会发言人发表关于加强监管的讲话，必定会引起股市中有“猫腻”者的恐惧，加之点位在高处，股市就必定会跌一场，因此应该先跑一下。但是如果未看报，一点也没抛，那就要损失了。2007年1月17日《东方早报》及国税局网上公布要在2月1日起重新对房地产商计算征收30%—60%的土地增值税，这个消息事先各大证券报都没来得及刊登。等一些人下午知道消息后去抛股时，股票纷纷跌停板了，有人一天就亏了几十万。可见学习的极端重要性。

十三、坚持基本分析、政策分析，坚定地站在中小散户一边，说真话

曾经有家上市公司约我写宣传文章，我问：能先来贵公司看一看吗？回答说来不及了。那我就坚决不写，你给再多报酬也不写，我不了解情况怎么宣传你啊！我的原则是决不说假话，坚定地站在中小散户一边。我认为股市的全部动力就在于全国人民36万亿存款及几十万亿企业及金融机构存款，所以一定要为公众投资者着想。因为中国股市与美国股市不同，中国是银行居民存款大搬家，股价不全是产业利润增长出来的。我坚决反对高价配股和高价增发新股。

我认为对中国股市，与其用美国股市、香港股市的理论、经验来分析，不如用专门研究社会主义经济的大经济学家亚努什·科尔奈的理论来分析研究——他对国有企业及社会主义的了解入木三分，认为在通缩时还有投资饥渴症。而很多留美归国人员至今还在死搬硬套美国模式。

有一次我因为介绍个股而让一些朋友被套住了，当时我心里很急也很难受，就拼命给这家公司的大股东所在单位的第一把手（党委书记）写信、发传真，将大家的意见转告给他，前后共发过18个传真。他们也感觉到压力了，就积极想办法，慢慢地利润上去了，而且股价还翻了倍。但从那以后我就再也不肯点评个股了，因为个股的基本面往往与市场反映是背离的，风险很大。

十四、细心领会政策精神，要为人民鼓与呼

1992年10月，当股市从1400点向500点、392点泻下去时，我通过新华社上海分社高级记者向中央发了一个动态清样（高级内参），反映了股市的悲惨情况，指出：股市暴涨固然不好，但无限下跌也不好，一是影响中国改革开放的形象，二是易使股市失去筹资功能，三是会使大批工人、农民、知识分子股民对党和政府有怨言……新华社很重视，逐字核对，立即发出。后来他们还将内容的复印件寄给我，上写：“此件发到朱镕基一级。”后来，中央领导看到了这份内参，多次给有关部门打电话（当然，估计还有别人在写信反映），最终促成了1992年11月多项救市之举的出台。

1995年10月下旬，我在新加坡给当时的副总理朱镕基写信，又引起他的重视，把信批转给了财政部长刘仲黎与中国证监会主席周道炯。在那封信中，我建议股市不应跌破500点。

1998年8月18日，中国股市在亚洲金融危机的影响下，出现直线下泻，跌到1046点一带。这一天，我又给时任总理的朱镕基同志写了一封信，指出股市已跌破年线，一年来投资股市的人全部被套牢，如果再继续跌下去，相当多的人就会对中国金融市场失去信心，转而抢购黑市美元；而黑市美元的涨价，又会强化人们对人民币贬值的心理预期，从而出现更多的骗汇、套汇与远期结汇等事件。信中还对股市中存在的几点问题一一进行了反映与批评，如高价配股、高价增发新股；如红光等的欺骗行为。朱镕基总理于9月9日亲阅了此信，并批转给中国证监会

周正庆主席阅研。

2005年5月，股权分置改革开始后，我又写了11点建议，后经新华社记者发了内参，温家宝总理很重视，作了批示。

有些留洋归来的中青年经济学家与学者学了很多洋枪洋炮洋玩意儿，看不起中国股市，认为这里面黑幕太多、市盈率太高，因此不屑于研究股市，也不写股市文章。他们在单位里埋怨工资低、奖金少，但是一次次地错过了历史性抄底机遇，而把注意力放在美国、欧洲股市，实在是舍近求远，主次不分。中国是世界经济的热点，股市又是热点中的热点。这里有风险更有机会，有陷阱更有金矿。研究中国就是研究世界。大经济学家凯恩斯不就对股市研究得很透彻，自己炒股也做得很好吗？因此，我仍坚持写股市文章，搞股市研究，历史将会证明一切。

荷兰阿姆斯特丹的股市已经有400余年历史，美国股市也有190年历史，而中国股市才刚刚经历了18年的风风雨雨。在这18年的风雨中，它的变化与进步是巨大的，但其不规范、其缺点也是很明显的。它是个在不规范设计方案中迅速成长的还有点残疾的可爱的孩子，它长得很快很快。

2005年5月开始的股权分置改革与2005年7月开始的人民币升值使中国股市翻开了新的一页，中国证券市场的前景是十分美好的。

（本文演讲过几次，内容不断更新，时间为2008年10月于北京大学、2012年7月于复旦大学）

中国股市牛市操作法

谢百三

一、中国牛市像投资者的节日狂欢

中国的证券市场（股市、债市、基金市）自上海证交所、深圳证交所创立以来，已走过了20多个年头。我们每一个投资者、参与者、监管者，都在其中摸爬滚打、艰难前行。有亏损的痛苦，有死而复生的喜悦，有大牛市的欢乐，每个人都尝遍了其中的酸甜苦辣，都与它结下了不解之缘及铭心刻骨的深情；每逢工作、教学繁忙而一段时间暂时离开了它，就会若有所失，甚至感觉失魂落魄。

中国股市20年来总体徘徊向前，有牛有熊，熊长牛短，这是由于中国股市存在着制度性风险、系统性风险及个股风险。但伴随着中国经济的成长，牛市也不时会来临，它们是个人投资者与机构投资者的狂欢节日。

如：1990年12月从95点到1992年5月的1429点，1992年11月的386点到1993年2月的1339点，从1994年7月的325点到1994年9月的1052点，从1996年1月的512点到1997年5月的1510点，从1997年9月的1025点到1998年6月的1422点，从1999年5月的1047点到2001年6月的2245点（“5·19”大牛市），从2005年6月的998点到2007年10月的6124点（人民币升值、股改引起的超大牛市），从2008年10月的1663点到2009年8月的3476点……这些都是人们难以忘怀的牛市。牛市该如何操作呢？

二、中国牛市每次都有如下特征

1．中共中央、国务院明确表示支持鼓励投资股市；党中央机关报《人民日报》发表特约评论员文章，指出这是“恢复性行情”；国务院领导发表支持搞好股市的讲话。

2．这一阶段往往实行十分宽松的货币政策，如1999年“5·19”行情，据经济学家判断，银行货币至少进入股市达5000亿之多。2008年10月起中国从适度从紧的货币政策急剧改为宽松的货币政策，2009年竟然新增贷款达9.59万亿，推动股市蓬勃向上。

3．本币人民币缓缓升值。与日元升值时一样，大量外汇、热钱进入，有时每天达10亿—15亿美元，等于80亿—120亿人民币，国内形成很大的外汇占款，造成了2005年7月到2007年10月20日的6124点空前大牛市。

4．牛市期间，经济增长都较快；特别是低通胀高增长时期，CPI往往不超过3%，不会招致央行实行紧缩货币政策。

5．在熊牛转换期间，往往初期时政府百般呵护，如半年不发新股以修养生息等。

6．管理层鼓励大发基金，对公私基金都采取友善呵护态度。

总之，经历了熊市的股民心里开始化冻、暖化，热情被激化，感觉春天来了。

三、在中国牛市中的感觉：“爹亲娘亲不如党和政府亲，千好万好不如中国股市好”

1．先一次次地小投资、小有套牢，但不久就解放、盈小利、盈大利；个股与大盘不断创出新高。

2．牛市不言顶，总觉得大量城乡居民资金在涌入，有强大的推力在把股市推向遥不可测的天空。

3. 无论是几千亿的大盘股（如工商银行），还是4亿—5亿的中盘股（如焦作万方）及中小盘股（如刚上市时的苏宁电器仅2000万股），都会蓬勃上涨，一派雨后春笋向上的春天景象。

4. 每天都有十多个、几十个甚至上百个股票涨停板。

5. 以各种名目、题材、概念、板块来炒作，大多一炒即涨。

6. 大多数股票都会有一到两个涨停板，过去几个月、几年套牢的股票纷纷解放，几千万投资者扬眉吐气。

7. 技术指标往往超卖再超卖，钝化再钝化。

总之，上亿投资者纷纷感到，中国股市多好啊，真是“天大地大不如党和政府恩情大，爹亲娘亲不如中国股市亲”。他们对社会主义中国股市充满感激之情，充满无产阶级深情。

四、中国牛市操作法

即使在牛市中，股市的风险总体上还是很大的，因此，还是要永远铭记巴菲特的座右铭：“投资的第一条规则就是不输钱，第二条规则就是牢记第一条规则。”

刚开始时，我对此话并不在意，后来才发现，这是巴菲特经验中最重要的经典之处。如果在投资次数中50%是亏损的，那么从概率上讲就是零和游戏，那盈利的50%又有什么意义呢？因此要争取有90%的把握能赢。虽然投资总可能有高的风险，但在主观上要做到投资前慎重又慎重，挑剔再挑剔。对将要买的股票、基金要详细地从F10（通过股票软件，查看公司信息）及各大证券公司、基金公司投资报告中反复弄清，发现它的上升空间是肯定的、有90%以上把握的再分批买入。（相当多的亏损人士，都是买股前很任性、随意；买股后套牢了，才来请教。）要像学汽车拿驾照时那样牢记：一辈子不能出车祸，一辈子不能压死一个人。在投资中，起码在主观上一定要树立：一辈子不能有一次中亏、大亏、巨亏（不包括中途的震荡，即使暂时跌，也最后会涨上来）。要把牛市当作熊市和震荡市来运作，才能无往而不胜。

我认识的朋友主要有如下经验（即使在牛市中也要精挑细选）：

1. 选择有重大资产重组题材的。古今中外，资产重组总是朝好的地方组。如宝安进延中，北大方正进延中，公司将发生天翻地覆的变化；后来延中从8元涨到30元，又跌到15元，最后又涨到80多元。

2. 牛市中仍要选一个行业的龙头股。如银行股，在2005年至2007年10月的大牛市中就可以选这一行业的领军龙头股招商银行。它的企业特点、企业文化、企业精神在全行业中首屈一指。而在大牛市中，资金充沛是不在乎盘子大小的。

3. 做股票一定要有一些投资高手做朋友。比如甲朋友偏多，乙朋友偏空，丙朋友偏中性，如果甲乙丙三友（必须都是高手）都肯定地说可以买，就大胆地买进。比如长江电力，刚上市时仅6.3元，我请教了甲乙丙三友，他们都说好，可以大胆地买，于是我满仓买进，结果涨到了9.98元，收益高达40%—50%。

4. 与美元相对的黄金股、有色金属股，只要美元处于贬值之中，以上两大类股就会涨。2005年人民币开始升值，意味着美元开始贬值，则可以大胆地买进中金黄金、山东黄金、焦作万方（铝当时仅2元，后来涨到67元）。

5. 理解大众心理，领先大众一步。炒“大众情人”股，即大多数人都喜欢的公司与板块。如美国大炒纳斯达克网络股时，中国基金经理们大多“崇美崇洋”，有的干脆是国外留学回来的，也东施效颦地跟着炒网络股。梅林有个送水的网络，天天涨停，我的一位好友就说：“涨停板一旦打开，我就要买它的。”最后他在15元多满仓买进，26元多抛出，一下子挣了几千万。

6. 在牛市中可以买证券公司及其参股的股，因为牛市中收到的中介费多，业绩肯定好。

如吉林敖东，辽宁成大（均参股广发证券公司），还有兰生、雅戈尔等。后来吉林敖东从2005年的5元多涨到2007年的140元（复权后），翻了26倍。

7.《中国证券报》、《上海证券报》、《证券时报》三大报公开披露的信息是非常可靠的，可信度95%，可以作为依据，大胆买进。如大杨创世董事长李桂莲在《中国证券报》披露她2009年的全年业绩很好，巴菲特要和她合作，并且比尔·盖茨也参与。这种信息非常可靠，大杨创世的股票又没涨过，后来从第三天开始，该股连拉四个涨停板，后来从10元一直涨到20元。

8.有保险安全网保护的，无论牛熊市都很可靠。如2008年12月的上海汽车承诺要搞总募资60亿元的认购权证，即在2009年12月31日，股价会涨到26.91元以上，而当时仅5—6元，后来果然涨到27.3元。还有前一时期的现代制药，从16元涨到21元，因为有增发题材。

把牛市当作熊市、震荡市来做，则一定安全、一定收益高，心里也安心，其乐也融融，一样享受中国经济的高增长成果。特别是2008年12月的上海汽车（5元多）及2010年10月前8.3—8.4元的攀钢钢钒（000629）都可大胆买入，享受它的必然上涨。

其实，在不可阻挡的大牛市中，大多数股票都会向上涨，找个好行业的好股票，捂着，捂着，骑着“白马”、“黑马”，跟着它们飞快向前跑，就行了，财富会源源涌来！

平民金融家20年的传奇经历

杨百万

编者按： 杨怀定（杨百万）老师我在很早以前就认识了。这20多年来，杨教授确实是我们国家金融界中深孚众望者之一。第一，杨教授总是在人们最困难的时候给大家力量。1992年10月上海股市跌到400多点了，他也不便去说，因为说了以后再跌到200点怎么办呢？杨百万老师就在这个艰难时候勇敢地站出来买股票了，4.3元的轻工机械股票后来涨到了20多元。1989年杨百万老师坚决去买国库券，90元钱的国库券大胆买进。在这些年金融界的大风大浪中，他总是中国股民的一面旗帜。

今天我们有幸在周末把他请过来，实在是北大、清华同学的荣幸——杨老师平时是不讲课的。他有几个原则：一、做股票时决不能喝酒，他认为就像开汽车不能喝酒一样，做股票喝酒太危险了；二、礼拜一至礼拜五他是不讲课的，他把股市当战场，决不能不去。今天他放弃休息，一早飞到北京，给我们无偿地讲课，我们感谢他。

第一个内容是讲他怎样从一无所有成长起来的，我们现在也是一无所有。第二个内容是讲目前股市的形势和投资艺术。大家要问什么股票也可以写纸条递上来，由我来决定哪个可以问，哪个不能问。我们这门课的特点就是理论加实际，和理论加数学模型一样的重要。现在，我们以热烈的掌声欢迎杨教授。

先声明一下，今天不讲股票，因为现在社会上有人非常浮躁，这股浮躁的风吹进了大学校园。据说好多学生都想炒股，其实作为一个学生第一要学习好。我是钱多，是证券界的一个著名的草根，但是我没文凭，所以别听谢教授刚才把我捧得这么高，我没什么能耐。

一、我是草根，但是我很爱学习

刚才谢百三教授说我是中国证券市场的推动者、实践者和成长者。上海证券交易所第一天第一笔交易就是我参加成交的，成交后在全世界都有报道，《新闻周刊》、美国CNN全有。虽然我是草根，但我的知名度蛮高的，刚才有些同学跟我说我父母都知道你，我蛮自豪的。但是我也有很难受的时候，比如2001—2005年的4年的大熊市中，我到北京来的时候，好多股民跟我讲我们是看着你的名字做事的，他们都梦想当一个百万富翁，结果成为货真价实的“负翁”。实际上我很明白，我已经作为一种概念引导了许多投资者进入股市。最近这一两个月我出镜的次数很多，像上海东方卫视大年初一的晚上就拿我当新闻，其实这都是以前拍的，这次播放事先我都不知道。为什么？因为股市需要参与者，国家希望搞好这个股市。你想一想，像昨天星期五两市成交1900个亿，翻一番3800亿，缴千分之一的印花税，国家一天就收了3.8亿元，比任何一个国有企业上缴财政的金额都大。一定要塑造成功的榜样，以吸引更多人入市。现在进入股市的门槛很低，但是越是门槛低越要提高竞争力。举个例子，前年在998点时我在报纸上公开呼吁“股市的冬天已经过去了”，那是2005年8月，我建议大家卖掉房子进入股市，我自己就卖掉房子炒股，但人家就是不信。那时我到南京去了，因为我是江苏人，我最早把这信息在南京公布了。最近我又去南京，我问他们买没买，他们说我们当时都吓死了，哪敢买呀。

实际上好多人不了解情况，以为我是一夜暴富的，其实不是，我在进入股市以前蛮爱学习的。我对这个股市跟踪了两年没动手，到我认为十拿九稳的时候动手了。我特别喜欢看报纸，但我看报纸是反过来看的，看哪里有市场的失误，市场失误了就有我们赚钱的机会。别人说我杨百万专门钻经济政策的空子，而我的第一桶金似乎就是利用有关部门政策的失误赚来的。1988年4月21日，我看到报纸上宣布要开放国债的自由买卖。我是1988年3月21日因为受了原所在企业的冤枉怀疑而辞职的，辞职以后一时没事干。但我想发财，看到这个报道以后，我就进去了。金融之所以成为百业之首，是因为它有很大的便利。你看我买几十万国库券，100元得益5毛钱，一晚上就能赚几千元。

二、炒股要有远大的眼光，需要社会的历练和知识做支撑

股市是一所没有围墙的社会大学和财经大学，很多理论在你们高等学府里面是学不到的。我在沈阳财经大学讲完股票投资课后，很多金融学教授跟我讲，你讲得太好了。他们说我们书也看过很多，也背得出。我跟他说虽然你背得出但就是没做过股民。我问他什么叫多头，什么叫空头？他说就是这个没搞懂。做股票一做就搞懂了，我买进股票希望它涨就叫多头，抛掉股票希望它跌就叫空头。因为他没炒过股票，连这种股民最起码的常用语他都弄不懂。我估计教金融学的教授多数炒不好股票，因为他太习惯于逻辑思维了。最近三个月是“概念股”在涨，“概念”就是形象思维，就要“炒概念”。为什么我说教金融的教授炒不好股票？大家都知道一句话，“股市上有投机有投资”。投资就是逻辑思维，投机就是形象思维。

在股市最低迷的时候我投资，不信你们可以去查，在998点时我就买了，买了以后网上很多人笑我，标题是“杨百万终于套住了”。我专买国有大中型企业，你放心好了，政府还在乎那点钱，把国有企业亏掉？不可能的。但我看到，人心是很险恶的，因为我是中国股市唯一的一棵常青树，他们希望我输掉，其实我是看准的。大家看，我自己设计的软件在这里发出了满仓买入的信号。我告诉他们我是暂时套住了，但我这个套是“金套”。现在他们羡慕我啊，所以炒股还要有一个远大的眼光。这都是需要社会的历练和知识做支撑的。

你看我随便一只什么股票，没有看不懂而买进的。你们以后炒起来肯定比我厉害，因为我这个叫无师自通，是经过19年的股市摸爬滚打才慢慢发现规律。现在许多人劝别人买股票，可是2005年的时候都是劝人家抛股票。刚才在接我的车上一个人问我你怎么能看清，我给他讲我“看不到”。中国就只有三种人能看到，一种人是神仙，第二种人就是聊斋里的妖怪，第三种人就是大言不惭地在电视上吹牛的。我既不想当神仙，也不想当妖怪，也不想吹牛，我就是看不到的。对股市要奉行走一步看一步。比如刚才我给大家看了报纸，为什么2005年8月我敢发出卖掉房子买股票的豪言？这就叫在低迷的时候以投资的心态买股票。

三、倒国债挣钱主动要交税，李鹏、朱镕基、吴邦国都注意我了

1988年我进行国债买卖，当时政府规定国债在不同地区之间不能流动，但我想我人可以流动。我第一站就是合肥，合肥的国债只有90多元钱，我坐一晚上火车拿到上海，就可卖100元。你想，我在公司辞职时工资只有63元，后来炒国债第一个晚上就挣了6000元。我激动得睡不着觉了，尽管现在我赚6000元只要10分钟，可当时我就觉得我找到了一座金矿。我这个人很聪明，我知道这个漏洞政府马上就会发现并补上，所以日夜兼程不睡觉。我这么干了八九个月，已经完成了从两万到百万的积累过程。

赚到百万以后很害怕，那时不像现在的情况。我一下子有了这么多钱，以后政府找我算账怎么办？我就先到上海的中国人民银行，接待我的人现在已经升任上海证监局局长了，他是很重感情的，知道我这个人是良民。我去的时候他说我们中国人民银行是只管商业银行的，从来没有接待过老百姓。所以我跟他耍赖，我跟他讲，我正在积极响应政府号召买国库券，我有很多问题搞不懂，我主动找政府有关部门接受党和政府的教育，你不能把我往外面推；你要不接待我，你签个字，我就乱干了，以后出了问题别找我，我来过的；就像人家去公安局自首，你

把他推出去，到时候你倒霉。我名字一填，他说你就是闻名上海的杨百万？我说是的。他说我们老早就注意你了。我说我今天自动上门来了，我从外地买了国库券是想长线投资，但回到上海后我改变主意了，我要花钱我就卖掉了，可以吧？他反问我，你看可以吗？那时候当干部的作风是这样的，他怕讲错话。我说可以。他说你有什么依据？我说我有依据的，我们老百姓虽然看不到政府的文件，但我们看报纸，你们中国人民银行行长李贵鲜在接受记者采访时说欢迎公民随时买进随时卖出，这个信息我是掌握的。他绝对不敢和他们总行的行长去抬杠。他看我把这个报纸拿出来后没办法了，他说那你去干吧。

我干了一年名声很大了，从当时的总理李鹏、上海市市长朱镕基，到现在的全国人大常委会委员长吴邦国都对我有过批示。这些批示不是完全鼓励你的。当时一位领导批示说"现在上海出了一个杨百万，出一个可以，不要出现一个阶层"。谢老师知道的，当时股市一跌，外面就谣传杨百万被抓起来了，我都不知道给人家传我被抓了多少次。

我心里还是不踏实的，到时候人家讲我没交税怎么办？我就去税务局了，我说我就是小平同志说的先富起来的人，我准备依法交税。接待我的是上海税务局的局长。我跟你们讲，今后遇到问题了不要和那些小干部去谈，越是当大官的态度越是和蔼可亲。我说我是人民来访、我要交税。1988年那时是什么情况？都是偷税漏税的，哪有主动交税的。他一看，说你就是杨百万？我们早就注意到你了。我说我主动来交税。其实我知道的，对国库券交易国家是有条例的，免税。但我要你说一下，自己说没用。比如现在一个法令出来了，谁解释也没用，要靠最高人民法院的司法解释才最有用。后来局长一看，心想你就是一个良民，人家都躲着我，你还主动找我。没想到第二天在上海就见报了，标题叫"公民的纳税意识在提高"，不用交税的都去交税。那张报纸到现在我都藏着呢。到时候有人说我偷税漏税，我就把报纸拿出来，用证据说话。

但是我还是怕，因为那个时代和现在不一样。我想了一个歪主意，我想你们讲都不算数，到时候抓起来要进公安局。我就去了公安局，我说我富起来以后感到改革开放太好了，希望你们为改革开放保驾。他们说你要干什么？我说我邀请两个保镖，一个600元月薪，另外一个带枪带警棍800元月薪，我出去倒卖国库券的时候他们都跟着。这有什么好处呢？我以前买卖国库券要装一个大箱子，当时没有100元的，都是10元的，我称过，1万块钱是1斤2两，100万就是120斤呀。那时候人们的思想不像现在这么开放，进出火车站要查的，X光机一照发现都是钱，他们就会认为我这个人不是贪官就是贩毒的，麻烦。等他们搞清楚了，我的火车也误点了。自从请了两个公安同志以后，麻烦没有了。进去之后，一亮介绍信，上面写着"执行任务"，就不查我了，这是我第一次尝到了"狐假虎威"的滋味。

刚才有个记者，1999年中央电视台拍"20年改革开放20个先进典型"的时候就是他拍我的，他给我讲一个内幕，当时候选的人物有400个，很多人被上上下下地挑，就我一直没动。其实我心里很明白的，我已经给中央领导留下了一个良民的印象。公安局去过了，税务局去过了，银行去过了，你还叫我怎么样？请公安当保镖还有什么好处呢？我去证券公司买国库券，下面部门的思想也很"左"的，他们认为居民买可以，像你这种倒爷不行，其实居民和倒爷没有区别的呀。但带了保镖以后大家都卖给我，说这个人正规，给我带来了极大的经济效益。拍"20年改革开放20个先进典型"时中央电视台记者就问我了，你当时请保镖现在为什么不要了？我说现在有多么稳定的社会，多么好的党中央！实际上我没有文化，有的只是在社会上摸爬滚打过以后的一种历练。刚才我告诉几个大学生，你们读书以后一定要经过社会的磨炼才能成功。

四、中国的股市绝对是国家主导的市场

我为什么能成为股市常青树？其实股市是有规律的，我在每个高位都顺利地跑掉了，比如

就在这个最高点时，国家推出了国有股减持。最著名的是这一次，2245点。其实这都是有迹象的。2000年7月1日，我到北京大学来过的，在大礼堂讲课，说××部的领导的话不能信。因为在当时大盘那么危险了，国家要推出国有股减持了，某个领导在报纸上说国有股减持是重大利好。然后上海举行了一个大型报告会宣传国有股减持，证监会、财政部的人都去了，由于我这个人在老百姓那里很有号召力，所以就把我也请去了。我那天很头疼，在我前面发言的一个个都说是重大利好，如果我也说是利好，老百姓拿他们没办法最后肯定是骂我。轮到我发言了，我也不能讲不是重大利好。人家要找你点麻烦很容易，不听话就很麻烦。1988年新华社出了一本书讲十个富翁，我是第九位，刘晓庆是第十位，现在我看了一下，九个都倒了，就剩我一个。其实我虽然没有文化，但是我这个人不笨。比如，关于国有股减持是利好利空我分不清，但我又得把心里话传达给股民，我就说我想了一晚上，什么叫减持？就是不要了，我们作为股民，看到大股东都不要了，我们还要它们干什么？所以我就叫大家跟着国有股减持，你减我们也跟着减持。一减持4年以后就跌到998点。后来股民说看来当时讲真话的就是杨百万，但当初我们没听懂呀。我说不是你们没听懂，你们是贪心呀。后来上海有关部门在当晚的宴会上就找我谈话了，说老杨你是改革开放的典型，今天讲的话不合时宜。我说我这个人受毛主席教育这么多年，就是要做老实人讲老实话，心里想的有错也要讲。

为什么我在998点时要卖掉房子买股票？其实道理很简单的。银行不断把钱借给券商，要它涨的意图很明显。报纸上天天都在说，但好多人就是不敏感。我们这个市场是国家主导的市场，比如房子便宜的时候我就买了不少的房子，为什么？地方政府在那时说买房子的人退税，上海当时规定，买房子可以以个人所得税抵部分房款，买房子的人可以得到蓝印户口，小孩可以上上海的大学，这房价就一定会涨起来的，就像现在这个房价最终是会掉下去一点的。但不会暴跌，暴跌倒霉的是银行。

把基本面与技术面一对照，股票的顶与底很好找。比如说这个股市最多还有三个礼拜就要进入震荡，你不要在震荡的高处买，要在震荡下来后买。昨天中央银行行长助理谈得很明白了，说“央行正密切关注着股市的风险”。什么叫风险呀，政府不好说“套住”了，政府如果说“会套住”，明天股市就大跌，这是政府不希望看到的。

再举个例子，我们的股市往往要跌上100—200点才会说“暴跌”，而美国股市跌2%就报“美国股市暴跌”。我们把“暴跌”叫“合理调整”，这话你要能听明白。所以做股票是逻辑思维和形象思维的有机结合，或者说是基本面和题材的糅合。必须要有极其丰富的阅历，没阅历是做不好股票的。

五、投资股票要有六分心态，三分技巧，一分运气

有了这么多东西作支撑以后，做股票可以简化成四个字——“抄底逃顶”。股票其实是有规律的，大牛市中傻瓜进来都能挣钱，但现在挣不叫挣，除非你马上金盆洗手。老股民都知道的，挣多少不可以亏掉多少，亏掉了有时还不够，还会负。什么时候能说赢定了？你离开股市的那一天。像我这种人才能说赢定了，因为我从两万多元钱起家的，我现在一套房子就160多万，所以我赢定了。

股市投资也好，投机也好，逻辑思维也好，形象思维也好，最终体现为四个字：“抄底逃顶”，我们的行话就叫“波段操作”。随便哪只股票，你只要按波段买入，没有不赚的。等你以后实践一下，你就会感到挣钱没那么难。但前提是文化的基本功要扎实，社会的阅历要有。怎么获得社会的阅历其实老祖宗老早就教给我们了，叫“读万卷书，行万里路”。不是吹牛，像我这个人，经历了中国股市三个牛市三个熊市，讲句上海的土话，叫“油里面煎过的”。我只要把这个东西教给你一半，你去哪个证券公司应聘，你都能成功。正因为我老了，所以希望年轻人能行。这个社会绝对是后浪推前浪的。我把钱带到棺材里去没人表扬，或许我讲出来以

后北大今后出了几个百万富翁、千万富翁，或者出了中国证券界的高手，那才是我的贡献。我上次到一个证券公司，经理跟我讲，杨教授，我上次在北京大学听过你上课。我马上感到比挣了5万元钱还开心。

我现在已经不把股票作为赚钱的工具，经过近20年的拼搏，我已经想明白了。我现在58岁，估计可以再活10年到68岁。小时候吃苦，现在不能吃得太好，吃得太好要得痛风病，每天都是吃地瓜、玉米。当钱能够维持生命了，挣钱就失去意义了。一年365天，10年不过3650天，我算过的，一天吃100元都吃不完，我到死也不过花36.5万。钱再多都是0，人是1，人倒下了再多0也没用。

所以心态要好，实际上赚钱往往是“有心栽花花不开，无心插柳柳成荫”的。我举个例子，我从1987年开始买卖国债，但眼睛一直瞄着股票，因为我刚才讲了国债买卖不可能让你永远这样干下去，一封掉了以后你就吃苦了。1989年我就在上海买了20万股的真空电子，1987年是200元一股，到1989年6月4日，已经从200元跌到了95元，我一看机会到了就买了20万股，当时20万股只有182万元。我当时就算了，当时分红利每股0.15元，每年有3万红利收入。后来股市暴涨，涨到证券交易所建立之前的850元一股，我把它抛掉了，翻了8倍。

现在这个行情有时候去炒赚不了，放在那里不动反而翻一倍，这就叫“有心栽花花不开”。哪个不想挣钱？都想，但不是你想得到就能得到的。所以投资股票要有六分心态，三分技巧，一分运气。后来拍“证券市场10年”电视纪录片时，他们问我你当时买这个股票是为什么？没人敢买的。我去买的时候正好是1989年，那时上市的股票就7个，跌得惨啊，所有人都在抛股票，他们都是傻瓜。我去买的时候记者都等在银行门口，问我：“人家都不买为什么你要买？”我说：“人家不要我要。”就像2005年6月998点是我号召大家买，中央领导听了以后说，我比报纸上介绍的还要好。其实我心里明白。

六、不做死多头，不做死空头，做坚定的滑头

股市现在虽然不会马上出问题，但至少不是低位，我估计再过不长时间就会出现大幅震荡。我最看不得有些人说“经过我的计算得出能够涨到多少点”，即使说对了也是瞎猫抓住死老鼠。这里面涉及诸多的因素，比如政府的政策谁知道什么时候来。所以在现在这个高位我们不要去买股票，但有股票的可以再坚持拿一段。傻瓜往里冲得越多，股票涨得越高。有点像一句土话，叫“书生遇到兵，有理讲不清”，他不懂法的，你跟他谈什么？现在新股民排队往里冲，每天十万八万的，他们不是为了股票来的。就像我在外地很受欢迎的，其实我很明白人家欢迎你其实是欢迎人民币。一旦股市发生逆转，新股民会争先恐后地抛。像刚才看到的杭萧钢构，这个时候已经跌停板了，还有几个跌停板现在不知道，抛不掉的。你不可能把钱全赚完的，做到就像吃鱼一样，不吃鱼头，不吃鱼尾，只吃中段就可以了。

我们来看股票指数，指数比较好讲，你看我每个震荡都抛一下的，我宁可回避掉这个风险再来。上海股民都知道，我这个人做股票有个座右铭，叫“不做死多头，不做死空头，做坚定的滑头”。大家看一下，在底部时抛的人叫死空头，输了，我做多头了；这个上面我不做多头了，做滑头了；快掉下来时我做空头，到底部涨起来我又做多头。现在我用频繁的短线来应对。其实股票蛮好做的，这个软件是我自己用的，我还给老太太、老奶奶做了一个，上海老太太、老奶奶很欢迎我。我给你看啊，我跟你们讲什么都别管，说颜色变绿的你就不买股票，跌不就是绿的吗，你不买；这里告诉你见好就收；这里赶紧买股，到这里又跑了，这里再进去。多简单的事情啊。

为什么有的股票效益很好但是不涨，有的效益不好反而猛涨？其实这些股票都没有投资价值。真的有投资价值的企业不卖给你了。你倒过来想一想，很便宜地卖给你，这不是国有资产流失吗？那么为什么猛涨？除了概念以外，最最主要的就是这个股票里有资金流入，资金以前

的老话叫“庄”，现在不叫“庄”了，叫基金。举个例子，北京火葬场旁卖的是殡葬用品，你拿到长安街去卖就叫迷信用品。现在基金在里面其实就是“庄”，本质是一样的。

七、做股票不能太浮躁、急功近利

我现在在上海最难了，不管哪个分析师，我问他“你对行情怎么看”，他说“哎呀老前辈啊，你别和我开玩笑，你还不知道啊”。所以我没地方去问，没办法，只好自力更生，自己来找，现在我找出来的东西也不给他们，谢老师除外。（大笑）在上海我也从来没给他看过，老朋友归老朋友，十几年了。因为我知道什么呢，因为我知道谢老师在证券界的名声比当大学教授的名声响，他是一个不读死书，和实践相结合的老师，你们去看《金融投资报》等等，反正好多报纸都有谢老师的专栏。我有的时候没事就去看看谢老师最近在想什么。我说一个故事。当时股市大跌的时候，谢老师坚决看多，有个别臭水平的已抛空的股民骂他，后来涨上去了，有的满仓的股民就写“谢百三万岁”，很多人做股票都是急功近利的。我当时一看技术分析指标，到底了，骂人家谢老师干吗？所以我不写文章，不让你骂。我以前写了6年的文章，后来我不写了。这个叫“散户不可悲”，对散户当中的“傻户”，我是怒其不争、哀其不幸。有的时候你跟他讲，他不听，就像谢老师刚才讲到的。

八、新股民切忌自满，牛市熊市全不同

新股民没经过熊市产生了自满，他说股票太好做了，还就是低吸高抛。一到熊市，回过头来看都是高吸低抛。新股民进来都有规律的，他什么都不懂就能挣钱，为什么？正好这个时期是牛市。到什么时候牛转熊了，就难做了。一旦成大熊市，即使下跌了他还错误地认为“我只要捂住就能翻身”，不知道越捂越糟糕，捂到最后一看，把赢来的全输掉了。他开始要学了。学了以后呢，又错了，他没有搞懂趋势的转换。而且股民都是不到黄河心不死，到了黄河还想游过去，游到半途沉下去的。你想，现在熬过四年熊市，我在上海做过调查的，发誓不做股票的人好多，现在大部分都是新面孔了。股市就是这么一场一场轮换的。所以呢，这批进去的，我可以断言，不需要很长时间就会有亏损，因为他进来的时候就没有做好准备。像我们从998点赚到现在我已经非常满意了，你只要涨一点我就抛一点。因为我们量大啊，几十万股、上百万股，你涨一点我抛一万股，一直抛到你掉的时候全部抛完。很多人会贪心不足，等到转势了哭都来不及，这句话我先说下了。比如上次我到北京大学来的时候，已经开始要跌了，有个学生举手问我对后市的看法。我说大势有什么好讲的啊，只要会看图就行了，现在是下跌途中的一个反弹，反弹以后还要下跌。那时是2001年11月份，就在这里，主力做了一个陷阱，反弹一下，然后跌掉1200点。我还说，不管后面怎么样，我要告诉你10年以后股市至少值10000点，现在已经到3500点了，刚刚过去的只有4年。这就是我当时在北大讲的。进股市哪个说不想挣钱，绝对是假话，那么我可以告诉你们，你只要根据我说的去做，每一波行情都能跑赢大势的。

九、追“黑马”，不如自己养“黑马”

所谓高楼大厦不是一夜而成的，否则都是魔术，是纸上风景。股民都喜欢骑“黑马”，什么叫“黑马”呢？（指图）这个就叫“黑马”，短时间里涨得快。我给你们看一下将要变成“黑马”的，但现在这个“黑马”不会太大了。这几个股票都会上涨的，宝钢已经起来了3根阳线，从871元已经涨到1017元了，可以波段满仓买入。不过你要注意，这个点已经比这个点高得多了。你现在进去呢，要涨得更少一点，但保证能赚。

炒股挺简单的，比如说这就是一个模式，在这里的时候赚了这一段，过一段时间调整好了机会又来了，又赚了一段。炒股要一段一段地来。现在好多股民为什么赚得不多啊？他看自己的涨得慢，不要了，去找涨得快的，他一看这个涨得好追进去，两个月一调整，他一看不好，马上就丢了，这边刚刚丢了，那边“呼”地蹿起来了。他老在干这样的事。其实你不要一个个追，你一个个地去追，不如自己去养一匹“马”。

“黑马”说白了就是人民币，但是君子爱财，取之有道，所以很多高手都精通这一道。所以“黑马”的培养需要时间，一定要有耐心。有了技巧以后一定要有极好的涵养，还要战胜人性两个最大的弱点，一个是贪婪，一个是恐惧。涨了以后还要涨，像我一看就明白了；像在这里，我一定跑掉的；在这里我一定不会跑的。很多人刚好相反，一看跌了就恐惧了，永远是输家。所以说六分靠心态，高了不贪，下来了再进去。

你比如说，这个股票在2006年10月20日是9.8元，那天我到江苏去讲课，我说今天送给你们一匹“黑马”。大家一看这里没表现嘛，赚了3毛钱就跑掉了。最近有人给我来信，说后悔呀，你讲的真是“黑马”啊。他就没有这个理念。

打短线的不能放几个月。比如说最好在这里做短线，13元到现在18元赚5元了，当时买5000股也不过6万，现在已经变9万了。所以我讲的最简单的一条，就是只要抓住周线，周线金叉时候介入，也就是这里波段满仓买入，这是一种最安全最稳妥的找“黑马”股的方法。

杨百万先生答同学问：

同学：股指期货推出是利空还是利多？

杨百万：这股指期货的推出，现在还不好定是利多还是利空。你只要把握这一点，指数涨很高时，推出是利空；指数很低的时候推出是利多。不能一概而论的。所以证监会也在看苗头、选时机，至于具体什么时候推出，我还是那句老话，我不是妖怪神仙，不会吹牛，只能泛泛而谈。

同学：请问您对每只股票的数据考量后，是否对每家公司都做深入调研，如何搞调研？

杨百万：个人调研是调研不起来的，一是成本太高；二是你算老几，你去调研董事长见都不见你的，就算见你讲的都是假的；三是他不能违规透露未公开信息。像我去上市公司调研，因为名气大，他还请我吃餐饭，但真实的情况不一定告诉我。有个很著名的股票叫红光，当时是生产彩色显像管的，经过包装上市。我在上海有个朋友他去考察啦。红光知道你要来考察，把显像管炉子烧得通红。我朋友一看很好，就13元买进。买进以后一个月就报亏损，变成ST红光。我这个朋友他不甘心啊，我明明到成都去看过的，怎么从13元跌到3元呢。他再去看，炉子都熄火了。他想不通，要自杀，坐在ST红光的专用铁路上要自杀，天上落蒙蒙细雨把他浇醒了。他回到上海跟我说，老杨我想死没死掉。我说你存心要死，京沪铁路上一坐，两分钟就死掉了，你到红光去，人家停产了没有火车进来，你怎么死得掉？自杀也要有窍门的。所以上市公司调研对一般人来讲没用的。其实有的东西你不要去研究，你看看市场就行了。上海1996年有个股票叫新雅集团，是个大酒店，我买了它以后从8元涨到16元。当时中央电视台问我为什么敢买，我说挺简单的，我找经理他肯定跟我讲假话。我就带中央电视台的记者晚上一起去新雅大酒店看它的窗户，客人住满了窗户都是亮的，没有客人住进去就黑着窗户。那天一看，果然灯火通明的，说明客满了。入住率不需他说的。今年为什么有色金属涨？这个是世界资源类的，人口越多资源消耗越快。而且中国哪个行业兴旺，世界上哪个行业就涨价。比如说期货涨现货肯定涨，这是规律，不能死讲道理。而且这个社会变化挺大的，100年以前什么股票最火，100两银子一股？是电报股票。民国初期电报很神奇，上海一发电报北京马上就收到了。现在你看电报都破产了，为什么破产了？科技进步了，电话都普及了还要电报干什么。上个世纪60年代，发个电报要排队3个小时。现在电话又不行了，你看“中国电信”在香港多便宜啊。传真机刚开始多火啊，没超过两年传真机又下去了，E-mail出来了。后来E-mail又不行了，现在流行发短信。这个趋势要看清楚，不能够再生的就是好的。马上要发行一个好股票，你拿着5年都不要放——中海油。中海油上来比××××还要好，你在它上市第一天就买，不要全买，它往下跌你就一直买，不跌不动。你过几年一看就要谢谢我，因为石油资源越来越是稀缺资源，这个就和知识面有关了。

同学：您经历过的最大的挫折是什么？

杨百万：“文化大革命”使我失去了进大学的机会。你想问的肯定是我在股市上最大的挫折是什么，我钻了个空子。我告诉你们，我在股市上从来没有挫折过，谢教授能证明的。我非常狡猾，我总是在大跌以后买进，涨到顶之前提前撤退，惹不起还躲不起吗？不干了总行吧。

同学：我很欣赏您的幽默，您现在已经是公众人物了，还是穿着朴素，说话也不做作，很坦率。请问，什么使得您保持这种真诚而坦率的风格，而很多公众人物都做不到？您很真诚，经历了30多年还是这样没有变。听您的课收获很大。

杨百万：谢谢，其实讲一句真心话，我在外面这种演讲不大做的，因为我很敬仰谢教授的人品，我们是十几年的朋友啦。你说哪有这种事，我早上7点钟不到就爬起来坐飞机过来，明天就回去，真的没有分文报酬，就是和清华、北大的同学老师来聊聊天的，来一个以股会友。我还有一个小小的私心，这种活动我都把它当作吃药，因为我年纪大了，不动脑筋不慷慨激昂一下很容易得老年痴呆症。我现在做股票，和你们小青年接触增加青春活力，就是对付老年痴呆症最好的良药。

同学：您成功率这么高，有没有考虑过炒美国股票？

杨百万：你这个真的是书生之见。我对中国国情那么了解，不炒中国股票炒美国的，纯粹是扬短避长。我们这里的新闻还没有开放到美国的一举一动都报道，都是滞后的，近路不走何苦走远路呢，我连香港的股票都不炒。你想一下，哪个市场有今年中国大陆的市场这么好？

同学：怎么样才能读您的“研究生”，怎么样才能成为您的会员？

杨百万：这个很简单的，大学毕业找不到工作，谢教授写证明，你就来，我免费教你。但要鼓励学生干好主业，现在千万要搞好学习。中国股市还有很多困难、不足之处，但道路会越走越宽阔，我很有信心的。（长时间鼓掌）①

（本文转自谢百三主编的《中国股市传奇人物北大演讲录》，北京大学出版社，2008年4月第1版，第98—112页。）

---

①编者注：杨怀定老师曾多次受邀到北京大学、复旦大学等来讲学，是这几所大学师生的良师益友，这里只是选辑了其中一次演讲稿。

精益求精的技术分析是炒股的法宝

——2005年7月21日，电视中大声说：牛市来了！

倪 勇

学生感言：

倪勇博士是所有讲座中第一个讲究技术分析的资深人士，他相信股票市场看似变动不定的数据背后有它自己的内在规律，他利用波浪理论找到了这些数据起伏波动的框架。倪勇博士当场选股，当场为我们详细演示、讲解了他的波浪理论，果然像他说的那样，波浪理论与实际的历史K线图走势非常的吻合，使我们在场的每一位听众都赞叹不已。他当年对股市见底的正确预测更是让我们暗自惊叹，他同时开始重新审视这个看似变化莫测的股票市场。

——北京大学信息管理系周鑫

股票投资既要有高瞻远瞩的视野、钻研投入的精神，很多时候也要求我们具备一定的技术分析能力，从这点来说，倪勇博士的技术分析讲座就显得尤为有价值。倪勇博士对波浪理论的诠释使我们初步了解了股票市场中技术层面的内容。尽管我自己对波浪理论还缺乏深层次的理解，更谈不上在投资股市中的应用，但是我仍然感觉到股市本身具有的复杂性，投资股市需要具备丰富的理论知识。

——北京大学国际关系学院蒋翊民

编者按：倪勇是复旦大学的硕士、博士生。其硕士、博士都是我指导的。他很聪敏、干练，思想活跃而不张扬，平时沉默寡言，但上起课来则逻辑清楚，口才极好，常常赢得满堂喝彩。他精于技术分析，但又十分尊重基本分析。几年来，他在生活、投资、理财上都硕果累累。

大家好！今天我主要是给大家介绍技术分析的内容。

一、技术分析就是要找大概率机会

一般来讲，每次讲座听技术分析的人比较多，因为大家觉得技术分析比较神秘。大家在听股评时，总是听到一些这方面的术语，可能觉得掌握这个以后，也能快速致富。但我在讲技术分析之前，要提醒大家的是：技术分析这种东西，你即使知道了以后，也不一定是一加一等于二，不能百分之百地保你赚钱。那么，我们为什么还要学习研究技术分析呢？我想说明的是，不管技术分析还是基本分析，它们都是分析股价运行趋势的一种方法。运用方法的目的是帮我们了解股价波动变化的方向和概率。掌握了方法以后，你就可以对股价走向的大致趋势和概率做到心中有数。换句话说，掌握技术分析以后，90%以上的趋势是可以把握的。这是我们学习技术分析之前须明确的原则——并不是掌握了技术分析就能百分之百地赚钱。

我个人感觉，在证券投资中，不在于对未来百分之百地把握，而在于能否稳定地赚钱。举个例子，如果手上有15万资金，每年赚个20%，20年后是570多万。我在2004年时，遇见一位下岗女工，她原来有7万多块钱，在熊市里面一直亏，当时只剩下3万1千元了。当时的指数是1600多点，她向我求助。我非常同情她，决定帮她忙，于是我帮她操作。由于她只有3万1千元，我不可能频繁地操作，但可以肯定，我能保证每年20%的增长率，等她到60岁时，就可以达到100万。从2004年6月到2007年5月，已经达到了20多万，这期间的操作非常少。为什么会达到这样的水平呢？当我通过技术分析，确定股价上升概率极高时，我就帮她进去做一把，发生问题时我就及时止损。这样就能保证赚大钱、亏小钱。做技术分析并不是不亏钱，而是亏小钱、赚大钱。接下去我就来跟大家讲如何通过技术分析亏小钱、赚大钱。

二、2005年7月21日我说："牛市来了"

技术分析有各种各样的方法，根据我这么多年的经验，技术分析中我最推崇的就是波浪理论。艾略特的波浪理论在技术分析中应该说是最精髓的东西，其他分析要比波浪理论逊色很多。索罗斯也表示波浪理论很有意思，虽然他对技术分析是不屑一顾的。

艾略特的波浪理论的原理非常简单，它认为股价的波动都是有规律的，一般来讲股价是上升五浪，然后下跌三浪。这是最基本的。一个循环完成，就又来一个新的上升五浪下跌三浪，不断循环下去。股市就是按照这样的波动来进行的。

如何准确无误地去套这上升五浪下跌三浪呢？我来详细讲一下。

我们把每天的收盘价连成线，以时间为横轴，以价格为纵轴。只要收盘价比前一天低，即使低0.01，也是一次转折——由前一浪变成了后一浪。同理可往后推，只要收盘价高于前一天，就是又一次转折。当然这是一般情况下。我们不仅可以用每天的收盘价，还可以用每周的收盘价连起来看——把每周五最后的收盘价连起来。除了用周线外，我们也可以用月收盘价连成线，也可以形成上升五浪下跌三浪。还有120天、120分钟、60分钟、30分钟、15分钟和5分钟，都可以把它们的收盘价连成线。很多人每天在看盘的时候，就是看价格在上下波动，那是在练感觉。而我每天在屏幕上看的却是这些线每分钟的浪形波动。和一般人是不一样的，对我而言最重要的就是浪形的波动。

这些不同的时间周期形成的波浪，它们之间有什么关系呢？它们的关系就在于，周期越是长的浪形，揭示越长期的趋势；周期越短，揭示越短期的趋势。分别用不同周期的线去看浪形会发现，大浪里面包含了很多小的浪。比如日线上看是一个浪，但如果用60分钟线来看的话可能就是五个浪。一天的周期大于60分钟的周期。再进一步，我们可以发现60分钟线上的一个浪又包含了五个浪，这就叫"大浪套小浪"。我们每天盯盘，主要看的就是这些不同分钟线的浪形，但最终决定股价趋势的是长周期的浪形。短期的浪形只是帮我们寻找短期的转折点，起决定作用的是长期的浪形。不懂波浪理论的人看盘，就是凭感觉；而明白波浪理论的人看盘可以把买卖的时点抓得非常准确。比如，在2005年7月21日之前，我是一路看空的，也正巧那天轮到我在上海电视台做节目，我说牛市来了。我不知道那天晚上宣布人民币升值，当时主持人很奇怪：你过去一路看跌，为何突然说牛市来了呢？其实很简单，我发现每天的下跌浪已经全部走完了，各个时间周期的线都走完了，所以我说牛市来了。这就是波浪理论。通过研究浪形，不仅可以看到长时间的趋势，也可以掌握短期买卖的最佳时点。这也就是为何很多人乐于做技术分析的原因，一般来讲，它能提供投资者好的买卖时点。

三、如何数浪形

刚才也有教师和同学来问我：怎么来数每一浪？如果第一浪没数对，是不是后面的判断都是错误的？一般前面的浪跌下来，最低点就会有转折点，这就是第一浪的开始。很多人自己开始数了之后，就会发现一个问题：自己数着数着就数不清楚了。这是由于碰到了以下的情况出现：大浪中套着小浪，每个浪的级别又是不一样的，每个人的判断不同，很容易将不同级别的浪混为一谈。如将小级别的浪数做大级别的浪，或将大级别的浪数成了小级别的浪。这个就是波浪理论不好掌握的原因，有的时候你很难区别一个浪形到底是哪个级别的。若是不能搞清楚的话，很多人就会数不清楚浪形。

这是波浪理论最难的地方，当然这也没关系，对此我们一般用些基本的原则来帮助大家判断这个浪形到底是哪个级别的：第一，一般情况下，上升的五浪中第三浪往往是最长的一浪。当你分不清时，你就去找最长的那个浪，它就是第三浪，然后再判断其他的浪形。第二，回调的第四浪一般是不能碰第一浪顶的。我们可以看一下上证指数的月线图，每根K线就代表了这个月的行情，按照波浪理论，把每个月的收盘价连起来，我们可以找出最长的浪，这就是第三浪。第三浪走完，还会走第四浪调整，然后走第五浪上升。掌握了这个理论，现在我们持有股票还怕不怕？虽然有第四浪调整，但不会从此死定了，因为还有个第五浪，第五浪是要创新高的。那么什么时候你死定了呢？等五浪走完后，你不逃，那就死定了。所以，第五浪我称之为“逃命浪”，当第五浪走出以后，你一定要时刻保持警惕。有时第五浪会走出延伸浪，又可以走一、二、三、四、五浪。延伸浪也是很重要的，当第五浪开始走延伸浪时，第一个目标回调位是第五浪开始的地方，这在艾略特的书上写得很清楚。

为什么我说2005年7月21日股市到底了呢？主要是因为，下跌分为A、B、C浪，A浪下跌一般可分为两种形态：一种是它自己本身分为五浪走；或者是走三浪形态。B浪一般都是走三浪的。C浪如何走呢？一般也是五浪。

我告诉大家一点，现在是牛市，大家都很开心，买了股票往往都会涨，只是赚多赚少的问题了。我希望告诉大家的是，今天我讲的东西不仅牛市有用，以后熊市来了同样有用。通过波浪理论，都能做到高抛低吸。要注意一点，牛市和熊市是不一样的，牛市里上去以后虽然有盘整，但终究要上去的。现在有同学说，买了股票老是不涨，而其他股票活蹦乱跳的，于是耐不住寂寞，把手中的股票抛掉，去抓“快马”。等到抓到所谓的“快马”后，“快马”开始盘整了，而抛掉的股票开始上蹿了。牛市总会向上涨的，而熊市里，跌下来，盘；再往下，再盘，最终是不断往下走的。所以熊市里要做“短”，以现金为王；牛市里要做“长”。希望大家注意，在进行调整的时候，我们要根据浪形，在低处买进。

现在，我来讲一下为什么上升是五浪，下跌是三浪？艾略特为何会摸索出这个规律呢？我个人认为，这和人的心理活动规律是有关系的。大家知道，人的心理活动是由人的高级神经决定的，而每个人的高级神经活动则是有规律的。这在古人那里就有表现，我们中国人有句古话：“一而再，再而衰，三而竭”，股价也是这样的。股价是投资者买卖行为造成的，股价的波动反映了人行为的规律，即人心理的东西。

2005年7月21日14点38分左右，这时，日线的五浪走完，分时图上也正好全部走完，达到最低点。我为何此前一直看跌呢？主要是因为浪线还没走完。这是历史上最低点，这一点我可以告诉大家，我们以后再也看不到了。因为每个循环都是往上的，最低点也是往上的，为什么呢？虽然我们买卖股票，但我们不是没有根据的，股票背后是上市公司的业绩，上市公司每年是给我们提供利润的。获得利润就是我们提高最低点的基础，以后这个低点不会再看到了。以后即使是大熊市，再跌也是有底的。当熊市来的时候，我们要耐心等待大C浪，虽然等待非常痛苦。2004年有人来问我怎么办，他已经跌得很惨了。我说没办法，只有耐心地等待，等到2005年下半年股市就到底了，当时大家都不相信。我在这个时间拼命筹集资金，因为我知道发大财的机会来了，我称C浪为“发财浪”。人家的痛苦就是未来你的财富，市场就是非常残酷的。这是从大的形态来看，是用月线图来看的。在现实生活中，大的浪形不过瘾，每个星期、每天都有波动。上升的月线图中可能包含周线的调整，里面包括五浪，可不可以做波段呢？这也无所谓，在大的周期上升背景下，再去摸索周期短的K线图的波动。想做波段，接下去就是用周线来看浪形。从周K线图上，也可以判断浪形找到好的买点。同理，你也可以类推到日线图、60分钟图等，将这些结合起来看，你就可以找到好的买点。

四、挑选个股也可以运用波浪理论

在牛市中，大的趋势可以通过上述办法来把握，但关键还是要抓住个股。能不能通过类似的方法把个股找出来呢？我告诉大家，在个股上做波浪理论分析是比较难的。这是因为，波浪理论反映人们的心理，大盘和大盘股没个别人能控盘，所以比较符合波浪理论。但是对个股来讲，股价走势会被庄家操纵，其形态就会有所变异，用波浪理论评判个股不是那么精确。但即使如此，我也可以来判断个股的走势。不用管别的，只管五浪，我们来看一个个股：焦作万方。它从最低点起来，通过交易量的不同，可以判断出浪形的级别是不同的。关键是把浪形的级别找清楚，找清楚以后，长线短线操作你就八九不离十了。虽然不能百分之百成功，但至少你在股票投资中是做风险型决策，而非不确定性决策。

但我还想说明一点，有的情况下，从图形上看，人是禁不住恐吓的。看个股票：SZ.000729。从整体走势来看，形成W底，感觉股价要突破了，但是在短时间内换手率达到60%，这可能是换庄，高换手率表明市场筹码的成本短期内提高。旧庄为了维护自己的地位会打压股价。但它走完下跌的五浪，就可能突破。当你知道这是第五浪时，你就没必要杀跌了。今天它走完五浪，拉出了大阳线——涨了9%。所以，我提醒大家，有些股票往下砸的时候，它砸出个五浪的话，就是我们买股票的最好时机。

五、千万不能忘记基本面分析

虽然我们讲了图形分析，但我想我们在做股票的时候，应该和基本面结合起来。用波浪理论可以看出股价的大致走势，那是大概率事件，这样能保证你稳定地赚钱，少亏钱挣大钱。但也不能排除小概率事件，比如某上市公司的基本面突然恶化，工厂车间着火爆炸等，这是小概率事件。这样的事件一发生，第二天其股价就会暴跌，即使其浪形在这之前是好的也没用了，所以要结合上市公司的基本面，这样才不会有大的失误。

（本文讲座时间为2008年春，于北京大学）

技术分析炉火纯青，5900点：谢老师，牛市结束了！

倪 勇

编者按：倪勇年富力强，为人善良正直，办事极为认真扎实。在复旦大学读本科、MBA与博士；MBA与博士都是我带的。倪勇对股票的钻研与热爱到了如痴如醉的地步，可以说，除了家庭亲情与日常的教学工作外，其他时间都在研究股市与股票。他最大的优点与特点就是对技术分析的掌握到了炉火纯青的地步。

2007年10月上旬，股市上升到5900点附近，即那波大牛市最高端的“左肩”，一天中午他突然来电：“谢老师，牛市结束了，牛市所有的浪都走完了。”我听了大吃一惊，但仍然将信将疑。后来股市在冲到6124点后，转身向下，向一年后的1664点、大跌70%—80%的熊市深渊狂泻。

这次给我以极深的印象，即技术分析是行之有效的，是真正的技术，技术分析加基本分析更加无往而不胜。倪勇的技术分析课很值得细嚼。

各位同学大家好，我到复旦大学这里上课也上了好几回了，每次来总是感觉人挺多的，开始以为是我很有吸引力，后来才知道原来是谢老师每次上课人都很多，主要是谢老师的吸引力大，我是借了谢老师的光。（众笑，鼓掌）今天谢老师让我给大家讲一下中国证券市场的一些问题，主要涉及到政策对证券市场的影响，以及我个人对当前股市的看法，跟大家做一个交流。这些问题反正也是老生常谈，根据我的经验，中国证券市场这么多年下来，总体上来讲它的运行模式是固化式的，基本是按一定套路来的，没什么大的变化。虽然今年股指期货要出来，但总体上看，证券市场运行模式还是固化模式，这个等会儿就给大家做些介绍。

一、政策对证券市场的影响

大家都知道我们中国跟西方国家有很大的区别。区别在什么地方呢？我们就举个简单的例子。中国现在有一个领域是臭名昭著的，那就是中国足球。前任足协副主席南勇等被抓进去以后，新任命了一个足协管理中心主任叫韦迪，他来了以后，就搞了一个“举国体制”，来“举国足球”。什么意思呢？他要让国奥队参加中超联赛。中超联赛从某种意义上讲是市场化运作的一种模式，他这个做法在西方很多国家是闻所未闻的。古力特到中国来，有人跟他介绍国奥队要参加中超联赛，他大吃一惊，想了半天不知道怎么搞。这个例子说明了一个问题，为什么韦迪他想出来要让国奥队来参加中超联赛？因为他得到了一个启发，朝鲜这个国家不搞中超联赛，市场化是没有的，但是朝鲜国家足球队现在已经打进世界杯了，靠的是什么呢？有一点他联想到了，中国乒乓球、中国跳水这些项目都是靠举国体制，朝鲜足球之所以能够打入世界杯，它靠的也是举国体制。

我举这个例子只是为了引申一下，在中国有很多事情受到外来力量影响比较大，这个外来的力量从某种意义上来说就是一种行政的力量。你不能说这种行政的力量是完全有问题的，管理一个国家的经济主要有两种手段，一种是完全让市场经济去做，一种是靠政府来加以引导管理，这两种方法都各有优点。我认为在中国这样一个如此大的国家，用行政力量来管理经济虽然缺点很大，但是也有一定的好处，我们能够在短时期内积聚起全国的力量去办成想要做的事情、想要达到的目标，这是我们中国一个特有的优势。记得2008年我到大洋洲去，和他们州政府的官员交流，他们对我们中国很感兴趣，他们就说了一点，现在全世界都看着中国，他问我中国这几年会不会起来，我就跟他说了一句话，中国起来的可能性最大。为什么最大？很简单，因为中国有这样一种管理国家的能力手段。说完这些，我只想引出一点，实际上用行政力量来管理调控经济，归根结底就落到政策上面。很多人问中国股市政策到底对不对，有道理，很多时候中国股市受政策的影响是很大的，这一点无可厚非，这就是我首先明确的一点，中国股市受政策的影响是很大的。

第二点我想说明的是，虽然中国股市受政策影响比较大，但中国政府出台政策来调控证券市场，实际上是有它自身的利益诉求。这个自身的利益诉求跟我们平时所学的宏观经济管理目标是密切吻合的。大家学过宏观经济学的话都应该知道，宏观经济的调控主要是要达到四个目标。第一是经济发展；第二是物价稳定；第三是充分就业；第四是国际收支平衡。就是说国家管理经济，从宏观上讲，就是要达到这四个目标，因此国家政策的出台，调控证券市场实际上是在这四个目标的基础上进行的。也就是说所有政策的出台归根结底就是要达到这四个目标。所以说政府出台了某项政策以后对证券市场到底会产生什么样的影响，我们首先就要分析这项政策对这四个目标的完成、对这四个目标的平衡起到什么样的作用，这是根本性的问题。如果说政府出台了某项政策，这项政策按照我们一般的理解，它是利空的话，就有这样一个问题：这个利空到底是什么样程度的利空呢？要分析判断这个问题，我们就要分析这个政策对于我们实现这四个目标起到什么样的作用。如果说这项政策的出台对证券市场可能是利空，但我们通过分析发现它对完成上述四个目标并没有很大的好处，甚至是有副作用的话，你就可以分析出这样一个政策它实际上对证券市场的利空只是一个短期的利空。

那么有人会问，为什么政府有的时候出台一项政策，会不符合这四个目标呢？它为什么还要出这个政策呢？当一个国家在运行的过程中，它实际上涉及到各个利益集团间利益的平衡问题。作为政府来讲，在某一段时期里，它出台了某一项政策以后，可能使各个利益集团间达到一种均衡，但是随着时间的推移，某一个利益集团的利益可能一下子受到比较大的损坏，这时候整个社会的利益平衡点被打破。如果这种打破符合我们之前讲的经济调控的四个目标的话，一般来讲是无可厚非的。但是大家都知道一点，在一个很短的时间里利益集团的利益平衡被一下子打破，如果不能够让它慢慢缓解的话，就有可能造成一系列矛盾。这种情况下，政府会出台另外一些政策，缓和某一个利益集团过分的阵痛，这样一种政策只是起到一种微调的作用。因此这种政策出台对证券市场虽然是利空，但它只是一个短期的利空。反过来也一样，如果说政府出台了一个政策，这个政策看上去是一个利多，那么这个政策是否一定会让股票市场以后一路往上涨呢？也不一定。如果这个利多消息只是为了要缓和各利益集团之间利益失衡的状况，那这个消息出来它对整个证券市场也只是一个短暂的影响。

我们举个简单的例子，2001年6月份的时候，上证指数前面一波牛市，涨到2245点，这个时候政府出台了一个政策：国有股准备全流通。这个消息一出来股市就开始暴跌，从2215点一路往下跌，到10月份的时候跌到了1300多点，股民都被套住了，而且损失都比较惨重。甚至有人是上去的时候买的股票，一路跌，连着十几个跌停板，最后跌到2块多钱，而且这个钱都是借来的。2000年，据说农业银行某地支行觉得股市是牛市，准备给职工福利：每个职工可以向农业银行支行借20万资金，利息是很优惠的，作为福利。有小夫妻两个都是农业银行支行的职工，每人借了20万，40万买了一个银广厦，39块买的，很开心。最高的时候买进的，结果股市一跌，最后跌得很惨。后来农业银行支行看股市跌得这么厉害，就对每个农业银行支行职工下命令：你们必须把借的钱还回来，谁不还就下岗，两个小青年自动下岗，为什么？还不起呀。这个时候农业银行支行领导很急，找他们说，你回来上班，这个欠的钱好说。为什么？你不来了这个钱就变成坏账收不起了，你人还在这个钱好说，还能想办法解决。大家都认为股市会跌下来就是政府搞的，都把矛头对向政府。10月份的时候政府就又出台了一项政策：暂缓国有股流通。这个政策出台以后，当天股市所有的股票都涨停板，很多人一看这个政策来了，就都冲进去，但是想不到涨停板的第二天开始股市就马上往下跌，连着跌跌不休，很多人就是在那个时候被套死，从1600多点跌到998点，指数就这么多，很多股票更是惨不忍睹。

我这里就说明一点，同样两个政策，一个是减持国有股，一个是暂缓国有股减持，两个政策出现的效果是不一样的，为什么会出现不同的效果呢？这就要和我前面讲的根本目标联系在一起。为什么2001年6月份，国家要出台“国有股全流通”这样一个政策呢？它其实是有背景的，这个背景和我们前面讲的四个根本目标是紧密联系在一起的。2001年11月份的时候，中国加入了WTO。中国时任总理朱镕基在这之前很清楚，我记得朱镕基2001年8月份在文莱出席东盟高峰会议的时候，有记者采访他。记者知道中国基本上要签字了，也就是要加入WTO了，想知道中国加入WTO，中国的证券市场会不会像其他行业一样，也对外开放？当时朱镕基就说了这么一句话，中国的证券市场还很不规范，我们一定要在这之前把中国的证券市场规范化，我们加入WTO后有五年的“保质期”，这个时间过完以后，中国的证券市场比较平稳了再开放就没关系了。正是在这样一个基本思想的指导下，从2001年初，中国政府已经开始采取一系列政策来打压、规范证券市场了。当时采取了什么政策呢？第一个举动就是把香港有名的铁娘子——联交所的副主席史美伦——请到中国大陆来当中国证监会副主席。史美伦一上任，在短短的一个月之内中国证监会就出台了几十部的政策法规，和国际上的政策法规完全接轨。

史美伦上任以后，中国证券市场就出现了第一家退市的公司。本来中国很多效益很差的上市公司都不退市的，我记得当时有一家公司，每股净资产负9块钱，连续四年亏损，每股每年亏损六七块钱，这家公司还在那里苟延残喘。之前从来没有一家上市公司退市的，但就是在2001年4月23日，第一家退市公司出现，就是水仙电器，也就是从这以后，一系列规范性的文件出台，这些文件出台的根本目的还是与我们之前说的四个目标紧密联系在一起的。所以6月份出台的国有股减持政策所起的作用是决定性的，这也就导致中国股市从2215点一路暴跌，跌到998点。到了10月份出台这样一个消息：国有股暂缓减持，这个政策的力度与前面的力度完全是不能比的。因为这个政策只是起到一个缓和的作用，对于失衡的利益起缓和作用，但它并没有起到一个根本性的治疗作用。所以通过这个例子，我们可以说明一点，政府一定是通过政策来调控证券市场的，但是并不是所有的政策对证券市场都会产生相同的作用，不同政策对证券市场的作用大小完全是不一样的。因此我们在做投资的时候，首先就是要判断国家出台的政策到底属于哪一种类型的政策，你只有把这个政策判断清楚了，才能决定这个政策是如何来影响证券市场的，然后才能决定具体的操作手段。所以在这里我给大家简要地介绍了一下政策对证券市场的影响，类型不一样，政策对证券市场的影响也是不一样的。

接下来看我们现在的证券市场。我们现在的证券市场事实上也碰到这样一个问题，证券市场大家看得很清楚，最近股市总是在很短的几百点空间上下震荡，很多人不敢进，原因是什么呢？因为大家认为中国证券市场现在面临一个非常大的政治风险，怕中国政府把积极的财政政策和宽松的货币政策退出来，可能导致股市比较大的下跌，所以很多人有这样一种担心。这样一种担心有没有道理呢？假如中国政府出台这样一种政策的话，对这四个目标的完成会产生什么样的影响？如果说中国政府现在退出积极的财政政策、宽松的货币政策，它会产生什么样的结果？好不容易来的经济增长的目标，就会前功尽弃。

我们中国有具体的国情，在四个目标里面，除了经济的增长，还有物价稳定、就业率、国际收支平衡，实际上就业率对我们中国政府的影响我认为是最大的。很简单的一点，大家都知道一句话，安居乐业，为什么安居、乐业要放在一起呢？有些人讲你安居才能乐业，反过来呢？乐业才能安居，两个是连在一起的。所以说就业对我们中国来讲有很大的影响。在中国这样一个国家，民族这么多，人口这么多，社会稳定对于中国来讲是最大的一个问题。如果说就业率不高，失业率很高，就会出现什么问题呢？假如夫妻两个人同时下岗在家，什么事都没得干，你看我，我看你，很无聊，无聊就会做无聊事，所以一般情况下就业这个问题在我们中国是很重要的。就业要靠什么呢？靠经济增长。

所以从这个方面来讲，中国有个最大的问题就是就业问题，中国政府现在就把积极的政策退出来实际上是不现实的。但是在这个过程中会出现什么问题呢？当积极政策出来以后，它势必会引起通胀的压力，所以这个时候作为政府来讲它要在这两者中间做一个选择，两难选择，这也就是为什么我们温家宝总理讲今年是非常复杂的一年。但不管怎么样，我个人认为，经济增长和就业这两个东西首先就是最关键的东西，你不能为了压通胀而把这两个东西给牺牲掉。这是很重要的一点，对这一点很多人看得很清楚。美国人看得最清楚，美国人到了4月15日就要决定中国是不是汇率操纵国，学过经济学的同学都知道汇率和一个国家的经济增长、通胀水平都是密切相关的，所以在这样的情况下，对中国政府来讲很简单，它现在出台的政策一定是在经济增长和就业问题中间，这两个问题首先是放在第一位的，即使对通货膨胀要压，一定是通货膨胀的数据出来太厉害了，在这个情况下它才压。在这个之前，它是不会出台非常严格的退出政策。如果你从这个角度出发来考虑问题的话，那么就会很简单。

对于现在这个股市，前段时间大家都很犹豫，从现在这个情形来看，股市应该往上还是往下呢？我不知道，但是我已经全部满仓了，上个星期全部满仓。为什么要满仓呢？首先从中国政策对中国证券市场的影响角度出发，我认为中国出台的政策不会非常严厉，因为它不符合四个根本目标。虽然在这个过程中，为了缓和其他矛盾，政府可能会出台一些政策来进行调控，但我个人认为这样一种政策在短期看来只是一种微调，绝对不是转折性的政策，基于这一点，我个人认为股市是会慢慢往上涨的。另外一点，从国家政策本身来讲，对证券市场一般也不会采取措施打压。因为打压证券市场对中国实现经济政策四个目标来讲是不利的。为什么呢？主要是因为要促进经济增长：从出口来讲，它实际上受制于外部压力，比如美国；要促进经济增长，实际上取决于两部分，一个是投资，一个是消费。

怎样去投资？让谁去投资？一是让政府去投资，还有一种方法是让企业去投资，或者说让居民通过储蓄转化的方式去投资。这些要怎么做？大家都很清楚，从去年到今年，中国证券市场发行了大量的新股，有人说，这么多新股一压，把股市给压下来了，这是不利于股市的发展的，建议中国政府把新股发行的节奏压下来，我告诉大家，这是不可能的。因为它不利于这四个目标实现。所以说虽然很多人叫着把新股发行的节奏压下来，但是我们看得很清楚，新股发行的节奏照样很快。这是因为通过发行新股，很多公司筹集了资金，可以投资实业促进经济发展，这与政策目标是相符的，所以政府在这一点上不能放松。而且如果二级市场真的被压下去，再发行新股也就不可能了。去年到今年年初，有些上市公司发行了新股，但一上市就跌破发行价。在这种情况下，宏观调控的四个目标就不能完成了。所以，它也需要二级市场能够往上走。从这个角度看，政府是不会去打压股市的。

另外，促进老百姓消费也是政府的一个目标。只有老百姓手上宽松的时候才会去消费。一般老百姓，口袋里的钱越多，在外消费的比例就越大。对普通老百姓而言，工资是收入的一个重要组成部分，但是真正能提高消费水平的，是财产性收入。胡锦涛总书记也说过，要大幅度增加财产性收入。而股市的上涨正是增加普通老百姓财产性收入的一个重要途径。所以，从这方面来看，政府也不愿去打压股市。

中国政府和西方政府存在很大的差别，其中一点就是中国政府为了实现一个目标，能在非常短的时间内聚集很强的力量实现它。所以如果政府不想让股市跌下去，它有没有办法？肯定是有的。

从上面的分析我们看到，国家政策是我们分析证券过程中的一个重要方面。并且，我们认为，现阶段证券市场不会出现绝对转折性利空消息。反而可能会出现一些政策促进股市的缓慢上涨。即使通胀比较厉害，比如，2月份CPI涨幅达2.7%，而银行现行一年期定存利率为2.25%，这样存一万块钱进银行，每年就会损失40多元。这可能会使民众产生埋怨的情绪。如果差距进一步扩大，国家为了缓和该矛盾，可能就会提高利息。利息的提高会为证券市场带来负面影响，但我个人认为这个影响是短期的，并不会影响到股市缓慢上涨的过程。只有等到通胀水平开始失控，而这种失控反过来影响了经济的增长和就业，政府采取的政策才会是根本性的。所以，我们在分析政策对证券市场的影响时，关键还是看政策的根本目的是什么。

另外，有人说，股市的运行模式是固化的，与以往的模式是差不多的。是不是这样呢？回答是肯定的。在证券市场中，再好的股票，再好的股市，如果没钱进去，它必然会跌，再糟糕的股市，只要有钱进去，它就开始涨，只是涨跌的幅度不一样。而资金往复进出的过程就会产生规律。这种规律性就是技术性的东西。技术性的东西难道真的这么准吗？举个例子。2005年7月的时候，我在上海电视台做节目，说牛市来了。为什么这么说？就是技术性的东西告诉我，牛市来了，一波新的行情应该开始了。到2007年9月份的时候，我跟谢老师说，股市差不多到顶了，而股市正是在10月份到顶的。这也是技术性的东西告诉我，股市出问题了。2009年10月份左右，股市又开始去抄底了。虽然那时有很多人说有很多利空消息等等，但它确实又开始去抄底了。这其中的原因又是什么呢？就是股市固有的基本运行规律。很多同学听过我的课，谢老师的书里面也有我的文章，我都曾提到过：一般来讲，股市有很多固化的东西在里面，我们往往是用波浪理论的方式，把股市的运行规律最大可能地反映出来。

虽然我们做技术分析，不能把未来的趋势100％判断清楚，但是至少说明当一种情况出现了以后，另一种情况出现的概率有百分之八九十。百分之八九十的大概率事件出现的话，我们当然要参与了。

另外我长期看好股市还有一个原因。人类社会的进步来源于什么东西？我个人认为就是来源于两个字——恐惧。正是由于人对于未来的不确定性产生恐惧感，他就需要把不确定性降低。这种恐惧感就会指引人们做消除不确定性的事情，这个过程就是人类社会进步的原因。很多人正是为了消除恐惧感做了很多事情。举个例子，华人圈最著名的导演之一李安在他成名之前，在家做了8年的居家男人，老婆养活他。岳母很看不惯他，说："李安，人家外面摆个缝纫摊也能赚钱，你是不是也去摆个缝纫摊？"这对一个人的尊严的伤害是很大的，幸好李安的老婆很有眼光，坚持了下来。后来李安成为一个很成功的导演。记者问他："你为什么会成功？"李安就说了一句话："我恐惧，我恐惧我不能成为一个称职的父亲，我恐惧我不能成为一个称职的丈夫，我恐惧我不能成为一个对社会有用的人。"

恐惧感很多时候是人们行动的一个非常大的动力。同样的道理，股市的上涨或下跌，从某种意义上来讲，也是由于恐惧感造成的。正是由于恐惧感，股市涨的时候会一路往上涨。这其中的道理很简单，就是股市上涨使得持有股票的家庭或个人的社会财富在增长，而没有买股票的人就会产生非常大的恐惧感，这种恐惧来源于比较。大家没买股票之前，都是光屁股朋友，互相知根知底，但买了股票以后，他的财富攀升了，你还是停滞在原有的水平。你的整个财富，都可能会落后一截，这就会使你产生很大的恐惧感。这个时候你会做什么？对，就是追。很多时候套牢并不是很痛苦的事情：他套着，我套着，大家一起套着，无所谓。最痛苦的事情是什么？他赚钱我没赚钱，他加奖金我没加奖金。跟领导闹个你死我活，有时候并不是看重奖金，只是恐惧感在起作用。股市也是这样。有句话大家都知道：你不理财，财不理你。你可以跑不过刘翔，但你一定要跑过CPI。现在CPI已经超过银行存款利率了，怎么办？去买房子？

买房子是有问题的。首先，你可能没有这么多钱；其次，买房子的流动性没有买股票好，当房子开始跌的时候，要以比较好的价格卖出去是有难度的；再次，买房子存在很多不确定性，比如来个大地震。所以在这样的情况下，买房子怎么跑过CPI？买房子靠什么来保证呢？所以当你心里产生恐惧感，恐惧感就会促使你去冒风险。股市虽然有套牢的风险，但出于恐惧，本来不买的现在也会去买。这就是股市一路上涨的道理。那么，什么情况下不敢去买呢？通货膨胀实在太高，政府采取严厉措施的时候，他才不敢去买。只要政府没有明确这样的手段措施，资金就会往里走。这也就是我看好的股市信誉层面的东西。同时我们也知道，经典经济学教科书里面有这样一条：温和的通货膨胀有利于证券市场。那么现在是什么样的通货膨胀呢？2.7％就是温和的通货膨胀。

二、创业板问题

通过这一点去分析前面的政策依据，很多事情也是很好解决的。举个最简单的例子，去年的时候有两个新事物：股指期货和创业板。很多人在推测它们出台的时间。有人说是先推股指，有人说先推创业板，我说是创业板。为什么？创业板前面十几年没推出来，而放在这个时候推出，这是符合我们国家经济目标的。美国科技水平之所以很高，是因为它有大量的民间资金、风险资金投入科技行业。大量资金投入的原因就是因为美国搞了一个制度，这个制度允许民间资金的投入。这个世界上有很多人，有的人愿意冒风险，有的人不愿意冒风险，有的人愿意冒点小风险。不管怎么说，这个世界上总是有一部分资金愿意冒风险。既然这样，就要创造一种制度让愿意冒风险的资金去冒风险。美国正是创造了这样一种制度，纳斯达克市场吸引了大量民间冒风险的资金。比如一个风险项目，风险很大，投进去获益很大，但是一旦失败就会颗粒无收。这既有利，又有弊。对此，美国政府只要求一点，只要你向项目的投资人说明风险所在，就允许接受投资。美国的科技事业因此获得了大量民间资金支持，实力变得非常强。

在创业板推出之前，很多科技项目需要的资金只能通过国家拨款获得。但国家拨款毕竟是有限的，而大量民间资金又进不去，这个科技项目就会缺乏资金支持。在过去的十年里，我们一直鼓动创业板的出台，为什么国家在去年推出呢？我认为这其中的原因是，金融风暴的到来使得中国领导人明白了一点：中国产业结构必须调整，必须升级换代。在这样的境况下，创业板的出台水到渠成。这就是我们判断政策能够出台的一个根本性原因：看它是否与我们未来的经济增长等四个目标密切相关的。去年创业板的出台正是由于它对经济结构的改善是有利的。现在在创业板上市的这些企业还是有人把关的，所有上市的企业都是精挑细选的。我们可以找两个买入，等它送股、配股，可以赚很多钱。但很多时候不需要像现在的创业板这样做，即使有很多企业风险很大，但盈利也比较高，也应该让它上市。这是以后的事情。

总体上讲，去年创业板上市也是符合这个目标的。现在很多人在买创业板股票，能不能买呢？可以买一点。大家学经济学都知道一点：风险和收益是均衡的。要想获取高收益，就必须冒高风险。如何做到这一点？你手上有一份资金，就可以做一份风险组合。一是存银行，当然我是从来不存银行，这是一个风险相对小的投资，也可以买国债，买企业债券，买可转换债券，买基金、股票，这些投资的风险是逐渐递增的。最后买什么呢？期货，黄金，期权，创业板，还有什么？对了，彩票。去买彩票的人，知道彩票的风险很大，但是为什么要买呢？因为收益高。我认为搞创业板就要有这样的思路：让所有买你公司股票的人知道风险在哪里，在这样的情况下，他就不会拿所有的钱去买这只股票，他可以拿很少的钱去买你的股票，这就是风险控制的问题。

当然证券投资，很多时候不会百分之百预测准确。在这个世界上，任何事都不可能是百分之百的。举个例子，我在读高中的时候，父亲得了肺结核，住在肺科医院。当时的情形是十个进去一个出来，父亲的病危通知单一张张开出来，很多单位同事去看他，说：“老倪啊，你要保重啊！”现在你去看一下，跟他握手、对他说保重的人不知道到哪去了，而我父亲还好好的。所以我们不能说未来百分之百一定怎样，但有一点我们知道，当大概率事件出现的时候，我们一定要尝试，当然我们也得做两手准备。一旦小概率事件出现了，你就要坚决跑掉。

三、学习是成功的唯一途径

证券投资，现在的大学生很感兴趣，为什么呢？举个例子，你现在如果大学毕业，一个月拿5000块，有些同学就认为很不错了。但你想一下，一年拿6万，20年也只拿120万。我假如告诉你，你现在手上有3万块钱，每年赚20%，20年后这3万块变成多少钱？114万。从这个方面来看，一个人的财富增长很多时候并不来源于他的劳动报酬，而是来源于他的合法的财产性收入。这也是我们要学习一点证券投资知识的主要原因。既然我们知道了很多财富来源于财产性增长，那么一旦大概率事件出现，你就不能够轻易漏过这个机会。有同学说：“巴菲特一年的财富增长也不过24%左右，我能成为巴菲特吗？”为什么不能！告诉大家，如果你掌握一点基本知识，一年增长百分之二十几实际上不难。

怎样才能掌握这种知识呢？只有两个字——学习。我小时候很穷，父母买不起大饼，买一个大饼，姐弟三人分着吃。后来，我当了老师，钱也很少。但现在我还算比较富裕。这钱哪里来的？其实就是财产性收入，合法的财产性收入。有人问，你怎么能赚这么多钱？其实，这也是学习得来的，通过学习来掌握这些知识。证券投资无非是要掌握两种方法，一种是基本分析，一种是技术分析。这两种方法都是能够学到的，关键是你要花时间去学。在整个学习过程中，我自己的体会是，在你没学之前，证券投资完全是凭感觉，心里没底，你不知道成功的概率是多少。做投资，主要做概率大的事情，你知道这件事概率很大，你心里就有底，你去做的时候，底气很足，一旦发生小概率事件，你也很容易采取相反的操作。做投资最怕的是心里没底，比如说某些同学也做股票，但他们心里没底，一旦买进是涨还是跌心里是不清楚的。但我做股票投资，虽然不能百分之百成功，但至少我知道成功的概率是多少，然后我可以通过概率来控制我的风险，进行我的投资操作。长此以往，你的财富就通过复利积累效应慢慢增长。因此在这个过程中很重要的一点，就是要做到心中有底，你要对这个事物反复研究。例如，现在很多人去买基金，因为基金是专业人员进行操作的，我很赞同这一点。

“隔行如隔山”，这句话很正确。你要在某一行做得很成功的话，你必须是这一行的专家。怎样才能成为专家？学习！有些同学说：“我知道要学习，但我学了之后却不得其门而入。”其实在很多时候，只要你静下心来学，学得越多，悟性就越强。现在我做股票的成功概率可达到80%—90%，难道我过去就有这么大的概率吗？不是的，是学习使我的成功概率提高。我本科学的是经济管理，它主要涉及宏观层面的东西，硕士读的是企业管理，它涉及的是微观层面的东西，博士读的是产业经济，即中观层面的东西，整个基本层面的东西我现在已全部学完了。在我们学校，我给学生上过三十几门不同经济类的专业课，哪个老师能上这么多门课？因此这些知识我已融会贯通，基本分析判断的准确率也比较高，这就是学习的过程，但有一点需要强调，学习不仅指在学校学习，即使以后工作后也应该学。

另外，技术分析也是后来自己学的，主要靠自己找一些书来看，靠别人指点一下，反复摸索，然后把技术分析也掌握得非常透。只有通过这样的学习，我们判断的成功概率才会非常高。比如说，2005年我判断牛市来了，为什么？因为我博士毕业了，知识融会贯通了，所以我才敢在电视台很有底气地说牛市来了。2007年9月我说股市差不多了，为什么会有这种判断呢？是学习水到渠成的结果。因此去年11月份我又开始做股票了。有的时候你并不觉得这是你学习的功劳，但经验告诉我，你过去学习的经历会影响你的操作，你学习的东西越多，越能融会贯通，对你的具体操作影响越是大。中国有句话叫“书中自有黄金屋，书中自有颜如玉”，有人认为这句话是没有验证的，读书没用，特别是在校大学生，不知道现在学的东西在将来有什么用处，不能够一一对应。但根据我的自身经历来说，这句话是自古以来的真理。你读的书越多，掌握的知识越全面，你的判断力就越强，将来赚大钱的机会就越大。这也是我们谢老师要求我们多读书、理论联系实际的原因。（全场鼓掌）

谢百三：很多人搞了基本分析后，不相信技术分析，但倪勇博士的特点是理论联系实际，既重视基本分析又重视技术分析，非常神！所以我们学校一个老师跟着他做，自2008年1月1号从300万做到现在的600万，这是我非常清楚的一件事情。所以我觉得非常有意思。我一直认为基本分析占六成，技术分析占四成，两个加在一起就很准。倪勇说到5800点牛市结束了，这正好是中国人民银行决定实行适度从紧的货币政策的时候，但大家不知道这适度从紧有多厉害，因为当时人民币在升值。我们当时认为，日元升值，日本的股票涨了5年，从1985年一直涨到1990年，其实自布雷顿森林体系垮台后，从1971年到1990年，日本股市就一直在涨，涨了19

年，所以我当时认为中国这拨牛市也会像日本一样涨5年，2007年我也因此被评为全国最有预见性的经济学家第二名。但后来倪勇说股市不对了，他在5800多点跑了，我是在股市到4900点的时候跑的，因为我认为日本涨了5年，中国怎么会涨了一两年就结束呢？

倪勇：其实2008年1月15号股市下跌时，我的判断是从大C浪开始，大C浪是杀伤力很强的一个浪型，这时，不管怎样都得全部清仓出来。也有很多人可能在6000点逃走了，但在5500多点又进去了，然后就被套进去了。但如果懂技术分析的话，就知道大C浪开始了，大C浪开始后什么都不要做了。后来我又满仓进去了，因为我感觉是A、B、C调整，那么C浪就全部结束掉了。不管它是一个反弹的C浪，还是整个一个持续上升的趋势，总之它应该开始一个上升浪，这时利润是很大的。大概率事件出现的话，这个行情就非常棒。至于上个星期为什么全部满仓呢？道理也在这里。当然风险与收益并存，如果我判断错误的话，我情愿有损失，毕竟我是比较谨慎的。

谢百三：给大家讲一下技术分析吧！倪勇博士最厉害的就是浪打浪。

倪勇：一般来说，股市的上升下跌有其基本规律，上升走五浪形态，下跌走A、B、C三浪形态。例如，我为什么说2007年到顶了呢？从收盘价看，每天都是长的，但呈波浪形，并且三浪一般是最长的一个浪。2007年5月份有了一个“半夜鸡叫”，即印花税，给股市做一个调整。实际上，即使不搞“半夜鸡叫”，股市也会调下来，“半夜鸡叫”只是起了一个催化剂的作用。四浪走完之后，开始走上升第五浪，俗称“逃命浪”，但我为何在九月份（5800点）时就说到顶了呢？因为波浪每天都会产生上下起伏，根据当时的周线图与日线图我判断上升五浪走完，顶峰到了。记得去年我来讲课的时候，我也说我满仓，因为从浪形结构看，股市下跌也会有一个A、B、C调整，但特殊的是它有一个浪打浪。股市在五浪结束后，我认为上涨是一个大概率事件，于是抄了底。但它却没有往上涨，而是往下走，于是我全部斩仓，损失非常小。接着它又向下走了五浪，这就是延伸浪。波浪理论最怕的就是走延伸浪，证券投资不一定百分百准确。在延伸浪走完后，我又全部进去了。总的来说，波浪理论就是找大概率事件。

我们再来看现在浪型走势。现在股指从这里起来一路上涨，到这个位置假设有一个ABC反弹，或者第一浪的开始。如果走ABC的话，这里就是一个A浪。然后A—B—C，B浪也可以走ABC三浪，然后这里开始走一个C浪。这是一种数法。为什么我上周进去就是因为我觉得这个C浪到这里已经走完了。那第二种数法：本身这是第一浪，这个ABC变成二浪进行调整，从上个星期上升至第三浪。大家都知道，第三浪一般是最长的浪。如果第一浪就这样长的话，你第三浪要多长？技术分析着力于怎样判断浪型，具体的我们还可以通过市场来看。

为什么我的技术分析和别人有所不同？因为我有很多技术分析的办法。我看了许多巴菲特、艾略特对技术波浪的分析，书也看了很多，但实际上更多体会来自于上证指数。我把从低线开始起来的K线从头到尾都看过，而且可以这么说，每个浪型的走势我都画过。然后总结出体会：走势有很多，但上证指数有它自身规律性的东西。虽然股指有时体现这个五浪，但很多C浪是不规则的，且这种不规则的走势往往就是大底的特征。特别是这种B浪里的C浪，或者是二浪里的C浪，出现不规则走势的可能性最大。你说的这个C浪超出A浪的底，一般是在二浪或者是B浪里。它出现不规则的走势概率是最大的，而且往往这是一个不规则的五浪走势，和埃利特的一般五浪不同。

倪勇先生答同学问：

同学：倪老师，您之前做的是对上证指数的历史分析，但现在上证指数引入“做空机制”。虽然开始规模不大，可能并不会产生较大影响，但在机制成熟、规模扩大之后，您觉得会对股市产生什么样的影响？

倪勇：波浪理论的技术走势实际上是取决于股价的买卖力量。股价的上下波动是由背后投资者的买卖行为造成的。既然基点是投资者的买卖行为，那它一定就反映了人的规律。所以不管是否有做空机制，最终来说人的活动规律都大同小异。美国、中国香港的股指期货比中国内地出来的早得多。它们股指期货的走势也是符合我说的规律的。所以我个人认为这个“做空机制”对我们的影响不大。

同学：倪老师，您好！股指期货推出以后，您是怎样看市场上的这个观点：“二八现象”会有一个转换惰性，即市盈率偏低的权重股会有一个大盘行情？还有，我个人重仓的是一个钢铁板块的二线蓝筹股，那您现在对钢铁板块的看法是怎样的？

倪勇：这里存在一个问题：股市总共近2000只股票，从行业角度去分析还不如从个股去分析。因为不同个股的股价取决于未来的盈利能力，盈利又反映在成长性上。所以总的来说未来有成长性的股票最好。

最近我们也看到28家创业型股票涨势不错，其中很大的原因就是很多人看中它的成长性。我个人感觉钢铁股都有涨的可能，但具体涨幅取决于各钢铁行业受到的各种影响，而影响因素太多。所以一般我选股票，如果这些不确定因素不太明朗，我就选择放弃。我情愿去找一些确定性较强的股票，这些股票其实还是不少的。

我们做股票，风险和收益是均衡的。有的股票价格比较低或者盈利看得比较清楚，像工商银行，风险不是很高，那收益可能就会小。有些股票看上去市盈率较高，买的风险较大，但有可能你以后能通过它的成长性来化解这个风险。所以关键是，不管你是去存银行、买国债、买企业债券还是去买彩票，各种组合要符合你的情况以达到效益最优。

同学：老师，股指期货的推出对您的个人操作有什么影响？

倪勇：很简单，我不会参与股指期货。我前面说得很清楚：每个人有他不同的选择。对我来说，我现在的盈利模式是最稳定的，并且能一直给我带来良好收益，那我为什么还要去选择我不明确的东西？我们有一句话叫“做熟不做生”，这就是我的一个基本观点。

我还想说：我们有各种各样的盈利模式。但我的盈利模式很简单，就是3万元每年赚20%，20年后就是114万。这种盈利模式虽然看似放弃了“做空”等的机会，但从长远看，财富增长不会少。我们中国人有句话叫“舍得舍得”，有“舍”才有“得”。什么都想干，什么都想要，就什么都得不到。这就是我的体会。

谢百三：我来总结一下。你们盯着股指期货问。股指期货我到现在还没参加。全国报名的只有2500多人，全国做股票的有1.3亿。你们对股指期货的兴趣太大。巴菲特他是不做这些金融衍生品种的，当然这是他的一种风格。为什么大家不太愿意去参加股指期货呢？第一，它要求考试。我觉得这是一种侮辱性的行为。我们的学生出题目来考我们。第二，入市需要50万资金，这不是看不起老百姓吗？这是不对的。股指期货其实还是一个利空。因为我们国家原来只有“做多机制”没有“做空机制”，股价是偏高的。股市为国有企业服务，满足政治的需要。全世界都有做空机制，唯中国没有。现在有了“做空机制”，像6000点做空，60块的中国铝业一直跌到8块，98块的云南铜业跌到8块，我上面卖掉，然后再8块买回来，我就赚了90块。其实这是很大的利空，但很多人把它当成利多。

股指期货现在限制得很死，要考试还要50万入市资金，所以参加的人很少，在相当一段时间里对股票的影响不会太大。可能一段时间后，参加股指期货的人有3000万了，限制也小了，那还好些。我想很多同学对股指期货感兴趣大概是因为认为这个新产物里会有什么机会。但是我觉得一般来说，做期货的人，10个入市——你们可以去打听一下——出来的很少。就像周立波讲的海派清口：当排长了周围有一堆人，当连长了人就少了，当团长时就只剩下他一个人了。道理亦然。做股指期货，风险和收益是高度匹配的。如果你自认为承受能力很强那就一试。但我仍然觉得财富的增长最好还是稳定的增长。稳定增长和复利效应是财富积累的要点。

今天倪勇博士来讲课是很难得的。我已经请了他两年。他因为太忙始终无法前来。我可以告诉大家：我们有个老师2008年跟着他做股票，现在已经从300万做到600万了。这不是20%，而是两年时间100%。所以刚才我看到有几个人中途离场，就用“鄙视”的眼光看着他们。穷人和富人最大的区别在哪里？就在于“学习”和“不学习”，在于对关键的课和关键的话上不上心。我们把倪勇博士请来实属不易，他们居然走掉了！这个也随他们去了。但是我要告诉你们，有的课是一定要听，有的就不要听。如果教经济和管理的老师家里很困难，那我建议这个课你要注意了。（众笑）毛主席一直说理论联系实际。教经济和管理的老师怎么会穷呢？如果穷就证明他不联系实际啊。

倪勇老师讲的技术分析你们都可以买到书。我的《金融市场学》和《十年一个亿》里的技术分析都是倪勇博士帮我写的。你们回去要好好学。这比我们管理学院的数学模型要容易得多，但重要性远不小于数学模型。我现在一些学生读完数学系、力学系以后在到复旦大学来读金融，都知道技术分析的重要性。你们要记住，凡是对国家有用，对父母有用，对自己有用，对家庭富起来有用，这样的东西就要学！

倪勇他已经完全不缺钱了。到一定程度后，钱就是数字的变化了。我不知道他现在资产多少，但有一点能确定：他1995年的时候在我这里读了硕士，2003年在这里读了博士。他有个师姐，1995年也在这里读了硕士。倪勇的成绩很好，而那位师姐的成绩一般，一篇论文里有50多个措辞不当，我就很生气。她要来看我，我说“不要来看”。于是她就拿着水果站在门口求我让她进来。她说：“就算我是您的差生吧。”——就是这样一个师姐，没读博士，拿出几十万，从1995年跟着倪勇做股票，到去年春节就赚到1000万了。我当时很感慨。那个师姐很朴素，不是绝顶聪明的人，是上海大学的讲师。所以我的体会是：在证券市场持之以恒，坚持不懈，认认真真就肯定能成功。

我觉得倪勇博士有几点值得我们学习。第一，他特别喜欢学习。他在读博的时候每天晚上没课就去旁听讲座和其他课。他的博士论文推迟了半年，但他毫无意见，还是每节课都去旁听。听完以后自己就更全面了。我觉得肯学习这点很重要。不要把学习当作是“拿学分”，如果是抱着“拿学分”的心态来听我的课，那就是亵渎！

第二，倪勇博士很谦虚。以前我们所有的讲座他都去听。技术分析是他的长处，基本分析他也很重视，但关键时候还是会打电话问我的意见。所以北京的钱伟每次到上海请倪勇吃饭，打电话问倪勇怎么看，北京这个同学是1990年离开国务院下海的，5000美元做起的，现在的钱可以修一座南浦大桥了，所有到美国去读书的同学，全部在钱伟那个地方住和吃。到美国去干什么，学了半天都到我们这里来。所以这次有3个本科生跟我写论文，有个同学要去美国，我劝了他3次不要去。他说他们财务系的同学有14个去美国。这都是从众心理啊，去干什么？一碗馄饨3美元只有2个，学完之后还是都到钱伟这里来蹭吃蹭住。

第三，精益求精，要把技术分析好好地学。很多人目标不是这个了，他想读完书，考个金融硕士生，拿了这个硕士生的牌子到银行证券公司去工作，一个月挣个1万—2万元的工资，这就是他的理想。在我们复旦大学附近要几百万才能买到房子，靠每个月5000元远不够。但是我不反对大家去找工作，工作是白天8小时，晚上如饥似渴地去学习。所以我觉得精益求精很重要。

另外他始终对中国证券市场抱有信心。3万10年以后变成110多万。如果你有100万，每年增长50%，10年以后就是5700万。

很多事都做得到。比如我过去从没想到我会考全省第二名考到北大，没想到会到复旦大学来当老师，没想到两万块钱增值到后来能买房子。我不是一个太重钱的人，但我会循序渐进。我经常晚上不睡觉，有一天到卫生间突然看到《中国证券报》上有一篇大杨创世的董事长李桂莲的文章说巴菲特来他们公司3次，买了他们4套西装，还把比尔·盖茨拉来买西装。她认为巴菲特是真心想和他们合作。我当时就打开电脑看大杨创世的技术分析图，都是9块10块。这么大的利多没有人注意。我当机立断，第二天早晨开盘就打算买10万股，也就是100万左右。第二天9点15分我准备买了，刚刚要打电话的时候接到了一个朋友的电话，整个电话一直通到9点40分，等我回过头来一看：涨停！（众笑）一直涨停，直冲20块，本来100万变成200万。我现在看到这个朋友就绕着走。注意啊，到处都是机会，就是要有金融的意识和思想。这个老师完全没有金融意识，他怎么能9点15分打电话过来呢！大杨创世现在跌了也还未到16块。这么大的基本面的变化肯定要涨。

要长期坚持，坚持不懈并不难，一定要认真。该买的时候坚决买，该割肉的时候坚决割。技术分析比数学模型简单、实用得多得多，长期坚持必有好处。我觉得中国证券市场长期还是有很多机会，像最近的创业板、中小板。大家要创业，不要想着去当一个拿月薪的人，胸无大志。复旦大学的学生如果没有创业精神，也就是一个普通老百姓。

让我们再次为倪勇老师鼓掌！（长时间的热烈鼓掌）

（本文讲座时间为2010年3月1日，于复旦大学）

全球视野下的中国经济

钱伟

编者按：钱伟是我在北京大学读研究生时的同学，曾在国务院经济研究部门工作。1992年下海，以几万元进入中国金融市场，1993年12月—1995年5月在国债期货市场上驰骋。在熊长牛短的中国股市中，他运用“宏观经济学”对宏观经济及股市大波段的把握到了非常精辟、准确的程度。他是中国经济学界学院派与实践派结合得天衣无缝的完美典型。在实践中他也十分成功。他深受北京大学、复旦大学、对外经贸大学的大学生们的尊敬及欢迎，每次讲座，现场都被挤得水泄不通。他的报告视角独特，高屋建瓴，给人启发很深。

他于2001年美国“9·11”事件后的两三天，就意识到美元会大跌、黄金会大涨了，买了很多黄金与黄金股，并以0.2美元大量买入老凤祥B股；长年不动，现在均已涨了很多倍，收益极丰。

今天我演讲的题目是“全球视野下的中国经济”，内容会涉及一些理论的问题，观察的角度各有不同。

一、最近争论的焦点是汇率和利率

学经济和搞投资的人都知道，最近争论的焦点比较多，主要集中在几个问题上：首先是汇率问题，即人民币该不该升值。这个问题比较核心，美国人也不断地给中国施加压力。另一个是利率的问题，即该不该加息。中国经济在经过七八年的物价下跌后，2004年中国的物价水平上涨了5%左右，中国是不是进入了加息周期？中国是不是已走出通货紧缩，而进入了通货膨胀期？还有一个问题是中国的房地产到底有没有泡沫？许多人手中房子的价格已翻了一倍，该不该卖？每个人从自己不同的角度来理解，争论之激烈是史无前例的。

大部分学者都是从理论研究的角度来考虑这些问题。大家各自提出不同的观点，立以新意，求得功名。另一种是政策性研究，作为政府面对现实的情况必须做出决定，即该不该宏观调控，该不该加息，汇率该不该升值。而我们这些投资人既不搞理论研究，也不搞政策研究，但面对这些实际问题时，同样不可回避，即你在做出投资选择之前，必须有一个清晰的判断，对你的投资组合必须有一个合理的资金安排，以防范风险。

二、从“全球视野”来讨论这个问题

这种研究，一个最大的特点是对利益关系的高度敏感性。我们能不能找到一个框架来把这些问题统一在一起？这样的框架是有的，但我们必须改变我们的视野。

今天，我就从一个“全球视野”的角度来讨论这个问题。

全球经济包括中国经济目前的混乱状况是如何造成的？起点应该是美国“9·11”事件，这是一个转折，在经济上则表现为美元的贬值。这会对全球造成什么影响？美元对全球货币的加权指数从2000年的120下跌到目前的80，贬值幅度达到了40%。欧元从诞生时兑美元的100下跌到80，近日涨到了历史新高134，升值幅度更达到60%。

美元的一路贬值给中国带来了什么？本来，美元贬值，人民币应该是升值的。但是，由于人民币和美元名义上紧紧挂钩，美元贬值，人民币相对于其他货币而言也在贬值，这就形成了一个由中美两大国所主导的全球经济重大格局——一个在世界经济中占主体地位的超级大国的货币的贬值和一个在增量经济上占主导地位的发展中国家的货币的贬值（本身应该汇率上升的）这样一个双重贬值，而且贬值的幅度是巨大的。中国经济在2002年后发生了很大的变化，外国的跨国公司来了，中国的铜、铝价格涨了。中国的经济增长以及进出口保持着40%的增长速度，而且对全球的经济资源有着绝对量的垄断。中国的经济发展没有技术优势，无非是一些鞋帽等简单的进出口加工，为什么一下就起飞了？关键还是汇率的问题。

首先，我们来看大宗商品——CRB芝加哥商品指数。这个指数是美国将主要的商品价格——主要是钢材、铝、大豆、牛肉、奶油、金、银等，进行加权平均，编成指数，这个指数随着美元的贬值由90上涨到180多，相当于翻了一倍，大宗商品价格也几乎都涨了一倍。美国不仅在全球金融市场上占主导地位，在实物市场上也占据主导地位。全球的主要大宗商品都是以美元标价的，比如石油是每桶50美元，黄金是每盎司450美元。美元贬值了，但这些实物并没有贬值，而是在涨价，是标价体系变化了。比如黄金，美元兑欧元贬值了40%，相对于黄金也贬值了40%多。2002年，我来复旦大学做讲座时提出黄金价格到了历史大转折期，当时黄金的价格在270—280美元／盎司，现在已经是450美元／盎司了。但是，如果我们以欧元来标价黄金价格的话，黄金并没有涨。这是理解这个问题的关键点。在美国人、中国人或亚洲人眼中物价水平的上涨，在欧洲人看来却并没有涨。再比如石油，石油现在每桶价格是50美元，欧元对美元上涨了60%，扣除美元贬值因素的话，石油每桶仅30美元。很多人不能理解，为什么石油、黄金、铜、铝在不停地上涨，是不是有投机的因素？有，但我认为第一轮的上涨因素还是美元的贬值。中美大的格局使全球大宗商品价格翻了一倍。从国际贸易理论的角度来看，一国的汇率贬值有助于本国商品的出口。中国本身已有一个强劲的发展势头，随着货币贬值，成本优势巨大，这对世界经济的冲击实在太大。全球初级产品的出口50%已经集中到了中国。这些初级产品是钢材、铜、石油、木材、煤炭等。中国的经济以制造业为主，数据显示在进口产品的增量中，初级产品的增量比重已经越来越大了。

衡量这一变动的指数是DBI——波罗的海干货运输船运指数，我觉得这一指标也是观察中国经济最灵敏的指标。它把全球干散货运输的定船价格进行加权，编出一个指数。中国在全球干散货运输中占有绝对主导的地位，仅宝钢一家进口巴西的铁矿砂，用30万吨的船，一年就要跑好多次。这个指数非常有意思，它从2003年的2000多点一直上升到今年的6000点，翻了3倍。但到今年的4月份，中国宏观调控一紧缩使得这一指数一下又暴跌到了3000点。目前，这一指数又上升到了6100点。在两周前的《财经》杂志上，周小川接受采访时回答央行监控宏观调控的指标时，除了提及再贷款贴现率、货币量等指标以外，还说到了DBI。这个指标很专业化、学者化。根据我们的研究，这个指标是反映中国经济波动最先行、最灵敏的指标。现在这一指标又创了历史新高，从这一角度来说此次宏观调控的效果并不明显。下一步，石油、钢材等价格还要创一个新高，这是因为船运指数反映的订单可能是三四个月以后的实际业务量。它现在又创新高意味着在今年底明年初，这些干散货都将被运进或运出。

现在的第一轮通货膨胀从全球意义上讲并不存在，因为它是在汇率安排下的一个符号的转变。但是，符号转变后，意味着中国和美国相对于全球有40%的成本优势，它将进一步地转换为一个真实压力。全球的经济向中国集中后将导致中国拉动全球产品价格的上升。确实在石油和矿产品价格上，如果剔除美元贬值的因素，其价格也已经开始大幅上涨。这将造成通货膨胀的传导。

中国1995年的通货膨胀很容易理解，油盐酱醋、冰箱彩电价格都上涨了一倍。但是近几年的这次“通胀”却很特别，消费品价格不涨反跌。这就引起了一个新的争论：第一，中国是不是进入了通货膨胀？第二，中国和美国的投资品价格翻了一倍，为什么两国的物价水平没有变化，而利率也没有加，依旧处于历史最低水平？一方面投资品价格涨了一倍，比如石油已经涨至每桶50美元，创了历史新高，而另一方面消费品价格却没有涨。这种“通货膨胀”是怎么回事呢？

对于中国而言，美元的贬值造成了中国固定资产投资的激增。就投资的结果而言，消费品价格并没有上涨，而房地产价格却猛涨。房地产市场比较复杂，美国在2001年纳斯达克指数崩溃以后，利率并没有上涨反而开始下降，这时房地产进入了大牛市。中国也一样，房地产市场价格在上海等地的带动下突然在2002年开始猛涨。1998年亚洲金融危机以后，浦东盖了那么多房子，大家都担心它们将无法被消化，可到了2002年，不但这些房子已经被全部消化，而且需求量还在不断扩大。在2002年和2003年买的房子现在价格都已翻倍。当然，解释的理由很多，有人说是上海的经济地位，也有人说是因为海外、港台人士及江浙炒房团的需求。这些因素都有，但不是最大理由。投资需求从全球意义来看，无非有三个。第一，是固定收益凭证市场，也即债券市场。但是债券市场正处在一个加息的预期中，并没有多大作为。第二，是股票市场，可中国的股票市场存在太多的问题，未改革前也没有多少价值。那么就只有房地产市场了。大家不要把房屋理解为消费品的概念，从大的经济循环来看，它更是一种投资品。一个人可以住10平方米的房子，也可以住1000平方米的豪宅别墅；一个人可以拥有一套房子也可以拥有两套；你可以在市区拥有房子，也可以在郊区甚至海边、海外拥有房子。房子的基本功能是居住，但现在它已经变成了一种金融产品，一种投资品了。从投资品角度而言，它正好符合此次金融膨胀的特点。美国也一样，债券不能投资，股票的泡沫太大，因而只能投资房地产。

在消费品市场还有个特点。随着技术的进步，很多人认为通货膨胀不会出现，产品的供给将大大超过需求。比如手机和电脑随着新产品的不断出现，老产品在不断降价。大家认为消费品的下跌是因为技术进步，这终将造成通货膨胀的结束。因为通货膨胀是由需求拉动的，而现在供给很快就能满足需求。这种观点具有代表性，但我认为其过于片面。确实，随着技术的进步，一些存在竞争性的产品能够很快满足需求。比如，手机、数码相机、电脑等产品，今年最流行的明年就可能成为最低档的。为什么？因为技术进步。所以消费品价格涨不起来。当全球资本在金融市场崩溃后寻找新出路时，第一要求就是投资品可以保值——它不能由于技术进步而太快地被淘汰，它不能被复制，它的供给必须是有限的，也必须是垄断的。因此，此轮通货膨胀最基本的特点是：时尚的、高技术的东西在不断地贬值，而文物字画等不可复制的东西价格涨得不可思议。在上海博物馆里一个香港女老板捐赠的花瓶就价值4000万港币，陆俨少的一幅字画值6000多万元。资金必须往这些不可复制的东西上面投，而不能往高科技、消费品上面投。但是这些东西必定是有限的，所以还有一部分资金就往稀缺资源方向走。因此，此轮的通货膨胀就从石油、铜、金属等矿产品以及干散货轮开始。一是因为中国的需求，但最根本的原因是这些资源不可再生。CRB指数上涨了一倍，但这个市场相对于100万亿美元的全球资本仍然太小。因此，这些资本又落脚在房地产市场。房地产市场的容纳性是最大的，美国房地产市场的规模远远超过股票市场。房地产首先有使用价值，二是因为中国正在走城市化道路，而土地供给是有限的。

因此，房地产市场的垄断性、不可再生性成为实物资本和金融投机的一个最佳的结合点。最根本的，它为大宗交易容纳了大量资本。应从全球资本的角度来理解中美房地产市场价格狂涨。汇率变化后，金融市场的资本向实物资本转变，最好的出路只有在房地产市场。而房地产市场又连接了上下两个链条，一是固定投资，它带动了矿产、制造业和老百姓的消费市场；二是金融市场，它将货币资本全部吸收了过来。除了居住的房产外，你所拥有的其他房产都有投机的性质。

汇率的变化带来了货币供应量的增长以及进出口的繁荣。中国2004年的出口达到约13000亿美元。达到10000亿美元规模后，按40%的增长规模，以后还可以增长4000亿。现在中国的出口规模已经超过日本，2005年有可能超过德国。这一现象最大的结果是给人民币带来升值的压力。

其次，我们来看利率。

利率和汇率实际上是一致的，它们反映的都是货币价格的问题。汇率是一国货币相对于另一国货币的价格；而利率是单一货币本身的价格。这一轮经济变化的最大特点是格林斯潘只会减息，把全球的利率降到了前所未有的低水平。低利率和低汇率所造成的结果是一致的，即货币便宜了。低汇率造成了一国货币的成本优势，再加上历史性低利率，该国的货币需求必定扩大。全球的大宗商品价格上涨了一倍，房地产价格上涨了一倍，但利息却没有加。全球的投资品价格上涨和消费品价格下跌造成了客观上CPI（消费者价格指数）上涨不高，使得传统上监控通货膨胀的指数——CPI失灵了。另外，中美给人的感觉是已达成一种默契："滞后，不加息"。格林斯潘为了保持美国经济的繁荣刻意将利率保持在低水平。中国的此次加息有多难呢？4月份中国已讨论加息，但到10月份才实施。保持这一格局有利于中国的进出口，有利于房地产市场的繁荣，有利于金融市场的繁荣。美国一旦加息，股票市场将垮掉，债券市场将垮掉，房地产市场更要垮掉。支撑美国经济繁荣、吸收最大资金的市场就是房地产市场。

中美两国，一个在增量资金上保持最大，另一个在存量资金上保持最大，而它们在汇率和利率上又保持优势。第一，低汇率使中国不仅有劳动成本优势，还有低40%的汇率优势；第二，低利率优势导致了资本和高技术在中美两国之间进行了分配。在亚洲，日本、韩国、中国台湾等东南亚国家和地区的经济主要依附于中国经济的增长。欧洲也是这样，前段时间西班牙烧中国鞋就是一例。西班牙人一天工作6小时，温州工厂24小时开工，卖的东西便宜，欧洲人受不了。中国产品便宜并不是绝对的概念，只要价格低于别人，亏得少，这就是成本的优势。别人赔2元，我赔1元，我还可以继续，但别人就不能干了。这种优势最后所导致的瓶颈是自然资源的匮乏，自然资源的匮乏是全球意义上的问题。

中美两国从经济意义上来说，共同点是最多的，合作意义是最大的。

目前，利率的争论很大。首先是该不该加息。如果我们用澳元来衡量黄金和石油，它们的价格实际是下跌的。澳元兑美元涨了一倍是因为澳洲盛产铁矿砂，中国强大的购买力使该国的货币价格翻了一倍。现在投资品价格翻了一倍，但利率并没有上涨，第二，对于国债市场的分歧也很大。通货膨胀是不是使世界进入了一个加息周期，还是仅加一次就结束了？因为技术进步不会使得需求持续膨胀。

现在，实际的官方利率很低，拆借市场的利率一直保持在2%左右。即使通货膨胀，官方利率也没有上涨，这导致很多人想从中套利。长期国债的实际收益率一度达到5%以上，融入短期国债去买长期国债，还有3%的收益。这是一个基本的投资策略。但这种投资策略会导致重大的失败，我下面还会提到。

我们看到，在中国官方利率保持不变甚至下跌的过程中，中国的民间利率是突然上升的。温州有一个统计，2月份民间的月利率是8.9%，3月份是8.9%，4月份是8.99%，5月份宏观调控银根紧缩以后，利率猛然上涨到了9.58%，6月份是11.97%，7月份是12%，8月份是12.06%，9月份是12%。大家可以看到，转折点就发生在4月份。这轮宏观调控的特点是控制投资品过热，但是民间利率却突然上来了，而且整个储蓄规模也在大幅下降。温州从今年2月份起每个月全市存款余额递减20亿，累计到7月份减少了100亿以上，而且打破了温州10年以来存款余额月月上升的纪录。中国是一个新兴的市场经济社会，民营企业还难以到商业银行贷到款，此轮宏观调控进一步降低了民营企业在商业银行贷款的可能性。想借钱的人借不到，不借给别人钱的银行却资金充裕，因此，导致了官方利率不升反跌，也导致了资金的体外循环以及民间利率的迅速上升。温州就是一个典型标志。很多人讨论利率该不该升，因为他们仅仅看到了官方利率而没有看到民间利率，而民间利率数据，官方是不公布的。

即使从官方利率来看，现在确也有一个重大的特征。前几周宋国青教授在《证券市场周刊》发表了一篇文章《居民存款被截7000亿》。他算了个账，去年一年国家消费品价格指数上涨了5%，而居民存款利率仅1.98%，扣除利息税以后仅1.5%，3.5%的负利率再乘上居民总的资产金额，利差在7000亿元左右。很多人提出他的算法太夸张，但我认为他的算法实际表明了一种重大的利益关系，并不是真的损失了这么多钱。这和股票市场一样，股票流通市值从

14000亿降到了10000亿，如果你不斩仓的话，大多数人没有真实损失。但你的浮动亏损是存在的。因此，居民储蓄浮动亏损7000亿是存在的，只要你提钱了，你的亏损就实现了。老百姓只要有些金融意识，就不愿去存钱，但投资股票市场也会亏损，那就只有买房子了。可见，此次负利率的一个重要结果是钱从储蓄转移到了能够给它带来保值利益的投资品——房地产。这一轮最大的得益者是那些能够通过自身的垄断优势获得贷款，然后囤积土地、石油、钢材的人。土地升值要远远高于贷款的成本，它代表了一种利益关系的变化。

再次，是国债长短期变异的问题。

这个问题比较技术化。既然长期国债有5%的收益率，为什么我不以2%的利率去融资买长期国债来赚取3%的利差呢？但是，中国经济和美国经济有重大差异，美国的金融市场相对而言比较成熟。根据夏普的资本资产定价模型，你的资产价格是由你的风险决定的，资产价格越高风险越高，资产价格越低风险越低。长期国债由于其时间长，所以风险也高，美国国债也不例外。美国在加息的过程中，长期国债的利率变化不大，在减息的过程中，利率也不动。但中国则不同，中国在前一轮减息的过程中，长期国债的收益率下降的比短期国债还要快。我按照资产定价模型算出国债的价格上涨到一定的时候就做空，当时长期国债的收益率已经由426%降到了3%左右。但实际上更大的涨幅还在后面，从113元涨到了120元。反过来也一样。但很多人认为此次加息的过程不会连续，加一次息就差不多了。不过，长期国债上涨时会超过短期国债，其下跌也一定会超过短期国债，从长远看，这是平衡的。美国有一个很著名的案例——orange country，它就是利用短期国债来套长期国债，而最终导致了整个财务的破产。

中国和亚洲的一些国家和地区很怪异，国家辛辛苦苦挣了钱之后不会干别的，都只会买美国国债。现在，中国的外汇储备很大一部分是美元，因此这几年中国通过出口加工、贸易等辛苦挣来的钱，可能受到美元资产的贬值影响。大家可以算算，目前中国的外汇储备大约是5000亿美元，贬值40%意味着损失2000亿美元，即16000亿人民币。

我当时也很迷惑，认为全球金融市场就应该盯着美国国债去卖空。结果，现在的美国国债市场就是不跌。美国已经连续3次加息，为什么美国国债不跌呢？原来是因为日本和中国在不停地买。中国一向认为债券安全，所以不会去买美国的股票和房地产。

在加息和减息的过程中，我们还要注意存贷差的问题。如果存款加1%，贷款也加1%，这样是公平的。减息也一样。但大家一定注意到实际情况并非如此，此轮的存款利息加0.27%，贷款增加了0.29%，贷款利率只比存款利率多0.02%，这还算比较温柔。我记得有一轮减息，贷款利率减1%，存款利率减了1.5%。因此，我们在考虑利率水平时不仅要看绝对水平，也要看相对水平。如果你的贷款加息高于存款加息，你的利息收入实际上可能还是被转移走了。

三、对一些投资的判断

讲完这一大的框架后，现在我想谈谈我对于一些投资的判断。

第一，这一格局是由美国所主导的。美国财政赤字巨大，美元的贬值有助于美国逃债。中国所看到的好处是贬值有利于中国的进出口，全球资本向中国的集中。现在，让中国加息也很难。对于现代的全球经济，大家应该有一个清楚的认识，它并不是越来越全球化与市场化，而是国家利益和民族利益越来越起着主导的作用。最早提出人民币升值问题的是日本人，但是中国并不予理睬。比如从纯粹的经济技术上来考虑，日本的新干线是最适合中国的，它的轨道技术和中国的铁路网络可以衔接；另外它也已运行了30年，没有出过多少事故。但问题是我们就不能采用日本人的东西，这已不纯粹是一个经济问题，而上升到了国家利益和民族感情的高度了。包括汇率的问题，汇率是中国内部的事，那么多热钱进来，我就不升值。

美国财长一方面强调要保持强势美元的政策，一方面在天天贬值。而中国则相反，就不升值。如果这一格局得以继续保持，在石油、铜、铝、黄金、白银、煤炭、钢材、房地产等企业股票上，你就继续做多，如果下跌你就抄入。现在这些商品的价格都很敏感。铜在4月份中国宣布宏观调控时出现了历史上的最大跌幅，结果现在又创了历史新高。中国宣布加息后，石油期货价格由55美元跌到了50美元，铜也下跌了几个百分点，但暴跌后又涨了回来。只要弱势美元和低利率的格局没有改变，全球的大商品市场，你大可放心去做多。太高了你就适当做空，因为它一旦崩溃也很厉害，获利盘太多了。就像现在的上海房地产市场，大家手里都握了好几套，该不该卖呢？有人在上半年挣了30万后抛了，结果它又涨了30万。但一旦格局发生了变化，下跌起来也一定是很恐怖的。

那么，这个格局能够维持多久呢？谁也不知道，但它会有一些迹象。从技术上说，中国可能会迫于内部的压力在汇率、利率问题上做一些局部的调整，但这种调整一定是滞后的、勉强的。这会对全球的金融市场造成短期的震荡，比如对石油、铜、房地产市场、DBI指数的影响。但是，只要这一大的格局保持不变，其价格一定还会上来。

现在这几个市场在保持轮动，石油、铜、黄金的价格在轮番上涨。按我的观点，黄金的价格还是显得低。如果黄金完全反映汇率的话，这一轮欧元兑美元从100：80涨到了100：134，黄金从人民币80元开始涨，到了目前的121元，还相差10元。从相对强度来看，涨幅最不够的还是黄金，连平衡汇率都不够，更别说投机了。所以，你对各个市场做一些平衡性分析后，你就会找到一些局部性、战役性的机会。国际对冲基金很聪明，平完汇率后炒黄金，炒完黄金后炒白银或大豆。但是它的战略是清晰的，一定是炒垄断的不可再生的资源，而不是计算机等高科技产品。房地产也一样，上海的房地产价格炒高了，所以它可能被局部性、恐慌性地打压一下，但是从总体来说，中国的房地产市场在目前低利率、负利率、美元贬值的情况下，还没有到顶。你可以说它有泡沫，但泡沫还未到戳破的时候。我是做投资的而不是搞研究的，我要清楚的是它可以走到哪里，这样我才可以控制风险。

在20世纪80年代日本经济的大循环中，它的三驾马车都是上涨的，一是汇率，二是房地产，三是股市。但中国的股市为什么不涨反跌呢？确实此轮美元的下跌给中国经济带来了历史性发展机遇。人民币有没有升值压力？有，但大家知道所有的经济增长都是有周期性的，中国现在繁荣了，将来也有下跌的时候。中国千万不能轻言升值，因为中国存在着许多制度性的贬值因素。中国一定要抓住机会，将这些制度性的贬值因素对冲掉。按照这一观点，中国没有升值的必要。如同股票市场，为什么中国股市在经济向好、QFII大举进入A股市场后不升反降呢？中国股市从金融市场来看确实有升值压力，但是从另一面来看，中国股市是最早市场化的，它将中国制度性的贬值因素全部堆积起来而将股市打压了下去。这些制度性贬值因素包括洗钱、造假、贪污腐败等。A股股价并不会像中国香港、美国市场走平后即可企稳，它还有制度性贴水因素。再者，过去中国股市最大的功效是为国有企业服务，国有企业的不良资产被源源不断地卖到股市上。在这两个因素的打压下，中国股市一时难有起色。如果没有人民币升值因素、QFII与基金的购买，中国的股市早就跌得面目全非了。中国的汇率也一样，从封闭体系的角度来看人民币确实应涨，但为什么我们不趁现在这个机会把这些制度性贬值因素给化解对冲了呢？

有几招简单的方法就可以将中国外汇储备的压力给化解。第一，不要再去买美元，而是建立起90天的石油战略储备。只要在全球石油期货市场上悄悄地买入，两年后交割，也不会引起注意，因为全球石油期货市场太大了。保证金只要几十亿美元，全部交割要500亿美元，中国迟早要做这件事。第二，处置银行的不良资产，央行拿了400亿的外汇储备给建行和中行，这是对的。但这些美元又拿去买了美国国债，结果还是亏损。这些资金应该用来买黄金。中国迟早要将汇率独立化、浮动化。按照外汇储备的惯例，你必须拿出10%的资产储备用来买黄金。但目前中国的外汇储备中只有2%—3%是黄金储备，相当一部分是美元资产。前两天余永定说中国在抛美国资产，其实中国并没有抛，而是美元贬值得太多了。美国现在的外汇储备20%是黄金，欧洲各国都在10%左右，中国要达到10%的黄金储备大概需要2000吨黄金，但中国目前只有600吨。欧洲央行天天抛出500吨黄金，中国很容易就可以将这些黄金给接纳过来。这是一个资产储备结构的变化，你不能将所有资产吊在一棵“树”上。黄金的优点，第一在于它可以规避汇率风险，第二在于它可以抗通货膨胀。几百年前一克黄金可以买一杯咖啡，现在它也能买这样一杯咖啡。黄金不会贬值但也不会升值，它可以减少人为的操纵度。另外，黄金也可以向老百姓开放。今年上海炒房子，在北京则是炒金。5000多人排队买鸡年的金条，结果只有300人买到。为什么现在不能开放黄金市场？因为中国的外汇市场还是受管制的。四大国有商业银行理论上在黄金不够的时候是可以进口的，但是外汇额度不批，而使其无法向国际市场购买。黄金市场如向老百姓开放后，金条还可以用来做抵押，银行的中间业务也可以繁荣起来。中国民间的黄金需求有多少？确切的数字不清楚，但我估计在4000—5000吨。中国历史上有一个藏金习惯，因为黄金保值的优点太多了：第一，不用缴遗产税；第二，它没有汇率风险；第三，它可以世代流传。按我的观点，中国消费1000亿—2000亿美元用来购买黄金是没有问题的，但中国并不做这件事。

这两招可以很快减轻中国2000亿美元的外汇储备压力。还有两招则有些道德上的问题。前两天，中国政府宣布居民合法的财产可以转移到国外，但是，具体操作起来，很多问题就难以说清了。首先，你这些财产有没有偷税漏税的问题。如果你开放让它流出国门，那么中国的外汇压力可以一下小很多。最重要的是，对于人民币的升值问题，我们千万要冷静。我们可以借鉴美国人在20世纪80年代对付日本人的手段。20世纪80年代日元一下升值了3倍，日元在全球市场上抢购油画，4000多万美元购买的油画在经济崩溃后400万美元都没人购买。日本人在20世纪80年代末90年代初在美国疯狂地抢购好莱坞和帝国大厦。几十亿美元购买的资产最后都是用零头卖出的。中国也是这样。最重要的是我们应从制度上对冲汇率升值的因素。中国目前最大的问题是银行的不良资产，全社会的不良资产最终将反映在银行的不良资产上，这些不良资产大约有5000亿美元左右。从长远来看，这是一个巨大的贬值因素，我们必须把它给对冲掉。我比较反对现在一些人的看法，他们认为中国的优良资产不应拿到海外市场去上市。这是很愚蠢的观点，所有能卖的现在就应该卖掉。最简单的是国家发债券收购银行的不良资产，收购后中国的财政赤字将上升，人民币的升值压力就会小很多。这些不良资产迟早都将转为国债。等到这些银行资产符合国际上市标准后就拿去卖。请放心，现在1元钱的垃圾股票以后必定有跌到1角钱的时候，等到那时我们可以再买回来。美国通过日元升值和资本膨胀将日本的财富狠狠“洗”了一下，10年过去了，日本经济也没有恢复过来。

贬值和通货膨胀都是为了逃债。中国现在应该主动出击，将这些制度性贬值因素给对冲了。有人认为上海的房地产市场现在8000元／平方米，将来即使下跌，跌到5000元／平方米应该就差不多了，这是错误的。作为金融市场，要么它继续涨，要么就跌，一旦崩溃它必定跌到你想象不到的地步。大家可以看看日本的情况。日本的房地产市场跌了90%，海南1000万的地皮跌到100万也没人要。在香港很多人20年的按揭付了10多年的利息还是负资产。金融市场没有差不多的时候，金融链条一旦崩溃，它一定跌到你想象不到的地步。

四、不要再从局部、国内、单角度讨论中国经济问题

总结一下。首先我们再也不能从一个局部的、国内的、单角度的概念来讨论中国的经济问题，而一定要有一个全球的视野，不然就会犯战略性错误。其次，你必须站在大的格局中来把握市场的战略机会。第三，一旦“美元贬值与低利率”这个大的格局发生结构性崩溃时，你不能再对这个市场抱有任何幻想。就像现在的黄金，很多人认为它可以涨到500美元／盎司，但实际还早着呢。在20世纪80年代它曾涨到880美元／盎司，加上贬值的因素，应该是更高，可现在才涨了一部分。在一个大的格局没有变化时，你不用去想它会涨到哪里。

我希望大家能够培养出一个思考问题的方法与视野。谢谢！

钱伟先生答同学问：

同学：请问钱老师对我国股市后市的看法？

钱伟：我刚才已经讲了大的格局。第一，低汇率，人民币有升值压力；第二，中国的经济繁荣，使中国股市没有理由不涨。但中国股市如同中国足球一样，它最早市场化，所以制度中有缺陷的东西全部从中暴露了出来，也由于这些因素导致了中国股市很难走极端。但是，现在的情况比较微妙，中国的经济这么好，企业经营得这么好，股市凭什么不涨？我倒是想反问一句，中国的问题这么多，股市又凭什么涨呢？

但是，这是一种战略的眼光，从短期来说，至少在明年上半年前会有一个比较大的机会。矛盾激发到现在，各方已经不能容忍。当然，中国股市还有一个周期性的因素，现在可以算一个比较好的建仓期吧。

同学：请问您觉得上海房地产还会涨多久？

钱伟：前面我已经提到过了，此轮上海房地产的上涨在全国确实是独一无二的，在北京房地产并没有涨。但是，我比较同意谢国忠的观点，一旦中国房地产出现问题的话，上海房地产将成为问题的漩涡中心。涨多少我无法说清，但是上海房地产市场获利盘太多，每个人手里都拿着两三套房子，价格已经涨了一两倍，一有风吹草动，斩仓盘、获利盘都会涌出。短期宏观上可能会有调控，但只要大的格局不变——汇率不变，利率不变，就不应该有大问题。

历史上，往往是由于一些技术的变革或事件而导致了历史的转折。或许某一天上海因房子造得过多，夏天比别的城市气温高4摄氏度，大家难以忍受而导致了全国房地产的崩盘。另外像石油问题，也许因为一些技术进步而导致大格局的变化。石油是不可再生的产品，但这是相对的，能源再生从理论上讲是无穷无尽的。首先，替代能源中太阳能是取之不尽的；另外一种叫氢和氧的能源也是无穷的，现在只不过是技术上还没有达到而已。中国的煤转油技术已经达到了一定水平，这在德国、南非都已很发达。原来因为规模效应而没有做的，现在中国都已经在做了。

这次，我国代表团去南美巴西访问，很重要的目的就是要去购买南美的油。结果，巴西人说自己1100万辆车用的是酒精——乙醇汽油。乙醇汽油是再生能源，它是用甘蔗做的。中国在安徽的丰原生化厂就是制造乙醇汽油的工厂。如果不改变汽车发动机的性能，在汽油里配兑10%乙醇即可，如果全部用乙醇作能源则需要改变发动机的性能。乙醇是由玉米、地瓜、甘蔗制造而成的，中国的小酒厂这么多，全部都可以用来制造乙醇。

由于这些技术因素，很可能导致能源市场的突然崩溃。现在石油价格可以涨到57美元／桶，但在亚洲金融危机时，它跌到6美元／桶也没人要。技术进步可能导致世界格局与经济关系发生重大的变化，说不定未来的石油只要1美元／桶，或许德国的崛起，技术优势可能远胜于劳动力成本的优势，欧元的升值也将走到尽头。如果石油价格持续保持在50美元／桶以上，就一定会导致全球的技术进步，替代能源必将出现。

（本文讲座时间为2004年8月，但现在参考价值仍很大）

今日中国的新能源战略地位及投资策略

钱 伟

编者按：钱伟老师已几年没来复旦大学开讲座了。这次，我们师生花了九牛二虎之力，以十二倍的诚意，才把他请来。说真的，每次听他的讲座报告，就如同当年延安“抗大”的学生听“首长们”、“老帅们”的报告一样，有一种理性的光芒，有一种振奋的心情，有一种高层次的享受，感到他站得很高，可谓是高屋建瓴，穿透时空。他视野十分开阔，思考极为深邃，又不乏认真、扎实、细微之处。本讲座中关于新能源战略及其选股都令人醍醐灌顶、耳目一新。此外，他对股市的大势研判、对股指期货的运用都很好，很值得学习。本文后面的师生问答，他对人生、学习、投资的很多体会、看法和经验也很值得同学们深思汲取。他是我的同学、挚友，是一位缺点很少的成功者、智者。他每次都是自费飞来上海。我们复旦大学所有热爱经济学、金融学，听过他课的同学、老师及众多企业家都很佩服他、尊敬他。

今天我从宏观经济方面来讲我在投资中的一些想法。谢老师让我多讲一些例子，我想谢老师已经讲了很多了，我就不多讲了。我主要是讲一些思路，尤其是把我们从前年开始做的一些战略上的新的探讨跟大家汇报一下。这方面可能会理论性强一点，案例会少一点，但我想这个可能会比较有价值，因为原来的一些研究讲的都比较多了。

一、投资：对大趋势判断最重要

我简单讲一下自己的经历。我大概是1993年正式下海的，当时下海做的投资也比较多，比如说，出出书，办办补习班。这方面有两年的折腾期，没有太大的盈利，但是得到了最重要的东西：对基本的商业模式的理解。所以这对我以后的投资包括研究上市公司起到了很大的作用。一直到1995年我在投资上也是基本上没有什么效益，我做了一些反思，反思怎么发挥我们的优势。我们北京大学的学生就是动口能力强一些，动手和管理能力比较差一些。所以从这个角度来说，在具体经营管理一个企业方面我们是处于劣势的。那我们的优势在什么地方呢？因为我在学校学的是经济学，后来也一直从事宏观经济的研究，我就考虑从宏观经济学的角度能不能产生一些新的投资机会。宏观经济的研究，根据我的判断，就是基本上要有一个五年以上的趋势，现在可能这个趋势会更长一些。比如前两年的一个通货紧缩和现在开始的通货膨胀。我觉得这个趋势一旦形成以后短时间内是很难发生变化的。那么你如果判定清楚这个大趋势，由这个趋势出发安排一系列投资，并且长期持有的话，收益是非常大的。

我记得1995、1996年，中国有一场严重的通货膨胀，当时通货膨胀率可能将近25%，而银行的利率是13%。朱镕基总理为了控制通货膨胀，推出了银行对长期存款的保值贴补的政策。现在的通胀跟当时相比，我感觉现在的通货膨胀是刚刚开始。

当时我对股票市场还没有很深的理解。当时有一个国债市场，大家都知道通货膨胀来了以后会影响利率，而利率又会直接影响债券的价格。这时候你如果能够提前或者比较坚定地判断通货膨胀的基本趋势，我觉得在债券市场上能够获得很多机会。当时有一个国债期货，保证金只有1%，现在的股指期货保证金18%。1%的保证金意味着什么呢？意味着涨跌1%就会赔光或者翻一倍。对价格走势的判断十分重要，恰好我当时在北京大学学的和后来研究的都是这些东西。我们知道CPI的构成主要因素就是对食品、农产品加了一个权重。所以我当时就骑着自行车到附近的农贸市场去看价格，看大米、猪肉和一些副食品的价格的变动。我们对这些变动做了一些简单的计算，计算出了一个基本明确的趋势。当时通货膨胀来得非常迅猛。我也跟国家统计局城调队的一些朋友做了一些交流，结果在基本的趋势上的看法是比较一致的。你作为一个投资者并不要求一个精确的数量，比如每天涨多少，你要判断的是一个趋势。宏观经济的趋势一旦形成很难发生变化。在这个基础上，我们可以断定债券市场基本上是一个多头行情，所以我们当时全部的资金都在做债券的一个多头。通过这个投资我们取得了很大的收益。当时的钱比较少，但收益是我从投资以来感觉最大的一块。那从这一块得出什么启发呢？就是宏观经济你要把它判定清楚。第一，宏观经济很难操纵。第二，趋势确定后宏观经济会持续相当长的一段时间。第三，你如果坚持自己的判断，在资本市场上会取得巨大的收益，中间肯定会有一些波动。当时最著名的申银万国在做空，投入大量资金，但是最后在趋势面前还是以失败告终。

从这一块我们就得到了很多的启示，你要扎扎实实做好自己的研究，不要去探听太多的消息。你农贸市场多跑一些，多听听老百姓们在想什么，买什么东西，它们价格的变动情况，这些对你的投资起着很重要的作用。

第二阶段，就是2001年的“9·11”①。当时美国的繁荣基本上是到达一个顶峰了，“9·11”一发生，我就明白了，可能一个新的时代就要来临了。从长期角度来说，美国的霸权地位可能正在衰弱。如果这个衰弱趋势确立的话，它可能是一个非常长的过程，也许是十年或是更长。现在来看，我觉得当时的观点基本上已经得到验证。如果美国地位衰弱，它带来最大的一个变化就是美元价格的变动。全球的金融市场都是以美元来计价，那么美元地位的衰弱就意味着跟美元相反的东西有一个相反的趋势要确立。比如说欧元、黄金、石油、有色金属矿产等，它们的价格就会上涨。这个趋势一旦确立的话，你整个战略投资的确立就非常简单了。你就会在商品市场上尤其是在资源市场上全面动作，全面地买入，并且长期持有。

我唯一没有想到的是中国经济也在那个时候发生一些变化。当时我主要考虑的是美元的转折，所以我研究的重点主要是在资源品比如石油、黄金等。我当时买了三只股票，其中两只到现在还持有。其中一只就是山东黄金，当时买得很便宜，不过中间对市场判断出现偏差，我大概在2007年的时候看这个企业的报表。我又算了一下它的黄金的可能库存，觉得涨得差不多了，就把它卖出去了。这是到现在为止我的一个重大失误，卖出的价钱也就50多块。因为企业的一些微观的东西我们是看不大清楚的，导致我将它卖出。卖出以后基本上就买不回来了。现在你看它涨到多少钱？复权的话大概是300多块。如果根据宏观判断的话我应该持有到现在，但是由于一些微观层面的东西，使我对企业的宏观判断出现了失误。

另外我还投资了一些煤炭企业。因为当时中国本身没有石油企业。我当时选择了一些焦炭企业。中国最大的一个焦炭企业是西山煤电，到现在我还一直持有，中间经历过一个剧烈的震荡。焦炭跟一般的煤炭是不太一样的。焦炭是给钢厂炼钢用的，不是来发电的。中国的焦炭最好的、资源最多的就是在山西。当时我还去过它的一个主力煤矿，把它的煤层结构、地质资料、储量都看了看，发现基本上100年以内是采不完的。而且它的煤有很多的品种。知道了这些，其他的一些因素我就不管了，包括市场的涨跌我都不管了。这里面有一些经验，坐电梯坐得太多，涨了7—8倍然后又跌回去然后又涨，来回折腾。你只能判定一个长期的宏观趋势，中间的一些波动你是没办法判断的。从现在的效果来看还是可以的，每年的分红、派利等等基本上就把我最初的投资成本给收回来了。

还有一个股票叫盐湖钾肥。这也是我到现在还一直持有的，也很便宜。买的时候也是七八块钱，我持有了将近十年。它主要生产钾肥，中国是一个农业大国，缺钾。钾肥主要是靠国外进口，中国唯一一个生产钾肥的地方在青海的柴达木盆地。

①编者注：“9·11”即发生在2001年9月11日对美国纽约的恐怖主义袭击事件。

二、近期趋势分析——新能源板块

从当时美国"9·11"之后的判断，随着美国地位的衰弱、美元的走跌，商品市场尤其是资源市场将会全线扭转。后来中国经济疯狂的增长速度都是我们没有想到的，这就更加刺激了商品市场的疯狂程度，所以现在这个趋势并没有发生本质上的变化。到了2008年金融危机之后，我就在思考这个世界发生了一些什么变化。中国的经济增长，从2008年到现在，我想已经走到了一个尽头。原有的经济增长模式已经到尽头了，要怎么办？我们要在宏观经济上判断，找一个能让你持有十年或者二十年或是更长时间的一个宏观产业领域的股票。

我思考了很长一段时间，后来我们集中精力花了一年的时间搞了一个研究，就是新能源的研究。国家发改委改革基金会给了我们一些赞助，我们出了个报告。这个报告主要是从政策角度进行探讨，对新能源产业和企业做了深入的研究，下面就讲讲我对新能源的一些看法。

1. 为什么是新能源板块

从中国和世界的能源发展历史来看，中国以后的发展战略基本上是围绕着新能源来进行的。2008年的金融危机是美国的一个危机，但是大家忽略了这也是中国的危机，尤其是这种高能耗高污染高成本的增长模式的终结。中国的钢铁产量，大概占了世界的2/3，水泥大概也是2/3，这种增长模式不可能持续下去。所以前段时间铁矿石涨价，表面上不好，但从我的观点来看，这是一个好事。这是对中国的原有经济增长模式的制约。要是没有制约，还能够源源不断获得廉价的原材料的话，中国就难以摆脱原有的增长模式。

但我的判断是：这一轮4万亿元的刺激经济增长的方式，短期来说，可能是好事，但长期来说，可能对中国也是一个问题。就是说，本来中国可以在这一轮经济危机中进行产业经济调整，但没有调整。因为害怕GDP的增长下落，不仅没有调整，反而拼命刺激经济增长，经济增长后，会刺激什么呢？刺激房地产，刺激钢厂，刺激水泥。刺激的全部是原始的高能耗高污染的行业的急剧膨胀，而且一个很致命的弱点就是：这些企业都集中到国有企业上了。大家知道，原来像江浙的企业，都是中小企业啊，它一年死一万家，又活一万家，没有什么，产业自然在进行更新。但中国，国有企业很难破产，一个钢厂，宝钢你能让它破产吗？它不可能破产。所以，中国经济长期增长中的隐患是非常大的，非常非常大。

从中国和世界能源的历史来看，世界历史上有三次比较大的霸权的转变。这个转变基本上是围绕能源消费方式的转变完成的。最早是荷兰，17世纪的荷兰。荷兰当时最多的是泥炭，在浅海海水三米以下一两米就是泥炭。它发现拥有这个资源以后，大量地开发，所以整个荷兰的工业体系和商业体系包括生产体系是以泥炭为主体的。当时其他国家都还以木材、原木为主消耗，荷兰转变以后，即整个经济体系依赖于泥炭以后，促使了17世纪荷兰霸权在全球的确立。但是，到了19世纪是英国，英国的转变，就转向了煤炭。英国储量最丰富的就是煤炭。要解决煤炭的问题，在采煤的时候要去抽井下的水，所以就发明了蒸汽机。蒸汽机以后又广泛应用于运输，后来又应用于军事，直至19世纪英国在全球霸权地位的确立。那么，到了20世纪以后，美国霸权地位的确立，是建立在从煤炭转向了以石油为供应体系的基础上。

大家知道，实际上美国的石油储备也是很大的，它只不过没有开发。后来美国通过军事霸权把整个中东的石油控制在手上了。所以美国现在整个生产体系和军事体系，是完全依赖于石油的。几次战争的本质都是围绕石油进行展开的。那么这几个国家为什么在崛起中进行的一些转变没有持续呢，很重要的一条就是既得利益集团的阻挠和既有生产结构的影响。荷兰从17世纪到18世纪已经形成了完备的泥炭生产体系和一系列产业链的利益。要把这个废除的话很难。荷兰就失去了这一次转型的机会，所以它在18世纪以后迅速地从大国地位衰落。英国以后也有这个问题，它的转型也失败了。英国煤炭资源很丰富，石油一直没有发现，到了20世纪才在英国的北海发现了一部分石油。而且，围绕着煤炭，它也形成了一系列的完备的产业和运输链条。那么，由于既有的产业结构的阻挠它也没有实现转型。但是美国，从第一次世界大战以后，到第二次世界大战时期，它的整个经济体系和军事体系基本上以石油的依赖为主导，尤其几次的中东战争，都是以控制石油为主导的。虽然，美国转向了以石油为主体的霸权，但是它现在的转型呢？虽然奥巴马提出来一个向新能源的转化，但是我觉得，美国最有财势权势的集团还是石油利益集团。所以一旦整个国家的经济体系，一个利益集团，严重地依赖于一个成熟的能源方式以后，它很难发生转型。

我感觉，如果美国不能打破这种利益集团，向新能源转化的话，可能要落后于中国。第一问题是，中国没什么石油，但煤炭资源是很丰富的，但是，煤炭资源有一个重大的问题，就是现在大量地使用，会带来巨大的环境压力。所以整个经济增长持续地依赖于煤炭是不太现实的。所以，我们建议，要完成大国崛起的过程，经济上的转型只有一个选择，就是全面依赖于向新能源的转化。依赖于煤炭石油是根本不可能的。因为石油实际上是在美国的保护伞下获得的，中国这种经济增长方式是不可能再这么便宜廉价地持续不断地得到石油的供应；中国的煤炭带来的环境压力以及一系列的问题，是不可再生的。我觉得这是一个基本的判断，就是说如果中国能在21世纪成为和平崛起的世界大国的话，只有一个选择：全面地转向新能源，依赖新能源，而不是依赖于石油煤炭。除了现实的供给以外，就全球的环境问题来讲，包括现在全球变暖问题，也不可能容忍中国或者印度持续按照传统方式来进行经济增长。这是一个问题，第二个问题就是从国际舆论和多元价值观的角度来说，中国必须抢占道德制高点，大力发展新能源、减少碳排放。大家都知道哥本哈根会议上，关于中国的负面报道比较多，中国可能阻碍了哥本哈根会议关于碳排放的一些协议的达成。这一方面，我觉得可能是国家从战略上对新能源的认识还不够。实际上就是，不仅要有一个经济上的高速发展，还要有一个道德上的制高点。就是你发展，还要让人家觉得你好。现在，谁认为中国经济发展是道德的？前两天富士康多少跳？12跳，老百姓有人骂它是“血汗工厂”[①]，对吧？全球污染最严重的城市，20个城市中大概15个是在中国。你到山西、河南那一带看看，基本上很难找到干净的地方。上海也有这种情况，也是污染很严重。那在什么方面有道德制高点呢？你讲孔老二，还是讲点别的什么？但如果你在经济增长模式上提出新能源的话，从环境保护，从人性的发展上来说，可以占领这个道德制高点。

2. 中国发展新能源的环境

从新能源历史的角度，我觉得目前最大的障碍，是既有利益集团的阻挠。荷兰、英国和美国的转型，最大的障碍是既得利益集团，中国也存在这个问题。因为大家知道，中国现在最挣钱的是哪个？是中石油吧。中石油它挣这么多钱，是垄断企业，它本能上不可能有积极性去发展新能源。而且它在整个国家的产业经济发展决策中，起着重大的影响力，还有中石化。还有中国的煤炭行业，地方是没有积极性去发展新能源这个行业的，因为这个钱投入太多了。那么国家电网呢？也没有。我去看了一些它的风电企业，很不稳定，一会有风，一会没风。没有风的时候怎么办？而火力发电非常稳定。所以它没有积极性。

我觉得中国现在最大的问题还是既得利益集团的阻挠。如果不破除既得利益集团的阻挠，中国要真正地高速发展新能源，还比较困难。虽然现在中国的风电，今年的生产量可能会占到全球第一。太阳能的生产量已经占到全球第一了，但是大部分是出口的，是出口到欧美国家的。那么怎么来发展新能源呢？新能源形式有很多，比如风能、太阳能、生物能、潮汐能，还有一些像沼气。所有的能源，包括新能源的本质都是太阳能量的一个转化方式，煤炭是，石油也是。现在太阳能的转化方式中最廉价、最没有污染的是什么？就是太阳能和风能。所以我觉得虽然现在技术上还不够完备，但是没有太复杂的东西，这些技术就是集中在两条，一个是风能，一个是太阳能。我们不知道现在风能和太阳能的标准到底能走向什么程度，但这个方向我

①编者注：指2010年，在深圳的台资企业富士康出现了青年工人因对工作环境、收入有意见，有12人跳楼自杀的事件。媒体迅速介入，作了调查报道，该公司迅速提高工资30%等，使矛盾得以化解。

认为是没问题的。

中国的风能，在全世界上算是很丰富的，尤其是中国的东部。东部缺乏煤炭和石油能源，但东部临海，风能资源很丰富。太阳能全国各地都有。所以，我的看法和判断是，中国第一步还是从风能的角度来发展。因为风能目前无论制造技术还是产业链条，基本上已经很成熟了，经济成本基本上是一度电六毛多吧。虽然还高于煤炭，但是煤炭没有加外部成本。所谓外部成本，第一就是不可再生性，第二是污染性。政府要清除污染，要花费大量的财政开支，污染对整个社会是一种危害。外部性从经济学的角度，应该要算入到内部成本。如果把这个考虑进去的话，现在风能的成本应该已经低于煤炭，低于火电的成本了。而且风能的产业链条除了一些关键的技术以外，大部分的产业链条是非常简单的，就是中国传统的制造业，比如盖塔吊，打地基，输变电，还有水泥钢材，海上的一个大型的风电发电机塔吊至少需要100吨的钢材。所以这样转化可以有效地吸收中国传统行业的制造产能。现在一些传统的中国制造企业，基本上正在这样转化。上海有一家很有名的企业叫上海电气，我去过很多次，也一直持有，但我是在香港持有的，因为比较便宜。它现在除了原来主要的业务制造火力发电的锅炉之外，还拿出20多平方公里土地专门发展风电和核能。这种转化方式可以有效地解决中国传统行业的问题，比如钢铁、玻璃、输变电这些产能过剩的，是比较有优势的。另外一个是光伏发电。光伏发电最重要的问题是采集效率不够，媒介使用多晶硅还是单晶硅，以后应该有更进一步的媒介。在技术上，光伏发电和风能比还有一定的差距。

3. 怎样选择新能源投资标的

新能源虽然好，但是怎么去选择投资标的？其实思路也很简单。巴菲特投资的一个核心就是所谓的“护城河”概念。我的东西，别人难以进来，我能涨价。就像中国的铁矿石，吃尽了苦头，你爱买不买，你抓了十个八个都没用。可见在一个产业链发展中，有护城河的实际是在上游的一些不可再生的材料，开发这些材料基本上是不用什么技术的，都是老天给的。

所以我们的重点不是集中精力寻找新能源的中下游企业。比如，浙江杭州有个很有名的企业叫××企业，是生产风电轴承的，效益非常好，订单大概已经排到2015年了。但我们研究了一段时间也放弃了，因为它不符合我们的长期投资。因为轴承大家都可以进入，包括做叶片的，你能做我也能做，包括金风科技也是做大型组件的，还有输变电的设备，大家都可以做。别人唯一不能做的，按照巴菲特的理论就是有护城河的具有持续的涨价能力的，还是在新能源的上游和材料行业上。有几个企业我们一直在关注。我不建议大家现在去买，因为现在价格太高了。我们持续进行研究，也做了一些投资，但一直没有像原来买西山煤电、盐湖钾肥或者山东黄金那样特别便宜。因为现在市场的效率提高多了。

当时我们研究的重点有几家企业，现在已经炒得太火了，讲也没有什么意思，比如包钢稀土。新能源的核心是，风电的发电机现在用的主要是硒铁硼，就是稀土永磁材料，主要需要的是稀土材料。一系列新能源的材料、添加剂、镍氢电池和混合动力电池，都大量地运用了稀土材料。中国的稀土材料在全世界，储量上占60%左右，出口量占90%。中国稀土资源的地位相当于中东石油的地位，但是我们原来没有注意到这一点，大家随便挖。大家到江西看看，农民随便把稀土挖出来当土卖掉了，所以这么多年来中国稀土的价格是在持续下跌的。

这么好的东西价格一直下跌，为什么呢？一是从战略上没有认识到这个问题，再一个就是中国的管理体制存在重大的问题。很简单，大家都知道有一句行内的话，只要是中国买的，世界市场上就涨，只要是中国卖的，世界市场上就跌。所以跟稀土行业有关的企业，基本上经济效益都不好。像稀土高科、包钢稀土效益并不好，是亏损的，还有ST有色、五矿。现在广东有一家有色公司，都有一部分稀土，效益都不好，是亏损的。但即使亏损，市场也没有跌下来给我们一个便宜的价格。这个市场还是比较有效率的。包钢稀土有一些问题，讲起来就比较复杂了。

实际上，我们能不能长期分享到它资源价格的优势，我不敢确定。一个是价格问题，第二个是它不一定能得到“护城河”概念，为什么呢？因为它的稀土矿，虽然占中国稀土的80%左右，但并不是在包钢稀土的手上。在包钢集团的手上的，是个伴生矿。包钢集团采矿以后先把铁矿拿去炼钢，炼完钢后，尾矿给包钢稀土去提取稀土。那这个产业链上，从长期投资来说，还不能达到一个严格的“护城河”概念。哪一天集团突然不高兴了，把这个价格涨了，这个企业就很难持续了。包钢现在才多少钱啊？包钢才4块钱，包钢稀土已经40块钱了，大家都是一家人，这种差距也太大了。所以这是在投资上我们一直犹豫不决的地方。还有些研究包括ST有色、广振，稀土的控制量都非常非常少，所以这个新能源投资的标的很难再找。我们一直集中在找能源和材料行业的企业，就找不到一个像西山煤电这样的一个能完美控制能源的企业。还有许多问题需要考虑，一些制度问题、股东结构问题，我就不再讲了。

我的判断就是：判断一个新能源，真正的核心，不是怎么发展风能和太阳能，而是这个能源转化的方式。我们没有找到一个有效的能源转化方式。风能，一会有一会没有；太阳能，白天有晚上没有。但是我们的需求是均衡的，我们怎么找到一个方式来让它满足我们的需求？石油和煤炭通过管道的运输、货运的运输可以满足人们对能源需求的灵活性和多样性的要求。但是太阳能和风能，虽然是取之不尽用之不竭，但是不能满足我们的需求。那么怎么办？我个人的看法，就是利用电池的核心技术。如果有效地解决电池的问题，问题就都解决了。理论上电池足够大的话，白天储存足够的太阳能，创造电能，晚上想什么时候用就什么时候用，风能也一样。所以新能源材料的问题集中在电池材料上。电池材料也很多，现在也没有定论，比如镍、氢、锂，都没有完全标准化和大批量地应用。我在这个方面也请教过许多物理学家，从最本源的意义上，不考虑技术，在金属中最有可能成为新能源电池材料的就是锂。锂元素有最小的密度和最大的电负性，所以它的能量比是最高的。但是锂也有它的问题。第一就是它的价格太高，现在丰田用的还不是锂电池，比亚迪用的是锂。锂因为技术的因素，开发成本太高。第二个是安全性上还有问题，锂过充过热容易爆炸。手机有没有爆炸我不知道，但汽车要是爆炸了就太危险了。技术安全性还没有完全过关。但是我相信随着人类的技术不断发展，从长远来说没有太大的问题，问题的解决是迟早的事。所以我们研究锂在全球的分布，锂在玻利维亚和委内瑞拉最多，中国也不缺锂，所以中国新能源是不缺的。稀土是全球最多的，电池材料也不缺锂。西藏矿业在巴里有一个扎也湖，锂的含量有一系列技术指标，就不讲了。

另外一些派生的锂的生产企业，含量远远不如西藏矿业。一个是中信国安，生产碳酸锂的，技术基本上成熟了，据说现在每天能出5000吨。但是到底是不是这样我们也不太清楚。前两天也炒得比较疯。还有含量最大的，但也是开采的难度比较大的，就是我一直持有的盐湖钾肥。它现在的提取成本和提炼难度要远远高于中信国安、西藏矿业。西藏矿业有它的问题，它在高海拔地区，运输、能源等方面存在的问题都不能解决。况且现在锂的需求和价格并没有真正对应起来，目前还是亏损的，但亏损的企业炒到30多块钱。我们在买的时候觉得比较贵，怎么也跌不下来，就20块钱买了一些，但我觉得还是贵，它最低的时候能跌到5块多，大概在2008年，当时金融危机还没认识到这个问题，要是认识到这个问题我可能清仓去买。联合证券一个研究员专门研究西藏矿业，他经常和我讲西藏矿业，讲了半天我回答他，千好万好什么都好，就是太贵了，要是能跌破20元我就去买。没想到他回了我一句：你做梦去吧，永远没有这样的机会了。但究竟以后会怎么样涨跌，我也不知道，会不会像山东黄金这样，你越觉得它价高，它越涨？好多东西也是可遇不可求的。

我觉得投资除了要考虑成长性之外，最重要的还是要考虑安全边际。所谓安全边际，就是要以很低的价格买到股票。巴菲特曾经说过，一种是市场，也就是大盘暴跌的时候你去买，但现在看来，大盘暴跌的时候，新能源股票却创了新高，没有这个机会；其他的机会比如说企业亏损你也可以去买，可是现在亏损的企业也在涨。这样我就觉得机会很难把握。即使这样，你也要坚持继续投资。投资的选择余地很大，因为到底新能源的电池是锂电池还是镍电池还没有一个定论，现在又出来一个钒电池，日本就在使用这种钒电池。钒电池开发出来后容量很大，但体积太大。电池技术在不断发展，我们到底能够在哪个领域有把握我也说不清楚。但是我们一直在研究，比如锂我已经基本研究清楚了，但是没有机会买。那些我看不清楚的比如钒，就新能源特点来说，它与传统能源比如石油有个很大的不同，它不是单一的一种能源，我们可以看到中国的电力发电目前80%都是煤炭发电，也就是火力发电。火力发电以石油和煤炭为主，在我国能源消费中起着主导作用。石油在美国经济中也是起着单一的主导作用，其他如水电的作用基本可以忽略不计。但是新能源如果要取代传统能源的话，过程还会很漫长，取代的方式也是多样化的，有可能是潮汐能、生物能、风能、太阳能、电池技术（电池技术里包括多种材料选择），所以选择的空间很大。我希望大家能多从技术上来探讨。

4. 发展新能源是未来中国经济增长的一个主导方向

我的想法是中国的下一步若要建立经济“霸权”，如果不进行能源的转型的话，基本上是无法实现的。按照现在的经济增长方式，发展的结果就是经济崩溃。这种方式还可以持续多久呢？房价还能继续涨多少呢？钢材能涨到多高呢？工人的血汗低工资能继续压低么？这些基本上已经到了边界了。还有一个问题，中国的经济增长模式模仿美国的经济增长模式，而且赶上了这种经济增长模式的末班车。而像巴西、印度这些国家是不可能再像中国那样走以能源消耗为主体的这种美国的经济增长方式的路子，全球的环境承受力也不允许再有一个中国以这种经济增长方式发展。因此我们得出一个结论：下一轮中国经济增长主导方向就是发展新能源；如果新能源是主导中国经济转型的一个主要方式，那么它将会成为中国资本市场的主旋律。如果你找到一个很好的投资机会，持有5—10年，翻10倍是没有任何问题的。其中我使用的办法是找材料和矿产资源，或者你能找到上游的制造企业和中游的企业，也是一种很好的投资。

前段时间，我做了一笔成功的投资，我投资了安泰科技。安泰科技大股东是钢铁研究总院，一家专门研究技术的央企。它手上有一项技术叫非晶带材，这项技术是模仿日本日立公司的。传统变压器由硅铁制成，能量消耗大，而使用非晶带材这个技术，虽然初期成本会上升一倍，但是能节省30%的能源消耗，计算之后发现，投资后的4—5年投资成本就能收回来。这是一个比较好的节能产品，但是现在这只股票也炒得很疯，那我们为什么敢大胆介入呢？因为这个企业有个可转换债券。如果可转债跌了，它就是一个债券；如果涨了，它就是一只股票，而且你有转换它为股票的权利。所以我在这个可转换债券上做了一笔投资，并且给了充分的时间来研究这个企业是否有“护城河”的作用。我最后觉得它的技术不足以起到一个“护城河”的作用。由于没有想清楚，后来我们就不继续做下去。这个企业它在市场上属于节能中游企业，它本身的材料在市场上没有形成垄断，它只是拥有一个非晶带材的技术，而技术是很容易被投资所取代的。

5. 投资标的的选择：产业链的供给结合适当的安全边际

所有我刚才讲的内容都基于对中国产业转型的良好愿望或者说是趋势的判断，中国目前新能源产能在世界上位于前列，但是技术含量都不高，大部分企业是不值得投资的。大家可以看到，2000年纳斯达克全球资本涌向泡沫，而持续一段时间后发现大部分泡沫都是骗局，最后生存下来的只有10%的企业，那你怎么能在其中找到这10%的企业呢？我始终在思考这个问题，当时2000年美国网络经济有那么多企业，最后剩下的只有微软和谷歌等企业，如果你当时持有的话那现在一定是一个几千倍的收益率，但你怎么能知道这些企业能重仓持有呢？我觉得这个问题还是得从巴菲特所说的产业链的供给再结合一个适当的安全边际来看，就能达到一个很好的效果。

三、以市场波动为研究方法是否有效

去年我们课题做了很厚的一本研究报告，很多老外问我们要了看，都是一些国外的券商。他们为什么一个接一个地来问我们要呢？这是因为我在报告中提供了一个很强的信念，那就是在全球谁能率先占领新能源领域，谁就能在全球经济中成为领跑者。这是我在报告中反复强调的，当然报告中也有一些很强的技术参数。我想说的是，投资的方式有很多，一种较普遍的投资方式是根据市场的波动来研究，像市场的波浪理论或是心理直觉，还有各种各样的技术分析，这些都是以市场波动为主题的研究方法。这种方法在市场上取得了主导地位，但就我看来，它没有太大优势，研究起来也很辛苦，如果我能研究清楚一个企业，然后持有10年，在接下来的时间里游山玩水，那多惬意。而且这种方法也是合法的，别人说你有消息，可是十年下来，什么消息都消化掉了，包括企业在一些关键的转折点上自身也看不清楚。我们学生应从自身的优势出发，而我们的优势就是能做些学问和研究，靠关系靠资本不是我们的优势。刚才讲到的以市场波动为主体的研究很难取得效果。

钱伟先生答同学问：

同学：*您怎么样从很少的财富起步，一步步积累到现在的呢？*

钱伟：我1995年、1996年的时候做了一些卖电脑、卖书的生意，虽然十分辛苦，也挣不了多少钱，但真正的收获是我理解了民营企业的商业营运模式；后来在一个朋友鼓励之下我进入了期货市场，才真正开始挣钱。当时那位朋友对期货的理解是，一翻二，二翻四，四翻八，但这其实是一个危险的谬误。开始时，我一两个月就挣了十倍，然而，由于没有风险意识，一直满仓操作，一次做多的时候被空头打了3个跌停板，把挣到的钱都输了，回到本金。期货市场和股票市场的最大的一个区别，就是“逐日盯市制度”，当天不能负债，如果不追加保证金，就要被强制平仓。因此，当时明知宏观经济向好，做多是长期趋势，但也只能止损。这让我得到了一个教训，在期货市场中，风险管理是最重要的，甚至要超过方向判断。到了1998年，挣了一笔钱之后，我就离开了凶险的期货市场。接下来就转向了股票市场，股票市场没有“逐日盯市制度”，不存在破产的问题，因此操作难度较期货市场简单许多。我主要依据以宏观经济为主导对产业研究进行投资，这个方法比较适合我，也比较有效。

同学：*请问我们在挑选10%的存活企业时要注意哪些方面？*

钱伟：第一，这个企业没有破产的风险。条件类似的情况下，要选择国有企业，而不是民营企业。因为国有企业有国家的管理，而民营企业可能要面临更大的法律方面的风险。第二，选择产品能够涨价并且战胜通货膨胀的企业，也就是巴菲特所说的拥有“护城河”的企业。这种产品应该有刚性需求，是我们日常的必需品。例如，炼钢企业无论采用什么技术，制造什么产品，都必须使用铁矿石、焦炭，因此，铁矿石、焦炭就拥有持续的涨价能力。

同学：*如何判断一个新宏观趋势的形成？*

钱伟：产业上讲，我判断应该往新能源的方向发展。当然这带有我个人的良好愿望，并不是一个事实，现在是否在往这个方向走还不能确定。2008年的4万亿元经济刺激计划，以长远的宏观经济来判断是一个不明智的办法，但当时不得不顾及我国发展的现实，要解决经济增长问题，解决就业问题。现在看来，房价过高可能就是这4万亿元带来的，而4万亿元经济刺激计划的副作用刚刚开始显现。

同学：*未来是否会出现严重的通货膨胀？如何防范通货膨胀的风险？*

钱伟：通货膨胀是必然的。可以说，世界经济的历史基本上就是一个通货膨胀的历史。紧缩是短暂的，而膨胀是长期的。道理非常简单，下跌，所有利益集团都不高兴；上涨，总体上大多数利益集团会满意。所以通货膨胀是调解利益集团关系的重要手段。另外，通货膨胀也是政府减少债务的有效手段，通货膨胀损害的是债权人的利益，面值100元的债券，在通货膨胀之后，实际的购买力可能只相当于50元了。应对通货膨胀的手段也很多，如购买房地产、黄金、股票，其中容量最大、最有效的还是股票市场。

同学：做长期投资怎样把握退出的时机？

钱伟：趋势结束就退出。

同学：黄金为什么看涨？①

钱伟：黄金的实际购买力被远远低估。黄金作为一种货币购买力，它的升值幅度应该与CRB指数升幅相同，而现在，一盎司黄金能够买的石油，相比十年前已经低了一半，因此，从这个角度来看，黄金是低估的。

同学：目前宏观调控面临两难局面，一方面是通货膨胀，另一方面是要刺激经济，您怎么看？

钱伟：这个问题谁也看不清楚，因为波动情况难以预料。央行行长周小川一说要加息，股市就下跌，前两天又辟谣没有加息的计划；国家发改委一位处长说3年不考虑房产税，下午股市就上涨，接着又辟谣说该处长观点不代表发改委官方的意见，股市又下跌。现在宏观政策本身应该是刺激还是收缩可能管理层也拿不定主意。

同学：煤化工、煤气化也属于新能源，在狭义的可再生能源不完善的前提下，是否能够短期主攻煤炭化工，长期主攻可再生能源？

钱伟：我不同意把煤化工和和煤气化归为新能源，新能源最重要的标准是无污染，不是由不可再生的化石能源转化的，而且生产过程也必须环保。而煤化工和煤气化虽然可以提高煤的利用效率，但是生产过程中会制造污染，还需要大量的淡水，不可能解决能源根本的需求。我去看过鄂尔多斯和榆林一带很大的煤化工项目，它们没有足够的淡水，就把黄河的水拦截过来，上游层层拦截，到了黄河下游的山东基本上就没有水了，我觉得这个问题很严重。

同学：新能源企业如果没有发展出标准性技术而在竞争中失败，又如果我国企业无法与外国企业竞争，是否新能源概念缺乏投资价值，存在巨大的风险？很难想象锂成为大量储能的材料，是不是只有新能源概念？

钱伟：化石能源与新能源技术最大的一个区别是：化石能源是在找矿，而新能源是没有矿可找的，最根本的是用什么技术把太阳能、风能等自然资源转化成电能。新能源的技术标准到底在什么方向会有突破，现在各方面专家都还没有定论。而不知道技术标准的发展方向不等于不做出投资判断，因为要是已经知道了的话，市场可能已经不给你投资的机会了，就是现在不知道的情况下，新能源概念股也已经涨了这么多。我觉得可能新能源的一个特色是多元化和多样化，它跟化石能源不一样，不可能一个单一的标准取得绝对的统治地位，所以应该多找几个投资对象，只要其中有一个成功标准化，另外几个即使没有标准化也无大碍。

同学：请问中国房地产泡沫被刺破的概率有多大及对股市的影响？

谢百三：有9个原因引起房地产上涨，比如有刚性需求，每年有611万大学生毕业，都想留城，每年1500万农民工进城，这个过程完成要30年。最可怕的是土地财政，把土地拍卖的资金用于市政建设，解决失业问题。归还政府向银行的贷款。货币发行偏多，1999年中国的M2是10万亿，2010年的M2是67万亿②，1999年复旦周边的房产是4500—5000元／平方米，现在涨到了30000元／平方米，正好是6—7倍。所以货币政策不解决，把房地产压下去，其他商品物价就会上涨，“压下葫芦起了瓢”。现在的宏观政策，好比是拿了一把刀、一根针，在房地产泡沫这里戳戳，

①编者注：钱伟老师讲课至今，黄金一直在上涨。

②编者注：到2012年7月时，我国的货币与准货币（M2）已达到92万亿了。

那里戳戳，随时可能戳破。日本的房地产泡沫就是由两个政策戳破的，一是存款年利率涨到6.5%，二是土地增值税40%。现在有人提出要征收房产税，有戳破房地产泡沫的危险。那就会成为第二个日本，也是不行的。

同学：请问金融研究生从事投资行业，应该学习哪些方面的知识？如何看待券商报告，除此之外还有哪些信息来源？

钱伟：学习的知识应该越广越好，也不一定非要学太多的金融知识。巴菲特讲过，他用的办法从来没超出过加减乘除，我也同样如此。太复杂的数学模型从长期来说可能没有太大的价值，可能对短期波动性的管理有一些价值，我研究所的学生还没有专门学习经济和金融的，基本是学物理、计算机、化学、生物的学生，我觉得他们对金融的理解很快。而学经济学、金融学的学生却可能知识面偏窄。所以金融投资和所学专业没什么关系。

券商报告我也看，但其中并没有真正的投资价值。我看券商报告大部分时候是作为一个反向指标，如果出现某个统一的说法，经常会是一个错误的说法。可能会有一些高质量的报告，但没有立即公布，等到公布出来时，股票已经上涨了，对我们没有参考的意义。大部分研究报告的价值在于反映了群体的情绪、心理和当下市场的热点和喜好。逆向投资的秘诀就在于关键时候要和市场的热点做相反的交易。

同学：新能源很重要，但也是西方发达国家借以抑制中国经济发展的新战略，你如何看待？

钱伟：我不同意这个观点。中国前一段时间的经济发展基本上是照搬西方的发展模式，跟着西方走，而新能源有个好处，就是没有标准，美国没有标准，中国也没有标准，所以大家都在一个平台上，谈不上对中国的抑制。中国当下要主动地发展，摆脱原来的经济增长方式，必须把新能源发展上升到一个国家战略。大家可以看到，多年以来，我国的经济增长和全球化的一些问题从来都是美国人向我们提出要求，如人民币升值等，而我国却从来不能对美国提出要求。所以，新能源正好给中国提供了这么一个机会。过去从美国照搬的一套传统的经济增长方式基本已经走进一个死胡同了，欧美国家自身也在反思，因此中国应当主动将新能源提升到国家战略。

谢百三：钱伟老师给我们讲了很好的一课，钱伟老师是我的老同学，我记得我和他一起去做过好几次调研，我们去了江苏华西村，他问了总经理很多问题，调研之后，他买了华西村的可转换债券，挣了很多钱。另外也一起去了山鹰纸业，山鹰纸业其实是个很差的企业，但它发行的可转换债券的条款特别好，每下跌5%就向下调整，因此上涨空间很大，也挣钱了。

钱伟：投资的思维方式要多元化，并不是只有企业好才能挣钱，企业不好也能挣钱。山鹰纸业是安徽一家造纸的企业，由于这个企业状况不好，根本没有能力偿还可转债，所以一定会向下修正。而一些大企业，如上海汽车、中国石化，它们资金丰厚，可转债不行权，增加一些负债可以不在乎。这些所谓的坏企业，反而给我们短期的投资提供一些机会。华西村也是这样，做的是一些传统行业，负债率很高，偿还不起债务。负债率越高，企业越差，越偿还不了债务，可转债向下修正的幅度可能会很大，收益也会越多。2009年，金融危机之后，整个铝行业产能过剩，经过调研，我们发现南山铝业出现了亏损，没有能力偿还可转债，所以一定会向下修正。南山转债最低跌到过80多元，向下修正之后最高涨到了160多元。我们看准了，成功了。（长时间的热烈掌声，同学献花、赠锦旗。参加本次讲座的，还有很多杰出的企业家）

（本文讲座时间为2010年5月31日，于复旦大学）

品味股市人生

叶国英

编者按：叶国英老师是上海证券市场最早的投资者，《上海证券报》曾请他当过特别助理、特约记者和评论员。他对中国资本市场执著热爱，对股市理论研究得深入透彻，与亿万中小散户联股联心。他的文章以“一叶知秋”而闻名。他为广大中小投资者的疾苦大声呐喊，又为他们指出优劣，出谋划策。叶国英在上海是百万股民中家喻户晓、极受尊敬、德高望重的股市老师。报界如此评论他：“身处股海，勤奋不辍，镇定危机，抄底逃顶，屡屡成功预测。著述丰富，素有股市理论家之称。——这便是叶国英。一位用心去品味股市理论的人。”叶国英老师的演讲立意很高，文采很好，寓经济学哲理于古今中外史诗之中，同时教同学们很多做人、奋斗的道理，听了令人倍增敬意。

同学们大家好！很高兴今天能站在江南第一学府的讲台，与同学们一起交流。因为跟同学们交流的过程，能使我感受到青春的活力，感受到蓬勃的生机，感受到你们年轻人那种锐意进取、求知若渴的精神和欲望。

梁启超在《少年中国说》一文中说到：“年轻人是春发之潮，是长江之源。”你们如初升之朝阳，我如青山之夕照，“夕照”曾是我的笔名，但我不愿欣赏“夕阳无限好，只是近黄昏”的诗句中所透露的那种悲凉，我欣赏叶剑英诗句“满目青山夕照明”中所洋溢的风范和气度。你们是大洋洲之珊瑚岛，我是埃及沙漠之金字塔，不同的年龄、不同的时代却可以用昨天、今天和明天三个词串联起来。你们的今天曾经是我向往的昨天，而我的今天，也许是你们需要开创的明天。股谚云：股市没有昨天。青春无价，时光无价，时间可以创造财富，而财富却难以换回时间。因此，我们必须珍惜今天。在今天这样一个机遇中，使朝阳与夕阳相互辉映，共同领悟与品味股票的价值、人生的价值、时光的价值，这无疑是一件十分有意义的事。

一、品味股市

展开上海股市这幅跌宕起伏的上证指数走势图，这条从1990年开始、延伸至今的近20年的历史长线，同学们，谁能读懂它的内容？谁能理解它的内涵？谁能品味出这条7000余个日K线所组成的曲线所包含的个中三昧？这条曲线是一条奔流不息、波浪起伏的江河。看着这曲线，仿佛置身江岸，感受到“乱石穿空，惊涛拍岸，浪淘尽千古风流人物”的豪迈气概，可以遥想到羽扇纶巾、雄姿英发的周瑜和挥师赤壁，兵败如山的曹操；可以品味出范仲淹在《岳阳楼记》中“皓月千里，浮光跃金”、“心旷神怡，宠辱皆忘，把酒临风”的愉悦和“阴风怒号，冲浪排空”、“薄雾冥冥，虎啸猿啼”、“满目萧然，感极而悲”的哀伤；也可以从曲线的起伏中体会到毛泽东“才饮长沙水，又食武昌鱼”、“万里长江横渡，极目楚天舒”的豪迈和“金沙水拍云崖暖，大渡桥横铁索寒”的壮阔。面对这条曲线，性情中人可以引发万千思绪，激发起“江河横溢，人或为鱼鳖，千秋功罪，谁人曾与评说”的感慨！

这条曲线更是一条难于上青天的蜀道，一条既可通向天堂又可进入地狱的探险之路。它的一方是名利、财富、鲜花和美女，而在另一方是陷阱、医院、法院和陵园。在贫富之间，在座上宾与阶下囚之间，这条路上往往没有界线，没有标志。20年的风风雨雨穿插着太多的大起大落，演绎着太多的牛、熊转换，冰火两重天的转换。在这条路上，一批批投资者前仆后继，后面的人解放了前面的人，前面的人套牢后面的人。钱从这个口袋转到那个口袋，又从多数人的口袋转到少数人的口袋，红绿二色的K线折射出财富的金色与灰色，甚至是血色。一批批的阿里巴巴们带着芝麻开门的幻想走进了股市，可是不少人在财富面前，忘记了出门的口诀，结果将黄泉之路看成了天堂之路，于是与财富一起长眠于地下。

这条记载着上证指数运行轨迹的曲线，从1990年100点起一次次地创历史新高，于2007年攀升至6124点，又在2008年短短一年间更跌至1664点。如果将20年来较明显的上升时段的指数相加，便是13449点，而将下跌时段的指数相加，便是-10566点。如果高明地赢取所有上升时段的指数，又机智地规避下跌时段指数，那收获的指数将是24015点，如果从100点开始，坚持勤勤恳恳当长工，那么20年的辛苦仅收获指数2784点。二者之间相差近十倍，可见，股市中先知先觉者、后知后觉者以及不知不觉者之间在少数赢家与多数亏家之间，存在着多么巨大的差异。

在这条高低震荡、不断延伸的走势中，可以看到无论怎样的大起大落，无论经历多久的牛、熊转换，但总的发展趋向是螺旋型上升的。在这条由无数条K线交替组成的曲线中，可以看到无论产生多少财富神话，无论激起多少悲欢离合，一切都会过去。这条曲线显示的是潮涨潮落的自然规律，更体现“道路是曲折的，前途是光明的”的社会发展规律。这条曲线在无限的延伸中不停地敲打着所有投资者有限的人生。这条曲线所含有的深刻内涵，不是人人都能领悟的。

黑格尔有段话说的是一个10岁的孩子和一位50岁的老人同喝一杯茶，他们同说了一个“好”字，然而这同一声赞叹、同一个“好”字却包含着截然不同的含义。10岁的孩子只是觉得解渴；而50岁的老人，是喝了很多茶后，将茶的质地、水的质地以及对茶道的经验融合在一起，经细细品味后，方得出一个“好”字。我们对股市、对人生不能像10岁的孩子那样用一“口”字来简单地表达，用一个“口”只能是吃、喝、吹、唱，只能简单地了解事物的表象，只有用三个口字组成的“品”，才能体味、领悟、品味其中极为丰富的内在价值。人生百味能品几何？《金融投资报》在一篇采访报道的前言中，这样描写我：“身处股海，勤奋不辍，镇定自如，抄底逃顶，屡屡成功预测，著述丰厚，素有股市理论家之称，这便是叶国英——一位用心去品味股价走势的人。”我始终认为，股市的规律与自然规律、人生规律是一脉相通的，所以，我做股票就像在讲究茶道，我写文章就如抒发感悟，将自然人文与股市水乳交融，将世态冷暖与股市脉息相通，以品味股市的心境，去写有品味的文章，与有品味的投资者共同品味股市的甜酸苦辣、共同品味这条奔腾不息永无止境的股市曲线。

二、品味人生

“人生百味，能品几何。少小磨难，历尽坎坷。布衣粗食，餐风宿露。”这是我挂在居室客厅中自题诗上的几句话。我八岁时父亲病故，家里一贫如洗，所有房屋积蓄全花在父亲的医药费上。母子相依为命，靠替人洗衣、摆香烟摊维持生计。少年的我几乎所有的星期天、节假日全用在挣钱上。记得小学一年级的整整一个暑假，我在马路边卖茶，一分钱一杯，从早到晚总共卖了六百多杯，挣了六元钱交了学费。古人云，男儿有泪不轻弹。但是，之所以能不轻弹，是因为真正领略了流泪的滋味。我在成为有泪不轻弹的男儿之前，也曾流过三次泪，至今铭记在心，难以忘怀。

第一次发生在我的小学阶段。一次端午节的早晨，我早早起床，拿着母亲编织好的蛋套和虎头鞋到菜场去叫卖。这一天必须尽快卖掉，因为过了端午节蛋套就失去了价值。最终我用降价的办法，将所有蛋套都卖掉了。我带着穷人孩子早当家的一点小小的成就感奔回家，在母亲的夸奖下，我又急急忙忙地奔向学校，可是迟到了。老师严厉地批评我：“迟到这么长时间，是不是不想读书了？”并让我站在教室门前反省。此时，我流泪了，我感到委屈。我不是个贪玩贪睡的孩子，我是在用稚嫩的肩膀分担家庭生活的重担呀。也许我那小男儿倔强的眼泪打动了老师，课后这位老师领着我家访，当了解到我贫困的家境后，不仅向我道歉，还减免了我的学费。

第二次是上中学的时候，我在嘉定读书，每月母亲给我两元零用钱，一元是来回车费，一元是零用。一次周末当我准备回家时，忽然发现两元钱没有了，我怀疑可能是自己睡觉时衣服从上铺掉下来，被下铺的同学从我口袋里偷走了，但是我没有证据。我向他诉说我的穷困，向他诉说这两元钱的重要，希望博取他的同情，但是他无动于衷。我愚蠢地提出搜身翻床，结果也无功而返。无奈之下，我只能眼睁睁地看着他离校回家，而我却因没有了车费而孤零零地留在学校。星期天，我一方面到附近河里抓点小鱼卖掉换点钱，另一方面调查了解到那名同学家境也不好，平时回家他都是走回去的，而这次却乘了车。这一行为引起我的怀疑。星期一早晨当他返校后，我立马赶到他的教室，把他叫到门外，果断地说："我已经知道钱是你拿的，快把钱还给我！否则我马上报告校长去。"也许他是做贼心虚，他吞吞吐吐地承认了，并答应马上还我。此时，我流泪了，为了这两元钱我省吃俭用，花了多少心思，动了多少感情啊。我抹着眼泪对他说："你怎么能偷我的呢？"这句话也许很可笑，小偷是不分对象的，但是这句话却包含着我年轻时因为贫穷而经历的许多辛酸。

第三次是1989年12月11日母亲的故世。母亲生于1911年7月，享年79岁。从我懂事起，母亲的一生都是与贫穷抗争的一生。母亲少妇时的照片清秀妍丽，具有大家闺秀的端庄仪容，然而贫穷使她的双手因长年洗衣而满是裂痕，使她的脚因疲于奔命而厚茧斑斑，使她的面庞因忍辱负重而皱纹早生。母亲身体力行的是自力、自强、自尊、自重。父亲死后第五年，母亲带着我，将当年亲戚代为买棺材的钱一分不少地还给亲戚。母亲说："我们活着不能借债，父亲死了也不能负债。穷要穷得有志气，穷要穷得有自尊。"想到这些我泪流满面，母子相依为命的情感，母亲贫穷之下养育我的恩情，用天高海深来形容也不够。母亲离我而去，只剩下失去了唯一依靠、唯一爱护的我。"前不见古人，后不见来者……"我彻夜念着写下的悼词，声泪俱下，似乎将以前和以后所有的眼泪全部倾泻而出。我向慈母大哭，也向自己大哭，我向所有的亲友大哭，也向天地大哭！因为这大哭是对贫穷的宣战，是一个男儿特殊形式的立志。

世界三大股圣之一乔治·索罗斯，在他的办公室里挂着一个条幅，上面写着"我生来一贫如洗，但我不能死时还穷困潦倒"。世界首富沃伦·巴菲特原来不是一个保险公司的推销员吗？美国石油大王洛克菲勒，原先不是一个抄写员吗？美国广告大王奥格威，原先不是一个炊事员吗？贫穷是可以改变的，命运是可以重写的。《史记》作者司马迁曾写道："盖文王拘而演《周易》；仲尼厄而作《春秋》；屈原放逐乃赋《离骚》；左丘失明，厥有《国语》；孙子膑脚，《兵法》修列；不韦迁蜀，世传《吕览》；韩非囚秦，《说难》、《孤愤》；《诗》三百篇，大抵圣贤发愤之所为作也"。"艰难困苦、玉汝而成"，其实成功的背后都意味着艰辛，意味着勤奋，意味着刻苦和忍耐。当我面对生日贺宴、面对美味佳肴与亲朋们举杯庆贺时，又有谁知道我曾经"鸡叫起、夜半回"，以几个馒头充饥粮？当我驾驶轿车自在地在高速路上奔驰的时候，有谁知道我曾经在夏日酷暑为省下一元钱去挤乘没有空调的公交车而昏倒在车上？当我在宽敞明亮的公寓居室中翻阅资料时，有谁知道我曾经在5平方米的小屋蜗居，伏在四脚晃动的破桌上，耳听扰杂的楼梯声、争吵声奋笔写作的窘境？当我在新华书店为我的读者签名售书时，当我成为各大证券传媒的特邀作者和专栏作者时，有谁知道我曾无数次因一些报刊的退稿而深深苦恼？

是股市改变了我的人生。我希望保持独立的人格，那种眼睛跟着别人转，耳朵跟着别人软，嘴巴说着违心话，手足不知放何处的扭曲人格只是小人所为。一个大写的"人"应该胸怀坦荡，而不是阴暗狭隘；应该是不卑不亢，而不是低三下四；应该充分发挥自己的才智而不是尔虞我诈、勾心斗角。而这一切均能从股市中得到很好的展示。股市没有论资排辈，没有上级下级，没有评比考核、钱多钱少，风险与机遇均等。你既是投资者又是股东，既是学生又是老师，只要去勤奋努力，学识就会丰富，经验就会增长，与此同时财富就会积累，贫困就会离你而去。

不经沙漠何知绿洲，不经沧海何识方舟？人生百味，只有尝过辛、酸、苦、辣的人，才更能品味到甘的滋润和甜的流畅。如今我的人生逐步进入到“人到无求品自高”的层次。我逐步谢绝了电台、电视台的邀请，逐步减少了报刊的投稿。我与高僧谈经论佛，我与小儿踢球下棋，我种花养鱼，体味“庭院栽树为我事，桃李成荫归别人”的哲理与诗意。我买菜下厨体味柴、米、油、盐、酱、醋、茶的融洽和佳境。我偶尔下乡踏青，让自己品味陶渊明“采菊东篱下，悠然见南山”的休闲。我也四出旅游，登山临海，回味徐霞客游记的韵味。我的自题诗《人生百味》中写道：“衣食无忧、名利不求。体泰家和、童心依旧。此中性情，夫复何求？”在人生中领悟生活，在生活中品味人生。这便是昨天的我与今天的我。

三、品味赢家

股谚云：股市没有专家，只有输家与赢家。然而茫茫股海，何为赢家？我曾跟随上海证券交易所第一任总经理尉文渊，采访过当年作为上海三大券商之一的海通证券首任总经理汤仁荣，也亲眼目睹了申银证券总经理阚治东和万国证券公司经理管金生的股海跌宕。我还曾与上海证交所理事会副理事长李训促膝交谈，与上海证交所的副总经理刘波和第二任总经理杨祥海有过深入接触。然而，大江东流，浪淘尽千古风流人物，如今英雄迟暮，谁与评说？不堪回首，仰天长叹。当年位于西藏路的黄浦万国证券营业部的第一个大户室，如今早已从暴富变为暴贫，人去楼空，作鸟兽散。2010年股市开户数已达到1.3亿的盛况，然而只要查看一下，股票账户前三位是0的又剩下多少？古谚云：“山不在高，有仙则灵；水不在深，有龙则灵。”对于股市来说，这句名言演变成：股不在优劣，有庄则灵。庄家可谓是股市中的一代枭雄，呼风唤雨，腾挪资金，玩转股市，曾令多少投资者羡慕不已。2000年2月15日亿安科技以104.39元收盘，成为自1991年股票拆细以来第一只百元大股，庄家的凯旋，数亿元的盈利，将万余名中小散户踩在脚下。然而，随着股票操纵案移送司法机关，亿安科技的股份从最高126.31元暴跌至5.71元，中国证监会对亿安科技8.98亿元的罚没款，使操纵者黄粱梦碎。2001年兼资产重组、资金回拨、舆论造势三位一体的超级庄家吕梁，一度掌握了中科创业90%以上的流通股，并描绘将使中科创业股票成为中国的伯克希尔·哈撒韦——世界股神沃伦·巴菲特投资的公司。然而，这个汇集400余家机构组成中西药业、莱钢股份、岁宝热电等体系的“中科系”，仍难逃雪崩的厄运。随中科创业股价的连续跌停，沪、深二市上演了一场史无前例的滑铁卢式的庄家悲剧。青鸟系、金信系、明天系、鸿仪系、闽发系、汉唐系、天同系等等在资金链断裂之下，或从顶峰坠落、一片狼藉，或债台高筑、黑洞曝光，或锒铛入狱、饮恨一生，或在警方通缉之下，亡命天涯。

笔者曾亲眼目睹银广夏股价的大起大落，该股1990年上市前日收盘价为5.14元，历年年报显示该股从1994年至1998年每股收益依次为0.244元、0.32元、0.22元、0.405元，其间分别推出10送4、10送3及10送2.5转增1.5的优厚方案。与之相应，其股价从2.75元一路上升到37.13元，至2000年，在该股本扩大3.5倍的情况下，每股收益大幅跃升至0.827元。随之股价也劲升至75.98元（*复权价*），被市场称誉为世纪大黑马，并列入最具潜力的上市公司50强。然而，当谎言揭穿，造假面具被撕破时，该公司一下沦为每股收益巨亏0.78元的绩差公司，其股价也从复权价的242.9元跌至4.84元，五颜六色的泡沫破碎了，剩下的便是幻影。银广夏，当时作宣传，北京的电台、电视台、杂志都到那里去了，他们也请我去了。漫天风沙，住的房子窗户都被风沙遮住了，这种地方怎么生产？我去了以后就回来了，操盘的人我都认识。我说你积点德吧，在这种地方还能生产这么多效益？这种股票我是不会碰的。后来这个股票36元一路下来，跳水了。有位绍兴的朋友知道的，×××老总打电话给我问我怎么办，8000万资金买银广夏，现在套牢了怎么办，筹码不够怎么办。我跟他说开盘赶快抛掉。开盘只有8块钱，36块变8块，我说赶快抛掉，这个股票要跌到2块的。（*复权后是4.84元*）他听我的话，但只走了三分之一，后来这个股票果然跌到2块。此后，这位老总与我吃饭喝酒时说：“叶老师，我如果听你的话，可以少损失很多了。”其实，36块到8块已经损失很多了，但是8块到2块还有好多呢。

每一次的牛熊转换，便是一次财富的重新分配，每一次的暴涨暴跌，便是一次贫富的重新转换。股市为何会产生如此高频率的财富流动？因为股市是市场经济的最高形式，是竞争最激烈的风口浪尖。股市为何能演绎出如此多的财富神话与黄粱美梦？因为股市集中着最大的风险与机遇，具有太多的鲜花和陷阱，能以极大的魅力和诱惑令人昏昏。为何股市有那么多人走进医院、落入法院、跌进陵园？因为股市将人生的贪婪与恐惧随时膨胀到极致。在这茫茫的股海中，谁为赢家？是敢于调动亿万资金的庄家？是执掌万千控股权的法人？是名噪一时的基金经理？是一日暴富的投机狂人？风云变幻的股市，奔流不息的股海，一切皆流，一切全在变化之中。

股市初期，最早在申银万国的时候，一大批大户在20世纪90年代初期就已经几千万了，那是买认购证发的财。后来发到哪里去了啊？我比较了解的有三个“杨”，一个“杨”原来3000万，这个“杨”后来全输光了，证券公司后来给了他2000元安家费，他去证券公司做了员工。还有一个也姓杨，原来有1000万，那个时候1000万很不得了，一下子输到了500万。他平时非常节俭，8块钱的盒饭，他要等到别人全都吃完，然后问“能不能便宜一点，5块钱卖给我”。结果还是输掉，500万变50万，50万也挺好了，但因为他失落，坐在公园的长凳上，整天对着天叹气，最后得痴呆症了。当然还有一个好的就是杨百万——杨怀定老师，他比较小心、比较谨慎，现在还活跃在股海债市中。我们现在有1.3亿股民，相当于我们国家十个人中有一个股民，但是最早的这批不太多了。

我讲这个股市的残酷性，讲了这么多，主旨何在？茫茫股海，谁为赢家？用索罗斯的一句话：“如果必须就我的实务经验做一个总评，那我会选择一个词，这就是‘存活’”。像我这样活到现在的人，得出一个经验：不是比谁的钱多，而是看谁活得长。活得长的才是股海里真正的赢家。在这样的风浪中，能够活下来，并且活得健康，这就是赢家。现在我这些话你们可能还体会不到，但在今后的人生中，你们要记住，真正的赢家是看谁活得长。企业也是这样，有些会倒塌。股市会倒塌，人生也会倒塌。大浪淘沙，沧海横流，方显英雄本色。能够在股市中活下来的人就是人精，是人之精华。这是我的第一问。

无论是浸淫股市多年的老手，还是才入股市的新手，无论是已在股市实现财富梦想的亿万富翁，还是刚刚入手准备在股市赢得第一桶金的新手，均必须扪心自问：何为股市？股市不仅仅是股票的交易市场，而且是一个巨大的熔炉，炼心、炼脑、炼意志、炼智慧、炼胸襟；它还是个没有硝烟的战场，不相信眼泪，不怜悯失败，残酷而无情；它是一个企业，但没有考勤，没有上级，奖惩会由你本身把握，它给予你最大限度的自尊、自重、自强、自立，最大限度地发挥你的才干能力；它是市场经济的最高形式，它更是一所没有毕业证书的大学，让你以最大的广度与深度去自修政治、经济、金融、技术等学科，它永远不息地转动着贫与富、盈与亏的轮子，以命运与机会、财富积累与资产减值的风险与机遇并存的方式，将一批一批的股市中人送上永无尽头的征程。笔者曾在1995年7月撰文《中国人在证券市场的崛起》，文中以饱满的热情讴歌新兴的中国股市，它不仅改变了中国人的生活方式、生活节奏，更丰富了中国人的生活内容，提高了生活质量。人们的视线从柴、米、油、盐转向政治、经济，转向政策、金融，人们的财富积累，从瓦罐存钱转向风险投资。人们不再是普通的打工族，不再只关心饭碗的牢靠，而是以股东的身份对公司的经营提出质询和建议。在股市这所学校里，投资理论、技术分析、全球金融、世界经济，多种系统和非系统风险的规避，多种技巧性、政策性、市场面、消息面等机遇的捕获，使人们真正领略到学无止境，激励人们不懈探索股市的斯芬克斯之谜。在股市这个熔炉中，人们有过获得盈利的喜悦，也有过被套的痛苦，从亏损的伤痛中懂得忍耐，从潮涨潮落的波动中明白稳重，从牛熊的转换中，领悟：股市没有神仙皇帝，最好的顾问是自己，股市不相信眼泪，只有自己救自己。股市不断地以资本之火，熔炼贪婪与恐惧，使所有投资人懂得真正的价值在于平和的心态。

置身于股市必须明白何为赢家，何为股市。股市是什么呢？股市没有上帝，我们唱国际歌

“没有神仙皇帝”，你到了股市才能体会到这是真的。十几年前，我曾在上海财经大学给一些同学讲过课。某次我坐车时，一位青年叫我叶老师，我说：“你是哪一位？”他说：“在财经大学听过您的课。”他说他在上海广播电台，当时听我课的时候记住了一句最精彩的话“青年人不上战场就下股海”。为什么？上战场是生死的考验，下股海是贫富的考验。在股市里，你会相信，只有自己救自己，没有上帝，没有救世主，没有神仙，没有后悔，你永远吃不了后悔药。有些人做股票，从做的那天起到现在，一天到晚在后悔。一买进了就想再低一点再买进就好了，抛掉的时候就想高一点再抛掉，永远在后悔。买进的股票套住了，越套越深，他就用阿Q精神安慰自己，叫“长线投资”。

有个人通过许多关系，费尽周折最终找到我，叫我无论如何帮帮忙，他说他从80万变成现在的40万。我打开一看，这里面有45个股票！我说你怎么买了这么多呢？他说他每天打开来看，不是这个红的，就是那个红的，总是有红的就很开心。资金量在逐渐减少，他却总是在看红的绿的。

我在《上海证券报》工作的时候，股票从1400点跌到了386点，后来我写了第一篇很有影响的文章《谷底在哪里》，此后续写了《谷底在哪里》，这两篇文章写完股市就上去了。并不是因为我水平高，而是当时写股评的人很少。当时人们非常相信政府，非常喜欢看报纸，把我的文章当红头文件来看，一个个字地看，所以股市就上去了。就在300多点涨到400点的时候，有一天我去报社，编辑部里有人说：“老叶，你的兄弟来了！”我想我没有兄弟啊。过去一看，那个人年龄已经很大了，他对我说：“噢，你就是叶老师！你叫叶国英，我叫叶海强，我们500年前是一家。”说完就跪下来，说无论如何要救救他。他几十年来都是木匠，好不容易挣了17万元钱，他说要在股市里翻一番，自己去买套房子。1400点进去的，一直看它跌下来，17万变成1万9千块，这个时候他去和平饭店听一个股评人说：现在股市400点，还要跌一半到200点。所以他想赶快割掉吧，到200点的时候再买进去。没想到只到386点就上去了。这天股市又拉了一根阳线，他爱人特地买了菜和酒，说他们终于要熬出头了。他酒喝不下，菜也吃不下，他说股票都没了！所以他说：“我真的不想活了，我怎么对得起我的老婆，对得起我的家人！”后来我说我真的帮不了他，这个股市没有神仙。他就死活不肯走，我经过苏州河的时候他还跟着我，到了桥的时候，他拉着我说：“你如果不告诉我，我就跳河了！”后来我说：“好吧，我只讲一次，也不一定正确，明天赶快去买进，我认为指数还会涨的。”过了一星期，我一直提心吊胆，像他这样的情况，要是再套住，那我怎么受得了呢？后来我打开一看，涨了两块多。隔了一星期之后，他来谢谢我，我说不用谢，还可以再放一段时间。（*后来这个指数从386点涨到1500点，超过了原来的指数。*）他跟我说：“叶老师啊，我没有买，我看它涨上去了就不敢买了。”这是他心态不行，心态决定一切。

在这个股市里面没有法宝，各种各样的人宣传他们的软件，说这个软件好得不得了，我个人的看法是，大家不要去相信。如果软件真的这么好，干脆就叫印钞机算了。没有这么好的软件，因为电脑是人管的，而不是电脑管人脑。股市里的人往往不清楚，一种是钱袋指挥脑袋，还有一种是借别人的脑袋来指挥自己的钱袋。

对于真正了解股市的人来说，自然还应了解何为真经。吴承恩的《西游记》写的是唐僧与悟空、八戒、沙僧西天取经的故事。当他们到达西天取得真经时，其实他们已不需要真经，因为他们已领悟了佛教的全部真经。股市何尝不是如此。世界股市三百余年来，各种投资书籍何止千万，但真正领悟投资要领的能有几人？显然，投资真经必须亲历身为，必须通过自己的经验与教训的积累，必须学而时习之，活学活用，方能逐步成为投资高手。一般而言，股市的修炼必须经历三个阶段，或者可称为三层境界：

第一阶段：“手中无股，心中无股。”是“独上高楼，望断天涯路”。我去哪里弄钱？怎么弄股票？怎么进股市门？谁能帮我？1600多只股票我到底应该买哪只？什么价位买？什么时间买？没有钱，没有知识，没有经验。所以说，手中无股，心中无股，这是第一阶段。

第二阶段："衣带渐宽终不悔，为伊消得人憔悴"。这个时候"手中有股，心中有股"。股票拿在手里，寝食不安，每天都看，每天算账，给股市折磨得非常憔悴，完全被股市的涨跌牵动神经。你的嬉笑哀怒、七情六欲都受它影响，有些夫妻之间、情人之间、朋友之间全都为了这个股市而上上下下。手中有股，心中有股。心里全都惦记着手中的股票。有些人恨不得这个股市不要只开4小时，最好24小时全开，马上就可以涨，涨疯了，那个发财致富的心态啊。这是第二阶段。

第三阶段："手中有股，心中无股"。巴菲特说："我只要找到一个好的企业，我可以放它十年二十年，终身受用。"大家都知道巴菲特买了石油。我找了牛市当中十个牛股、十个熊股，熊市当中的十个牛股、十个熊股，震荡市当中的十个牛股、十个熊股。我又把巴菲特、索罗斯他们的股票放在一起，得出一个经验，就是要真正做到手中有股，心中无股。今天大盘涨了，高兴的人是昨天已经满仓了，悲伤的人是昨天已经割肉了，割肉了涨了，买进了跌了，你买进了它一根阴线给你一张哭脸，你卖出了它一根阳线给你一张笑脸。所以我认为，做股市一定要手中有股，心中无股。你买了这个股票就要相信这个股票，在这个股市中，做股票做得好的全世界分两大派：一派就是价值投资，像巴菲特，他认为市场永远是错误的，所以他只相信股票，他挑好一个股票之后不管这个市场涨涨跌跌；还有一种是趋势投资者，他认为市场永远是对的，大盘下跌的时候飞流直下，覆巢之下无完卵，没有一个股票是好的，1600点到3000多点的时候，你只要捂住一个股票，个个都是黑马。

我有一个70多岁的老粉丝，他去年在1600多点的时候问我："叶老师，我怎么办？我一直跟着你，没想到这波下来之后没有了，我只有这点钱，手里还有两个股票，一个是老庙黄金。"我说："好，所有的钱买老庙黄金，等到股市下来了，不要抛，你去休息、去疗养、去旅游、到饭店去吃饭，这些钱股市里都会给你的。"到今年的时候，他拎了点礼品过来，他说他去年做得最好，周围的人都没他做得好，他就是买了不动。去年做得不好的就是跑进跑出的，因为2008年这一路下来都跌得怕死了，杯弓蛇影，风声鹤唳，都怕了不敢买。

所以股市当中的真金是什么？用巴菲特的一句话："不是被市场打败，不是被风险打败，而是被自己打败。"所以要战胜自己。在比较早的时候我就讲炒股，在美国有个亿万富翁巴菲特，还有个亿万富婆，捡可口可乐瓶子，她就相信可口可乐。捡了瓶子卖了破烂换了钱，再去买可口可乐股票。她的知识、她的资金、她的智商跟巴菲特不可相提并论，但她的财富的增值不比巴菲特差，甚至超过巴菲特。这就是心态，心态决定一切。

我讲的这些话是想告诉大家，股市没有一个绝对的真理，巴菲特不可复制，全世界只有一个巴菲特。每个人都要根据自己的性格去操作股票，要战胜自己，因为最大的敌人是自己，最大的力量也源自自己。

2010年清明，笔者上奉化九峰禅寺拜访静慧法师，与其谈起股市中流传的一则和尚炒股的故事。当股市下跌，券商营业部门可罗雀时，和尚以我不入地狱谁入地狱的心态买入；当股市上涨时，证券营业部人山人海时，和尚以我不作奉献谁作奉献的心态卖出。他是个赢家，他的心态与巴菲特关于"别人贪婪的时候我恐惧，别人恐惧的时候我贪婪"有异曲同工之妙。法师静静地默思良久，吐出一字"悟"，悟即智慧，悟即境界，悟心即佛心。股市中人，唯有自身感悟，才能取得投资真经，所有万能软件，所有炒股法宝，都不能替代自身的感悟与修炼。一切失败，不是市场，不是风险，而是自身原因所致，是自己打败了自己，而一切成功，则是自己战胜了自己。

我们可以透过这条不断波动、不断变化延伸的走势，看到人生的经历，社会发展的经历，都是互相贯通的，这条曲线是自然规律在股市的反映。你仔细去品味、领悟股市当中的这条曲线背后的内涵，那你就找到了致富的真理。

有些人来问我股市之道，股市中有很多分析方法。有的盲人能够用八卦猜股市，用周易猜股市，用波浪理论，这个浪打浪，一千一万搞不清楚，那个K线可以改成五天三天，各种数据都可以改出来。大道至简，往往真功夫不是在玄学，打花拳的人没有功夫的。

笔者从事证券以来已陆续发表了数万篇文章，并出版了近十本著作，但在其中最具品味的便是20世纪90年代以自身经历写作出版的一本《我的炒股经》，曾被不少读者视为最具价值的股市指引。因为书中所写的内容朴实无华，真实生动，将各种股票理论分析得深入浅出，完全是一本感悟之作。近年来，再度伏案，力求完成一本关门之作，书名为《股道》，书名前有一段引言："股市之道，是逆向之道，是领先之道，是诱惑之道，是探险之道，股道亦财道，股道无捷径，君子爱财，取之有道，只有以有道之智慧，有道之功力，有道之技巧和有道之心态，才能成为有道之赢家。"从股经到股道是一个上升，是一个感悟的升华，其目的在于真正出版一本适合中国股市的投资书籍以飨忠实的读者。投资是一门艺术，是一门科学，要静下心来，万万不能浮躁，潜心学习，潜心研究，从感悟中体味股市之道，从反省中品味股市人生，不以涨喜，不以跌悲。从新陈代谢的社会发展中，从沧海桑田的自然演变中，去探索股市，从人生的艰难、生命的顽强中去品味股市，我们才能具备赢家的素质，才能感受赢家的成功之道与人生的真谛。

同学们，人生各有不同，事业也各有区别，但是必须学会品味、懂得品味，千万不能将事业与人生隔离。在事业中品味人生，在人生中品味事业，才能有真正的事业，才能有真正的人生。（同学向叶国英老师献花；鼓掌，长时间鼓掌）

（本文讲座时间为2010年3月17日）

中国最受尊敬的散户的传奇故事

——从4.8万元到理财大师

石 开

编者按：我和石开的友谊已经很多年了。他是中国几千万中小散户中的佼佼者、中国最成功的投资者之一。自从2000年，他用两年多的时间从4.8万元起做股票，做到40多万元后（我建议他立即把交割单复印件寄给媒体），立即引起了深圳证交所、广发证券及全国股民的重视，当时网上出现了一股“石开热”。

几年来，他终于悟到，到证券公司去吃“铁饭碗”，拿死工资，即使薪水多，也无法和个人认真扎实地研究、投资的收益相比，在两年他不能做股票、资产原地踏步后，终于大醒过来，忍痛割爱，离开了十分重视他的证券公司，又下海亲自做股票了。经过2005—2007年10月的大牛市及近三年震荡市的锤炼，昔日的中小散户的杰出代表石开，已买起了房，买起了帕萨特（小车）等等；同时早已放弃了出国留学打工赚钱的念头。他一心一意，充满信心地在中国证券市场上投资、运作。

2007—2008年，我在北京大学中国经济中心上课时，十多次电邀他来，他太忙，未能成行。2010年，他终于在我的一再邀请下来到复旦大学讲课。还是那么年轻，那么和气，那么满面笑容，那么充满自信，他给了复旦大学同学极大的鼓励和信心。

尊敬的复旦大学的老师、同学们，晚上好。今天很开心能在这里跟大家交流分享我这十年来在投资中的一些经验，讲得不好的希望大家指正。先跟大家说一下我的经历。

一、人生转折结缘股市——4.8万—40万一年；炒股成功不出国

我是1991年从湖南大学化学化工系毕业，到今天为止快20年了。大学毕业后分到广州机场研究所工作，他们研究所有些高级工程师喜欢找一些新来的大学生给他打下手。一方面他不需要付太多钱，另一方面可以帮他做做事。1991年我初到研究所一年的工资大概是130块钱左右。广州的消费还是蛮高的，一两年之内不加薪的话不可能养活自己。后来工作两年之后就被迫辞职出来打工，去了一家台湾同胞办的台资公司，专门搞品质研究的。当时给我的工资是700多块，算是翻了好几倍了。在那里呆了一段时间也发现那种工作也很没有挑战性，我们只是根据订单，然后对产品进行检查，没有问题就OK，很简单的事。

后来我在研究所的一个同事，他是比较早毕业的，他有客户有技术，就出来帮人做化工厂，叫我过去帮忙。我算是一个小股东吧，大概就是1994年底。在那里做了大概四五年，赚了一点钱，不多。后来谢老师说的那4万块钱大多是从这里来的。准确地说应该是4.8万。就在1999年初，当时广州的经济很有活力，身边的同学朋友这些人好像就慢慢富起来了，我感觉压力很大。当时就有朋友移民到新西兰，我1999年移民正好符合条件，到2000年的时候大一岁资格就不够了，不能移民。当时是技术移民，是通过年龄打分的，我赶的算是末班车。我就把工厂里的事停下来去考雅思。雅思笔试成绩还可以，最后口试就不太好了。当时我已经在炒股了，白天炒股晚上读雅思。1999年碰上一个“5·19”行情。1999年2月—2000年3月，我当时白天是以职业股民进去的。做到2000年3月，我就从4.8万做到了40多万。正好2000年年初又一波股票行情，当时短时间内快速翻了几番。当时到《证券时报》和全景网做了一个类似于直播的节目，推荐了一个股票：中国时装，这个股票现在应该也是找得到的。这个股票在一个星期

之内从10块钱涨到了20块钱。中国股市最大的一波行情是在2006年到2007年的那一波。但是庄家最活跃的时期是在1999年的“5·19”行情前后一两年。那时可以说100个股票里99个都有庄的，那是个庄家横行的时代啊。

1999年—2000年，我的财富大概翻了几倍。后来几年出名以后没有听谢老师的话，进了一家证券公司。我在证券公司年薪大概是15万左右。但是我每年给公司创造的财富大概是500万。我自己接了一些客户的盘，帮他们操盘，手续费都是几百万。我在上海、大连等地给证券公司讲课，有很多人慕名而来。

1999年我的财富上升，然后2000年以后这两年财富增长大概10%—20%。在证券公司上班时间是很忙的，又明令禁止我们证券从业人员炒股，就是没有办法将自己的财富管好了。到2002年，这两年除了工资，财富就没怎么增加。终于，我感觉证券公司不适合自己发展，跟个性不符，就果断出来了。

2002年，中国股市从2200多点开始向下跌，后来跌到998点。但是我还是保持每年20%—30%的增长，那两年比2000年—2002年机会差很多，但是我的财富还是增长了。2005年—2006年正好赶上中国股权分置改革，千年一遇的大牛市。因为我在实战中有感觉，就勇敢地把握住了这个机会。2006年炒股票赚了六倍。2007年还有一次很大的机会。2007年“5·30”跳水的前期，我也把握住了一部分机会。2007年我在四五千点就出来了。在2008年增长了20%左右，但是2009年赚的就不多。

二、股海驰骋——寻找短线运作之规律、方法

下面主要跟大家讲讲我的具体操作，分为两个阶段。2002年前是以庄家为主的。我当时就买了一部股票机，它可以一面同时显示8只股票的即时行情。那我就盯住自己选的这8只特别活跃的股票，寻找这8只股票跟大盘的对应关系。当时股市是一个庄家时代，有些股票跟大盘同步，有些则跑得比较快，有些则是跟大盘相反的走势。我就找到一些相应的规律，在里面赚取差价。我做的是短线，本钱小，希望资金能快速运转，这样利润高一些。当时我主要用了以下一些规律：

我定义β值为个股跟大盘背离程度的一种描述。计算公式是（个股涨跌幅度-指数涨跌幅度）×100%。打个比方，深发展涨9%，假如指数涨1%，它今天的β值就是8，我就将β值累计几天，累计排列在前几名的我就把它放在我的股票里面。这些β值高的就表明它很活跃，做短线的机会就比较多。后来好多网站的分析家就将我的公式编成程序去卖钱。β值的意义就是找出比大盘还强势的股票。这种定量的方法可以通过电脑把股票找出来，找出里面的一些规律。这一步只是找股票，股票找出来还要判定现在的环境适不适合做短线。

我取样时取深圳交易所昨天涨幅前五名的股票跟上海涨幅前五名的股票今天能够保持强势的比例。什么叫强势呢？就是今天跌幅在1%以内的都算是强势。什么意思呢？就是这10只股票里面有8只保持强势的话，说明昨天勇敢追涨的人今天没有套住。我用这种方式来描述昨天追涨的人被套住的可能性。

还有一个惯性定律。总市值也就是流通性越大的股票它的惯性就越大。比如说一个股票总市值是100亿，另外一个股票的总流通是1亿，那么要启动那个100亿的股票它所耗费的资金量会更大。这种股票一旦启动它在短时间内可能就停不下来。惯性定律就是说发现那种大市值的个股，一旦启动的话可以追。同学们也可以将整个大盘想象成一个大盘股。整个股市启动的话就会依靠惯性往前走，就是即使你后知后觉点，你跟进去还是可以赚钱的。所以很多稳健的投资者都等市场确定强势后再跟进去。

1999年“5·19”行情启动以后，发了很多新股，大部分是小盘股，数量比较多。小盘股就很容易吸引一些庄家，跟最近炒创业板一个原理。它有一个规律，就是它的循环。目前是平

开高走，下一只新股就可能高开高走，高开高走一段时间以后又变成高开低走，又变成平开低走，低开低走。大盘基本上也是这样循环的，有波峰和波谷。比如最近让姚明大赚的合众思壮就是高开高走，当时证券研究所把这只股票定位在50元左右，结果当天开盘价为85元，现在涨到106元。所以大家炒股的时候不能不当真，也不能太当真，当结束炒股的时候就不要太放在心上，炒股的时候可以半信半疑。大部分的人是抱着击鼓传花游戏一样的心态，不是真正意义上的长期持有股票。在这段时间，新股的开盘价越来越高，迟早有一只股票会炒砸掉。今年春节前后，一开盘就跌破发行价的股票就有好几只。

我做短线一年，换手达五六十次。开始4万多元钱，做了1000多万的成交量。短线适合刚开始创业的、本钱不是很多的人做。比如巴菲特他如果没有本钱的话，就无法做长线。但是巴菲特的伟大之处在于他利用了一些财富杠杆，他投资的一些公司是保险公司，保险公司可以不断地低利率吸收客户的钱进行再投资，从而不断地放大财富。短线投资我认为比较适合有时间，资金比较少，有精力而且心理承受能力比较强的投资者。心理承受能力差的投资者对于上下波动比较大的股票不敢投资，宁可选择大盘股和走势比较平稳的股票。

我当时投资的昆明机床，在1999年“5·19”行情之前，即1999年春节刚过时，连续6天是涨停板，有的人看到涨停板太多了，就不敢跟进去，错失了赚钱的好机会。通过这次的经历，我了解到越是能拉涨停板、风险大的股票，越可以赚钱。因为普通的投资者在第3个涨停板之前就会选择出来，能拉6个涨停板，我们就可以推理出，这些股票都到了幕后的庄家手里。我判断，在当时那个庄家横行的时代，70%—80%的股票都在庄家手中的情况下，庄家肯定要进行整理、洗盘，我就可以在整理、洗盘的过程中做差价。这种筹码在庄家手上的股票，往往要洗盘一段时间。那么庄家洗盘的规律是什么样的？我是这样猜想的，一般人股票涨两天就出来，但是一般庄家还会再拉一波上升浪。所以我抱定一个决心。当KDJ、RSI指标比较低的时候就买进，指标高一点的时候就卖出。这次投资是跟庄来炒股的行为。还有一只股票叫作中国服装，这只股票赶上了网络股的热潮。中国服装做了一个服装定制网站，也算是网络股。那时市场不大成熟，甚至有些公司，大众炒什么股票，它们就进行该方向的生产。当时，上海这边人炒的是上海贝岭、综艺股份，深圳那边流行投资海虹控股、中国服装。这些公司一般也是在一两个星期内连拉四五个涨停板，短时间内快速增值。我在全景网的网友问答模块中就推荐了这只股票，结果半个月翻了一番。很多人通过广发证券找到我，这只股票差不多让我一次成名。我根据新股炒作的规律做了一只股票，叫作东方钽业。这只股票是只稀有金属股票，在2000年初上市，上市的第一天大概31元，两个星期内就炒到了50多元。这只股票的好处在于，它的股本比较适中，上市第一天主动性买单比较多，来势很汹涌。阳线特别多，回落时成交量小，上升的时候成交量大，这种现象往往就比较好。或者卖单一下子被吸收掉的股票也比较好，比如31元钱的股票，有100万的卖单，一个是5秒就被吸收掉，另一个是10秒被吸收掉，那么5秒的那个比较好。

三、当年如何分析、判断庄家

当时炒新股的主要方法是跟庄，那么怎么判断庄家的实力强弱呢？一是看成交量，一般庄家进仓时成交量大的股票最后升幅会比较大。二是拉升的斜率，K线图的斜率越陡越好。三看筹码的锁定，比如两个流通盘都是1亿的股票，一个股票换手5%就有涨停板，另一个股票换手10%才有涨停板，那么第一个股票比较好。筹码的锁定意思就是换手量越少股票越好，因为这样的股票筹码大部分被做庄的机构锁定了。四看题材，有些题材是比较吃香的，前一阵海南的股票比较吃香，1999年、2000年时，山东股票涨势特别强劲；2006年、2007年到现在新疆的股票涨得特别厉害。上面说的是我们可以从不同角度判断实力庄家介入的深度，介入越深的股票越安全。因为，庄家介入得越深，洗盘拉升所要花费的时间越长，逃跑的机会也比较多。有些短庄，甚至一两日庄就非常的不安全。

在2000年前后，炒股只要分析判断跟庄即可，比现在简单一些。现在炒股票就比以前更累一些，效益还没有以前好。这是因为现在比较讲究炒股的规范，很多的机构和操盘的手法改变了，更加的难以捉摸。10年前是庄家时代，现在也是庄家时代，只是现在做庄的方式比较隐蔽，并且做庄的大部分是中小盘的股票和重组股，在深圳做庄的现象更常见。现在中小盘的股票和创业股都推出一些10送10或者10送15的政策，比如神州泰岳。这其中也可能是有一些幕后的庄家操作的结果。我对现在的股票交易也有一些分析，现在我也分享一下。

四、时刻关心国内国际大事

我现在早晨起来，要关心的有恒生指数、道琼斯指数和国际大宗商品（如伦敦的铜锂、一些稀有金属和美国的黄金和原油、美元指数等），这些因素都可能对今天的股市开盘有影响。还有就是各大财经报纸的一些消息，其中包括三大证券报纸：《上海证券报》、《证券时报》和《中国证券报》；我也通过网站获取信息，因为网站不需要核实信息，所以虽然会有一些虚假信息，但是比较有前瞻性。我觉得这些网站比较有参考价值：东方财富网、和讯网、中财网、第一财经日报网等。

处在这样一个信息爆炸的时代，我们怎么看待信息呢？我个人认为，真假不重要。因为我们作为普通的投资者无法第一时间核实信息的真假，所以我们更该关注消息的响应度，每天都有利空利好的消息，我们会不知道怎么办，那么我们就应该把消息套进去，看市场对它的反应。我们常常会发现，错把利空当作利多，把利多当作利空，这就是消息的响应的问题。如果我们学过证券市场分析，就知道三大假设中有一条：一切事物都反映在股市的价格中。我们不知道里面是否有内幕，但我们可以从股票的K线图中找到有价值的信息，比如神州泰岳，我们不知道它是不是10送10，但是它的走势非常像有内部消息撑着它走，往往等它揭开内幕时，行情就已经告一段落了。所以我们普通投资者只能通过K线图和消息来判断推测。房地产股在春节前后有一波下跌行情，当时很多公司都认为房地产股价格已经不高了，利空已经消耗得差不多了。但是消息出来以后，股票还是在跌，说明还是有利空消息没有消耗完。前一阵房地产股止跌了，利空消息才消耗结束。当利空消息消耗结束后，房地产走出了一波反弹的行情。利用这种市场的消息响应度，我们可以进行套利。因为现在国际市场，比如中国香港、美国和伦敦的金属市场和中国内地的股票市场均是有联系的。当我们的股市上升稳健时，突然伦敦的金属铜跳水，我们就可以利用外围市场的利空进行进货。如果我们的股票市场走势很弱，它们的市场大涨，就可以利用明天高开的机会进行出货。这样就是利用不同市场开市的时差，从中做短线。

以上讲的都是一种规律性的东西。由于很多同学没有真实炒股票的经历，不了解现在沪深大盘是什么情况，所以下面在讲“敢死队”之前先跟大家讲一下现在的市场结构，它是一条“生物链”。

“生物链”最顶端的是上市公司的高管、大股东。比如在2006年和2007年涨到6000多点的大牛市中，最大的获益者就是上市公司的高管和大股东。

中间层次有公募基金、私募基金和证券公司的高层（属于“食物链”中高端）等。公募基金的情况比较复杂，分成集合理财、“一对多”等等，里面涉及到很多情况。比如说××大盘基金，它们的机制里肯定有很多问题，它们的基金虽然叫开放式基金，但事实上是不开放的。基金公司通过栽根独苗，给整个公司的利益带来整体好处。至于私募基金，现在有很多阳光私募，也有地下的，而“敢死队”就是属于地下私募。

最下面的就是散户和基民。

当然这里的分层也不是完全封闭的。散户做得好的可以往上层演变，证券公司里做得好的也有到外办公司或创业通过中小板、创业板上市的。

我们讲到做短线、做中线，介入的时机一定要适当。当市场强的时候再进去买，若市场往下跌的时候，资金进去肯定是“肉包子打狗”，必定亏损。那么我们要判断市场强弱，很有效的一个方法就是通过“赚钱效应”。假如市场中进去的人都是亏钱的，或者大家左邻右舍一打听都是愁眉苦脸，则市场肯定是弱的。比如从1000点到6000点的过程中，你即使没有在1000点买、在2000点买，而是在4000点买，那还是赚的。在赚钱效应没消失之前，强势依然存在。因此，我们判断市场是好是坏，就是靠赚钱效应。可以靠自己亲身体验，也可以通过身边的人来感受有没有赚钱效应，从而判断市场强弱。

五、看准大势选行业与个股

通常，我做股票有三个步骤，归纳起来很简单，而应用则完全靠里面的细致功夫：

第一步，选大势。最近有赚钱效应，则说明大势是好的。

第二步，选行业。这几年，一般来说我认为中国缺资源、缺能源，因而煤炭、金属资源行业都比较好。

第三步，选对行业后来选个股。要从整个行业中选比较有代表性的股，最好是龙头股。

因此，同学们基本功都会，通过平时多学习、多思考、多总结，掌握扎实后，这几个步骤就一目了然了，大家都可以进行操作实战。先选大势，再选行业，选完行业再选个股。“大道至简”，把方法掌握后，炒股投资并不是很难的一件事。

那么讲到行业，我要讲一下现在市场中比较惯用的行业分类方法。现在好的股票行情分析软件都有对行业进行分类，但是哪些股票在市场中比较有群众基础和赚钱效应，比较受市场欢迎呢？

以下是我个人的分类方法（当然，每年流行炒的板块不同，但分类的总体方法是不变的，只是细节上可能有变化）：

1. 资源类

我们国家是人口大国，资源极度缺乏。现在铁矿石就搅得我们国家日夜不宁。全国大大小小几百家矿厂都是给三大矿山打工的。虽然今年铁矿石谈判结果还没定，但是，包括宝钢、鞍钢、武钢在内，一年下来都是白赚的，都是给大洋洲的必和必拓、力拓和巴西的淡水河谷打工。它们抓住我们国家钢铁产业分散、没有定价权的劣势，将铁矿石提价90%—100%。虽然最终没有谈下来，但是我们国家铁矿石谈判往往是很艰难的。

当然，我们国家的资源是资本市场中比较受欢迎的。比如黄金股，在2009年行情中超越了6100点的价位，主要是山东黄金、中金黄金和紫金矿业三只个股。以后想到买黄金股，大家脑子里可以马上想到这几只，它们是比较有代表性的。

对于有色金属，即指铜、锡、铝、锌、铅、镍等。铜业主要有江西铜业、云南铜业和铜陵有色三家。比较活跃的是江西铜业和云南铜业（2006年、2007年时股价从四五元涨到了100元，翻了20倍）。

铝业主要有中国铝业、云南铝业、关铝股份、焦作万方、南山铝业等，其中最好的铝业股就是焦作万方。因为它离煤矿近，节省了运输物流成本，离氧化铝原材料产地也近。

资源类里还有煤炭。我们国家是贫油国，但是煤炭资源很丰富，而且2009年之后煤炭股行情都超越了6000点。市场中经常是强者恒强，“存在就是合理”，因而煤炭股炒这么高有它的合理性。煤炭股在2009年高峰期基本到达了相当于大盘7000点—8000点的价位，这说明选行业还是很关键的，中国的俗语“男怕入错行，女怕嫁错郎”就是这个意思。煤炭公司就比较多了，如西山煤电、金牛能源以及山西、河南的一些个股。

2. 资产类

现在，美国一直逼我们人民币升值，我们资产类的股票主要是人民币资产类的，那些比较好。对于保险业，主要是三大保险公司：中国太保、中国人寿、中国平安，其中股性最好的是中国太保（SH.601601），最活跃；中国平安“绯闻”比较多，前两天说融资1500亿，后来融资没有成功，股价也从150元跌到40多元。

对于银行股，由于基民的存款里面，随着人民币升值银行股也被热炒。下星期将要推出的股指期货里，银行股的权重也是最大的。现在银行股相对的定位和估值比较合理，在股指期货中说话分量比较大。目前股指期货中权重最大的是招商银行，在沪深300指数中超过3.0%；另外工商银行和建行虽然比较权重大，但是没有全流通。银行股在股指期货里有一定用途，但由于普遍盘子比较大，要启动并要走得好的话需要特别大的行情，像现在3000点左右波动的小行情银行股一般走不远。

证券期货类的股票也可以纳入资产类。证券类的有中信证券、广发证券、华泰联合、光大证券等。创新的券商，如先前那些有新的业务的公司基本都上市了。证券类的股票在2006年、2007年有所建树，是并列涨幅最大的；而与广发证券并列的几个股票，如辽宁成大，涨幅都在30—50倍之间。我认为这些证券公司目前稍走下坡路的可能性比较大一些。为什么呢？现在证券类公司的技术含量不高。证券公司其实主要是通过收取通道费（佣金）来盈利，而现在佣金基本压得很低。比如说，如果光大证券的费率为0.5‰，民生证券为0.4‰，那么我就把业务转到提供0.4‰费率的民生证券去。同时，现在保证金的存放是通过三方存款，我们的钱没有风险，谁给的佣金低我就到哪里炒股，没有顾虑。所以证券公司的业绩在2010年一季度比大家预期的业绩会差很多。证券公司的个股我建议短期内都不要动。

其实经过2008年的全球金融危机之后，资产类的股票风险都会比较大。以前证券界有句话：“给自己投资就买房地产股，给自己孩子投资就买银行股，给孙子投资就买保险股。”但是这句话经过2008年金融危机后就引发了很大的分歧，像美国AIG公司，如果没有美国政府注资1800亿的话早就破产了。美国曾经有人说，50年前投资10000美元过了几十年到了七八千万甚至上亿，但是后来在金融危机下又可以回到起点。这起伏很大。又像花旗银行，沙特王子投资花旗银行成了最大的股东，赚了很多倍；但是在2008年才抛出的话又回到起点了。所以这些个投资观点、理念中，变化是永恒的，不变只是暂时的。

3. 新能源类

每个阶段比较吃香的板块都不一样，而现在新能源比较吃香。由于全球能源紧张，这两年新能源被炒得很火。它主要包括光伏发电、风电、太阳能发电、核电、生物能源等。比如巴菲特投资比亚迪，使比亚迪的股票翻了十倍，而董事长王传福的个人账面财富也涨了十倍，成为2009年的中国首富。新能源类的股票比较活跃，但是对于新能源，有些地方分歧很大。比方说，国家电网不让内蒙古等地的发电量上网，这种事涉及到各种部门不同的利益。又比如说，风力发电是一个机构管理，电网运营是另外的垄断机构管理，这里面有些利益没有协调好。

而像光伏发电，现在也有人说它不是一种低碳经济（现在低碳经济很流行），即一公斤的多晶硅发出来的电与制造这一公斤多晶硅所需的电能差不多。当然，随着技术的进步，这以后可能会有改善，但目前来说的确有这么回事。我的一个朋友是从事这个行业的，他说比如制造一公斤多晶硅要1000度的电，但同时会产生大量的污染，包括剧毒的四氯化碳。因此为什么现在全球的多晶硅生产线都转到中国来，因为中国在环境保护这方面抓得不是很严。这方面我个人研究得不是很透，但是这方面的股票非常活跃。

在生物能源方面，“包装”得比较多的是乙醇汽油，即酒精发电。如以前丰原生化这个股票炒得很火。但是，我们国家存在一个矛盾，若用粮食去发电，到时候粮食不够吃怎么办。像在巴西，他们用甘蔗制造酒精，就是在田间地头很简单地把甘蔗里的糖转换成酒精，这个投资是比较轻的。像我们国家现在的风电开发，如新疆的金风科技，以及江浙一带一拥而上地对风电设备进行投资，但问题是我们国家目前没有一个核心的技术。当然，长期来说还是有可能慢慢地突破，因为中国人蛮聪明的，“抄袭模仿”很快。另外，关于风电还有一家企业，就是汶川大地震时受损后重建的东方电机（SH.600875）。风电是比较有前途的。

4. TMT

近来比较流行炒简称TMT的股票，里面包罗的东西比较多，例如电子技术、智能电网、多媒体，还有3G这一类的。这一类的股票主要集中在深圳的中小板跟创业板，机会比较多，像最近姚明投资的合众思壮，其实股票不怎么样，但是它属于这个板块里面的，机会就比较多一点了。还有汉王科技，是做电子书的，也是当时市场股价五六十块，现在都123块了。市场大盘股炒不动，那么资金没有地方找出路，所以只好先找小盘股炒概念性的东西。

5. 制造业

下面讲的是制造业，制造业有个问题就是不能长期地蓬勃发展。中国人学东西很快，你有什么东西赚钱的，马上一下子就做出来了。制造业就是往往不能长盛不衰。但是像航天航空的、军工的，都是比较受欢迎的，因为这是国家埋单的，像中兵光电之类的航天信息的股票，就能够长期维持高位。

我刚才为大家列的表基本上就是按市场比较受欢迎的列在前面，后面的往往是没那么受欢迎的、定位相对会低一些、产业里面低端的，比如钢铁、造纸等，附加值低的工业。还有汽车业，去年汽车火，今年汽车就不火了。

制造业还有很多，我就不一一列出来，只列几个阶段性会好一点的。比如工程机械，国家2009年提出4万亿拉动内需，如果你第一时间想到工程机械，那么你就能赚钱了。一个消息出来，你要想到对应什么板块会得到好处。汶川大地震一出来，有些人马上想到四川的路跟桥都断掉，就马上投资，因为这些国家会埋单，所以2008年这些股票都能炒，短期内一个星期都涨50%。这种对信息处理的能力是基本功，如果你对市场非常了解，那么碰到这种信息，你就会想到应对的一种方法。个人往往比公募基金有优势的地方是什么呢？就是虽然它钱没有公募基金那么多，但是它的决策效率是最高的。因为是个人老板，自己拍板就可以了，不用请示汇报。公募基金有一个投资决策委员会，流程下来最快的都要几天，几天股票都涨了百分之二三十了。后来我发现，很多人涨了百分之二三十的股票，竟然是公募基金来埋单，这样的现象不排除有利益输送的问题，但更多的也可能是一种决策效率的问题。

六、“巨潮资讯”网站颇有用

刚才忘了给同学介绍一个网站，现在有投资股票的同学其实可以每天看“巨潮资讯”，里面有每天的公开交易的数据，可以看出市场的一些动向。它公布了市场上活跃的股票，涨幅前五名、跌幅前五名的股票，还有成交量最大的十位。

说到“巨潮资讯”，它里面有用到一个最近比较流行的指标，就是资金流入流出指标。这种指标在这几年的股市比较吃香，是从国外引进的，跟我之前讲的β指数也有类似的地方。它的定义可以在百度上面找到。比如对股票来说，它是把一只股票整天四个小时的交易分成每分钟每分钟。假如这一分钟内的股价比上一分钟的股价上升的话，它算流入；假如这一分钟内的股价比上一分钟的股价下跌的话，它就算流出。那么流入跟流出互相抵消之后，剩下来的算净流入或净流出。投资者可以把自选股选出以后，每天观察它的流入或流出。每天这样累加，那么得知持续上涨的股票必然是有资金持续的流入。网站上有公布整个板块的流入或流出。比方说，昨天全景网公布了深交所房地产板块净流出十多亿资金。全景网有公布板块的资金流入或流出的服务，但有分收费跟免费的。免费的数据都可以看到，只是晚一点而已。

我觉得大家理解这个指标之后，资金流入流出指标就非常实用。这阵子那些板块炒得很火的，必然是资金持续流入的。假如资金持续流入的股票，没发现资金流出迹象的话，必然可以购进。比如说一个板块今天流入10亿，明天流入5亿，后天流出3亿，再一天又流入4亿，总的来说，它是流入还是流出呢？大家可以根据总体的资金流入或流出来决定你是买入还是卖出。资金流入你买，资金流出你卖。这是一个非常实用的指标。

更仔细的一个指标，是每笔成交的手数。比方说这个股票目前是涨停，现在有好多软件都可以看得出涨停。有些股票的上限是99万股，有些是100万股的。假如涨停的是有大单封死的，大单是什么？大单有的50万以上一笔，好像99万、100万这样子的。如果你只看走势，不看下面对列的话，你是看不出是由大资金封死还是小资金封死的。这种软件上交所有，深交所也有，叫LEVEL-2，可以看出大资金在里面起到什么作用，也可以看到拉升过程中资金是大还是小，拉升的时候究竟有没有真实成交。所以这个指标在细节上是非常实用。还有一个是它拉升过程中，看得到是有多少笔的。比方说，上升的时候成交有20万股，它旁边有个数字显示"346"，这是什么意思呢？它可以理解成一个人买入20万股，卖出人有346个。所以上升的时候，显示的数字愈大愈好。如果下跌的话，比方说有30万股的成交，数字显示"451"，可以理解成一个大户抛出去30万股，有451个散户接，那么这个是不好的现象。这个对列数字也是非常实用的。

以上我要讲的是我认为比较实用的一些技巧，关键是同学们平时怎样做好功课。我每天晚上都会用三个小时来做功课：各个信息，各个板块的资金流入流出，最近发生什么大事等等。平时多分析，多总结，多思考，我相信复旦大学的同学，未来中国的巴菲特一定会出现在你们中间，谢谢！（长时间的热烈鼓掌）

石开先生答同学问：

同学：我想问您是怎样看东方财富的股票的（今天跌停牌）？

石开：我今天没看盘，但对一般跌停牌的股票来说，就看它封得死不死。一种是瞬间封跌停，那就不怕，一种是今天跌停牌，比如封了头半个小时，那可能见底的几率会大一些，像这种股票只是靠一个概念，它的盈利模式不适合中长期，这种股票不值得长期拥有。

同学：通货膨胀中，资源股是否依赖着行情？在二线房地产，针对CPI指数上升超过了3%，银行是否会信贷紧缩，影响流动性？

石开：这个问题谢老师回答比我更有前卫性一些。在一年行情上，还要看大势，先选大势，如果大环境不好，比如说2008年，资源股也不会涨到哪去。但是资源股长远比其他股票可能还是会有价值一些。二线房地产股，反弹幅度都比较大，在房地产里面，政策是一天一个东西，不是很稳当。

同学：现在什么行业会有价值一点？

石开：我认为是资源类的，但不要在高位买，要逢低买比较好。比方说近期资源股也是反弹到一个高位，不要在高位买。

同学：您的资金增长到千万以上时是否会与您目前炒短线、单一持股的风格相违背呢？

石开：现在肯定不会做得这么短的。我现在不会只单买一只股，一般会有三只股左右。

同学：信息公布后，市场对信息的反应反映在股价上么？

石开：大部分情况下，利好信息公布出来以后，短期是要调整的。调整以后会不会再向上呢？如果利好信息公布出来，下边的往往短期是不好的。如果利好公布的时候大盘还调整，量没有放出来，可以初步断定，下一步还可以再起来一下。

（鼓掌，拍照，同学献花、赠锦旗）

继续演绎成功散户的真实神话

石 开

编者按： 石开是他的笔名，写文章时用上的，又被众多散户传开来，他觉得这个名字也很好。慢慢地，人们就把他的真名给忘了。

石开是股市中一个地地道道的散户，1999年他从4.8万元炒到40万元，翻了7倍多，比上证指数、深证指数快了400%。他逐渐形成了自己的操作风格：稳、准、狠、短、平、快。

石开淡出公众视野几年来，不断有人打听、关心他的情况。如今，费了九牛二虎之力总算找到了他。他依然充满朝气地活跃在证券市场上，而且水平很高。他的报告今天看来依然令人亲切，鼓舞人心，给人很多的启发和教益。

石开2000年冬天曾受邀到北京大学光华管理学院作报告，2007年我又多次邀请他到北京大学来做讲座，但由于他在大牛市中实在太忙，于是发来了这篇力作。写得很好，极有水平。

一、成为名人，弊大于利

也难怪谢老师找不到我，2002年5月，我从某大券商辞职以来，淡出公众视线已四五年了。我不想再出名了，这几年的经历也证明，对我来讲出名是弊大于利。关于这一点，谢百三老师六年前就准确预测到了，我是事后才对谢老师的预测佩服得五体投地。但不管怎么说，谢老师的要求是不容拒绝的，一是因为谢老师在我心目中的崇高地位，他在众多知名经济学家中，是最深入民间、最贴近老百姓的人之一；二是因为谢老师所强调的，我的故事相比书中其他投资者，更具有模仿意义。因为从4万多元起步开始进行股市投资，很多老百姓都拿得出，这个过程更有可能被复制。我就按时间顺序把这几年的投资经历分为三个阶段来讲：第一个阶段是2000年初至2002年5月，这期间我应邀加盟某券商，成为一名证券分析师，也就是俗称的“股评家”，这个阶段我的资产基本上是在原地踏步；第二阶段是2002年5月至2005年5月，我又重新作为一名职业投资者奋战在股市第一线，在这个我国历史上最长的一段熊市里，我战胜了市场，完成了初步积累；第三个阶段是2005年5月以后直至目前，这个时期，因为股权分置改革，我国股市出现了持续一年多的大牛市，借助这个天时地利人和的好时机，我的资产也出现了久违的井喷现象。

2000年初，牛市正在进行时，科技网络股火得一塌糊涂，上海梅林、综艺股份、海虹控股、振华科技等连连拉涨停，一两个星期股价就翻倍，股市成为老百姓最关心的话题。我，一个小小的股民，借助《证券时报》、《广州日报》等众多媒体对我的宣传，一时间名声大噪，因而也接到了众多机构的工作邀请，有深圳的，有上海的，更多的是广州本地的。当时对我这样一个小股民来说，机构充满了神秘色彩，在我的想象中，机构随时可以翻手为云、覆手为雨，于是，抱着一探究竟的心理，我加入了本地的一家券商。当时我与谢百三教授已经认识了，他到广州来讲课，我就把准备去券商那儿工作的事告诉了他，他一听，马上表示坚决反对，认为肯定会得不偿失，会失去感觉，对股市会生疏的，毫无必要。我当时不以为然，已经答应了人家，不好反悔啊。

于是，忙碌的分析师工作开始了，真的是很忙，电话多得不得了，周末还要忙着赶赴各地去作股评，还要忙着给报纸写稿、上电视栏目。名气是越来越大了，心中也飘飘然了，觉得自己小有成就。但在给别人做投资建议方面，时准时不准，慢慢也找不到感觉了，建议客户买的股票也有时行，有时不行。因为当时为各种各样的事忙碌着，感觉也就不是特别准确。2000年整年都是处于牛市的氛围中，市场机会非常多，赚钱应该比较容易，但是我这个所谓的“高手”，并没有指导别人赚很多，这让大家觉得不可理解。其实，事后就好理解了，我非圣人，自然不可能同时把每件事都做好，毕竟人的精力是有限的。当时我为盛名所累，每天有“三多”，一是股评多，二是电话多，三是应酬多；加上当时自己图表现，希望在公司中得到升迁，因而工作也就特别卖力，这也是人之常情。2001年6月，熊市开始，股指大幅下跌，股价更是被腰斩大半，当时一些死抱着股票的人可就惨了。而我一直建议人们只做短线，不行就跑。两年间，总的算下来指导客户的业绩可谓平庸至极。

事后才看出谢百三老师的先见之明：凡事有得必有失，人只可能干好一件事，必须专心、专业，并持之以恒。就像在股市里投资，如果一个上市公司什么行业都干，主业不突出的话，通常这家公司的股票是不值得投资的。如果说我在券商处工作两年毫无所得，那也不公平。

我通过在券商处的工作，最起码拓宽了视野，接触的人和事多了，也了解到股市生态圈中存在的食物链，大致是这样排列的：监管机构——交易所——基金公司——上市公司——证券公司——私募基金——咨询公司——大户——中户——散户，中小投资者处于食物链的底层，成功的比率是非常小的，如果想改变地位，我曾经认为可以把钱交给基金去理财，国外经验证明是可行的，但后来发现基金差别也很大。

到了2002年，年初时股指出现一轮次级反弹，上证指数从1300多点上升到1600多点，大约是300个点的行情。我当时买了什么股票已记不清了，这从一个侧面说明我的节奏踩得不怎么样。那段时间我很困惑，也很苦恼：名气是很大，却囊中羞涩，在股市里没赚到钱，在单位里又看不到升职的希望，何去何从？难以定夺。几经衡量之后，我最后决定“斩仓”，离开公司，重新创业。于是2002年五一节过后，我就迅速辞职了。这是我人生的又一大转折。

二、不炒房产炒房股，净挣漂亮一套房

2002年五一节过后，我重新成为专业投资者中的一员，当时很兴奋，砸破“铁饭碗”要背水一战了，有压力也有动力。有压力是因为没有了每月定时发放的工资，要养家糊口就得到市场上去挣；有动力是源于对自己仍充满信心。很巧，我一出来，就碰上所谓“6·24”行情，说是6月行情，其实5月底就开始酝酿了，盘面上已经显出“蛛丝马迹”，主打品种就是深圳本地股。“6·24”时利好已到高潮，我虽然没有从头吃到尾，但最丰厚的一段还是抓住了。“6·24”后，市场又开始绵延不绝地下行，一直持续了大半年，但在这段时间里，个股机会仍有不少，我采用短线手法，防守反击，看准了抢进去炒一把就跑，居然甚少失手。“小数怕长计”，几个月下来竟获利不菲，年底一合计，竟然是一笔可观的利润。

赚钱后，首先想到的就是买房子改善家人的居住环境，与家里人商量过后，就在广州的黄金地段买了一套房子（不怕大家笑话，我当时名气那么大，又在大券商处工作两年，竟然会买不起房子）。我买楼时正值楼价处于谷底，我并非是冲着等待楼价升值而去的。我旗帜鲜明地反对炒楼，炒楼对整个民族是一个伤害，只会让少数特殊利益阶层得益，比如房地产发展商、与土地房市有利益关系的权力阶层等，楼价高企会毁掉整整一代青年的创业之本。2006年最新公布的“胡润百富榜”前十大富豪中，有六个是搞房地产的，这就不大正常。有多少青年、多少家庭为了一套房子，挣扎在生存线、贫困线上。谢百三老师前不久在一篇文章中提到，不少复旦大学的高材生，才华横溢，在上海工作生活，为了一套房子，不得不沦为“房奴”，不敢换工作、不敢炒老板。若干年后，成就竟比不上周边城市的一般大学的毕业生。读来令人感慨不已。这几年总是不断有朋友劝我适当参与炒楼，坐享升值收益。我这样说服他们：“与其买房子升值，不如买入房地产股。”就拿广州的房地产来说，从2005年初至2006年国庆节，楼价升幅在全国各大城市中是名列前茅的，平均升幅大概在40%以上。与此同时，以广州或广东省为大本营的房地产上市公司，如合生创展、中粮地产、富力地产、万科、雅居乐、招商地产、华侨城、深振业、泛海建设等，股价的升幅在2—9倍不等，买入房地产股票除了能获得不逊于

楼价升幅的收益外，还能省一大笔契税、各种烦琐的手续，并且能获得较好的资产流动性，如果要紧急用钱的话，只需在股市卖出，一秒钟就可以搞定。①

三、春风又绿江南岸，赚回一辆帕萨特

言归正传。我将房子装修好，乔迁新居后，已到2003年年初，股市每年一波行情的规律又重现了。之所以出现这个现象，并且在大多数年份里行情启动于1月或2月份，这与中国股市的资金供应有关，可以这么说，中国并不完全是西方式的市场经济，而是处于过渡阶段，有着半计划半市场的性质，每年年初各式各样的机构投资者，包括基金、券商、国企、三资企业、私募基金等均会制订当年的投资计划，并且此时它们的账面上现金充裕，这些江湖大佬不约而同地往股市调兵遣将，市场产生共振，股价自然而然开始升腾。2003年1月3日前后，股市又迎来了一波中级行情，这段行情为比较明显的三浪式上升，大致从1312点升至1650点，持续到4月中旬结束，可操作性大为改观，以汽车、钢铁、石化、银行、电力为题材的“五朵金花”先后绽放；以基金为投资主角的大戏正式开幕，行情声势大、发动范围广、持续时间长，即使指数到顶，很多股票还在升，这是赚钱的黄金时段。我顺势而为，先后投资于各个板块，升幅远超指数，十分舒服。当时汽车股炒得火爆，汽车进入中国家庭的话题炒得更热，我与家里人决定购置一辆汽车，5月份就买了一辆上海大众出产的帕萨特汽车。2002年5月我从券商处正式辞职后，在一年时间内，在市场总体上仍处于熊市的环境下，我用不多的本钱，赚了一套房子、一辆汽车，并且资金还在增值。作为一个地球人，我不能免俗，心里飘飘然，感觉自己就像武林高手，失去武功后，经过努力重获内功，内心充满喜悦。谁知，正应了那句老话：“虚心使人进步，骄傲使人落后。”一场大风险正向我悄悄走来。

四、机械地倒金字塔补仓，大亏一场

正是这种自满情绪，使我在接下来的半年内，经历了个人投资史上最大的一次失败，让我刻骨铭心，终身难忘。2003年6月，我看到股指已处于高位，市场风险正在不断积累，于是想到了一种保值并锁定利润的办法：将资金全部从获利的品种上退出来，投入到股价尚处于底部的品种中去；如果大市继续升的话，这些股票也能升一升，如果大盘见顶跳水的话，这类品种应该跌得小一些，跌得少就相当于保值；而且一旦风水转了，这低价股被人相中，我不就可获得意外惊喜吗？我当时相中的品种是000679大连友谊，左右端详，大连友谊还真合我的意：盘子不大，业绩还过得去，不至于太烂，最主要的是升幅不大，股价尚处于底部阶段。主意已定，我就开始建仓，第一批介入大致在63元左右，买进去之后，曾经略有上升，但因升幅不大，也就没有想抛出去的想法。不久，大市转淡，逐波下行，所幸大连友谊跌幅不大，正是这跌幅不大，让自己放松了警惕，不但没有减仓，反而逢低又买进一些，不知不觉，大连友谊就买多了。人大抵有这种心理，当你买下某只股票后，你会不自觉地站在“看多”的一方，而忽略了相关“空”的因素。买进越来越多的大连友谊后，渐渐地让我感到了被动，但仍没想到它的跌幅会这么大，当时市场出现了“一九”现象，即只炒作10%的大盘股，其余90%的股票被边缘化，无人问津，阴跌不止。大连友谊也是阴跌不止，如果是急跌的话，可能早就斩仓了，而在阴跌情形下，往往让人怀有侥幸心理，心想只要出现一次反弹就全部出局。错上加错的是，当时我还自作聪明地用“尾市拉高”的方法去做尾盘，即在下午3点收市前最后一两秒钟，用一两万股去拉高几分钱，使图形好看，做这种傻事挺费钱的。不知不觉中，我越陷越深，大部分的钱都投进去了，想斩仓都难。试想一下，当你持有一两万股的时候斩仓不难，

①编者注：这是当时的情况，希望读者不要盲目高位买房地产股。

5万、10万股时斩仓也可以，集中持有几十万股时斩仓就难下手了。当时下面还没有什么买单，集中出货的话，打到跌停板都有可能，前几年从熊市走过来的投资者会有这种体会。当时中关村、托普软件、银广夏、东方电子什么的跌幅竟高达90%以上，连以前的零头都没有，真是不可想象。大连友谊我是37元左右的价位出货的，亏损接近35%，我以前总是强调“10%止损”，但真正买多了却做不到。这一次大败，让我元气大伤，经过很长时间才恢复过来——这是我一生中很悲惨的一段，我很多个日日夜夜痛苦地思考着，反省着。

五、大公司的研究报告每篇必读

2003—2004年间，西风东渐，随着我国加入WTO、QFII的兴起，国外资本市场的一套渐渐在中国生根发芽：基金崛起，研究报告开始大行其道，估值法、价值投资成为主流。虽然其出发点是抱团取暖，但大家没想到这个东西竟会有这么强大的生命力。前面曾提到“食物链”，先看到研究报告的人自然也先得益，如果有机会早看研究机构的报告自然好，晚一点看仍有用处，因为股价可能升幅还不大。2005年的大牛股天威保变，就是由某大券商首先调研出来，然后流传开来，一波接一波地炒上去的。我的体会是，这几年中金公司、国泰君安、东方证券的研究报告比较实用。中金求稳，股票池变化不大；国泰君安讲究前瞻性，想象大胆，在牛市中可能获得暴利；东方证券则是新锐券商，有冲击性。你可以不相信研究报告，但你一定要看，知己才能知彼。基金公司、券商这些大佬是看报告来操作的，股市的真理掌握在谁手里？就掌握在这些有钱的机构手里。如果以后某一天我钱多了，我可能也会转到中金公司这类券商去做，为什么？可以安全又稳健地增值，何乐而不为？

六、股权分置改革迎来大牛市

历史的车轮推进到2005年，上半年股市仍旧乏善可陈。整个一季度，股指波幅仅在百点上下，可操作性大大降低，并且从3月中旬开始步入下降通道，直逼千点关口。在股市生死存亡之际，党中央、国务院以破釜沉舟的决心提出了股权分置改革的重大举措。开始时市场一片质疑之声，股价跌跌不休，但随着时间的推移，在6月8日这一天，也就是上证指数下跌千点的第三日，一条巨量长阳腾空而起，正式宣告了一轮大牛市的开端，从此，中国股市迈入了新阶段。此前，因为股权分置，中国股市还只能算是一个畸形儿；此后，中国股市将逐渐成为国民经济的“晴雨表”。起源于去年的这轮牛市，其升幅之大、持续时间之长、可操作性之好，不逊于“5·19”行情。“5·19”行情可以说是资金推动型的，而这次的牛市则是体制促成的，根基更加扎实。我有幸参与到这波澜壮阔的行情中，感到极为幸福。这期间先后涌现出各种各样的炒作题材，如有色金属、新能源、航天军工、银行、地产、券商、食品饮料、商业连锁、滨海、奥运、3G、数字电视、机械装备、整体上市等，有些题材我是全力参与的，有些是适当参与的。做完这个，马上又投入到另外的个股中，资金一直处于高速运作状态，很少是闲着的，新股的申购也很少去参与，虽然打新股毫无风险，但一个新股的资金回报率顶多是0.5%，比不上持有股票带来的收益。前几年我的股票资产处于蓄势待发状态，从去年下半年开始，则基本上处于主升浪中。“大牛市才能赚大钱”，冲着这一点，我从心底里感谢这一届政府，正是他们的远见卓识，大力推进股权分置改革，大牛市才得以出现，我们广大投资者才有了这千载难逢的赚钱机遇。由于参与的个股太多，我就不一一讲述，只简单讲一下我的操作思路，给长期关心我的股民朋友作参考。

七、牛市里要大胆做、坚决做，敢重仓参与

1.用好板块效应。牛市中要大胆做、坚决做、敢追高、敢重仓参与，太过理性或者太过于瞻前顾后，反而容易失去机会。这两年能够连续拉涨停板的个股实在是太多了，不胜枚举，往往是第一根长阳跟进去，后面还接着大涨，不必参与盘整，大大提高了资金效率。板块效应非常实用，你可以把每个板块里最有代表意义的几只个股选来，加入到自选股中，比如电解铝是焦作万方、云南铝业、兰州铝业，滨海板块是泰达股份、津滨发展、滨海能源，酒类板块是泸州老窖、五粮液、贵州茅台、山西汾酒，对这些主流板块的主流个股要非常熟悉，一旦其中有一只发生异动，马上去看是不是一个板块都在联动。

2.提高资金效率。牛市来了，长线、中线、短线的操作都是可以的，要因人而异。比如你是上班族，那么中长线肯定比较适宜；反过来，若你是在证券营业部蹲点的，时间精力都充沛，适当参与短线，可以提高资金效率。短线不可避免地要“追涨杀跌”，所谓追涨杀跌，我的理解是要追那种追不上的“涨”，就是说个股拉高时，一角一角往上涨的，要比五分五分往上涨的好，五分五分往上涨的，又要比一分一分涨的好。如果一只股票你追了几次都没追上，这只股的潜力往往较大，有机会的话还是要追。反过来，若个股往下跳水时，你几次报价都没成交，往往意味着后面还有较大的风险。一次短线操作，怎样算比较成功？我是这样定义的：当天买入，当天就脱离你的成本，有浮动盈利或能补偿手续费，这意味着你第二天非常主动，或走或留比较自由；或者是你买入的成本在当天的均价线之下，这表明你比大部分人都买得便宜，这也使你处于非常有利的位置。

3.掌握充分信息。真理永远掌握在少数人手里，这里的少数人是指机构，你若了解机构的大体动向，你就成功了大半。当然，机构是不会主动告诉你它的动向的，但我们可以通过多种途径去揣摩、推测，进而得到一个接近真实的答案。现在的信息公示比以前公平公正，从年报、中期报表、季报里，我们可以获知大股东的变迁以及股东人数的增减变化，进而推断机构是增仓还是减仓；通过交易所每日公布的信息，我们可以获悉是何方神圣在兴风作浪；借助上交所大智慧第二代高速行情分析系统，可以将报价明细、撤单举动、大单动向、分笔成交等信息一网打尽，机构是买得多还是卖得多就可以比较容易地判断出来；机构的研究报告也是一个不错的参考对象，全景网、和讯网、证券之星等网站里有大量的研究报告可以看到，不要担心你看到报告时可能晚了，因为这些机构推荐的股票还没有来得及升，或者是升得不多，还赶得上。

4.了解外围市场走势。随着市场的开放，QFII投资理念的潜移默化，美股、港股、期货市场的走向成为重要的参考因素：美国道琼斯指数上升，港股就会高开；香港国企指数上升，内地中国石化、鞍钢新轧、招商银行、中国联通等大盘蓝筹股上升的可能性就大增；若隔夜伦敦市场金属期货大升，国内的金属股当天就可能大幅高开，这类好戏今年已反复上演；美国原油期货下行，就会利好国内的航空股。如果在每日国内市场开盘前，查看一下昨日（或昨夜）外围市场的走势，无疑会从容得多。

5.选择恰当时机。在这几年的投资过程中，我感到最困难最困惑的是介入时机的选择。股市投资无非就是解决两个最基本的问题：选择股票和选择时机。选择股票可以通过各种各样的方法来论证，若论证选择时机就困难多了，俗话说“来得早不如来得巧”，有时候你辛苦持有某只股票大半年还不如人家持有一星期的收益大。这个问题我至今仍未有良好的解决方法，下面一些思路或许可供参考：一般来讲，大的形态如圆弧底、头肩底、柜形，一旦被突破后不会半途而废，因为半途而废的话机构会得不偿失。等到机构把货吃得比较多，处于箭在弦上不得不发的状态时，散户就可以趁机赚一点。打个比方，一大桌人围坐在一起准备开饭，这时候你不请自到，大伙也不好硬把你赶出去，让你喝点汤，但能否吃到肉就看你的造化了。又好像火车已开动了，你冒险紧急跳上去，由于火车强大的惯性，一时半刻停不下来，你就可以搭一段

路。这种方法在操作大盘股时比较管用，因为大盘股惯性也大，拉出第一根大阳线时，若能判断出机构是在大量进货，那么通常在拉第二、三根阳线时都可以逢低跟进。

6.对未来充满信心。市场永远是向前的，2006年10月中旬，上证指数已上摸1800点，这在一年半前是不可想象的。“超级航母”工商银行新股的发行，并没有使市场失血，进而跳水。相反，市场是在蓄势待发，随时有可能突破1800点的阻力，向上挑战更大的空间。展望中国股市的前景，我充满信心，若干年前，香港股市也是从1000多点起来，现在不也到了19000点吗？我相信，我们的上证指数也会有突破万点的机会，只不过是时间长短的问题罢了。

（本文作于2007年9月）

怎样寻找未来5年涨30倍的新“苏宁电器”股？

应健中

编者按：应健中是上海深受人们尊敬的一位公众人物。沪深股市开张初期，他主办的《壹周投资》教育启蒙并帮助了上海整整一代投资者。当时，初涉市场的笔者就是每期必买。此刊也总是被人们一抢而空。

1996年12月16—17日在《人民日报》特别评论员文章影响下，股市向下两天整体跌停时，他在声讯台等媒体中冷静而坚定地让人们“不要怕，手中有股，心中无股，越跌越买”，迅速稳定了当时2000万投资者的人心。多少年后，人们都深深地感激敬佩他在危难之际冷静、沉着、理智及及其及时、必要的提醒。

他对证券市场的研究更是炉火纯青，他多次受邀来复旦大学讲学，他视野开阔，目光锐利，史论结合，在一个个生动活泼、令人忍俊不禁的欢笑的故事中向青年学子、老师传授着投资理财的宝贵经验与深刻哲理，深受师生们的欢迎。本次讲座中关于“寻找新的5年涨30倍的苏宁电器股”的观点、思想令人们深为震撼及感慨，我们将他的文章放在第一篇，以飨读者。

股市序言篇

一、“好多同学席地而坐，我要站着讲”

很高兴受谢教授的邀请跟大家来讲课，我到复旦大学讲课今天是第三次，只要时间能安排，谢教授的邀请我总会尽可能地满足，因为我跟谢教授是多年的老朋友，我们还是邻居，这个邻居呢不是家里面的邻居，我们基本上在好几家报刊的同一个版面上，每周发表自己的观点，所以跟谢教授在版面上我们是邻居。（笑，鼓掌）

今天是我第三次到复旦讲课，我记得前两次好像是，一个是两年以前，一个是五年以前。有好几次在一些活动当中，就碰到一些素不相识的同行，他说我五年以前听过你讲课，然后这些昔日的复旦毕业生现在已经成为企业界的精英，有的还做了基金经理。所以我感觉到像复旦这样一个全球有名的亚洲级学校是培养人才的最佳地方之一，甚至我感觉像复旦这样的学校，应该贡献一个以后的“80后”国家主席、国务院总理。所以我觉得能到复旦大学这样的学校来讲课，也是一种荣幸，所以谢教授的邀请我基本上能够满足，我觉得跟同学们来进行交流应该说是件很高兴的事情。

为了表示对大家的尊重，我今天站着讲，为什么？因为我发觉这么多同学拿了张报纸坐在地上，我很感动。我已在中国证券市场上奋战了很多年，进入股市前在一所不著名的学校做老师。那么我接下来就给大家讲一讲证券市场的故事和我的故事。

二、从中专老师到证券公司老总

各位同学，你们随意听，你们在做雅思的做雅思，做托福的做托福，如果你明天还要考试，复习来不及，您尊便，你爱咋滴就咋滴，你高兴听你就听，然后听了以后，你觉得今天，哎，这个人讲了以后，觉得有一个观点，对以后人生还受用的，就够了。（大笑，鼓掌）

嗯，这样，刚才听了谢教授的话呢，我简单地介绍一下自己。我1985年开始参与股票交易活动，开始买国债买股票，上海发行最早的股票“老八股”之一延中，那时候通宵排队我都参与过，在杨百万那时候是大户的时候，本人是散户，也就是说我买进的这些债券，基本上是

“杨百万”们的一手二手三手大概到第四手才传到我手中，也就是大头他们赚，我赚点小头，大概就是这么个概念。那是1990年，后来学校呆不下去了，就下海，下海以后，办了个杂志叫《壹周投资》，这份杂志呢，我今天带了些道具给大家看看，这些东西大家没看到过，就这么一本杂志，当时市场上两块钱一份，也就16页，然后我们就六个人办一份杂志，也就是说这份杂志是全中国最早的证券类杂志。这份杂志大概是办了8年就关了，为什么关？因为这本杂志挂号的是中国新技术创业投资公司，因为中创关了，我们杂志也就关了。那么，再接下来，我写小说，然后呢，做自由撰稿人，本人也是执业律师，有兴趣的时候也接受一些案件代理，就这么走到现在。

言归正传，进入我们今天的话题，今天的话题很简单——中国股市的昨天、今天和明天。我的主标题叫股海冲浪，我没有做PPT，嘴巴就这么讲了，我出来前花了两个小时，也就写了这么一样东西，我自己看得懂，我就随便讲，你们也随便听。我今天讲的主要是要照顾到大部分的同学，还要照顾到在座的一些企业家。对同学来说，中国证券市场可能是空白的，那么我也没有讲很多的道理，谢教授的课就是给你们讲很多的道理，那个是要考试的，那么我说的东西都是围绕这些大道理讲一些你们课堂上听不到的东西。

三、很多新四军老战士来开悦达上市会

股市是什么？我可以告诉大家，股市就是故事。我们打字时，不管是用全拼打还是用清华紫光打，你打“股市”之时，后面跟出来的必然就是“故事”两字，你打“故事”，后面跟出来的词组就是“股市”，所以我想这是天意巧合，股市的多少，是由无数的故事所组成的。所以接下来我很想写一本小说，如果说谢教授有兴趣，我可以跟谢教授合作，谢教授来写什么？写中国股市的正史，所谓正史，就是可以当教科书的历史，叫正史，我可以写什么东西？我可以写中国股市的野史，什么是野史？摆不上台面的，然后现实生活中又是确实发生过的。

比如说，我随便举个例子，在这个星期的《证券市场红周刊》上，我写了个人物，我经常喜欢写这么些故事，而且这个人我之所以写他，是因为我知道他是怎样一个故事，这个人是汽车业界的大佬胡友林，汽车大佬，是什么汽车知道吧？是悦达。悦达有个千里马系列，江苏悦达，它有个悦达起亚，马路上到处开的，形状像椭圆的，这个股票600805，名叫悦达投资。为什么写这个人，因为这个人两个礼拜前去世了，去世的时候，我才知道他的年龄——59岁，我原来第一次见到他的时候，我觉得这个人很老，至少比我应健中看起来老，他去世的时候，我发现他只有59岁，为什么很苍老？就这么个企业家，就这么一生，他出生在江苏盐城，我们在座的同学有没有盐城的？盐城是什么地方？苏北老区，再过去是什么地方？就是新四军的根据地，这个地方历史上很穷，胡友林是20世纪50年代出生的人吧，他当过两年兵，退役后回到老家，干些什么事呢？那个地方很穷，但是有个致富的道路，什么致富的道路？就是火车从他那边经过，把山西的煤运到南方，这个时候煤很紧张了，然后当地盐城区有个领导人说：“谁能搞到五万吨煤，我就把他招为临时工！”他如果能够搞到五万吨煤，那可不得了，能够做临时工啊，能够做临时工是那时候最大的祈求。他就说：“我行。”他就把家里的老母猪卖了55块6毛钱，带了几个兄弟，跑到产煤的山西。到山西后就到处公关，公关的手段是很原始的——喝酒。这桌喝了那桌喝，那桌喝了这桌喝，然后喝下了一肚子的劣质白酒，所以他最后去世的毛病是肝硬化到肝癌。实际上这个病根就是当时资本原始积累过程当中落下的。这五位兄弟后来就组建了江苏悦达公司，五个兄弟的创业就是它的雏形。那个时候蛮好笑的，他把煤搞过来了，搞过来了变有钱人了，有钱了再倒煤，倒到后来就成立了一个盐城驻山西的办事处，他当办事处主任，再搞下去，赚钱了，再后来连火车他也一起“仓”了，再后来，自己买了一个运输船，再后来就搞成了上市公司。它上市的时候我去过，1984年的1月3日股票上市，在当年的年底，那个时候我在做一家媒体，他在上海南京路与福建路口的海伦宾馆开了一个新闻发布

会，这个新闻发布会很搞笑，我参加过无数次的新闻发布会，而这个新闻发布会我说是可以写入中国历史的最精彩最有情感的一个新闻发布会，30桌酒席，进来的全是谁？全是新四军的老战士，个个穿着以前新四军的军服，老头老太戴着帽子，然后把勋章全部戴好。我一看不对呀，这不是新闻发布会，这是庆功会啊，因为那时候上市不像现在创业板上市，专家开个评审会，然后大家投票通过，靠什么？靠你填写的文件，要符合上边的规定，把故事写得越完整越好，你这个企业在哪里也没有人去过的。那个时候不行，那个时候股票怎么上市的？新四军的老战士领着要上市的公司的高管，一个一个中央部委过关，讲道理——我这个地方是革命老区，我们这个村庄都是寡妇村，男的都牺牲了，留下的女的和小孩延续到现在，都是为革命贡献了那么多的力量，现在怎么可以股票不上市呢？他们用这种方式去说动管理层啊，管理层听着也有道理啊，这个地方是穷啊，而这个企业是这个地方最好的啦，而且这个企业是搞煤的，又有车队又有仓库又有船，而且有股票交易，1984年交易到现在15年了也好好的，还搞出一个悦达集团。我可以这样讲，这个是SH. 600805，你把SH. 600806、SH. 600807、SH. 600808、SH. 600809这些股票的历史都研究一下，你可以写出无数个故事，而且是真实的，不是捏造的。我举这个例子仅仅就是想告诉大家，股市是什么？股市就是一个个精彩缤纷的故事，而且这种故事现在还在写，而且现在越写越精彩，越写越专业，股市就是故事。

股市昨天篇

一、尉文渊选定了台湾模式——“老八股”时代

接着我讲中国股市的第一个问题——中国股市的过去。过去我们发生了什么东西，最早的，大家看，这是中国股市的全景图，你看最早的这一段时间，就是这个尖尖的一段，这个叫“老八股”年代，我们的第一天股票交易是1990年12月19日。上海证交所第一任总经理叫尉文渊，也是我们的老朋友，我跟谢教授跟他都很熟的，当时叫小尉，可以说，他奠定了中国股市的交易基础。当时搞什么样的交易模式谁都心里没底，他跑到美国去看，跑到纽约交易所混到经纪人里去混到大厅里跟人家聊，跑到台湾看过，跑到香港也去看过，甚至跑到人家的计算机房里去看过，各个国家地区的模式看下来了以后，他最后选定了一种模式，什么模式？台湾模式。我两次考察过台湾，我后来发觉我们这一套交易工具，K线图、走势图、什么技术指标等跟台湾的模式是一模一样的，我们跟香港的模式不一样，跟台湾的模式是一模一样，跑到台湾，你去看，早上一打开各家电视台，台湾的媒体评论，我可以说，他们可以把股市死的都说成活的，他们讲的技术分析的语言跟我们这里完全一模一样，然后你跑到散户大厅看行情显示，跟我们这里也是一样，我第二次（2005年）去的时候，我去考察过他们的计算机系统以及电脑显示系统，我后来发觉，我们现在已经超过台湾了，就是说我们的交易手段比台湾更先进了，我说的是技术方面，也就是硬件上更先进。

二、城隍庙100元一张股票涨到1万元，有人因此娶妻成了家

早期的股市是老八股时代，那时上市交易只有8只股票，股票是什么样子？我们在座好多同学可能开户了也开始做股票了，现在创业板也开始开通了，大家也可以参与了。什么叫股票？你们看到过股票么？我今天带给大家看一下，这就是股票，我拿的是真实的股票，不是假的哦，不是纪念版的股票，是真实的股票，上海延中股票有限公司，它上面写得很清楚的。那个时候的审批单位是谁？那个时候还没有中国证监会，叫中国人民银行上海分行，1985年1月2日发放的文件，（拿出延中股票展示给同学们看）这一张面值500块，这一张是50块一张，这一张是后来增发的东西，下面还有董事长的签名盖章，这个董事长的名字叫周兴荣，发行时间

1985年2月17日，我就是在1985年2月17日做股票的，那时候股票背面有让股人和受股人，如果说我要把股票卖掉，我就在让股人上面盖个章，谢教授把这个买进了，他也要在下面盖个章，然后写上日期。还有一张息折卡，分红记录就记在卡上，每年分红时排队去领红利，那个时候感觉很好的，不像现在，现在买卖的不叫股票，叫电脑符号，它打印出来一个账户单，这不叫股票，而是凭证，证明你有过这个买卖，而不是你财产所有权的凭证，我们这里是不是有学法律的，从票据的角度来讲，它不是股票而仅仅是一种凭证，所以说我们现在全世界买卖的都是电脑符号。那个时候的叫股票，我记得我当时买了20几张股票，很开心，睡觉的时候放在枕头边上，然后看到受股人有我的盖章，我做老板了，我是这家公司的老板，我是股东啊，那时候我感觉很好，现在就没有这种感觉了。现在我10块钱买进了，12块抛，12块买进了，跌到8块，套牢了，到最后全都是套牢的，因为赚钱的都跑了，到最后不动的都是套牢的，所以我觉得这蛮有意思的。刚说的是延中，我再给大家看看飞乐音响，这是最早的，那个时候发得最多的股票叫真空电子，100块一份，最高时炒到过2000多块。发得最多的炒得价格最低，发的最少的炒得价格最高。我再给大家看一个创造奇迹的——城隍庙，100块，最高涨到1万多块，那时候100块买进一张股票，1万块抛掉，抛掉以后拿回来的现金，他们说可以讨一个老婆。那时候结婚这点钱就够了，后来《新民晚报》搞了个大特写，就写我的一个朋友，说得蛮难听的，说他100块买了张股票，1万块卖掉了，娶了他老婆，这朋友很不高兴说我老婆就值一张股票啊，不过那时候结婚一万块也就够了。大家看，这就是“老八股”，我这里有完整的一套，也是我个人的财产所有权，这是真实的，全中国能拿得出这套股票的人不多。再给大家看一张有代表性的“老八股”，“老八股”中唯一的一张外地股票——浙江凤凰。它是当时唯一的一家到上海来交易的外地股票。其中有一张我收藏的股票，不是我自己的东西，是我收藏的，蛮有意思的，我不知道在座的同学中有没有听说过这个人，这个人是中国股票史上最赫赫有名的，叫牟其中，但是现在人还在监狱，这张股票叫南德，这股票上面还有他的签名，他当时拿几火车的易拉罐换回了两架俄罗斯的飞机，他现在关在监狱里都还给中央献计献策，想把南极的什么东西引过来，有人说他是神经病。他还做过很多可行性研究报告，天天在考虑国家大事，虽然人在监狱，但天天在考虑人类的问题。（笑声）

“老八股”就发生在屏幕上全景图上这尖尖的一段时间，有5年的时间，到1992年，整个市场就进入了第二个阶段，这个阶段也是创造奇迹的一个阶段，时间在1992年，在图上竖线的左边是“老八股”年代，竖线的右边中国股市开始剧烈震荡了，到1992年、1993年中国股市进行了历史上第一次最大的扩容，那个时候被认为是历史上最大的利空开始侵袭。那个时候中国股市发行了认购证，就是我手上拿的东西，它不是股票，而是股票认购证，里面有当时最先进的技术，叫碳写复印，里面有好几页，中签后就拿掉一张，然后第二次再看住自己的号。这个东西制造了中国股市上无数个百万富翁，我们现在股市上的大户相当一部分人都是靠这个东西发财的。这不是股票，不过，那个时候的买股票就要买这个东西，这个东西30块一份，为什么要买这个东西？因为那个时候发行股票，有一个叫兴业房产，发放预约券，结果差点出大事，如果接下来发股票继续用这个办法，那老百姓肯定是通宵排队来领这个预约券，如果要花钱买，你卖得太高，100块一份，大家不买，就发不出去，卖得太便宜，1块一份2块一份，那理所当然大家把它当成是福利彩票一样买，那也不行。后来经过博弈，决定发行30元一份的认购证，那个时候全上海的人都认同，30块一定要买。所以机会这个东西啊，来了抓住就抓住了，过去了就过去了，这里面有好多回忆，这个都是我们亲身经历过的。

那个时候我在报纸上已经开始写文章了。我1990年开始发表评论，基本上每天都有言论在市场上发表。现在怎么说呢，能坚持20年不容易呀。实际上很简单的，你百度一下应健中三个字，或者谷歌一下应健中三个字，去看应健中所做的，所发表的言论，实际上早期的言论都没有记载，因为那时还没有谷歌和百度，我现在掌握整个中国现在好多人都还不具备的资料，有好多出版社问我要，因为我有个习惯，我从1990年1月1日开始写评论写到现在，基本上每周每天不停地写，我有个习惯，凡是针对我的报纸我要保留，保留一份，那么你想想看，正因为我把1990年以来发生的所有事情都保存下来，我现在保留20年我没翻动过，我只要拿出任何一张报纸，因为一张报纸除了我以外前前后后还有其他东西，我就能讲的出那个时候那一天发生了什么，现在好多出版社找到我，他知道我有这个好东西，他说这样也不让你写，我们帮你找写手，你只要把这套东西给我，我们把它扫描，把它复印，我们可以把这套东西归结起来。但我觉得这是我的个人财产，不能给你。（笑）

三、金色的认购证掀起中国第一阵金融狂飙，制造出很多百万富翁

回过头来看1992年的认购证，我曾经在谢教授一本书里写过其中的一部分，发生在我身边的故事很多的，那个时候我经过研究和测算，那个时候测算的方法也很简单的，怎么很简单的呢？不知道你们这里有没有学管理的，学管理的有一个即时工作访问，什么叫工作访问呢？就是我们先了解工商银行有几个点，然后派人观察一天，从早到晚，从上班到下班，有多少人来买，然后看每一个人买多少，就算一个点、一个窗口一天有多少量，发行两个礼拜，工作人员满负荷工作的话，后来我们测算下来，大概两百份左右，那个时候就已经告诉你股票发行多少，到最后是207万份，距我们当时的测算相差不多，当时发行十几个股票，我们就觉得肯定是稳赚。当时是1992年，发生了什么事情？改革开放的总设计师邓小平南方谈话提出，要加快步伐，胆子要更大一点，步伐更快一点。那个时候上海的胆子就放大了，一下子一年发了五十几个新股。

1992年，我在一所学校工作，我们教研室有十几个老师，那个时候我是教研室主任，我管这些老师，给他们排课，大家都希望一个礼拜的课两天全部上完，而且最好有一天排在礼拜二或者礼拜五，因为那一天学校要开会，能够来的次数越少越好。我觉得也烦了，蛮难排的，各人有各人的想法。那个时候发行认购证了，我就动员整个教研室的老师都去买，后来我们教研室的十几个老师每个人买100份。最后有一个老师犹豫了，最后一天下午五点钟关门，他三点钟过来跟我说我3000块钱在口袋里，到底要不要买，我跟他说了一句话如果你后悔了，一个礼拜之内算我的，但是期限只有一个礼拜，结束了以后我就不管了。后来他犹豫了一下，最终还是在关门前十分钟买下了，100份什么概念？能够赚50万，1992年的50万，不是现在的50万，（谢老师：一份认购证30元，100份就是3000元，可以赚到50万。）3000元的本钱三个月就变成50万了。接下来我的日子就好过了，所有的课你不要上，大家抢着上了，但其他教研组的老师眼红了，后来我说算了算了我走了，我不呆在这里了，呆在这里没法相处关系，领导不舒服，几个校长一看感觉更不好，这样的发财机会你怎么不告诉我一声。于是都对我有成见了。（大笑）所以人就是这样，机会来了，擦肩而过，你逮住了就逮住了，过去了就过去了。

四、人生就要抓住机会：有人与千万富翁擦肩而过，有人现身价已达几百亿以上

什么叫擦肩而过？我有一个好朋友，现在已经去世了，《文汇报》的一个政法记者，“大特写”写得特别好，也是作家协会会员，五年前去世的。那个时候他就跟我说，他带了6000块钱，也是发行的最后一天跑到工商银行的一家储蓄所，那个时候没人买了，他进去了，柜台里面三个小姐坐在里面，看到一个人走过来以后呢，那三个小姐就笑了，有人说了句上海话：又来一个“冲头”（傻帽的意思）。他听了以后面子放不下来，说“不买了”，掉头就跑，这一跑，100万财富与他擦肩而过。所以人有时候脸皮要厚一点，自己认定的东西就大胆下单。不要为了一句话影响自己的情绪，弄不好还影响自己一辈子。说有一个大户一下子买了两箱，一箱2000份，两箱4000份，但这个人是干倒卖这个活的，那个时候认购证要记名，他说我记名之

后卖给谁啊，我发不出去啊，别人告诉他你至少要留一点，有可能改变你命运啊，他说不行，我留着干吗，30块买进，35块卖出。本来100份50万，1000份就是500万，于是2000万与他擦肩而过，人生的命运啊。上海滩有一个人做得最好，李羽成，法人股大王，这个人原来是什么？是在上海城隍庙摆摊的，没什么文化，最早开出租车，参与认购证买卖，后来成为中国最大的法人股大王，现在成立了一个公司。听说个人身价几百亿以上，是上海最有钱的，干什么呢？就干这个活的，就从这个圈子里出来的，所以认购证可以创造无数个奇迹，但这种奇迹我个人认为不可忽视，过了就过了，抓住了就抓住了，人生有无数个机会，有一个机会你逮住了就行。

我们看中国股市的大趋势，在中国股市到现在20年里，不一定每个机会都逮住，你逮住几个就行了，逮住几个就能改变人生。我们看中国股市到现在为止到底有多少个大机会，我归纳了一下，大致有这么几个大机会。第一个，在这个以前，在这一段，如果你当初就买股票，赚多赚少每个人都可以赚，我很赞同，如果你把我刚才给你看的"老八股"，这些股票你作为一个长期投资者的话，把当时的股票放到现在，能够翻多少倍，至少在500倍以上，问题是没有人能把当时的股票放到现在，人就是没有这种定力，好多的人50块买进的，130块抛掉，少的话500倍，多的话1000倍以上。比如说深圳有一个股票，SZ.000001，叫深发展。如果当时花1万块钱买2000股，到现在1500倍，你现在的身价就是1500万，大致就是这么一个概念，这是第一个机会。第二个机会，这一段的机会就是认购证，它的效应就像爆米花一样，然后我们看接下来这一段，这一段最低的跌到500多点，历史上最高达2245点，这一段维持了很长时间，从1994年一直到1999年，这些年中赚钱那都是赚小钱。第三个是最有爆发力的机会，短短的一年半当中，中国股市出现历史上少见的、在全世界上都是少见的一种发疯的行情，如从2005年的998点涨到了6000点，在这一段之前实际上中国股市经历了好几年的大熊市，这个大熊市过去后消灭了好多大户，也消灭了好多机构，中国的证券公司关掉了20%，那么否极泰来，到了这一段就爆发了大牛市，这是一个大机会。

接下来从去年开始出现了一个大熊市，好多人栽跟头，那个大牛市要经历六年，而这个大熊市一年让人的财富抹掉一半以上，今年开始，我们看即从1600点走到现在，现在又到了比较关键的敏感时期。中国股市的昨天到底发生了什么？简单说就是发生了这么几段故事，这些故事背后又派生了无数个惊心动魄的人和事，这是我要给大家介绍的第一个话题，叫作中国股市的过去，过去了就永远过去了。股市上有句名言，这句名言也蛮有启迪性的：股市没有过去，只有今天和明天。这是全世界股市当中很有名的一句股谚，过去的永远过去，不要说过去的20年，哪怕是今天的行情结束，那么今天也应该过去，否则的话你永远活在过去，不可能活在当下和活在未来。

五、资本大亨：几十亿的家族连电器也舍不得用

人生就是这样，人有三种活法，有些人活在过去，有些人活在今天，有些人活在未来，现在好多人股票做不好，为什么？因为他活在了过去，活在了昨天。随便举个例子，我们现在在座的复旦大学同学正好是风华正茂的时候，都会有初恋，都会有爱情，有缘就成为婚姻，没有缘就成为过去，有些人很坦然，过去了的东西就过去了，有些人就活在过去的阴影当中，活在痛苦之中，将来发生什么事情他就搞不清楚了，因为他活在过去的这个思维方式当中。你去观察一下，有好多人活在过去，包括我们这一代人，好多人活在过去，就是英语当中的过去式。我认识上海滩的一个资本人物，很有名，他的家族都几十亿了，他的父母也是老知识分子，照常理来说，知识分子很想得明白的，但他就活在过去，为什么活在过去？他每一分钱都算得很紧，紧到什么程度？家里的用电每个月不超过50块钱，洗衣机不用，用手搓，为什么啊？因为省钱。这个省钱也是一种生活方式，我们季羡林老先生也是这样，他节约到什么程度？他为了

省电，家里没有任何家用电器，这个省电不是从资源节约这个角度来讲的，是为了省钱。他不是没有钱，他有很多很多钱，他收藏的画最低水平是齐白石的，齐白石的一幅画拿出去多少钱啊。其实我发现这是一种生活方式，活在了过去活在了昨天。做股票也是这样，我们这个圈有好多朋友，就不多说是谁了，搞来搞去也搞不大，为什么搞不大？他的言论、他的思维方式、他写出来的东西都是过时的东西，喋喋不休，这个很讨厌的。我们还是应该活在当下，活在今天，活在明天。但太明天也不好，股市呢还是活在今天比较好，今天怎么样就怎么样，将来太远，浪漫主义者都是活在了未来，讲了老半天，今天的事还没办好，所以人生难也难在这个地方。

股市今天篇

一、创业板：亿万富翁就这样批量大生产

接下来我讲第二个问题，就是中国股市的现在。我想谈谈我的个人观点，我在电话里和谢教授简单地沟通了一下，股市有意思在什么地方？股市上有一句话，这句话可能年轻的同学不记得了，像我这个年纪的肯定记得，也就是“文化大革命”时流行的一句话：革命不分先后。那个时候是造反派的年代，你干得好不如干得少，你晚到的反而赚钱了。比如说当下的创业板，明天发10个股票，我说中国股市进入了一个批量造富的年代，现在亿万富翁批量大生产，什么叫批量大生产？明天是中国股市创造历史的日子，2009年9月25日是可以载入史册的，他创造了中国股市的两个新纪录，第一个新纪录是一天发行10个股票，第二个纪录是发行市盈率是71倍，这两个可以写入中国史册，明天股票发行出去了，中签率1%，这是什么概念？认购概率100倍，明天会发生什么奇迹？明天会有很多人哗一下子拔地而起啊，原来手中有几百万小钱的，一下子身价上亿了，有些人甚至几十亿啊，我觉得现在政策真好。我今天看了《中国青年报》，说有一个大三的学生，半年以前持有股票转让，他现在的发行价三十几块，这个人的身价噌一下子一个亿了，不到一个亿，如果按发行价算，就差不多好几千万，如果35块发行价，70块上市，那这个人就是一个多亿身家了，这是何方神圣啊？亿万富翁就这样批量生产，潮涌而来。那这里面是不是有一个好爹妈也说不定，可能是有好爹妈，也可能是好的什么东西，还有可能仅仅是借道而已，外人谁也说不清楚，但是我们绝对可以假设，明天发行价最高的一个股票是多少？最高的58块，我们知道股票一股多少？1块一股，58块溢价发行，它的溢价是57块，那么这个奇迹明天创造一下，国庆以后新的奇迹又开始了，这个奇迹就是创业板股票上市以后怎么炒作。

二、金融危机后挑战与机会并存——股市也能大涨

围绕着这两天发生的事情，我讲一下我对近期股票市场的一些看法，中国股市发生了什么。从2008年11月的1664点上来以后涨到最高3478点，然后掉头最低跌到多少？最低跌到2639点，最近又开始上来了，这一波行情可以这样讲绝路逢生，现在这个股市出乎大部分人的意料，我们要超出常人的理解来看，这个市场已经到了令人敬畏的程度。1664点发生在2008年的11月份，2009年开盘指数1849点，1月5日开盘的，上半年涨到最高3478点，上半年的股市走势出乎大部分人的意料。我们天天在研究，我们不仅在研究市场，我们还在研究其他人的观点，比如说空头，这段时间哪几个评论家最看空行情，哪几个机构的观点别出心裁，基金、指标人物的行为，这些都是我们观察的一个参照系。今年年初，我们把所有机构对股市的分析报告拿来看，到今天为止我们得出一个结论，所有的机构报道全部出差错，去年年底的时候，金融危机已经到了登峰造极的地步，《货币战争》的作者宋鸿兵就预言美国的金融危机还有第二波，而且第二波还要更厉害，所以今年年初的时候，中国的经济学家不看好这个市场，所有的机构

都不看好这个市场，相当多的评论家说房价不崩坍算好的了，股市不跌到1000点，算万幸中的大幸。所有的人都这么看，因为接下来，美国的次贷危机之后，是信用卡危机，而信用卡危机带来的对全球灾难的席卷，根本不可估量，那简直就是一次第三次世界大战，当时大家对市场分析都不看好：认为2009年没有行情。2009年上半年股市已下降为主，极限大概是一千多点，而2009年下半年会有行情，为什么呢？中国政府的4万亿的救济政策开始慢慢发酵，开始慢慢起到作用，下半年经济曲线会走好，CPI指标、PPI指标会走好，走好以后对股市会有一波行情。结果，结论大家看到了，从这条线走到现在，是2009年1月1日开盘走到现在的行情，实际上，我们到现在已经得出结论：2009年上半年有大行情，下半年没有，这个行情正好相反，上半年大行情，大牛市，为什么大牛市？1849点涨到3478点，涨了80%，半年涨80%，这不是大牛市是什么？存银行一年年利率只有2.25%，而股市提供的机会是80%，这真是千载难逢啊，全世界没有的。所有的机构认为下半年有大行情，下半年没有了，看，这个股市又在痛苦地挣扎，也就从这段开始，到后来也就基本上没有了，今年也就这样了，今年也就差不多了。你想想看，这个礼拜过了以后，下个礼拜只有三天，三天基本上没有什么行情了，因为马上就要过节了，手中有钱的人除了认购新股什么也不敢做，八天的长假会发生什么事情谁都无法预测？所以基本上大家都不动了，看成交量每天下降就是一个证明，好了，过了国庆以后剩下来的还有60多个交易日，60多个交易日，2009年就结束了，已经赚钱的机构以最保守的操作来保证操盘手年终的奖金。基金经理就算了，我基金今年总体盈利有多少？按提成的比例我可以拿多少？以此来保卫上半年的胜利成果，大家的思维方式都是一样的，因为我们会计的结算是以年为单位的，以365天为单位的，那理所当然，大家到年底都要算自己的红包了，所以所有的机构都是这种行为方式，所以今年我觉得行情就这样了，就这样走到头了。所以我觉得蛮有意思的，我介绍这个观点说明什么？说明中国股市已经足够大了，大到什么程度？大到了令人敬畏的程度，大到了出乎人的意料，没有一个人能够大比例地预测准，所谓的股神，实际上都是扯淡，所以这个股市已经发展到这种程度，也就是从这个角度而言，什么是市场？这就是真正的市场，掌控中的市场那就不叫市场。而且中国的股市是越来越市场化，所以我觉得这个市场就有意思在这里，就令人值得博弈。好了，这是我的第一个看法。

三、寻找长期持续性爆发成长之牛股：苏宁电器5年涨了30多倍

第二个看法，给大家介绍一下，现在发生什么？就是中国股市新一轮的财富分配。今年下半年中国股市进入了财富的重新分配，股票市场，我们知道从理论上来讲，它是一个资源配置的场所，这个场所能够由中国市场的力量来使人、财、力、资源得到最佳的配置，这些都是大道理的东西，说到底，就是重新分配社会财富。市场提供了无数的机会，就看你怎么去博弈，看你怎么去冲撞，怎么去把握时机。接下来我们看财富分配，它是怎么分步进行的。我们目前推出的，是一个全世界从来没有过的、比任何一个国家力度更大的创业板市场。我们来看全世界的创业板，我经常看谢教授的文章，他上个礼拜也说了：创业板，什么国家和地区最成功？就美国成功了，其他国家和地区不太成功，德国三开三关，没成功；台湾，也不行；香港，也不行；日本也不行。那么，美国的创业板靠什么来支撑？实际上就是靠公司，个别的也不是全部的，这些我把它称为“伟大的公司”，如微软、雅虎等等以网络股为代表的具有革命性的、从事产业的这么一种交易品种，就是它现在的根基。如果没有那么一批公司，那它早就关门了，像微软这种公司，它开始的时候也是一个小公司，有了这么一个市场，它得到了融资的机会。创业公司在银行借不到钱怎么办？通过在市场上直接融资，有愿意投资的风险投资者、大投资家介入。在市场上公开发行以后，有愿意投资的来认购，那么，你成功了，就成功了；关门了，就关了。风险投资家，他们做的就是找这样的小公司，这里投2000万美金，那里投5000万美金，他有他的评估方式，他们评估了以后发现什么？投了20家，他能做成2家，他就

赚了。风险投资家干的就是这样的事。他们有一个总的投资，只要有几家就行了，关了就关了，能捞回多少就捞回多少。捞不回的也就算了，到了市场，股票发出去以后，他就赚了，跟中国的行为方式不一样。如果企业没有经营业绩的话，在国外的市场上，它是公开发行也得不到资本，但中国有中国的国情，在相当一段时间里，中国好股、烂股，什么东西都卖得出去，只要你放在一个公开市场上，这就是中国的国情。我觉得这也是中国投资可悲的地方，但也是中国股市可爱的地方。比如说我随便举个例子，全世界没有这么烂的公司了呀，但中国也堂而皇之地发出来了。这种股票是全世界没有的，这哪是股票啊？这家公司，它的盈利我觉得也是假的，每股净资产只有3毛钱，每股资本公积金居然是负的，负七毛几，你还欠它钱呢，没有公积金可以分给你，而且你投资，你还欠它的，但是它发行股票可以发5块1毛，而且中签率也能达到1%，没有发不出去的道理。明天71倍市盈率发行的，照样抢光。这就是中国投资可爱的一面，没有发不出去的。那么接下来我们看中国的创业板。我不知道在座的同学们有没有做股票的，我觉得创业板有机会。为什么？机会在哪里？我给大家讲一个诀窍，而且我感觉到中国未来股市的大机会，可能就在这里。最近这两天我一直在想，然后我也想做一个投资组合，我想试试看。如果这次能够给我试成功的话，可能是我人生中最后一次比较大的博弈。我还在思考，但是我毫不保留把我思考的东西告诉你们，因为这里面也不存在什么内幕，也不存在诀窍，这么做的话不取决于什么东西，取决于你有没有这个定力，我说的定力是你很有耐心地对一家股票持有5年，8年，10年，什么道理？我给大家讲一个最基本的方法。没做过股票的同学可能会感兴趣，人为什么要做股票？假如我有1万元，拿到银行去存，工商银行，农业银行，任何一家银行去存，年利率2.25%，1万块钱，一年的利息225块，这是国家规定的，风险为零。国有银行里没有风险。你去买债券，你的收益可能达到2.7%或者3.0%，那么人为什么要做股票呢？做股票靠什么赚钱？我把这个问题问做了十年股票的人，好多人还是搞不清楚，糊里糊涂的，为什么赚钱，为什么赔钱，他们搞不清楚。实际上做股票靠什么赚钱？做股票赚钱有三种盈利模式。第一种盈利模式是什么？分红。我是这家公司的股东，我持有这家公司的股票，我用自己的钱买了这家公司的股票，理所当然我要有收益，公司对我有回报，这个回报最简单的是什么？是分红。每一股一年赚了5毛钱，很多公司只把2毛钱分红分掉了，3毛钱投入企业扩大再生产。然后按照财务会计准则，按比例提取资本公积金，这是第一种。中国人，中国的股民对分红不屑一顾，这种股票，你一年能分我5分钱吗？5分钱也算好的，我看它这个公司连5分钱也分不出来。我5块3毛1买的，分5分钱，我持有股票一年，投资收益1%还不到，如果你能分1毛钱，我2%还不到，如果你分2毛钱，我就赚了，比存银行要多一点，但中国投资者不在乎这一点，什么1毛钱啊，我在市场上逮住一个涨停板，把你两年分的红全部赚了。但老外却不这么看，老外的脑子是方的，他就这么比，我美金存在银行里利息多少，然后我买了这个股票你每年能分我多少，比一比，比银行多就买股票，老外脑子就这么简单。还有好多公司，成立了10年，它发的股票一分钱没分过红的也有，买卖是你们自己的，赚了是你们的，赔了也是你们的，跟我一点关系都没有。有些公司分红分得很多的也有，但是总的来说，靠分红是发不了财的，如果以分红作为盈利模式，那么我劝你不要做股票，太微不足道了，你要等一年，我今年拿一年，到明年你才给我多少这不过瘾，也不够刺激。

好了，第二种模式是什么？赚钱的模式就是全中国几千万股民天天干的活，3块进，4块出，就像泰国人跳舞，全中国股民都在做这个活，3块进来，4块出去，这个股票有效益，啪，进去，进去以后，3块买的，第二天一看，涨到3块2毛，抛出，蛮过瘾的。反过来也一样的，这个游戏叫什么？这是全中国股民自娱自乐的游戏。你想一想，低价进，高价出，这个东西不烫手才怪呢。这就是，你卖出来的，我买进来了，我卖出去的，谁买进了，我不知道。股票，股票是什么东西？股票是一个全中国人民在东南西北，中华大地上搓来搓去的一副大麻将。你抛出去的股票，出去；有人抛了，买进，谁卖给你的你都不知道，你抛出去了，哪个冤大头接走了你也不知道。上海抛出去的股票新疆接走了，海南买进的股票可能是东北抛出去的。有意思就有意思在这里，这个叫什么？这是全中国人都在搓的一副大麻将。股市很好，我不知道在座的同学们有没有学社会学的，如果有社会学的，你们做一个课题，毕业论文就写这个东西：股市社会学，你们老师也看不懂，老师一定觉得这个课题好，中国有了股市以后，太平多了。我可以这么讲，中国1949年解放以来，实际上你从社会学这个角度来想，产生了一大批一大批人，人太多了，就搞来搞去，“反革命”，啪，一下打下去，等这批人打下去以后，啪，又一批人打下去了，“文化大革命”，啪，一批人打下去了，“文化大革命”结束以后又搞清查，啪，又一批人打下去了……就这样一批一批的，斗来斗去，你斗完这一批，前面的人又忘了，把“文化大革命”后来“清查”的三种人忘了……那么有了股市了就这点好了，所有阶层的人，大家都坐在一起，你们有机会写股市社会学，你们跑证券公司去进行社会调查，各种各样的人都有，现在没有了，以前所有人都坐在一起，有监狱里面放出来的，有些是解放前国民党时关过监狱的，也有新中国时期犯事关过监狱的；有大学教授，也有离休干部，什么样的人都有，大家坐在一起，很平等地讨论一些问题。中国找不到另一个场所，各社会各阶层的人可以坐在一起讨论共同的话题，没有，找不到了。而且股市是什么东西？股市是一所学校，股市上的股民，你随便去找一个人出来，他跟你讲国家大事、国际大事，他讲起来绝对比有的单位的党委书记讲得还好。为什么？这跟他兜里的钱有关系，他们个个都是自学成才。所以谢教授讲的金融学，在股市上很多股民都是自学成才的，当然他们不进大学，不拿学分的。中国真的蛮有意思的，股市是个大学校，还有手机也是个大学校，走进这个学校，很多没文化的人都学文化了，你想那些装修工人、建筑工人，到我家里做钟点工的小保姆，以前在农村没读过书没上过学，然后现在有手机了，知道手机短信比打电话便宜啊，人人都会发短信了，会发短信就识字了，小学六年级也不用读了，手机里面学到了。我觉得这个真的蛮有意思的，股票实际上是中国社会上一个大的融合体，全中国都在玩这个游戏。这就是我们讲的第二个收益——差价，这个差价是全中国股民自娱自乐的游戏，你赚的可能是别人赔的，6000点逃顶了，4000点套进去了，这就不是自娱自乐的游戏了，那是什么呢？这个就是社会财富的大巨变。这个是盈利模式吗？这就得看你水平了，看你个人的造化，这个造化有条道路，什么道路看自己的感觉，这种感觉，有些是天生的。我这个书里写过一个人，这个人是上海有名的，叫什么名字我就不说了，原来在证券公司门口，广东路西藏路口有家证券业务部，有一个大户，天天穿着拖鞋在证券公司门口，那个时候他身价1000万，中午就一碗咸菜面，我问他你这么有钱了，为什么不吃得好一点？他说，吃进去再好的东西，拉出来的都是屎。现在这老兄身价已经好几个亿了，他为什么会成功的你知道吗？他没文化，为什么会成功？这个大户，我可以告诉大家一个姓，姓秋，他没什么文化，他干什么活？他们最早干的活是“投机倒把”，就3块进4块出的那种，他倒过电影票，倒过粮票、油票、自行车票、缝纫机票、手表票，那时候都要票的，他就倒这个东西，那个时候打倒“四人帮”后第一届高考即77届高考，没有教材，所有人都想考，但是没有教材，那时候有一套《数理化自学丛书》，你们父母这一代你去问就知道了，数学4册，化学4册，物理4册，就靠这套东西，英语靠什么东西？一个是《英语900句》，还有一个是《基础英语》，当时稍微有底子的人，稍微念过书的人，谁拿到这份教材，谁就能进好学校，谁到考试还拿不到教材，活该。所以那个时候教材没有啊，人们都买这个教材，这小子就干这个，他把成批成批从厂里面生产出来的《数理化自学丛书》高价买进，自己搞了个摊子，他说：“人家富脑袋，我没本事，我就富自己的口袋。”然后就把这个书加一倍的价格从厂里买进，以五倍的价格卖给需要书考试的学生。这个人为什么会有几个亿的身价？他在股市上会吃亏，但是不会吃大亏。他有一个本事，什么本事知道吧？我们现在有句话叫“割肉”。“割肉”这个话怎么出来的？就是他嘴巴里出来的。他“割肉”的水平是大户圈子里最早流行的，这个股票15块，跌跌跌，跌到12块，他看不行了，一刀子割出去，不会像有人一样一直拿到两块，他一看不对就抛出去了，买进股票赚了，赚到一定程度抛了，买进股票套牢了，比如说套5%，他就抛出去了，他不会让它套10%，他这个本事怎么学来的？从倒卖电影票上学来的，电影票那个时候2块一张，他买到手以后，专门卖给谈恋爱的小青年，10块一张，专门找男的作为营销对象，男的要面子，女的在边上，不好不买，20块钱就掏出去了，他4块钱买进的，20块卖出，什么叫割肉呢？离电影开场还有2分钟，他2块钱买的票，5毛钱也出去了，他说那个时候不割出去的话，废纸一张。在电影开场之前，就必须要“割肉”割出去。我讲了半天，第二种盈利模式叫什么？差价。

那如果觉得这两种模式都不是我们追求做股票的一个最好选择，那么股票还有第三种模式，第三种模式是最具有爆发力的，第三种模式叫什么？叫股本扩张。我跟大家说一个股票，这家公司很有名，叫苏宁电器。做电器的有苏宁，有国美，有永乐，你看这个股，现在好像跌得一塌糊涂，现在价格14块儿，但是我可以告诉大家，你根本感也没感觉到，这个股票当时你开盘买进来的，开盘时29块买进，时间是2004年7月21日，你放到现在，我可以告诉你，你已经赚了30倍，尽管现在价格还很低，看得出它的奥秘吗？你看不出它的奥秘，它在五年当中生了六代子孙，我们看一下，它现在总股本多少？总股本44.86亿股，每股盈利2毛8，每股净资产2毛2，这家公司当时发股票的时候总股本多少？我们说一个案例就很能说明问题。当时发行的时候发行多少？2500万股，发行价16.33块，当时的总股本9316万股，现在多少？现在44.86亿。知道它是怎么干活的？它一年一次或者两次把资本公积金10：10转增股本，第一次10：10赠，第二次10：10赠，第三次再10：10赠，10送10……我们来看它的分红后果，比如说2008年12月10送2转3，2008年6月10转10，分红我们就不算了，2006年10转10，2006年6月份，10转10；2005年6月份，10转8；2004年，刚上市不到半年，10转10。就这么搞来搞去，你想想看，16块发行的股票，26块开盘，我作为投资者26块买进，这种公司我跟着它玩，我26万买1万股，第一次10转10，1万股变2万股；第二次10转10，2万股变4万股；第三次变8万股；第四次变16万股；第五次就变32万股；第七次64万股，而现在股价14块，你说他赚了多少？苏宁这样的效应是一个典型，时间多少？五年，那么，接下来发的那么多股票里面，有没有苏宁？肯定有。有没有像苏宁这样的，具有“爆米花”效应的股票？肯定有。我们就寻找下一个苏宁，这种股票，你跟着它玩下去，你就能够改变人生。这就是什么？接下来市场热点——中小板、创业板的一个爆发力，这种效应等于你发现了像美国的微软这样的公司，当然微软要比苏宁伟大得多，我并不是说现在我们一定要买苏宁，苏宁这个东西就像一个人一样，人有少年期、青年期、中年期、老年期，老年期进入衰退期，到最后就ST股票下来了，然后市场重新资产重组，人不能不衰老，股票给它包装新的东西，然后重新开始，游戏叫game over。我仅仅说了一个案例，接下来我给大家讲里面的诀窍，为什么能10转10，10转10？这个道理谁都懂，为什么其他都做不到它能做得到？它有它的能力做到。我们知道这叫股本扩张，那么股本扩张它靠什么东西扩张呢？分红不能扩张的，分红仅仅是把盈利分掉，现金红利分一份。我通过两种途径可以使它股本扩张，比如说我有能力送股，2毛钱的红利，我们知道股票是4块一股，我2毛钱的红利，我可以做成方案叫10送2。每十股送两股，2毛钱就可以送了，就是说我公司赚了5毛钱，我愿意拿2毛钱来分红，我有两种做法，第一个是每一股送2毛钱，这是一种做法，还有第二种做法是每十股送两股股票，因为股票是1块一股，好多上市公司不愿意送股而愿意分红，因为分红之后，公司仍然保留原有股本，它的财务数据不稀释，如果送股送过以后，股本扩大了以后，那你对下一年的盈利压力就大了，就是这个道理。那么，为什么这个苏宁会这样干呢？

它很少送股，它把资本公积金送股，那么资本公积金怎么来的？这个就是诀窍了。什么叫资本公积金？我举个例子，比如上次我写了一篇文章，我调侃说有一个小姑娘准备找对象了，她来问我该找什么样的对象。第一个给她介绍的小伙子，这个小伙子收入很高，每年盈利10万块钱，每股收益很高啊，但是呢，资本公积金没有。什么叫资本公积金呢？就是家里的底子，意思就是他的家底比较薄。父母这边不能把资本公积金转化成股本，就是没有底子了。这是一个小伙子，那么另外一个小伙子呢，收入比较低，一年收入两万块钱，一个月2000块钱都不到，但这个小伙子呢，他有一个条件，家里资本公积金很丰厚，所谓很丰厚就是，比如他结婚父母就可以转送一套房子给他，那么同等条件下你找谁？最好找一个每股收入或者说是每股盈利也很好的，资本公积金也很好的，当然这个比较难找，人家就算有这个条件也不一定看得上你。所以，通过这个例子我们可以看到，资本公积金实际上就是他的家底。那么资本公积金哪里来的？我可以告诉大家，中国的上市公司的资本公积金大部分都是通过高溢价发行股票来的。大部分都这样的，因为照理来说你每年的盈利，比如说10%，要提，比如说你每股盈利了1块，你往前计入资本公积金，但是你如果这样计入资本公积金，要把资本公积金增厚很难很难。然而上市公司的高溢价发行实际上就是上市公司对于社会财富的转移，我的理解就是这样的，然后来做厚自己的力量。什么意思？我举个例子，我们以苏宁来看，苏宁发行价16块3毛3，发行2500万股，那么它可以筹集资金多少？资金净额是3.9亿，那么按照财务准则来计算，它这个2500万股发过以后呢，到账3.9亿，这个钱到账以后呢，记账是这么记的，2500万计入股本，比如原来5500万股，现在8000万股。然后呢，3.94亿扣下2500万，差不多3.7亿就计入了资本公积金，那么也就是说这些公积金是什么？这些公积金在发行股票以后一下子就增厚了。这个对于学会计的同学可能比较好理解，别的同学要是还不理解的话我再讲得白一点，比如有一只股票，发行价很高的，刚发行的股票发行价多少，发行价41块9毛8，它发的不多就2550万股，那么发行了以后呢，它计入股本的是多少？就1块计入股本，就是40块9毛8计入资本公积金，那么，我们再来看它的财务数据，它每股净资产是4块1毛2，每股资本公积金只有两厘，几乎就是没有的，这种公司你不要小看它，到明年1月份出财务报表的时候，你就会发现，这种股票的财务数据就变成“神经病”了，中国股市就突然冒出了一大堆人造绩优股，因为这个资本公积金是要计入下半年的，因为上半年的已经发了，这个股票是8月份发行的，什么人造绩优股，它资本公积金就变成了15块，我可以讲，每股变成了15块，然后，他的每股净资产4块就可能变成20块，这种股票不得了，你看现在多少？现在是75块，它接下来10送10，我看大概送到它资本公积金没有，有8次到10次可以送。当然，我不是说一定要做这个股票，因为这个股票我觉得价值还太高，我仅仅是给大家讲一个道理。中国现在在进行着一种“造富运动”，现在仅仅只是万里长征走出了第一步，你别看这些上司公司的负责人一下子“啪”身价增加了，更大的爆发性的效应在后面，铺天盖地发行的中小盘。比如明天发行的创业板，总股本都只有5000万左右，发行价都是38块、48块，最高的68块，我看就不得了，这种公司接下来的潜力就是股本扩张，中国很多家上市公司都在玩这种游戏，不是一家，我看是一批上市公司都在玩这种游戏。你想想，上市公司在发行的时候，比如60块发行1000万股，30块发行2000万股，15块发行4000万股，还有7块5可以发行8000万股，筹资都一样的，但是他们都选择60块发行，而不是7块5，这样做的奥妙在哪里呢？高价发行的奥妙在哪里？少部分上市公司可能通过造内幕，可能通过编业绩，做好了以后，你想想，它原来4000万股，新发1000万股，实际控制人拥有4000万股，他就掌握着绝对的控股权，要是发8000万股，谁做老大？你们做老大了！我只有4000万股，我变小盘了。好，接下来是什么？这些实际控制人都是1块钱一股时他入股的。那么高价发行了以后，无形当中抬高了自己的身价。什么道理？原来资本公积金没有的呀，净资产没有的，1块多2块多，多的4块多。等到发行了以后，下一个年度财务报表出来了以后，净资产变10块，资本公积金变成15块，那些实际控制人的4000股就抬高了。就是玩这个游戏，等到这个60块发行的股票开盘以后80块，无形当中他的市值也就增加了。全世界都在玩这个游戏，中国也在玩这个游戏。所以我认为中国股市今后光彩夺目的亮点在什么地方，就在于这批7月份之后发行的股票——中小板股票，以及明天即将开始发行的创业板。（鼓掌）

四、选择未来新的“苏宁电器”——最佳股票的三个奥秘

那么我们如何选择未来新的“苏宁电器”——最佳股票呢？我这有几点奥秘供大家参考：

第一，我觉得选择发行价越高的越好，你别看大家都在写文章骂，我也在写文章骂，这个是“良心大大地坏”，这个不就是圈钱嘛！但是从发行者的角度来看，实际上就是增厚了上市公司它的业绩，你可以计算的，多少计入股本多少计入资本公积金，然后资本公积金除以股本就是每股资本公积金，这个越高越好。因为这样公司的潜力就越大。①

第二，盘子越小愈好，做股票赚钱，你赚什么钱？就是赚公司从小到大的钱，你看像深发展，我告诉大家的，从1995年开始发行，如果这个股票从发行持有到现在，1800倍，是不是它股价涨了1800倍？不是的，你当时持有的1万股，现在可能是几十万股，甚至上百万股。就靠着这种扩张，深发展现在变成了一个大公司。你比如说四川长虹，最早也是一家小公司啊，现在不一样了，现在是一个超大公司，然后这股票就不好玩了。有些公司很好的，比如说我举个例子，全世界最好的上市公司是哪家？是工商银行，现在的股价5块左右。盘子超级大，从股票的角度这种股票就不好赚钱了，它总股本3300亿，它的每股净资产1块8毛1，它的每股资本公积金3毛3分6。这种股票只有两种功能一种功能，那就是每年分红，第二个功能就是老百姓自己的自娱自乐，4块买进5块抛出，5块买进6块又抛出，有没有股本扩张的能力？我说它是没有“生育能力”，我指的是它不会“生育”出新的股票。这种不会扩张的股票我把它称之为“老年痴呆症”或称为“老年无子症”。因为你做股票，你做苏宁为什么能赚钱，就是因为它五年之内能生出六代子孙，你当初的1万股变成了64万股，而中小盘和创业板刚好是这样的情况。

第三，选发行股价和发行总股数比值最大的股票，越大越好。什么意思？要是总股本1.5个亿，这个就不对了，因为它资本公积金和净资产要平摊到每一股上面去，如果这个比例高了，平摊到的也高了。

同时，我们还应该看企业有没有想扩张的欲望，也就是说看什么？看品牌，因为苏宁不是股本扩张它是业绩扩张，它的老板就是要把它的店全国铺天盖地的开得到处都是，同时，有了这种欲望、目标、动力，你就跟着它玩。比如说创业板，你选了发行价高的，资本公积金分摊小的，很不错的，但是它做三年死掉了，那就有风险了。做不下去死掉了，而且我可以肯定，创业板中隐藏了一批这种股票。所以你就得选品牌，就像买房子一样的“地段、地段还是地段”。

当然，我们还少不了投资组合，比如说我选10个20个，我被它骗掉3家，我只要有1家成功了，那么我就成功了。

今天的股市正在发生这种事情——财富的分配。这个是第二点，中国股市的当下，最后说说中国股市的未来。

股市明天篇

一、我长期看好中国经济与股市

总体而言，我还是一个多头派，尽管我对现在的情况不是很满意。什么事情到了最后不是都是多头和空头两种思维，大家说是不是？做股票也是。多头思维，就是非常乐观，人家说牛眼看市处处是底。那么空头呢？就是非常悲观，天天想着进股市要亏损咯，要血本无归咯，

①编者注：对于此点，业内有很多争论，应老师是在从另一个角度讲选股。

天天担心。空头看市处处是顶。这个和人生的处世也有关系，就是“乐观派”和“悲观派”两种处世态度，你空头思维可以规避风险，但是永远没有机会，多头虽然暂时会遇到风险，但是长期而论，只要选好股票，我们是会赚的，我们说死空头和死多头，长期而论，我们说时间越长，多头还是赚的，因为中国股市长期的趋势还是向上的。这是第一个观点。

尽管我对于今年年底的行情不看好，但是，我认为中国经济整体上是好的。因为，我们的2020年目标不可动摇，到2020年，中国的国家战略——上海要成为一个国际金融中心，什么是国际金融中心？首先它是货币结算中心，全世界的投资者可以自由出入。有无数个可供选择的产品来满足各种投资者的需要。你这个市场要有良好的“金融文化”和“法制环境”，我认为这个才是国际金融中心。我们现在还差得很远，但是我想10年我们一定能够完成。中国的步伐迈出去，以后全世界看不懂。你到国外去你就知道，中国的巨人在一夜夜地诞生。

二、人生最大的财富是年轻，国家给予青年的机会其实很多

目标、机会都在我们眼前。做投资我领悟出来一个道理。什么是最大的财富？人生最大的财富是年轻，而不是金钱。上帝给予我们的时间和给予你们的时间是不公平的。可能你们现在不理解，以后你们到了我这个年龄就会理解了。比如财富每年增长20%，我到70岁就不行了，可能真得要“老年痴呆”了。而你们现在“80后”的同学们，财富可以一直增长到50岁。我们这一代人，我认识的，自杀的、跳楼的、跳海的，太多太多。自杀的，我认识的一个台湾宝来证券公司的老板，每次我去台湾他都接待我，后来为什么跳海呢？不得不跳。就这样。两年前，那个原君安公司的领导人之一的××说：“这一辈子我们再也看不到6000点了”，当时全场大为惊愕轰动，结果几个月后生癌死了，回过头来大家才知道，他无意中不吉利地说了不妥的话。这就是股市，这就是人生。到2020年，你们真的机会很多。上帝留给你们的机会很多，国家给予你们的机会非常之多。复旦大学是出伟大人物的地方，所以，你们这一代人的机会比我们要大，回过头来看我们所做的不过是雕虫小技而已。这是第二个观点。

三、上海股市要战胜香港，中国要追赶美国

我的第三个观点，是上海股市要战胜香港，中国经济要追赶美国。我们来看香港，我觉得我们上海肯定比香港有前途。恒生指数今天收盘21000多点，这个已经跌得很厉害了，它是从30000点跌下来的。恒生指数是从100点涨上去的。1965年创立，1966年恒生指数创纪录跌破100点，就像我们的B股一样的，最低跌到7分。为什么？因为1966年，中国大陆颁布了“十六条”，就是《关于无产阶级文化大革命》的决定。香港一些人就吓死了，以为红卫兵就要冲过来了，哗，股票乱抛。然后接下来就开始直上了。等到21世纪刚开始的时候，恒生指数到了30000点，现在跌到20000点。上海不是香港简单的翻版，有着更强劲的潜力。因为我们现在有全中国强大的经济实力做支撑。恒生指数上去也就是41年时间，大约每年16%左右。10年以后，中国股市将成为全世界最大的股市，我上星期刚写了一篇文章。我觉得中国股市要做到全世界最大并不难，做到最强就很难得。照现在的扩容速度，几年以后就超过美国了。因为在这种资本游戏当中，美国人是老奸巨猾，全世界任何一个国家到现在为止没有一个国家能够玩过美国。英国老牌资本主义国家，东南亚金融风暴对于美国人来说简直是小菜一碟。接下来要看中国能否能玩过美国。这个要看中国经济的发展，中国实力的强大，还有中国人的团结。因为从目前来看，我们现在中国的相当多的上市公司已经超过美国了，你比如说全世界最大的银行是什么？工商银行，别看现在只有5块左右，工商银行市值是花旗银行的10倍。不是我们自己搞大了，是它们自己搞死了。毛泽东说过，“敌人一天天坏下去，我们一天天好起来”。（笑）美国人，我们知道他们既是我们的合作伙伴也是我们的竞争对手，这句话也可以改成

"对手一天天差下去，我们一天天好起来"。对于我们这些同学来说，有这么好的学校，有这么好的年龄，你们将来一定会有很大的发展，我们只不过是经历了人家没有经历过的事情而已。你们将来要经历的会比我更加精彩。我今天讲了两个小时零十分钟，只要我今天讲的只要有一点对于你们有所借鉴，我就基本上满足了，谢谢各位。（长时间经久不息的热烈掌声。同学们拥上前来给应健中老师献鲜花，签名留念。）

（本文讲座时间为2009年9月24日，于复旦大学）

中国股市五种盈利模式、最佳公司五条标准及人生五点建议

应健中

编者按：应健中老师对复旦同学有很深的感情，只要我们邀请，他总是千方百计在百忙之中抽出时间前来演讲，他的演讲也总是大受欢迎；而且每次都能结合当时的股市实际，讲得很有深度和新意。在本次演讲中，他又以《中国股市的昨天、今天、明天》为题，总结了资本市场极不容易、磕磕碰碰又顽强成长的20年，以及今天的空前壮大和非常辉煌的明天的灿烂前景。他指出，是股市拯救了中央国企，促进了经济发展。他还提出了选择好股票的五条标准，令人很有启发。笔者非常尊敬应健中老师，多年来一直向他虚心请教，受益颇多，也很认真听他的讲座，收获很大。特将他第二次演讲辑录于此，以飨读者。

金融市场学是一门很有意思的课程，它多少与赚钱有一些关系，尽管大家以后未必会搞这一方面的工作，但如果能了解一下市场上的这个领域，琢磨一下走势图，这对以后的工作、以后的生活、以后一辈子的理财一定会有很大帮助！

我儿子在英国硕博连读，研究中国的劳工问题。平时与儿子有较好的沟通，因而今天站在这里也感到十分亲切。今天是作为一个市场过来人和大家交流。

一、从中学老师到证券公司领导到自由投资人

我已在股市打拼25年。到现在为止，股市正好是20年的走势，从100点到今天2855点，我20年前就开始做股票，当时上证指数还没有。我在军工路一所学校做老师。我以前做过学生辅导员、团总支书记等。到了1985年，开始买股票、买国债。在第一次买股票时，我参与过通宵排队买了延中股份，那时便进入市场。到了1990年，成立交易所，在《上海证券报》和《中国证券报》还没有时，《新闻报》开了证券市场专辑，我对其很有兴趣，便开始自己投稿。到了1990年1月1日，报纸上开始登我的文章，从1990年到2010年，我天天写股市上的事，从未停止，直到现在，至少有1500万字，那时没有打字机也没传真，全是手写，速度基本上可达开发票的速度。心到、手到、文字到，一直写到现在。最厉害的时候，一篇稿子出来，全国各地的十几家报社都问我要稿子，可谓一稿N投。到了1992年，我办起了中国第一份证券投资刊物——《一周投资》（现已没有）。到了1998年，我去了一家证券公司，做过上海地区的总经理，后来这家公司又改名成亚洲证券公司，我做过副总裁，主管过一大堆业务，总资金在100亿左右。所以现在去任何一家证券公司，不用培训，一上岗位我就知道该怎么做。我就是这样跟着市场一路走过来了。5年以前，我离开证券公司，现在就做做股票。

今天，我想讲讲中国股市的昨天、今天、明天，希望大家能搞清中国股市的整体脉络。

二、中国股市的昨天：邓小平支持大胆地试

中国股市已过去20年，这20年已经成了历史。现在不少人在专门考证当时市场的规则是怎么演变过来，以及当时市场中的人和事背后的故事。对于这20年，官方评价是“伟大、辉煌”，的确，现在按流通市值衡量，中国股市已排名前三甲，相对于美国股市的100年、中国香港50来年、荷兰200年，我们20年股市便让中国的经济脱胎换骨。这是官方的评价。

而在真正经历过了市场，了解了一系列形形色色事件的背后之后，我可以说这个市场不是那么伟大，股市并不是按照既定目标发展的，而是一路被社会推着走的。例如，20年前为什么有交易所？在这之前的五年，股票只是一张张纸，背后可以盖章，在南京路西康路101号，有一个简陋的交易柜台，便是当时最热门的交易场所，但当时股票市场并没有什么波动，买股票只是为了分红，当银行利率只有5%时，我一年能分10%，这样我赚的就比银行存款的收益多，于是便每年排队去领红利，算着这样一直买下去是否以后就有了养老金。这是我当初买股票的想法。一直到1989年6月4日，北京发生了政治风波，不少年轻人觉得搞经济更有前途，便在深圳投资炒起了股票，再杀回上海，带动了上海的股票，到了下半年，深圳和上海的股票就都炒起来了。最厉害的时候股票挂牌一出就被（黑市）抢光，50元的股票甚至可以炒到700多元，在城隍庙的豫园商城，100元面值的股票最高炒到1万多，政府无法管制，于是上海市公安局和工商局就开始抓人，抓到后却发现没办法处理，便按投机倒把罪处理，可法院指出，股票本就是低的买进高的抛出，于是有了矛盾，无法定下罪名。当时，朱镕基便决定成立交易所。这是一个动因，还有是因为中国发生了政治风波，西方始终拿此说事，于是我们要在国际上树立形象，便成立了交易所。到了1990年12月19日，交易所正式开张，当时只有8只股票。为了避嫌，当时规章制度中说明，交易所主要交易国债、附带股票，很多中央领导来此复查，发现买进卖出的都是国有企业，这样无意义，便下令把交易所关闭。直到1992年邓小平南方谈话，针对交易所鼓励我们步子再快一点、胆子再大一点、思想再解放一点，及鼓励我们大胆尝试，不行再关，于是交易所重新开张。

由此可见，早期的历史也是磕磕碰碰的。在20年的发展历史中，最伟大的就是两件事——股改和大量中小板、创业板的股票上市。

五年以前，股市进行了股改，这是中国股市迈出的最伟大的一步。在前15年，没什么大行情，由于当时的股票股权是分置的，大部分国有股、法人股不能流通，一家公司流通的股票只有30%，这家公司的控股权由这些不能流通的大股东所决定，其他的小股东持有流通股，这样一来，大股东利用自己决定的控股权大量欺诈上市。在20年的历史中，欺诈上市从未停止。最近，有个股票叫胜景山河（002512），是做黄酒的，被证监会叫停了。《每日经济新闻》在这个公司快要上市前派记者去调查，发现这家主营生产黄酒的品牌不曾出现在大城市的超市中，记者想进工厂也不允许，便天天呆在门口，发现只有黄酒运进，没有黄酒运出，于是便捅破当中的内幕，最终这家企业被证监会叫停，这是骗失败的案例，但骗成功的案例也有。在所有欺诈上市的案例中，有些企业仍然维持，有些已经倒闭。欺诈的成分是一个量化的过程，没有完全的欺诈，也没有完全的真实。例如江苏悦达（600815），其创业者曾在从山西运到南方的火车上偷煤，来做运煤生意，后来自己从山西倒煤，做大了之后买了一条万吨轮来运煤，后又组织了一个运输公司来运煤，慢慢搞大后，开始生产拖拉机，开始上市，之后又生产汽车，再和起亚合作，现在已广泛为人们所知。但它当初上市时，是由新四军老干部带着老总一一拜访证监会各个部门，说“我们这个地方是寡妇村，男人都战死沙场，只留下妇人和小孩，现在小孩的股票好不容易要上市，如果你们不让它上市，对得起这些死去的家乡父老吗？”因而，证监会便让其上市了。现在这个公司发展得不错。但并不是所有的公司都是这样可以发展得越来越好，例如，洪湖的蓝田股份，上市时调动了洪湖赤卫队的老干部到处拜访，终于上市成功，但其之后报表作假，还自己炒自己的股票，说这里发生水灾，股票乱跌，从二十几跌到几块，后又说，损失由保险公司全部赔偿，自己无损失，于是股票又回了上来。但由于当时中央财大有一位老师是虔诚的报表迷，课上很巧合地拿了蓝田股票的报表作分析，分析下来说这是典型的造假报表，然后还发表文章，最后被证监会发现，将公司老总抓进去判刑，该公司最后就没有了。

三、中国股市的昨天良莠不分，伴随着欺诈一路磕磕碰碰地成长起来

湖北洪湖的蓝田股份就是中国股市的一个丑闻。蓝田是一个鱼米之乡，盛产鱼虾和莲藕。那个时候，蓝田股份用了一个农业部的额度上市了。上市的时候也是这样，调动了洪湖赤卫队还健在的北京的一批老干部，那些老同志带着蓝田的老总瞿兆玉在北京到处拜访，最后成功上市。但是这之后，他们不仅在报表上造假，还要一些手段自己炒自己的股票；先发一个公告声称这儿发生水灾了，损失很大，使股票从二十多元一下子跌到几块钱；几块钱的时候大量买入后，再发一个公告说保险公司已经赔付了公司的所有损失，使股价再回到二十多元。因为这种方式比养殖之类的正常方式能更快地圈钱，因此蓝田公司就以这种手段不断"吸金"。后来，中财大一个痴迷于财务报表研究的老师，用自己的财务知识研究蓝田公司的公开报表，发现该公司的报表是一个典型的造假报表，不仅把它作为课堂上的案例，还在一篇文章中提及此事，因而引起了有关部门的重视，对蓝田公司进行了调查，查实后，该公司老板被判了三年的有期徒刑，蓝田也最终退市。

类似上述这种故事多不胜数，但是在中国公司中也有好的公司，比如说青岛海尔。我始终认为，青岛海尔在工业企业的上市公司中是一个典范，因为这个公司的经营、财务结构和对投资人的回报都很好，已进入良性循环，企业也越做越大，在美国也设立了分部，而且这个公司从没有传出任何一件丑闻。我个人认为，证券市场使海尔的老板张瑞敏如虎添翼。我一共去过两次海尔，海尔在刚上市的时候在上海举办了一个上市推介会，我也去参加了，当时吃饭的时候，老板张瑞敏就坐在我身边，我当时对张瑞敏的一句话印象极为深刻，他说："不好意思，我们到上海班门弄斧来了。我是一个从小地方来的人，对上海总有一种不踏实的感觉，上海有很多行业的'老大哥'，比如上菱冰箱、水仙洗衣机，现在我们青岛海尔也来到上海，希望大家多多关照。"那天，我是第一次知道山东青岛的海尔公司。之后，他开始介绍企业的发展史。原本的青岛海尔只是一个破破烂烂的集体企业，这个企业的混乱程度由工作组进入后第一个星期制定的十项规章制度中可见一斑，这十项规章制度的前两条分别为车间里不准随地大小便、冬天不准把门窗拆下来烤火。就是这样一个企业，他慢慢地整顿，后来和意大利的阿里斯顿合作生产冰箱。你再来看现在的海尔，可以说，它的管理方式和管理水平和松下、东芝不相上下。青岛海尔的成功，第一要归结于张瑞敏的眼光和管理能力，第二取决于证券市场的产生和发展。因为有了证券市场，企业家才有了用武之地。可以说如果没有中国股市，就没有今天的海尔。所以说成功的案例也有，欺诈的案例无数，中国证券市场就这么一路磕磕碰碰地发展起来。

四、股权分置改革给中国股市带来第一个实质性的飞跃

我个人认为股改，即让所有的股票全流通给中国股市带来了实质性的飞跃。之所以这么说，是因为原来大股东一股独大，其个人的股票没有流通，因此股价的高低和他没有利害关系。全流通之后，股权之争越来越激烈，相当于给整个市场提供了一个新的模式，即由国家传统的行政管理的模式转换成股权管理的模式，这是一个革命性的变革。通过股改之后，使得这些企业的管理思路和模式发生了根本性的变化。

五、中国股市挽救了中国的中央国企

最近五年，央企全部完成了它的股份制改革，现在没有一家央企不是上市公司的，从某种程度上说，中国股市救了中国央企。举个例子来说，工农中建四大银行已经全部上市，当时银行挂牌的不是股权，而是债务，因为原本的四大银行都是资不抵债，如果这些银行全都倒闭

了，那中国的状况会比美国金融危机时的状况更加惨不忍睹。中国通过股市来解决这些烂账，政府把烂账剥离出来，成立投资公司如华融、长城，每家公司对口接一家银行的烂账，剩下来的部分装扮好后发股票，进行圈钱。有钱后，身价就两样了。接手的投资公司用休克疗法慢慢地把这些烂账消化掉，这种消化不是存量消化，而是增量消化。增量消化是指，假设原来剥离出1000亿的债务，对剩下的部分银行将其继续做大，过了五年、十年之后，它的资产增长为1万亿，这个时候再来消化1000亿的烂账就是小菜一碟了。让企业不断成长发展，发展好后再来解决之前的烂账，这样在十年前看来很大的债务在十年后会变得很小，通过这种方式救活了四大银行。美国金融危机后，也是采用了类似的办法来拯救银行。十年以前，工商银行的市值只有花旗银行的零头；十年之后的今天，花旗银行的市值是工商银行的十分之一。这里固然有一部分原因是因为我们自己做大了，另一部分原因则是别人做差了。讲到这里，我想到毛主席的一句话——“敌人一天天烂下去，我们一天天好起来。”现在美国不一定是敌人，但是确实是他们烂下去了，我们也未必一天天好起来，但至少我们没有烂下去，所以现在中国变成世界第一了。这个结果，很大程度上靠的就是中国股市。而中国股市的成长发展是靠成千上万的老百姓的钱、信念、炒股热情，也就是人气。因为人气在，钱就在，人气在，股市就下不来。我觉得中国股市20年的最伟大功绩就在这里，救活了工商银行、农业银行、中国银行、建设银行四大行，救活了所有的中央国企。等到这批企业救活之后，股市任重道远，开始了第二个具有里程碑意义的任务——给大量的中小企业提供机会，政策的阳光雨露开始洒向了广大的中小企业。

六、大量中小板和创业板股票的上市带来第二个实质性的飞跃

大量中小板和创业板的股票上市是另外一个革命性的变化，2009年7月1日，中国启动了第二批的IPO，此时新股发行已经暂停两年，大家发现这次发行的全是小盘股。这次发行的新股都有几个共同的特点：一是都是民营企业；二是均为小企业，小到每个公司的初始注资成本只有三五千万元；三是有一定的科技含量；四是股权以个人控股为主。我认为这是一个国家战略，央企已经拯救好了，中国目前有成千上万个中小企业，因此国家的阳光雨露就要洒向那里，带给中小企业更多发展机会。我们现在这个年代又是一个批量造富的年代，中国每个星期都有几个亿万富翁横空出世。现在创业初始资本三五百万，经过一段时间的打拼，资本变为三五千万，上市开盘后身价迅速升至十个亿，这样的例子在我们身边比比皆是，几天之内身价飙升为几十个亿。比如说，这个做网络的大智慧，它的老板来自四川，原来在上海开一家小公司，叫万国测评，后来改做这种软件，发展了一段时间后，一上市市值1.1亿多，身价一下子变成50亿。这种财富故事每星期都在中国上演，因为现在每星期都发7—8个股票，且90%以上是私营企业小盘股。由此也带来一些八卦故事和新闻，有一个很有名的网络叫土豆网，它的老板和原来的妻子离婚后，财产分割后他把股票拿到美国上市，上市前他的妻子向法院起诉声称有一部分股权是她的，法院立案后，美国那边立刻停止上市，这样的打击对于男方是致命的，类似的财富故事和衍生的八卦故事每星期也都在中国上演。中国股市的昨天我就说到这里，有关昨天的故事，我写过三部长篇小说和六本评论集，上面记载了很多故事。实际上，有些故事可以说，有些故事却是不能说的，华尔街有句名言：“知者不言，言者不知”，这是华尔街圈子里的一个游戏规则。就是说，卷入圈子很深的人，有些话是不可以说的，一旦违反这个游戏规则，你就永远无法重新进入这个圈子。

七、中国股市的今天和未来的发展前景

中国股市的昨天很精彩，而今天更重要。我们每个人都需要面临今天，今天上证指数收盘

2855点，今天是今年倒数第六个交易日，还有五个交易日，今年就全部结束。你需要考虑今天有什么赚钱机会，关于这个问题，谢老师每星期都和我讨论，我认为谢老师是一个成功的投资者，但他始终感觉我比他更成功。今天是每一个市场中人必须关注的话题，那么接下来我就和大家说说中国股市的现状。中国股市市值现在世界排名第三，流通市值29万亿，不出三年，中国股市按市值规模算可排名世界第一。这主要有几个因素：第一是中国IPO是世界发展最快的，每年世界上最大的IPO项目肯定发生在中国；第二是中国IPO总量也是世界第一，因为中国是一个朝气蓬勃的新兴国家，经济也保持良性循环，GDP也以7%—9%的速度增长；还有一点，中国在这个领域刚刚起步，有很大的发展潜力。一旦中国能成为国际资本市场上的主宰，我认为这个世界也是挺吓人的。金融危机后华尔街一蹶不振，现在华尔街的很多操盘手和人才，还有一些有名大学毕业的博士，统统都到中国来找工作了，因为中国不仅提供各种福利，还给他们提供房子，而在美国不要说买房子，连还房贷都成问题。前两天，我和我儿子在MSN上聊天，他告诉我说在英国一些著名大学如牛津、剑桥、巴斯，上课时间快到的时候你随意跟着一些中国人走，最后到的一定是金融、会计、MBA之类的课程教室，英国人自己也承认在精算、设计衍生产品这些方面比不过中国人。在美国也是这种情况，中国人学的都是和金融有关的专业，等这些人回国后，全世界最优秀的金融人才就汇集到中国，到那时，我想中国就是世界经济的主宰。从现在来看，我们的市值29万亿，三年以后世界最大，但是能否做到世界最强，即最后是不是美国人的对手，我觉得目前还很难见分晓。因为目前整个市场的游戏规则都是美国人制定的，这个市场也是按他的套路来做的。最后见分晓的时候就在未来的十年、二十年、三十年。我那时已经70岁了，可能看不到了，而你们那时候还年轻，将来的世界是属于你们的。

八、股市行情和河南交易所事件

现在这个市场状况不上不下，从走势来看今年股市走了一个V字形，没有大行情有小行情，在这个市场上圈钱的冲动从来没有停止过，工农中建四大行，他们的圈钱冲动在于增发，其中工中建三大行完成了新一轮的圈钱，现在国有大企业的圈钱冲动已经基本没有了，在座的同学可能感觉不到，在市场中的人都可以感觉到小公司圈钱程度的激烈，他们对钱的向往和用资本市场塑造资本市场的欲望十分强烈。最近，发生了一件稀奇古怪的事情，媒体上报道的不多，但这件事闹得很大。我们都知道中国有两大交易所，学法律的都知道，这是证券法规定的，交易所有一个法律地位，是不可以随意成立的，需要法律上赋予权利的。中国的交易所只有两个——上交所和深交所，上海是主板市场，深圳被定位为中小板和创业板的市场。但最近，河南12月12日成立了一个纳斯达克交易所，名称也很奇怪，叫国家区域性（河南）中小企业产权交易市场，而且这个市场还是国家工信部批准的，41家中小企业的股票在河南上市。上市的那天，工信部某领导在典礼上说："中国第三家交易市场开始了，这个市场就是为中小企业融资提供一个新的管道。"这个交易所也不是平白无故开的，一年前下发了一个文件，要求各地筹备各区域的产权交易所使之成为为中小企业提供融资的场所，其定位名称就叫国家区域性市场。今年河南开出了第一家，河南开出后，还发动全省的中小企业来申报，只要公司净资产800万以上，连续两年盈利，资产负债率不大于60%，都可以到河南这个市场来申请上市。100股认购单位，这样人人都能开股，河南省相当于发动了一场全民炒股运动，而它开出的交易方式和上交所一样，然后按照T+1的交易制度，10%的涨停板，交易时间从上午9：30到11：30，下午1：00到3：00，跟上交所深交所交易完全同步。这家交易所开出以后，当天41只股票平均涨幅300%，翻了三倍，最高的一只涨了1000%。当时整个河南省都很疯狂，但是仅仅交易了六天，国务院就决定让这个市场暂停交易。没有过多久，就在上个星期，中央决定免去×××工信部负责人的职务，我想与这件事多少有点关系。中华人民共和国公司法、证券法写在那里，公司管理条例写在那里，竟然还会开出一个证券交易所，整个国家就没有游戏规则了。这种情况等于是上海和深圳是两个中央军，现在成立了一个地方部队，中央军跟地方部队打起来了，还号称是中国的第三大交易市场，是中国未来的纳斯达克。纳斯达克是什么概念呢？纳斯达克是微软上市的地方，我们这些小企业怎么能跟微软比呢？所以我觉得这个游戏玩得有点过头。非法证券交易是有的，但没有非法到这种程度。所以说中国股市发展20年了，我们一直说它辉煌、伟大，实际上也有点可笑。这个市场有时候未必像我们想象的那样，也未必像书本上写的那样。

那么从我们市场的今天来看，指数2855点，我们看到最辉煌的一波牛市在这里，从998点开始涨了一年半到达6124点。一辈子碰到这样一波市场就可以改变自己的命运。我始终感觉到股市是一个可以改变人命运的场所。有的时候人需要一种意识，一点胆量，当然还要有一点运气，这三者合一，往往通过股票就可以改变你的命运。20年来只出现过这样一波牛市。也有一波最刻骨铭心的大熊市，就是从6124点跌到最低1664点，很多人甚至是倾家荡产。但是现在的人不会跳楼自杀，早些的时候，有些人炒股输了会跳楼自杀，我认识的就有好几个。上海滩第一个因炒股自杀的人是在延中股票上输了6000元钱，他就用一根绳子解决了自己的生命。因为他把亲戚朋友的钱拿来做这个股票，结果套牢了，损失了6000块。这6000块实际上也是账面上的浮亏的损失而不是实际上的损失，因为他没有抛出。他结束了自己的生命，但就在他股票抛出去以后的三个月，股票行情起来了，三个月以后就解套了。如果这个股票再放三年就翻了10倍，如果放到现在，起码翻了100倍。所以股票市场是十分有意思的。好多人就这样不珍惜自己的生命，实际上生命比什么都重要。钱毕竟只是占位的东西。现在市场当中投资者的心理状态就比以前好多了，股票再怎么跌也没有听说有人跳楼自杀了。

这一波大牛市一波大熊市，到现在为止2855点，我想今年的行情应该在这个点位上就结束了。这个点位基本上是20年股市的一个平均位置。我们怎么来看呢，如果说从100点来算，我们现在是大赚了，但是从6000点上来看也还在半山腰，所以我觉得看股市可以用这句话来形容："不识庐山真面目，只缘身在此山中。"天天站在市场上是看不到这个市场的，如果我们跳开这个市场看，我们就会很明白了。这个市场用四个字来衡量叫做"长多短空"。长期是一个多头市场，短期是一个空头市场。如果拿香港的股市来比较，我们就更能明白股票的长期趋势了。香港股市恒生指数是1965年出现的，起步是100点，恒生指数今天达到了23000多点，最高到过30000点。1966年时中国发动"文化大革命"，那个时候香港股市跌破100点，中共中央发布了关于发动无产阶级"文化大革命"的决定，我们那个时候把它称为十六条。那个时候我还是小孩，香港股市跌破100点，最低跌到七十几点，而现在是30000点，五十多年就这么走过来了。从30000点来看恒生指数是跌到23000点，但是如果一个人的生命跟着恒生指数走过来的话，当时买进的股票一直放到现在，那么他就分享了香港城市发展50年的成果。100点到23000点是什么样的概念？复合计算，这是一个很简单的问题，每年平均递增大概百分之十几。中国股市也是如此，现在2855点，说高不高说低不低，比100点高很多，但是与6000点比还差得很远，所以我感觉未来的市场机会很大。在座的各位，当开盘的锣声敲响的时候你们大概刚来到世界上不久，你们无缘与这个市场同行，但在未来的20年中你们的机会肯定比我多。未来的20年对于我的生命来讲是在走衰退的道路，但对于你们来讲却是欣欣向荣的，所以你们的机会肯定会比我们那个时候要多。股市的魅力就在于它不是过了此村没那店的场所，你们将来的机会和我们那时的机会不会是简单复制的关系，而是比我们的更加广阔。现在好多年轻人创业办公司包装上市，这种模式在过往的20年中是没有的。所以股市有一句话，在"文化大革命"时候很流行，叫"革命不分先后"。你们应该没有听说过，因为我在说出这句话的时候没有人笑。我在跟外面的股民说这句话的时候下面哄堂大笑，因为这些人都是那个年代过来的。这句话用到股市上来说就是，炒股不分先后，不是参加股市20年的人去赚股龄只有10年的人的钱，哪怕是今年刚参加股市，有时候你捕捉到的机会也可能是我们捕捉不到的。所以它不是一个以资历取胜的市场，同时也不是一个以学历取胜的市场。像谢老师是博士生导师，在大学教授里应该是最高位置了。理科再上去就是院士了，院士再上去就是“烈士”了。股市不是博士后赚博士的钱，博士赚硕士的钱，硕士赚学士的钱，学士赚大专生的钱，大专生赚没文化人的钱。如果是这样股市就不会维持到现在，不然大家就都去读书，读完书后就闭着眼睛赚钱了，所以股市有意思就在这里。

九、上海滩上最成功的人有几百亿

我所知道的上海滩今天最有钱的人叫李××，个人身价几百亿。他读书读到中学的时候，就去上海的城隍庙摆摊卖包，后来还开过出租车，然后就开始炒股票。他炒股票做过公开市场和一级半市场。所谓的一级半市场，就是介于一级市场和二级市场的黑市。但是他最大的博弈是博什么呢？那个时候不上市的企业的法人股，人家都不要的，他成立公司，把这些股票都接过来。等到后来股权分置改革，全国最大的受益人就是李××，因为他手中个人持有的不流通的股票最多。每一个股票后来都少的翻几十倍多的翻几百倍。人到了这种层次，有些钱就是他一个人能赚的，其他人是没有机会的。这是什么道理呢？比如说现在好多企业，要定向增发股票，这就必须要有人买。这些公司的大股东，比如浦发银行，它的第一大股东是国机集团，又如有军方背景的保利地产，他们因为缺少现金要放弃这个增发的份额。但是这时候如果一个人身边有几百亿的现金，那么企业就会向他推销，给他打折扣。他去计算如果有差价就将其买下来。这样以后新的投资公司、银行又来找他，希望将这些股票按照其市值作为抵押，银行帮其融资。比如之前他用50亿买入这些股票，现在银行给他40亿将这些股票抵押在银行那里，那么现金就又回到他手中，那就又会有第二家企业要增发而去找他。那么到最后，他就不需要自己制订方案了，银行会帮他出主意算差价，从而双方盈利。这时财富就是由这少数几个人去分的。这种机会是一般的个人大户和散户所没有的。所以，股票市场的发展是很怪的，机会虽然说起来是相对平等的，但实际上却是不平等的。

随便举个例子，最典型的，比如一只新股发行，按照《公司法》，每一个股票账号上都有1‰的指标作为最小的申购单位，也就是说每一个公司都要有一个最少的股东人数作为保证。而这些规则的制定者都是利欲熏心苦心研究游戏规则的人，他们游戏规则中的破绽马上就会被人识别。这一套发行方式，最适合哪一个阶层的人赚钱呢？就是那些身价300万以上5000万以下的人。这些人一年不需要动脑子就会赚20%。这是什么道理呢？因为要达到一个账户和资金的最佳匹配，这里面有一个临界点。对于钱多的人来说，如果一个人有5个亿，每一个账号上最多放三五百万的资金，5个亿就要一百多个账户，这是他办不到的。但同时他又不能和别人借账号，因为这里涉及财产所有权归属的问题。所以对于钱多的人来说，资金是不容易去动的。但反过来，那些钱很少的、只有三五十万的人又没有机会。所以证监会制定这一规则就是为身价在300万到5000万的这一利益集团赚钱而设计的，或者有可能他们这些人的身价就在这个位置。他们这种不论牛熊市的滚动操作获取的是市场的平均利润。像这一种不平等机会又怎么能称作是机会呢？换句话说，有些机会是特定的。在座的学经济的同学可以将其作为课题来研究一下，也是蛮好玩的。

最后我想谈一下怎么去捕捉机会，我想向大家传达的是我个人认为行之有效的一种理念，以供大家参考。我去年来讲课的时候，有一位女同学从复旦硕士毕业了，好像是在国泰基金做的，她回国后来听的这个讲座。在我回去的路上她向我问得很仔细，因为她觉得这个是有道理的。我也讲给你们听，如果有道理，希望以后可以帮助大家捕捉到一点机会。

以后的市场会怎么走呢？我相信中国的股市市场会越来越好，而且我相信中国股市可能会成为世界上最大的股票市场。为什么？比如这两天我们看整个世界市场的状况，说是货币战争一点都不为过。我感觉全世界最无赖的国家就是美国。美国经常说伊朗和朝鲜是无赖国家，其实我认为美国才是最无赖的国家。因为美国就是在通过金融战争玩全世界。从英国到韩国，日本也是在一场货币战争和两颗原子弹之后就成了美国的跟屁虫，美国还玩过苏联，把苏联变成了一个个加盟共和国。那么接下来肯定是跟中国玩了，因为它最大的对手肯定是中国了。最后的结局会是什么样呢？我认为中国未必会输。因为中国的文化，比如太极拳的这种思想套路，老外是不一定能玩得过的。中国的话语体系也是很独特的，温和里面带有尖刺，所以美国人现在也不大有办法。我们看从这两天开始，美元、英镑和欧元都不太对劲。美元对人民币的汇率现在已经到了6.64，欧元是8.75，英镑是10.24。美元跟欧元和英镑怎么打这是他们的事情，但对人民币的趋势毫无疑问，一定是人民币走在升值的上升通道中。我觉得这是中国人最幸福的地方。因为人民币升值对中国的经济可以说是灾难性的，但对老百姓来说应该是件好事情。人民币现在正处于对内贬值对外升值的尴尬境地。对我们的物价来说，人民币贬值得厉害，但货币拿到全世界去人民币又升值得厉害。所以人民币的走势是很诡异的，过往的经验可能也派不上什么用场。

那么在这样的市场背景当中，中国就像毛主席说的一样，是“胜似闲庭信步”，大家按照各自的套路走下去。我们的套路就是把股市越做越大，先把老百姓圈进去，最后再通过开国际板把老外也统统圈进去。剩下的就像我刚才说的，中国的大企业国有企业已经全部改制完毕，所以在中小企业里有很大的机会。我甚至感觉中国资本市场未来的金矿就在这批小企业当中。小企业现在是什么上市速度？每个礼拜上市发行八个左右。到现在为止被称为中小板和创业板的股票已经有六百七十几家了，这个看编号就可以知道。中小板的编号是002板块，现在编到了五百一十几。创业板编号是300板块，现在编到了一百五十几。加起来大概六百七十个。这批股票里面肯定有好多是骗子，它们中有的被逮出来了有的没被逮出来。但是，没有百分之百的骗术，也没有百分之百的规范企业。规范永远是一个虚拟的可望而不可即的目标。这个市场难以规范，因为水至清则无鱼，如果太规范市场就不能玩到现在了。我们说美国市场规范，到后来才发觉里面黑幕版本比我们高级好多，甚至是我们看都看不懂的。所以，规范永远是我们可望而不可即的目标。但是不管怎么样，政府的意图是很明显的，就是大量的上市。在大量的上市中，只要能够有一部分最后能够营造新兴产业成为伟大的公司，甚至像微软一样伟大的企业，市场的目的就达到了。

十、苏宁电器的快速增长，给人启迪极大

这种企业会不会有呢？微软是独特的不可复制的，但我想中国会有自己的模式。比如说这批小股票中出现过好的，最典型的就是苏宁电器，上市到现在五年半时间。这个股票从走势上我们看不出什么，从K线图上看出它开盘的时候是31块，最高的时候也就到过70多块，现在跌到13块。但是我们要看的是它背后的东西。我来揭破一下这个案例，然后我们从这个案例来进行复制，看看未来的市场有没有这种机会。抓住这种机会这种股票玩五年，你也能获得这种收益。这个股票发行的时候大概是17块一股，发行的时候总股本7000万股，属于中小板块。然后我们来看它现在的总股本，现在的总股本是69亿股，现在每股收益4毛钱，每股净资产2.45元，每股公积金已经没了，每股未分配利润还有1亿多。一个7000万股总股本的股票怎么会变成69亿股？这个跟公司的扩张模式有关系。苏宁这五年就在各地铺点拉开了一个全国网络。它通过股本扩张的方式，每年要么把盈利送股，要么通过资本公积金来转增股本达到目的。如果在最早上市的时候，开盘31块，我用31万元买进一万股，把它一直放到现在，它的增值潜力就是30倍。当初的31万现在就变成了900多万。它是怎么做到的呢？它通过五年当中六次股本扩张，第一年按资本公积金10：4转增股本，大家可以算一下，第一次10送10，第二次10送10，它最后一次第六次是10送5，第一次1万股变2万股，第二次2万变4万，第三次4万变8万，第四次8万变16万，第五次16万变32万，第六次10送5，32万就变成48万。它是通过这样一种股本扩

张，使得当初买进的1万股现在变成了四十几万股。这样一种模式使得股价还是这个股价，但是手中的资产增值却是相当惊人的。具体的倍率大家可以看它具体的分配方案。

它的奥秘在于溢价发行。上市前每股的面值都为1元。苏宁还属于良心不黑的，发行价为17元/股。有的公司，如海普瑞（一个生物公司）发行价148元。它的股票的面值为1元，发行价为148元，1元计入股本，剩下的147元就计入资本公积金。资本公积金是一家公司的家底，资本公积金越高，股本扩张的潜力就越大。以后就可以通过摊薄公积金来送股。苏宁电器是做得很不错的，最初为7000万股，扩张到现在的69亿股还能保证每股4毛的收益，说明它的股本扩张与盈利的增长是保持同步的。如果一个企业的股本扩张与盈利增长不能保持同步，那么随着资本扩张，盈利就会越来越少，最终会导致公司由绩优股变为绩平股甚至是垃圾股。如果能逮住一个像苏宁电器这样的股票，就可以陪着它玩，这样的股票风险是很小的，增值潜力是巨大的。但是苏宁电器现在就不能再陪它玩了，因为它的资本公积金已经没有了，已经由小盘股变成了大盘股。虽然它现在的盈利还不错，但是若想再来个10送10，已经力不从心了。

十一、做股票的几种盈利模式

现在每个星期都会有八家新公司上市，要去那里面去逮像苏宁电器这种公司。有没有呢？我觉得不是一家两家，而是有一批。做股票靠什么赚钱？现在许多人天天做差价，但是当我问他们做股票靠什么赚钱时，他们自己却说不清楚。全国的股民都在做低吸高抛，通过差价在赚钱。做股票也是一种投资，不论你做哪一种投资，都得首先考虑它的盈利模式。比如说存银行，就是赚取它的利息。但是存银行也要承担风险，当然中国没有银行倒闭的风险，在外国还有银行倒闭的风险。这个风险是通货膨胀。去年的一万元和今年的一万元购买力是不一样的。做股票的盈利模式是多元的：一、上市公司的红利。中国的老百姓对这笔收益很不以为然，觉得收益太小了。但是外国的股民很注重这类收益，只要这类收益比存银行的收益高，他们就觉得是划算的。二、差价收益。就是全国股民都在做的低吸高抛。但是这类收益得承担高吸被套牢的风险。这类收益就是赌博，正如吴敬琏教授说的："中国股市是一个赌场。"他觉得中国股市就是一副中华牌大麻将。吴敬琏老先生最近又有了一个新言论："中国股市已经到了强盗、权贵时代。"他的这个言论太悲观了。我觉得他自己看股市的眼光就蛮灰暗的，比如说中国股市20年辉煌伟大，我看到的就不是这样的。中国两大经济学家中吴敬琏教授是空头思维，厉以宁教授是多头思维。在股票市场，多头思维的人能赚到钱，空头思维的人赚不到钱。三、股本扩张。这种收益最具有爆发性，收益最可观。股票有波动，会把人套牢。但是如果你把它放到历史长河中来看，只有极少数股票会把人死死套牢，大部分股票都会解套。

十二、最佳公司的五个标准

从2009年7月1日到2010年上市的股票，你可以去挑选一些好的股票，放到3年后，5年后，我相信会给投资者带来巨大的回报。挑选这些股票的一些经验：一、首先看这个公司做什么行业。做什么行业不要紧，但是一定要有稳定的业务。现在内地你想得出的行业都上市了，现在只有一个行业没上市——殡仪馆类的股票。中国香港、美国都有这类股票。例如这类公司就是主营业务清晰，业务增长稳定，安全系数很高。二、看每股盈利。盈利也不是越高越好，还得看股票的价格，就是要看市盈率。对这种小盘股票来说，30—50倍的市盈率不算高。三、股本要小。像工商银行这种超级大盘股，证券公司和基金公司都炒不动，上涨的空间太小了。股本总的来说，一个亿以下最好。四、资本公积金一定要高，含量越高越好。资本公积金和每股盈利是两个概念，要分清楚。如果资本公积金在10元左右，而股价在40元左右，这种我觉得就是比较合理的。五、要看企业的品牌。如公司有一定的市场占有率或者老板有一定的口碑。满足这几个条件的股票你可以去创业板中找，或者在2009年7月1号之后发行的股票中找，大概在002400以后。这些股票中的好股票不是一家两家，而是有一批。个人觉得将来的市场机会就在这些股票中。我们可以用时间来证实。

十三、给同学的人生的五条建议

最后，作为一个过来人给大家一点建议：一、社会比校园更精彩，但是社会比校园更残酷。二、要有梦想。人一定要有梦想，通过为自己的梦想奋斗来改变自己的命运。三、脸皮要厚，机会得自己去争取。四、要经得起折腾，人生中会有许多坎，要学会去面对。五、要控制风险。（长时间鼓掌）

绿色的认购证掀起中国第一场金融狂飙

应健中

编者按：应健中是上海极受人尊敬的金融市场公众人物，他主办的《壹周投资》曾启蒙了上海市整整一代投资者。后来他当上了证券公司的总经理。我们多次请他到复旦大学讲学，他的课深受师生们的欢迎，好评如潮。

我们应该重温一下股票认购证的故事。在20世纪90年代初那个特定的历史时期，是股票认购证促使股票相对公平地发行了出去，并造就了上海股市中的第一代投资者。

一、兴业房产发股差点挤出人命

20世纪90年代初，上海证券交易所刚成立，股票严重地供不应求。为了缓解供求矛盾，上海有关方面决定发行兴业房产（600603）股票。

由于在交易所交易的“老八股”有行无市，无量上扬，根本买不到股票，所以求股发财心切的市民就只得将购股的目标全部扑到了新股认购上。

记得那时发行的主承销商是著名的万国证券公司，发行方式为每个居民身份证可领取一份预约券，然后根据预约券进行编号抽签。这种预约券大概就是上海最原始的股票认购证了。

所谓预约券，印制得相当简单，就是在一个小纸片上盖个章、编个号而已。消息一出，离发行时间还有两天，地处上海人民广场旁的主承销商万国证券公司营业部就被围了个水泄不通。从全市各方向汇聚而来的市民，收集了亲戚朋友的身份证，带着躺椅、毛毯到市中心的这个弹丸之地，安营扎寨，准备熬上几天几夜，志在必得那个被称为“兴业房产”的股票。

面对这来势汹涌的购股热情，上海市政府果断决定，将发放预约券的地点改在上海北部城乡结合部的江湾体育场内。而万国证券营业部门口，购股心切的人们依然不散，到了晚上，不得已只得出动警察予以劝导疏散。

沉寂已久的江湾体育场彻夜沸腾，好多市民嫌自己带的身份证不够，竟然打起了民工的主意，出几十元钱雇一个民工帮助排队，从而打起了一场认购股票的“人民战争”。

天还没亮，面对这汹涌的人潮，为了防止出现人身伤亡事故，管理部门决定提前发放预约券。一开始情况还好，后来慢慢地秩序大乱，后来者生怕领不到预约券，就拼命往前挤，不顾一切地向前冲。据当时在现场工作的万国证券公司员工回忆：那个时候，才感觉到人潮有多可怕，自己手中拿着一大叠预约券，看着面前汹涌而来的人潮，脑子中只有一个念头：逃！于是他们就翻窗逃了出来。在场的工作人员，包括警察，纷纷后撤，落荒而逃。（大笑）

反正经过一番混乱，印制粗糙的预约券总算发出去了。那时也没法说公平还是不公平，不出大乱子、不出人命就算万幸。实际上当时也只能那样了。

人潮退去，留下的是几个被踩伤的人。工作人员在事后清场时，光踩落的鞋子和丢失的生活用品就装了好几箩筐。

二、认购证30元一份

兴业房产新股发行受到如此追捧，场面如此混乱，深深刺激着上海市的有关管理部门。当时主管上海证券市场的是中国人民银行上海分行，为了保证以后能够安全地将更多的股票发行出去，他们将安全放到了首位。于是，管理部门在经过与经济学家们的讨论后，决定实施股票认购证发行方案。

由于兴业房产发的是预约券，所以才使得那么多人不花成本踊跃认购。管理部门与市场参与者达成了一种共识，即新的认购证必须是有成本的，成本可使相当一部分人望而却步。但在定价上却是仁者见仁，智者见智。当时拟订的方案有5元、10元、20元、30元、50元，甚至还有提出100元的。但太便宜了等于不搞，如2元一份，那等于无偿，大多数人会花点小钱来凑热闹；太贵了会把大多数人吓退，那也有悖初衷。最后选定的方案为每份人民币30元。

1992年度的股票认购证是值得载入中国证券市场发展史册的。认购证印制得极为精美，就像邮票中的小本票，封面烫金，封底印着“股市有风险，入市需谨慎”的字样，内有一式四联可复写的凭证。在说明栏里，写明这30元一份的股票认购证，不是股票，而是可以买股票的凭证；并注明，1992年度全年的股票发行就靠这本认购证摇号；认购证发行扣除成本的多余资金将全部捐给上海福利会（此话曾使很多人产生逆反心理而不愿去购买）。管理部门试图用这种方式吓退一大批盲目买股票者。人们开始精打细算，花30元买一份认购证，如果不中签那等于将钱捐给了福利会；如果中签了，也只能买新股30股（面值10元一股，后来统一拆细为1元一股，即300股）。这样认购证的成本就摊到了这些中签的股票上。如买10份认购证只中签一份，那每股就要增加1元的成本。根据当初的判断，买几份认购证的功能相当于买彩票，碰碰运气，而要保证中签，最好买连号的100份或1000份，这在当时可是一笔不小的数字。

习惯于算小账、并没赚过大钱的上海人，当时全被这高价的认购证吓退了。更多的人陷入了迷茫，这30元一份的认购证怎么比股票的价格还要高？1元一股的股票发行价才6—8元，可认购证却要30元，这无异于去看场电影，电影票才5元一张，而买电影票的预约券却要30元一张。

最早失去信心的是银行的推销员。当时发行认购证，上海各大银行的储蓄所全都被动员起来，成了代销点。银行除了柜台零售外，还要求信贷员到自己管辖的工矿企业去推销——当时规定每推销一份认购证，可以提1%的佣金，即提成0.30元——虽使出浑身解数，但还是战绩不佳，因为大多数人都认为，上门推销的决不是好东西，多少有点骗钱之嫌。而银行工作人员见推销难度如此之大，也认定这不是个好东西，所以，很少有人想到自己也买一点，而当时法律却没有禁止工作人员购买认购证和股票。

有这样一个真实的故事。有一位姓李的教师经过反复测算，也经过反复的思想斗争，在认购证购买的最后一天的最后一小时，终于鼓起勇气带着6000元钱迈进银行储蓄所，准备买200份。他刚站到认购柜台前，就听里面一个小姐对旁边一个男青年说：“又来了一个‘冲头’（上海话‘傻瓜蛋’的意思）。”自尊心极强的李老师听后火冒三丈，拔腿就走。这一走，李老师留下了世纪性的遗憾，将近100万元的财富与李老师失之交臂，这一刻骨铭心的痛楚使李老师终身难忘。

1992年上海股票认购证的发行过程，给保守的上海人平静的生活投入了一块巨石，掀起了一阵阵难以平息的波涛。

上海人的小聪明也在此后开始充分地显现了出来。

三、207万份认购证造就了很多富翁

如今，新股申购都有一个中签率——在高度自动化的交易机制中，中签率的计算一瞬间即可完成。然而，1992年购买认购证时，聪敏的买家计算中签率的手段是十分原始的。

刚开始人们从各种渠道了解到1992年度上海大约要发10只股票。于是，那些买家就到报上登载的认购证发行地点去观察认购情况，了解认购证发行的编号数，并且观察每笔认购的平均数额，了解一个营业员做每笔业务的时间是几分几秒，然后算出每个营业部卖出的平均数量。

对于这个认购证能否购买，购买多少，怎样的购买策略、购买方案为最佳，当时上海的

《新闻报》开设的“市场专栏”上还曾开展过专题讨论。有人专门撰文，认为买100份连号的认购证为最佳组合方案。

到发行结束前一天，民间的统计结果为200万份左右。但是当时认购证编码还没到200万这个数字。于是买家在最后一刻作出判断，买了绝对赚钱。

最后公布的结果与民间的统计也几乎吻合，是207万份。这207万份认购证的持有者，成了沪上第一批，也是改革开放以来致富速度最快的人。

不是通过出国打工，不是通过出卖体力、脑力，也不是通过出卖知识产权、出卖智力成果，而仅仅是下了一个赌注，买还是不买，这种改变自己一生的决策，市民们自新中国成立以来还是第一次碰到。

207万份上海1992年股票认购证，使上海人固有的生活模式，出现了一次大颠覆，形成了一场金融狂飙——人们做梦也没想到，财富对一些人如此青睐，又会与一些人失之交臂。也许正是由于大多数人还没有觉醒，才使得这207万份认购证的拥有者成了沪上的宠儿。

四、黑市交易应运而生

1992年股票认购证发行完毕之后，这207万份认购证成了封闭的摇号范围。由于原定发行额度定为10只股票，后因改革开放的力度加大，股份制改革迈开大步伐，1992年度发行的股票达30多只，但因为在认购证上明明白白地载明这份认购证可申购全年发行的股票，也就是话已说死，只要是在1992年中发行的股票就全部以这种方式发行，这就导致了认购证的身价猛涨，整个上海为之而震撼，黑市交易也应运而生。

1992年，上海股民的聚集地由原来的西康路101号转到了万国证券公司，认购证被黑市炒起来之后，万国证券黄浦营业部边上的饭店便成了上海炒家的云集之地。100份连号的认购证被称为“一本”，100份为黑市交易的一个单位，原本3000元的100份认购证，发行截止时就被炒到1万、2万、5万元，后来最高炒到30万元。根据当时的规定，认购证发行时必须是记名的，但由于当时人手不够，加上证券公司中的“猫腻”，大量不记名的空白认购证大量流向市场，美其名曰“证券公司来不及写，大家回去自己填得了”，于是，黑市交易中记名的和不计名的就有了两种价格。不计名的称为“白板”，黑市价格明显要贵很多；至于记名的，那些炒手用50元一份去打点原发行银行营业部的工作人员，就能改换名字。

1992年股票全年发行的数量增加了一倍多，全年分四批发行了30多只股票，认购证持有者的身价大增。据最后统计，买100份认购证花3000元，认购资金在2万元左右，上市一个抛掉一个作滚动认购，全年可赚50万元左右。这批敢于“吃螃蟹”的人终于成了上海证券市场中的第一批大户。

最初，是整“本”的认购证交易，价格随着新股招股书的刊登而随行就市。最初的原始认购证的持有者，看到黑市能获利1—2倍时，想想钱来得那么容易就脱手了，后来看到黑市价格已经几十倍地炒上去了，后悔不迭，痛恨自己捡了芝麻而丢了西瓜。

第一批摇号开始后，中签的认购证又开始在黑市炒了起来，炒手们似乎有了专业分工，各炒一段。

第一批摇号完毕之后，剩余的认购证在黑市上又炒了起来，由于对后面还有多少股票可发，市场一直处于猜测之中，这就给黑市交易带来了朦胧的题材，认购证的黑市价格也因此而产生了很大的波动。

记得当时有件事情曾引起市场的剧烈波动。有一天《新民晚报》上刊登上海人民银行负责人的谈话，称今年股票认购证用到第三批新股发行完毕之后就全部结束。这一下便影响到许多人的切身利益，特别是高价入货者顿有套牢之感，于是，当天晚上许多人将新民晚报社围得水泄不通，要求说明情况。

第二天，《新民晚报》发表澄清文章，强调有关部门信守诺言，1992年度全年股票凭认购证认购的规定不变。市场又一次哗然，许多认购证黑市割肉者又上门来吵，继续要求说明理由，结果弄得有关部门左也不是，右也不是，非常被动。

一直到第四批新股发行完毕，认购证的使用寿命才结束，黑市交易才寿终正寝。

五、过了此村还有那店

认购证狂潮激起了新的投资和投机的冲动，然而，随着市场的快速扩容，原本十分脆弱的市场开始出现供求失衡，上证指数一路下滑。到了第四批新股发行之时，指数已跌去一大半，因此到认购缴款之时，很多人都放弃了这种认购机会，一是市场已熊气弥漫，生怕新股认购了也是套牢；二是前三次认购，认购证成本已忽略不计，早已赚足了，不在乎这第四批股票赚多少钱。

第四批新股认购中，原水股份、申能股份、沪昌特钢出现了无人认购的状况，这种状况在股市中还是第一次出现。上市公司求钱心切，与承销商商议，采取了任何对号认购证只要中签都能申购，不必苛求名字。于是，就有人看中了这个千载难逢的机会。

上海一位姓马的股民，买了好几条“红双喜”香烟，在认购点门口，向那些放弃申购的中签持有者说好话，只要将中签凭证给了他，他就送人一包香烟，既表示感谢，又富有人情味，还避开了黑市收购的嫌疑。

几天下来，这位马股民竟然收了好几百份中签单，他将股票悉数认购了下来。而发行价3元不到的原水、申能股票，等到上市之时正好遇到股市强劲反弹，开盘价竟高达20多元，每股可净赚十七八元。这样一个别人想象不到的怪路子，竟然使马先生快速致富。由于这笔钱来得合情合理又不违法，所以马姓股民虽然没有买1992年股票认购证，但却在这次认购证行情的尾声中狠狠地赚了一笔。

六、认购证掀起了上海第一场金融狂飙

过去人们只知道华尔街的老板会骗人，只知道金融市场风险大，谁人知道高风险伴随着高收益？这份绿色的认购证确实掀起了上海市民中的第一场金融狂飙，其间发生了无数悲悲喜喜的故事。一不小心成了百万富翁，这不是天方夜谭，是1992年股票认购证的热潮中一个个真实的故事。

有一位姓方的老太太，儿媳忙着上班，就托老太太将6000元人民币拿到银行，办一个一年期的定期存款。老太太到了银行，正赶上工作人员向客户宣传买认购证的好处，说这比老太太将钱存一年合算。当然，银行也是为了在发行最后一天能多推销一点。老太太将信将疑，就买了200张认购证。

儿媳回来后，老太太将银行工作人员的话向儿媳重复了一遍，不料儿媳听不进这些话，大怒，要老太太去退掉认购证。

老太太第二天去退货被告知，认购已经结束，不能退还。老太太横想竖想，为息事宁人，只得将自己未到期的存款取出，用6000元给媳妇办了一张一年期存单。

等到后来认购证成了社会的一大热点，老太太的身份一下子变成了百万富婆，媳妇知道了事实的真相，又一次反目，为争夺这200份认购证的归属权，又一次与老太太吵得不可开交，以致最后走上法庭。

本来大家过惯了穷日子、苦日子，一家人倒也能和睦相处，平安无事，而突然间一人发了横财，打破了原有的利益平衡，于是矛盾、裂痕便渐渐显露出来。于是有人说，钱多了也害人。其实还是老子说得对，在远古时代，“民各甘其食，美其服，安其居……老死不相往

来”，太平得多。

七、终点又回到起点

以后的故事也在说明老天爷是公平的，好运并不永远都会给人带来好运。股市的新机会仍然层出不穷，考验着每个人的胆量、魄力、智慧和心态。

这么多年过去了，当年那批认购证大户今安在？依然在股市中活得很滋润的已不多了。如果不及时学习，提高金融意识，极有可能哪里来回哪里去，“终点回到起点，到现在才发觉”——这不仅仅是一句歌词，而是一个个刻骨铭心的教训。

有一姓林的女工程师，毕业于上海一名牌大学，有一份安逸而又稳定的工作。其先生在国外打工，当时就有一份不薄的积蓄。他们人生的最大目标是将掌上明珠送到国外去读书，根基扎稳之后，全家定居国外安度晚年。

上海认购证发行之后，她有了一个博弈的机会，当时能拿出10000多元买认购证的人并不多，对她而言，这点钱还不至于心疼，于是就花了12000元买了400份。后来认购证热起来，她的资产上升到了200万元。这钱来得那么容易，全不费工夫，他们心里乐滋滋的。

为了能快速致富，早日达到送女儿出国、全家定居国外的目的，她干脆辞去了公职，做专职股民。当时上海一大批大户都挤在上海大厦中做股票，刚开始还赚了点钱。但人心总是不足，总想赚得再快点再多点，而要快速赚钱，就要将资金放大。看着别人1∶2、1∶3透支赚钱，她也开始心动了，于是她就以10%的年利率1∶2透支400万元。不料股市开始掉头下行，在1500点到380点的下降行情中，先是“立正”（即全线套牢）而无法动弹，后被券商强制平仓出局。这名小有名气的中年女工程师，从此在上海股市中消失了。

这位女工程师在股市中真是白忙了几年，原本有个安逸的家庭，稳定的工资收入，可到最后却一无所有。

八、集体致富的故事

1992年靠买认购证致富并发迹的人的命运神话当时时有耳闻，然而这都是发生在一个人或一个家庭里的故事。

这里有个集体致富的故事。当时教师的待遇很低，每月只几百元工资，报纸上天天呼吁要提高教师的生活待遇。教师利用业余时间赚外快赚的也是小钱，一个月也只有几百元钱的灰色收入。

上海西北地区有所学校，一个教研室有12个教师。认购证开始发行之后，这个以企业管理教学为主业的教师群体，都本能地关注着这个发行市场。后来，教研室主任带头，每个教师都买了100份认购证，这12个教师的一致行动使每个人的身价都达到了50万元以上。学校里炸开了锅一样。

教师这个行当收入低，一直是社会关注的话题，记得当时还曾讨论过“先富口袋还是先富脑袋”，有文化的教师为自己口袋空空如也而脑袋学富五车而感到自卑。如今这每人给自己发50万元奖金的案例，无疑给教师们以强烈的刺激，看来要致富还得靠自己。

这个教研室原本工作中磕磕碰碰的事常有，人际关系也一般，自从大家同时致富后，办公室里天天欢歌笑语，相互之间的关系也融洽了，在完成教学工作之余，这12个老师成立了一个股市沙龙，沉闷的教研室开始活跃起来，教师们的思维方式也大大活跃了。

当然，结局是12个老师各奔东西。学校也难以管束这帮富起来的教师，与其他教师间巨大的经济落差，使他们与其他的教师有了距离感，后来因为一个个很难在学校里待下去而纷纷跳槽。

九、申购新股：中国股市的独特一景

曾经有洋顾问建议中国提高一级市场发行价，像美国那样，使一、二级市场基本接轨。这个方法在中国股市行不通。中国居民存款6万余亿，而上市公司又明显不值60倍市盈率，肯定不能以60倍市盈率高价发行。因此，还得演绎一幕幕新股高收益的神话，好在很多人在新股上赚的钱，大多又亏到二级市场上来了。因此，认购证的基本原理现在还得继续。回忆起来，股票认购证改变了人们的生活方式，提高了上海人民的金融意识，这是第一次全民性的投资启蒙课。同时股票认购证也为证券市场的设计者、管理者提供了新的课题。

从上海1992年发行了股票认购证之后，全国各地纷纷仿效，2元一份、3元一份、5元一份的用花花绿绿的纸张印制的股票认购证充斥市场，这在如今的认购证收藏册中还能看见其踪迹。

20世纪90年代初发生的故事已随着时间的推移逐渐被人遗忘。尽管我们可以列举许多理由来证明当时的市场是如何的幼稚和不足，然而客观地讲，当时的这些方法也许是最好的方法，管理者只能如此操作，从而保证相对公平地完成股票的发行。尽管这在当时使一部分人“不劳而获”地快速致富，造成了社会心态的不平衡，但还是应该看到，这种发行方式造就了一代大户，而这批大户赚了钱后最终还是将钱留在了市场，取之于股市，用之于股市，还之于股市。

如今，新股发行已充分利用交易所先进的电脑系统进行网上申购，这种方法是到目前为止最先进、效率最高、成本最低的方法，尽管这个方法仍算不上是十全十美，但和八年前的认购证相比却有天壤之别。但是如果没有八年前那种开创性的工作，也就不可能会有今天高度发达的发行市场。

中国股市，生生不息，永远向前。

（本文选自中国2001年经济类畅销书《十年一个亿》）

我是怎样在两年半内从3万元变成240万元的

陈小明

编者按：我是坚定反对大学本科生炒股的。一涨一跌，年轻而资金少的本科同学就无心学习了。本科大学生以学为主，现在是“吃草”的时候，毕业后再创造，再投资，再“挤奶”。经济学最讲究什么时候做什么事、效率最高。但是，硕士生、博士生可以少量参加。

陈小明是复旦大学高分子系的本科生，后来到我这里读金融产业与证券投资硕士研究生。他刚考上硕士生后不久，女友因故和他分手了。他流泪了。我鼓励他：“怕什么，好男儿有泪不轻弹，好好学习，好好投资、理财，必成大器，个人的事水到渠成。”他非常聪明，学习成绩优异，特别能够理论联系实际，对股票债券投资研究的热爱到了如痴如醉的地步。他来自福建山区一个小县城的平民之家，以3万元入市，仅仅两年多时间，增长了80多倍，取得了骄人成绩，真不愧是复旦大学优秀学子中的青年投资家。

本文在过去发表过，由于他怕露富，又没有女友，希望不要把真实战绩讲出来，故少讲了很多。现在，他已成了一家公司的研究员了，学习、工作、生活都很充实，美满。

2005年9月22日，这一天是值得我终生纪念的，经过近一年的股市扫盲教育后，抱着向市场学习的态度，我兴致勃勃地加入了中国股市大家庭，成了“第四代股民的先行者”。两年多以来，同大多数刚入市的股友一样，心态上我也经历了兴奋、迷茫、懊恼、麻木、坦然这一过程，也尝尽了股市的酸甜甘辛咸：在市场走势和自己的预判相一致时成就感倍增；在割肉止损时心如刀割；在未能抄底逃顶时又后悔不已……可以说，入市以来唯一不变的就是对股市的痴迷和热爱。证券市场每天都在变化，每天都有新的事情发生，永远保持新鲜感，吸引你不停地去学习、去分析，而且让你乐此不疲。

坦白地说，两年股市操作的经验不足为道，充其量不过是成长中的小体会，具有很大的不稳定性。但是，我发现身边的同学朋友中，很多人的投资都很盲目，缺少自己的分析，有的人甚至只是因为看到股指上涨，就在没有丝毫准备的情况下盲目入市，误认为股市就是摇钱树。因此，仔细斟酌之后，我觉得还是有跟大家交流的必要，或许对年轻的大学生股友起点指点迷津的作用。值得一提的是，在我有缘参加股市投资的过程中，有幸领略到几位在当今中国称得上是投资大师的前辈的风采，他们的经验、投资理念使我少走了许多弯路，一生受益。因此，在谈及我的盈利模式前，我想先跟大家分享一下这几位投资大师的经验。

一、向中国的索罗斯、巴菲特学习投资理念

索罗斯、巴菲特作为当今世界金融投资界的投资大师，有着无数的信徒。看他们的著作多少会有点启发，但又让人感觉有点遥远，毕竟我们中国的证券市场还不够完善，很多情景无法对号入座。我很荣幸地遇到了“中国的索罗斯、巴菲特”——他们都是中国证券市场元老级的人物，久经沙场，已经练就了一身武功。在他们的指引下，我逐渐熟悉了中国特色的证券市场，寻找到适合自己的盈利模式。

首先，不得不提及钱伟老师。钱伟老师的视野非常开阔，高屋建瓴，听他的演讲就是一种享受，如沐春风。在听他讲“全球视野下的中国经济”的时候，我仿佛被拉离了地球，站在巨人的肩上，听他指点全球资金的流向，这种感觉就像我们俯视蚂蚁搬家，它们的线路我们一目了然。再者就是陶老师。陶老师看问题的角度总是与众不同，总能抓住问题的主要矛盾。印象最深刻的一次是他指导我说：“资产泡沫化的根源是什么？流动性过剩为什么选择在有色金属

上爆发而非农产品如玉米、大豆等？价值储存功能不一样那相比之下，为什么铜的涨幅又远大于铝？”他的指导是循序渐进的，而且每句话都直指要点。

以上两位都是毛泽东思想的追随者，深谙中国传统哲学思想。在与他们的接触中，我学到了很多东西。在股票实际操作中，他们的风险意识非常强，分析问题必是先抓主要矛盾。

懂得风险控制是学会投资的首要任务。“投资的第一条原则是永远不亏损，第二条是要永远牢记第一条”。我的导师谢百三老师常提醒我们说，他在熊市中之所以能够保存有生力量，就是因为懂得及时止损。他给自己设定的止损位是7%，并严格遵守这条纪律。而来自北京的钱伟老师更是把对风险控制的理论运用到极致，善于抓住低风险高收益的潜在机会。例如他成功地在6毛多的时候买入邯钢权证（580003），短短一个月它就被炒到3.6元，在2006年上半年整个钢铁板块走势远远落后于大盘的情况下，他却在钢铁上赚得最多。在一般人看来，大资金操作权证是很冒险的事，需要的不仅仅是魄力。让我们看看他是怎么度量风险与收益的。

2006年3月17日，邯郸钢铁的股改投票结果显示中国钢铁巨人上海宝钢大举介入。宝钢的横空出世，使G邯钢的股本结构可能发生重大的变化：9.257亿份权证如果全部行权，可获得占总股本33.49%的股份，邯钢集团大股东的地位就受到挑战。对宝钢来说，通过在二级市场购买权证再去行权进而达到控股的目的是非常可取的。首先，权证的杠杆效应极大地降低了它的收购成本。不同于股票二级市场，如此大比例收购持股要通过多次举牌实现（那样股价早就被拉上去了，收购成本也就上升了），而对于权证，中国法律上并未作出这样的规定，这样一来，宝钢完全可以在权证市场上在短时间内大量购进权证。其次，券商可以不断创设权证，这样宝钢就完全可以跟券商形成利益共同体，利用券商之力达到绝对控股。相比之下，由于法律限制，大股东邯钢集团不能购买权证，只能去购买正股。随后，邯钢集团确实摆出架势，三日内抢购1559亿股，3亿股的承诺很快就用完了。然而当时市场并未对这种微妙的关系做出反应，4月28日权证的价格最低跌到0.661元，加上2.8元的行权价，二者之和还不及邯钢的每股净资产3.8元。在这种情景下，钱伟老师果断介入邯钢权证。在他看来，随着大股东的增持、券商的创设，邯钢股价的下跌空间已被封住，然而上涨的潜力却是无限的。在这次探底后，邯钢正股跟权证便开始双飞，短短一个月分别上涨了100%和500%。

在这些投资大师的熏陶下，我从一开始就非常注意风险控制，每次分析一只股票首先是看它的安全边际。也许有人会说，小资金“船小好掉头”，应该激进点。但是，资金从5万到10万需要100%的涨幅，再回到5万只需要50%的跌幅，资金上涨慢下降快，这是众所周知的道理，一招失误就有可能抹去前面所有的收益。因此，不管是大资金还是小资金，一定要养成风险控制的习惯。

二、我的小资金盈利模式

第一次接触到“盈利模式”这个词，还是从一位股友那里听到的。他当时问我说，你的盈利模式是什么？我一时无言以对。之后很长时间里我不停地问自己这个问题，并开始总结自己过去的盈利模式。的确，这个问题非常关键，做任何事情除了要有战略眼光，还得有自己的战术，没有稳定的盈利模式，你的投资收益就不能长久。

除了风险控制外，我选择股票更加注重基本面的分析，技术面我也会看看，主要是用来参考介入时点。对于我们这样的小资金来说，由于人力财力有限，很难像机构那样对行业、公司做认真翔实的调研分析，很多投资决策往往只能凭经验，因此我们必须经常总结自己的得失。一年多以来，我的投资收益主要集中在一些个股上，对这些个股的分析经常用到以下几种分析方法，也即我的盈利模式。值得一提的是，我个人的风格是喜欢买入一只股票后握着待涨，而不喜欢去追涨，错过了宁愿让它错过，这样比较容易控制好自己的心态。当然，发现了机会却没赚到钱还是很失意的。

1. 要特别注意比价效应

对于中小投资者来说，我们无法准确挖掘一些潜力个股、掌握市场上资金新的流向，因此比价效应是一种相对简单有效的分析方法。比价效应的概念可以是很广的，它不单单是同类股票间的比价，也可以是行业间、板块间的比价，甚至可以是不同市场间的比价，比如同时在香港跟内地上市的公司。运用比价效应，我屡试不爽，比如对兰生（600826）、G锌业投资机会的把握。

（1）兰生股份是让我略感失意的一只股票，喝到了汤却丢了大肉。

谢老师听完我对G兰生的分析后，把它称作“被遗忘的明珠”。我从2006年5月12日介入后它就走得很强劲，可惜到6月7在大盘大幅调整的带动下，主力也借机打压，最终我还是被震出来了，从3.2元到3.6元，也只获得10％多一点的收益。目前兰生已经涨到11元以上了，每每有股友提起我当时推荐的兰生，我就心痛不已，都不忍心去看它，只能安慰自己跟它没缘分。当时对它的分析是这样的：券商概念股无疑是牛市行情里的领头羊之一，最具想象空间，先前的G中信、G敖东、G成大股价均已翻番，然而G兰生似乎是被市场遗忘了。首先，它有券商概念。公司投资278亿拿到海通证券667％的股权。海通证券作为国内十大券商之一，在牛市里没有理由经营不好。278亿意味着什么？是兰生总资产的17％、净资产的50％左右，这比G敖东、G成大、G华茂的比例都要高得多。其次，是它的业绩。现在的市场已经呈现出强者恒强、优胜劣汰的局面。尽管G兰生自身的主营业务——外贸在整个进出口贸易受打压的环境下，表现得并不好，但是公司的业绩仍旧是可以“做”上去的。据公开的信息显示，2006年4月份，公司以2487万元转让子公司兰华制球52％的股权，该部分资产账面价值仅1300万左右；以4600万出售金苑楼地产，产生利润900万左右。对于总股本仅2.8亿的兰生来说，这两笔交易即可带来每股7分多的收益。如果再加上海通证券的投资收益，那公司第二季度的业绩就更好了。事实上，公司第一季度的季报已经显示出长期投资资产的大幅增值。在熊市里，公司在海通证券上已经累计计提减值准备金达1.17亿元。再次，它有安全保障。股改中，大股东兰生集团承诺未来减持价格为4.5元，大大高于当时3元的股价。基于以上的分析，我在股价3.2元左右便大举介入，之后兰生完全走出独立行情，大盘调整时它仍旧在顽强上涨。

（2）做锌业股份是我短期收益率最高的一次“游击战”。

这里有个小插曲。很多刚入市的朋友都喜欢问：“你是怎么选股的？”的确，刚开始我也一直被这个问题困扰。可惜到现在我还是没法说出固定的选股套路，或许我可以这样回答：当我们对市场熟悉了，我们自然而然就会有敏感性，就会对某些信息产生兴趣，然后再钻进去看是否有机会。G锌业就是靠这种敏感性捕捉到的。当时在看LME金属交易情况时，偶然间看到一则葫芦岛供应多少吨锌锭的消息。当时金属走势非常强劲，吸引着广大投资者的眼球。我便上网查询，发现葫芦岛锌厂就是G锌业的大股东。我想金属期价走得这么好，公司今年的业绩肯定不错的。没过几天上证报刊登了对G锌业管理层的采访报道。我一看，管理层对公司未来的经营情况非常有信心，心想有戏了。对锌业的综合分析是这样的：第一，我看好金属行业，虽然它自身没有矿产，但从比较效应看，整个金属板块在走强，它也绝对不会表现太差；第二，新一届的管理层让人看到了希望；第三，风险极低。按股改前收盘价3.6元，10转增6.6股计算，股价自然除权是2.17元，而公司的每股净资产摊薄后仍旧达到2.52元，在金属板块成为领头羊的情况下，这显然是被低估的股票。这样我在股改前一天便果断介入，不过当时介入锌业时手上可动用的资金并不多，但是我非常看好，于是还向师姐融了一点钱，果断参与。复牌前一天晚上，自己心里预期的开盘价位是3元，不过股友告诉我说他亲戚想集合竞价4块去参与，弄得我兴奋了一晚上。在金属板块、整个大盘走牛的带动下，第二天复牌后便开出3.6元，开盘后不停上冲，单笔甚至有4.8元成交的，成为股改复牌后复权涨幅最高的个股（超过120％），我在4.4元挂单全部出掉。

2. 要时时进行风险、潜在收益分析

许多权证投资者喜欢充分利用其T+0的优势，利用技术分析频繁地来回操作。投资者收益的高低往往差别很大，经常听到股友抱怨一天几次T+0下来最后都给券商打工了。我个人是不喜欢做这样的交易的。因为许多权证的价格相对较低，又是T+0，大资金更容易操纵价格，盘中价格波动的弹性非常大，所以技术分析反倒不一定有效；而且单单盯盘观察大单的买进卖出，就容易被蒙蔽，真正的买入卖出很难观测到。

权证让我如痴如迷。对于权证，格雷厄姆与多德在20世纪30年代出版的投资圣经——《证券分析》一书中就已涉及，其中总结了3条最具价值的权证特点：一是低价；二是平价附近，即正股处于行权价附近；三是到期时间长。我是把权证分投资与投机两方面来理解的。判断投资型权证的标准还是看其正股的投资价值跟它的行权价。对于处于价内的认购权证，如果我看好它正股未来的走势，我就会介入，跟股票一样持有，充分享受权证的杠杆放大作用。当然前提是我已经考虑好权证的溢价及到期时间约束。在网上经常能看到网友总结的权证投资经验，比如说“权证不留夜”。这多是基于权证品种还不多的时候，对应许多权证的溢价过高而提出的想法。对于投资型的权证完全可以长线持有。投机性权证是指那些已经远离正股价值，完全一文不值的权证。在这里，我承认交易价值这种说法，这类权证虽然内在价值为零，但它可以在市场上交易，玩击鼓传花游戏。对于这类权证，在当前市场上主要是那些认沽权证，我的策略是回避，偶尔用少量资金参与是因为“小赌怡情”。参与的前提便是价格跌得足够低，在牛市里可以利用大盘的调整做一做认沽权证的反弹。因此，在过去的一年多里我多半是在做认购权证。当然除了它的投资价值外，分析这类权证也经常涉及一些投机的思维。由于风险往往是很难量化度量的，因此这种方法成功的前提是要做很多相关的信息整理工作，不然就是在“赌”。

3. 视野要开阔，宏观要把握

以上介绍的两种思路都是属于被动的投资策略。事实上，要想赚大钱必须有主动策略，视野一定要开阔，高瞻远瞩，看清大方向，对宏观经济要有深刻理解，这是我一生所要修炼的方向。在这波行情中，我赚得最多的还是在金属股G宏达（600331）上面，从股改前7元多介入到最高21.7元出来，持有半年多，且仓位一直保持在60%以上。不过逃顶确实是靠很大的运气成分。之所以换仓，主要是看上了G兰生，当时觉得后者的上涨空间要比前者大，相对安全。这里要讲讲我对时间、空间的理解。传统的“不要把鸡蛋放在一个篮子里”的组合理论实际上是针对大资金而言的，对大资金来说，它要考虑到系统风险，要考虑到股票池的深浅。对小资金来说，没有必要太分散，太分散了观察不过来反倒容易操作失误。但是传统的理论忽视了时间概念，投资收益只有通过一段的时期才能反映出来，对小资金来说，倒不如集中投资提高个股选择的准确率，所以要考虑到股票的成长空间。我们要充分利用小资金的灵活性，该换仓时果断换仓。当然不是频繁换仓，前提是你做了详细的分析比较后才做出抉择。

宏达股份这个牛股是捂出来的。看好宏达股份主要是看好有色金属尤其是锌的前景。当时，我认为金属商品牛市仍将继续。金属期价的走势决定于两大因素：一是美元的走势，国际金属期价以美元标价，因此不得不看美元的走势；二是金属自身的供需情况。

先看美元。说到美元，就不得不提到流动性过剩问题。与其说2002年以来的金属牛市是由供需矛盾形成的，不如说是由于全球流动性逐渐过剩造成的，美元贬值，有色金属等具有保值功能的资产就大受追捧。流动性过剩问题是否随着美联储的加息而解决了呢？虽然美元是世界货币，但是美联储的货币政策具有很强的独立性，其加息与否主要参照国内的经济运行数据，尤其是通胀数据。世界上的各个国家也都是如此，总会出于自身利益的考虑，而多半不会在乎自己国家的货币是否在贬值，这是毫无实际意义的。在外汇市场上，尽管美联储的加息对提升其货币价值有一定的作用，但市场上更在乎其双逆差等数据是否改善。美国是世界上最大的债务国，美元的贬值反倒给它带来巨大的好处，何乐不为？在我看来这是酿成全球流动性过剩的主要原因之一。因此，随着美联储加息的结束，美元贬值与否的主要矛盾又回到其双逆差上面。这样，在美元贬值对其有利的情况下，双逆差问题就解决不了，美元的长期弱势也就支撑了金属牛市。

再来看金属自身供需情况。供需不平衡成了推动金属期价上涨的根本原因。从LME市场的库存报告可看出，2005年初以来，金属库存逐渐下降，尤其是锌，从年初的40万吨左右下降到目前的9万吨不到，还不及全球一周的消费量。这里，主要因素是中国、印度等国经济的持续高速发展，对这些基础金属产生了巨大的购买量。中国已是世界第一的铜消费国，50%的铜要靠进口。值得一提的是，人民币面临着单边套利的境地，升值乃大势所趋。从矿产出口国来看，人家也可以利用这个因素作为谈判的砝码，进一步推高金属的价格。

总之，中国经济作为世界经济的一部分，受到世界市场的影响，也反过来深深地影响着世界市场。我的牛刀初试成功，只是将这种影响具体运用到部分有色金属股上去了。不久以后，中国证券市场在股指期货即将推出的吸引力下，从2007年6月1日到10月下旬又轰轰烈烈地开展了以大盘蓝筹股——宝钢、招商银行、长江电力、万科等为代表的运作浪潮。而2007年10月下旬我感觉到大盘蓝筹股被炒得较高了，我就把大盘蓝筹股全部抛出，在30元左右全线买入了有创业板概念的高科技股同方股份（600100），到2008年3月，它又涨了50%，使我的资金又上了一个台阶。

2008年我才26岁，觉得生活是那么美好，我对未来充满了信心，对中国股市和中国经济的未来也充满了信心。我下决心一辈子投身于中国的证券市场。

（本文选自《中国巴菲特》）

股市彻底改变了我家族的原始贫困

殷保华

编者按：殷保华是上海股市中一位出身贫寒，经过股市摸打滚爬的自学成才的资深人士。他对技术分析的研究尤为精深，累次准确预测了股市的"底部"，受到上海电视台采访。现将他的自传编于此，以飨读者。

应复旦大学著名教授谢百三先生之邀，花了多日，写下此文。

由于我国人口众多，均衡发展困难，相当部分的百姓生活维持在较低水平，有的至今仍处于贫困之中。10年前我也曾处于贫困一族行列，而命运走到最无奈之时我却抓住了一个看上去不可能的机会，闯入了这一低文化水平似乎难以胜任的市场——资本市场，在这凝聚着巨大风险的行业中，我边学习边搏击。"老天不负有心人"，经过3年多的探索，我总结出较为准确的看盘技术，先后16次成功预测出大盘的阶段性大底和大顶，而其误差很小，在行情前的数天、数周、数月甚至数年前发表刊登在《国际金融报》、《新民晚报》、《新闻晚报》、《理财周刊》、《青岛财经日报》、《深圳股市动态》之上，特别是在上证指数998点大底前7个月的2005年1月7日，我在《文汇报》上发表《顺股市规律而动——今年我们怎么做股票》一文，对中国股市的预测之精确（几乎是机构计划书的原稿），震惊股坛。10年来，我靠自己的百倍努力彻底改变家族之原始贫困，认真指导上海股民投资者取得重大收获，引起证券界重视，被多家知名媒体誉为"民间股神"。

1951年10月19日，我出生于江苏常熟非常贫困的农村，8岁随父母来到上海读书，一家三口常年挣扎在贫困线上。1967年刚上初中又被"文化大革命"送回了老家常熟插队入户，家庭经济雪上加霜。1972年我参军去河南，本以为生活水平能改善一点，结果"屋漏偏逢连夜雨"，1975年河南"千年一遇"的特大洪水，将我3年用部队津贴积攒起的积蓄冲了个精光。我挣扎生活在贫困中，直到我国改革开放出现了证券市场，一个不经意的单位"职工股"事件把我引入充满神奇故事的证券市场，使我成为职业投资人。我愿意把我的成功经验、特别技术告诉各位读者，更希望能得到有专业特长的朋友们的指正。我深知"山外有山，天外有天"之真谛，因为资本市场中的"真理"至今还没有人完全领悟，市场上的经验和技术有用与否，见仁见智。

历史证明，世界上只有资本市场才能在最短的时间里赚到最多的钱，我国短短的十几年证券历程造就了无数百万富翁，也使我彻底改变了家族的原始贫困，我从口袋中仅有74元的穷人到现在可以捐献给上海红十字会、上海慈善基金会、上海50名优秀而又贫困的近视眼学生、上海虹口区10名贫困小学生及民族剧目、越剧戏曲等单位和个人数十万甚至上百万元人民币的上海慈善市民，我想这是最好最现实的例证，它证明了资本市场确实能够创造"奇迹"。

努力和奋斗是我们一切事业成功的必备条件，你必须做到谦虚好学，一要从专业书本汲取专业知识，二要到市场中的高手处拜师学艺，实地去考察高手（预防受骗），仔细分析高手（是否值得学习），然后模仿高手们的技术和方法，再利用你在学校学到的知识举一反三地过滤糟粕，做到"青出于蓝胜于蓝"。因为市场不断在变化，不断在前进，特别是在期货市场，它可以"以小搏大"，特别适用于想快速盈利、本钱比较少的初学者。我将10年的经历告诉读者，使大家对这神奇的资本市场有个初步认识，用笔者的经验"举一反三"到市场中去运用、去学习、去超越、去彻底地改变自己的命运。"命"是父母给的，无法抗拒；"运"是自己走的，可以把握，相信大家都能成功。以下作一自我介绍：

一、股保华小贴士

1．入市时间：1996年上海新亚股份上市，跟随当时流行的“职工股”而被动入市。穷则思变，甘冒“48岁高龄停薪留职”之险进入资本市场专职投资业，至今已有10年。

2．投资成绩：人生改变，并能助人为乐。

3．投资策略：顺股市规律而动。

4．投资铭言：信天信地信自己。

5．投资技巧：研究使用《江恩八线》。

6．投资定律：“殷氏定律”线上阴线买，买错了也要买；线下阳线抛，抛错了也要抛！

二、各种美誉来自多次测准大底

上海投资者给予我有太多的美称：“把握股市脉动的人”、“小若查丹玛斯”。他们认为一点也不过分。一位投资者对记者说：“法国的若查丹玛斯在400多年前曾准确地预测出汽车的出现，全球乘飞机旅游热的兴起，以及希特勒的出现，原子弹的爆炸促使日本投降等，其预测准确率达99%；而殷老师能在半年前预测大盘运行的点位，误差仅千分之三，这也是个神话。”这位投资者讲得一点不假，而且我4年来预测行情的一切言行，均有文字记载，有案可查。

大家可以到《文汇报》网站去看一看。2005年1月7日，上海《文汇报》和1月8日的青岛《财经日报》证券版头条新闻都刊载了一篇由我撰写的带有全年指导性的文章——《顺股市规律而动——今年我们怎么做股票》（见图1）。我在该文中明确指出：“我国股市属国际证券业中较为年轻的市场，有着与国际市场接轨后的转机，而在接轨之前我国的证券业面临婴儿出世前母体的阵痛，那就是大扩容造成短期的负面‘失血’。后市仍有一段较长的下跌期，其重要支撑位有三个：1200点（月16号线）、1133点（江恩箱体论极限）、1004点（1994年9月6日收盘价）。这三个点位只要没有政策刻意干预，一般是正规的理论跌幅。按江恩箱体论提示，跌破1133点为空头陷阱，此处应是大资金建仓区。”文章发表之日，上证指数为1244点。之后，果然，大盘下跌，10天后在1200点一线获得支撑后反弹，最高点摸到1328点。（2005年2月25日）这时，人们都说2005年的大行情来了。但我却认为这仅仅是反弹，大盘还将下行。果然，后市的行情完全按我的预测在运行。大盘一路下跌，直至在2005年6月6日这一天瞬间破千点达998点。（最低点和我预测的1004点仅差6个点。）而我正是在6月6日这一天带领我的学员全线满仓杀入。他们的交割单，曾多次在上海各大影剧院的大幕上打出，数以万计的投资者都曾亲眼目睹。更难以让人置信的是，2005年7月12日、7月19日，上证指数最低点都神奇地打在我测算的1004点上，一点不差，然后开涨，上涨后的走势又与文章中的预测相符，超过1800点，甚至更高。①

经济观察

文匯 证券

大盘风向标

机构——半看涨

散户——看空居多

评论：

殷保华在党报《文汇报》一月十七日测出大盘最底为1004点半年后7月行情最低点为1004点震惊股坛

2005/1/7

顺股市规律而动

——今年我们怎么做股票

图1

①编者注：本书出版时，中国上证指数已到2300余点。

2003年大盘自年初一路下跌，人们沉浸在焦虑失望之中。但10月10日、22日、11月4日在盘中耸起的三根中阳线，点燃了人们的希望。许多股评人士大呼“大底到了，行情来了”。但我却按兵不动。在指数于2003年10月30日击穿1344点之后的第6天，当大家再次陷入迷茫之时，我却一反常态，于11月14日写了一篇题为《如何应对底部区域》的文章刊发在上海的《理财周刊》上。文中呼吁“上证指数在两个月内，甚至就在近期有可能形成大底，所以处于焦虑中的股民不要再过分失望，相信不久就会出现曙光”，而且，从不轻易推荐股票的我破天荒地在文中推荐了4只股票和一个板块。4只股票为宁夏恒力、川投控股（现称川投能源）、安塑股份、天目药业，行业板块为科技股板块。谁料到真的是功到自然成，杂志发行后仅隔三天的11月20日，科技股暴发性地全线涨停，我推荐的4只股此后涨幅均接近100%。一位南汇区的股民按我的指点，全仓买入宁夏恒力获利80%以上后打电话给我报喜，连说谢谢。那些天，我的电话都被打爆了，电池都不够用，因为看我文章受益的人实在是太多了。能为大家致富出力，我感到很幸福。

三、一度“报国无门”——报刊拒登我的文章

现在，从黄浦江畔到渤海之滨，从天堂苏杭到齐鲁大地、南国之都，到处有我的身影，争相邀我去讲课，许多媒体为我辟专栏，我成了大忙人。每天从早到晚，日程表都排得满满的。我所到之处，受欢迎的场面，前所未有。

然而，谁能想到我曾经在几年前却“报国无门”。那是2001年5、6月间，也正是中国股市处在如火如荼的季节。当股指爬上2240点之后，中国股民的心都是热的，媒体的温度也在逐日增高，预测2500点、3000点，甚至很快要向香港、美国看齐冲向10000点。谁的口气大，谁就是英雄。但是我却感到大盘隐藏着很大危机，根据自己按世界投资大师江恩测算方法测出大盘很快会有崩盘式的大跌灾难。当时，我找到两家著名媒体，想写一篇《大盘将有崩盘下跌》的文章提醒投资者，记者接受了我详细解释后的观点，但总编却冷冷地问：“他是谁？”没看内容就搁到一边。但随后不到一周，股票市场真的暴跌了，那位理解我的记者内疚不已。2001年12月22日（星期六），在全国发行量最大的上海《新民晚报》上以“我——一个技术高手的成长历程”为题，整版详细地把我介绍给上海广大的投资者（几乎打破了晚报纪录），我不负众望，成功指导上海部分投资者。

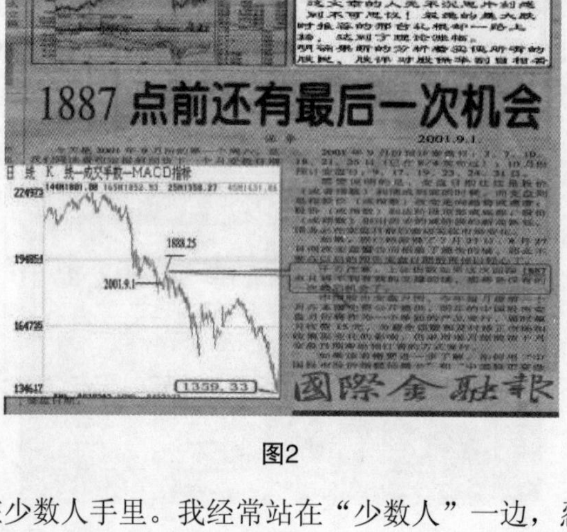
国际金融报

1887点前还有最后一次机会

2001.9.1

图2

“真理”往往掌握在少数人手里。我经常站在“少数人”一边，忍受着孤独的“痛苦”。而我的成功，也正是在这种逆境中得到多数人认可。上海的投资者都不会忘记，2001年6月1日，B股首次对中国境内投资者开放，人们群情激昂，都认为在这重大利好消息刺激下，B股市

场会迎来暴涨翻倍行情，然而我根据市场中的一句名言“利好出尽利空现”的道理认为，B股气数已尽，接下来就要大跌。我在《理财周刊》上撰文警示人们B股不能再投资了。同时声明我不再对B股作出走势分析，以明显表示B股巨大风险的来临。果不其然，B股在6月1日上摸最高点后，一路下跌，直至50点，回到了大行情起点。这一成功预测，更让人开始对我这个名不见经传的小人物刮目相看。

然而，让我在上海滩真正成名的“佳作”，还要当属2001年8月对顶部的成功预测。当时，大盘从6月的2245点的高位整整狂跌了两个月，于8月6日下探到1867.86点后，终于引发了一波反弹。而就在这时，股市一场声势浩大的“激战”在上海滩展开。国内一家名气很大的投资机构首先隆重推出《大盘上涨的理由及建仓的计划》，随即，在长期牛市惯性思维的左右下，一篇篇“鼓舞人心”的文章似冲锋号一般，见诸报端：什么《冷酷见底，1800点！》、《全面反攻气吞山河》、《买个黄金套，暴涨即将开始！》，数浪的人大呼《1800点就是中期底部，可以主动买套了》，“金手指”、“银手指”更是推波助澜，一篇篇“大涨”的套红标题文章燃得人心沸腾，股评报告会场上的一幅幅巨幅标语，蛊惑得“让人如痴如醉”。而就在这时，“小人物”我却不识相地著文《警惕大盘8月份再破1887点红色警戒位》，提醒投资者，大盘一旦破了1887点将要加速下跌。9月1日，我又著文《1887点还有最后一次机会》（见图2）。文章发表后，很少有人相信，而相信者也遭到了严厉抨击，查看当年9月12日的报刊，当时就有人撰文《周三抛空者，我为你悲哀》，说“现在是做股票的最佳时机”。但具有讽刺意味的是，就在这篇文章刚一发表后，周一一开盘，大盘就应声而落，开始了漫长的阴跌。而我于8月31日预测“1887点是最后一次逃命机会”的文章发表后第三个交易日，大盘在9月5日反抽1888.90点（与我预测的点位仅差一个点），就一路向下再也没回头。至今，上证指数运行的轨迹中，仍真实地记录着1888点是当时的一个最后的逃命点。我的这一成功之作，使我击败了众多“股市预言大腕”，开始名扬上海滩。

四、坚持真理遭围攻

2001年10月22日，上证指数最低探到1514点。次日，管理层叫停国有股减持。大盘以迅雷不及掩耳之势猛烈反攻，一扫市场的恐慌情绪，人们心头再次燃起希望之火。可就在这时，我又一次发出不和谐的音调。11月10日，我在靠近上海证券市场最有影响的“黄万国”楼上的工人文化宫作讲演，斩钉截铁地说此时大盘不是底，并预测要跌到1361点。甚至口吐“狂言”，说中国股市将来会跌到999点，一些股票将会回到它的原始价格，到时跌得面目全非，甚至会出现八毛钱的股票。话音刚落，会场上一阵骚乱，有的哈哈大笑，但更多的是愤怒不已，报告没完，四五十人就把我围了起来，什么难听的话都说了出来。“1514点是政策铁底，侬咋个这么讲？”并骂我是“戆头”、“神经有问题”。是啊，面对中央刚刚出台的红头利好文件和反攻开始的转暖行情，善良的股民谁愿接受如此“冰冷的”预言？但事实是无情的，大市并没有按照人们的良好愿望走，反弹很快夭折，股指再次一路下滑，至2002年1月22日，大盘收于1358.69点，离我在《国际金融报》上白纸黑字的预测误差不到3个点，之后大盘方始拉升上涨，当初围攻我的股民此后也都成了我最忠诚的学生。

生性坦诚的我就是这样，心中始终有个主心骨，坚持真理，从不为任何“势头”所动。人们还记得，2002年6月国有股不通过国内证券市场减持的消息出台后，“6·24”行情迸发，市场信心大增，很多人认为这下大盘即使上不了那2000点、1800点至少是马上可以看到的。但我却非常清醒，立马著文质疑“美餐过后谁买单，花轿坐满何人抬”，认为在股市向好成为共识时，庄家是不可能拉抬股价的。众所周知，“6·24”行情形成的点位成了2002年的最高位。

2003年4月16日大盘创出1649点新高之后，我在18日（周五）又撰文明确指出大盘已“做顶”。我在警示投资者时言辞非常“刻薄”吓人，说：“此后行情只要一跌就难以再让你有逃命机会，而此种高位乘凉，一乘就要数月数年。”当晚，我的文章在网上一挂，便引来众多人的嘲弄，要我“下课”之声不绝于耳。此时上海、北京、深圳一些电视台、报刊的朋友看了此文，担心坏了自己的名声，都纷纷打来电话：“殷老师，这次你可能说错了，据可靠消息传，国家可能要出重大利好消息，要做大行情了”，好心地劝我下次写文章话要写得“圆滑”一点，为自己留点后路，可我直到现在还是做不到这一点，有啥说啥，从不肯像许多股评人士那样，为自己留下左右均可逢源的后路。可是这一次我真的失眠了，三天三夜没睡着觉，这些来电话的朋友都是全国重要媒体和证券界有头有脸的人物，但我毕竟是根据自己的技术在预测，并非胡说。18日（周一）开盘，当天就收了一根大阴线，周二，又是一根小阴，周三，一根中阴再立盘中，接着，周四、周五又相继收出一根大阴线和一根中阴线。当本周的周K线扎扎实实收出历史上最大一根大阴棒（*正好跌在我的江恩9号线上，这是后话*），确定一波跌势来临时，我既为无数盲目乐观之投资者难受，又看到技术分析的威力，此后睡觉就很踏实。

五、做过插秧能手、反扒英雄和神炮手

现在我在上海滩成了名人，每周的报刊杂志只要没有我的文章，编辑部的电话和所有工作人员的电话就会被投资者打爆。弄得他们直抱怨：“你可把我们害苦了。”我甚至成了炒股的“博导”，一些硕士生、博士生都上门拜我为师。我对上门采访的记者说，我只上过初一，相当于小学文化。我真不敢相信一个只有小学文化的人，会如此成功，但事实确实如此。

我从小就喜欢钻研，但我生在一个特殊的年代，生活没有能给我出人头地的机会。17岁，我刚刚上初一，席卷全国的上山下乡风潮，就把我卷到了苏州乡下种田。我比较勤快又善于动脑筋，所以很快学得一手插秧本领，秧插得又快又好。在一次插秧比赛中，我竟然勇摘桂冠，胜过乡里屡次夺冠的“老黄忠”。后来，我又拜师学了整套裁缝手艺，经我手做的衣服服帖、细巧，乡亲们都爱找我量体裁衣。1973年，我参军到部队当上了一名炮兵。由于我领悟能力较强，测算射击方位又快又准，连里很快把我从装弹的三炮手“提升”为瞄准射击的一炮手。有一年，驻地发大水，部队出门抗洪救灾时，都把背包放在高高的台桌上，而我带领全班战士却把背包架在房梁上，晚上，汹涌的洪水淹没了营房，连里其他的背包都泡在水里，只有我们班的背包架在高高的房梁上安然无恙，班长直夸我机灵。部队开展体育训练，我的身体灵巧加上好学，很快我就成了一名出色的体操教练，在全师一万多人参加的体操大赛中，我这个个头小小的“新兵蛋子”，竟和师首长一同坐在主席台上指挥全师方队。这在等级森严的部队里，是很荣耀的事。

1976年，我退伍回到上海，在建国招待所当了一名服务员，但我不满足于整天抹桌子扫地，抽空利用业余时间苦学电工。等到后来我调到新城饭店工作时，已经是个经验老道的“超级电工”了。从宾馆的空调、冰箱，到家里的电视机、录音机，我都很快掌握了原理和修理技术。我干什么都行，有一年被借调到市公安局反扒队抓小偷，很快，我掌握了一套发现小偷和逮小偷的技术，只要我往人堆里一站，眼睛一“放电”，哪个是小偷，便一目了然，最多时，我一天能抓四五个小偷，成了反扒英雄、小偷的克星，《解放日报》曾三次登了我的事迹。

我还有许多小故事，颇耐人寻味。早在过去大家都还在用火柴点燃煤气炉时，我就给自家的煤气灶装上了自己设计的自动点火装置。我家安装的自动窗帘，会在天亮时自动打开，在天黑或我出门时会自动关闭。20世纪90年代，助力车开始流行，有一个朋友对我说，这种车好但是蛮费油的。说者无心，听者有意，我在改进助力车上动起了脑子。我把自己关在屋里好几天，终于设计出了一个助动车节油器，给人试后居然很管用，于是我到一些修助动车的地摊上推销并帮人安装。一只100元，很多人抢着买，没几天功夫就赚了好几千块钱。其实，这东西成本几乎是零，只是动动小脑筋罢了。后来，我又琢磨着鼓捣了一个防盗报警器装在自己的助力车上，连在自己的BP机上。一次到商场买东西，我的BP机发出信号，知道有人在偷我的车，

我立马赶到，把盗车贼抓个正着。后来，朋友有时找不到我，就去推一下我的助力车，就找到我了。

此后我在股市的博弈中能很快走向成功之路，并在技术分析中能创造发明了21条神奇无比的“线”，以及那一个个独特的操盘绝技秘招，也就不足为奇了。

六、无意之中踏入股市浩瀚大海

我是拽着1996年末的“牛尾巴”入市的。那是上苍给予我的一次良机，使我在46岁时在人生道路上发生了重大的转机。

那是1996年的10月31日，上海新亚集团（现锦江酒店）上市。正是这一天，我作为新亚集团的员工，被拖进了中国股市的漩涡。那天一大早，我就和工友们兴高采烈地涌向证券公司的门口等候。我分到了900股内部职工股，今天可以上市交易450股。那时的我，和千千万万的中小散户一样，对股市盲目、冲动、无助。一开盘，我见新亚股份的股价在12元，是当年1.3元钱原始股的10倍，便急急地填单子抛了，顿时，5000多块钱轻松地装进了口袋，我兴奋极了。觉得股市真是一个好地方，小钱生大钱，而且赚得这么容易。

终于，我喜欢上了股市，天天一有空就往股市里跑。站在那红红绿绿变化无穷的图表前，让我看得着魔，有时连饭都不知道吃。很快，我买进了第二只股票飞乐音响。睡了一夜，就赚了200多块钱，我再也关不住欲望的闸门，决心大干一场。1996年12月10日，我听人说原水股份这只股票放量了可以买，当时对技术一无所知的我，盲目跟进了，哪想到，买入1小时不到，就给套住了。之后几天，就赶上《人民日报》发表评论员文章，12道金牌，让火热的股市骤然暴跌，原水股份从买进时的9.5元，一下子跌到6.66元。从未想过炒股亏钱的我吓坏了。第二天，我听别人说原水不行了，还得跌，我越想越害怕，一狠心在7元左右全部割肉了结。

那天，当我拿着交割单，看到自己亏损4000多元的记录，心如刀绞，刚强的我，眼里的泪花在闪动：那年，我离了婚，按照协议，房子和儿子归我，而家里的所有钱财都给了她。从此，我既当爹，又当妈，生活的重担全压在我身上，最难时，口袋里只有74元钱。我要养家糊口，赚钱供儿子上学，难啊。为了多挣钱，我下班后去给人家装空调，有时累得晕倒过去，一个夏天终于挣了5000多元，没想到冒着性命赚得的一点血汗钱，就这么几天，一下子说没就没了。我感到对不起自己，也对不起嗷嗷待哺的儿子啊。

我不肯服输，于是，我再次杀入股市。由于钱不多，我不敢再买高价股，专挑像电真空、华源制药等便宜的股票买。然而，对技术一窍不通盲目操作的我，一切的努力均是徒劳。我账上的资金被我三折腾二折腾，越来越少。“股市是陷阱，是个大骗子，阿拉惹不起，躲得起！”我，一个无助的散户，含着怨和恨在这年的冬季，无奈地离开了股市。

七、股评家轻蔑地看着修空调的我

人间的事情常常富有戏曲性。也许上天不想断我的财路，就在我离开股市不久，命运之神再次把我引上了股市这风雨之舟。

当时，上海世基投资等公司成立了一个黑马俱乐部，每周六下午都要在新城饭店举办证券研讨会。参加者均是一些券商和机构操盘手。一次，研讨会所在的4A房间的空调坏了，要我去修。我修完后，也情不自禁地坐在旁边听。研讨者都是股市里的精英，我入市以来头一次听到这些叱咤风云的行家里手对股市的高谈阔论，我完全被吸引住了，由衷地钦佩他们。会后，我壮着胆子走到其中一个有名的股评家跟前，怯生生地向他请教：“什么是60分钟的55天线？”这位股评家只是轻蔑地看了看一身污渍背着电工包的我，头也不回地走了出去。

多少年过去了，我仍旧忘不掉那屈辱的一幕。那轻蔑的一瞥和那个高傲离去的背影，像刀子一样刻在我的心上，我愤怒不已，咬咬牙从股票账户上取出了5000块钱，立马到街上买了台组装电脑，接收股市行情的通视卡和一大摞技术分析的书籍，开始不分昼夜地研究。

我如饥似渴地饱览中外证券名著，香港、台湾、华尔街操盘高手的实战炒股经验我看了一遍又一遍，功夫不负有心人，我很快就掌握了一些重要技术指标的运用。例如江恩的趋势线、黄金分割、波浪理论、顶底背离，还有如CCI向上突破性100可以买进，向下击穿100，是卖出信号等等，我都一一弄个明白，很快，那些看似杂乱无序的K线图，在我眼前变得清晰起来。虽然家里有电脑可以看行情，可我喜欢热闹，习惯到散户大厅里去扎堆。几个月的刻苦钻研使我的看盘功力大长，行情的演变屡屡被我说中。渐渐地，我的身边每天都围上不少人。过去，我小子小，在散户大厅看电脑，老被人挤出来，后来，因为行情老被我讲准，股民们就把我从后面请到电脑前听我分析。不是我脑子好，那是知识给我安上了透视股市的千里眼。

随着我技术的提高和名气的增大，故事也越传越神，有人说我有鬼材。有一天，两个大户找到我，开出每月2000元的工资，条件是每天为他们技术解盘。我非常乐意地接受了。我进了大户室，有6台电脑随我用。我如痴如醉，用各种不同的分析方法在6台电脑上反复对照研究，从周一到周五，每天都要呆到下半夜。1998年6月，我成功地预测了领涨股四川长虹在7日到达37.2元后将进入下降通道，但当时市场上有谁愿意相信像我这样的无业游民？许多人后来都在该股上跌了大跟头。而我这次的预测成功，却使我技惊四座，名声大振。

八、父亲去世，相恋八年的美丽女友失望而去

也许是我的功力还不够，尚未达到炉火纯青的地步，前进的路并不平坦，我后来对股市的预测没有再起波澜，一次次开始大失水准，曾经被捧上了天的我又掉落到了地上，人们开始对我冷眼相待，那些原来围在我身边的崇拜者渐渐离去。我苦闷、困惑，以至于听到萨克斯《回家》（电视台播放股市行情的背景音乐），就浑身发抖，我像逃避瘟疫一样逃离股市。

然而，祸不单行。就在我极度无助的时刻，我失去了两位亲人。我的父亲去世了，为我操劳了一辈子我却还没来得及报答，对我的打击极大。不久，我交往了8年的女友又离我而去了。一天深夜，我和记者围坐在庭院的滴水观音树下，讲起这段往事，我禁不住泪水直流：“都怪我，对股市太痴迷了，忽略了她，她几次约我出去吃饭和逛街，我都没时间去。有一次她让我陪她去买衣服，我一直集中精力在看盘，把这事全忘了，没想到她就在证券公司口等我，从下午3时收盘一直等到晚上9时多，最后她失望地离去了，再也没有来找我。后来，我知道，她跟别人走了。”

那段日子我的心里很苦。因为当时不仅在生活上受到了打击，在工作上也遇上难以想象的困难。我曾在“实战日记”中的一页上面写有一个大大的“哭”字，它记录着这样一件事：2000年春节前，一位有3000万元资金的超级大户找到我，要我辞去工作，当他的操盘手，开出的工资是每月底薪3000元，赚钱部分按10%提成。我痛苦地思考了两天两夜，终于决定一搏。春节过后，我辞去原来的工作，成了一名专业操盘手。我根据指标分析，于2000年3月10日买进30万股大庆联谊，可雇主说这是个问题股，把我骂了一整天；3月13日我又买进30万股马钢股份，可又被责问到究竟在为谁托盘；后又买进9万股三峡水利，又被说成都是些“贫农股”。结果，这些2000年的大牛股，全被雇主硬抛了，有的甚至还是亏钱抛的，而我可谓骑在牛背上，又被活活地拽了下来，夜里，忍无可忍的我痛苦地在日记上写了一个大大的“哭”字，第二天便离开雇主。

九、如醉如痴研究，终于编成软件，一举成功

挫折并没有击倒我，反而更加激励着我在股海奋力搏击，在通向股市成功的坎坷路上如醉如痴地学习、研究。

我长期潜心地研究中国的《周易》、世界著名投资大师江恩创立的神奇逆向螺旋理论，从中我发现许多神奇的数据在股市中起着奇妙作用，根据这些数据操作我屡试屡胜，简直就是神奇无比而且不可思议。我兴奋极了。我决心用自己的心血和技术，撬开股市的财富大门。我开始废寝忘食地工作，几个月下来，人消瘦了一圈，但我终于拿到了开启财富大门的钥匙。我利用深圳汇天奇公司设计的《分析家》股票分析平台，汇集了周易和江恩时间周期中的神秘数字及大机构操作的密码，编制出了一套自己独特的炒股软件——江恩线理论。这套软件共有12个指标，分两大系。第一系列为《江恩八线》（1—8号），称为小黑马、中黑马、超黑马、魔黑马等。另一大系列为《底部三绝》，共有三套操盘指标，主要揭示股票操作中的神秘买点。

2000年12月，市场给予我一次机会。我被几个亏得一塌糊涂的超大户请到了浙江，做起专业操盘手。我开始运用自己独特的技术分析到实战中，在准确判断大盘走势之后，我买入了自己看好的“望春花”、“三峡水利”、“大庆联谊”等股票，连战连捷，大获全胜，这次成功的操作，使我获得了双丰收：不仅使我的名声再次大振，此外，仅提成就有300万元。

2001年5月，我感到股市过热，我返回上海，准备修整一段时间。这时，我从报上看到上海易坛信息公司要招奇才操盘手，月薪十万元，便去应聘。老总戴鹏（后化名为“叶家利”）一眼看中了我，聘我做了副总经理。我利用这个平台，竭力发挥自己的潜力，给人讲课并出售自己的技术分析软件。但不久，总经理戴鹏突然失踪，公司雇用的操盘手工资没人付了，四散走人，而更苦的则是委托理财的客户们，受骗的投资者向法院提起诉讼，于是爆发了著名的易坛信息公司委托理财案。有人说，戴鹏的失踪不仅是骗了众多投资者的钱财，更重要的可能与我那神秘的软件有关。

我作为一个受骗者和受害者，在这一事件爆发后离开了易坛。在这个纷乱的股市沙场上，我渴望拥有自己的一片蓝天，一块“田园”。

我注册了自己的投资公司——上海天胜，自任总经理。开始打造自己的品牌。我以诚信的服务和过硬神奇的技术分析，很快享誉上海滩。

十、“股氏定律”简单明了

常听饱受股市煎熬的投资者抱怨说，股票市场是世界上最复杂、最让人看不懂的，是一道永远无解的难题。它风雨无常，涨跌难测。然而，在我的眼里，股市的运行却是那么清晰有序，简单明了。多年来，在我的苦苦寻觅中，终于发现了股市运行的规律，找到了在股市里可以轻松赚线的“秘密武器”——那就是上海投资人都知晓的著名“殷氏定律”。

“殷老师，殷氏定律保密吗？能否谈谈它的详细内容？”采访中，记者问我。

“不保密。上海许多投资者都知道，而且从中受益匪浅。”我在电脑上打开一个图表给记者介绍道：“股市里有许多所谓的高人总喜欢把股市讲得很复杂，常常把1说成100，而我多年来一直追求的是简单实用，目的是把100变成1。你看，我的这个定律非常之简单，甚至浓缩到用‘一根线’便知股市春秋，可准确预测出大市未来的运行轨迹和股票的涨跌幅度，一只股票何时买、何时抛，清清爽爽，一目了然。若用一句话来表述此定律，即：线上阴线买，买错了也要买；线下阳线抛，抛错了也要抛！（见图3）”

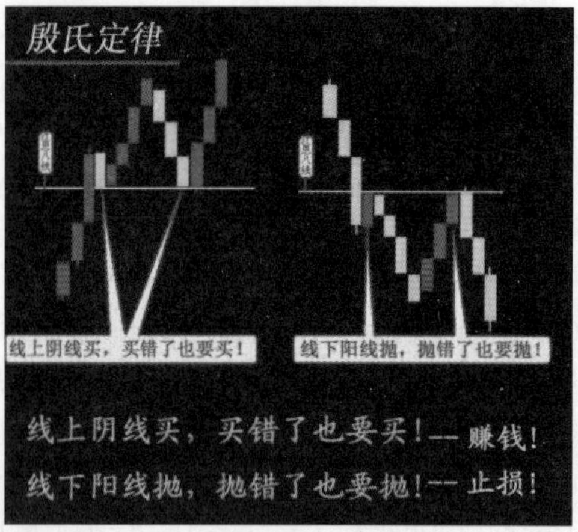

图3

“的确，这个图表看上去真是一目了然。这么说，线上和线下主要是显示一个买点和一个卖点吗？”

“是的。线上阴线买，是强调的一个买入点，是我们买入股票赚线的最佳介入时机。而线下阳线抛，则是我们获利后如何止盈卖出保卫‘胜利成果’和假若操作失误（买错了）如何止损的问题。”

“这种定律我看权且叫它‘一根线操作法’吧。它在实战中果真管用？能否举几个案例？”记者对我说。

“可以。几年来，我运用这种定律于实战中，成功的案例真是举不胜举，就讲几个上海投资者记忆犹新的几个案例吧，那都是有文字记载无法编造和作假的事实。”我坦承。

案例1：2002年6月25日成功逃顶。

众所周知，自2001年6月大盘暴跌不止，2002年突发的“6·24”行情，点燃了人们心头的希望火种，但它是那么短暂，随即又把多少投资者套牢在“高山顶”上。而我在这一事件发生的两个半月前，就根据我的“一线操作法”准确计算出大盘在绵绵下跌途中一定会反抽40月线1748点。我的这一预测，发表在上海世纪出版股份有限公司麾下的《理财周刊》上，那是我首次作为此刊专栏作者撰写的颇有影响的处女作。在文中我非常明确地指出上证指数会反抽40月线，这对投资者又将是一次最佳而且是最难得的逃命机会。事情的发展印证了我的预测。在此文发表以后，大盘在运行了85个交易日后，于2002年6月25日上午10点，不差一点地准确到达40月线（1748点），然后便向此线“挥手告别”，继续暴跌400点……（见图4）

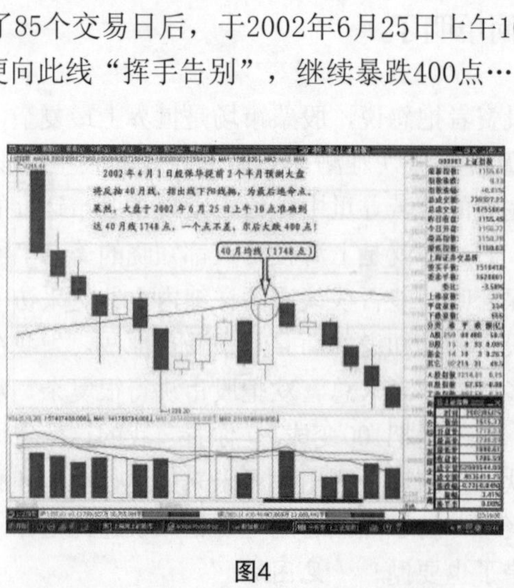

图4

查阅这一案例的“历史档案”，记者还看到当年一位读者写给编辑部的一封感谢信：“感谢编辑部发表这么重要的一篇指导性文章，使我逃过了股市的一大劫难！”

案例2：操作深宝安（000009），两战两捷。

2000年，深宝安这只股票的K线运行，在3月29日站在我设置的江恩7号线上，当时是阴线，股氏定律发出最佳买入信号。当天以5.15元买入后，该股便连续拉升，12个交易日后，该股股价达7.18元，涨幅为39.4%。此后回调，至5月15日，该股K线再次回调到江恩7号线上，当日为阴线，再次发出买入信号。当天最低价为5.07元，之后，股价一路飚升，经过19个交易日，股价最高拉升至9.65元，涨幅高达90%以上。（见图5）

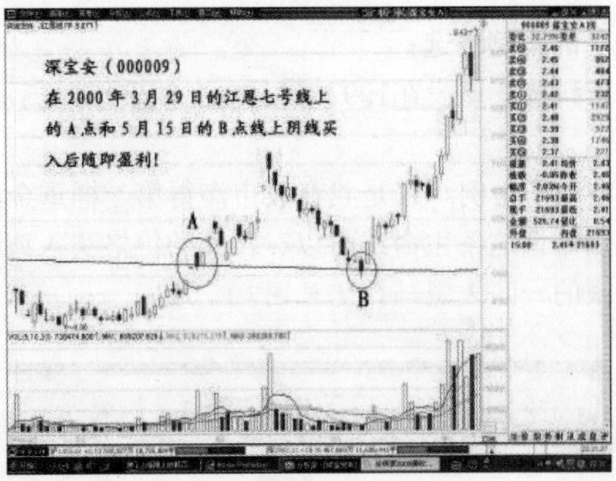

图5

案例3：把握大势，果断出击2005年夏季反弹行情。

在采访中，当记者要我举一个他们最新操作的实战案例时，我打开深成指的K线走势图对记者说："2005年6月6日大盘破千点大关，我们于当天介入，当时的交割单在国际影院的天幕上打出，你也看到了，一波反弹行情就此拉开序幕，但这波反弹行情的最佳介入点，是在7月25日。这天，指数成功地突破并站上江恩线，以阴线报收，收盘点位为2758点，发出买入信号。此后，一轮反弹行情展开，历时15个交易日，深成指创出3147.56点的新高，涨幅为14%。在大盘这种涨势中，你不论买什么股票，收益都应该很丰厚吧！"（见图6）

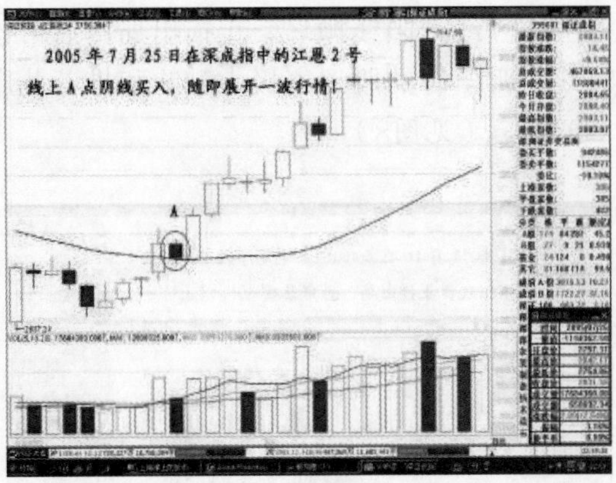

图6

十一、神奇的"生命一号线"

在多年的潜心研究中，我针对股票价格变化的规律，利用世界投资大师威廉·德尔伯特·江恩的理论，结合中国市场特有的时间周期、价格周期及鲜为人知的资金周期，创出了神奇的"江恩八线"操作法。而在我所设置的均线系统中，其中有一条线被我视为"生命一号线"，不言而喻，它至关重要，主宰着股市的生命，是牛市和熊市的分水岭。这条线就是181周线。

我告诉投资者：在电脑上的任何证券软件中的周K线中，设一根181周的移动平均线。（注意：要在K线设定为“不除权”的情况下进行！）

如果股价（或指数）在该线下运行后突然向上突破该线，后几周中必会有一回调期，往往收盘价或下影线正好打到该线的一刹那，如果此时正好属于“线上阴线买”，你可从容地加0.5%—1.5%的价格买进，此后，用我老师的话便是“除了赚钱，就还是赚钱！”若不信，请从沪市的600601到600899，再从深市的000001深发展开始到所有个股及大盘指数进行验证，无一例外。

搏杀在“生命一号线”的案例精选：

（1）先看600601方正科技。该股在1997年2月向上突破181线后，待回调到该线处阴线买入，无不获暴利！

（2）再拿600602广电电子为例。那是我在股市淘得第一桶重金的股票。我在该股于1999年1月份突破181周线，之后回调这条生命线时以5.70元的价格买入该股，此后这只股一口气涨到近18元，成为当时最耀眼的一匹大黑马。（见图7）

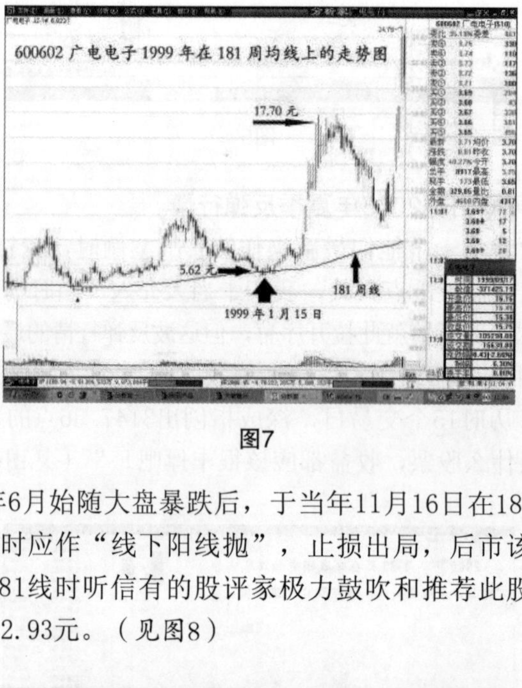

图7

同样是该股，2001年6月始随大盘暴跌后，于当年11月16日在181平均线下反抽该线股价11.99元，一分不差，此时应作“线下阳线抛”，止损出局，后市该股暴跌，跌幅达60%以上。而有人在该股反抽181线时听信有的股评家极力鼓吹和推荐此股，不抛反买，那可就惨了，最后该股一直跌到了2.93元。（见图8）

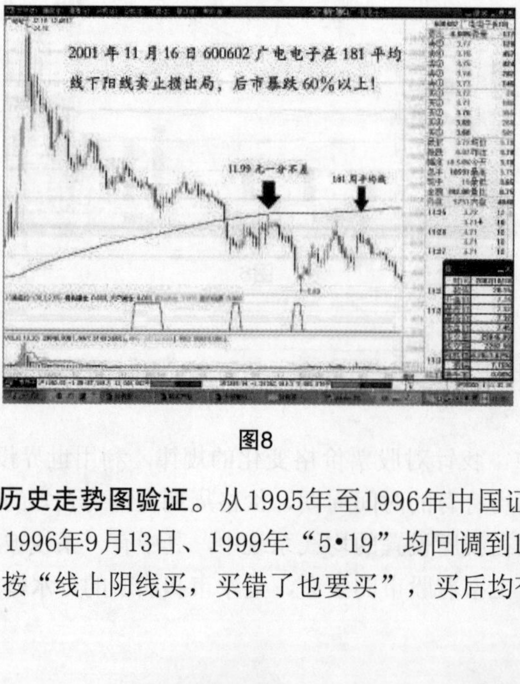

图8

（3）用上证指数的历史走势图验证。从1995年至1996年中国证券市场开始进入计算机时代后的1996年7月5日、1996年9月13日、1999年“5•19”均回调到181周平均线上（图9中的A、B、C三点），操作上按“线上阴线买，买错了也要买”，买后均有相当大的涨幅，事实证明没有买错过一次！

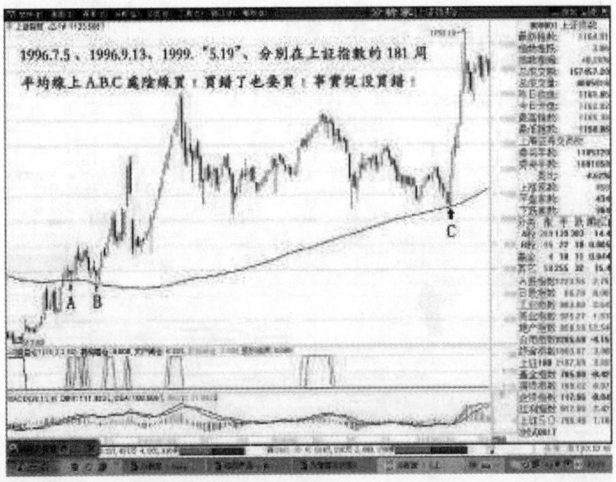

图9

（4）个股案例：银广夏（000557）的启动。人们都不会忘记银广夏在中国股市中红极一时的时刻。它的股价从2元多一直冲到70多元（复权）。然而，翻开它的“发家史”你会惊奇地发现，这只大牛股的启动点，正是在181这根神奇的“生命一号线”上。那是1999年4月，银广夏给了所有人一次极佳的买入机会。已经牢牢站在181周平均线上向上拉升的银广夏，这时正在展开一轮回调。4月16日，股价准确地回落在181周平均线上，以阴线收盘，我的均线系统发出最佳的买入信号。我的许多学生听了课后买入该股，获益都在100%以上。（见图10）

图10

（5）B股2000年6月的进军点和2003年6月的抛出点。我至今仍真切地记得5年前的6月2日那天B股交易状况：那是个周五，当天B股以近20%的涨幅突破49.78点的181周平均线收盘。6月9日，出现线上的第一根阴线，是最佳买入点。那几天，我不停地呼吁和指导上海投资者“线上阴线买，买错了也要买”。一周后B股回调，打到接近181周线的50.20点后，便掉头向上，开始大涨，一直涨至此241.61点，涨幅高达382%。在我指导下获大利的上海投资者无不赞叹我看盘的功底和独到的“绝技”。（见图11）

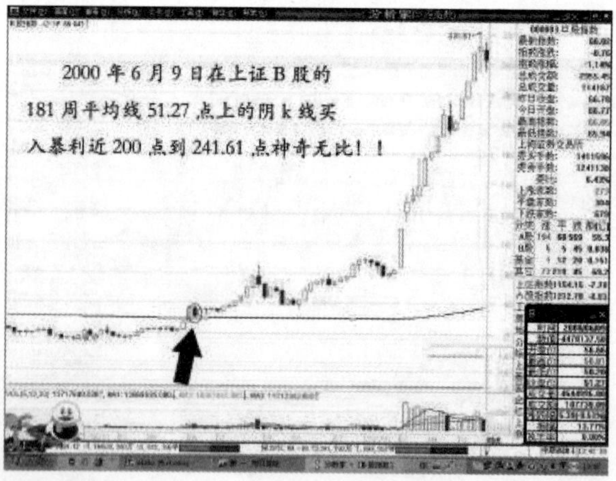

图11

2003年6月疯涨了的B股股价急速回落，于6月终于跌破了181线开始下行。有的投资者没听我“疯涨过的股票不能买”的建议，在下跌途中买入。针对这一“错买”行为，我讲课时给出的答复是不要杀跌，在反抽181周平均线时止损出局。7月18日，B股放量冲高到117点，与我预测的点位真是一点不差，此时作“线下阳线抛”，便会避免此后的巨大跌幅。（见图12）

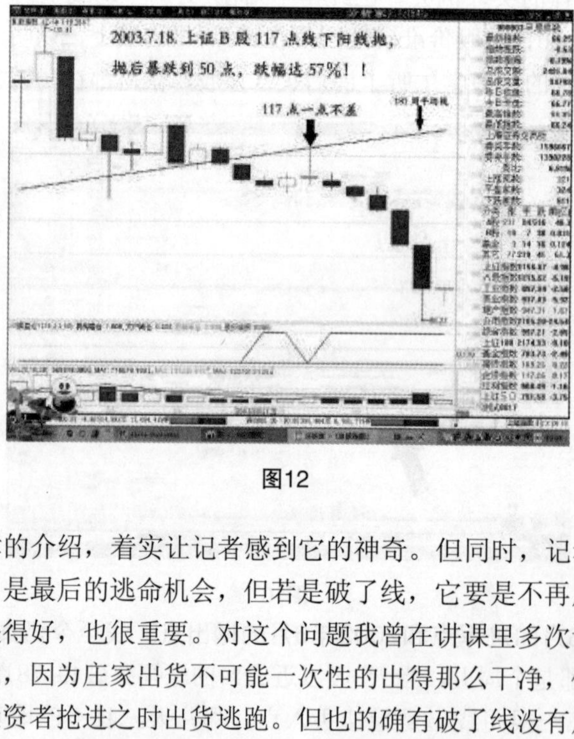

图12

听着我对殷氏定律的介绍，着实让记者感到它的神奇。但同时，记者也把心中的一个疑问提出：“线下阳线抛，是最后的逃命机会，但若是破了线，它要是不再反抽这条线呢？”

“这个问题的确提得好，也很重要。对这个问题我曾在讲课里多次讲到，一般来说，击穿这根线，都会有个反抽，因为庄家出货不可能一次性的出得那么干净，他们会借反抽制造再次向上拉升的假象引诱投资者抢进之时出货逃跑。但也的确有破了线没有反抽这根线的。这种情况一般是前期放过天量，庄家出货出得比较干净，后市它不再需要回抽出货，那就只剩下破线后一直跌下去了。”

十二、“老庄线”助我捕捉“黑马”

股市是淘金者的乐园，更是一个看不见刀枪炮火的战场。既然是战场，就要懂战略和战术，还要有与敌搏杀的过硬作战本领。多年来我孜孜以求，掌握了股市决胜的“十八般武艺”，不仅具有神奇的“殷氏定律”和“江恩八线”，更有许多鲜为人知的博弈法宝。记者在一个多月的采访时间里，发现我有许多“作战”的“独门暗器”。我当过兵，性格豪爽，是个“大方的上海人”，不藏不掖，有些记者听不明白，我还亲自写出来，绘出图来给记者展示。

现择其中我教投资者常用的几种看盘操盘技艺，以飨读者。

我在股市鏖战的10年历程中，靠我的智慧和精湛的技艺打了不少漂亮仗，但能让我铭刻在心的，当属连抓“小飞”6个涨停板的操作。虽然当时我的资金不多，操作这只股票也只买了区区200股，但这次操作给予我的启迪一直延续至今。

1998年9月7日，一开盘我就关注着我看中的600651飞乐音响。果然，不出我所料，小飞这天真有不俗的表现，突破了我技术分析中设置的一条十分重视的“老庄线”，即140天移动平均线。第二天9月8日，当小飞回调到这根线时，我果断下单买进。自我买进后，小飞连拉了6个涨停板，使我狠狠地赚了一票。采访中，我激动地对记者说：“这次操作不能单从赚钱多少来衡量，更重要的是，它向我证明了几点：一是在股市真的可以获大利；二是只要掌握了一定技术，就会逐渐从操作的盲目性走向自由王国的彼岸；三是发现‘老庄线’的神奇作用，它可说是捕捉黑马尤其是中级大黑马的一根‘魔杖’，历史上许多有名的大庄股的启动，都是以这根神秘之线作为‘起跑线’的；四是验证了此后我创建的‘殷氏定律’所言的‘线上阴线买，买错了也要买’的这一实战操盘铁律的无比正确。”（见图13）

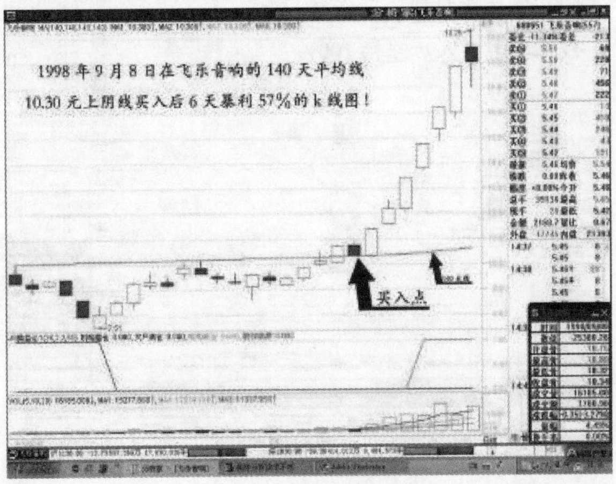

图13

我告诉记者：“小飞是我资金积累中的一位有功之臣。1998年它给了我投资理念上一个启迪，2002年它则给了我一桶金灿灿的黄金。那是飞乐音响最大的一次行情，让我给逮住了。这并不奇怪，当时我正是运用了‘老庄线’套住这匹大黑马的。翻开当时的战地日记，清楚地记载着：2000年2月17日，飞乐音响从140移动平均线（13.80元）上‘起飞’，之后一直暴涨到43.60元，创造了熊市中的一个‘神话’。”（见图14）

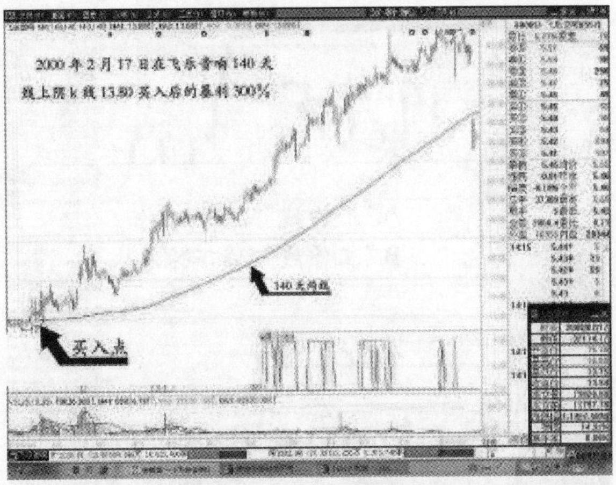

图14

十三、“工作线”：掌控股市四百万人“上下班”

这是我多年来专用的一条股市“工作线”。

我说：“所谓‘工作线’，顾名思义，就是工作线上‘上班工作’，工作线下就下班休息’。虽然简单，但它绝妙管用，可以说它是掌控股市操作的一个‘司令官’，它能让你在第一时间进入股市和退出股市，躲开风险，尽享盈利的快乐。”

我说：“不论是大盘还是个股，只要站在“工作线”上你就大胆在阴线买入持股，便可轻松赚钱。”

采访中，我让记者随意在电脑上随意挑一只股作验证，记者打出了600123兰花科创的走势图。用我设定的工作线一看，果然，在工作线的阴线买入后，该股就毫不懈怠地开始“积极工作”，一口气将股价拉了个翻番。（见图15）

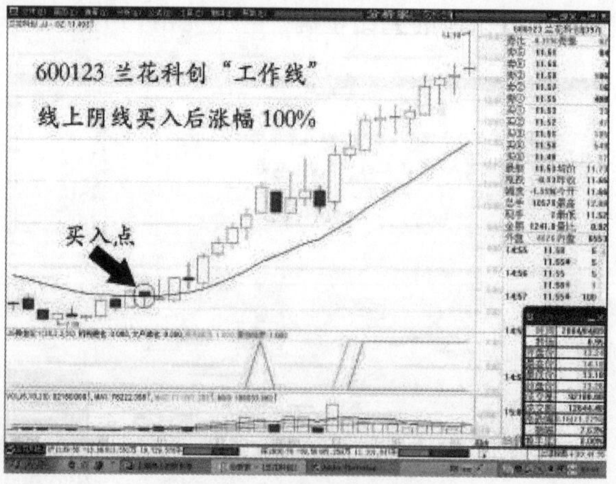

图15

上海的投资者都记得，股市低迷的日子，我在上海许多影剧院作报告，常听我说这样一句话：“大盘和个股只要是在工作线下，大家就停止‘工作’，有钱请飞到香港去，没钱请跑到乡下去！”一再呼吁大家远离股市，好好地去“享受享受”。而在2005年7月25日，我却在上海《理财周刊》上发表文章，呼吁大家“尽快返回到证券公司‘上班’”，因为股指短线突破了“工作线”，不能再在局外“贪玩”了。果然，只用了八周时间，股市一波就上涨了200点（见图16），我准确地指导上海投资者在股市博弈，更使我的名声大扬。

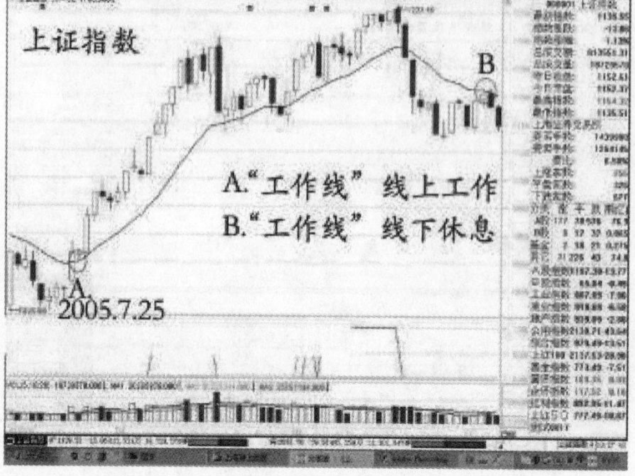

图16

十四、战胜自我，K线图形倒着看

从散户成长过来的我，非常熟知股市散户的最大人性弱点就是喜欢追涨杀跌，这是他们在股市惨遭失败的主要原因。既然有这一习惯，又一时难改，我就为他们想出了一个好办法：操作时把K线图倒过来分析。具体操作的方法是：用电脑中的画图板上的“垂直翻转”技术，将K线图头底倒置，你仍按习惯的追涨杀跌的心态去操作。而最终结局却会令你喜出望外：你会一改过去的“追在山巅上，杀在地板下”，而变成“杀在最头部，追在最低处。”这样在盈利几次后，你会在“不知不觉”中，逐渐把人性追涨杀跌的“劣性”改掉而恢复自我。（见图17）

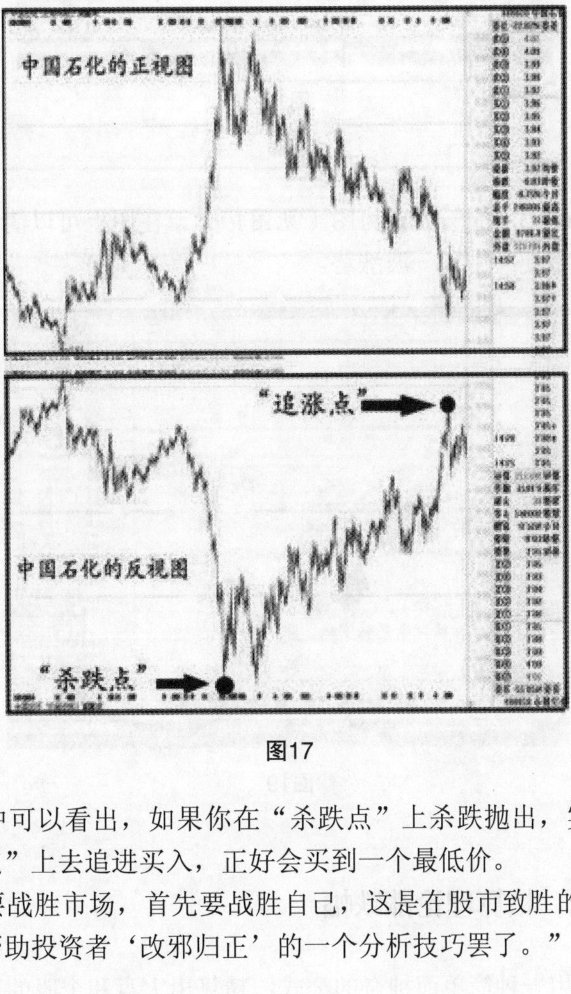

图17

从上面的反视图中可以看出，如果你在“杀跌点”上杀跌抛出，实盘中将是卖了一个高点；而如果在“追涨点”上去追进买入，正好会买到一个最低价。

我说；“股市中要战胜市场，首先要战胜自己，这是在股市致胜的最主要的一个要素。K线图形倒着看，只是帮助投资者‘改邪归正’的一个分析技巧罢了。”

十五、布林线口，巧判涨跌

这是利用布林线口的“变化”，来判断后市涨跌的一种技巧。

指标设置：20日布林线。

判断方法：当一波行情结束后，开口后的布林线会逐步“收口”。而收口处，则往往是至关重要的一个变盘处。一旦收口时K线先去碰下轨，后市以涨为多，那你就买。而一旦K线先去碰收口处的上轨，后市最多涨两周后大跌也就在后面了。

实战案例1：

下图是广电电子的一段走势图。在收口处（见图18），股价先碰布林线的上轨，后市便是一波跌势。

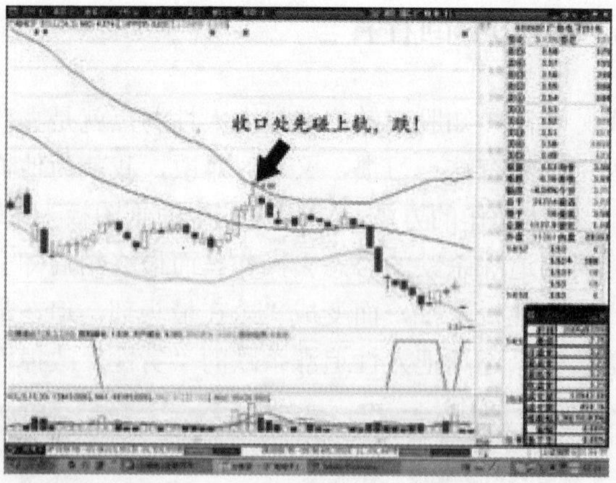

图18

实战案例2：

下图是ST兴业（600603）的一段走势图（见图19）。在图上可以清楚地看出，股价在收口变盘处先去碰下轨，后市便产生了一波涨势。

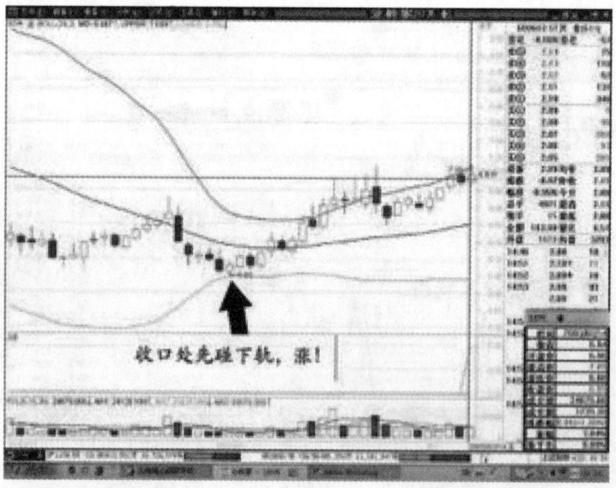

图19

十六、神奇公式，精算理论涨跌幅

我在实战中，经常用一种简单而神奇的公式，精算出大盘和个股的理论涨跌幅，其准确率奇高。

我说："其实，这是应用江恩法则的1/2理论来测算后市的阶段性反弹高度和下跌底部。用这种方法测算大盘和个股的涨跌幅，方法简单实用，有时简单到可用公分尺在电脑屏幕上量即可得出粗略的高低幅度。"

1. 测算反弹的理论高度

方法是用最高点减去最低的反弹点所得的余数再除以2，然后再加上最低的反弹点，即为最后的反弹理论高度。

其计算公式可表述为：X（理论涨幅）=D（最低点或最低价）+[H（最高点或最高价）—D（最低点或最低价）]÷2。

实例1：2001年大盘高点的预测

1996年12月1日开始，上证指数进入了计算机时代也开始进入基本正规化的计数时代。在月K线图上看，从那天收盘的536.24点开始，一波行情做到1997年4月30日收盘1393.74点，涨了857.50点。世界股市技术分析中公认的江恩理论，就是股指突破一个重要的高点后，那将再涨50%，所以上证指数在1999年6月3日，突破了1997年4月份高点回抽确认后，一路直奔理论点位2250.24，又涨了857.50点，涨幅正好为50%。所以2001年6月份最高点为2245.43点，5年内实际涨幅与理论涨幅仅差4个点，可谓是精确无比！

若用计算公式计算理论涨幅也很简单，用1997年4月30日明显的高点1393.75点减去1996年01月31日的明显低点537.35余数加上原来1997年4月30日明显高点，数字公式是1393.75—537.35+1393.75=2250.15，距后市大盘实际运行的最高点只误差了4个点。

我指着已在历史轨迹上留下的2245点那高高的“山巅”对记者感慨地说：“这就是我那年在2100点开始全线抛出股票的原因，连续数日，除了抛，还是抛，许多人看到行情那么好，说我做反了，包括当时来采访我的记者都不理解，但我非常清楚此时离大盘见顶的日子已不多了。直到现在，当人们回过头再来，才理解我当时的做法是何等明智。”

实例2：2004年大盘反弹高度1178点的计算

X（大盘反弹高度）=1307点+[2245点（最高点）—1307（最低点）]÷2=1776点。

通过计算，2004年的理论反弹高度应为1176点。而2004年4月6日的最高日收盘点位实际为1777点，仅与2245点至1307点之间1/2理论涨幅计算出的结果仅差1个点，其精确程度，显而易见。

当时我曾提前数周在《理财周刊》上提醒“1776点的压力值得重视”。结果，实际走势与其预测仅仅差一个点，后市便一路暴跌14个月直到998点。当时，由于很多股民迷信基本面内容，根本听不进我当时提出的“1776点理论涨幅的高点处，若45天K线图中放出历史天量，那么后市将下跌无期”的劝告，而持股不抛，结果14个月中被大盘跌的血本无归。

2. 下跌低点的测算

我说：“这是低位买入股票的一种好方法。据此来买股票，一般可买到最安全的最低价区。”

其计算方法是用前期明显高点减前期明显反弹低点二次，负数为多少，就是它的理论跌幅的最低点或最低价。

用公式表示为：X（买入价）=H（前期高点）-低点-低点

实例1：低点买入中国联通（600050）

时间：2002年11月

中国联通于2002年上市后在2002年的11月5日有一个明显的高点3.09元，后下跌到11月27日最低价为2.85元。这是反弹留下了一个低点。后来，该股在12月26日再度跌破2.85的低点，此时一个买进公式成立：用最高收盘3.09元减去前期低点2.85的余数再减一次2.85得数为负2.61元。那么，你就在2.61元处上3分钱全线满仓，实际联通跌到2.62元后，于2003年1月7日开出阳线，8日近涨停后一路拉升至5.36元，净赚204.5%。当时，我培训室全线在2.62至2.67元处满仓，并通知了我圈内朋友一举成功。（见图20）

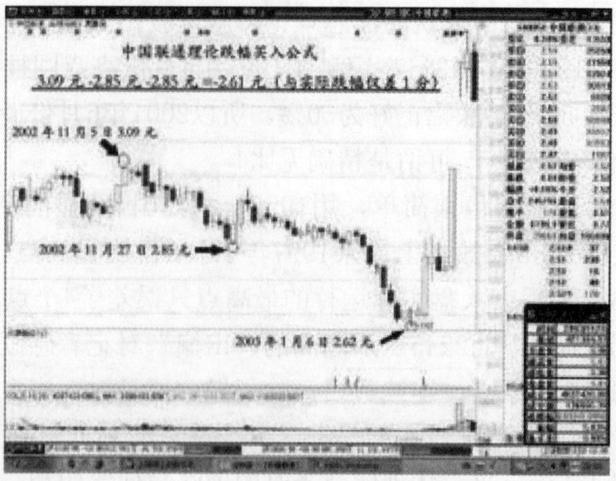

图20

实例2：买入招商银行（600036）

操作时间：2002年5月30日

买入价格：8.52元

计算方法：2002年4月9日该股上市当天股价最高价为10.88元，4月20日破位下行，当天最低价为9.70元。计算它的理论跌幅，就是用10.88元-9.70元-9.70元=-8.52元。把负号去掉，它的绝对值8.52元就是理论跌幅的最低点，也就是最佳买点，该股实际运行结果与预测分毫不差。（见图21）

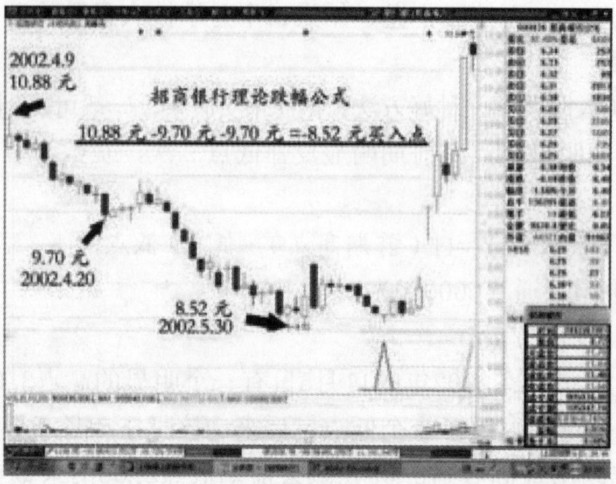

图21

十七、脚踏头涨，头顶尾跌

这是判断大盘和个股是否能涨或跌的一种比较常用的技巧。脚踏头涨和头顶尾跌，是一种形象的比喻。

1. 脚踏头涨

是讲一只股票在上升途中回调时一般总要回调到前面的高点。这就形成了一只“脚”从上面踩到前期高点的这个“头”上。这即是这只股票在上升途中回调的极限，此时买进，必定大涨。

此种形态的例子很多，就拿600602广电电子来说，每次上涨回调到前期的头部后市都会有一定的涨幅。不论是短周期还是长周期，都存在这种现象。如它的月K线1999年12月30日的脚，正好踏在前期1998年6月30日的头上，买入后便可轻松盈利。之后股价大涨12元之多，涨

幅高达150%。（见图22）

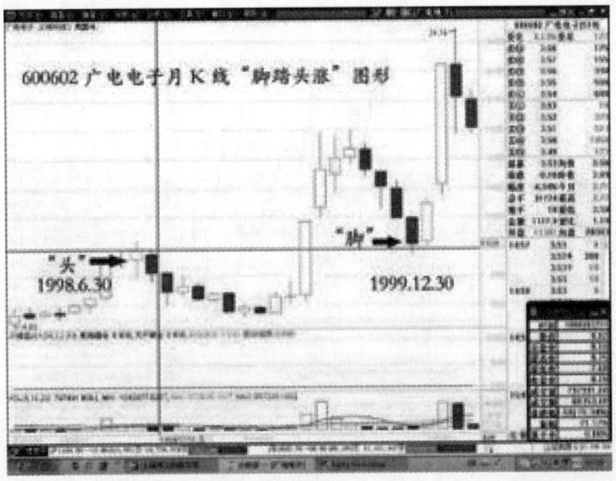

图22

再拿上证指数为例。1993年4月30日上证指数月K线中的收盘为1358点（图23中的A点），而1999年12月30日收盘为1366点（图23中的D点），正好踏在1993年4月的“头”上（仅差8个点）后一路拉升了879点。而2002年12月31日收盘1357点（图23中的E点）也正好踩在1993年4月30日1358点（只差了1点）后大涨300点。（见图23）

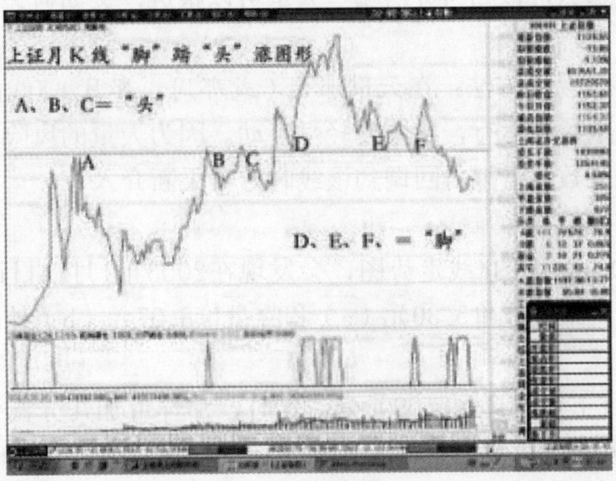

图23

2. 头顶尾跌

当大盘或个股在下跌途中，一旦跌破了前期的一个低点，那么，前期的这个低点便成为了后市的一个压力点了。此后的反弹只要上升的“头”顶到这个“尾”，往往就会跌。

仍拿上证指数的月K线为例。2004年12月31日，上证指数收盘破1300点后下行，此点便成了后市的压力点。2005年2月28日当上证指数的月K线在反抽到1300点这个“尾”，就开始大幅下跌至1000点。特别是深证指数，2005年的大反弹每次向上反抽深证历史上的三个周K线大底：2003年9月30日3054.89点（图中A点）、2004年9月10日3059.29点（图中B点）、2005年1月7日3035.59点（图中C点）就掉头向下，这就是“头顶尾跌”这一股市运行规律所致的缘故。（见图24）

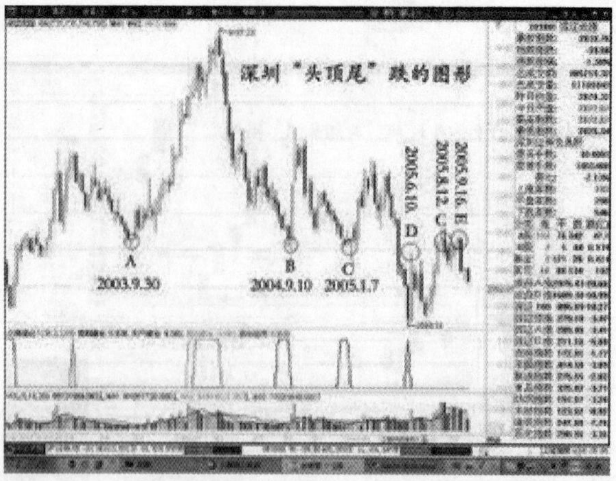

图24

十八、如何捕捉"天量"中的机会

我在授课中经常说：放天量是股市中的一个致命杀手。它往往是主力出货的最主要的象征。所以，遇到天量首要的是先逃命出局观望。但世上的事情也都不是绝对的，有时一些股票放出天量，照涨不误。那么，该如何分辨哪些天量可以跟进，又如何去把握放天量之中的机会呢？

我讲了这样一种简单易行方法：在天量那天（或那周、那月）K线的收盘价和最高价处画两根平线，若后市在这根线下运行，决不要轻举妄动。因为天量的风险极大，一定要等股指和股价有效突破该线数日或数周盘整再回调到该线时方可果断介入。

实战案例：

打开上海汽车（600104）的K线走势图，会发现在2003年1月14日该股放出了一根单日天量。在这根天量所对应的最高股价5.30元（a）和收盘价5.07元（b）处画二根平行线，便可一目了然。

4天后，该股的20日下影线打到5.09元处，这时，那你可加几分钱买一点，但不能满仓。等到7月24日收盘有效突破天量最高价5.30元后，你应该在后面几次碰5.30元处逐步进仓，后市就一路上涨。所以，我们跟庄者只有看到这根量被股价踩在脚下了，基本上才能够确定这根天量才是拉高快速建仓的量，才能去"乘轿子"，否则，就不必去冒这个天量险。（见图25）

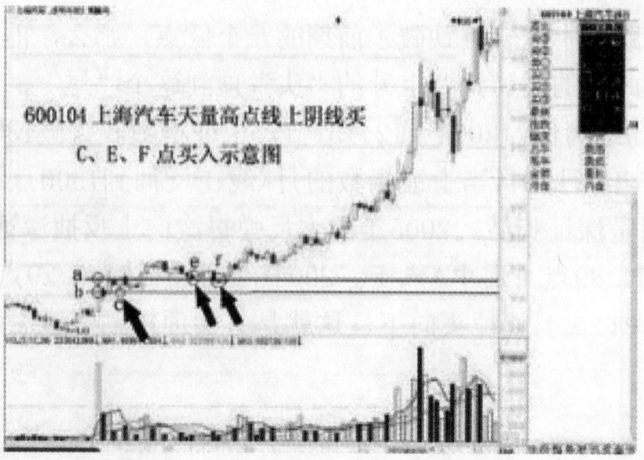

图25

同样，大盘在2005年的8月放出了一根天量。那么如何判断后市是涨？还是跌？操作方法可按样画葫芦，照上海汽车的方法去做，在8月份的月收盘1162点处及最高点1201点处画二根平行线，若后市能真正地翻上这根线，才能谨慎介入，否则只能观望休息。尤其是大资金操作更要慎重。翻不上去决不能轻易做多，要时刻牢记我们是跟庄者，千万不要以赌的方法去买卖股票。

十九、5分钟EXPMA通道之上，巧买新股

在我的操盘技艺中，还有一个对新股的操作技巧令人赞叹。每次新股上市，上市开盘后，什么时候买，什么时候卖，我都能测算得比较精确。过去用总申购资金来计算开盘价和开盘价的定位就可马上操作，而现在这个方法被配售打乱了，筹码无法集中在某些大机构手中，要达到精确计算就比较难了。但是，还是有两种方法，对新股操作很有效。

第一种是超短线操作法：这种方法是在新股开盘后不要急于作任何操作，而是到5分钟之后第二个5分钟看K线是否在EXPMA（平滑移动平均线）二根线的上方，如不在上方，不要买而是先卖。如果在EXPMA二线之上，则实施阴线买入，这是超短线买新股的方法，

第二种是日线中的短线买卖法，也可先用EXPMA的线上阴线买，线下阳线抛的理论。只不过要加一个1/2的理论涨跌幅计算。这在前面已讲过，不再赘述。

二十、拨开迷雾，揭开庄家做盘秘密

在激烈博弈的股市沙场上，博弈的一方是中小散户，另一方则是主力庄家。然而，每一次的博弈结果都是以中小散户的惨烈失败而告终的。

“为什么在这个博弈的市场上中小投资者老是赔钱？失败的老是他们？症结到底在哪？”采访中，记者曾不止一次地就这一问题向我讨教。

“我认为最主要的原因在于中小散户太不了解对手”，我回答说：“常言说，知已知彼，才能百战不殆。中小散户对主力如何做盘、如何欺骗他们的种种手法和伎俩知之甚少，当然在双方博弈中，无疑便成最大的牺牲者了。”

“听说你多次与大机构合作过，跟过庄，也坐过庄，你能否介绍一些主力做盘的常用手法，和如何蒙骗投资者的内幕秘密？”记者试探着问我。我只是笑了笑，因为我从散户艰难走过来，所以对中小投资者心中的痛也是最了解的。

1. 股市宛如一个故事

上海《新民晚报》曾发表过我写的一篇题为《股市就像一个故事》的文章。文中这样写道：“股海无边，每天的涨跌，红绿相映的数字牵动了成千上万股民的心。赚钱的欢天喜地，输钱的沮丧万分。股市宛如一个完整的故事，一部精彩刺激的电影。电影开始前电影票（股票）可以在电影院门口大翻票价（股价），电影开场后随着故事情节的展开一步步地吸引观众，而股市中消息逐渐兑现，股价随之涨升也一步步地吸引着股民，等故事情节发展到高潮（股价到了最高峰），是最激动人心的时刻，也是最忘情的一刻。然而，一切很快过去，电影结束，则股价归于平静。可想，电影票还会值钱吗？那股票价格呢？同样也会随之下跌。有所不同的是股票在下一次‘电影’开场还可以继续使用，但要等到下一次‘故事情节’的展开才又一次的值钱。投资机构（所谓庄家）每次操作一个股票前都先要编一部完整精彩的故事，在股价低位时故事情节相当悲惨，这家上市公司如何绩差而又官司缠身，更甚者传言发生了天灾人祸、家破人亡、妻离子散，吓得散户夺命而逃，此时庄家笑纳了你抛下的低价筹码后，股价就一步登天（典型的例子如大庆联谊）。但往往是股价到了天价后，‘故事情节’将会达到高潮，什么这家上市公司绝处逢生又逢贵人相助，什么业绩有翻倍可能，更有大礼可送（高配送）。喜的散户争先恐后蜂拥而至，而庄家又像一个个大慈善家将高价股票施舍给每一个散户（一根天量）。还没等散户定神，股价就如断线风筝，散户资金账户快速缩水，欲哭无泪。

反思自己没有能搞清整个股市中每个'故事'的规律，故事的情节可能大同小异，但违反了'故事'发展的规律，其结果就是两个字'输钱'。散户输小钱，大户、投资公司输大钱。"

2. 鲜花下的陷阱是这样布设的

采访中，记者听我讲述了一个庄家在鲜花下布设陷阱的真实故事。那是恶庄横行的年代。一个庄家悄悄地找到他们猎击的一家上市公司进行"考察"。这是一家经营很差人们都瞧不上眼的企业（庄家往往选择这样的"目标"给市场以出其不意）。为了相互的利益，"条件"很快谈好。

"故事"从此拉开序幕。随即，该公司经营不善，产品滞销的"消息"很快发布，该股迅遭市场抛售，股价顿时下跌，做庄者趁机轻松捡取大量廉价筹码。

当坐庄者肚里吃满了货，便开始悄悄拉升。有意思的是，随着股价的逐步攀高，这家绩差的上市公司头顶的"花环"越来越多：什么"外资准备并购"、什么产品销路打开了国际市场，一时间，把不明真相的投资者头脑搞晕了。当在一片"欢呼声"中股价翻了两番，接近20元时，主力准备派发，需要"基本面"的有力配合。可是，上市公司却为难地说："产品都堆在仓库里卖不出去，利润做不出来。"

怎么办？故事既然上演了，就得精彩地演下去！这个恶庄毕竟久经沙场，终于想出了一个"金点子"：他们自己掏腰包，花4000万"买"下仓库中的所有积压货品。于是，在F10中，该公司业绩大增的信息披露，股价又上一个台阶，人们开始追进。没多久，又一利好隆重公布：该股将实施10送8的分配。为了掀起"故事"的"高潮"，上海、北京相继召开大型的新闻发布会，正式宣布与国外大财团联手，共创未来，企业前途一片锦绣。各大媒体争先报道，一顶顶"花环"，五彩缤纷，耀人眼目。同时，股价天天被"做出"阳线，20元、30元的目标位给人以极大的诱惑，善良的人们终于被"感动"了，掏出自己的血汗钱买下了这只高山上的"花环"，终于落套！

带有讽刺意味的是，当这个恶庄赚了4亿元钱准备潇洒离去时，上市公司突然想起他们花4000万买下的那批货还堆放在仓库里呢，问他们怎么办？赚足了10倍钱的庄家这时大方地说："送给你们去处理吧"，尔后甩手而去……

3. "故事"背后的深刻启迪

讲述着庄家一个个骗人的故事，我感慨冷静地说："其实，所有的庄家他们的运作手法基本上大同小异，而且非常简单，只是所编的故事不同罢了。"

"那么，散户们为什么那么容易上当呢？"记者问。

"原因很简单，他们没有识破庄家做盘的洞察力，也不懂技术，他们获得市场上信息的唯一来源是电脑里的F10，其实，电脑里个股的基本资料，大都是上市公司根据庄家的意思编排的。每个散户都去看F10，在没有任何教学场所的股市，只要有刊登有关股市的报纸、杂志、电视、广播，都成了散户追逐的对象。庄家也就利用这一点，在各大报纸、电台、电视台大力推荐他们要出货的股票，特别是一些证券权威性的报纸，他们更是不惜以重金刊登出货股票，一切真真假假的所谓利好，蒙骗广大散户盲目追进吃套。"

故事和悲剧之后的启迪是值得令人深思的。为此，我在上海开免费股市分析会时，每次都提醒投资者要擦亮眼睛，逃避这种圈套。特别是我编的一套顺口溜，形象地反映了散户听电台、看电视、读报纸的后果。记者摘录如下，给投资者以警示：

听广播买股票，一天之后被深套
看电视买股票，二天之后无路逃
看报纸买股票，三天之后没头脑
听股评买股票，四天之后要上吊
信自己买股票，从此天天满腰包

记者问我："如何才能使散户逃避开这种骗人的圈套？"

"非常之简单，不要去看F10和报纸相关的个股介绍。如果实在忍不住，那就多看看炒股技术性的书籍和一些反面教材，如'青山纸业'，当年这只股在出货时几乎动用了所有媒体及'著名'股评人士的嘴，竭力'鼓励'散户入瓮，导致了广大的江、浙、沪一带股民惨遭损失，他们怀着极大的愤怒上诉到证监会，要求立案查处发布虚假消息的劣性股评家。其实，股民细想一下就应该明白，世界上没有免费的午餐，世上除了雷锋外，没有人会拿着自己的钱去帮别人赚钱的。这种拿血泪换来的教训是多么深刻！"（见图26）

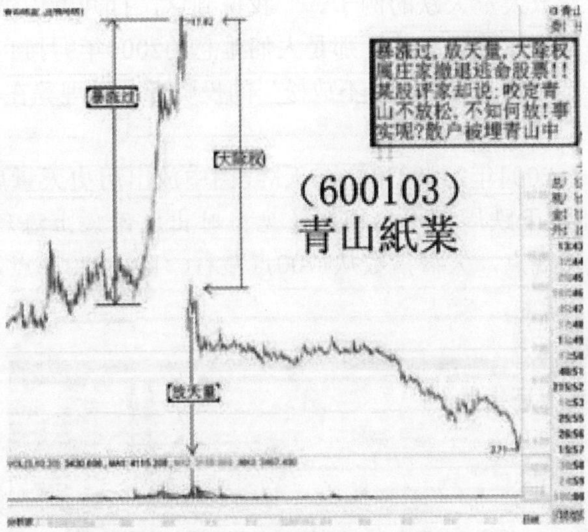

图26

二十一、操作铁律：股票坚决"七不买"

为了让投资者远离庄家设下的骗局，我总结了市场中被庄家运作过后暂时"弃庄"的七种股票。我多次告诫投资者炒股要操作上一定要遵守和执行股票坚决"七不买"的铁律：

1. 放过天量的股票，坚决不买

所谓放天量，即单日成交值达到总流通市值的6%—8%以上皆为天量。世界上的炒股高手什么都不怕，就怕天量。特别是在没有做空机制的中国市场，高位放量不做顶的只有千分之六。反过来说，5分钟放量5分钟跌，15分钟放量15分钟跌，日线放天量日线跌，周K线放天量中期顶部，月线放天量长期顶部。只要你打开电脑中任何股票软件来看成交量与蜡烛图，无量的为山沟，放天量的就是山顶。（如图27中的四川长虹）

图27

可以说，一幅画能抵千言万语，一看就会明白。而任何放天量的一天，总有特大特好消息的伴随，最绝的是消息具有地方性，什么地方出的消息多，那什么地方被大套者就最多。因为散户炒股最喜欢听“消息”，而且这种“热衷”难以改变，前赴后继，永无止境。当年，600103青山纸业的“庄托”就在江苏、浙江、上海等地宣传得最多、鼓吹得最热烈、“最生动”，所以江、浙、沪一带股民套得最多！被套者最不能忘记的一句名言就是“咬定青山不放松”，最终是谁咬定谁牺牲，而且牺牲得“非常惨烈”，该股从高山之巅，跌落到深山谷底，造成多少投资者全军覆没。

“这是最典型的一次放天量大跌的例子。”我说到这，打开青山纸业的K线图给记者看，当年那恐怖凄惨的一幕又好似重现眼前：那是人们难忘的2000年9月11日，该股主力借除权之际放出天量逃逸，而却让无数‘咬定青山不放松’的投资者永远埋葬在了‘青山’之中”（见图27）。

大盘指数也不例外。2004年2月23日在45天K线图中放出历史天量后，当时，我在媒体上发表了我的看法，说此次下跌周期不会很短（见当时出版的《上海理财》和《证券市场研究》），事实验证了我的观点，大盘指数从1700点左右一直跌到998点，我的预测震惊了上海股评界。（见图28）

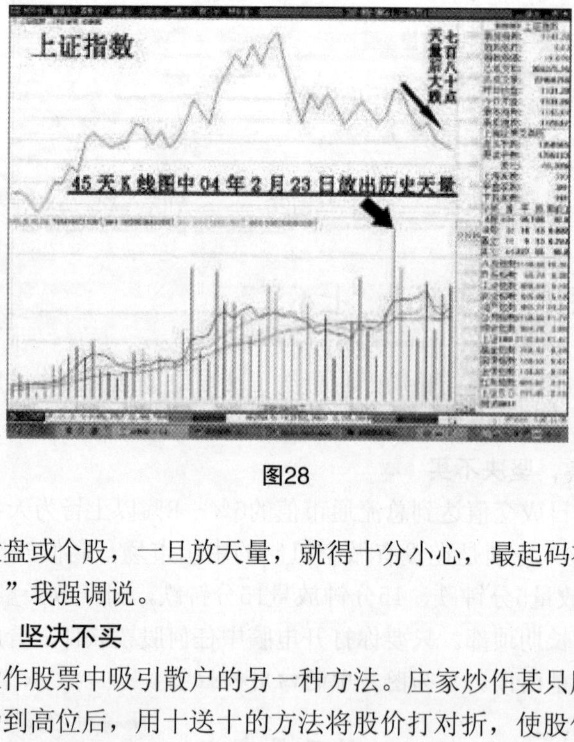

图28

“所以说，无论大盘或个股，一旦放天量，就得十分小心，最起码在短线不是涨停的一天先退出是绝对理智的。”我强调说。

2. 大除权的股票，坚决不买

除权是中国庄家运作股票中吸引散户的另一种方法。庄家炒作某只股票前就先与上市公司合谋好，等一旦股价炒到高位后，用十送十的方法将股价打对折，使股价在对折后立马降“一半”，利用除权前和除权后的价格错觉，并放出所谓的利好，欺骗散户和新入市的股民追入这种“便宜股”。这种例子很多，投资者可把山东黑豹、新疆屯河等几只多次大除权股票的K线图在缺口处剪下来接到除权前的地方，这些股票有的至今仍有20元左右的价格。而庄家不断除权，原一股变成了二股，二股变成四股，只要消息配合，很快出手后他们就会远离此股。留下的，只剩下众多中小散户的懊悔。所以，大除权特别是除权缺口处有天量的股票一定要小心，最好不要碰。（如图29中的中纺投资）

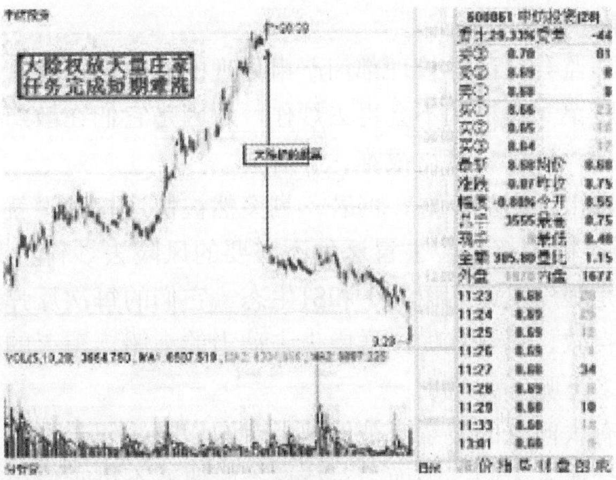

图29

"当然，在市场中除权的股票也有填权的。"我说："但它们一般都有后续题材，而且往往不放量。如宏达股份就是其中的一只。历史上一直是除权不放量，再涨，再除权。算下来，此股的价格实际上已在"天上"运行。2005年近一年来该股都在放量减仓，数次的除权送股，早已把庄家口袋撑破了。现在主力正利用该股往年的'好形象'迷晕各路投资者。因而，后市风险很大，大家可以拭目以待。"

3. 暴涨过后的股票，坚决不买

暴涨过的股票不难理解，就是从K线图上"一步登天"的股票。这类股票一般在数天数周内股价快速拉升100%—300%左右。这种拉升的股票大多是突然有了拉升的新题材，而又是一次性的，坐庄资金一步到位，从各方面来配合快速建仓，快速拉高，快速出货，快速撤退。这一切，还没等投资者看懂，盲目跟进之后，只见股价除了跌，还是跌。如中关村从2000年初暴涨之后就一路走上了漫漫不归路。谁若在头部听消息追进的话，那就很难翻身了。（见图30）

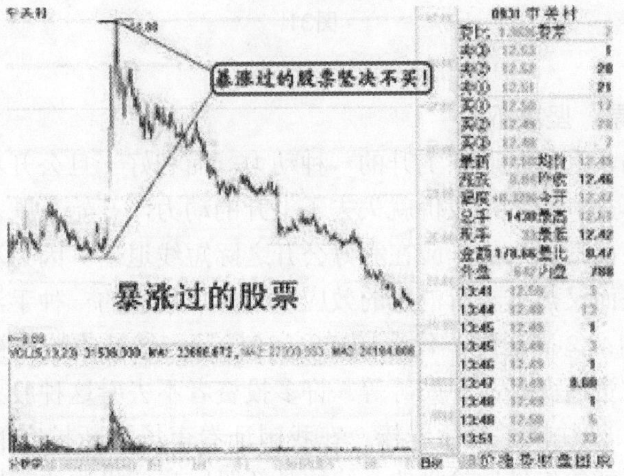

图30

另外，还有一种暴涨是有外资入庄，纯属短期炒作，人称"过江龙"资金，捞一把就撤，一旦成功，永远不再回头。所以，参与这类暴涨股票的炒作，风险非常之大。被"过江龙"资金暴炒过的股票，最大的后患是后市的机构不敢接盘，怕做轿夫。你想，既然做这种股，还不如进庄那些没有暴涨，看上去还是"处女"的次新股或新股。因而，暴涨过的股票往往被人一次次地遗弃，凡买入者除了深套还是深套。散户和小机构决不可进入这种暴涨过的股票。要记住：暴涨的股票其题材、资料全是庄家与上市公司联手"做"出来的，千万不可作为买卖股票的依据。

4. 有大问题的股票，坚决不买

大问题是指直接受证监会及证券管理部门严肃处理的股票，而且在公开媒体上被公开谴责或处理过的股票。这种股票一般机构不会再去炒作，原因是它们在散户的影响不好了，如果刻意去拉抬，到了预定目标，让散户接盘很难。

另外，因为这类股票市场影响不好，但若一旦突然被快速拉升，就会有一种顶风作案的感觉。所以，一般来说任何机构都不会去冒这种不必要的风险去炒作一只有大问题的股票。此类股票比较有代表性的是银广夏（见图31）和ST生态。它们的每次反弹只能当作是老庄自救行为，一旦被套老庄无力自救，那就犹如汪洋中失去动力的小船，覆灭的时刻随时就会出现，为什么我们非要站在危墙之下呢？

更残酷的是，一些有大问题的股票有被停牌上市的危险。假若你投资了它，你不光在股市也随之“下岗”，还将会血本无归。因而，对待这类股票万不可听信市场传闻，特别是一些被处罚的股票在跌停板中放过天量的，后市的下跌将会遥遥无期。如果上市公司无实力恢复上市，那么，几十亿的资金就会随之蒸发，而又没有一条理由和政策让你通过法院追回这种损失，这无言的苦果，会让你痛苦和后悔一生。

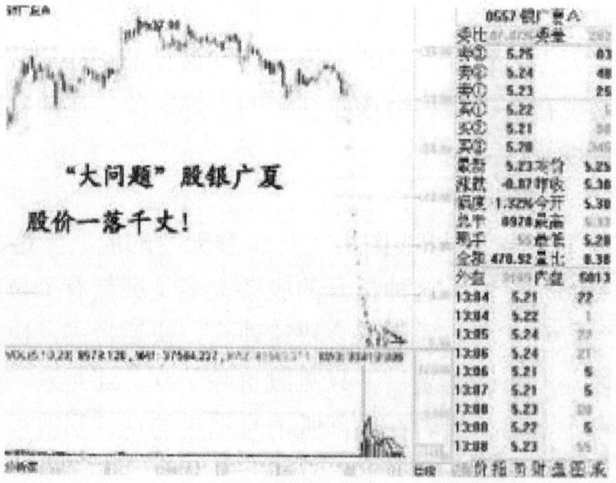

图31

5. 利好公开的股票，坚决不买

在中国的证券市场，利好是股票上升的一种动力。而利好一旦公开和兑现，就会像人们常说的那样：“利好出尽是利空”，股价就失去了上升的动力，开始下跌。因而，对利好公开的股票，不可介入，如果前期买入的，应在利好公开之际短线退出。因为利好的出现，常常是庄家利用散户分析能力差而又热衷于听消息的效应，骗散户接盘的一种手法。最常见的利好无非以下几种：①业绩大增；②高送配，什么10送8、10送10；③被收购或被举牌；一旦被收购，公司的业绩会突然因注资而变好；……等等。许多投资者不去看这种股票是否大涨或已暴涨后发的消息而盲目杀入，往往接了最后一棒。在我国证券市场不断扩容的今天，新股民不断涌入，在操作中听到利好就争先恐后抢盘的，往往是新股民或新机构的新操盘手常容易犯的低级错误，这种例子屡见不鲜。如大庆联谊、方正科技，都是采用文字游戏式的利好把戏吸引散户追涨，而趁机出货的。（图32所示为：大庆联谊十送十的利好公布后股价应声而落）大盘也有类似的情况，有目共睹的2002年“6·24”行情，主力就是通过利好短线暴涨而出逃的。

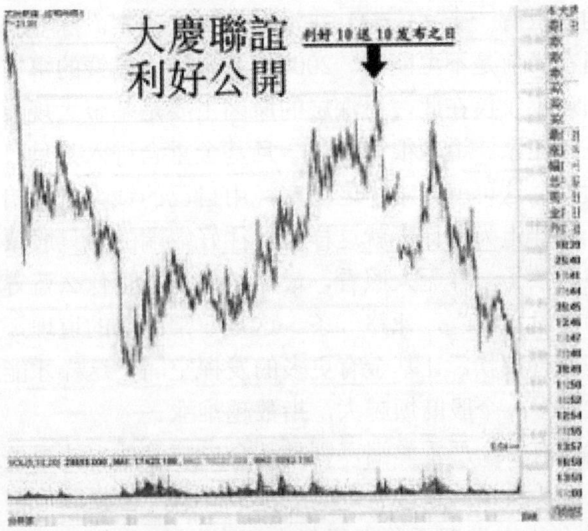

图32

6. 长期盘整的股票，坚决不买

长期盘整的股票是指长年累月上下起伏在某一区间，既不大涨，也不大跌。这类被一时“弃庄”的股票，有点像城市中“烂尾楼”的状况，庄家或因资金短缺或因其他种种原因骑虎难下，进退两难，只能随波逐流，大盘做行情时，它也涨一点，大盘跌时，它也跟着跌一点。因庄家已满肚子股票无意“控盘”了，要涨，得等他重新融资到位才能有行情，而一般投资者都是无法知道他何时能筹集到新资金。所以，在盘中凡见到像“木梳”一般的K线图，这即是此类长期盘整股票的最大特征，应该退出，决不能犹豫。资本市场的资金利用率似生命般的重要，退出后找出与大盘共生存的股票，要比捂在这种股票上强一万倍！（图33为久盘后下跌的000676思达高科）

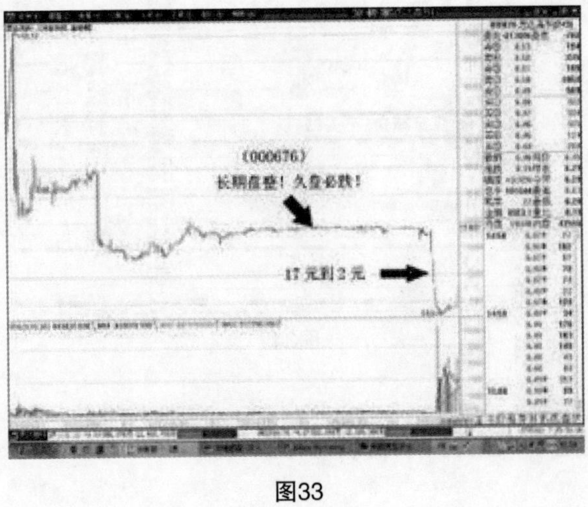

图33

7. 基金重仓的股票，坚决不买

我对记者说，此条如你没做过运作股票的操盘手是无法理解的。基金的资金是属于“似机构非机构，似散户非散户”性质，大都是跟庄盈利而自己一般不做庄。既然不做庄就存有一定风险，而有风险最好去做庄，可基金的账户是不能隐蔽的，不但不能隐蔽而且每季度还要公布持仓情况，包括所持个股的股数，都要大白于天下。这就违背了股市运行的自然规律。你想，如果市场人士主张去购买基金关注的股票，其结果是必输无疑。因为市场中有一句名言谁都知道，“利好决不是利好”，当所有人都认为具有专业水平的基金所买的股票都是好股票，都去抢进，后果是肯定的，只有一个字：输！决没有第二个答案。除非基金操作时能保密好其账户，那将另当别论，但在当前是不可能的。2005年基金操作输钱的事实就是最好的例证。

其实，真正的原因还不仅仅在此，更深层的原因主要是基金大规模进入了某只股票，会干扰甚至会赶走原先内在的庄家。道理很简单，一旦基金重仓进入某只股票，两周后持仓情况一公布，散户又进入一大批，这可就为难了老庄家，用自己的钱为基金抬轿子决不会甘心，只有往下砸，若能走，三十六计走为上计。就这样，往往好端端的一只股票被基金的进仓赶走了庄家，股票变成像没有娘的孩子一样无人照看，最后结果是不管什么蓝筹股也好，明星股、成长股也罢，全是“三个和尚没水吃”，死路一条。这是非常简单的道理，除非管理层对基金的管理网开一面，放松一些监管条款，让基金有更多的发挥空间，这样才能对股票市场的运行有一定的帮助。否则，基金越多，个股麻烦越大，指数越难涨。

此外，基金重仓股还有一个严重弊端，则是基金内部管理上的短处所造成的。这就是基金选股理念上的缺陷：只能买所谓的绩优股，一般什么“ST”亏损股他们是不能碰的。任何基金的高层、中层、低层的负责人谁都不敢担责任去买有一点瑕疵的股票，所以众多的基金全部“挤”到市场上仅有的几只绩优蓝筹股里。最后，这些股票的命运和下场是可想而知的。最绝的主要是在这些绩优股上输钱，其最后的“责任”都不会落在选股人身上。

当前，在基金遍地的我国证券市场上炒股越来越难，坐庄更是难上难，随时要准备一笔庞大的资金去接基金随时要兑现的股票，致使K线图形不受破坏。庄家的护盘之苦言语难表，从利润上讲，他们与基金合作坐庄所得是少之又少的，因此，他们最终只能弃庄。所以，散户、小机构万不可迷信和满仓被基金重仓的股票。投资者可查一下刚上市就被基金重仓的大唐电信、亿阳通信（见图34）等股票的走势，上市至今几乎让散户无人盈利过，非常之可惜。因此，投资者只有耐心等待市场对基金现状的改变，或待基金在运作中想出应对的策略，那时你再跟着基金走，否则一切结果都是枉然。

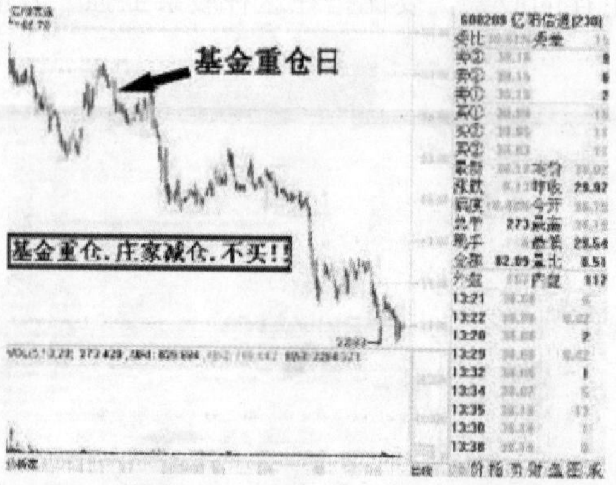

图34

二十二、转变理念，走出股票操作误区

证券投资在国际上已有数百年的历史，它的故事车载斗量。由于它具有高风险、高收益的特性，又会神奇地改变整个人生的命运，从而吸引了全世界70%的投资者。

股市是座有80%含金量的金矿，它造就了无数的百万富翁、千万富翁和亿万富翁，但同时，也使不少淘金者从富翁又沦为“乞丐”，成为南柯一梦。

“那么，人生这种戏曲性改变的原因是什么呢？”交谈中，记者问我。

“我作过一个仔细的调查分析”，我回答说：“最主要的原因是在投资理念上有很大的盲目性和在股票投资技术上存在着很多误区。操作股票是一种技术性很强的事情，而我发现绝大多数散户从不做投资分析，不管是基本面还是走势技术分析，都一无所知。以为只要进入证券市场就会发财，因而盲目投资，结果事与愿违，造成亏损累累。这是必然的规律。”

“你认为他们怎样才能在股市中改变失败的命运走向成功呢？”

“转变理念，克服盲目性，走出股票投资技术的误区”我说。接着，我谈了在实践中总结出的投资者投资股票的六大误区：

1．成交量上的误区

初入市就听说，什么指标都可骗人，就是成交量不会骗人，什么放量跟进，大多股评人士有这样一句话：放量即有大资金进入。几乎每天“地毯式的轰炸”总是在大家的耳边回响：“大盘没量，不好”、“这个股票没量，不好”。现在只要到股市中走一走，就会听到有不少的股民会跟着那些分析人士一起喊“今天没量，不好”。

其实，成交量是现在股市中最会骗人的一种办法，对倒造量骗散户就是庄家发牌最好的办法。所谓市场上流行的“股票没量就没戏”，这纯属一个极大的误区，“没量才能做底”。打开电脑看周线，任何股票哪一天天量不是顶？做庄的人只要用20万股，自己买进自己卖出，对倒20分钟，就足以吸引大户室能看到电脑上走势的股民去追涨，效果特好。另外，他们还常常利用撮合竞价的伎俩，先挂5笔大卖单，再挂1笔小买单，最后在电脑上显示出的则是“主动性买盘”，以蒙骗投资者，掩盖其真实目的。查看新疆天业（600075）的交易，1999年3月9日、2001年6月28日的成交量，分时成交明细表上基本每笔都显示主动性买盘，骗人没商量。

有一个通过量来判断顶底的方法。你只要打开K线图，把上面的K线部分拿纸遮掉，只剩下成交量的柱状图，然后你观察一下，哪个地方是天量，哪个地方是地量。最后，你再把遮住K线图的纸拿掉，看看你所记录下的日子，天量所对应的其当天股价是不是近阶段的最高价、长期的最高价或是在下跌当中。而无量或地量所对应的往往是底部价格区。这样，不用计算，只用眼睛看看就能辨别真假，得出结论。2002年“6·24”放了一根天量，一跌就是400点。所以，决不可走入“放大量跟进”的操作误区。

2．技术分析上的误区

“跟着技术走”，严格按照公开的统一指标买卖股票。这又是一大操作误区。许多股民多年来在股市非常用功，想从技术分析上面研究大盘走势和个股走势。无疑，技术分析是极其重要的，但都照前几年流行的指标去做必是失误频频。一是软件中有70%的指标皆是随机指标，什么金叉买、死叉卖，几乎全是反的。二是大家都套用全国甚至一些中外股市都一样的指标，能赚钱吗？因为谁都知道，人人都知道的技术指标那决不是好指标，如KDJ、RSI、MACD等。市场中初入市的股民几乎都学会了金叉买、死叉卖，可是你今天再把电脑打开仔细看一下，一整波大行情往往只有两次是对的，一般除了真的开涨和开跌有两次是成功的外，其中间全是反做的，特别是MACD更明显了。如从下图所示的上证K线走势中可明显看出，MACD中所标示的a、b、c、d、e点即“金叉点”和“死叉点”，它们所对应的大盘走势图皆为反向，如果投资者“按图索骥”，必陷迷途。

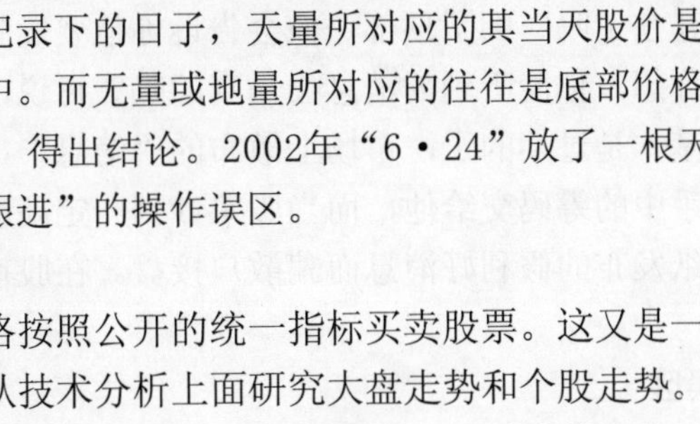

图35

3. “逢低买入，越跌越买”的误区

逢低买进，越跌越买，这是许多市场人士多年来一直这样“教”散户的。的确，买入股票的最佳时机是逢低买入，那是指一只股票或大盘已真正运行到了底部区而实施买入，但有的股票已形成破位之势，在下跌途中，如当年的亿安科技股价从126元的高峰跌落下来，到100元、80元，许多人就喊“补仓”，后来，拦腰一半，跌落到60元算已经很“低”了吧，其实结果呢？成了中国股市跌得最惨让投资者损失最大的一只股票。还有许许多多类似的股票，明明开跌之势已锐不可挡，可一些市场人士不是去让在高位套牢的人们立即止损出局，而是“鼓励”他们越跌越买，美其名曰“摊低成本”，其结果是越“摊”，陷得越深，到最后粮尽弹绝之时，股价还在跌！

我有一个大机构的朋友正是陷入了这个“逢低买入，越跌越买”的误区之中。当银广夏破位下行之时，我一再劝他立即止损出局，但具有亿万身价的他，怎么也不甘心就如此败北，硬撑着，想凭靠自己的实力重登赢途，便采取越跌越买，最后随着银广夏股价一落千丈，他赔上了一生心血，也终没挽回败局。

4. 消息面误区

许多投资者尤其是中小散户平时炒股最爱听消息，迷信消息，由于散户交际少，技术分析差，自己没有看盘的本领，只能打探消息，打听哪只股票是黑马，结果常常却是丢掉了黑马却骑上了死马。市场上有这样一句名言：“谁都知道的好消息，决不是好消息；谁都知道的利空，决不是利空。”因为市场上的庄家做盘，他要讲故事给散户听，你想他会说真话吗？底部建仓时，他会告诉你他建仓了吗？到了顶部，他会告诉你他要发牌吗？当然除非你舅舅在做庄，事情就另当别论了，你想，你能听到的消息会是真的吗？再说，经济上的动向属国家机构一级机密，等到你知道了基本是过期的了，市场上散布的“消息”，有许多是庄家为在底部建仓造成利空满天吓唬你把手中的筹码交给他，而当股票炒到一定高度准备发牌时，他们又利用网络、电台、电视台、报纸发布的假利好消息而骗散户接盘。在股市中听消息亏得血本无归的人已不计其数。

5. 大除权价格上的误区

在“股票七不买”中已谈到大除权的股票坚决不能买。因为它正是利用人们喜欢贪便宜买低价的视觉上的错觉，比如一只股从3元炒到20元，很少有人去按盘，但它要10送10除权后只有10元，价格低了一半造成了价格低的错觉，有的股票经多次反复除权，最后使“原来的模样”面目全非，你都认不得了，而一见此股价格不贵，有的甚至只二三块钱，挺便宜的，不管三七二十一就买入，实际上你已走入庄家精心布设的大除权价低的误区。投资者要牢牢记住，除权后市场并没有改变。常言说“股道千条路，何必就这家”，要时时擦亮眼睛，免陷误区受害。

6. 市场股评的误区

市场的分析人士大多出于学校或某投资公司聘请“专业人士”，没有经过大资金实战运作，对股市凭想象而评论，常常是非常荒唐可笑的理论也会出现在电台、电视台。他们缺乏重要的实战炒股经验，有的在电视台只是拉会员赚钱，从来不顾大盘走向，4年能天天唱多，涨的好的股票皆是他们推荐，甚至在大盘暴跌之前都还乐此不疲地推荐一只只股票，结果许多股民听了这种误导输得惨不忍睹，如今，市场上鱼龙混杂，许多人号称“专业人士”，但他们只会收昂贵的会员费，输钱是不赔的，投资者千万不要上当。

7. 基本面情况的误区

这是我反复讲的投资者最易走入的一个误区。我多次撰文强调，炒股决不能看所谓的业绩，F10人人都能看到，业绩就算好得不能再好，全中国股民都能看到并全部买进，你想谁能赚钱呢？机构？大户？散户？何况业绩是庄家用“正规”的转账方法可以做出来的，说白了可以人造的，而且往往都在个股阶段性头部，好业绩像变戏法般地出来了，一旦欺骗发牌成功撤庄后他就死人不管了，刚上市的黄石康赛集团是最好的例子，现在戴ST帽子了，所以历史证明听消息者输得最惨。

二十三、八大输钱定律

我除了总结散户听广播看报纸炒股输钱的“顺口溜”外，我还总结了在市场中输钱的另外八大定律：

（1）夫妻共炒家庭资产，输钱输情。

（2）股友之间共炒资金，输钱输谊。

（3）同事之间合资炒股，输钱输信。

（4）联合职员协作炒股，输钱输誉。

（5）委托人商讨来炒股，输钱输尽。

（6）工作繁忙时做时停，输钱输时。

（7）不懂技术自认为是，输钱输名。

（8）喜欢扎堆总听别人，输钱输心。

二十四、授人以渔，走出上海滩让全国投资者受益

1. 遵循股市规律，不办工作室，不搞会员制

住在我家采访的记者，耳闻目睹了我的忙碌和辛苦：有时到了深夜，我的电话仍不断，有请教大盘第二天的走势分析的，有欲找我合作的庄家和机构，还有全国慕名的投资者希望加入我的“会员”的，但我都一一婉言谢绝。

我对记者说：“我不搞工作室，也不搞会员制。”

“为什么？”记者想到市场上有不少高手、股评家、投资咨询公司，都在开办工作室，甚至千里招会员的情景，记者不解地问我。

“是的，市场上所谓一些高人的‘工作室’可说是到处可见。什么‘白金会员’、‘钻石会员’……形形色色的投资公司，热情万分地拉客、诱人的广告、优惠的待遇，其结果还是两个字：输钱！这个问题我早就想奉劝投资者，不要去参加什么‘会员’、‘工作室’等投资理财。这是一个极大的误区，我研究过这种会员及工作室的运作模式。某个‘有名’的工作室，有几百个人，工作室负责人推荐一只股票，每人打1万股，一打就是几百万股。你想，你要是做庄家后面能如何运作？我想读者不言而明了。更甚的是现在有传真电话，会员成千上万，大都是有钱而不懂技术的股民，传真一发，每人就算打1000股，你想后果又会是怎样？牛市中其实只要买股票谁都能赢利。一到熊市你们看到没有，这些签过合约的投资咨询公司消失的消失、失踪的失踪，甚至被股民推上了法庭。为什么有这样的结果呢？其根本原因就是它违反了股市中的内在规律，打乱了庄家的运作。我曾不止一次说过一句话：没有一个庄家会用自己的钱去帮别人赚钱的。我至今不办工作室，也不搞会员制，更不推荐股票，就是感到这些做法只能帮助股民解决一次或一时，而不能从根本上帮他们解决长远的炒股难题。只有授人以渔，教他们实盘操作的方法，才是真正的为善之道。”

2. 授人以渔，桃李满天下

为了把自己多年来在实战中所积累的独到的看盘操盘方法传给更多的投资人，我走过了4年的艰辛路。

我深深感到，授人以渔，把炒股致胜的方法教给大家，才是最重要的。为此，我从2001年始开始举行大型的股市分析报告会，每个星期六、星期日，我都在上海的大剧院、电影院自掏场地费免费为投资者授课，整整4年，风雨无阻，听我课的已达数十万人次。

我用心血辛勤地浇灌着上海滩这片炽热的股市热土。一次我累倒了，被送往医院，甚至当时的病危通知书都发了，我的许多学生得知后，都焦急地赶往医院去看我，到处帮我寻医问药，还给我做了许多可口的饭菜送来，希望我早日康复，能为投资者继续很好地服务。我向记者说起这一切，十分动情地说："4年了，上海的投资者离不开我，我也离不开他们。"就在我出院不久，尚未痊愈，我便不顾家人的劝阻，急匆匆赶往报告会场，要把自己对大盘运行的最新预测结果告诉大家……

我是个诲人不倦的老师。每次听完课，许多人总是"殷老师"长、"殷老师"短地围着我问个不停，有好几次都把我带去讲课的手提电脑和投影仪挤到了桌子下。而我总是耐心细致地为他们解答他们炒股中的难题。一遍一遍，从不厌烦。有一回，我家的一只苏格兰牧羊犬被街头的一只小狗引回了家，当我寻狗来到这家时，看到这家的主人夫妇俩正在犯愁。一问，才知是在股市被深套而损失惨重，我几次到他们家，免费为他们安装了自己的软件，手把手地为他们讲解怎样看盘，怎样在股市逃避风险，感动的夫妇俩无以答谢，最后带上他家刚生的一只漂亮的小狗崽，还买了许多礼品上门要送给我，我谢绝道："你们能学到一些炒股技术，在股市减少些损失，就是我最大的心愿了。"

3. 走出上海滩，让更多的投资者受益

近年来，随着我在上海滩的名气越来越大，全国许多省市的证券营业部、投资机构和广大投资者频频向我发出邀请，请我去传授经验，我的日程被安排得满满的，我除了上大课，每周还举办两次小型培训班，就这样，我还是尽量满足投资者的愿望，不辞劳苦，奔波于大江南北，我的足迹不仅踏遍了上海滩的每个角落，还留在了山东、江浙等地。

如今，我真正地从当年的大操盘手变成了一个股市"教练员"。一年三百六十五天，我没有星期天和节假日，我把全部心血都倾注到对股民的传帮带上。有时连陪伴和照顾自己85岁老母的时间都牺牲了。一天深夜，正在备课的我对同学道："太累了。我真想呼呼大睡它几天，可是不行啊……"

我深知投资者在我心中的位置。股市瞬息万变，投资者都在期盼我的指导啊！

当中国新一轮大牛市到来时，我决心走出上海滩，为全国更多的投资者服务，我要把自己的智慧和汗水，永远洒在中国股市这块充满希望的沃土上，把投资技术传给更多的投资者！

高举中国证券市场的维权旗帜

严义明

北京大学学生感言：

严义明律师放弃有稳定富足收入的工作，不受物欲诱惑，毅然走上净化市场的道路，不断为中小投资者的权益而奔走，有时甚至要为此受到人身安全的威胁，但是严律师未曾退缩。他曾对媒体说“我不下地狱，谁下地狱”，表现其破釜沉舟的决心。他放弃自己奋斗多年换来的事业成就而投身证券维权令人感动，他不顾人身安全的威胁坚持走在净化证券市场的道路上更令人肃然起敬，而他对中国社会法治化明天的坚定信心则尤其让我们看到了希望，并倍感鼓舞。

或许严律师一个人的力量是微薄的，但是他始终没有放弃。正如他自己所说的：“一路走来，始终如一，一路走去，也将始终如一。”然而，严律师的背影仍然让我感到些许的悲凉。如火如荼的证券市场，缘何只有严律师等少数人支撑着这个意义重大的事业？更多证券维权律师的声音又在哪里？更多的中小投资者的代言人何时才能出现？严律师的理想之一正是有越来越多像他这样的人士投身证券维权运动，这个理想哪一天能够实现？

——北京大学法学院徐正捷

近10年的漫漫维权之旅，严义明律师既面对过来自体制内外、来自社会、来自证券公司等各方面的压力，也默默承受了各方的质疑和不解，甚至在受到生命威胁的情况下也不曾动摇退缩分毫，他的事迹令我们感动，他的精神令我们敬畏。听严律师的讲座，是一次思想和心灵的洗礼。严律师能够在已经取得一定成就之后积极回馈社会，为弱势群体维权，从他身上，我看到了一个知识分子的良心和司法工作者的正义精神。在讲座的最后，严律师说，现在证券市场的启蒙运动已经取得了一定成果，而且有很多人跟进，他现在准备进入环保维权领域。听到这里，全场响起了热烈的掌声，我想大家也都为他高尚的人格魅力所感染。唯愿好人一路平安，希望严律师能够为更多的社会弱势群体争取权益，实现社会的公平正义。

——北京大学政府管理学院马健铨

谢百三：严义明律师是我十分尊敬的一位律师，他曾经自费为红光、银广厦等受侵害中小散户打维权官司。他为国为民，坚持真理，伸张正义，维护了证券市场的公平、公正。他保护了中小投资者的正当权益；维护了法律的尊严。因而赢得了人民的广泛尊敬。他被美国权威杂志《商业周刊》评为中国大陆亚洲之星。他很忙很忙，我们有幸请到他，很不容易，让我们用热烈的掌声欢迎他。（鼓掌）

谢老师主要是叫我跟大家分享一下我在证券市场上的一些维权的经历和感受。我大致从这几个方面来讲：1. 我怎么会在证券市场维权的；2. 介绍一下维权的经过；3. 今后的维权路怎么走。

一、出于良心“二进一出”律师业

为人民维权这个想法我是一直都有的。作为学法律的人，都有为推动中国法制建设、为维护社会的公正做一点事情的想法。我自己也是，和大多数的学法律的人一样，尽管有这个想法，但是毕业以后为了生计，主要是忙于做一些营利性的业务。后来，如1995—1996年，我营利性业务也做得不错。正好那时上海的一些法院有一项改革，当然，初衷是好的——为了提高效率，让一些法官可以直接受理一些案件，受理的案件自己来审理，收入可以和标的的大小挂钩。但是事情总是有利有弊，这样一来，有少数法官有时就会和律师形成默契。客观上，有很多人恶人先告状，告到熟悉的法官手上，法官还没判他败诉，实际上是因为这个人让法官发财。有时做律师纯粹是为了赚钱，我自己良心上觉得非常不安，有犯罪感，就不做了，一度离开了律师行业。虽然离开了这个行业，但毕竟喜欢这个职业，始终关注它，因为自己心中曾立志要为中国的法制事业做点事。过了一段时间，最高人民法院发现了这项改革中的弊端就把这种做法纠正了。因此我觉得有些改革开放的措施是出于好的目的，可操作不当时就可能收获不好的结果。那些真正想为中国法制建设做点事的人，应该参与这个过程，能够推动法制建设或是减少一些类似的错误。我又决定再回到律师这一行业，其间我一直在思考：再做律师该如何做？我想应该是一半的时间做营利的，这是为了生计；而另一半的时间用来处理社会非营利的事务。当时觉得以证券维权为切入点比较好，当然有很多理由了。

二、艰难的维权运动启蒙阶段

先是启蒙阶段，是对证券市场投资人的宣传，告诉他们有哪些权利，他们的这些权利受到侵犯时，应该如何来维权。我的做法是在媒体如在《上海证券报》、《新闻报》上发表文章，工作再忙也每周写两篇发表。1998年末，报上刊登红光实业由于虚构利润骗取上市资格，被证监会处理。有人看过我的文章，了解到这种情况可以起诉，便来我这里咨询。我表示这可以起诉，但法院可能不会受理，并表示可以双方合作来共同维护这个市场。由于被骗的小股东已经投资受损，若上诉到法院而不被受理，那各种费用损失更大了，所以他们比较犹豫。我当即表示其间的费用可以由我来承担，至此开始维权之路。

我先是挑选了一个股东向法院提起诉讼，法院一看觉得很有道理，但不知道该不该受理，说要跟领导汇报一下。过了两天，我们接到法院不受理的通知。我当即赶到法院，和立案庭一起学习有关法律。又过了几天，法院还是宣布不受理，我要求法院依法出个裁定给我。这样，没多久，法院打电话给我说立案了。这案子一直没开庭，但此案自立案后，社会上都很关注，直到第二年的4月，法院直接通知当事人，表示此案件不受理。此后，我和当事人继续上诉，但结果一直是不受理。同时，我还到不同的法院去起诉，如成都的法院，它也是马上就受理，过了几个月又出了不受理的裁定。我早知道有这样的结果，但我为什么这样做呢？因为，我自己的定位就是启蒙。我不断起诉的本身会引起社会的关注和讨论，到一定程度，人们会认为这样的案件应该起诉，达成一种共识，那么这个时候法院就不能不受理了。

过程中的各种费用都是我自己出的。有很多人问我：这样值不值得？我觉得很值得。讲得俗一点，我本来就不缺钱，我做营利事务做得很好。但人一辈子不能光赚钱，总要做点其他对社会有益的事情。所以我觉得很值得，我也一直在这么做。直到2001年七八月间，有很多银广厦的小股东来找我。我们在上海的几家法院试了一下，法院都不受理。我于是把几个股东分两路，一路从上海北上，一路南下，一路告过去，我想总会有法院受理的。先到苏州，当地三家法院都不受理。到了无锡，第一家法院就受理了。我吸取了“红光”案件的教训，没有当时就透露是哪家法院。同时，分多次将案件信息透露给大众媒体，使大众始终保持对案件的关注。有关方面始终没有找到是哪家法院受理的，一时很着急，托人来向我了解情况，我一直保持沉默。最后，银广厦收到了法院的诉状及相关文书，银广厦自己公告了这一情况，有关方面才知道，这已经是10月了。10月中旬，最高法院出了一个电函：“银广厦”案件已经受理的，暂不审理；没有受理的，暂不受理。这和“红光”案件就不同了，“红光”是受理了，再出个“不受理”；这个案件是受理的，暂不审理。实际上意义还是蛮大的，即“银广厦”案件已经推开了中国法院受理类似案件的大门，或者说是推开了证券市场受侵害投资者通过法律途径获得赔偿的诉讼的大门。到2002年1月15日，最高法院出了“1·15”通知，以后类似的案件法院都受理，但也有附带规定。至此，我个人将这一阶段定位为启蒙或是“推大门”的阶段。

接下来，我通过具体的成功案例来给广大投资者增加维权的信心。从1998年开始的“红光”案件一直在起诉着，在此过程中，不断的失败使很多人丧失了信心，放弃了。“1·15”通知出来以后，我又向成都的法院起诉，法院就受理了。开庭后，很快就宣布了结果：“红光”赔偿80%，申银万国赔偿10%，我的代理人得到了90%的赔偿。“红光”案件不但起到了启蒙的积极作用，还是证券市场首个投资者得到赔偿的案件。后来，我继续告银广厦借壳。还告了大庆联谊股份公司，这个案子是中国法院第一个判决支持投资者的案子，也是第一个执行到位的。自此案后，很多律师都开始“跟进”做这类案子了。这时，我觉得我再做这方面的案子就意义不大了——我本来做这案件的本意就不是为了营利，而现在其他律师已经做得可以非常营利了，我觉得我该换种方式来维权。

由于有关部门的司法解释不尽合理，这类案件诉讼时有很多障碍。一定程度上，这个现状还是可以理解的，因为改革开放之初嘛，在效率和公正之间有关部门选择了效率，“门”一时开得比较小，相信以后会逐步打开的。

三、联络港民告“科龙”

我想改变一下维权的方式，这个阶段就想到了以股东的身份来更加积极地做点事情。刚开始一直是别人委托我来做这个事情，这时我要以股东的身份参与其中。我买了点科龙的股票，我早就注意到这个公司有问题，但是一直不能做，为什么呢？因为我是上海一个律师事务所×××的创始合伙律师之一，我做了“红光”、“银广厦”这类案件以后，就一直有同事持有异议，我做的这一部分工作是与公司的定位不一致的。我所在的律师事务所是做商务的，是为一些大公司服务的，我做的事情往往和上市大公司形成对立，这样影响到整个律师事务所的市场定位和形象，影响市场客户的开拓。我经过痛苦的思想斗争，离开了××律师事务所——净身而出，我的原始股一分也拿不回来了。但没办法，我必须要做出选择。

维权方面我随即就选了顾雏军。当时，大家都觉得不可能做，主要是郎咸平批评过他，但也没奈何他。据悉有人保他，放他一马，条件是顾雏军在2005年8月之前，还清所有的钱，然后把股权让出来。顾答应了。但我还是坚持，在香港开了几次记者招待会，呼吁香港的投资人来支持我，在港就募集到10%以上的股东的支持。在这样的背景下，有关管理层出面抓了顾雏军。这就是从做股民代理到自己以股东身份参与其中诉讼，目的是为了提升上市公司的治理水平。

四、起诉C上市公司反受累，不做庸人为社会

做完“科龙”的案件后，2005年3月，C公司的一个监事来找我，说：C公司虚假得很厉害，能不能为我们举报维权？就我本意，我是不会做这样的案件的，因为C公司的规模本身很小，影响不大。我要做的话，是需要做影响大的，这样能真正起到作用。这个案件还很难做，我先给该公司发了一封信，在报上也登了，然后他们就回应了，这样一来一往就热闹了。他们否认有任何问题，我表示我经过调查发现是有问题的，我希望该公司能向大家讲清楚。可他们始终否认有问题，我于是将我所掌握的资料向监管部门举报，主要举报三件事：1. 2003—2004年度主营业务虚构和利润虚构；2. 曾经隐瞒账外资产；3. 第三大股东和第一第二大股东有关联关系。举报后，监管部门就将此举报转给了省监管部门。此案接办时正好是除夕，下午放假，过完春节第二个工作日，省监管部门就公布经调查没有发现任何问题。我算了一下，工作日（算上除夕）就3天，从省监管部门所在地——省会坐车到C公司所在地，单程需要3个小时，来回6个小时，理论上用于调查的就是2天。我自己雇了6名律师，花了2个星期，才把公司的股权情况弄清楚，不知道省监管部门在两个工作日内是如何查的。很明显，有人在敷衍，我也公开地批评了省监管部门。此后，我又组织了一些新的证据再次向监管部门举报。过了三四

个月，又回复说没有问题。其间，C公司也是反复来找我，一开始是希望我能放他们一马，我没理会。接着又找人来协调，自称是当地政府的，说C公司是当地政府重点扶植的，你严义明要告C公司就是跟当地政府作对！我不知道这些人是不是当地政府的，我表示有可能当地政府会为了发展当地经济支持这家企业，我相信这完全是可能的，但我不相信任何政府支持造假。过了一段日子，又有人来找，说他们有很大的能耐，可以调动非政府势力干预。我表示：我做维权不止今天一天，威胁我的不止一个人，我要怕的话早就不做了。我今天还在做，我是想清楚的：我已将父母、妻儿都安排好了，哪怕我明天就死去，也死而无憾了。

总体上来讲，做此类案件，我还是比较注意自我保护的，方法就是提高公开度。做一件很危险的事时，我希望很多人都看着我，有任何人想对我下手，就意味着被人看到。客观地讲，我做律师主营业务的收入已经让我不愁吃不愁穿了，做人吃穿都不愁了，再不为社会做点事就是一个生物的人，当你能为社会做一点事之后，你才能从生物的人变成一个社会的人。我自己是这样想的，我自己作为一个生物的人差不多已经完成任务了，儿子生好了，传宗接代的事完成了；对于父母，存款住房都准备好了，作为儿子也尽孝了。我个人觉得，明天生命结束都可以。我也离开过律师这个行业，再回来也是下定决心要为社会做点事情。（全场爆发长时间的掌声）

从今年开始，我决定减少在证券市场的维权。我觉得证券市场已经有很多律师跟进了，我可以减少这方面的案件数量。我在“红光”案件的诉讼状上写得很清楚：“社会的公正实现是长治久安的基础。”一个社会中每个人都觉得自己受到了不公正的对待，每个人都有非常大的愤怒和怨恨的话，这个社会可能公正可能安定和谐吗？2007年4月下旬，C公司公开表态公司将致力于主营业务和公司的价值提升，其间，也能提升公司员工的福利；公开部分承认了我举报的有关内容，承认错误改正错误，赔礼道歉，然后撤销对我的所谓“伤害他们名誉罪”的起诉。此案在2007年4月底结束。我的目的并不是要将别人打入大牢，改正错误的结果还是比较好的。我今后会做进一步提升上市公司治理结构的带有开创性的案件。

从去年底，我就开始准备以后着重做环保维权。我觉得全世界环保的中心应该在中国，因为制造业的中心在中国。污染主要伴随制造业而来，虽然不能说是绝对。本来今年三四月份打算起诉的，其间发生了许多变故，计划延至2008年。但最近又在调整方案，还是可能抓紧时间起诉的。（长时间掌声）

（后记：严义明律师很忙，我们只请到他两次，一次在北京大学中国经济研究中心的大课；一次是在复旦大学的大课。他终日致力于中国金融市场的正义、维权事业。他曾被歹徒在律师事务所用重铁器打伤；引起全国司法界与人民的公愤及同情。上海市委迅令公检法破案，将几名犯罪分子逮捕，判刑。他受了大伤，住了医院，一臂被砸骨折，上海市政协、公检法及各界人士均去慰问、看望他；他出院后，立即又投入正义的维权工作中去；“我不下地狱，谁下？”这就是铮铮铁骨的维权英雄严义明。）

广东投资界的热心姐姐——赵红梅

李　洋

编者按：广东投资界有一个美好传说，自己投资理财很成功的原证券公司总经理、古道热心的大姐姐赵红梅，总是会奇招迭出，在股市、债市、基金市场长跌不起，漫漫熊市中，连出奇招，给人以信心，给人以黑马，指点迷津，让人扭转为盈。结果，几年下来，她身边聚集了一批好朋友及忠实粉丝。笔者采访了她，她的一句名言说出了其中的深奥哲理："我的宗旨就是要让客户及朋友的资产增值。"

1996年、1997年，中国股市波涛汹涌、跌荡起伏；中国经历了熊市、牛市。特别是经历了一代伟人邓小平的离世，股市以跌停板开盘，被中国政府果断地在镇定中救起上涨等惊心动魄的场面。

赵红梅当时由于优异的成绩已留在大学里当了老师，她边教学边给报社投稿写文章，对股市也小有参与，并亲眼目睹了股市大跌大起的悲情转稳等大气场面，渐渐从关心、关注到研究，到最终喜欢上股市，经历了人生与世界观的重大变化。当时，赵红梅老师在大学里人缘很好，讲课又受同学欢迎，可谓前途一片光明，干下去，早晚是个副教授、教授。但她是个勇于创新、勇于挑战自我的人，狠了心决定抛弃铁饭碗，离开受人尊敬的高等学院，她不顾亲友的强烈反对，在人们一股劲地往大学老师队伍钻的1997年，毅然下海到证券公司工作，从此她走上了金融投资领域这片神秘、传奇、充满挑战与理想的土地。以后的人生道路越走越广阔、阳光。

刚到证券公司，赵红梅仅仅是一名小小的综合管理部经理。她的任务就是搞好对投资者的服务，她起先以为股民们会十分关注分发的证券报，提供免费午餐，搞"五星级宾馆式"服务。后来经过几次谈话，她就发现股民投资者最最看重的是如何让他们的账户增值、赚钱，其他都是第五、第六位关注的问题，否则他们来证券公司干什么呢？

赵红梅性格温和，待人热情，但外柔内刚，坚韧不拔，一旦确定了目标，就一定要实现。当她知道了客户的主要需求后，暗下决心，一定要把自己炼就成证券分析能手，并要形成一套自己的特色，首先要让本营业部的客户和自己的亲朋好友能赚到钱。哪怕三年、五年，总要"杀出一条血路来"，因为天下容易做的事是轮不到自己的，世上无难事，只怕有心人。从此，赵红梅只要有时间就不断学习证券投资知识，向书本学，向同事学，向客户学，并不断地与客户进行交流，将自己每次的预测讲给客户听，并不断地修正自己的判断。在对技术面分析的基础上，赵红梅偏重于每只个股的基本面，对大盘的宏观分析是她的主要功课。因此，她经常为了了解和捕捉各方面的国家经济和政策方面的信息，不管工作有多忙，不管多晚，每天上网、看报纸、听新闻那都是不可少的。起初客户们对她的分析与提示将信将疑，但接触久了，渐渐地觉得赵红梅的判断虽然有点超前，但回过头来看，绝大部分还是准确的。因此有一些客户开始相信赵红梅了，赵红梅就这样有了一批铁杆粉丝，在业务上有了一定的群众基础。为了寻找一个更能施展自己的平台，赵红梅于2000年辞职去了另外一家证券公司，在追随她的许多客户的大力支持下她坐到了营业部总经理的位置。她觉得她应更好地回报客户，办法就是自己必须更加勤奋地学习和研究，让追随和支持她的客户赚到更多的钱。

到了2003年底，赵红梅的自我学习与修炼有了相当的成效，她对股市的正确判断，让客户盈利颇丰。她在这年11月就在研究宏观经济的基础上感觉股市会走好，而科技股的表现尤为不俗，特别是各发达国家都在炒网络股，她就建议客户们卖掉其他名不经传的股票，买入带有网络概念的上海梅林；从7元买起，越跌越买，人们都慌了，赵红梅仍坚定地劝大家买进，结果在5.8元止跌，后来反跌为涨，几个涨停板向10元——一直向30元冲去，客户们对赵红梅感激至致，高呼“万岁！”——赵红梅刚到这个营业部时任总经理，它在同行中排名30名左右；到2003年12月30日竟跃为广州市第三名，这主要是赵红梅的功劳，“只有让客户资产增值才能吸引客户”已非纸上谈兵了。赵红梅比其他营业部早有心得，且更加坚定、自信了。

此外，让客户在牛市挣钱，在熊市不亏钱，这是赵红梅的又一个思路。即使在熊市中，她的客户们往往也有5%以上的收益，这就使投资者留得青山在，不怕没柴烧，实际上为迎接下一次牛市的到来做好了最重要的思想与物质准备。亏光了，亏完了，子弹用完了，熊市结束了，牛市到来了，用什么炒底啊！

有的客户成群集队地跟着她，她调到哪里，他们跟到哪里。有一位王姓股民曾经摒弃了原来的生意，倾全部资金800万进入证券市场炒股，但到后来亏得仅剩200多万了。正想再弃股从商，被赵红梅知道，耐心地与之谈了一小时后，他就决心将资金从原来酒肉朋友的总经理营业部撤出，转入赵的营业部，在赵红梅的指点下，他很快停止亏损，逐步稳住，上行，慢慢将全部亏损扳了回来。

从2001年到2004年、2005年，股市从2245点向998点一浪一浪跌下去，人人谈股色变；市场上人们有一句黑色幽默：“要想让人输光，亏光，就鼓励他下海炒股去！”所有证券公司工作人员也灰头土脸，觉得自己没做好顾问、参谋，让投资者亏损累累。2005年7月，人民币汇率开始改革，被严重低估的人民币开始升值。赵红梅从报上学习，弄懂了货币要升值，必大量吸引外资套利，造成国内外汇存款增加，M2大幅增加，股市通常都会出现牛市，于是，她鼓励人们做多。到2006年4月，股市已从998点上升到1100多点，一轮大牛市蓬勃欲出；她分析，此时酒类、地产和金融证券板块将大涨一场，她建议前述的王姓股民大量买进贵州茅台、万科、招商银行。到2006年年底，王姓股民的资产已从200万到800万再到2000多万。与他一样的多位股民，他们都十分感激赵红梅，认为自己遇到了贵人，否则当时弃股做生意，何时才会收回成本。

总之，在“让客户资产增值”的理念指导下，人们的业务越做越大，赵红梅的名声也越来越响，认识与忠诚追随赵红梅的客户也越来越多。2006年3月，她又到了一家创新类证券公司广州营业部当总经理，当时该营业部的各项指标在公司排倒数几名。到同年12月31日，仅9个月时间，这家营业部的主要指标名列公司前矛。

“让客户资产增值”，赵红梅坚信，只要自己这样想，认真做，就会让一个个客户从拥有几万、几十万的中小散户变成拥有几百、上千万的大户、超大户，一方面使投资者更忠诚与坚定，一方面又直接增加了营业部的托管资产，一个200万的客户变成了2000万，等于开发了9个200万的大客户，何乐而不为啊！

就这样，赵红梅从2007年1月到2007年10月，带领她忠实的客户们走过了从1500点到6100点的大牛市。又从2007年11月到2008年10月，在大声呼吁人们抛空、做空的努力中，使客户们免去了一个世界上最大的大熊市的套牢。2008年10月到2009年，2010年到2012年，其间经历了3400点的反弹、震荡市、牛皮市；她都劝投资者选择有安全保护阀的不会亏的股票及杠杆式分级基金，让她的粉丝及哥们在大熊市中逆势增值。

赵红梅的手机里的歌声是当年红岩革命先辈们的励志歌，里面有一句“千里冰霜脚下踩，三九严寒何所惧”，她始终以此激励自己。

十多年如一日，赵红梅现在涉足PE、原始股、创业公司的培育与投资，她需要更多地学习、领会政策，也需要更多的朋友与客户的共同磋商及合作。

我们衷心祝愿赵红梅这位广州投资界的热心姐姐行百里者半九十，日日前进，天天向上。

从技术分析、基本分析、学院派到哲学现实分析派

胡　虎[1]

编者按：这是笔者迄今为止看到的对技术分析、基本分析、现代投资理论及现实哲学分析得最好的文章之一。作者既客观、又理性，既尊重前辈又实事求是，指出各自的成就及不足，分析很透彻，读了令人耳目一新，深有同感。“北大风格”跃然纸上。最后竟得出一个近乎荒诞神奇又非常真实的结论：如果毛泽东愿意从事证券投资的话，他多半会成为中国的股神，这篇文章很值得一读。

市场是我们这个时代的图腾，而证券市场是最能展现智慧与心力的舞台。几百年来，无数投资大师以其不朽的思想化作熠熠星光，为后继者驱赶黑暗迷瘴。诚然，各人有各人的投资风格，不同的形势下有不同的投资策略，但千变万化的手法中体现出的基本思想却也寥寥可数，正所谓万变不离其宗。本文所要讨论的投资理念，体现的正是投资者关于市场、关于机会和风险的基本思想。正如牛顿所说，“我能看得更远是因为我站在巨人的肩上”。所以，我们首先需要理清投资理念发展、演变的基本脉络，然后提出我们的一点“新解”。下面还是从证券投资的主战场美国说起。

一、技术分析——从严肃的艺术到不严肃的科学

技术分析派的三大理论基础是：市场价格变动已经包含所有信息；价格变动具有趋势；历史会重演。技术分析理念的发展经历了两个阶段，即比较主观的图表技术分析阶段和相对客观的计算机化技术分析阶段，下面分别简述之。

技术分析派的开山老祖应当是查尔斯·道（C.H.Dow，生于1851年），这位没受过什么正规教育的记者兼分析师的一生有两大贡献，其一是首创股票市场平均价格指数（后来衍生为道指），其二是创立了道氏理论。该理论的核心思想其实就是技术分析三大理论的最早的，也是最好的总结：股市是经济生活的晴雨表，股票平均价格已经包含一切信息；股市具有三类趋势——主要趋势、次要趋势和短期趋势，依次可被比喻为大海的潮汐、浪涛和波纹；熊市的三阶段是失望—悲观—绝望，而牛市的三阶段是怀疑—乐观—疯狂。道氏理论虽然主要是一些定性经验的总结，但其含义博大精深，相信大家在读了汉密尔顿将其发扬光大的《股市晴雨表》一书后也会有同感。

继查尔斯·道之后，两位技术派大师又将技术分析推进了两大步。威廉·江恩（W.D.Gann），这位虔诚的基督教徒第一次将时间因素引入技术分析之中。在江恩看来，时间周期是第一位的，其次是比例关系，再次才是形态。江恩运用他的天文和数学天才创立了独特的技术分析理论，主要包括时间周期理论、波动法则、江恩角度线、江恩多边形等等。可能是源于对圣经的理解，江恩坚信市场运动有着不以人的意志为转移的客观韵律，并且能够用精确的数学方法加以描述。在实践上，江恩曾创造了一月获利92倍的奇迹，并且成功预言了1929年的大崩盘。关于江恩虽然仍有不少争议，但他对技术分析的巨大贡献却是有目共睹（可参阅《江恩：华尔街四十五年》等）。相对于江恩的青年得志，另一位大师艾略特（R.N.Elliott）却是大器晚成。干过多种工作的艾略特在50多岁退休时才开始系统地研究股市，并在其生命的最后十年里提炼出波浪理论，至今仍有巨大的影响。用艾略特的话说，“我们的社会及经济进程的

[1]编者注：胡虎为北京大学硕博连读的博士生。

发展都遵循一条规律，这就是使它们在相似的和不断再现的波浪系列中或确定的数字及图形下重复自己”。艾略特认为股市遵循着一种周而复始的节律，完整的牛市周期由8浪构成，先是5浪上升，随之有3浪下跌。波浪理论的数字基础为费波纳奇（Fibonacci）数列，即1，1，2，3，5，8，13，等等，以至无穷。波浪理论首先强调的是形态和比例，其次才是时间（侧重点正好与江恩相反），并且认为股价在时空中最稳定和最和谐的扩展方式就是按照费波纳奇数列的形式进行（可参阅《自然法则：宇宙的秘密》等）。技术分析发展至此，已经形成了比较完整和系统的理论体系，此后的技术分析理念再也没有重大的突破。

此后，技术分析派又涌现出不少英才，如图表专家葛兰维尔、波浪专家柏彻特等等，但都是在辉煌几年之后如流星而逝。进入20世纪70—80年代，随着计算机在美国得到日益广泛的运用，技术分析家们基于计算机技术发明了各种各样的客观化分析指标，代表人物有发明相对强弱指数（RSI）等指标的韦尔德、集合十多种指标来测市的格莎雷莉等等。进入20世纪90年代后，大批自然科学家涌入华尔街，开发出了无数的技术分析指标及指标系统，并且运用统计手段加以优化，同时也涌现出一批杰出的技术分析家，如约翰·墨菲、马丁·普林格等等，技术分析由此进入了一个更加“科学”的时代。

我们认为，技术分析理念实际上经历了一个从严肃的分析艺术演变到计算机化的分析科学的过程，不过，这种科学是不严肃的科学（但也不是伪科学），而早期的分析艺术，却是源自对自然和人生的较深刻体验，因而是严肃的，也具有较多的借鉴价值。道氏理论阐释了技术分析的真谛，给投资者更多的是哲学上的启迪和投资艺术的熏陶；波浪理论则是技术分析艺术的集大成者（可惜被后人所歪曲，用来为市场“算命”），其实艾略特是将对自然和人生的感悟融入到对市场的判断之中，中国先哲所言之“天人合一”最能代表这种境界；江恩理论则开始以数学手段描述其所理解的“自然法则”，时间周期的判断和计算带有很强的神秘色彩，但的确有独到之处。三位大师之后的技术分析者借助计算机科技的发展，加速了技术分析向分析科学的转型，但是，这种科学不像数学和其他自然科学（严肃的科学）那样具有决定性规律，像数学定理具有逻辑必然性，物理和化学规律具有客观必然性，这些都是决定性的、不以人的意志为转移的规律，所以能够比较准确和精确地加以描述。而技术分析科学只能依靠一些不稳定的统计规律。证券市场本身就是投资者博弈的载体，必然是以众人的主流意志为转移。既然人的意识不是“自然法则”所决定的（是人们自己决定了“自然法则”的真实性），加上了现代科学包装的技术分析又如何能够从“客观”的角度把握市场的运动。我们相信，技术分析将成为战术性的主要操作手段，因为它特别强调对风险的控制和时机的把握，在战术层面具有无可替代的优点，但若要作为一种战略性的理念，除非你能够具有持久和准确的艺术感悟力，或命中注定具有江恩那样的传奇色彩，否则，你在证券市场的“寿命”就不会很长。

二、基本分析——从沃伦·巴菲特到彼得·林奇

基本分析的开山祖师是本杰明·格雷厄姆（B.Graham，1894年生，又译作格拉姆），他于1934年与戴维·多德合作的《证券分析》成为了影响几代投资者的“圣经”。在书中，格雷厄姆提出了“安全边际”的概念（在《聪明的投资者》中也有阐释），他认为每种证券都是一种商品，具有其内在价值——以资产、收益、股息、明确的前景等为根据的价值，而证券价格只是围绕价值上下波动，但趋势是向内在价值回归。所以，只要判断出内在价值的底线（边际），就能根据价格的低估程度（安全空间）作出买卖决策。例如，20世纪30年代的大萧条使当时华尔街上许多股票的价格低于其净资产，而格雷厄姆认为以低于净资产2/3的价格买入是“安全”的，这就是一个安全边际。当然，应当灵活地理解内在价值的概念，使之适用于不同的情况。正是这种“灵活理解”，导致基本分析产生了两个最重要的分支，其一是以沃伦·巴菲特为代表的价值型投资理念和以菲利普·费舍及彼得·林奇为代表的成长型投资理念。

沃伦·巴菲特（W.E.Buffett）绝对是最成功的投资家之一，他的名字也成了价值投资的代名词。巴菲特自称其投资理念85%源于格雷厄姆，15%源于费舍，而他也确实将格雷厄姆的投资理念发挥到了极致。巴菲特坚信，即使市场会暂时忽视一家公司的基本面情况，但最终它仍会给予公司的财富以相应的价格，对此，巴菲特有一个著名的比喻，即“市场先生”，他认为“市场先生”比较容易情绪化，经常在悲观时给出过低的报价，在乐观时给出过高的报价，作为投资者应该冷静地面对市场先生的表演，绝不能被它的表演所感染而行动，而应根据基本的内在价值和高、低估的程度作出理性的决策。巴菲特并不认为有任何资料能借以准确判断宏观经济走势，并称就算美联储主席将未来两年的货币政策告诉他，也不会改变他的投资决定。（即使在金融恐慌时期，他也采取了重大投资行动。）巴菲特最关心的始终是企业的基本面情况，像销售、盈利、股息、管理层和普通员工素质等等，特别是经营长期稳健、有特许权或其他特殊优势的公司。巴菲特一生都坚持集中持股和长期投资，每买一只股票都像买下一家企业那样谨慎。在我们看来。巴菲特实际上是一位杰出的企业分析家，并且具有罕见的理性与耐心，正是这些不同于一般投资家的特性使得他出类拔萃，成为基本分析追随者们心目中的“教皇”。

作为基本分析的另一分支和最重要的补充，菲利普·费舍（P.Fisher）于20世纪50年代提出了“成长股”的概念。即股票至少在未来连续的五年里能以高于通货膨胀和市场平均利润率的速度增长，而且增长的动力主要来自公司内部，并在《怎样选择成长股》中归纳和阐释了选择有成长潜力股票的15条要点。而将成长型投资理念真正发扬光大的是麦哲伦基金的传奇经理彼得·林奇（P.Lynch）。林奇主要也是根据企业的基本面来投资，但侧重于其增长潜力的判断，而这种判断主要是根据他在生活中的观察得出。林奇说道：“寻找十倍潜力股的最好地方是在你家附近，或者在你上班或购物途中碰巧发现的线索，这通常比在华尔街得到的消息早得多。例如，对病人来说，最好的药是能永远根治疾患的药，而对投资者来说，最好的药是病人必须不断购买的药。”林奇在投资中一般遵循买小不买大的原则，因为大公司的潜力一般不如小公司。与巴菲特只集中买入最好的公司并长期持有不同，林奇认为每个行业都会有杰出的公司，甚至暂时经营困难的公司也常常有可能复苏，所以他经常同时交易大量的股票，持股时间和比例都非常灵活，视高估和低估的情况而定。

我们认为，基本分析的核心思想都是围绕“价值”来展开：价值型投资理念侧重于分析证券目前的价值，而成长型投资理念侧重于估计证券未来的价值（贴现），但都是根据价格与价值的背离程度作出买卖决策。基本分析其实是把证券当作普通商品，具有价格与价值的双重属性，而且价值决定价格。但是，以这样的理念来投资需要面对以下的困难和风险：第一，信息的准确性问题，如果像财务数据这样的重要信息都不能保证准确，价值就不可能计算清楚；第二，计算方法的问题，特别是对成长型投资理念，因为它是“建立在预测基础上的预测”，如果根据以往业绩增长来估计未来增长，那么有什么理由能够保证业绩能一如既往地平稳增长而不是跳跃式增加或减少呢？如果是根据一些想象中的美好前景（概念）来计算价值，其结果更是千差万别；第三，价格向价值回归的时间问题，即使按照保守的价值型投资理念，也常常出现证券的价格长时间低于基本价值的情况，如果碰巧遇上经济萧条就更不妙了。而成长型投资理念往往遭遇价格早已反映成长潜力（如果有的话）的情况，因为真正的好股票总是在众人明白之前其价格就已经高高在上了。还有就是价格“一步到位”式地迅速向价值回归，使绝大多数人都来不及在非常有利可图的价位买入或卖出。基本分析实际仍然是一种“均衡”的理念，即价值与价值的均衡。不过，证券市场普遍存在着不均衡，所谓“价值”不是一个可以放心依靠的基础。证券代表着一定资产的所有权，确实具有一定的基本价值，但这样的基本价值是不可能准确计算的（特别是股票）。价值是不能与价格割裂开来单独加以考察的，从长期看，价值决定价格，但价格也能决定价值，因为价值实际上取决于人们的心理偏好和行为（都受到价格的显著影响），而不是取决于像万有引力那样实实在在的东西。对投资者而言，更有意义的是把握价格与价值相互决定和变化的运动过程（在这方面，乔治·索罗斯给了我们最好的启示），而不是守株待兔似的盼着价格向计算好的价值回归。如果坚持基本分析的教义，除非拥有巴菲特的企业分析能力和超人的理性与耐心，或者拥有林奇把握成长股的灵感，否则，你在证券市场也不会非常快活。

三、学院派——理想主义者的理解

学院派主要是指那些在高等院校、研究机构里的理论研究者。1900年，杰出的法国数学家巴契里耶（L.Bachelier）以一篇名为《投机理论》的文章作为他的博士论文，从而吹响了学院派从象牙塔向证券市场进军的号角。巴契里耶最早运用了概率统计方法研究证券市场，其主要论点是市场收益率是独立的、具有相同分布的随机变量。巴契里耶的研究是革命性的，但由于太超前，遭到长期埋没。直到20世纪50—60年代，随着效率市场假说（EMH）、资本资产定价模型（CAPM）等研究成果的涌现，学院派才进入了第一个黄金时代。

1965年，法马（Fama）将自巴契里耶以来的学术研究成果归纳为著名的效率市场假说（EMH）。该假说又根据市场信息的不同层次，划分为可实证检验的三种形态：弱式效率市场假说认为当前的证券市场价格已经充分反映了当前全部市场信息，证券市场当前价格与未来价格相互独立，不存在任何关联，这实际上是对技术分析理念的否定；半强式效率市场假说认为证券市场价格能迅速反映全部新产生的公开信息，包括公开的市场信息和非市场信息，这实际上是又增加了对基本分析理念的否定；强式效率市场假说认为证券市场价格能迅速反映全部信息，包括公开的信息和非公开的信息（内部消息），这实际是连内线交易（庄家）都加以否定。需要说明的是，效率市场假说不是指利用技术分析、基本分析和内线交易不能获利，而是指不能靠这些方法获得超过证券风险水平所对应的合理收益之上的超额收益，这是一种长期的和平均的规律，违反这种规律的情况属于小概率事件（发生的概率小于5%）。所以，学院派认为最好的投资策略就是买入并持有，因为没有什么途径能保证长期获取超额利润。此后，大量学者对各种形态的效率市场假说进行了实证检验（主要对美国市场），弱式效率市场假说首先得到压倒性通过，到20世纪70年代中期，半强式效率市场假说已经被学术界和投资界普遍接受。但强式效率市场假说尚待进一步检验。同时，基本分析之父格雷厄姆在他临死之前，宣布放弃基本分析的理念而投向效率市场一边，他认为随着基本分析方法的普及和信息传播的加快，已经难以持续地获取超额收益。这样，效率市场理论就完全确立了其统治地位。

1952年，马克维茨（Markowitz）把可能的收益率的分布，以其方差为度量，用以衡量资产组合的风险，从而开创了现代资产组合理论。方差在这里是一个衡量实际收益率相对平均收益率偏离程度的指标，方差的使用要求收益率是正态分布的，这样方差才是有限的。马克维茨认为方差越大，风险也越大，在给定的风险水平下，理性的投资者会选择收益率最高的资产组合，或者在给定收益率的情况下选择风险最小的资产组合，即投资者是风险回避型的，追求的是均值/方差有效性（相当于收益/风险）。此后，夏普、利特纳、莫辛将效率市场理论和马克维茨的现代资产组合理论数学模型相结合，建立起一个以一般均衡框架中的理性预期为基础的投资者行为模型，即资本资产定价模型（CAPM）。该模型认为，对于所有投资者，最优资产组合都是市场资产组合和无风险资产的组合。投资者可以通过增加无风险资产以减少资产组合的方差（风险），或通过以无风险利率举债购买市场资产组合来调整风险水平。模型表明，高风险的资产应为高收益率所补偿，不过，该模型假定不存在交易费，任何人都能够以无风险利率借贷。而最核心的假定也是投资者是理性的，即风险回避型的，追求的也是均值/方差有效性。进入20世纪70年代，布莱克和斯科尔斯创立了期权定价模型（OPM），罗斯创立了比资本资产定价模型更加广义的套利定价理论（APT），到20世纪80年代，恩格尔创立了自回归条件异方差模型（ARCH），对市场的易变性加以描述并修补了前人的模型。至此，学院派的理论体系已经相当完善，这是一个建立在线性范式和正态性基础之上的理论体系。

然而，这样一个看似完美的理论大厦却面临着倾覆的危险。20世纪80年代以后，一批走在时代前沿的自然科学家通过对复杂性的研究，逐步建立起一套非线性范式的方法论，混沌理论即为最好的代表。此后，非线性方法论在自然科学领域得到了迅猛的发展，并逐渐渗透到社会科学领域。进入20世纪90年代，随着越来越多的证据对效率市场假说和线性方法论发出挑战，学院派的精英们开始逐渐转向以非线性范式来描述证券市场，而我们认为，学院派也即将迎来他们的第二个黄金时代。芒德勃罗、彼得斯等人考察了自20世纪20年代以来的美国证券市场收益情况，发现收益率分布并非正态，而是呈现尖峰胖尾的状态，芒德勃罗称之为稳定帕雷托分布，它代表的意义是存在趋势和循环，同时也有突然和不连续的变化（投资者以累积的、非线性的方式对信息作出反应），但是方差是无限的或无定义的。正态分布代表着收益率是彼此独立的，而且是线性地变化（投资者迅速消化信息，并线性地对信息作出反应），但这实际上只是稳定帕雷托分布的特殊情况。彼得斯等人的研究令人信服地揭示了证券市场的复杂性和非线性实质，并且通过非线性统计分析（R/S分析）发现了美国股市48月（平均）循环的现象（观测期40年）。学院派的非线性论者相信证券市场总体上是存在着趋势和循环（秩序），但局部是无序的（如正态分布所揭示的那样），用非线性方法才能发现市场运动的内在秩序，同时也避免被一时的无序所困扰。

我认为，学院派不可避免地带有理想主义者的色彩。这里的“理想”有两层意思：首先是他们建立模型时必须抽象掉很多因素，构造一个比较理想的世界，而这是非常危险的做法。我们研究证券市场时，忽略掉万有引力也许问题不大，但效率市场假说和资本资产定价及套利模型等经典理论显然忽略掉了许多关键性因素。其中，最致命的是关于“理性人”的假设，即人们应该在相同收益的情况下选择风险低的资产（风险回避），而在相同风险时选择收益高的资产，同时，理性人还需要足够聪明，能迅速消化所有信息并设定准确和无偏的主观概率。然而这一切与现实严重不符：人们经常追求风险，特别是当他们认为不赌一把就必然受损的时候（金融行为学家特韦尔斯基和卡亨曼等对此有详细的论述）；人们通常对自己掌握的信息过于自信，从而不能准确和无偏地设定主观概率（实际上大多数人在投资时脑子里的“概率”是模糊的）；在趋势完全确立以前，人们一般看不出趋势，也不作出反应，只有趋势持续一段时间以后，人们才把过去忽略的信息考虑进来，而不是像理性人那样能立即消化新信息和即刻作出调整（人们往往不容易改变自己的预测，除非看到明确的反转信号，但往往已经太迟了）；另外，没有什么证据支持人们作为总体和作为个人能保持同样的理性，相反的例证却数不胜数（可参阅勒庞的《乌合之众》）。所以，学院派总是面临两难的境界：如果考虑太多的因素，就难以用模型来比较精确地加以描述；如果要建立比较精确的模型，就必须作出许多苛刻的假设，而且往往与现实相差甚远。“理想”的第二层意思是学院派们都有着过于远大的志向，无不希望揭示证券市场的终极规律（这也许与学院派的领袖多半是自然科学家有关）。学院派在接受了自然科学家的混沌理论之后，也希望能在证券市场上一统江湖。然而，需要再次强调的是，证券市场是人们博弈的载体，不可能有终极规律，如果有的话，这种游戏就没办法玩下去了。如果非线性理论真的发现了某种固定的循环趋势，人们的行为也将把这样的循环趋势打破；而如果循环是不固定的，这种理论对于投资者来说又有什么帮助呢？

四、矛盾分析——革命者的选择

以上主要是我们对证券投资理念（其生长的土壤是美国）的简要回顾和一些自己的思考，虽然往圣前贤们为我们提供了取之不竭的思想宝藏，但是，中国有中国的特点，中国社会、经济和证券市场演化的轨迹也与其他国家没有太大的可比性（但启发肯定是有的），所以，如果要在中国的证券市场上有所作为并且“健康长寿”的话，就一定需要有自己独到的投资理念，与中国社会、经济和证券市场的演化趋势相适应。我们的投资理念可以用“矛盾分析”来概括，它是中国特定历史环境的产物，同时也是一个不断进化的开放体系。

在我们的投资理念中，首先要强调“矛盾”。中国社会、经济中的主要矛盾决定了证券市场中的矛盾和趋势。在美国，证券市场的运动主要受经济性矛盾的支配（即经济系统自我演化所内生出的矛盾，如经济周期、技术进步等），而在中国最主要的矛盾是制度性矛盾（主要是政治、经济制度与社会、经济发展之间的矛盾），而不是经济性矛盾（经济性矛盾对债券市场的制约作用比较大，但显然不是造成股票市场主要趋势的根源）。中国证券市场十年来的主流理念就是坐庄和跟庄，技术分析和基本分析（中国人对基本分析有更“灵活”的理解）都成了手段，“有庄则灵”却成了最高信念。管理层也必然是该出手时就出手，而市场上坐庄的（最“识时务”的选择）机构、总想圈钱的上市公司以及跟庄的（也是最“识时务”的选择）中小投资者也就闻风而动，一次次演绎出内容常新，模式照旧的活剧。所以，只有抓住这个最根本的矛盾，才有可能真正理解和把握中国证券市场的运动。当然，这只是矛盾分析最基本的要求，我们还需要更细致地考察各种矛盾及其变化。随着中国加入WTO，中国长期封闭的证券市场与开放的全球资本体系产生了新的矛盾，外部矛盾的激化必然促使内部矛盾发生显著变化，无论政府、上市公司还是大大小小的投资者，都将在基本的制度性矛盾运动的制约下，根据各自利益的变化，在证券市场上变换新的玩法。

其次，矛盾分析特别需要强调博弈，而且是现实的博弈而不是理论推导的理想博弈。证券市场是政府、大机构、上市公司、中小投资者共同博弈的场所，而趋势就是这些行为主体共同作用的结果。很多人认为，决定市场运动的就是资金，也设计了很多模型（为了精确计量，模型必须是线性的）来跟踪资金流动的趋势。但是，资金流动又是由什么决定的？操作过大资金的人都会理解，有意义的资金流动绝不是线性的，而是当矛盾发展到一定程度后突然以非线性的形式爆发，而且证券市场与货币市场、实物市场也是环环相扣，枯荣相生，等到确认规律和趋势存在的时候往往就是去接最后一棒。所以，资金是表象，而不是本质。决定资金流动的终究是人，是不同的人（无论他是在银行还是在散户大厅）出于各自的利益状态、心理状态以及主观估计的（根据所获取和接受的信息）其他人将采取的行动，所发出的“指令流”形成了真实资金的流动。中国证券市场往往是政府调控，而大机构和上市公司则会起哄，中小投资者跟风和埋单。而政府到什么地步（利益结构的边界）才会采取果断调控行动？上市公司、大机构和中小投资者的响应方向和程度会怎样（利益状态）？哪些证券将最有可能遭到追捧或抛弃（群体心理）？这些关键问题都需要通过博弈分析来判断。

此外，矛盾分析还需要强调直面现象，保持开放和进化。我们不能在作出判断前就受到某些模型或定式的影响，从而丧失了对真实本质的直觉洞察力。科学哲学大师波普尔、现象学大师胡塞尔和海德格尔等都为我们的投资理念提供了有益的哲学元素。同时，历史告诉我们，只有保持开放的心灵和不断进化的能力，才能在竞争中生存和发展。证券市场每一次大的趋势都是一场革命，我们投身其中就是为了预见和把握它们，取得革命的成功。我们不可能把握所有趋势，但如果把握不住具有战略意义的关键性趋势，就必将被市场淘汰，而这样的战略趋势，必然有致使其发生的本质性矛盾和直接的矛盾，这些矛盾隐藏在市场内外纷繁复杂的各种现象之中，而且不断演化、发展。投资者最需要面对的是真实现象，而不是理论，这样才能找到线索，发现矛盾，把握住矛盾的运动。矛盾分析其实最适合具有真正的革命者气质的投资者，如果毛泽东愿意从事证券投资的话，他多半会成为中国的股神。

（本文作于2002年3月23日）

黄金中国

胡　虎

编者按：作者发表本文时，山东黄金的股价仅为6—7元；而2006年，它则上了30元（其他有色金属股情况也雷同）。可见理论学习、研究的极端重要性。

随着中国黄金市场的逐渐开放和发展，以黄金作为一种重要的资产配置方式在国内将日渐成熟，中国公民黄金拥有量的大幅增加也将成为必然，而这不仅是资本资产运动的合理选择，也是与国家兴衰的历史规律相符。中国必将为世界黄金市场增添异彩，而黄金也定能有助于中国强盛。

一、中国央行增加黄金储备势在必行

纵观近代历史，凡在某一时期取得全球政治经济霸权的国家（叫帝国更恰当一些），其官方黄金拥有量总是全球最多的，而一个帝国的衰落也总是与黄金储备的减少同步而行。远的不说，就看从西班牙到英国，再从英国到美国，随着黄金资产的流动和重新配置，国力的兴衰也完成了一次次的转换。拿离我们最近的美利坚帝国来说，也可以通过黄金流动划出一条国家的生命曲线：在二战后的几年里，美国在全球的政治经济影响力达到了历史顶峰（其他国家基本上还仍是一片废墟），而同期的美国黄金储备也处于历史最高，达到两万吨以上，独占了全球央行黄金储备总量的70%。但随之而来的美苏争霸，包括越战等重要事件，使美国的综合国力逐渐消耗，黄金资产储备也骤降到1972年的8600吨左右。在此后的30年里，美国的黄金储备只有5%左右的减少，此间美国政治经济的发展虽然多有波折，却也仍然保持了其超级大国的地位，但其在世界政治经济体系中的影响力已经远不能和二战后的美国相比（如果考虑美元高估的因素就更加明显）；而美国主要的竞争对手苏联却随着黄金资产的日益消耗，终于在20世纪90年代初分崩离析，至今俄罗斯也远未恢复元气（官方黄金储备只有约400吨）。可见，黄金对于一个国家而言，其意义已经超越了一般的资产，即使是纸币等信用货币取代黄金成为主要的交易媒介之后，黄金作为储值手段即财富配置的作用也并没有受到削弱，反而由于其具有的信用货币所缺乏的实物属性而在乱世之中更显珍贵。归根结底，黄金代表着一种更基本和更具有终极意义的信用与保障，这种信用与保障是构成一个国家综合国力的必备要素。

根据中国人民银行的公开资料，截至2002年12月底，我国的外汇储备已经达到2864亿美元，居世界第二（仅次于日本），而黄金储备只有600吨，处于世界第八位。以每盎司350美元计算，中国的黄金储备只占全部储备总值的2%。

从图1可以看出，GDP总量居于世界前列的国家，其官方黄金储备量一般也居于世界前列。中国目前的GDP总量在世界排名第六，而且以现有速度发展，20年后很可能成为世界第三的经济大国。[①]与此相适应，中国的黄金储备也应进入世界前列，以完善国家财富结构和增强信用保障。大致在2005年，中国经济总量就能超过意大利，跻身世界五强[②]，而目前意大利的官方黄金储备量为2452吨，排名靠前一些的德国和法国持金都在3000吨以上，中国在黄金储备总量上的差距显而易见。从黄金储备结构上来看，经济规模和黄金储备总量居前的国家，其黄金储

①编者注：2006年，中国外汇储备1万多亿美元；2012年，中国外汇储备已达3万多亿美元，世界第一。

②编者注：中国GDP总量已进入世界四强；而按照购买力平价计，国际货币基金认为已处于世界第二。2010年，中国GDP为40.16万亿人民币，追上日本，经济实力已达到世界第二。比本文作者预测的早了13年。

备占储备总值的比例大多在30%以上，经济规模与中国可比的意大利和法国的这一比例都超过了50%，与中国2%的黄金储备结构也形成了鲜明的对比。

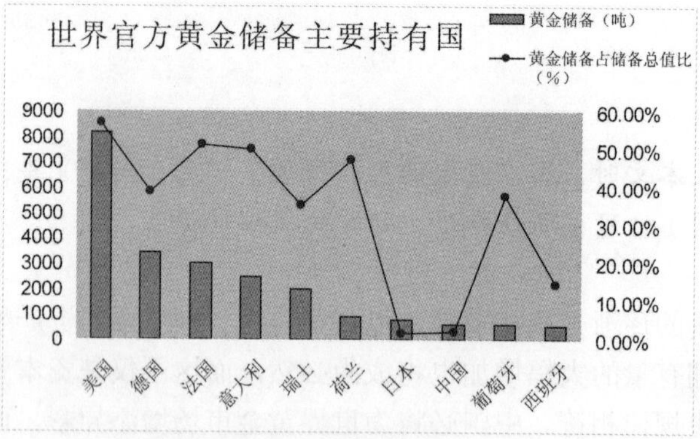

图1　世界官方黄金储备主要持有国（来源：IMF）

（注：数据至2002年12月，未包括IMF和ECB的持金）

也许有人会问，日本既是世界第二经济大国，又拥有世界第一的外汇储备，其黄金储备总量和结构为何也和中国相近？这其中有诸多因素：首先，如果放宽国家的概念，将民间黄金投资（主要是金条和金币，不包括黄金饰品）算入国家黄金储备，则日本目前的私人黄金投资存量已经超过2500吨（居世界第三，而且近年增速全球第一），加上765吨的官方储备，日本国家黄金储备总量就可以稳稳地排在世界第五的位置，与其经济规模大体相应；其次，不能排除日本政府对美国和美元资产存在经济上的依赖，同时美国和日本之间的特殊政治关系也与美国之于欧洲和中国不同，日本在政治和军事上都需要美国的护佑，所以也只能和美国靠得更近，这从美国屡次干预日本的重大金融政策（特别是汇率政策）能够得逞就可以得到佐证；此外，日本除了经济规模大之外（尚不考虑挤压泡沫之后的真实规模），在国际政治舞台上也远远算不上一个“大国”，在这一点上，日本对于中国既不可比，更不可学。

再从更现实的国家储备保值增值的角度分析，中国央行增加黄金持有量也是利在长远。由于中国的官方储备几乎全是外汇，而外汇储备中美元占了绝大部分，因此美元汇率变动对于外汇储备的实际价值就具有了重要影响。2002年，美元汇率指数（美元与其他主要货币的加权汇率）下跌了15%，中国央行的美元资产（特别是美元存款）可说是损失惨重，虽然央行的美元很大部分是以美国国债（约800多亿美元）的形式存在，但2002年美国的长期国债即使是在美联储连续降息的推动下，也只取得了11%的涨幅，尚不能弥补美元贬值的损失，更何况一旦美国经济反弹或通胀抬头，目前的低利率势必抬高，这对于美国长期债券可就是巨大的风险。反观黄金，在2002年取得了25%的涨幅，远高于欧元等主要外汇储备相对美元的升值。即使是美国经济在2003年迅猛反弹，黄金消费需求的回升也将支撑金价，而如果国际形势紧张加剧，或美国经济仍不见起色，甚至陷入“滞胀”的境地，那么黄金受投资需求的推动，就还会有更好的表现。因此，面对不确定性越来越大的未来，中国央行目前吊在美国这一棵树上的储备结构远远达不到规避重大政治经济风险的要求（更何况一旦中美之间发生摩擦冲突，那可就悔之晚矣），而根据2002年底IMF的统计，总体来看，全球央行储备总量之中黄金所占的比例仍然达到了11%，说明世界各国还是很看重黄金的作用。如果外汇储备不变，中国央行将黄金储备提高到接近世界平均水平的10%，那就意味着央行还需要增持2400吨的黄金，使黄金储备总量达到3000吨左右。这时，中国的黄金储备才能大致与其在世界政治经济体系中的地位相符，同时也才能大大提高官方储备的质量和抗风险能力。

二、国内民间黄金需求缺口巨大

新中国成立以来，我国一直对黄金产业实行严格管制，黄金由人民银行统一收购和配售，即国内从事黄金生产的企业必须将开采和冶炼的黄金全部交售给中国人民银行，再由其审批配售给用金单位（主要是金银珠宝零售行业）。显然，这样的体制不仅大大抑制了工业、医疗、科研等用金部门的黄金消费需求，更远远不能满足国内私人黄金投资的需要。每年国内只有5%左右的黄金是以金币或金条的形式出售，由于限量和销售体制的原因，造成了一个极高溢价的金币“二级市场”，大大抬高了国内黄金投资和流通的成本。

好在进入2001年以后，随着中国日益融入国际经济体系，国内黄金市场的开放步伐也大大加快：2001年6月，央行启动周报价制度，按人民币美元汇率折算黄金收配价格，实行挂牌收购、配售黄金；8月，我国黄金饰品、金精矿、金块矿、金银产品价格不再由中央银行定价，而是实行市场调节；11月底，上海黄金交易所试运行。2002年9月，政府同意免除黄金交易17%的增加值税，为黄金交易所的成立排除了最主要障碍；2002年10月30日，上海黄金交易所正式开始交易，中国黄金业从此掀开了新的一页。

按照中央的规划，国内黄金业的开放将遵循“三先三后”的原则，即先开放现货市场后开放期货市场，先开放有形市场后开放无形市场，先对内开放后对外开放。黄金市场开放将分为三个阶段：第一阶段筹建黄金交易所，中国人民银行逐步放开黄金的收购与配售，由黄金交易所完成生产与流通环节衔接，国内黄金市场价格由交易所确定，基本保持与国际市场一致；第二阶段是在完善市场机制的同时，全面放开国内市场，允许居民个人持有黄金投资产品，并参与黄金买卖；第三阶段是与国际市场全面接轨，逐步取消黄金进出口和个人投资的限制，真正成为国际黄金市场的一个组成部分。

虽然国内黄金业的开放不会是一蹴而就，但根据一些基本的事实，我们就可以判断，中国黄金业将迎来前所未有的“黄金时代”，并必然对世界黄金市场产生重大而深远的影响。

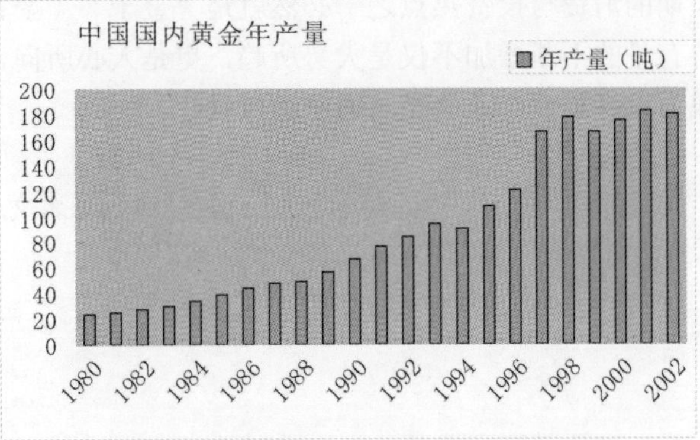

图2　中国国内黄金年产量（来源：中国黄金协会）

由于内地的黄金需求一直是以消费需求为主，而消费需求中绝大部分又是黄金饰品的消费，工业、医疗、科研等行业的黄金需求占消费需求的比重较小，因此黄金市场的开放对消费需求不会有剧烈的影响，但随着中国经济的发展会有稳定的增长，并且会达到高于世界平均的增长速度：目前内地人均金饰品占有量只有2克，人均黄金年消费量只有0.2克，与港台地区和西方国家的水平差距悬殊，离印度人均黄金年消费量约1克的水平也有很大距离。（阿联酋是世界上人均年消费黄金最多的国家，达30克。）而与此同时，随着中国日渐成为世界制造业中心，电子、机械等工业部门随着规模的扩大必然对黄金有更多的需求，再加上人口结构变化和保健意识增强，以及科学研究投入的增加，这些都将支撑国内黄金消费需求保持强势。

而最重要的是，一旦黄金市场完全开放，国内的黄金投资需求将产生爆炸式的增长，并随着中国社会经济的发展和国民财富的积累而经久不衰。

目前，中国国内的黄金总存量约为3000吨，其中绝大部分为黄金饰品，流动性高的金币、金条等黄金投资品所占的比重约为10%。从增量来看，由图2可见，目前国内的黄金年产量约180吨，而且近六年来的产量都波动不大，可见要迅速大幅提高产量的空间已经不大（黄金产业的“十五”规划也只是要求在2005年达到约220吨的黄金年产量）。中国国内的黄金探明储量为4000—5000吨，约占世界探明储量的10%，以现有开采速度还可维持22—28年。以每盎司400美元贴现值计算，国内黄金资源价值可以估计为4200亿—5300亿元人民币。

如果我们采取最夸张的假设，即今后国内新开采的黄金储量全部用来满足投资需求，再加上已有的投资存量，则国内黄金作为投资品的总盘子大约价值5000亿元人民币（取4500亿与5600亿的平均）。这看似一个很大的绝对量，但相对于现有的居民储蓄和家庭财产却是十足的“小盘股”，是相对稀缺的资源和资产。

据央行的统计，2002年底中国城乡居民储蓄余额已达到86911亿元人民币①，即使分配其中的10%投资于黄金（与全球央行黄金储备的平均比例接近），国内可供投资的黄金资源也远远满足不了需求。更重要的是，从货币到黄金资产的配置可能只需要几天就可以完成，而黄金的存量却只能在二三十年的时间里逐渐积累。

再看人民币储蓄存款以外的居民外汇存款，目前也已经达到了800多亿美元的规模，并保持着两位数的增长速度。在外汇存款中，90%以上是定期存款，可见中国居民的对于自己的外汇资产几乎没有营利性的要求（这也和国内缺乏相应的投资渠道有关），只要能保值就行。然而不幸的是，仅2002年年美元汇率的下跌，就使中国居民的外汇资产实际价值缩水超过100亿美元，占了中国全年进出口顺差的1/3还多！可见，规避国民外汇资产贬值的风险刻不容缓，而投资黄金无疑是最好的手段。假设中国居民将每年外汇储蓄的增量即90亿美元左右用来投资黄金，以每盎司400美元计算，这就需要700吨的黄金来满足需求，相当于世界黄金年产量的30%，国内黄金年产量的近四倍！

在完成了从“肚子”到“房子”，再从“房子”到“车子”的相关消费与投资结构逐渐升级之后，中国下一个长期的消费与投资热点之一必然就是“金子”（金条）。中国黄金需求的潜力无限，国民黄金持有量的不断增加不仅是大势所趋，更是人心所向，日益开放和发展的中国黄金市场也必将会成为世界黄金产业最亮丽的一道风景！

（本文作于2003年1月18日）

①编者注：到2012年7月，这一数据已达到36万亿元人民币。

黄金变局

胡 虎

编者按：《黄金变局》与《黄金中国》这两文，曾公开发表，引起我国金融界、证券界的广泛关注和研读。文章成功地、令人信服地分析了黄金处于牛市之中的原因，并进而使人们理解到何以类似黄金、有色金属等类的股票还会出现大幅升值的道理。这两篇文章的分析有理有据，可谓从历史到现实，从昨天、今天到明天，鞭辟入里、入木三分，极为深刻。读了令人对黄金价值及其今后几十年的价格趋势有了理性的把握。真是难得的好文章。

一、黄金之金融地位的沉浮

黄金之所以在人类文明史上占有极其重要的地位，首先在于其发挥的金融功能。由于相对储量少，开采成本高，单位价值大和容易分割等自然属性，黄金理所当然地成为了畅通无阻的世界货币，而近代的金本位制度也是以此为基础建立起来。在金本位制度下，各国发行的金属货币都是按其含金量计算相对价值，从而实现汇兑，而黄金储备也就成为国民财富和经济实力的主要标志。即使是到了第一次世界大战以后，随着国际结算的增多，各国政府都逐渐过渡为使用信用货币，但当时的信用货币仍是以金币为本位货币，银行券等各种信用货币都可以自由兑换成黄金。

在经历了20世纪30年代的社会和经济动荡，特别是第二次世界大战的重整以后，美国成为了继英国之后的世界政治经济霸主，积累了大量的黄金储备（像1945年美国官方黄金储备即达17848吨，占当时全球官方黄金储备的63%）。而金本位制实际在1929—1933年的世界经济危机期间即已瓦解，世界经济的重建迫切需要建立一个稳定而统一的货币汇率体系，以实现庞大而频繁的跨国资本运动。就如同当初世界选择了黄金一样，这次世界又理所当然地选择了美元：1944年7月，当第二次世界大战胜利在即，世界新一轮经济建设高潮曙光出现前夕，世界主要国家经济界领袖在美国举行的“联合国货币金融会议”最终确立了一种新的货币汇率体系，即布雷顿森林体系。在布雷顿森林体系之下，美元直接与黄金挂钩，确立比价为35美元兑换1盎司黄金，其他货币都与美元或黄金定出比价，并可作适当的调整。这样，黄金就从前台退到了幕后，美元实际上成为了国际金融和贸易的基准货币。

然而，建立布雷顿森林体系时并没有估计到美国也会出现巨额的国际收支逆差和严重的通货膨胀。随着战后德国、日本等国经济的迅速发展，美元通过国际贸易不断在海外积累起来；而美国又由于越南战争等军事开支和美国跨国公司在海外投资的增长，国际收支形势持续恶化，大量的逆差又加剧了美元的通货膨胀，这些都使得美元的含金量和相对价值大大降低。而这时美国即使想维持原定的汇率也是不可能了，因为其他国家也不傻，纷纷以35美元1盎司的价格从美国购进黄金，仅德、日两国的黄金储备就从1945年的几乎为零分别增长到1970年的3537吨和473吨，在此期间瑞士、法国、荷兰三国的黄金储备也都分别增长了1000吨以上；而美国的黄金储备在1949年达到最高值21828吨以后，到1970年只剩下9839吨（见图1）。不得已，1971年8月，尼克松总统正式宣布，不再允许外国政府与中央银行将美元换成黄金，不再正式规定美元与其他货币的比价。布雷顿森林体系也就此瓦解，世界金融进入了以浮动汇率体系为主的发展阶段。

布雷顿森林体系的崩溃至少让当时的人们明白了一件事，那就是曾经无比强大的美国和无比坚挺的美元都可能蕴含巨大的风险，美元资产的贬值和造成的痛苦与人们曾经对其的信任和偏好程度无关，而是盛极必衰的历史宿命。

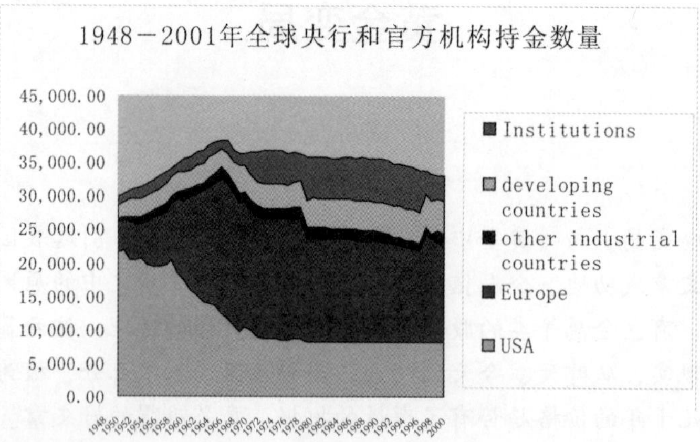

图1　1948年以来全球央行和官方机构持金数量（资料来源：IMF）

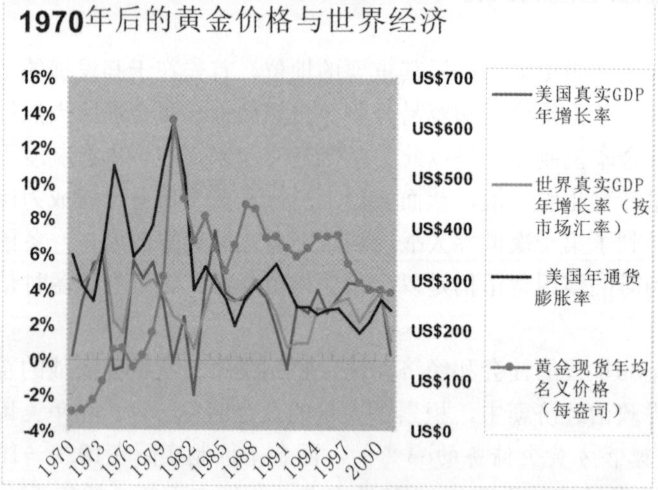

图2　1970年后的黄金价格与世界经济（资料来源：IMF）

美元与黄金的脱钩凸显了黄金的储备价值，也成就了20世纪70年代到80年代初的黄金牛市。由图2可见，其间美国和世界经济的数度衰退，以及居高不下的通货膨胀构成了黄金走强的宏观基础；而随着苏军入侵阿富汗，伴之以伊朗扣押美国人质等事件造成的国际形势极度紧张，终于使得黄金市场陷入疯狂，在1980年创下每盎司850美元的天价。当时的850美元经过通货膨胀调整后，相当于2001年的1824美元！而即使是以1980年的平均价格615美元计算，也相当于2001年的1320美元！

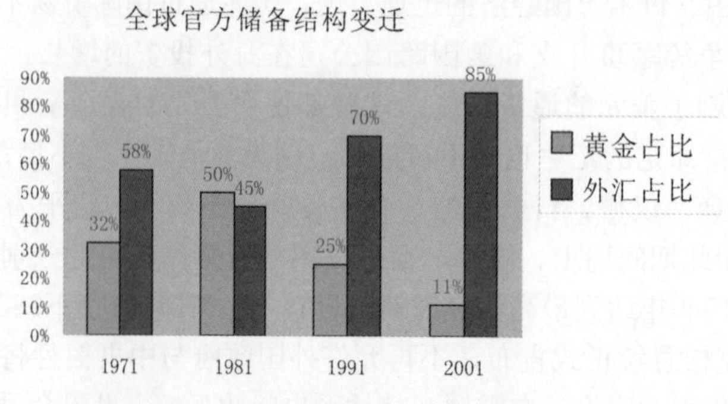

图3　全球官方储备结构变迁（资料来源：IMF）

然而，又有谁会想到，10年黄金牛市的代价竟是持续20年的漫漫熊途，而其间最重要的背景就是美国逐渐在与苏联的争霸中胜出，又一次成为全球政治经济的唯一主宰。进入20世纪90年代以后，苏联的解体和欧洲的动荡，使得美国成为全球资本最安全的去处。巨额的外国资本流入美国，不仅成就了其新经济，也制造了空前的金融泡沫。黄金不能生息，在这样一个金融资产急剧膨胀的年代无疑就成为了被抛弃的对象，而这一点在各国央行身上体现得尤为明显：由图3可见，自20世纪80年代以来，黄金在全球官方储备中的比重急剧降低，而1971年至2001年，全球官方储备名义值增长14倍，至期末已达到18965亿份SDR（特别提款权），而同期黄金储备价值换算成SDR只增长了4倍，期末价值为2033亿份SDR。在外汇储备中，美元又占据了主导（1991年底，全球外汇储备中美元占51%，而2000年底美元已经占到68%）。

由于各国（主要是欧洲国家）央行的不断抛售，加之民间投资也对黄金缺乏兴趣，黄金价格在1999年创下每盎司252美元的20年来最低点，也跌穿了每盎司260美元左右的世界黄金生产平均成本。鉴于继续抛售在政治和经济上的不良后果，各国央行为了共同的利益终于又达成了一致：1999年9月，法国、德国、奥地利、瑞士、英国等14个国家央行以及欧洲中央银行（15家央行当时共持有约1.5万吨黄金）在华盛顿签订了黄金行业《华盛顿协议》，规定在未来的5年内将通过共同一致的经过协调的计划出售黄金，每年黄金出售总量将不超过400吨，在此期限内黄金储备出售总量将不超过2000吨；并且在此期间不再扩大黄金租赁和使用黄金期货及期权；该协议5年以后再进行修正。于是，正如一系列政治事件促成了1980年的黄金天价一样，这一政治事件探明了每盎司250美元左右这一黄金价格的底线（用股市里的话讲就是政策底），只不过前者是国际资本主动选择的结果，而后者主要是受到来自于黄金产业的支撑。

二、黄金产业概要

据世界黄金协会统计，近6年来，黄金每年的总需求量都大于开采量，但总需求中的90%左右是以金饰为主的消费需求，金币、金条等投资用金的需求只占约10%。2001年全球黄金总需求量为3235吨，其中金饰需求2840吨，比2000年降低2%；黄金投资需求395吨，较2000年增长4%，其中仅第四季度（"9·11"事件以后）全球黄金投资需求就增长了8%。

世界现查明的黄金储量约为5万吨，以现有速度开采，还可维持19年。世界黄金查明资源量（远景储量）约为9万吨，估计可维持36年。南非约占世界查明资源量的50%，占世界储量的38%；美国约占世界查明资源量和储量的12%。除南非和美国外，主要的黄金资源国和生产国还有俄罗斯、中国、澳大利亚、加拿大、巴西等，而黄金的主要消费市场是印度、美国、沙特和中国。假设每盎司黄金的贴现值为400美元，则世界黄金储量价值约为6400亿美元，远景储量价值约11600亿美元。（中国国内黄金探明储量为4000—5000吨，以现有开采速度还可维持22—28年。以每盎司400美元计算，国内黄金资源价值约为4200亿—5300亿元人民币。）目前世界黄金生产的平均总成本约为每盎司260美元，远远高出银和铜铝等重要金属。正是由于黄金作为商品在相对的稀缺性和生产成本上的特征，构成了其信用的基础，因而能够作为一种金融资产发挥作用，而世界经济金融的发展势必将把黄金这一重要资源重新定义和评估，使其建立在商品属性之上的金融属性得以更充分地展现。

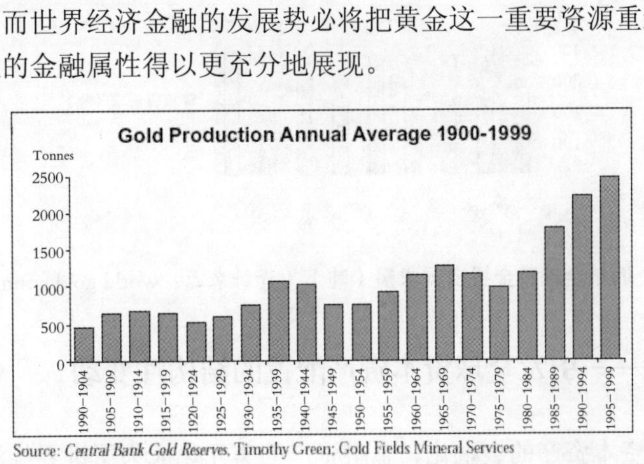

图4 世界黄金年均产量（资料来源：central bank gold reserves）

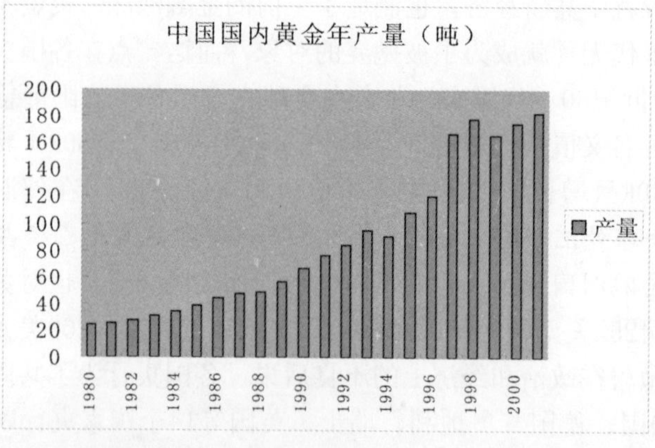

图5　中国国内黄金产量（资料来源：中国黄金协会）

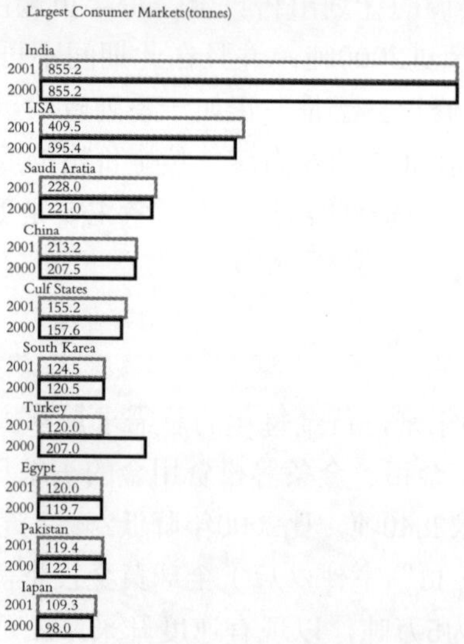

图6　黄金的主要消费市场（资料来源：world gold council）

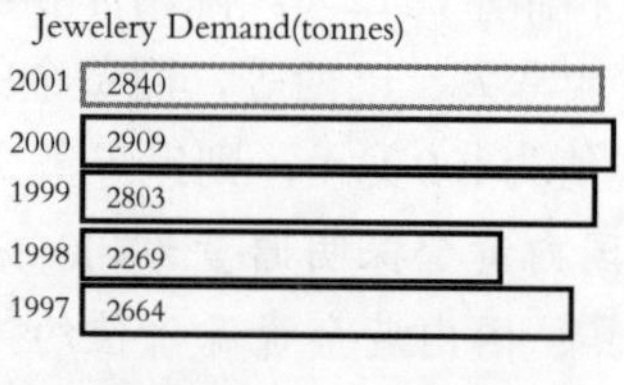

图7　近年全球首饰用金需求量（吨）（资料来源：world gold council）

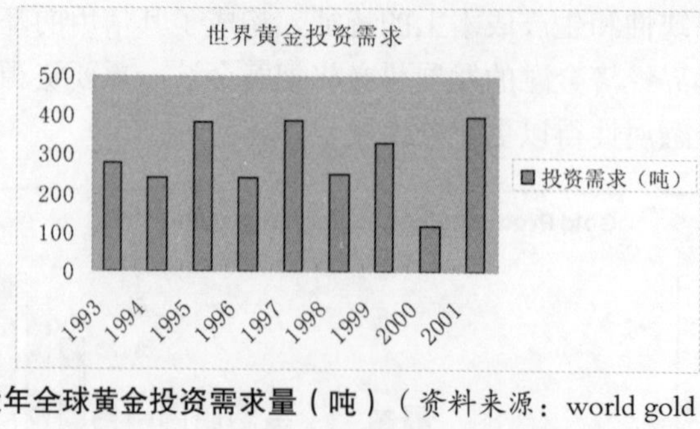

图8　近年全球黄金投资需求量（吨）（资料来源：world gold council）

三、黄金投资——引发全球资本资产配置的结构性变动

近20年来，全球资本资产的金融化、金融资产的美元化成为了世界经济演进的主线，而前者是资本运动的必然要求，后者则是由美国在政治和经济上的强大所提供的信用来得以保证和

自我强化的。然而，一旦这种信用受到怀疑而削弱，甚至崩溃，则受损的就不仅是美国了，还包括通过直接和间接的方式与美元挂钩的全球资本。

众所周知，保持美国经济热度的是外人看起来不可思议的国内消费，而促成这种高消费的主要因素之一就是信贷的扩张，也就是负债消费。从国际角度看，美国目前的国家总负债（国家总负债，就是财政赤字和贸易赤字积累的总和）已经超过6万亿美元，占美国GDP的60％以上，而且还在迅速增加。从国内角度看，在过去五年里，美国家庭债务增加了近60％，总数达到约6.5亿美元，比以往任何时候都高。在2000年股票市场达到顶峰的时候，美国家庭所有的股票达到其可支配收入的175％，差不多是1989年日本家庭平均所有数量的两倍！美国的非金融公司已经欠下了4.5千亿美元的债务，其中2/3以上是在过去五年中欠下的。这样巨大的债务总是要偿还的，但由于这些债务主要是以证券、房产及其收入预期作为抵押，因此只要金融市场保持繁荣，消费信贷得以扩张，实业投资保持增长，就可以实现暂时的良性循环，将债务隐患推向远期。

然而好运总有个尽头，一旦金融市场陷入萧条，引发消费和实业投资萎缩的连锁反应，则一个痛苦的恶性循环也就开始了。日本就是典型的例子，只不过日本的信贷扩张主要被用于金融和地产的投机而不是消费，使得金融和地产的膨胀偏离实体经济更远，泡沫成分更大而已。

如果从国际政治经济的角度来看，则美国信用的风险又得加大。对于美国这样一个孜孜不倦地谋求全球霸权，以最大化其经济利益的国家而言，中东是必争之地，而伊拉克只是一个开始：石油和天然气的战略意义不言而喻，但美国国内的石油和天然气探明储量分别只占世界探明储量的2％和3％，相比而言，海湾地区却占了世界油气探明储量的67％和35％，其中沙特又独占了世界油气探明储量的25％和4％；而潜在的对手俄罗斯在这一点上也极占优势，油气资源分别占世界探明储量的5％和32％。因此，美国在中东的一切政治军事行动最终想实现的结果就是改变能源受制于人的局面，当然最好是以民主与合作的名义。由于伊拉克不仅油气资源可观（分别占世界探明储量的11％和2％），而且又落下诸多把柄，当然也就成为美国最先捏的软柿子。但美国在中东的涉足最终会有直接面对沙特的一天，不仅因为其资源和既得利益，也因为其与恐怖主义分子割不断的联系。只要美国出于经济利益的扩张和干涉不停止，作为反作用力，恐怖分子以宗教信仰为号召的针对行为就不会罢休，并且与美国的行为强度成正比。更麻烦的是，一旦决裂，海湾国家以证券和地产等形式留存于美国的上万亿石油美元撤出美国的话，对美国的影响都太大了。因此，美国如果陷入中东和恐怖主义这个泥潭，将远比20世纪60年代陷在越南更痛苦，对美国经济和信用的伤害也将更大。

显然，全球资本都需要一种可以普遍接受的方式来规避美国的信用风险，至少是减少其影响，以保障资本的安全，而黄金则是完成这样一个历史任务的最佳之选。

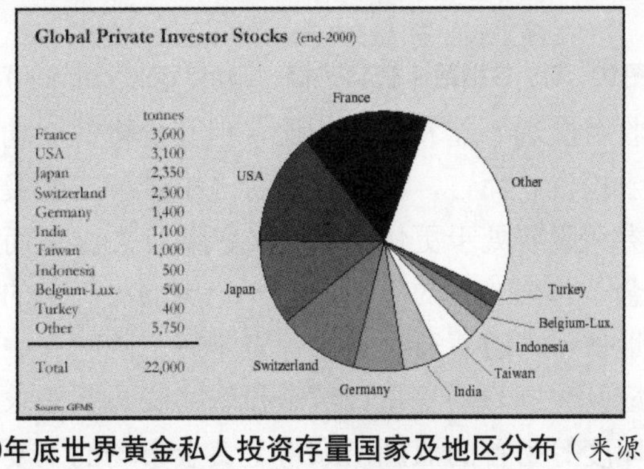

图9　2000年底世界黄金私人投资存量国家及地区分布（来源：GFMS）

1950—2000年，全球黄金存量增长1.2倍，目前已达15万吨左右，但官方持金的变化并不大，新增的黄金主要以金饰和私人投资的方式被收藏于民间。而在1950年，欧美之外的世界其他地区只持有全球私人黄金投资存量的12％（1300吨），而2000年底这一数字变为44％（9700吨）；尤为明显的是1993—2000年，世界黄金投资需求2227吨，欧美之外的世界其他地区就占了2140吨。对照图9就不难发现，正是由于欧美诸国在近代的世界经济中领跑，黄金的大量积累正是与其资本资产的增长相伴（按人均占有量计算就更加明显）；而近20年来随着以日本为代表的亚洲经济快速崛起，黄金又更多地流向亚洲资本圈，这种资产配置的变化不仅是经济实力使然，也与东方文化对黄金的偏好有关。

在全球80多万亿的民间财富之中，债券、股票、地产是存款以外的主要构成，而黄金的现有存量和远景储量使其相对于上述资产显得格外稀缺，但相对于古玩、字画、邮票等收藏品黄金又更具有流动性，而黄金所具有的跨越时间和国界的认同感更是多数资产所不具备的，这种认同感不仅源于黄金产业的支撑，更是黄金历史的积淀。

对于挂钩于美元的全球资本资产而言，最大的风险莫过于美元的贬值，而任何有损美国信用的因素最终会通过汇率得以反应。虽然各种复杂的金融衍生工具有助于规避汇率的风险，但这不可能是大众普遍采取的避险方式，远不如通过购买黄金来得直接和简单。20世纪80年代后期通过持有黄金来补偿美元大幅贬值的损失是绰绰有余。

就相对价值的角度而言，由于不同币种的黄金能够及时反映市场汇率，因此投资于黄金也能够规避其他货币相对美元贬值的风险，保证与等量黄金所对应的美元的购买力。由于全球经济对美国的依赖，一旦美国陷入低谷，恐怕大多数国家也很难独善其身，因此防范非美元货币的贬值对于那些经济基础脆弱的发展中国家或新兴市场而言就显得尤为重要。

正如在20世纪70年代的人们难以想象通货紧缩一样，现在的人们也很难想象再有剧烈的通货膨胀，虽然这在历史上一再发生。但既然大家都认为温和的通货膨胀最有利于经济增长，那么在目前这样低迷的经济形势下，各种刺激经济的政策措施就必将接踵而至，一旦过度，通货膨胀就会重演。如果全球性的通货膨胀发生，则即使货币汇率变动不大，金融资产的价值也会打折，而投资于黄金却可以规避通胀的风险。在通货膨胀严重的时期，黄金的真实价值都能得以保持，甚至在70年代还有显著的升高（不过当时的金价暴涨是多种因素共同左右的结果）。

从道琼斯工业指数与黄金价格比价指数（D／G指数）来看，目前的股票市场处于历史高位，而黄金价格正处于历史底部。

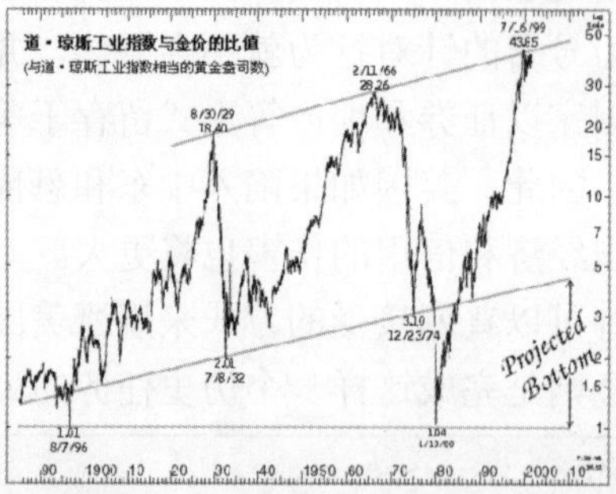

图10　D／G指数（资料来源：world gold council）

虽然黄金作为资产的收益性远不能和股票相比，但其价格的波动性却低得多，并且每每在股市走熊时受到追捧。对于投资者而言，在资产组合之中合理搭配股票、债券、黄金的比例，就可以相对于单纯持有债券和股票处于更优的收益／风险状态，从而实现持续稳健地增值。

还是那句老话，“是金子总会发光的”。面对一个更加不确定的世界，黄金作为金融资产的优越性必将得以更充分地体现。随着黄金在全球资本资产的配置中变得愈加重要，黄金市场的投资和消费结构也会相应发生剧烈的变化，黄金投资将成为其需求增长的主要动力，而以海湾诸国和以日本、中国、印度等为首的亚洲国家将是黄金市场的主要变数。不仅如此，以黄金为主线，过去十余年来以美元和新经济为导向的全球资本资产配置方式将向着多元化和基础化的方向发展，从而引发全球经济和金融市场的深刻变革。从这个意义上讲，好戏还在后头，就让我们拭目以待。

（本文作于2002年10月9日）

毛泽东军事思想与中国的证券市场①

谢百三

中国人民对毛泽东怀有深深的敬意与怀念之情，他的军事思想如今成了许多投资者的强大思想武器。“他关于抓主流，抓主要矛盾，重战略决策的思想，使很多人在股海债市中从失败走向胜利。”——这是一位从国债期货市场中获利600余万元，又从股市获利6亿元的成功投资者的肺腑之言，也完全是我们的心声。

毛泽东思想中最杰出的创见之一是他的军事思想，在那震惊世界的辽沈、淮海、平津三大战役中，他使用了三种不同的战略战术，一环紧扣一环，其宏伟与精密之处，令世界上一切军事家惊叹。

毛泽东军事思想之精髓源于他的哲学思想。《矛盾论》、《实践论》是毛泽东最著名的“两论”。遗憾的是，当年不少“天天读”毛主席书的“学习毛选积极分子”，早已忘了“两论”了，而且他们中的一些人至今不学哲学、经济、金融知识，至今是股盲，游离于股海大潮之外，过着贫困的生活。

毛泽东的军事思想确实能指导我们在市场经济和金融证券的惊涛骇浪中胜利前进。下面，笔者总结了本书中传奇人物的一些思想、经验，谈几点学习体会，希望能够抛砖引玉。

一、分清战争的性质，决定是否要投身于商战股海

毛泽东指出：“一切进步的战争都是正义的，一切阻碍进步的战争都是非正义的。对于正义的战争我们共产党人不但不反对，而且积极地参加。对于帝国主义之间的‘非正义战争’，在未爆发前，极力阻止其爆发；在爆发后，只要有可能，就用战争反对战争。”

摆在大家面前的第一个问题是“是否应买股入市”。回答是肯定的。因为从总体上来讲，中国经过20多年改革后，终于基本上完成了艰难的物价改革，能否最终胜利就看股份制改革和人民币汇率机制改革了。在企业改革中，承包、租赁、资产经营责任制，一切办法都试了，都不行，还得靠股份制。尽管一些公司是冲着从股市筹钱而上市的，但它们总有一天会像一些被收购的公司那样明白：股份制是一场真正的革命。股份制可以转变企业机制，联股联心，可以消除通胀压力。买股票是“不保本，不保息，但保值、增值”，在经常有通胀的年代里，一般的存款是“保本保息不保值”的。因此，无论风险有多大，都要勇敢地买一些。此外，股市还有如下作用：

作用一，为企业发展及整个国民经济增长募集资金。如2007年的大牛市中，新股IPO合计募集资金高达4469.96亿元，而2002年至2006年五年的融资金额总和为4238.90亿元，仅2007年就支持了120个企业振兴、起飞；2007年给国家上交印花税2005亿元。“募集资金”是中国几千万投资百姓对上市公司及中国经济高速增长做出的最大贡献。2007—2011年，IPO首发新股分别是121家、77家、111家、347家、277家，募资分别为4470亿元、1034亿元、2022亿元、4911亿元、2720亿元。2007—2011年增发公司数分别为177家、135家、133家、168家、184家，这五年增发募资分别为3346亿元、2172亿元、3000亿元、3510亿元、3869亿元。

作用二，集中风险分散化，长期风险短期化。搞实业投资，风险往往集中在几个合伙人身上，而且一搞就是10年、20年，风险期很长；而股市的运作是（T+1），风险短期化了，且股

①编者注：这是笔者很喜欢的一篇文章。初稿写于1993年12月24日，次日匆匆给报社发了传真，终于赶在毛泽东诞辰100周年纪念日发表了。本次发表前，根据中国市场情况的发展，又做了大量修改。

东可以是几万个（到2012年1月，中国股市开户数已经达到1.6亿个）。

作用三，亿万民众有了更多的投资选择。人们可以精挑细选地挑些好股作中长期投资，如贵州茅台、盐湖钾肥等等，这些股票多年来已多次分红、送股。1990年在深圳买了深发展原始股及2004年买了4—5元招商银行的，现在股价都翻了很多倍了，很多人因此脱贫致富。2007年投资者分到现金红利1800亿。

作用四，促进人才与资源的社会最佳配置。好的公司股可涨到100—200元；这又可以让它们以较高价配股、增发，募集较多资金；有了资金又可以吸引更多杰出的工程技术人员及优质劳动力。

作用五，促进企业改革，完善公司治理结构。中国几万家国有企业原有体制僵化，上市后受到社会公众的监督，使得它们不得不按照证券市场的法规完善自己，搞活企业机制，促进中国改革不断深化。

因此，股市绝不是如有的人所贬低的那样是什么“赌场”，正如毛泽东所说，这是一个进步伟大的事业，是一场“正义的战争”，人们应该在适当的时间（跌得很低的时候）选择好的股票入市。

二、股权分置改革赢得全国人民信任与参与

很多外国人很惊讶，毛泽东在1927年大革命失败后，到达井冈山时，其身边的红军仅剩几百人，但后来，历尽千难万险，越战越强，到抗日战争、解放战争时期已发展到200多万军队，并以弱胜强，打败了400多万国民党军队。奇迹源自何处？其实，最最根本的是战略决策、战略高度，在于毛泽东与中国共产党人看清了中国革命与别国的不同，“农民问题乃国民革命的中心问题”，“中国的革命实质上是农民革命”（《毛泽东选集》第一卷，第37、39页）。毛泽东指出：农民是“中国工人的前身，中国工业市场的主体，是中国军队的来源。”（《毛泽东选集》第二卷，第692页）

农民占到中国人口的80%，而农民问题的关键是土地，中国农民必须实现孙中山先生主张的“耕者有其田”。毛泽东高度重视农民利益，当国民党军队1946年在大量先进美式武器的武装下，以几百万大军进攻解放区时，毛泽东及中共中央则指示新老解放区“不失时机布置减租和生产两件大事”，“工人则酌量增加工资”（《毛泽东选集》第四卷，第1116页）。1946年，中共中央又发出“五四”指示，决定改变抗日战争时的土地政策，由减租减息改为没收地主土地分配给农民。（《毛泽东选集》第四卷，第1154页）这就使中国农民、工人看清了国共两党的优劣，人心向着中国共产党和解放军，共产党在战略上赢得了中国革命的主动权，从长期来看必胜无疑。

股权分置，是长期压在中国几千万投资者身上的巨石，它导致大股东长期侵犯中小股东权益，如同恶疾肿瘤一样危害着股市。2005年5月9日，中国政府决定进行股权分置改革，对中小股东支付对价，并且以法律为武器限令大股东归还上市公司的资金和资产。这都维护了公众股的利益，与当年的土改政策一样，立即吸引了几千万新股民入市，中国股市立刻形势大好，迎来了新一轮的大牛市。关心人民利益，为人民谋利益，这符合毛泽东思想之精髓，所以能排除万难，获得成功。

三、敌强我弱时，认清形势，坚持游击战、运动战

毛泽东确实是世界上最伟大的军事家，他在土地革命和解放战争、抗美援朝中组织指挥的战役战斗达239次，他亲自撰写的军事论著与电文达5000余篇，共400余万字，打胜仗的概率在90%以上，并且都是在常人无法理解的弱势状态下打的胜仗。他在共产党的军队长期处于弱势

时，能够清醒地洞察局势，制定正确的战略战术，以“游击战”、“运动战”为战略，用局部的“以多胜少”，“集中优势兵力打歼灭战”，一口一口吃掉强敌，最终在战略上取得以弱胜强、以少胜多的胜利。

如1927年“八七”会议后，瞿秋白要毛泽东去上海中共中央机关工作，毛泽东说：“我不愿意跟你们去住高楼大厦，我要上山找绿林兄弟交朋友。”他发现袁文才、王佐两支农民武装在井冈山坚持了八年而没有被消灭，就很有信心地说，我们也要“就地打主意”要做“红色山大王”。后来，他领导着不足千人坚持斗争，迎来了朱德、陈毅的红四军主力，红军壮大到有一万余人了，但还是经常处于几十万国民党大军的围剿之中。

在这种敌强我弱的形势下，毛泽东坚决反对王明等人的“在一省与数省暴动”的左倾路线，坚决反对再盲目地攻打大中城市，力主建立并巩固处在几省（军阀）夹缝中的红色根据地，即退却到农村去，最终走农村包围城市，武装夺取政权的道路。毛泽东还制定了著名的十六字诀的战略战术，即“敌进我退，敌驻我扰，敌疲我打，敌退我追”。这十六字诀是对游击战、运动战的高度概括，它一次次指导红军打败强敌。

毛泽东是湖南长沙师范学校毕业的中专生，而在红军领袖群体中，有一些从法国、苏联留学回来的大学生。但毛泽东却在遵义会议上被推选为中共中央、中央军委的实际负责人。这是由于在当时极为残酷的革命斗争中，只能由实践来检验真理，由胜败来挑选领袖。几万红军血染湘江，8万红军只剩下3万，残酷的现实教育了红军，教育了共产党人。毛泽东带着红军一直在走，一直在跑，一直在运动，从井冈山走到遵义，四渡赤水，强渡金沙江，再过大渡河，然后爬雪山过草地，到达陕北时红军只剩下2万余人，但红军最终生存下来了，这在当时简直是个奇迹。

抗日战争爆发时，毛泽东又正确地分析了形势，从长期看日本发动的是非正义的战争，而且是小国，所以日本必败。但日本又是一个经济上升的工业强国，而中国是一个大而弱的国家，但处于进步的时代，加上抗日战争是进步的正义的，得到了四亿人民的拥护，所以共产党领导的游击战战略肯定是正确的、游刃有余的，并完全有可能建立巩固抗日根据地，经过长时间的战斗，最终会由游击战向运动战发展，打败日本侵略者。毛泽东嘲笑地说：“我们的敌人大概还在那里做元朝灭宋、清朝灭明的好梦，但是这种梦在今天的中国已无现实价值。”“假如我们的敌人少估计到这一点，他们就一定要在这一点上面触一个很大的霉头。”（《毛泽东选集》第二卷，1960年版，第405页）因此抗日战争就必须是持久的游击战，毛泽东把游击战上升到战略高度来认识。

在抗战第一阶段，即1937年9月太原会战到1938年10月武汉会战，国民党在正面战场上确实打了相当数量的战役，消耗了日军8万余人，也损失了自己的最精锐师团，丧失了13个省100余万平方公里国土，沦陷区的人民多达1亿。而共产党领导的游击战，在这一年零四个月中，袭击、伏击大量日伪军，破坏交通线，迫使日军从正面战场回调大量兵力；开辟了晋察冀、吕梁、晋西北、晋冀豫、山东、华中等大块根据地及皖中、皖东、苏北、广东东江、海南岛琼崖等抗日根据地。到1940年底，八路军、新四军已达50万人，抗击了侵华日军58%的兵力（47万）及全部伪军22.5万人，真正成了抗日战场上的中流砥柱。

日本防卫所战史室编写的《华北治安战》称“共军”是日军的“致命之敌”，是“最强硬敌人”，始终“无法掌握共军动向”，“宛如坠入迷雾中，进行无法捉摸的作战”，“费尽力气，毫无成效”。（陈占安：《毛泽东思想专题讲座》，北京大学出版社，2000年版，第121页）

到抗战胜利时，共产党领导的正规军队已从3万多发展到91万，民兵220万。毛泽东说：“我们力主用游击战为唯一作战方向，来个麻雀满天飞。现在不麻雀了吧，麻雀长成了野鸡！”（陈占安：《毛泽东思想专题讲座》，北京大学出版社，2000年版，第122页）毛泽东领导的八路军、新四军靠游击战战略赢来了抗日战争的胜利。

毛泽东又在解放战争进入第三年以后，及时组织了辽沈、淮海、平津三大战役，最终赢得了打败国民党400万军队的伟大胜利。

抗美援朝时的情况也是这样。1950年，美国有钢产量8772万吨，中国年产钢仅60万吨；美国工农业产值2800亿美元，中国工农业产值仅100亿美元。面对着美国及联合国军的猖狂进攻，在敌极强大、我极弱小的情况下，毛泽东力排众议，决定出兵抗美援朝。57岁的毛泽东精力充沛，在开战之初半个多月没有下床，在床上工作、吃饭，睡眠极少。他运筹帷幄，指挥千里之外的中国人民志愿军。他使用“初战必胜”及灵活机动的战略战术打了五个战役，运用“零敲牛皮糖”的战术，共歼敌100多万人。在三年朝鲜战争中，据美方统计：美军阵亡54246人，受伤103284人，失踪8177人，被俘7140人；联合国军阵亡628833人，受伤1064453人，失踪470267人，被俘92970人。（数据来源：2006年1月本书主编摄自美国华盛顿韩战纪念碑。另外，联合国军伤亡、失踪、被俘数据中应包含部分南朝鲜军。）中国人民志愿军在三年中打出了国威、军威，使骄横一时的麦克阿瑟被迫承认：“事实上是在不宣而战的战争中面对整个中国。胜利的希望是渺茫的。”（《杜鲁门回忆录》第二卷，1965年版，第460页）中国人民志愿军的战略战术及顽强拼搏的斗志，最终迫使经济、军事实力几十倍于我方的美国军队求和，中国又一次获得了以弱制胜的伟大胜利。这次战争使中国赢得了世界人民的尊敬。

再看中国证券市场。中国股市在1990—1995年、2001年6月—2005年5月跌多涨少，2007年10月底以来，又处于从6124多点往1664点的跌势之中……几千万投资者长期处于熊长牛短的局面中，这与毛泽东领导的共产党军队在中国革命及战争中始终处于弱势的情况十分相似。这主要是由于：第一，中国股市是世上唯一的股权分置股市。由于制度性原因，中小散户一直处于弱势的、权益被侵占的状态。第二，当时中国股市的总的宗旨是为国有企业融资服务的，因此经常高价配股、增发，圈钱成风。第三，相当一部分上市公司效益低下，不分红利，分不出红利，也不想分红利。第四，全国城乡居民存款总数不少，但人均存款不多，其中80%是老百姓的保命钱；而且绝大多数人也未醒悟过来。而成百上千家的新股却是毫不留情地、坚决地、有计划、有组织地排着队上市（美国股市从创设到上市公司达800家用了100年时间，我们只用了8年时间）。第五，中国股市进行股权分置改革后，在2007年、2008年、2009年有大量的成本仅1元到1.5元的国家股、法人股（小非、大非）和战略投资者股票要上市兑现，供给压力很大。因此，中国股市在相当长时间里与蓬勃发展的实体经济相脱离，处于跌跌不休的大熊市之中。在这样的大熊市中，投资者必须学习毛泽东军事思想，在股市中打游击战、运动战，“打得赢就打，打不赢就走”，并有充分的打持久战的思想准备。在1990—2005年的15年中，凡是采用了毛泽东“敌进我退，敌驻我扰，敌疲我打，敌退我追”战术的股民，都能积小胜为大胜，成为股市的幸存者及胜利者。反之，则可能亏掉60%—80%，损失巨大。

四、紧紧抓住主要矛盾，倾全力攻克战略要点

毛泽东的一生就是不断抓主要矛盾的一生，他多次说：“在处理复杂问题时，一定要全力找出它的主要矛盾，抓住了这个主要矛盾，一切问题就迎刃而解了。”在解放战争进行到1948年8月时，他根据我军已增加到280多万人，国民党军队已减到365万人、第一线作战的仅有170万人的实际情况，决定组织辽沈、淮海、平津三大战役。

在影响最大的辽沈战役中，解放军四野负责人林彪力主先攻长春，当时长春已被困两月，久攻不下。毛泽东多次在电文中指出“你们现在就应该准备使用主力于该线（北宁线），而置长春、沈阳于不顾”，你们的“注意力必须放在锦州作战方面……攻克了锦州，你们就有了主动权，就是一个伟大的胜利”（《毛泽东选集》第四卷，1960年版，第1340页）。后来人民解放军千里奔袭，将主力拉到锦州，并在黑山、塔山阻击了几万国民党援军，倾全力以6个纵队的重兵，用31小时攻克了锦州，并顺势歼灭了沈阳援敌，迫使长春守敌投降，共歼敌47万之众。

锦州是东北、华北两大战场的中枢与关键点，锦州被攻克，东北、华北及全国震动。解放战争的三大战役就此一环一环地发展下去了。

毛泽东确实是抓关键、抓要害、抓主要矛盾的伟大军事家。

中国证券市场的问题及矛盾是很多的，如部分上市公司造假严重；大股东侵占上市公司资金；缺少合法的做市商制度；没有股指期货等金融衍生品；上市公司大多数不分红利；大部分企业业绩低下；股权分置改革之前仅有33％为流通股，其余67％为不能流通的国家股、法人股。总之问题很多，可谓是积重难返。而中国政府紧紧抓住了“股权分置改革”这个关键点，一举切除了毒瘤。加之人民币升值，中国股市终于摆脱了四年熊市阴影。可见，毛泽东关于抓主要矛盾、抓关键、抓要害的思想对证券市场建设何等重要。

五、在战略上藐视敌人，战术上重视敌人

毛泽东多次讲到“我们的战略是以一当十，我们的战术是以十当一，这是我们制胜的法则之一”。（《中国革命战争的战略问题》，1936年12月毛泽东在红军大学的演说）对于做股票、国债的投资者来说，要在战略上树立胜利的信心，因为中国经济正在高速增长之中。“当然在我们正确地指出，在全体上、在战略上，应当轻视敌人的时候，却决不可在每一个局部上、在每一个具体问题上也轻视敌人。”（《关于目前党的政策中的几个重要问题》，1948年1月18日毛泽东为中共中央起草的决议草案）

股民在每一次具体的操作中，一定要极其认真、慎重，牢记毛泽东的上述教导，牢记巴菲特的“投资的第一条规则就是不要输钱，第二条规则就是不要忘记第一条规则”，还要牢记李嘉诚的训言“投资前最多的考虑是怎样退出，就不会失败”，要记住林园先生讲的“尽力做到一生不亏一次钱，不能有一定概率是亏的”；笔者也一再感到“就如开汽车那样，一生中不能有一次出车祸，不能有一次压死压伤人”。我们的证券投资理财，如果也能这样认真调研、反复思考、精密计算，做到在每一个战役上高度重视“敌人”，则投资就会获得成功。这里以一位传奇人物C先生的真实故事为例，讲讲他是怎样在战术上高度重视“敌人”而获得大胜的。

2007年，当人民币节节升值时，出口、外贸生意越来越难做时，什么产业将是获益最大的产业呢？他想到了航空业。在中国上市的航空公司共有三家：中国国航、南方航空、东方航空。他和助手们花了一个月时间来研究三家公司的财务报表，最后认定股价较低的南航是适于投资的好品种。因为南航在汇率1：8.28时买了大量以美元计价的飞机，人民币升值使它的汇兑收益返回最多，加上航空业在中国经济迅速发展的背景下，在奥运会开幕前已明显地全面复苏了。

此外，南航有个最大的优点，就是它的股权分置改革方案有个独特的条款，即每10股送14股认沽权证，即当南航股价跌到7.43元以下时，亏损多少，南航向投资者赔偿多少。这样，就等于南航的投资者有了一个安全保护网，这个网底就是7.43元，符合毛泽东的“不打无准备之仗，不打无把握之仗，每战都力求有准备，力求在敌我条件对比下有胜利的把握”，符合巴菲特的不亏损规则。

这样，他和他的助手们天天都在密切关注南航股票的走势。股权分置改革方案公布后，它连续8个涨停板。他们估计在最后一天，会有人担心几个月后“大熊市”而抛出股票。果然，2007年4月30日，在南航股改方案实施之日的最后一天收市前的十多分钟里，涨停板突然打开了，C先生及他的助手们一下子冲进去，以9.05元（除权前价）买了5万股。

事情的发展完全和他们研究预测的一样，南航认沽权证上市后，价格高达2.6元以上，他们在较高点2.5元全部抛出，则每股股票的实际买入价降为5元多钱，已完全处在7.43元的安全保护网之内了。南航股改完成复牌后，股价一度最低跌到8.08元，C先生感到风险已极小了，在此价位又买了2万股。后来随着人民币节节升值，南航的汇兑收益增多及我国经济的高速发

展，航空业的安全措施越搞越好，航空业业绩大增，全面复苏。如南航2007年的第一季度还是亏损，第三季度每股收益已高达0.50元。

这样南航的股价也步步上涨到27—30元。C先生及其助手们大获全胜，盈利达到400%以上。

他感叹地说："在战略上必须藐视敌人，在战术上必须高度重视敌人，如果要每战必胜，就要去调研、计算，就要去找有安全保护系统的品种投资。"

六、坚持十大军事原则，机动灵活地运用在股市之中

毛泽东为人民解放军制定的"十大军事原则"，也是中国股市投资者的法宝，远比巴菲特、索罗斯高超多了。如"每战集中绝对优势兵力（两倍、三倍、四倍，有时甚至是五倍或六倍于敌之兵力）"，"在全体上，我们是劣势，但在每一个局部上，在每一具体战役上，我们是绝对占优势"。如在股市中发现有主力加入操作绩优股，应倾全力悄然跟进；但如果处于熊市之中"大盘无涨势，个股有行情"时，全国几千万股民在局部、具体战役上，会有绝对优势，在银根紧缩时可团结起来炒中小盘股。2007年、2008年的情况和1992年、1993年毕竟大不相同了，居民存款就有17.5万亿，集中优势兵力炒个股总能成功的。对于个人投资者来说，切不可分散兵力，不可搞洋教条，不可把鸡蛋放在很多篮子里，应该只买2—3只绩优股。

毛泽东说"我们看事情必须要看它的实质，而把它的现象看做入门的向导"。他还说"没有调查就没有发言权"。不知道公司优劣，可以去调研一下，但不要道听途说，轻信未公开披露的信息；对上市公司的生产情况、市场需求，如贵州茅台、五粮液、当年产销两旺时的长虹电视等，都是可以通过市场看得很清楚的。此外，当股市成交量越来越大（一天达到3000亿）时，最大的获益者——证券公司股一定会大涨，如9元的辽宁成大、12元的吉林敖东等一定可以买进（后来辽宁成大涨到66元；吉林敖东涨到170元，除权后为65元多）。

最后，毛泽东说："我们总要努力奋斗，我们总要拼命向前，我们的光辉灿烂的世界就在眼前。"任何时候都不要悲观绝望，亏损了不要自杀。中国一定会将改革开放与市场经济向前推进的，中国一定是21世纪世界上发展最快的大国。从某种意义上来讲，全国几千万股民（开户的有1.6亿，但多数持有深圳、上海两个账户，因此实际人数是几千万）的身上肩负着中国改革开放和经济大发展的希望和重任。

最后，还是要送给大家一句毛泽东的名言："道路是曲折的，前途是光明的。"

第二篇

世界级大师的投资智慧

沃伦·巴菲特的金融投资思想与管理实践研究

蔡英明

编者按： 蔡英明，复旦大学管理学院硕士研究生毕业，在香港一家基金管理公司工作，投资理财极为出色，经他操盘的基金在一年半时间投资收益曾达到1000%。对巴菲特极为尊崇，本论文是在我指导下完成的。文章写得相当好。他把巴菲特的投资理念精髓抓住了，也写得很清楚。如果投资者很忙，没有时间去看市面上林林总总的关于巴菲特的书，那么认认真真学习这一文，真正学好了，也就够了。蔡英明能因此理好财，我们何以不能。

引言

沃伦·巴菲特，一位极富传奇色彩的金融投资奇才。他从一名普通的金融投资者成长为令全世界瞩目的金融大师，并于1999年被评为20世纪最杰出的基金经理。他所经营管理的波克夏公司在2002年《财富》杂志的一项调查中，成为美国最受人尊敬的10家公司之一，而在20世纪60年代波克夏公司不过是一家濒临破产的纺织厂。在巴菲特的精心运作下，波克夏公司净资产从1964年的2288.7万美元，增长到2003年底的1620亿美元；公司股价也从每股7美元一度上涨到9万美元。巴菲特无疑为信任他的投资理念的几十万股东创造了上万倍的高额回报。

要探求波克夏公司成功的管理秘诀，就必须研究巴菲特的金融投资思想。投资是巴菲特管理波克夏公司的一项重要工作，投资与管理早已成为一种你中有我、我中有你的不可分割的关系，融进了巴菲特金融理念的血液中，打造了波克夏公司的命脉。

因而，可以认为，巴菲特不仅是一位成功的投资家，更是一位优秀的企业管理者。一方面，波克夏公司的所有投资实践无不淋漓尽致地运用贯穿了他的金融投资思想；另一方面他每年都在波克夏公司年报中给股东的一封信，从挑选经理、选择投资目标、评估公司，到有效地使用金融信息等，这些信的总和事实上构成了一部难得的优秀的管理学教材。

本文从分析巴菲特金融证券投资的理论出发，通过追寻其投资理念的思想渊源，将巴菲特的金融投资理念与载入世界证券投资史的几位重要金融投资家的观点进行比较分析，并结合巴菲特的投资管理实践，从更广阔的视野，以更加深刻、更加透彻、更加全面的角度探究了巴菲特金融投资思想的精髓。最后通过对中国证券市场现状的分析，揭示了巴菲特金融投资思想对中国证券市场发展的借鉴意义，并创建性地提出了中国证券市场发展的战略选择。

第一章　巴菲特的金融投资理念

一、对现代证券投资理论的简要回顾

1958年，托宾（J.Tobin）发表了《针对风险的流动性偏好行为》一文，创立了资产组合理论，成为现代证券投资理论（Modern Portfolio Theory，简称MPT）的先导。马柯威茨（Harry M.Markowits）于1952年发表的里程碑式的论文《证券组合选择》以及1959年出版的同名专著，则是现代证券理论的起源，为现代证券理论的建立和发展奠定了基础。而后在20世纪60年代该理论得到了经济学家的进一步发展，成为了金融证券学的主流理论。下文主要从三个方面介绍现代证券投资理论的主要内容：

1. 证券价格的随机游走

随机游走（random walk）是数学和统计学上用来描述数列上相互独立的一系列元素随机的和不可预测的运动过程的一个术语。1953年Kendall对股票价格的历史变化研究①结果表明，证券价格具有随机游走的特性。即证券价格的变化是相互独立的，每次价格的上升或下降与前一次的价格变化毫无联系，对下一次价格变化也毫无影响。就像人们抛掷硬币一样，哪面朝上哪面朝下，完全是随机的。这种关系可表述为①：

$$f(\Delta P_{j,t+1} / I_t)=f(\Delta P_{j,t+1})$$

式中：f表示证券价格变化的概率密度函数；

$\Delta P_{j,t+1}$表示股票j从t时刻到t+1时刻发生的价格变化；

I_t表示t时刻所有已披露的与证券价格相关的信息。

上式表明：①证券价格反映了所有已公开发表的有关信息；②证券价格的变化是相互独立的；③证券价格变化的概率密度函数与时间无关。

证券价格的随机游走说明人们无法通过某种既定的分析模式或操作来预测证券价格的变化以期始终地获取超额利润。

2. 效率市场假说

在证券价格随机游走的基础上，产生了效率市场假说（Efficient Market Hypothesis），包括三个基本命题：①价格反映信息。在效率市场中，任何时间内所有投资者可获得的信息都能够很快地在证券价格中动态地得到充分的反映。②证券价格围绕其证券内在价值随机波动并总能达到均衡。证券价格的进一步变化只依赖于新的信息披露，且对内在价值的偏离会在最短时间内得到纠正。③零超额收益。由于效率市场中，证券价格能够在很短时间内充分地反映所有可获得的信息，从而价格与内在价值的偏离很快消失，证券价格不存在套利空间，且新的信息披露所引致的价格变动完全是随机的，所以投资者无论采取何种分析方法和投资操作策略，都不可能长期反复获得超额收益。

3. 资本资产定价模型

在效率市场的假说下，W. Sharpe和M. Miller等人提出了资本资产定价模型（Capitalasset Pricing Model，缩写为CAPM）。这一模型阐述了风险资产的均衡市场价格如何决定的问题，将证券理论由以往的定性分析转向定量分析。

该模型表示如下②：

$$E(R_i) = R_f + \beta \cdot (E(R_m) - R_f)$$

式中：$E(R_i)$表示证券投资的预期收益率；

R_f表示无风险利率；

$(E(R_m)$表示市场组合的预期收益率；

β系数反映的是单一风险证券与市场组合之间的关系。

该模型认为一项投资的期望收益率等于无风险收益率加上该证券的系统风险所要求的风险报酬，通常可以认为是一种风险补偿。

由于该模型具有极简便的可操作性和较强的可检验性，从20世纪60年代提出至今一直在现代金融理论中占据着核心地位，得到了广泛的使用。

二、巴菲特金融思想与现代证券投资理论的分歧

巴菲特对现代证券投资理论并不完全赞同，归纳起来，他的金融思想在以下三个方面与现

①参见曹凤岐主编，《证券投资学》第六章，北京大学出版社，1995年。

②参见谢百三主编，《金融市场学》第十五章，北京大学出版社，2004年。

代证券投资理论产生了分歧：

1. 反对效率市场假说

效率市场假说有三个核心命题：①投资者是理性的，因此他们能理性地评估证券。②即使有一些非理性的投资者，他们的交易是随机的，可以相互抵消，不会影响价格。③即使有一些投资者的非理性方式相同，他们在市场上也会遇到理性的套利者，因此非理性投资者的交易对价格的影响会被套利者的交易消除，非理性投资者最终也将被市场所淘汰。

然而现实经济社会中存在着大量效率市场假说无法给予解释的市场现象，这就对效率市场理论进行了有力的反驳。正如巴菲特所说“效率市场理论的倡导者们似乎从未对与他们的理论不和谐的证据产生兴趣”。这些现象[①]包括：

（1）一月效应：股价在1月上涨的趋势。

（2）内幕效应：指公司内部人员向证券交易委员会披露购买信息后，股价会上升；反之披露抛售信息后，股价会下跌。

（3）价值线效应：指有高度评估价值的股票的价格会超出市场平均水平。

（4）分析者效应：分析者数量少的公司的股价会高于有大量分析者公司的股价。

（5）月末效应：股价有在月末和月初上涨的趋势。

（6）周末效应：股价在周一表现差，而在周五表现较好。

巴菲特认为效率市场理论不堪一击的主要原因有三：①投资者不总是理智的；②投资者对信息不能正确分析；③业绩杠杆强调短期业绩，这使得从长远角度击败市场的可能性不复存在。巴菲特认为效率市场理论没有为那些全面分析可得信息并由此占据竞争优势的投资者提供任何成功的假设前提。

巴菲特对此作了如下总结：“我们要正确地认识到市场只是经常有效而已，并不像效率市场理论的支持者们所认为的那样总是有效的。这两种观点之间的差异就如同白天和黑夜之间的差异。”

2. 价值投资观

巴菲特反对效率市场假说，而接受本杰明·格雷厄姆的价值投资观。这种认可价值偏差存在的观点，是基于与现代投资理论市场有效性假定不同的哲学观。巴菲特认为由于市场经常是无效的，市场价格围绕其内在价值在波动。在证券市场里，人类本能情绪的波动、忽视与误解会导致某一证券常常低估，而过度狂热与操纵又常使某一证券高估，因而存在大量可被证实的价格与内在价值不符的地方，这正是证券投资所要从事的工作领域。

所谓证券投资是指“根据详尽的分析，确保本金安全和满意投资回报的操作，不符合这一标准的操作就是投机”[②]。可见，投资需要确保某种安全性，而投机则只是在价格波动中博彩。投资行为必须出于经自己理性而全面的研究，分析起决定性的指导作用；而在投机中，分析仅仅起次要的作用，运气才是最重要的。

3. 辨析证券分析与技术分析

基于价值投资观，巴菲特认为建立在效率市场假说之上的资本资产定价模型（CAPM）不过是一种技术分析，β 等用于测量与定义市场风险的指标，是用货币符号游戏来取代其符号背后企业实质经营及盈利能力变化的真正风险。这种看似高深复杂的数学工具实际上是在用形式代替真实，给投机加上投资的欺骗性伪装。在股票市场中，数学方法越复杂深奥，从中得出的结论就越具有投机性。因而他反对证券分析的数学化，认为证券分析的目的并不是精确地确定某一证券的价值，而是只需搞清楚其价值是否足够，因而只需要一个近似大概的范围数值就可以。

而真正的证券分析是通过预先建立的某种价值标准，通过发展一套客观化统计化的分析方

---

①参见劳伦斯·克尼尼姆著，《向格雷厄姆学思考，向巴菲特学投资》，中国财政经济出版社，2003年。
②摘自本杰明·格雷厄姆著，《政券分析》，海南出版社，1999年。

法，寻找市场的无效性，来判断与决定证券的投资行为。证券分析的目的就是在客观真实价值标准上，来区分各个证券的价值差异，找到价值低估的证券或区分某种证券较其他证券更有吸引力的证据。

证券分析与技术分析的不同在于，技术分析试图根据历史来预测价格，而证券分析试图通过寻找某种“安全边际”来保护自己。技术分析在市场本身的电脑屏幕上搜索结果，而价值分析则在市场之外的屏幕背后找寻根源。正如格雷厄姆反复强调的，证券分析首要的任务是放在防范不幸事件上，这种防范就是必须坚持价值的安全边际，而不是猜测市场的价格变化结果，也就是说，要在保证本金安全的基础上去谈收益，安全在己，赚钱在天。这与两千多年前中国孙子兵家思想完全一致，孙子曰：“昔之善战者，先为不可胜，以待敌之可胜。不可胜在己，可胜在敌。”

三、巴菲特的金融投资理念

1. 巴菲特的风险观

风险概念是证券投资理论的基石，不同的风险观导致不同的投资理念。

现代证券投资理论把风险定义为由不确定性造成的市场波动性，波动性成为其风险控制的主要目标。波动性被视为风险或收益的同义词，并由此发展出一系列金融投资分析、测量、控制的数学模型与技术。

而巴菲特则认为把投资寄望于市场波动是一种投机行为。他指出，不能用价格波动因素来定义风险，只有按证券背后的内在价值标准来衡量所购证券价格的高低，这样才能真正地度量风险。他提出了两点理由：

第一，风险与市场波动的关系，有时有联系，有时并没有。如果市场波动的价格低于购买成本，而投资者不得不在这时被迫出售，这时风险才是真实的。如果市场波动只是一个可能的下跌，这种下跌可能是周期性或暂时的，投资者并不被强制出卖股票，这时市场波动并不是真正的风险。在证券市场上，市场每时每刻都在波动，时大时小，价格有相当一段时间内在购买成本之下，任何投资者不可能总处于市场价格的最低价。在证券市场上，价值并不能决定全部与每时的市场价格，而市场价格则能时时体现价值高低。因而，市场波动并不是市场风险的真正根源，投资对象内在价值变动才是风险根源所在。

第二，市场价格波动对投资只是一种可有可无的信号。有，则意味着必须关注重要的价格波动，但这种关注并不是预测价格波动的方向，而是判断它与内在价值的差异，以此作为判断价值的外部依据，在某种水平上价值是被高估的，在某种水平上又被低估，市场价格成为价值高低的标尺。无，即是说投资者大多数时候可以对市场波动不予关心，更不必由于市场大幅涨跌而惊慌失措或得意忘形，只有当市场价格符合自己的价值标准时，它才有意义。价格波动更多的时候只是给投资者一种误导和心理的折磨，市场波动对真正的投资者只有一个作用，就是在价格大幅下跌时，提供廉价购买的机会，在价格大幅上升后，提供卖出机会，而其他多数时间，投资者要忘掉市场，把注意力转向背后公司真实的商业运作上。因而，最极端的说法就是，对于市场波动，在心理上把自己当成非上市公司股权持有者，由于股权不能上市也不存在价格的日间波动，因而公司的经营业绩、发展潜力及分红才是股东全部注意力所在。上市公司股价日间波动带来的公众关注度的增减，只会彻底扰乱投资者的心智，使自己的地位本末倒置。

基于上述分析，巴菲特沿袭了格雷厄姆的风险观，把风险定义为价值的损失，这种损失或由于实际低于成本被迫出卖所造成，但更重要的是由于股票公司的实质地位发生下降或者在市场的波动中，以远高于其内在价值的市场价格购买股票，这才是真正的风险。

2. 安全边际——巴菲特金融理念的核心

（1）安全边际概念的提出

风险控制是任何证券投资理论所要解决的首要问题。与现代证券投资理论分散化、概率化的风险控制技术不同，巴菲特沿袭了格雷厄姆以证券分析为手段寻找证券安全边际的风险控制思想。

安全边际是巴菲特证券投资思想的核心，是理解巴菲特金融思想的基本点。

安全边际是指证券价格低于证券内在价值的一个差额，即经计算的价值超过市价的余额。这种余额越大，以远低于价值的价格持有证券的投资者就有越充分的余地和时间来抵冲风险，并且这种余额能消化企业未来的一些不利变化，使投资者有回缓的余地。

一个债券的安全性取决于一个企业的债权债务相抵后的净资产，净值越高其安全边际也越高，用企业的总价值减去债务量即可简单地得出一个债券的安全边际，高于债务的多余价值量可缓冲企业经营变化的偿债风险。因而一个债券的安全性由这个企业的资产负债结构所决定而不是由其票面利率高低决定。进而可以认为证券的无风险收益即是一个证券的安全边际，在不确定中找到确定，这种确定又是所有证券所共有的。这种分析思维，给证券投资带来革命性的理念。

从这一思想出发，用于固定收益类证券投资的安全边际概念，同样可以延伸到股票中。股票由于价格不确定性及在资本清算中法律地位的脆弱性，人们难以用固定收益思维来分析。因而股票与债券一样可以获得一个好的安全边际，这种安全边际与债券同样坚实有据。这就破除了常人对于股票的理解——股票的价格是炒作出来的，没有什么安全性可言。

股票的安全性不取决于它的名称、形式、法定权利或未来前景，而取决于它所包含的现实价值。建立在这样一种安全边际基础上的投资，所买的股票也许并不让人赏心悦目，或破破烂烂，或偏僻冷门，但从长期来看本金却能得到保障。由于有一个确定的价值支撑，股票具有无风险收益的特征。在无风险基础上，市场的变化则能获得进一步的超额利益。而那些有良好预期而无安全边际的股票得到的只不过是不确定的市场收益，却失去了无风险收益。

具体来讲，企业的账面价值即净资产是指企业资产价值扣除债务后的净额，而速动资产则是扣除固定资产后的价值。对于实业投资来说，投资兴办一个企业与市场股价无关，必须真实地购买机器、厂房、土地及配备企业正常运转的流动资金。因此股票的安全边际实际上就是净资产或速动资产与股价的差额。

如果证券市场的股价低于兴办这种企业所需的真金白银，在市场收购兼并则是产业投资最简单有效的行为。如果股价进一步低于企业的速动资产，厂房、设备等资产则是没有标价的免费品，也就相当于一个企业立刻清偿解散时各个股票持有者放弃固定资产索求而得到的真实清偿价值，从散伙分钱得到的安全边际具有终结的意义。

（2）两个案例分析

下面通过格雷厄姆投资的两个事例来更好地说明和理解股票安全边际的思想。

案例一：哥根海姆公司是一家拥有多家铜矿股权的矿业开发公司。由于种种原因，该公司宣布解散，其股价停板在68.88美元的价位上。格雷厄姆立即仔细研究这家公司的资产状况，发现该公司有大量的不为人知的隐蔽性资产，并准确地判断出该股票的市场价格与其实际价值之间的差额。哥根海姆公司每股的价值，应该等于该公司所拥有的铜矿公司股票的市值，再加上该公司的其他资产之和。但问题在于哥根海姆公司是一家交叉持股公司，它还拥有其他多家铜矿公司的股权，而每一家的股价和资产额又各不相同，因而没人去详细分析和计算哥根海姆公司的真正资产额。

按照格雷厄姆的计算，哥根海姆公司股票的价值显然被市场严重低估了，其交易价格68.88美元与其实际资产价值每股76.23美元之间，有一个巨大的价差空间。这种空间对于每一个投资者来说都是最希望找到而难以找到的。如果哥根海姆公司解散，在分配资产给股东时，每股的差额利润为7.35美元。如果上述各项指标均不发生变动，那么投资哥根海姆公司的股票将带来丰厚的回报。

这实际上是一种套利行为，而每种套利行为总会伴随相应的风险。就该股的现状而言，其风险体现在两个方面。其一，如果该公司的股东们不同意解散该公司，那么将通过法律来决定该公司的前途，该公司可能陷入漫长的诉讼中；其二，由于该公司多头持股，清算之前其他公司的股票还存在大跌的可能。

综合各方面的因素，该公司具有足够的安全边际，于是格雷厄姆悄悄大量买进哥根海姆公司的股票，在随后的公司正式解散中实现套利，投资回报率高达18.53%，大概有20万美元。

案例二：在20世纪20年代，石油运输已不再单独以铁路运输完成，一批以管道将石油运输到炼油厂的公司应运而生。从成本和效率上来讲，早期的管道运输要大大优于铁路运输，而当时所有八家石油管道公司，都是从洛克菲勒的美孚石油公司分离出来的，由于业务的关联性，每一家输油管道公司都拥有数量可观的投资性铁路债券。分离后公司都较小，出现了有些公司所持债券的价值竟然超过了石油管道公司本身市值的怪异现象。这些数额颇大的铁路债券都作为隐蔽性资产而存在于这些公司内，无人发现，所以市场也未对此做出反应，因而这些公司的股价都大大低于其实际价值。相对于这些公司微小的营业额与毛利率，它们持有那样多的铁路债券是毫无道理的，其投资潜力极为巨大，而且其安全边际非常之高，几无风险可言。

格雷厄姆首选对象是北方石油管道公司。北方石油管道公司当时在股市上的市价只有280万美元，而它所持有的铁路债券就有360万美元，显然，它的投资价值被严重低估了。一方面是由于没有人发现那笔庞大的隐形资产，另一方面是由于当时在铁路运输上，运输技术有了较大的发展，大型油罐车的出现使石油管道公司面临了新的挑战，其前景被普遍看好，相应地石油管道公司的前景则被看淡。

北方石油管道公司的固定资产和持有的铁路债券数额，其真实价值应该在每股95美元以上。于是，格雷厄姆立即动用资金，在70美元左右的价位上买到了北方石油管道公司5%的股票，其持股比例仅次于占该公司总股本23%的洛克菲勒信托投资公司，成为该公司第二大股东。并随机以股东身份建议公司卖掉这些债券，作为股利分发给股东。经过一番斗争，公司终于卖掉债券，每股分红70美元，不仅如此，格雷厄姆还从股价的上涨中获利甚丰。北方石油管道公司的股价推升到了每股近百美元的价位。

（3）小结

综上可知，巴菲特和格雷厄姆金融思想的核心，在于把安全边际纳入无风险投资收益的概念中，把债券风险思想贯彻到股票市场来。在投资中首先把自己放在一个无风险地位上，立于不败之地，然后再等待市场波动来获得超额利润。充分低的价格，可以将劣质证券转化为优质的投资机会，在市场认为不值得投资的许多企业，经过安全边际的筛选后就可以成为可靠的投资工具。

四、巴菲特的金融投资策略

在上述金融投资思想的指引下，巴菲特形成了自己独特的不同于现代证券投资理论的一套金融投资策略，主要包括：

1. 绩优企业策略

所谓绩优企业策略是指：所选择投资的企业必须具有相当优良的品质。这些品质主要包括：①绩优企业应属于自己熟悉的具有稳健发展态势的通常为传统行业的领域。这是因为，首先这些领域中的企业业务相对简单，通过一定的学习都能够很好地理解，甚至成为行业内的专家；其次，这些企业的未来业绩和成长性是比较容易测定的。②企业财务稳健，具有较高的毛利率，资本支出少，现金流量充裕。巴菲特对那些固定资产收益率的公司很不感兴趣，认为它会大量侵蚀企业的现金流。③企业的管理经营者应具有理性、忠诚的优秀品质，并始终以股东利益为先。

2. 低价位介入策略

由于巴菲特秉承价值投资观，这反映在投资策略上就是要始终以企业的实质价值作为投资的首要标准。由于市场往往会因为投机的原因而出现股价偏离价值的现象。如果认为企业优秀就不计成本买进的话，显然达不到投资的目的。巴菲特认为当股价偏高时，所要做的就是耐心地等待，并继续进行跟踪，直到股价进入他认为合理的范围才开始介入。在1988年美国的股灾时，巴菲特以相当便宜的价格购买了大量的可口可乐公司的股票。以相对低的价格购买股票与资金的回报率要求也有相当大的关系。在进行一项投资时，应对所投资企业的未来价值有一个预估，并由此而折算出投入资金的回报率。如果买入时价格过高，资金的回报率必然受到影响，而要是预估的资金回报率低的话，显然等待更为合适一些。因而对于巴菲特而言，熊市股票中的股票才是他最佳的买入时机。

3. 集中投资组合策略

所谓集中投资组合策略是指：有目的地将注意力集中在几家有选择的公司上，并尽可能地对其进行密切的研究，掌握其内在价值，寻找时机进行集中投资组合，并长线持有以获取较佳的投资回报。巴菲特反对和批判多元化投资组合理论，他认为："多元化只是起到保护无知的作用。如果你想让市场对你不产生任何坏作用，你应当拥有每一种股票，这对于那些不知道不懂得如何分析企业情况的人来说是一种完美无缺的战略。"从许多方面，现代投资理论保护了那些不知道也不懂得如何评估企业的投资者，但这些投资者也没有获得满意的收益。

4. 长期持有策略

绩优企业良好的发展前景以及近年经济状况的满意度（主要是连续的年度收益率），能够降低风险，赢取较佳的收益，因此巴菲特主张对股票投资长期持有，而不要因为平时股价的波动而对自己所持股票的价值产生影响。巴菲特认为只要社会和市场总的趋势是向好的方面发展，就应选择长期投资的方式。因而他根本不在意股价平时的波动。他认为股市的价格波动只是"市场先生"的游戏而已，它所能提供的是在"市场先生"情绪低落时给出的令人满意的报价，在股价大幅回落时大量买进自己所了解的公司的股票。而在购买了股票之后，哪怕证券市场关闭数年，也应该集中、长期持有。他认为，没有什么时间值得把优质的企业卖掉。由于投资之前着眼的就是企业的未来价值，那么，仅仅因为股票出现了差价就把它卖掉将是相当愚蠢的行为。对像可口可乐公司这样的股票，他认为，卖出的时间是永远。正如巴菲特自己所说："如果你没有持有一种股票10年的准备，那么连十分钟都不要持有这种股票。"

五、巴菲特的管理经营原则

巴菲特从经营波克夏公司的投资实践中总结出了14条管理经营原则①，并于1996年出版成书，送给波克夏公司的所有者，以便让波克夏公司的股东能够更好地了解波克夏的整体管理运作思路。这14条原则如下：

1. 投资企业而不是投资股票

股份制企业的股东之间实质上是一种合伙人关系，是所有者的伙伴，也是管理者的伙伴。不管持股多少，股东都将控制着合伙人。公司这种形式本身不是资产的最终所有者，而是公司股东拥有这些资产的一个媒介。股票持有者不应只把股票看作是一张价格变化的纸片，并总想着当经济或者政策波动时将它卖出，而应把自己看作是在不确定性存在情况下放心将资产交给公司管理的生意合伙人，并早已做好准备将股票保持一生。

比如，巴菲特是可口可乐和吉列公司的所有者，他在这两家公司实现长时间的盈利，而不是每月之间的价格波动。他不担心其股票几年没有交易，或者价格变动。他认为只要有良好的预期，短期价格的波动是没有意义的。

事实证明大多数波克夏的投资者也遵循了坚持长期合作的理念。每年波克夏公司股票的换

①参见沃伦·巴菲特著，陈鑫译，《巴菲特致股东的信》，机械工业出版社，2004年。

手率只是其他美国主要公司股票换手率的一个很小的比例，即使把巴菲特本人持有的股票排除在外也是如此。

2. 将鸡蛋放在同一个篮子里

公司应树立以所有者为本的观念，把大部分收益重新投回公司，分享公司自己的劳动成果。即巴菲特常说的“我们吃自己做的蛋糕”，而不必担心将“鸡蛋装进一个篮子”。

3. 最大化每股收益的变化率

公司长期的经营目标应是最大化公司每股收益的每年变化率，这种收益得益于内在的商业活动。不要用公司的规模来评价公司的表现，而用每股的进展来评价。巴菲特指出：“我们可以肯定的是每股盈利的增长会下降，因为一个很大的基数必然会瞻仰。但是如果你的增长率小于美国平均公司的增长率，我们将会很失望。”

4. 股价下跌是好消息

投资者可通过两种方式来实现投资的利润目标，一是通过持有不同领域的能够产生现金流和盈利持续超过平均水平的公司，二是拥有类似企业的部分股权，通过自己的保险公司购买有市场价格的普通股票。尽管通过购买已发行股票公司的股票要比通过谈判购买整个公司要容易，但是巴菲特仍然倾向于购买100%的股权。这样，股票价格、可能的公司以及保险资本就决定了每年资金分配的情况。

因而下跌的股票市场将从以下三方面为投资者提供更好的机会：第一，股价下跌可减少购买整个公司的费用；第二，下跌的股票市场使得自己的保险公司更容易购买优秀企业，包括以较低的价格增加已有公司的股权；第三，一些优秀企业，他们的买家是他们自己，这就意味着投资者可以和他们一起以更低的价格购买到这些公司的股票。

正如巴菲特所说：“波克夏和它的长期持有者从下跌的股票市场中得到的，远比一般消费者买便宜食品得到的更多。所以当市场快速下跌时，既不用惊恐也不用伤悲，这对波克夏公司是好消息。”

5. 关注报表中的重要数据

由于上述提到的购买公司的两种截然不同的方式，以及通常会计报表的限制，合并报表或许并不能反映公司真实的经营表现，但是报表中的一些数据连同公司的有关信息，比如公司的盈利情况等，仍会从整体上对投资者的决策有所帮助。

6. 注重公司的潜质而非会计结果

投资者不应让会计上的结果影响到自己的经营或资本分配决定。如果所购买的费用是相同的，投资者应该更愿意购买在标准会计准则下无法显示但是盈利2美元的公司，而不是在报表中显示的盈利1美元的公司。因为如果长时间相加，无法显示的那部分利润可以通过资本利得完全反映到投资者的价值投资上。

以巴菲特的波克夏公司为例。将其投资的未分配利润合计后，对公司带来的好处和已分配利润带来的好处是一样多的。因为波克夏投资的大多数是相当优秀的企业，他们可以使用增加的资本带来更大的好处，或通过把它投入到自己的经营中，或通过再次收购自己企业的股票。每一次资本的投资并没有对波克夏股票的持有者带来好处，但是从总体来看，这比留下1美元所带来的价值要高得多。因而巴菲特指出：“长远地看，我们的分配利润实际上描绘了每年我们从经营中可以得到多少。”

7. 谨慎借款

巴菲特非常谨慎地借款，他“拒绝利息盈利的机会超过资产负债表”；即使借款，也会建立在长期固定利率的基础之上。波克夏公司使用的是两种低成本、无风险的杠杆方式：延期税和浮存金。延期税是指美国税法规定的投资者在进行长期投资后，若在退休后卖出股票，则收取较低的税收，故延期税的负债是没有利息的。浮存金指的是保险企业持有的基金，由于保险公司收取保费先于支出，因而其成本几乎为零。这两种方式的借款都没有合约和期限的限制。

8. 对股东负责

巴菲特在给波克夏公司股东的股东手册上指出：“我们不会忽视长期的经济前景而在一个被操纵的价格上购买企业。我们只会像对待自己的钱一样来看管你的钱，全面衡量你在股票市场直接购买股票能够得到的价值。我们关心的是那些我们相信可以提升波克夏股票内在价值的企业。我们的薪水和办公室绝不会和波克夏负债表的大小成正比。”

9. 定期评估

波克夏公司每五年衡量一次所持有的盈利是否明智，是否持有的1美元为股东带来了至少1美元的价值。如果公司到了无法用盈利创造更多的价值时，公司将把盈利付给股东，让股东自己处置这些资产。

10. 适时发行新股

巴菲特坚持只有在公司得到的比付出的多的时候，才发行新的普通股。这条原则适合各种形式的发行，包括合并、公开发行、转债、股票期权以及可转换证券等。他承诺不会出售公司的某一部分，这就意味着波克夏公司公开发行股票的总和与整个公司的价值是相等的。

11. 勇于承担责任

巴菲特从不回避自己的投资失误。他说：“我们不会出售波克夏所拥有的任何优秀资产。只要我们预期公司的不良资产能产生现金流，只要我们对所经营的公司的经理和员工关系有信心，我们就不会轻易卖掉它。我们不希望一错再错，我们会加倍小心以恢复资产的质量从而使其产生满意的收益，我们会接受惩罚不使自己陷入有负罪感的管理情境之中。”

12. 开诚布公

巴菲特十分强调要以坦诚的态度编写报告，并强调在提升商业价值的活动中的损益。即使公司的处境不妙也要坦陈事实，不能隐瞒。作为拥有主要信息的公司一方，如果公司违背标准，而不去准确、平等、清晰地传递信息给各方，那是不可原谅的。作为一名管理者，坦诚才会使公司获益；误导公众的CEO，同样也会迷失自己。

13. 遵纪守法

巴菲特指出：“我们将仅在法律允许的范围内讨论我们的活动。一如好的产品和好的并购主张一样，好的投资想法是珍贵的、有价值的，它关系成败。因此，我们很少谈论我们的投资观点，即使对我们已卖出的证券也如此。”

14. 与赢家一起工作

巴菲特注重和行业中最优秀的人员一起共事，并挑选这些优秀人员作为其下属公司的管理人员。巴菲特认为，要想成为赢家，就必须与赢家一起工作。他以棒球打比方，指出：“能够把棒球掷出多远并不重要，而关键在于能否与棒球精英们建立联系。在波克夏，我经常把棒球掷给那许多在美国商业界里最好的击球手。”

第二章　巴菲特证券金融理念的思想渊源

一、凯恩斯投资思想对巴菲特的影响

英国著名经济学家约翰·梅纳德·凯恩斯不仅是一位伟大的宏观经济思想家，也是一位杰出的投资家。具体来讲，凯恩斯的投资思想对巴菲特的影响主要体现在以下几个方面：

1. 集中投资、长期持有

凯恩斯是一位集中投资家，他的这一投资思想构成了巴菲特集中投资、长期持有策略的雏形。具体来讲，凯恩斯的投资基本原则是：

（1）对几家投资进行仔细选择，考虑他们相对于今后几年的实际和潜在内在价值是否便宜，同时还要考虑其他可供投资的选择。

（2）对这几家大手笔投资稳重持股，绝不动摇，直到几年后投资收益稳操胜券或此投资证明是错误时方可放手。

（3）建立一个平衡的投资地位，尽管个股持股量大，风险却是多种多样的，如果可能只有相对风险的话。

凯恩斯否认多元化投资可以分散风险的说法，他认为投资者按照固定比例将资金投在其他项目上，例如1/3股票、1/3债券、1/3房地产这种机械式做法，根本不能称作投资，它只会损害投资者利益。因为真正的投资艺术是根据实际情况随时调整投资的变动，而股票的流动性比房地产要好，适应于随机应变调整投资的需要，因此专事一种流动性较好的投资风险要比多元化投资更小。

2. 投资自己熟悉的行业

凯恩斯认为，投资者必须熟悉其投资项目，而一般人很难有精力和能力清楚很多公司的情况，这时拥有股票种类越多，风险可能越大。例如一个人将鸡蛋分放在不同篮子里，但又没有精力和能力去检查每一个篮子里是否有裂口，则必然风险不小，凶多吉少。因此，选择几个鸡蛋放在一个好篮子里，然后细心看护是最为安全的做法，他坚信“一只绩优股比十只绩差股安全”。

凯恩斯在1934年给商业同行的信中写道：“通过撒大网捕捉更多公司的办法来降低投资风险的想法是错误的，因为你对这些公司知之甚少，更无特别信心……人的知识和经验都是有限的，在某一特定的时间段里，我本人有信心投资的企业也不过二三家。”①

3. 做投资而非投机

凯恩斯认为：“在交易周期的不同阶段，掌握股票的系统移动规则，适时买卖股票，的确可以使投资商占有很大优势，但人们还未能证明自己占有这一优势。基于这些经验，研究整体股价移动的想法是不切实际的，也是不可取的，原因多种多样。多数人企图低价买入、高价卖出，但总是晚一步，并经常发生低价卖出、高价买入的情况。长此以往，必将损失惨重并造成心事重重、投机心切的心态。如果这种心态蔓延开来，不但会产生严重的社会问题，更会加剧市场波动幅度。”

二、巴菲特对费希尔投资思想的继承

菲利普·费希尔是对巴菲特影响最深的人之一，巴菲特曾说自己有15%像费希尔。巴菲特的绩优企业投资策略以及长期持有战略在很大程度上都源自费希尔的成长型投资理念。具体说来，成长型投资理念主要包括以下几方面的内容：

1. 投资真正杰出的企业

费希尔认为寻找真正杰出的企业应主要考虑以下15个问题：

（1）这家公司的产品或服务有没有充分的市场潜力，至少几年内营业额能够大幅成长？

（2）管理阶层是不是决心继续开发产品，在目前富有吸引力的产品线成长潜力利用殆尽之际，进一步提高总销售潜力？

（3）和公司的规模相比，这家公司的研究与开发工作有多大的效果？

（4）这家公司有没有高人一等的销售组织？

（5）这家公司的利润率高不高？

（6）这家公司做了什么事以维持或改善利润率？

（7）这家公司的劳资和人事关系是不是很好？

（8）这家公司的高层主管关系很好么？

①参见罗伯特·哈格斯特朗著，江春译，《沃伦·巴菲特的投资组合》，机械工业出版社，2002年。

（9）这家公司管理阶层的深度够么？

（10）这家公司的成本分析和会计记录做得好么？

（11）是不是有其他的经营层面，尤其是本行业较为独特的地方，使得投资人能够得到重要的线索，明白这家公司相对于其他同业竞争能够有多突出？

（12）这家公司有没有短期或长期的盈余展望？

（13）在可预见的将来，这家公司会因为成长而必须发行股票以取得足够的资金，使得发行在外股书增加，而现有持股人的利益因预期中的成长而大幅受损？

（14）管理层是不是只向投资人报喜不报忧？

（15）这家公司管理层的诚信正直态度是否毋庸置疑？

2. 长期持有战略

费希尔认为一旦选择了真正杰出的企业，就应该“抱牢”它们的股票，长期持有直到：①公司的特质从根本上发生改变；②公司成长到某个地步后，成长率不再能高于整体经济。他特别强调，绝对不要因为短期原因，就卖出最具魅力的持股。具体来讲，除非在以下三点理由下，才可卖出普通股：

第一，选错了股票。所买进的股票的实际状况明显不如预先想象的那么美好。这种情况的处理，主要靠投资人在情绪上自制，要能够坦诚地面对自己。如果能尽早认清并接受所犯的错误，如有任何损失，应会远低于买进错误的股票仍长期抱牢的损失。更重要的是，这些套牢在不利状况中的资金可以释放出来而用于购买其他的好股。

第二，所持有的公司发生了根本性变化，不再与当初买进时一样。投资人必须一直提高警觉，应关注公司相关业务的发展。通常公司经营业绩下降的原因有三：管理层管理不善，公司产品的市场份额缩水，公司从成长期步入衰退期。

第三，投资人确定有其他更好的投资机会。

三、巴菲特对格雷厄姆金融思想的扬弃

本杰明·格雷厄姆是现代证券分析和价值投资理论的奠基人，被称为证券投资的教父，其著作《证券分析》被视为投资者的圣经。作为格雷厄姆的学生，巴菲特自称自己有85%像格雷厄姆，在巴菲特的投资活动中，人们始终能看到格雷厄姆的身影。因而比较分析巴菲特与格雷厄姆投资理念的差异，有助于更好地理解巴菲特的金融投资思想，从而更全面透彻地把握巴菲特证券投资策略的特点。

归纳起来，巴菲特与格雷厄姆在某些投资手法上存在的重大差异，主要体现在以下两个方面：

1. 关于有形价值与无形价值

格雷厄姆注重企业内在价值的数量与物质特性，强调企业的价值必须是有形的，且有真实的财务统计作为依据。他认为加入越多的无形东西，企业的价值就越不牢靠；对企业成长预期越多，就越可以随心所欲地规定股票的价值。而一个企业的无形资产的价值是根本不可能准确计算出的。如果商誉或未来盈利能力在价值分析中所占因素越大，企业的真实资产就越不确定，股票就内在地更具投机性。

而巴菲特则在坚持企业有形价值基础上，加入了许多无形价值的识别。即认为安全边际的计算可以包括无形价值的因素：特许权、商誉和管理者。

（1）特许权

巴菲特在购买企业时特别看重企业的特许权价值。他认为特许权能使企业长期具有垄断经营优势，从而获得一个超额利润。

例如，1963年巴菲特在收购美国运通时，从财务资产上看，运通公司并不能满足格雷厄姆

的安全边际。运通公司不是有大量固定资产的制造业企业，而是具有庞大网络体系的服务性企业。但美国运通的价值在于其特许权价值，特许权将旅行与货币支付结算联结在一起，这就意味着独占市场的权利。事实上，美国运通在全美独占旅行支票80%的市场，在几十年内获得稳定的超额利润。因此，巴菲特认为如果加上特许权价值，美国运通的真实价值就被低估了，因而它同样具有可靠的安全边际，值得投资。

又如，巴菲特在收购美国华盛顿邮报时也主要考虑其特许权价值。华盛顿邮报对华盛顿地区主要广告的主导和垄断地位可以比作是一个收费桥梁，即任何人过桥都要付过桥费，这种过桥费使其业务保持垄断性、价格具有稳定性。“收费桥梁”是巴菲特判别企业价值的一个独到标准。这种衡量标准在格雷厄姆眼里是不能称之为科学的证券分析的，因为它只能个性化而无法客观化。但是巴菲特认为客观化与数量化必然会成为大众化，而一旦大众化就意味着不能长久获取超额利润。

（2）商誉

巴菲特十分强调企业的商誉品牌或专利的作用。

例如巴菲特最大的一笔投资——可口可乐，用格雷厄姆的方法无论如何都不具备安全边际。但是在巴菲特看来，如果考虑专利与名牌的价值，可口可乐同样具有可靠的安全边际。因为巴菲特发现可口可乐其实并不是在卖可乐，而是在做非常简单的生意，就是提供具有垄断专利的浓缩糖浆，并拥有全球独一无二的品牌。凭借这两条优势，它以低成本垄断或无限扩张，潜力无穷。在大众消费领域内的品牌及企业拥有的配方式连锁管理专利，其价值远远大于其有形资产的价值，而这些价值在财务报表中并没有显现。商誉的价值的独到之处就在于，只要良好的商誉持续不坠，就有不断强化的杠杆作用，可以使企业以较高的定价而带来更高的收益。这样，巴菲特实际上把格雷厄姆的安全边际的概念作了延伸。

（3）管理者

在投资企业时，格雷厄姆只做统计财务分析而不与企业接触，因为他认为主要符合财务统计上的安全边际即可投资。但巴菲特却认为必须对企业管理层有深入了解与良好的沟通，否则不予投资。这种沟通的重要性在于，一个低价绩优企业必须掌握在有才干的管理者手中，同时通过沟通能及时监控企业的变化，从企业的变动而不是市场的波动来监控真正的风险，同时必要时去影响改组企业。这是巴菲特在没有卖出策略的情况下，所独有的风险控制技术。这使得巴菲特更像外交家，而格雷厄姆则是学院教授。

2. 关于分散化与集中化

格雷厄姆主张应将投资分散组合化。他认为只有购买一组分散化的价值低估股票才算投资，而单独购买其中任意一种都是不安全的，要达到投资的安全性标准，必须分散化以降低单个证券的风险。这样，格雷厄姆安全性标准实际上是两个——安全边际与分散化。

分散化在格雷厄姆投资中被提到必不可少的高度，只有成组购买经证券分析挑选的有安全边际股票才符合格雷厄姆的投资真正标准。在这里格雷厄姆运用了与现代投资理论一样的保险原理，即通过分散化来抵冲单个股票不能预知的变化带来的毁灭性结果。格雷厄姆担忧的是，一个单独证券投资即使有价值安全边际保护，但其地位仍然是脆弱孤立的。因为安全边际只能保证获利机会要大于损失机会，但不能保证不损失，尤其是毁灭式的损失，因而决定单个企业命运的不仅仅是资产的安全边际，且若到了资产清偿阶段，费用与资产变化往往也是预料，有时会迅速侵耗企业的速动资产，使安全边际不复存在。但多个证券组合，将使利润大于亏损的概率增加，并最终获得一个总体上确定的超额利润。为强调组合化投资，格雷厄姆在晚年——1974年，提出一个简单操作策略，即假定股票投资组合初始组成为标准普尔指数成分股，在组合基础对股票进行更换。即有确信的证据表明所换进的股票其内在价值要高于被换出的股票，不断换进有更高安全边际的股票。

而巴菲特则强烈反对分散化，强调集中化持股策略。

集中化投资策略的要点是，选择少数可以长期从实质经济中产生高于平均收益的股票，将大部分资金集中投资于这些股票，不管市场价格的周期性或暂时性波动，长期持有。即“少即是多”的投资策略，坚信：最优秀的股票极为难寻，低价买入的机会也极少，因而，一旦遇到这种难遇的机会时，唯一的选择就是集中资金大举投资。巴菲特把这种策略比喻为计时卡打洞：他认为进入股市，就像持卡进门，一个人只能在卡上打20个洞，打完为止，没有再多。这时一个投资者只能筛选最棒的点。因而他认为分散化只起到保护无知的作用，正如现代证券投资理论只适合于不知道如何评估企业的投资者一样，分散化是一种最好的偷懒策略。巴菲特挖苦道：“现代投资理论只会计算平均值。”

然而，由于集中投资是组合投资的极端，从风险收益角度来看，这种投资策略最有机会在长期内取得超额利润，但另一方面，由于人类无法预知的不确定性又最有可能带来毁灭性风险。确定性与投资数目呈反比，完全确定的东西，就不存在分散的必要。因而这种投资策略成功依赖一个最根本的条件，就是所投资的对象在本质上稳定，可以完全把握而不是不可预知的。这种可知不可能是市场的价格波动——投资组合就是为了抗拒个体股价波动而采取的一个平均化、均衡化投资策略，组合的最好结果就是平均化——那么，可知只能在市场之外。因而巴菲特坚信市场的风险在于证券符号背后所代表的企业；且在长期内，企业的价值一定会补偿任何短期的市场价格波动。

因此，以长期本质稳定抹平短期随机波动，以集中个股持仓超越分散的平均化，这种集中化战略的核心在于对企业的选择。即股票的选择决定了投资的全部命运。巴菲特选择的企业往往是难以改变消费习惯的垄断型大众消费品企业。从巴菲特2002年年报中可以看到，在其283亿美元的庞大股票市值中，美国运通、可口可乐、吉列、华盛顿邮报等8家企业竟占230亿美元，高达80%，且这些企业都是在几年甚至几十年前购买的，至今一直持有。

四、巴菲特与索罗斯金融思想的比较

被称为“金融大鳄”的乔治·索罗斯与巴菲特同列为20—21世纪的金融投资大师。两位大师的投资理念有不谋而合的方面，但更多的则是截然相反的观念。因而，通过对两者投资思想的比较分析，有助于以更广阔的视野，更透彻更深入地理解巴菲特金融投资思想的特点，从而更好地认清其局限性，以挖掘出可以借鉴的价值，获得更有益的启示。

1. 索罗斯的主要投资思想

索罗斯的金融投资思想主要有两个核心：

（1）偏见的概念

所谓“偏见”是指，在大多数情况下市场的实际进程与市场参与者的预期认识是不一致的，结果与预期的不符反映了人们认识的差错。偏见不仅在市场中时时存在，任何人在投资结束之前必须根据预期来决策，且一旦这种有偏见的决策作出又影响市场现实，因而，偏见成为金融市场投资的关键。

（2）反身性理论

反身性理论指的是：参与者的思想和它们所参与的事态都不具有完全的独立性，二者之间相互作用、互相决定，不存在任何对称或对应，甚至在人们活动的政治、经济、历史等领域中，也普遍地存在着这样一种反身性的关联。具体而言，反身性有两层含义：目前的偏向会影响价格；在某种情形下，目前的偏向会影响基本面，而且市场价格的变化进而会导致市场价格的进一步变化。

索罗斯认为，人的思想对于事态发展所带来的不确定性与量子力学中的不确定性十分相似，如同量子力学中的“测不准原理”，对于微观客体的任何一次测量都不可避免地包含宏观仪器的影响，因此不可能同时准确地测量微观粒子的坐标和动量、时间和能量，但这并不意味着人们不可能准确地掌握微观过程的客观规律。对金融市场来说，即是：在承认参与者影响的前提下，还是有可能获得历史过程事态的客观信息的。在思维者参与的事态中确实有某种可以客观化并加以正确预测的成分。主流市场经济学理论系多是忽视“有思维参与的历史过程的不确定性”这一因素而导致有根本性缺陷，因此，索罗斯称自己的理论是反身性理论。

反身性理论的市场含义是：就市场价格表达未来偏向的含义而言，市场总是错的。因此，要寻找市场的大反转点。但是失真在两个方向上起作用，不仅市场参与者的预期存在着偏向，同时他们的偏向也影响着交易活动的进程，这有可能造成市场精确预期未来发展的假象。不是目前的预期与将来的事实相符合，而是未来的事件由目前的预期所塑造。

2. 巴菲特与索罗斯投资理念的相同点

（1）反对效率市场假说

巴菲特反对效率市场假说，认为市场不总是有效的。索罗斯则更极端地认为“市场永远是错的”，且是在盛衰循环中运行的，故所有投资机会就是从这种可错性中寻找。

（1）以不变应万变的投资哲学

现代经济学与现代证券投资理论的一个基本假定就是人的理性及理性预期行为，由此推导出市场有效性与均衡性的结论。但是心理学与市场实践表明，理性仅仅是人们行为的一部分，非理性更大程度地支配人们的心理与行为，这导致社会科学与自然科学最大不同之处。理性只是自然科学的研究假定。更重要的是具有独立意义的社会心理与个体心理有着重大区别。

当许多人为着某种目的或以某种组织方式聚集在一起的时候，就会产生若干不同于个体或在个体完全没有的心理特征，这种新的心理特征伴随着这个群体而存在，具有独立的意义，于是某种社会心理就产生了。

在金融市场中，不管人们来自何方，年龄、收入、性别、种族等千差万别，但都为了一个共同目的——投资获利，这一点就形成一个没有严格组织边界但却无形鲜明存在的群体心理，群体心理某些方面与个体心理类似，但它不是个体心理的简单叠加，大部分群体心理与个体心理完全不同。这种不同之处在于，无意识的本能行为在群众心理中比个体心理占据更大部分甚至主要的作用。如果理性对个体行为还起一定作用的话，无意识以及它所表现出来神秘而巨大的盲目力量则支配着群体的行为。

技术创新千变万化、日新月异，人们很难预知一个经济的技术进步与产业变迁过程。但是人的行为模式及其心理具有某种亘古不变的基本本能特性，这种变与不变的矛盾及其反射互动使得可以在更稳定与简单的意义上来把握市场某些本质，而不被市场纷繁变化的外表所迷惑。

这就是为什么巴菲特可以超越市场之外、无视股价的波动而坚持长时期地持有股票，也是索罗斯能够逆潮流而动、投资并不被市场看好的股票却屡屡获得成功的原因所在。技术在变，人性不变，以不变应万变，是巴菲特和索罗斯共通的投资哲学。

3. 巴菲特与索罗斯投资理念的不同点

（1）风险观

从前文可知，巴菲特把风险定义为内在价值的损失，高于内在价值的市场价格才是真正的风险。而索罗斯则在反身性理论的基础上，建立了自己独特的市场风险观。他认为风险在于人们认知能力的局限性与可错性。由人们永远不能完备的认识与所参与的现实市场互动，使市场变得不可预测，不可确定。市场能极少验证个人的预期，即使验证也是短暂的。任何投资决策都不得不建立在永远超出人们理解力的基础上，偏见与无法绝对认识的现实相互影响，使金融市场的不确定性成为内生变量，这种内在不确定性才是市场风险所在。因而，风险既不源于独立于人之外的企业内在价值，内在价值的大小与变化源于人们认知确定的价值标准；也不存在独立于人之外的市场价格波动，市场价格波动正反映了人们认知能力与心理波动所引致的买卖行为变化。

在这样两种不同的风险观下，产生了不同的投资战略。巴菲特主张集中组合投资，认为放弃内在价值极高的绩优企业而分散化于其他投资反而会增加风险。而索罗斯则认为分散化组合是为回避人们认知能力局限性而采取的风险控制手段。如果人们能全部理解市场波动的理由与方式，投资将是集中与唯一的，分散化组合将不需要。但是由于人们的认识和能力的相对有限性，不确定性始终存在。认识能力越低，不确定性越大，风险就越大，投资集中度就应将越小，收益才能越高。因此，分散与集中应是灵活运用的，投资组合的方法在兴衰运动与人的认知反射不同的过程中有所差异。

（2）价值观

风险观是投资理论的基石，投资价值观建立在风险观的基础上，因风险观的不同而有差异。

巴菲特奉行价值投资观，依靠安全边际来评判投资的价值。而索罗斯则认为，若当社会所有人都按照巴菲特的企业净值，视速动资产高于股票价格为价值低估时，这种价值已往往不存在。他认为价值是在不同历史条件下某种社会流行观念的产物，在某种社会观念支配下，价值是市场参与者在自由交易中愿意支付给他人的货币数额，且这种支付有利润最大的预期。正是这种价值观念支撑整个金融市场的存在与波动。因而价值不是既定与静止的而是反射与历史的，不能把某种东西视为永恒的价值。

不同的价值观反映在投资策略上，即是：巴菲特更关注个别企业的投资价值、强调的是个股的安全边际，投资的关键是发现或等待这一价值的到来，是以静制动。而索罗斯则更注重经济宏观走势的判断，在社会观念变动的可错性中寻找投资机会，是以动制静。

（3）对金融衍生工具的看法

索罗斯所带领的量子基金和对冲基金实质上做的就是利用抵押信用获取高杠杆效用的金融衍生工具投资。而巴菲特则认为金融衍生工具“是时间炸弹，对参与它的人和经济系统都是这样”，因而他只投资他所熟悉的传统企业，而对新兴的金融衍生品市场退避三舍。他甚至在波克夏公司2002年年报中这样说道：

“衍生物交易的范围只由人们（有些时候是疯狂的人）的想象力限制，比如安然，新闻纸和宽带的衍生物交易，数年后交易，这已经写入了书本。或者说你可以指定一个预测2020年Nebraska州双胞胎出生的个数的一个交易，没问题，你会很容易找到一个交易对象。

“事实上，在1998年，利用杠杆和巨大的衍生品交易的对冲基金，长期资本管理，使得联邦非常紧张，组织了一系列的挽救措施。在后来的国会陈述中，联邦官员承认，如果他们不加干涉，LTCM这样一个不被公众了解，仅仅有几百人的公司，可以摧毁美国市场的稳定性。LTCM使用的衍生品交易工具之一是全返回互换（total-returnswaps），这种合约在不同的市场上用100%的杠杆，包括股票市场。例如，A部分与银行的合约，用所有的钱买股票，而B合约，不投入任何资产，可能得到收益，而损失是由银行承担的。换句话说，联邦干涉的原因是它的领导人非常害怕LTCM的多米诺骨牌倾倒的话，会对其他金融机构造成的打击。这样一个事件，即使它使得固定收益的市场瘫痪了好几个星期，但是这并不是最糟糕的场景。”

（4）哲学观

综上，从本源上来看，巴菲特与索罗斯投资理念的差异根源于两者在哲学观上的差异。

巴菲特终身坚持一种价值观，用最简单的方法逃避了市场的复杂。他强调静止的客观的内在价值标准，以静制动，以不变应万变，是一种带有宗教意味的投资理念。他所信奉的企业内在价值观不仅是现实中存在这样的机会，更重要的是他相信价值投资是最好的致富手段，这种毕生信奉的价值宗教对现实投资产生巨大的影响。例如20世纪90年代网络的兴起和美国所谓的“不要盈利只要未来”的新经济，曾对巴菲特的理论产生很大的冲击。但在2001年、2002年网络经济的破灭后，他的这种信念又再次得到了肯定。因而可以认为，巴菲特的成功最重要的并不在于他的价值投资标准，而在于他始终不渝坚持与信奉的过程。

而索罗斯则宣扬的是通过人的主动性主动地驾驭世界，激发人的激情和创造性。他不同于巴菲特清教徒式的、从一而终的清苦生活，他接受波普的哲学理论的影响，勇于认识错误和揭示错误。因为他认为成功投资者不是每次都看对，而是要根据事物不断地进行调整，承认错误的。索罗斯在运动中避险求生，他认为思维永远落后于现实，认识永远不可能包含所有的现实。金融产品的现时价值也是人们认知认同的产物，不存在永恒静止的东西。他甚至带有唯心主义色彩。比如他曾说道，你投资黄金，是正因为你买了黄金，所以大家都认为应该投资黄金，于是金价就会上涨，如果社会全都质疑黄金的价值，黄金就会下跌，甚至一文不值。一种东西的价值，不仅要有现实的理由，更重要的是要有社会普遍的主观认同。这是典型的“我思故我在”的论调。

第三章　巴菲特的金融投资及管理实践

一、波克夏公司的金融投资实践

波克夏公司是巴菲特证券金融投资的媒介。38年间，没有一个CEO选择离开波克夏公司，公司里有6个经理超过75岁。对此，巴菲特的信条是：“教一只小狗学习杂耍是很难的一件事。”从这一点，波克夏公司骄人的经营业绩以及巴菲特卓越的管理才能便已可见一斑了。

1. 波克夏公司的经营业绩

波克夏投资公司自巴菲特于20世纪60年代管理经营以来，公司的每股股本净值由19美元到4万多美元，每年以23.6%的复利保持增长。即使在股市大跌的2000年，各家公司资产纷纷缩水，波克夏的股本净值仍保持了6.5%的年增长率。

表1　Berkshire’s Corporate Performancevs.the S&P 500

Annual Percentage Changein Per-Share in S&P 500

Book Value of with Dividends Relative　Berkshire Included Results

年份			变化百分比		
			每股帐面值	S&P500	差值
1965	…………	…………	23.8	10.0	13.8
1966	…………	…………	20.3	(11.7)	32.0
1967	…………	…………	11.0	30.9	(19.9)
1968	…………	…………	19.0	11.0	8.0
1969	…………	…………	16.2	(8.4)	24.6
1970	…………	…………	12.0	3.9	8.1
1971	…………	…………	16.4	14.6	1.8
1972	…………	…………	21.7	18.9	2.8
1973	…………	…………	4.7	(14.8)	19.5
1974	…………	…………	5.5	(26.4)	31.9
1975	…………	…………	21.9	37.2	(15.3)
1976	…………	…………	59.3	23.6	35.7
1977	…………	…………	31.9	(7.4)	39.3
1978	…………	…………	24.0	6.4	17.6
1979	…………	…………	35.7	18.2	17.5
1980	…………	…………	19.3	32.3	(13.0)
1981	…………	…………	31.4	(5.0)	36.4
1982	…………	…………	40.0	21.4	18.6
1983	…………	…………	32.3	22.4	9.9
1984	…………	…………	13.6	6.1	7.5
1985	…………	…………	48.2	31.6	16.6

（续表）

1986	………….	…………. .	26.1	18.6	7.5
1987	………….	…………. .	19.5	5.1	14.4
1988	………….	…………. .	20.1	16.6	3.5
1989	………….	…………. .	44.4	31.7	12.7
1990	………….	…………. .	7.4	(3.1)	10.5
1991	………….	…………. .	39.6	30.5	9.1
1992	………….	…………. .	20.3	7.6	12.7
1993	………….	…………. .	14.3	10.1	4.2
1994	………….	…………. .	13.9	1.3	12.6
1995	………….	…………. .	43.1	37.6	5.5
1996	………….	…………. .	31.8	23.0	8.8
1997	………….	…………. .	34.1	33.4	0.7
1998	………….	…………. .	48.3	28.6	19.7
1999	………….	…………. .	0.5	(21.0)	21.5
2000	………….	…………. .	6.5	(9.1)	15.6
2001	………….	…………. .	(6.2)	(11.9)	5.7
2002	………….	…………. .	10.0	(22.1)	32.1
2003	………….	…………. .	21.0	28.7	(7.7)
		平均复合收益	22.2	10.4	11.8

注释：

·资料以历年制为准，除了1965年及1966年系至9月30日，1967年则为至12月31日的15个月。

·从1979年开始，会计原则规定保险公司持有的股权投资必须采用市价法取代原先的成本与市价孰低法，在本表中，1978年以前的资料已依照该原则重新调整，除此之外，其他的数字皆依照原则的结果未作更动。

·S&P 500指数系以税前为准，而Berkshire的数字则属于税后，如果Berkshire直接投资S&P 500并依此课征相关税负，则当S&P 500的报酬为正时，Berkshire的表现将不如S&P 500，相反地若S&P 500的报酬为负时，Berkshire的表现将优于S&P 500。就长期而言，Berkshire额外负担的税负成本将使得中间的差异日益扩大。

资料来源：摘自波克夏公司2003年年报，http：//www.berkshirehathaway.com

2. 波克夏公司的主要投资

表2总结了波克夏公司在过去20年中的主要投资。由于巴菲特总是在交易完成之后很久才披露其交易细节，因此只能对1999年的数据进行估算。首先根据巴菲特出售股票的价格区域并确定其平均售价。到1999年，表中所列出的14只股票为波克夏所带来的税前利润合计约为340亿美元。这14只股票在波克夏的账面价值及巴菲特的净资产的增长中有着重要的作用。从税后利润来看，这些股票所产生的收入占波克夏公司1999年账面价值的40%以上。如果没有这些普通股，波克夏公司的股价将远远低于其现值。

表2　波克夏公司至1999年前的主要投资

股票	股票数量	基本成本（美元）	税前利润（百万美元）
可口可乐公司	200，000，000	6.50	11，700
美国运通	50，536，900	29.09	5，775
吉列公司	96，000，000	6.25	3，360
弗雷第·马克公司	60，298，000	5.11	3，300
维尔斯·法戈公司	63，595，180	6.16	2，535
GEICO	34，250，000	1.33	2，348

（续表）

所罗门／旅行者公司	Sold in 1998	25.47	1，400
投资天地／ABC／迪斯尼	51，202，242	5.49	1，311
华盛顿邮报	1，727，765	6.14	930
美洲航空	Sold in 1998	38.74	550
通用动力公司	7，693，637	18.00	450
加内特公司	4，261，300	24.45	300
M&T银行	506，930	79.00	235
PNC银行	Sold in 1995—1997	25.86	150
投资总计			34，344

资料来源：［美］蒂默西·韦克著，刘磊等译，《巴菲特怎样选择成长股》，中国财政经济出版社，2002年。

从表3中可以看出，波克夏所收购的这些公司都具有以下共同特征：

（1）商业结构简单的盈利公司。

（2）能够产生大量的现金流，以供巴菲特进行再投资。

（3）在各自领域内都是相对较大的企业，能够维持自己在领域内的地位。

（4）有稳定的管理者。

（5）这些公司的价格对于增加波克夏的账面价值具有经济价值。

表3　波克夏公司2002年持有的全资企业

保险业	GEICO，波克夏再保险公司，通用再保险公司，国家理赔公司，塞普莱斯保险公司
金融服务业	BH财务公司，司科特·菲茨财务公司，波克夏人寿保险公司，波克夏信托公司
制造零售服务业	世界图书公司，西部实业公司，斯塔赫公司，乔丹家具公司，国际乳品王后公司，司科特实验室及医疗器械公司，科比公司，蓝片邮票公司，布法罗新闻……

资料来源：波克夏公司2002年年报。

二、两个经典的投资实例

1．案例一：投资可口可乐公司

巴菲特十分看重企业的无形价值，他认为可口可乐公司本质而言是一个品牌公司，其次才是一个传统行业的生产经营企业。事实上，可口可乐公司品牌价值的建立经历了漫长且曲折的过程。

可口可乐公司于20世纪早期尝试性地向一些地方性企业授予装瓶和销售经营权，逐渐建立一个全国性的生产销售网络，体现了特许装瓶系统的雏形。第二次世界大战后通过向全球各地区扩大生产和销售，建立起操作规范和内涵丰富的特许经营网络，使可口可乐系列品牌在当地茁壮成长，取得品牌的飞速发展和扩张。

20世纪70年代可口可乐的利润集中体现在罐装环节，在与瓶装商的永久合同中，瓶装商取得了绝对的主动，锁定了浓缩液的进货成本。当时可口可乐的主要销售通路集中在食品零售店，而随着大型超级商场、连锁店在美国本土兴起，软饮料购买方式发生重大变化。可口可乐赖以成功的固定浓缩液价格，品牌授权特许的商业模式，已开始不适应新渠道变革。罐装商独立产品销售，有不同的成本结构和利润追求，造成零售价格混乱，不同销售区域具有不同价格表现。这种混乱的价格状况与连锁店、超级市场定价策略与竞争力背道而驰，可口可乐的经营模式成新兴商业渠道流通障碍。

可口可乐公司在认清这一问题后，决心减弱瓶装商对产品渠道的战略控制能力，实现对瓶装厂利润控制渗透。同时可口可乐实验室开发出高糖玉米浓缩液（HFCS）成为原浓缩液低成本替代品，成为了可口可乐改变与瓶装商关系的契机——

第一步：取消浓缩液固定价格。以利用新浓缩液生产产品节约20%成本为诱饵，降伏瓶装商，取消浓缩液固定价格。

第二步：兼并收购。可口可乐认为浓缩液固定价格取消后，仍不能控制瓶装商支持可口可乐增长战略，只有收购瓶装商股份，参与产品销售，才能使瓶装商销售策略与可口可乐发展战略保持一致。1981年可口可乐购买了菲律宾可口可乐瓶装股份，同时开始回购特许权，购买控股权。1986年可口可乐成立了可口可乐瓶装商控股公司，专业对大型瓶装商进行收购控股，公司的业绩取得了惊人的改善。

如今可口可乐公司在全球180多个国家和地区销售其碳酸饮料系列产品，其品牌价值已达700多亿美元。

巴菲特正是看到了可口可乐公司品牌价值的成长发展过程，认为其具有较高的投资价值。他于1988年，在观察“可口可乐”长达50年的成长后，用波克夏公司股票市值的1/4左右即10.23亿美元买入“可口可乐”股票，并持有至今。事实证明巴菲特的这项投资是极其成功的：1988—1997年的10年间，可口可乐的业绩是正常市场的2倍，平均年收益高达34.7%，而市场是18.8%；至2003年，波克夏公司所拥有的可口可乐公司股票的市值已高达87.68亿美元，为巴菲特和波克夏公司带来了丰厚的利润。

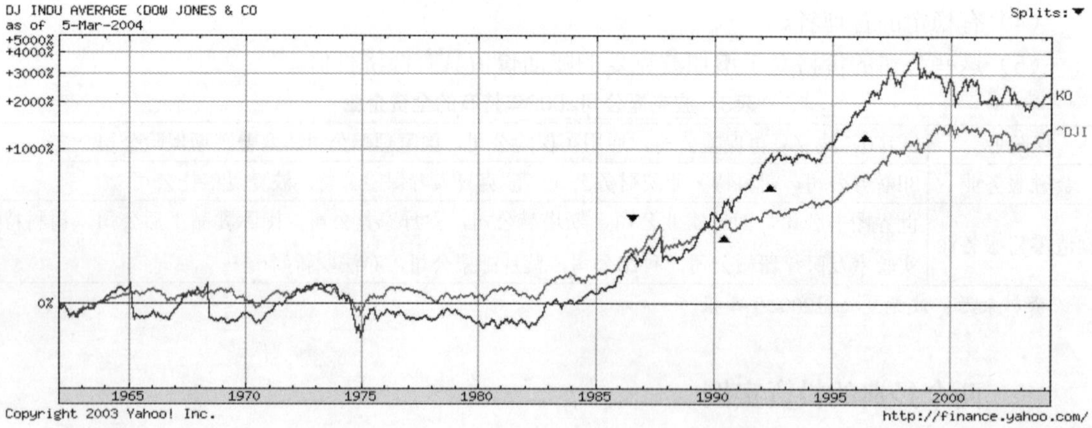

2. 案例二：投资中国石油

中国石油于2000年在香港上市，同时在纽约交易所发行存托凭证。中石油的母公司中国石油集团这家原来中国最大的石油、天然气上游公司在经过1998年与中国石化集团的资产置换后，与中国石化一起成为国内最大的两家上下游一体化的石油集团公司。但是在重组的过程中，由于两家集团公司对原油的控制南北分治，拥有北方主要油田的中国石油仍然是最大的原油开采和提供者，中国石化每年所需的原油有15%须向中石油购买。

2003年4月9—24日，巴菲特通过波克夏公司耗资14多亿港元，以每股1.65港元左右的平价将其所持“中石油”（0857.HK）流通股的比例由6.71%增至13.35%，总持股量增为23.47761亿股，占中石油总股本的1.33%。

石油能源业是一个资源不可再生的行业。从2002年起巴菲特就开始介入能源业，他手中持有全美石化业8%的股份，包括在美国本部收购一些能源企业，如原来安龙公司下属的一些子公司。他表示还将在今后几年内陆续增大能源股份额。尽管在波克夏公司一年一度的股东大会上，巴菲特并没有透露增持“中石油”的具体原因，但从巴菲特投资的公司一般具有以下的特点——能看懂的（Companies that he understands well）；有稳定的经营历史（Have consistent track record）；商誉较佳（Strong economic goodwill）；管理素质良好（Good management quality）；能带来不错的股本回报率（Decent ROE）——来看，中石油具有以下几个特点：

（1）中石油是一家高派息的公司，它的派息能力更是超过了很多美国公司。2003年4月24日，巴菲特最后一次也是一次买入最多中石油股票的日子，恰是中石油除息日，每股派人民币

0.069951元，加上中石油年中派息，去年全年派息197亿港元，每股0.12元。再加上不到7倍的市盈率，无论是和香港其他H股公司相比还是跟美国的能源公司相比，中石油都可以被看作具有投资价值的个股。

（2）中石油具较佳的品牌。中石油集多项中国和亚洲第一于一身：亚洲最赚钱的公司。在《亚洲周刊》推出的“亚洲企业1000”排行榜中，中石油以56多亿美元成为亚洲纯利最高的公司。此外，该公司还是中国净资产最大的企业，是世界人口最多、GDP增长最快的国家最大的能源商（显然，石油消费与人口、GDP增长率呈正相关关系）。

（3）中石油的股本回报率高。中国内地在香港上市的股票平均市盈率为9倍，中石油为8倍，股息收益率为6%，而美国股市的平均股息收益率还不到2%。

（4）中石油具有高度的成长性。中石油的成长性主要体现在国内整合和海外扩张两个方面，以及中国总体经济状况。中石油的国内整合包括延伸产业链，除整合采油、炼油业务外，还计划大肆收购加油站，争取占到全国30%的市场份额。海外扩张是指未来数年里对海外业务的积极拓展，通过并购、联合、参股等方式，在俄罗斯、利比亚、叙利亚、阿尔及利亚、伊朗、缅甸等地区收购开发油田，进行风险勘探和石油贸易，力争到2005年，海外合作油田产量达到3500万吨。

归纳起来，中石油其一身处其看好也能看懂的能源行业；其二在香港、纽约上市，具有一定的透明度；其三商业模式简单，业绩稳定。近三年来，中石油每股收益保持在0.26港元以上。巴菲特在股东大会上的一句话颇能印证中石油的这些特点：“我不了解中国，所以不会对中国做出什么样判断，但我明白的是石油行业在中国前景会好。”

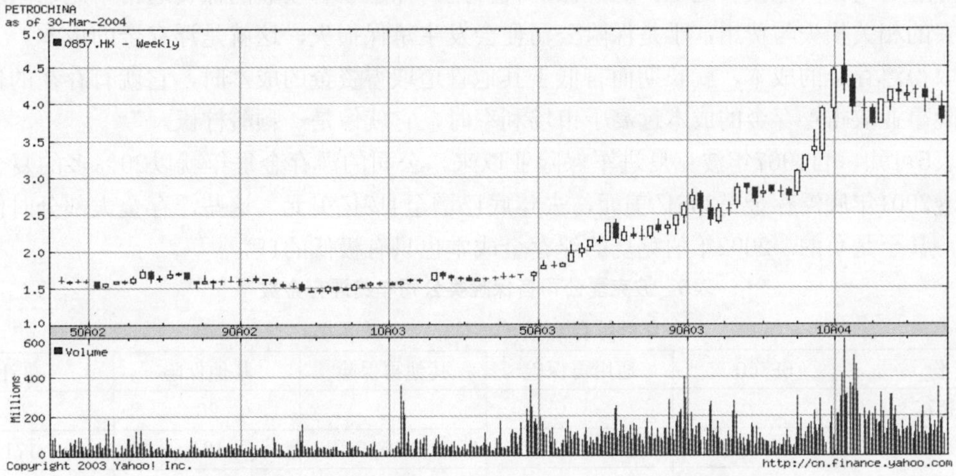

三、巴菲特在保险业的投资理念与实践

1. 保险业投资理念

巴菲特自20世纪50年代开始独立投资以来，其启动资金仅有10万美元。按照波克夏公司2002年报的披露来看，其每年的平均复合收益为22.3%，如果按照这个递增比例以50年计其资本金也只能递增23513倍；按照10万美元计，波克夏公司的市值是无法增长到现在的1800多亿美元（截至2003年12月31日）的。

表4显示的这几家公司是波克夏公司投资组合中的长期持股对象，根据公开的资料来看，持有数量基本没有变化，也是波克夏公司在普通股投资中占有较大的权重的及获利较好的股票，对于衡量该公司的证券投资收益具有代表性。数据表明，这几家公司的复合年获利并不非常高，一般在15%左右，和一般的实业投资的增长率是相符合的。

这说明巴菲特还从其他的途径获取了大量的资金来进行投资，而其中最主要的来源就是保险公司GEICO，即政府雇员保险公司和通用再保险公司。所以保险公司的投资收益才是波克夏公司的主要收益来源。

表4　波克夏公司几个主要投资对象的投资回报情况（2003年）（单位：百万美元）

								2003年12月31日
公司	持有比例	成本	市值	盈利额	盈利率	开始	时间（Y）	年复合获利
可口可乐	8.2	1，299	10，150	8，851	681%	1989	15	13.6%
吉列	9.5	600	3，526	2，926	488%	1989	15	11.2%
华盛顿邮报	18.1	11	1，367	1，356	12327%	1973	31	17.5%

原始资料来源：波克夏公司2003年年报，投资时间根据其他公开资料查得，复合增长率为根据复合增长模型求得。

一家公司的获利能力取决于：①资产报酬率；②负债的成本；③财务杠杆的运用（即运用负债而非股东权益来配置资产取得的程度）。波克夏资金成本之所以可以压得很低，主要是由于公司用很有利的条件取得“保险浮存金”。

保险公司收益来源主要有三：

一是“费差益”，即公司实际的费用率低于预计的费用率，产生的费用盈余；

二是“死差益”，即因公司实际承保的风险低于预计的风险发生程度而产生的盈余；

三是“利差益”，即保险公司的实际投资收益率高于保单的预定利率，产生的投资利润。

而保险浮存金是指某公司持有但又不属于该公司的资金。在保险公司的营运中，浮存金产生的原因在于保险公司在真正支付损失理赔之前，一般会先向保户收取保费，在这期间保险公司会将资金运用在其他投资之上。这样做的代价是，保险业者收取的保费通常不足以因应最后支付出去的相关损失与费用，于是保险公司便会发生承保损失，这就是浮存金的成本。“当一家公司取得浮存金的成本，就长期而言低于其他管道取得资金的成本时，它就有存在的价值；一旦保险事业取得浮存金的成本远高于市场利率时，它就像是一颗酸柠檬。”

从表5可知，自1967年波克夏进军保险业以来，公司的浮存金每年就以20%多的复合成长率增加。2001年底浮存金是355亿美元，去年底已增至412亿美元。这些浮存金大部分时候的成本为零，甚至是负的。2002年伯克夏的浮存金成本也只有极低的1%。

表5　波克夏公司各保险类公司年终浮存金数

年终浮存金数（单位：百万美元）

年份	GEICO	通用再保险	其他再保险	其他保险	总计
1967				20	20
1977			40	131	171
1987			701	807	1，508
1997	2，917		4，014	455	7，386
1998	3，125	14，909	4，305	415	22，754
1999	3，444	15，166	6，285	403	25，298
2000	3，943	15，525	7，805	598	27，871
2001	4，251	19，310	11，262	685	35，508
2002	4，678	22，207	13，396	943	41，224
2003	5，287	23，654	13，948	1，331	44，220

2. 波克夏公司的再保险业务实践

再保险商作为一级保险公司的保险人，是一种提供分散风险至关重要的途径。再保险商的存在使得一级保险商得以承保数额巨大的保单，因为再保险商同意支付由这些保单引发的部分索赔。如果再保险公司不支付索赔，一级保险公司仍须承担责任。因此，对于一级保险公司的利润来说，最关键的因素是再保险公司支付赔款的能力和意愿。

再保险业务的思路与集中投资理念是十分相似的。集中投资策略是低发生频率、高发生效果事件环境的典型范例。集中投资者很少下注，一旦下注就押在高概率事件上。如果管理得当，集中证券投资的失败频率较低，但失败真的发生了，后果将是惨重的，证券投资会遭受高于平均水平的重创。巨灾再保险也是这个道理。再保险商不能仅凭过去的经验推断。例如，如果“全球变暖”真的发生，灾难发生的概率就会改变，因为气象条件的每一丝细微变化都会对天气情况产生巨大影响。巴菲特曾介绍：“最近几年，人口的膨胀使海岸保险的价值剧增。沿海地区是最易受袭击的地区，而飓风又是巨灾的罪魁祸首。20年前，由飓风引起的X美元的赔偿现在很容易成为价值10X美元的赔偿。”

巴菲特多次介绍过波克夏公司再保险业务的三项竞争优势。第一，波克夏在任何情况下都可以让保户得到百分之百的立即的理赔。第二，当一件大灾害发生后，保险公司最迫切需要重新办理投保时，可能会发现很难再找到新保单，而波克夏保证绝对可以提供任何服务。第三，波克夏能够提供别处得不到的单一最高的投保上限。上述优势只有在再保险市场萧条的时候才能充分发挥，因为这时“廉价”的保单对客户不再有吸引力。他们会寻求与最强的再保险商打交道。

“大家一定会问在保单有效期间我们最后真正必须支付理赔的几率到底有多大，老实说我们实在是不知道，而我们也不认为用电脑运算出来的程式可以帮我们什么忙，基本上电脑做出的预测根本就是垃圾，它们反而会让做决策的人误以为得到某种确定的假象，从而使得他们犯下大错的机会大增。过去不管是在保险或投资业，这种离谱的情况屡见不鲜，看看投资组合保险在1987年股市大崩盘时所造成的惨况，有人开玩笑说，当时应该要跳楼的是电脑而不是那些被它们所愚弄的人。”

巴菲特认为，虽然波克夏无法准确地评估风险到底有多大，但只有做好心理准备，把90%的保费收入花在损失理赔与相关费用之上，公司仍可以合理地接下保单，并慢慢找出定价的合理性。

3. 保险业投资案例分析

GEICO公司是一家通过邮件、电话和互联网来销售汽车及船只保险的企业，是波克夏公司除通用再保险公司外最大的保险子公司。

GEICO创建于1936年，公司的主要特色是：第一，公司的客户是政府雇员，尽管汽车事故比较频繁，但政府雇员作为一个整体，驾驶汽车出事的概率要比其他人低得多。第二，公司的产品直接通过邮寄直销而不是通过保险代理商来，这样可节省保险费的10%—25%。

1948年，巴菲特的老师格雷厄姆以自己投资公司的名义用72万美元买下了GEICO50%的股份。但美国证券交易委员会按照“投资公司法”的规定强迫格雷厄姆投资公司将持股比例下降10%，格雷厄姆只得把股份转让给雇员。后来当GEICO发展成为一个拥有十几亿美元资产的公司时，那些员工都成了百万富翁。巴菲特是受益者之一。1951年他自己分四次买进GEICO股票，总共持有350股，成本为10282美元。1952年，巴菲特以15259美元卖出。

巴菲特对保险业的偏好没因抛出这一股票而停止。他投资过堪萨斯城人寿保险公司和马萨诸塞州人寿保险公司等保险业股票；波克夏公司在1967年3月出资860万美元购买了奥马哈的两家头牌保险公司——国民赔偿公司和火灾及海运保险公司的全部流通股。至此，伯克夏公司抛离了原本的纺织主业，而开始了保险帝国的营造。

20世纪60年代后期，保险业本身就是个相当赚钱的行当。仅1968年，国民赔偿公司保费收入2000万美元，税后利润达到220万美元。而巴菲特又利用了保险公司稳定的现金流进行证券投资组合操作。伯克夏公司在1967年收购上面所说的两家保险公司时，它们拥有2470万美元的债券和720万美元的股票，两年后，该组合的价值就达到4200万美元。

整个60年代也是GEICO公司的黄金时代。但70年代初期，由于管理阶层的一连串严重的错误，公司股票的价格从1972年的历史最高点每股61美元跌到1976年的每股2美元。此时巴菲特便大量买进GEICO的股份。到了1980年底，巴菲特总共投入4570万美元取得该公司33.3%的股权。在往后的15年内，巴菲特并没有再增持股份，但由于GEICO不断地回购自家公司的股份，伯克夏的持股比例逐渐增加到50%左右。

1996年巴菲特全面收购了GEICO，当时获取的保费是29亿美元，2002年这一数字上升到69亿美元，该公司的2002年税前承保利润达4.16亿美元，几乎是2001年2.21亿美元的两倍。

第四章　巴菲特金融投资思想对中国证券市场的启示

一、巴菲特金融投资思想的局限性

1. 从微观角度分析

巴菲特投资思想的形成基本在20世纪五六十年代，当时美国投资基金还没有得到很大发展。但是到了80年代，美国证券业发展有了重大飞跃，由传统的个人交易方式向机构交易方式转变。因此，尽管巴菲特管理的资金庞大，但它带有浓厚的个人交易者特点。具体体现在：

首先，巴菲特管理的波克夏公司类似一个封闭的交易基金，不存在赎回，没有流动性压力，使长期集中持有策略得以实行。而现代基金业作为独立的金融产品大都是大规模的开放式基金，流动性是其得以存在发展的一个必备条件，巴菲特的策略难以施展。

其次，波克夏实际上是一个合伙人家庭作坊式的投资公司，它靠巴菲特家长式个人努力与独断在运营，从来不送配。这种完全依赖于一个人的基金具有浓厚的封建性，完全依赖于个人的健康与寿命周期，十分脆弱。巴菲特已经70多岁了，像历代封建王朝一样，继承人的问题令人担忧。巴菲特却依然固执保守，他在2002年年报中说道，38年来他所投资公司CEO没有一个人离开，他公司6名主要管理人员已超过75岁，巴菲特本人已72岁，巴菲特还得意地宣称：“教会一个新狗玩老把戏实在太难了。”他只和他的那些老头来往而拒绝培养徒弟。这种封建作坊式的管理显然很难适应现代庞大基金管理的需要。

2. 从宏观角度分析

巴菲特投资的成功在很大程度上依赖于一个良好的社会历史背景。

战后，美国政治经济的长期稳定而持续上升发展，为巴菲特提供了一个客观的长期正偏向系统性利润背景。在这一基础上，他的投资策略得以有效发挥，进一步获得超额利润。但是在一个人平均只有20—30年投资生涯中，如果处在一个衰落的国家经济背景中，巴菲特的投资策略是难以奏效的，并不因为在别的国家没有人类似巴菲特的投资策略，而是没有美国这样一个投资背景。例如像日本这样一个连续14年的熊市市场，股市创50年新低，巴菲特任何强大的非系统利润，恐怕都会被系统性熊市所吞噬。巴菲特的老师格雷厄姆就曾预见性地指出，他的投资策略奏效必须建立在一个大的假设上：“一个国家经济发展过程中某些基本的早已形成的规律仍一如既往地可靠。它们包括：①整个国家福利与盈利能力将继续增进；②这种增进本身反映在重要的公司企业在资源和利润方面的增长。”巴菲特就是在这样一个极有利的历史背景下，将长期集中投资的效果发挥到极致。

因此，学习和借鉴巴菲特的战略投资思想与投资方式、方法，绝不能简单模仿或照搬照抄，也不能局部、片面地理解，而是要对现实市场和市场现状有一个全面的、深刻的、理性的了解并把握，同时要对市场的各种信息和方法有自己独到而有效的选择。在此前提下才能学习、借鉴、吸收和消化巴菲特的战略投资理念，并在投资实践中有效整合巴菲特的方法而成为自己的投资策略。

二、中国证券市场的现状分析

1. 关于中国证券市场的争论

20世纪末21世纪初，全世界都承认中国经济是世界经济的亮点。但是，世纪之交的中国股市却跌宕起伏、充满变数，证券市场十年的沉疴并发了。中国股市发展过程中所淤积的问题不断爆发，引发了关于中国股市内在结构的缺陷和发展现状的大争论。相对于"亮点"和"幸运"，中国市场经济的最典型市场即金融证券市场所迸发的问题，恰恰体现了转型市场迈出了走向成熟的第一步。

面对新世纪，面对全球经济一体化，面对WTO，中国以转型过渡为特征的市场（包括金融证券市场）出现了结构性转变的拐点，"怎么拐"是一个绕不开也不能绕开的问题。关于证券市场的争论从2001年1月14日吴敬琏先生在中央电视台的《对话》节目中首先提出以来，不仅牵动了学术界的厉以宁、董辅乃、萧灼基、许小年、吴晓求、刘纪鹏、韩志国等，还扩展到了证券监管部门、金融证券机构、上市公司、媒体、股民、政府官员等广泛的市场领域，直至引发了股票市场的巨大波动。证券市场的种种黑幕和违规频频被媒体曝光，证券市场的"赌场论"、"婴儿论"、"成绩论"、"发展论"、"光明论"、"老鼠会"、"体制病"等等观点相互争论。面对证券市场的各种问题以及不同的认识，中国证监会为了规范证券市场，加强了监管的力度，一年之内相继出台了100多项证券监管措施、办法和条例。

中国证券市场发展至今的现状及所存在的问题引发的争论，归纳起来主要有四种观点：

（1）悲观论或完美论：认为中国证券市场的诞生就存在着严重的先天不足，运行至今存在严重的内在结构问题，必须"推倒重来"。

（2）洞悉现实忧患论：认为中国证券市场的现实是成绩和问题并存，为了立足现实、解决问题、抓住机遇、更好发展，就应该充分认识到机遇源自于对挑战的应对。市场现状还不足以自满和欢庆，必须以负责任的忧患意识，洞悉问题，正视问题，加倍努力去应对挑战，解决问题，才有可能在未来相互关联的国际市场竞争中求得成熟的心态和理念准备。

（3）肯定现实光明论：成绩是首位的，问题是存在的，发展是光明的。

（4）乐观唱颂论：取得的成绩使人感到振奋，对现实和未来充满乐观，并仍唱颂着面对未来和发展。

本文认为要在洞悉成绩和问题的基础上，正视市场的公平、信用和效率状况，正视国外优势成熟市场和资本的竞争压力。只有正视了这些，负有责任感才会有忧患意识。加入WTO后的中国市场，全球的竞争已成必然。中国的证券市场要抓住机遇就要应对挑战，机遇和成功是在正确、有效应对挑战中获得的。中国证券市场的战略投资同样面临着机遇和应对挑战的问题。

2. 中国证券市场的现状

归纳起来，目前中国证券市场的现状是：

（1）中国证券市场是政策调控与市场自身调节相互的动态求均衡。

（2）中国证券市场中信息不对称的弱者急需信息的透明、公平。

（3）中国证券市场从严重机会不均等转变到机会仍较不均等的状态。

（4）中国证券市场仍然处在以投机心态、理念和行为为主体的状态。要发展成为以投资心态、理念和行为为主体的市场状态，仍需时间和努力。

（5）中国证券市场的投资品种基本上不具备长期投资价值，多数品种只具有短期投资价值，只有少数品种具有中期投资价值。

（6）中国证券市场经历十年的发展，获得了发展初始期的经验和成功，但仍然处在发展的初期，属于不成熟的证券市场。中国证券市场起始遗留的问题，如国有股独大、未流通股份太大等等问题依然存在。

（7）证券市场交易仍然存在太多的公平、信用、成本的问题。因此，证券市场法制、证券市场监管、证券市场规范、证券市场自身秩序和证券市场结构的建立还需要很长时间的努力和演进。

（8）中国证券市场变数多、关联多、潜力大、吸引力大和诱惑力大，是充满需求和机会的市场。加入WTO后，外来资金和资本对中国证券市场将产生更大的变数和机遇。

三、中国证券市场对巴菲特证券投资理念的借鉴

1. 中国证券市场运用巴菲特投资策略的难点

如果按照巴菲特的投资策略，中国证券市场首先必须提出以下的问题：①对市场的总体判断，我国的证券市场是一个对流通股股东公平的市场吗？②如何判断流通股的股价被低估？③上市公司的控股股东和他们所选择的管理团队是不是值得流通股股东长期信任？

具体来讲：

第一，中国目前的流通股股票市场，或者说二级市场，是一个对流通股股东的利益处置不公平的市场。其深层的原因是目前我国资本市场的价格双轨制。我国经济中的价格双轨制指的是对同值的标的物实行不同的定价机制，这是从计划经济走向市场经济的过程中的特殊产物。资本市场的价格双轨制运行的结果，从一开始就造成上市公司在“同股同权”的前提下存在非流通股东和流通股东的利益不公平和股份的不等值，这导致了低认股价的非流通股股份可以控股高价认购的流通股份，从而可以在股东大会上通过对非流通股东有利同时对流通股东进行剥夺的公司再融资和现金分红等等方案。

第二，流通股股东最基本的权利——投票表决权和分红权还没有得到充分的尊重。西方的公司制度已实行了几百年，不管是大陆模式还是英美模式，股份公司股东的最核心权利表现为投票表决权和分红权。我国的《国家体改委股份有限公司规范意见》、《公司法》和《上市公司治理准则》等法律文件也把投票表决权和分红权作为股东最基本的权利之一。但是，翻开所有的上市公司股东大会的决议公告，人们能够发现有几起公告中，有流通股股东参与了表决？在流通股股东参与了表决的个案中，又有多少次他们的意思表示得到了非流通股股东的尊重？前一段时间，有关媒体的“轻骑一小股东赵刚征集股东大会提案权”的报道引起强烈反响。根据《上市公司股东大会规范意见》，“年度股东大会，单独持有或者合并持有公司有表决权总数百分之五以上的股东或者监事会可以提出临时提案”。按照ST轻骑公司的股本计算，持有5%股权要达到4900万股。4900万股可不是一个小数目，要有4900万股的表决权才能够具备临时提案的资格，一般的中小流通股东的意志怎么可能不被忽略？

第三，整体上看，上市公司的非流通股控股股东和他们所选择的管理团队是不是值得流通股股东长期信任？这个问题包含几个意思：一是非流通股控股股东无偿占用了上市公司的利益或者出现“掏空”上市公司的现象是不是一种比较普遍的现象？二是上市公司重大决策（包括融资和分配等）是不是考虑或者兼顾了流通股股东的利益？三是非流通股控股股东和上市公司管理层对待流通股股东，是把他们作为融资圈钱的对象还是作为公司的平等的股东来对待？大量的数据反映，相当数量的上市公司的表现对是否值得流通股股东长期信任做出了事实上否定的回答。①一种比较普遍的现象是，公司在分红时是全部股东参与分配，而再融资的时候却往往只有流通股股东参与的配股。②根据2003年7月30日有关媒体的资料，去年下半年以来，在1175家上市公司的公开的信息中，有57.53%的上市公司（676家）存在被大股东占用巨额资金的现象，被占用资金合计高达966.69亿元，超过2002年市场一年的首发新股融资额度560亿元，平均每家被占用资金1.43亿元。③最近出现了新上市的民营资本控股公司的高比例分红套现的情况，这种情况对流通股股东严重不公平。例如2001年上市的用友软件公司，上市后两年连续推出高额派现，有人估算其控股股东王文京仅此就可以收回全部原始投资。这种上市当年就分红套现的公司有一部分是有民营或个人资本的背景。

第四，如何判断流通股的股价被真正低估？这是一个重要的价值判断标准。国外许多投资机构是把市盈率作为主要的标准，所以可以认为这是这一个绝对的标准；巴菲特的标准是，长期关注好的公司，在熊市的末期去判断是否值得购买，所以他的标准是一个相对的标准。国内的机构如何判断股价被低估？到目前为止，这个价值判断标准是比较混乱的，有不同的标准，例如市盈率标准、市净率标准、AB股的比价标准、AH股的比价标准等等，不一而足。现在还有一个非市场化的标准，一个人为的因素在无形中影响和左右着市场的价值中枢，这就是一级市场的发行价市盈率。在此基础上，人们还是把二级市场的价格跌破发行价作为不正常的事情来看待，以至于人们开始不理解中国石化跌破发行价套牢社保基金这样的典型个案。其实，这是市场在对发行市盈率的人为价值判断进行无情的纠正。只有跌破发行价成为一种市场的常态，才能证明这个市场在走向成熟。由于有非流通股的高比例存在，把发行市盈率和以流通股价作为计算基础的动态市盈率标准是没有什么意义的。最重要的标准只有一个，那就是非流通股和流通股的价差标准。这是衡量中国股市长期投资和短期投机的基本价值判断。只有解决了非流通股的问题，解决了资本价格双轨制的问题，才会出现真正判断股价有没有长期投资价值的标准。

第五，巴菲特的集中投资理论的长期投资特征能否在我国二级市场得以实现，目前还不能做出肯定的预测。从集中投资理论所必要的持股时间来看，基金经理们会不会对已经重仓的股票作5年以上的长期投资，现在仍是一个不确定的问题。中国资本市场的系统性风险是任何机构都无法回避的：其一，中国资本市场价格双轨制已经造成了权力结构和利益结构的严重扭曲，累积了无法回避的系统性风险。其二，目前在我国资本市场投资还缺乏基本的回避系统性风险的投资工具。那么，在长期投资理念无法确立的情况下，我们能否退而求其次，寻求中期的投资理念的定位？最近，中国证监会党委召开证券监管系统兴起学习贯彻“三个代表”重要思想新高潮活动动员大会上，尚福林主席的讲话已经引起市场的高度关注和思考。如果站在广大流通股股东投资者的角度、站在证券市场研究者的角度，可否有以下的提问和理解：第一，在“三个代表”重要思想的指导下，证券市场的规范发展是不是应该把过去被严重忽略了的广大的流通股股东的利益放在应有的位置？第二，证券市场的规范发展有赖于市场规则的完善，通过《证券法》的修改，为解决当前证券市场存在的问题打下良好基础。这是不是从以行政为中心向以法治为中心的监管思路的转变？第三，“善于进行理论思维和战略思维，树立与时俱进的监管理念，用发展的办法解决存在的问题”。这是不是从规范中发展向从发展中规范的思路选择的转变？如果以上的问题回答是肯定的，那么，1—3年的中期投资理念的重新定位就显得非常有意义了。

综上，中国证券市场目前还不具备长期投资理念的产生，也就不具备产生巴菲特式的投资者，更不能把巴菲特的战略投资理念直接照搬到中国证券市场中来。

2. 巴菲特投资理念对中国证券市场的借鉴意义

尽管在中国证券市场全面运用巴菲特金融投资理念具有若干难点，但是巴菲特战略投资理念思想的精义对中国证券市场的投资仍然有着深刻的价值。

根据巴菲特的投资分析方法和理念思想，联系中国证券市场的实际情况，中国证券市场可借鉴以下五个方面的投资战略：

（1）政策与市场要素。相对于欧美成熟的证券市场，中国的证券市场还比较明显的是政策市场。在欧美成熟的证券市场中，政策调控和监管所占的权重不超20%，而证券市场本身调节的权重在80%以上。目前中国的证券市场政策调控与市场本身调节的权重大致各占50%。因此，战略投资必须考虑政策与市场的二元因素，即更多的不确定性因素的影响。

（2）信息不对称、机会不均等带来风险。虽然说信息不对称、机会不均等是任何市场普遍存在的现象，虽然说中国股市历经十年的培育和发展，严重的信息不对称和机会不均等已得到大大改善，但目前的中国股市依然存在着较严重的信息不对称和机会不均等问题。因此，战略投资必须考虑由信息不对称和机会不均等所带来的风险。

（3）信用、收益与业绩。虽然说中国股市历经十年的培育和发展，依然较普遍存在着上市公司和市场行为缺乏信用的现象，但是随着股市暴利时代的结束和依法监管的加强，企业以自己的业绩给投资者带来收益的时代已经初现。因此，战略投资不仅要分析股票的市场价格，还要分析企业的收益，并且要逐步转向以企业收益分析为主的投资决策。

（4）投资与投机。中国证券市场十年的发展过程，证券投资基本上是以投机为主的，因此市场恶炒、爆炒、坐庄、庄家连炒盛行，各种黑幕、各种违规层层交织。但是随着2001年股市问题大讨论和总爆发，政府监管力度加强，股民自觉意识加强，投资机构的大量引入，加入WTO后的竞争压力，以及市场自身调节和上市公司的自律，使得中国证券市场出现了投资与投机并重的新现象。随着证券市场的发展，必将形成以投资为主体的证券市场和市场行为。因此，战略投资可以在中国证券市场逐步实施并培育了。

（5）投资战略与战术。战略与战术是相互整合的关系，战略表现为方向性、长期性、稳定性、协同性、整体性和竞争性。战术表现为短期性、效率性、目的性、策略性和竞争性。再好的战略也是由一系列的战术单元构成的，战略离不开战术的连续支持；再好的战术也是为战略服务的，不能因为一个或几个战术成功，陷入自满而忽略或忘记了战略。巴菲特的战略投资理念在中国证券市场的借鉴和应用，其精义在于对战略时间跨度的界定。巴菲特战略投资理念在美国证券市场以5—10年，长期持有甚至终生持有为战略时间跨度。而在目前中国证券市场，战略的长期性最多界定为3年以上，1—3年界定为中期，1年以内为短期，这样我们的投资战略便是：立足中期投资，抓住短期机会，着眼长期投资的战略组合。

四、巴菲特投资思想启示下中国证券市场的策略选择

巴菲特的投资理念是建立在价值投资理论之上的。通常理论界将格雷厄姆和巴菲特的价值投资称为绝对价值投资。而相对价值投资，则是与绝对价值投资相对应的一个概念。通过上文对巴菲特金融投资理念在我国证券市场运用的启示分析，笔者认为目前中国证券市场的最佳投资策略应是相对价值投资理论。

1. 价值投资理论的实质

从总体上看，如果排除掉信息不对称的影响，市场的输家有两种，一种是试图预测股价变化的人，一种是跟随市场大众行为的人。技术交易者、杂讯交易者（指依靠各种小道消息买卖股票的人）、短线交易者属于这一类型，市场的诱惑也很容易让投资者进行类似的决策。这些交易者的通病是不断地试图预测股价，并且急于从市场中掘出金子。市场的平家有一种，是根据随机漫步理论，采用被动投资方式的人。指数型基金就是最好的代表，他们从市场的整体成长性中获益，是稳健的选择。随机漫步理论经过统计学、计量经济学的严格证明，也经历了时间的考验，是真正具备现代科学特征的投资方法。但是，随机漫步理论本身有个很特别的推论，虽然其理论科学严谨，但最后选择这种理论来进行投资的人，或者说不试图战胜市场的人永远是相对少数。

市场的赢家也有两种。一种是能够预测市场大众心理变化的人，如凯恩斯就运用“空中楼阁”理论成功进行了投机活动。预测出大众心理变化才能领先市场大众采取行动、获得收益，而追随市场大众行动的人则是最后埋单的倒霉蛋。不过那些真正能够洞悉人心的智者又往往志向高洁，对凡夫俗子的追求不屑一顾，凯恩斯进行投机活动的主要目标是为其管理的剑桥帝王学院捐赠基金获取足够的活动经费，而不是为了追求金钱。第二种赢家，而且真正让我们看得见摸得着的，就是价值投资者。沃伦·巴菲特是其杰出代表。

价值投资者本身是一个中间派。在选股方面，价值投资者是积极主动、科学严谨的，他们使用大量的数学方法科学评估一家公司的内在价值，并在价格大幅度低于价值时买入股票；在价格的变化方面，价值投资者则是被动的，他们不会去预测股价一朝一夕的变化，而是静静等

待这个价格向价值的回归，即使是由于随机漫步造成的上涨也不会伤害他们的自尊心。在选股时，价值投资者兼顾了风险和收益。他们同时使用低风险的自由现金流量指标和风险较高的成长性指标；如果合理设定各种系统风险溢价，这些超额风险是具有相应的收益补偿的，价值投资者的内在价值评估方法可以运用在任何一个证券市场。

2. 相对价值投资理论

在国外的成熟证券市场中，投资者采用的往往是绝对价值投资方法。比如巴菲特就根据公司的自由现金流和成长性来测算公司股票的内在价值，然后在股票价格被大大低估的时候买入，一旦市场对该股票重新进行正确评估时，价格就会上涨从而获得收益。由于这种股票估价的方法非常复杂，一般投资者可采用简化的方法，当市盈率在10—15倍且公司具有较高的成长性时考虑买入股票。如果按照绝对价值投资的估价模型，中国股市中没有任何一只股票具备绝对投资价值！2001年，推倒重来论、赌场论甚嚣尘上，都是由此而发。但是存在的东西必然有其生存的理由，1990年栽下的中国股市的幼苗不但没有因此枯萎，反而茁壮成长，必然也有自身的道理。

而相对价值投资理论很好地解释了中国证券市场的上述现象：

首先，新兴证券市场相对于成熟证券市场普遍存在着发展溢价。这是因为新兴市场国家的发展速度和发展空间高于相对成熟的发达国家，上市公司将普遍从这种高速发展中受益。就如同成长性高的股票具有较高的市盈率一样，新兴市场国家股市的整体市盈率也必然较高。

其次，中国股市股权结构割裂，大部分股票不能流通，大大限制了股票的供给，形成供给不足溢价，2001年中国国有股减持政策引起市场急跌，就是因为市场担心供给不足溢价将消失的结果。

第三，公司发行股票受到严格的行政控制，这不但加大了股票供给的不足，而且使已上市的公司具有了较高退出溢价，壳资源和ST股票的炒作就是这种溢价的表现。

第四，中国金融市场发展不平衡，投资者能够选择的风险投资品种几乎只有股票，这造成了市场的需求过度溢价。时至今日，发行核准制、退市机制、债券市场加速发展这些新举措正在逐步减少股票的溢价幅度，但即使如此，在很长一段时间，中国股市的各种溢价依然会存在。而回到2000年初，如此巨大的溢价幅度必然使中国股市只能采取相对价值投资方法。也即是，在根据价值投资理论选择投资对象的时候，应首先扣除各种溢价，然后评估投资对象是否具有投资价值。

参考文献：

1. 曹凤歧主编，《证券投资学》，北京大学出版社，1995年。

2. [美]本杰明·格雷厄姆著，邱巍等译，《政券分析》，海南出版社，1999年。

3. [美]乔治·索罗斯，《金融炼金术》，海南出版社，1999年。

4. [美]菲利普·A.费舍，《怎样选择成长股》，海南出版社，1999年。

5. [美]本杰明·格雷厄姆著，王大勇等译，《格雷厄姆投资指南》，江苏人民出版社，2001年。

6. [美]罗伯特·哈格斯特朗著，江春译，《沃伦·巴菲特的投资组合》，机械工业出版社，2002年。

7. [美]蒂默西·韦克著，刘磊等译，《巴菲特怎样选择成长股》，中国财政经济出版社，2002年。

8. [美]劳伦斯·A.克尼厄姆著，王庆等译，《向格雷厄姆学思考，向巴菲特学投资》，中国财政经济出版社，2003年。

9. 谢百三主编，《金融市场学》，北京大学出版社，2004年。

10. [美]沃伦·巴菲特著，劳伦斯·A.坎宁安编，陈鑫译，《巴菲特致股东的信》，机械工业出版社，2004年。

巴菲特的好老师格雷厄姆对我们的启示

谢百三

在《十年一个亿》中的一位作者的提议下，复旦大学的研究生们将著名投资大师沃伦·巴菲特的伯克希尔哈瑟葳公司2002年的财务报表以及72岁的巴菲特亲自写给所有股东的信译成中文，人们终于有机会更直接地一睹巴菲特这位世界级大师的投资风格与风采。

巴菲特极其尊敬他的导师格雷厄姆，巴菲特说自己的思想有75%来自于他。格雷厄姆的宝贵思想又来自于1929年的巨大股灾，他的个人财产在股灾中近乎打穿，破产；灾难是最好的大学，从此他小心翼翼，居安思危，他提出了著名的“证券分析”思想。“证券分析”思想最主要的是：①全面分析；②确保安全；③满意的回报。而目前我国流行的则是技术分析。证券分析是确定一些理性简单的原则，而投机则是讲运气，认为炒股是博傻，玩扔硬币的游戏。格雷厄姆到晚年时，谈了对数学运用的看法，他认为：“数学公式越来越复杂，越来越深奥，预测越来越准确，实际上是给投机加上了欺骗的外衣越严重。”“关键是要寻找价值与价格差距，而这种偏差在市场上是经常存在的。”格雷厄姆指出：“人们常常受到心理影响，使证券价格高估或低估，找到它们，在市场中找到它们，这就是证券分析工作的核心。”许多红极一时的大师（如诺贝尔经济学奖获得者默顿、斯考尔斯），过于相信深奥、烦琐的数学推导与技术分析，追涨杀跌；这可以成功于一时，红透股市，但顶不住大风险事件，最终迅速被市场淘汰。如默顿与斯考尔斯二人则使自己所指导的火箭科学基金损失90%，迫使美联储主席格林斯潘动员银行界出来援救他们。甚至影响了诺贝尔奖后几年的评审，之后一年的经济学得主竟是纯文科研究的福利经济学研究者。

格雷厄姆极其重视风险防范，他认为任何市场都面临着一些重大的风险。而证券投资的第一任务就是防范风险。有的人过于注重市场的波动性，上下追逐，这实际上是一种投机。只缠绵于市场的波动之中，绝大部分人是挣不到钱的，甚至总体上是亏损的。必须寻找证券的内在价值。在美国股市，风险与市场波动有一定关系，但是最大的风险在于：①公司、股票的内在价值下降了；②以远高于实际价值的价格购买股票。（评：注意，在股权分置的中国股市最大的风险是政策性、系统性风险，这是中国的国情所致。）

格雷厄姆与巴菲特都欢呼股市的下跌，因为越跌，一是他们越可以买到便宜的、物美价廉的股票，二是股市越接近它的真实价值，越安全。而股市上涨时，他们则把股票卖掉。证券分析实质上就是对内在价值的基本分析。格雷厄姆还认为购买股票与企业时，有一个安全边界问题，即经过计算，一个证券价格有一个低于价值的余额，这个余额就是可以盈利的部分。格雷厄姆十分重视债券的分析，并且将债券的分析经验用于股票。他并不认为债券的利率越高越好，有时越高，其安全性越差，因此债券的价格及质地取决于它的净资产多少。他认为股价是有波动的，不确定的，股份有限责任公司有时也是靠不住的，而对债务分析的方法完全适用于对股票分析的方法。

格雷厄姆在1918年悄悄地大量买进哥根海姆公司，大量买入价格远远低于价值的法人股，后来获利颇丰。而对于没有预期的企业，他坚决不碰。

巴菲特非常崇尚格雷厄姆的思想，并有所创造。前些年，当“新经济”的网络股风靡美国，纳斯达克指数从1000点直冲5000点时，年近七旬的巴菲特坚决顶住了这股几千倍的“市梦率”的天方夜谭式的怪潮流，宁可被人骂为“愚蠢”、“不入流”、“固执”，但是也坚持自己投资实业的思想。现在，一些基金和个人在这场纳斯达克从5000点跌回1200点的股灾中消失了，而巴菲特的公司这一年则盈利10%（大势跌了20%）；72岁的巴菲特重新赢得了全世界投资者由衷的崇敬。

中国的情况有所不同，但是格雷厄姆及巴菲特的很多思想都是可用的。例如：①全面分析中国股市所处的环境、背景。②确保安全性；如近日机构大炒可转换债券，而只要在到期本息收益之内，就极为安全。③满意的回报。在所有安全品种中，寻找最好的回报；例如民生转债与钢钒转债，谁的上升空间大，可作一下比较，就一目了然。

近几日，《十年一个亿》书中提到过的一位高手在复旦大学讲学，谈到了上述体会与思想，赢得了博士、硕士与大学生们的热烈欢迎。何等震撼人们灵魂的报告啊。

——每一个成功者都是勤奋的学习者。

（本文完成于2005年10月）

开放社会与开放的金融市场

——索罗斯在复旦大学的演讲

索罗斯

编者按：投资大师索罗斯来复旦大学演讲受到复旦大学管理学院同学的热烈欢迎。笔者将《十年一个亿》送给他，他很惊讶地笑着问："中国也有人股票做得这样好吗？"他与笔者多次合影并赠新书签名留念，握手言别。

此次，我的中国之行是来参加由中国外交部举办的"中国未来经济研讨会"的，同时，我还带来我的新书《开放的社会》（*Open Society*），介绍给中国许多对这一课题感兴趣的领导人和学者。到了中国后，我才知道我在中国非常有名——甚至比在美国还有名。我想这可能与我这次在东南亚金融危机中所造成的"神话"有关。而今天，我想来说说我在哲学方面的一些思考，并想听听你们的意见与建议。

我生于1930年的一个德国小城镇。由于我是犹太人，所以我的父亲不得不伪造了我们全家的身份，才得以生存下来。到我17岁时，我便离开了我所厌恶的环境，独自一人来到伦敦经济学院学习经济。在那里，我一下子就被一本由卡尔·波普写的书所深深吸引，也就在那时，我开始形成我对金融市场的哲学思考，并用它们来指导我的金融实践。同时，我还开始着手于我的经济学创作，至今已经出版6本专著。现在就由我来说说我的这些你们最感兴趣，也深深影响我的哲学思想吧。

卡尔·波普是一个科学哲学家，他对于人类的贡献在于他界定了自然科学和人文科学的区别：为了建立某种理论或学说，自然科学家们必须找到足够多的证据来证明他的理论。只要事实存在，他的理论就能够成立。而社会学或人类学则不然，任何一种学说、理论都无法来改变事实。这是因为，任何学说、任何现实都有其不确定性。这两者是双向联系的，既是指现实的不确定性，也指的是学说的不确定性。

我们不妨来解读一下我们的历史：误解、暴力和破坏被一次次引到我们的历史中，如果我们无法避免这些袭击迫害的不确定性的话，我们又为什么不能用理性来避免这些灾害呢？

这些理性哲学的思想散见于各种学术著作之中，如果它们被强权所掩饰的话，这个社会就是封闭的社会；相反，如果一个社会意识到它们的重要性，并接受它的话，我们就称之为开放社会。我是开放社会的积极拥护者。

金融市场往往是社会基础的一种折射和反映，它的形成在于市场中的人怎么去界定它、预测它。它的存在不是固定的，它依靠的是社会大众怎么来估计它。社会对它的估计与判定往往又会改变它的基础。就像某种东西，往往由于大家极度疯狂地看好直至丧失理性之时，或者极度为大众所唾弃轻视之时，而呈现出一种由繁荣到毁灭的一个最好例证，并且这种例子一直都在发生。

每一种经济体制都有它的弱点与缺陷，经济学家研究这种体制，并寻找出它所存在的问题，有时候你能成功，有时你会失败。

我在1992年的欧洲金融市场取得成功，并在马来西亚、泰国等地造成不小的影响，因此，有人称我为金融大鳄。我在股票、外汇等市场赢得了不少的财富，现在，我又成立了一个基金，来推广"开放的社会"这一理念。因为"开放的社会"意义重大，这是我建立这个基金的初衷。我很高兴我的这本新书能够在中国出版，因为"开放"对中国的意义也同样重要。中国有着非常成功的经验，中国也应该全力创造一个永久性的开放环境。为了得以成为全球经济的一部分，中国必须为此做好充分准备。

复旦大学作为一个大学应该为金融市场提供各种信息与自由的言论，这是一个市场得以存在的基本条件。让我们来看看亚洲经济，像韩国、日本到底发生了哪些错误问题？日本有非常成功的经济，在彻底打开它的市场前日本做了很多的研究与努力。但是在真正面对世界游资和全球市场的时候，它的这些功能与条件并不能很好地运作起来。因为问题没解决，所以造成很大的困难。

类似的问题在中国同样存在，并且这些问题在中国更具有紧迫性。中国有一个很强的政治宏观调控机制，但是中国在向世界打开市场之前，还必须在国内先形成永久开放的市场，中国已经有股票市场，但是它还年轻不够强大。诚如我们所知道的，在你对世界开放之前，你还应该使自身更开放。我并不想告诉你们说怎样才是一个真正的开放社会，因为开放的社会的含义必须由你们自己来定义、努力。“开放的社会”的意义我很难用语言在这短短的演讲中表达清楚，在我的那本书中有很多例证，希望有空一读。谢谢！（掌声）

索罗斯先生答同学问：

同学：中国这几年一直保持着7%—8%的增长率，您认为中国能在本世纪中叶赶超日本吗？

索罗斯：任何国家的经济都不可能走直线的发展方向，它必定是曲折的、有起有落，中国经济的发展也不能例外。“亚洲四小龙”在当时的发展比中国内地现在的速度还要快，但因为体制本身的问题，使它在外来的冲击面前不堪一击。

同学：你怎么看待你在香港阻击战中的失败？

索罗斯：我经常失败，包括我过早地就把美国的网络股抛掉，我没想到它后来会涨那么多。

同学：如果中国打开了它的金融市场，成为你所说的开放社会的话，它又如何来保护自己，使自己不受外来游资的袭击呢？

索罗斯：需要更强的银行体制……

索罗斯的投资实践、投资思想及其对中国的启示

复旦大学博士　焦巍巍

编者按：总有人鄙视与巴菲特齐名的另一名世界级投资大师索罗斯，称他为“金融大鳄”。其实，他所做的一切都是合法的，在法律范围内投资理财。他实际上也是个价值投资大师，如果你英镑币值高估，我就做空，冲垮你。关键是你价值高估。他的“可错性”和“反身性”理论，他对现代投资理论的无情的批判，他对传统投资方法的批判与分析，读了都令人为之一震，他的思想十分深刻。他到复旦大学来作的演讲极受欢迎。在复旦大学同学的热烈掌声中，他非常高兴与感动。与笔者交流合影并签名赠书。完全没有世界级大师的架子。

第一章　索罗斯的投资实践

“时势造英雄”，投资大师的成长离不开客观条件的推动或制约，而投资思想的形成和演变更是与个人的经历密不可分。让我们先把索罗斯和他的投资思想放入历史，看看索罗斯的成长历程。

一、终生受益的“风险管理课”

1930年，乔治·索罗斯（George Soros）出生在匈牙利布达佩斯一个犹太家庭。父亲提瓦达·索罗斯是一位律师，乔治从父亲那里继承了精明和自信。母亲伊丽莎白是一位富有艺术气质的家庭妇女，索罗斯从母亲那里不仅继承了棕发、蓝眼，而且得到了哲学思辨和语言能力的熏陶。

1939年9月，德国法西斯对波兰不宣而战后，匈牙利政府沦为德国的仆从，它颁布了排犹法令：要求将犹太人从政府部门逐出；限令犹太人在5年内迁离匈牙利；对犹太人经商及从事其他工作进行严格限制。此时精明的提瓦达早已将自己的部分不动产变卖，做好了应变准备。1944年3月，德军开进了布达佩斯。提瓦达主动出手，贿赂了一名非犹太的匈牙利官员，请他做索罗斯的教父，还为全家伪造了身份证。经过父亲的策划，全家竟有11处可以栖身的庇护所。

1945年4月，匈牙利全境解放。在纳粹占领期间，仅布达佩斯一地就有40万犹太人被害。而索罗斯一家的幸免，全赖提瓦达的智慧和胆识。索罗斯从父亲那里学会了在复杂险恶环境下生存的本领，这是他人生第一堂风险教育课。索罗斯得到的教训是：第一，期待出乎意料的事情发生并做好应付的准备；第二，敢于冒险，但冒险时千万不能孤注一掷。在日后的投资生涯中，索罗斯一直恪守这两条原则。

二、伦敦经济学院的哲学训练

1947年，17岁的索罗斯只身来到英国伦敦，靠打工谋生。他干过农活，做过油漆匠，还曾向慈善机构乞讨。索罗斯不堪忍受底层生活的煎熬，决心以知识改变命运。

1949年，索罗斯考入伦敦经济学院，得以聆听约翰·米德和冯·哈耶克等大师授课。他用两年时间完成了本科学业，在第三学年选听大哲学家卡尔·波普的课程。波普的“证伪主义”哲学和“开放社会”理论使索罗斯的思路豁然开朗，并鼓励他思考世界运行的方式，这激起他推动人类知识的发展的热情。

索罗斯思考的是哲学领域的基本问题：思维和存在的关系问题。后来索罗斯在《金融炼金术》中回忆道："自从我意识到自己的存在，我就有去理解它的强烈激情。并且我把对自己的理解作为需要被理解的中心问题。"但索罗斯经过认真思考后竟然发现人们无法客观地认识自己！"一个人所思考的东西是他的思想的一部分。因此，一个人的思想缺乏独立的参考点——缺乏客观性。"因此，"从根本上说，我们对于世界的所有观点，在一定程度上是有缺陷的，被扭曲了的。"

尽管此时他还没有把哲学与金融投资联系起来，但上述结论成了指导他未来投资实践的明灯。

三、跨国套利市场的上下求索

索罗斯本想成为凯恩斯或波普那样的知名学者，但他学习成绩不够优异，只好放弃自己的学术梦。1953年大学毕业后，索罗斯几经周折才在一家投资银行求得一个培训生的机会，他的金融投资生涯从此开始了。但日常的琐碎工作非索罗斯之所长，他连换了两个岗位，仍不能得到上司的赏识，每周只能拿到6英镑的微薄薪水。

不甘寂寞的索罗斯在一位美国客户的建议下，决定到纽约去碰碰运气。1956年，索罗斯带着5000美元来到纽约，成为F. M. 迈耶公司的一名套利交易员。当时美国人只限于利用纽约和伦敦市场间同一证券的微小差价谋得一点小利。欧洲煤钢共同体（Coal and Steel Community）的诞生引起了欧洲股票热，索罗斯凭借其欧洲背景，一下子成为华尔街少有的欧洲证券专家之一。

1959年，索罗斯转入维特公司。1960年，索罗斯经过研究发现，由于德国安联保险公司的股票和房地产投资价格上涨，安联公司股票的市场价格与其资产价值相比大打折扣，于是他向摩根担保公司和德累福斯基金推荐安联公司的股票。后来安联公司的股价上涨3倍，索罗斯从此名声大振。

1961年，索罗斯加入美国国籍。但肯尼迪总统上任后修改了利息平衡税法令，限制美国人投资外国股票，这对索罗斯从事的业务是一个沉重打击。

在逆境面前，索罗斯经过短暂的犹豫后重新回到华尔街。1963年索罗斯加入爱霍德·布雷彻尔德公司，专门从事外国证券分析。在这里他发挥了会讲法语、德语等欧洲语言的长处，利用了在欧洲金融界的关系网，业绩斐然。1967年，37岁的索罗斯升任公司的研究部主管。1968年索罗斯说服了公司的老板，以公司的一个户头为基础成立了"第一雄鹰基金"（First Eagle Fund），由于"第一雄鹰"业绩不俗，索罗斯萌生了自己投资创立基金的念头。

"山重水复疑无路，柳暗花明又一村"。尽管在20世纪五六十年代套利业务还微不足道，但70年代"布雷顿森林体系"的解体使套利业务焕发出勃勃生机，80年代日本、德国的崛起和美元的走低给跨国套利带来无限商机，而90年代"冷战"后的全球经济一体化浪潮更是把套利交易推向国际金融舞台的中心地带。

从某种意义上讲，索罗斯在20世纪五六十年代的上下求索正是为70年代后的一系列"出乎意料的事件"做好了充分准备。更为重要的是，索罗斯的投资实践正好为他的哲学思考提供了应用和检验的场所，他开始反思自己在伦敦经济学院接受的经济学知识。反思的结论是：经济学不可能是客观的，市场很少处于均衡，而且所谓"效率市场"是不存在的。

大思想家卢梭曾经说过，每个人思想成长的过程中都要经历一个"呕吐"期——把以前接受的东西统统吐出来，逐一检验其合理性。当索罗斯"呕吐"完毕后，他就可以耳聪目明、轻松上阵了。

四、笑傲股市的"黄金搭档"

1969年，索罗斯募集股本400万美元，在爱霍德公司建立了"双鹰基金"（Double Eagle

Fund）。就在此时，索罗斯遇到了另一位金融奇才——吉姆·罗杰斯（Jim Rogers）。随着双鹰基金的壮大，索罗斯与公司业务的冲突越发严重。1973年他和罗杰斯一起辞职，并把“双鹰基金”改名为“索罗斯基金”，此时基金规模已有1200万美元了。

起初索罗斯基金的成员只有三个人：索罗斯、罗杰斯和一个文员。索罗斯是经纪人，罗杰斯是市场调研员；罗杰斯擅长分析，索罗斯善于判断。两个人配合默契，打了很多漂亮仗。1971年把1/4的资金投向当时尚不成熟的日本股票市场，盈利100%。1972年购买能源股，结果在1973年的“能源危机”中大获其利。最令他们得意的是投资于美国银行业和军工企业。

1929年大危机后美国银行业受到了严厉管制，银行类股票在华尔街被弃如鄙屣。但索罗斯经过研究发现，高等商业学校的毕业生已成为新一代银行家，他们正在寻找银行业陷入低谷的原因，并对银行内部加以整顿，一场伟大的变革正在酝酿之中。1972年，第一国家城市银行举办了规模空前的股市分析家展览活动，这使索罗斯敏锐地觉察到“突变”即将发生，他于是悄悄买进银行类股票。不久银行股开始上涨，索罗斯从中获利50%。

1973年10月，埃及和叙利亚武装部队进攻以色列，以色列由于军事技术已经过时而损失惨重。这使罗杰斯想到美国，美国的军事装备业自越战以来长期无人问津，会不会存在同样的问题？美国国防部会不会有所反应？为了得到更确切的消息，罗杰斯到华盛顿和国防部的官员周旋，又找美国军工企业的承包商谈判，结果他对自己的判断更有信心了。于是，索罗斯基金公司开始购买诺斯罗普公司、联合飞机公司、格拉曼公司、洛克洛德公司等握有大量国防部订货合同的公司的股票，1974年中期军工企业股大涨，索罗斯斩获颇丰。

整个20世纪70年代华尔街的大部分券商都不景气，而索罗斯基金的资产却从1969年的400万美元飙升到1979年的1.78亿美元，创造了10年增值43.5倍的奇迹！

“奇迹”的背后是索罗斯坚持独立思考的投资方式——“我们是从这一假设前提入手的：股市通常是不可信赖的，因而，如果在华尔街地区你跟着别人赶时髦，那么，你的股票经营注定是十分惨淡的。华尔街地区的大多数股市分析家只不过是公司经营的宣传者，从公司的年度报告或其他人的报告中抄袭出自己的投资报告，报告能揭示多少有价值的东西呢？”

事实上，索罗斯正是通过发掘市场定价的无效成分来获取超常回报的，经过10年的股市投资，索罗斯越来越坚信“市场非理性”，以至于在1979年把“索罗斯基金”改名为“量子基金”。德国物理学家海森堡在研究核外电子运动轨迹时发现，无论采用何种实验设备也无法消除测量电子轨迹时的不确定性，也就是说在量子力学中，要准确预测核外电子的运动轨迹是不可能的。在金融投资领域，索罗斯认为存在类似的情况：金融市场总是处于不稳定的波动之中，每一次投机都是一个历史过程，股市上从来没有重复出现过两次完全相同的事件，因此所谓“理性预期”其实是不可能的。

五、在“广场协议”中初露峥嵘

随着索罗斯基金公司的不断壮大，他与罗杰斯的完美组合出现了危机，原因是公司需要增加人手，但罗杰斯不想接纳其他人。1980年5月，罗杰斯离开量子基金公司，带走了20%的利润——1400万美元，剩给索罗斯80%的利润——5600万美元，索罗斯开始独资掌管量子基金。

由于个人精力有限，索罗斯放弃了许多案头准备和检验程序，完全凭直觉和判断力来操作。但是在1981年夏天，由于在美国公债市场上操作失误，量子基金亏损8000万美元，利润下降22%，1/3合伙人撤资，基金资产缩水近1/2。索罗斯面临空前的危机，心力交瘁。1981年9月，索罗斯开始把基金分包给其他经理人管理，自己充当监督者，但这种做法并没有取得很好的成效。

1984年，索罗斯重新回到投资事业中来，并开始了“即时试验”，即以日记的形式把自己每天认识市场机会、形成决策、操作实施与成果检验的全过程真实记录下来。十分可贵的是，这次“即时试验”正好赶上国际货币史上极为重要的“广场协议”。

早在1981年里根总统上台时，索罗斯就透过里根政府的政策看到了新一轮“盛衰循环”：巨额财政赤字和紧缩性货币政策必将导致利率高启、美元走强，这又将严重影响美国的出口和经济，因此这些政策是难以持久的。1984年美国大选之后，美国的财政货币政策必将发生变化，削减赤字和放松货币成为共识。1985年，美国贸易赤字和财政赤字快速扩大，OPEC的一度解体使油价大幅波动，更增加了美元贬值的压力。索罗斯感到“里根帝国循环”就要走到崩溃环节了，从9月初开始索罗斯持续买入了8亿美元的马克和日元。1985年9月28日，西方五国财长签署了“广场协议”，美元被要求贬值。一夜之间，日元对美元升值4.2%，仅在日元上的投资就让索罗斯盈利4000万美元。除了汇市外，索罗斯在外国股票（做多）和美国公债（做空）上的交易也获得了巨额利润。这使得量子基金的资产从1984年底的4.5亿元上升到1985年的10.03亿元。

1987年，在总结整理从1985年8月至1986年11月的“试验成果”的基础上，索罗斯关于金融投资的扛鼎之作——《金融炼金术》（*The Alchemy of Finance*）出版了，索罗斯开始搭建自己的投资思想体系。在这本书里，索罗斯投资思想中的核心概念“反身性”（Reflexivity）被明确提炼出来。“人们的思想也可以反映现实，这就是所谓认知功能。但在另一方面，人们做决定，而这些决定不但可以影响现实，而且这些决定不是根据现实做出的，而是根据人们对现实的注释而做出的，我把这种功能称为参与功能。这两种功能从相反方向运作，而且在某种情形下还会互相干扰。但它们也互相起作用，它们的互动方向，我称之为反身性。”正是由于认识过程中这种微妙的“反身性”关系的存在，所以主体的认识是不完备的、可错的，这也是市场不稳定性的根源所在。

必须指出的是，从20世纪五六十年代算起，索罗斯在国际市场上已经磨砺了30来年。《金融炼金术》的完成标志着一个货币投机家的投资思想已渐趋成熟。如果客观条件具备，那么索罗斯必将走向更加广阔的国际金融舞台。

六、英镑、墨西哥比索和泰铢：国际货币市场的“三大战役”

1988年，索罗斯终于为量子基金找到了合适的经理人才——斯坦利·朱肯米勒，索罗斯终于可以退身幕后了。在20世纪90年代，索罗斯指挥“量子军团”，打赢了“三大战役”，一跃成为世界级的金融投机家。

1992年的“英镑之战”是索罗斯的成名作。1990年，英国加入了欧洲汇率体系（European Rate Mechanism，简称ERM）。索罗斯认为英国犯了一个致命的错误。因为加入ERM实质上是把英镑与核心货币德国马克钉在了一起。但是柏林墙倒塌之后，为了帮助东德重建，德国联邦预算赤字激增，为了抑制通货膨胀，德国联邦银行不断加息。而英国经济正在经历衰退，英格兰银行急需降息，但降息势必扩大英、德两国的利差，使英镑贬值。为了把英镑保持在ERM内，英国正在付出昂贵的代价，但德国把统一视为头等大事，对英国的利益不予考虑。索罗斯警觉地注视着欧洲货币的动向。1992年2月7日，欧盟12个成员国签署了马斯特里赫特条约，就建立欧元区提出了具体时间表，但时间不长，一些欧洲国家便很难协调各自的经济政策。英国经济持续不景气，降息的呼声越来越高。在与德国联邦银行行长的一次交谈中了解到德国毫无降息之意后，索罗斯下定了做空英镑的决心。1992年9月15日，英镑对马克的比价已经从2.95跌至2.80，索罗斯调集了100亿美元的头寸放空英镑。尽管英格兰银行频频加息，英国政府也动用了价值269亿美元的外汇储备，但英镑还是冲破了2.778的底线，被迫退出了欧洲汇率体系。而索罗斯不仅在投机英镑中获利10亿美元，而且赢得了“英格兰银行征服者”的美称。

1994年，索罗斯又率领投机集团，发动了对墨西哥比索的攻击。1994年1月1日，美、加、墨三国签订了《北美自由贸易协定》。墨西哥加入北美自由贸易区后，在外资大量涌入的同时，本国的工农业遭到巨大冲击；与此同时，墨西哥财政赤字和贸易赤字不断扩大，国民经济增长速度开始放缓，不堪忍受失业煎熬的人们开始进行恐怖活动，投资风险空前加大，外资准备撤离，墨西哥比索贬值的压力越来越大。墨西哥政府却执意维护固定汇率，不惜动用大量的外汇储备干预市场。于是索罗斯等人以美元作抵押，从墨西哥银行借出大量的比索，然后在外汇市场抛售比索、换回美元。在投机势力的联合打压下，外汇储备有限的墨西哥政府只好认输。1994年12月19日，墨西哥财政部长宣布比索将自由浮动，12月20日比索贬值20%，索罗斯等人再以贬值的比索偿还当初的贷款。墨西哥政府损失了50亿美元的外汇储备，索罗斯等人获取了巨额利润。

1995年9月，一本由索罗斯口述的对话集《索罗斯论索罗斯：走在曲线前面》出版了。在这本书中，索罗斯介绍了他的“盛衰周期”理论，他把金融市场上占主流的偏见称为“流行偏见”，当流行偏见与市场价格、基本趋势三者之间形成了彼此加强的正向反馈关系时，市场便进入繁荣阶段；当市场价格与基本趋势背离得如此之远，以至于人们对此趋势的持续产生了严重怀疑时，相反的运动便发生了，市场走向崩溃。于是索罗斯得出结论——“潮流大部分时间都是一股助力，不过追随者到了潮流发生转折或改变时就会受到伤害。大部分时间我追随潮流，但我自始至终都了解自己也是‘众生’之一，也有可能受到伤害，因此我随时留意转折的出现……我走在指数曲线的前面，小心留意潮流快要走不下去的征兆。然后和其他随波逐流者分道扬镳，再寻找新的投资主意。有时，我觉得潮流走过了头时，就会考虑逆流而走，但只有在转折出现时，才会得到好处。”

1997年初，一直在等待时机的索罗斯开始关注泰铢币值的变化。索罗斯注意到：第一，泰铢长期钉住美元，而20世纪90年代美元不断升值，使泰铢背离了它应有的价值；第二，银行呆账、坏账剧增，部分金融机构破产，泰国金融形势不稳；第三，国际收支状况恶化、外债水平急剧增高，外国投资者的信心开始动摇。5个月间，索罗斯联合其他投机商，集资60亿美元，在短时间内大量抛售泰铢。泰国政府苦撑了一段时间后，不得不宣布放弃泰铢与美元的固定汇率制，实行浮动汇率制，7月2日泰铢贬值了20%。有资料说，仅在这场泰国货币危机中，索罗斯就赚了20亿美元。索罗斯乘泰铢贬值之势，横扫东南亚其他国家，而韩国、日本等地也受到严重影响，一场亚洲金融危机爆发了。

七、世纪之交，退出江湖

1998年以后，索罗斯频频失手。

1998年，索罗斯看好俄罗斯股票市场。他先向俄罗斯电信投资公司投资9.8亿美元，又出资10亿美元购买俄罗斯石油公司的股份。不料同年8月份俄罗斯出现金融危机，卢布大幅贬值，俄罗斯股价受到拖累，索罗斯损失惨重。为了挽回损失，索罗斯在香港攻击港元的联系汇率，却在中国香港特别行政区政府及其属下的基金的有力反击下再遭重挫。结果，1998年成为量子基金自成立以来的第二个亏损年，亏幅达20.15%。

“百战归来再著书”，1998年11月，他的《全球资本主义的危机》一书出版了。在此书中，索罗斯警醒地指出全球资本主义危机的两大根源：一是金融市场的内在不稳定性；二是社会的发展未能与经济发展同步，政治的失败、道德的侵蚀、拜金主义的盛行，是对全球资本主义的更大威胁。索罗斯还把全球资本主义体系看作一个巨型循环系统：全球大部分金融资本被吸纳到系统中心的金融市场和金融机构，而后又通过各种信贷、投资组合或跨国公司直接投资等方式输送到体系的边缘地带。亚洲金融危机爆发后，资本开始向中心地带回流，这看起来似乎对中心地带有利，但却是以边缘地带的极度痛苦为代价的，一旦边缘地带因不堪忍受而退出全球资本主义体系，中心地带金融市场就可能面临崩溃。但是这场“崩溃”（2000年的互联网泡沫破灭）却姗姗来迟，而亚洲“四小龙”很快复苏，中国、印度两个大国增长势头不减，索罗斯的预言有点夸大其词。

1999年欧元启动，索罗斯看好欧元走势，但是由于美国发动索马里战争，资金纷纷逃往美国，欧元币值缩水24%，索罗斯基金损失10亿美元。与此同时，索罗斯预言美国已经出现了和日本20世纪80年代后期完全相同的资产泡沫，美国将发生一次大的经济危机，于是他看空美股和美债。但美股首季升幅一成多，美债价格也是一直升到1999年4月底才回落，结果到7月量子基金缩水20%。为了挽回败局，索罗斯宣布对他的对冲基金组织进行改组，把追随自己10年的朱肯米勒从行政岗位上解脱出来，专心从事资金管理。朱肯米勒在第三季度大举购买科技股，卖空传统经济股，到年底盈利总算达到35%。

2000年初索罗斯预测到“新的一轮金融危机将从全球资本市场的中心地带爆发”，但他不能确定爆发的时间。结果2000年4月头两个星期内纳斯达克科技股急转直下，量子基金未能做好准备，亏掉30亿美元，索罗斯的重振计划再次幻灭。

2000年5月，以朱肯米勒为首的高级经理相继出走，索罗斯“众叛亲离”。索罗斯终于做出一个十分无奈的决定：将量子基金重组并更名为量子捐赠基金，该基金今后不再进行高风险性投资，以确保对其慈善活动的资金支持；而执掌量子捐赠基金的大权暂交给他的儿子罗伯特·索罗斯。

“烈士暮年，壮心不已”。2002年，72岁的索罗斯的新书《开放社会——改革全球资本主义》出版了。在该书中，索罗斯对时下流行的“市场原教旨主义”——新自由主义经济学理念——进行了不遗余力的批判。并入木三分地指出：“全球资本主义体系已经造就了一个非常不公平的世界，贫富差距越来越大。这是很危险的，因为一个不能为失败者提供任何希望和援助的体系，很容易被绝望的行动所破坏。”最后，索罗斯得出了“不能对金融市场完全自由放任”的结论。“……市场机制本身也需要一个试验和犯错误的过程来矫正自己。中央银行尤其适合担当这一任务，因为它与金融市场打交道并接受反馈，这使它能够纠正自己的错误。”

美国“9·11”事件之后，面对美国在证据不足的情况下悍然发动伊拉克战争，索罗斯的反战热情高涨。他认为布什总统正在把美国引向一条与“开放社会”理念完全背离的错误道路。在2003年出版的《美国霸权的幻想》中，他谆谆告诫世人：小布什所谓“你不和美国站在一起，你就是美国的敌人”的反恐言论，与当年希特勒的谬论如出一辙。由此可见，这个当年在德国纳粹统治下辗转逃亡的人，对霸权主义是多么深恶痛绝！

第二章　索罗斯的投资思想

索罗斯尽管写了不少著作，但是没有一本书完整反映了他的投资理论体系。在《金融炼金术》、《走在股市曲线前面的人》、《全球资本主义的危机》、《开放社会——改革全球资本主义》几本书中，他的哲学、经济、政治、社会思想交织在一起，笔者试图把他的投资思想提炼出来，使之形成一个较有条理的理论体系。

一、索罗斯的投资哲学

约翰·梅纳德·凯恩斯曾经说过，“讲求实际的人们自认为他们不受任何学理的影响，可是他们经常是某个已故经济学家的奴隶。”如果把这句话中的“经济学家”换成“哲学家”，不仅同样适用，而且更显贴切。一个人的现实观点，常常来源于他的哲学观点；而面对复杂多变的金融市场，人们更需要从哲学世界中获取营养和支持。索罗斯在学习和体验哲学的过程中，看到了哲学世界与金融世界的种种联系，这使他的投资思想拥有了丰厚的哲学底蕴。

1. 从卡尔·波普继承来的科学哲学观

卡尔·波普（Karl Popper）是20世纪西方科学哲学界的一位大师，在20世纪30年代他凭借

《科学发现的逻辑》一书跻身于国际学术界，他的其他重要著作有《猜想与反驳》、《客观知识》、《开放的社会及其敌人》、《历史决定论的贫困》等。20世纪四五十年代，当他的科学哲学思想正在风行的时候，索罗斯恰好进入波普执教的伦敦经济学院求学，从此两个人结下了不解之缘。

索罗斯的投资思想带有浓厚的哲学色彩，却没有严密的哲学分析和推理，在很多场合下，索罗斯直接把波普的结论拿来作为自己推论的起点。因此，要理解索罗斯的投资哲学，首先要了解波普的哲学观点。索罗斯说："我受到波普很大的影响，不只是受他《开放的社会及其敌人》这本著作的影响，他的科学哲学对我的影响更大。"因此我们着重考察波普的科学哲学观。

波普的科学哲学思想一般被称为"证伪主义"，其核心观点是：科学理论不能"证实"，只能"证伪"，应以"可证伪性"来划分科学与非科学；彻底反对归纳法，因为即使看到1000只白天鹅也不能肯定所有天鹅都是白的；科学思考的起点只能是暂时接受的科学假说，大胆假设，严格检验、批判是获得科学知识的可靠途径。

波普的科学哲学观是索罗斯哲学思想和投资思想的源头。索罗斯的"可错性"理论可以说直接来源于波普的"可证伪性"；索罗斯的"先投资，再调查"（Invest First，Investigate Later）的做法，正是波普"先假设，再求证"的翻版；索罗斯把主流经济学理论视为暂定的假说，大胆提出批评和质疑，更把自己的投资方案视为假说，时刻留意出乎意料的事情发生……这表明索罗斯不仅从理论上，而且在实际行动中都吸收和贯彻了波普的哲学观。

2. 索罗斯的"可错性"理论

索罗斯的哲学理论首先要解决的是思维和存在的关系问题，但并不涉及本体论，而是直接指向认识论，即思维能否把握存在，认识的主体能否准确无误地反映被认识的客体。索罗斯在这方面思索、研究的成果即"可错性"理论。

索罗斯的"可错性"理论有一强一弱两个版本。他的弱式（weak-form）"可错性"意指："……人们对世界的理解本来就是有欠完整的，有些状况是我们必须先行理解，而后才能做出相应决定，但事实上这些状况往往受到我们做决定时的影响，当人们参与某些事时，他们所怀有的期望本身就是会和这些事的实际情况不一致，只是有时差距很小，可以不必理会，但有时差距很大，足以构成影响这些事件发展过程的重要因素之一。"由此可见，弱式"可错性"是由于认识主体和客体的相互影响而产生的（*这一点将在后面的"反身性"哲学范畴中详细展开*），举一个不太恰当的例子可以帮助理解这种"可错性"产生的缘由：认识主体好比驴子，认识客体好比挂在驴子头上的胡萝卜，不管驴子采取怎样的办法去接近胡萝卜，却始终够不到它——因为随着驴子的移动，胡萝卜也被移动了。也就是说，认识主体永远无法找到一个"阿基米德支点"对客体进行无偏颇的观察，这样认识过程就失去了客观性。

索罗斯的强式（strong-form）"可错性"又称"彻底可错性"，即"所有人类心灵的建构，不论建构局限在我们思维深处或表现为各种学科、各种意识形态或各种体制，都是有缺陷的"。由于"彻底可错性"假定人类的认知结构存在根本缺陷，所以对于这种"可错性"是人类无法检验的——既不能证实，也不能证伪——这个命题本身是一个悖论。索罗斯进一步指出，承认了"彻底可错性"并不意味着我们无所作为了，事实上"可错性"有着有利的一面，"这两种观点加起来——所有人类心灵建构都是有缺陷的，只是其中有些是有利的——就是我的彻底的可错性论的核心所在"。因为"彻底可错性"实际上为我们开启了批判性思维的大门，暗示着我们对客观实在的认识有着无限广阔的空间。

"彻底可错性"的意蕴相当丰富。从投资角度讲，任何制度安排都存在缺陷，找到其中的缺陷也就发现了商机；市场定价总是出错，找到别人不曾留意之处，就可以获取超额回报；每个人都会犯错误，以此来警示自己，就会在市场疯狂时依然保持清醒，走在指数曲线的前面。

3. 索罗斯的"反身性"哲学范畴

如果说"可错性"观念继承自波普，那么"反身性"哲学范畴恰恰是索罗斯的创见。从学理角度看，索罗斯正是从“反身性”出发，对人类认识的“可错性”做出了自己独到的解释。在此之前，机械的唯物论或唯心论，总是把物质和意识割裂开来，要么是物质决定意识，要么是意识决定物质；辩证唯物主义注意到了意识对物质的反作用，主体对客体的能动性，却没有对主体作用于客体的细节进一步展开。从实践角度看，“反身性”现象出现于金融市场的情形并不少见，许多金融投机家已有意识地运用它来解释市场价格的波动，但是将这一现象视为市场本质特征并以此形成主要分析方法的大概是从索罗斯开始的。

索罗斯的“反身性”哲学范畴包括抽象和实践两个层面。

在抽象的方面，索罗斯首先分析了自然科学领域和社会领域的不同。自然科学可以假定要解释的客观实在与人类思维得出的命题是严格分开的，人们把命题与客观实在相对照，检验其真伪，检验结果重塑人的思维，在此基础上发展出新的命题。在上述过程中，人类的思维方式并未改变客观实在。然而在社会领域，人类的思想总是来自于具体的社会环境，而且每个人根据自己对社会环境的独特认识来参与社会变革，这种变革活动又改变着社会环境。“在这种情况下，虽然结果也是事实，但它却不能作为判断参与者的思想是否正确的独立标准，因为它依赖参与者想什么和做什么。”于是，我们看到两种截然不同的因果链：在自然科学领域，不管试验者是谁，炭在氧气中充分燃烧都要生成二氧化碳；然而在社会科学领域，即使给定相同的初始条件，由于参与主体的不同，最终结果也会迥异。“如果在事实和认知之间存在某种对应（Correspondent）或等价关系，这当然不至于会产生任何难以克服的障碍，不幸的是这种假设无法成立，因为参与者的认知所涉及的不是事实，而是一种本身取决于参与者认知的情景……”于是，索罗斯发现了存在于社会参与者的思维和实在之间的一个普遍关系——反身性。

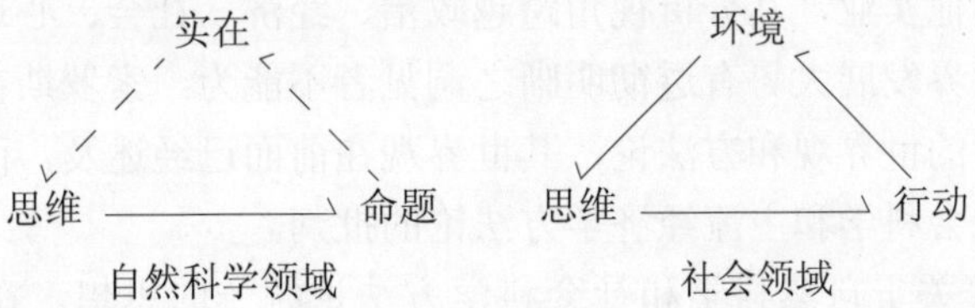

在实践方面，索罗斯认为任何一个金融投资者在面对金融市场时都呈现出两种功能：一方面，具有思考能力的投资者试图理解他所参与的市场，索罗斯称之为认知功能；另一方面，投资者按照他对市场的理解参与到真实的市场环境中，并进行交易，索罗斯称之为参与功能。用函数关系表示即为：

认知功能函数：$X=f(Y)$

参与功能函数：$Y=g(X)$

其中，

X：投资者关于市场情景Y的认知；

Y：由投资者参与塑造的市场情景。

上述两种功能相互作用，导致了市场的不稳定性和波动性。上述分析只是静态的，如果从动态联系的角度来看，把两种功能放在一个连续的时间序列上，又可以得到下列两个函数：

$$Y_2=g〔f(Y_1)〕$$
$$X_2=f〔g(X_1)〕$$

由此可见，过去市场的情景（Y_1）通过投资者的认知功能（f）和参与功能（g）塑造着未来的市场情景（Y_2）；投资者对过去市场的认知（X_1）通过其参与功能（g）和认知功能（f）影响着投资者对未来市场的认知（X_2）。这说明，投资者所要认知的不仅仅是市场情景，还包括他的认知本身，因为市场情景中已经包含了投资者的认知——索罗斯称这种关系为“反身性”。

由于“反身性”的存在，市场情景和人的认知总在不断的推移之中，这正是导致市场不确定性的根源。不过，尽管“反身性”无时无刻不在发挥作用，却未必导致人的认知与客观实际的过分偏离，原因之一是时间的流逝有时能在认知功能和参与功能之间起到绝缘作用，从而削弱了“反身性”的作用强度；原因之二是认识的偏差只有当引起基本趋势的变化时才能被强化，若无基本趋势的支持，偏差将被修正——索罗斯称上述的情形为“日常事件”。但是在重大的“历史事件”中，“反身性”发挥着举足轻重的作用，至于具体的作用过程，将在“盛衰周期”模型中详细展开。

在索罗斯的投资哲学构架里，“可错性”是基石，而“反身性”则是核心；“反身性”哲学范畴是索罗斯的创见，是理解“可错性”原理的锁钥，也是索罗斯与波普思想分歧的源头。在“可错性”和“反身性”的基础上，索罗斯又演绎出社会经济“三态”理论和“盛衰循环”理论。

二、索罗斯的宏观投资思想

索罗斯在和罗杰斯搭档时期，主要投资于股市。尽管在股市投资方面有不少闪光的思想，如不看华尔街流行的股评文章，寻找别人意识不到的“突变”，在同一行业选择最好和最坏的两只股票等，但这些并非索罗斯投资思想中最令人注目的部分。真正使索罗斯独树一帜、成为世界级投资大师的，是他的“宏观投资”（macro-investing），因此笔者主要研究索罗斯的宏观投资思想。

1. 索罗斯对社会科学和主流经济学方法论的批判

所谓“宏观投资”，就是针对宏观政治经济形势而进行的投资，其投资范围涉及债市、股市、汇市、房地产及其他实业，其分析视角跨越政治、经济、社会、心理等诸多层面，除非对一国、一地区乃至全世界发展大势有透彻明晰之洞见者不能为。索罗斯在国际金融市场上纵横驰骋，凭借的是他独特的世界观和方法论，其世界观在前面已经述及，而他的独特方法论的建立则发端于他对现有社会科学和主流经济学方法论的批判。

索罗斯扬弃了波普关于自然科学和社会科学方法论统一的思想。在前面的论述中已经看到，在自然科学领域，思维与实在是严格分离的；在自然现象界，事件甲和事件乙的因果链条是紧密衔接的，这一点并不因研究者思维方式的不同而有所改变；因此检验自然科学假说的标准只有一个——看命题与事实是否相符。然而在社会领域，由于有思考能力的人参与进来，并基于“反身性”和“可错性”原理，社会运动中事件甲和事件乙之间的因果链条被割断了，从而表现为“事件甲——参与者的认知——事件乙……”的时间序列；由于参与者的认知方式千差万别，所以即便给定相同的初始条件，也难以得到完全相同的事件序列，因而社会历史的演变不是决定论的，而是充满着不确定性的。最后，索罗斯得出的结论是：“社会科学”这个名词本身是一个错误的比喻，在社会领域根本不存在跨越时间限制的“自然法则”，在自然科学领域适用的法则不应被机械地搬运到社会领域中来。不过，承认社会科学的限制不等于放弃对真理的追求，索罗斯的努力方向正是在“可错性”、“反身性”等哲学理念的基础上，建立一套全新的方法论。

索罗斯对西方主流经济学——新自由主义——的批判，不是在具体知识或技术层面，而是针对其基本假设和方法论的。

首先，索罗斯批判了新自由主义经济学的基本假设——市场均衡论。“均衡”一词来源于牛顿的经典物理学，而市场供求均衡与牛顿力学中的均衡状态十分类似。其实，在自然科学领域，经典力学的均衡观早已被打破，爱因斯坦的相对论、海森堡的测不准原理、最近产生的混沌理论等，都表明不均衡、不确定才是物理世界的常态，而牛顿力学描述的均衡状态只有在十分有限的范围内才发挥作用。而一味模仿自然科学的经济学却大大落伍了，事实上索罗斯根据他的“反身性”和“可错性”原理，已经论证了市场的内在不稳性和波动性本质。在现实世界中，任何人都无法给出一个确切的均衡标准，因而均衡就成为一种不可检验的状态。不过在大量的日常事件中，在常规和习惯的作用下，人们已经形成相对稳定的认知，从而“反身性”的作用不为人们所察觉，市场处于一种近似均衡的状态。然而在重大历史事件中，人们的认知与市场环境发生强烈的双向反馈，均衡状态被彻底打破了，不确定性得到了明白地呈现，这时主流经济学就只能以“市场失灵”之类的遁词来敷衍了。于是索罗斯得出结论：“波动”和“涨落”才是市场的常态，而所谓“均衡”只是新自由主义者一厢情愿的幻想而已。

其次，索罗斯批判了经济学上流行的实证主义方法论，这种方法论的典型模式为：先提出一系列的假设条件，再进行逻辑（数学）推导并得出确定性的结论，最后用统计手段加以检验。问题的关键在于，要使实证主义方法成立，其逻辑推理过程所依赖的“通用法则”必须是超越时间限制的。索罗斯已经证明，社会事件是历史的、不可逆的、不确定性的，因此所谓“通用法则”并不存在，而对同一社会现象的重复试验也是不可能的。

2. 索罗斯的社会经济“三态”论

索罗斯在否定社会科学和经济学方法论的同时，构造了自己的社会经济分析模型，针对主流经济学的静态均衡观，索罗斯把社会经济的运动状态分为三种：近似均衡、静态不均衡和动态不均衡。

近似均衡，是一种无法达到均衡但与均衡也不会相差太远的状态。在这种情形下，参与者与社会、市场之间的“反身性”联系相对稳定，人们通过经验或常识即可达到对社会经济状况近似准确的认识，而且社会及市场内部有一套机制对人们的认知与客观实际之间的偏差予以矫正，这种内在机制索罗斯称作“开放社会”。在现实中，索罗斯所说的近似均衡状态可以与经济学中的均衡状态相对应；但从概念角度，两者有着本质的不同，前者认为波动性才是社会经济的常态，而后者是一种静态的均衡观。

静态不均衡，是人们的偏见根深蒂固或者被体制长期固化，从而表面上呈现出稳定甚至超稳定的状态。在这种情形下，参与者的观念与事实相去甚远，僵化的社会体制又不能给两者的互动提供必要条件，观念甚至试图把现实强行纳入它的解释框架，结果两者南辕北辙，越走越远。但思维与实在的这种偏离终究无法超越一定的限度，一旦矫枉过正，社会经济立即处于极度动荡之中。索罗斯把古埃及和苏联的社会运行归入此类状态。

动态不均衡往往出现在社会经济状况急遽变化的情况下，人们已有的认知经验无法解释变化了的现实，于是一种偏见开始出现并在人们中间流行开来，而社会经济的运行也出现了迎合这种偏见的倾向，于是思维和实在之间出现自我强化的互动，最终演变成一场“盛衰循环”。20世纪互联网经济泡沫的繁衍和崩溃就是一个生动的例子。

索罗斯把上述三种状态比喻成自然界的三态——液态、固态和气态，并进一步指出，三种状态之间没有不可逾越的鸿沟，它们可以相互转化，关键还要看“反身性”过程如何发生作用。

3. 索罗斯的“盛衰循环”理论

索罗斯的“盛衰循环”理论也可以理解为一种周期理论，但是它与传统周期理论的最大差别在于它的理论基础——“可错性”和“反身性”。

在“盛衰循环”模型中，有三个关键的解释变量：市场价格、流行偏见和基本趋势。根据“可错性”理论，每一个市场参与者都存在某种偏见，但是当把所有的偏见（通过价格形式）加总后，会有一种占主流的偏见，索罗斯称之为“流行偏见”。“基本趋势”即通常所说的“基本面”，人们会设定一些指标对之加以衡量，比如对股票而言，有每股盈余、股息、资产价值等；对于一国的货币，有短期外汇借款与出口贸易额比例等；对于金融机构的风险价值，有VaR指标等。

根据“反身性”理论，三个解释变量的相互关系如下：市场价格是基本趋势和流行偏见的综合反映，它反过来又影响着基本趋势和流行偏见。三者之间的相互影响又可分为两种类型：当变量之间相互发生正向影响时，称之为趋势的自我增强（Self-reinforcing）；当变量之间相互发生负向影响时，则称之为趋势的自我修正（Self-correcting）。当三个变量在一个较长的时段上持续地自我加强，最后终于难以为继，不得不强行修正时，便出现了“盛衰循环”。

一个典型的“盛衰循环”需要经历如下几个阶段：（1）市场的基本趋势尚不明朗，但流行偏见已逐渐形成；（2）基本趋势逐渐被市场辨认出来，并在流行偏见的推动下不断加强，价格的变动趋势日渐明显，但三者之间的反射关系还不稳固；（3）流行偏见和基本趋势成功通过市场测试，反射力量进一步加强，价格开始无阻力加速运动；（4）现实与观念之间的偏离越拉越大；（5）三个变量之间偏差充分展示，张力达到极限，价格开始剧烈波动；（6）基本趋势开始回头，流行偏见随之发生逆转，价格反方向猛烈回弹。（7）三个变量加速向反方向运动，市场走向崩溃。

索罗斯还补充说，现代金融制度的缺陷（如每日盯市的抵押清偿制度）以及政府决策的错误（如固执地维护不切实际的固定汇率制度）夸大了市场振荡的幅度，使“盛衰循环”更容易形成。

三、索罗斯的投资操作思想

作为一名投资实践家，索罗斯把抽象的投资哲学和理论模型转化为实际行动，并且在实践层面上“有破有立”，形成了自己的投资操作思想。

1. 索罗斯对现代投资理论的批判

现代投资理论是指20世纪50年代发展起来的，包括有效市场理论和金融资产定价理论两大分支。有效市场理论研究市场价格能否及时、充分反映各种相关信息的问题，经济学家提出了弱式、半强式和强式三种有效市场假设，并进行了大量的实证检验，最后结论是：发达证券市场大都具备很强的弱式效率，并在很大程度上具备半强式效率，但没有任何市场具有强式效率。有效市场理论在华尔街演变为一句名言：“市场总是对的。”金融资产定价理论以有效市场理论和理性经济人为两大假设前提，并以严密的数学推导得出了金融市场均衡时各种风险资产的价格，这一理论不仅在学术界取得了极大成功，而且成为众多基金经理的操作指南。

索罗斯抱着“任何理论都是假说”的批判态度投身市场，很快发现自己被经济学理论所愚弄。有效市场理论其实是均衡理论在金融市场（特别是股票市场）上的延伸，索罗斯却指出：“经济理论从需求和供给开始，实现均衡只是需要找到可以使需求和供给相等的一个唯一的价格。但是，当价格变动本身改变了参与买卖者在特定的价格水平的意愿时，如价格下降会使他们预期价格在不远的将来会下降更多，这会造成什么结果呢？这是金融市场和技术进步迅速的产业中常有的严酷现实，但是，这种现实的可能性却被经济学家们假设掉了。”而市场总能准确定价的假设，则是以理性预期为大前提的，索罗斯又反驳道：“市场似乎常常能够准确地预测未来。这并不是因为事件的发生符合理性预期，而是因为预期能够影响应由其贴现的所谓基本面。理性预期理论认为，按照定义，市场总是正确的；但我认为，金融市场几乎总是错误，只不过在一定的限度内它有自我验证的能力罢了。理性预期理论断言，长期而言，不可能使业绩优于市场的平均走势，个别参与者的业绩偏离平均水平是随机的。这一结论显然是错误的，我为在自己的实践中证明了这一点而感到高兴。”既然有效市场理论和理性经济人的假设都存在根本性错误，那么在这些假设基础上发展出来的金融资产定价模型就变得毫无意义了。

2. 索罗斯对传统投资方法的批判性分析

除了现代投资理论之外，市场上还流行着两大传统的投资方法——基本分析和技术分析。索罗斯运用自己的哲学思想和理论模型对基本分析方法和技术分析方法做出了批判性分析。

技术分析的实质是通过对过去的价格、成交量等指标的分析来预测未来市场价格的运动方向，它的一条基本假设是“历史可以重复”。索罗斯的经济“三态”理论已经表明，历史重复再现的假设只是在非常有限的条件下才近似成立，而金融市场处于不断的扰动变化之中，投资者的认知与市场环境之间很难形成稳定的“反身性”关系，因此技术分析的适用性就非常有限了。

基本分析方法假定，金融资产（以股票为例）有其“内在价值”，尽管股价每天都在不停地波动，但是股价归根结底取决于股票的“内在价值”；二者的一致性在短期内或许不能呈现出来，但从长期看来却是非常明显的。因此基本分析法舍像掉股票价格的短期波动，采取在低点买入并长期持有的策略。至于股票“内在价值”，则要透过宏观政治经济分析、行业分析、公司基本状况分析、财务报表分析等手段来确定。

索罗斯对于基本分析方法不是全盘否定的，事实上它在进行“宏观投资”的过程中也要采取与基本分析相类似的一些步骤。但是索罗斯从他的“反身性”哲学出发，指出了基本分析法的一个重要缺陷：基本分析假定股价与基本面之间是一种单向决定关系，它把股价对基本面影响作用完全排除掉了。在索罗斯的“盛衰循环”模型中，关键的解释变量有三个：市场价格、流行偏见和基本趋势。当流行偏见开始推动股价上涨时，上市公司为了迎合这种流行偏见，会努力改变公司的业绩指标（如市场规模、信用等级、产品的市场形象、管理信赖度等），以取得公众的认同，而公众收到来自上市公司的积极反应信号后，会对自己的偏见深信不疑，于是股价被进一步推高，“盛衰循环”的前一个阶段被顺利启动了。

从这个意义上，索罗斯说：“我不接受股价是其基本价值的被动反应，也不接受其反应会对应于基本价值的说法。我主张市场评价总是被扭曲的……该扭曲现象会影响基本价值。”“我以下面两个陈述取代‘市场永远是正确的’的观念：①市场在方向上永远具有某种偏颇。②市场能够影响它所预测的事件。”

3. 索罗斯的“非理性”投资理念

西方的主流意识形态和价值观念是理性主义的，而索罗斯的整个思想体系都是和理性主义对抗的。正因为索罗斯认为市场的本质特征是非理性的，所以它主张成功的投资理论不是科学，而是一种“炼金术”：“炼金术就是暗示某种干预、操纵、物质的改变。”“炼金术士设法以念咒的方式把低级的金属变成黄金，当然是缘木求鱼的事。对于化学元素，炼金术可能起不了作用。但在金融市场则可能行得通。咒语能够影响左右事情发展的人的决定。”

索罗斯和波普一样，反对归纳法而推崇演绎法。但由于索罗斯看到了自然科学与社会科学的本质差异，甚至否认“社会科学”的科学性（而称投资理论为“炼金术”），所以他仅仅利用了科学演绎法的“瓶子”，而在“瓶子”里面装入了不确定性、非理性主义的内容。索罗斯说：“我是对特定事件的过程有兴趣……真正重要的是特定状况下会发生什么事情。同样的原理在历史过程中甚至更适用，我不能就历史事件做出可靠的预测，只能形成若干假设性的情境，然后可以拿实际的事件过程和假设过程比较，这种假设没有科学上的正确性，但有相当的实用性，能够为现实中的决定提供基础。我不能根据普遍正确的通则预测事件的过程，但是可以设计出一种一般的架构，协助我根据经验预测和调整我的期望。”在索罗斯“大胆假设，小心求证”的过程中，存在着很多“非理性”因素：假设的确立不单单依靠理论模型，还要借助于理念、直觉等；假设的形式不是一组严密的条件或公式，而可能仅仅是一两个想法、念头，或是几种不确定的情形；在检验自己的认知与市场是否相符时，也不仅仅凭借周延的推理，还有一种个人体验的成分。但这对索罗斯来说不是什么遗憾的事情，因为他在投资时所追求的，不是科学，而是成功：“我的架构只是协助我用不科学的方法应付不确定状况。这一点是很重要的差别，用科学标准来判断，我的理论毫无价值，不能产生确定性或概率性的预测和解释……本来就应该这样，因为我认识到，有思考能力的参与者的状况，基本上和科学观察者的状况不同。”

此外，正是因为索罗斯认为社会领域不存在“通用法则”，所以他时时留意“非常规”的事件，比如他对新经济评价如下：“现在，投资者已经失去了对基本面的信任，认识到这个游戏的目的只是为了赚钱，而不是支撑股价的价值。许多屡试不爽的股票评价标准已经被抛弃，恪守这些标准的人被相信‘新经济’的人打得溃不成军。”索罗斯也注意到投资者心理对市场价格影响："经济学理论告诉我们，价格上升往往会使需求减少，供给增加。股票市场就不是这样。价格上升会增强购买者的紧张心理，反之，价格下降则会降低购买者的紧张心理，从而导致从众行为的出现。""当股价开始下跌时，跌势会助长跌势。"

如果说约翰·梅纳德·凯恩斯的《就业、利息和货币通论》把宏观经济学从"萨伊定律"的教条中解放出来，那么乔治·索罗斯的"反身性"、"可错性"、"盛衰循环"、社会经济"三态"、"非理性投资"等重要思想对于当下流行的哲学、经济和投资观念等也应起到类似的革命性作用。不过索罗斯的思想尚未形成一个完备的体系，而且"破坏有余，建设不足"，还有一部分思想是"只可意会，不可言传"的，加之其表达方式晦涩难懂，这就大大限制了索罗斯在学术界的影响力。

第三章 索罗斯投资思想的启示

索罗斯的投资思想和投资实战是紧密结合在一起的，因此索罗斯的投资思想不仅在学理上给人耳目一新的感觉，而且对于投资实战有着很强的指导意义。

因为金融实战如同军事战争一样，具有极其相似的对抗性、危险性、复杂性和不确定性。下面的几节就是从投资实战的角度，在索罗斯投资思想库中提炼出防守、初战、进攻和退却四个方面的策略。

一、投资中的防守策略

《孙子兵法》有云："昔之善战者，先为不可胜，以待敌之可胜。不可胜在己，可胜在敌。战善战者，能为不可胜，不能使敌必可胜。"如何处理进攻和防守的关系，《孙子兵法》已经给出了明确的指导原则。在投资中也存在同样的道理，投资的第一原则是不亏钱，在这个基础上才能谈如何赚钱。索罗斯在投资中的防守策略主要表现在以下几个方面：

第一，保全本金。索罗斯是敢于冒险的金融投机家，但是他同样关注本金的保全，因此他对复杂的衍生金融工具敬而远之，而喜欢采取几种最简单的投资方式，这使索罗斯躲过了几场因衍生工具而引发的股灾。此外，索罗斯还持有大量的短期证券，既保持了高度的流动性，又十分机动灵活，随时可以调整资产配置结构，迅速捕捉获利机会。由此可见，索罗斯的防守是积极防守，寓攻于守，表面看波澜不惊，实际上蕴藏着巨大能量。

第二，妥善处理风险和收益之间的关系。风险和收益总是相伴相随，但是通过一定的控制手段可以把既定收益下的风险降到最小。索罗斯最常用的方法就是对冲，而具体的情形大致有三种：（1）同一金融品种在现货市场上买入（卖出）的同时又在期货市场上卖出（买入），从而把时间风险对冲掉；（2）在购买同一行业的股票时选择业绩表现最好和最差的两只，从而把行业风险对冲掉；（3）跨品种对冲，比如在卖空港元的同时卖空恒生指数期货，从而把可能的损失降到最低。

第三，忍受寂寞。根据统计经验，几百年来众多投资者平均下来只能得到一个市场平均的投资收益率，尽管无数投资者一直期待着跑赢大势、打败市场。这个铁的事实告诉我们：如果随波逐流、人云亦云，最多只能和大势打个平手；要想取得超额回报就必须做到与众不同。而投资者作为人类社会的个体，有着天生的从众心理——只有和大众保持一致自己才有安全感，特立独行者就必然要忍受孤独所带来的寂寞。由于索罗斯选择了与市场对抗，所以他常常要忍受身心的痛苦。"我知道自己可能会出错的心态让我缺乏安全感，缺乏安全感使我随时处于奋战状态，因而随时提高警觉以应付错误。"这种危机感加上繁重的工作，使索罗斯常常发作背痛，这通常是一种信号，提醒他其仓位有风险，一旦索罗斯检验其投资思路并找出应对良策后，他的背痛就不治而愈了！

第四，高度自制。华尔街有一句格言：靠别人的愚蠢和自己的克制赚钱。自制是投资大师的共同品质。索罗斯能够保持高度自制的原因有二：一是他的可错性理念。索罗斯在把自己与罗杰斯对比时曾经说过，“我们都认为市场会出错，但我认为自己也会出错。”他还解释说：“对于其他人来说，犯错是羞耻的渊薮，而对我来说，意识到我的错误是骄傲的源泉。”相信自己会出错，就会把自己摆在一个适当的位置，时刻保持冷静与自制，不断检查自己思维构架中是否存在纰漏之处。这一点在趋势发生逆转时尤为重要，因为崩溃多发生在轰轰烈烈之时，多一份冷静与克制会使你提前发现繁荣背后隐藏的危机，免于遭受潮流逆转的伤害，“走在曲线前头”。相信自己会出错，给索罗斯带来的另一个好处是，他认为做成一件事情可以有多种截然不同的方法，这使索罗斯能把不同类型的人才网罗到他的基金公司，而不像“独行侠”罗杰斯那样过分高估自己。二是他的金钱观，索罗斯渴望财富，但绝不贪婪，这大概与父亲对他的教诲有关，所以他常常是“不以财喜，不以己悲”。事情往往是辩证的，越是患得患失，越不能做出准确判断；越是克制自己的欲望，反而成就了自己，这就是“圣人无私，故能成其私”的道理。

然而，索罗斯的政治企图心又使他不能保持完全的冷静和自制。他推崇波普的“开放社会”理念，并在东欧、俄罗斯、亚洲一些国家建立了大量的慈善基金会，旨在推动他所谓的“封闭国家”走向开放。在投资运作中由于不能把自己作为商人和社会活动家的角色截然分开，索罗斯也会犯下重大错误。比如，1997年横扫东南亚后，索罗斯又把下一个目标瞄准刚刚回归社会主义祖国的香港。当时香港的股市和楼市尽管存在一定的泡沫，但香港经济的基本面非东南亚“小虎”或拉美金融危机中的墨西哥、阿根廷可同日而语；香港作为全球最大的金融中心之一，其金融管理当局有着丰富的危机管理经验；香港的联系汇率制度与普通的固定汇率不同，港元的发行有充足的外汇储备为基础，而且更有外汇储备雄厚的中国内地充当“最终贷款人”。索罗斯此举的胜算并不大，结果他走了一步臭棋。与索罗斯相比，另一位投资大师沃伦·巴菲特一贯保持低调，投资不抱政治偏见，在2003年中国“非典”最严重的时期，巴菲特斥资10亿港元，接连四次买入“中国石油”H股，获得了巨大的成功，这一点值得我们认真学习。

二、投资中的初战策略

索罗斯在风险极高的金融市场上投资运作，在每次投资之前只有做好充分的准备，才有可能赢得胜利。《孙子兵法》上讲，“胜兵先胜而后求战，败兵先战而后求胜”，为了在战前取得“先胜”的态势，索罗斯的每一步行动都非常小心谨慎，这主要体现在以下几个方面：

首先，根据市场环境确定投资基调。索罗斯十分留意游戏规则的变化，并随之调整自己的投资风格。量子基金自1969年成立以来，其投资风格有三次大变：在量子基金刚成立的10年里，各国金融开放程度还较为有限，货币操作的空间不大，索罗斯主要投资于股票市场；1985年“广场协议”时索罗斯就预见到一个有管理的浮动汇率时代来临，而“冷战”后各国金融市场加速开放，全球金融资本的迅速壮大给货币投机提供了广阔空间，于是索罗斯增加了债券和外汇的比例，开始所谓的“宏观投资”；在1997年亚洲金融危机后，加强对金融风险的监管以及对国际投机势力的防范成为各国的共识，加上索罗斯自己判断的失误，量子基金连连遭到重创后，索罗斯又把量子基金改组为量子慈善基金，基金的投资目标更加注重安全性。

其次，了解世界政治经济金融形势。“不虑全局者不足以谋一隅”，当今的金融市场浓缩了一国、一地区甚至全球的政治经济信息，对于索罗斯的“宏观投资”而言，了解世界政治经济金融形势就显得至关重要。索罗斯从来不在研读股票分析报告上花费大量时间，但他每天阅读报纸，大量接触方方面面的人物，他的社交圈子里有学者、实业家，更有世界各国的权威人士，这使他时刻保持消息的通畅。此外，量子基金的最低投资额为100万美元，基金的股东非富即贵，这也为索罗斯搭建了一个四通八达的情报网络，使得索罗斯在决策前已经比其他投资人提前获得信息并做好了准备。索罗斯不仅广泛接触信息，还善于分析这些信息背后的真实含义，他能从各国金融领导人的公开讲话以及他们做出的决定中，敏锐地分辨出市场的发展动向和节奏。在1992年的英镑之战中，透过德国联邦银行行长的谈话，索罗斯觉察到德国不会为欧共体其他成员国的利益而让渡本国的利益；透过英国首相和财政大臣的态度强硬的讲话，索罗斯预见到英格兰银行的色厉内荏：这些都帮助索罗斯做出了大量卖空英镑的决策。

再次，善用“可错性”与“反身性”理论。通过对世界政治经济形势的分析，索罗斯已经确定了投资的大致方向，但投资的精确目标和时点还不能明确。于是索罗斯根据“可错性”理论和“反身性”理论来判断市场的波动是否出现了将要“突变”的苗头，以及市场价格、流行偏见和基本趋势三者之间的互动关系究竟处于“盛衰循环”的哪个阶段。在这个过程中，索罗斯力图保持超然物外的态度。他承认自己的特长不在于分析，而在于评判，他不仅以第三者的态度评判市场，而且以同样的态度评判自己。索罗斯认为投资者越是埋头于无休止的数学计算、技术分析，业绩反而越糟；因为还要了解别人以及自己所扮演的角色，投资者的思路不能深陷于具体事物当中而不能自拔。这正是“不识庐山真面目，只缘身在此山中”。

最后，“先投资，再调查”。在明确了投资目标和投资时点之后，索罗斯还不肯全线出击。因为他把自己的判断视为假说，还有待市场的检验，于是他派遣一支投资小分队，亲自感受一下市场氛围。索罗斯曾对他的经理说，“我如果想买3亿美元的股份，一开始我只会买5000美元。”在这个过程中，索罗斯要站在交易对家的角度考虑问题：如果要买进，先假设自己是抛售者，看看能否顺利出手，如果抛售很容易，索罗斯才决定购买；如果难以抛售，索罗斯决不会购买。在新兴市场上，这种测试性投资还要一个好处，就是看市场规则对他的交易是否存在限制。索罗斯注意到，有时事情会出一下轨，随后又重新回到轨道；因此，如果预期与实际情况有出入，索罗斯也不会马上放手，他要重新研究自己的假设，设法找出错误并调整想法，如果发现有些外力作祟，他甚至有可能扩大自己的头寸。

经过上述四个阶段的充分准备，胜利的结局呼之欲出了，于是索罗斯全力以赴发动进攻。

三、投资中的进攻策略

对比一下索罗斯的量子基金与巴菲特的波克夏·哈瑟维公司可以发现，尽管两者都是华尔街出类拔萃的基金，但其操作风格却大相径庭。哈瑟维公司的回报率相当稳定，几乎每年都超出标准·普尔指数十几个百分点，且从未出现过亏损，人们称之为“宽敞舒适的大棚车”；而量子基金的回报率存在若干不及大市的年份，甚至在1981年和1998年两度出现严重亏损，但在较长的时间跨度内量子基金能保持高额平均回报率，原因就在于它存在若干暴利的年份，姑且称之为“充满刺激的冲浪板”。

兵法云：“善守者，藏于九地之下；善攻者，动于九天之上。”量子基金正是凭借着“动于九天之上”的进攻策略，多次以“闪电战”的方式，在一两个月内获取数十亿美元的暴利。

第一，“顺风撑足帆”。索罗斯说，每个人都有做对和出错的时候，问题的关键是你在判断正确时赢了多少。此言可谓一语中的，市场上有很多盈利机会，可是十次有九次错过了，市场上也有很多亏损的陷阱，难免被你碰上了，索罗斯这样的投资大师也不例外；但索罗斯的超常之处在于把握住十分之一的盈利机会，“顺风撑足帆”，充分利用借贷和抵押杠杆，把投资放大若干倍，以收到“决积水于千仞之溪，转圆石于千仞之山”的效果。比如在1992年英镑之战时，量子基金的总资产60多亿美元，总经理朱肯米勒决定建立一个30亿美元的仓位买空英镑，但索罗斯建议他把仓位放大到100亿美元，因为这样做的好处有二：其一，不用重炮就不足以摧毁对手，甚至可能败北；其二，不敢投入巨资，就无法获取超常收益。索罗斯在这场战役中盈利最丰，这也是对其大智大勇的褒奖。

第二，多品种、跨市场、套作投资。游击战中有一句格言：“东方不亮西方亮，黑了南方有北方”，多品种、跨市场投资使索罗斯有了更宽阔的视野，不仅拓展了盈利机会，也为自己留下了更多的回旋余地。索罗斯把自己的投资方式概括为“宏观投资”，即投资于宏观经济走势；与此相配合，索罗斯把自己的资产配置结构称作一个“三维立体结构”，即以公司股本为基础，同时投资于股票、利率和汇率，例如在英镑之战中索罗斯不仅仅抛空英镑购入马克（和少量法郎），而且还购入英国股票和德、法债券，并卖空他的德国和法国股票。此外，索罗斯还擅长对冲操作，例如在卖空港元的同时卖空恒生指数期货，因为假设香港金管局通过加息来支撑港元汇率，必将导致香港股市、楼市（从而房地产股票）下跌，通过上述操作可以有效化解利率风险。对冲操作不仅能对冲掉多余的风险，还拓宽了操作的时间和空间，因为不论牛市熊市，只要存在差价就可以进行套利；而根据“市场总是出错”的理论，这是完全可能的。

第三，业绩型基金。与华尔街众多的“管理型基金”的报酬机制不同，量子基金经理人的报酬与基金业绩——利润——紧密挂钩，因此他的经理人不仅关心基金规模，更要关心基金的利润。不仅如此，基金管理人员还把按基金业绩所得的酬金再投资于基金，索罗斯本人就是基金的重要持股人。这样，管理人与持股人的利益是一致的，经理们不仅与股东同甘苦，共命运，从而在寻觅“战机”、投入“战斗”时就必然全力以赴。

第四，利用自己在金融市场的影响力。索罗斯自己管理的资金最多时约220亿美元，但是与全球数万亿美元的交易量相比，他的量子基金还只是其中的一小部分。为了发挥自己的作战威力，索罗斯不仅利用杠杆融资，而且还利用自己在全球金融界的影响力。在1992年英镑之战中成名后，索罗斯被投机者们视为金融市场的“风向标”，他发出的言论对市场有着巨大的冲击力，这无疑有助于他的投资。1993年4月，索罗斯预测黄金价格将持续攀升，于是量子公司以每盎司345美元的价格购入了价值200万—300万美元的黄金。他又投资4亿美元收购了新蒙特矿业公司13%的股权。当这项投资被交易商发现后，大量的跟风行为使黄金价格飞涨，很快就达到每盎司350美元。1993年夏天，索罗斯悄悄获利了结。1993年6月，索罗斯发现英国房地产公司的价格被低估，于是出资7.75亿美元收购了英国土地公司4.8%的股份。其他投资商发现了索罗斯的投资踪迹后大量跟进，这导致英国土地公司的股价疯涨了6.67亿英镑，索罗斯一下盈利520万英镑。

四、投资中的退却策略

索罗斯不仅在进攻时“顺风撑足帆”，在退却时同样有壮士断腕的勇气。因为每个人都有判断失误的时候，索罗斯也不例外，所以他一直强调“投资的关键在于懂得如何自救”。当由于市场的突然波动或是自己的疏忽而出现损失时，索罗斯的做法是：仔细盘查，承认错误，果断止损，保存实力。

1987年华尔街“股灾”中索罗斯的及时止损就是一个经典案例。1987年，日本股市出现了严重的泡沫，许多日本的银行和保险公司大量购买其他日本公司的股票，甚至有些公司甚至通过发行债券来融资炒股，当时日本股市的市盈率已经高达48.5倍，索罗斯认为日本证券市场即将崩溃。当时美国证券市场的市盈率仅为19.7倍，索罗斯认为美国股市还处于安全区间，于是在9月份索罗斯把几十亿美元的投资从东京转移到华尔街。然而，日本股市依然强劲，华尔街却首先崩盘了，1987年10月19日纽约道·琼斯平均指数狂跌508.5点，在接下来的一个星期里，纽约股市一路下滑。索罗斯察觉到自己的错误后，不惜以每日损失2亿多美元的代价，把自己手中几个大的长期股票份额全部抛出。据报载，索罗斯在这次崩盘事件损失了6.5亿—8亿美元。事后，面对记者的提问，索罗斯平静地承认了自己的错误，并表示“仍然很开心”，因为他已经找到了错误的原因——美国债市在1987年春天就开始逐步下降，在这种形势下股市不可能继续健康发展——而且他预计美国股市将继续下跌，及时撤出市场是为了把损失降到最低。

当然，索罗斯的退却不是盲目的逃跑主义，他说：“如果你的表现不尽如人意，首先要采取的行动是以退为进，而不要铤而走险。而且当你重新开始时，不妨从小处做起。”可见，在退却的同时索罗斯已经做好了下一次进攻的准备。

1997年的“港元之战”中，索罗斯就表现出一定的“败中求胜”的本领。1997年7月2日泰铢贬值之后，由于“多米诺骨牌”效应，东南亚国家的货币纷纷贬值，港元面临巨大压力。7月12日，索罗斯等进入香港市场，但香港的金融当局已调集巨量美元严阵以待，结果投机集团发动了几轮冲击都未能撼动港币市场，突袭以失败告终。7月18日在伦敦金融市场抛售港元再次受挫后，索罗斯意识到香港金融当局的实力不可小视，在总结了轻敌的教训后，他决定变换手法，同时打压港股和港币。另一方面，香港两次金融保卫战的成功大大激发了投资者的热情和信心，股市出现了狂涨。7月下旬，恒生指数上升到16365点，到了8月上旬，香港股市又上升到16820点的新高度。索罗斯于是联合国际炒家大量抛售香港股票，致使香港股票市场恒生指数从8月中旬到9月初累计下跌2000点；索罗斯等人又乘机吃进，使指数反弹1000多点。通过股市上的高抛低吸，索罗斯在投机港币中的损失又得到了不少补偿。

总之，尽管索罗斯也痛恨亏损，但他能够心平气和地承认错误。因为根据他的“彻底可错性”理论，人的认知结构的缺陷是与生俱来的，他不因自己犯错误而感到伤心丢脸，反倒以找出错误并纠正错误而引以为豪。“留得青山在，不怕没柴烧”，在退却后经过一番歇斯底里的盘查后，索罗斯发现了错误，从而使自己变得更加坚不可摧，等到卷土重来时，索罗斯又站到了一个全新的高度。

五、索罗斯投资思想的指导意义

索罗斯的投资思想是一个复杂的体系，既包括哲学层面的，又包括基础理论层面的，还包括实战层面的，因此索罗斯的投资思想就具有多方面的指导意义，哲学家、经济学家和投资家都可以从索罗斯的投资思想中得到启迪。在此分别从一般意义和投资实战的两个角度，总结概况索罗斯投资思想的指导意义。

1. 索罗斯投资思想在一般意义上的启示

第一，批判性思维。金融市场是一个复杂多变的场所，金融投资要求高度的智慧性和对抗性，因此任何投资者的发展壮大都离不开批判性思维，这也正是索罗斯成功的锁钥。当然，批判不等于全盘否定，索罗斯把自己最富创见的“反身性”哲学称作“黑格尔与马克思的综合”，可见任何批判性成果都是站在前人肩膀上取得的，关键我们要有超越前人的魄力和勇气。

第二，根本性思考。我们生活在一个物质观念和技术工具盛行的时代，过细的专业分工使得人们一旦跨出自己熟知的领域立即成为盲人瞎马。然而世界的各个部分是相互联系的，现代金融市场更是全球政治、经济、社会形势的全息照片。在这样的环境下，如果缺乏对世界的根本性思考，就很难做好自己的专业，对于现代金融投资者而言尤其如此。

第三，方法论的革新。当今大学讲堂上流行的经济学和投资学，其方法论还停留在经典力学的范畴内，而当代自然科学的发展早已带给人们一种全新的世界观和方法论，其中最大的进展之一就是突破了宇宙决定论的束缚，引入了不确定性和历史性的观念。当今的经济学还在传统宇宙决定论的框架内，把不确定性和小概率事件排除在研究范围内，殊不知不确定性才是世间万物的常态，而小概率事件恰恰创造了历史。所以投资研究的静态方法论必须革新，代之以不确定性研究法。

第四，纠正过分数理化的倾向。大哲学家康德说过，这个世界上足以震撼人的心灵的有两样东西，一个是天上灿烂的星辰，再一个是我们的内心世界。社会科学的任务就是研究人类的内心世界，而现代经济学和投资学以简单的假设代替了人类复杂的心理活动，以冰冷的数理模型代替了思维与存在之间生动活泼的双向互动，这不能不说是一种失职。因此，经济学和投资学今后关注的重点不应是那些技术细节，而应是研究对象、基本假设和方法论的调整。

2. 索罗斯投资思想对中国投资者的启示

（1）宏观投资。索罗斯特别关注利率、汇率等宏观变量，并以善于洞察政经大势而著称。且不谈他在国际货币市场上的“三大战役”，在人民币升对美元长期看涨的大势下，索罗斯再次增资海南航空，就是意欲博取人民币资产升值的好处。在经济全球化时代，每一个投资者都应该具备宏观投资的战略眼光。在大宗商品牛市的带动下，沪、深两市的资源股在2005年翻番上涨，如果投资者抓住这一趋势勇敢下注，必然会大获其利。

（2）乱局即大局。索罗斯说过：金融市场天生具有不稳定性。市场越乱，跌得越深，就越可能出现大行情。但事情往往是：市场乱，投资者也跟着乱。乱局对冷静的投资人来说，正是天赐良机，因为这可能是大捡便宜货的机会，也是财富再分配的时候。2005年6月上海A股市场跌到1000点附近，恐怖气氛十分浓重，市场上盛传700点才是大底。当时第一批股权分置改革方案已经推出，按照10送3的平均送股比例，1000点除权后也就700点，投资者还有什么放心不下的呢？

（3）倾听领导层的声音。各国领导层的重要谈话，都隐含了相当的深意，而差别在于听者能听懂几分、又能执行几分。而索罗斯就善于听出弦外之音。1992年德国央行行长发表讲话时提到：“如果投资人认为欧元是一篮子固定的货币，那就错得离谱了。”索罗斯听罢，认为其中别有文章，认为德国行长可能在影射虚弱的意大利里拉，于是索罗斯立刻放空里拉，大赚3亿，随后攻击英镑，又大赚10亿美元。中国股市因其功能定位和制度结构的原因，“政策市”的特征尤为明显，恰当解读管理层的真实意图，必然是投资者的一项重要功课。2005年中期以来牛市行情的政策背景是：国务院高度重视，管理层空前团结，利好政策频频出台，股市制度基础不断夯实，资金供给源源不断。

（4）“留得青山在，不怕没柴烧。”索罗斯在《金融炼金术》的导论中说：“如果我必须就我的实战技巧做个总评，我会选择一个词：存活。”例如：1987年，索罗斯观察到日本股市市盈率高达四五十倍，而华尔街的市盈率仅20倍左右，于是他放空日股、做多美股。但是他看到的是华尔街突然崩盘，而放空的日本市场反走高，双重打击使他受到重创，他并没有执迷自己的判断，立刻认赔止损。待他调整好节奏后卷土重来，终于在年底获得了14%的盈余，也为他留下日后大战的筹码。相反，我国很多投资者不能在2001年的A股市场上果断止损，结果在4年熊市中把本钱损失殆尽，想东山再起，谈何容易？

（5）对待融资，慎之又慎。索罗斯的几次重大胜利都是由于借助了融资的力量而倍显辉煌，但是索罗斯非常了解融资的风险，他对融资确立了以下原则：一是通常不会融资炒股，他的融资行为一般发生在指数期货、国债和外汇领域；二是融资数额一般不得超过自己的净资产，以防资不抵债的情况发生；三是太危险的不碰，索罗斯认为商品期货风险较其他市场要大，在没有太大把握的情况下，不敢轻易以高杠杆方式操作；四是只有顺风才会加码，索罗斯在自己的看法得到市场印证时，才会大手笔投入。中国市场上股票权证推出以来，很多投机者看重其杠杆功能，将其价格炒到合理价值的数倍，结果宝钢、万科等权证最终以几厘钱收盘，最后接盘者的代价可谓惨重。面对即将推出的股指期货，希望大家保持警惕。

（6）独具慧眼，披沙拣金。索罗斯对冷门的东西特别感兴趣，例如在套汇交易还是一项冷门又无聊的工作时，他把套汇研究得很透彻，一跃成为套汇理论兼操作大师。1960年推荐的德国安联保险、1972年购入的能源股、1973年买下的军工股，一度被市场弃如敝屣，但索罗斯具备披沙拣金的慧眼，所以能有成倍的获利。

（7）亲自了解，而非道听途说。索罗斯订了三十几种业界杂志，也阅读一般性杂志，四处寻找可能有价值的社会或文化趋势。他遍览群书的目的，就是要从资料中发现商机，以便乘隙切入市场。单是阅读资料，索罗斯尚嫌不够，在他有地位及影响力后，更是通过实地考察，深入了解投资对象。

（8）找准自己的定位。索罗斯的成功，使很多人开始遵从所谓“自上而下”的投资策略，即不管投资对象的基本面如何，只从整体经济面入手，来决定资金的投向。但是要知道每个人的成长经历不同，索罗斯一开始就接触套汇，加上他特殊的欧洲背景，促使他在套汇领域勤加钻研，终于修成大师。但是一般人在这方面毫无优势可言，模仿索罗斯的结果只能是邯郸学步，南辕北辙。近年来的中国A股市场上，“二八”现象十分明显，即使大市向好，个股仍会下跌，所以奉劝广大投资者要学习索罗斯思想的精髓，而舍弃那些表面的皮毛。

第三篇

基本分析篇

宏观政治经济形势对股市的影响

谢百三

第一节　基本分析与技术分析的关系

股票投资的分析方法有很多种类，但最主要的可以分为两大类，即基本分析与技术分析。有很多人主张，任何时候都应以技术分析为主。确实，技术分析十分重要。不懂技术分析的人是做不好股票的。但在中国，基本分析的重要性绝不逊于技术分析。在我日常接触的人中间，凡成为千万、亿元富翁的，都是基本分析做得相当好的人。而且基本分析做得好、技术分析稍差点的人，在战略上多还是胜利者，因为他们能够高屋建瓴，高瞻远瞩，不计较一时一势的暂时得失。反之，如果只重技术分析、技术指标，只重MACD而忽略基本分析，你可能会避免很多小的亏损，但也可能会因为不注意基本面上的崩溃而犯大错误或者说会失去很多战略性的大机会。在笔者认识的投资者中就正好有两个不同派别的典型，北京甲先生是完全的基本分析派，也稍懂一些技术分析，而北京乙先生则是纯粹的技术分析派，几乎不关心基本面变化。1995年5月18日国债期货暂停时，他们的资金均为1000万元左右；5年过去了，甲先生不计一时得失，注重于基本分析，选好个股，选好国债品种，密切关注政策面与宏观经济的变化，屡战屡胜，现在已上升为亿元富翁。而乙先生过于从细节上注重技术分析，虽也有收获，但进展缓慢，加上几次大的意外失误，现在竟只有600多万元，等于白辛苦了5年，还亏了近50%。后来变到仅剩50万元时，将钱交给一个坐庄的公司，参加炒一个百元股票，最后变得一无所有。当然，这只是一个真实而又很极端的例子。事实上，技术分析炉火纯青，又很关注、重视基本分析，二者结合成为几千万、上亿成功的人也还是不少的。

因此，应该高度重视基本分析。但在中国，基本分析又绝非美国、日本式的成熟股市的基本分析，中国有自己的特殊国情。无数事实证明，只有对具体问题具体分析、具体处理的人，才会获得成功。

在通常成熟市场经济的情况下，基本分析主要是通过对国际政治经济发展趋势、国内政治经济形势与货币财政政策、个别行业前景、发行公司业绩与利润成长等种种状况的分析，来决定买进或卖出股票的时机以及决定买进或卖出何种股票。

要进行基本分析就必须掌握影响股市的各种信息，这些信息既包括宏观方面的信息，如国际政治经济环境信息、国内政治经济发展趋势、现阶段国家所采取的货币政策和财政政策、现阶段的货币发行量、利率与汇率走势、通货膨胀情况以及证监会的有关政策、国债的发行、股市扩容速度和压力、股市历史遗留问题的解决情况、股市周边国家地区金融市场如期货市场的情况等；也包括微观方面的信息，如国家的产业政策、行业政策导向、原材料价格的变动、资金流向、公司的竞争力和发展前景、盈利能力、财务状况、公司的管理效能、分红派息方案等等。这些信息种类繁多，它们对股价的影响力也不一致：宏观方面的信息影响面广，将影响到整个股市的走势；微观方面的信息影响层次较小，但是直接，其时效性较强，将对个股产生较大影响。

第二节　宏观政治形势的分析是基本分析的首要任务

相当多的投资者都是只注重经济而不注重政治。其实，政治是经济的集中表现。我们反对唯政治论，但对政治形势的分析，确实是基本分析中的重中之重。

以中国股市为例，国家安定团结是股市发展的基石。邓小平晚年时，中国股市常常处于波动之中。当时，最关心国家政治形势及小平身体健康的就是2300多万股民。邓小平的病情牵动着亿万人民的心，也常常成了股市多空双方操作的重大依据。1996年秋，笔者到北京调研，专门请教了在中央、国务院工作的几位同学，“万一小平同志百年之后，中国会乱吗？”他们回答我的都是一句话：“不会。”“以江泽民为核心的党中央得到了解放军与人民坚定的支持和拥护。”我心中有底了。1997年2月19日，一代伟人邓小平与世长辞。清晨4点，我起来写作，从中央电视台中看到了这一悲痛消息，心里很难过。一时坐在床边，痛痛地想了很多，很久。一个小时后，北京工作的老同学来电告知：中央决定股市照常运作，不停市，而且要全力维护股市稳定，以此维护社会的稳定。

此时，我突然想到了上海证交所于前一天将当时股市的最大蓝筹股四川长虹的年报与分配方案推出来。四川长虹1996年年报相当好，每股收益2.07元，以当时26元的股价来计算，其市盈率仅13倍（比美国股票还便宜），而且还有很好的分配方案，即10∶6送股，10∶3配股，配股价为9.8元/股。这个年报与分配方案在紧要关头的推出，很可能意味着沪深两市政府与两地证交所将坚决执行党中央、国务院的指示，以四川长虹等为杠杆全力护盘，借以稳定股市、稳定社会安定团结——因为四川长虹在股市中权重很大，号召力很大。

清晨，股市正常开市。小平同志与世长辞的消息使全国人民一片悲痛，也使很多人对中国政治经济形势产生了严重的担心与忧虑。沪深股市股票全部大跌，大多数股票处于跌停板状态。

我密切关注着深市市值最大的也是绩优、权重的蓝筹股深发展与沪市的四川长虹。几分钟之后，这两个股票在跌停板附近出现巨大的底部买盘，我想到了北京同学的电话，知道深沪证交所正在组织力量全力护盘。于是我就果断地站起来，要报单小姐为我全部打进四川长虹。我一站起来，周围就有人大叫起来：“谢老师买股票了。”（因为我平时操作很小心，虽资金仅是中小户，他们仍很关心。）大户们一窝蜂冲过来，也要求报单买股票。营业部经理跑出来喊道：“谁买得最多，就先报他的。”二十几只手压在我的手上面。（我当然资金少买得少。）当我买到四川长虹时，它已从底部涨上来6%—7%了。以后的形势证明那天的投资决策完全正确。小平同志虽然离开了我们，但他留下的改革开放大业已不可逆转，他留下的安定团结局面也不可能改变，党和政府的力量是强大的，中国的宏观政治经济形势是稳定的。一个强大的中国已不可阻挡地出现在21世纪世界的东方。后来四川长虹一直涨到60元，上海股市也从900多点涨到1500点。这一事例足以说明对宏观政治形势的准确判断对金融市场运作的重要性。

与此相反，凡是处于政治局势不稳定时期的国家，其股市、债市都会大跌一场。如1995年的墨西哥，由于其执政党主席被暗杀，30多个乡镇爆发了农民武装暴动，国内外投资者惊慌失措，纷纷抽逃资金，结果股市一泻千里，墨西哥货币也大幅度贬值，一场席卷全国的金融危机随即便爆发了。

在2000年宏观政治形势不稳造成股市大熊市的典型案例就是我国台湾地区的股市，下面我们就以它为例来作一说明。

台湾股市在1999年至2000年初，大部分时间在1万点附近运行。原国民党主席李登辉为了搞“两国论”，“弃连保扁”阴谋得逞，使一贯坚持“台独”立场的民进党领导人陈水扁当上了“总统”。

当时，支持“台独”的少部分人着实欢呼了一阵子。但是几个月后，他们就叫苦不迭了，因为从此以后，在台湾民众心目中占有很重分量的股市就走上了一条一路下跌的不归之路。由于台湾老百姓几乎是家家都炒股，结果很多人都亏了50%—60%，让人为之心痛不已。台湾股市下跌的原因主要有以下几点：

1．陈水扁、吕秀莲顽固坚持“台独”立场，坚决不肯接受“九二共识”、“一个中国”的立场，并且宣扬什么1992年没有达成“一个中国，各自表述”的共识。这就使得两岸关系陷入二十多年来的最低点。我人民解放军在党中央、国务院的领导下，在全国人民的支持下，在台湾海峡保持了强大的威慑力量。党中央、国务院台办、人民解放军领导多次讲话，坚决反对

"台独"、"一中一台"、"两个中国"等任何分裂祖国的行为，解放军将不惜一切代价，为维护祖国领土的完整与统一而战斗。中国最高领导人也多次讲话，表示只要坚持"一个中国"的原则，什么都好谈，如果要分裂，那就意味着战争。更重要的是，为了反对"台独"，人民解放军已进行了多次演习，从而对"台独"势力形成了巨大的压力。

在这种战争阴云密布、危机四伏的形势下，台湾人民还会有什么心思去投资股市呢？因此很多人都抽资离市而去。

2．陈水扁上台以后在停建"核四"案上一意孤行，与在野党形成尖锐的对立局面，加上绯闻案曝光，台湾上下出现了一片要求陈水扁下台的呼声，台湾政局十分动荡。

3．台湾经济发展的瓶颈之一就是北部电力严重不足，"核四"一停建，水电基础供应立即没了保障，企业的投资信心丧失严重。多年来，台湾当局用"戒急用忍，行稳致远"、"根留台湾"的政策限制大中型企业到大陆投资，致使很多台湾大企业都错过了投资大陆的最好时机。加之两岸即将加入世贸组织，而且大陆的投资环境、投资政策、投资服务越来越好。因此，相当多的企业将资金抽离台湾，无论上市与不上市公司，均从股市大量抛股兑现。从陈水扁2000年5月上台到2000年12月，由于众叛亲离，台湾股市不断下跌，从1万多点跌到5000点（最低达到4889点）。虽然台湾当局以各种方法护盘、托盘，无奈股市一路下跌，结果出现了极为严峻的熊市局面。由此可见，政治形势对股市的影响是何等之大。如果在5月初人们能预见到陈水扁上台后会坚持搞"台独"，政治形势会恶化，作为一个台湾的投资者就应该立即逢高清仓退场（当时为8000—9000点）。又如，2004年3月22日，由于发生了"3·19"枪击案，陈水扁十分蹊跷地侥幸地又连任了台湾"总统"，这对于两岸"和平统一"无疑是一个重大打击，将会再次造成台湾政局长期动荡。因此这天一开盘台湾加权指数几乎在跌停板上横躺，个股绝大部分跌停；到收盘还跌6.7%，接近7%的跌停板。可见政治影响之大。

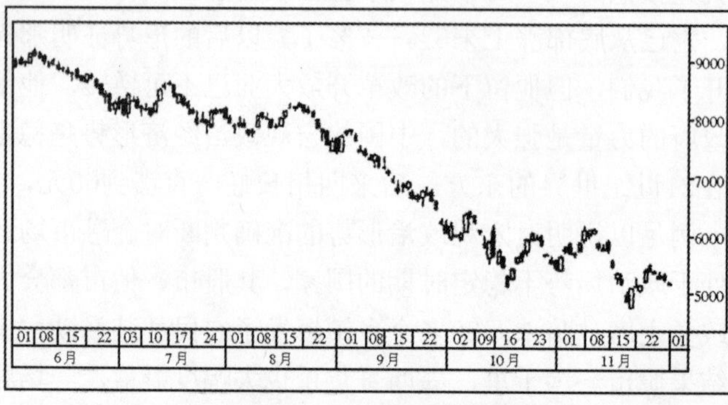

2000年11月底台湾加权指数

此外，我们还可以从美国纳斯达克股市的情况来说明这一问题。美国以高科技、高风险创业板为主的纳斯达克股市从2000年5月的5000多点最高峰狂跌到2500点一带，其主要原因如下：（1）股指炒得太高，泛滥严重，有的股价市盈率高达2000—3000倍。（2）一些高科技股上市半年后，其大股东出现集中抛现的情况。（3）高科技公司中的相当一部分业绩滑坡。（4）支持高科技产业的克林顿政府已卸任在即。这样，在政策上比较支持传统产业的小布什与在政策上比较支持高科技产业的原副总统戈尔之间的竞选大战，就每天都在影响着美国股市的走势。由于二人的票数极为接近，因此，凡是媒介传出有利于一方的消息，就会引起道琼斯指数和纳斯达克指数的一阵巨幅波动。随着佛罗里达州人工计票结果越来越有利于小布什，美国的纳斯达克指数终于从5000点跌到3000点，后来则更是狂跌到2500点一带，出现了几个月的熊市态势。

因此，投资股市一定要高度重视宏观政治形势，注意天下大势风云变幻。在这里，只重经济，不重政治，只重技术分析，不重基本分析，就会犯下根本性的错误。

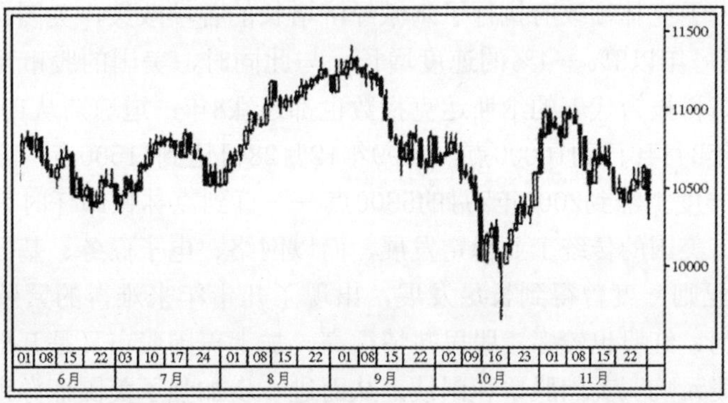

2000年12月道琼斯走势图

说明：由于小布什当选总统的可能性非常大，以传统产业股为主的道琼斯工业指数勉强可以维持平行。

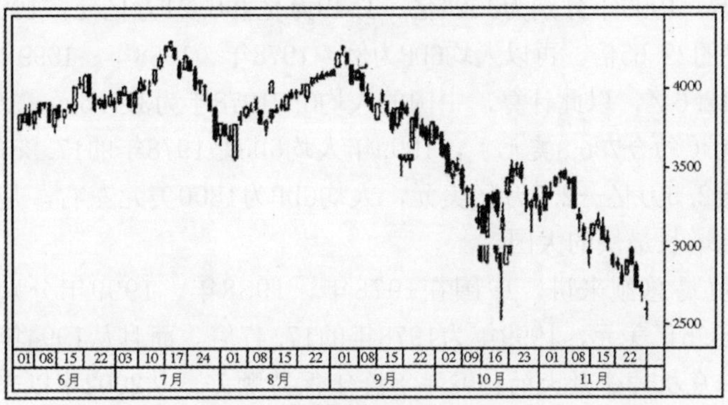

说明：由于政策上较支持高科技产业的戈尔当选总统的希望较小，美国以技术板块为主的纳斯达克市场出现狂跌，从最高点跌掉50%以上。

第三节　宏观经济形势是基本分析的基石

一、通常情况下宏观经济形势对股市的影响

通常情况下，在成熟的市场经济国家里，宏观经济形势的好坏与股市的关系十分密切。俗话说股市是宏观经济的晴雨表，就是这个道理。例如美国1929—1933年的经济大危机，由于资本主义基本矛盾的极度尖锐化，通货紧缩日益严重，各家企业产品均严重供过于求，结果出现大量的裁员、失业；而工人失业则又导致了消费市场购买力的极度萎缩，造成企业的歇业、倒闭、破产。1929年，受美国大危机冲击最大的是金融市场。美国倒闭破产的银行在1929年多达659家，到1931年更是多达2294家，整个金融市场包括股市一片混乱。与此同时，美国私人投资也由1929年的160亿美元减至1933年的3.4亿美元，工业生产1933年比1929年下降50%；国民收入由1929年的878亿美元降到1933年的402亿美元，下降了54.22%。股市中的上市公司由于业绩下降，根本分不出红利，股民们大批加入抛股兑现的行列，股市狂跌，出现了长达4年之久的股灾；它又反过来加剧了整个经济危机的破坏性。由于美国是资本主义经济的领头羊，美国经济大危机影响到除苏联以外的欧洲各国，从而引发了一次世界性的经济危机；英、德、法各国均无一例外地出现了股灾及大熊市。这次大危机持续了很多年，给人民带来了许多灾难性后果。

同样是美国，由于克林顿政府执行了刺激经济增长的各项政策，美国经济在克林顿执政八年中连续增长，GDP每年以3%—4%的速度增长。与此同时，美国的股市无论是纽约的道琼斯工业指数，还是以高科技为代表的纳斯达克指数也都连涨8年：道琼斯从1991年4月17日的3000点一直上涨到1999年3月16日的10000点，1999年12月28日达到11500点；而纳斯达克指数则从1998年的2000多点一度上涨到2000年2月的5300点——直到克林顿卸任时为止。在经济持续近10年的高速增长中，美国的传统工业稳定发展，而以网络、电子商务、基因工程、高新技术材料为主的高科技产业则一度曾得到长足发展，出现了几十年来难得的繁荣局面。在这种情况下，上市公司送红利、红股也较多，股民热情很高，加上美国股市又是开放型的，其他国家的很多资金又兑换成美元购买美国股票和国债，从而进一步加强了美国证券市场的大牛市气势，并且使美元牢牢保持了强势地位。

在中国，从中长期看，中国经济也处在不断崛起的长时间高速增长的强势之中。中国从1978年改革开放以来，经济一直保持着9%—11%的增长速度，即使在通货紧缩及受亚洲金融危机严重影响的1997—2000年，也保持了7%—8%的增长速度。以国内生产总值（GDP）为例，1978年、1988年、1999年分别为3624亿、1.49万亿和8.21万亿元，1999年中国的GDP总量是1978年改革开放时的22.65倍。再以人均GDP为例，1978年、1988年、1999年中国人口数量分别为9.6亿、11.1亿和12.6亿，以此计算，中国的人均GDP1978年为377.5元，1988年为1342.3元，1999年则为6515.8元（约合786.8美元），1999年人均GDP是1978年的17.26倍。2006年，GDP总量超过20万亿，约合2.5万亿—2.7万亿美元，人均GDP为1800美元左右，是1978年改革开放时的50多倍，为世界上增长最快的大国。

从中国进出口贸易总额来讲，中国在1978年、1988年、1999年分别为206.4亿美元、1027.9亿美元、3606.5亿美元，1999年为1978年的17.47倍。而且从1994年起（即使在条件极为困难、受亚洲金融危机冲击最大的1998年）连年保持顺差。从2002年以来我国进出口贸易以不低于20%的增幅高速增长，2006年中国进出口贸易总额达到17606亿美元，按官方汇率计算，是1978年的85倍，是1999年的3.8倍。这些数据都说明中国经济保持了相当强劲的增长势头。

由于政治局势的稳定与经济的稳步增长，中国城乡居民的储蓄总额连年增长，1978年为210亿元，1988年为3822亿元，1999年为5.9万亿元，2006年末为15.9万亿元。1999年为1978年的281倍，2006年为1978年的757倍。扣掉物价上涨因素及人口增长因素，城乡居民的实际国民收入及储蓄都有大幅度增长，人民生活水平有了明显的提高。

总之，无论中国经济出现什么中短期的波动，从中长期来看，它始终都在健康、稳定与高速地增长。这就和中国政治局势高度稳定一起构成了中国股市的两大长期利好因素，保证了中国股市能在一个相对较宽松、较良好的环境中成长壮大。而也正是因为政治稳定，经济高速增长，参与股市投资的人才会越来越多，股市才能由小到大发展起来。

二、中国宏观经济形势的发展对股市的影响十分独特

但中国股市与宏观经济形势的关系与美国及其他发达国家的情况却又很不相同，即中国股市的涨落与宏观经济形势的好坏并未呈现出正相关关系：要么是没有直接联系，要么是呈现一种奇怪的负相关关系。例如：1992年邓小平视察南方发表了鼓舞人心的讲话，上海股市于1992年5月迅速上冲到1400点一带。在这同一个宏观经济背景下，同年11月，上海股市跌到392点。而到了3个月后的1993年春节，上海股市却又重回1500点。这一年之中的大起大落都是在完全相同的宏观经济环境及背景下发生的。由此可见，中国股市与宏观经济形势的直接关系并不密切。

其次，我们还可以看到，中国股市的走势与中国经济的走势也未表现出直接的正相关关系。

在我国经济高速增长，GDP总量增幅最快的1993—1995年，上海股市却处于833—325—550

点的大熊市之中，即使中间有救市反弹，总体上也仍处于跌多涨少的熊市之中。与此相反，当1999年、2000年我国处于通货紧缩严重，下岗工人多达2500万—3500万，98%的消费品供过于求，60%以上的国企困难重重，GDP增幅明显放缓时，中国股市却一跃而起，以“5·19”为契机，出现了一场轰轰烈烈、波澜壮阔的大牛市，指数分别上冲到1756点与2125点（2000年以12月10日为止）。

由此可见，中国股市与宏观经济的关系不像国外成熟股市那样是一种正关联关系，要么关系不密切，要么与实体经济呈反向关系，即实体经济萧条了，工、农、商、贸各业都亏损了，大家干脆都到股市中去炒一把——资金涌入股市越来越多，反而使股市火爆起来。

中国股市何以会出现这种与国外股市迥然不同的局面呢？这主要与中国股市的几个特点有关，其中最大的一个特点就是：（1）中国股市长期以来是股权分置的，在股权分置改革前的十多年中，仅33%是流通的，而66%左右的国家股、法人股是不能流通的；这样社会上大量的资金及有限的股票供求关系失衡，股价虚高，中国内地股价长时间是美国与香港地区的3—4倍。实体经济怎么发展，却抵不上价格虚高向下沉的压力。故常态是牛短熊长。（2）中国上市公司大多数不分红，既不分红利又不送红股。因为大多数公司不分红，所以大家买股票就不是冲着分红来的，而是冲着股票在二级市场的波动、低吸高抛资本利得来的。这样，当宏观经济形势不好，企业没有效益甚至亏损时，相当多投资者就会本着“坏消息出尽就是好消息”的理由捂住股票甚至买进股票。（3）这还与中国股市的其他特点，比如中国股市是一个政府调控能力很强的、政策导向性很强的、封闭的、不开放的、相当长时期没有指数期货的、不能做空的、上市公司以国有企业为主（国有股权重达80%以上）的特殊股市有关。（这种情况一直延续到2005年5月股权分置改革开始之后。）

那么，究竟什么因素对中国股市的影响最大呢？

第四节　政府的政策导向对中国股市影响最大

新中国股市于1990年诞生，由于其市值刚开始较小，加之各级政府、各级管理层对证券市场的看法不同，因此，政策取向本身的波动性很大，而这种波动又对股市起了极大的干预作用。故人们对中国股市有“政策市”之说，当时一句很有名的股谚就是“炒股要听党的话”。下面我们就以近十年中最有名的三个案例来加以说明。

案例一：1993年11月，为推销国债而暂时压抑股市

1997年8月以前，管理层对中国股市的态度是矛盾的，既想利用股市为企业融资、募资，又担心股市涨得太高，泡沫太多，会危害整个国民经济；而在股市与债市（主要是国债市场）中，又将债市放在大大高于股市的地位上，如1993年11月就曾为加快国债发行而明显地压抑股市。

1993年7月，全国经济会议确定了宏观调控的总方针，银行收紧银根，从银行体内循环、体外循环流出去的大量资金开始从股市、房地产市场渐渐回流，北海市及海口市的房地产随即开始降温，股市也开始下沉，但股市的下沉却是一波三折的，因为许多高位套住的主力机构总是在想方设法地利用一次次的反弹机会出逃。

1993年11月中旬，笔者应汕头大学之邀参加一个国际经济研讨会。在此期间，股市在一波强劲反弹后开始掉头向下，这是再一次冲高1000点后向下调头的。多数股评家仍看好后市，但有一位很有独到见地的股票技术分析专家在一次群众股评会上却逆着众人的高昂情绪尖锐地指出，这次真的将深幅下调了。很多人对此论嗤之以鼻，对他喝倒彩。在汕头参加国际经济研讨会的许多香港代表纷纷为自己的香港股票上涨及恒生指数的连创新高而欢欣鼓舞，而内地代表及股民们则忧心忡忡地注视着股市一天天一点点无情地下沉。会议最后一天是周五，从上海来电中，我得知一个惊人的消息，上交所、深交所新闻发布会发布了三大利空消息：（1）在马上要到来的12月这一个月中，全国将发行、上市10个亿新股。（2）所有上市公司的配股不可以超过10∶3。（3）今后，不到5000万流通股（公众股）的公司不能上市。这三条中，最令人震惊的是第一条，一个月发行上市10个亿新股。当时深沪两市总计仅几十家上市公司，这将是过去整整一年发行上市的总额啊！而只允许10∶3配股，这对上海炒得炙手可热的“四小龙”（爱使、小飞乐、延中、申华等）高高在上的股价也是一个沉重打击。不能配股、送股，人们会立即抛掉它们。

消息公布后，上海股民一片悲哀。闹市区黄浦万国证券公司门前广东路约300米的地段上，挤满了黑压压的惊恐万分、议论纷纷的股民。人们打听着、探讨着、惊讶着、咒骂着。一些人讲起话来声音都是颤抖的，因为人们不知道为什么要这样做。忽然一辆出租车按着喇叭想从人群中经过，在平时，人们会迅速让开，但今天却无人肯让。出租车要强行通过，引起了人们更大的愤怒，人们敲打着推着汽车，最后将车灯也砸坏了。此时，有几位在旁暗中采访的记者，悄悄地给上海市委、市政府打电话反映了这一紧急情况。

“三大利空”消息对一些看好后市仓位较重的大户冲击最大。当时四川中路“金喇叭”餐厅每周六下午举办一次股市沙龙，那个周六下午讲课的老师被大户们紧紧地围住，一名叫杨勤的青年大户哭丧着脸打听政策出台的背景，另一名女青年拉着讲课老师的手，哭求着他：“老师，能不能向中央反映一下，把钱还给我们，我们不做股票了，我们退出股市，不做还不行吗？”那悲痛欲绝的哭声真让人揪心。

周日，会议结束，我飞回上海，与一名股评家通了电话，他说：“问题不大，至多跌50—60点。”我则感到会跌100点以上，因为这简直是晴天霹雳！次日，果然不出所料，股市跳空低开，从900多点一下子跌到820点，且仍是抛盘汹涌，上证指数如洪水直泻，很快跌到750点。所有的技术支撑点，全部毫无阻挡，一冲即溃。几乎90%以上的投资者都绝望地卷入了割腕大军，真是血淋淋地惨不忍睹。市场上除了恨恨的骂声，就是算账声：“亏了3万……又亏了2万。”“好的，这股市肯定要跌到500点以下去。”正在此时，突然，场里红马夹传出了一位上交所领导的话，“大家不要慌，快看看申能！”人们一看怔住了，申能以8.18元的价格，出现了无数个8888888……的承接盘（实际上是无穷大）。由于申能流通股仅1个亿，而未上市的国家股、法人股高达20多亿股，在股市中它的权重很大，地位十分特殊，因此申能稳住，大盘即可立即止跌回稳，人们顿时松了一口气，割肉的不割了，骂娘的不骂了，说：“不怕，国家和上海市政府管着呢。”股市终于以V字形缓缓上升了。

后来我才知道，这是上海市委的一位负责人收到黄浦万国证券公司门口的记者告急电话后，立即给上海证交所经理们写了一个纸条，上边赫然几个大字：“稳定、稳定、再稳定！！！”于是，上交所经理们连夜想办法，千方百计稳住股市，其中有一条，就是让浙江证券公司等大券商尽一切力量托住申能。

在随后的半个月，上海的主力大军又披荆斩棘，带领上海几百万股民将股市拉回到900点，补齐了那个跳空缺口，使很多人得以解套。但自此以后，股市就一步一步地向1994年7月的325点迅速地滑了下去。到底为什么要公布这“三大利空”消息呢？这是我一直百思不得其解的问题。后来经过反复思考，我才慢慢想明白过来，这极可能是上边担心股市涨得太高，泡沫太多，影响1994年新国债的发行。1994年国债发行规模之大是史无前例的，共发了四期：1月25日发50亿半年期的；2月7日发行100亿1年期的；4月1日又同时发了2年期的238.7亿与3年期的500亿——一共发了933.7亿新国债（号称千亿国债）。显然，如果让股票一两天涨个10%，年息仅12.24%与13.86%的国债又如何会有人去购买呢？非得让人们认识到股市风险之巨大，盈少亏多，才能保证国债市场的发行活跃。

国债与股市彼长此消，它们是领导层手里掌握的调控宏观经济的两大砝码。每年国债即将发行时，股市总要大跌一场，而到国债发行得差不多的七八月份，股市又会悄然上涨，新的一波行情又开始了。这种情况一直维持到1995年，中央决定国债以滚动方式发行，一年四季均发，每一两个月发一次，发行期可长达整整一年。这样一来，它对股市的影响反而变小了。

案例二：1996年年初年末方向相反的两次调控

中国股市从1993年春节的1500点起，实际上以后一直处于下跌之中，虽然1994年7月出现过“三大政策”救市（那是中央政府一级的有力的调控与干预），但很快又步入漫漫的大熊市之中。1995年10月，正在新加坡国立大学讲学的我，从报上看到我国A股市场正处于长时间持续下跌过程之中，已经跌到550点一带了，很是着急与忧虑。经过再三测算，我于10月下旬给负责经济的常务副总理朱镕基写了一封信，在信中对我国的国债发行问题及A股市场存在的问题提了建议。在信中，我明确建议道，在目前的宏观经济状况下，股市跌得太低，也是不好的，至少上海股市在500—800点区域运行是比较合理的。由于是在国外，匆匆忙忙用一个晚上写的，信也未能打字，就从新加坡寄往北京国务院了。但我当时完全不知道朱副总理能否收到此信。

1996年一二月，上海股市在512点一带止跌，我已回国，发现在512点附近，始终有大资金在悄悄护盘。随着时间推移，尤其是保值储蓄的取消，中国股市竟在512点一带蓄势一段时间后返身向上，由慢到快，坚定地向上蠕动，最后则发展成一场轰轰烈烈的大牛市。

1996年4月下旬，国务院办公厅突然发了一个传真给我，这正是1995年10月下旬我给朱镕基副总理的信的复印件，只见朱镕基1995年11月11日亲笔批示道：“请仲黎、道炯同志阅研。”（仲黎：即刘仲黎，时任中国财政部长。道炯：即周道炯，时任中国证监会主席。）

朱副总理还在我用钢笔草写的信上的一些重要句子下画了杠杠。我还记得在“至少上海股市在500—800点区域运行是比较合理的”一句话下边也画了一道粗粗的杠杠。

我当时一下子明白过来，股市从512点止跌向上前进，正是证监会领导坚决遵照国务院领导同志指示办事的结果。我立即意识到，从1995年11月中旬开始，中国股市一轮大牛市在政府的调控下开始了。为此，当时我写了一篇短文：《犹犹豫豫奔向大牛市》。

但是，中国股市也不能涨得太高。如果涨得太高，管理层会担心出现泡沫经济而加以干预。

1996年，当股市冲到1258点时，中央竟通过《人民日报》评论员文章《关于目前的股市形势》来严厉平抑股市。其实，早在一个多月前，《人民日报》就曾发表过一个短评《严禁利用股市牟取暴利》；而《人民日报》的评论员文章，是必须经过中共中央政治局同意才能发表的，即中央对当时一浪高过一浪的股市上涨深表忧虑。因此于12月16日用大篇文章来平抑股市，而且文章的口气十分严峻，态度甚为坚决。文章发表时是周末晚上，上海街头行人顿时稀少、安静下来。起码有50%做股票的上海居民，家家在收听中央电视台、中央人民广播电台关于平抑股市的评论员文章。文章批评有一些机构与大户勾结起来操纵股市，一些垃圾股也鸡犬升天等等很多缺点。很多重仓持有股票的人都吓得面如土色。我身边的电话也一个接一个地响起来，人们很担忧地来打听文章发表的背景。

当晚10：30，我拨通了北京中国证监会一位副主席的电话。我问他：“上边为什么要发这样的文章？股市涨上去，国家不是可以多收印花税吗？”他说：“中央别无选择，多次警告，还是往上涨，泡沫越来越大。”又说：“股市多收了点印花税，但大家不搞生产，全来炒股了，我们会少收很多增值税。珠江三角洲有些地方开了拖拉机进城炒股，田也不种了。”我说：“银行利率不停地降，资金必然进入股市、邮市、坟市（当时苏州的坟墓一个从1000元涨到5000—6000元），在所难免——这是货币现象。”

他很重视此话，了解了邮市也大涨的情况。不久之后，开始整顿邮市，是以禁止买卖人民币的名义进行整顿的，从此邮市也进入长达几年的大熊市。估计这与邮市是不征印花税的有关。我当时指出：“你们还在此时搞了涨跌停板，估计会连跌三个跌停板。”“真会这样吗？我们是怕跌得太深，才搞涨跌停板的。如果真的这样怎么办？”他又急起来……

此后，股市真的连续两个跌停板，这完全出乎管理层意料，也非调控者的本意，如果再狂跌下去，必会酿成股灾。这又使管理层着急起来，于是，深圳证交所总经理庄心一、上海证交所总经理杨祥海上午同一时间一起出来讲话。《中国证券报》又发表了《稳步发展，长期不变》的文章，因此，第三天，一些大机构在管理层的授意下又进入股市救市，不少股票又出现了涨停板；整个股市强劲反弹了一天，但这却又使管理层担忧起来，这个股市会不会再涨上去，创出新高又出现泡沫经济呢？于是又授意大机构暂停救市，于是股市又开始迅速下跌，最后在871点一带方才停住……一位重要的领导同志在一次全国性经济会议上谈到此事时说，这一次深沪股市的调整是完全应该的，不过调得有点过深了，现在这样可以了。于是股市就在这一带停了下来。

案例三：1997年与1999年方向相反的两次调控

1997年春，由于银行利率的不断下调，游资继续涌入股市，股市渐渐又攀上新高，上证指数最高达到1510点。加之海外有人扬言，这一次香港股市给它炒到2万点，上海股市给它炒到2000点，然后香港回归后，让它一起往下跌。由于香港是个自由港，我国政府又不具体治理，因此无法调控，但对内地股市却是有把握调控的。管理层为了防止发生香港、内地股市以后出现一起狂跌的局面，主动坚决地平抑股市。从1997年四五月份开始，当时一共采取了十项“组合拳式”的措施，如：宣布提高印花税率；对1996年追加50亿新股发行额度；1997年新股发行额度猛增到300亿；对继续上涨的东大阿派、深能源、河北威远、泸州老窖4只股票予以临时停牌；处理申银证券公司在1996年操纵市场等问题；宣布国企、国有控股公司、上市公司三类企业不准入市；宣布银行资金不得违规入市，一个月内必须退出来……第十项措施是：香港回归前一天，6月底，深沪两地10只新股一起上市。这使得深沪股市终于低下了倔强的牛头，从1997年5月的1500点一直跌到1997年9月的1025点，而香港股市从1.8万点开始也迅速回跌，一直向6600点方向泻去。

虽然这一次深沪股市的下调使很多投资者因亏损累累而感到很伤心，但它实际上却在客观上为我国后来防御亚洲金融危机的冲击作了充分的准备，使危机真的到来时，中国国内保有一片可贵的绿洲。当然，当时向下调控时，任何人是不可能有此预见的。

1997年8月以后，由于一批经济学家从美国考察回来，向中央汇报，美国的股市对美国经济贡献很大，美国经济与股市互相支持，交相辉映，造就了美国经济长达10年之久的繁荣；加之朱镕基总理也从国企形势最困难的东三省视察回来，管理层对证券市场的看法发生了根本性的变化，由过去的限制、管理、干预，不希望它涨得太高，变成了支持、呵护、鼓励，制定一系列政策，支持股市发展与走好。党中央、国务院还召开了多次会议，制定了一系列有力政策，使股市出现了一个轰轰烈烈的大牛市，甚至发表了鼓舞人民入市的《人民日报》评论员文章。当时我真是十分感慨，其中“解铃还须系铃人”的暗示是十分清楚的。股市从1999年5月的1056点一跃而起，到2000年12月已涨到2126点，出现了前所未有的万民持股的场面。

尽管新任中国证监会领导多次提出“市场的问题，应该由市场来解决”，但实际上，即使在2000年中，政府的政策调控仍是相当多的。如股市涨得较高时，新股就密密麻麻地发行上市了。反之，跌得较深时，新股就持续半个月不发行。总体上的呵护态度仍是十分清楚、明确的。

汇总以上案例，我们可以看出，当时中国股市由于市值小，仅4万余亿元，其中真正的上市股更少，仅1万多亿元，为美国股市的1/80；因此，政府不仅敢调控它，而且也完全有能力很好地调控它。（其实，连美国、新加坡这种股市较成熟的国家，国家对经济尤其是股市的调控都是很有力与经常出现的。这也是凯恩斯宏观经济学中的精髓之一。）

第五节　供求关系是中国股市涨跌的原动力

前已述及，由于中国股市没有指数期货，只有做多没有做空机制，只能拿新股发行、上市来做空，这就使得中国股市的股价往往偏高。而且由于企业大多不肯分红利、分红股，因此，股价的高低与企业业绩关系不大。这样，股市的涨跌就主要跟供求有关系，即货币供应量大，投资多时，股指就上涨。反之，新股上得太快，资金进得慢，股指就跌。

在中国，供求关系一则看供给一方，即新股供应量多少；二则看资金进入股市的快慢。而资金进入的快慢又与通货膨胀及利率密切有关。现对之作一分析：

一、通货膨胀对股市的影响

在发达国家成熟的股市中，通货膨胀对股价的影响主要有两个方面：一是，通货膨胀影响经济景气，股价会反映景气变动；二是，通货膨胀导致投资者产生保值心理，购买股票，股价自然上升。即在通胀时期，存银行是保本保息不保值，买股票是不保本、不保息，但是保值。

通货膨胀会使一般价格水准上涨，如此一来，靠固定薪水所得维生的人，货币所得不能随物价上涨而增加，其实际所得势必因通货膨胀而相形减少，蒙受损失。当然也有些人得到了通货膨胀的好处。譬如，大部分工商业者以及领取股利的人，他们的所得增加的比例较物价或生活费用的上涨要来得高。因为一般来说，产品价格比成本价格涨得快，获利增加，可分配盈余增加，股息自然提高，从而亦使股价上升。

通货膨胀的走势与经济发展情况密切相关，它可反映出一个国家整体经济发展的好坏，对国家经济政策的制定具有决定性的影响，因此它也与股市息息相关。就中国而言，保持较高的经济增长速度和抑制通货膨胀始终是难以解决的一对矛盾，在将来也会如此。经济增长过快则通货膨胀压力加重，而要抑制通货膨胀则又不得不牺牲经济发展速度。尤其是中国正处在由实施了几十年的计划经济模式向市场经济模式过渡的关键阶段，因而问题就更多也更复杂。其中政府的调控手段仍发挥着至关重要的作用，所以我们可以根据对通货膨胀情况的分析来判断政府可能推出的措施，并由此判断我们的买卖时机。

一般而言，在经济发展过程中，若通货膨胀上升过快，物价飞涨，政府为保持经济的健康发展和维护社会稳定，首先推出的措施往往就是提高利率、紧缩银根——对股市而言这无疑是一个沉重的打击。因为提高利率的结果会使相当一部分资金因为在股市中拼杀还不如存银行来得收益好而退出股市，而紧缩银根又会使一部分有心炒股的人力不从心。尤其是中国股市，升升跌跌主要看机构大户，而这些机构大户对国家信贷资金的依赖性则是显而易见的。因而一旦政府紧缩银根，限期还贷，就会造成抛股套现压力，而且这部分资金在一段相当长的时间内也会一去不回头。这种只出不进或出多进少的效应必然会造成股市的下滑和低迷。因此我们很有必要在国家推出强硬的紧缩政策之前有所预见，唯此才能避开大的风险。一般来说，当通货膨胀不断严重，已经成为经常见诸报端的新闻热点并已经引起政府重视时，股市的上升空间已经不多了，应以减磅了结为上策。比如1993年3月，正逢我国新一轮经济发展的高峰期，但通货膨胀压力却日趋严重，如果这时就能离开股市当然很好。如果此时未走，那么等政府开始采取一些较为温和的调控措施时，就应该十分清醒了——那时深沪两地虽然已经自368点和1558点回落下来，但股市交易依然活跃，人们对再创新高充满信心，所以那时再走也还不算太迟。但是如果此时还不走，那么一旦有更为严厉的措施推出，再想全身而退可就难了。事实上，由于1993年7月保值贴补储蓄的恢复，股市就节节下跌，一直跌到1994年7月的325点。

反过来讲，当通货膨胀见顶回落甚至出现通货紧缩时，政府为促进经济发展就又会推出如放松银根盘活企业的一系列措施，而这则正是股市新一轮起飞的起点。就如1999年的“5·19”上升行情，如果大家能够对当时股市极端低迷时的通货紧缩情况加以了解分析，就不难看出新一轮经济热潮的预兆。那时启动股市的可能性是很大的。

二、利率变动对股市的影响是相当大的

从宏观经济分析角度来看，利率的波动反映出市场资金供求的变动状况。在经济发展的不同阶段，市场利率有不同的表现。在经济持续繁荣增长期，资金供不应求，利率上升；当经济

萧条市场疲软时，利率会随着资金需求的减少而下降。除了与整体经济状况密切相关之外，利率还影响着人们的储蓄、投资和消费行为，利率结构也影响着居民金融资产的选择，影响着证券的持有结构。随着市场经济的不断发展和政府宏观调控能力的不断加强，利率，特别是基准利率已经成为中央银行一项行之有效的货币政策工具。

一个国家、政府制定的利率政策主要是根据其经济发展状况。当整个经济处于萧条时，为了恢复和刺激经济发展，政府通常会采取降低银行存款利率的政策，降低的幅度往往视经济发展的状况而定，一般是逐步实行而很少一步到位；而当经济发展过快，通货膨胀较高时，为了防止经济过热和抑制通货膨胀，政府就又会采取调高利率的措施。这种以利率为杠杆调节经济发展的手段是市场经济的重要组成部分。同样，利率的总体走势对股市的影响也是非常大的。因此了解利率走势及利率走势与股市波动的关系也就成为进行基本分析，确定中长期股市走势和选择股票中长期买卖时机的必修功课。

如何根据利率走势选择股市的买卖时机呢？简单地说，从大趋势上来看，利率走势与股市走势呈相反方向运行。当银行存款利率上调时，也就意味着将钱存在银行的回报率提高，投资股票的价值相对来说就会减少，股票的吸引力也会相应变小，资金会流出股市，造成股市“失血”；反过来，当银行的存款利率降低时，则表明存钱收息的回报率降低，股票的投资价值相对提高，因而人们也就更愿意投资股市了，从而资金会涌入股市造成股市充血价格高涨。所以，一般而言，利率上调则股市下跌，利率下调则股市上升。

在我国，利率的高低对股市的影响极大。除了政府的政策调控外，利率是股市牛熊的第一位因素。比如，前已述及，我国1993年由于通胀日益抬头，7月份起，央行决定恢复已停办了2年的居民保值储蓄，财政部也于7月10日发出通知，对1992年、1993年起发行的3年以上国库券实行保值贴补。由于通胀越来越高，保值贴补率也越来越高，从保值贴补率1%逐渐上升到6%，最高时达到13.96%；加上原来的银行利率（3年期为12.24%），故居民实际利率达到20%—26.2%。加上有几百亿元国债是随时可以在市场上买卖兑现的，这就等于市场上存在着一种“活期存款”——国债，其利率也是20%—26%之高（从国债回购率来看，也确有这么高）。这就使得很多居民、企业宁可存银行，买保值国债，得20%的利息，也决不肯进入高风险的股市。例如民生银行的总经理当时就曾明确讲道：“只买国债，不买股票。”而股市随着保值贴补率的节节上升，退市而走的人越来越多，就逐步进入一个大熊市。前已述及，上证指数从1993年春天的1558点一直跌到1994年7月的325点；在7月底的“三大救市”政策下，股市一跃而起，一直冲到1052点，但由于当时的通胀和利率实在太高了，人们一解套就立即退出股市，去存银行或买保值国债。“三大救市”政策只是有效了两个月，然后股市又飞快地跳水而下，并开始了长期阴阴下跌的过程，一直跌到1996年初的512点。这说明政府向上调控在高利率的情况下也是难以成功的。

1996年3月，一批经济学家从国外考察回来向中央汇报指出：过高的利率实际上也不好，因为它提高了银行的贷款利率及企业的资金成本，造成物价居高不下。海外也有国家和地区先搞一下负利率，结果通胀反而下去了，而经济仍发展健康。党中央、国务院很重视这一意见，经过审时度势，果断决定从1996年4月1日起停办居民保值储蓄（当时保值贴补率还有6个百分点），等于一下子降息6个百分点。先观察一个月，结果物价应声而下。中央又决定从1996年5月1日起降低银行存贷款利率；1996年8月23日宣布第二次降低利率……银行利率的下降，立即促使大批居民将一批批3年到期的存款（3年以上的存款才保值，因此我国居民存款中80%是3年以上存款）投入股市，这样，从1996年4月起，一轮波澜壮阔的大牛市就应运而生了。但是由于我国股市的管理层在对股市重要性的认识上一直存有分歧，对越涨越高的股市采取了一次次的平抑、调控，因此牛市一直是在犹豫、徘徊、曲折中发展的，但股市的顽强走牛却也是不可抗拒的。

1998年5月28日，江泽民主席作了重要指示：“搞证券是现代经济中的一门复杂的学问。

各级领导干部、企业领导干部和证券工作者，务必勤学之，慎思之，明察之。”1998年7月1日，美国总统克林顿访问中国，要去参观上海证交所，恰好中央决定银行第7次降低利率。其中可能寓意深远。1999年，党中央又决定征收利息税，使一年期存款利息的收益从2.25%下降到1.8%的低位。此时，党中央、国务院对中国股市的态度越来越坚定，抱着热情、爱护、坚决支持的态度，在1999年“5·19”行情启动不久，发表了鼓励股市上涨的《人民日报》评论员文章，指出，这是一波“恢复性行情”。这样，在低利率的驱使下，全国居民投身股市的人越来越多，从1996年12月的2200万人，发展到2000年底的5200万人。进入股市的资金也越来越多，而中央希望的将居民储蓄进行分流，将间接融资（即通过银行先向居民借款再向企业贷款）变成直接融资（企业直接从股市融资）也基本实现。2000年我国居民储蓄竟一度出现绝对下降的态势（从6.5万亿下降到6.2万亿），这是十多年来的第一次。

低利率再加上中央一系列的政策，使得股市节节上升，到2000年上证指数竟上涨到2126点（到12月10日时止）。

由此可见，在供求关系中，银行利率的高低对资金进入股市的影响作用最大。只要利率处于低位，即使发行、上市新股再多，股市也照样会顽强上行。中国股市中的上市公司，在1990年只有几家，到1998年7月为800家，到2000年为1070家，股市一直处于大牛市之中。这就是利率促使居民存款分流的巨大作用。综上所述，通胀与利率在中国股市的供求中起着很大的作用。

三、国家股、法人股减持即股权分置问题处理严重影响股市

前已述及，由于历史原因，中国股市建立之初就存在严重的制度性缺陷，即股权分置问题，而国家股、法人股终究要全部流通的。如何化解它呢？2001年6月，财政部及有关部门决定从新股首发中让10%国家股直接上市，以新股股价变现，用以充实社保基金缺口。最早试行的是贵州茅台与烽火通信。消息一出，股市从2245点狂泻而下。因为这一方案是十分不合理的，有“一平二调”之嫌。

后来，上边每硬减持一次国家股，股市就大跌一次。一直跌到1500点一带，国务院才决定停止从新股首发中减持国家股。股市当时就反弹100多点。因此，从2001年6月到2005年初，国家股减持始终严重影响着中国股市。一直到2005年5月9日，新一届证监会在国务院七部委支持下，实行大股东先向公众股付对价（约为10股付3—3.5股），并分2—3年后分批减持、全流通的股权分置改革，加之人民币开始升值，中国股市才开始止跌企稳，人们信心恢复，股市才出现了新一轮牛市。可见，这一问题是中国股市制度性的一个大事，对股市走势影响极大。

四、国家政策也从供求关系方向来影响股市

实际上，中国从1996年起的大牛市，到2000年还不断迭创新高。除了通缩、低利率外，我国还颁布了很多政策来解决股市原来一度出现过的供大于求的局面。下面我们就来分析一下自1999年5月以来我国政府制定颁布的有关股市的新政策：

1．1999年7月29日，中国证监会发布《关于进一步完善股票发行方式的通知》，允许股本在4亿元以上的公司采取向法人配售和对公众上网发行相结合的方式发行新股，并同意在新股定价方面发行公司和主承销商可以制定一个发行价格区间。——这一政策对减缓大盘股对股市的一次性冲击具有重大作用。

2．1999年9月8日，中国证监会发布《关于法人配售股票有关问题的通知》，规定注册登记在半年以上的国有企业、国有资产控股企业、上市公司所开立的股票账户，可以运用其合法、合规资金参与配售股票，也可参与投资二级市场的股票，但在二级市场买入又卖出或卖出又买入同一种股票的时间间隔不得少于6个月。——这与1997年禁止“三类企业”入市的通知

十分相似，但当时强调的是不能入市，这次强调的是可以入市。尽管两次都规定必须持股6个月以上。

3．1999年9月16日，中国证监会颁布《中国证券监督管理委员会发行审核委员会条例》，为保证股票发行工作的公开、公平、公正，提高发行审核工作的质量和透明度，中国证监会设立发行审核委员会（简称“发审委”），依照法定条件审核股票发行申请，以投票方式对股票发行申请进行表决，提出审核意见；中国证监会根据发审委提出的审核意见，依照法定条件核准股票发行申请；核准程序应当公开，依法接受监督。——此举有利于提高上市公司的质量。

4．1999年10月26日，国务院批准保险公司购买证券投资基金间接进入证券市场，入市资金比例不得超过保险公司总资产的5%，主要通过两种方式：一是在二级市场上买卖经中国证监会批准设立的已上市证券投资基金，二是在一级市场上配售新发行的证券投资基金。——由于我国有几千亿元保险基金，所以它们的入市又使股市资金大增。

5．1999年11月，中国证监会发布《关于进一步做好证券投资基金配售新股有关问题的通知》，提高了证券投资基金的新股配售比例。——证券投资基金是从1997年开始募集的，这是管理层在供给方面做出的最实际有力之举，两年后已达到几十家。

6．1999年10月12日，中国人民银行颁布《基金管理公司进入银行间同业市场管理规定》，为进一步发展货币市场，拓宽基金管理公司的投资渠道，允许经中国证监会批准成立的基金管理公司进入全国银行间同业市场，从事购买债券、债券现券交易和债券回购业务，并接受中国人民银行的监管和动态检查。——允许基金管理公司进入银行同业拆借市场，是一个很实质性的大利多，有利于基金资金量的增加。

7．1999年12月12日，中国人民银行颁布《证券公司进入银行间同业市场管理规定》，为进一步发展货币市场，适当拓宽证券公司的融资渠道，促进货币市场与资本市场的协调发展，经过中国人民银行批准，符合条件的证券公司可以以法人为单位申请成为全国银行间同业市场成员，进入全国银行间同业市场从事购买债券、债券现券交易和债券回购业务，并接受中国人民银行的监管和动态检查。——证券公司可以直接从银行同业拆借市场，将大大增加股市的需求及资金供应量。

8．2000年2月22日，中国证监会发布《关于向二级市场投资者配售新股有关问题的通知》，为进一步完善股票发行方式，促进证券市场的稳定健康发展，在新股发行时，将一定比例的新股由上网公开发行改为向二级市场投资者配售，投资者根据其持有上市流通证券的市值和折算的申购限量，自愿申购新股。——专门打新股的大军一直被称为二级市场的“提款机”，投资者对其意见很大；而直接向二级市场配售——这是世界各国股市中没有的，是一项创造——则将有利于安定二级市场投资者的信心。

9．2000年2月22日，中国人民银行、中国证监会联合发布《证券公司股票质押贷款管理办法》，允许符合条件的证券公司以在证券交易所上市流通的自营股票（A股）和证券投资基金券作质押向商业银行借款，股票质押率最高不超过60%，股票质押贷款期限最长为六个月。——以股票质押贷款在欧美日各国均已搞了几十年，中国过去不允许，现在终于可以了。它不但大大增加了进入股市的资金量，而且减少了股票的流通比例，对股市又是一个大利多。

10．2000年3月，经过中国保监会批准，平安保险、新华人寿、泰康人寿和华泰财产等四家保险公司将入市比例由5%提高到10%；同年6月，中国保监会批准太平洋保险公司将其入市比例进一步提高到15%；同年8月，中国保监会又批准太平洋安泰、友邦广州、安联大众等三家外资保险公司将其入市比例由5%提高到10%。——此举又促使大量资金入市。

11．2000年7月23日，中国证监会发布《关于规范上市公司重大购买或出售资产行为的通知》，为规范上市公司重组行为，支持上市公司通过资产重组提高资产质量，维护投资者的合法权益，该通知对上市公司重大购买或出售资产行为制定了新的规范，明确界定了“重大购买或出售资产行为”，规定了上市公司实施重大重组行为应履行的程序。

12. 2000年7月24日，中国人民银行颁布《企业集团财务公司管理办法》，强调今后将允许财务公司发行中长期债券，开展同业拆借业务，以及进行有价证券、金融机构股权及成员单位股权投资。——这是对企业集团财务公司的一次大松绑，有利于更多的资金流入股市。

13. 2000年7月25日，中国人民银行颁布《金融租赁公司管理办法》，强调今后将允许金融租赁公司进行有价证券和金融机构股权投资。——这对股市又是一个增加资金供应的利多政策。

14. 2000年8月22日，中国证监会发布《法人配售发行方式指引》，为规范向法人投资者配售新股行为，规定新股发行价格必须通过向法人投资者询价产生，发行量在8000万股以下的新股原则上不使用法人配售，授权中国证券业协会成立“法人配售审核小组”，战略投资者的家数原则上不超过两家，配售过程应当由公证人员出具公证文书。

综上所述，我国在1999年至2000年促使股市发展壮大的重大政策中，绝大多数是从增加资金供给一方去制定的。这些金融政策在欧、美、日等国早已普遍实行，我国只是在补课、完善而已。但由于补课、完善刚刚开始，加上面临近十多年来最低的1.8%—2.52%的银行存款收益率，巨大的资金流源源进入股市，股市就以不可抗拒的惯性向上冲去。——总之，在中国股市中供求关系是决定一切的。至于每一个个股的业绩、实际状况，则往往反而变得不重要了。只要股市中资金多，什么题材都会创造出来。例如在企业业绩普遍不好的2000年初，中国股市跟着美国炒市盈率高达2000倍的网络股，梅林可从7元炒到33元，2000年年中又炒起国企大盘股；2000年年尾又炒资产重组股及上海本地小盘股。而2005年7月人民币升值引起流动性严重过剩的局面，游资极为充沛，加之其他七八个利多因素后，中国股市出现了大盘股也大涨的局面。——实际上，这一切都是货币现象。

第六节　人民币汇率问题及周边国家、地区市场对我国市场的影响

一国本币币值是否稳定对于股市的涨落往往起着决定性作用。如果本币要贬值，则没有人敢长期持股，股民们必然会争先恐后地抛股兑现，将本币换成美元或其他坚挺的世界货币。这种股灾情况，我们在1998年的亚洲金融危机中已经见到了很多，泰国、马来西亚、印度尼西亚、日本、俄罗斯以及我国的台湾地区均发生过本币大幅贬值、股市狂跌的情况。因此，中国的投资者在基本分析中必须弄清楚人民币是否会贬值这件大事。

所谓汇率，又称汇价，即用一国货币表示的另一国货币的价格或比率。其实质是两国货币之比。这里有几个重要概念需要弄懂：（1）均衡汇率，即使美元供需相等的汇率。（2）汇率与贸易J曲线。通常，出口数量都是在事前几个月在一定的汇率水平下以合同方式规定好了的。本币如升值后，在新的出口合同还未签约前，出口的数量依旧按旧合同规定履行，当出口品的美元价格升高以后，一国的出口金额自然也就增加了。但由于本币升值，意味着本国出口商品涨价，新合同的出口量必然减少，一国的出口金额就开始减少，并将最终减少它的出口金额或经常性收支状况。反之，当本币贬值时，情况则刚好相反。这种运动轨迹呈现J字的形状，称为贸易J曲线。如下图：

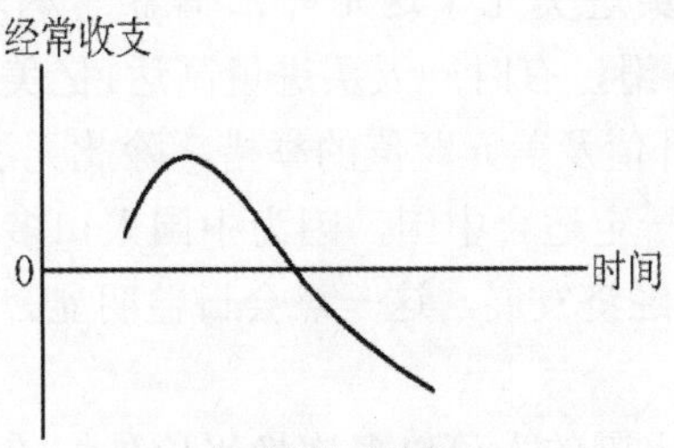

(a) 本币升值时的状况

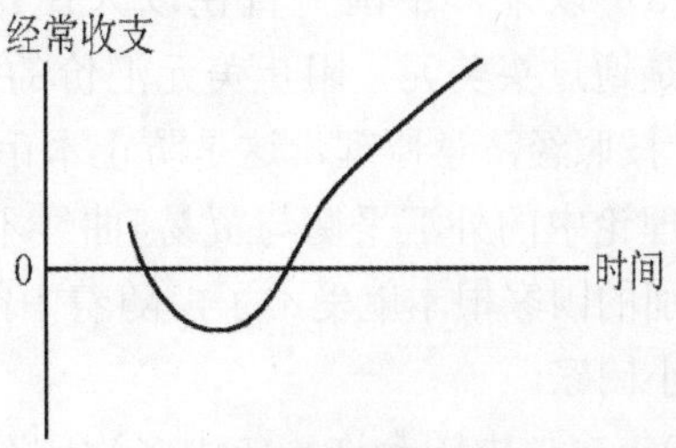

(b) 本币贬值时的状况

在亚洲金融危机十分严重的1997—1998年，日元、韩元、卢布、印尼盾、泰国铢及马来西

亚币、新加坡元均纷纷出现严重的货币贬值状况。很多人对中国政府承诺人民币不贬值感到不可理解，认为是出于政治影响的需要。实际上，这是中央根据实际情况审时度势作出的十分正确的决策，它后来被世界银行专家们称为世界一流的可以打100分的货币政策。笔者在金融危机中曾多次在《证券市场周刊》上撰文指出，人民币决不会贬值，其中影响最大的是1998年初发表的《我爱中国，我爱人民币》一文（见后附文）。而且早在1994年1月我就曾在《万科》的周刊一月号上指出：人民币已是世界上超强势货币，不存美元。人民币不贬值是各种经济力量较量、均衡的结果，其原因是：

1. 购买力平价（P.P.P.）证明，1美元在美国可买到的商品，在中国绝不需要8.28元人民币去购买。早在1992年时，中国物价便宜，加拿大的戈登和美国的一些经济学家在对我国的市场价格进行过调查后，发现这个比例应是1∶1，这个数字后经美国兰德公司肯定，又为国际货币基金组织所接受。后来，复旦大学一批教授、学者又作了一番调查，认为应是1∶2.5左右（注：经过多年的通胀，现在的比例还应高，但仍不会到1∶8.3）。因此出过国的人都有同感，在国外忘记1∶8.3的汇率后就敢花钱了。例如猪肉在我国为7—9元／斤，在欧洲为50元（人民币）／斤，绝大多数商品，包括劳动力成本（工资）、房租等均是中国低得多。一个美国工人的工资相当于10个身强力壮的中国小伙子的工资。

2. 人民币于1993年实行官价与调剂价并轨时，已从1∶5.7贬到1∶11（后上升到1∶8.9—1∶8.3），实际上已一步到位先主动贬过值了，故其内在含金量很高。

3. 中国经济在1978—2000年，基本上保持了每年以8%—11%的高速增长，现为7%—8%，仍是世界上最高增速。对这种刚刚崛起的经济大国来说，其货币坚挺是有基础的。

4. 在相当长时间里（1993—1996年初），人民币利率比美元利率高，如果按保值贴补计算，则会更高（由于当时保值国债是可以随时买卖的，等于“活期存款”利率也高达15%—20%），存人民币买国债或打新股的收益远比存美元要高得多。

5. 中国货币贬无可贬，相当多的商品由于太便宜而被外国法院认定为倾销，如自行车、彩电等均多次被拒之门外。外国人无法理解何以这么便宜，很好的一辆自行车仅20—40美元！对于纺织品的便宜更是感到不可思议，他们诬我们是劳改犯（不用发工资）生产的。因此如果人民币再贬值，出口反而会变得更加困难起来。

6. 中国外债结构与外汇储备比例合理。到2000年中国外汇储备1600亿美元，外债仅1400亿美元（其中85%—87%为长期债务）；即1年内的短期债务占外汇储备的比例为1∶7—1∶8。而俄罗斯在1998年发生金融危机时这一比例则为8∶5，故中俄两国迥然不同。

7. 中国经济增长最快的东南沿海各省有大量的“三来一补”生意，来料加工会因人民币贬值，造成进口原材料涨价，这样一来，如果贬10%就等于只贬了5%，一半作用都因进口来料涨价而抵消。正作用不大，副作用不小，会引起外商投资者的恐慌。

8. 由于1993年人民币已主动贬过值（从1994年起，中国外贸连年顺差），因此中国大部分物价、工资都处于世界最便宜状态，贬无可贬，如再贬，必造成多米诺骨牌效应，东南亚、东北亚国家货币也贬，最后还是等于没有贬。

9. 自1993年以来，中国一直在以人民币买进美元（这是外汇储备急剧增加的重要原因）。实际上是通过买美元，阻止美元汇价的下滑，有时一天买进量高达1亿美元，年增加外汇200亿美元。按照经济学原理，这是防止本币升值及美元贬值的举措，除此无法理解。

10. 经典理论中的外汇平衡与贸易J曲线不一定适合中国，因为中国人口多，国家大，人民币一贬值，别的国家根本就受不了，随着中国经济发展，这一点会日益明显。——经典理论往往适用于中小国家。

11. 从1999年起，中国允许一年中多次因公出国的人可以多次换平价外汇（过去一年只能换一次，一次为2000美元）。此外，2000年我国又承诺，允许三资企业通过中国银行购买外汇，以保持企业的外汇平衡。这两点都是中国外汇储备充裕的表现。

12. 据专家介绍，亚洲金融危机以前，人民币与世界13种货币的加权平均比价为100∶117，危机最甚时为100∶133，而现在则已降为100∶113，因此比过去也就更安全了。

综上所述，人民币不贬值是经济发展的必然结果；因此，人民币在相当一段时间内不会贬值，甚至有升值的压力，因此目前在中国做股票还是比较安全、可靠的。

2005年7月中国经济宣布对人民币汇率机制实行改革，实际上开始升值。到2007年1月已从盯住10年的1∶8.28上升为1∶7.77。根据购买力平价的情况，这一升值态势将是缓慢长期的，这将对中国股市构成长期向好的推动力，形成一个大牛市。（详见笔者与杨筱燕合写的《日元、人民币升值对两国宏观经济影响的比较研究》一文。）

第七节　周边国家地区市场对中国股市的影响

1997—1998年亚洲金融危机风暴席卷全球时，中国与世界各国的股市、经济均受到了不同程度的冲击。日本股市跌到10年来的最低点128000点；韩国跌到几年来的最低点360多点；俄罗斯、印尼、马来西亚均大跌一场；香港跌到6600点，并导致港府用政府基金与国际投机资金在股市及汇市上进行了一场惊天动地的大战。世界与中国为之震撼，股市多次暴跌，1998年8月跌到1026点；1998年1月香港百富勤清盘，中国几百家上市公司中的一半以上都跌到跌停板。

实际上，从一个中期时间来看，世界各国经济是互动的，比如亚洲各国在危机中竞相货币贬值，导致中国出口商品因相对升值而受阻，对国内经济造成很大冲击。由于我国已是一个改革开放国家，因此，GDP中40％是外向型经济创造的，因此，危机对中国经济在客观上从一个中期来看是有很大影响的。但从当时的近期来看，实际上的影响主要是心理上的，因为中外经济中有一堵“隔火墙”，那就是我国的人民币在资本项目下是不可以自由兑换的，所谓资本项目就是指所有资本在国际间的流动的项目，如直接投资、证券投资、银行贷款、债券销售、政府贷款、贸易信贷等等不可自由兑换，故外国资金无法直接进入中国股市、债市及基金市场，一旦偷偷换成人民币进入，就被视为违法。外国人一般法制观念很强，很少有人干这种事。这样，中国就决不会发生像1995年墨西哥那种因为外国人从“A”股市场抽逃外资而引起金融危机的事。而且索罗斯等国际炒家也不可能进入中国资本市场，即便他进来了他也出不去。

因此，从危机严重时的每一个“近期”来看，每一次周边市场的狂跌，进而引起国内股市的狂跌，主要都是心理上的冲击，因为这都可能是一次抄底的机会。1998年香港百富勤清盘引起深沪股市大跌时，笔者曾在《中国证券报》等报刊上撰文《周边市场风波会否殃及内地》、《外边下雨下雪，里边下金下银》等文撰述这一道理，后来都被实践证明是对的。凡抄底的均获大利。2005年，中国内地出现大牛市，由于人民币尚可能自由兑换，国内流动性过剩严重，又出现了内地一些股股价远远高于香港H股的现象（如工商银行、中国人寿等）。可见，境内外是分割开虽有影响，但又完全不同的市场。

第八节　台湾海峡局势对两岸股市的影响

台湾海峡的局势一向为两岸人民与世界华人与国际社会所关注。台海局势的关键是“台独”与“统一”之争。只要出现实际的“台独”行动及外国势力的插手，战争就会一触即发。台湾2000万人中确有少部分人有“台独”倾向，这一点从2000年5月的“台湾大选”中就可看出来。但中国大陆13亿人中，100％的人坚定反对“台独”，尤其是百万人民解放军，全军上下早已义愤填膺。当然，只要还有一线和平统一的希望，我们就会全力争取用和平方式。我们将与国民党、亲民党等台湾在野党与全岛各界人民建立广泛的统一战线反对“台独”势力，这是中国共产党及政府当前一个很重要的战略。尽管有美国等势力插手干扰，台湾与大陆的统一仍然只是一个时间问题，早晚会像东西德一样完成统一。

但是台海局势一旦紧张，就肯定会立即影响到两岸的股市和经济。

一、台湾受台海局势影响极大

只要“台独分子”或主张“台独”的民进党施政、得势，就意味着“台独”势力得势，就意味着战争的危险加大，从而台湾股市也就必将大跌一场，如台湾新领导人于2000年“5·20就职演说”发表当天，“台独分子”们一片欢呼时，台湾股市就下跌299点，跌幅达3.28%（主张“两国论”的李登辉当“总统”时，台湾股市也在当天下跌246点，跌幅达4%）。由于民进党主政，坚持“台独”，不肯接受“一个中国的原则”，加之新领导人“政策混乱”，对“九二一”台湾大地震灾区重建毫无进展，“八掌溪事件”（被海水所围几小时的人员在媒体注目下，无人抢救，被活活冲走、淹没），“停建核四事件”（台湾能源短缺，民进党在极端的环保意识下，不顾在野党反对，突然决定停建核四发电站），两岸关系陷于多年来的最低点。与此同时，企业界、金融界也都因对台湾局势失去信心而纷纷减少在台湾岛内的直接投资，2000年5、6、7月，陈水扁上台后，民间在台湾重大投资项目金额仅是上年同期的12%—15%。而台湾投资环境的恶化，又进一步加速了台湾资金的外逃，大量资金从股市与实业中撤走。因此，发表在英国《经济学人》上的一篇文章预测，台湾可能会发生“本土性金融危机”。

历年来台湾股市大跌的情况与背景

时间	剧烈波动时间	指数变化	技术线型变化	大跌的背景
1995年7月20日—8月15日	1个月	从5116点跌到4591点（跌10.27%）	首次跌破5000点大关	由于李登辉访美，中国人民解放军在台湾海峡进行导弹试射
1998年9月2日—10月30日	2个月	从8619点跌到7073点（跌17.94%）	首次跌破年线8659点	亚洲金融风暴最严重期间
1999年7月13日—8月7日	1个月	从8204点跌到6771点（跌17.46%）	跌破8000点关卡	李登辉发表“两国论”
2000年8月28日—10月19日	约2个月	从7845点跌到5074点（跌35.32%）	跌破8000点后就一路下行	陈水扁上台，极力坚持“台独”立场，两岸关系十分严峻，执政不当，台资纷纷抽走
2000年11月20日以后		从5000点首次跌到4889点	跌到5年来最低点	陈水扁坚持“台独”立场，停建核四案发生，政策混乱，有可能爆发本土性金融危机

二、大陆受台海局势的影响很奇特、很微妙

1．如果真的爆发中国人民统一战争，则台湾的所有军事设施、机场、发电厂、交通枢纽有可能全部瘫痪。但台湾的反击力量也可能会影响我福建、浙江、上海的建设（但人民解放军防空导弹部队早有充分准备），而且对大陆经济与股市也肯定会有所影响。但其影响将明显小于对台湾经济与股市的影响，因为大陆地大物博，人口众多，共有29个省市自治区。

2．在未发生战争、中国大陆以文攻武慑方式反对“台独”期间，台海局势之紧张，在一定程度上反而促进了大陆经济的发展。据2000年台湾媒体调查，台湾老百姓向外移民最多的第一是美国、加拿大，第二是澳大利亚、新西兰，第三竟是中国大陆。真令台湾当局不寒而栗！总之中国大陆成了台湾产业资本与金融资本的最安全的避风港。陈水扁上台后，台湾商人为避台湾之乱，纷纷向大陆投资，2000年1—10月，投资总额达20.1亿美元，比1999年同期增长98%。其中以电子电器业为主，占总投资额55.2%，金属制造业占7.16%，塑胶制品业占6.17%，服务业占5.79%，化学品制造业占4.77%。而中国大陆各地政府也都对台胞的投资抱着极其热情欢迎的

态度。

台湾塑胶大王王永庆在第二次赴大陆勘察投资环境后，很有感慨地说："那边的政府真的是在服务人民，台湾却变成在修理人民。"称赞大陆"搞经济"的大动作。他表示，在企业发展的立场上，大陆是不能错过的地方，台湾企业"不走不行了"。

台湾奇迹已成为过去，它的资金正在一天天地流失，有人在其基础上将砖一块块地搬走。台湾一些人说："心在痛，血在流"，流到何处？——流向中国大陆，这已是一股世界性的历史的潮流。

3．通常情况下，中国大陆股市不理会海峡对岸的混乱。

在通常情况下，由于人民币资本项目下的不可兑换，大陆股市处于封闭、安全的环境中，因此，往往完全不理会台湾的混乱。大陆股市从1999年5月起资金充裕，"5·20"陈水扁演讲前，大陆股市曾小跌几天；演讲当天，股市就以"坏消息出尽是好消息"为由一跃而起，一周内上涨100点，不断创出历史新高。

而且即使是在1995年7—8月人民解放军进行导弹试射期间，大陆股市也不仅未与台湾股市一起暴跌，而且还微微上涨。1999年8月28日，李登辉发表"两国论"，大陆股市仍未受任何影响，反而再进行一次反弹（9月9日反弹到1697点）。与台湾股市的大熊市相比，自2000年5月以来中国大陆股市从1600多点一直涨到2125点，一直处于大牛市中。

各种消息表明，确有台湾同胞将台币、美元换成人民币参与了大陆A、B股市场的炒作，这对中国大陆股市实际上构成了相当的利多。因此，台湾局势对大陆股市的影响复杂而微妙。

第九节　突发事件对股市的影响

"天有不测风云，人有旦夕灾祸"，古今中外无不如此。如何面对突发性的政治、军事事件与自然灾害等对股市的冲击呢？——主要是要分析这些突发性事件的影响究竟有多大，持续时间有多长。

要注意，有的突发性事件无法改变一国的政治、经济形势及股市中货币与股票的供求关系，这种事件如果引起股市的突然狂泻、暴跌，实际上至多是先抛一下股票，一旦有见底迹象，就应再立刻买回来。前已述及，1997年2月19日，中国改革开放的总设计师邓小平去世，由于他早已在生前作了人事安排，中国改革开放的事业也不可逆转，宏观政治经济形势也很稳定，对于小平同志的去世，党和政府、军队、人民都早有思想准备，因此，出现几百家上市公司股票的跌停板，应该是坚决买进的好机会。事实证明，那次买进股票的人都是正确的。

又比如，美国前总统里根执政时期，曾发生过里根遇刺事件，中国驻外某经营外汇的一位青年研究员立即意识到，此事会引起美国政治、经济与社会动荡，影响美元走势，于是迅速奔向操作台，发出抛出美元的指令，不久以后，美元果然大幅下跌。该中国研究员不久又从电视上获悉里根被送进医院，没有生命危险，他又立刻意识到"利空出尽就是利好"，"里根总统大难不死，将有助于美国社会的稳定与经济复苏"，于是他又立即指令买进大量美元。果然，不久美元即出现强劲反弹，这一来一去就为国家增加了几百万美元的收入。

笔者在2000年"5·20"陈水扁上台前，曾以"历史的经验值得注意"为题撰文谈到过，这类影响时间不长，凡发生这类影响国内宏观、政治经济大势不大的政治事件时，都是坚决买进股票的机会。

但是，应特别注意的是，如果发生了影响一国政治、经济形势时间较长、较大的突发性事件，则不应该去抄底、抢进，而应该根据具体情况去运作。有的时候，反而必须做空，抛出股票为宜。

这方面一个最典型的例子就是1995年2月下旬英国巴林银行在新加坡炒作日经指数的青年利森所犯的致命错误，他当时就是对突发事件作出了完全相反的判断。日本经济和股市从1988年

12月底达到最高峰，日经指数达39800点，经济状况也十分良好，日本人发了财竟到美国抢购房地产。很多人都认为日本股市到了1989年会冲上4万点，而实际上却是咫尺天涯，以此为顶点，日本泡沫经济开始不断破灭，日本经济与股市就此也走上了一条长达十年下跌的不归路。1995年，日本股市一直处于大熊市的阴云下跌之中，而1995年2月，英国巴林银行在新加坡炒作日经指数的青年利森一厢情愿地将赌注押在日经指数会涨到1.9万点。但事与愿违，日本阪神大地震突然爆发，这使日本经济更加雪上加霜，日经指数突破长期下跌的平台，直线下泻。利森理应闻风后反手做空，然而他竟认为这一突发事件是个偶然事件，所以他就继续做多，放大倍数地做多，结果一错再错。事实上，由于日本经济与股市本已处于长期弱势之中，因此阪神大地震只会加剧其向下的态势。利森的判断大错特错，形成了巨大亏损，并最终导致了具有200年历史的世界著名的巴林银行的破产。——这对世人都是一次铭心刻骨的教育。

可见，具体情况具体对待在应对股市中的突发事件时十分重要。

第十节　社会调查是基本分析必备的硬功夫

很多投资者，甚至大券商，明明可以，也完全做得到去进行社会调查，但却不知为什么就是不肯去走一走，看一看，最后都吃了大亏。以1995年轰动中外的国债期货“3·27”事件为例，多空双方争论的最大问题就是对于1992年发行的三年期国债，有没有从1993年7月10日至1995年6月30日近2年贴息5.48元的问题，这个问题，实际上只要到北京财政部国债司去请教几次，搞一些调研，就可以迎刃而解。万国证券公司当时直接管了十几亿元资金，将此问题请教清楚，真是举手之劳。但却就是不去调研，结果凭主观想象及长官意志，最后判断完全错误，导致一天巨亏16亿元、万国被重组、管金生锒铛入狱（据悉，管金生主要还犯有其他罪行）。恐怕管金生至今都不知他究竟错在哪个环节，至今还没弄懂居民存款的物价保值贴补公式。

笔者当时仅去国家财政部、国家税务总局调查过一次，就已坚信补贴5.48元无疑，否则就不叫保值国债了。这件事的裂变及结果对我的影响和教育极深。从那以后我就始终牢牢记住：要注重调查。没有调查就没有发言权，没有调查就不敢随便买股票。

与在股市、债市因做错、做反而亏损的钱相比，搞社会调查的经费是十分经济、十分小的，也是非常值得的。我们曾搞过多次社会调研，下面我就介绍一下我们在1997年秋天进行的那次调研。

一、制订计划，兵分两路

1997年8月我们在《广州日报》上登出一则启事：“我们想去搞上市公司调研，缺少经费，希望寻找合作者。”第二天，就有一位总经理打来电话，并亲自飞到上海与我面谈，同意给我们5万元调研经费，希望我们能为他们找到一只一年股价涨50%的好股票。

1997年9月，按复旦大学规定，一个学期中可以换一次课，即可以出差、调研两周。于是，我和研究生倪勇、上海某大报记者赵先生，经过周密研究，决定兵分两路：倪勇去湖北跑5—7家上市公司；我和赵记者去东北，也跑5—7家上市公司。当然，我们事先已经开过会并进行了反复筛选，把重点放在有可能出现奇迹的公司上。

二、海南急行，否决一个谣传

临行前，我们曾听说，海南一家上市公司业绩奇好，每股税后利润可达1元。但我对此却有怀疑：一家以水果、饮料为主业的公司怎会有如此好的效益？于是我决定先单飞海口。当天在一家券商的热情帮助下，我很快就找到了该公司的董秘，他早已在杂志上看过我写的文章，故十分热情地介绍了公司情况（都是可以公开的信息）；经他一介绍，我再一计算，发现该公司由于组建不久，业绩还不可能太高，与传闻相差甚远。顿时，我松了一口气，因为当时我还曾一激动想重仓介入呢！

虽然海口之行没有发现瑰宝，但很快就否决了一个谣言，减少了一次投资失误，冷静地想想还是很值得的。

三、直飞沈阳，炎夏变深秋

由于1997年9月中旬恰逢中秋节，所以我原本是想一调查完这家上市公司就飞回上海，但等调查完毕已经到了下午，一打听，由于是中秋节，飞沪机票已全部订完。怎么办？再问有没有去沈阳的机票，回答有，几十分钟后起飞。于是我立即在这家海南上市公司朋友的帮助下，匆匆赶往机场。50分钟后，我就坐上了海口飞往沈阳的麦道飞机，飞机中等，速度快，飞得很平稳。在万米高空，月光如镜，很美很美；美丽的北方航空公司小姐不断地送着饮料、水果，并向大家祝贺中秋节快乐。当飞机飞过北京与天津之间时，小姐让我们向左右看看，一边是伟大祖国的首都，一边是渤海门户的天津。当时，我的心情非常好，感到自己能在飞机上度过这么一个奇特的中秋节，可谓美极了，幸福极了！

可是当麦道飞机准时、稳稳地下降在沈阳机场时，一件麻烦事情发生了，我突然发现外边天气很冷，海口是椰树丛林的炎夏，而这里已是寒风逼人的深秋了。我等着最后一个下机，空姐们很善良，立即给我一条毯子，送我到最近的民航招待所去住，并约好次日一早就用民航工作人员的班车送我去百货商店买衣服。

我用毯子裹着进了招待所，立即钻进了被窝，一晚上看着电视，不敢出来。次日，热情的空姐及小伙子们将车开到门口，看到我裹着毯子，他们都笑了。班车一直开到一个大超市前，我才向他们告别，15分钟后我就买齐了全部秋衣、秋裤，并立马全副武装起来。当时我只是感到祖国太大了，这个经历太奇特了，多好呀，四处都是亲人！然后我就直奔东北大学宾馆。

上海某大报赵记者闻讯，也于次日赶到沈阳。

四、东大阿尔派不管饭，记者拂袖而去……

9月18日是66年前日本侵华军进攻沈阳的日子。而66年后这一天，我们为改革开放而来到沈阳。进入现代化的豪华的东大阿尔派办公大楼后，我们很快就见到了赫赫有名的总经理刘绩仁教授——刘绩仁四十多岁，精力充沛，年富力强，是位博士生导师——他与我们一谈就是两个小时；从公司的主业和医用CT机等说到市场前景，又一直说到财务状况。他说，他们正在干世纪之交最伟大的一件事（就是发展中国的软件事业），正在争分夺秒地分享世纪之交世界上最好的一块蛋糕。他高度重视人才，他手下的几百名员工全是大学生、研究生。他拿出一个如火柴盒般大小的手机，说：“以后软件的需求会越来越大的，像这种新产品，市场无限大。”他还说：“我们就是要拼命把企业业绩搞上去，业绩上去了，自己的股价也就上去了，我只重视生产、市场，不重视二级市场，因为二级市场是公司业绩与发展潜力的反映。我自己也有5万股东大阿尔派股票，会不关心自己的企业吗？”他说：“比尔·盖茨的微软以最短的时间创造出了世界上最多的百万富翁，我们也要朝这个方向努力。”这句话给我留下了很深的印象。对于他的介绍，我是相信的，但我提醒了他一句：除了高科技还要加强金融意识，有时股市上运作的利润比上市公司业绩还上得快。比如1996年1月买进青岛海尔才4—5元钱，现在已28元了，等于利润翻了5—6倍。他听了大吃一惊，问董秘小王：“海尔跌到过5元吗？”小王点头。刘教授当即表示，要注意理好财。

他建议我们去软件园看一看，因为有外事活动，11时就先告辞了。董秘小王又与我们谈了

20分钟，看了看表说："谢教授、赵记者，上午的活动到此结束，下午刘总已派了车送你们去软件园，中午你们自己找点饭吃。"——这就意味着他们中午不管饭。

我和赵记者怔怔地走了出来，我还沉浸在刘积仁介绍的公司的美好前景中，赵记者却生起气来："看，多么骄傲！我跑了200多家上市公司，没见过这么不礼貌不管饭的。这种公司以后一定会摔跤，算了，我不去软件园了。"我劝他："我们千里迢迢自费来到沈阳，还在乎一顿饭吗？这也许正是东大阿尔派的好呢。"赵记者坚决不去软件园，一个人回宾馆去了。我吃了个盒饭，下午一人坐车冒着大雨去了软件园。

一进软件园工作室，我就被这里紧张、忙碌、安静的场面给深深地打动了！这不是北大、清华、复旦的计算机房吗？每人面前一台电脑，每人都在看盘思考；一个小小的会议室中，研究员们在热烈而小声地讨论着，一问，清一色的大学、研究生毕业。

我与他们的领班一一进行交谈，他们一个个都显得自信又自豪，对自己的公司充满希望。有位研究员看了东大阿尔派的情况，出国也推掉了，决定留下来创业。而刘积仁则在他们心中享有很高的威望。而且大多数人都舍不得抛掉自己持有的已上市的内部职工股。有的抛了，又追高买回来。——一个几乎不近人情的事又发生了：任何人打电话都要自费，即便是市内电话。这时我才发现，他们的节约已是一种企业文化了。

此时，离股市收盘还有10分钟。但因我对该企业已很有信心，即用手机通知上海证券公司小姐，以27元买进5000股东大阿尔派。当时我想，陪陪刘总吧，他有5万股呢，我怕什么！（后来，东大阿尔派在几个月后涨到40元，我抛了，赚了7万多元，是这次来回差旅费的3—4倍，实际上，如果不抛，后边还会赚得更多。）

五、东大宾馆餐厅：守着金山要饭吃

天很凉，我和赵记者都有点不习惯沈阳，但晚上出去转转，发现东北大学的大学生与北大、清华、复旦的同学一样，一个个都很可爱、聪明、充满活力。深夜，一对对恋人在林阴道下，在宿舍楼下相依相偎；寒冷的深秋，他们根本不怕。

但东三省正和全国一样，经历着百年未遇的通货紧缩，经济萧条，下岗工人很多，有的家里夫妇二人一起下岗，在东大宾馆餐厅，随便与服务员谈起，一问，才知道是下了岗才来这里打几个月工的，收入也不高，一个月400元。我问："家里有存款吗？""有一点，两三万吧。"我问："全拿出来买点股票吧。""买什么股？""东大阿尔派呀。""就咱们这个东大阿尔派呀？能行吗？"她们有点不屑。"能！"我说。但她们茫然地看着我，不相信："赔了怎么办？""不会赔。"她们还是不相信。我悲哀地看看她们，回房后与赵记者谈起此事，说："没有金融意识的人真是可怜，守着金山要饭吃。"赵记者虽然不像我这么高地评价东大阿尔派，但也同意这一看法。在市场经济的社会中，人主要靠自己，"从来就没有什么救世主，也没有神仙与皇帝……要创造人类的世界，全靠我们自己"。尤其是各行各业的领导，你除了懂本行，还必须懂金融，因为只有懂金融的人才能大富，不懂金融只懂本行的人，一个外汇品种选择上的错误，就会搞垮一个厂。我可以不懂你的专业，但你必须学好我的金融学。

六、环保股份：我们的公司以后会非常好

1997年9月19日我们又去了另一家上市公司，但还没进行调查就停下来了，因为给董事长开车的司机告诉我们，他本人的工资仅400元，公司已很困难了。一滴水能折射出太阳的光芒，从董事长司机的工资这么低这一点就可以看出这个公司的窘迫了。

这样，我们就直奔沈阳环保股份公司（0730），当时它的股价仅10元多一点。董事长是一位传奇人物、50多岁的刘桂琴女士，她热情地欢迎了我们，一谈就是两个小时。

她的名片上印着：全国劳动模范，三八红旗手，世界妇联主席团成员……环保股份是由十几家街道小企业合起来的，创业初期，刘桂琴坐着一辆旧吉普车在东三省打市场，吃了很多苦；后来终于成功，成了全国环保总局的第一家上市公司及环保基地。

可能是由于创业时吃苦留下的，刘桂琴的手有点颤抖，她以一种"老太太"的身份给我们娓娓道来，声音不大，但一字一句却都很有分量。我很快地记着，归纳起来有如下几点：

1．她的产权观念很强，她说上边写了条让她为国企贷款担保，她就是不同意担保："国企的体制怎么行？大锅饭，不赔钱才怪呢！市长来条的话，我也不敢担保。"

2．她的市场意识很强，说，人家搞房地产都亏，我们就挣钱，我们把新房盖在沈阳的公园的旁边，空气、绿化这么好，人家能不抢吗？她把十多家厂全搬了一下，空出很多地皮搞房地产。

3．她的环保意识很强，说环保是大事，以后政府会越来越重视环保，"我们这行是选对了，决不动摇！"

4．她的政治觉悟也很高，公家发给她一笔很大数额的奖金，她收下了又不自用，专门作为奖励基金，看谁干得好，就给谁发些奖金。

5．她预测两三年后，环保股份的业绩会增长2—10倍。"几倍？！"我和赵记者吃惊地看着她，怀疑听错了。她就一五一十地算给我们听，说，如果"承包"一个大城市的大污水池处理，她们请了一些专家、教授，把成本降低了，一年可增加不少利润，大连的污水池肯定要承包过来了，因为都是一个省的；如果外省外市的一个个去承包，弄成一个，利润就会增加不少，弄成10个，不就是增长10倍了吗？当然这只是一种最好的情况。但至少也会有两倍。

她还向我们介绍了公司的成长远景，说："两三年以后会非常好，不过，今年的情况不太好，因此，现在不要去买它。"（就是这句话结果使我们错失良机。）

两个小时的和风细雨式的谈话使我们意识到，可能我们来到了一座金矿了。——因为刘桂琴女士以东北妇女特有的坚毅、实在、自信及朴素又充满哲理、经济学原理的语言给了我们一种信任。临了，她请董秘留我们吃饭。——我真的对这位实实在在的劳模肃然起敬。她又叮嘱了一句："现在不太好，两三年以后会非常好。"

——可是，环保股份的股价从10.5元起步，一直涨到18元，出中报时来了一个跌停板，我还想等它一个跌停板的，不料收盘前15分钟，它被400多万股买盘一扫而空，第二天我只好在19元买了1万股，等了一周在21元卖了。谁知1999年，两年以后它竟涨到155元（复权后），真是令人后悔不已！（后来环保股份由于种种原因，走势变得相当不好，但这又是后话了。）

七、倪勇：湖北之行，连过七关，觅金矿

我的博士生倪勇是个相当能干的人，他早已涉足股市，对技术分析炉火纯青，对基本分析、社会调查也十分重视；因此调研资金一到，他的劲头就来了。

他一共跑了七个上市公司：多佳、康赛、沙隆达、幸福实业、湖北兴化、活力28、天发股份。回上海一谈，他推荐出两个公司：沙隆达与幸福实业。沙隆达有B股，当时凡有B股的都不活跃，被我们否定了。幸福实业盘子不大，但10：10送股后，利润几乎还可以照旧，不会摊薄，是一家乡镇企业；而股价竟然只有9.8元（即送股后之价）；人们对它利润增长之快竟不注意。这引起了我们的注意，显然，它的股价是可以翻番的。后来幸福实业股价果然涨了200%多。（幸福实业后来由于经营战略不当，贷款过大而被人收购，但那又是后话了。）

此外，倪勇还带回来一个令人警惕的消息，股价还在38—40多元的湖北兴化效益滑坡，工资大幅度下降。所以我后来再也没敢碰它，而它当时还以绩优股的面目在股市中如日中天。

八、推荐三家公司，超额完成任务

几天后，三份分析报告出来了，那就是：环保股份、东大阿尔派、幸福实业。后来这三家公司的股价也都分别从10.8元、27元、9.8元涨到155元、100元和29元，真是三块沉甸甸的金子呀！而湖北兴化则一路阴跌直至15—16元，令人惨不忍睹。

那次调研，我们还去了哈秋林、大庆联谊、阿城钢铁（科利华）、哈高科、金帝建设等公司，实地考察了公司，并交了不少朋友。可惜放过了一只大黑马阿城钢铁，其实，当时我已看出，他们显然有强烈的思变要求的。

九、社会调查心得小结

1．要找到支持我们的调查资金。机构与超大户、大户应毫不吝惜这点调研费。

如果一直有公司支持，我现在带的十几名博士生、硕士生，还可以做很多调研工作（今天借本书发出这个信息，有心者请与上海复旦大学管理学院谢百三联系，E-mail：xiebaisan@163.com）。

2．事先选好调研对象，最好能顺路多跑几家。

3．最好事先向董秘通报一下，钱龙软件中的F10有所有上市公司的地址、电话、E-mail。

4．要找董事长、总经理、常务副经理谈，不行的话就找董秘谈。不要问不该问的问题，因为他们只能谈可以披露或已经披露过的信息。不要强人所难。

5．要尊重上市公司董秘及领导，不要计较上市公司的接待如何，因为每个地方、公司都有自己的纪律、特色、企业文化，故应客随主便，不要带个人偏见。

6．最好以股东身份去进行调查——第二年环保股份开股东大会时，我就是又买了100股环保股份后才去开会的——因为董事会向股东介绍情况是合情合理、天经地义的。

7．要注意从员工、工程师、工作人员的言谈举止中发现问题，如湖北兴化即将衰退的大事就是在与工人进行交谈中发现的。

8．去的人不要太多，一两个人就足矣。要工作效率高的，要既懂财务分析又懂市场的。

9．要选择成长性好，有一定垄断性的，投入少、产出大的大盘蓝筹股或是股本扩张能力强的，对那些有些与众不同的公司，如老少边穷地区的，如乡镇企业、私营企业、高科技公司要十二分地重视（阿城钢铁当时在搞一种奇怪的劳动竞赛制，大冷天，工人衣服上都汗湿了，很累。有点太过了，引起了我对工人们的同情与对公司的疑虑，故没有将它列为重点关注对象。其实，这虽然有不足之处，但也许正说明了这家公司的不安分）。

10．对上市公司总经理、董事长、董秘的话也不可迷信，他们往往是了解公司而不了解市场。比如，我们曾与方正董事长张玉峰长谈4小时，他对方正的未来十分看好，但方正当时正在从26—27元向15元的方向跌下去——直到2000年初，它才涨到33元（等于复权后的57元）——从中长期来看，张玉峰的话是对的，但从一个短期来看，从市场走势来看，就不对了。但对方正科技（延中）我们一度受董事长的影响很大。

董事长、董秘往往不了解市场、大势，但他们却还往往较自信。某上市公司的老总一直认为其公司股价至多在10元左右就够了，到了10元，他叫全厂工人、干部一起跑，谁知它一直涨到29元，原来它的母公司对它进行了资产重组，将他本人也置换掉了，为此他后来总被人骂。——这又是一个教训。

11．没有条件搞调研的中小投资者可以多看看别人的调研报告，但要注意，有的报告上讲的上市公司股价已涨到天上去了，这类报告往往是为了配合庄家出货。对于尚未启动，或刚刚启动的股票的上市公司报告，应予重视。但是在2005年开始的牛市中，大的证券公司与基金管理公司的调研分析报告必须认真学习，研读，研究之后将会受益颇丰的。

行业与财务报表分析

复旦大学副教授　杭　行

第一节　行业分析

俗话说得好，“女怕嫁错郎，男怕走错行”，这句话十分确切地说出了一个真理，即无论是人还是上市公司，都要看它是处于什么行业，是处在朝阳行业，还是处在夕阳行业。如果上市公司处于夕阳行业，则一般发展都不会太快。因此基本分析还有一个基本功就是要对行业与个股进行研究与分析。

所谓行业是指生产相类似的产品或密切联系产品，或提供类似劳务或密切相关劳务的企业群体。行业是介于宏观与微观之间的中观部门。在股票的基本分析中，对宏观政治经济环境的认识和分析是第一步，其次是行业分析，再次是对上市公司的分析。也就是说，投资者在买卖股票的时候，不仅要考虑整个国民经济的兴衰，还要考虑该上市公司所属行业的现状和前景，以及该上市公司的目前状况和未来绩效。

行业分析主要包括以下几个方面，即行业的市场类型、行业的经济周期、行业的生命周期、影响行业发展的若干因素。通过对这几个方面的分析，可以帮助投资者选择较合适的行业进行股票投资。

首先，行业的市场类型分析。竞争理论根据行业中企业数量、产品性质、价格制定等因素，将各行业分为四种市场类型，即完全竞争、垄断竞争、寡头垄断和完全垄断。这四种市场类型的基本特征可列表如下：

表1　四种市场类型

市场类型	厂商数	产品差异情况	厂商对价格的控制程度
完全竞争	多	产品同质	无控制能力
垄断竞争	多	产品存在实际或想象上的差异	有一定的控制能力
寡头垄断	少	同质或略有差异（如钢铁、汽车等）	有相当的控制能力
完全垄断	一家	单一产品（如公用事业）	有很大的控制能力

在实际情况下，完全竞争市场和完全垄断市场都是极为少见的，大部分行业都是处于完全竞争和完全垄断这两种极端情况之间，并不同程度地具有垄断竞争和寡头垄断市场的特征。一般而言，竞争程度越高的行业，其产品价格和企业利润受供求关系影响就越大，因此该行业的证券投资风险也就越大，如进入世纪之交的我国彩电行业，竞争极为激烈。而垄断程度越高的行业，其产品价格和企业利润受控制程度越大，证券投资风险就相对越小。股票市场上常听人宣传的所谓“行业独特，题材独特”，或“该上市公司产品的市场占有率达到一半以上”等等，如一些稀有金属产业等讲的就是这个意思，即该公司处于垄断程度较高的行业，避开了激烈的市场竞争，其产品的市场和价格的可控度高，股票的风险因而也较小。

其次，经济周期与行业分析。行业的发展与经济周期关系密切，但并不是所有的行业都与经济呈同向变动，某些行业的期望增长率可能比整个经济增长率高；而有些则可能与经济的增长同步或退减；有些行业则具有循环性，即当经济扩张和收缩时，它们也随之扩张或收缩，这类行业主要包括航空、建筑业、汽车制造业、钢铁等；还有一些行业则不受或较少受到一般经济变动的影响，如食品业、公用事业等。

根据行业和经济周期的关系，我们可以把行业分为以下三种类型：（1）增长性行业。这种行业的发展速度经常快于经济平均发展速度，并且其行业的运动状态与经济周期及其预测振幅之间没有必然联系：在经济高涨时，它的发展速度通常高于平均水平；在经济衰退时期，它所受的影响较小，甚至还能继续保持一定的增长。这类行业的持续增长形态主要来源于技术的进步、新产品的开发及更为优质的服务。比较典型的行业如计算机、网络行业。（2）周期性行业。周期性行业的特征是受经济周期的影响很大，当经济繁荣时，这些行业会随之扩张；当经济衰退时，这些行业也相应跌落。建筑材料业、家用电器业、消费品以及其他耐用品制造业均属此列。（3）防御性行业。这种行业的产品其需求相对稳定，不易受经济周期的影响，行业往往不因经济周期变化而出现大幅度变动，甚至在经济衰退时也能取得稳步发展。例如，食品业和公用事业就属于防御性行业，因为需求对其产品的收入弹性小，所以处于这种行业的公司的盈利水平相对也较稳定。

以上对于行业类型的分析，对股票投资者的意义是：如何据此来选择合适的行业进行股票投资。一般来说，选择增长性行业进行股票投资较为有利，因为这种投资既可以分享行业增长的利益，又不易受经济周期的影响，因而增长性行业的股票备受投资者青睐。在美国股市，涨得最快、幅度最大、持续时间最长的股票几乎都是增长性的高科技行业的股票，也是基于同样的原因。除此以外，我们还可以看出，当经济处于上升、繁荣阶段时，可选择周期性行业，以谋取丰厚的资本利得；而当经济处于衰退阶段时，则可选择防御性行业，以获得稳定、适当的收益，并可减少所承受的风险。

其三，行业的生命周期。每个行业都会经历一个由成长到衰退的发展演变过程，这个过程被称为行业的生命周期。一个生命周期包括四个阶段，即初创期、成长期、稳定期和衰退期。四个阶段显示出了不同的特征。

1．初创期。由于新产品的研制和开发的成本很高，而产品的需求量不大，因此，企业的利润很低，甚至亏损，处于这一时期的行业投资风险很大。但若新产品的开发能获得成功，则其利润水平也有可能成倍增长。

2．成长期。进入这一时期，说明企业产品经过市场检验，已被部分需求者接受，市场需求开始上升，销售量大幅度提高，生产成本急剧下降，企业因而可获得大量利润，这是企业和产品的钻石时代。另一方面，由于该行业厂商的数目也在增加，生产厂商因竞争成败而发生两极分化，有些公司逐渐占领和控制了市场，而更多的公司则在竞争中遭到淘汰。因此，处于成长期的行业技术进步迅速，利润丰厚，但风险也较大，股价往往会出现大起大落现象。

3．稳定期。随着市场需求趋于饱和，产品的销售增长率减慢，大量盈利的机会减少，整个行业便开始步入稳定期。在这一阶段主要由少数大企业控制了整个行业，它们经过了上一阶段的激烈竞争，已成为了资金实力雄厚、财务状况良好、竞争力强的一流企业，由于新企业很难进入该行业，所以行业利润因垄断而达到很高水平，而风险也相对较低，公司股票价格基本上稳定上升。但是各个行业稳定期的时间长短却并不相同，一般来说，技术含量高的行业稳定阶段历时较短，而公用事业行业稳定阶段持续的时间较长。

4．衰退期。当一个行业发展到最后阶段，随着新产品和大量替代品的出现，原行业市场需求和产品销售开始下降，某些厂商开始向其他行业转移资金，致使原行业出现厂商数目减少，利润下降的情况，此时，便进入了衰退期。在这一阶段，该行业在国民经济中的地位也逐渐降低。衰退行业的股票行市平淡或有所下跌，那些因产品过时而遭淘汰的行业，股价会受到非常严重的影响。

我们把以上四个阶段的特征列表如下：

表2　行业的生命周期

	初创期	成长期	稳定期	衰退期
厂商数量	很少	增多	减少	很少
利润	亏损	增加	较高	减少乃至亏损
风险	较高	较高	减少	较低

这个表格将行业生命周期四个阶段中的厂商数量、利润、风险情况非常直观地反映了出来。我们研究行业生命周期的主要目的不在于描述行业的一般发展过程，而在于在一定程度上帮助人们选择较合理的行业进行股票投资。行业生命周期对股票投资的影响主要是通过它对上市公司业绩的影响来实现的，因为公司的业绩与行业的发展直接相关。在行业生命周期的不同阶段，股票价格以及投资者收益不尽相同：在初创期，公司的盈利较少，风险较大，因此股价也较低；在成长期，虽然公司的盈利不断上升，但激烈的市场竞争使得公司两极分化严重，股价大起大落的情况非常普遍，投资者的风险仍然很大，此时投资股票的关键是要对处于成长期的行业内的不同上市公司进行区分，选出真正有竞争实力的公司；在稳定期，由于行业内的垄断程度较高，且经过成长期激烈竞争而存活下来的公司普遍都质地优良，资金力量雄厚，因此，这些公司的利润较高，因而股价也会稳定上升；到了衰退期，行业内公司普遍处于停滞状态，利润下降，因此股票行市较为平淡，或者有所下跌，那些因产品过时而遭淘汰的行业，其股价会受到更为严重的影响。但是，在中国的特殊情况下，长期没有真正的退出机制，故在效益很差的ST股、PT股中，还经常出现枯木逢春、老树发新芽的神话。然而这又是事实。因此，它不会像美国股票这样无限下跌，到了业绩很差，势必会引起政府重视，并以资产重组来挽救之时，人们的预期又变了，股价又会上涨。这一点与国外不同，应引起注意。可见，投资者在做股票投资时，必须注意所投资上市公司所在的行业的生命周期处在什么阶段上，才能扩大收益，减少风险，跑赢股市。我们可以将各个不同行业标在生命周期曲线上的不同位置上，并以此作为选择投资行业的参考。

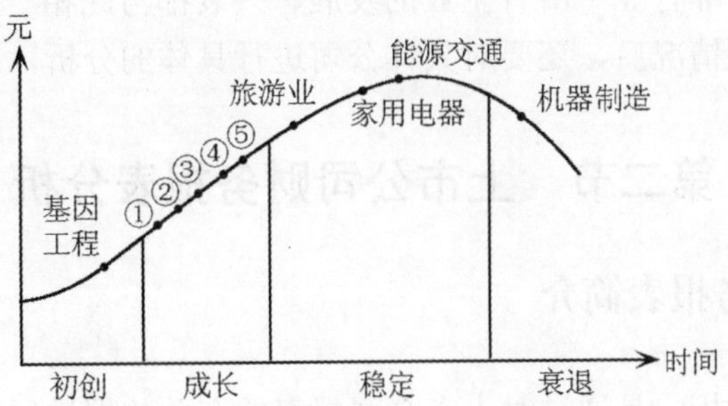

生命周期曲线上的行业抽样

注：图中①、②、③、④、⑤分别是个人电脑、大型计算机、轿车工业、超市、快餐业

最后，是对影响行业兴衰的主要因素的分析。影响行业兴衰的因素有很多，如技术因素、能源因素、人口因素、市场竞争因素、社会因素以及政府干预等。但是主要的因素有以下几个：（1）政府政策。政府依据社会经济发展需要而制定的产业政策会影响行业的发展和衰退。当政府鼓励某一行业的发展时，它就会相应增加该行业的优惠贷款量，降低该行业的所得税，限制该行业国外产品的进口，所有这些都将促进该行业更快地发展，社会资金向该行业流入；同时，该行业上市公司发行的股票的价格也将被刺激上扬。例如，我国政府已宣布："对中关村地区从事计算机软件开发的企业实行减税优惠，对其他地区的同类企业可以陆续参照此办法进行减税"，这条政策无疑会对从事软件开发的公司起到很好的促进作用，表达了我国政府实施"科教兴国"的决心；而与此相对应，受此优惠的高科技上市公司，如清华同方、北大方正、实达电脑等的股价走势也都一直十分坚挺并广受追捧。相反，如果政府要限制某一行业的发展，就会对该行业的融资进行限制，提高该行业的税收，并允许国外同类产品进口；与此相对应，该行业上市公司股票的价格就将会有不同程度的滑落。（2）新技术、新产品的开发和研制成功是新兴行业发展的主要原因。科学技术是第一生产力，科学技术的应用推动着新兴行业的发展。19世纪的铁路业，20世纪的信息产业，无不是科技的创新和进步带动了新兴行业的崛起。（3）相关行业变动因素的影响。相关行业主要有以下三类：一是相关产业的产品是

该行业生产的投入品，则相关行业产品价格的上涨，会使该行业生产的成本增加，从而导致利润下降，股价也呈下降趋势；二是相关行业的产品与该行业的产品有互补关系，如汽车制造业和汽油生产行业，则相关产业的产品价格上升，会导致该行业产品的需求相应减少，造成公司盈利减少，该行业上市公司股票的价格也有下滑趋势；三是相关行业的产品与该行业的产品有互替关系，则相关行业的产品价格上涨，会使对该行业产品的需求增加，从而公司的盈利水平上升，股价也有上升趋势。因此，相关行业的变动对该行业的影响也是很大的。（4）密切关注加入WTO对本行业的影响，中国加入WTO已迫在眉睫，WTO的加入对于中国经济的冲击和影响之大，可以比作孩子重新投胎与姑娘嫁人；相当多的行业会受到很大冲击，也有部分行业会受惠。对于这个问题必须引起高度重视。

分析了以上四个影响行业兴衰的因素后，我们可以得出这样一些基本结论：（1）投资者选择股票，最好是要了解国家的有关产业政策，要选择国家重点扶持的行业的股票，避开那些受国家政策限制的行业的股票；（2）要对高新技术产业，特别是在我国尚处于成长期的电子商务、软件、生物制药等产业加大关注力度，真正的潜力股可能就蕴含其间。（3）当投资者要购买某一行业的股票时，不仅要关注本行业的兴衰情况，还要关注其相关行业的变动，以便及早作出决策。例如，1973年石油危机爆发后，美国消费者开始偏爱节油型汽车，结果对美国汽车制造业带来了相当大的打击，并致使这些公司股价大幅下挫。投资者如果只关注汽车制造业，而不对其相关产业的情况作些了解，便不能作出准确及时的反应，亏损也就难以避免。

以上对行业的分析，对于投资者来说是十分必要的，但也不是绝对的，这些分析只说明了行业发展的一般情况，并非行业中所有企业的发展、兴衰都与此相一致。因此，我们在研究了宏观经济形势、行业发展情况后，还要对具体公司进行具体的分析，这就是公司分析。

第二节　上市公司财务报表分析

一、上市公司财务报表简介

上市公司财务报表分析，是通过对上市公司报表的有关数据进行汇总、计算、对比，从而综合地分析和评价公司的财务状况和经营成果。财务报表的真正价值是通过对其分析来预测未来的盈利、股利、现金流量及其风险，以帮助报表使用者作出科学决策。

我国上市公司的财务报表，按国际惯例是以资产的自有及负债为依据而编制的，其主要报表有三张，即资产负债表、利润表以及现金流量表，并且，我国上海、深圳两地的上市公司实行每年公布两期财务报表的制度，即中期报表和年度报表。按照《证券法》的规定，上市公司的中期报告（含中期报表）必须在每一会计年度的上半年结束之日起两个月内，向国务院证券监督管理机构和证券交易所提交，上市公司的年度报告（含年度报表）应当在每一会计年度结束之日起4个月内，向国务院证券监督管理机构和证券交易所提交。

下面对这三个要求公布的财务报表做一介绍。

1．资产负债表。资产负债表是反映公司在某一时点的财务状况的报表。它概括地反映了公司在生产经营中的某一时点（通常是月末、季末、会计年度中期、年末）的资产负债情况，从而表明公司在某一特定日期所拥有或控制的经济资源，所承担的现有义务和公司所有者对净资产的要求权。资产负债表为一静态报表。

按照资产、负债及股东权益各项目在表中位置的不同，资产负债表又可分为账户式、报告式及财务状况式三种不同格式。我国上市公司一般使用账户式资产负债表的形式。账户式资产负债表的格式见表3。

由表3可以看出，资产负债表的一个重要特征是资产总值必须同负债总值和股东权益的总和相等，用一个基本公司可以表示为：

资产＝负债+股东权益

或者：资产＝（流动负债+长期负债）+股东权益

因此，资产负债表又被称为资产负债平衡表。表格左边的资产方反映了公司的总资产和各类资产的构成，主要包括流动资产、长期投资、固定资产、无形资产及其他资产，自上而下按其变现能力顺序排列。

表3 账户式资产负债表

资产	负债及所有者权益
一、流动资产	一、流动负债
货币资金	短期借款
应收账款	应付票据
应收票据	应付账款
有价证券（短期）	应付税金
存货	流动负债总额
待摊费用	二、长期负债
流动资产总额	长期借款
二、长期投资	应付债券
有价证券（长期）	长期负债总额
向其他单位投资	三、股东权益
长期投资总额	优先股股本
三、固定资产	普通股股本
固定资产原值	股本总额
减：累计折旧	资本公积金
固体资产净值	留存收益
固定资产总额	股东权益总额
四、无形资产和其他资产	负债和股东权益总额
资产总额	

首先是流动资产，这是指现金和其他变现能力很强的资产，主要包括货币资金、应收账款、应收票据、短期有价证券、存货和待摊费用。其中：（1）货币资金是反映公司库存现金、银行存款和在途资金的合计数，它是公司最具有流动性的资产，具有转化迅速（即无论何种货币资金，只要一经使用，该项货币资产就消失，相应地会引起存货资产、固定资产或其他资产的增加或公司负债的减少）、占用量不稳定（即货币收支业务有经常性、偶然性的特点）、有一定的投资性等特点。货币资金的管理涉及到公司生存、发展以及兴衰成败的全局，一方面，如果公司将资金全部投资于实物资产，虽然可以实现较大的经营规模，但却会使公司失去支付能力，日常开支也难以保证；另一方面，如果过多保留货币资金，又会使相当一部分资金丧失投资增值的机会，因此，如何有效地管理货币资金对于公司来说是相当重要的。（2）应收账款，是反映公司因销售产品、材料、提供劳务等业务，应向购货单位或接受劳务单位收取的那些在一年内或超过一年的一个生产周期应收账款的数额和收回时间。（3）应收票据，是反映公司收到既尚未到期也未向银行贴现的应收票据。包括商业承兑汇票和银行承兑汇票。通常不论票据是否带有利息，都按票面金额入账。（4）短期有价证券，是公司购入可随时变现，并准备随时变现的股票和债券，通常按实际购入时的成本计算。短期有价证券的持有使得公司既能充分利用闲置的资金，又能达到资产的流动性要求，公司持有短期有价证券的目的主要是为了取得更大的投资报酬率，而与公司本身经营业务需要无关。（5）存货，是指

公司期末在生产经营过程中为销售或者供生产用的在库、在途和在加工中的各项资产的实际成本。它包括各种材料、库存产成品、在途产品等。判断存货最根本的依据是所有权的归属，凡是在盘存日期，法定所有权属于公司所有的一切货品，不论其存放地点，都应视为存货；反之，凡所有权不属于公司，即便存放于公司，也不属于本公司存货。储备适量的存货，可保证公司生产经营过程中销售和耗用的及时需要，但存货过量又会造成公司资金的积压和浪费。因此存货的计划和管理，对于公司来说，也是至关重要的。当然，存货占资金比例的大小并没有一定的标准，各个行业对于存货的需求量也不一样，例如，周转速度快的物品须保持较高的存货率，反之则反是。另外，各个公司的不同时期，存货率也可有高有低，例如房地产开发公司，在商品房刚开始投入市场时，可能存货率很高，但是，经过一个时期的销售后，存货率就会变得很低。因此，对于存货要具体问题具体分析，还要结合行业特点，存货率高并不一定是产品滞销。（6）待摊费用，是反映公司已经支出但应由本期和以后各期分别负担的，分摊期在一年以内的各种费用，它包括低值易耗品的摊销、出租出借包装物的摊销、预付保险费、应由销售产品分摊的中间产品税金、固定资产修理费，以及一次购买的印花税票和一次缴纳印花税税额较大尚需分摊的数额、开办费以及摊销期在一年以上的其他待摊费用。

资产方的第二部分为长期投资。所谓长期投资，是反映公司向其他单位投入的期限在一年以上的资金以及购入一年以内不能变现或不准备随时变现的股票和债券。长期投资包括长期有价证券和向其他单位的投资。公司进行长期投资，可以充分利用闲置资金，获取更大的经济收益，同时，还可能通过控制其他企业，使公司获得特别的好处。

资产方的第三部分为固定资产。固定资产指公司为满足生产经营活动的需要，所拥有的使用期限超过一年的房屋、建筑物、机器、机械、运输工具和其他与生产经营有关的设备、器具、工具等，以及单位价值在规定金额以上的劳动资料。根据我国的有关规定，凡使用期限超过一年的经营性固定资产和单位价值在2000元以上并且使用期限超过2年的非经营性资产都列为固定资产。

资产方的第四部分为无形资产和其他资产。无形资产，是指公司长期使用而没有实物形态的资产，包括专利权、商标权、专用技术、土地使用权、著作权、商业信誉等。我国有关法律规定，企业在设立股份有限公司、申请公开发行股票前一年末，无形资产（不包括企业土地使用权）在净资产中所占的比例不高于20%，但证券委另有规定的除外。其他资产主要是指开办费和长期待摊费用。

资产负债表的右方，是负债和所有者权益。负债包括流动负债和长期负债。流动负债指在一年或者超过一年的一个营业周期内应偿还的债务，其典型特征是偿还期短，在一般情况下，流动负债应以公司的流动资产作为偿还保证。公司流动负债主要包括：应付账款、应付票据、短期借款和应付税金等。

长期负债是指偿还期在一年或超过一年的一个营业周期以上的债务，是可供公司在较长时间加以运用的资金，它具有还款期长、金额较大、利息高于流动负债应计利息等特点。长期负债主要包括长期借款、应付债券等。

股东权益，又称净值，是股东应享有的权益，它包括优先股股本、普通股股本、资本公积金和保留盈余。由于资产应等于负债加上所有者权益，所以，所有者权益等于总资产减去总负债，成为了净资产值，因此，所有者权益表明了股东对公司净资产的权利。

以上即为资产负债表的全部内容，由以上的介绍不难看出，资产负债表全面地反映了企业在某一时点上所持有的资产、所负担的债务和资本的存量情况。具体地说，它能反映四个方面的情况：（1）能够提供某一日期资产的总额，表明公司拥有或控制的经济资源及其分布情况，为分析公司生产能力提供重要资料。（2）能够反映某一日期的负债总额以及结构，表明公司未来需用多少资产或劳务清偿其债务。（3）能够反映所有者权益的总量和结构情况，表明投资者在公司资产中所占的份额。（4）能够提供变现能力、偿债能力、获利能力等财务分析所需的基本资料。

上市公司要求公布的第二张财务报表是利润及利润分配表，又称损益表。损益表是反映公司在一定时期内经营成果及其分配的财务报表。它主要通过列示公司在该时期内所取得的收入、发生的费用支出和所获得的利润，揭示公司的经营业绩。根据收入和费用在表中的不同排序，可将损益表分成两种格式，即单步式和多步式，其中多步式损益表因具有层次分明、收入与费用配比排列的优点而被广泛使用。

下面即为多步式损益表的一般格式：

表4 利润及利润分配表

公司名称　　单位：元

项目	行次	金额	项目	行次	金额
一、主营业收入	1		加：年初未分配利润	16	
减：营业成本	2		上年利润调整	17	
销售费用	3		公积金转入	18	
管理费用	4		五、可分配利润	19	
财务费用	5		减：应交所得税	20	
进货费用	6		提取法定盈余公积金	21	
营业税金	7		提取公益金	22	
二、主营业利润	8		六、可供股东分配利润	23	
加：其他业务利润	9		减：提取任意公积金	24	
三、营业利润	10		已分配优先股股利	25	
加：投资收益	11		已分配普通股股利	26	
营业外收入	12		七、未分配利润	27	
减：营业外支出	13		八、补充资料	28	
			营业成本中有变现	29	
四、利润总额	14		损失准备提取金	30	

从表4可以看出，利润及利润分配表是由两张报表连接而成的，一张是利润表，从“主营业收入”至“利润总额”；一张是利润分配表，从“利润总额”至“未分配利润”。前一张表反映企业的经营成果及构成情况，后一张表反映企业利润分配情况和将要留存的金额。一般来说，上市公司必须公布的为前一张表，后一张表可由上市公司根据各自的需要选择公布。

同时，我们从表4还可看出，此表的编制与资产负债表左右平衡的格式是很不一样的，是将收入与费用配比排列编制的，可以清晰地反映出各个项目的净利润情况；同时，此表又为一滚动式报表，即前一项经过加或减相应科目，正好等于后一项，并且这样一项一项地向后滚动，显得层次很分明。例如：第一项主营业收入减去营业成本、销售费用、管理费用、财务费用、进货费用、营业税金就等于第二项主营业利润，主营业利润再加上其他业务利润，就等于第三项营业利润，并以此类推。这样，整张表就显得非常完整，且层次分明，便于投资者很快查出某一项目的收入、成本和利润的情况。

表中的“投资收益”，反映公司以各种方式对外投资所取得的收益，其中包括分得的投资利润、债务投资的利息收入以及认购股票应得的股利等。“营业外收入”，是指与公司生产经营没有直接关系的各项收入、罚款收入、确定无法支付按规定应转作营业外收入的应付款项、教育费附加返还款以及其他非营业性收入。“营业外支出”是指与公司生产经营没有直接关系的各项支出，例如固定资产盘亏、报废、毁损和销售的净损失，非季节性和非修理期间的停工损失，职工子弟学校经费和技工学校经费，公益救济性捐赠支出等。

上市公司的盈利多少直接关系到股利和股票的增值，尤其是股利的多少不仅影响到股东的当期收益，还影响着股票价格的变动趋势，因此，投资者在作出投资决策前，首先要审查公司的盈利记录，而损益表的作用正是在于：（1）能够反映公司在一定期间的收益情况、成本耗费情况和经营成果，明确投资者投入资本的完整性。（2）投资者通过阅读报表，并将其与本公司前几年的同类报表相比较，可以分析出该公司销售、净利润的增长情况，预测公司未来的发展趋势。（3）投资者通过分析损益表内各项目与销售收入的比例关系，可以了解该公司的盈利能力，将这个盈利能力与行业水平比较，并结合公司的规模和设备、技术的先进情况，即可判断该公司的盈利上升空间。（4）损益表还可以为管理当局提供未来的决策信息。

上市公司被要求公布的第三张报表为现金流量表，它以现金的流入和流出反映公司在一定期间内的经营活动、投资活动和筹资活动的动态情况，表明公司获得现金和约当现金的能力。投资者通过阅读现金流量表，能够了解该公司一定期间内现金流入和流出的原因，可以了解公司的偿债能力和支付股利的能力，可以分析公司未来获取现金和约当现金的能力，可以分析公司投资和理财活动对经营成果和财务状况的影响，可以了解不涉及现金的投资和筹资活动的信息。以下是现金流量表的格式（见表5）。

表5　现金流量表

×年×月×日—×年×月×日　　　　单位：元

一、经营活动产生的现金流量：		
销售商品、提供劳务收到的现金		
收到的租金		
实际收到的增值税销项税额及税款退回		
除增值税以外的其他税费返还		
与经营活动有关的其他现金流入		
现金流入小计		
购买商品、接受劳务支付的现金		
经营租赁支付的租金		
支付给职工及为职工支付的现金		
实际支付的增值税		
支付的所得税		
支付的除增值税、所得税以外的其他税费		
与经营活动有关的其他现金流出		
现金流出小计		
经营活动产生的现金流量净额		
二、投资活动产生的现金流量：		
收回投资		
收到的股利		
收到的债券利息收入		
处置固定资产、无形资产和其他长期资产收回的现金净额		
与投资活动有关的其他现金流入		
现金流入小计		

（续表）

购建固定资产、无形资产和其他长期资产支付的现金		
权益性投资支付的现金		
购买债券支付的现金		
与投资活动有关的其他现金流出		
现金流出小计		
投资活动产生的现金流量净额		
三、筹资活动产生的现金流量：		
吸收权益性投资收到的现金		
发行债券收到的现金		
借款		
与筹资活动有关的其他现金流入		
现金流入小计		
偿还债务所支付的现金		
筹资活动发生的费用		
支付的股利		
支付的利息		
融资租赁支付的租金		
减少注册资本而支付的现金		
与筹资活动有关的其他现金流出		
现金流出小计		
筹资活动产生的现金流量净额		
四、汇率折算差额		
五、现金流量净额		

总之，上市公司的财务报表由资产负债表、利润及利润分配表和现金流量表组成，投资者在阅读分析时必须相互对照。比如利润及利润分配表中最后的未分配利润与资产负债表中的未分配利润是否一致，年度内货币资金余额是否与现金流量表中现金净额一致，本年提取公积金数与资产负债表中公积金增加数是否一致等，只有全面了解财务情况，才能作出正确选择。

二、上市公司财务报表分析

上市公司的财务报表为上市公司的经营者、投资者、债权人和其他报表使用者提供了大量的第一手资料，但是，财务报表能否真正地具有价值，并起到应有的作用，则完全取决于财务报表使用者能否运用科学的方法对其进行分析。一般说来，不同的报表使用者对财务报表进行分析的侧重点会有所不同，从而分析的内容也会不同，例如：公司的债权人较关注公司的偿债能力，可以通过流动性分析，了解公司清偿短期债务的能力；投资者更加关注公司的发展潜力，因而更侧重于公司营利能力及资本结构的分析；而公司的经营者则需了解公司经营活动的各个方面，以便完善本公司的经营管理。

尽管各种不同的财务报表使用者对报表进行分析的侧重点不同，但他们进行分析的方法却基本一致。概括起来，主要有三种方法，即百分比分析、比率分析和图表示意分析。其中，比率分析法被最为普遍地采用。

所谓比率分析法，即以财务报表为依据，将彼此相关而性质不同的项目进行对比，求其比率。不同的比率，反映不同的内容。

按照财务分析的不同内容，比率分析通常可分为：对公司偿债能力比率的分析；对公司资产运用效率比率的分析；对公司盈利能力比率的分析和对公司权益性比率的分析。

1．对公司偿债能力比率的分析。公司的负债可分为长期负债和短期负债，这里的偿债能力比率主要用来衡量公司的短期偿债能力。这主要通过两个比率来反映：

（1）流动比率。指流动资产与流动负债的比率，用公式表示为：

流动比率＝流动资产／流动负债

由于公司的流动负债和流动资产之间存在着一种对应关系，即流动负债一般需要用流动资产来偿还，因此，流动比率可分析公司的流动资产是否足以偿付流动负债，这是衡量公司提供流动资金、偿付短期债务和维持正常经营活动能力的主要指标。流动比率过低，说明公司流动资金不足，短期偿债能力较差；而流动比率过高，则说明该公司的管理政策过于保守，过多地将资金用于流动性较强的资产上，从而放弃了某些可以获利的机会。一般认为，流动比率为2∶1较理想，但是，这个比率也并不是绝对的，分析时还要结合其行业特点和公司的具体情况。例如，对于工业企业来说，流动比率为2∶1是适宜的，但对于公用事业类公司来说，流动比率适当降低也是可以的，因为这类公司（如水、电、煤气、电话等公司）的账单是按月支付的，其应收款周转速度较工业企业快。再如，对于经营能力和筹措短期资金能力不同的公司来说，流动比率也可不同。对于一个信誉良好，很容易筹措到短期资金的公司来说，即使流动比率较低也不会影响公司资产的安全性和流动性。

（2）速动比率。速动比率又称酸性比率，是速动资产与流动负债的比率。速动资产是流动资产扣除存货后的余额，是指几乎可以立即用来偿付流动性负债的资产，包括现金、银行存款、有价证券等。这个比率反映了公司快速偿付短期债务的能力。其计算公式为：

速动比率＝速动资产／流动负债＝（流动资产-存货）／流动负债

由于存货在快速变现方面存在着许多不确定因素，如价格因素、生产周期因素、是否适销对路等因素，因此，存货的剔除，使得速动比率比流动比率在衡量公司偿付短期债务能力方面更为准确和科学。

一般认为，速动比率保持在1—1.5倍之间比较合适。速动比率过低，表明公司随时面临着无法偿付短期债务的风险，公司应立刻采取措施调整资产结构，并应设法筹措到足够资金以化解风险；速动比率过高则表示公司的资金可能存在某些呆滞的现象，公司的盈利能力将受到影响。当然，运用速动比率分析时，也应结合行业特点，不可一概而论。

2．对公司资产运用效率比率的分析。资产运用效率反映公司资产利用的效率。主要通过以下四个比率加以反映：

（1）存货周转率，即销售成本与期初期末平均存货之比，是用来衡量公司销货能力强弱和存货是否适量的重要指标，也是衡量企业产供销效率和企业流动资产运转效率的重要参考依据。用公式可表示为：

存货周转率＝销售成本／存货平均余额

其中，存货平均余额为期初期末之平均存货。

一般认为，存货周转率越高，说明存货周转快，积压的存货少，存货占用的资金越少，利润额越高，反之则反是。但是，存货周转率并非越高越好，太高，可能会导致产品供不应求，容易造成脱销，从而对公司的营销带来负面影响。因此，公司的存货周转率应保持在一个适当的水平上，这个合适的水平又因行业不同而不同，投资者要具体情况具体分析。

（2）固定资产周转率，这是销售收入和固定资产的比率，表示固定资产全年的周转次数，用来衡量厂房和机器设备等固定资产的利用程度。其公式为：

固定资产周转率＝销售收入／固定资产净值

一般来说，该比率越高，表明固定资产周转的速度越快，闲置的固定资产越少，反之，比率越低，则表示固定资产存在闲置现象，或者固定资产的投资过分扩张。但是，由于有固定资产原值、存续时间、折旧等因素影响，不同企业的固定资产周转率有时会出现很大差异，所以这一指标一般只用于本公司不同年份的纵向比较，而很少在不同企业之间作横向比较。

（3）总资产周转率，这是销售收入与资产总额之间的比率，用来衡量公司总资产的利用情况。其计算公式为：

总资产周转率＝销售收入／总资产

这一比率表明，企业投资的每一元资产在一年之内可产生多少销售额，它从总体上反映了企业利用资产创造收入的效率，这一比率越高，表明公司运用资本的效率越高，企业利润率也越高，反之，比率低，则表明公司资本没有得到充分利用，投资效益差。但是，利用这一比率时，同样要结合行业特点，例如资本密集程度越高的行业的总资产周转率越低。因此，总资产周转率在不同的行业间是没有可比性的，投资者不宜就此比率进行跨行业的比较。

（4）应收账款周转率，又称收账率，是反映公司应收账款周转情况的比率。计算公式为：

应收账款周转率＝销售收入／应收账款平均余额

该比率越高，说明应收账款在一个年度内变现的次数越多，比率过低，则表明应收账款的收现过于缓慢，管理上缺乏效率。但是如果应收账款周转率太高，也可能是企业的信用条件过于苛刻，可能会影响企业的销售收入和利润的增长。同时，由于该比率受所售商品种类、当地商品往来惯例、竞争环境等因素的影响，并无统一标准，投资者运用这一比率时，须与同行业、同类公司的平均比率进行比较，从而作出自己的判断。此外，公司应收账款的周转情况还可通过“应收账款平均回收天数”来衡量，其计算公式为：

应收账款回收天数＝365／应收账款周转率

3．对公司盈利能力比率的分析。通过对公司盈利能力比率的分析，可以了解公司资产利用的结果，即公司利用资产实现利润的状况，进而通过对盈利指标长期趋势的分析，判断公司的投资价值。这种分析主要通过以下财务比率进行。

（1）毛利率，这是考核公司经营状况和财务成果的重要指标，其计算公式为：

毛利率＝毛利／销售收入

毛利率的高低与公司经营效益同比例显示，即毛利率越高，反映公司的经营效益越高。同样，该比率也只适合于同行业、同类公司之间进行比较，因为不同行业间的毛利率相差很大，资本密集型和尖端技术型、商业等行业的毛利率可能会比其他行业高（毛利是公司的销售收入与销售成本的差额，或是营业收入与营业成本的差额）。

（2）净利率，其计算公式为：

净利率＝税后净收益／销售收入

其中，税后净收益是销售收入减去一切生产成本、各项费用和税金后的余额。净利率反映的是每一元销售收入能产生多少纯收益。净利率在行业间的差距也很大，一般不可跨行业比较，在同一行业中，净利率高的公司盈利能力强，股东获利多。

（3）总资产收益率，又称资产报酬率，是税后利润与平均资产总额之比，表示公司每一元钱的资产能获取多少净利润。其计算公式为：

总资产收益率（资产报酬率）＝税后利润／平均资产总额

其中，

平均资产总额＝（期初资产总额+期末资产总额）／2

该指标可准确全面地反映企业经营效益和盈利情况，资产报酬率越高，表明公司运用资产的效率越高，获利能力就越强。

（4）净资产收益率，又称股东权益收益率或股本收益率，是税后利润与净资产（股东权益）之比，表明公司每一元钱的净资产可获得多少净利润，反映了公司的所有股东，包括普通股股东和优先股股东投入资本的收益状况。其计算公式为：

净资产收益率＝税后利润／股东权益

净资产收益率越高，说明公司运用资本的能力越强，经营效率也就越高。

除了上面提到的四个比率外，还有一些比率可被用来对公司的盈利能力进行分析，例如：

每股税后利润率＝税后利润／发行在外的普通股总数

这个指标一般认为也是越高越好，越高，表明公司的盈利能力越强。

4．对公司权益性比率的分析。这类比率用来衡量公司的资产负债情况，反映企业长期偿债能力，它包括以下比率：

（1）资产负债比率，是负债总额与资产总额之比，反映公司负债经营的情况。其计算公式为：

资产负债比率＝负债总额／资产总额

一般认为，公司应该有一定程度的负债经营，才能保证发展的速度和规模。对于公司的股东来说，如果公司不负债或很少负债，那它只能凭自有资金来进行经营，虽然财务风险较小，但资金成本较高，并且没有积极利用财务杠杆作用。因为股东关心的总是全部资本盈利率是否超过借款人款项的利率，即借入资本的代价，在公司所得资本盈利率超过因借款而支付的利息率时，股东所得的利润将随之扩大。在这种情况下，股东所得的好处是双重的，即不仅获得较高盈利率，而且他们在得以付出有限代价的条件下，保持对企业的全部控制权，这就是所谓的财务杠杆作用。因此，对于股东来说，总希望公司能有一定的负债经营，以获得较高的盈利率。对于公司的债权人来说，他们比较注重债权的安全性，过高的资产负债比率往往意味着较高的财务风险，从而威胁到债权的安全，因而，他们总是希望这一比率越小越好。

总的来说，这一比率的高低由公司的经营策略和所处行业决定，并无统一的标准，但一般认为，这一比率在50%左右较为适宜。

（2）长期负债比率，是长期负债与固定资产之比，反映公司固定资产中长期负债所占比率。其计算公式为：

长期负债比率＝长期负债／固定资产

这一比率过高，则意味着公司过多地依赖长期债务购置固定资产，因此财务风险较大；如果这一比率过低，则又意味着公司没有充分发挥财务杠杆的作用，经营思想过于保守，但同时也反映了公司尚有较大的潜在借债能力。

除了以上两个比率外，还有其他可用作衡量的权益性比率，例如股东权益比率、股东权益占固定资产比率等，但这些比率都可用上述两个比率推导得出，因此不再赘述。

以上便是财务报表比率分析的主要内容，这种财务报表分析对于了解公司的财务状况和经营业绩，对于评价公司的偿债能力和经营能力，以及帮助制订经济决策等，有着显著的作用。但是财务分析及其分析方法也有一定的局限性，存在着许多影响财务分析准确性的因素，如：信息的时效性问题、通货膨胀的影响、报表数据信息量的限制、报表数据的可靠性问题等。因此，投资者在进行财务报表分析时，要充分注意这些局限性的影响，以保证分析结果的正确性。

第四篇

技术分析篇

技术分析之一般认识

复旦大学博士　倪　勇等

所谓技术分析，是指利用某些历史资料，对整个证券市场或者某一证券价格未来的变动方向和程度，进行分析和研判的各种方法的统称。也就是说，它是直接对证券市场的市场行为所作的分析，其特点在于应用数学和逻辑的方法，对市场过去和现在的行为进行研究，从而探索得出一些规律性的原理和法则，并据此预测证券市场未来的演化趋势。而且，技术分析认为，证券价格是由证券的供给与需求之间的关系来决定的。但是，技术分析只是研究证券的供需状况和证券市场行情表上的变化，而对影响证券供需情况的各种因素并不进行分析。显然，技术分析偏重于证券价格的分析，其目的在于预测证券价格涨跌的趋势。

第一节　技术分析的理论基础——三大假设

技术分析是以预测证券市场价格变化的趋势为目的，运用技术图表对市场行为进行研究的各种方法。早在200多年前，日本人本间宗久针对米市交易而创立了“酒田线法”，即今日人们所熟知的、最为古老的K线理论。此后两个多世纪以来，技术分析的方法和理论层出不穷，日渐丰富。与此同时，在众多市场专家和理论学者的不断努力下，技术分析的有效性得以在一些基本的假设条件下获得确认，从而使技术分析逐渐完善。目前，证券市场的理论学者和市场人士普遍认为，技术分析的理论基础是如下“三大假设”——假设A：市场行为包含一切信息；假设B：价格沿着趋势运动；假设C：历史经常重现。

假设A：市场行为包含一切信息

假设A——“市场行为包含一切信息”，是进行技术分析的基础性因素。换句话说，它是技术分析的基础。这条假设的基本思想是，各种影响股票价格的内外在因素，即相关的一切信息，均无一例外地反映在市场行为中，而对于影响股票价格的具体因素就没有必要去过多地关心了。所谓市场行为，包括价、量、时、空等四个方面，也即股票的成交价格、成交量、时间和空间等因素之间的相互关系。市场行为可以有多种表现形式，其中股票的成交价与成交量及价量关系是市场行为最基本的表现形式。可以说，“市场行为包含一切信息”的假设，是技术分析有效性的基础，如果抛弃这一假设，则技术分析所得出的一切结论都是无效的。

事实上，假设A是有其合理性的。不言而喻，任何一种因素，任何一种信息，对证券市场的影响最终都必然地体现在证券价格的运动与变化之中。股民朋友们都经历和感触过这样的情形：某天，在证券营业部的行情显示屏上，某些股票的价格向上跳空开盘而成交量急剧增加，但有些股票的价格开盘即向下跳空并伴之以增大的成交量。显然，前种情形一定是有什么利多的信息传出来，而后种情形则肯定是有什么利空的信息放出来。但是，这些利多或利空的信息到底是什么，我们大可不必去多问，因为它们都已经体现在股票市场行为中了。总之，影响股票价格的内在的、外在的、行业的、公司的、政策的、心理的以及其他的所有信息因素，都已经全部在市场行为中得到了体现。

然而，对于上述假设A的合理性仍然存在争议。有些人认为，既然说“市场行为包含一切信息”，但是市场行为反映的信息却只是体现在证券价格的变动之中，而这种仅仅通过股价运动所体现出来的信息，与原始信息之间毕竟是有所不同的。也就是说，在市场行为的信息反映过程中，一些原始信息的损失是必然的。据此，他们对假设A的合理性提出了挑战。尽管如此，这并不妨碍将假设A——“市场行为包含一切信息”作为我们进行技术分析的基础。

假设B：价格沿着趋势运动

假设B——“价格沿着趋势运动”，是进行技术分析的核心因素。这条假设的基本思想是，证券价格的运动或者说变动是按照一定的规律来进行的，证券价格的运动具有保持原来方向或者说沿着原来方向展开的惯性。趋势，简言之，是一种运动方向，而且它是技术分析的根本所在。但是，我们在谈论趋势、研判趋势时，必须真正理解趋势的意义——究竟是指长期趋势、中期趋势与短期趋势中的哪一种？研究股票价格图表、进行技术分析的目的，就在于寻找股票价格变动的规律，在某一趋势发生的初期及时而准确地加以揭示，从而能够“顺势而为”。

对于假设B的合理性，可以从两个方面得到佐证。一方面，对于一段时间内的一个现有的上升趋势或者下降趋势，因为惯性的作用而在将来一定时期内常常会沿着既有的趋势继续运动下去。只要没有爆炸性的突发因素来干扰现有趋势，就没有理由改变这一既定的运动趋势。另一方面，众多股民对某只股票的市场价格所形成的一致性看法——悲观情绪或者乐观情绪，会对股票价格运动的趋势产生显著的强化性影响。因为他们的悲观情绪或乐观情绪在短时期内不大容易改变，所以股价在今后一段时间内会继续下跌或者继续上扬。“价格沿着趋势运动”的假设，在证券市场上取得了广泛的认同。事实上，如果技术分析没有这一最根本的假设前提，认为即使没有外部因素的影响，股价也可以改变现有的运动趋势，那么，技术分析就成了“无源之水，无本之木”了。

假设C：历史经常重现

假设C——“历史经常重现”，是进行技术分析的社会性因素。这条假设的基本思想是，证券市场是由大量的人的群体所组成的，其中进行具体交易的是社会性的人，而且是由在某些心理学规律制约下的人来决定最终的股票交易行为。由于人类心理学的规律本身就是从人类心理活动演变历史的经常性重现中总结出来的，因而在某些心理学规律制约下所产生的股票操作行为就会经常性地出现，继而演绎成为不断重现的股市历史。

心理学原理在理论上为假设C的合理性作出了解释——人的心理活动的规律性原理，使交易者的股票操作行为趋于一定的模式，从而使股市历史常常会以相同的或相似的方式重演。

但是，对于“历史经常重现”的假定，不同的人也有不同的看法。有人认为，世上本来就没有一模一样的事物，证券市场的市场行为处于不断的变化之中，也不可能有完全相同的情形重演，即便有类似的情况，它们之间总是有或多或少、或大或小的差异的，历史又怎会重现呢？当然，这种看法自然有其道理。但是，从大的、总体的方面来认识和肯定假设C，对于我们从社会的、心理的角度来有效运用技术分析方法，是必需的，也是有益的。

至此，上述三大假设构成了技术分析的理论基础。其中，假设A认为研究市场行为就意味着全面考虑了影响股票市场价格运动的一切因素，而假设B与假设C则支持我们把从股市中总结出来的规律运用到股市的实战之中去。

第二节　技术分析的基本要素——价量时空

在证券市场中，价量时空即成交价格、成交量、时间与空间构成技术分析的基本要素，它们各自的具体情况和相互关系是进行正确的市场研究和分析的基础。

在上述四个基本要素中，价格与成交量是技术分析最基本的两大要素。从诸如道氏理论、波浪理论或者KDJ、MACD、RSI等等的技术分析方法和指标中，我们也可以看出这一点，一切技术分析都是以价、量关系作为基本的研究对象。在股市里，市场行为最基本的表现就是价与量及其相互关系。过去的成交价格与成交量涵盖了过去的市场行为，现在的成交价格和成交量反映了现在的市场行为。技术分析正是利用过去的和现在的价量资料，以图表和指标为手段来研判和预测将来的市场价格趋势。而且，价量关系是处于动态变化之中的。这种动态关系，是通过买卖双方在一系列连续的时点上，以共同市场行为的不断演变而实现动态的均衡态势。其中，买卖双方对交易价格的认同程度是以成交量的大小来确认的。一般来说，买卖双方的市场行为呈现如下特点：对价格的认同程度越大，则成交量就越小，而对价格的认同程度越小，则成交量就越大。这种市场行为反映出一条价量基本规律——价升量增，价跌量减。而时间在技术分析中也具有重要地位，它对于行情研判有着非常的意义，所谓“时间之窗”一说就是强调时间的重要性。一般地说，一个既成的趋势在短线意义上是不会发生根本改变的，中途出现的逆向调整不会影响既有趋势的继续演进。但是，在中线意义上，甚至在长线看来，一个既有趋势是可能会发生改变的，可能随着时间的推移会出现新的趋势。同样地，空间对于技术分析也是重要的，它有助于我们研判股票价格的上升幅度和下跌幅度。从某种意义上看，空间是价格的一个方面，它讨论的是价格运动可能达到的极限区间。同时，空间又与时间紧密联系在一起，股价运动的极限区间是在一定的时间区间内实现的。比如，我们常说，近期已经启动的某股股价今后一段时间里还有多大的上升空间，指的就是这个意思。

上面我们已经提到过“价升量增，价跌量减”这一价量的最基本规律，由于价与量及其相互关系是市场行为最基本的表现，所以在此有必要对成交量与价格趋势之间的相互关系加以阐释。根据美国证券投资专家格兰威尔（J. Granville）的研究成果，价格与成交量之间的基本关系是：一方面，价格形态的确认者是成交量；另一方面，成交量是股价的先行指标。也就是说，如果价格形态没有得到成交量的确认，那么它就是虚的，其可靠性值得怀疑。而在价和量的趋势中，量通常是价的先行者。当成交量增加时，股价一般会逐渐涨起来，而股价上涨时成交量并不随之而增加，那么价格是迟早会跌下去的。所以，稍具经验的股民朋友都知道“价虚量真”这个道理。除了这种基本关系之外，成交量与价格趋势之间的相互关系具体表现为以下几个方面：（1）股价随着成交量的逐渐放大而上扬，这是市场行情的正常特性。一般而言，量增价升表示股价将继续上涨。（2）在一波行情的涨势中，股价随成交量的渐增而上扬，并突破前期的高位而继续上涨，但是这波行情股价上涨的整个成交量水平却较前波上涨行情为低。这种价创新高而量却未同步创新高的涨势，表明这波上涨行情值得怀疑，同时也发出了股价趋势反转向下的潜在信号。（3）有时随着成交量缓慢放大股价也逐渐上扬，突然股价走势演变为“井喷式”行情，成交量急剧放大，股价飙升。随后，成交量却大幅萎缩，随之而来的是股价走势犹如“高台跳水”。这种情形表明股价上扬行情已到尽头，显示出股价趋势反转向下的兆头。一般地，反转下跌的力度与此前上涨行情中股价上扬幅度的大小和成交量放大的程度之间，是成正比例关系的。此前股价上扬的幅度越大，成交量水平放大的程度越高，则这波反转下跌的力度越强，反之亦然。（4）经过一波长时间的下跌行情，股价筑底而回升，但成交量并未随之放大，股价上扬乏力而后再探此前谷底。如果再度探底时的成交量水平低于此前谷底时，这就意味着是股价启动上涨行情的信号。（5）如果股价向下跌破价格形态趋势线或者移动平均线时成交量放大，表明趋势反转形成空头市场行情，这是股价下跌的信号。（6）经过一段很长时间的下跌，出现恐慌性抛盘，随着成交量的逐渐放大而股价大幅下挫创出低价，但是由于股价反弹而上扬的预期，将不大可能在极短时间内跌破这一低价。通常地，恐慌性抛盘之后即意味着空头市场行情的告终。（7）经过一段时间的持续上涨行情，出现急剧放大的成交量，但股价却上冲乏力而呈现高位盘整态势，表明这一高位价区抛盘沉重，从而构成股价下跌的因素。紧随其后的是股价连续下跌，并在低位放大成交量，但股价却没有进一步下探而仅作窄幅波动，表明股价触底企稳，这是股价反弹而上涨的信号。

第三节　技术分析的运用范畴

在股市里，进行证券投资分析时采用的每一种分析方法，都有一定份额的“股民占有率”，技术分析自然也不例外。但是，技术分析肯定不是万能的，它有一定的运用范畴。

首先，技术分析可以运用于金融市场的任何交易品种。不管是股票、基金、债券，还是外汇、期货、期权等，都可以运用技术分析的理论和方法来研判其行情演变。当然，由于我国金融市场整体上还不发达，除股票市场外的其余子市场都非常落后，所以股民朋友们最为熟悉的是在股票市场上运用技术分析。

其次，在理论上讲，技术分析可以适用于任何时间长度的市场行情研判，即可以长期到三五年甚至10年、20年，也可以中期到半年、一年、两年，还可以短期到一天、几天、几周甚至1小时、30分钟、15分钟、5分钟。这种理论上的任何时间长度的行情预测在比较发达和成熟的股市上是完全适用的，但就我国目前现实的股市实际来说，技术分析更加适合于短期的行情预测，当然在中期意义上也较具实用价值。一般来说，运用技术分析而得出的结论，仅仅具有一种建设性的意义，是一种建议性的和可能性的参考。

此外，在运用技术分析时一定要坚持“三结合”，以使其预测功能的有效性得到加强。所谓“三结合”，是指技术分析的运用既要同基本分析相结合，又要结合多种技术分析方法进行综合研判，还要与自身的操作实践相结合。技术分析作为一种行情研判的方法论，不是放之四海而皆准的“万灵丹”，总是存在“技术失灵”的情形，尤其是在刚刚发展起来的不成熟不发达的股票市场上。比如，在我国股市里，由于制度不健全，人为操纵市场的因素较多，个股行情的非技术性波动比较普遍，所以在很多时候仅仅依靠过去和现在的数据资料和技术图表去预测将来的行情趋势是不大可靠的。综观我国股市里的千万股民朋友，凡是成功者，大多是既重基本分析，也重技术分析的。

同时，单个技术指标都有一定程度的局限性，必须注意结合多种技术指标的综合分析，多个技术指标分析得出的同一结论发生错误研判的可能性非常小。而且，技术分析的方法大都是前人经过几年、几十年股市实战的经验总结，但现在运用的市场条件和环境已有变化，所以应注意与自身的操作实践紧密结合，在实战中加以验证和丰富。

第四节　技术分析的优缺点

目前，在西方国家股市里，投资管理的方法论在总体上呈现出“三分股市”的格局，运用传统的基本分析和技术分析进行投资管理的操作者各占1/3，而利用数量化方法进行组合管理的操作者也占到1/3。由此可见，这三种投资管理的方法论都占有一定的市场，一方面反映出不同心理行为的投资管理者会选择与其适应的方法论，另一方面也表明这些方法论本身都有一定的运用范畴。那么，技术分析的优点何在，缺点又怎样呢？

比较而言，技术分析的优点在于：与基本分析不同，它与市场接近，考虑问题比较直观；跟数量化方法不同，它的预测功能趋于简单化，不那么烦琐。此外，技术分析在计算机和软件发达的今天更显方便易学，更趋理性分析而能客观冷静地进行操作。由于它对股市的反应比较直接，研判的结论更接近市场的局部情形，因而运用起来可以收到买卖见效快、回报周期短的效果。

太阳与黑子同在，优点与缺点相伴，技术分析也有缺点，具体来说：它往往具有“滞后”的特点，因为信息已经经过技术图表和指标的“过滤”而反映出来；它考虑问题的范围具有局限性，对股市的中长期尤其是长期趋势常常不能作出有益的研判，即便是在短期行情的分析中也由于“指标背离”和“图表陷阱”而会使股民上当受骗。在像我国股市这样不成熟的市场里，技术分析相对地更适合于短期研判，但其不确定性比较明显，同一技术指标在沪深两市的适用性可能完全不同，同一技术数据在牛市和熊市里的研判意义可能正好相反，等等。

总之，技术分析是一种极为有用而又不能单纯运用的股市操作方法论。它既有优势所在，又有天生缺陷，尽管不是什么“灵丹妙药”，但又不可不用，毕竟它是前人数年的股市实战结晶，毕竟它至今仍然拥有大量的信徒！

第五节　技术分析的理论简介

自从1602年在荷兰阿姆斯特丹诞生世界上第一个正规意义的股票市场以来，股票买卖的技术性分析研究逐渐兴起。经过无数股市投资专家几百年的探索和实践，作为一种方法论，技术分析在理论宝库的建设上取得了丰硕的成果。至今，技术分析的理论有很多种，主要包括K线理论、道氏形态理论、切线理论、艾略特波浪理论，还有随机漫步理论、循环周期理论、相反理论等等。这里，我们仅对这些技术分析理论作一简要介绍，其中的主要理论将在后面作详尽的讨论。

K线理论：认为股票价格的波动主要体现在开盘价、最高价、最低价和收盘价等四个价格上，并用一条由影线和实体组成的柱状线条即K线来记录某只股票一天的价格变动情况。该理论由日本人本间宗久所创立，是以研究K线的形状和组合为基础的一种技术分析方法，更多地注重短期市场行情的研究和判断，已经成为人们进行技术分析必不可少的工具。

道氏形态理论：认为股票市场的运行与整个经济的运行一样也存在周期性运动规律，从而具有一定的运动趋势，包括主要趋势、次级趋势和日常波动；并认为市场趋势的方向发生变化有一个过程，因而可以通过研究股价K线图曲线的各种形态来分析股价正在运行的方向，而股价波动的形态主要包括保持平衡的整理形态和打破平衡的突破形态两种，具体而言有多重顶（底）形态、头肩形态、圆弧形态、三角形态、箱形形态等等多种形态。该理论是迄今最著名的技术分析理论，其创始人是美国人查尔斯·亨利·道，经过后人的补充和完善而成熟起来。道氏形态理论开创了股市研究的技术分析的先河，主要是一种预测股市中长期趋势的分析方法，为后来技术分析理论及方法的发展奠定了基础。

切线理论：认为股票价格的波动具有一定的趋势，应该以趋势分析为基础来研判市场运行的方向。该理论把趋势的方向分为三个，即上升方向、下降方向和水平方向，把趋势的类型分为主要趋势、次级趋势和短暂趋势三种，并运用支撑线和压力线、趋势线和轨道线、黄金分割线和百分比线等切线进行分析市场波动方向。

艾略特波浪理论：认为股票市场应该按照一定的周期性规律向前发展，股价的波动具有一浪接一浪的波浪式周期循环的规律性，并认为股价运动周期的模式表现为：每个周期都是由8个波浪组成，即上升（或下降）的5个波浪和下降（或上升）的3个波浪，这8个波浪的运行过程结束时即为该周期完成，然后将进入下一个周期，新的周期仍然按照该模式运行。该理论是由技术分析大师R. N. 艾略特创立的，由于它不但与道氏理论与经济周期密切相关，而且运用费波纳奇（Fibonacci）神奇数列，因而可谓所有技术分析方法中最为神奇的一种方法。

随机漫步理论：认为股票价格的波动是随机的（random），像一个在广场上行走的人一样，股价的未来走势怎么样，是没有规律性的。因为股市中股价的走势受到各个方面因素的影响，即使一个很小的事件也可能对市场产生巨大的影响，但诸多因素的影响使股价上下波动的机会差不多是均等的，所以在某种程度上讲，股价的走势是随机的。

循环周期理论：认为事物发展的过程遵循一种从小到大和由大至小的循环规律，这种规律在股市中体现为——不管什么样的价格运动，都不会始终朝着一个方向进行下去；股价的波动过程必然在局部形成高点和低点，而这些高低点的出现时间是有规律性的。在实战操作中，我们可以选择低点出现的时间买进股票，而在高点出现的时间卖出股票。

相反理论：认为要想获得高的投资回报，投资者一定要与大多数人的操作行为不一致，在股市投资者爆满时离市，而在投资者稀落时入市。这一理论的出发点在于认为，股市本身并不创造新的价值，没有增值甚至可以说是减值的。如果投资者的操作行为与大多数人的行为一致，则未必是获利最大的，因为在股市里玩的是一种“零和游戏”，不可能大多数人赚钱。

技术分析之主要理论

复旦大学博士　倪　勇等

本书的“技术分析之理论介绍”部分里，我们已经对技术分析的各种成熟理论有了一个初步的了解。的确，随着世界各国证券市场的形成、发展和壮大，技术分析的各种理论流派也先后在这个市场上“自立门户”，从不同角度来分析、判断和预测市场演变的方向、时间长度、空间距离等多方面的情况，但它们之间也存在或多或少、或紧或松的联系。至今，技术分析的理论宝库非常丰富，包括的理论种类很多，“技术分析之理论介绍”部分所提及的理论是其比较成熟的部分，而在当今世界各国股市上运用最多的还是其主要部分：K线理论、道氏形态理论、切线理论和艾略特波浪理论。

第一节　K线理论

当今的K线理论，可以追溯到18世纪日本米市的一位交易者本间宗久（1724—1803年）所著的《本间宗久翁秘录》一书。该书记载了本间先生在其家乡出羽（今酒田市）米市和当时日本首都江户（今东京市）米市的成功交易方法和经验，其中独特的K线研判技术据称对于行情预测的准确性极高。后来有人将本间先生的K线分析技术运用于股票市场，经过一百多年的实践、研究和完善，终于在20世纪40年代末形成了今天广为使用的K线理论。为纪念这位成功的米市交易者，人们以其家乡酒田市为名而将K线技术称作“酒田线法”。因此，“酒田线法”可谓K线理论的始祖。

一、K线理论基础知识

K线理论，作为一种技术分析方法，并不算太难学习和掌握，但是要想融会贯通地运用它，恐怕股民朋友们还得从它的基础知识抓起。那么，我们现在就开始吧！

我们都知道，股价波动是股票市场存在和发展的基础。在股票市场的实际操作中，要根据市场行为来预测股市未来的运行趋势，就必须准确有效地记录和描述股价波动。这种记录和描述的方法就是技术分析的图形理论，其中应用最广的当数起源于日本的K线图和流行于欧美的棒线图，见图1和图2。目前，在我国股票市场上使用的基本上都是日式K线图。

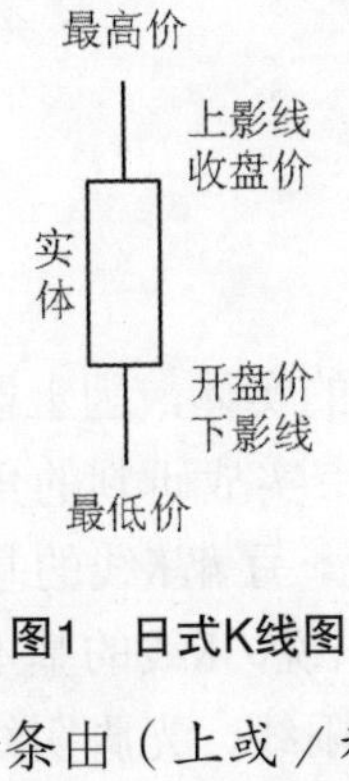

图1　日式K线图

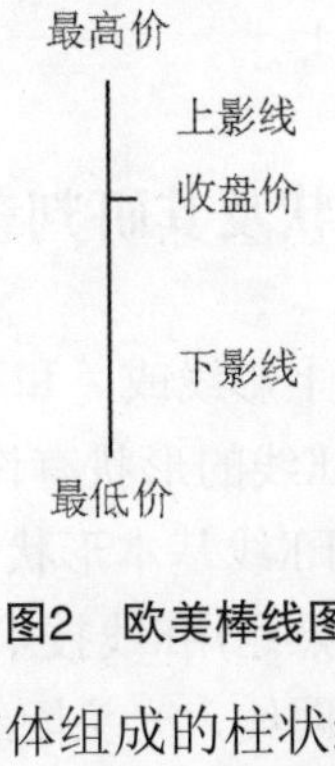

图2　欧美棒线图

所谓K线，是指一条由（上或/和下）影线和/或实体组成的柱状线条，用以记录和描述某只股票在某个交易日里的价格波动情况。在一条K线里，实体上方的影线部分称为上影线，对应地，其下方的影线叫作下影线；而实体本身分为阳线（或称红线）和阴线（或称黑线）。将一只股票上市以来每天的K线按照时间顺序排列在一起，就组成了该股的连续性股价波动情况，这就是人们通常所见的日K线图。如果再将时间和空间两个因素引入K线图的形成过程中，就可以获得非常丰富的K线图形“家族”：5分钟K线图、15分钟K线图、30分钟K线图、60分钟K线图、周K线图、月K线图（当然包括前述日K线图）。

K线是以图形的方式来描述股票市场买卖双方实力对比和转变的过程，以及记录市场价格波动情况的一种技术分析方法。在股票市场上，股票的买卖双方总是处于对立统一的关系之中，买方占据多头位置，卖方占据空头位置，而多空双方在争夺过程中的每一个时点上都能达成妥协，统一于该时点的成交价格上。多方与空方争夺过程的最现实反映就是股价的波动，而股价波动则主要体现在开盘价、最高价、最低价和收盘价等四个重要价格上，如图3所示。

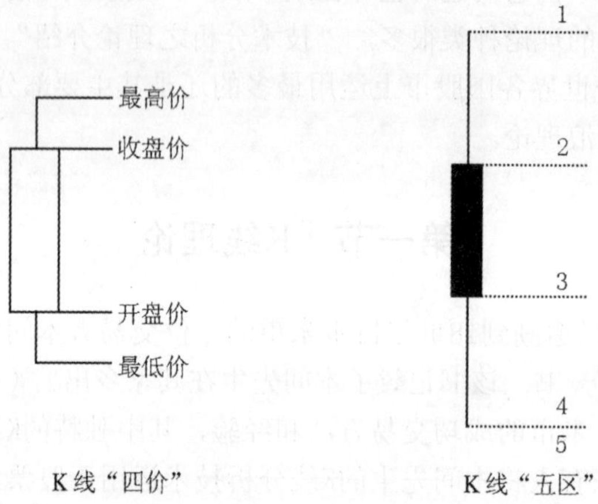

图3　K线“四价”与“五区”

其中，开盘价是每个交易日以集合竞价方式产生的第一个成交价，最高价和最低价是当日盘中交易所达到的最高成交价和最低成交价，而收盘价则是经过多空双方一天的实力对比和较量后最终达成的最后一笔成交价。在这四个价格中，收盘价是最重要的成交价格，反映了股票交易的多方与空方在一个交易日结束时所形成的最终的暂时性平衡价格点位，对于目前的股票价格情况具有极其重要的明示功能。

由图3可见，一般K线可以划分为五个区域，即从区域1到区域5，按照这个顺序指向就表示多方力量逐渐减弱、空方力量渐次加强的过程。一般地说，研判K线的基本原则是：上（或下）影线越长，表明多方（或空方）优势遭遇削弱，就越不利于股票价格未来向上（或向下）变动；阳（或阴）线实体越长，表明多方（或空方）优势越明显，就越是有利于股价上涨（或下跌）；上影或下影线相对实体而言短至一定程度时，则可以认为没有上影线或下影线。

在了解了一些基础知识之后，展现在我们面前的将是K线分析技术理论的精华部分——K线图及其组合的研判意义！

二、K线基本形状及其研判意义

严格地讲，因有无上影线或／和下影线，因有无明显的实体，因上影线或／和下影线的长度有别等等，而使单条K线的形状有许多种。但是，从股市实战研判的角度来说，其他多种形状的K线应该说都是基于K线基本形状而演化得来的。因此，了解K线的基本形状有哪些，领会它们的研判意义，是娴熟运用K线技术理论的前提。一般来说，K线的基本形状包括有上下影线的阳线、有上下影线的阴线、光头阳线、光头阴线、光脚阳线、光脚阴线、光头光脚阳线、光头光脚阴线、十字星、T字线、倒T字线、一字线等12种。

1．有上下影线的阳线

（1）K线含义：如图4所示，有上下影线的阳线是一种最普遍发生的K线形状，表示多方与空方之间斗争十分激烈的盘面情形。这种K线形表明，当日盘中曾出现最高价和最低价，但开盘价高于最低价，收盘价低于最高价，而最终的收盘价却高于开盘价，因此表现为带上下影线的阳线。

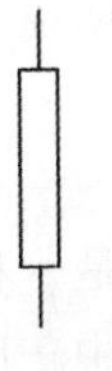

图4 有上下影线的阳线

（2）研判意义：在盘面里，多空双方都曾占据优势地位，一度将股价拉抬到最高价位和打压至最低价位，但都遭遇对方的顽强反击，直到尾盘时段多方才将优势保持下来，从而使收盘价站到开盘价之上。至于多空双方优势地位的衡量，则应根据上下影线的长度与红色实体的长度来进行研判。首先，从上下影线的长度对比来看，上影线长于下影线表明空方占优，而上影线短于下影线则表明多方占优。其次，就红色实体的长度来说，实体越长表明多方优势越明显，而实体越短则表明多方优势较为有限。最后，综合而言，上影线越短，下影线越长，红色实体越长，反映出盘势支持多方占据优势，不利于空方，呈现“明显强势”特征；而下影线越短，上影线越长，红色实体越短，则反映出盘势支持空方占据优势，不利于多方，呈现“强中趋弱”特征。

2. 有上下影线的阴线

（1）K线含义：如图5所示，有上下影线的阴线是股市中最常见的一种K线形状，显示空方同多方搏杀鏖战的盘势。当天，盘面一度出现最高价和最低价，但开盘价低于最高价，收盘价高于最低价，而最终的收盘价却低于开盘价，因此表现为带上下影线的阴线。

图5 有上下影线的阴线

（2）研判意义：这种K线形状的研判意义与带上下影线的阳线正好相反。在盘面里，多空双方也都曾占据优势地位，一度将股价拉抬到最高价位和打压至最低价位，但都遭遇对方的顽强反击，只是到尾盘时段空方才将优势保持下来，从而使收盘价“屈居”开盘价之下。至于空方与多方的相对优势的确定，也应根据上下影线的长度与黑色实体的长度来进行研判。总的来说，上影线越长，下影线越短，黑色实体越长，反映出盘势倾向于空方占据优势，不利于多方，“弱势”特征明显；而下影线越长，上影线越短，黑色实体越短，则反映出盘势倾向于多方占据优势，不利于空方，具有“弱中趋强”特征。

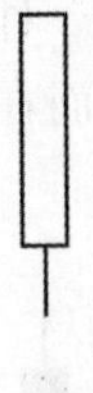

图6 光头阳线

3. 光头阳线

（1）K线含义：如图6所示，光头阳线是一种没有上影线而有下影线的先跌后涨型K线形状。在盘面里，一度出现低于开盘价的最低价位，但最终的收盘价不但高于开盘价，而且成为当天的最高价位，因此表现为带下影线的光头阳线。

（2）研判意义：当天开盘之后空方一度出击，但在多方强力反攻之下告败，整个盘势倾向于多方，多方占据优势地位。衡量多方优势的强弱，可以依据实体的长度和下影线的长度来研判。一般地，实体越长，下影线越长，表明盘中多头市场特征明显。因此，在一定程度上，光头阳线是一种涨势信号。

4. 光头阴线

（1）K线含义：如图7所示，光头阴线是一种没有上影线而有下影线的下跌抵抗型K线形状。其中，开盘价就是当天的最高价位，盘中一度出现最低价位，但收盘价虽低于开盘价却站到最低价之上。

图7　光头阴线

（2）研判意义：当日开盘伊始即受到空方打压，在空方紧逼进攻之下股价节节走低，一度下探最低价位，但遭遇多方反击抵抗。总的来说，盘中空方“火力”较强，占据优势，多方处于守势。空方优势的大小与下影线的长度和实体的长度直接相关，下影线越短，实体越长，则空头优势更加明显。所以，在一定意义上，光头阴线是一种跌势信号。

5. 光脚阳线

图8　光脚阳线

（1）K线含义：如图8所示，光脚阳线是一种没有下影线而带上影线的上升压制型K线形状。在盘面上，开盘价成为当天的最低价位，收盘价高于开盘价，但却较当日最高价为低，因而表现为带有上影线的光脚阳线。

（2）研判意义：当天开盘后多方就咄咄逼人，尽显优势“火力”而一度将股价拉升至全天最高价位，但此时空头抛盘涌现，大力压制股价升势而留下上影线。多空双方激战的结果是，多方略胜一筹，占据优势地位。从上影线和实体的长度可以判断出多方优势地位的强弱，上影线越短，实体越长，则多方的优势地位越强；反之，上影线越长，实体越短，则多方优势地位越弱。

6. 光脚阴线

（1）K线含义：如图9所示，光脚阴线是一种没有下影线而带有上影线的先涨后跌型K线形状。在盘中，开盘价低于当日的最高价位，而在开盘价之下的是收盘价，也即全天的最低价位，因而K线表现为光脚阴线。

图9　光脚阴线

（2）研判意义：当天开盘后多方一度占优，但不久即被空方击退而留下上影线，而且空方不断加强抛盘“火力”而尽显优势，股价于是节节下跌，全天盘势以空方占据优势地位而获胜。研判空方优势的大小，主要根据上影线与实体的长度来进行。上影线越长，实体越长，则空方的优势越大，反之则反是。

7. 光头光脚阳线

（1）K线含义：如图10所示，光头光脚阳线是一种没有上下影线的纯粹上涨型K线形状。在盘中，当天的最低价位就是开盘价，而收盘价即为全天的最高价位。

图10　光头光脚阳线

（2）研判意义：这种以全天最低价开盘而以最高价收盘的K线，反映出多方力量强于空方而居于优势地位。但是，多方优势的大小完全依赖于实体的长度——收盘价与开盘价之间的价差大小。一般地说，当收、开盘价差达到3%以上时，称为光头光脚大阳线，表明多头占据明显优势地位，空头力量很弱；当收、开盘价差在1%到3%之间时，称为光头光脚中阳线，表明多头占据优势，而空头力量不容忽视；当收、开盘价差在1%以下时，称为光头光脚小阳线，表明多空双方力量对比悬殊非常小，但多方暂居优势。

8. 光头光脚阴线

（1）K线含义：如图11所示，光头光脚阴线是一种没有上下影线的纯粹下跌型K线形状。从盘面可见，当天的开盘价就是最高价位，而收盘价即为最低价位。

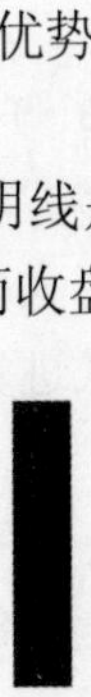

图11　光头光脚阴线

（2）研判意义：这种K线的研判意义同光头光脚阳线正好相反，表明空方较多方而言居于优势地位。研判空方优势的强弱地位，只需分析开盘价与收盘价之间的价差：如果该价差达到3%以上时，则称为光头光脚大阴线，表明空头占据明显优势地位，多头力量很弱；如果该价差在1%到3%之间时，则称为光头光脚中阴线，表明空头占据优势，而多头力量并不可忽视；如果该价差在1%以下时，则称为光头光脚小阴线，表明空方与多方之间的力量对比悬殊非常小，但空方暂居优势。

9. 十字星

（1）K线含义：如图12所示，十字星是一种既有上影线而又带下影线的、开盘价与收盘价（几乎）相同的K线形状。在盘中，开盘价低于最高价位，收盘价高于最低价位，但开盘价与收盘价（几乎）相等。与前一交易日的收盘价相比，如果股价上涨，则在盘中表现为红十字星（或者说十字阳星）；如果股价下跌，则在盘中表现为黑十字星（或者说十字阴星）。

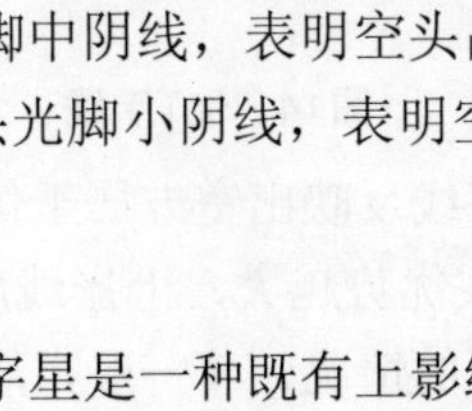

图12　十字星

（2）研判意义：这种K线反映出多空双方在盘中有较大分歧和激烈鏖战的情形，对其研判意义可以从两个角度来看。其一，从上下影线的长度来说，如果两者均较长，则称为大十字星，表明多空分歧很大、争夺激烈，但最后回到开始时的均衡点。进一步地，若上影线比下影线长，则说明空方占据优势地位；而若下影线比上影线长，则说明多方占据优势地位。如果两者均较短，则称为小十字星，表明多方与空方之间分歧较小，盘面交易清淡而使股价呈窄幅整理之势，双方优势难以定论。其二，从十字星所处价位来看，如果在相对高位出现，则称为“黄昏之星”，研判难以结论。进一步地，若此后连续两个或以上交易日出现股价走高并且升幅达3%以上时，短线可及时买进，相反则应坚决出局。如果十字星出现在相对低位，则称为“早晨之星”，研判同样难以结论。进一步地，若此后一个交易日出现股价一路高走之势，则应坚决跟进，反之则应持观望态度。

10. T字线

（1）K线含义：如图13所示，T字线是一种没有上影线而带下影线的、开盘价与收盘价相同的K线形状。在盘面里，出现了最低价位，开盘价、收盘价、最高价三价合一而居于最低价之上。

图13　T字线

（2）研判意义：一般地说，T字线表明多方较之空方而言占据优势地位，而且多头优势的大小与下影线的长度成正比例关系。这种图形大多出现在股价的相对低位处，时而也有在中、高位出现的情形，通常其市场意义是抓住逢低进货的机会，或者持观望态度。

11. 倒T字线

（1）K线含义：如图14所示，倒T字线是一种没有下影线而带上影线的、开盘价与收盘价相等的K线形状。在盘中出现了最高价位，开盘价、收盘价与最低价三价同一而处于最高价位之下。

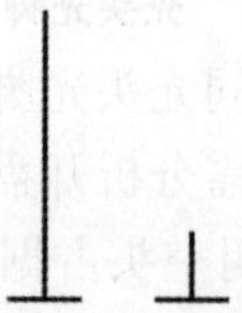

图14　倒T字线

（2）研判意义：通常地，倒T字线反映出空方居于优势地位。而且，空头优势的大小取决于上影线的长度，上影线越长则空头优势越大，上影线越短则空头优势越小。这种K线多出现在股价的相对高位，也有在低位出现的情况，其一般市场意义是把握逢高出货的机会，或是场外观望。

12. 一字线

（1）K线含义：如图15所示，一字线是一种非常特殊的、极其难见的K线形状。在盘面里，开盘价、收盘价、最低价、最高价四价合一，呈现“一”字形。这种K线只是在理论上存在，但在实际中也有两种出现的情形：一是在发行一只事先确定好价格的证券时，二是在制定“涨跌停板”制度的股市中。在我国股市中，ST股和PT股，尤其是PT股票的价格走势中经常出现一字线。

图15 一字线

（2）研判意义：一般地说，在具有“涨跌停板”制度的股市里，当出现涨停板开盘，并有大量买盘轧空时，表明多方占据绝对优势，短线升势强劲，尤其是在股价的低位或相对低位出现时；当出现跌停板开盘，并有大量卖盘排队待售时，表明空方占据绝对优势，短线跌势迅猛，特别是在股价的高位或相对高位出现时。

三、双K线组合研判

在图3中，我们将K线的区域划分为五个部分，从区域5到区域1反映出多空双方力量的对比和转化的过程——空方优势减弱，多方优势加强。多空争夺的区域越是抬高，表明盘势越是倾向于多方，就越有利于股价上涨，反之则反是。这一点，在两条或以上的K线组合图形的研判中具有重要意义。不管有几条K线，都是根据相邻两条K线的相对位置的高低及其阴阳来研判未来行情演变的。

双K线组合的情形数不胜数，为此我们选择其中几种特定的组合形态研判断其市场意义。希望朋友们能够领会这些双K线组合的具体含义，从而在股市实战里可以融会贯通，举一反三。

1. 覆盖线

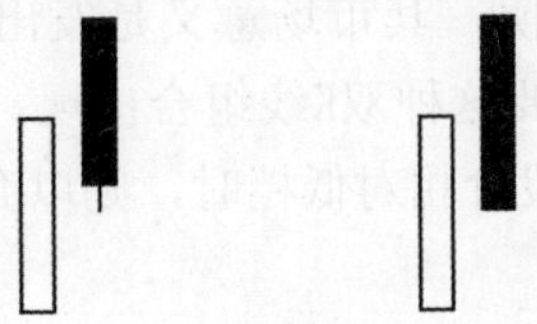

图16 覆盖线

研判意义：如图16所示，覆盖线表明，继昨日收阳线后，今日多头开盘即显示实力高开股价，但很快遭遇空头猛烈摁压而使股价一路低走，全天收盘为近似昨日阳线长度的阴线，仿佛要覆盖昨日阳线一样。出现这种双K线组合时，即意味着短期趋势将会改变，上涨的方向可能转为继续下跌。如果今日阴线下探至昨日实体之1/2之下时，即表明多方优势遭遇较大削弱，空方力量占据优势；否则，则说明多头元气并未真正受损，反攻随时可能发生。

2. 反迫线

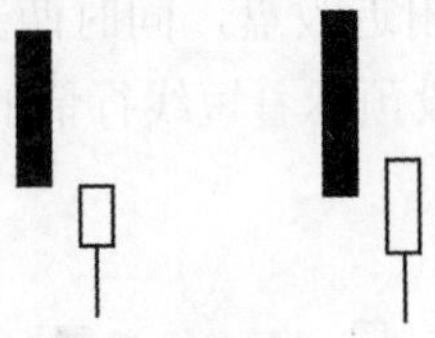

图17 反迫线

研判意义：如图17所示，反迫线表明，继昨日收出一条大阴线后，今日开盘伊始空头优势就一度尽显而使股价低开低走，但不久就受到多头的强力反攻，并最终使全天收盘在昨日阴线最低价附近，形成一条光头小阳线。如果该小阳线的收盘价在昨日收盘价之上，则又称该反迫线为迫入线；如果该小阳线的收盘价等于昨日最低价时，则又称该反迫线为迫切线。这种双K线组合表明在低档处多头承接积极，乃行情反弹的前兆，尤其是出现在持续下跌多日之时，但若下一个交易日行情继续下跌，则会使行情继续看空。

3. 怀抱线

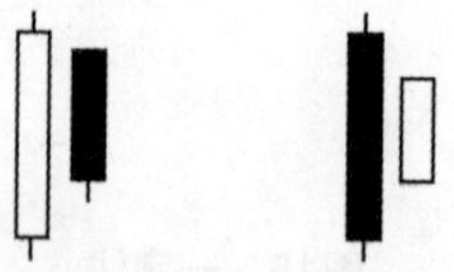

图18　怀抱线

研判意义：如图18所示，怀抱线表明，由于今日K线最低价较昨日K线的最低价更高，最高价比昨日K线的最高价更低，而使今日K线被昨日K线犹如胸怀一般地抱住。这种双K线组合包括阳抱阴、阳抱阳、阴抱阳和阴抱阴等四种，通常的市场意义是预示行情反转的信号。如果其出现在相对高档时，一般以逢高出货为主，尤其是在行情持续上升已久时；如果出现在相对低档时，则多以积极介入为操作策略，特别是股价长期处于底部运行区域时。

4. 包容线

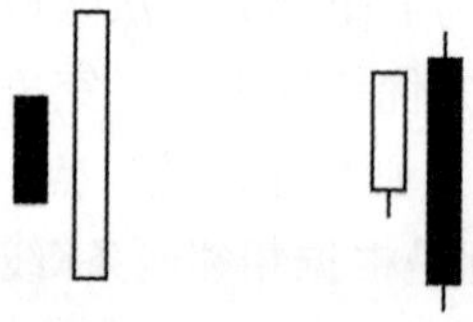

图19　包容线

研判意义：如图19所示，包容线表明，今日K线最低价比昨日K线最低价更低，而最高价较昨日K线最高价更高，这样今日K线就将昨日K线完全包容进来。这种双K线组合包括四种情形，即阳包阴、阳包阳、阴包阳和阴包阴，其市场意义是发出股价涨跌的趋势将会完全改变的信号。同怀抱线的研判意义一样，只要这种双K线组合出现，当其在股价相对高档时，则可以确立逢高派发的操作对策；而当其在股价相对低档时，则以介入做多为操作对策。

5. 相遇线

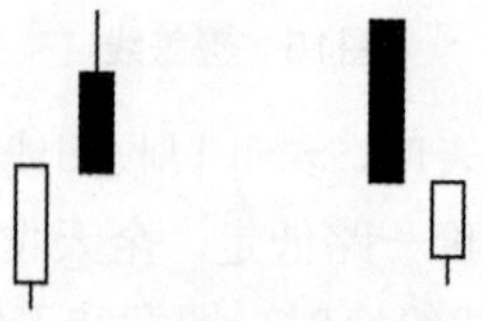

图20　相遇线

研判意义：如图20所示，相遇线表明，昨日股价走势与今日完全不同，昨日低开高走并在最高价附近收盘，而今日则高开低走并在最低价附近收盘，或者昨日高开低走并在最低价附近收盘，而今日则低开高走并在最高价附近收盘，同时两天的收盘价基本接近。这种双K线组合多为主力机构短线“作秀”现象，一般预示着短线行情的反转。

6. 平行线

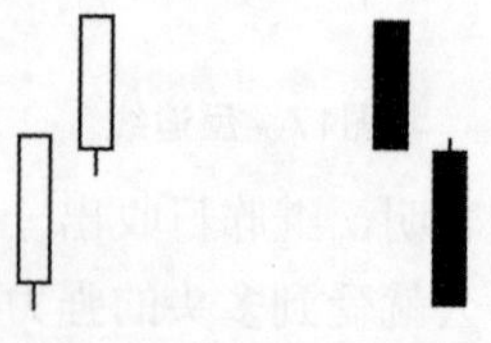

图21　平行线

研判意义：如图21所示，这是一种在连续两个交易日里出现阳线或者阴线的双K线组合情形，因而得名“平行线”。如果出现双阳平行线时，则表明多头实力强大，做多意愿坚决，尤其是在今日阳线比昨日阳线长出许多时，更是暗示决定性的多头行情开始展开；如果出现双阴平行线时，则反映空头优势明显，做空动力强大，特别是在今日阴线较昨日阴线长出许多时，更是暗示决定性的空头行情开始展开。

7. **相反线**

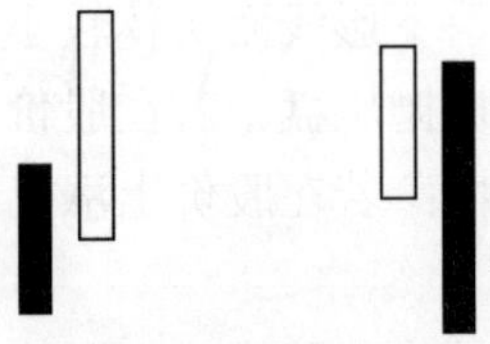

图22 相反线

研判意义：如图22所示，相反线表明，两个交易日的股价走势正好相反，昨日股价高开低走，而今日低开高走并在最高价附近报收，或者昨日股价低开高走，而今日则高开低走并在最低价附近报收。这种双K线组合多是主力机构的短线操作手法，预示短线多空行情的反转。

8. **停迷线**

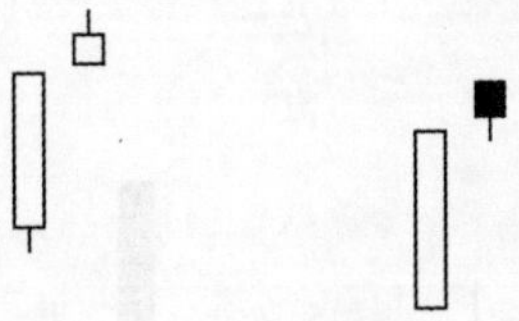

图23 停迷线

研判意义：如图23所示，停迷线表明，昨日股价大涨而收出大阳线，今日却在高档出现小阳线或小阴线，从而使股价走势暂时处于停迷状态，因而这种双K线组合也称星线。停迷线反映出多方做多意愿减弱，行情因拉高买盘不足而渐趋衰竭。尤其是在相对高档出现时，这种组合更是暗示主力出货的迹象，如果下一个交易日股价没有出现大幅跳空高开情形，则基本上可以确认空头行情已经开始。

四、三K线组合研判

在掌握基本K线形状和双K线组合的研判意义基础上，我们再来进一步地认识三K线组合的研判意义。显然，三条K线的组合方式比起双K线而言更为复杂、更加多样。而且，由于多了一条K线，三K线组合所反映的信息就更多些。但是，对于三K线组合的研判，仍然是根据最后一条K线相对于前面两条K线的位置（有时最后一条K线的上或／和下影线也具有重要意义）来判断和比较多空双方的优势大小。总体来说，研判三K线组合所代表的意义具有重要的市场价值，因为它不但是以基本K线形状和双K线组合为基础的，而且极其有助于我们有把握地研究短期、中期乃至长期行情的演变。

领会了三K线组合的研判意义，就能够对多条K线组合进行有益的贯通性分析和理解。为此，我们选择几种具有代表性的三线组合式进行重点阐释，希望朋友们能从中获得有助于实战的指导作用！

1. **上升三连阳**

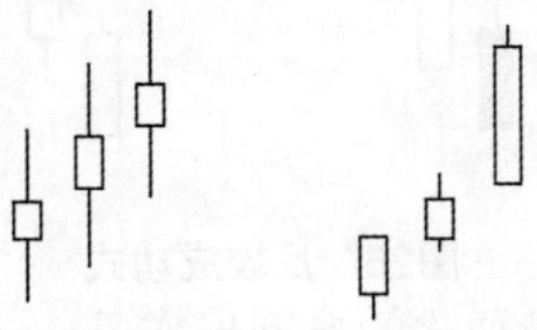

图24 上升三连阳

研判意义：如图24所示，上升三连阳表明，股价连续三天上涨，反映出多方力量逐渐加强，尤其是在低档价区时具有强烈的多头市场特征。但是，至于多方优势大小的衡量，还需要结合三条阳线的上下影线和实体的长度而作研判，主要有以下几种情形：

（1）如果三条K线都是中或大阳线，则表明多方优势明显，多头士气“如日中天”，但由于涨幅已大，第四天多应考虑离场或不介入，暂持短线观望态度，当然中线应该看涨。

（2）如果三条K线均有较长的上、下影线而实体较小，则表明行情处于黏着微升态势，既有低档承接的吸筹者，又有大量的高档抛压盘。若在股价相对低位出现时，它就意味着多头力量逐渐增强，即将展开“空翻多”行情；若在股价上涨已久的相对高位出现时，它则意味着空头力量已渐增加，后市应该看跌。

（3）如果三条K线依次为两小阳加一中阳线或大阳线，表明多方力量迅速加强，后市一般看涨，尤其是在股价低档区域时。但是，如果第四天空方大力掼压，股价回档幅度很大，则应考虑出局观望。

（4）如果三条K线依次为一大阳加两小阳，出现在长期上涨后就意味着空头力量逐渐加强，则应警惕随时可能发生反转向下的行情；出现在长期下跌后就意味着多头力量已渐增加，则大多认为行情将反转向上。

2. 下降三连阴

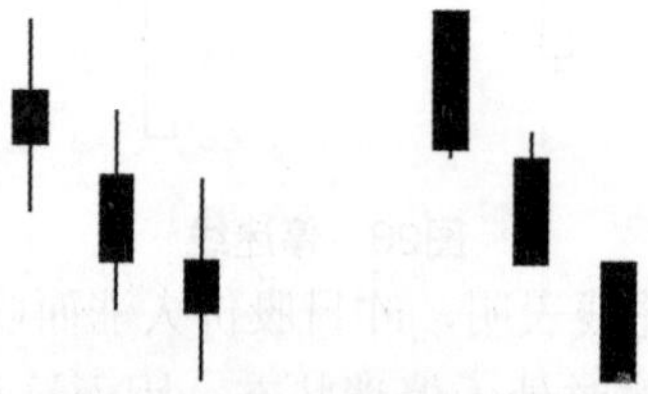

图25　下降三连阴

研判意义：如图25所示，下降三连阴表明，连续三天报收阴线，反映出空方逐渐加大打压股价的力度，特别是在高档价区具有明显的空头市场特征。但是，同上升三连阳的多头市场研判一样，空头市场的趋势之强弱还有待进一步分析，主要有下列几种情形：

（1）如果三条K线都是中、大阴线，则反映出空方来势凶猛，至少中线股价应该继续下跌。不过，在短线上，第四天一般有反弹的机会，可以在续跌的下档“抢帽子”。

（2）如果三条K线都是带较长上、下影线和有小实体的阴线，则表明股价处于黏着微降态势，既有高档抛盘涌现，又有一定低档承接盘出现。若此形态出现在上涨较长时间之后，则反转向下的趋势明显；若出现在下跌已久的行情之中，则意味着下跌即将企稳，开始构筑底部区域。

（3）如果三条K线依次为两小阴加一大阴，则反映出多方在犹豫两天后已经难以招架，空方力量大增，股价呈现瀑布式的下跌形态，预示今后几天股价走势继续看空。

（4）如果三条K线依次为一大阴加两小阴，则表明空方卖压力量减弱，多方抵抗力量有所增强，后市反弹的可能性较大，但反弹力度不会超过该段跌幅的1/2。尤其是在该形态出现在长期上涨行情之后，大多预示“多翻空”行情即将展开，逢高出局是操作首选。

3. 反攻成功式

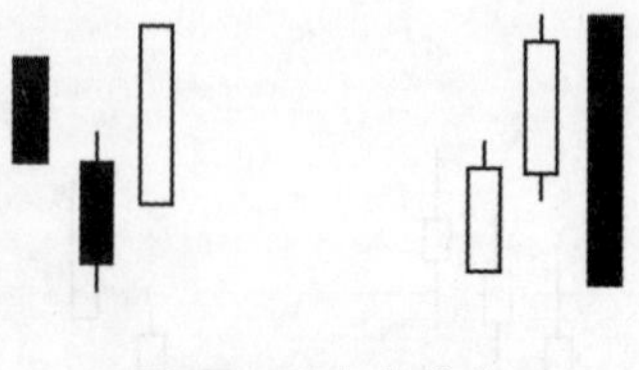

图26　反攻成功式

研判意义：如图26所示，反攻成功式的典型形态是，一大阳（或阴）线成功地反攻击败前两条阴（或阳）线。在上述左图中，最后一条阳线一举高出前两条阴线，表明空方遭遇强有力的反攻“火力”，多方充分调动力量一举击败空方，预示行情由此反转向上；在右图中，局势正好同左图相反，空方反攻成功，多方已经败阵，预示空头行情开始。

4. 反攻失败式

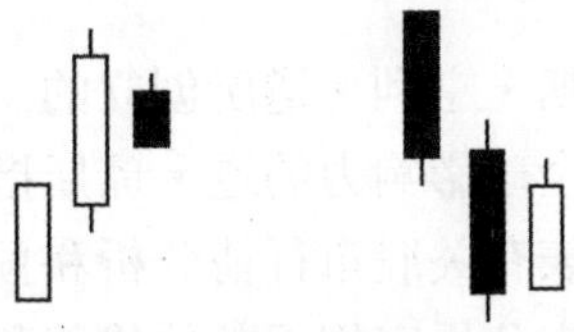

图27 反攻失败式

研判意义：如图27所示，反攻失败式的典型形态是，连续两条阳线（或阴线）之后出现一条小阴线（或小阳线），而且小阴线（或小阳线）被第二条K线所怀抱，见上述左（或右）图。其中，左图表明多方力量占优势而仍然控制局势，空方反击“火力”较弱而告败，多头行情大多继续；右图则表明多头反攻力量比较有限，在空头猛烈抛压下宣告失败，下跌趋势仍将继续。

5. 夹击式

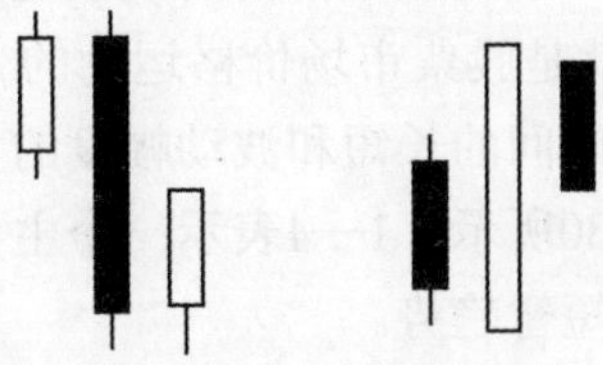

图28 夹击式

研判意义：如图28所示，所谓夹击式，是指两条阳线（或阴线）中间夹着一条阴线（或阳线）的三条K线组合方式，也就是两阳夹一阴式和两阴夹一阳式。

在两阳夹一阴的夹击式中，若阴线实体较长而两条阳线实体较短并呈走低之势，则表明多方力量遭遇重大损伤，行情将以空头市场为主；若三条K线呈现逐渐走高之势，则表明多头依然控制局势，空头反击乏力，后市将继续看涨。

在两阴夹一阳的夹击式中，若阳线实体较长而两条阴线实体较短而又呈走高之势，则表明空头反击力量比较有限，多头仍然主宰局势，后市将以多头行情为主；若阳线实体较短而两条阴线实体较长，则表明多头反击“火力”较弱，空头打击力量强大，行情将继续看跌。

6. 包容式

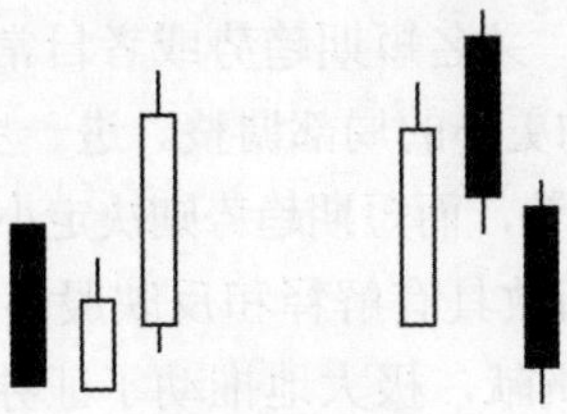

图29 包容式

研判意义：如图29所示，所谓包容式，是指后两条阳线（或阴线）把第一条阴线（或阳线）包容起来的三条K线组合方式，也就是两阳吃一阴式和两阴吃一阳式。

在两阳吃一阴的包容式中，大多情况下第三条K线（阳线）实体比较长，表明多方力量异常强大，占据优势地位，后市多头进攻势头明显，行情继续看涨。有时，第三条K线比较短，而且带有上影线，则表明多方持续进攻力量有所欠缺，反而空方的力量稍微占优，后市不宜看涨。

在两阴吃一阳式的包容式中，大多情况下第三K线（阴线）实体较长，表明空方优势地位明显，后市空方主宰行情而继续看跌。有时也出现第三条K线较短而带有下影线，则表明空方开始向多方反击，多方与空方的力量对比倾向于多方，后市不宜过分看跌。

第二节　道氏形态理论

道氏形态理论是由美国人查尔斯·亨利·道所创立的。为反映美国股市的总体走势，他同爱德华·琼斯一起创立了至今最具全球影响力的道·琼斯指数（Dow & Jones Index）。最初，他们在自己的《华尔街日报》上发表有关股市行情分析和预测的文章。后来，有人对他们的方法和观点进行整理，加上多年来股市分析家们不断的修正和完善，终于形成今天的权威性技术分析理论——道氏形态理论。目前，道氏形态理论主要包括两大部分，即道氏原理和股价形态理论。

一、道氏原理

道氏原理基本上是道和琼斯的原创，只是经过后人的整理而集中成为几条基本原理的。道氏原理主要是关于趋势、股价指数、成交量和价格的一些观点：

1. 趋势的划分。所谓趋势，就是股票市场价格运动的方向。尽管市场价格波动的表现形式千差万别，但最终可以按照运动时间的长短和波动幅度的大小将其划分为三种趋势，即主要趋势、次级趋势和短暂趋势。如图30所示，1—4表示一个主要趋势，2—3表示一个次级趋势，而图中任何最小的一段都表示一个短暂趋势。

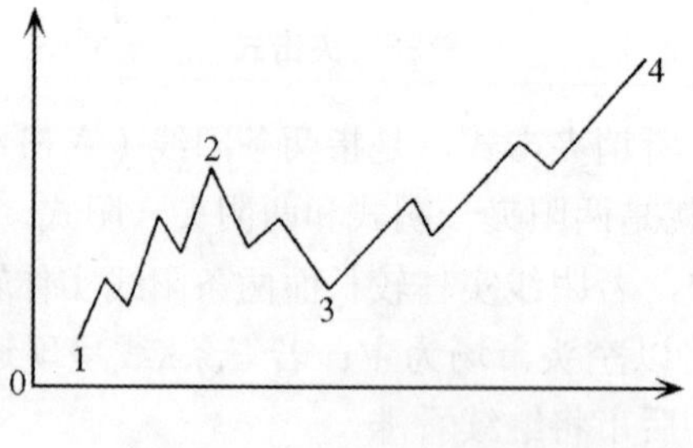

图30　趋势的划分

其中，主要趋势，又称长期趋势或者基本趋势，是指股价波动趋势的主要方向，也就是说股价波动的大方向，一般持续时间较长。只有认识到主要趋势，才能做到“顺势而为”。次级趋势，也叫中期趋势或者次要趋势，是指在主要趋势中出现的调整，而且这种调整是必然要出现的局部调整和回档。而短暂趋势，又名短期趋势或者日常波动，是指在次级趋势进行的过程中出现的调整，这也是必然要出现的更小的局部调整。进一步地，主要趋势决定大的市场趋势，次级趋势决定大的市场趋势中的小趋势，而短期趋势则决定小的市场趋势中更小的市场趋势。

2. 股价指数。股票市场价格指数具有解释和反映股市中的大部分市场行为的功能。这一观点是道氏原理对证券市场的重大贡献，极大地推动了证券市场的发展。当今世界各国股市所采用的股价指数，其计算方法都是源于道氏原理。

3. 成交量的作用。成交量在市场趋势的研判中具有“决定性”意义。成交量是股票价格的先行指标，股价形态的演变趋势必须成交量的确认。把握趋势的反转对于确定买卖策略来说是至为关键的，而成交量包含的信息有助于我们作出研判。

4. 价格的意义。在所有的市场价格中，收盘价是最重要的价格，甚至可以只用收盘价。收盘价是股市上买卖双方经过一天的力量对比和价格争斗而最终达成的暂时平衡点，具有指明目前价格点位的重要功能。

总体而言，道氏原理对大的市场趋势的研判有较大的指导作用。但是，对于每天都在发生的小波动，道氏原理则显得缺乏研判意义。而且，因其结论滞后于市场价格的波动而在股市实战中缺乏可操作性。

二、股价形态理论

查尔斯·亨利·道可谓股票分析之鼻祖，他开创的股价形态理论至今仍为全球股票市场技术分析派所钟情和厚爱。股票价格的运动是由多空双方的力量对比所决定的，不同时期的力量对比的结果使多条K线形成一条上下波动的曲线，以描述股价在此期间的运动轨迹。这条上下波动的曲线所表现出来的图形，用证券语言来讲，就是所谓的“股价形态”。

股价形态理论是通过研究股价曲线的各种形态，分析和发现股价形态所包含的多空双方力量对比结果的信息，从而研判股价运行的趋势，以指导我们的实战操作。从广义的角度看，股价形态主要包括两大类，即持续整理形态和反转突破形态。在本质上，股价运动遵循在保持平衡和打破平衡之间不断转换、循环往复的规律，因而股价形态表现为保持平衡的持续整理和打破平衡的反转突破两种过程。但是，所谓的“平衡”，仅能在相对的意义上进行理解，世上并无绝对的平衡可言。对于股价运动的平衡概念，我们视之为一定范围内的股价波动，即是保持平衡的。这就涉及到“一定范围”的选择和界定，因为它关系到我们对平衡是否被打破的判断。于是，难题摆在我们面前了，如何界定这个“一定范围”呢？对此，在广义的范畴里是仁者见仁，智者见智，更多地在理论意义上进行泛泛而谈式的讨论。如果我们在股市实际操作中运用这种只具理论意义的形态划分来指导行动的话，那么将会陷入无所适从的困境。然而，在广义类型的基础上，从狭义的角度进一步地予以分类，将股价形态划分为一些具体而有指导意义的价格形态，则可以使我们在实战运用中捕捉到有利的交易时机，获取丰厚的投资回报。因此，了解股价形态的具体种类，并掌握每一种具体形态的市场研判要领，是一般中小股民朋友进入股市学堂的一门“必修课”。

一般地，在大类确定的基础上，股价形态的基本种类大致可做如下划分。

持续整理形态的基本种类：三角形、楔形、箱形和旗形等四种；

反转突破形态的基本种类：双重形、三重形、头肩形、圆弧形、喇叭形、菱形、V字形和潜伏形等八种。

（一）持续整理形态

1. 三角形

三角形是由一系列波动幅度越来越小的股价变动所形成的股价持续整理形态。在该形态中，股价变动大多一次比一次小，每次所达顶点都不能超过前一次所形成的顶点，而每次所达底点也不能跌破前一次所形成的底点，将多次的顶点与顶点、底点与底点分别连线（又称为顶线和底线），两线延长相交即构成股价波动的三角形形态。三角形又包括三种，即对称三角形、上升三角形和下降三角形。三角形形态反映了多空双方在三角形区域里的力量对比，这种较量的结果直接决定着股价运动的具体方向。

对称三角形

（1）基本含义：

如图31所示，对称三角形的顶点连线与底点连线的角度大致对称，但两条线的长度并不要求相等。这种形态大都出现在一个大的趋势之运行过程中，表示原有趋势暂时处于调整阶段，多空双方的力量对比处于“僵持”状态，将来股价极其可能沿着原有趋势继续运行，即若原有趋势是上升的，则三角形形态结束后股价将寻求突破向上，若原有趋势是下降的，则三角形形态完成后股价将寻求突破向下。此外，形态高度是一个重要概念，它是指对称三角形的“底边”长度，对于研判突破后股价所能达到的目标价位具有测算意义。

（2）研判要领：

①形态的确认：对称三角形的确认至少有四个转折点，即两个顶点和两个底点，而一般应有六个转折点，即三个顶点和三个底点。

②突破的量度：在对称三角形完成后，如果要突破向上，则必须要有大的成交量来确认；

而如果突破向下，则无此量的要求。

③突破的宽度：对于形态完成后突破的有效性的确认，一般在三角形横向宽度的，1/2至3/4处最为有效。

④突破的价标：如果发生突破（不管是向上的还是向下的），其后股价所能达到的价格目标——高度或深度，从突破点（即脱离顶线或底线的起点）沿垂直方向算起，至少要运动到与对称三角形的形态高度相等的距离处。

⑤突破的幅度：不管是向上的或是向下的突破，突破股价的确认，一般以3%作为有效性幅度。也就是说，从突破点算起，当股价涨幅或跌幅超过3%时，才能确认突破有效。

⑥在量度、宽度、价标、幅度等方面的情况不符合②至⑤的定性或定量要求时，股价突破基本上视为“假突破”。

⑦如果突破向下时伴随有大的成交量，并在跌破底线之后快速反弹至顶线附近，而后再度下穿底线，那么这些反弹日K线被称为“逃命线”。在对称三角形中经常发生这种情形，在股市实战中必须要在“逃命线”里果断离场。

（3）案例研究：

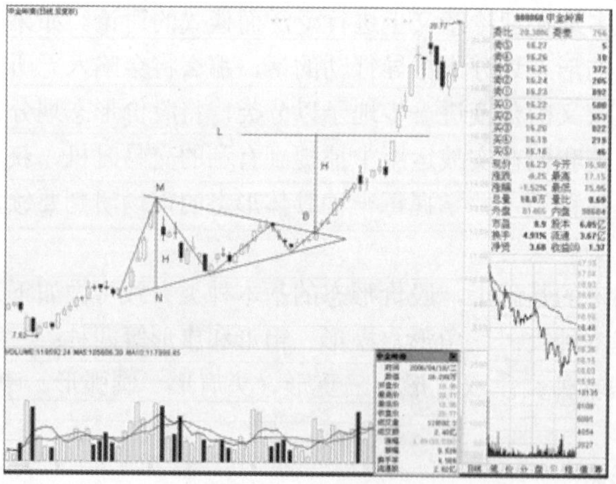

图31　对称三角形

注解：从图31中可见，2006年1月18日至同年3月15日，该股股价运动形成对称三角形，即由上限M线和下限N线之间的部分所构成的股价形态。在该形态中，形态高度是指对称三角形的“底边”长度H，在B（2006年3月15日）处，股价向上突破对称三角形的上限M线，该点股价上涨幅度4.39%，并伴随着明显放大的成文量（图中箭头所指处），而且股价突破点与对称三角形的顶端之间尚有一定的距离，因此可以确认股价向上突破有效。其向上突破的有效，预示着该股股价未来走势继续看涨。而且，该突破之后股价上涨所能达到的价格目标，从B点（有效突破点）异起，至少向上达到形态高度H的高度处，即图中水平线L的位置处。

上升三角形与下降三角形

（1）基本含义：

如图32和图33所示，一般总是存在顶线或底线倾向于或接近水平线，而另一条线向上或向下倾斜：若顶线接近水平线而底线向上倾斜，则称之为上升三角形（图32）；若底线接近水平线而顶线向下倾斜，则称之为下降三角形（图33）。有时，也将这两种三角形形态统称为直角三角形。在直角三角形中，多空双方在三角形区域的争斗，反映在上升三角形里多方占据相对优势，反映在下降三角形里则是空方占据相对优势。

（2）研判要领：

①直角三角形可以说是对称三角形的变形体，因此对称三角形的研判要领基本上都适合直角三角形。

②一般地说，上升三角形预示将来股价会延续上涨趋势，下降三角形预示将来股价会延续

下跌趋势。

③如果股价的原有趋势是下降的，则出现上升三角形后将来的股价趋势就难以定论了。进一步地，如果原有下降趋势持续的时期较长并已处于末期，那么出现上升三角形后将来的股价趋势仍是以看多为主，此时上升三角形成为反转形态的底部。

④如果股价的原有趋势是上升的，则出现下降三角形后将来的股价趋势也难以研判。进一步地，如果原有上升趋势的时期较长并已处于末期，则在出现下降三角形后将来的股价趋势仍是以看空为主，此时下降三角形成为反转形态的顶部。

（3）案例研究：

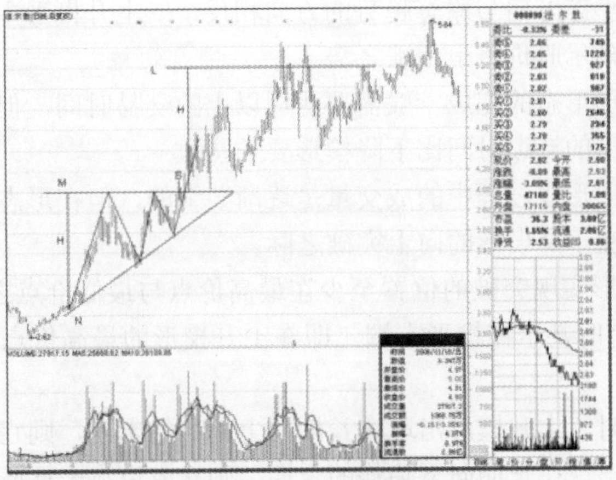

图32　上升三角形

注解：从图32中可见，2006年1月1日到同年5月10日，该股股价运动形成上升三角形（M线与N线之间的部分）。其中，上升三角形较短的直角边的长度H，为其形态高度。在B点（2006年5月10日），该股股价以显著增加的成文量（图中箭头处）上涨5%以上，在三角形横向宽度的3/4左右处实现向上的有效突破，预示其股价将呈现上升趋势。而且，其后股价上涨的高度，从突破点B算起，至少达到形态高度H，即股价将至少上升到水平线L的位置处。

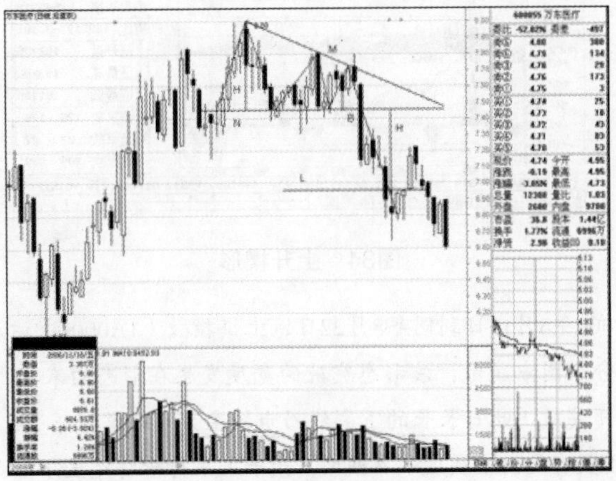

图33　下降三角形

注解：从图33中可见，2006年9月12日至同年10月3日，万东医疗（600055）股价运动构成下降三角形（M线与N线之间的部分）。其中，该形态的形态高度是指下降三角形较短的直角边长H。在B点（2006年8月22日），其股价向下跌破下限的幅度超过6%，确认了股价有效向下突破，并预示未来股价将延续下跌趋势。并且，股价有效向下突破后的进一步跌幅。至少有与形态高度H相等的深度，即至少下跌到水平线L所在的位置处。

2. 楔形

（1）基本含义：

如图34和图35所示，楔形是一种股价在两条方向相同并呈收敛特征的直线（即上限线和下限线）之间波动的形态。楔形在股价K线图上出现频率最高，因而它是一种最有名的股价持续整理形态。在楔形形态中，多空双方处于争执的盘局状态，上限线和下限线的运行方向是一致的，其中都是向上的则称为上升楔形（图34），都是向下的则称为下降楔形（图35）。

（2）研判要领：

①楔形的性质：一般地，楔形是在股价上涨或下跌过程的中途出现的持续整理形态，并具有明确的形态方向，即形态方向与原有趋势的方向相反——上升楔形主要预示未来股价将呈下跌之势，下降楔形主要预示股价将呈上涨之势。

②成形的时间：楔形形态的完成一般需要两周以上的交易时间，但很少有超过三个月的时间。相对而言，上升楔形的持续时间比下降楔形要长些。

③突破的量度：楔形形成过程中的成交量是逐渐萎缩的，但在形态结束后的突破中必须要有大的成交量，尤其是在下降楔形的向上突破之际。

④突破的宽度：楔形实现突破的位置至少在最高价点与最低价点之间横向距离的2/3处，经常超过2/3的宽度，有时甚至在楔形末端，即在上升楔形的最高价点之后或在下降楔形的最低价点之后。

⑤反转的形态：有时，上升楔形出现在长期向上趋势的末期，则它成为将来行情反转向下的顶部形态；下降楔形出现在长期向下趋势的末期，则它成为将来行情反转向上的底部形态。

（3）案例研究：

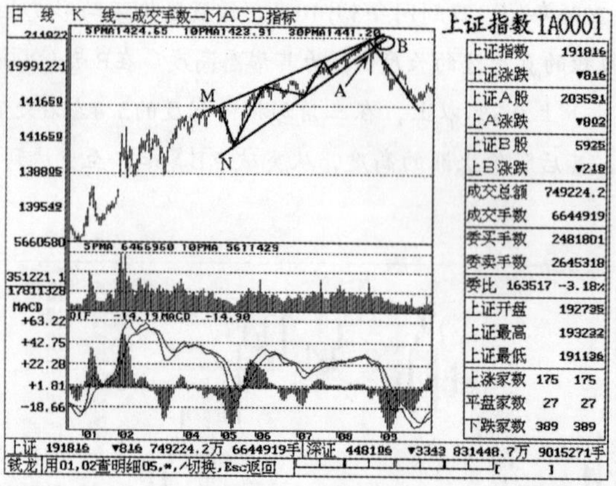

图34　上升楔形

注解：从图34可见，2000年5月15日到同年8月22日，上证指数（1A0001）运动形成上升楔形，即图中上界线M与下界线N之间的部分。图中显示，该形态突破的宽度发生在形态的末端，其中在A点（2000年8月23日），上证指数开始寻求向下突破（此日长长的下影线乃市场主力的刻意掼压），随后四天小幅反弹；在B点（2000年8月30日），上证指数有效向下跌破下界线N，预示未来行情将是呈下降趋势的。由于该上升楔形出现在一轮较长时间的慢牛行情的中后期，所以一旦其形态是在较长时间内方才完成的，则意味着未来行情反转向下的力度将会是比较强烈的。

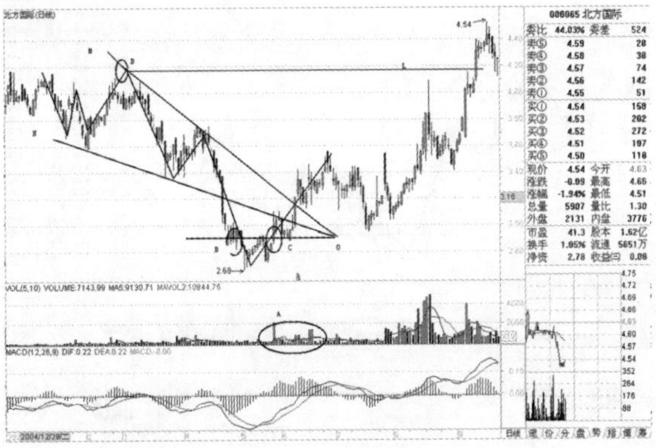

图35 下降楔形

注解：从图35中可见，2005年2月2日到同年4月21日，北方国际（000065）运动形成下降楔形，即图中M线与N线之间的部分。这是一个出现在较长时期向下趋势的末期之股价形态、通常意味着它是一个未来行情反转向上的底部形态。其中，在B点（2005年4月21日），北方国际向下跌破下限N线，并随后再次跌破O线（经过M线和N线的交点O的一条水平线）的支撑，开始进一步探寻底部——应当视力市场主力的故意诱空行为。很快，北方国际探底成功，经过连续多日的成交量放大（图中A处），一举向上突破N线（2005年6月7日）和突破M线（2005年6月8日）的压力，实现有效的向上反转突破（见图中C处）。并且，反转突破所能上升的高度，至少达到经过形态起跌点D的水平线L处。

3. 箱形

（1）基本含义：

如图36和图37所示，箱形是一种典型的持续整理形态，股价在两条平行的水平线（又称上限和下限）之间作横向延伸波动，反映多空双方在连续作战中力量对比的“均衡”状态。箱形也称“矩形”，因呈“N”字母状而又得名“N字形”。此外，这里的形态高度，是指箱形的上、下限之间的距离，对于研判突破后股价所能达到的价格目标具有测算意义。

（2）研判要领：

①一般情况下，在箱形形成过程中股票的成交量是逐渐萎缩的。

②确认有效突破，一般以3%（以上限或下限为计算起点）的涨幅或跌幅作为有效突破的确认幅度。

③在箱形结束后出现突破时，向上突破则必须要有大的成交量加以确认，向下突破则无此要求。

④当箱形形态完成后，一旦发生突破（向上或者向下），其后股价所能达至的价标——高度或深度，至少会等于箱形的形态高度。

⑤相对而言，在出现突破时，短而宽的箱形较长而窄的箱形更有强度，向上突破将使股价“青云直上”，向下突破将使股价“一泻千里”。

⑥在箱形整理形态进行中，如果股价经常在上限附近收盘的话，则箱形发生突破向上的可能性较大；如果经常在下限附近收盘的话，则箱形发生突破向下的可能性较大。

⑦上、下限之间距离较大（就我国股市国情而论，在理论上这个距离要超过下限股价的2%，一般要达到5%才有意义）的箱形，为实战操作提供了诱人的短线机会。

（3）案例研究：

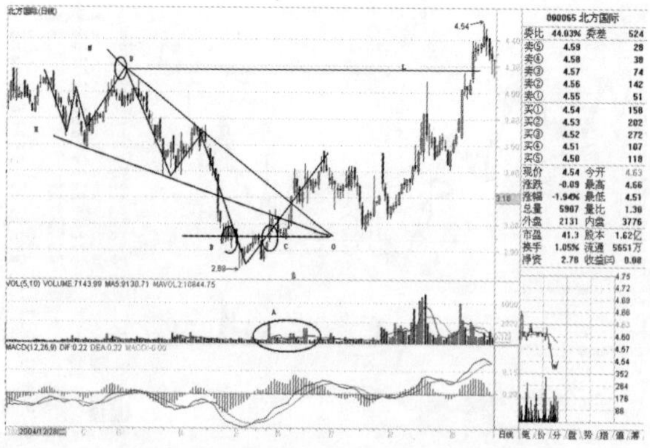

图36　箱形（向上突破）

注解：从图36中可见，2006年8月10日到同年11月21日，振华港机（600320）股价运动形成箱形，即图中上限M线与下限N线之间的部分。在该形态中，其形态高度H是指上、下限之间的垂直距离。其中，在B点（同年11月19日），该股股价开始放量上涨，并在接下来的两天持续放量大涨，并在C点（同年11月21日）有效突破上限M线（此间成文量的变化见图中A处）。而且，有效向上突破后，其股价未来的最小上涨空间为箱形的形态高度H，即至少上升到水平线L的位置处。

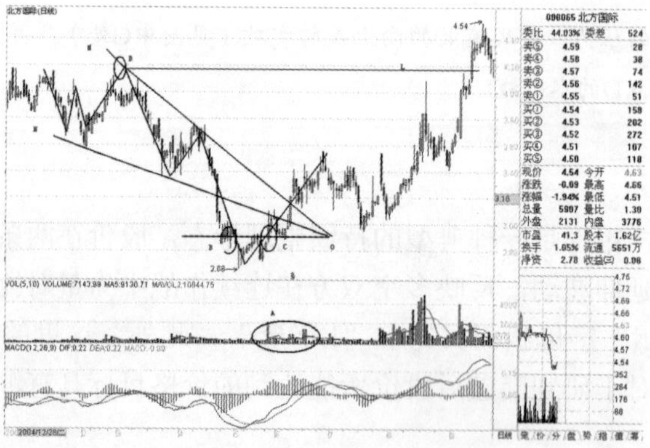

图37　箱形（向下突破）

注解：从图37中可见，2006年8月28日到同年10月27日，胜利股份（000407）运动形成箱形，即图中上限M线与下限N线之间的部分。在该形态中，其形态高度也是上、下限之间的垂直距离H。在A点（同年10月30日），胜利股份有效跌破下限N线，确认了未来胜利股份运行将呈下降趋势。并且，未来胜利股份下跌的最小深度是箱形的形态高度H，即至少下跌到水平线L处。

4. 旗形

（1）基本含义：

如图38和图39所示，顾名思义，所谓旗形就是指股价运动的图形犹如挂在旗杆上的一面旗帜。从几何学的角度看，旗形应当称为平行四边形，其形状本身就是一个平行四边形。旗形反映多空双方力量对比的悬殊不大，在争斗中使股价波动呈现小幅拉锯般地来回整理，但总有一方优势的略胜一筹，从而使旗形又区分为上升旗形（图38）和下降旗形（图39）两种。其中，在上升旗形的整理过程中，多头方力量略微占优，致使股价逐渐小幅上涨，最后空头全力摁压，迅速杀伤多头士气而“制造”一波下跌行情。相反，在下降旗形的整理过程中，则是空头力量略微占优，使得股价小幅下跌，最后多头奋力反攻，一举扭转跌势而发动一轮上涨行情。

（2）研判要领：

①与楔形一样，旗形具有明确的形态方向，即股价的形态方向与原有趋势的方向正好相反。也就是说，上升旗形预示着将来的股价会是下跌的，而下降旗形则预示将来的股价会是上涨的。

②上升旗形一般出现在一轮急速下跌行情之后，下降旗形一般出现在一波快速上涨行情之

后。也就是说，一般地，旗形是在一轮急速上涨或下跌行情的中途出现的。

③一般地说，旗形在形成过程中的成交量都是逐渐萎缩的。

④经验表明，旗形持续的时间不宜过长，一般不超过三个交易周。否则，旗形保持原有趋势的有效性就会大大降低。

⑤在旗形发生突破时，不论是突破向上还是突破向下，都必须要有大的成交量的确认。否则，该突破将被视为“假突破”。

⑥一般来说，旗形的相邻两边（即平行四边形的两条相邻的边：短边和长边）之边长，呈现正比例的关系。这一点在行情研判意义上具有重要价值，短边代表股价持续波动的大致相同幅度，长边代表股价持续整理的时间长度，股价持续波动幅度越大，则股价持续整理的时间就越长。

（3）案例研究：

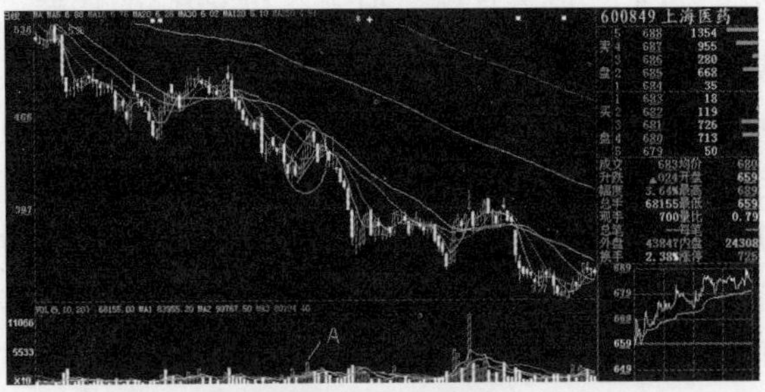

图38　上升旗形

注解：从图38中可见，2005年4月4日至同年4月11日，上海医药（600849）股价运动形成上升旗形，即图中圈内的部分，出现在一轮较强的下降行情之后。图中显示，该形态完成的时间不到两个交易周，持续时间不长。在A点成交量突然放大的配合下，其股价有效向下突破下限N线，预示着未来股价行情将呈现下降趋势。

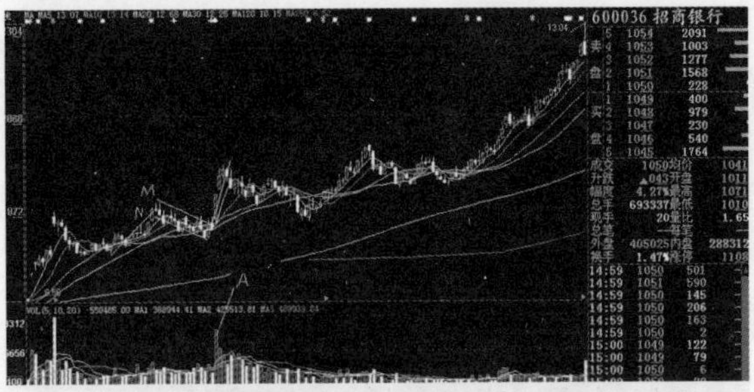

图39　下降旗形

注解：从图39中可见，招商银行（600036）在2006年4月5日至同年4月26日，正好三周的时间内股价运动呈现下降旗形，即图中M线和N线之间部分，出现在一轮上涨行情之后，通常意味着其形态完成后将会再展升势。图中A点成交量突然放量，其股价向上突破上限M线，从而实现有效向上突破。

（二）反转突破形态

5. 双重形

（1）基本含义：

如图40和图41所示，双重形包括两种股价形态——双重顶和双重底，因为它们不但在沿着原有趋势方向上都必须有两个局部的“极值点”（即双重顶的两个局部顶点，双重底的两个局部底点），而且对于未来趋势的研判方法也完全一致，因而统称之为双重形。其中，双重顶是指经过这样一个过程所形成的股价形态：在某一上升趋势过程的末期，股价在成交量放大的基础上上涨达到第一个顶点；之后发生回档，成交量也随之萎缩，股价跌至一定程度后在某一底点企稳；然后继续上涨，但因做多动力不足而使股价仅能冲高至第一个顶点大致等高的第二个顶点处；在空方力量占优的情况下股价再度走低，并迅速跌破此前的最近底点。由此所形成的股价形态，因其形同大写的英文字母“M”而得名“M”头，如图40所示。双重底则正好与双重顶相反，它一般出现在某一下降趋势过程的末期，具有两个局部的最低价位点和一个局部的顶点，在形态上如同大写英文字母“W”而得名“W”底，如图41所示。以双重顶的局部底点或者双重底的局部顶点作一条水平线，即得到一条具有重要研判价值的所谓“颈线”——M线。颈线在双重顶中起着重要的支撑线作用，双重顶反转突破向下必须突破其支撑；在双重底中起着重要的压力线作用，双重底反转突破向上必须突破其压力。此外，还有一个重要的分析高度，即形态高度H，是指双重顶的最高点与颈线之间的垂直距离，或双重底的最低点与颈线之间的垂直距离，它对于反转突破后股价所能达到的价格目标具有重要的测算意义。

（2）研判要领：

①一般地，双重形出现在一轮大涨行情（对于双重顶）或大跌行情（对于双重底）之后，有时也在一轮大涨或大跌行情的中途出现。

②双重顶的两个顶点的位置未必一定等高，双重底的两个底点的位置也未必一定等低。一般地，前者的第二顶点往往较第一顶点高些，但不会超过3%的高度；后者的第二底点常常比第一底点要高些，因市场预期股价将反弹而买盘开始增加。

③双重顶的两个顶点和双重底的两个底点，在形成时间上一般达到一个月左右，有时甚至要两到三个月（太过少于一个月的更短时间，则不能确认双重形）。

④一般地说，双重形的局部顶点和底点之间的百分比幅度要达到7%以上，方能确认双重形的形成。

⑤在双重顶的两个顶点时成交量要明显放大，在双重底的两个底点时成交量要明显萎缩。

⑥在发生反转突破时，在百分比幅度上看，对于双重顶来说要跌破颈线支撑并以超过3%的跌幅收盘；对于双重底而言则要突破颈线压力并以超过3%的涨幅收盘，同时还要有放大的成交量加以确认。

⑦当出现反转突破时，其后股价所能达到的价格目标，自颈线起进行测算，双重顶的股价至少要跌到与形态高度等低的位置，双重底的股价至少要涨到与形态高度等高的位置。

⑧在很多情况下，在双重形发生反转突破颈线后股价会出现短线反抽现象（即股价背离原来方向作反向波动），对于双重顶来说反抽不能高于颈线，对于双重底而言反抽不能低于颈线，否则双重形股价形态会失效。

（3）案例研究：

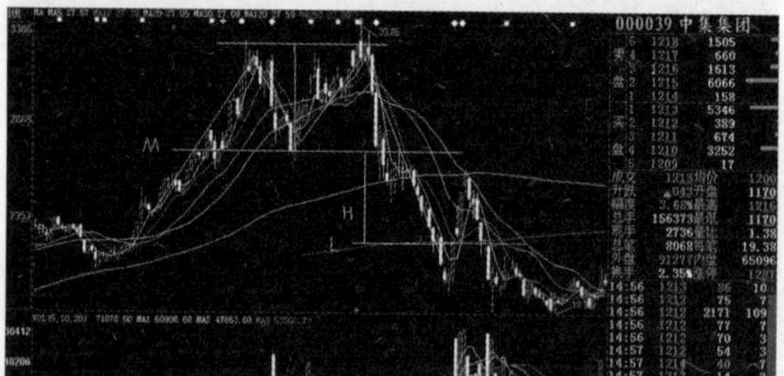

图40　双重顶（“M”头）

注解：从图40中可见，2005年3月14日至同年4月26日，中集集团（000039）股价运动形成典型的双重顶（“M”头）。其中，经过该形态底点的M线为形态的颈线，最高点与颈线之间的距离H为其形态高度。在B点，其股价有效向下跌破颈线，之后虽有短暂的反弹，但其最小下跌深度仍会与形态高度等长。也就是说，从B点向下，其股价将至少跌倒水平线L的位置处。

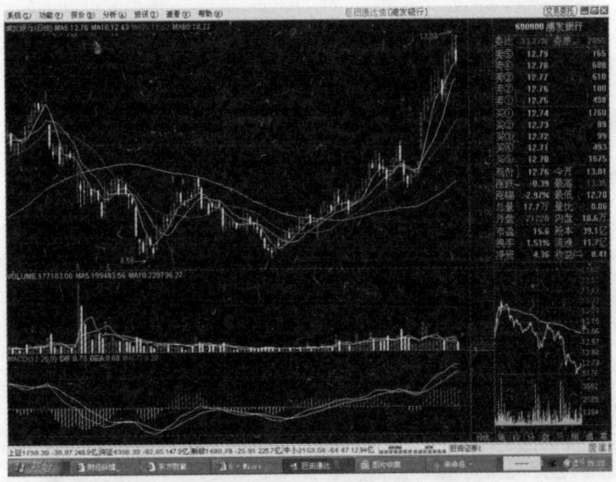

图41 双重底（“W”底）

注解：从图41中可见，2006年2月23日到同年10月23日，浦发银行（600000）股价运动形成典型的双重底（“W”底）。其中，经过该形态顶点的M线为形态的颈线，形态最低点与颈线之间的距离H为形态高度。在B点，该股以涨停板价格跳空开盘并报收，且成交量极度萎缩，当天即站到颈线上；C点（同年）该股同样以微量和涨停板价格跳空开盘并报收，一举有效向上突破颈线；D点，该股也跳空高开并放出巨量并再次涨停。其后，该股股价至少上涨到水平线L的高度处。

6. 三重形

（1）基本含义：

如图42和图43所示，三重形是由双重形演化而来的。与图40比较可见，三重顶（图42）比双重顶多了一个顶点和一个底点；与图41比较可见，三重底（图43）则较双重底多了一个底点和一个顶点，但三重形比起双重形来说在顶点与顶点之间、底点与底点之间的距离上要大得多。至于颈线（M线）和形态高度H的界定，三重形与双重形是一致的。

（2）研判要领：

①一般地说，三重顶大多出现在一个即将开始的长期下降趋势的顶部，而三重底则大多出现在一个即将出现的长期上升趋势的底部。因此，三重顶形态完成后有效向下突破后，犹如“沙漠之石”，慢慢地被淹没得越来越深，股价走势越来越沉重，整理时间相当之长；而三重底形态结束后正式向上突破后，则有如“厚积薄发”之势，股价走势“直登天堂”，大幅而快速地上涨。

②如同双重形一样，三重形在顶点同顶点之间、底点同底点之间的位置上，并不要求等高或等低，只要大致接近即可，即便在具体股价上也允许存在3%的差距。

③在大多数情况下，就成交量来说，在三重顶形态的第一顶点时要比在后两个顶点时大些，在三重底的第一底点处也要比在后两个底点时大些。

④当在三重顶的第三顶点处成交量明显萎缩时，则预示着股价将会反转向下，呈现下降趋势；当在三重底的第三底点之后成交量逐渐放大时，则预示着股价已经反转向上，呈现上升趋势。

⑤当发生反转突破时，用百分比幅度对突破有效性的确认和其后股价所能达至的价标，研判原则同双重形研判要领之⑥和之⑦。

（3）案例研究：

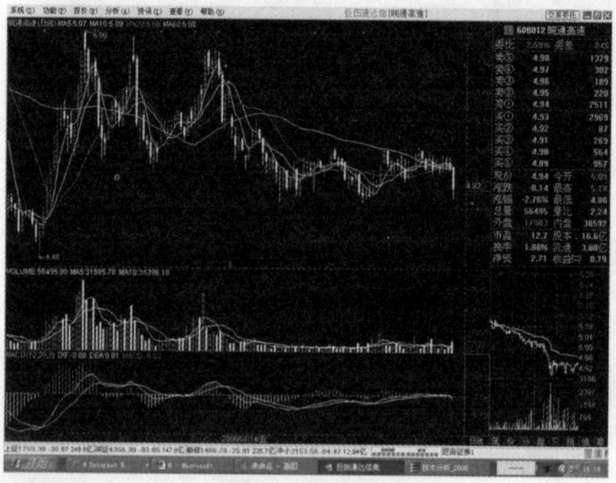

图42　三重顶

注解：从图42中可见，2006年4月20日到同年8月14日，皖通高速（600012）股价运动形成三重顶。实际上，自4月20日到8月14日，其股价运动形成扩大形态的三重顶。其中，经过两个底点的连线M线即为该形态的颈线，而形态高度则是形态的最高点与颈线之间的垂直距离H。在B点，股价向下有效跌破颈线，但很快受到支撑，经过数日反弹后再次下跌，并在C点跳空低开有效跌破颈线M，确认了未来股价下跌的趋势。从图42中看出，三重顶形态有效向下跌破颈线后的破坏力是相当大的。

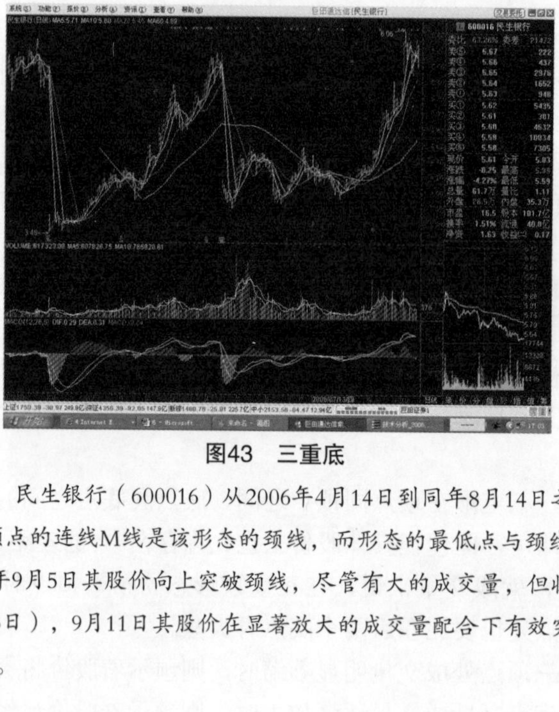

图43　三重底

注解：从图43中可见，民生银行（600016）从2006年4月14日到同年8月14日之间，股价运动形成典型的三重底。其中，经过两个颈点的连线M线是该形态的颈线，而形态的最低点与颈线之间的垂直距离是其形态高度H。在图中B处，2006年9月5日其股价向上突破颈线，尽管有大的成交量，但收盘价并未有效突破颈线；经过一天的缩量调整（9月6日），9月11日其股价在显著放大的成交量配合下有效突破颈线，而且突破后股价上涨的最小高度应该就是H。

7. 头肩形

（1）基本含义：

如图44和图45所示，“望文”亦可“生义”，所谓头肩形就是在某一时期内的股价形态中出现了三个顶点（或底点）和两个底点（或顶点），其中中间的顶点（或底点）的位置比其他两个顶点（或底点）的位置都要更高些（或更低些），相对的最高顶点（或最低底点）称之为“头”，位置较低（或较高）的两个顶点（或底点）则称之为“肩”（即左肩和右肩），因而股价形态由此得名“头肩形”（对应地，分为头肩顶——图44和头肩底——图45）。头肩形是股市实战中最常见到的一种股价形态，也是最著名和最可靠的一种反转突破形态。至于头肩形的颈线和形态高度的界定，与三重形类似。颈线（M线）是指头肩顶的两个底点之间的连线——支撑线、头肩底的两个顶点之间的连线——压力线。形态高度是指头肩顶的相对最高顶点至颈线之间的距离、头肩底的相对最低底点同颈线之间的距离。

（2）研判要领：

①头肩形是一个长期趋势的反转突破形态，头肩顶往往是在一轮长期上涨行情的末期出现的，头肩底则常常在一波长期下跌行情的末尾出现。

②一般情况下，当某一波段的顶点比前一波段和后一波段的顶点都更高些，但这三个波段行情的成交量渐次减少时，则极其可能会形成头肩顶形态；当某一波段的底点比前一波段和后一波段的底点都低些，但这三个波段行情的成交量渐次减少时，则极其可能会形成头肩底形态。然而，这里的“成交量渐次减少”的特征不是绝对的，只是一个充分但并非必要的条件。也就是说，在出现成交量渐次较少时，则可判断出“极有可能是头肩形”的结论，但是当成交量不是渐次减少时，则未必就不能得出前述结论。

③一般地说，头肩顶的左、右肩的位置大致等高，有时因在右肩附近时市场看跌者较多而使左肩比右肩高些；头肩底的左、右肩的位置也大致等高，有时因在右肩附近时看涨者较多右肩比左肩要高些。

④相对而言，头肩顶形成的时间较短，头肩底形成的时间较长，因而在形状上，头肩顶的顶部比较尖锐，而头肩底的底部则比较圆滑。

⑤在头肩形发生反转突破时，头肩底突破向上必须要有放大的成交量加以确认；头肩顶突破向下则无此要求，只不过放量时会增强突破向下的力度而已。

⑥如果发生反转突破，在头肩顶形态中股价跌至颈线突破点以下超过3%收盘时，在头肩底形态中股价涨到颈线突破点以上超过3%收盘时，标志着头肩顶或头肩底形态完成，确认其为有效突破。

⑦当发生反转突破时，其后股价所能达到的价格目标，从颈线上的突破点算起，至少要涨到（对于头肩底）或跌到（对于头肩顶）与形态高度相等的距离。

⑧由于头肩形是一种长期趋势的反转突破形态，所以一旦头肩形发生有效突破，则意味着整个大趋势的反转，即正式宣告一个长期趋势“寿终正寝”，另一个反向的长期趋势“粉墨登场”！

至于复合头肩形，它只不过是上述头肩形的变形体。与头肩形相比，复合头肩形在头部或/和肩部同时出现两个或以上的头或/和左、右肩，因此在“形式”上显得比较复杂，但在“内容”上基本与头肩形一致。所以，在此我们就不赘述了，只要朋友们理解了头肩顶的研判要领，“举一反二”吧，也是完全可以搞定复合头肩形的！

（3）案例研究：

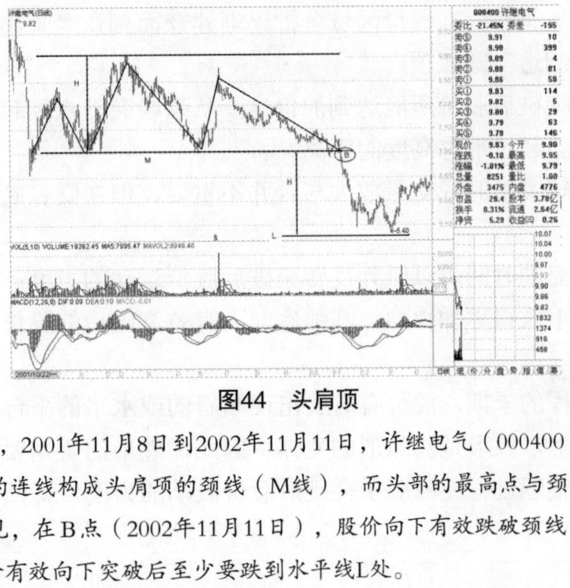

图44　头肩顶

注解：从图44中可见，2001年11月8日到2002年11月11日，许继电气（000400）股价运动形成典型的头肩顶。其中，两个底点之间的连线构成头肩顶的颈线（M线），而头部的最高点与颈线之间的垂直距离H为其形态高度，显然，从图中可见，在B点（2002年11月11日），股价向下有效跌破颈线（M线），其后下跌的最小深度为H，也就是说其股价有效向下突破后至少要跌到水平线L处。

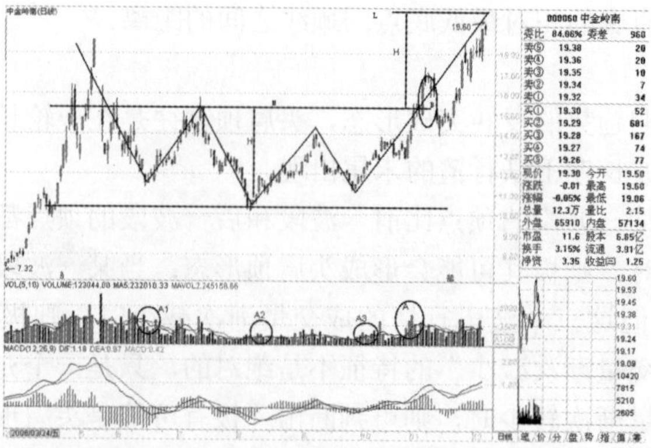

图45 头肩底

注解： 从图45中可见，2006年5月24日到同年10月31日，中金岭南（000060）股价运动形成典型的头肩底。在该形态中，左肩、头部和右肩的成交量依此较小（见图中A1、A2、A3处所示），预示着头肩底形态极可能形成。其中，该形态两个顶点之间的连线构成头肩顶的颈线（M线），而头部的最低点与颈线之间的垂直距离H为其形态高度。在B点（2006年11月6日），伴随着明显增加的成交量（图中A处），股价向上有效突破颈线（M线），其后上涨的最小高度为H，即其股价将至少上涨到水平线L的位置。

8. 圆弧形

（1）基本含义：

所谓圆弧形，是指一段时间内股价以弧形的方式波动，先是不断创出新高（或新低），在达至某一最高顶点（或最低底点）后，股价波动方向发生改变，开始逐渐盘低（走高），由此而来股价运动的轨迹呈“圆弧状”，我们将这种股价形态称为“圆弧形”。这种股价形态的出现，主要是在多空双方力量对比并不明显、股价争夺缓慢展开而优势逐渐转换的过程中。圆弧形也称为圆形、碗形等，包括圆弧顶和圆弧底。至于颈线（M线）和形态高度的界定，如图46——圆弧底形态所示，M线为其颈线，H为其形态高度。

（2）研判要领：

①一般来说，不管是圆弧顶还是圆弧底，在其形成过程中，成交量的变化都近似“哑铃状”，中间小，两头大。越是靠近最高顶点或最低底点，成交量越是萎缩，不过有时在圆弧底的底点附近可能出现大的成交量（多为市场主力的吸筹行为），但很快就会恢复正常。此外，圆弧顶的成交量变化在不少情况下还表现出不规则性，平均成交量较平时大得多。

②圆弧形的形成在很大程度上是一些机构投资者炒作股票的产物。在炒作过程中，机构投资者往往使用“拉锯战”策略，在低价区域分批逐渐建仓而刻意“画出”圆弧底，在高价区域分批逐渐出货而故意“制造”圆弧顶。

③圆弧形发生反转突破后股价所能达到的价标，从颈线突破点算起，最小幅度与圆弧形的形态高度等距，一般都会超过形态高度的距离。

④圆弧顶在发生反转突破时成交量放大与否并不重要，但在圆弧底出现反转突破时就必须要伴随有成交量的放大。

⑤从圆弧形完成所需的时间可以研判反转突破后股价运动的力度：时间越长，圆弧顶向下有效突破后的股价将会下跌得更加惨烈，圆弧底向上有效突破后的股价将会上涨得更加迅猛；反之亦然。

⑥在圆弧形形成过程的末期，股价有时会出现倾斜的或水平的平台整理走势，这种股价形态又称为碟形。在本质上，碟形是圆弧形的变体。因此，碟形的研判要领基本与圆弧形一致。不过，由于碟形的平台整理过程而减弱了突破后股价波动的力度，降低了突破后股价所能达至的价标。

（3）案例研究：

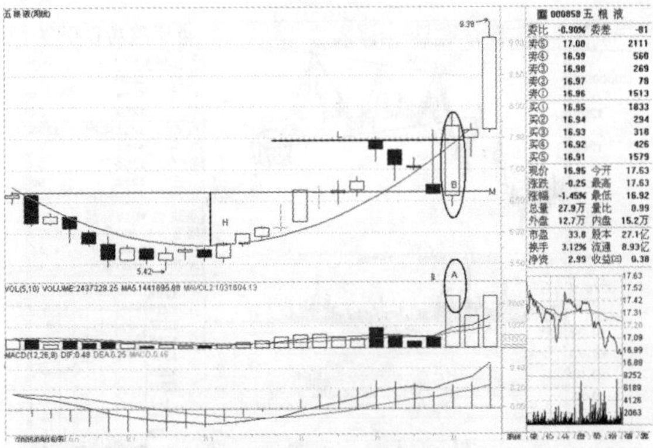

图46　圆弧形（圆弧底）

注解：从46图中可见，2005年9月16日到2006年4月7日（周K线图），五粮液（000858）周股价运动在大半年时间内形成圆弧底形态。其中，M线为该形态的颈线，形态的最低点与颈线之间的垂直距离H为其形态高度。在B点（2006年4月3日到7日这周），其股价伴随成交量的放大（图中A处）向上有效突破颈线M、从该形态构成时间很长可知有效突破后的上涨行情将是非常强劲的。此后，其股计上涨的最小高度为H即至少会上升到水干线L的位置处。

9. 喇叭形

（1）基本含义：

如图47所示，这是一种以三角形的变体形式出现的反转突破形态，股价波动的幅度越来越大，形成逐渐走高的三个顶点和逐渐盘低的两个底点，顶点连线（上限）与底点连线（下限）所构成的股价形态呈喇叭状。喇叭形的上限和下限，朝着向左的方向延伸必定相交，表现为三角形，因而也称之为“倒转的三角形”，乃三角形的变形体；沿着从左至右的方向，既不平行，也不收敛，而是发散开来，即上限与下限之间的距离逐渐扩大开来，因而也称之为“扩大形”。由于喇叭形表现为扩大形态，所以它不具有形态高度概念，也没有颈线。

（2）研判要领：

①喇叭形大多出现在股价的相对高位区域，一般都是预示未来股价将呈跌势。因此，在此意义上讲，喇叭形是一种顶部反转突破形态。

②喇叭形的形成，一般是以三个顶点和两个底点为标志的，当股价第三次跌至下限时大多意味着股价形态的完成和突破向下的开端。

③在喇叭形的形成过程中，随着扩大形态的延伸，成交量的变化没有规律可言，具有不规则性，反映出股票的交投非常活跃，股民情绪波动很大，也暗示着“黄昏后的黑夜”将至。

④喇叭形发生反转突破后，股价几乎都会出现强有力的反抽走势。但是，如果反抽的高度没有达到最近下跌幅度的50%时，股价的下跌趋势将会保持不变。

⑤偶尔，喇叭形可能发生突破向上的情形，尤其是在股价突破上限并以超过上限突破点3%的升幅收盘时。此时，喇叭形极有其可能不成立，因为这一突破意味着打开了股价继续上涨的较大空间。

（3）案例研究：

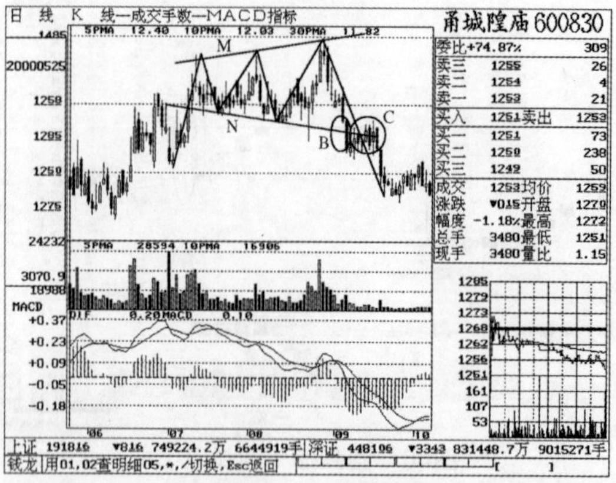

图47 喇叭形

注解：从图47中可见，2000年7月10日到同年9月6日，甬城皇庙（600830）股价运动形成喇叭形，即图中上限M线与下限N线之间的部分所示。该图中显示，此形态具有比较明显的三个顶点和两个底点，出现在股价的相对高档，而且其成交量极其不规则，表明市场投机气氛较浓，预示着将会发生反转向下的行情。在B点（此年9月6日），股价正式地有效向下跌破形态的下限N线，尽管随后几天发生了小幅、持续的反弹（即图中C处，应当视为主力的诱多行为），但并不会改变反转向下运行的趋势。

10. 菱形

（1）基本含义：

如图48所示，在这种股价形态中，左半部分如同喇叭形，而右半部分如同对称三角形，左右两部分合在一起的形状类似于几何学意义上的菱形，因而称之为“菱形”形态。加之它像一颗钻石形状一样，因而菱形也叫钻石形。由于由反转的三角形和对称三角形合并而成，因此菱形具有颈线和形态高度。其中，菱形的颈线呈角度较大的“V”字形，由菱形的两条下边组成；其形态高度则是菱形的上下最宽处的高度。

（2）研判要领：

①菱形大多出现在中期下跌趋势的底部，或者出现在大的成交量的相对高位区域（或者说顶部）。在此意义上讲，它是一种顶部反转突破的形态。

②在观察菱形时，并不要求上面或下面的两条趋势线相交时正好是一个顶点或底点，对于相交位置无须作出要求。

③在菱形的左右两部分中，左边喇叭形之后的趋势应是下降的，而右边对称三角形具有保持原有趋势的性质而有阻止股价下跌的作用，但在总体上菱形之后的趋势是反转向下的。

④在菱形的形成过程中，随着股价变化，成交量的变化呈现规律性，即在左半部分先是越来越大，尔后逐渐减小，直到右半部分是越来越小。

⑤当菱形发生股价反转突破时，股价下跌的价格目标是，至少与菱形的形态高度的距离相等。

⑥如果菱形发生反转突破向下，那么其有效性的确认原则为：股价在跌破颈线后，收盘价格至少低于颈线突破点股价的3%。

（3）案例研究：

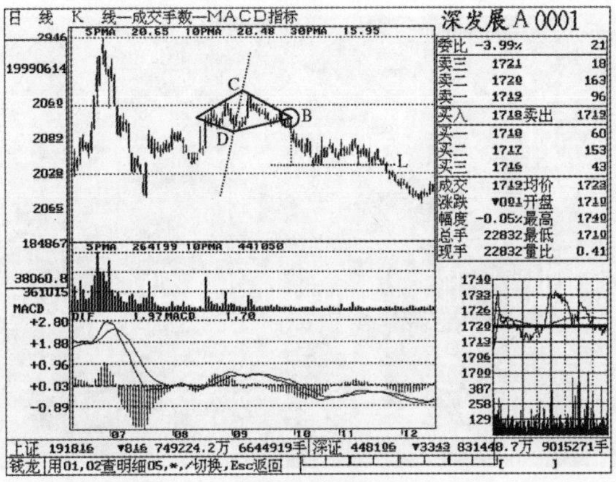

图48 菱形

注解：从图48中可见，1999年8月20日到同年9月30日，深发展A（0001）股价运动形成菱形。其中，以D点为交点的两条下边构成形态的“V”形颈线，形态上下两个最远点之间的连接线段CD成为形态高度。在B点（此年9月30日），其股价向下有效突破颈线的右部分，其后下跌的最小深度是CD长度，即将至少下跌到水平线L的位置处。

11. V字形

（1）基本含义：

如图49所示，V字形是一种在一定时期内股价急剧下跌而后又直线上涨所形成的反转形态。它经常出现在市场发生剧烈波动的情形中，反映多空双方力量对比的快速转换性质，在一段时间空方以绝对性优势大幅掼压股价，接着多方一举扭转乾坤而以压倒性优势大幅拉升股价。对应地，还有一种“倒V字形”的股价形态，同V字形正好相反，如图50所示。此外，在股价的下跌或上涨的中途，有时会出现一个平台整理区域，由此形成V字形的变形体——“V形扩展形态”。

（2）研判要领：

①V字形是一种失控的反转突破形态，往往同有关市场或个股的突发性消息的出现密切相关。在我国股市发展初期，股票指数和个别股票都出现过这种股价形态。

②V字形只有一个底点，倒V字形也只有一个顶点。

③在V（或倒V）字形的形成过程中，其顶点（或底点）的成交量一般不会有异常的放大。但是，有时因消息灵通人士的提前交易行为而会使成交量明显放大。而且，如果成交量放大，并且其程度越高，则表明股价反转突破的力度越大。

④在V字形的形成过程中，如果在底点发生反转突破时成交量特别大，则股价突破向上的幅度一般不会太大，即股价不会上涨得太高。

⑤在倒V字形的形成过程中，如果在顶点发生反转突破时成交量特别大，则股价突破向下的幅度一般也不会太大，即股价不至于下跌得过低。

（3）案例研究：

图49　V字形

注解：从图49可见，2006年6月1日到同年7月4日，上证指数运行形成典型V字形。其中，颈线为经过形态起跌点的水平线M线，而形态高度则是形态反转点——C点与颈线之间的垂直距离H。从图中可看出，其形态反转点C处的成交量比较小（图中D点）。显然，该形态中股价反转向上至少会涨到颈线M的高度处，即图中B点。也正是在B点，伴随着明显放大的成交量（图中A处），价格有效地向上突破颈线。

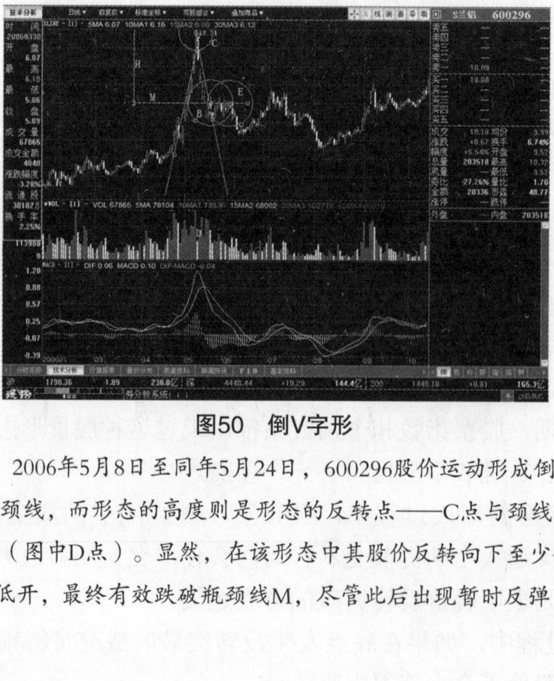

图50　倒V字形

注解：从图50中可见，2006年5月8日至同年5月24日，600296股价运动形成倒V字形。其中，经过形态起涨点的水平线M构成形态的颈线，而形态的高度则是形态的反转点——C点与颈线之间的垂直距离H，而且形态反转点处的成交量非常小（图中D点）。显然，在该形态中其股价反转向下至少会跌至颈线M的位置处，即图中B点。然后其股价跳空低开，最终有效跌破瓶颈线M，尽管此后出现暂时反弹（图中M处），但均受到颈线压力而下降。

12. 潜伏形

（1）基本含义：

如图51和图52所示，股价在一个非常小的幅度内持续波动，构筑成一个长长的整理平台，在某天的突发性消息或盘面刺激下股价一举突破平台而出现大幅上涨或下跌，这样的股价形态称为“潜伏形”。根据反转突破的方向是向上的还是向下的，它分为潜伏顶（图51）和潜伏底（图52）两种。至于潜伏形的颈线，是指一个较窄的平面区域，即股价的持续整理平台。此外，因不涉及到突破后上涨或下跌幅度的预测，潜伏形没有形态高度概念。

（2）研判要领：

①潜伏形大多数出现在股市低迷时期，或者出现在一些浮筹较少的冷门股票、小盘股票、绩优投资型股票之中。

②在潜伏形的形成过程中，成交量呈现出特有的规律性，即不但成交量小，而且比较稳定。

③一般地，在发生反转突破之前，潜伏形进行平台整理所需持续的时间至少在一个月，有时甚至长达数月之久。

④在股价形态完成后，潜伏底发生反转突破向上时的成交量必须要放大，并且须持续放大达三天以上，方可确认这一突破的有效性。但是，如果突破当天即以涨停板开盘并一直封盘，则无须成交量放大来确认。

⑤在股价形态完成后，潜伏顶发生反转突破向下时就必须要有成交量的放大来加以确认，但无须持续放大三天的时间来确认。

（3）案例研究：

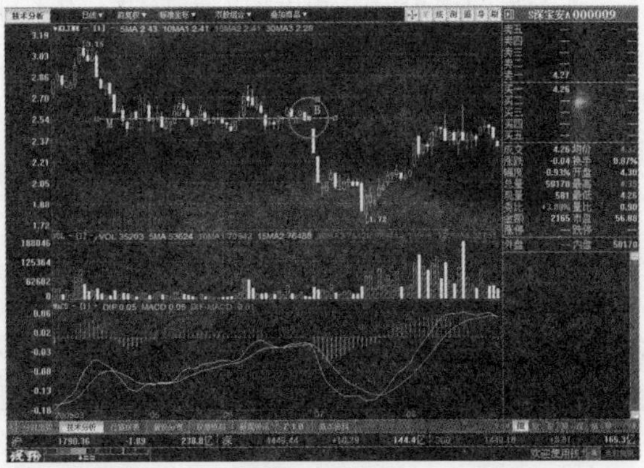

图51　潜伏顶

注解：从图51中可见，2005年4月22日至同年6月29日，000009股价运动在两个月时间内形成潜伏顶。该形态的颈线是以M为下限的整个平台区域，其不具有形态高度。在B点（6月29日），股价正式而有效地向下跌破颈线，实现向下突破，行情开始沿着下降趋势运行。显然，在B点之前的几天有向上的突破，应当视为主力的诱多行为。

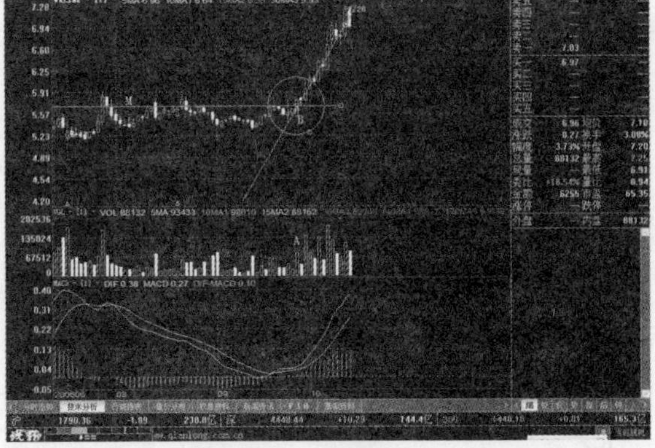

图52　潜伏底

注解：从图52中可见，2006年7月17日至同年9月27日，600849股价在两个月内形成潜伏底。该形态以M线为上限的整个平台区域构成颈线，也没有形态高度。在B点（9月27日），伴随显著放大的成交量，图中A处，其股价向上有效突破颈线，确认正式突破潜伏底形态，从而开始了势头强劲的上涨行情。

第三节　切线理论

切线理论是一种较为重要的技术分析理论，目前已经成为股市中技术分析派指导实战操作的必备武器。它是按照一定的方法和原则在股票价格的运动轨迹图（如流行于亚洲的K线图、畅行于欧美的棒线图）中画出一些直线，并根据这些直线来预测和研判股价运行的未来趋势。这些直线是一些顶点或底点的连线，或是以一定的相对高度或角度画出来的，在证券术语上称为“切线”，因而这一理论得名为切线理论。

在切线理论中，切线的作用主要是在股价运行过程中起支撑和压力的作用，即充当支撑线和压力线。支撑线和压力线对于股价运行趋势起着一定的制约作用。一般地，股价在向上涨到压力线附近时就会掉头下跌，在下跌至支撑线附近时就会掉头反弹。但是，股价也经常在上涨达到压力线后继续向上，或者在下跌到支撑线后继续向下。此时，这种股价触及切线后继续保持原有趋势的现象，在证券术语上称为“突破”。股价的突破，在技术分析中改变了切线的具体意义，或将原来的压力线变成新的支撑线，或将原来的支撑线变为新的压力线。可见，切线的确定是至关重要的，它直接关系到对股价未来趋势的预测是否可靠和有效。

自切线理论产生以来，证券界的理论专家和市场人士发明了很多种切线及其具体画法。其中，具有基础意义的是趋势线、支撑线和压力线，而目前运用非常广泛的还有轨道线、黄金分割线、百分比线，以及扇形线和速度线等等。为了透彻地理解切线理论和掌握各种重要切线的分析精髓，我们必须从趋势的基础知识抓起。

一、趋势基础

所谓趋势，简而言之，就是股票市场价格运动的方向。趋势概念，在技术分析中具有核心意义。在讨论技术分析的理论基础时，我们就提到其“三大假设”，其中假设B——“价格沿着趋势运动”明确说明股价运动是有趋势的。股价运动的趋势性质是进行技术分析的根本所在。趋势的产生，根源于在一定时期内多空双方力量对比的总体强弱状况。大家知道，不论在每天的日常波动中，还是在日K线图、周K线图、月K线图中，股价的运动轨迹都是曲折蜿蜒的，不是一条直线，有股价高点形成的峰，也有股价低点形成的谷。这些峰和谷的相对高度决定股价运动的方向，反映市场运行的趋势。而趋势的曲线性质，反映出在短时间内多空双方力量对比的相对优势的转换，但曲线性质并不影响一定时期内趋势的方向性。

既然反映一种方向的趋势不是一条直线，那么，在以成交量为横轴、以股价为纵轴、以（0，0）为圆点的K线图平面上，它就应当有且只能有三个方向可供选择。也就是说，在空间概念上，趋势具有三种方向，即上升方向、下降方向和水平方向，如图53所示。

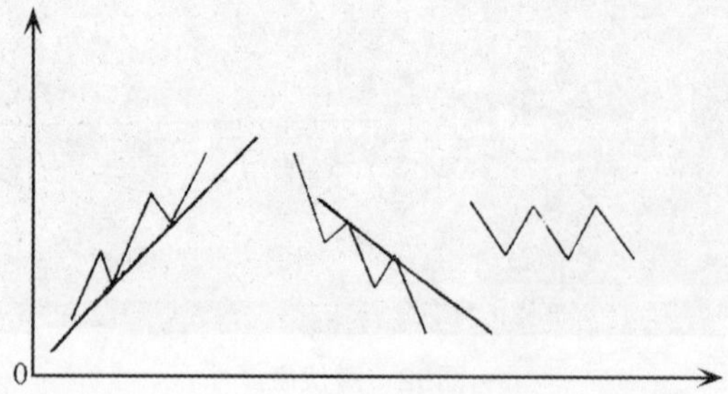

图53　趋势的方向

其中，上升方向是指，在股价K线图上每个峰和谷的位置都对应地比前面相邻的峰和谷的位置高所形成的趋势，也即上升趋势。上升趋势反映出多方较空方而言在一定时期内的总体优势地位。下降方向是指，在股价K线图上每个峰和谷的位置都对应地比前面相邻的峰和谷的位置低所形成的趋势，也即下降趋势。下降趋势反映出空方与多方相比在一定时期内总体上占据优势地位。水平方向是指，在股价K线图上前后的峰和峰、谷与谷之间没有明显的高低之分，几乎在水平方向进行延伸所形成的趋势，也称无趋势。无趋势则反映出多空双方在一定时期内力量对比的相对均衡状况。

现在，我们知道了在空间上股价趋势的三种方向，但是还要看在多长的时间上来讲趋势概念。显然，在一般意义上，股市的时间概念可以界定为三种，即短期、中期和长期。因此，在时间上，股价趋势就可以划分为三类：短期趋势、中期趋势和长期趋势。趋势具有的这三种类型，在本篇的道氏原理中已有详细讨论，这里不再重复。值得指出的是，这三种类型的趋势的最大区别在于时间的长短，也包括波动幅度的大小。而且，在进行技术分析时，必须在一定的时间范畴下进行趋势的研判，方能得出正确的市场结论。比如说，前面提到的问题的研判结论：短期趋势的方向是向下的，即短期下降趋势。

二、趋势线

尽管趋势是曲折蜿蜒的，但趋势的方向在K线图上表现为一条连接股价的峰与峰或谷与谷的直线，我们称之为趋势线。对应地，根据上面提及的趋势方向和类型，趋势线可以分为：上升趋势线和下降趋势线，或者短期趋势线、中期趋势线和长期趋势线等等。

趋势线代表股价波动的方向，根据其方向可以研判股价运动的趋势。在上升趋势中，连接股价的谷与谷所得的直线即为上升趋势线，在下降趋势中，连接股价的峰与峰所得的直线即为下降趋势线，如图54所示。显然，从图53中可见，上升趋势线位于一个上涨行情波段中股价的下方，对股价的波动起着支撑作用，而下降趋势线位于一个下跌行情波段中股价的上方，对股价的波动起着压制作用。

在股市实战中，要画出一条趋势线是很容易的，但是要使它能够有效地指导我们对行情的研判，则需要对其加以验证。验证一条趋势线的有效性，必须从方向、频率和时间三个方面来进行全面分析。首先，从方向上来看，必须确认趋势的存在，即股价波动的确具有方向性，也就是说，在验证上升趋势线时，需要找出两个依次上升的股价之谷，两个谷之间的连线是向上的；在验证下降趋势线时，则需要找出两个依次下降的股价之峰，两个峰之间的连线是向下的。其次，从频率上来讲，必须确认趋势线至少被触及过三次，才能说明趋势线是有效的。这同几何学的观点有所不同，在几何学上两点可以确定一条有方向的直线。但是，在股市上，一条趋势线在股价波动中被触及的次数必须达到三次以上，才能验证趋势线的有效性。一般地，触及频率越高，趋势线的有效性越是被确认，则该趋势线对于研判行情就越是具有指导价值。最后，从时间上来说，一条趋势线沿着一个确定的方向延伸的时间越长，则其越是具有有效性。此时，这条趋势线可能演变成为一条中期甚至于长期趋势线，对于预测股市的大方向就显得更加重要了。总之，在实际运用中，必须从上述三个方面来综合地把握趋势线的有效性，以增强行情研判的准确性和有效性。一般地说，一条趋势线越是有效，则其就越是具有技术分析意义，它对股价波动所起的支撑或压力作用就越是准确、越是有效。

在一条有效的趋势线之下，我们经常遇到"突破"的情形，即趋势线遭到突破，行情发生反转（见图54）。一般地，趋势线被突破，即意味着未来的股价趋势将要反转：趋势线越是有效，则发生反转的信号越是强烈；反转的发生将引起趋势线作用的改变——原有上升趋势线将起压力作用，原有下降趋势线将起支撑作用。进一步地，同以前我们谈到的突破一样，趋势线的突破，也必须确认其有效性。

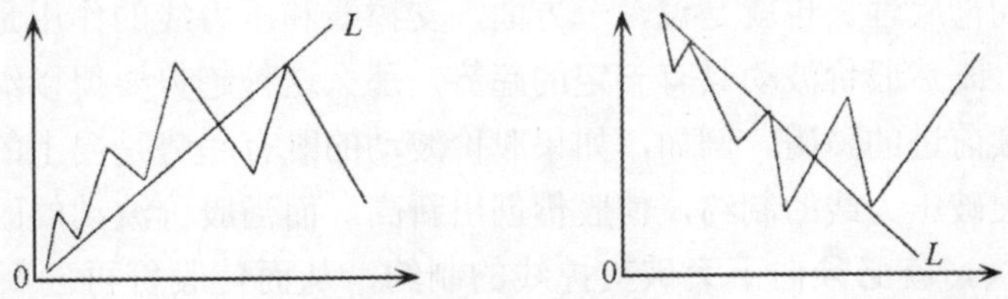

图54　趋势线的突破

趋势线突破的有效性，可以从价格波动的百分比幅度和成交量的放大与否两个方面来加以确认。其一，就百分比幅度来说，必须达到超过趋势线突破点3%的幅度，一般能够达到2%并持续两个交易日即可。其二，从成交量上来看，股价突破下降趋势线而向上时，必须有放大的成交量来加以确认，即使突破当天成交量没有大增，只要次日能够维持强势加以“补量”上涨，也可加以确认；股价突破上升趋势线而向下时，对成交量的变化不作要求。没有上述两个方面确认的所谓突破，只能视为骗线的“假突破”，对此要加以警惕。

在前面我们一再提到，趋势线的作用在于对股价波动的支撑或压力。用股市行话来说，这种对股价波动起支撑作用的趋势线又叫支撑线，而对股价波动起压力作用的趋势线也叫压力线。支撑线和压力线，在股市行情的预测和研判中具有极其重要的技术意义，这正是我们在下面将要展开的话题。

三、支撑线与压力线

1．概念与作用

经常看盘的朋友都知道，当股价跌到某一较低的价位时，随即出现较强的买盘，股价停止下跌，有时还会出现反弹；当股价涨到某一较高的价位时，马上会出现较大的卖单，股价随即停止上涨，或者转而下探。实际上，在一个行情波段中，一系列的股价之谷的连线，就是所谓的支撑线，而一系列的股价之峰的连线，就是所谓的压力线。支撑线代表多头对空头掼压股价的抵抗，起着阻止股价继续下跌的作用，因而又叫抵抗线。而压力线则代表空头对多头拉抬股价的阻止，因而又叫阻力线（见图55）。

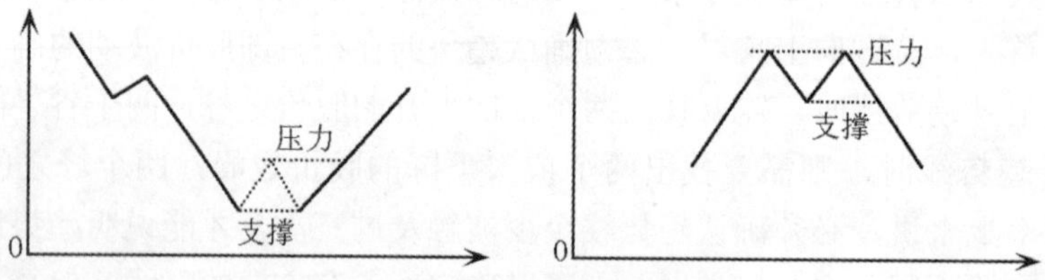

图55　支撑线与压力线

显然，我们在趋势线部分所提到过的上升趋势线和下降趋势线，对应地，只是一种支撑线和压力线而已。有一点要注意，就是不要将支撑线简单地看作只在下跌行情中存在，也不要将压力线仅仅视为上涨行情独有的。事实上，在下跌行情中固然存在支撑线，然而在上涨行情里也有支撑线，在上涨行情中虽有压力线，但在下跌行情中同样有压力线。只是因为人们在下跌（或上涨）行情中更关注的是股价将跌（或涨）到什么价格位置，更希望股价在下跌（或上涨）到一定价格时就可能获得支撑（或遭到压力），所以就更加关注支撑线（或压力线）罢了。而在上涨（或下跌）行情里，股价也有回档（或反弹）的时候，往往在这种回档（或反弹）时股价就会在一定价位处寻求支撑（遭遇阻力），自然就可画出支撑线（或压力线）了。

支撑线和压力线具有非常重要的技术意义。前面已有提及，支撑线和压力线对于股价波动起着制约作用（支撑作用或者压力作用），阻止股价沿着眼下正在进行的方向继续运动下去。究竟怎样理解这一作用呢？对于支撑线和压力线的作用的完整理解，既要认识到它们的暂时性，又要看到它们的彻底性。也就是说，一方面，支撑线和压力线的作用是一种暂时性质的制约作用。这是因为，既然股价波动具有一定的趋势，那么这种趋势要得以继续下去，就必须要突破阻止该趋势继续前进的障碍。例如，如果股价波动的既有趋势是向上的，要维持这一上升趋势，就必须向上突破压力线的制约，使股价创出新高。而当股价波动的既有趋势是向下的，要下降趋势得以继续，就必须向下突破支撑线的制约，从而使股价再创新低。这样，支撑线和压力线的作用只是使股价得以暂时保持眼下的变动方向。另一方面，支撑线和压力线的作用又是一种彻底性质的制约作用。它们的彻底性发生在一个趋势的完成时：当一个上升趋势结束时，股价未能再次创出新高，压力线就将彻底地阻止股价按照既有的上升趋势继续下去，接下来可能是股价向下突破上升趋势的支撑线而转向一个下降趋势；而当一个下降趋势结束时，股价未能进一步创下新低，支撑线就将彻底地抵制股价按照既有的下降趋势继续进行，接下来可能是股价向上突破下降趋势的压力线而反转为一个上升趋势。可见，支撑线和压力线的彻底性制约作用发生时，就意味着市场趋势的反转突破，具有强烈的技术分析意义。

2．转化与确认

正如我们在讨论支撑线和压力线的作用时所提及，其作用既有彻底性的一面，也有暂时性的一面。其中，暂时性的一面，讲的就是支撑线和压力线的转化问题。当一个上升趋势要继续维持下去的话，股价就必须向上突破压力线的阻止制约，这种突破一旦确立，那么原来的压力线就转化成为股价上升趋势在今后一段时间内的支撑线；而当一个下降趋势要继续进行下去的话，股价就得要向下突破支撑线的抵抗制约，一旦这一突破确立，则原来的支撑线就转化成为股价在将来一段时间内的压力线（见图56）。

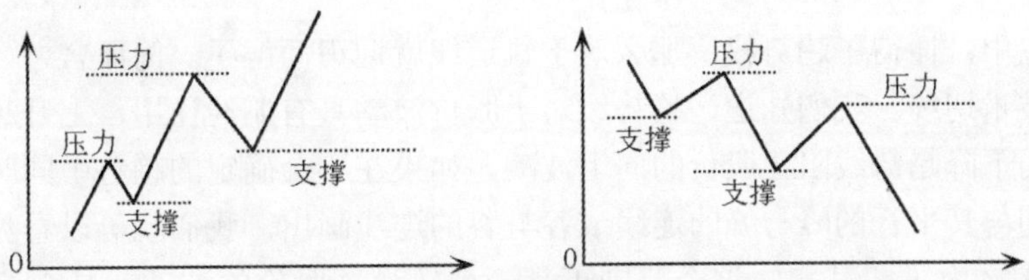

图56　支撑线与压力线的转化

注意，这里的“突破”，必须是有效的股价突破，其确认同趋势线突破的有效性是一致的。一般来说，股价突破幅度越大，人们就越是相信这种突破的有效性。在本质上，这是一种人类心理行为，认为今天股价大涨就对明天走势看涨，今天股价大跌则对明天走势看跌。这样，在实际操作中，人们在心理上往往对短线突破的股价波动幅度要求不大，3%左右即可，但对中长线突破（着眼于股价的历史高点和低点）或者整数股价点位的突破，往往要求有决定性的股价波动幅度，一般在10%上下。

支撑线与压力线之间的相互转化，表明了它们的地位是相对的，仅仅相对于一定时间内的一定趋势而言。因此，在运用支撑线和压力线时，就必须在对将来行情研判最具价值的一段时间内确认支撑线和压力线的有效性。

股市是一个大舞台，人们在其中扮演着各种角色，人们的交易活动就是舞台上的剧。因此，股市的变化就是剧情的发展，集中反映了人的各种心理活动的轨迹。上面讲过，支撑线和压力线，只不过是人的这些心理活动的技术性描述。换句话说，支撑线和压力线对股价波动所发挥的支撑作用和压力作用，简单地说即是人的心理活动的写照。大家都认为股价跌到一定价位暂时已不可能再跌了，股价就在这里获得支撑了，而人们都以为股价涨到一定价位暂时已不可能再涨了，股价就在此遭遇压力了。那么，怎样从技术分析的角度来确认人们的这种心理活动呢？实际上，这是一个确认支撑线和压力线的问题。

支撑线和压力线的确认，是就它们对于当前行情研判的重要性来说的。在由股票价格和成交量所构成的K线图平面上，一条支撑线和一条压力线都会处于一个局部的区域之中，在技术分析上我们把这样的区域称为支撑区和压力区。确认一条支撑线或压力线对当前行情影响的重要性，就是对这个支撑区或压力区的一些技术参数进行分析。一般地说，这些技术参数主要包括停留时间、成交量和距离。也就是说，支撑线和压力线的确认，需要考虑三个因素，即“三因素确认原则”：（a）股价在支撑区或压力区停留时间的长短；（b）股价在支撑区或压力区发生的成交量的大小；（c）在K线图平面上，支撑区或压力区距离当前位置的远近。具体而言，股价在支撑区或压力区停留的时间越长，表明股价波动在这一区域保持既有趋势的时间越长，则该支撑线或压力线的作用发挥越强烈，对于当前行情的研判就越是具有技术意义，反之亦然。股价在支撑区或压力区发生的成交量越大，表明多空双方在该区域的斗争越是激烈，对股价波动的分歧越大，则该支撑线或压力线在技术上就越是有效，就越能保障当前行情按照既有趋势继续进行，反之则反是。支撑区或压力区发生的位置距离当前越近，表明股价趋势的方向越能维持下去，则该支撑线或压力线的技术性价值越大，对当前行情影响的重要性越明显，反之亦然。总之，在确认支撑线和压力线时，必须全面考虑到上述三个因素，缺一不可。

在股市实战中，常常会碰到原来确认的支撑线或压力线可能起不到支撑或压力作用的情况。这个时候，一般都可以发现早先确认的支撑线或压力线不完全满足“三因素确认原则”。于是，就要对支撑线或压力线进行调整和修正。这一修正过程本身就是一个确认过程，是对现有各个支撑线或压力线的重要性所进行的重新确认。只要严格遵守“三因素确认原则”，就可以使重新确认后的支撑线或压力线的有效性大大增强，具有强烈的技术意义。

四、轨道线

在切线理论中，懂得了趋势线，那么对于轨道线就迎刃而解了。简而言之，轨道线是基于趋势线的一条技术切线。我们知道，趋势线对于股价波动具有制约作用，上升趋势线抵制股价的向下波动，而下降趋势线阻止股价的向上波动。如果在一个确定的趋势中同时将上升趋势线或下降趋势线同与其平行的峰与峰的连线或谷与谷的连线画出，我们就可以看见股价的波动被限制在一个范围之内了。其实，这个范围正是一个轨道，股价的波动就是在这个轨道中进行的。用股市的行话来讲，所谓轨道线，又称管道线、通道线，是在根据一条既有的趋势线所作出的一条平行线，见图57中虚线所示。

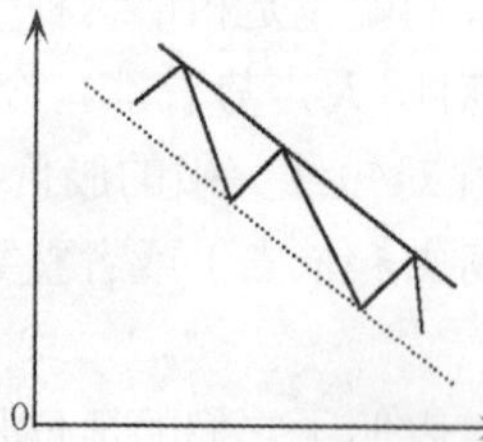

图57　轨道线

如果既有趋势线是上升的，则这条平行线就是股价的峰与峰之间的连线。其中，既有上升趋线是一条支撑线；这条平行线是一条压力线，又叫上轨线。由它们组成的这一轨道，则称为上升轨道，如图58所示。如果既有趋势线是下降的，则这条平行线就是股价的谷与谷之间的连线。其中，既有趋势线是一条压力线；这条平行线是一条支撑线，也叫下轨线。由这两条平行线所组成的这一轨道，则称为下降轨道，如图59所示。大家要注意，在股市里，轨道线是“寄生”于趋势线的，它们之间的关系不是“‘先有鸡，还是先有蛋’的问题”，而是肯定先有趋势线，后有轨道线。换句话说，趋势线是独立存在的，而轨道线只是与趋势线相对应而存在的。而且，当我们谈到上轨线时，是仅仅对应于上升趋势的，没有下降趋势中的上轨线；而提到下轨线，是对应于下降趋势的，也没有上升趋势中的下轨线。

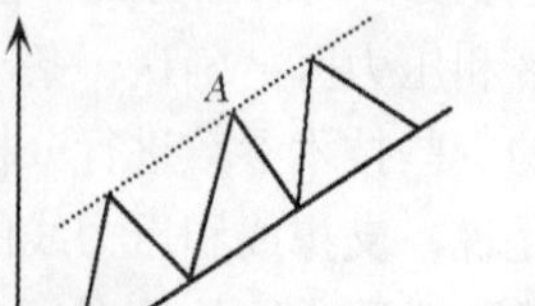

图58　上升轨道

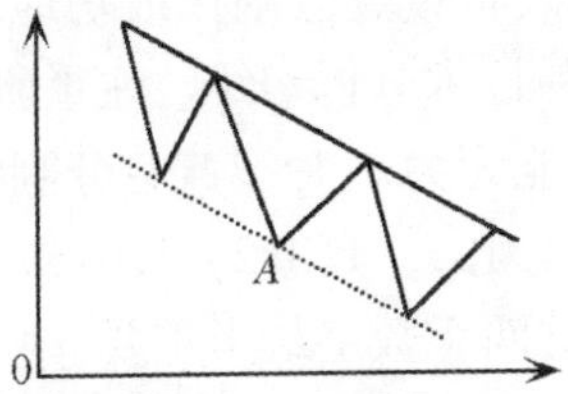

图59 下降轨道

轨道线的作用在于，与趋势线一起构成一条轨道，将股价的波动限制在一个大致的范围之内。一旦一个轨道确立，则股价一般都将在这个通道中运行，除非形成突破。“突破”？在这里应当分清两种情况。其一，在一个上升轨道中，如果股价出现向下突破上升趋势线，往往构成“空头陷阱”，意味着短线买进的信号；而在一个下降轨道中，如果出现向上突破下降趋势线，则常常构成“多头陷阱”，意味着短线卖出的信号。也就是说，这种情况的出现并不影响轨道的方向性和斜率，只不过为短线获利或减亏提供了机会而已。其二，就是对轨道线的突破，这种突破意味着既有趋势的加速进行（见图60）。

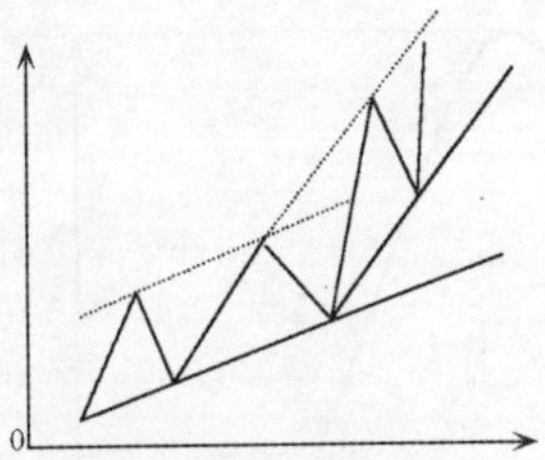

图60 轨道线的突破

它与趋势线的突破正好相反，后者突破即意味着趋势反转的开始。如果在上升轨道中突破轨道线，则原来的上升趋势线和新的上轨线的斜率（正值）将变大，上升方向更加陡峭，股价将加速上涨；如果在下降轨道中突破轨道线，那么原来的下降趋势线和新的下轨线的斜率（负值）将变小，下降方向也更加陡直，股价将加速下跌。对于轨道线突破的有效性，其确认原则同趋势线相同。对于轨道线突破后股价的波动空间，其研判方法是，一旦突破有效，则沿着突破的方向，股价波动的空间至少会达到与轨道的宽度相等的距离。例如，如果一个上升轨道的价格宽度为3元，当上轨线被有效突破时，那么下一步股价的上涨空间至少会3元钱。

此外，轨道线还具有发出趋势反转信号的作用。如果在一个上升轨道中，股价在一段波动中远离上轨线的地方就开始掉头向下，则表明空头开始在与多头的力量对比中占据上风，往往就是趋势将要反转向下的信号。反之，在一个下降轨道中，股价在一段波动中远离下轨线的地方即开始掉头向上，则反映多头在同空头的较量中开始占据优势，经常就是趋势将要反转向上的信号。

五、黄金分割线

黄金分割是一个古老而神秘的数学方法。公元前6世纪，古希腊数学家毕达哥拉斯发现了毕达哥拉斯定理，就是我们在初中课本中所学过的那个著名的“勾股定理”。然后，毕氏将这一定理运用于几何作图，又发现了把单位长度的线段分成长度为（$\sqrt{5}-1$）/ 2（约为0.618）和（$3-\sqrt{5}$）/ 2（约为0.382）的两部分的方法，称为黄金分割法，从而提出“黄金分割律”概念。后来，古希腊著名哲学家柏拉图认为0.618是一个具有神奇作用和非凡魔力的“黄金数字”，将“黄金分割律”运用于美学领域，从而使其成为一种形式美的著名法则。逐渐地，“黄金分割律”被广泛运用在建筑和绘画艺术等许多领域之中，如断臂维纳斯雕像、埃及金字塔、选美大赛对身材的评选等等。

自从股票交易流行起来后，有人将黄金分割律成功地运用到股市分析中，提出了著名的“黄金分割线”。黄金分割线是一种技术分析切线，注重研究支撑线和压力线所在的价位，但对分析什么时间达到这一价位则无能为力。对于黄金分割线，必须记住一些特殊的数字，如0.191、0.382、0.618、0.809、1、1.191、1.382、1.618、1.809、2、2.618、4.236等等。其中，0.382、0.618、1.382和1.618这四个数字最为重要。股市实践证明，股价最容易在由它们确定的黄金分割线处产生支撑作用或压力作用。更经常地，人们习惯于仅仅使用0.382和0.618这两个数字，因为它们简单得更适合于快速心算，在即时的股票交易中更方便觅得机会。

如何运用这些神秘数字呢？首先，必须确定一个股价基点。这个股价基点，应当是一个既定趋势的转折点。也就是说，它应是在一定范围内，当一个上升趋势（或下降趋势）已经完成或暂时结束所形成的局部最高价位（或最低价位）。其次，在这个股价基点的基础上，乘以0.382、0.618、1.382和1.618等几个“黄金数字”，从而确定出几个价位。在这几个价位处就可以画出对应的几条黄金分割线，股价在这些线处即可能获得支撑或遭遇压力（如图61所示）。

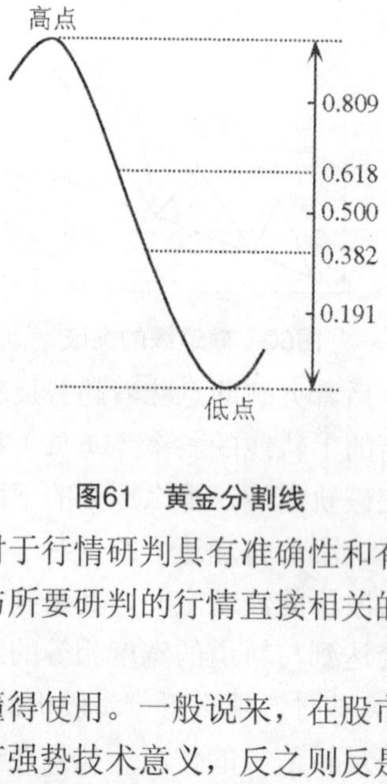

图61　黄金分割线

由此可见，要使黄金分割线对于行情研判具有准确性和有效性，关键就在于股价基点的选择。这个股价基点，一定要是在与所要研判的行情直接相关的范围内，并且是这一范围内的最高价点或最低价点。

有了黄金分割线后，还要会懂得使用。一般说来，在股市的回档过程中，运用越小的“黄金数字”得来的黄金分割线越具有强势技术意义，反之则反是；在股市的反弹过程中，则是运用越大的“黄金数字”画出的黄金分割线越具有强势技术意义，反之则反是。比如在图61中，一波上涨行情中，在0.382黄金分割线以上的回档被称为强势回档，而在0.618黄金分割线以下的回档则被称为弱势回档，但在这两条线之间则需要进一步观察。

六、百分比线

与黄金分割线一样，百分比线也是关注股价支撑线和压力线的位置，而对达到这些线的时间并不具有研判能力。顾名思义，百分比线就是以一定的百分比乘以股价基点所得出的一些股价点位，由此而画出的一些直线。可见，百分比线同黄金分割线之间并无质的区分，它们考虑问题的角度是一致的，都注重研究未来支撑位和压力位可能出现的股价位置。但是，它们所使用的数字却大不相同，在黄金分割线那里是一些特殊的神秘数字，如最重要的0.382、0.618、1.382和1.618等，而在百分比线这里是一组特殊的百分比，即1/8、1/4、1/3、3/8、1/2、5/8、2/3、3/4、7/8、1等10个。

那么，如何运用百分比线呢？首先，需要确定一个计算基数。在百分比线中，计算基数是指一轮上涨行情的起点（局部的最低股价）与开始向下回档的最高点（局部的最高股价）之间的价差，或者一轮下跌行情的最高点（局部的最高股价）和开始向上反弹的最低点（局部的最低股价）之间的价差。其次，将计算基数分别乘以上述百分比数，从而得到将来股价可能获得支撑或遭遇压力的股价位置。对应地，可以画出一系列百分比切线（见图62）。

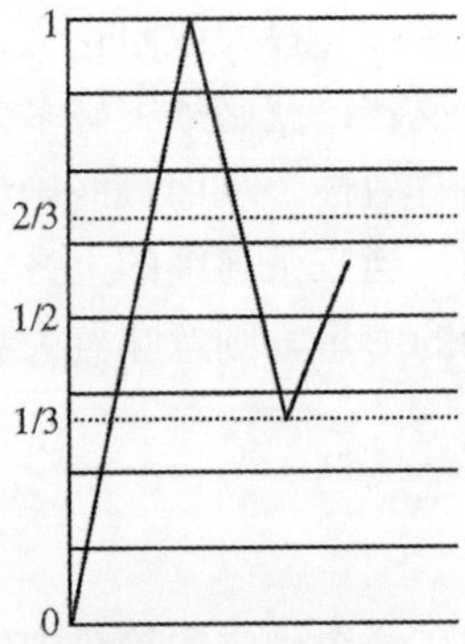

图62　百分比线

为什么把上面所列的10个百分比数用分数而不用百分比来表示呢？这是为了突出整数的习惯，人们往往对整数具有一种特别的意识，在整数位上常常“稍作停留”，如今天银行存款有项“零存整取”服务。而且，在这些百分比中，1/3、1/2和2/3这三个百分比是最重要的。一方面，我们不难看出其中有些数字是非常接近的，如1/3和3/8，5/8和2/3，所以在实际运用中，常常以1/3和2/3为主；另一方面它们在极大程度上反映了人们的一种心理倾向。在股价的上涨行情中，如果股价没有涨到1/3处时，就似乎没有上涨够一样；如果已经上涨到了2/3的位置，则人们自然会认为已经涨够了。在股价的下跌行情中，当股价没有回档到1/3处时，就好像没有回档够一样；当股价回档到2/3时，则人们也自然认为已经回档够了。这种心理倾向，大概源于传统上人们习惯于三局两胜制的确定胜负法则。

在具体的行情研判中，百分比线的技术意义何在呢？一般说来，在股市的回档过程中，运用越小的百分比数得来的百分比线越具有强势技术意义，反之则反是；在股市的反弹过程中，则是运用越大的百分比得出的百分比线越具有强势技术意义，反之则反是。

七、扇形线

扇形线是一种与趋势线密切联系的切线。它是在趋势线的基础上，随着股价的波动（即高点或低点的出现）连续进行切线调整而画出的三条直线，形如一把展开的扇子，因而得名“扇形线”。

扇形线的画法如下：在一个上升趋势中，首先以两个股价低点画出一条上升趋势线；然后，如果股价向下调整，跌破了先前所画的上升趋势线，则连接新的股价低点与原来的第一股价低点而得出第二条上升趋势线；最后，如果再出现第二条上升趋势线被跌破的情况，则以相同的方法画出第三条上升趋势线。这三条上升趋势线越来越平坦，共同构成一组扇形线。对于一个下降趋势线的扇形线，画法与此相同（见图63所示）。

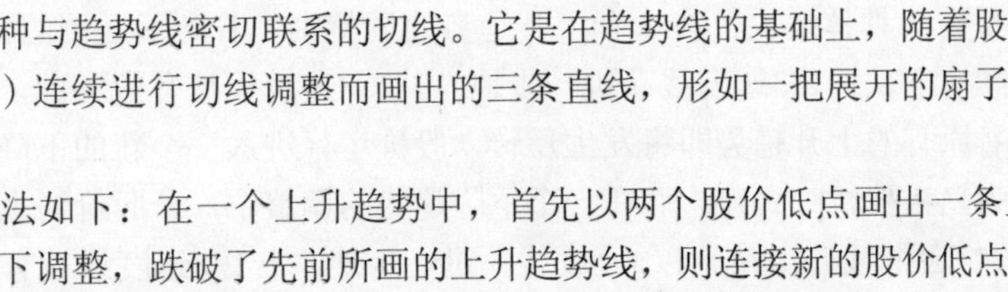

图63　扇形线

不难看出，扇形线是由连续画出的几条上升趋势线或下降趋势线所组成的，这些趋势线就是未来可能成为支撑线或压力线的切线。扇形线是对趋势线的补充，丰富了趋势线的研判意义，它明确地提出了趋势反转的信号。也就是说，对于未来的行情，扇形线的研判关键在于，一旦三条趋势线被有效突破，则意味着趋势即将反转。

我们知道，趋势的反转必须突破多重支撑力或阻止力，也即趋势要实现向下反转，就必须突破多条支撑线，而趋势要发生向上反转，就必须突破多条压力线。只有在有效消除了所有制约股价反转的力量，方能确认突破的有效性，从而最终确认反转的正式开始。扇形线正是从这一特殊的角度来研判趋势反转问题的，当三条连续的上升或下降趋势线被有效突破，就表明已经消除了制约股价按照原来趋势运动的力量，则意味着大势（趋势）开始发生反转。

八、速度线

速度线是一种重要的切线，用来在一个确定的趋势中研判趋势反转的问题。它既吸收了扇形线的一些方法，又融合了百分比线的一些思想。一方面，同扇形线一样，速度线也会随着股价的高点或低点的出现而相应作出调整；另一方面，与百分比线相同，速度线将每个上升幅度或下降幅度进行三等分，即有1/3分界线和2/3分界线。

那么，怎样画出速度线呢？首先，需要确定一个基本距离，作为画切线的基准。这个基本距离，是指一段上升行情（上升趋势）或下降行情（下降趋势）的最高价位与最低价位之间的垂直距离。然后，将这个基本距离进行三等分，确定出1/3分界点和2/3分界点。最后，（在上升趋势中）将股价最低点与1/3分界点和2/3分界点分别连接起来，或者（在下降趋势线中）将股价最高点与1/3分界点和2/3分界点分别连接起来，于是得到两条速度线（见图64）。

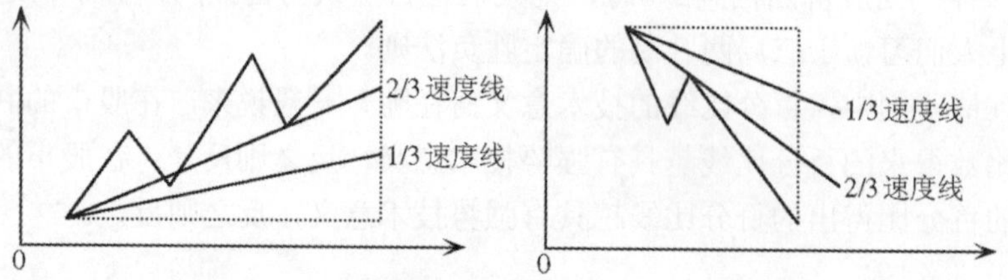

图64　速度线

在分析未来行情的演变时，速度线的研判精要在于，它能够判断一个既有的趋势是被暂时突破还是将发生反转。具体地说，在一个上升趋势的调整中，若向下回档的幅度突破2/3速度线，则股价将继续向下试探1/3速度线；进一步地，若1/3速度线被有效突破，则股价将“一泻千里”，就意味着原有的上升趋势即将发生反转，股价运行进入一个新的下降趋势。否则，这一调整就只能视为趋势被暂时突破。而在一个下降趋势的调整中，若股价向上反弹的幅度突破2/3速度线，则股价会继续向上摸高1/3速度线。进一步地，若1/3速度线被有效突破，则股价将“直步青云”，就意味着原有的下降趋势将要发生反转，股价运行进入一个新的上升趋势。否则，这一调整就仅能看作趋势被暂时突破。

第四节　艾略特波浪理论

波浪理论在国外股市上的成功应用经验表明了它的预测准确性是较高。因此，尽管我们可以不求深刻理解和娴熟应用，但了解波浪理论，懂得运用原则，对于我们在应用其他技术分析理论时辅之以预测和验证未来行情的发展是会有帮助的、有意义的。

一、理论基础

波浪理论（Wave Theory），最初是由美国人艾略特（R.N.Elliott）首先发现并应用于股市的。那是在1939年前后，他将有关股票市场价格趋势分析的研究成果陆续发表在当时美国的《财经世界》（*Financial World*）杂志上，但并未引起证券理论界和投资界的广泛关注。后来，经过许多研究人员的多年努力，终于在20世纪70年代由美国人柯林斯归纳整理成专著《波浪理论》加以出版，才正式确立了波浪理论。为了纪念这位伟大的创立者，人们把该理论称为“艾略特波浪理论”，简称“波浪理论”。

严格地讲，波浪理论的理论基础包括三个部分，即经济周期、道氏形态理论和费波纳奇（Leonardo Fibonacci）数列。当初，艾略特发现股价不断在重复着上涨与下跌的过程，试图找出其中的规律性。而他又想到了社会经济大系统有一个经济周期现象，与大自然的潮汐一样具有周而复始的周期循环的必然规律。由此，艾略特认为股价的波动也具有一浪接着一浪周期循环的规律性。同时，艾略特认为，道氏形态理论是非常重要的，其中关于股价运动趋势的划分和股价运动的形态是分析波浪周期的基础。关于道氏形态理论，我们在本篇已有详尽讨论，这里就不多谈了。不过，波浪理论比道氏形态理论更具有准确性和可操作性，它不但找出了道氏原理的各种趋势，而且还能进一步地找出这些趋势发生的时间和位置。

此外，艾略特在股市趋势分析中，用以确定波浪的数目和数法的方法，完全来自于意大利数学家费波纳奇发明的数列。公元13世纪，在研究兔子的生殖繁殖率时，费氏发现兔子的繁殖数量呈现出一种奇特的增长规律，即从1开始，到2、3、5、8、13、21、34、55、89、144、233……直至无穷。于是，后人把“1、2、3、5、8、13、21、34、55、89、144、233……”数列称为“费波纳奇数列”，因其神奇的规律性而又称之为“神奇数列”。它的神奇规律性体现在以下几个特点上：

（1）任何相邻两个数字之和等于后面一个数字，如1+2=3，2+3=5，21+34=55，等等；

（2）除了最前面的四个数字之外，任何一个数字与其后第二个数字之商，都约等于0.382，如8÷21≈0.381，21÷55≈0.382，55÷144≈0.382，等等；

（3）除了最前面的四个数字之外，任何一个数字与紧随其后的一个数字之商，都约等于0.618，如8÷13≈0.615，13÷21≈0.619，21÷34≈0.618，等等；

（4）除了最前面的四个数字之外，任何一个数字与紧接其前的一个数字之商，都约等于1.618，如13÷8≈1.625，21÷13≈1.615，34÷21≈1.619，等等；

（5）除了最前面的四个数字之外，任何一个数字与其前第二个数字之商，都约等于2.618，21÷8≈2.625，34÷13≈2.615，55÷21≈2.619，等等。

由此可见，费波纳奇数列内含0.382、0.618、1.618、2.618等一系列“黄金数字”，反映了黄金分割的两个美妙数字0.382和0.618。这一点，我们在切线理论的黄金分割线中已有充分讨论。在研究波浪的调整比例时，艾略特波浪理论也正要用到这些“黄金数字”。

二、基本思想

在进行股市趋势分析时，最初艾略特是以经济周期为基础，认为股价的波动犹如潮汐一般，具有一浪接一浪的周期循环规律，并进一步地提出了波浪理论的基本思想。

他将一个大的股价波动周期，按照时间长短的不同划分为大的周期、小的周期和更小的周期。并且认为，在一个大的周期之中，可能存在一些小的周期，而一个小的周期，可以再分为更小的周期。不管大的周期、小的周期还是更小的周期，其股价运动都是按照同一种模式来展开的。这个共同的模式就是依次进行的8个过程，即每个股价运动周期都是由上升（或下降）的5个过程和下降（或上升）的3个过程组成的。只有当这8个过程完成之后，方能说这个周期已经结束，将要开始下一个新的周期。而且，接下来依次进行的一个又一个的新的周期，总是遵循8个过程的模式。这就是艾略特波浪理论的基本思想，其中的“过程”也即所谓的“波浪”。这一基本思想，是艾略特作为波浪理论创立者所作出的最杰出的贡献，也构成了波浪理论的最为核心的内容。

在基本思想的指导下，波浪理论首先而且主要考虑的是三大因素，即形态、比例和时间。具体地说，所谓形态，就是股价运动所形成的形态。它是波浪理论得以存在的基础，是指波浪的形状和构造。所谓比例，就是在股价走势图形中各个股价高点与股价低点之间的相对位置。这种相对位置，是波浪理论中各个波浪的开始位置或结束位置。明确这些相对位置，就能够找出各个波浪之间的比例关系，在行情研判中就可以预测股价波动中的支撑位和压力位。所谓时间，是指完成一个股价形态所经历的时间长短。在波浪理论中，各个波浪之间在时间上是相互联系的，费波纳奇数列就是用来描述这种关系的。在运用中，可以以时间来验证某一波浪形态是否已经结束，从而使我们能够预测某个大的趋势是否即将发生。总之，形态、比例和时间三大因素是波浪理论分析的基本内容，是波浪理论基本思想的具体展开。在这三大因素中，形态是最重要的一个因素，因为它是进行波浪分析的根本所在。

三、基本形态

在阐述波浪理论的基本思想时，艾略特就指出，不管多大的一个股价波动周期，都遵循由上升（或下降）的5个过程和下降（或上升）的3个过程所组成的8个过程模式。只有在这8个过程完成时，我们才能说该周期结束，将进入下一个新的周期。其中，每一个过程，犹如大自然里潮汐起落中的一个浪。在波浪理论中，将这8个过程称为8个浪，将一个股价波动周期称为8浪结构。也就是说，不论是在多头市场中还是在空头市场中，一个完整的股价波动周期都是一个8浪结构。而波浪理论所考虑的最重要的一个因素，就是体现波浪的形状和构造的股价形态。因此，由上升（或下降）的5浪和下降（或上升）的3浪组成的8浪结构，成为波浪理论中股价运动的基本形态（如图65所示）。

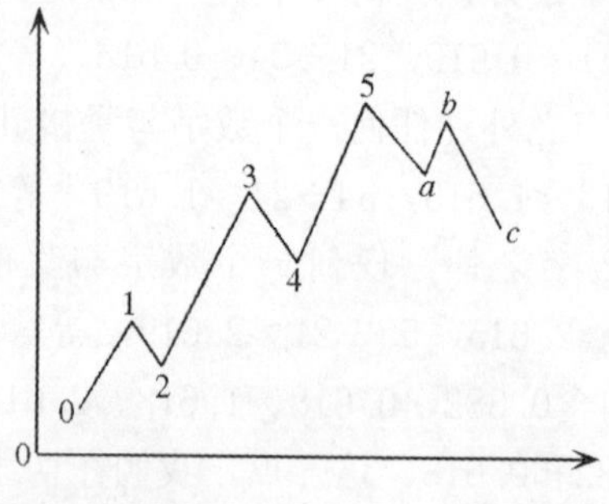

图65　波浪理论股价运动的基本形态

在图65中，8浪结构是多头市场（或称上升行情）中股价运动的基本形态。其中，0—1是第1浪，1—2是第2浪，2—3是第3浪，3—4是第4浪，4—5是第5浪；5—a为a浪，a—b为b浪，b—c为c浪。

在多头市场中，第1、第3、第5浪是向上的，因而被称为上升主浪，也叫推动浪，而第2、第4浪分别是对第1、第3浪所进行的调整，则被称为调整浪。在这5浪完成之后，接着会出现一个3浪的向下调整，即a浪、b浪和c浪，其中b浪又是对a浪所进行的调整。因此，多头市场中股价运动的基本形态是由上升的5个浪和下降的3个浪组成的8浪结构。

在空头市场中，第1、第3、第5浪是向下的，因而被称为下降主浪，亦称推动浪，而第2、第4浪分别是对第1、第3浪所进行的调整，也被称为调整浪。同样地，在这5浪完成之后，接着会出现一个3浪的向上调整，即a浪、b浪和c浪，其中b浪又是对a浪所进行的调整。因此，空头市场中股价运动的基本形态是由下降的5个浪和上升的3个浪组成的8浪结构。如同趋势可以按照时间的长短划分为不同的层次（即主要趋势、次级趋势和暂时趋势）一样，波浪也存在层次问题。一个完整的股价运动周期的规模有大有小，时间越长的周期规模越大，时间越短的周期规模越小。在一个股价运动周期中，其规模越大则波浪越大，波浪的层次也就越高；其规模越小则波浪越小，波浪的层次也就越低。注意，波浪的层次是一种相对的划分，某一层次的浪，对于其他更高层次的浪来说就算小浪了，而对于其他层次更低的浪而言就算大浪了。因此，在不同长度的时间内研究一个股价运动周期的波浪时，就会遇到将层次较低的小浪合并为层次较高的大浪或者将层次较高的大浪细分为层次较低的小浪的问题，也即“浪中有浪”问题。举个例子来说吧，图66显示的是一个多头市场中浪的层次问题，图中有三个不同层次的浪。

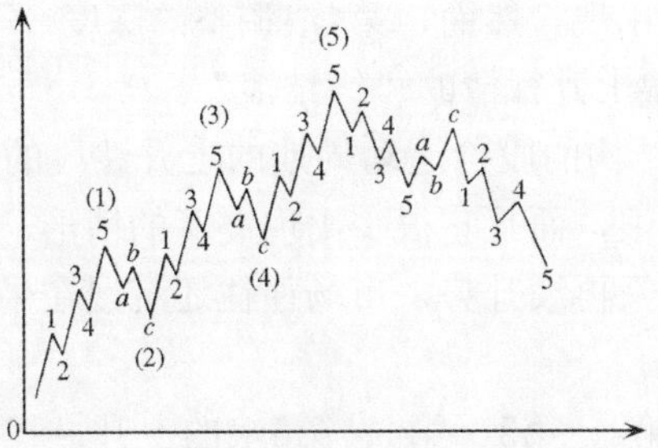

图66　波浪的层次

其中，层次最高的浪是2浪，即第［1］浪和第［2］浪，显然处于一段较长的时间内。第［1］浪是上升主浪或推动浪，第［2］浪是对第［1］浪的调整，是调整浪。进一步地看，第［1］浪可以细分为第（1）、第（2）、第（3）、第（4）和第（5）浪等5浪，第［2］浪可以细分为（a）、（b）、（c）浪等3浪。可见，这是一个较长时间内的股价运动周期，表示一个较高层次的8浪结构，包括上升的5浪和下降的3浪。再进一步，将这个较高层次的8浪结构细分为最低层次的小浪，就是图中的各个第1浪、第2浪、第3浪、第4浪和第5浪，以及a浪、b浪和c浪，共计34个小浪。这就是波浪的细分过程。反过来，要将最低层次的浪合并为较高层次的浪，或者进一步合并为最高层次的浪，则只需将前面的过程逆向操作一遍就可以了。但是，在浪的合并和细分中，至于（并或分）5浪与（并或分）3浪的选择，要遵循一个原则，那就是：如果相邻两个层次的浪的（上升或下降）方向一致，则合并或细分5浪，反之则合并或细分3浪。

然而，不管波浪的层次有多高还是有多低，对于一个完整的股价运动周期来说，其股价运动的基本形态都是相同的，即8浪结构：在多头市场中是上升的5浪和下降的3浪组成的8浪结构，在空头市场中是下降的5浪和上升的3浪组成的8浪结构。

四、浪的特征

上面讲过，对于一个完整的股价运动周期而言，其股价运动基本形态都是8浪结构。但是，这些浪不但位置不同，而且其特征各异。各个浪的特征是重要的，弄清楚了它们，对于研判目前行情的阶段和未来行情的演变是大有裨益的。为了讨论的方便，这里我们仅以多头市场中的8浪结构为例来讨论各浪的特征，参考图65。

第1浪：第1浪一般出现在空头行情的末期，是一个8浪结构的股价运动周期的开始，又称“初升浪”。它经常是上升的5浪中最短的一浪，因为在空头行情的末期多头力量并不强大，空头仍有一定的抛盘存在。但是，如果在它之前曾出现过一个较大的股价整理形态，并且股价下跌幅度也不小时，则它的升幅依然不错。

第2浪：第2浪是对第1浪所进行的调整，经常把第1浪的升幅跌掉不少，有时甚至来个“阴吃阳”，但不能跌到第1浪的最低点价位之下。一般地，在股价回档到第1浪的最低价位附近时，市场惜售心理增强，抛盘较少，成交萎缩，于是第2浪的调整宣告结束。由于在该浪中股价回档幅度往往较大，成交量也大幅度萎缩，因此经常出现道氏形态理论中的头肩底、W底等底部反转形态。

第3浪：第3浪通常是上升的5浪中最长的一浪，是整个上涨行情中最具爆发力的波段，因而又称“主升浪”。在第3浪中，各种技术指标大都发出买进信号，市场人气大增，交投活跃而使成交量急剧放大，往往出现急拉股价的高开跳空缺口。与此同时，由于第3浪涨幅很大，持续时间较长，因此盘中经常出现股价回档和震荡的情形，从而使第3浪出现延伸或者说是放大的现象。

第4浪：第4浪是对第3浪大涨行情所进行的调整，因而常常是多空双方进行复杂斗争的一浪，其股价形态也多以三角形出现。然而，第4浪调整的深度，不能低于第1浪的最高价位。而且，第4浪经常是一些弱势股票上升行情的“终结浪”。

第5浪：第5浪是一个8浪结构的股价运动周期的上升波段的末段，因而又称“末升浪”。一般地，第5浪的涨幅小于第3浪，而且它很少出现震荡的情形，但股价经常创出新高。但是，由于股价在主升浪后经调整而又再续升势，市场往往还沉浸在牛市的乐观情绪之中，殊不知这时“只是近黄昏”罢了。

a浪：a浪是对前面第1、第2、第3、第4、第5浪的上升过程所进行的总调整的开始，是第一个下降浪。但是，大多数人还继续沉浸在5浪上升的喜悦之中，仅仅把a浪的股价下跌视为是暂时的回档行情。正因为此，a浪的股价波动经常进行平台整理或呈“之”字形态。

b浪：b浪是对下降的a浪所进行的调整，呈现上升趋势。b浪进行时的成交量往往不大，但股价上涨的情绪化色彩较浓，通常形成所谓的“多头陷阱”，有时甚至假性突破第5浪的最高价位而创出新高以诱使多头跟进，再到c浪中大力掼压股价而展现“一泻千里而后快”的悲壮场景。

c浪：c浪是一个8浪结构的股价运动周期中最具有杀伤力的下降浪。c浪的特征与第3浪正好相反，股价下跌幅度很大，延续时间较长，市场一片恐慌，空头以排山倒海之势杀低股价。

此外，从股价空间和时间长度上看，各浪之间大都蕴含黄金分割律。比如，第2浪对第1浪进行的调整，通常使得第2浪的长度达到第1浪长度的0.618倍或者以上有时甚至到达0.809倍；第3浪的长度常常为第1浪的1.618倍甚至2.618倍；第1浪至第5浪的整个上升主浪的长度通常为第1浪的3.236倍或以上；c浪通常是a浪的1.618倍或者以上；等等。

就空头市场中的8浪结构而言，8个浪各自的特征与上述多头市场中的界定正好相反，5个主浪向下运动，3个调整浪向上运动，读者不妨一试，自己描述一下，反而可以加深理解和增进掌握。

五、理论精髓

从前面对波浪理论的理论基础、基本思想、基本形态和浪的层次等内容的讨论中，我们已经基本搞清楚了波浪理论的主要内容。这里，为了方便大家抓住重点，精雕细刻，笔者将波浪理论的精髓用标题的形式阐述如下：

（1）“8浪结构”：是波浪理论最核心的内容，认为一个完整的上升或下降股价运动周期是由8个浪组成的，其中5个浪是主浪，3个浪是调整浪。具体地说，在牛市中，8浪结构是指上升5浪，下降3浪；在熊市中，8浪结构是指下降5浪，上升3浪。

（2）“浪之层次”：1个波浪可以细分为时间更短、层次更低的若干个小浪，而8个波浪可以合并为一个时间更长、层次更高的大浪。

（3）“分合原则”：波浪的合并与细分应当遵循一定的原则，即如果相邻两个层次的浪的（上升或下降）方向一致，则合并或细分5浪，反之则合并或细分3浪。

（4）“费氏浪数”：一个完整的股价运动周期的波浪数目与费波纳奇数列紧密联系。在图66中，区分浪的层次时，可以数出浪的数目：2、3、5、8、13、21、34……这些数字都是费波纳奇数列中的数字。

（5）“主调二分”：所有的波浪由两部分组成，即主浪和调整浪，也就是说，任何一个波浪，要么是主浪，要么是调整浪。比如在多头市场中，8浪中只有上升的主浪（5个）和下降的调整浪（3个）两种波浪。

（6）“黄金分割”：8浪结构中各个浪之间，在股价运动的空间和时间上都可以依据黄金分割律来进行预测和推算。黄金分割律本身也就是蕴含在费波纳奇数列之中的，它在波浪理论中的适用性在本质上与（4）“费氏浪数”是一致的。

六、运用原则

在我国股市上，波浪理论大体上有以下一些运用法则：

（1）相对而言，用波浪理论来研判大盘指数的运行周期，比起研判个股行情来说更为有效些。

（2）费波纳奇数列内含的黄金分割律，用于研判一轮行情的上升浪中的回档比例和调整浪中的反弹比例，是比较有效的。

（3）弄清楚股价目前所处位置，首先也是最重要的工作，就是确定当前位置是5浪结构还是3浪结构。5浪结构和3浪结构具有完全不同的市场预测意义。一般地说，一个上升或下降趋势中的5浪结构，通常是一个更高层次的浪中的1浪，一旦它中途遭遇调整，就可以预测这个调整只会以3浪结构展开；如果目前股价处于这个5浪结构的末尾，同时又是更高层次浪的末尾，则可以大胆地判断即将出现一个更深的更大规模的3浪结构。

（4）由于“浪中有浪”和浪的变形，往往引起确定8浪结构的困难，因此确认浪的起点和确定浪的层次成为运用波浪理论的关键所在。当然，这也是一大难题啊！

（5）由于波浪理论关于浪的起点确认和浪的层次确定存在主观性，加之我国股市的不健全、不完善和不成熟，建议仅仅把它看作一种辅助技术工具。

技术分析之研判指标

复旦大学博士　倪　勇等

本章中，从国内股市流行的即时行情显示软件系统出发，既考虑基础性又注重实用性，我们选择24个技术研判指标作为分类讨论的对象，基本分类如图1所示。这里，我们要特别指出的是，每一个技术指标都有其运用范围和条件，并非“放之四海而皆准”，单一技术指标的运用法则主要是一种指导性或者说参考性的买卖依据，因此在具体实战中应当注意多种技术指标的结合运用，以提高研判的准确性和有效性，比如MACD、KDJ与RSI相互结合运用等。

常用技术指标基本分类(24)
- 趋向指标
  - MA　移动平均线
  - MACD　平滑异同移动平均线
  - DMI　动向指标
  - DMA　平均线差
  - EXPMA　指数平均数
  - TRIX　三重指数平滑移动平均线
- 超买超卖指标
  - KDJ　随机指标
  - CCI　顺势指标
  - ROC　变动速率指标
- 强弱指标
  - RSI　相对强度指标
  - W%R　威廉指标
- 停损指标——SAR　抛物线指标
- 压力支撑指标
  - MIKE　麦克指标
  - BOLL　布林线指标
- 大盘专用指标
  - ADL　腾落指标
  - ADR　涨跌比率指标
  - OBOS　超买超卖指标
- 能量指标
  - BRAR　意愿人气指标
  - CR　中间意愿指标
  - VR　容量指标
- 量价指标
  - OBV　能量潮指标
  - ASI　振动升降指标
  - EMV　简易波动指标
  - WVAD　威廉变异离散量

图1　常用技术指标基本分类

这里，为了思路清晰、简明扼要起见，对于24个技术指标的讨论，我们将以分类顺序按照基本含义、计算公式、运用法则和案例示意等四个步骤依次展开。尤其是，在计算公式部分，我们采取演绎方式也即从指标的直接算式到其中的变量界定之方式，让读者对计算公式有一个明明白白的了解。其中，符号“＝”表示等于的意思（在计算公式中），也代表对某一事物进行界定或解释。

第一节　趋向指标

一、移动平均线（MA）

1. 基本含义

移动平均线（Moving Average，MA），是由美国人葛兰威尔（Granville）根据道氏原理而创立的，用以预测未来股价的运动趋势。简言之，移动平均线就是连续若干个交易日的收盘价格的算术平均值。“若干个交易日”就是我们常说的时间参数，在运用中可以取5日、10日、20日、30日等等，也就是所谓的5日均线或MA（5）、10日均线或MA（10）、20日均线或MA（20）、30均线或MA（30）等等。

MA的基本出发点在于消除股票价格随机波动的影响，用来描述价格运动的趋势。因此，MA具有以下一些特点：（1）相对稳定性。由MA的定义可知，将若干天的收盘价格进行平均化处理，结果就会使某天大的价格变动“摊小”、某天小的价格变动“摊大”，于是MA表现出相对稳定的特点。（2）跟踪趋势性。MA描述的就是价格运动的趋势，这一性质决定了它将与股价图形中的趋势线在方向上保持一致性，从而表现出跟踪趋势的性质。（3）助涨助跌性。这种特点是指，如果MA遭遇突破，则MA具有推动股价继续沿着突破方向运动的惯性。（4）支撑压力性。也就是说，MA在股价走势中起着支撑线和压力线的作用。MA遭遇突破，就是支撑线和压力线遭遇突破。（5）参数调整性。MA的时间参数的作用在于，从时间长短上对上述几个特点进行调整。一般地说，时间参数选择得越大，前面四个特点所表现出来的力度就越大。

2. 计算公式

MA（n）＝∑P/n

其中，MA＝算术平均值

P＝收盘价格

∑P＝连续n个交易日的收盘价格之和

n＝时间参数，取值有5、10、15、20、30、60、120等等

3. 运用法则

（1）葛氏八大法则

关于MA的运用法则，最有名的是葛兰威尔法则，通常简称葛氏八大法则。该法则的具体内容是：

关于买进信号的四种情形：

（a）当MA从下降开始趋于平缓，股价自下而上穿越MA时；

（b）当股价持续上涨而远离MA，然后突然下跌，但是在MA附近再度上涨时；

（c）当股价已经位于MA下方，但MA仍然保持上升趋势，不久股价又向上突破MA时；

（d）当股价跌破MA，并持续暴跌而远离MA时。

关于卖出信号的四种情形：

（e）当MA从上升开始趋于平缓，股价自上而下穿越MA时；

（f）当股价持续下跌而远离MA，然后突然上涨，但是在MA附近再度下跌时；

（g）当股价已经位于MA上方，但MA仍然保持下降趋势，不久股价又向下突破MA时；

（h）当股价上穿MA，并持续暴涨而远离MA时。

不过，要特别加以注意的是，在行情的盘整阶段、趋势形成后中途的休整阶段、行情的局部反弹和回档时，MA非常容易发出错误的信号。

（2）金叉死叉法则

在实际运用中还有基于MA的两个重要概念，即黄金交叉和死亡交叉。这两个概念是根据不同时间参数的两条MA之间相互关系来界定的。假定两条平均移动线MA（m）和MA（n），其中m＜n，比如m＝10，n＝30，则我们常称MA（m）为快速移动平均线或快线，MA（n）为慢速移动平均线或慢线。如果MA（m）和MA（n）都是向上的，则将MA（m）自下而上穿越MA（n）的现象称为两线的“黄金交叉”或“金叉”，大概因为这种现象的出现意味着买进就可淘金而得“金叉”之名吧；如果MA（m）和MA（n）都是向下的，则将MA（m）自上而下穿越MA（n）的现象称为两线的“死亡交叉”或“死叉”，大抵由于这种现象的出现意味着持股就会大把亏钱“死悄悄”而得“死叉”之名吧。

根据前人的研究成果，黄金交叉与死亡交叉的运用法则为：

①出现黄金交叉即为买进信号，出现死亡交叉即为卖出信号。

②时间参数越大的两条MA出现黄金交叉时，股价发生回档的可能性及回档幅度将会越大；时间参数越大的两条MA出现死亡交叉时，股价发生反弹的可能性及反弹幅度也将越大。

③一般地说，当MA（5）、MA（10）、MA（30）三线出现黄金交叉时，就可以判断目前行情为多头市场，可以积极买进；当MA（5）、MA（10）、MA（30）三线出现死亡交叉时，就可以判断目前行情为空头市场，可以大胆卖出。

④当出现黄金交叉时，股价经常会发生回档现象，此为买进时机；当出现死亡交叉时，股价经常会发生反弹现象，此为卖出时机。

4. 案例示意

在此，以图2、图3和图4作为案例对移动平均线（MA）进行说明。

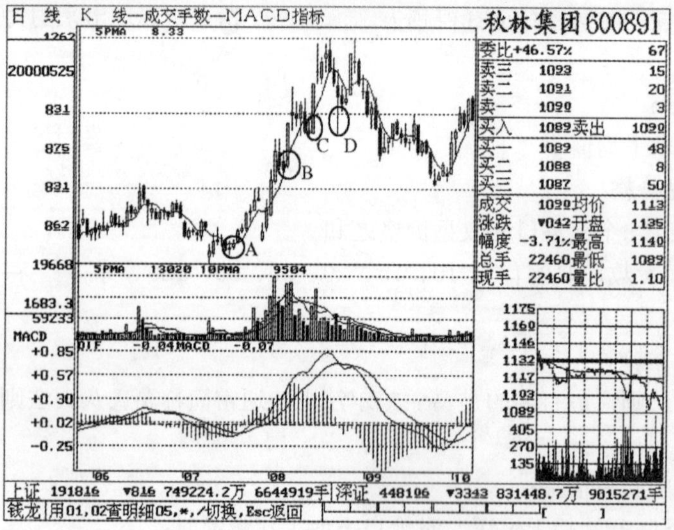

图2 移动平均线（MA）

注解：如图2所示，秋林集团（600891）在2000年5月25日至同年10月13日期间股价运动所形成的日K线图，这里以5PMA为例，A（7月19日）、B（8月7日）、C（8月15日）、D（8月23日）四点是对应于葛氏八大法则中前四个买进法则（a）、（b）、（c）、（d）的买入点。因为是以5日均线为例，所以A、B、C、D四点都是短线操作的买进时机。

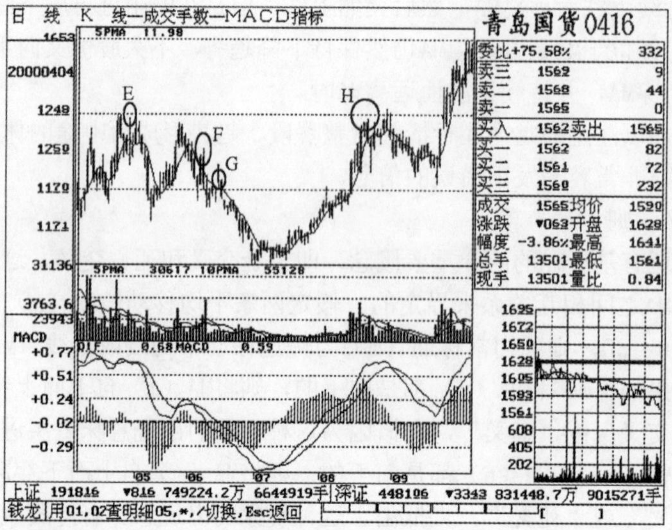

图3 移动平均线（MA）

注解：如图3所示，青岛国货（0416）在2000年4月4日到同年10月13日期间的股价日K线图，这里以5PMA为例，E（4月27日）、F（6月8日）、G（6月16日左右）、H（8月21日左右）四点是对应于葛氏八大法则中后四个卖出法则（e）、（f）、（g）、（h）的卖出点。因为是以5PMA为例，所以E、F、G、H四点均是短线操作的卖出价时机。

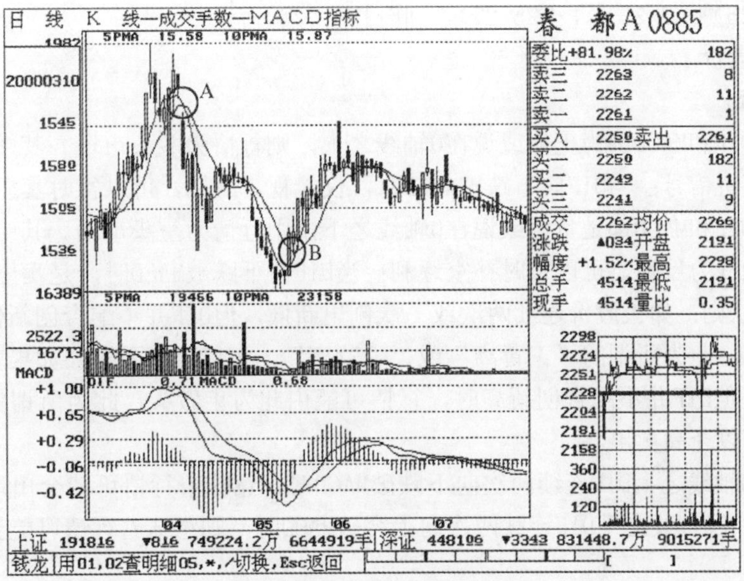

图4　移动平均线之金叉与死叉

注解：如图4所示，春都A（0885）在2000年3月10日到同年7月31日期间的股价日K线图，这里以5PMA和10PMA为例，在A点（4月10日）处，5PMA自上而下跌破10PMA，称为“死叉点”，是明显的短线卖出点；在B点（5月19日）处，5PMA自下而上穿越10PMA，称为“金叉点”，是明显的短线买进点。

二、平滑异同移动平均线（MACD）

1. 基本含义

平滑异同移动平均线（Moving Average Convergence and Divergence，MACD），是由美国人阿佩尔（Gerald Appel）和海茨切尔（Hitschler）两人共同提出的。它是一种中长线技术指标，基于移动平均线MA理论而建立起来，根据快速移动平均线收敛于慢速移动平均线，或者快速移动平均线从慢速移动平均线向外发散的两线相互验证和相互背离的原理，来计算这两条线之间的离差状况，再计算离差的平均值。在这里，快线和慢线的时间参数一般分别取12、26，而离差平均值的时间参数一般取9。由于MACD既吸收了MA的精髓，又利用快慢两线来计算其离差状况，还包含有趋势的概念，因此它在股市上备受重用，是机构投资者的一大利器。

在实际图形中（参见案例示意），有两类线：一类是离差值DIF线和离差平均值MACD线；另一类是柱状线（BAR线，BAR＝DIF-MACD），包括红色柱状线（表示BAR为正值）和绿色柱状线（表示BAR为负值）。这两类线的正负值都以0轴线为界。其中，柱状线代表DIF和MACD之间的离差程度，反映一种上升或下降的力道，当BAR＞0时表示DIF线位于MACD线之上方，当BAR＜0时则表示DIF线位于MACD线的下方。

2. 计算公式

今日MACD＝昨日MACD＋0.2（今日DIF-昨日MACD）

其中，MACD＝∑DIF（9）/9

∑DIF（9）＝连续9个交易日的DIF之和

DIF＝EMA（12）-EMA（26）

DIF＝正负差，或者离差

EMA＝平滑移动平均线

EMA（12）＝快速平滑移动平均线

EMA（26）＝慢速平滑移动平均线

今日EMA（12）＝2/13× P＋11/13×　昨日MA（12）

今日EMA（26）＝2/27× P＋25/27×　昨日MA（26）

P＝今日收盘价

3. 运用法则

（1）如果DIF和MACD都为正值或说在0轴线之上，则行情为多头市场。其中，当DIF向上突破MACD时，是买进信号；当DIF向下跌破MACD时，仅能视为回档，可以暂时卖出获利。

（2）如果DIF和MACD都是负值或说在0轴线之下，则行情为空头市场。其中，当DIF向上突破MACD时，仅能视为反弹，可以暂时补空逐利；当DIF向下跌破MACD时，是卖出信号。

（3）背离法则：如果股价连续两次或三次创出新低，但DIF并不配合创新低时，行情可能由此企稳而筑底，此为所谓的“正背离”或“牛背离”，可以逢低买进；如果股价连续两次或三次创出新高，但DIF并不配合创新高时，行情可能由此为止做头，此为所谓的“负背离”或“熊背离”，可以逢高卖出。

（4）当在0轴线之上DIF连续两次向下跌破MACD时，意味着行情可能会出现大跌，应当注意及早卖出；当在0轴线之下DIF连续两次向上突破MACD时，则意味着行情可能会出现大涨，可以伺机买进。

（5）柱状线法则：当红色柱状线越来越长时，表示买盘越来越大，股价上攻力道越来越强，反之则越来越弱；当绿色柱状线越来越长时，则表示卖盘越来越大，股价下探力道越来越强，反之则越来越弱。

（6）一般地说，MACD对于几天的短线行情或者盘整行情缺乏技术意义，最适于中长线行情的研判。

4. 案例示意

在此，以图5作为案例对平滑异同移动平均线（MACD）进行说明。

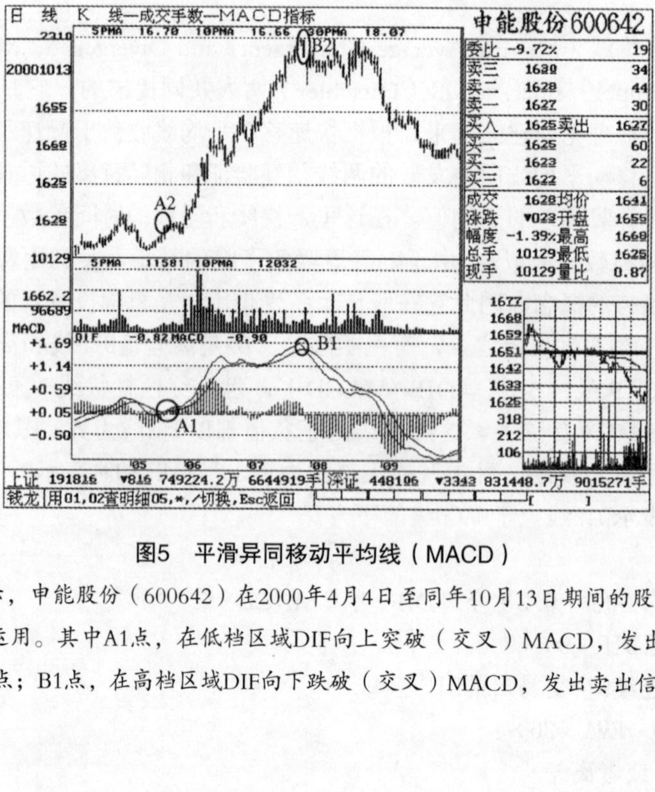

图5　平滑异同移动平均线（MACD）

注解：如图5所示，申能股份（600642）在2000年4月4日至同年10月13日期间的股价日K线图，以此为例来说明MACD指标的运用。其中A1点，在低档区域DIF向上突破（交叉）MACD，发出买进信号，对应的A2点（5月23日）为买进点；B1点，在高档区域DIF向下跌破（交叉）MACD，发出卖出信号，对应的B2点（7月27日）为卖出点。

三、动向指标（DMI）

1. 基本含义

动向指标（Direction Movement Index，DMI）是由美国技术分析大师威尔士·维尔德首先提出来的，又称为趋势指标或方向移动指标。动向指标是根据每个交易日的最高价、最低价和收盘价三者之间的波动关系，通过分析股价创新高或者创新低的动能来研判多空双方的力量对比状况，从而判断多空较量的暂时均衡点。它包括四个指标值：+DM、-DM、ADX、ADXR，用以综合研判多空较量之暂时均衡点的形成。这里，+DM表示上涨动向值，-DM表示下跌动向值，ADX表示平均动向值，ADXR表示平均动向值评估值。动向指标的功能在于，通过指标交叉时发出的买卖信号来研判行情是否开始启动。

2. 计算公式

今日ADXR＝（今日ADX＋7日前ADX）/2

今日ADX＝（今日DX＋昨日ADX6）/14

DX＝100×DI差/DI和

DI和＝＋DI（7）＋（-DI（7））

DI差＝＋DI（7）－（-DI（7））

＋DI（7）＝100祝＋DM（7）/TR（7）]

－DI（7）＝100祝－DM（7）/TR（7）]

其中，

ADXR＝平均动向值评估值，一般从第14天开始计算

ADX＝平均动向值，一般从第8天开始计算

+DI＝上涨动向值，一般以连续交易日数7为参数

-DI＝下跌动向值，一般以连续交易日数7为参数

+DM（7）＝连续7个交易日的+DM值之和

-DM（7）＝连续7个交易日的-DM值之和

TR（7）＝连续7个交易日的TR值之和

＋DM＝P1－P1′

－DM＝P2－P2′

TR＝max（｜P1－P2｜，｜P1－P0｜，｜P2－P0｜）

其中，

＋DM＝上涨动向变动值，并且当+DM小于0时，则+DM＝0

－DM＝下跌动向变动值，并且当-DM小于0时，则-DM＝0

TR＝真实的价格波动值

max＝若干个数字中最大的一个

P0＝昨日收盘价

P1＝今日最高价

P2＝今日最低价

P1′＝昨日最高价

P2′＝昨日最低价

｜X－Y｜＝X与Y之差的绝对值

3. 运用法则

（1）＋DM上涨动向值越大，表示买盘积极，上涨势头强烈；－DM下跌动向值越大，表示卖盘沉重，下跌势头明显。

（2）当＋DM自下而上突破-DM时，为买进信号。进一步地，此时若ADX也向上攀升的话，

则上涨势头将比较强劲。

（3）当+DM自上而下跌破-DM时，为卖出信号。进一步地，此时若ADX也向下续探的话，则下跌势头将比较凶悍。

（4）当ADX值从持续上升（或下降）方向转为下降（上升）方向时，表明行情将改变原有趋势而发生反转。

（5）当ADX处于低位（如20左右）时，表明+DM和-DM比较靠近，多空双方的较量难分难解，此时股价处于“牛皮”整理阶段，不宜介入。尤其是在ADX下探至+DM和-DM之下方时，更是不宜入市。

（6）ADX在高位出现掉头向下的情形时，只有在ADXR同时向下的条件下才能确认股价运动趋势的反转。

（7）ADX自低位脱离20－30这一区域向上攀升时，不管股价将会上涨还是下跌，都将延续一段行情，此为买进或者卖出信号。究竟是买进信号还是卖出信号，需要结合其他技术指标（如KDJ、SAR等）加以辅助判断。

4. 案例示意

在此，以图6作为案例对动向指标（DMI）进行说明。

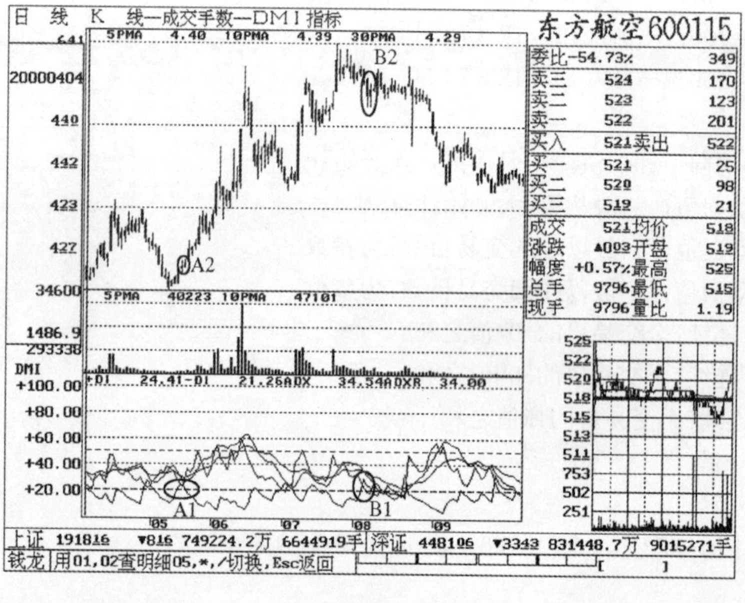

图6 动向指标（DMI）

注解： 如图6所示，东方航空（600115）在2000年4月4日至同年10月13日期间的股价日K线图，以此为例来说明DMI指标的运用。其中，A1点，+DI自下而上突破-DI，发出买进信号，对应的A2点（5月19日）为买进点，尤其是在A1点附近ADX向上攀升，更是预示着股价上涨势头较强；B1点，+DI自上而下跌破-DI，发出卖出信号，对应的B2点（8月4日）为卖出点。

四、均线差（DMA）

1. 基本含义

均线差指标（Difference of Moving Average，DMA），是通过计算两条不同时间参数的移动平均线之间的差值（DMA），再以其中较小的时间参数为基础计算平均线差的平均值（AMA）而得来的。它以DMA与AMA之间的相对关系来研判股价未来之趋势。从计算公式来看，DMA、AMA同MACD具有相似之处。不过，DMA所取大小不同的时间参数分别为10和50。而且，在实际股价图表中，DMA是一根实线，AMA是一根虚线。

2. 计算公式

DMA＝MA（10）－MA（50）

AMA＝DMA/10

其中，

DMA＝平均线差，通常为短期平均值减去长期平均值

MA（n）＝周期为n天的平均值，一般短的周期n取10日而长的周期n取50日

AMA＝平均线差均值

3. 运用法则

（1）当DMA自下而上突破AMA时，是买进信号。

（2）当DMA自上而下跌破AMA时，是卖出信号。

（3）如果DMA在高档两次向下跌破AMA，则未来股价下跌的幅度将会较大。

（4）如果DMA在低档两次向上突破AMA，则未来股价上涨的幅度将会较大。

（5）背离法则：若股价连续两次或三次创出新低，而DMA并未相应出现新低，则视为买进信号，此为“牛背离”；若股价连续两次或三次创出新高，而DMA并未相应出现新高，则视为卖出信号，此为“熊背离”。

（6）在实际运用中，由于DMA出现信号的时间会提前以及出现信号的次数较多，因此应当结合其他技术指标进行综合研判。

4. 案例示意

在此，以图7作为案例对平均线差（DMA）进行说明。

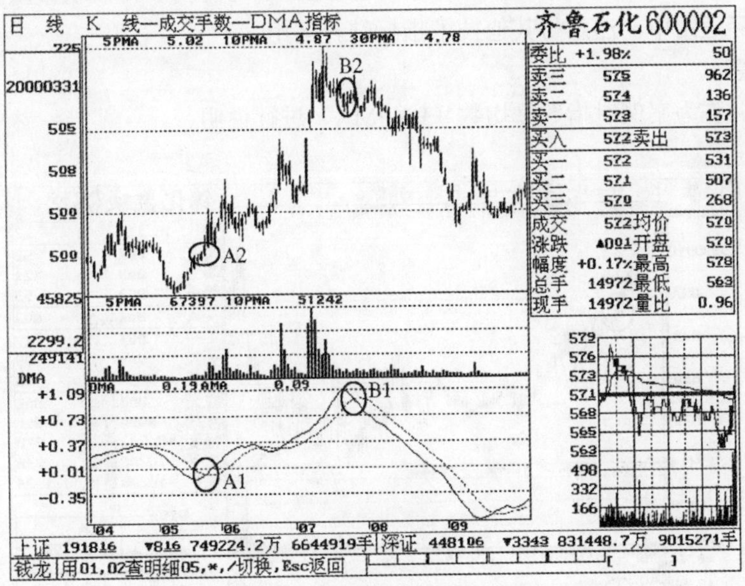

图7 平均线差（DMA）

注解： 如图7所示，齐鲁石化（600002）在2000年3月31日至同年10月13日期间的股价日K线图，以此为例来说明DMA指标的运用。其中，A1点，DMA向上突破AMA，发出买进信号，对应的A2点（5月25日）是买进点；B1点，DMA向下跌破AMA，发出卖出信号，对应的B2（7月26日）是卖出点。

五、指数平均数（EXPMA）

1. 基本含义

指数平均数（Exponentially Moving Average，EXPMA）是以当天收盘价与昨天指数平均数之间的相对关系来反映股价运动趋势的，其目的在于降低移动平均线（MA）的滞后性对行情

研判的影响程度。我们知道，使用移动平均线所产生的买卖信号往往落后于行情好几个交易日，这样势必会影响到对买卖时机的把握。为了解决这一问题，一些技术分析派人士提出用指数平均数来取代移动平均线，于是EXPMA流行起来。

2. 计算公式

EXPMA1＝（P－昨日AI）2/（N1＋1）＋昨日AI

EXPMA2＝（P－昨日AI）2/（N2＋1）＋昨日AI

其中，

EXPMA1＝今日第一条（12日）指数平均数线，

EXPMA2＝今日第二条（50日）指数平均数线

N＝时间参数，一般地，N1取12日，N2取50日

P＝今日收盘价

AI＝指数平均数

3. 运用法则

（1）当EXPMA1自下而上突破EXPMA2时，为买进信号；进一步地，在股价短暂攀升尔后回档至EXPMA1附近时乃最佳买进点。

（2）当EXPMA1自上而下跌破EXPMA2时，为卖出信号；进一步地，在股价短暂下跌尔后反弹至EXPMA2附近时乃最佳卖出点。

（3）当股价自下而上触及EXPMA时，经常会出现强大的抛盘压力；当股价自上而下触及EXPMA时，则常会出现强大的买盘支撑。

（4）EXPMA一般不适于短线行情的研判，尤其是在短时间内股价波动幅度很大时。

（5）在实际运用中，注意与其他技术指标结合运用。

4. 案例示意

在此，以图8作为案例对指数平均数（EXPMA）进行说明。

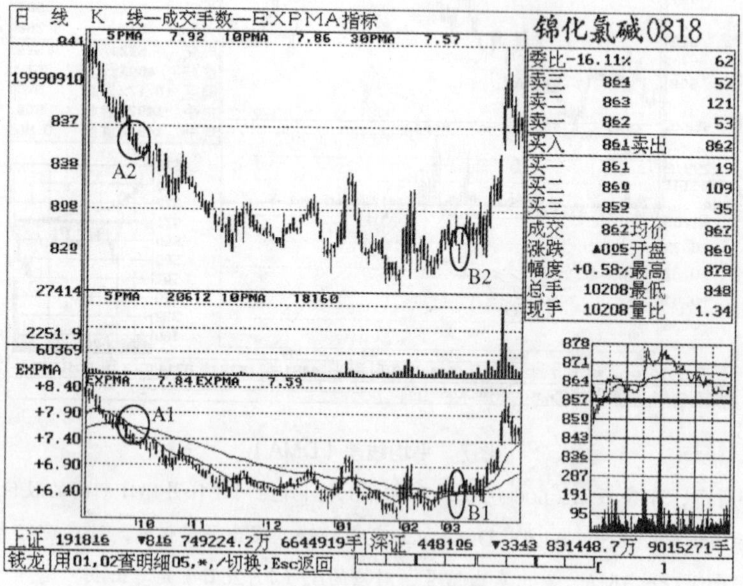

图8 指数平均数（EXPMA）

注解：如图8所示，锦化氯碱（0818）在1999年9月10日至2000年3月31日期间的股价日K线图，以此为例来说明EXPMA指标的运用。其中，A1点，EXPMA1向下跌破EXPMA2，发出卖出信号，对应的A2点（1999年9月29日）为卖出点；B1点，EXPMA1向上突破EXPMA2，发出买进信号，对应的B2点（2000年3月7日）为买进点。

六、三重指数平滑移动平均线指标（TRIX）

1. 基本含义

三重指数平滑移动平均线（Triple Exponentially Smoothed Moving Average，TRIX），是在指数平均数（EXPMA）的基础上发展起来的，将每天的收盘价连续进行三次指数平均数处理就得到TRIX。同时，还需要对TRIX计算成为移动平均值，得到TMA。TRIX指标以其在长期趋势中消除股价短期波动的干扰而著名，加之在短期行情或盘整行情中经常产生假信号，因而此乃一长线操作指标，适合于没有时间密切关注股市的投资者。

2. 计算公式

AX→BX→TRIX→TMA

其中，

AX＝单个指数平均值，即将每日收盘价计算为12日指数平均数（EXPMA）

BX＝双重指数平均数，即自第13日始将每日AX计算为12日指数平均数

TRIX＝三重指数平均数，即自第25日始将每日BX计算为12日指数平均数

TMA＝TRIX移动平均值，即自第33日始将每日TRIX计算为9日移动平均值

3. 运用法则

（1）当TRIX自下而上突破TMA时，为买进信号。

（2）当TRIX自上而下跌破TMA时，为卖出信号。

（3）当TRIX与股价产生背离现象时，应随时注意行情可能发生反转。也就是说，若股价连续两次或三次创出新高时，TRIX并未相应出现新高，此时当是卖出信号；若股价连续两次或三次创出新低时，TRIX亦未相应出现新低，此时当是买进信号。

（4）在TRIX与TMA发生交叉之后，不管市场趋势如何，在短期行情中都可以不予理会。

（5）TRIX是一个长线操作指标，不适合于短期行情和盘整行情。

4. 案例示意

在此，以图9作为案例对三重指数平滑移动平均线（TRIX）进行说明。

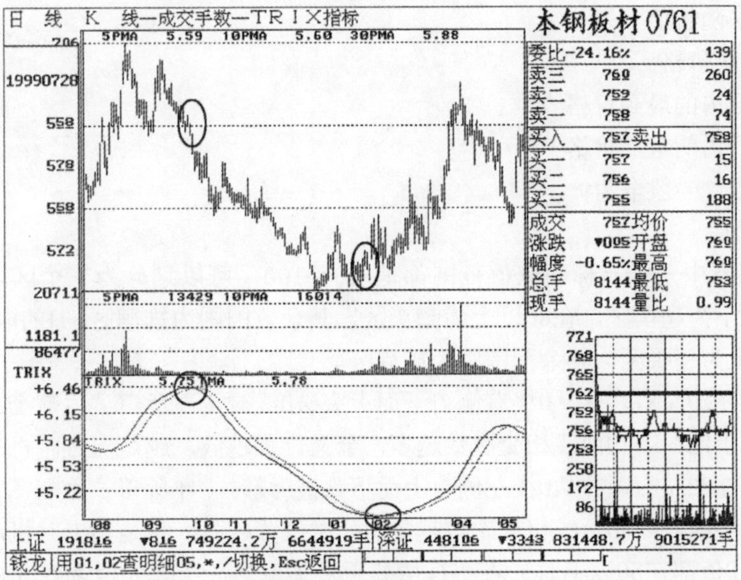

图9 三重指数平滑移动平均线（TRIX）

注解：如图9所示，本钢板材（0761）在1999年7月28日到2000年5月24日期间的股价日K线图，以此为例来说明TRIX指标的运用。其中，A1点，TRIX（图中实线）自上而下跌破（交叉）TMA（图中虚线），发出明确的卖出信号，而实际上在交叉点之前TRIX曲线由上升转而持续走平并与TMA曲线黏合，因此对应的A2

区域各天（1999年9月27日、9月28日、9月29日和10月8日）都是卖出点；B1点，TRIX自下而上突破（交叉）TMA，发出明确的买进信号，而实际上在交叉点之前TRIX曲线由下降转而持续走平并与TMA曲线黏合，因此对应的B2区域各点（2000年1月27日、2月14日、2月15日、2月16日和2月17日）都是买进点。

第二节　超买超卖指标

七、随机指标（KDJ）

1. 基本含义

随机指标（Stochastics，KDJ），是由美国人乔治·拉恩首先提出的。它综合了相对强弱指标（RSI）、移动平均线（MA）和动量等概念的优点，结合快速移动均线（K）、慢速移动均线（D）和辅助线（J）等来研判短期行情的趋势。在实际图表中，KDJ指标表现为三条曲线，即K线、D线和J线。其中，K线移动快速，对股价变动十分敏感，D线移动缓慢，对股价波动的反映较为迟缓，而J线则是对买卖信号进行确认的反应线。此外，KDJ指标对于研判中长期行情作用不大，但它却是一个非常有用的短线操作指标。今天，短线买卖活动依然在国内股市上继续流行，从而使KDJ指标得到了广泛运用。

2. 计算公式

今日K值＝2/3×昨日K值＋1/3×今日RSV

今日D值＝2/3×昨日D值＋1/3×今日K值

J值＝3×D值—2×K值

其中，

K＝快速移动线值，计算首日取为50

D＝慢速移动线值，计算首日取为50

J＝辅助线值

n日RSV＝100×（Pt－Ln）/（Hn－Ln）

其中，

RSV＝未成熟随机值

Pt＝今日收盘价格

Hn＝最近n日内的最高价格

Ln＝最近n日内的最低价格

n＝时间参数，一般取为9

3. 运用法则

（1）KDJ指标中三个指标的取值范围都是从0到100，可以划分为三个区域。一般地说，K、D取值在20以下为超卖区，在80以上为超买区，其余范围则为徘徊区；J的取值在0以下为超卖区，在100以上为超买区，其余范围则为徘徊区。

（2）当K值在20左右，并从D线右侧自下而上突破D线时（即所谓“右侧金叉”），为短线买进信号。进一步地，K、D两线相交次数越多，金叉位置越低，越是买进时机。

（3）当K值在80左右，并从D线左侧自上而下跌破D线时（即所谓“左侧死叉”），为短线卖出信号。进一步地，K、D两线相交次数越多，死叉位置越高，越是卖出时机。

（4）当K、D值都在50以上时，表明行情处于多头市场；当K、D值都在50以下时，表明行情处于空头市场。

（5）D线是一条慢速移动均线，其技术意义较强。一般地，当D值低于20时，处于超卖区，短线股价将可能发生反弹；当D值高于80时，处于超买区，短线股价将可能发生回档。

（6）当KD处于高档（50以上），并连续两次形成依次向下的峰，而股价却继续上涨时，即为“顶背离”现象，是卖出信号；当KD处于低档（50以下），并连续两次形成依次向上的谷，而股价却继续下跌时，即为“底背离”现象，是买进信号。

（7）除非KD指标出现钝化现象，如果K、D两线同时进入超买区（或者超卖区），则可以视为明显的卖出信号（或者买进信号）。

（8）当KD指标出现高位钝化现象，而K线又两次穿越D线时，可以视为明显的卖出信号；当KD指标出现低位钝化现象，而K线又两次穿越D线时，可以视为明显的买进信号。

（9）当J值小于0时，股价将会形成底部，应当伺机买进；当J值大于100时，股价将会形成头部，应当逢高卖出。由于J线的买卖信号不常出现，因此一旦出现，其技术性可靠度相当高。

4. 案例示意

在此，以图10作为案例对随机指标（KDJ）进行说明。

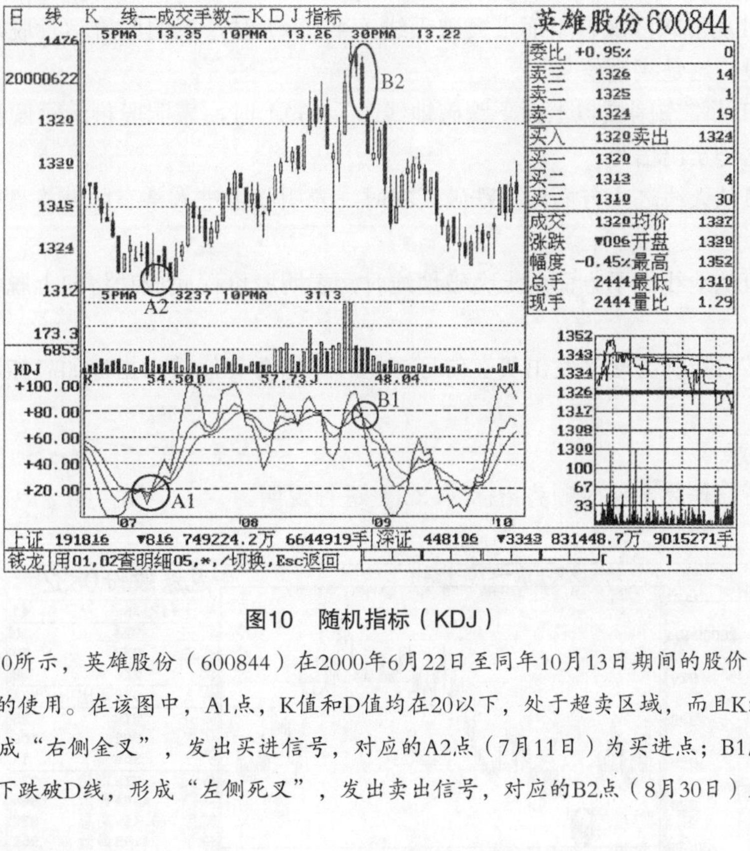

图10 随机指标（KDJ）

注解：如图10所示，英雄股份（600844）在2000年6月22日至同年10月13日期间的股价日K线图，以此为例来说明KDJ指标的使用。在该图中，A1点，K值和D值均在20以下，处于超卖区域，而且K线从D线右侧自下而上突破D线，形成“右侧金叉”，发出买进信号，对应的A2点（7月11日）为买进点；B1点，K线从80以上从D线左侧自上而下跌破D线，形成“左侧死叉”，发出卖出信号，对应的B2点（8月30日）为卖出点。

八、顺势指标（CCI）

1. 基本含义

顺势指标（CCI）是一种研判股票价格是否超出常态分布范围的技术分析方法。它的基本出发点在于，为投资者提供一种既不错过每次上涨行情而又能够缩短持股时间的技术工具。在实际操作中，不少人经常买了就套而被迫捂股，不但没有抓住“金牛”，反而与熊长路做伴。对此，美国一些技术分析人士经过深入研究和定量分析，提出了一些解决问题的方案。其中，顺势指标（CCI）就是一个比较有名的技术性方案。它要求投资者只在行情出现明显买进信号时方可入市，以打一场漂亮的闪电式“收银”仗，否则宁可持币观望。此外，CCI的常态区域在-100至+100之间，在此范围之外则称为异常区域，而上下限的两条线分别称为天线（+100）和地线（-100）。

2. 计算公式

CCI＝［An－B（n）］/［α×C（n）］

其中，

CCI＝顺势指标，理论上的波动范围为（－∞，＋∞）

但是常态行情区域为（－100，＋100）

An＝第n日的中间价格

B（n）＝最近n日中间价格的移动平均值

C（n）＝最近n日中间价格的一阶均差

α＝系数，一般取值为15%

n＝时间参数，一般地取14

3. 运用法则

（1）一般地，CCI在常态区域不具有技术分析意义，其间股价运行视为盘整阶段，而只有在CCI突破常态区域时才具有买卖信号的研判价值。

（2）当CCI从常态区域自下而上突破天线（＋100）时，表明股价运行脱离常态区域而进入异常波动阶段，这是买进信号。

（3）当CCI从常态区域自上而下跌破地线（－100）时，表明股价运行脱离常态区域而继续向下探底，这是卖出信号。

（4）当CCI从天线之上方而向下跌破天线时，表明股价进入常态区域将盘整运行，此为卖出信号。

（5）当CCI从地线之下方而向上突破地线时，表明股价探底成功将向上脱离底部，此为买进信号。

（6）有时CCI指标会交叉发出买卖信号，此时应结合其他技术指标如W%R和MACD等来进行综合研判。

4. 案例示意

在此，以图11作为案例对顺势指标（CCI）进行说明。

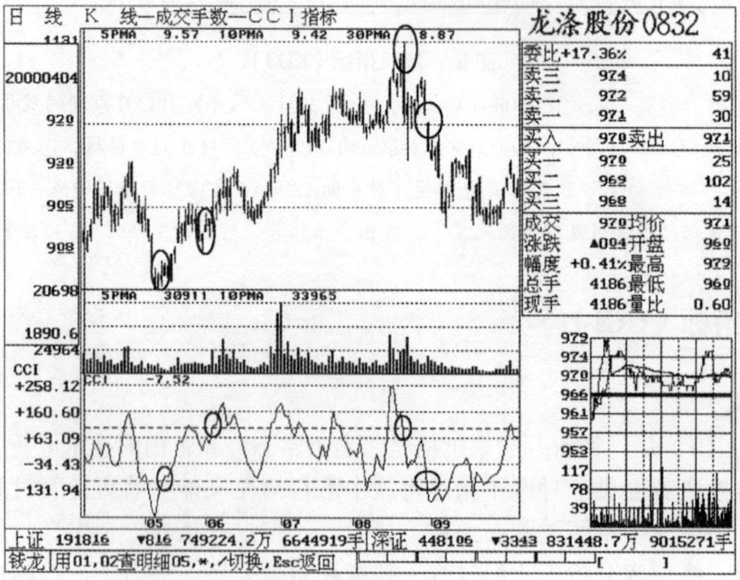

图11　顺势指标（CCI）

注解：如图11所示，龙涤股份（0832）在2000年4月4日至同年10月13日期间的股价日K线图，以此为例说明CCI指标的运用。在图中CCI指标区，上方的细长虚线称为天线（CCI=+100）。下方的细长虚线称为地线（CCI=-100）。其中，A1点，CCI由地线下方向上突破地线，发出买进信号，对应的A2点（5月16日）为买进点；B1点，CCI从常态区域向上突破天线，发出强势信号，对应的B2点（6月5日）处应继续持有手中的股票或适当逢低加仓；C1点，CCI从天线上方向下跌破天线，发出卖出信号，对应的C2点（8月22日）为卖出点；D1点，CCI从常态区域向下跌破地线，发出极度弱势信号，对应的D2点（8月31日）处应当果断清仓。

九、变动速率指标（ROC）

1. 基本含义

变动速率指标（ROC）是一种通过计算不同交易日收盘价之间的差异增减比率来研判买卖时机的技术方法。其理论基础是基于一种股价形态——箱形的形态意义，它研究的是在股价突破箱形后行情将如何演变的问题。在股价图形中，ROC指标通常设有以0轴线为中心的天线（即超买线）和地线（即超卖线）各3条，位置越高的天线的技术意义越强，位置越低的地线的技术意义也越强。一般地说，第一条天线和第一条地线的位置大致在+6.5和-6.5处。通常地，ROC在0轴线上下波动，当在0轴线上方时，若继续向上运行，表示股价的上涨动能继续增强，而若向下运行，则表明股价上涨动能正在减弱；当在0轴线下方时，若继续向下运行，表示股价的下跌动能继续加强，而若向上运行，则表明股价下跌动能正在减弱。

2. 计算公式

ROC＝AX/BX

其中，

AX＝P－BX

P＝今日收盘价

BX＝N天前的收盘价

N＝12，一般地

3. 运用法则

（1）在常态区域内，若ROC自下而上突破第一条天线时，一般应是卖出信号；若ROC自上而下跌破第一条地线时，一般应是买进信号。

（2）如果ROC在向上有效突破第一条天线后继续朝向第二条天线上行，则表明股价将极有可能继续上涨，但在触及第二条天线后上涨行情往往就会结束，此时可以卖出；如果ROC在向下有效跌破第一条地线后继续朝向第二条地线下行，则表明股价将极有可能继续下跌，但在触及第二条地线后下跌行情往往就会告终，此时可以买进。

（3）如果ROC继续向上突破第三条天线，则表明上涨行情将进入快速拉升阶段，此时即使回档也要持股以继续坐轿；如果ROC继续向下跌破第三条地线，则表明下跌行情进入急剧摜压阶段，此时即使反弹也要持币以继续观望。

（4）当ROC向上或向下突破天线和地线时，突破有效性的确认可以结合布林线（Bolling）来进行研判。

（5）当ROC向上或向下突破第三条天、地线时，确认买卖信号可以结合抛物线指标（SAR）来进行研判。

4. 案例示意

在此，以图12作为案例对变动速率指标（ROC）进行说明。

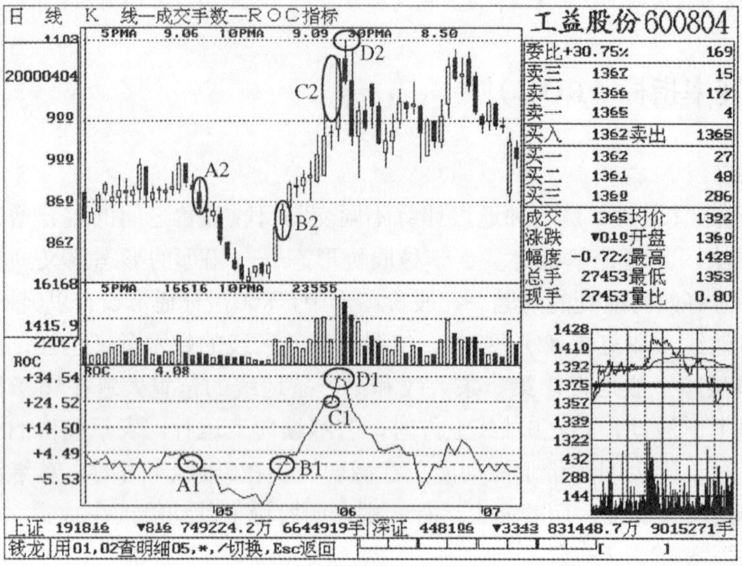

图12 变动速率指标（ROC）

注解：如图12所示，工益股份（600804）在2000年4月4日到同年7月10日期间的股价日K线图，以此为例说明了ROC指标的运用。在图中ROC曲线区，细虚线为O轴线，O轴线上方的四条点画线都是天线——由下向上依此称为第一、二、三、四条天线，O轴线下方的一条点画线为地线。其中，A1点，ROC由上而下跌破0轴线，发出卖出信号，对应的A2点（4月27日）为卖出点；B1点，ROC自下而上突破0轴线，发出买进信号，对应的B2点（5月23日）为买进点；在先后向上突破第一条和第二条天线之后，在C1点ROC（＝24.33）接近第三条天线（ROC＝24.52），技术指标已经进入高档区，应当注意股价风险，在C2点（6月1日）应考虑卖出股票；D1点，（ROC＝34.54）达到第四条天线（ROC＝34.54），对应的D2点（6月2日）应是坚决的卖出点，必须清仓了结。

第三节　强弱指标

十、相对强弱指标（RSI）

1. 基本含义

相对强弱指标（Relative Strength Index，RSI），是由美国技术分析大师雷伍先生（Robert Levy）所首创的，乃一短中线操作的先行指标。它是以一定时期内股价的波动关系为基础，来研判未来股价运行的趋势。RSI指标不但具有MACD、KDJ、OBV等技术指标的优点，而且股市实战证明极其适合于短中线尤其是中线操作，因此它已经成为一般投资者常用的中线趋势研判工具。此外，在股价技术图形中，RSI指标设有两条线，即快线和慢线。一般地，快线的时间参数取为6日即6RSI，而慢线的时间参数则取为12日即12RSI。

2. 计算公式

RSI＝100×A/（A＋B）

其中，

RSI＝相对强弱指标，一般有6RSI、12RSI两个

A＝连续N日内所有上涨日价差之和

B＝连续N日内所有下跌日价差之和

N＝时间参数，一般取6日、12日

3. 运用法则

（1）RSI的常态分布范围在0至100之间。一般说来，RSI小于20表明市场处于弱势，可以

伺机买进；RSI大于80则表明市场处于强势，可以逢高卖出；RSI介于40到50之间则表明市场处于盘整阶段，最好持观望态度。

（2）如果6RSI在20以下，并且股价形态呈W底，则表明市场处于超卖状态，此乃买进信号。

（3）如果6RSI在80以上，并且股价形态呈M头，则表明市场处于超买状态，此乃卖出信号。

（4）当6RSI在高档自上而下跌破12RSI时，为卖出信号。

（5）当6RSI在低档自下而上突破12RSI时，为买进信号。

（6）如果在高档股价连续两次创出新高而RSI并未相应创新高时，出现顶背离现象，此为卖出信号；如果在低档股价连续两次创出新低而RSI并未相应创新低时，出现底背离现象，此为买进信号。

（7）如果RSI在形态上出现低点位置一波比一波高的情形，则表明行情将处于一段上升趋势之中，此时的每一次回档都可以买入；如果RSI在形态上出现高点位置一波比一波低的情形，则表明行情将处于一段下降趋势之中，此时的每一次反弹都是卖出时机。

（8）在极强势市场中，当RSI在高档出现指标钝化现象而连续“碰顶”（即向上限100逼近），且碰顶次数达到3次以上时，应当逢高清仓。

（9）在RSI发生指标钝化现象时，应结合其他技术指标加以综合研判。

4. 案例示意

在此，以图13作为案例对相对强弱指标（RSI）进行说明。

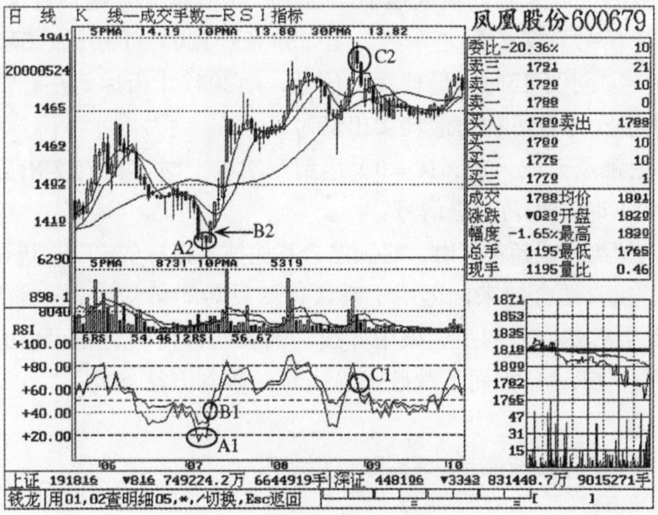

图13 相对强弱指标（RSI）

注解：如图13所示，凤凰股份（600679）在2000年5月24日到同年10月13日期间的股价日K线图，以此为例来说明RSI指标的运用。在图中，A1处，6RSI（即6日参数的RSI指标）小于20，市场处于极度超卖状态，对应的A2处两天（7月7日和7月10日）都是买进点；在B1点，6RSI在低档自下而上突破12RSI（即12日参数的RSI指标），发出明确的买进信号，则对应地在B2处可以买进加仓；在C1点，6RSI在高档自上而下跌破12RSI，发出卖出信号，对应的C2点（8月31日）为卖出点，但是，实际上在8月30日6RSI和12RSI呈现出明显的交叉趋势，在经验上此日也应视为卖出点。

十一、威廉指标（W%R）

1. 基本含义

威廉指标（Williams Overbought/Oversold Index，W%R），是美国技术大师威廉先生（Larry Williams）首创的。它根据股价波动的相对关系来研判市场人气是否处于超买或者超卖状态，从而预测股价未来的运动趋势，因此它一个既具超买超卖特性又有强弱分界性质的指标。在实际股价图形中，W%R值分布在0至100之间，以50为中界线，0在顶部形成天线，100在底部形成地线。同时，在理论上W%R指标可以用于任何时间周期的技术研判，但在股市实战中对时间参数的选取，一般多以10日或14日为主，也有以5日为短线、20日为中线、60日为长线的取值方法。

2. 计算公式

n日W%R＝100×（Hn－Cn）/（Hn－Ln）

其中，

W%R＝威廉指标

Hn＝最近n日内的最高股票价格

Cn＝当日股票收盘价格

Ln＝最近n日内的最低股票价格

n＝时间参数，在实际运用中常取10日

3. 运用法则

（1）一般地说，当W%R进入100—80区域（超卖区）后再度上行至80以上时，为买进信号；当W%R进入20—0区域（超买区）后再次下行至20以下时，为卖出信号。

（2）当W%R在中界线附近时，若其自下而上突破中界线，则表明买进信号得以确认；若其自上而下跌破中界线，则表明卖出信号得以确认。

（3）从时间参数的选取来看，参数越小，则在W%R值越大处越具有买进信号意义，在W%R值越小处越具有卖出信号意义，反之亦然。比如5W%R与20W%R相比，5W%R指标在W%R值大于85时为最佳买进信号，小于15时为最佳卖出信号，而20W%R指标则在W%R值大于80时就可视为最佳买进信号，小于20时即可视为最佳卖出信号。

（4）当W%R向上触及天线（W%R＝0）达到三次以上时，此乃卖出信号；当W%R向下探及地线（W%R＝100）时，此乃买进信号。

（5）当W%R进入超买区或超卖区时，必须结合其他技术指标如MACD来进行买卖信号的研判。

（6）W%R可以与RSI结合起来，运用于确认行情反转的可信度。一般地，当RSI自下而上突破50中界线时，如果W%R同步向上突破中界线，则表明行情转势是可信的，否则需要结合其他技术指标进行研判；当RSI自上而下跌破中界线时，研判方法同此。

4. 案例示意

在此，以图14作为案例对威廉指标W%R进行说明。

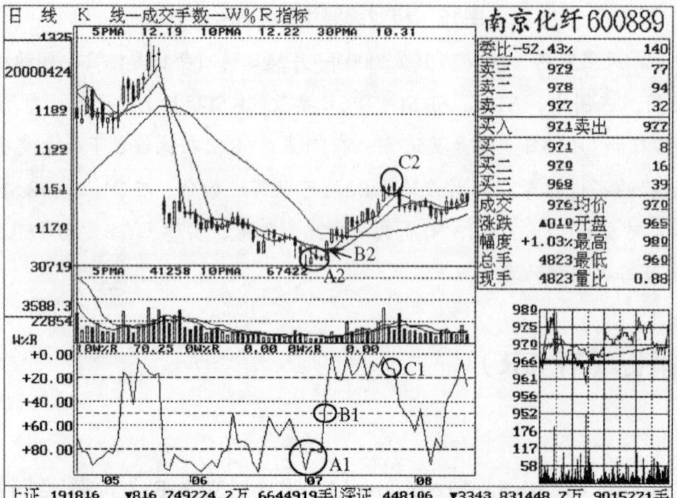

图14 威廉指标（W%R）

注解：如图14所示，南京化纤（600889）在2000年4月24日至同年8月15日期间的股价日K线图，以此为例来说明W%R指标的运用。在图中A1处，W%R进入80%—100%之间后再度上升到80%以上，发出买进信号，对应的A2处的四天都是买进点；在B1点，W%R自下而上突破50%中界线，进一步确认买进信号，在B2点（7月7日）应当继续持股；在C1处，W%R已经进入0%—20%之间并第四次（几乎）触及0线，发出卖出信号，在C2处两天（7月25日和7月26日）应都是卖出点。

第四节 停损指标

十二、抛物线指标（SAR）

1. 基本含义

抛物线指标（Stop and Reverse，SAR），是一种以移动平均线为基础、将价格与时间结合起来研判未来行情的技术分析方法。它代表买进或卖出的明确转向点，是良好的短线操作工具。在实际股价图形中，SAR结合收盘价运用，分成红绿两种圆圈，简单明了。其中，红色圆圈表示股价正在向上升方向运动，SAR位于收盘价线的下方；绿色圆圈表示股价正在向下降方向运动，SAR位于收盘价线的上方。SAR指标的技术意义在于提供股价（特指收盘价）向上或向下穿越SAR圆圈时所提供的买卖信号。此外，从其计算公式可知，SAR是一种先行指标，在当天交易结束时即显示出次日的SAR圆圈，从而可以作出次日的买卖决策。

2. 计算公式

今日SAR＝昨日SAR＋AF×|昨日Pe－昨日SAR|

其中，

SAR＝停损点抛物线指标，其计算参数一般设定为4日

若行情看涨，则首日SAR取当日最低价格

若行情看跌，则首日SAR取当日最高价格

Pe＝最高价格或最低价格，

若行情看涨，Pe均取最高价格

若行情看跌，Pe均取最低价格

|昨日Pe－昨日SAR|＝昨日Pe与昨日SAR之差的绝对值

AF＝调整系数，第二日调整系数为0.02

若行情看涨，股价每创新高一次，AF在昨日基础上递加0.02

若行情看跌，股价每创新低一次，AF在昨日基础上递加0.02

否则，AF都与昨日相同，但AF不得超过0.2

3. 运用法则

（1）如果收盘价位于SAR之上方，则为多头市场，可以买进做多，尤其是在收盘价节节走高时。

（2）如果收盘价位于SAR之下方，则为空头市场，应当持观望态度，不宜介入。

（3）当股价自下而上突破SAR时，此为买进信号。

（4）当股价自上而下跌破SAR时，此为卖出信号。

（5）SAR指标可以单独运用，但是在盘整行情中缺乏技术意义。

4. 案例示意

在此，以图15作为案例对抛物线指标（SAR）进行说明。

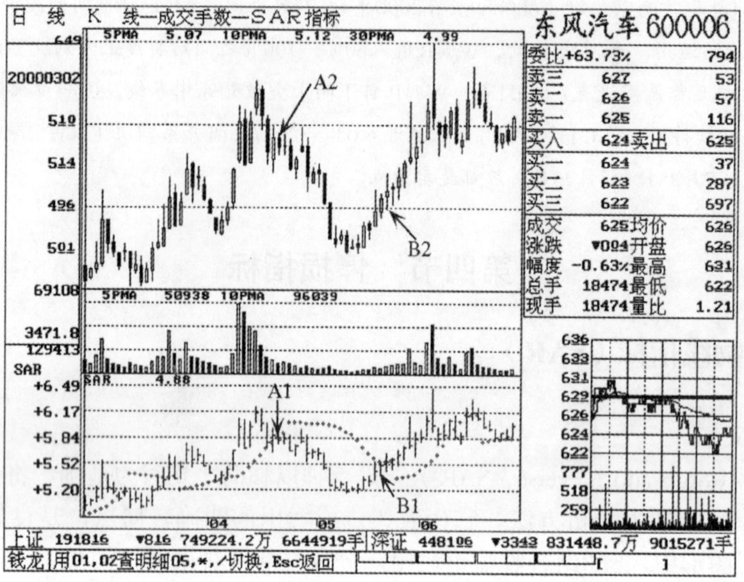

图15 抛物线指标（SAR）

注解：如图15所示，东风汽车（600006）在2000年3月2日至同年6月23日期间的股价日K线图，以此为例来说明SAR指标的运用。在图中，SAR指标区的股价图为欧美棒线图。在A1点，收盘价为5.84元，小于该点SAR值（＝5.85元），发出卖出信号，则对应的A2点（4月19日）为卖出点；在B1点，收盘价为5.57元，大于该点的SAR值（＝5.56元），发出买进信号，则对应的B2点（5月24日）为买进点。显然，从图中不难看出，SAR指标提供的买卖点并不是最佳的买卖点，可见运用该指标时宜与其他指标结合使用。

第五节　压力支撑指标

十三、麦克指标（MIKE）

1. 基本含义

麦克指标（MIKE）是一种压力支撑指标。它随着股价波动幅度大小而变化，能够在股价上涨过程中提供参考上升空间或者在股价下跌过程中提供参考下降深度。实际上，麦克指标为我们研判股价波动范围提供了压力位和支撑位的可能位置。在实际股价图表中，麦克指标以表格的形式显示出来，包括从小到大的三组压力位和支撑位（依次为初级、中级和强力），如果股价处于盘整阶段，则对应的压力位和支撑位会相互缩短距离；如果股价发生上涨或下跌，则对应的压力位和支撑位会相互拉开差距。此外，我们常常在最小的一组压力位和支撑位之间设定一条中界线，作为在研判中寻求支撑位还是压力位的参考线。

2. 计算公式

$WR=TPY+(TPY-N1\times L)$

$MR=TPY+N1\times(H-L)$

$SR=N2\times H-N1\times L$

$WS=TPY-(N1\times H-TPY)$

$MS=TPY-N1\times(H-L)$

$SS=N2\times L-N1\times H$

其中，

WR＝初级压力

MR＝中级压力

SR＝强力压力

WS＝初级支撑

MS＝中级支撑

SS＝强力支撑

TPY＝真实值

TPY＝（H＋L＋P）/3

H＝最高价格

L＝最低价格

P＝收盘价格

N1＝时间参数，一般取值为12

N2＝时间参数，一般取值为24

3. 运用法则

（1）一般地说，股价处于中界线上方时，在行情研判中参考压力位；而股价处于中界线下方时，在行情研判中参考支撑位。

（2）当股价波动摆脱盘整势道而进入上涨行情中时，三个依次增大的压力位是研判压力的参考价格。

（3）当股价波动摆脱盘整势道而步入下跌行情中时，三个依次增大的支撑位是研判支撑的参考价格。

（4）当股价在上涨过程中首次触及初级压力位时，一般在短线上股价将会出现回档现象，此时可视为卖出信号。

（5）当股价在下跌过程中首次探至初级支撑位时，一般在短线上股价将会出现反弹现象，此时可视为买进信号。

4. 案例示意

在此，以图16作为案例对麦克指标（MIKE）进行说明。

图16 麦克指标（MIKE）

注解： 如图16所示，耀华玻璃（600716）在1999年12月21日到2000年5月26日期间的股价日K线图，图中列表是该股在2000年1月24日的MIKE指标值。其中，在A点（2000年1月24日），其股价因受到5.10元的初级支撑，而在此点处股价曾回落到5.19元时即止跌，随后便开始了长达半年之久的上涨行情，因此A点为极佳的买进点；在B点（2000年4月20日），因遭到8.96元的初级压力，股价冲高8.95元之后开始了两周多的两波回调行情，因此B点为卖出点。

附表：图16中B点的MIKE指标值

项目	初级	中级	强力
压力	8.96	10.27	11.58
支撑	6.18	4.71	3.24

十四、布林线（BOLL）

1. 基本含义

布林线（Bollinger Bands，BOLL）是美国人布林（John Bollinger）首先提出的。它将股价波动的范围以三条曲线来划分为四个区域，其中这三条曲线分别称为上轨线（即压力线）、中轨线（即股价平均线）和下轨线（即支撑线）。在实际股价图形中，股价正是在这三条曲线之间进行上穿、下破、缠绕运行的，从而使布林线为我们准确研判股价的波动提供了有力的保障。

2. 计算公式

中轨值MA＝∑Ci/n

上轨值UP＝MA＋D×M1

下轨值DW＝MA—D×M2

其中，

Ci＝收盘价

∑Ci＝连续n个交易日的收盘价之和

D＝由Ci与MA建立的样本方差

n＝时间参数，一般取值为5、10、20等，这里取20

M1＝上倍数，一般取2或者3

M2＝下倍数，一般取2或者3

3. 运用法则

（1）当股价自下而上突破上轨线时，短线将出现回档现象，为卖出信号。

（2）当股价自上而下跌破下轨线时，短线将出线反弹现象，为买进信号。

（3）当股价在上轨线与中轨线之间向上运行时，一般预示将出现一波上涨行情，可以积极参与。

（4）当股价在中轨线与下轨线之间向下运行时，一般预示将会有一波下跌行情，应当果断出局。

（5）当股价在中轨线附近徘徊而方向不明时，通常意味着正在盘整势道之中，应持观望态度。

（6）当上下轨线经过长时期的收缩之后突然开始扩张（至少三个交易日的确认），一般意味着一波强劲的上涨行情即将到来，此时可以视为明显的买进信号。

4. 案例示意

在此，以图17作为案例对布林线（BOLL）进行说明。

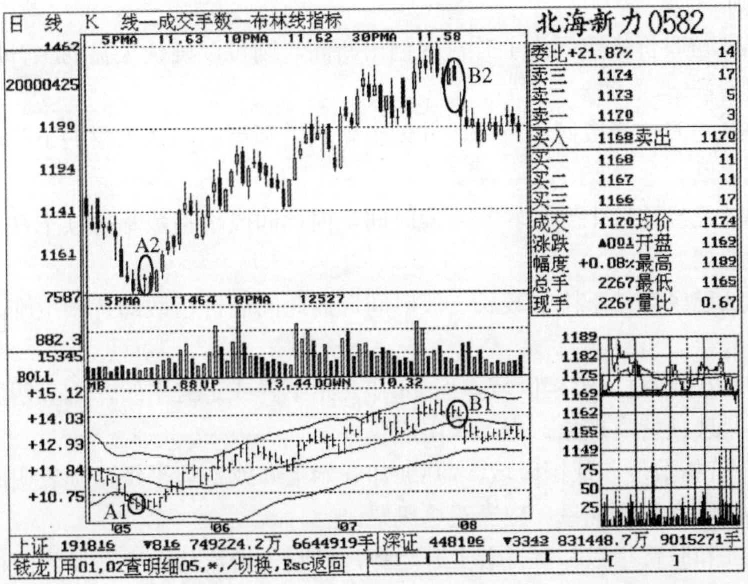

图17 布林线指标（BOLL）

注解：如图17所示，北海新力（0582）在2000年4月25日到同年8月16日期间的日K线图，欧美棒线股价图在其下方的BOLL指标区内。其中，在A1点，股价从下轨线下方向上突破下轨线，并在下轨线上方获得支撑，发出买进信号，则对应的A2点（5月16日）为买进点；在B1处，股价已在中轨线上方附近徘徊数日，继而由上而下有效跌破中轨线，表明行情正在转弱，发出卖出信号，则对应的B2处（8月2日和8月3日）都是卖出点。

第六节　大盘专用指标

十五、腾落指标（ADL）

1. 基本含义

腾落指标（Advance Decline Line，ADL），是通过计算每个交易日价格上涨股票数和价格下跌股票数之间差值的累计结果，将其与综合指数进行对比，来研判大盘未来趋势的一种“人气”指标，也叫上升下降曲线。它可以弥补股价指数在采用总股本或流通股本加权计算时对小盘股的“歧视”缺陷，降低股价指数受到少数大盘权重股左右的程度，从而更加真实地预测未来大盘的走势。从其定义或计算公式中见，腾落指标重在对大盘未来相对趋势的研判，而不看中取值的绝对大小。此外，它具有领先大盘出现上涨或下跌的趋势，但不能发出明显的买卖信号，仅供研判大盘走势之用。

2. 计算公式

$ADLt=\sum Nr-\sum Ng$

$=ADLy+Nrt-Ngt$

其中，

ADL＝腾落指数

Nr＝一个交易日内价格上涨股票的数量

Ng＝一个交易日内价格下跌股票的数量

∑Nr＝自开始交易以来所有Nr的总和

∑Ng＝自开始交易以来所有Ng的总和

t＝今日，y＝昨日（脚标）

3. 运用法则

（1）如果ADL与股价指数同步上升，并创出新高，则可以确认大盘的上升趋势，在短期内股价指数将继续看涨。

（2）如果ADL与股价指数同步下降，并创出新低，则可以确认大盘的下降趋势，在短期内股价指数将继续看跌。

（3）如果ADL已经连续上升了较长一段时间，而此间股价指数却持续下跌，此乃底背离现象，则可以买进股票。

（4）如果ADL已经连续下降了较长一段时间，而此间股价指数却持续上涨，此乃顶背离现象，则应当卖出股票。

（5）如果股价指数进入高档区域，而ADL却开始下降或走势平缓，则表明股价指数的上升趋势即将结束，呈现顶背离现象，应当卖出股票。

（6）如果股价指数步入低档区域，而ADL却开始上升或走势平缓，则表明股价指数的下降趋势即将告终，呈现底背离现象，应当买进股票。

（7）如果ADL和股价指数都保持着上升趋势，但股价指数却在中途发生回档现象，随后又回复到上升趋势之中并创出新高，则表明多头市场特征明显，回档时为买进信号。

（8）如果ADL和股价指数都保持着下降趋势，但股价指数却在中途发生反弹现象，随后又回复到下降趋势之中并创出新低，则表明空头市场特征明显，反弹时为卖出信号。

（9）从法则（1）至（8）可见，ADL不能独立运用，必须与股价指数结合起来才具有技术意义。

（10）市场经验告诉我们，在运用ADL指标时，它对于多头市场的技术研判比空头市场要更加有效些。

4. 案例示意

在此，以图18作为案例对腾落指标（ADL）进行说明。

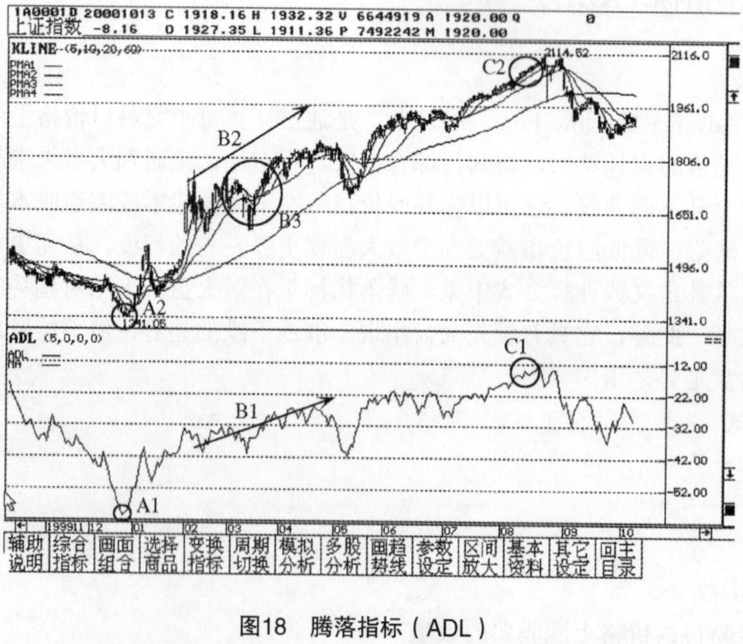

图18 腾落指标（ADL）

注解：如图18所示，上证指数（1A0001）在1999年10月27日至2000年10月13日期间的指数日K线图，以此为例来说明ADL指标的运用。其中，在A2处，上证指数已经处于低档区，但在A1处ADL却开始上升，呈现底背离现象，发出买进信号，因而在A2处应当买进证券；在B1与B2所指示的区域，ADL和上证指数都保持上升趋势，但上证指数在途中发生回档现象而后又回复到上升趋势并创出新高（见B3处），表明多头市场特征明显，则相应地在B2指示区应当继续持有证券；在C2处，上证指数已经处于高档区，而对应地在C1处ADL却开始走势趋于平缓，并有间断性的下降走势，构成顶背离现象，则在C2处应当卖出证券。

十六、涨跌比率指标（ADR）

1. 基本含义

涨跌比率指标（Advance Devline Ratio，ADR），是通过计算连续多个交易日价格上涨股票累计数与价格下跌股票累计数之间的比值，来研究和判断多空两大阵营的比较优势地位，从而预测未来大盘运行趋势，因此又称为回归式腾落指数，也叫上升下降比。与ADL指标一样，它也是仅供研判大盘走势之用的指标。对于ADR来说，其时间参数的选取一般以10为主，而其本身的取值在实际运用中一般以1为多空分界线（或波动中心）、在0至3之间波动，其常态区域通常为0.5—1.5。而且，时间参数越大则常态区域越小，反之，时间参数越小则常态区域越大。

2. 计算公式

ADR（n）＝（∑Nr）/（∑Ng）

其中，

ADR＝涨跌比率指标

Nr＝一个交易日内价格上涨股票的数量

Ng＝一个交易日内价格下跌股票的数量

∑Nr＝n个交易日内所有Nr的总和

∑Ng＝n个交易日内所有Ng的总和

n＝时间参数，一般取值为10

3. 运用法则

（1）一般地说，ADR在常态区域0.5—1.5之间时，表明多空双方大致势均力敌，股价指数波动不大；而ADR在0.5以下时，表明市场进入超卖状态，意味着大盘将筑底而后上涨，应伺机买进股票；而ADR在1.5以上时，表明市场进入超买状态，意味着大盘将做头而后下跌，应逢高卖出股票。

（2）如果ADR与股价指数同步上升，则可以确认股价指数的上升趋势，在短线上股价指数将继续看涨。

（3）如果ADR与股价指数同步下降，则可以确认股价指数的下降趋势，在短线上股价指数将继续看跌。

（4）如果ADR处于上升趋势之中，而股价指数却呈现下跌势头，表明出现底背离现象，则在短线上股价指数将会发生反弹行情，可以伺机回补。

（5）如果ADR处于下降趋势之中，而股价指数却呈现上涨势头，表明出现顶背离现象，则在短线上股价指数将会出现回档行情，可以逢高出局。

（6）如果ADR自下而上突破0.5，并在0.5附近来回徘徊一段时间，则意味着空头市场即将进入末期，可以视为买进股票的信号。

（7）如果ADR首先下降至常态区域下限0.5附近，然后很快就上升到常态区域上限1.5附近，则意味着多头力量异常强大，一般股价指数将会出现一轮凌厉的上涨行情。

4. 案例示意

在此，以图19作为案例对涨跌比率指标（ADR）进行说明。

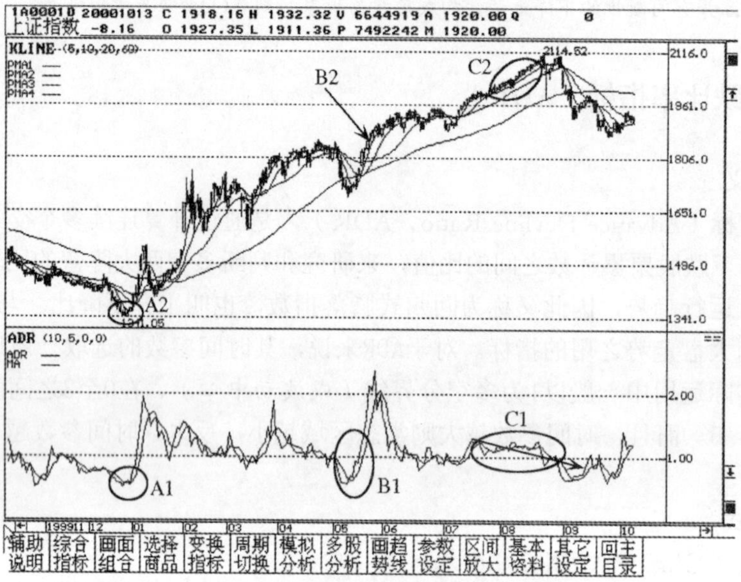

图19 涨跌比率指标（ADR）

注解：如图19所示，上证指数（1A0001）在1999年10月27日至2000年10月13日期间的指数日K线图，以此为例来说明ADR指标的运用。其中，在A1区域，ADR从0.5以下向上突破0.5，并在0.5附近来回徘徊（即1999年12月27日的ADR＝0.48，28日ADR＝0.57，29日ADR＝0.54，30日ADR＝0.51；2000年1月4日ADR＝0.72），预示着大盘的空头行情正进入尾声，对应地在A2区域应是买进证券的时机；在B1区域，ADR下降到常态区域下限0.50附近，而后很快就上升到常态区域上限1.50附近，意味着多头力量异常强大，市场将呈现强势上升行情，对应地在B2处应继续持有证券；在C1区域，ADL处于下降趋势之中，但相应地在C2区域上证指数却在高档区继续呈现上涨势头，表明出现顶背离现象，发出卖出信号，则在C2处应当逢高减磅直至清仓。

十七、超买超卖指标（OBOS）

1. 基本含义

超买超卖指标（Over Bought and Over Sold，OBOS），是以一定时期内价格上涨股票的累计数与价格下跌股票的累计数之间的差值，来研判目前市场的强弱状况，从而预测市场运行的短期趋势。这里的“一定时期”，也就是时间参数，通常界定为10个交易日。既然是差值，那么就不难知道OBOS的平衡位置是0，即多空双方势均力敌。如果OBOS大于0的话，则表明多方占据优势地位，反之，如果OBOS小于0的话，则是空方占据优势地位。而且，OBOS（10）的常态区域一般在-600—+700之间，超出这一区域则视为非常态区域。此外，从OBOS的定义可知，它也是一个仅供分析大盘运行短期趋势之用的技术指标。

2. 计算公式

OBOS（n）＝∑Nr－∑Ng

其中，

Nr＝一个交易日内价格上涨股票的数量

Ng＝一个交易日内价格下跌股票的数量

∑Nr＝n个交易日内所有Nr的总和

∑Ng＝n个交易日内所有Ng的总和

n＝时间参数，一般取值为10

3. 运用法则

（1）一般地说，当OBOS大于0时，表明大盘处于多头市场，而且其值越大大盘越是强势；

当OBOS在0上下徘徊时，表明大盘处于盘整阶段；当OBOS小于0时，表明大盘处于空头市场，其值越小大盘越是弱势。

（2）如果OBOS与股价指数同步上升，且OBOS大于0的话，则预示大盘将继续看涨，应采取做多策略，即买进持股。

（3）如果OBOS与股价指数同步下降，且OBOS小于0的话，则预示大盘将继续看跌，应采取做空策略，即卖出持币。

（4）如果OBOS低于-600的话，则表明市场进入超卖状态，可以考虑买进股票。

（5）如果OBOS高于+700的话，则表明市场进入超买状态，可以考虑卖出股票。

（6）如果OBOS在高档形成M头的话，为卖出信号；如果OBOS在低档形成W底的话，为买进信号。

（7）如果股价指数连续上涨，而OBOS却呈下降之势，出现背离现象，则表明小盘股票下跌居多，大盘可能将会转弱，应当考虑卖出股票。

（8）如果股价指数连续下跌，而OBOS却呈上升之势，出现背离现象，则表明小盘股大多上涨，大盘可能将会转强，应当考虑买进股票。

4. 案例示意

在此，以图20作为案例对超买超卖指标（OBOS）进行说明。

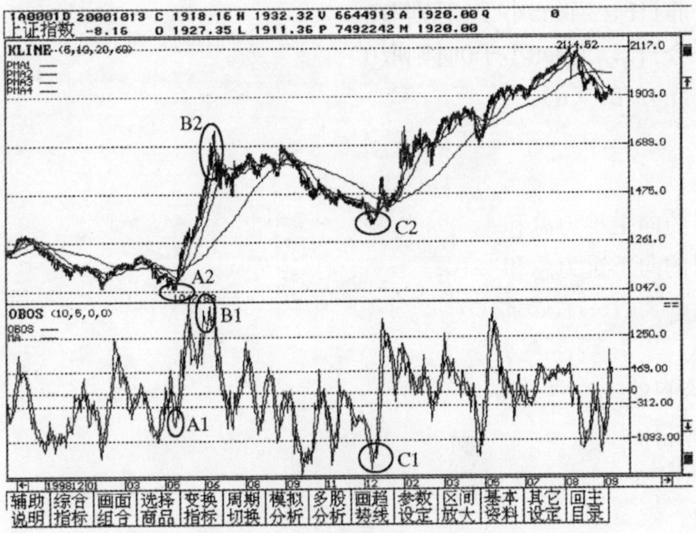

图20 超买超卖指标（OBOS）

注解：如图20所示，上证指数（1A0001）在1998年10月28日至2000年10月13日期间的日K线图，以此为例来说明OBOS指标的运用。其中，在A1区域，OBOS值持续大大地低于-600，表明大盘进入超卖状态，发出买进信号，对应地在A2区域应当买进证券；在B1区域，OBOS值持续地远远大于+700，表明大盘持续处于超买极区，发出明显的卖出信号，对应地在B2区域应当择机减磅直至清仓；在C1区域，OBOS值大大低于-600，表明大盘已经进入超卖极区，发出明显的买进信号，对应地在C2区域应当买进证券。

第七节 能量指标

十八、意愿人气指标（BRAR）

1. 基本含义

意愿人气指标（BRAR）实际上是两个技术指标的拼合，指意愿指标（BR）和人气指标（AR）。其中，意愿指标（BR）以相反理论为基础，选择昨日收盘价格作为多空双方力量对比的均衡点，通过相对价格的波动与市场买卖意愿之间的相互关系来研判未来行情的演变。在它的指导下，投资者可以采取“人进我退，人退我进”的交易策略，在大多数人看好市场行情时卖出股票，而在大多数人看淡市场行情时买进股票。人气指标（AR）则以今日开盘价作为多空双方力量对比的均衡点，并根据市场积聚的人气（或者说能量）来反映和预测未来行情潜在的发展趋势。可见，意愿指标与人气指标只是从不同角度来选择买卖人气强弱的均衡点，都是根据相对均衡点的距离远近来描述多空双方的买卖气势，从而预测市场的未来走势。因此，它们都是买卖气势指标，通常两者结合运用。此外，从取值上看，BR与AR的均衡点都是100，BR（或AR）大于100表示多头占据优势，而BR（或AR）小于100则表示空头占据优势。不过，BR指标可能会小于0，此时则将BR视为0来处理。

2. 计算公式

BR＝100×BuS（n）/BeS（n）

其中，

BR＝意愿指标

BuS（n）＝n日的多头力道强度总和

BeS（n）＝n日的空头力道强度总和

BuS＝多头力道强度

BeS＝空头力道强度

BuS＝今日H—昨日F，当BuS小于0时则取0

BeS＝昨日F—今日L，当BeS小于0时则取0

AR＝100×UP（n）/DW（n）

其中，

AR＝人气指标

UP（n）＝n日的向上推力总和

DW（n）＝n日的向下重力总和

UP＝向上推力

DW＝向下重力

UP＝今日H—今日S

DW＝今日S—今日L

H＝最高价格

L＝最低价格

S＝开盘价格

F＝收盘价格

n＝时间参数，一般取值为26

3. 运用法则

（1）经验数据表明，当BR在70—150之间时，表明市场处于盘整阶段，多方仅仅稍占优势；当AR在80—120之间时，表明市场处于盘整阶段，不表示明显的趋势。

（2）一般地说，当BR小于40时，表明空方力量极强，但却预示随时可能发生反转上涨行情，可以考虑买进；而当BR大于400时，表明多方力量极强，但却预示随时可能出现反转下跌行情，应当考虑卖出。

（3）一般来说，当AR小于60时，应当考虑买进股票；而当AR大于180时，应当考虑卖出股票。

（4）如果BR（或AR）在高档转而下降，而股价仍然继续上涨，形成顶背离现象，则视为卖出信号；如果BR（或AR）在低档转而上升，而股价依然继续下跌，形成底背离现象，则视为买进信号。

（5）如果BR连续出现两个依次下降的峰，而股价却相应出现两个依次上升的峰，形成顶背离现象，则是卖出信号；如果BR连续出现两个依次上升的谷，而股价却相应出现两个依次下降的谷，形成底背离现象，则是买进信号。

（6）BR通常运行于AR之上方，一旦BR跌破AR并在AR之下运行时，则表明市场开始筑底，视为买进信号，尤其是在AR小于50的情形下。

（7）如果BR快速上升，而AR并未相应上升而是小幅下降或横盘，出现两个指标背离运行现象，则视为卖出信号。

（8）如果BR与AR都呈快速上升势头，则表明股价正在冲顶，应当考虑卖出股票。

（9）如果BR与AR之间出现由离散走向收敛的趋势，则预示行情将会发生反弹，可以积极买进。

（10）如果BR在由低至高冲顶后转而下降一半，则意味着行情将会出现反弹，可以积极买进；如果BR在由高至低探底后转而上升一半，则意味着行情将会出现回档，应当坚决卖出。

（11）提请注意：AR指标可以单独运用，但BR指标要与AR指标结合运用才有更佳效果。

4. 案例示意

在此，以图21作为案例对意愿人气指标（BRAR）进行说明。

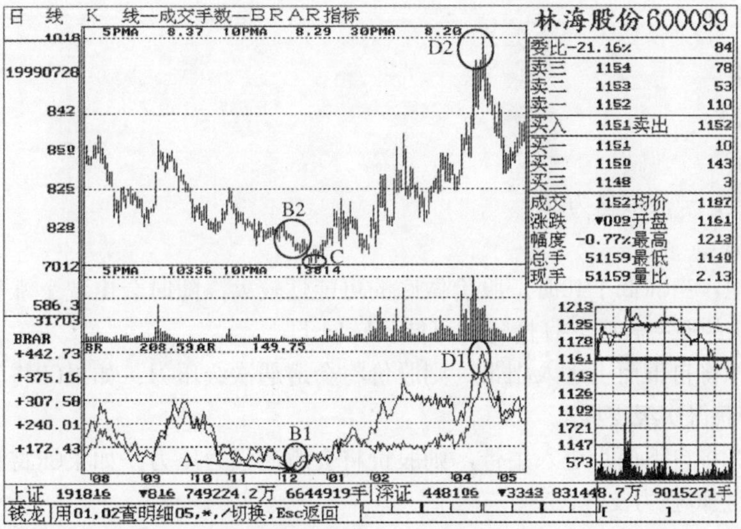

图21　意愿人气指标（BRAR）

注解：如图21所示，林海股份（600099）在1999年7月28日至2000年5月24日期间的股价日K线图，以此为例来说明BRAR指标的运用。一般地，BR＜AR，且尤其是AR＜50时，发出买进信号；BR＞400，AR＞180时，发出卖出信号。但是，根据对中国股市的实证研究发现，当BR＜AR，且AR在100左右时即可视为发出买进信号。在图87中，在A点（1999年12月7日），BR（＝106.21）＜AR（＝104.86），且BR、AR都处于100左右，似乎可以视为买进信号，但随后出现指标与股价之间的“底背离”现象（见图中B1和B2所示），此时可参考其他技术指标来研判，在出现底背离之后的C处应是买进时机；在D1处，2000年4月19日，BR＝420.89，AR＝348.94，4月20日，BR＝442.73，AR＝381.08，指标都已进入高价圈，发出卖出信号，对应地在D2处应当卖出股票，尤其是4月20日为最佳的卖出点。

十九、中间意愿指标（CR）

1. 基本含义

中间意愿指标（CR）与BA、AR指标的基本原理是一致的，不同之处在于它是以昨日中间价格作为多空较量的均衡点。在股价图形中，除了CR线之外，还有比CR提前若干个交易日的四条CR平均线（即A线、B线、C线和D线，其时间参数分别为10、20、40、62），它们对CR形成压力和支撑作用。正因为如此，CR对未来市场趋势具有一定的预知性，从而可以弥补BRAR的一些缺陷。从取值上看，CR也是以100为均衡点的，CR大于100表明多头占据优势，而CR小于100则表明空头占据优势。但是，CR较易出现小于0的情形，此时则取值为0。此外，对于A、B、C、D四条CR平均线而言，将A、B两线之间的区域称为“副地震带”（简称副带），代表次级性压力支撑；将C、D两线之间的区域称为“主地震带”（简称主带），代表强力性压力支撑。

2. 计算公式

CR＝100×UP（n）/DW（n）

其中，

CR＝中间意愿指标

UP（n）＝n日累计上涨值总和

DW（n）＝n日累计下跌值总和

UP＝上涨值，若小于0则取0

DW＝下跌值，若小于0则取0

UP＝今日H—昨日M

DW＝昨日M—今日L

M＝（H＋L）/2

M＝中间价格

H＝最高价格

L＝最低价格

n＝时间参数，一般取值为26

3. 运用法则

（1）一般地，当CR低于40时，股价做底的可能性较大，随时会出现上涨行情；当CR高于300时，股价做头的概率较高，行情随时可能反转向下。

（2）如果CR将自下而上进入副带，则股价将会遭遇次级压力；如果CR将自上而下跌进副带，则股价将会获得次级支撑。

（3）如果CR将自下而上进入主带，则股价将会遭遇强力压力；如果CR将自上而下跌进主带，则股价将会获得强力支撑。

（4）当CR跌到40以下，而后重返副带（即A、B两线之间），同时A线自下而上运行时，为买进信号。

（5）当CR向上运行至主带和副带的上方，而A线自上而下运行时，为卖出信号。

（6）当CR向下运行到主带和副带的下方，而后从低点向上爬升160%时，此乃短线卖出良机。

（7）如果A、B、C、D四条线大致同时相交（即形成一个粗略的交点），并且该交点位于CR前方若干天的位置，则此交点为股价的起涨点或起跌点。

（8）与BR、AR一样，CR在研判股价底部时效果不错，但在研判股价顶部则需结合其他技术指标（如VR）进行分析。

4. 案例示意

在此，以图22作为案例对中间意愿指标CR进行说明。

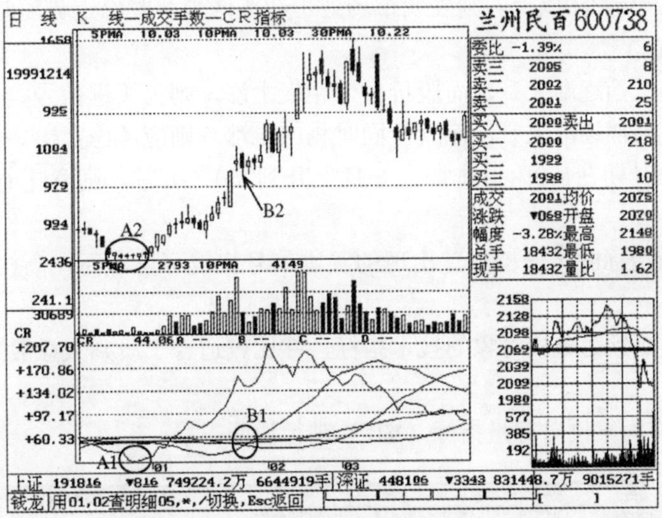

图22 中间意愿指标（CR）

注解：如图22所示，兰州民百（600738）在1999年12月14日到2000年3月29日期间的股价日K线图，以此为例来说明CR指标的运用。在图中A1区域，CR持续处于40以下，表明股价正在构筑底部，对应地在A2处（1999年12月23日至2000年1月4日期间）的任何一天均是买进点，应当买进股票；在B1点，图中A、B、C、D四条线大致相交构成一个交点，并且该交点明显位于CR前方，进一步确认当前行情的上升趋势，相应地在B2点（2000年1月25日）应当坚决继续持有股票或适当逢低加仓。另外，CR指标对于研判行情的底部比较有效，但在研判行情的顶部时必须结合其他技术指标使用。

二十、容量指标（VR）

1. 基本含义

容量指标（Volume Ratio，VR），是以量先于价而行、量价同步或背离的量价原理为基础，通过计算一定时期内上涨日成交额总和与下跌日成交额总和的比值，来研判市场买卖气势从而提供买卖时机的一种技术分析指标。它是一种比较特殊的技术指标，以成交额作为分析对象，能够真实地反映买卖双方的力量对比和气势强弱状况。就容量指标的取值来看，理论上是大于0而趋于正无穷大的，但在实际中它可以按照VR值的大小划分为四个区域，即低价区域（VR在40—70之间）、安全区域（VR在80—150之间）、获利区域（VR在160—450之间）和警戒区域（VR大于450）。

2. 计算公式

VR＝100（∑Vup＋0.5×∑Vcon）/（∑Vdw＋0.5×∑Vcon）

其中，

VR＝容量指标

∑Vup＝N日内所有上涨日的成交额之总和

∑Vdw＝N日内所有下跌日的成交额之总和

∑Vcon＝N日内所有平盘日的成交额之总和

N＝时间参数，一般取值为24

3. 运用法则

（1）一般地说，当VR处于低价区域时，可以买进；当VR处于安全区域时，应当持股；当VR处于获利区域时，可以逢高卖出；当VR处于警戒区域时，应当坚决卖出。

（2）如果VR下降至40以下，则表明市场处于超卖区域，股价走势将就此构筑底部，应当伺机买进。

（3）如果VR上升至350以上，则表明市场处于超买区域，股价走势随时可能发生反转，要多加警惕头部的形成。

（4）如果VR在低档逐渐上升，而股价并未相应上涨，则为买进信号。

（5）如果VR在高档逐渐上升，而股价同时相应上涨，则应考虑卖出。

（6）如果VR长时期在150附近徘徊，一旦上升到250之上时，则意味着将出现一波上涨行情，应积极买进。

（7）在运用VR指标时，低档位置出现的买进信号比较可信，而在高档位置时应结合其他技术指标综合研判。

（8）作为以成交额为分析对象的技术指标，VR比较适合于研判大盘股票或热门股票。

4. 案例示意

在此，以图23作为案例对容量指标（VR）进行说明。

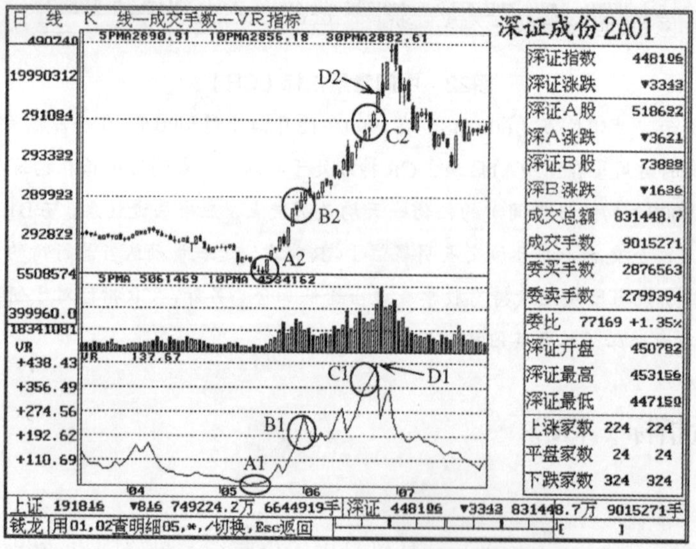

图23 容量比率（VR）

注解：如图23所示，深证指数（2A01）在1999年3月12日到同年7月29日期间的指数日K线图，以此为例来说明VR指标的运用。其中，在A1区域，VR都处于40以下，表明市场处于超卖极区，对应地在A2处（5月16日至19日期间）大盘就此构筑底部，可以择机买进股票；在B1区域，VR在150附近徘徊三天之后一举上升到250以上（即6月1日，VR值=263.56），预示着股价将继续上升趋势，对应地在B2处（5月27日至6月1日）应当坚决继续持有证券或适当加仓；在C1区域，VR都处于350以上，表明市场已经处于超买区域，则在C2处（6月21日、22日、23日）应注意股价风险，考虑卖出证券减仓；在D1点（VR=438.43），VR达到警戒区域附近，预示市场走势随时将可能发生反转，在D2点（6月24日）及随后几天里应伺机卖出证券。

第八节 量价指标

二十一、能量潮指标（OBV）

1. 基本含义

能量潮指标（On Balance Volume，OBV），是由美国著名技术大师葛兰威尔在继“葛氏八大法则”之后创立的又一大技术指标。它以上涨日和平盘日的成交量与下跌日的成交量之增减或者说起落情况来反映多空双方力量对比的变化，从而预测未来行情的演变趋势。OBV指标的理论基础是“量先于价而行”原理，也就是说股价的变动必须要有成交量的配合——价升量增，价降量减。对于验证目前股价运行的趋势和研判趋势可能的反转信号，它具有比较强烈的技术意义。因把每天的成交量看作海的潮汐，将股市比喻成一个潮水的涨落过程，而形象化地将OBV叫作能量潮。在实际股价图形中，OBV曲线经常出现N字波，N字波对于未来行情的研判具有重要的技术价值。

2. 计算公式

OBVt＝OBVy＋sgn×Vt

其中，

OBV＝能量潮指标，基准日的OBV值即当日的成交量

V＝成交量

Sgn＝＋1，当今日股价上涨，即今日收盘价≥昨日收盘价

　　－1，当今日股价下跌，即今日收盘价＜昨日收盘价

t＝今日，y＝昨日（脚标）

3. 运用法则

（1）一般来说，如果OBV曲线呈上升趋势，则表明股价将会出现一波上涨行情，其间若出现股价回档现象，应采取买进策略；如果OBV曲线呈下降趋势，则表明股价将会出现一波下跌行情，其间若出现股价反弹现象，应采取卖出策略。

（2）如果股价上涨（或下跌），而OBV曲线也相应上升（或下降），则可以确认目前的行情的上升（或下降）趋势。

（3）如果股价上涨（或下跌），而OBV曲线并未相应地上升（或下降），则意味着出现背离现象，预示行情将可能会发生反转，应是卖出（或买进）信号。

（4）当股价进入盘整状态，OBV曲线将会率先发出突破信号，一旦发生突破，其有效性较强。

（5）一般地，OBV曲线经常以N字波作为分析中介，结合背离原理来研判未来行情的发展。

（6）当OBV曲线显示累计出现5个逐渐上升的N字波时，视为短期回档信号。

（7）当OBV曲线显示累计出现5个逐渐下降的N字波时，视为短期反弹信号。

（8）当OBV曲线显示累计出现9个逐渐上升的N字波时，视为中期回档信号。

（9）当OBV曲线显示累计出现9个逐渐下降的N字波时，视为中期反弹信号。

（10）当OBV曲线显示出现不规则小型N字波，并且小型N字波持续横向盘行达到21天之后，一般意味着股价将会向上突破，为买进信号。

4. 案例示意

在此，以图24和图25作为案例对能量潮指标（OBV）进行说明。

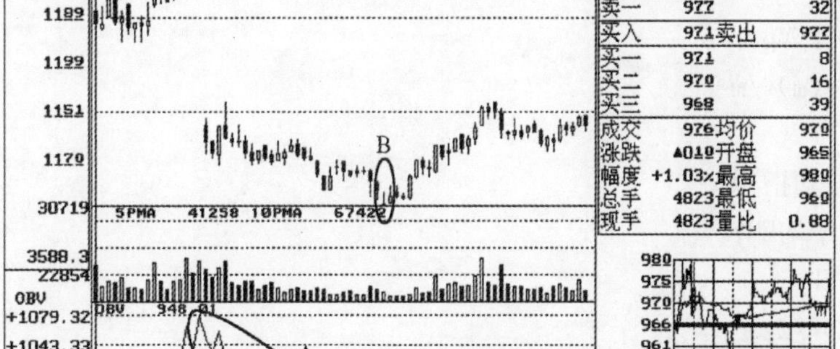

图24　能量潮指标（OBV）之一

注解：如图24所示，南京化纤（600889）在2000年4月24日到同年8月15日期间的日K线图，以此为例来说明OBV指标的运用。在A区域，OBV曲线的运行显示累计出现5个逐渐下降的N字波，在第五个N字波完成时即C点处发出短期反弹信号。对应地，在图中B点（7月3日）为买进点，应当买进股票。

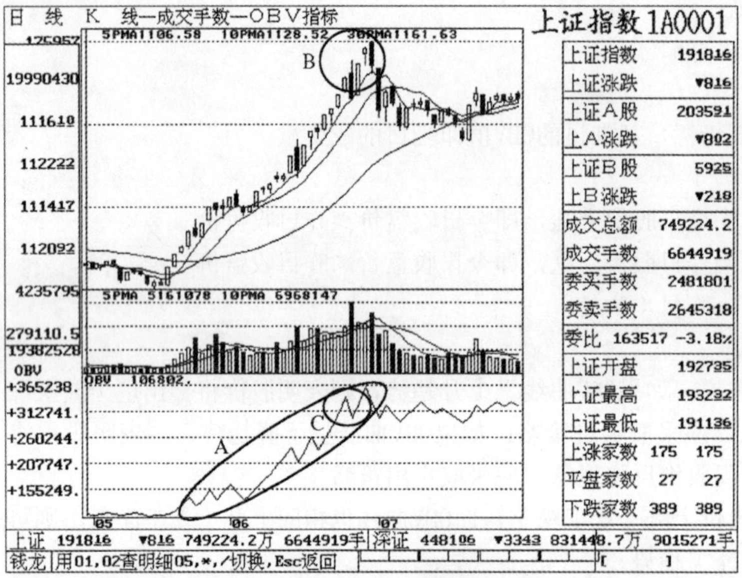

图25 能量潮指标（OBV）之二

注解：如图25所示，上证指数（1A0001）在2000年4月30日到同年7月29日期间的指数日K线图，以此为例来说明OBV指标的运用。其中A区域，OBV曲线的运行显示累计出现6个逐渐上升的N字波，在第五个N字波完成时即发出短期回档信号，尤其是在出现第六个N字波（图中粗线小椭圆C处所示）时，更是进一步确认其短期回档信号。对应地，在B处数日（6月24日、25日、28日和29日）都是卖出点，应当伺机卖出证券。

二十二、简易波动指标（EMV）

1. 基本含义

简易波动指标（EMV），是由美国人阿姆斯·基斯（Arms Js）提出的。它以等量图原理为基础，用平均价差与成交量之间比值的累加量之平均数来反映市场人气的强弱状况，从而研判未来行情的发展趋势。简易波动指标要求采取相反理论操作策略，逆市场情绪而动，将会有良好的投资效果。在实际股价图形中，简易波动指标有两条曲线，即白线EMV和黄线EMVMA，它们都以0轴线（绿色虚线）为波动中心。

2. 计算公式

EMV＝∑（DEP/Vp）/n

EMVMA＝EMV（m）/m

其中，

EMV＝简易波动指标

EMVMA＝m日平均EMV

DEP＝EPt—EPy

EP＝（H＋L）/2

Vp＝Vt/（Ht＋Lt）

DEP＝均价差

EP＝平均价格

Vp＝价量值

EMV（m）＝m日EMV值之和

H＝最高价格

L＝最低价格

∑＝时间参数为n的累加求和

t＝今日，y＝昨日

n＝时间参数，一般取值为14

m＝时间参数，一般取值为9

3. 运用法则

（1）一般地说，较小成交量推动股价上涨会使EMV上升；股价下跌而成交量较小会使E MV下降；股价处于盘整阶段或其涨跌伴有较大成交量，则会使EMV接近0轴线。

（2）如果EMV自下而上穿越0轴线，则为买进信号。

（3）如果EMV自上而下跌破0轴线，则为卖出信号。

（4）如果EMV自下而上突破EMVMA，则可以视为买进信号。

（5）如果EMV自上而下跌破EMVMA，则可以视为卖出信号。

（6）主要根据EMV曲线来研判买卖点，它与EMVMA之间的交叉现象不具普遍的技术意义，但以EMVMA上穿或下破0轴线作为研判买卖点的依据，常常效果更佳。

4. 案例示意

在此，以图26作为案例对简易波动指标（EMV）进行说明。

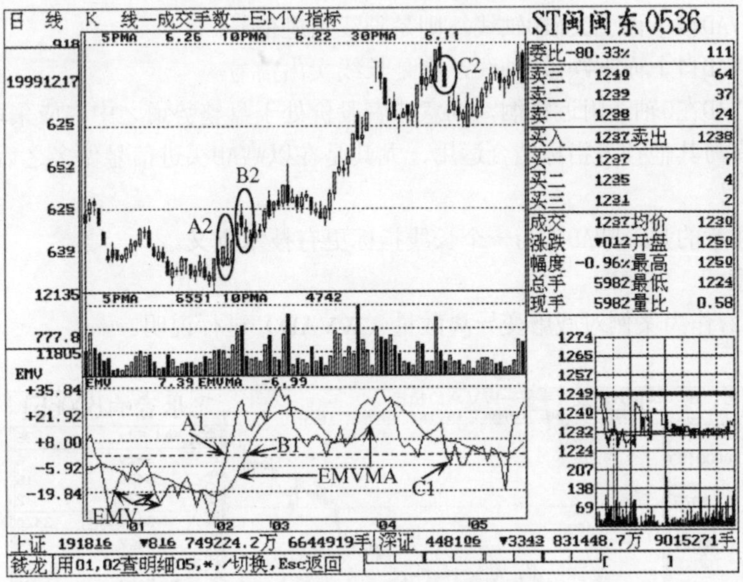

图26 简易波动指标（EMV）

注解：如图26所示，ST闽闽东（0536）在1999年12月17日至2000年5月24日期间的日K线图，以此为例来说明EMV指标的运用。在该图中，EMV指标区内凸凹不定的那条曲线为EMV曲线，而比较平滑的那条曲线则是EMVMA曲线。其中，在A1点，EMV自下而上穿越0轴线，发出买进信号，对应的A2点（2000年2月17日）为买进点；在B1点，EMVMA自下而上突破0轴线，也发出买进信号（以此法则研判行情，常常效果更佳），对应地在B2点（2000年2月23日）应继续持股或适当加仓；在C1点，EMV自上而下跌破0轴线，发出卖出信号，对应的C2点（2000年4月24日）为卖出点。

二十三、威廉变异离散量（WVAD）

1. 基本含义

威廉变异离散量（WVAD）是一种成交额加权指标。其理论依据是，以收盘价与开盘价之间的价格区间作为多空对比均衡区域，在此区域之上的股价视为压力，而在此区域之下的股价视为支撑，通过研究成交额在均衡区域的分布状况来对未来行情进行研判。在实际股价图形中，只有一条白线WVAD，理论上它在0轴线（绿色虚线）上下波动。一般地，WVAD在0轴线之上，表示在均衡区域之下存在较大支撑，买方力量强大，而WVAD在0轴线之下，表示在均衡区域之上存在较大压力，卖方力量强大。

2. 计算公式

WVAD（n）＝Σ［（A/B）］

其中，

A＝F—S

B＝H—L

V＝今日成交额

F＝今日收盘价

S＝今日开盘价

H＝今日最高价

L＝今日最低价

Σ＝累加求和

n＝时间参数，一般取值为6、12、24等，这里取24

3. 运用法则

（1）如果WVAD自下而上突破0轴线，则是长线买进信号。

（2）如果WVAD自上而下跌破0轴线，则是长线卖出信号。

（3）如果WVAD在0轴线附近徘徊，则意味着股价处于盘整势道之中，应采取观望策略。

（4）WVAD应与其他技术指标结合运用，尤其是在以WVAD买进信号做多之后，可以依靠SAR指标提供卖出信号。

（5）应当注意的是，WVAD作为一个长线指标更有技术意义。

4. 案例示意

在此，以图27作为案例对威廉变异离散量（WVAD）进行说明。

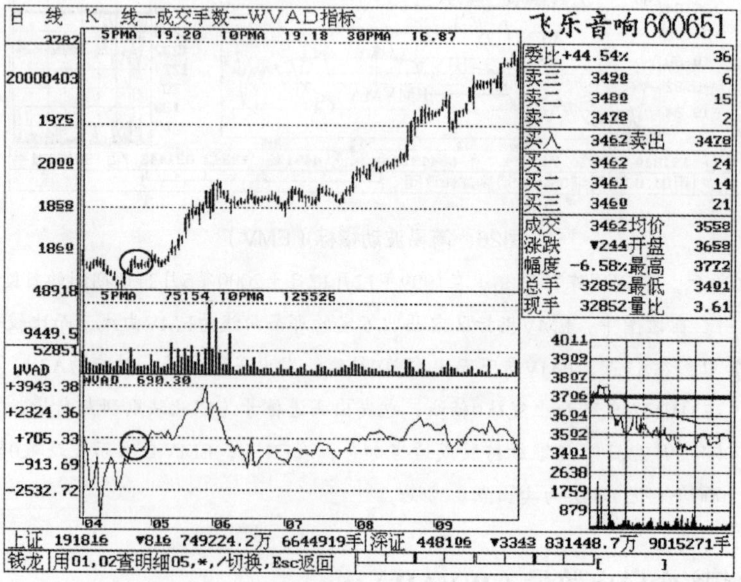

图27 威廉变异离散量（WVAD）

注解：如图27所示，飞乐音响（600651）在2000年4月3日至同年10月13日期间的日K线图，以此为例来说明WVAD指标的运用。在该图WAVD指标区，靠中间的细虚线为0轴线。其中，A1处，WVAD初次自下而上突破0轴线（即4月21日，WVAD＝326.92），而后又回到0轴线下方附近，最后再次向上突破0轴线（即4月27日，WVAD＝201.99），发出明显的长期买进信号，对应地在A2处的五个交易日内（即从4月21日到27日期间）都是长期投资的买进点。值得说明的是，该指标对于研判多头行情更有意义，因此更加适于研判买进时机，而对于卖出时机的研判尚需结合其他技术指标综合运用。

第五篇

中国宏观经济、股市、房市等深度问题研究

改革开放以来的六次通胀及其治理

谢百三

中国自1978年12月改革开放以来，已经发生过六次通胀。这六次通胀既与新中国成立前、国民党政府崩溃前的恶性通胀不同，也与新中国成立初期人民币刚刚走向全国时的高通胀及20世纪50年代末三年困难时期的严重通胀不同。回顾历史、审视现实，总结反思其原因、性质、治理之经验教训对将来，特别是对现在正在发生并在治理的第六次通胀会起到很好的警示与借鉴作用。现对前五次通胀作一个初步分析与探索。最后再对本次（第六次）通胀进行深入分析、研究。

一、第一次通胀：1980年的“洋跃进”与“中越边境自卫反击战”等引发的通胀

1980年，我国曾经出现过一次短暂、急剧而又很快治愈的通胀。当时，由于十年“文化大革命”对经济的冲击，中国百业凋零，经济严重滞后。出于急于摆脱远远落后于世界经济增长速度的局面，当时领导人华国锋提出了“一年初见成效，三年大见成效”的口号。中国一年中大量进口国外机器设备，“大干快上”了若干项目，急于实现“四个现代化”。结果，所购洋机器设备的资金相等于“文革”前十多年的总和。进口、投资、财政赤字和货币发行激增，导致总需求增长过快，物价迅速上涨（达7.5%），虽未达两位数，但也是新中国成立以来较高的通胀。

此外，根据笔者分析，1980年的通胀与我国忍无可忍地于1979年进行的“中越边境自卫反击战”有关系。这也极可能会导致财政开支与赤字等的增加，形成对1980年经济的滞后通胀效应。

中国政府高度重视这次通胀，在当时中国共产党老一辈领导中的经济学家陈云的领导下采取一系列紧急措施，压缩基础建设、收紧银根、继续沿用计划经济时期物价管制等强硬措施，对其进行了强有力的干预、支持。通胀迅速得到了平抑。中国此时才正式迈入健康正常的改革开放快车道。

二、第二次通胀：1985—1987年物价改革等引发的“转型期阵痛型通胀”

1984年，中共十二届三中全会在北京召开。这次极其重要的会议通过了对中国城市体制进行全面改革的决定。中央决定从几个方面同时进行重大改革：实行财政承包；对地方与企业放权让利；将原来的投资建设由财政拨款改成由商业银行贷款（即“拨改贷”）；并狠下决心进行最关键的一场改革，即价格体制以“双轨制”形式全面推开、进行。

1984年，中国领导层心中对价格改革前景作了比较乐观的估计，认为我国的价格改革有农村改革完全成功之经验，有多年来城市改革的许多试点及经验，国民经济发展势头很好，工农业生产持续增长，粮油等生活资料及多数生产资料库存丰实，外贸连续顺差，并有90亿美元外汇结存，城乡人民生活水平提高很快，改革开放政策深入人心……在这种情况下，中国决定大跨步地进行全面的价格改革，如：放开生猪和主要副食品价格；提高短途铁路运价；调整农村粮食收购价；对“倒三七”进行改革，相当一部分农村的粮食到市场上随行就市；对优质煤价有所提高；对钢铁、煤、木材、水泥等重要产品实行价格“双轨制”，其中钢铁浮动价之20%上限被取消，每吨从650元猛涨到1800元。

后来人们发现上上下下对这场改革的心理预期过度乐观。由于企业热情极高，基建、技术

改造投资迅速扩张，加之后来的货币工资改革，结果货币投放量失控，原材料、采掘业产品等涨价又推动最终消费品价格大涨——1985年全国零售物价指数平均涨8.89%；农村涨6%—7%；城市超过了10%；1986年涨幅达6.5%；1987年达7.3%。大大超过了1951—1978年的28年中年均1.3%涨幅，也超过了1979—1984年的6年间年均上涨3%的涨幅。实际上形成了继抗美援朝战争时期（上涨12.2%）和1961年三年经济困难最艰苦时期（上涨16.2%）之后，新中国成立以来的第三个物价高峰。这种突然的改革“转轨型”通胀在全国引起了巨大的震动及反响。

人们不无揶揄地苦笑道：“工人叫，农民笑，知识分子光腚坐大轿，不三不四数钞票。”此外，全国出现了大批钻“双轨制”漏洞的倒爷，以国家计划价格将商品购来，又以开放价（市场议价）售出的食利者阶层，并引发了大批行贿、受贿等贪污、腐败的司法案子，各地还出现为此执行死刑的重案。经济学家开始警觉与反思“双轨制”物价改革的得失以及进程快慢问题。在同一时期，1985年9月18日北京大学等高校还出现了“反日”的学潮，而部分市民在校门外呼喊呼应。有关部门认为，这与物价改革进行过快有关。中央召开会议向各省长、省委书记打招呼，胡耀邦向各省领导作揖抱拳希望大家不要再擅自涨价、过猛投资、过多发奖金了。此外，1985年10月，国务院决定暂时不再出台大的物价改革政策。

但由于各原材料、采掘业生产省份和部门企业的强烈要求，中国又曾经试图于1987年初开始一轮名为“价、财、税联动”的、以生产资料价格改革为中心的重大改革。但对此轮震动更大的改革，著名经济学家厉以宁于1986年春提出了异议，他认为：中国物价改革必须进行，但不能太快。中国的经济改革可能因为物价改革的失败而失败，不会因为物价改革而成功；中国的经济改革的关键是所有制改革，即企业的改革。

党中央、国务院听取了厉以宁等经济学家的意见，并高度重视采纳。国务院明确规定：严格控制消费基金，开征奖金税，控制银行信贷，调整银行领导班子成员，压缩基建投资，清查加价皮包公司。此外还将不少定价权又收归上级主管部门，加强物价检查。仅1987年上半年就查处了物价违犯行为案件24万多件。行政命令、经济措施一起上，上海要求各县、乡、村长一定要多种菜，搞好上海市民的“菜篮子”工程；而乡镇企业可减免所得税收用以补农。中央重新从财政中支出价格补贴242亿元，1987年达337亿元。这使得这轮物价改革型通胀一度缓解，由此引发的社会矛盾也得以缓解，改革可以在更多人民的支持下进行，同时可以让企业有时间有能力消化掉成本上涨部分。但物价内在的上涨冲动一直存在，1987年年终，零售物价指数涨幅又达到了8.8%，继而引发了后来的第三次通胀。

三、对第一、二次通胀之分析、评论

应该指出，改革开放以来的第一、二次通胀都有一些与“文革”前通胀之不同之处：

1．都是属于人民企图冲破旧计划经济体制的创新行为引发的。如“洋跃进”、“物价改革”等都是中国开始觉醒、企图崛起时的骚动、冲动型、改革突破型通胀。

2．都是一定程度上的在“文革”前、“文革”中物价体制僵化、冻结时的还债性质的物价上涨。因为，即使不搞“文革”，中国经济学家们也发现了价格冻结的严重危害，于1965年七八月提出了《在第三个五年计划期间全国调整物价的初步设想》的报告。报告建议对粮食及农村生产资料、部分工业品价格进行调整。后因“文革”爆发，改革被迫推迟了14年，使中国经济大大落后于世界发达国家。

3．国家、政府对生产资料还有相当大的定价权。国家对货币供应、银行改革的进行控制很严，很强有力地、游刃有余地、能有伸有缩地掌握价格改革的进退伸缩进程。

4．1980年、1985—1987年的改革突破型通涨之同时，改革的正面效应不能抹杀。1983年全国钢材自销量（市场份额）仅占3.5%，为106.6万吨；而改革后，达到了20%多，有1000多万吨。石油的情况类似。1980年、1985—1987年的改革大大促进了钢铁、石油及各类商品的生产、供应，促进了全国的经济发展，提高了人民的生活水平。

5. 而城乡居民，特别是城市居民对物价改革、物价上涨的敏感度还很强烈，远比不上西方发达国家、地区的老百姓对物价波动的容忍性；对物价改革引发的中国经济的大迸发、大崛起没有充分的思想准备。即使生活水平在节节上升，怨声仍颇多。这就是所谓的“端起饭碗吃肉，放下饭碗骂娘”。而各级政府拿到的上级指示：“允许你在家里骂，决不允许你上街。”——既坚定不移地坚持改革，又严防引发社会矛盾表面化、激化。

〔注：中国城乡居民消费品价格（CPI）指数：1978年为0.7%；1980年为7.5%；1981年为2.4%；1982年为1.9%；1983年为1.5%；1984年为2.8%；1985年为9.3%；1986年为6.5%；1987年为7.3%；1988年为18.8%……〕

我给朱镕基市长讲物价改革

——引发“抢购狂潮”的第三次通胀

谢百三

一、1988年7月13日，我用一个小时向朱镕基汇报：物价改革急不得

1988年是非常不同寻常的一年。北京的几十所大学，研究所等的青年学子们对中国的改革，以及由此带来的巨大的经济振兴、经济崛起的改革充满憧憬与热情；此前举行、召开的百多次改革理论研讨会上，中国两大经济学家厉以宁（北京大学教授，全国人大常委）、吴敬琏（国务院研究中心负责人）的股份制“产权改革”与市场化的“物价改革”何者为主之争，一直是最重要的议题。此时，党中央领导人中关于尽早放开物价，用2—3年时间冲滩闯关，冲过物价改革这一关的思想占了上风。全国上下开始骚动不安起来。

1988年7月9日前后，在我的复旦大学管理学院培训部18号楼201的门上突然贴了一张校长办公室的钢笔留言条：“谢百三老师，市政府通知，朱镕基市长要请你讲课，主要是谈谈当前的经济热点，时间：7月13日下午1：30，请你做好准备——复旦校长办。”我怔住了，揭下通知，看着“朱市长要听我讲课”，我既兴奋又有几分惶恐；朱镕基市长在上海千万市民中口碑极好。他廉洁奉公，“把眼睛紧紧盯住208个局级干部”是他狠抓党风的口头禅，很多人知道。有一次开会，主持人给每个局级干部送了一副“对笔”（男女均可用），他硬是下令让他们一一交回。他被市民们称为“老八路市长”，“好、廉洁、高效”。

我能为他上课汇报吗？我马上跑去学校电信科打长途电话，请教北京大学的老师们。记得厉以宁老师言简意赅地说：“去讲啊。主要讲物价改革与企业改革。物价改革要慢，冲不得；企业改革要快，主要搞股份制。”我顿时心中有底了，盯住这两个中心话题，扎扎实实地准备了三天。

1988年7月13日下午1点，我以一辆旧自行车代步，从五角场国定路的复旦大学驱车50分钟来到上海市政府。市体改委主任贺镐圣带着几名青年研究员在市政府接待室等我。贺主任非常和蔼热情地拉着我坐下，问我打算两个小时向朱市长汇报什么。我告诉他：“物价改革，急不得；企业改革要加快，特别是股份制改革。要大力发行股票。”他和研究员是认同这个汇报的主题与思路的；他们有人说：“现在上海是八家上市公司在一个营业部挂牌交易，如果有800家公司上市，上海的经济就起飞了。”一位年轻的研究员握着我的说：“谢老师，朱市长日理万机，极忙，我们平日给朱市长讲三分钟话都很难，今天他要听你讲两个小时的课，上海市的改革开放拜托您了。”我心中一热，感到了几分压力与几分自信，连连说：“我会尽力而为的，我会好好讲的。”

1：30，朱镕基市长红光满面地准时来到市政府会议室，他握了下我的手，向市各经济部门主管负责人介绍说：“这是我请来的教授，复旦大学的谢百三老师，他在学校上课很受同学们欢迎，很有名的，报上介绍过。”他问：“谢老师，听说你要调北京工作，哪个单位？”我说：“清华大学经管学院。”“好啊，这是我兼任院长的学院啊，欢迎你。”他又问：“你打算今天两小时向我们讲什么呢？”“物价改革与所有制改革。”“好。”他同意。

随后，我约以一个小时时间向他和领导们汇报了“物价改革”，实际上就是物价逐步放开的过程，由于是计划经济，商品总体紧缺，放时会涨得厉害，故就要紧紧拉住这辆快速马车的缰绳，慢慢地慢慢地放，不能太急太快，物价放到头了，改革也就完成了。我还讲了物价改革为什么不能太快的十点理由，如：物价改革太快，必然造成农副产品大涨，城市职工、干部工资加得慢，承受不了这种大涨。而中国人均耕地很少，农副产品涨价，菜篮子工程等将长期困

扰城市居民。我指出，当时两三毛一斤的大米，最终还可涨到2—3元，上涨空间还很大，时间还会很长。因此，无论如何不能涨得太快。我还讲了，原材料，采掘业产品涨价过快，必然引发加工工业产品，最终导致消费品价格的大涨，让这些企业完全消化成本上涨因素是不可能的。此外，我还特别讲到，当物价放得太快时，银行的货币总笼头是管不住的。如果货币控制过紧，不给增加贷款，上海起码会有30%的企业会因资金过紧而关闭，这会引发工人们打着红旗到市政府来游行、示威，那后果就严重了。朱镕基非常认真地在听，从不打断我的话。他突然问道：“银行，银行的同志来了没有？”显然，由于我的主张物价改革慢慢来，搞持久战与报上的主流观点不同。他不轻易表态，但不时地说：你再讲，讲下去。办公室里四个录音机录着，20多位领导认真地听着记着。我最后讲到：当年德国、日本、韩国分别用半年到一年的短时间冲过物价改革的关，他们有美国军队在驻军，美军对不满的民众实施了军事镇压与管制。我们不行啊，人民的军队不能这样对人民……（十点意见见下一文）所以，要慢慢放，慢慢改。60岁的朱镕基市长一身白短袖衬衣，精神抖擞，兴致勃勃，眼睛很有神，他不多讲话，但是显然他是认同我的观点的。他突然说：“昨天的《世界经济导报》你看了吗？第三版李××的文章和你的观点很像，但他没有你分析得透彻。”我听了心里顿时激动起来，日理万机的朱市长在看经济报刊，这说明他胸怀全国，视野开阔。说明这个市长高瞻远瞩，有战略性、全局性的思维。这个市长以后还会做大事的。我心里想。

后面一个小时，我全力以赴地讲企业改革，承包租赁，资产经营责任制。朱镕基市长突然插话问体改委主任：“贺镐圣，上海市怎么没搞资产经营责任制改革？”贺主任的解释似乎是说：里边有些数学公式挺难弄。后来，我重点讲了股份制改革，朱市长非常有兴趣，不停地插话，提问题，我讲了：“企业股份公司上市后，国有资产不但不会流失，还会大幅度增值。”朱市长也非常重视。

这次两小时的课，一分钟都没少，下午3：30，朱市长在一位秘书的催促下，站起来抱歉地说：“谢老师，我有外事活动，不得不先走了。”他随后让其他领导再留下来听，大意是说：谢老师准备了三个小时的课，你们再听下去，我觉得他讲得很不错。高个子的朱市长匆匆走了。会议室里立马活跃起来，他们有说有笑问起复旦大学同学情况……

这次课上的很多观点，想不到被后来的事态所一一证实，一个月后，中国由于急于在“物价改革”上冲滩抢关，想用2—3年时间闯过物价关，最后引发全国35个大城市的抢购狂潮……引发了李鹏总理的紧急刹车令，引发了朱镕基等为首的上海市及全国各省政府对宏观调控“放慢物价改革，加快企业改革”之表态，一个个在报上、电视台里表态……中国这艘巨轮，终于选择了“物价改革稳步慢改，企业改革特别是股份制改革加快进行”的战略路程，又坚定地向前行驶了……

（本文完成要分多次，请原谅。本文作于2011年3月18日凌晨3：36，浙江余姚）

中国的物价改革为什么不能走德、日、韩的快速到位道路

——再谈第三次通胀

谢百三

前已叙及，中国改革开放后的第二、三次通胀（即1985年、1988年）均与物价改革的喷薄欲出，禁锢了几十年的价格管制这只潘多拉盒子突然打开，各企业各行业跃跃欲试，尽可能涨价有关，可谓是物价改革性通胀。

经济学界中著名的吴敬琏教授及其弟子李剑阁当时主张模仿二战结束后德、韩、日模式，采用管住货币、尽快放开价格，快速到位战略。

确实，二战后，联邦德国在大经济学家总理艾哈德领导下，在美军的协助下，顶住全国各地民众的游行、抗议，不顾一时的混乱，用管住货币，一天之内突然放开价格的方式，让长线产品企业大量破产，短线产品急速增长，用半年时间打碎了僵化、扭曲之价格体系，调整了产业结构与经济结构。最终在半年后，全部经济关系基本达到理顺，社会产能、产品大量增加，物价涨后下跌，社会重新出现了稳定与高增长。这就是著名的“艾哈德奇迹”，为后来成为经济老虎的德国重新崛起奠定了基础。

其后，韩国也用约一年时间，将物价、工资、利率、税率捆在一起，用半年时间过了物价关。最后，日本在美国特使道奇的设计下，也用一年半时间，管住货币，迅速放开价格，完成了从统治经济向完全市场经济、市场价格的彻底转化，促使了20世纪50—80年代日本长达35年左右的经济长期高速增长，成为世界第二大经济体。

1988年，中国从中央到地方，从政治局到经济学界都有人主张学习德、日、韩的模式“冲滩闯关”大刀阔斧搞物价改革。在学习了厉以宁等经济学家的思想后，我认为中国国情完全不同，切切不可东施效颦，走他们三国之道路。我写了《论中国物价改革之风险性》一文，此文被萧灼基教授看中，我被邀请参加了首都经济学家改革研讨会，当时李鹏总理、田纪云副总理接见了与会代表，复旦大学参加此会的还有著名的蒋学模教授。

此文，我还专门赴北京大学请厉以宁教授审阅；他告诉我，《北京大学学报》这一期刚刚付印，要等2—3个月了。他是北大学报经济版负责人，他对我说：“马上在上海想办法，《人民日报》等现在不敢登的，你在上海重点刊物、权威刊物上发，要2个月后发，2个月后，就会证明你的观点是对的。”后来，这篇重要文章在《复旦大学学报》1988年10月期上发表；可惜的是，此时，“8.18—8.19”抢购狂潮已过。中央已开始停止冲滩抢关，转向宏观调控了。此文就不具有超前预见性了。

在1988年7月13日向朱镕基市长汇报的第一小时，我就详细汇报了这篇文章之观点，朱镕基极为认真地听了一小时，现将当时谈的观点公布于下：

中国的价格改革为什么不能像联邦德国、日本、韩国那样采取快速到位的方案，而必须花较长时间来解决？其根本原因是：

1. 中国物价改革的难点之一——农副产品价格将长期呈上涨趋势，这和联邦德国、日本等情况不同。中国城市居民和干部、职工最关心的“菜篮子”问题，将需要长时间才能得到解决。原因是：

（1）人多地少的局面日益严重。联邦德国、日本等都已成功地控制了人口增长，处于零增长和负增长的状态之中，而中国新的一轮人口增长高峰正在到来，自1985年起，每年出生2000多万。与此同时，人均耕地已从解放初的9亩急剧下降为1亩多，这加剧了农副产品供不应求的状况。

（2）到1990年夏，农村9000万壮劳力进入乡镇企业，务农人员绝对减少或相对减少。乡镇企业职工的较高收入，使务农农民受到攀比冲击，也必然促使农副产品价格上升。在工业化过程中，农副产品有几十年价格上升时期，几乎是不可避免的普遍现象。

（3）中国自20世纪30年代开始，农副产品与工业品之间的价格剪刀差就异常大，和日本明治维新前差不多，日本通过维新，一举放开了农副产品价格，并采取了对农民和地主收高税（租），对工业品轻税的做法，使这一严峻问题较早得到缓解，以至于第二次世界大战后的物价改革中，农副产品的价格并未成为最大难题。中国1949年后采取了统购统销政策，对农副产品限以低价，并给予轻税，对工业品继续课重税的“冻结物价”的做法，使工农业产品剪刀差这一疙瘩越结越死。1979年以来的农副产品调价，放开价格，使价格上升的冲动力带有还历史欠债之意义，故农副产品价格上升很剧烈，时间也很长，如果取消国家200亿元的粮食补贴，则农副产品价格上涨将更加一发不可收。即使价格一时理顺了，过不了多久，又会出现新的剪刀差，又需要对农副产品实施新的提价措施。一劳永逸地解决农副产品价格上涨问题只是一种美好的理想。

（4）广东省的农副产品调价、放价经验没有全国性意义。广东省1979年以来在农副产品调放价中成绩显著，后来又取消了粮票，冲破了最后之艰难一关。但广东天气湿热，农副产品和水产养殖业极易成长，广东人民不喜冷冻蔬菜鱼肉，迫使农民在天热时不得不削价卖掉。而北方天气干冷，瓜果、蔬菜、鱼等生长周期长，塑料大棚成本高，北方人民又不计较冷冻菜、肉，不少地方农民宁可将农副产品收藏于窑，将水产等冰冻起来慢慢上市，亦不削价抛售。

2. 农副业资源、矿产紧缺的状况将日益严重，决非价格放开可迅速解决的。以1982年为基数，中国人口以10亿、世界人口以45亿计算，中国大部分农副业、矿产等主要资源远远低于世界平均水平，见表1。

此外，矿产资源大部分分布于西部地区，90%的人口却集中在东部地区，开采十分困难。

淡水资源60%—70%集中在南方，北方地下水源严重缺乏。

与农副产品价格的情况相似，中国这30年以来一直处于基础产品，矿产品价格畸低的状况，这样由于价格体现价值的正常回升，以及求大于供的格局，农副产品、原材料产品、采掘业产品价格上涨比我们原来估计的还要猛，反冲力还要大，时间还要长。

表1

资源	中国人均占有量为世界平均占有量的比例
国土，耕地	32
林地，森林	13
草原	33
可用于农村牧业的土地（含未开垦的处女地）	31
淡水	24
煤	47（经济可采量为40）
水能	61
铁矿	49
铜	29
铝	33
钨	225
锡	70
稀土	338
钛	100
镍	25
铅	54
锌	100
硫	85
磷	52

资料来源：《中国：发展与改革》，1988年1月号，第4页。

3. 结构性供不应求。从供应方面讲，主要是初级产品短缺。1984—1986年中国制造工业增长64%，而采掘工业增长43%，原材料工业增长39%。造成结构性需求膨胀，拉动初级产品价格上升。这是前一点原因的延伸。

4. 作为劳务价格的国有企业工资无法与其他物价一起全部放开。联邦德国、日本、韩国物价改革时是将工资也作为一种价格，一揽子放开的；它们的工资总水平均有不同程度的上升，其中既包含着物价补贴，又包含着对价格的理顺，市场需求旺盛，鼓励工人加班工作的报酬。中国现有在国有企业占绝对优势体制下不可能放开工资，一旦放开，就会出现1984年第四季度那种消费基金增长200亿元之巨的情况。但是，如果仅放开其他物价，工资被国家控制住，则企业、职工心理上无法承受物价大幅度上涨及随时变动的压力。在国有制条件下，厂长经理仅五年一任期，他们可以在正当理由下，大量地给职工发放工资、奖金，他们的手是松的，国家决不能完全放权。而在联邦德国、日本、韩国，私人企业占主导地位，雇主、资本家尽可能不增加或少增加工资，这和中国情况是截然相反的。

5. 银行货币发行在通常情况下总量难以控制住，物价将大幅度成倍上涨。联邦德国、日本、韩国的物价改革之所以成功，就在于它们的银行多为私人银行，它们的企业多为私人企业。资本主义私有制决定了银行决不会将货币借贷给那些由于原材料、燃料上涨成本上升而濒临破产的私人企业，否则无异于银行与企业共同破产、共同死亡。西方银行的贷款原则是“见死不救，锦上添花”，中国今天的局面是社会主义银行面临着成千上万国有企业，银行与企业均为国家所有，银行对企业多为“救死扶伤”，实行革命“人道主义”原则。在“国家父爱主义”下地方政府必然强令银行向面临危机的国有企业增加贷款，因而货币总量是无法控制住的，物价一定会大幅度成倍上涨。“艾哈德奇迹”发生的基础是私有制银行与私有制企业，是资本主义的见死不救的利己原则。中国如仿效联邦德国、日本、韩国，最终局面不太可能像它们，而很可能是1980年的波兰，物价以200%—300%的幅度上涨。

6. 相当多的国有企业经济效益低下，难以消化也不愿消化原材料价格上涨因素，甚至以行业垄断利用物价改革哄抬价格。日本等私人企业的经济效益总的来说是高的。当快速到位的物价改革“劫难”来临时，只要尚能生存下去的企业都会竭尽全力地动员工程技术人员运用科学技术，动员职工加班加点，降低成本，提高劳动生产率，千方百计消化原材料上涨、成本上升因素。此外，受到价格上涨好处的生产原材料、燃料、初级产品的企业，更会利用这一黄金时季，扩大生产，广纳失业工人，提高经济效益，迅速以自身的发展，改变短线产品行业供不应求的局面。目前相当一部分国有企业经济效益不如集体企业，集体企业不如个体企业和私人企业。国有企业经济效益不如中外合资企业，中外合资企业经济效益不如外商独资企业。相当一部分国有企业出于利益的考虑或经营管理水平低下，不愿意或无能力消化因原材料、燃料价格上涨而造成的成本上升因素，直接将涨价因素转到产品出厂价格中去，转嫁到消费者头上。这样就形成了原材料涨价——打入成本——产品涨价，即“价格体系复旧”的现象。1987年上半年全国查处物价违纪行为和案件24万多件，其中垄断性的行业串通乱涨价案件比例很大。在目前这种两种体制、两种管理方式并存的情况下，企业的这种短期行为很难完全制止和克服。据上海市统计局的资料表明，1985—1987年该市地方工业使用的原材料、燃料、动力价格三年累计上涨达68.5亿元，平均每年上涨22.8亿元。而该市地方工业产品提价累计达56.8亿元，平均每年提价18.9亿元。三年间产品提价金额占原材料提价金额的比重的83%。如果扣除减少上缴利税的部分，企业本身消化的比例就不多了。

7. 就业刚性极强，无法承受破产打击。联邦德国、日本、韩国的工人对事业有较强的承受力，失业后可转而进入在物价改革中受益、生产大发展的企业中去，客观上很快完成了产业结构的调整。中国现实中的职工对破产、失业的承受能力极小，甚至是没有的。同时，各级地方政府与党组织也没有这种思想准备。这样，一旦物价改革大步走，千百家企业破产，失业工人排队、游行，到地方政府要工作时，地方行政长官在高通胀、高工资、低失业和“长痛不如短痛”，干脆以破产、失业为代价打破恶性循环的两种局面选择中，必然选择前者，而导致价格改革大步走方案的受挫。

8．缺少愿意承担价格改革损失的民间阶层。联邦德国、日本、韩国改革中，除了工人失业遭巨大损失外，整个资产阶级（尤其是濒临破产的资本家）也遭受了巨大损失。面临着企业破产的劫难，他们纷纷将银行存款及黄金等抽回，不顾一切地投入面临破产的本企业，改造企业，应付成本上升，给职工发工资，结果一些企业保住了，相当一部分企业则无可挽回地破产了，资本家、董事们投入的巨额拯救资金，客观上就成了物价改革所需要的补贴。而资产阶级客观上成了物价改革冲击波下的缓震带、海绵层。中国没有一个价格改革的缓震带。而且市民们也不愿承担损失，1988年5月开始出现的华南、华东各地居民为防止价格上涨过快，人民币贬值而纷纷抢购金银首饰，兑换美元、港币等外汇，抢购大宗商品证明了这一点。中国人没有承担损失的本能和愿望；中国的企业也没有承担损失的本能及能力；中国政府近年来财政赤字一直徘徊在80亿元左右，国债有几百亿元，也没有承担损失的财力和能力，这又是与西方迥然相异之处。

9．总需求大于总供给已持续多年。资本主义国家经济的基本特点是产品相对过剩，拥有买方市场。私有企业对于投资的风险是小心翼翼，很少出现全社会的投资膨胀局面。社会主义国家由于政府软预算约束、消费基金失控使经济常处于卖方市场、“短缺经济”、“紧运行”状态之中。加上“投资饥饿症”等原因，使投资基金极度膨胀。从某种角度分析，社会主义国有制条件下通货膨胀或隐性的通货膨胀比资本主义条件下的通货膨胀更难治愈，现行的所有制结构不改革，不搞股份制，宏观控制总需求的努力会在“上有政策，下有对策”的局面中失去效力。

1984年年尾，在物价改革准备迈出较大步伐时，全国城乡居民银行储蓄余额为1214.7亿元，当时经济学界就有人惊呼为“囚中之虎”要出笼；1986年12月这项数据上升为2238亿元；1987年年尾又上升为3073亿元；1988年又上升为3801亿元（加上手持币，可达4000多亿元）；1990年尾又达到7034.2亿元；1991年7月已上升为8000亿元（加上手持币，可达一万多亿元）。而可供应商品总量远远低于这个需求。

10．国际经济的影响越来越大，物价随世界市场波动而波动。中国经济已与世界经济连成一体，世界经济形式一阵风，国内经济生活中就会出现一阵浪，如日元增值美元贬值，人民币汇率贬值都会促进国内价格上涨。中国的价格同世界市场价格相比是严重倾斜的。如彩电、录像机、冰箱等加工工业产品价格远高于世界市场价格；而农副产品、水产品、原材料、采掘业产品、初级产品的价格以及第一线工人的工资、知识分子的工资却远远低于世界市场，这就造成了人们千方百计想出国带回几大件。与此同时，中国的农副产品、水产品、初级产品、原材料等大批外流，中青年工人、知识分子大批外流。此外，虽然现在有外汇调剂市场，但总的来说汇率还是固定的，每引进1美元产品，国家补贴约1元，如果物价改革大步走，汇率是否也放开？如果放开，则全国物价总水平将上升更快，一切产品的价格及工资都会迅速向世界市场靠拢，又会增加物价改革难度。如果汇率制度不变，则价格改革仍不彻底。民间的人民币兑换美元禁不胜禁，物价将仍是倾斜的，严重不合理的。当年的联邦德国、日本、韩国市场原来与世界市场关系密切，与中国这种与世隔绝几十年的价格严重倾斜的程度也不尽相同，它们虽也扭曲、倾斜，但纠正起来，毕竟容易多了。

11．中国人民对物价改革的承受能力很弱。世界上不少国家（尤其是完全的市场经济国家）人民对价格波动习以为常，有很强的承受能力，中国人对物价波动承受能力较差。物价改革说到底是各个阶级各阶层经济利益的调整。实际上，这些年中国职工的工资总额及工资性收入上升还是相当快的。如上海市工资上升幅度1986年比1978年增长137%。而物价上涨指数仅为29.1%，1987年上海市工资性收入上升为12%左右，而物价上升为8.8%强，工资性收入上升幅度超过物价上涨指数。但群众对物价上涨的意见仍很大，这主要是因为收支相抵或收不抵支的人口占的比例还较大，上海市这部分人口1987年为31.7%。尤其是一些拿固定工资的中青年工人、机关事业单位干部、中小学教师、医务人员及离退休人员，意见很大，在京、津、沪新闻媒体发达的地方，反映尤为强烈。加之国内政治形势也时而出现一些不稳定因素。这样，物价改革“一步到位”的现实性和可能性就都不存在了。

12．国际援助可能性极小。联邦德国、日本、韩国的物价改革的快速到位得到了美国政府经济上的巨大支持，如日本，美国不仅给予它经济援助，还千方百计向它进行技术转让，让它利用侵朝和侵越战争机会倾斜式高速发展化工工业、造船工业、钢铁工业。中国国家大、人口多、困难严重，加之与西方发达国家价值观念、政治制度不同，不可能获得重大经济支持，要凭借自身力量来完成改革，难度就会大得多。

13．政治背景不同。当物价改革快速到位的狂风席卷过来时，联邦德国、日本、韩国成千上万失业工人曾走上街头，举行抗议游行示威，遭到美国驻军的严厉镇压；军事高压制造出一个价格改革所需要的稳定的政治局面。但中国决不能依赖这种手段。

总而言之，价格改革绕不过去的，尽管困难重重，仍非搞不可。但不能采用过快过急的方案，应该在深化企业改革，加速承包、租赁、资产经营责任制尤其是股份制改革的前提下，在对近万亿元居民储蓄采用卖股票、房地产商品化等分流措施后，一步一步地放开价格。企业内部的改革完成了，产品大量涌现了，供不应求局面改善了，物价改革也就会顺利完成。人们只有紧紧地拉住其“缰绳”，加快企业内部改革，两者才会最后成功。

（本文完成于2011年4月2日）

朱镕基亲任央行行长严打第四次通胀

——论1993—1995年之通胀

谢百三

一、小平南方谈话，像春雷震响

1992年，一代伟人邓小平以88岁的高龄，决定视察南方。他要看看中国这艘巨轮的航向与速度。他内心隐隐不安，担心中国的改革开放会停下来，甚至会夭折。因为1989年夏天的政治风波，使一些中央与地方领导人误以为党的工作重心转到“反资产阶级自由化”上来了。邓小平在1992年春天，风尘仆仆地来到上海、武昌、顺德、深圳、珠海视察。他有很多话要讲，他沿途一直在说：“党的工作重心和基本路线100年都不能变”，“改革开放要坚持搞下去”，“不坚持社会主义道路，不改革开放，不改善人民生活，就只有死路一条”，“要抓住机会，现在就是机会，机会一转眼就过去了”，“股票可不可以搞，可以大胆地试。资本主义的东西社会主义也可以拿来用”，“深圳的经验证明我党的特区政策是完全正确的”，“你们要胆子大一点，思想再解放一些，要搞得快一点”，“发展是硬道理”。

在“东方风来满眼春”之季节，《深圳特区报》连续发表多篇文章论“敢闯”。港澳台报纸篇篇转载。中共中央政治局开会高度重视，决定将小平这些讲话立即传达到全国。这真像一阵阵春雷在当时“万马齐喑”的中国大地上震响，对全国各省市委、政府领导冲击、震撼很大。全国一呼百应，各省市热烈响应。广东、上海、安徽、山东、四川、江苏、浙江闻风而动，全国齐上。1992年，社会主义经济中新一轮高涨、发展周期又开始了。这应该是极大的好事，但遗憾的是很快出现了“一放就乱”的局面。

二、1993年经济冲到高峰，出现严重通胀

1993年，中国经济冲向新一轮高峰。全国大干快上，基建投资迅猛增加；社会总需求强力扩张，货币投放增发同比高达34%；信用更严重扩张。总需求又拉动了通胀。当时，出现了“三热”：股票热、房地产热、开发区热。具体的问题更加尖锐：

（1）大米从0.8元／斤上涨到1.6元／斤，虽然因此闯过了最难过的废除粮票这一关，但却引起了农副产品及相关产品价格全面上涨。由于大米、面粉在商品价格中权重很大，结果化肥、农药、猪肉随大米、面粉全面大涨。

（2）转行增值税试点，相当一部分企业将增值税负担加到最终商品上去了，又加剧了物价上涨。

（3）坚决地实行了外汇体制及管理体制的改革，先从1∶5.7的官价放开，贬值。结果美元等外汇的市场调剂价大涨，竟然涨到1∶11元人民币。高估的外汇价格经不起支撑，不久回落到1∶8一带。这么一上一下，一年中，多流入美元等外汇200亿元，就会多投放基础货币2000亿元，这又加剧了通胀。

（4）1994年，全国公务员加工资，并影响到企业工人加工资，增加了成本。

（5）相当多的国有企业对原材料的上涨，采取水涨船高的对策，物价在新的高度上出现旧体系的复归。

在这种情况下，1993年、1994年、1995年这三年通胀率越来越高，有两个SZ.000093和SZ.000193的三年、五年期保值国债，发行时为100元，三年之后的1996年4月1日，竟然以

171.99元兑付。即平均每年通胀率平均高达24%。全国处于一浪高过一浪的浮躁的通胀之中，人心惶惶。

三、朱镕基亲任央行行长，全党反对通胀

以铁腕手段、强有力工作作风著称的常务副总理朱镕基，对新的经济周期全力支持，又在经济学家吴敬琏等提醒下，对即将出现及后来果然发生的严重通胀，首先表现出了高度警惕，抱着严阵以待的态度。朱镕基还在一次全国高校管理学院院长会议上批评一名大经济学家说：什么通胀不是主要问题，我为了通胀已到了食不甘眠不安的程度。他于1993年6月，由他自己，国务院常务副总理亲自兼任央行行长，立即召开全国银行行长工作会议，命令他们在三个月内，尽快地把搞“股票热、房地产热、开发区热”的贷款收回来，否则，将追究各行行长的领导责任及个人责任。全国人民从央视中看到了当时全国银行行长们大为震惊、面面相觑的尴尬一幕。

朱镕基在党中央支持下，严厉紧缩货币政策和财政政策，整顿金融秩序；对极容易造成金融风险的“银证合一”模式进行了坚决的改革，下令证券公司从各大商业银行分离出来，并前后出台了16条措施。

面对着新中国成立以来最凶猛、最严重的一次通胀，朱副总理果断采纳了经济学家们的建议，对三年以上的长期存款，实行保值储蓄。三年以前存进银行去100元，三年以后通胀为三年前的172%了，那就补足到172元。实际上其经济学意义就是零利率，即不让老百姓吃亏。当时，党中央、国务院、央行、财政部都实打实地按通胀率给三年以上存款、国债补足达0利率。老百姓揪紧的心一点一点地宽了下来。这在世界各国是罕见的。与此同时，对通胀率最敏感的国债期货市场，出现了相信政府会兑现的以“中经开”为首及全国老百姓为一边的“看涨派”及以万国证券公司管金生、辽国发为代表的“怀疑派”，他们甚至暗中认为政府会作假，将通胀率人为造假压下来及赖掉保值补贴几十亿元，正反双方在上海国债期货市场上刀刃相见，仓位越积越大，巨量之仓位说明谁也不肯让步的巨大分歧。1995年春，发生了著名的国债期货“3·27”事件，坚持错误的管金生竟又违规透支打压期市，造成了万国16亿元的巨大损失。

朱镕基亲自赶到上海，果断镇定地处理此事，令全市银行拿出钱来支持万国证券，将几百万、几千万资金堆积如山地放在柜台上，半天时间稳定了证券市场，并很快关闭了国债期货市场。管金生也由“证券之王”，几个月之间沦为领刑16年的阶下囚。

党中央、国务院对一浪高过一浪的通胀非常重视及警惕。全国人大代表每会必提“反通胀”。中央在1994年11月28日起连开了5天中央经济工作会议，并在《人民日报》上发表文章《全党统一思想统一认识，反对通胀》，希望各省市配合，通胀无论如何要控制，经济又不能萎缩，GDP增速还能达到9%以上。

在货币政策、财政政策的“双紧缩”及全面的经济、行政、计划、市场各种手段的多管齐下局面中，改革开放以来的，也是新中国成立以来最高最凶险之通胀，终于缓缓低了头，通胀率终于降了下来。这几年的通胀率分别是1992年为6.4%，1993年为14.7%，1994年为24.1%，1995年为17.1%，1996年为8.3%，1997年为2.8%，随之而来的是中国遇到了百年未遇的通货紧缩，1998年为-0.8%，1999年为-1.4%，2000年为0.4%，2002年为-0.8%。中国政府和经济学家又投入到紧张的反通缩之中去。

（本文完成于2011年4月16日）

货币政策长期从宽是导致本次通胀的根本原因

——谈改革开放以来第五、六次通胀

谢百三

从2005年到2008年的第五次通胀（当时通胀最高点达8%，但仅1—2个月就下去了），2010年均达5.38%的通胀。究其根本原因，还是中国较长时间实行了相对宽松的货币政策，同时世界货币的发币国美国也不负责地滥发货币所致，正是他们引致了通胀及房地产市场的长涨不跌及给这两次通胀埋下了隐患。

虽然中国时松时紧地变换着货币政策，比如有时货币政策也极紧，如从2007年10月中旬到2008年夏，中国实行了“适度从紧”（实际上是“极度从紧的货币政策”），竟然采用了额度制的管理方式（在西方经济学中，称之为“窗口指导”），结果，从那时起，几千万家中小企业及几万家大型国企，资金极紧，江、浙民间贷款利率高达20%—30%，一些企业不得已而大抛股票。中国股市从6124点向1664点狂跌，房地产市场价格也跌20%。

但一旦出现了经济总体下滑，中国立即转向适度宽松货币政策，并且要全党统一思想，全国一起行动。请看，2008年下半年，中央发现经济冷却后，采取了以下措施：

1. 财政投资大增，2009年突然增投4万亿“铁公基”。2009年，面对世界金融海啸，中国决定扩大内需，财政紧急投资4万亿，重点是向铁路、公路、桥梁及各种基本建设（铁公基）。此举得到世界各国好评，世界把希望的目光投向中国。然而，货币财政政策一下以从紧变从宽，从紧缩变扩张。与4万亿元配套的后续资金，在几年中，起码有4万亿。

2. 2009年，新增贷款9.59万亿，为新中国成立以来之最。为了战胜国际金融海啸带来的影响，中国2009年以很宽松、很低的利率向企业、民间贷款。这一来，经济是从调整到再扩张，很快又重新抬头往前冲，房价却一下子上来了，复旦大学附近的新房，2008年从2万元/平方米跌到1.8万元/平方米，但又从2009年初的1.8万—2万元/平方米，一年之间涨到3万元/平方米，出现了“大杨浦板块”的补涨，复旦大学师生惊得目瞪口呆。一切引起房价上涨的原因都同时会引起通胀，它是一个连通器，这里不涨那里涨。

3. 此外，多年来，中国大部分时间自觉或不自觉地、主动或无奈地实行了较为宽松的货币政策，从宏观上，长远上来看，中国货币政策经常处于宽松之中：一是国内经济高速增长之必需；二是人民币升值，外汇占款越来越多。因为，中国是人口大国，经不起经济长时间萧条，失业人口大增的打击，只好服从经济，投放货币。

请看：

1999年我国的M2为11.9万亿；2011年4月，M2约为75.8万亿（1984年，我国城乡居民存款为1200亿元，现在为30万亿元）。1999年，复旦附近的房价为4000元/平方米，现在为3万元/平方米，房价走势与M2增长的幅度完全同步。而这也为通胀的顽强到来，埋下了祸根。此外，至今，美国的M2仅为其GDP的60%；而我国此数据一直大大高于美国。1999年我国GDP为8.9万亿，M2/GDP＝1.33倍。2007年GDP为26.5万亿，M2为40.33万亿，M2/GDP＝1.5倍。2010年底，我国GDP统计为39万亿，但各省市加总为43万亿；而现在我国的M2已达75万亿，则M2/GDP为1.74倍。

在这种情况下，中国的通胀总有一天会顽强地不可抗拒地爆发出来。早些年，大中城市的房地产调控不力，不停地上涨，吸纳了大量流动性。因此，通胀问题被掩盖起来了。而现在房价被严厉调控，大量的钱——货币就从CPI的管道冒了出来，成为显性的了。这是第五、六次通胀形成的最根本原因。

（本文完成于2011年4月30日）

本世纪与上世纪90年代通胀的区别、预后以及治理对策

谢百三

一、近一轮通胀与90年代四次通胀迥然不同之处

①20世纪90年代人民币在贬值，从1：2.7元RMB、1：3.5、1：5.7贬到1：8.28元RMB，人民币当时一直在贬值，海外热钱根本不愿进入中国，外汇储备增加缓慢。故那四次是国内独立的货币运行现象。而现在的第五、六次人民币在迅速升值，海外热钱争分夺秒涌入，成为一大原因。故现在通胀将顽固得多。反复也会很多，很复杂。

②20世纪90年代，中国没有加入WTO，是个孤立现象。2001年12月中国加入WTO，中外经济逐渐打通。我国50%的铁矿石及石油、粮食、电子产品等均受国际市场影响。中外市场互为因果地推动物价上涨，形成输入型通胀。

③20世纪90年代，中国的各行各业还处在卖方市场，一旦出现通胀，人们即大肆抢购，抢彩电、冰箱、洗衣机、照相机、吸尘器、毛料等等；表现为需求拉动型通胀。而近两次通胀，国内市场已完全成为买方市场，产能严重过剩，95%—98%的百货、电器、日用品供大于求；因而为成本推动型通胀。来得慢，涨得不会太高（*高点约8%左右*）；但走得也慢，较顽固，即使下去了，还会再上来；有可能会成为一段时间里的常态。

④20世纪90年代，货币政策比现在紧得多。一旦通胀发生，利率即上调为零利率或正利率（*为三年以上的存款、国债实行保值*）。名义利率可高达10%—24%。故股市、房市及通胀都会被有力地压下去。现在货币政策长期从宽，长期为负利率，通胀就会较顽固。

⑤20世纪90年代，最重要的城市房地产市场处于被遗忘的潜伏期。资金主要追逐日用百货及农副产品。现在，房地产市场价格居高不下，吸纳了大量资金。一切引起房产上涨的原因都会引起通胀。整个社会成为一个连通器。货币政策不变的情况下，用房产税、“限购令”来限房价一定会“按下葫芦起了瓢”，引发显性或隐性通胀。人们应该看到，2010年10月，对房地产限购，调控越来越严厉后，我国的通胀很快地跳上了3%—4%—5%的几个台阶。这一点必须引起国务院及有关管理部门的高度重视。

二、近一轮通胀预后：不会过10%，但会反复发作

由于上述原因，人们不会去抢购百货，加之粮食连年丰收，产能严重过剩，故通胀将不会高过10%，最高点仍在8%，大多时间在5%—6%，有时也会下去，但会持续发作。

三、准备金率很高了，利率提高会慎之又慎

准备金率已提高到21.5%，为世界各国中之最高，但并非世界历史之最。一些小国家曾有更高的，如有个别石油国家，曾因钱多，高达百分之几十的，我们看了感到不可思议。提高准备金率而尽量少提利率是本次对付通胀的一个特色，利率常常处于负利率，一是怕利率高了，更吸引热钱进入中国；二是怕全国几百万房贷家庭压力太大；三是地方融资平台，地方政府借的10.7万亿款的利率高了，地方政府还不出。但这对银行总体是不利的。

（本文完成于2011年6月24日）

通胀下行千万不要以经济过分冷却为代价

谢百三

一、本月通胀下行的原因

这次CPI同比上涨5.5%，环比上涨0.1%，PPI上涨5.0%，创一年来上涨的新低，似乎令人松了一口气。它下调的原因是：第一，央行严厉货币政策的调控结果。尽管利率是负的，但是准备金率是160多个国家之首，高达21.5%，企业社会资金都很紧，必然影响物价。第二，季节性因素。通胀突然下跌0.6个百分点，是由于去年同一个月的基数比较高，比下两个的基数还要高，所以同比还要下跌。第三，世界经济和中国经济都有下行的趋向，输入型通胀和成本推动型通胀都在减弱，大宗商品的进口价格都在下跌，也造成了这次通胀的下调。第四，一些地方蔬菜价格跌得很厉害，有的地方如新疆、山东等地，老百姓过冬必备的大白菜现在跌到1毛钱一斤，加上农民前一段时间扎堆种植的大蒜、姜都在下跌，猪肉价格也有所下跌。菜贱伤农。

二、认识治理本次通胀的艰巨性和长期性，不要轻易说拐点

首先，我们估计2012年1月份，通胀又会起来，因为翘尾因素没有了，加上春节。另外，引起通胀的一些基本原因还在。例如，全国的货币与准货币高达80万亿，稍有疏忽，通胀又会翘头。

三、千万不要以经济的过分冷却为代价来治理通胀

据我所知，有经济学家向国务院建议，宁可经济下跌放慢，也要控制通货膨胀。我觉得这种观念是错误的，如果货币政策继续这样紧，投资、出口、消费都会受到拖累和打击，经济增长就会一步步慢下来，我们至今不知道9月份GDP增长率是多少，应该已经下来了（三季度是9.1%），10月份的GDP下来的可能性也很大。据我所知，大型国有企业资金都很紧张，而民企、中小企业更是非常困难。虽然温州作为一个特例，温总理去了以后解决了一些问题，但是今天早上了解到，浙江省的民间利率仍然高达3分—5分/月（年利率36%—60%），中小企业反映目前的困难比2008年多得多，情况严重得多，大部分企业看不到货币放松，经济转暖的希望和曙光。很多企业家非常悲观，负资产的企业是度日如年，过一天算一天，还能维持下去的企业，打算冬眠蜗居和趴下。温州企业家逃跑的82个，回来的15个，还有67个呢？还不是照样人走楼空，一摊子失业工人，负债扔给了温州市政府和温州市民。总而言之，中国是一个13.3亿人口的大国，每年增长人口600多万，与通胀相比，失业问题更加严峻和可怕，如果搞到失业问题更严峻了，企业垮掉了，农民工回乡几千万，大学生找不到工作，怎么是好？

四、捅破房地产市场泡沫是大快人心，但对其严重后果和副作用的对策想好了吗

各地房地产价格都在下跌，北京万科房价从17000元/平方米跌到14000元/平方米，使各方居民拍手称快，这是符合中央的精神和城市居民的利益和心愿的。但是与房地产市场相关产业链相关企业的萧条和后果，人们考虑得少。例如钢铁从5000多元/吨跌到4100多元/吨，铜从80000多元/吨跌到50000多元/吨，各行各业都在受拖累，钢铁、水泥、电解铝、玻璃、石

灰、家具、汽车产业都会因没有市场而大幅萧条，42个产业都会受到不同程度的打击。这种趋势已经出现，有的已很严重，企业裁员也已经开始。总之，在房价下跌的同时应该考虑好对其引起的大批企业的萧条、冷落和失业率的提高有充分的警觉和思想准备。万一出现日本那样的情况，我们中国怎么办？如果有的大学生为买不起房而烦恼不已，而现在失业潮到来，工作都丢了，这个打击难道不更大吗？日本人口1.2亿，增长非常慢。中国一天生几万个小孩，就业怎么办？

五、土地卖不掉，地方欠款10万7千亿，怎么办

众所周知，为了配合2008年的基础建设（铁公基），从银行、地方融资平台借了10.7万亿，过去地方政府都是希望通过土地拍卖来偿还这笔欠款，现在地卖不掉了怎么办？万科说，宁可不拿（地）也不要拿错。这笔欠款今冬明春就要到期，他们还不出怎么办？各大商业银行的不良贷款不是又要上升了吗？通货膨胀会不会因为被迫多发票子再引发？发地方债吗？上海、深圳、浙江等富裕地区是可以的，信誉是高的，贫困和边缘地区的省市怎么办？也发地方债吗？

总之，通胀下行令人松了一口气，但现在应该考虑的是放松货币，防止经济过分冷却和萧条。

（本文完成于2011年11月9日）

论中国处于5000年来最长最大的盛世初期

谢百三

编者按：“关于中国处于5000年来最大的盛世”是争论最大的，但我坚信我的观点是对的，再过100年、几百年，历史会作出结论。现在与写文章的2006年比，GDP已达47万亿，为世界第二，人均GDP也在追上来。2011年全国人均GDP为5449美元，上海人均GDP为1.28万美元。上海10年盖的高楼大厦已达6500多幢……总之，中国经济还在大步向前，我们要珍惜啊！

笔者于2006年12月14日来到香港凤凰卫视与两位当地教授辩论，关于中国是否处于5000年来的又一个盛世初期之中的问题，现作如下几点说明：

1．为什么讨论这个问题，是否会引起“民族主义”？其实在亚洲，持有狭隘“民族主义”而被批评的只应是日本少数军国主义分子，日本在1894年甲午战争侵略中国，在一战、二战中继续侵略中国和整个东南亚国家，至今尚未正式道歉，对于日本我们要防止其出现狭隘的“民族主义”。而中国从1840年以来一直遭人欺侮，经历过两次鸦片战争、中日甲午战争、八国联军侵华战争，前后多次被迫割地赔款；仅1931—1945年期间，中国就死伤军民3500万人，中国何来民族主义？中国需要的是爱国主义与民族自豪感、民族凝聚力、民族自信心。中国处于盛世初期符合事实，也有利于震慑“台独分子”。

2．笔者多年来一直认为“21世纪的中国将是世界上发展最快的大国”。笔者于1997年在新加坡出版的《投资中国》、2001年在北京大学出版社出版的《中国当代经济政策及其理论》这两本书中的第一章都写明“21世纪的中国将是世界上发展最快的大国”。其实，这与“盛世”之说已经很近了，这不是什么邀功请赏，而是基于经济学的分析和合理预测。中国历史上的盛世既有长达130年的“康乾盛世”，也有区区32年的“永宣盛世”，中国改革开放已经28年了，正处于盛世初期；1996年2月2日，瑞士达沃斯第26届世界经济论坛年会上2000名来自世界各国企业界人士在回答“未来五年经济增长最快的是哪个国家，作为企业家，你准备首先在哪个国家投资”时，得票最多的是“中国”。2004年9月27日，美国《华尔街日报》对12个诺贝尔经济学奖获得者、顶级经济学家调查“75年后，谁将是世界最大的经济体，美国、欧盟还是中国？”有7名顶级经济学家肯定地说“中国”，他们看好中国今后75年的发展，何以我们自己反而不看好呢？

3．中国处于盛世初期是不争的事实。1978—2005年，中国GDP从3000亿元人民币上升到18.3万亿元，今年将达到20万亿元，年均增长9.5%，GDP总量高居世界第四位（按中国当前汇率水平计算）①；国际货币基金组织按购买力平价汇率计算出的中国GDP高达6万亿美元，高居世界第二；进出口总额也是世界第二。这是何等辉煌的成就！有人居然说这不能说明什么，岂非将改革开放、中国人民几十年打拼的成绩一笔勾销？有人怀疑这些数字有水分，是虚报的，这是20年前计划经济时代的思维方式，当时地方政府和国有企业领导虚报高数字，可以升官。但是现在经济结构发生很大变化，市场经济下的企业只会少报增长率，这样可以少缴税；地方政府为应对中央对经济过热的宏观调控，也会导致少报。

28年来，中国钢铁产量从5000万吨上升到4亿吨，粮食产量从6000亿斤上升到9000亿斤，贫困人口从2.5亿下降到2300万，人均GDP从300美元上升到1700美元（长三角地区人均为3500美元，上海则高达6500美元）。在世界15个国际金融中心城市中，上海4年时间盖了4000幢高楼，是发展最快的，广州、大连、深圳、青岛、天津等城市的发展都非常快。只要尊重事实，

①编者注：2012年中国GDP已达47万亿，高居世界第二位（按汇率1：6.3计算）。

出去走一走看一看，无论是经济发达的珠三角、长三角还是比较落后的地区，这几年经济发展都很快。一位诺贝尔经济学奖得主说："中国的统计数据是可信的，这只要到中国各地区走走看看就会得出这一结论。"

中国的外交政策日益娴熟，在处理朝核问题、海湾危机方面可见一斑；48个非洲国家领导人云集北京开会；中国的话语权越来越大，全世界愿意倾听中国的声音，中国在世界各国受到前所未有的尊重。中国没有恐怖主义、没有战争，是最安全的地方。这都是中国古代盛世所不多见的。

体育事业是国力的反映，我国从历史上的"东亚病夫"发展成亚洲第一体育强国，在2004年的雅典奥运会上，中国健儿一举夺得32金，金牌数排名世界第二，在正在举行的多哈亚运会上，中国稳居奖牌榜首位。2008年奥运会将在北京举行，2010年亚运会将在广州举行。每次运动会，我国都派出几百名优秀运动员组成的豪华阵容，这在过去是不可想象的（1932年奥运会中国仅派出一名运动员参加比赛）。

4．盛世中的问题应以发展的眼光对待。目前中国仍然存在大量问题：贫富分化严重（这已经成为中国最大问题之一）；看病太贵，因病致贫、因病返贫现象在城乡都大量出现；股市中黑幕仍然很多；失业问题仍在困扰民众。对于这些问题，我们都在研究、分析，给各级政府撰写分析报告（该呼吁的一定要呼吁，长期以来，笔者坚持实事求是的态度，对股权分置未解决前的中国股市批评多，赞扬少，这是人所共知的事实）。

其实，历史上的所谓"盛世"也都存在很多问题。"朱门酒肉臭，路有冻死骨"，我们查过，这是大诗人杜甫在"安史之乱"前8年写的，说明当时社会贫富差距也很大。"和珅跌倒，嘉庆吃饱"，和珅贪污的资产相当于清政府16年的财政收入，说明腐败问题很严重，康熙时的"文字狱"更是令人不寒而栗。这些都是发生在所谓"盛世"中的现象。无论古今中外，问题从来都存在，关键是我们怎样认真严肃地处理这些问题。当我们将蛋糕做大，深化改革开放、调整产业结构后会逐步解决。例如，我国免除了几千年来一直实行的农业税制度，而且对种地农民进行补贴；我国已经实施真正的九年制义务教育，免除一切学费。1994年、1995年、2006年我三访新加坡，那里规定男性满65周岁、女性满60岁才能退休，劳动力远远不够，中国在经历过"民工荒"后，以后还会劳动力不够的。早晚会有这一天。关于医疗费用太贵的问题，我们也写了很多报告，并且得到重视，药价降了两次，但是治疗费用上涨过快，我认为以往的医疗改革是失败的。

5．调查表结果是辩论以前就出来的。本周四，笔者在凤凰卫视与香港两位教授辩论之前，主持人告诉我，网上调查表明：支持我的观点的人不是很多。但是，辩论结束后，我也接到很多支持、鼓励我的电话。我并不很在意支持率的多少。作为经济学者，我们有必要向公众阐述自己的学术观点，因为这些学术观点对我国今后的政治、经济决策会有参考价值。当然，有时候真理往往掌握在少数人手中，例如从1994年起，我就根据我的调查研究，在各种媒体上撰文认为人民币的含金量很高，会升值，当时很多人不以为然，还拼命鼓吹"人民币要贬值"，并大存美元。现在的事实印证了我的观点。

由于经济发展还不平衡，人们对所处的环境不满，有很多怨言，笔者也深有同感。中国仍有太多令人不快、不满、不平之处，而正是这种对现实的不满，构成我们前进的动力。例如贪污腐败，民众怨气很大，中国正在认真清理。（经济发展很快的国家、地区都会发生腐败，如20世纪70年代的香港，不得不用几年搞了一场"廉政风暴"。）据统计，2005年中国清理处罚的贪污腐败分子高达11万人，只要警钟长鸣，有贪必清，中国就有希望。

总之，在战略上，长期看好中国的发展。在战术上、策略上认真研究、分析、处理好种种矛盾。中国像一辆高速前行的磁悬浮列车，尽管车上有人扔废纸、讲粗话，但是列车始终在高速向前。

那名香港学者用20世纪50年代计划经济下的经济增速很高来否定中国改革开放以来受到全

世界公认的GDP增速，这明显是胡搅蛮缠的辩论技巧，中国GDP增长率是世界各国看好中国经济的重要依据。当然，中国股市现在与中国经济并不完全同步。只有在国家股法人股完全可兑现，人民币完全自由兑换后，它才会与实体经济同步，并且届时一定会出现一个长时间的大牛市。

（本文原载于2006年12月《金融投资报》）

改革开放30年来中国贫富差别形成的个人原因探析之一

谢百三

一、中国是世界上贫富差别最大的国家之一

我国的经济生活中存在着一些严重弊病，如：经济结构不合理，通货膨胀居高不下，房地产市场调控效果不明显，贪官腐败很严重，外汇储备过多。还有，人们特别关注的是：相当部分学者认为中国基尼系数已超过0.5，是世界上贫富差别最大的国家之一。

这并不符合我国改革开放的初衷。改革开放总设计师邓小平曾经说过：要让一部分人先富起来，然后带动大家一起走社会主义共同富裕的道路。遗憾的是，30多年过去了，一部分人富起来了，富上加富，富得难以想象，但是相当多的人却很贫困，你只要到深圳、珠海去看一下就可以知道，那里有成千上万的打工的男女青年，每个月只有1500—1600元，加班加点才2000多元。他们来自于祖国各地的贫困地区，如重庆、四川、湖北、河南、江西、贵州、云南，仅仅富士康一家就有50多万打工的，他们几乎都是月光族，除了自己省吃俭用以外，其他的都要寄给父母亲。而且有少数企业给工人吃的米饭，疑似是用有些发霉的大米做的，很难吃。特别是父母亲、兄弟姐妹生病的时候，一看病就是几千上万的。“因病致贫、因病返贫”的不计其数。至于家里没有打工者的农户，遇到天灾人祸更是不知道怎么办了。城市里房地产价格的暴涨也形成了巨大的贫富差。有房者和无房者、正在付按揭者等形成了贫富悬殊巨大的阶层。使年轻人就业、求学、婚嫁都影响了正常人的心态，整个心理状态出现了很严重的扭曲状态。所以对这个问题我们要做一个探讨。

二、“朱门酒肉臭，路有冻死骨”——贫富差别古今中外有之

贫富差距自古有之，完全没有贫富差距是不可能的。例如唐朝大诗人杜甫写过著名的诗句：“朱门酒肉臭，路有冻死骨”。发表的时间是唐朝开元盛世时，安史之乱前。可见当时的基尼系数也是很高的。还有其他国家如美国、英国贫富差别也很严重。完全的绝对的贫富平均是不可能的，那实际上是陈胜吴广、闯王李自成、太平天国（“有衣同穿，有饭同食，有田同耕，无处不均匀，无处不饱暖”）的理想，是鼓舞战士斗志的口号，实际上仅仅是农民起义中的理想化的社会，其实是难以实现的；或者是“文化大革命”、计划经济时代，绝大多数人工资奖金都是一样的，50多块钱一个月，“加工资一起加，排排队齐步走”，最后它的代价是平均贫困、效益低下，使整个社会经济得不到稳步的较快的增长，中国无论是GDP，还是人均GDP都处于世界的中下游水平。但现在的问题是从一个极端到另外一个极端，中国贫富差距太大，发展下去会引起大量的社会问题，已经到了不能不认真加以重视控制的程度。

三、国家政府对降低贫富差别负有不可推卸的责任，且也大有作为

国家和政府在解决过度贫富差别中应该起什么样的作用，我们认为：第一，国家和政府应该给老百姓平等的受教育的机会，例如现在的九年义务教育，但这是远远不够的，应该到高中都是免费的，特别是在高考当中，应该实行完全的公平和平等。比如在一线大城市有的地方，

高考录取分数竟然比外省市考来的同学低100分左右，这就是明显的不公平和不平等，这就从原点上出现了贫富差距的根源。第二，平等的竞争。如找工作的机会，实际上很多单位受贿行贿很严重，如一些大企业有300个面试者，往往录取的都是一些有家庭背景的当官者的小孩。第三，平等的政治、法律环境。对外地来的企业家横加打击，百般刁难，或者加以苛捐杂税，把一些好端端的企业整垮。逼得一些企业无奈地转向一些政治法律环境平等的地方，这又造成了老百姓工作就业上的不平等。第四，平等的医疗、保险条件。实际上有的病，在人群中发生的病是有规律的，在工业污染的难治之症，政府应该坚决堵截禁止污染源的企业，使老百姓能生活得安宁一点，否则一家企业富了，成千上万的老百姓病了生癌症了，如何了得。第五，平等的财政税收。尤其是中小企业和个人应该有平等的基础。在财政、税收、工商、信贷方面应一视同仁，使创业者有信心把企业办下去，使人们有更多的就业机会。

总之，国家政府对降低我国的贫富差别负有不可推卸的责任，且也有能力、力量和资源在这方面大有作为。关于这一点，我们将另文分析。本系列文章将重点分析个人的原因，何以同一城市、同一街坊、同样学校毕业，有的人大富了，有的人则总是贫困？

（本文完成于2011年10月14日，原载于新浪、搜狐谢百三博客）

毛泽东、朱镕基及投资大师们均酷爱学习

——贫富差别形成的个人原因之二

谢百三

从宏观上政策上讲，国家和政府对于减少贫富差别还有很多事可做。这些，容当以后再分析。但对我们老百姓个人呢，对于宏观上的事，人们往往非常无奈、无力。但是令人深思的是，为什么在同一个城市，同一条街上，在邻里之间，在同样的单位工作，同一个大学毕业，人与人之间贫富差别也会很大呢？这就必须引起大家深思，因为这是人们可以立即纠正、改变，而且是行之有效的。

我在给复旦同学讲课时，作了20多点分析，今将最主要的一些写出来，供读者参考。

第一个差别就是是否注重学习。俗话说：“活到老，学到老。”“书中自有黄金屋，书中自有颜如玉。”（从学习知识对财富的创造、积累及爱情的物质基础来看，此话完全是正确的。）凡是领袖大家、大师、大金融家、理财大师，都酷爱学习。毛泽东主席的晚年，80多岁了，请上海医生为他做只一个眼睛的针拨白内障手术。术后，毛泽东又好看书看报了，老人家高兴得哭了。他一生酷爱读书、学习，晚年还在学英文；章含之就是毛泽东的英文教师。

朱镕基总理也非常谦虚、谨慎，十分注重学习。1988年7月13日，时任上海市长的他，请还是青年教师的我为他及上海各经济部门20多位主管讲了两个多小时课，我主要谈了两个问题：“物价改革要慢慢改，企业改革要加快，企业改革主要是股份制改革”。两个小时中，朱总理非常认真地听，很少插话，有时就盯住问几个关键问题，他说：“谢老师，你再讲、再讲。”朱对物价改革及股份制问题问得最多，最细。他在上海市领导班子中威信极高，其他干部在他面前几乎是恭恭敬敬，不停地记着笔记，他讲话坚定有力、思维敏捷，头脑清晰。但在十分之威严下，时年60岁的朱市长，又非常谦虚好学，不懂之处，反复问我。

——这就是中国一代好总理的最宝贵素质——好学；学习学习，学了再用，再去领导实践中国经济，他成功了。中国经济高速发展，房地产市场10多年不涨，人们生活水平提高得很快。至今，人们深深地敬重着他，怀念他的时期。他出的“演讲录”、“讲话实录”已洛阳纸贵，千百万人民群众一睹为快。（且他的几千万元稿费将全部捐给社会公益事业。）

再细看我们周围的投资者们，很多人只低头投资、炒股。不抬头学习，报纸也舍不得买，而每年几万十几万元地亏损。

但我周围的投资大师，没有一个是不重视学习的。

例如，北京一挚友，现在做股票已达20多亿元了，他真是个“学习狂”，一直如痴如醉地学习。有一次我们一起去海南岛三亚旅游，大家在海里游泳，在天涯海角的岩石边拍照……他却在沙滩上，在一把大伞下，躺着看一本英文原版的投资大师的书，看得非常入迷。我当时非常感慨。

他在读研究生时，听课非常认真，他记住了北大一位经济学教授关键的话：“世界上发生大的战争，特别是美国人开始打大仗的第二天（一段时期），可以大胆地买黄金，因为美国必然大印、特印美钞。”2001年美国纽约发生“9·11”恐怖主义袭击事件第二天，他飞到香港，买了200公斤的黄金（当时每克约为人民币90元）。当时，他买的千禧年金条，现在已涨价几倍了。他在电话里大叫：“北大经济学杜良教授讲过，美国人打仗的第二天买黄金啊！”他由此还买了股票中金黄金，0.2美元买了老凤祥B股等，20年来财富翻了几十多倍。

这就是投资大师，他的学习、勤奋、努力、钻研，令我非常钦佩、感动。他始终记住巴菲特的话：“投资的第一条规则就是不输钱，第二条规则是记住第一条规则。”他多年来一直买

不会亏损的股票，如当年的“华西村转债”，2011年4月25日前的攀钢钢钒，累累大胜，很少亏钱。而他当年是一个省的北大高考状元。

另一个投资大师，上海的X先生，每天学习不止，早上5点半必在学习了。每天必看三大证券报和新浪、搜狐财经网，从媒体上领会国家的方针、政策，特别是货币政策与财政政策。他在20世纪90年代从1400元做起，买国库券、买股票认购证，1994年12月资产达到100多万元。20世纪末，他生儿子，我们去看他，他竟然在洗尿布；我问何以不买一次性尿布？他说：“节省每一个铜板，现在都是原始资本，将来我要去同索罗斯斗一斗的。”他的学习很有深度，他还去一家家上市公司调研、请教，如当年的“中原油汽”、如今的攀钢钢钒。在股东大会上向董事会请教，吃准了，再大量投资。如2010年夏，以60％资金买了8元多的攀钢钢钒，13.5—14元跑出来，挣了1亿多元。现在他的资产已从1994年的100多万元上升到6个亿了。

2011年，上海最好的区级医院之一长宁区妇婴保健院请我去讲课，从晚上6：30到9：30。上海市卫生局局长也兴致勃勃地赶来听课。下课后，他们长时间地鼓掌，院长说“太好了，听到了医学以外最好的课”。但是，300多名医生、主任医生、专家都来了，300多名护士居然一个没来。由于这个讲座是自由参加的，她们就早早回家了。我知道此事后，悲叹：贫富差别就是这么形成的啊！不学习，怎么会富呢？那天，十几个医生围着我，提问到深夜，问买什么证券保赚不赔，我都尽力推荐。

学习，学习，学习是财富的最重要来源。而不学习，不看书不看报，胡乱投资的人，在这个狂风巨浪、陷阱重重、风险极大的证券市场就很难不亏损了。（这是世界上客观环境最差的股市。）贫富差别就此拉开。

（本文完成于2011年10月22日，原载于新浪、搜狐谢百三博客）

产权一定要清晰

——贫富差别形成的个人原因之三

谢百三

要想使自己富起来，有个优良品质必须具备，即个人必须有十分清晰的产权观念、产权意识。这不仅是应该的，也是必须的，因为别人的财产绝不能据为己有。此外，只有这样才会得到全社会的尊重，才会得到企业家、投资理财大师的尊重、敬重，才能遇到很多中国巴菲特式的好老师，教诲自己、使自己富裕起来。

“产权”，即财产的所有权。判断你对此财产是否有产权的唯一标志，就是你是否有权处置它，拍卖它。产权必须清晰，一个国家必须重视产权，遵守、重视《物权法》，人们才会努力奋斗，才不会产生被剥夺感。一个企业也要重视产权，责权利越分离，产权关系越明晰，企业就发展越快。一个人必须有清晰的产权意识、产权观念，才会在社会上站住脚。

比如：2011年央视春节联欢晚会，讲到一个管彩票站的员工，代人买彩票中了几千万元大奖；他完全有机会冒领的，但他丝毫不为所动，将奖金悉数给了买主；这就是产权清晰的表现，令世人尊敬。

又比如：我国一次煤矿事故中，塌方了，后来几十名矿工遇难，被捞出的尸体中，人们发现一位矿工在帽子里用钢笔给他妻子写了一封信，信上写着：“亲爱的妻，矿井里的渗水不断上涨，看来这次难逃此关了。我如果遇到了不幸，我们家还欠了三个朋友的钱，前面张××叔168元，后边李××家大伯75元，左邻王××婶40元。一定要代我去还掉。以使我心安。”在全县追悼大会上，县委书记举起这顶帽子，念了这封信，人们包括书记都哭了，书记说，这是多好的工人，他死了都要还清欠债。这个工人的产权观念多明晰啊。——是的，我确信，如果这个工人不牺牲，不去世，早晚会被人们发现，一定会有单位重用他，信任他，使他富裕起来。相反，一些人，自己一时处于穷人的地位，他总以为，富裕起来的人都是为富不仁的。（其实改革开放33年来，富起来的人，虽然也有不少贪官腐败，为富不仁的，但相当多的还是创业者、企业家、投资家、金融家，改革开放中的弄潮儿）。于是一位公司女职员就有了吃大户的想法，比如，某总经理让她去采购一批零件，她就从中加价，吃回扣；公司很快发现了其中的猫腻，将她解雇了。

在投资理财中，我发现成功人士，炒股炒到几千万、几个亿的杰出人才，产权都非常清晰；请客是请客，送礼是送礼；但经济交往中，产权观念非常清晰，笔者经常对学生说，对那些几千万、几亿的投资大师要既尊敬，又不能想吃大户，占他们便宜。有时吃饭、讨教，我们还抢着去埋单；绝对不能让大师们看不起，自降人格。十多年来，北京、深圳、上海的股市传奇人物、投资大师，尽管他们多则20多亿，少则几千万，都和我们保持着纯洁的友谊关系。我们请他们来复旦大学、北京大学讲课，他们大多有请必来。如应健中、叶国英、李志林、苏江、陈钢、金脉、石开、钱伟、杨怀定、倪勇、X先生、孙晶、陈晓明等等；他们都是成功者（有的人将来一定会成功）。但我们的友谊非常纯洁。彼此互敬互谅。

产权一定要清晰，无论今天是穷人、富人、中产阶级还是成功的巨富人士，人家的钱、财产就一定是人家的，我们不能有吃大户的念头。这首先是必须的，应该的，天经地义的，同时你也才会得到这些大师的尊敬及教诲。

中国在“文化大革命”前，在计划经济时期，无数国营企业产权不清，责权利相分离，吃大锅饭等问题十分严重，企业与社会经济就得不到发展。

日本这个问题就处理得非常好，可以说这一观念深入人心，甚至发展到了惊世骇俗之处。

日本成田机场中，有几个钉子户不肯搬走，拆迁条件太高。机场方没办法，只好专门为他们几家修了一条马路，供他们进出，修机场也绕开他们。这在中国肯定被判为“钉子户”，被法院强制拆迁了。但在日本，人们公认，机场的想法是可以理解的，那几户人家也完全有权这么做的。虽然修机场多出了些钱，但此事件成为日本尊重产权，尊重老百姓的私人财产权，保障日本经济高速发展的一个极佳案例、一个美谈。这为外商外资在日本投资，等于给了一个定心丸，为日本经济长期发展打下了扎实之基础。即无论国家、企业、个人都必须产权清晰，才会使国家经济高速发展，才会使个人尽快由贫致富。

（本文完成于2011年10月29日，原载于新浪、搜狐谢百三博客）

要懂得识人，拜得高师交得智友

——贫富差别形成的个人原因之四

谢百三

古人云："三人行必有吾师。"人的一生获得的知识，形成的视野、境界、精神、胸怀有相当一部分来自自己尊敬的老师，自己结识尊崇的好友。而个人一生的贫富，投资理念的正确与否，能否累累获胜盈利，少犯错误，少亏钱，也与此密切有关。

毛泽东在1946年开始的三年中，能领导200万军队打败800万国民党军队，与他的能识人、能用人关系极大；周恩来的政治外交能力，刘伯承、彭德怀、林彪、粟裕等高级将领的军事才华，被毛泽东重视，并将他们的才华发挥到了极致程度。他说：小平文不下少奇，武可以达到林彪，是个人才——这都说明他识人，理解人，会用人。

刘备与曹操，都是识人之王。郭嘉在世，曹操等于多了个极好的高级参谋，累谏累听累累成功；所以赤壁之战后，他在退到许昌后，当着众人之面失声痛哭："如果奉孝（郭嘉）在，就不会有此大败了。"

刘备与诸葛亮，其实诸葛亮的聪明、智慧、视野、战略思想什么都比刘备强，但在识人、用人方面刘备比诸葛亮更高一筹。刘备"桃园三结义"，交下了关羽、张飞二好友，他们终生忠心耿耿帮助他；他厌恶无忠无义的吕布，劝曹操杀之。他重用徐庶，诚恳拜他为军师，结果徐庶走马荐诸葛，最终成就了刘备的一番伟业；他第一次见到赵云，就发现他是一个年轻忠勇的将领，初次分别即依依不舍地流下了泪水，感动得赵云后来一生追随他打江山；他三顾茅庐，请出诸葛亮，得了个终生的良师益友，尽管诸葛亮比他年轻十多岁。在三国的争斗中，刘备的力量原来是最弱的，但靠着"人和"，他终于成功了。刘备后来在白帝城去世前请诸葛亮从成都赶来诀别，他看着刚刚走过的马良的弟弟马谡问诸葛亮：马谡怎么样？诸葛亮说：马谡博览群书，是当今的英才。刘备轻轻摇摇头："马谡言过其实，不堪重用。"刘备又谈到太子刘禅，对孔明说："我出身贫寒，得到了军师、丞相您的帮助才得以成功，您的人品、才华、智慧比曹丕高明十倍。刘禅，你能辅之则辅之，不能辅之则取而代之。"诸葛亮闻言大惊，表示一定会辅佐刘禅，领导好蜀汉。后来，诸葛亮错用马谡，失街亭，唱空城计，差一点被司马懿俘虏。他挥泪斩马谡后大哭，说："吾不听先帝临终之嘱，才致今天大败也。"

其实，刘备对其子刘阿斗也看得很准，可谓入木三分，他对诸葛亮讲到可辅佐亦可不辅佐刘禅的话，也是为国家着想，发自内心肺腑之言。而诸葛亮则过于愚忠了。最后刘禅以90万大军向邓艾的3000士兵投降，可见是个愚猪——地地道道的亡国之君。

我的一生中，在华南师大、在北大、在清华大学、在复旦大学都有很多好老师、好同学，对我的帮助、教益极大。在投资理财方面，他们对我的帮助之大，可以说是恩师、高师、终身之师。

在投资理财中，我也多方寻觅好的老师和朋友，因为我感觉到我的智商是不高的，只能算中等，凭我的智商是难以战胜惊涛骇浪的股市的，我有如下几个体会：

第一，做股票千万不能自以为是，一定要自以为非，在大量买进某一种股票或债券时，千万不能掉以轻心，只知其然，不知其所以然，一定要问个明明白白，心里十二分的踏实，才敢下单，几分之一几分之一慢慢地买。

第二，在请教老师的时候，不要过分地相信权威名人，特别是夸夸其谈、言过其实的名人。记得刚开始做股票的时候，只有几万元，听了一个名人的话，买进一个股票，当天就亏了七八千元，因为老是记着他的话，不想割，结果越亏越大。

第三，不要随便相信周围的邻居、同学、普通朋友，他们可能是你信任的亲人，他们不会有意地捉弄你，骗你去买哪个股票，告诉你的也是他们的真心体会，但他们自己往往也在亏损。因为，统计资料表明，中国75%—80%的投资者处于亏损之中，加上盈亏平衡的，真正盈利的就比例很小，你的亲戚、朋友、邻居应该说大部分是平常人。近朱者赤，近墨者黑。我的一个亲戚跟着她的邻居在做，我问她邻居做得怎么样，她说今年亏了30%，我叹了一口气说："老师亏30%你还能做得好吗？一定要跟做得好的在一起，远远避开亏损者。"

第四，慢慢地你就会在证券市场摸爬滚打中发现为数不多的高手，他们看大势看得很准，高屋建瓴。可以长达1—2年、2—3年，甚至10年之久，他们学习勤奋，每天早晚都在看资料，看三大证券报，从网上汲取重要信息，他们洞察力很强，逻辑严谨，走一步想三步。特别难能可贵的是他们不"二错"，善于改正自己在投资中的致命缺点。我亲眼看到我们身边的某位朋友，从1400元做到6亿多元。我也亲眼见到有的朋友，从国家机关下海后，努力学习，联系实际，稳健操作，从几万元做到了几个亿。我们也亲身碰到过这样的阿姨，她为几个投资高手、专家每天买盒饭，他们手把手教她做股票，怎么组合、怎么投资，10多年过去了，这些高手都达到了10亿以上，而这位阿姨也糊里糊涂地达到了1亿以上。当时我带着学生去看她，在朦胧的夜色中，围着这位阿姨问："不好意思，李阿姨，能告诉我们有多少资产吗？"她很谦虚地摇头说："不行不行，我跟他们比，差得远了，多的时候1.1亿，少的时候0.9亿。"在场的复旦大学研究生、本科生，无不感叹惊讶。回来后，有的给父母打电话，有的找男朋友女朋友谈感想，说："一个买饭的阿姨，初中文化，都能做到一个亿，我们为什么不行呢？"其实，最主要的原因，是她碰到了几个好老师，他们热情地无私地帮助她，只要她买买饭而已。可见近朱者赤近墨者黑何等正确，我想，有的同学尽管会去买饭，也不会像那个阿姨一样谦虚地学习，他们大多个性很强，不肯在关键时候事事请教。

第五，当你发现在你生活中有几个老师出现的时候，他们往往是水平很高的传奇人物，你必须挑选，挑选与自己性格、脾气、风格相合的老师。有的老师水平很高，但不一定适合你，那你就听听，做大思路方面的参考。比如，北京的某老师，他的操作方法我是跟不上的，在5元多时买进盐湖钾肥，涨到90多元，又跌到30多元，又涨到50多元，他也不走，这种大起大落对我来说是很难承受的，我有我自己的方法，从最高点跌一定的百分比，坚决跑掉，止盈止损很坚决。慢慢我发现，上海有位高手特别适合我，他做得非常小心，非常谨慎，但在安全系数高达95%—98%的时候，他会以60%的仓位买进某个证券，一旦风险来临，他又会坚决地全身而退，并且明确说：我将在很长时间不进股市。例如2008年一二月份，后来我发现，他对宏观经济的看法、对金融形势的看法都非常严谨，其水平完全不亚于好多北大、清华的金融学教师，因此我每周都向他请教一两次，受益匪浅。这些老师虽然都很有钱，都成功了，但心地都非常善良。有一次为了劝我买进一个债券，一个挚友专门从徐家汇赶到复旦大学来，提醒我。2006年10月，股市进入大牛市的初期，他们又专门赶到复旦大学来，劝我满仓买入招商银行，我当时很奇怪，为什么要买招行，而不买更便宜的工商银行、建行和中行呢？万一招行的行长退休了、调走了怎么办呢？他们问我：复旦大学的校长退休了、调走了，谢希德校长去世了，复旦大学会变成普通高校吗？我听了吃了一惊，晚上翻来覆去睡不着，觉得他们的看法很有见地。第二天，满仓买入了10元钱的招行，后来它一直涨到了40多元。

第六，与这些名师智者交朋友要真心诚意，出自内心地尊重他们、佩服他们、感激他们。而不要采取功利主义的态度。那样你最多听他的话买了个涨停板的股票，好像在马路上捡了个"皮夹子"。过不久又会陷入亏损的怪圈之中，不要为交朋友而交朋友。要把他们当作老师和亲人。像上海、北京的高手都是我们多年的朋友，在学习上、工作上力所能及地互相帮助，急朋友之急，想朋友之想。总之，巴菲特就在我们身边，索罗斯、罗杰斯也在我们身边，要相信在这些名师智者的帮助下，多数人都可以摆脱贫困，走向小康，自己也会慢慢富裕起来。

（本文完成于2011年12月10日，原载于新浪、搜狐谢百三博客）

要输得起赢得起，千万不可要人赔钱

——贫富差别形成的个人原因之五

谢百三

改革开放30年来，中国最大的问题之一是社会贫富差别太大。这里国家、政府有责任。这是众所周知的；但个人呢？何以兄弟姐妹、邻里朋友之间，有人一年年富起来，有人老是落伍老是穷。本人已想到如前几点，今天再谈一点，即一定要在投资理财时亏得起，赢得起。向别人请教，即使他讲错了，你听他的话投资后亏损了，也不要埋怨他，甚至想要让他赔偿损失，如果这样，将来谁肯给你当老师、当参谋，你自己又如何会痛定思痛，总结经验教训，从亏到赢，从小到大呢？我这一生中曾经多次赔过别人的钱，是希望自己记住：此人以后不可再交往了。多少年了，他们多数依然很贫困。

例如：南京一友，多年前，他从单位下岗买断中得了30多万元，他说他已全部买成股票，当时已亏了3万元。我看了一下日K线、周K线，发现指数正从2245点向下跌，估计又是个几年的大熊市。因此，我明确建议他马上斩仓割肉，马上兑现，止损出局。他三天都来了电话，我明确建议他出局三天。第四天，他亏损3万元，全跑了出来。但不幸的是，他跑出来后，股市就止跌反弹了，他沉不住气了，第四天，他来了9条短信，第五天，他来了10多条短信，问我怎么办。我非常愕然，显然要我负责啊！晚上上完课后，9点多，我对几个博士生一讲，他们都是基金公司与证券公司的，七嘴八舌，纷纷建议立即处理，赔款，把事情了了。我坐博士生的小车赶到上海火车站，买好票，通知这个朋友（T），告诉他，我当晚12：00多赶到南京站，让他约好另一个朋友（L）来作旁证。当晚我带了一万元赶到南京，他已把妻子、女儿都赶走了。他哭丧着脸说："没办法，老婆，女儿吵得厉害，骂我疯了，早不跑，晚不跑，跑了个最低价。"我说："我赔你钱，算一下，你跑出时的股价和现在差多少？"他说："6200元。""我赔连佣金税收赔7000元，你明天开盘5分钟内把股票全如数买回来。"并写了一份"由于谢百三对T友建议造成他投资一时失误，谢百三自己情愿赔款，并要求T第二天早上开盘5分钟，将原股票全部如数买回来"的证明。旁边的L友坚决反对，大声对T友说："你不能收这个钱。不能让谢老师赔，是你自己去请教他，他有发表意见的权利，听不听，怎么操作由你自己决定的，怎么可以让他赔钱呢？"我说："我还是赔了吧，否则心里不安，也怕再涨上去，赔得更多。"他最后签了字："收到7000元，今后股市亏赢与谢百三友无关。"然后T友说："没办法，老婆、女儿吵得厉害。"

处理完此事后，我凌晨5：30坐大巴赶回上海，心里总算一块石头落地了。不料T友没敢把股票买回来，结果后来涨到仅亏2万元了，最后涨到仅亏1万元了，T友天天给L友打电话埋怨我，说我害了他。L友严正地劝他，人家专程从上海到南京来赔你钱，让你买回来，你又不买回来，你叫人家怎么办？你太过分了。于是T友再也没有来短信。最后，股市反弹后，就一路向998点的深渊跌去，整整跌了四年。T友的27.6万元终于保住了。

此后，T友又若无其事地多次来信来电问我对股市、债市的看法，我一想到要赔钱，就一句话也不敢说，苦笑笑：没看法啊！

这样的因建议错（*其实也是短期错，长期大多总是不错的*）我先后赔过七个友人的钱。很多年过去了，这些友人以后很少来切磋股市，甚至友谊也冷淡了；心里老牵挂着，但一想到赔钱的事，就不敢打电话了。其实他们也失去了一位挚友。损失是永久的、长远的。后来打听了一下，这些朋友多数没有在股市里赚到钱，多数依然过着清贫的生活。那名南京的朋友的资产一直徘徊在30多万元。在这物价、房价飞涨的年月里，他的钱其实在贬值。细想了一下：这些朋友主要特点是：

1．多数做股票时间不久，不知道股市风险极大的道理。

2．一般也较穷，只想赢甚至不敢想到会亏。

3．产权意识不清，老股民大多都不会这样，认定了输得起也要赢得起之理，绝不会接受赔款，也多能长期切磋、交往。

4．一般人起先不接受你赔款，但你只要说一句“你先拿着用，等赚了钱，再还我”，他就会说“这句话我要听”，就会收下。结果就是收下了。其实，我也仅仅是为了教训自己，是自我保护，是逼自己改掉乱提建议的恶习。

当你只有建议权，没有实际理财权，只有亏损权，没有盈利权时，世界上产权最不清楚的情况就发生了，你一定会选择不回答，不说话也不管他的投资大事的策略。

将心比心，记住“己所不欲，勿施于人”的道理，我向其他高手、传奇人物之请教，征求意见，也从来只是渴望地学习求知，即使听了做亏了的，也完全不会告诉他，只是自己悄悄地止损、割肉而已。而且暗中比较，哪几个朋友的建议适合我，哪几个不适合我。结果在适合自己的好朋友的建议下，我自己也一点点壮大起来。

（本文完成于2011年12月17日，原载于新浪、搜狐谢百三博客）

股市是打仗，止损止盈要作为铁的纪律

——贫富差别形成的个人原因之六

谢百三

股市在改革开放的20年中，使有人成了亿万富翁，但也造成了更多的赤贫者，成为很多投资者贫富差别的最重要原因之一。现在注册登记的股民，在深沪两地有1.6亿户，因为一般股民都开深沪两地卡；但这一数字从1990年仅22万，比共产党员人数（8000万）增长还快，说明股市独到的魅力。但75%左右的股民长年处于亏损之中，特别是在大熊市之中。

这里有两个重要的观念：

一、是把股市当作游戏场所还是战场。中国股市是一个战场，十分严酷的生死拼搏的战场，它的很多特点如：多数公司不分红，少分红；庄家多，股权分置；……总体回报远低于投资者总体支出。所以在20多年后，才由新任证监会主席郭树清讲了心里话：“低收入与退休人员不要进股市。”它是大量金钱之间的博弈、拼杀，可谓白刀子进红刀子出。

请看看：98元的云南铜业跌到6.81元，90多元的盐湖钾肥跌到31元。股市绝不是文人墨客说的“股市潇洒走一回”。不是游戏，不是散步，是战场。

二、是否执行止损止盈的铁的纪律。既然是打仗，是战争，就要坚决执行“止损止盈”的纪律，实际上就是牺牲小部队保护大部队的原则。如果能通过高位割腕，止损出局，保住绝大部分资金，那么“留得青山在，不愁没柴烧”，“春风吹又生”的大好局面一定会再次到来。相反，最可怕的是：当大熊市时，由于没有及时止损止盈，越套越深，越亏越大，甚至越跌越补，直到没有后续资金才只好听着它跌，悲叹地等着下一次牛市的到来。

这20多年中，那10%—20%的赢家大多能止损止盈。一看投资错了，马上及时止损。（止盈实际就是止损，只是总账还是盈利的，心里好受些。）

其实，在战争中，这是常用的策略，遵义会议后，毛泽东指挥的第一场麻城战役，就是因为对敌方情况不明，越打敌人越多，只好忍痛退出战场，这时候发现对方是一位四川名将，敌人也比原情报多一倍，幸好马上撤出了。

2008年春节前，一天，一位股市大师在电话里兴奋地说：“中国铝业在国外收购必和必拓，可能要有10个涨停板，你还有吗？”我听了一激动，就用剩余的资金以35.6元买进7000股中国铝业，约25万元。但当天它就逆好消息而下跌0.4元。回校后，我又向上海的股市高手请教此事，他问：“中国铝业买必和必拓是内部收购的，还是市场公开买的？”我回答：“市场公开买的。”他说：“那有什么好涨的呢，就是普通的交易啊！”

过春节了，虽然人来人往，迎宾送客，但心里老有事，暗暗牵挂着这7000股中国铝业。我让博士生盯住美国与香港的中国铝业和它的衍生品，它们在中国春节是不停市的。结果2008年春节一过，中国股市开市当天清晨，我的博士生李云飞发的短信到了：“中国铝业及其衍生品在纽交所下跌25%，在香港联交所下跌24%。”——这使我十分震惊，因为三地同一股票虽然可以不同价，但是同股同质同权的，其涨跌趋势、幅度相关性极大；A股必然补跌24%—25%！君子不立于危墙之下，哪怕几个小时也不能！于是我决定紧急止损，在春节前收盘价×90%，即跌10%的跌停板价+0.01（怕算错），集合竞价逃跑，因为即使跌10%也比跌24%—25%好啊！结果开盘价仅跌了0.4元。因为它是大盘股，我的7000股在集合竞价的10多万股中比例不大，最后以损失6000多元结束这次投资。当晚我请同学们吃了一顿饭，庆祝只损失了6000多元。（因为少损失，保护有生力量变相地赚钱，就是另一种胜利，我还给同学们背了段毛泽东语录：只有有效地保存自己，才能大量地杀灭敌人。）

结果，中国铝业就此一路跌下去，一直跌到2008年11月的5.9元。如果当时不止损，7000股将损失20.79万，等于我在复旦大半年的工资收入。虽然7000股的资金在我资金中比例不大，但20.97万元的绝对值不小，怎么可以坚守或补仓呢？

还有止盈。有一次我以6.20元买入长江电力，涨到9.98元，后半天下跌8%，我立即逃跑，这就是止盈，结果它跌回6元多去。原来是满仓买入的，如果跌到6—7元，就会变盈利50%为15%—20%，煮熟的鸭子又飞了，其实也是另一种亏损。因此我一看，当天即以9.2元全部止盈出局，保住了大部分成果。后来它跌到6元多，竟长期不涨。

在现实生活中，有相当多的股民朋友、投资者，是不肯坚定执行止盈止损的铁的纪律的。复旦大学一位老师的夫人，一段时间每天在复旦南区操场跑步碰到我，我们一边跑，她一边说："我满仓了，已经套了20%了，庄家吓唬我，他们要低价买我的股，我就是不给他们。"过10多天后她说："亏了30%，我更不跑了。看他们怎么办。"又过了一个月，她在碰到我时说："亏40%多了，我打算再借些钱来补仓。"我听后劝了她多次，你怎么知道它到底了，你怕割肉止损在底部，但另一半的可能是继续下跌，你怎么知道50%不跌之可能呢？其实只要大跌的趋势不改变，就必须出局，一定要停止损失，再说，中国股市是牛短熊长啊。除非少数好股，如当年的苏宁电器等，6年涨了39倍。但此类好股凤毛麟角，比例极小极小；只要是跟着大势走的股票，在熊市中期，早期一定要止损出局的。

复旦大学一个优秀高材生，做了多年股票，从30多万做到160多万，但她在和人吃了一顿饭后，听人拍胸脯保盈，就十分大胆鲁莽地在2011年6月24日，在半天之内买入了占资金比例很大的中行转债（106元）和基金汉盛（1.10元）；结果它们都随着大盘大跌不止，后来知道此事后，朋友们苦口婆心地劝她止损。她平时工作很忙，加之本来就很节约的，就是舍不得割肉，后来才在亏损16万后匆匆出局，而且又是跑了个阶段性低价，十分痛心，等于她一年的工资没了。至今想起都很痛心，毕竟是工薪一族啊！但她依然忙忙碌碌地在国企银行忙事务，大事经常不清醒。

即，中国股市是个血肉相拼，可以杀得昏天黑地的市场。严格地来说：价值投资，巴菲特理论，美国老太太从小女孩买几万美金股票到年老时达100万美金以上，这些观念、机制、经验、理念都不适合中国，中国需要毛泽东的《论游击战》理论，需要抗日战争时的"狼牙山五壮士"、"八女投江"的精神，需要耐心、毅力、韧性等等！保持有生力量，等待战略性底部到来。坚持止损止盈，一年上一个台阶，涨上去了，市值增加了，就要千方百计保住成果，绝对不能坐电梯亏回去。这样会像抗日战争中，我军又从几万红军，发展成200万八路军、新四军一样。很多亏损、贫困股友一定要学这一条，当股市的下一个高点到来时，适时止损止盈出局，以利再战。

（本文完成于2011年12月24日，原载于新浪、搜狐谢百三博客）

投资理财要高度重视信息

——贫富差别形成的个人原因之七

谢百三

30年来，在中国改革开放大潮中，有人穷有人富，贫富差别很大，基尼系数很高，政府有责任。但何以同在一个村，同在一条马路，有人富有人穷呢？个人原因是什么呢？

原因是多方面的，其中一个重要的原因是，是否重视信息。电话、手机短信、电脑、上网、财经博客、财经微博、报纸、电视台、讲座、报告都传递着很多极重要的信息，注意搜集学习者，往往财源滚滚，反之则碌碌无为，终日又忙又累，只能靠挣死工资吃饭，往往一穷二白。

一、一个电话买进吉林敖东，大赢一场

2007年元月，我和两位研究生一起在复旦大学旁的“小天府饭店”吃饭。忽然手机响了，是北京中远集团某部的许总，他说，公司让他负责证券投资理财，他们前两天讨论研究了几天，发现人民币升值，股市在走大牛市，因此最好的股票是证券公司，佣金多、获益多。他还建议了几家公司，有证券公司参股的，如兰生、华懋、吉林敖东、辽宁成大。我问，这批股里哪家本身业绩也好的。“吉林敖东，自营业务也很好”。我和研究生们一商量，他们的思路完全正确，我立即用手机问报单小姐，她答：“吉林敖东是12.58元，离涨停还有2分钱。”命她将我仅有的钱全以12.59元买进10万股吉林敖东。它很快涨停了。后来，2007年3月30日，它涨到40元，由于每股吉林敖东含有1.8股广发证券，而广发证券又是仅次于中信证券的全国第二大证券公司，其营业部遍布全国。从全国上交所交易量与去年的比较，就可算出广发证券即吉林敖东2007年第一季度的业绩。我们发现它的利润很高，股价可以上100元。则持股不抛，后来它果然大涨到140元以上，我们大赢了一场。（这是相当成功的经典案例。）

二、不接电话，扣你研究生300元

凡考我的博士生，都在面试时告诉他们要求入学后，24小时开手机。他们都满口答应。但是有一位女博士生就是不开机，我告诉他们，手机信息对金融市场的学习运作非常重要，必须随时联络，研究。她依然不开机，短信也不回。我就在发科研经费时罚她比别人少领300元，钱不多，但很丢人。她问为什么，我说你10个电话不通啊！她自觉理亏，以后手机一直开着，她说，我现在上厕所都开机啊！这个女生后来完全变了，成绩很好，去当了金融学院的大学老师。

我发现一些人不开机是因为省电，省电话费（现在可以搞套餐了）。有的是嫌烦。细细一观察，大多是工作忙忙碌碌，生活拮据贫困的。此时，这个特点很能区分穷人富人的。

三、报上信息要十二分关注，往往藏有金矿

一位证券市场的资深知名人士曾告诉我，他订了108份报纸，我吓了一跳，怎么看得过来，他说，他只看经济信息、要闻，什么爱情、绯闻、电影、文娱都没兴趣，一跳而过。主要是三大证券报等八份报刊。

从此，我也高度重视报刊，每天买报，每周又买很多报，主要是三大证券报，还有《金融投资报》、《大众投资报》还有《证券市场蓝周刊》。（另一本周刊起先也常买，但后来发现

它的作者不严肃，乱写文章，乱骂上市公司，看了其文后，损失了70几万元；从此，我再也不买此刊物。）报上的文章，信息非常重要，特别是证监会认定的报纸。

一天早上5点，我醒来后顺手拿了张前一天的《中国证券报》，发现第三版一篇千字文章，登的是大杨创世董事长李桂莲的文章，说巴菲特来她们公司三次，要和某公司合作，还把该公司好好夸奖了一番，说它是中国经济的缩影。她还说，到九月份就完成了全年的任务，公司情况颇好，完全没有受到金融危机的影响。我打开电脑一看，前一天竟是高开低走，仅9元多，没涨过。李桂莲我早就认识，是中国最优秀十大农民企业家之一，她的话肯定是实实在在的。我马上判断此股票将会大涨，通知了和我们中心合作的相关企业。这个股票当天开盘几分钟涨停，接着4—5个涨停，后来一直涨到20元。由于三大证券报的信息是真实的，所以值得十二分地重视。

每年，我在报纸杂志上起码花上万元，但很多股票亏了几万、几十万元的人却舍不得买报纸，真是因小失大啊！

四、信息要去伪存真，进行删选，精加工

信息化时代，信息太多了，有时出现了不少垃圾信息，什么“××股有几个涨停”，多半是庄家要出货逃跑散布的，我从来不信，心如止水，轻轻删掉就行了。电视里的判断股市涨跌的节目，我大多不看。事物宏观是有规律的，微观是没有规律的，判断近期涨跌，就是算命先生。此外，在电视里推荐个股，卖软件，我都会把它关掉。

如果真的能通过软件发大财，那么贫困地区不要搞“希望工程”了，干脆每户发一个软件得了。故市场上相当一部分公开的信息，是假的，是垃圾信息。

而每个上市公司里的F10里的公开信息、公告却多半是相对比较可靠的。

如上海汽车2008年底声称：2009年12月31日要把股价弄到26.91元以上，以26.91元发行一个认购权证；如成功，公司可净得60亿元，这就是上海汽车的一个目标，此言可靠。当时股价仅5元左右，后来真的一年后（2009年12月31日）涨到27元多。虽然公司股价又很快跌回25元，权证没有发行成功，但股价翻了4倍。这个信息多宝贵啊！

此外，2010年八九月前的攀钢钢钒，当时仅8元多，从此公司的公告中，人们可以推算出它肯定在2011年4月25日前股价要上10.55元，否则鞍钢将拿出270亿元来收购该公司全部股票，并要退市。故他们一定会千方百计重组，放进去一些优质资产，股价一定会涨。（后来果然涨到14元。）

像这种F10里及报上反复肯定的信息，就是无价之宝啊！年收益率超过24%，可惜很多人不知道，也不珍惜它们；还老是做些风险极大，收益不可靠的投机，能不亏吗？

总之，高度重视信息，删选信息，珍惜真金白银真信息，方能使自己从小变大，变得富裕起来。对于那些不接电话，不回短息的人，我总会很快删除他的手机号，“真是竖子不可教也”——必穷！

（本文完成于2012年1月13日，原载于新浪、搜狐谢百三博客）

对宏观、微观经济信息要保持高度敏感性

——贫富差别形成的个人原因之八

谢百三

改革开放30年、股市20年中，中国贫富差别越来越大。近日，我去了几家过去做过股票的老证券公司，一切是那么亲切、熟悉。股友们都能认出我，笑着和我打招呼、聊天。我问了情况，发现有20%—25%是成功的，资金上去了，翻了2—3倍，最好的有5—10倍了。但75%—80%是不成功的。有的原地踏步，有的2007年大挣，2008年大亏，2009年又挣，2011年又大亏，增长很慢，甚至有的仅仅是为证券公司打打工，在这里混了个有空调的位子及退休度日、防止脑子生锈的博弈游戏场所。

究其原因，是多方面的。比如，中国股市的十几个奇怪特点（宏观经济涨，它不一定涨，宏观经济跌，它一定跌，它不是宏观经济的晴雨表等），很多中小投资者是不知道的。很多人遵循着多年来的习惯传统做法，跌了、亏了就捂着，越跌越买，越买仓位越重，最后全线套住。

我感到成功的20%—25%人士，对宏观经济都有一个特点：非常关注。有高度的敏感性，并立即联想到与股市的关系，立即作出反应。

第一，宏观经济学是可以挣钱的，宏观经济信息极重要

我在北京、上海、深圳都有一些好友挚友，他们都非常关注宏观。北京的钱刚是清华大学高材生，一个人口大省的状元；他从1990年离开国务院某经济研究部门下海，现在已好几个亿了。他多次讲：“我们过去学的宏观经济学是可以挣钱的。”上海的X友也多次讲：“事物的宏观是有规律的，微观是没有规律的。我不知道明后天是下雨还是天晴，但我知道七八个月后是夏天。”他也做到6个多亿了。

在每个关键时候，他们都非常敏感。

（1）“朱镕基当央行行长了，快跑”

1993年，为了调控越来越热的“开发区热，房地产热，股市热”，经中央决定，由主管经济的常务副总理朱镕基亲自兼任央行行长。当晚，北京的钱刚来电话说：“中央已决定镕基当央行行长了，宏观调控马上开始，有股票快跑！”我一晚上未睡。第二天开盘10分钟，把股票全跑了。果然，在朱镕基的铁腕调控下，股市一泻千里地朝1994年的325点跌去。（房市也跌了多年。）

（2）“政治局开会，要启动股市，我们进去了”

1999年5月19日，我正在评博导职称，北京的钱刚又来电话：“为了应对世界经济萧条和亚洲金融危机，中央政治局决定启动股市以振兴经济；我们已满仓进去了。”打开电脑一看，股市一路上涨，呈30度角上升。从此开辟了1999年5月1050点向2001年2245点的大牛市。过了几天，我也满仓进去了。

（3）2007年10月，“央行要实行适度从紧的货币政策，小心，再小心”

从2005年7月20日人民币升值到2007年10月20日，中国股市走了个大牛市，从998点涨到6124点。10月下旬，一位北京著名经济学家告诉我：“银监会主席刘明康讲话了，中央决定从现在起，实行适度从紧的货币政策，2008年将实行贷款额度管理制。”“其实是极度从紧的货币政策。”快跑，我第二天就把股票跑了个干净。

这样，从6124点向1664点的大熊市开始了。

我们确定大熊市开始后，给十几个合作企业一次次打电话，让他们跑，说：“我们将很长时间不进股市，很长时间不买任何股票了，熊市不言底啊！”

第二，微观经济信息也不可轻视，特别是“走势怪异”的，如银广厦、重庆啤酒

搞实体经济与证券运作，实际上是相通的，一些企业家对微观经济信息非常重视。

前些年，我在复旦开课，向同学们推荐了一本由我主编的当年的中国经济类畅销书第二名《十年一个亿》。一个姓梅的世界经济系男同学将此书带回无锡家中，他爸爸是无锡一位企业家，看了书说：“我们搞煤炭生意，十年赚了一个亿，你们做股票十年一个亿啊！”他打开书一看，在一页边上他儿子在课上用眉批记了三点意见：在现在这个阶段，三种股票不能买：①30元以上的。②反复填权、反复上涨的。③流通盘在3亿以上的。

这位梅总吓了一跳，立即问儿子，“这是谢老师的意见吗？”“对，是谢老师和他的研究生研究以后得出的意见。”梅总到底是久经市场考验的成功商人。他吓得一声不响。因为前几天他听了当地证券公司经理的建议，买了2000万资金的银广厦，就是30多元买的。当时银广厦正金光满身，国家领导也去视察了，称它：又有金又有银，银广厦为西北人民做了好事。

梅总后来告诉我，他把此事看得很重，天天关注它的走势。

到香港谈生意时，听到助手报告，它已跌到29.98元了。梅总立即停止谈生意，让证券公司帮他抛银广厦，证券公司经理还企图阻拦：“不要紧的，是正常调整。”他发怒了：“不听你的，快抛。”这样，一个小时后，他全部抛出银广厦，亏了200万左右。一周后，银广厦东窗事发，几十个跌停板，一直跌到0.74元，他出了一身冷汗。后来到复旦大学附近的兰生大酒店请我吃饭，谢我。并于当天在无锡商场，买了个6900元的雷达表送我。他说：“我们是诚贾，做生意的人，少亏、不亏等于是赚钱，我从心里感激你啊！”

我说：“主要是你自己厉害啊！能由此及彼，推想到自己的股票啊！一般人会熟视无睹的。”

雷达表我坚决不收，他一定要送。后来我让一博士生和一硕士生一齐从邮局挂号寄回给他。后来，我们成了好朋友。

很多公司都通过资产重组及重大新业务试点、投产创造了一个又一个的神话。这在国内外都是有的，正常的。但其中有很多是不成功的、假的，甚至一开始就是子虚乌有的。像近期连续20多个跌停板的重庆啤酒，由于“乙肝疫苗Ⅱ”的所谓试点，有机构甚至预期可涨达250元，结果一枕黄粱，因为这种疫苗的试制何等难啊！

它从8元多涨到80多元，现在又跌到20元，令人感慨不已！其实它在70多元已横走了4个多月了，就已经显出了高度的危险及极大的风险性啊！（我们不要奢望找到苏宁电器，极难极难。我们要力免银广厦、重庆啤酒、云南铜业。宁可不挣，也不能大亏啊！）对微观经济信息一定要敏感、认真，高度警觉，特别是重仓持有，简直是玩火啊！

——显然对宏观经济和微观经济信息是否敏感构成了贫富差别的又一个重要原因。

（本文完成于2012年1月21日）

大中城市房地产急速上涨，加剧贫富差别

——贫富差别形成的个人原因之九

谢百三

一、2001年起房地产市场价格急速上涨，人心惶惶

中国大中城市的房地产1993—2000年期间是处于被调整、下跌过程中的，朱镕基作为常务副总理亲自兼任中国人民银行行长，下大力气打压“股市热”、“开发区热”、“房地产热”。但从2001年起，各地政府开始关注这一影响极大的市场，想尽办法，提供各种优惠政策，比如上海市给买房者提供蓝印户口，让“新上海人”的子女凭蓝印户口考大学，录取分数可比外地学子低100分。此外，买上海房的人，还可以个人所得税抵房款（即免交个人所得税）……从2001年起，上海房地产市场开始启动、升温，复旦大学旁边的新房产为5000元／平方米，买房者越来越多，老师们、邻居们、朋友们在路上遇到了，所问所谈最多的就是：“买房了吗？快买啊！”“天天在涨，还要涨啊！”从4000元／平方米到5000元／平方米，仅用了几个月。谁也不知道它会涨到多少，它的上升空间有多大，人心惶惶，人心浮动。一批批看房人甚至闯进了复旦大学新建的北区学生宿舍，要抢购，经保安再三做工作，才悻悻退出。

我曾经想买一套中远小区的60平方米的小房，以作书房，到房产中介公司问，竟有七人盯住此房，中介的两名小姐见我是复旦教授，很希望卖给我，记得是28万元吧，她们让我下午2：30去交定金，我转了半天，发现它下边是一条流量很大的马路，噪音很大，不宜做书房；下午2：30去告诉她们，我不买了，结果七个人一拥而上，纷纷抢着交定金，一位老伯一边挤一边给女儿打电话，那个抢房的疯狂场面，我终生难忘。

从2001年起，中国大中城市房地产急速上涨，后来结果证明2001年的抢房者，特别是通过银行按揭的抢房者所做的都是对的，他们避免了在新一轮贫富分化中落入窘境。

二、中国大中城市房地产大涨10年，有不可抗拒的原因

很多人对房地产上涨过快耿耿于怀。其实，它的上涨是多种原因造成的，有很多原因是不可抗拒的，认识到这一点，在当时抢买一套房（像电视剧《蜗居》中的海萍夫妇那样），就是十分必要的。这些不可抗拒的原因是：

①2001年9月11日，纽约的恐怖主义袭击，标志着美国必然要发动一场报复战争，必打塔利班（甚至祸及伊拉克）；美国一开战，必大量印美元，实行十分宽松的货币政策。美元多了，必向中国等新兴国家流动，人民币要升值，利率又是美国的10多倍，美元等外汇必大量进入中国，中国的外汇占款必急剧增加，国内不得不多发货币。这样，黄金、石油与大中城市房地产就会吸引大量货币而急剧上涨。

②房地产确是中国经济的支柱产业，直接关联19个产业，间接影响42个产业，影响钢铁、铜、电解铝、水泥、石灰、玻璃、家具……一业兴，百业兴。地方政府要发展经济，把GDP搞上去，就一定会呵护、发展房地产，而只有在上涨的势头中，这一行业才可大发展。

③每年中国大学生毕业600多万，全部不肯离开大中城市，等于每年要建立300多万个家庭，需300多万套房子。

④每年农民工有500多万进城，进来了，就动态地留下来了（有进有出，总体是进多出少），要100年才能进完。他们买不起房就租，租就是分期付款地买。这都构成了刚性需求。

⑤地方财政需要卖地才能维持。2010年，北京、上海、天津的卖地收入，占了三地财政收入的60%以上，这就是“土地财政”，是地方政府的通灵宝玉、命根子，他们一些人骨子里是鼓励房地产涨而怕跌的，一跌土地卖不掉了。地方财政会陷入破产边缘。现在，各地政府已借了10.7万亿，情况很困难了，他们怕房价跌，土地卖不出价钱，因此调控总会渐渐放松。

⑥在内外夹击的种种因素下，中国的货币M2越发越多，有的是主动多发的，有的是无奈多发的。2000年，中国的M2为12万亿，它与GDP的比例是1.38倍。而2011年，M2已达80万亿了，它和GDP的比例是1.8倍。（而美国这一数据仅0.60—0.65倍。）

当大量资金、货币集中到来时，它并不一定会导致全面通胀，而会集中进入一些地方、产业及产品，即这些地方、产业供不应求，又不可能再生。这就是黄金、石油、古董、名人字画及大中城市的房地产。资金集中涌入，日涨夜大，很难压抑。

三、目前的房地产调控是极严厉的，非正常市场行为下的现象

2011年起，我国大中城市的房地产调控取得了明显效果，2012年春节，首都北京，七天出现了零成交，上海成交量也急剧下降，各地新房价格也有了20%的下跌。但这种下跌，成交量的萎缩是在极严厉的调控下发生的，可以说是古今中外，从未发生过的。北京限购令控制在5年交税证明才可买，上海、重庆要交房产税，全国70多个大中城市都在限购。因此，目前房地产的极度低迷是在国家十分严厉的措施下在超经济年的方式下发生的。而且房地产低迷引起的副作用，对宏观经济之影响还在持续。

整个宏观经济都受到了伤害。

四、三五年前不买房、卖掉房的人，对小孩的伤害是灾难性的

中国大中城市房地产的大涨，使中国贫富分化加剧。

很多2001—2004年买了房子的人（特别是用银行贷款按揭买房的人），现在房价都在成倍地上涨；复旦大学附近由5000/平方米已涨到3万—3.5万/平方米了，涨了五六倍（与M2的增幅完全一样）。他们的财富无形中增加了五六倍。

另一种人，却在不断上涨的房价面前，总是算实价，算总账，不敢买房子。一位作家，从湖北到北京，不断地存款，存到100万时，房价涨到150万了；存到150万时，房价涨到250万了，他写了个文章，哀叹房价之急涨，他怎么拼命写文章也赶不上房价，写文章挣的钱，都淹没在房价上涨之中，白干了很多年。其实他不懂经济学，早就可以付了首付，以按揭等着它涨的。

更有甚者，复旦大学一位女生的母亲，多次来听课，她听说中央在调控房地产，竟然在三年前，将仅有的两套房（一套本来是给女儿结婚用的，其女是复旦数学系高材生）卖掉一套。结果卖了就涨，她后悔死了，多次来电话和我讲：“后悔死了，难过死了。”现在加100万都买不回来了。

特别令人遗憾与难过的是，有的人是不听劝告，在四年前坚决把房卖掉，现在成了终生的遗憾。

一位亲戚四年前来短信，说，杭州市政府给了他们一套动迁房指标，让我去杭州看看，出出主意。我于周末匆匆赶去，一看，非常好。一套90万，一套138万；两套任选一套。我亲自骑车，到美丽的西湖仅10分钟，而西湖，是中国最美的地方啊，我从小学开始，经常住在西河坊街我的姨父姨妈家里，和表弟妹一起到柳浪闻莺、湖滨来玩……流连忘返，真是人间天堂啊！

我确认这里的房价必然大涨，劝这位亲戚及夫人坚决买下来。他们只有80万元，我说我们可以凑给你。他“人穷志不穷”，坚决不要。有卖掉之意。我真的怕了，当晚请了杭州一家银

行的副行长（我的MBA学生），他的年轻妻子是杭州一家著名房地产发展商的售楼小姐，他们做东，请我和亲戚全家吃饭，在西湖边的一家酒店花了2000多元，从晚上6：30劝到10：30，一直劝他们买房，一定要买下来，这个地段太好了，一定会大涨，钱不够，他们银行可以借给他们。他们点头，又不置可否，犹豫不决。我把他夫人悄悄拉到一边，说："一定要把这套房子买下来，大小均可，这是你们家最后一块黄金，最后一块金砖啊！它必涨啊！"她支支吾吾地犹豫着应承着，这个对这个家历史性的晚上，我终生难忘，至今历历在目。

一周以后，亲戚来了个短信，他以138万将大房买进后又卖掉了，挣了20万，他说："他一个月工资仅3000元，要很多年才挣到这10万啊！问你们一借，欠债更多啊！"一进一出差60万，多少年都还不清啊！我气极，让他立即同样买一套回来，几年后必涨，契税等由我出。他干脆关机，不回信了。……四年过去了，这套近西湖的房涨了约200万。他们夫妻从此不敢骑车经过此地，说每每经过心里像刀割一样的痛。现在，他们的小孩成年了，谈恋爱要买房了，但100万怎么在大城市买房呢？

贫富差别就此大距离拉开了。

唉！有的事，是可以预测的。宏观经济是可以预测的，微观经济是不可预测，明明可以预见的，何以又不听劝告呢？

中国一些人的贫困就是在房地产市场大涨，其人又个性很强，十分固执，不听劝告，也不相信宏观经济之分析的情况下，一步步使自己与小孩走入贫困僚倒之中，政府有责任，自己完全没有责任吗？

（本文完成于2012年2月3日，原载于新浪、搜狐谢百三博客）

自费出国留学应慎之又慎

——贫富差别形成的个人原因之十

谢百三

时下，在一些发行量很大的杂志上，一直把送小孩出国留学（读中学、大学、研究生等），当作特大好事来宣传。甚至认为在欧美大学一毕业，拿到学位，就是成才了，父母叔伯、爷爷奶奶等就激动得热泪盈眶——孩子有出息了，家长们这些年吃了再多的苦都值了。

其实，真实情况并非完全这样。这里有相当一部分是不了解国内外大中学教育情况而造成的误解。

一、有的留学应肯定

第一，出国留学是改革开放开始时，1977年，邓小平高瞻远瞩重大决策。当时，大多是公费。留学回来的很多人，现已成了中国科技界、学术界、教育界、经济界、政界的栋梁人才，对中国这30多年发展作出了重大贡献。

第二，至今，北京大学、清华大学、复旦大学、南京大学、武汉大学……每年有不少优秀同学可以从欧美大学申请到一些“全奖”、“半奖”。对于此类出国留学，应支持与肯定。

因为外国大学的眼睛是雪亮的，他们出钱绝不会白出；除非你是个人才，并且希望你能到欧美学习，边学边帮他们做课题、打工，为的以后还希望你长期留在他们国家，移民，成为美国人、英国人……

但我相信，随着中国经济的发展，中国的强大，大多数留学生还是会回国的。像上个世纪及改革开放初期出国的人们一样：“无论何时，无论何地，都改变不了我的中国心”。

第三，特别是一些世界一流的顶尖大学，如美国的多所常春藤大学、麻省理工学院、斯坦福大学等等，英国的牛津大学、剑桥大学，日本的东京大学，澳大利亚的悉尼大学等等，都值得去留学、学习。

三、自费留学要慎重，千万别倾家荡产去留学

目前社会上大量存在的通过中介公司自费出国留学，要慎之又慎；要量力而行，千万不要硬来，甚至全家省吃俭用、倾家荡产地支持小孩花巨资去自费留学。此事往往弄得由富转贫，几十年都翻不了身。

几年前，一位常州的朋友，来短信讲，他儿子要自费出国去英国学“精算师”了，他让我去商量一次。他儿子毕业于中国的一所重点大学：西北工业大学。有一个女朋友，本来在常州已有4000元月薪，打算结婚了。我了解了“精算师”的情况后，急忙连夜赶到常州。他告诉我，去英国自费留学要72万，他们家多年存款为60万，已借好钱打算让儿子去读。夫妻二人都支持，为了孩子的前途，再苦再累也值得。我请他们父子吃饭，吃了三个多小时，坚决反对他儿子出国。第一，“精算师”一行在数学里很偏很难，不实用。第二，回来工作不好找，只有少数大的保险公司需要少量的这类人。第三，花72万去自费留学，以后家里就穷了。72万在中国股市买企业债券有6%—7%的年收益，等于4万—5万元利息，等于小孩每月可多得3500—4000元工资。而本金72万还长期在。而去英国留学就学点英文和数学，实际用处并不大。

想不到，这看法引起父子俩的强烈反感，父亲说：“箭在弦上不得不发，同事、邻居都知

道了，钱也借好了。”儿子更加反感：“同学们都知道我要去伦敦了，怎能临时变卦，我已想了好几年了。怎么你复旦大学教授会反对？”我反复说：“要实事求是，量力而行啊！你现在不出去，你的工作、家里不都已很好了吗？”他们不听，终于出国了，还到上海签证了，我无言以对。三年后，他留学回来，结果半年多找不到工作。更糟糕的是，谈了几年的女友要分手。因为家里已一贫如洗，还负着债。而72万在常州本来完全可以买一套挺好的二手房做婚房的。女孩子看不到希望了。

又过了一段时间，我去常州调研房地产问题，在一个讨论房产税的集会上，他们父子都来了。我看到风中的父亲那苍凉的脸，他悲凉地说：“好，征房产税，让房价跌下来，跌得我们穷人买得起……”

总之，自费出国留学，现在在中国很风行，中介公司特别愿意学生去的是一些非重点大学，非一本大学。主要集中在二本、三本大学里游说。学校有的也支持。

我再次郑重提醒同学和家长：一定要实事求是，量力而行。

很多国家的二、三流大学把争取中国留学生，当作是一个挣钱生财之道，学费很贵，对学生教学不严，“放鸭子”。现在美国收中国留学生学费为2.8058万美元（合17.68万元人民币），加之生活费，要60万—70万元。而且学费还在涨，美国通过招留学生一年挣210亿美元。其中，中国留学生占22%。

特别是有的国家，一年或一年半就可得一个硕士。这些硕士，我们国内在录取博士生时，基本上是不看的，人又不是神，一年多能学得到什么。

即使家里有个几百万、几千万，也不一定要走自费出国留学的路。

主要是相当一部分人学不到真才实学，只能学点外语和数学。回国后，工作很难找，上海人能称之为“海待”（海外回来待业）。英语、数学在中国是完全可以学好的。

我们国内的大学教育质量总体上不比国外差。当然，教育风格会迥然不同。此外，世界一流大学则另当别论。但自费留学是不可能在这些名牌大学里的。

特别是女生，在中国大学毕业都已经23—24岁了，自费出国几年回来，家里钱花尽了，自己也年龄大了，回国工作又不好找了。很多人非常后悔。千万小心，人生的重大抉择。其实，很多时候，你在国内闯得开的，不要赶洋时髦啊！多年前，我在新加坡国立大学讲学。一天晚上，在马路上的电话机旁给国内打电话，忽然喜遇一个复旦大学前几年出来留学的女生。她对我讲了很多心里话：“后悔啊！28岁了，还不能回国。而新加坡女多男少，对象也不好找。”讲着讲着她流泪了。那晚，给我很大的震动。

中国的家长们，很多小孩在国外自费留学其实是很艰苦的，读书、打工、省吃俭学，而来电话或邮件都说自己好的方面，是为了让你宽心。

中国内地的中小学质量其实不错的。我的一位博士生，中国银行（香港）首席研究员。他和妻子在“上海书城”看内地的中小学教科书后呆住了，他们的小孩在香港读五年级，竟然看不懂内地四年级的书。由此，他们萌发了把小孩送到上海读书的念头。

总之，出国留学这样的大事，往往是可以导致内地家庭的贫困的。一切从实际出发，实事求是，量力而行啊！

（本文完成于2012年2月10日，原载于新浪、搜狐谢百三博客）

要粗中有细，切忌细中有粗

——贫富差别形成的个人原因之十一

谢百三

性格、为人、处事风格、进取心等等对30年贫富差别影响极大。

现在社会上流传的书有《细节决定成败》、《性格决定人生》、《个性决定命运》等等，都有一定的道理；而我们则认为并不是“细中有细”就好，“细中有细”与“粗中有粗”首先应该否定、排除，是不好的。“粗中有粗”的人只好去做简单劳动，做点粗活、笨活，难以成功。“细中有细”的人，表面上事无巨细都做得很好，如办公司，公司里打理得井井有条，自己家里整齐干净，学习读书，门门优秀。但往往忽略大的方向、目标，忘记关键点与主要矛盾。一生平平庸庸，充其量一个月1万多元，成为碌碌无为的小白领、小蓝领，而30—35年为还房子按揭苦苦奋斗，成为“房奴”。一位十多年的同事，总是算小账，为了省电话费，宁可不打电话，连国债、新股也不敢买，结果家里一直穷，一辈子副教授，退休了之。

一、一定要“粗中有细”，对于关键点要紧抓不放，下十倍百倍力气

我认识的一些投资大师、成功人士，几乎都是“粗中有细”的。即生活上、工作上一般都很宽容，不计小节，生活上很朴素，随便。玩的时候也很野。比如北京的一位成功人士，请北大、复旦的同学吃饭，往往一吃就是七八千元；但是在投资理财上，他在关键点上非常认真仔细。为了买山鹰转债，专门去马鞍山山鹰纸业调研；为了买西藏矿业，把所有新能源、锂电池等等的书、资料全找来，研究了一个月；为了买华西村转债，专门去江苏华西村请教、参观；当他确定“9・11”后美国必报复，必打仗，必打塔利班等，必大量印美元，黄金、石油必涨，美元必跌，他竟第二天飞去香港买了200公斤黄金。他听说“第一铅笔”要被专门做黄金生意的“老凤祥”重组时，他竟带了十几个北大、清华的同学到上海街头、酒店搞市场调查，到底“老凤祥”在上海的知名度高不高，结果98%的人都知道它是卖黄金首饰的。于是回去后，他以0.2—0.3美元大量买进老凤祥B股，后来一直涨到3美元多。他挣了1000多万美元——这就是典型的粗中有细的成功人士。

上海一位投资大师也是非常仔细的。有一年，全国、全世界都炒网络股，上海梅林天天涨停板，因为它有两个送水的网站。这位X先生根据“理解大众心理，领先大众一步”的原理，天天盯着上海梅林，他说：“涨停板打开的话我要买它的。”结果15元一带，梅林的涨停板打开了，他把6000多万资金全数买了上海梅林。休息了几天后，上海梅林向30元冲去，涨得非常好。他却坐卧不安了，天天关注大势与该股的走势。一天，我告诉×先生：著名经济学家吴敬琏在报上批“泡沫经济”了，他说：“上海梅林不就是送净化水的吗，算什么网络股？”X先生立刻紧张起来，马上去看我讲的刊载在《中国证券报》上的那篇文章，发现情况属实后，立即全线卖出上海梅林（当时已跌到26元了）。虽然，没有最高点挣得多，但他的资金仍旧上了一个亿。他说，吴敬琏教授德高望重，影响很大，他骂得也是对的，把梅林当网络股炒，实际上是“网络股”太狂热所致啊！我们投资者先要理解大众心理，也要自己内心清楚啊！

现在X先生胜多败少，已达6个多亿了，成了真正的中国巴菲特。

但他平时很随和，心地很善良，经常骑一辆旧自行车到复旦大学和五角场来玩，思维非常清晰；但你怎么也想不到他是大师啊！有一次，我们同学一起去他家玩，他的大楼门卫很自信地说：“我们这座大楼里的人，不会有钱的，富人不会住杨浦区的，都住徐家汇的。”我们听

了哑然失笑，心想杨浦区真乃藏龙卧虎之地啊！

二、细中有粗，必闯祸，必穷！切忌！

相当大部分的人在生活中其实是细中有粗，结果大事不重视，关键事情当儿戏，无论是学习、工作、事业、投资、人生、婚恋都是细中有粗；结果生活搞得乱七八糟，且很穷、很困难，很潦倒。如学生考试，你得复习啊，做题啊，背啊。结果随心所欲，认为大四了，老师不会考得很难；结果20%的同学不及格。还在网上抱怨，大四了还给不及格。后来发现，成绩差的同学，工作找得也差。越是大四，越要考好啊！

投资理财，有了30万元，得意洋洋，左听听右听听，一下子一天之内买了十几个股票，结果从3000点下来全套住，买的时候胆子很大，亏了6万—7万，急了，怎么办？反弹了，解放一个跑一个。还有的干脆让它放着，说："学巴菲特，长期投资。"天啊，巴菲特在中国敢长期投资吗？

还有的同学对占有自己资金百分比近一半的资金，道听途说，5人吃了一顿饭就信以为真，按友人的意见，高位买进了其银行转债与基金××。结果买进后就下跌，后来我们发现了提醒他：该银行转债如不转股，年收益极低；基金2011年情况也很困难。但他还是白天黑夜地忙于在公司里上班；跌得很厉害时才怕了，割腕而逃，亏了十几万，几乎等于一年的工资。真令人心痛不已。占自有资金这么大比例的钱，投资理财必须反复问，反复请教打听啊！真为他难过。查了一下，结果是在一个上午半小时内买进去的。在这里，我们要指出，年轻同学的钱挣来不容易啊，要买房，要成家，亏不起啊！没有99%—100%的把握，千万不可乱来。而这种朋友，往往工作出色、衣着整齐、平时节俭、工作认真，领导十分满意。但其实是细中有粗啊！但如果今后还是细中有粗，必闯祸，一定要举一反三，从中汲取教训啊！否则日子也会越过越穷啊！

还有一名学生，为人很好，成绩优秀，毕业后自己办了家公司，几百个男女大学生被领导得非常成功，企业效益也越来越好。对老师、同学也很热情尊重。但在一次投资中，忘记了中国证监会的规定，大量买进自己公司向公众推荐的股票，而且竟用了自己的身份证，年底一下子成了前十大股东之一，人人皆知了。结果受到监管部门严厉处罚，几年辛苦开创的事业，毁于"细中有粗"之一旦啊！真是可惜之至，我们非常为他痛心。

（本文完成于2012年2月18日，原载于新浪、搜狐谢百三博客）

世界上最糟糕的新股发行市场

谢百三

一、发行最多，上市最快的新股发行市场

对社会主义计划经济有入木三分的理解及研究的匈牙利大经济学家亚努什·科尔奈指出：社会主义国家的国有企业、地区领导、市长、县长都非常热衷于投资，即患有难治之症“投机饥渴症”，即像糖尿病和尿崩症（中医里称之为“消渴”）病人，不停地想喝水，几乎所有的领导都不停地想投资。这在西方国家难以想象，投资失败就得跳楼自杀（笔者在新加坡亲眼见到这种悲剧）。在社会主义计划经济中，投资只有好处，没有任何风险，省长、市长、县长、总经理责任不大，风险也不大，反正公对公。由于抢投资可以催高地方与企业的业绩，于是拼命投资。

现在我们在中国股市（这个号称中国最市场经济的地方）看到了非常疯狂的一幕，无论是牛市还是熊市，无论是国有企业还是民营企业都拼命地想IPO上市，它们中不少人的主观意愿不是让公司上市后发挥四大功能：融资、投资、资源最佳配置及有效的公众监督管理，而只要一个功能：融资、圈钱。IPO发新股圈，增发股圈，发可转债圈；反正这是它们来股市的最主要目的，而且公司圈完，上市公司持股人、高管到时间纷纷提前下岗，一到时间就像倒垃圾那样抛股，不顾一切地兑现，“胜利大逃亡”，给投资者留下了极深极坏的印象。自己都不自信，不看好，老百姓怎么投资？

1990年至1998年，中国大跃进式地发行上市了800家公司，同年克林顿访问上交所，惊叹地说：你们发展真快啊！因为美国用100多年才上市800家（还有不少退市的），中国仅用8年时间就快速赶上来了。陪同的证监会官员听了脸都红了，总统是表扬还是讽刺啊？近年来，无论中国股市走牛还是走熊，新股的发行是毫不留情、决不心软的。新股的发行节奏、速度越来越快，丝毫不顾市场的承受能力。请看近年来新股IPO及发行上市情况：

年份	增发家数	募集资金（亿）	首发家数	募集资金（亿）
2005年	3	266.7	15	57.6
2006年	58	1049.7	71	1642.6
2007年	177	3346	121	4470
2008年	135	2171.9	77	1034.4
2009年	133	3000	111	2022
2010年	168	3510.3	347	4911.3
2011年	184	3869	277	2720

二、声名狼藉的“市场化改革”，使新股成为“富一人亏万人”的“地雷阵”、“陷阱村”，充满着猫腻及寻租之嫌

现在的新股发行市场有如下情况：

①照搬照抄国外荷兰式新股竞价方式，结果发出很多高价股。

荷兰式竞价在多数国家是可行的，因为它们是成熟的市场；而我国的证券市场是非均衡市

场，国家股法人股还有23%—25%未上市，还在源源不断地套现；人民币在资本项目下还不能自由兑换，还在升值；新股还是审核制，不是注册制；退市制度是徒有其名的；股指期货也是装装样子的。这样竞价，必然是走样的，出很多高价股。非完全市场里搞完全成熟、均衡的市场做法，一定是病态的。

②市场化发新股，会严重套住投资者，致众人于亏损之灾。

由于人民币不能自由兑换，国内M2高达80万亿，M2/GDP＝1.8倍（美国仅0.6—0.65倍），非流通股还有23%，因此，除银行、保险股外（盘子权重太大，铁板一块），大多数股价都比国外高，等以后人民币完全自由兑换，国家股法人股全流通，这些高价发的新股就全会跌下去，无论是套谁，总体上是套我们股民，这是明摆着的。周小川近日说：正在探索人民币国际化道路，这一天早晚会到来的。管理层怎么忍心让投资者服这种明摆着的高价毒药呢？

请看：2011年发了282家新股，破发71.99%，达203家之多，套了多少中小投资者啊！真是害人不浅啊！有的跌了10%—50%啊！你们不是要人们做长线吗？

③“富一人亏万人”——管理层怎么会做如此不得人心的事呢？

证监会主席是可以调去当银监会主席的，当央行行长的，可以以后当副总理、总理的，而如果搞选举制，总是得人心者得天下吧。魏征曰：“水能载舟亦能覆舟”，水就是百姓，就是人民大众啊！你现在的发行新股制度，“市场化”发行，发出很多高价股，使上市公司老板一个人、一个家族几天就豪取了上亿、几亿、几十亿，暴富了，而使几万、几十万投资者深深套牢、巨亏；这种情况，这种态势，美国奥巴马敢吗？你证监会、交易所领导怎么就敢呢？你不想升迁了吗？你们不怕失人心吗？好干部，朱镕基、昆明的仇和会做这种一人笑、万人骂的蠢事吗？郭树清主席请管一管啊！

④基金全面亏20%，与打新股亏损关系很大，基金竞价者会不会受贿呢？

我们百思不得其解，新股发行价都是几百家基金及证券公司荷兰式竞价出来的，怎么会竞出这么高市盈率的新股呢？一动就是40倍、50倍。基金派出去的竞价的人会否和上市公司有猫腻呢？会不会出现中国足球队式的寻租腐败呢？你给我竞高价，我送你50万—100万呢？反正你又不是自己的钱，是基民、老百姓的钱啊，管他盈亏与死活呢？基金竞价者的行为非常不正常，非常可疑。他们买的新股要三个月后上市，明摆着比老百姓网上买的还危险，但它就是会出高价。一个庞大股份，在如此熊市下竟竞出45元，机构申购倍率很低，谁干的，得了什么好处？当然，这只是一种怀疑与猜测，就像当年我们看国际明星足球裁判陆俊吹哨，出红牌，总觉得怪怪的，哪里不正常。希望证监会、公安部查查看。美国对证券业犯罪是判得很重的。2011年基金全部亏损，平均亏20%，最好的亏7%；里边有没有打新股亏损的，现在有一家基金公开宣布不申购新股了，这是清明廉洁正直的表现。

⑤声明狼藉、臭名昭著的市场化改革有关证券报还在自吹自擂坚持所谓的“光荣的孤立”，令人厌恶。

这种天下罕见的批发价高于市场价，小猪贵于大猪的违反经济市场规律的新股发行，实际上在全国人民的眼中都已经是声名狼藉，像一个个要伤人杀人的地雷，伤人套人的陷阱。请看2012年以来的新股。本周五新上市的三个新股全面破发，最少的跌3快，多的跌7块，投资者在上市公司老板的狂笑中痛心地割肉、止损，气愤不已，骂声不绝。就这样一个对老百姓没有善意，没有爱民之心，丑恶的新股发行市场，有关证券报还在那里坚持所谓的光荣的孤立，刊登和他们意见相同的武汉某教授水平很低的文章。建议他们到此为止吧！搞搞民意调查，有谁能接受这种超经济的掠夺式的发行，再这样搞下去，好端端的证券报也在老百姓心目中成为诡辩的媒体，成为被人们唾弃的媒体，应该赶快改正，立地成佛。

三、搞好新股发行市场的几点建议

①在股市随经济下行，呈熊市状时，停止发新股或放缓发新股上市节奏。现在在2100点附近，可以考虑停发半年了。

②停止声名狼藉的、臭名昭著的“市场化”新股发行改革，像周正庆时期与周小川后期，参考国际市场上一个价，比如某行业15倍市盈率，就15—16倍发。（很多朋友是一、二级股市都做的，一级市场盈利之来补二级市场亏损的。它其实是一种自然补充调节机制。）其实“市场化改革”是2000年香港梁定邦顾问提出来的，结果一年多募走资金680亿后，被当时的证监会周小川主席果断停止了，何以我们还要重犯10年前的错误呢？

③对全国投资者来一个民意调查，看看多少人赞成这种“一人笑万人哭”的新股发行改革。

④立即对上市公司及基金公司竞价人进行法制教育。千万不要寻租，不要为了几十万而故意报高价。“天网恢恢，疏而不漏”，当年受人尊敬的足球裁判陆俊、运动员申思，现在已陷入千人耻笑之境地，从此告别足球生涯了。陈毅元帅说得好：“恶有恶报，善有善报，不是不报，时间未到，时间一到，一定全报。”

⑤把荷兰式竞价立即改成美国式竞价，即你报多少价，就卖给你什么价，你竞60倍市盈率就给你60倍的价。结果基金竞来了一批高价亏损新股，必然巨亏。基金公司就会追查竞价个人的责任（像股市操盘手一样），谁还敢营私舞弊、受贿寻租呢。同样是市场化，为什么不学美国呢？

⑥让责任人或其代表直接投票竞价，如股民一起直接用电脑投票。现在基金及证券公司代表，自己没有利益，钱全是老百姓的，怎么会有责任心呢？

⑦三大证券报不要再为这种没有善心、恶意圈钱、不顾廉耻、名声很坏的新股发行制度唱赞歌了，把自己名声也搞臭了，还有几个股民要看你的这些文章。

关于中国股市2011年以来新股68%“破发”的深层次思考及建议

谢百三　范　川

编者按：2011年以来，我国股市新股发行上市120家，其中82家跌破发行价。而中国证监会及沪深证交所领导对此持肯定态度，认为是“好事”。本文认为，在我国人民币在资本项目下不可自由兑换，货币供应量常年偏宽松，国家股、法人股尚未完全流通，我国多数股价高于海外市场同类股价的情况下，提倡所谓的极端的“市场化”发行，实际上就是高价发行，一定会大面积破发，并最终套住绝大多数投资者。另外，上市公司却超募了大量资金，许多公司竟不知该如何使用之，这还同时还挤占了其他准上市公司的资源。本文分析了这一现象形成的原因、危害及提出应采取美国式竞价给新股定价等建议和方法。

2011年以来，中国股市在“市场化”改革的名义下，新股发行价越发越高，至5月6日，今年发行上市的120家新股跌破发行价的有82家（68%），更严重的是有近四成（47家）首日便跌破发行价，使大批城乡居民投资者亏损严重。

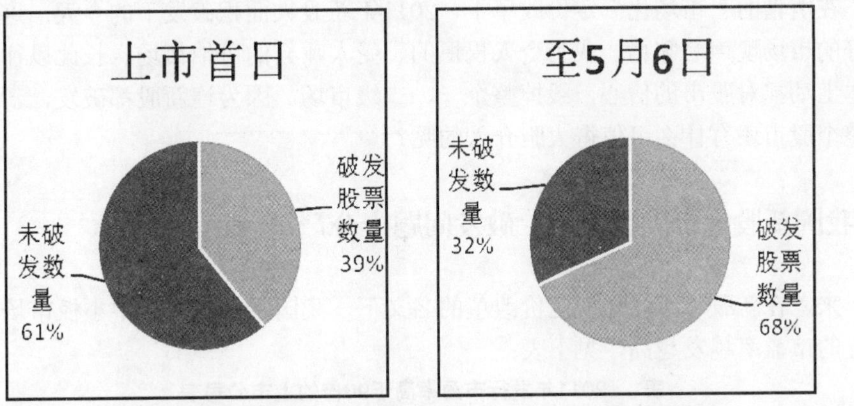

图1　2011年新股上市首日及截至5月6日上市公司破发比例

上市公司大面积破发，使投资者，尤其是广大中小散户遭受严重损失。以庞大集团为例，其发行价格45元，网上申购中签率很高（约22%），在4月28日上市首日收盘价为34.58元，较发行价下跌10.42元，跌幅达23.16%，按此计算，中一签就要损失一万多元（截至发稿日5月24日，其仍在34元附近挣扎）。天瑞仪器在2011年1月25日以65元发行，上市首日跌幅达16.68%，至5月6日跌去32.8%，以此数据计算中一签损失金额达到两万元。而违背常理的是，在这种悲惨的情况发生后，沪、深证交所的领导竟在同一日撰文称，这是好事，有利于市场化定价机制形成。证监会领导也称：“新股破发是积极的表现，是市场机制在发挥作用，这对推行配售权制度也有好处。”据悉，世界各国的新股发行基本上都比二级市场低一些，据我们了解破发率也比较低，不超过15%；而在中国香港市场上还出现过肯定盈利的股票而不得不以身份证摇号来分配的情况。2011年中国新股的68%破发，这是世界证券史上从未发生过的。不符合中国国情与世界惯例，有违证券市场一、二级市场定价之常理。其所引发的问题值得深思、反省并且须及时地纠正。①

①编者注：反之，社会与市场则是一片气愤的质疑声。这种新股反比老股贵，上市公司超额数倍募得资金，投资者却亏损严重的情况历史罕见、各国罕见。人们气愤地称之为证券市场上的“瘦肉精”、“有毒馒头”、“三聚氰胺”。

一、新股发行、上市的重要意义及作用

股票市场、债券市场有一、二级市场之分。新股发行，即IPO，就是一级市场发行股票；它是一、二级市场的基石与出发点，其意义与作用都很重大：

1. 新股发行、上市有利于企业上市募集资金，发展生产。马克思说过：修造一条铁路，靠着单个资本的聚集，几十年都完不成，但是靠着发股票，这个过程瞬间就完成了。从1990年至1991年上交所、深交所相继成立至今，中国证券市场共为企业、地方政府募集资金超过20099.51亿元，为中国改革开放做出了历史性的重大贡献。

2. 新股发行、上市为机构与广大城乡居民、中小投资者开辟拓宽了投资渠道，使1.3亿人民进入资本市场，让其有了比银行、保险等更多更广泛的投资机会。

3. 我国目前地方融资平台上，地方政府负债达7.8万亿，依然存在较高的金融风险隐患，一批批新股发行、上市，有利于扩大直接融资比例，化解我国潜在的金融风险。

4. 近年来我国大中城市的房价越来越高。上海、北京房价已达3万—5万元／平方米，全国70个大中城市房价居高不下。此外，我国通胀形势越来越严重，2011年逐月攀升，3、4月CPI分别高达5.38%、5.3%。新股发行、上市使得证券市场能够成为受巨资推动出现的房价泡沫和通货膨胀的分洪区、泄洪区，有着重大的意义。

总之，一个健康、稳定、蓬勃向上的新股发行、上市市场，有利于企业，有利于机构与个人投资者，有利于中国改革开放及实体经济、宏观经济之发展。

但是，在所谓的“市场化”定价改革下，2011年新股大面积破发下的今天，这个发展了20年一度良好的市场现声名狼藉，成为令人畏惧的、受人唾弃的可怕市场。长此以往，这将会令人们从根本上动摇对股市的信心，毁掉整个一、二级市场。因为连新股都破发，新股风险都比老股大，整个股市还有什么可值得大胆介入的呢？

二、我国新股定价发行上市、破发问题十分严重

近两年来，在新股“市场化”定价改革的名义下，我国主板市场、中小板市场、创业板市场新股发行的市盈率越发越高，见下表：

表1　2011年发行市盈率高于90倍的上市公司表

股票名称	发行价格（元）	发行市盈率（倍）	上市首日收盘价（元）	2011-01-01至2011-05-20日最低价（元）	2011-05-20收盘价（元）	最低点较发行价格跌幅（%）
雷曼光电	38	131.49	42.21	25.08	25.89	34.00
先锋新材	26	123.81	28.7	19.99（20.23）	20.18（20.42）	22.19
铁汉生态	67.58	110.07	77.65	66.2	69.33	2.04
国电清新	45	104.65	41.27	35.2	36.53	21.78
恒泰艾普	57	99.92	70.05	53.38	57.47	6.35
东富龙	86	96.63	86.37	36.88（74.52）	40.2（81.23）	13.35
尚荣医疗	46	95.83	60.01	44.4	47.5	3.48
东方国信	55.36	92.65	47.95	44.03（44.50）	44.67（45.15）	19.61
林州重机	25	92.59	29.09	16.3（23）	17.19（34.51）	8.00

（括号内为复权后的价格，数据来源：wind全融数据库）

从上表可以看出，一些新股发行市盈率竟高达130倍以上，新研股份其首发市盈率更是高

达150倍，这样高的市盈率在世界各国股市正常情况下都是非常罕见的。如此高市盈率、高发行价的发行新股，其结果必然是大面积的破发。而如前文所述，仅2011年发行上市的120家新股（截至5月6日就有120家新股发行、上市，速度之快也是世界各国中仅有的），就有82家破发，面对投资新股的巨大风险及当前二级市场的低迷，很多投资者中止了在证券市场的投资，不得不将资金存入银行，而当前我国一年期存款利率为3.25%，5月份公布的CPI则在5.3%以上，资金放入银行所面临的是由通胀引起的负利率，人们十分无奈。

三、从历史和现实看新股高价发行所造成的资源浪费，危害极大

事实上，以极端的“市场化”发新股的试验，是2000年1月在香港梁定邦顾问的建议下，中国股市就曾经进行过的。（然而在2001年10月即被废止，回归到之前控制市盈率的发行方法。）那次的改革导致股市市盈率被一路推高，直到闽东电力以88.69倍市盈率达到最高点。

表2 2000年上市新股中市盈率排名靠前的公司

股票名称	发行价格	发行市盈率	首日收盘价	2011-12-31收盘价
闽东电力	11.5	88.69	15.48	10.27
民生银行	11.8	69.41	18.56	14.51
用友软件	36.68	64.35	92	50.64
龙净环保	7.2	59.52	22.85	15.75
新力药业	18.8	53.26	34.11	27.97
洪都航空	14.98	52.12	22.4	12.54 （18.81）
烟台万华	11.28	51.51	31	24.28
安琪酵母	11.88	51.05	30.88	19.51

（括号内为复权后的价格，数据来源：wind金融数据库）

上表清晰地反映出当时新股发行时的市盈率已经明显偏离了合理价值，而经统计，2000年上市公司的平均市盈率在33.95倍。

在2000年1月至2001年10月实施极端的“市场化”改革期间，共有196家上市企业共募得1391.32亿元资金，多募集资金521.33亿元。按照当时相关行业的合理市盈率水平计算，合理的募集资金量应为869.99亿元，按当时情况，这1391.32亿元的资金原本可以提供给314家急需上市的公司。这种所谓的“市场化”的发行使得上市公司侵占了其他大量准上市公司的资源，形成了社会资源的严重浪费。

而最近的这一次极端“市场化”改革的后果则有过之而无不及。

表3 2011年上市公司中超募倍数（实际募集资金／预计募集资金-1）前十的公司

股票名称	发行价格（元）	预计募集资金（亿元）	实际募集资金（亿元）	超募倍数（倍）	超募资金（亿元）
天立环保	58	1.32	11.09	7.40	9.77
铁汉生态	67.58	1.80	10.00	4.56	8.2
东软载波	41.45	1.87	9.22	3.93	7.35
风范股份	35	3.72	18.51	3.98	14.79
宁基股份	86	2.28	10.85	3.76	8.57
秀强股份	35	1.64	7.19	3.38	5.55
维尔利	58.5	1.66	7.25	3.37	5.59
振东制药	38.8	3.06	13.05	3.26	9.99
雷曼光电	38	1.43	6.05	3.23	4.62
天瑞仪器	65	2.74	11.08	3.04	8.34

（数据来源：wind数据库）

从上表看出，仅排名前十上市公司就比其预计募集资金多募了82.77亿元人民币，而据

统计，至2011年5月20日，上市的131家上市公司共预计募集资金为564.214亿元，实际募集1442.4亿元，超募金额达878.186亿元。简单类比计算，如果不存在如此严重的超募情况，这多出的近900亿元资金，还可以支持204家需要资金的公司上市，即这1442.4亿元资金本可以支持335家公司的上市融资需求。高价、高市盈率的发行，浪费了城乡居民大量血汗存款及社会的巨大资源。显然，“市场化”定价发行改革在重蹈2000年“改革”的覆辙。

由于当前新股上市的“三高”（高市盈率、高发行价、高超募资金）发行比2000年的情况相比更加严重，则其造成的浪费、损失及危害也更大。总结历史的经验教训及结合分析当前的现实，其将会造成以下后果：

1．更多上市公司、准上市公司受上市所带来的巨额利益的震撼与诱惑，会重募资而轻生产经营，上市公司往往会出现业绩大幅滑坡。2000年改革后，人们发现，在“三高”下发新股，短期即有巨大收益的刺激下，绝大多数公司变得重募资、重增发、重配股，却轻生产、轻经营、轻管理。很多公司是“一年绩优，二年绩平，三年亏损”，而且往往是发行上市前各种利好消息不断，而发行上市后则利空多发，原形毕露，股价大跌。

2011年的这轮“改革”一定会使旧病复发，一次发行新股所募集的资金往往是预计募集资金的2—5倍（2011年截至5月20日上市的131家公司其平均超募倍数为1.56倍），面对超募而来的几亿元的巨额资金，试问还有谁对老老实实地搞实业，艰苦踏实地发展生产感兴趣呢？从2010年的中小企业板、创业板公司的年报中看出，很多一度让人们充满良好成长预期的公司表现不佳，让投资者失望，促成了近几个月中小企业板、创业板公司的整体下跌潮。

2．频繁更改募资投向。2000年的改革中，仅上半年新股上市的公司中，就有47家由于资金超募，高兴得不知所措，主业用不了，只好变更资金用途，其中变更最大的金额达7.36亿元。还有36家公司，浮财太多，只好另委托理财公司投资理财。

在2011年中上市的这131家公司较2000年超募了更多资金，考虑到资金效率的边际递减效应，其利用效率更加低下。估计一些上市公司面对数额巨大的超募资金，会将其用于偿还银行贷款，或是投向房地产等不动产业，甚至通过资金置换方式变相挪用募集的资金，用于内部发高薪和高管层的多分配、多消费。

3．在我国股权分置尚未完成，股票未能实现全流通的情况下，新股的“市场化”高发行价实际上是对股民利益的一次侵占。

以2000年上市的用友软件为例，上市前公司总股本为7500万股，其每股净资产为1.118元／股。而上市发行2500万股（全部网上发售），流通股东之发行价格为36.68元／股，扣除发行费用后，计算得出每股净资产为9.71元／股，对于发行人来说，通过上市，其掌握资产从0.8385亿元瞬间增长为7.2875亿元，而股民的投资则从9.17亿元立即变为2.4275亿元。而且，用友软件上市首日的收盘价更是高达92元（按现在这次极端的“市场化”改革，其甚至可按90元发行！），如此高的发行价格及首日交易价格，较之发行人极低的持股成本，所产生的巨大利益转移虽然在我国股市制度下是合法的，但在情理上却是大失公允、非常不合理的。股本未能全流通，发行人持股成本很低，以高价发行新股就使得公司上市将这一行为推向极端，将从投资者身上合法侵占更多资产，这肯定是世界证券市场上仅有的奇特疯狂的景象。

在2011年中，股权分置改革问题仍未完全解决，仍有大量的法人股、国家股不能流通。采用同对用友软件一样的分析方法得到下表：

表4 中小投资者在新股发行中向大股东发生的利益转移表

上市公司	发行价格（元）	上市前总股本（亿股）	上市前每股净资产（元/股）	上市后总股本（亿股）	上市后每股净资产（元/股）	中小投资者转移到发行人手中的资金（亿元）
庞大集团	45	9.086	3.64	10.486	8.88	47.61
天瑞仪器	65	0.555	4.02	0.74	17.48	7.47
雷柏科技	38	0.96	2.5	1.28	10.57	7.75
风范股份	35	1.647	3.59	2.196	10.37	11.17
迪威视讯	51.28	0.3336	4.98	0.4448	14.85	3.29

（数据来源：上市公司上市公告，大智慧财务数据）

从上表可以清楚地看到，由于发行人持股成本较之于发行价格相对很低，而其所持有的非流通股又占较大比例，所以高价发行股票等于将散户手中的巨量资金轻而易举地、合法地转移到了发行人手中，这种所谓极端的"市场化"发行，严重地伤害1.3亿投资者的错误做法显然是荒唐的、不合理的。

四、我国新股"三高"发行及破发的原因分析

显然，目前完全的、极端的"市场化"改革并不合理，这主要是因为我国目前还不具备新股完全"市场化"发行定价的前提。美国等成熟的证券市场中，市盈率一般都在10—20倍区间，上市公司股票全流通，定价机制合理，监管完善，其具备新股发行完全市场化的必要条件。而目前我国追求完全"市场化"发行的结果则是新股发行的高市盈率、高发行价格和高超募资金，在牛市中，这种"三高"问题会被市场中充沛的资金及投资者高涨的投资热情所掩盖，而在如今相对疲软的市场下，二级市场没有足够资金接盘，上市公司股票大面积破发则成为必然。

为何市场化发行的结果会有如此大的差距。究其原因，是源于我国的特殊国情。

1．股权分置改革尚未完成，股票不能全流通。

自我国股票市场成立之初，就有2/3的股本属于非流通股。目前还有约35%—40%的国家股、法人股未流通，就我国证券市场的特殊情况来看，流通股的价格大大高于非流通股价格，而若两者差价越大，非流通股所占比例越大，流通股的平均市盈率就越高。

表5 美股、A股各行业龙头股市盈率对比（2011年5月20日）

行业	美股龙头股	市盈率（倍）	A股龙头股	市盈率（倍）
石油行业	埃克森—美孚	11.6	中国石油	14.5
飞机制造	波音公司	17.1	西飞国际	73.13
电信行业	美国电话电报	9.3	中国联通	98.42
制药行业	强生公司	14.9	国药股份	26.53
计算机行业	IBM	14.3	方正科技	37.45

（数据来源：新浪财经）

从上表看出，美国这一成熟股市中具有代表性的公司的市盈率在10—20倍之间，而我国A股市场上公司的市盈率则明显偏高，中国联通甚至达到了98.42倍。而2011年上市的131家公司平均市盈率更是高达60.8倍，其中排名前几的公司市盈率更是在100倍之上。

大量非流通股的存在使巨额的社会资金面对少部分的股票，必然抬高了二级市场中流通股的市盈率，而从中长期来看，伴随着股权分置改革的进程，法人股及国家股终究会实现全流通，这将会使我国二级市场的市盈率回落。进入2011年后，中小板及创业板中已有大量公司的非流通股开始解禁，大量非流通股持有者有强烈的套现需求，在这种情况下，高价发行的股票跌破发行价格的趋势不可避免。因此，在股权分置尚未完成，上市公司大量的非流通股解禁在即的情况下，推行完全市场化定价并非理智的决策。

2．人民币资本项目下不可自由兑换，城乡居民投资渠道有限。

我国相对较封闭的资本市场及众多散户投机心理是我国A股市场不同于港股、美股等成熟的市场，是一个资金推动型市场，加之较为宽松的货币政策，资金聚集于A股市场导致A股高股价、高市盈率的现象。

表6　2011年5月20日A+H股比价表（A股／H股＝A股价格／（H股价格×港币汇率0.836））

公司名称	H股价格（港元）	A股价格（人民币）	两地价比（A股／H股）
南京熊猫	2.21	8.18	4.43
洛阳玻璃	3.55	12.29	4.14
创业环保	2.5	6.61	3.16
昆明机床	4.31	10.91	3.03
重庆钢铁	1.96	4.35	2.66
广州药业	8.08	17.09	2.53
广船国际	14.1	26.63	2.26
东方航空	3.62	5.81	1.92
中国铝业	6.91	10.24	1.77
江西铜业	24.75	33.86	1.64
中国国航	8.1	10.34	1.53
中海油服	15	19.14	1.53
中国远洋	7.22	9.17	1.52
广深铁路	3.25	4.1	1.51
中国人寿	26.85	19.78	0.88
招商银行	19.82	14.27	0.86

（数据来源：wind金融数据库）

上表列举了一些上市公司在A股市场和H股市场2011年5月20日收盘价的交叉对比，可以清楚地看到，除了中国人寿和招商银行等处于银行业和保险业的股票，其他行业上市公司的A股市场价格均高于H股市场，其中南京熊猫和洛阳玻璃的A股价格甚至达到了其在港股市场上价格的4倍多。而在所比较的67家上市公司中，A股市场价格高于H股市场的有52家之多，而比H股市场价格低的上市公司主要集中在银行业和保险业。

可以预见，随着国际板的即将上市以及人民币最终将趋于自由兑换，我国A股市场的股价将和国际市场接轨，市盈率等均会有不同程度的下跌。在人民币不能自由兑换，我国A股市场价格高于其他市场的情况下，极端的“市场化”定价即高价发行股票，在未来一定会套牢中小散户，而且明知会有此结果还硬要高价发行新股，这是荒唐的。

3．我国目前新股竞价定价发行制度不合理，监管不完善。

就发行人来讲，如前文所论述的，2011年上市的公司往往能募得数倍于预计所募的资金，在募资投向监管不够完善的情况下，超募资金对发行人本身带来的巨大利益诱惑使得上市公司有推高发行价格的动因。

就保荐人的角度来讲。保荐机构收取发行人的保荐费用，导致保荐人的利益与发行人密切相关，上市公司的高发行市值意味着高保荐费用。另外，在我国，部分保荐人常以保荐和直投谋取双重收益，本该为上市公司护航的保荐人直接持股应该是出于上市公司的长期投资价值，但现状往往是上市之前“包装”公司，大力推荐，抬高发行价格，上市之后迅速套现，以投资者的利益损失为代价牟取暴利。

从机构投资者的角度。我国目前所采取的荷兰式竞价方式容易抬高发行价格。初步询价阶段，机构投资者缺乏自律、诚信，为防止在初步询价时未中标失去新股认购资格，往往无视公司的合理估值，报高价格，使得询价机构的报价存在假询价的可能。另外，很多机构为了讨好同行以便为日后自己承销上市留出余地，往往报出高价。

五、关于尽快结束新股高价发行、大面积破发的若干建议

新股“三高”发行已引起投资者广泛反对，必须尽快结束、改正。为此我们建议：

1. 管理层应立即纠正“新股破发是好事”的错误思想

综上所述，追求极端的“市场化”改革是不合理、不对的，已经造成了资金的不合理使用及严重浪费，并且大大伤害了我国投资者的利益，这种引致民怨四起的改革如何能是一件“好事”？管理层应该认识到极端的“市场化”改革所带来的危害，从而制定相关政策遏制新股的高价发行。应该形成以破发为耻，以“三高”发行为耻的正确观念和风气。

2. 学习、参照美国式竞价方式，制定合理的定价发行机制；加强对发行人、保荐人及机构投资者的监管

在短期内人民币不可能在资本项目下自由兑换，而股票市场上股本又并非完全流通的这一历史背景之下，中国仍处在一个非均衡、不成熟的市场经济之中，需要适当的干预和调控，所以应当考虑延续以往传统的做法，参考国外市场的定价机制，将市盈率控制在10—25倍之间。

此外，对发行人、保荐人及机构投资者，在询价定价阶段中应参考美国式的询价定价方式。即机构投资者在报价之后必须以其报价认购股票，以加强其风险管理意识，从而杜绝很多机构投资则报高价而不认购的“假”报价行为。同时，应当加强对发行人、保荐人及机构投资者的监管，解决三方在利益方面紧密联系的问题，从而使定价过程能够成为发行人、保荐人、投资者间公平合理的博弈过程，从而给出公平合理的定价。

3. 新股发行应当让广大散户有话语权

我国广大的城乡居民、中小投资者在证券市场上的主体中比重很大，而新股市场化发行中他们却没有话语权，只能被动接受发行人、保荐人和机构投资者定下的价格，且新股高价发行、破发最终也是由广大中小投资者承受损失，本该是投资于一级市场期望获得回报的投资者反而成了发行方牟取暴利的盘剥对象，这是很荒唐的。因此，在新股发行定价过程中，应该召开大范围的听证会，选择一些有一定投资经验和投资判断能力的中小投资者或者是由股民选举出来的代表参与其中，从而使询价过程能够综合考虑各方观点，形成合理定价。

总之，我国新股“三高”发行且大面积破发是不顾中国特殊国情，追求超美国式的、牵强的、极端的“市场化”改革所产生的问题，形成了社会资源的巨额浪费，并大大侵害了城乡居民的利益，不利于我国证券市场的健康发展。因此在人民币不能完全自由兑换，国家股、法人股未全流通，发行制度不合理的情况下，这种完全极端的“市场化”应该尽快终止，而采取适合我国国情的新股发行、上市制度。

中国近期推出国际板可能带来的风险和伤害

谢百三

当我看到陆家嘴金融会议上主流学者“一边倒”地支持上海近期推出“国际板”时，几乎不相信自己的眼睛与耳朵了。这么明显的问题他们竟然会看不出来？难道：蜂拥在外迫不及待欲进来的汇丰控股、恒生银行、纽交所、路透社、大众、奔驰、西门子、可口可乐、东亚银行的董事会、CEO们都犯傻了吗？

一、主流学者支持国际板的两个观点牵强附会，不经一驳。

（1）不错，恒生银行、纽交所、路透社、大众、可口可乐可能都是不错的企业，但中国没有好企业吗？中国的招商银行、兴业银行、宁波银行不好吗？中国还有很多好银行没上市，如张家港农村商业银行、浙江舟山农村信用社、佛山顺德农村信用社……，效益极高，不良资产比例极低。为什么不让它们先上呢？要纽交所来上市，为什么上海证交所、深圳证交所不先上市啊？1990年至今20年来，发行上市近2000家企业，今年1—5月份大跃进发行上市的130多家企业的沪、深交易所何以还没上市反而让纽交所上？

让路透社来上市，为什么不让新华社、中央电视台、人民日报、中央人民广播电台、东方卫视、上海卫视、湖南卫视、深圳卫视、北京卫视及中国几百家传媒报业集团来上市？

中国还有几千万家民营中小企业；一万家里上一家，就可以上几千家，难道真的已到了无上市资源的地步了吗？

（2）外资企业均很好吗？汇丰不久前在迪拜事件中差点闯了大祸。我对外国一些老牌公司是否比中国企业好，充满怀疑，如美国的“两房危机”中的“两房”，雷曼兄弟、安达信、安然、巴林银行，其CEO与员工都是高薪低能，危机一来，轰然倒塌。危机以前，它们都风光全球，那时它们哪一家不能来中国上市？

（3）“你要来工作，先打1000万进来”，“你要买我股票，先出550亿！”——驳“可让国人有更多优秀企业好投资”论。

这是主流学者唱得最多的观点，但这恰恰是只看支流不看主流的牵强之说。比如，你中国大陆人民要买我汇丰的股票，你先拿出50亿英镑（即550亿元人民币）来养我，让我来中国各地开支行、分行、营业所，这真成了空麻袋背米，出550亿等于22座杨浦大桥，引进一个中国几百家商业银行的竞争劲敌，还说为了让你国人可以买我汇丰的股票。多么可笑。这就如同上海一些学生，急于到证券公司工作，“可以，让你爸爸先打1000万进来，存着”。须知，证券公司工作一年年薪20万，用这1000万买企业债券一年可得利息65万（税后）。

这种“让国人有更多的国外企业来投资”理由非常牵强，荒唐，且机会成本极大，代价极大，往往是得不偿失。何不多搞些QDII啊，何以不让人民币马上自由兑换，国人直接可买英、美、日一切国家好企业之股票啊！

（4）“可以让中国企业学到外资企业的好管理，好理念，好品质质量。”——但是1978年以来，50多万家外资企业不是早就进入中国了吗？不是早就可以向它们学习了吗？为什么非要充当“国际雷锋”，在资本市场上开个大口子，让它们先圈一笔巨资，再来学习呢？为了学汇丰，就要出550亿元，为了学纽交所，就要出600亿元，为了学奔驰，就要出800亿元，这对于中国是利大于弊，还是弊大于利？

二、近期推出国际板风险很大、伤害很大。

中国近期推出国际板的最大问题是人民币在资本项目下不能自由兑换、国内货币过多、国家股法人股尚有23%未流通，A股股价仍是世界最高的之一，这将会让外资企业很容易高价圈走中国百姓的几百亿、几千亿真金白银。

请看，同时在中美两国上市的股价、市盈率比较：

	中国A股		美国纽约证交所	
	市盈率（倍）	市净率（倍）	市盈率（倍）	市净率（倍）
南方航空	12.58	3.19	5.01	1.27
东方航空	14	4.55	6.74	2.19
上海石化	24.05	3.8	8.28	1.39
中国石化	10.14	1.74	7.74	1.33
中国石油	14.21	2.33	11.47	1.92
华能国际	23.81	1.72	13.57	0.98
中国铝业	176.16	2.69	100.75	1.54
中国人寿	16.79	2.71	18.82	3.03

（2011年4月20日数据）

上表中，除中国人寿外，其他的都是A股比N股贵（同一公司）。再看中国A股行业龙头股与美国道琼斯工业股比较：

行业	A股	市盈率（倍）	市净率（倍）	道琼斯工业指数股	市盈率（倍）	市净率（倍）
软件	东软集团	31.6	4.18	微软	10.7	4.36
零售	百联股份	27.38	2.72	沃尔玛	13.11	2.74
保险	中国平安	22.84	3.58	旅行者保险	9.29	1.00
航天	西飞国际	80.3	2.98	波音	17.42	15.08
汽车	上海汽车	9.44	2.17	通用汽车	5.94	1.77
媒体	中视传媒	61.27	4.66	迪士尼	19.17	2.11
金属	中国铝业	176.16	2.69	美国铝业	24.68	1.27

（2011年4月20日数据）

从上表可以看出：中国同类A股股价市盈率几乎全比美国公司高，有的还高出2—6倍。

如果让美国公司到中国来发行、上市，它们肯定是大喜过望的。这是百年、千年未遇的好事啊！

三、中国证券市场的“市场化”发行，已是世界融资最高、最容易、最丰厚的“天堂市场”，而投资者则亏损累累，这一幕难道还要在外国人的企业上重演吗？

众所周知，中国时下正在推行新股“市场化”发行改革，到5月9日，今年已发行上市120家新股，由于新股股价出奇之高，其中82家破发（或破发过），占68%，首日破发达39%，本周上市三只新股，又有两只破发，第二天近乎跌停。与此同时，新股价格奇高，市盈率在90倍—131倍—150倍比比皆是。如，林州重机（市盈率92.59倍，下同）、东方国信（92.65倍）、尚荣医疗（95.83倍）、东富龙（96.63倍）、恒泰艾普（99.92倍）、国泰清新（104.65倍）、铁汉生态（110.07倍）、先锋新材（123.81倍）、雷曼光电（131.49倍）、新研股份（150倍）。（以上除一家外，其余全部破发）。

这场所谓的“市场化”发新股，结果是投资者亏损累累。而上市公司3—7倍地超募资金。如天立环保预计募1.32亿，实际募得11.09亿；铁汉生态预计募1.8亿，实际募得10亿；东软载波预计募1.87亿，实际募得9.22亿；风范股份预计募3.72亿，实际募得18.51亿；振东制药预计募3.06亿，实际募得13.05亿；天瑞仪器预计募2.74亿，实际募得11.08亿。

而它的代价就是城乡居民投资新股68%破发，亏损累累。

显然，中国A股之新股发行已形成了世界募资最容易，新股价最高之市场，这一幕难道还要在汇丰、纽交所、奔驰、可口可乐、西门子、路透社等等外国公司身上重演吗？他们会按美、英国内价在中国市场发新股吗？不会，一定是中国“市场化”高价发行！

如果说A股市场化（实际上是高价）发股多募的钱，还在国内，手心手背都是肉，还是国人之间利益之转移，那么，国际板上的还是国人吗？你可以不让其资金汇出国去，但大股东是它啊，经营管理权归它啊，它变着法子将资金转出去，你逮捕它吗？真的永久转不出去了，外国资本家来华投资图什么？这里卖50元/股、纽交所卖20元/股，募得的资产不能在股东之间转移、平摊吗？

四、这等于在人民币资本项目不可自由兑换下开了个大口子，与当年的“港股直通车”性质完全一样。我们实在看不出什么对中国的好处。

五、全世界各国很多都在这经济动荡的多事之秋搞贸易保护主义，对中国企业打、压、推、拒，我们竟在资本项目下在国内如此高价发新股之时，想学“国际雷锋”，让外国人来高价发新股，搞什么“国际板”，真是匪夷所思！

六、牢记：发一个汇丰等于圈走550亿元人民币，等于110只中小企业板与创业板公司的钱，等于将110个县、乡、镇本来可上市的明星企业推向了资金嗷嗷待哺的饥饿的黑暗之中，等于将这本来可以依托这些明星企业发展的110个乡、县、镇的发展拖了几年后腿。利大于弊，还是弊大于利，明眼人一看便知。

七、牢记：无论中国股价怎么高，都是中国75万亿M2①里的，都是30多万亿居民存款转来的，都是城乡居民的辛苦钱、血汗钱；我们的大学生中，多少父母还在省吃俭用，干两份工来给子女交学费、上大学。550亿元可以帮多少同学交学费？我们一年600万大学生，每人可以摊到9000多元啊！不仅是汇丰的550亿元，还有纽交所、路透社、奔驰、西门子的几千亿元呢？

八、牢记：中国GDP全世界第二，但人均GDP全世界第110位；人均居民存款仅2万元人民币。还是个发展中国家，还是个穷国，怎么能让外国大企业现在来募巨资呢？

九、股价高的国家是不会容忍外企来募资的，仅以日本证券市场开放20年，原来有140多家外国企业在东京证交所上市，由于壁垒法规越来越严，现在仅剩了12家外资企业（中国仅一家）了呢，道理很简单，它们利率低，股价高，不情愿让外企来高价募资。“前车之辙，后车之戒”，我国何以还要重蹈日本过早开放资本市场的覆辙呢？

十、如果用美元计价交易，那不是有个B股市场吗？扩大之即可以了。如果用人民币计价交易，他们募走的是“550亿”人民币。须知人民币升值压力还很大啊！现在汇率是1∶6.49，但购买力平价（PPP）是1∶3.84②左右，人民币还是世界上购买力最强的货币啊。

（以上为初步想到的，欢迎主流学者PK）

---

①编者注：到2012年6月末，我国的M2已达90万亿。

②编者注：到2012年6月，世界银行的人民币PPP为1:4.2（即1美元:4.2元人民币）。

我国近期推出"国际板"的其他弊端

——反映一些错误观点

谢百三

关于我国近期将推出"国际板"一事，本人已发过两文，昨天亦与微博网友对话。但遗憾的是，至今没有看到"主流经济学家"们对我文章观点的批评、反驳。

这么大的一件涉及国家利益的大事，理应有争论、辩论，一些支持此事的学者，一些主持此事的官方机构，应该出来向人家解释清楚，以免全国股民投资者及人民为此担心不安。毕竟，动辄几百亿元人民币被募走。毕竟它们将会占掉我国很多公司上市之资源，产生挤出效应。我看到凤凰卫视采访厉以宁老师的视频，厉老师说此事有利有弊，担心我国在监管力度不够及公司素质不好的情况下，外企来上市有冲击（大意）。而我则认为今年内推出国际板弊极大，利极小，风险与伤害很大。现再补充几点：

1. 有人问：为什么美国、欧洲、香港、新加坡可以容许我国内地公司去发新股、上市，我们则不能让它们来

这公平吗?公平的。美、欧、港、新在资本项目下的货币自由兑换早已实现，各工业发达国家的金融体系、资本市场都已十分成熟，因此平均股价都较低。中国等新兴国家的公司新股IPO去它们那里发行上市，对它们市场毫无冲击。这好比江苏阳澄湖大闸蟹卖30元／斤，在上海南京路饭店里可卖到200元／斤。南京路高价大闸蟹到阳澄湖边的市场去按30元／斤销售，对当地农村大闸蟹市场毫无冲市，他们依然卖30元／斤。但阳澄湖的30元／斤来上海南京路卖200元／斤，上海居民的资金就会被大量抽走，于蟹民有利，于上海居民不利。房地产市场也一样，如果有很大的大型"挖掘迁移机"，能把上海6万—8万元／平方米的高档商品房搬到河南商丘、湖北黄石去出售，上海房价立即跌到当地2500—3000元／平方米的水平，对它们当地毫无冲击。但反之，将商丘、黄石等低价房搬到上海南京路卖高价，对上海的资金抽取的就会多得多。因此，我国从来不允许外企单独来上市募资。

2. 从来没有任何国际协议要求我国开放证券市场

2001年加入WTO时，我们只承诺允许外国证券公司可以直接从事B股交易，并参与我国证券市场的中介业务与服务性营业活动。从未同意过让外企到我国A股市场来发行上市：并且从没有时间表。（各国也理解此点，从无异议。）故，现在这次不是美、欧、日在压我国开放证券市场，而是我国自己有人在主动积极地推动此事。这种情况，在世界上是很罕见的，因为过早开放证券市场，肯定于我国利益是不利的，有一点要特别说明的是，邓小平强调的我国的改革开放100年不能变，在当时和现在主要是指实体经济的对外开放，而且这30年开放得也很好，50多万家外资企业呈现出蓬勃发展的态势，我国人民受益也很大。而不是指证券市场的马上实质性对外开放。在现实生活中，实体经济开放得越大越好：证券市场则不同，必须如履薄冰，如骑虎背，根据实际情况一步一步地小心翼翼地开放，时机不成熟绝不开放。这就像人民币的自由兑换，在经常项目下就可以，在资本项目下就是不能自由兑换，一兑换人民币马上就会到1∶4左右，中国几千万家靠出口的中小企业就会陷入灭顶之灾，中国一亿多农民工就会失业回乡，"国际板"的问题就是证券市场的实质性的开放，涉及到大量资金被高价募走，它的性质和当年的"港股直通车"是一样的，必须慎之又慎，逐步地创造条件，缓缓推进，现在时机完全没有成熟。

3. 市场传闻说，急于推出国际板的原因有二

一是到上海主板上市的好公司、新公司资源日益少了，很少有当年的招行、宝钢、长江电力之类好公司了。一是希望上海成为国际金融中心。笔者认为解决第一个问题可由中央协调沪深交易所的关系，在上海推出一个“创业板二板”和“中小企业二板”与深圳并驾齐驱，只要保住中国利益即可，深圳、上海的地方利益孰多孰少，其实关系是不大的。第二个问题更不是问题，国际金融中心是瓜熟蒂落，水到渠成逐渐形成的，哪能为此而急于求成、拔苗助长呢?究竟是中国早日山现一个国际金融中心的城市的名义重要呢，还是避免外资企业到中国来按我国的“高价”圈走几百亿，上千亿真金白银重要呢?

4. 日本从1980年7月起资本项目完全开放，货币可以完全自由兑换，又过了5年，1985年开放证券市场

东京早已是金融中心城市、最多时144家外企上市，后来发现它们对日本证券市场运行不利，其股价高、圈钱多，对日本不利，他们对外企上市公司有更多法规，多方限制，使外企不知所措!现在仅剩下12家外企了，（中资企业仅一家。）日本东京至今仍是国际金融中心城市啊!上海理应借鉴日本东京的经验教训。

5. 世界大多数国家都是在经济发展较为成熟、有能力应对外资冲击的情况下，才逐步放开证券市场的

纵览世界各发达国家、发展中国家经济史，人们可以发现，各国证券市场的开放时间和进度是多种多样，复杂不一的，各国都是根据本国国情来决定证券市场的开放时间和程度。就我们能收集到的资料，有如下国家和地区是先逐步开放证券市场，后开放资本项目，允许本币与外币自由兑换的，分别是：美国、英国、意大利、德国、法国、加拿大、丹麦、爱尔兰、葡萄牙、西班牙、瑞典、印尼、韩国、香港（地区）、台湾（地区）、阿根廷、哥伦比亚、墨西哥。然而，应该指出的是，它们绝大多数都是在经济发展到较成熟，完全不怕外资冲市的情况下，谨慎地开放证券市场。有的国家和地区还几次开放，几次关闭。而证券市场开放后，资本项目不久也随即开放，货币即在资本项目下可以完全自由兑换了。如美国、英国、加拿大、阿根廷、香港（地区）等是在证券市场开放不太长的时间内，资本项目随即开放。而中国内地目前若开设“国际板”，允许外资企业上市，资本项目也无法开放，即我们预计人民币在5—8年内无法完全自由兑换。

而另有大批国家则更加小心，完全是在货币自由兑换、资本项目完全开放后，才谨慎地开放证券市场的。它们是日本、巴西、智利、秘鲁、委内瑞拉、挪威、芬兰、泰国、菲律宾、马来西亚。我国目前的官方汇率（如与美元）为1：6.49，PPP（购买力平价）则为1：3.84，是相距甚远的两条平行线，国内外的货币供应量、流动性，各种情况差异大，我国只能走日本、巴西、马来西亚等国的道路，决不能走前一条道路，否则将使我国的国家利益、经济发展受到伤害。

总之，一定要实事求是．一定要按照中国的国情来决定“国际板”推出时机，即我认为，必须是人民币在资本项目下可完全自由兑换，国家股、法人股全流通，货币政策中性，国内外股价基本持平时方可推出，现在还无这些条件。现在急急推出，于我国极端不利。

建议不做“国际雷锋”

——从美国有机构严厉封杀130多家中国公司谈起

谢百三

正当我国少数管理层人士充满热情地单纯可爱地热火朝天地为2011年推出“国际板”吹风时，正当中国证监会和上海证券交易所摩拳擦掌地着手为“国际板”推出相关规则时（据悉上海管金融的副市长屠光绍，国际板的准备工作已就绪），大洋彼岸的美国证券市场却毫不客气地在整顿它自己的“国际板”。6月8日，著名券商盈透证券宣布，将130多家中国上市公司列入黑名单，认为它们可能存在着会计违规行为，禁止投资者以保证金方式（即放大后的信用交易）买入这些中国股票，以避免所谓的高风险。以人人公司、世纪佳缘为首的这一大批上市公司顿时陷入严重危机中，大跌不止；细观原因，主要是称中国在美上市公司不规范，不符合美国的会计准则。

这正是天下奇观，一头是满怀热情单纯可爱地急急忙忙地准备打开证券市场之“国门”，欢迎美、欧等大公司来我国这片股份热土高地（比美高30%—50%—200%）募资上市，以体现我泱泱大国的“国际雷锋”的宽阔胸怀，一头是在经济不景气，股市连跌六周时，拿中国130多家上市公司找茬、出气，宣泄其郁闷。他们情绪化地毫不客气地毫不手软地把一家家中国优秀的上市公司涂炭抹黑，列入黑名单，打入冷宫。站得高些看两国证券市场，就会感到：真是剃头推子一头热——一幅多么可笑的单恋场面。

我坚信，这130多家中国公司，纵然有极少数公司有问题，绝大多数是优质好企业。因为谁都知道美国证券市场法制严厉，没有真质量、真水平，是不会舍弃中国本土市场而远渡重洋去纽约上市的。从总体上讲，这130多家上市公司总体质量平均质量肯定比在国内上市的企业要高。结果却落得如此可悲可叹的下场。众所周知，美国是个很狂妄的大国。它谁都不怕，谁都敢得罪，也不考虑你的态度与前因后果，它不管你中国证监会、上交所是多么满怀热情地要诚心对它们，比如对美国公司到中国上市募资。（如纽交所就极想来上海上市的，还有奔驰、可口可乐等等。）

说中国这130多家公司都有问题，我是怎么也不信的。这纯粹是找茬、找借口。这其实就是日本这些年干的事，日本股市中外国企业最多时140多家，日本股价高，圈钱多，日本发现自己亏了，就找外国企业的麻烦，设置“严刑峻法”，让你在日本证券市场活得不自在，处处受限，最后令很多外企知难而退。现在东京证交所已是世界第二大交易所，发展到2288家上市公司，而外国企业却只剩下12家了（中国公司仅一家）。美国证券市场今天发生的事，就是日本证券市场昨天发生的事。

显然，在全世界经济面临新挑战，在各国贸易保护主义抬头，纷纷对中国公司横挑鼻子竖挑眼，对中国公司严厉封杀之时，我们应立即采取对等的博弈手段，“人不犯我，我不犯人，人若犯我，我必犯人”，应立即停眠“国际板”近期推出的推进工作。

须知，美国封杀130多家中国公司事件发生后，必定会使中国成千上万家欲上市公司清醒起来，这几天董事长与CEO们肯定坐卧不安，忧心忡忡，重新思考海外上市之巨大风险。也必定有很大一批中国公司希望改道在祖国上市。我们理应把原准备给汇丰、恒生、纽交所、路透社、大众、奔驰、可口可乐、西门子、东亚银行等募集的几千亿人民币的资金额度留给中国内地自己的公司。（一家汇丰控股要圈50亿英镑，等于550亿元人民币，等于100家中国中小企业募的钱。）

美国证券市场这么干，完全出于美国的国家利益，美国的思维，以他们认可的方式保护美国中小投资者利益，可以理解。我国此时如还热情主动地急于开“国际板”，就不合时宜与对等原则了。我们必须以“其人之道还治其人之身”。我们不保护中国的国家利益，不保护我们的中小投资者的利益与国内证券市场的稳定，谁保护？因此我强烈建议“国际板”推迟推出，没有时间表，以便让更多的国企、中小企业上市。给广大投资者一颗定心丸。

（本文完成于2011年6月10日）

中国股市为何没有与实体经济同步发展

谢百三

编者按：中国经济经历了30多年改革开放高速增长，取得了举世瞩目的成就，GDP总量已超越日本，成为世界第二大经济体。但是令人遗憾的是：中国股票市场建设已逾21年，却始终未与中国实体经济同步发展。本文提出了：股权分置、人民币未能自由兑换、大量发行新股、超募资金等诸多因素是阻碍中国股市正常健康发展的根本原因，分析了中国股票市场的几个特点，探析影响中国股市不与中国实体经济同步发展的原因，提出了相应对策建议，可供管理层与读者参考。

从1990年上海证交所成立至今，虽然中国GDP总量增长了近18倍，但是作为“实体经济的晴雨表”的中国股市却没有同步增长，而是呈现出熊长牛短状；1993年2月上证指数就曾涨到1558点（深市雷同），2001年涨至2245点，但到2012年5月上证指数依旧在2350点一带徘徊，举步维艰，只增长了一倍都不到。约75%—80%的股市投资者都处于亏损状态，从长期看，中国股市成了绝大多数人必亏的可怕市场。究竟是什么原因造成了这种尴尬局面呢？今后的发展趋势预期会怎样呢？本文试作分析、探讨。

一、中国经济高速增长与股市熊长牛短迥然不同

1. 改革开放后，中国国内生产总值高速增长

改革开放后，中国把支持经济发展作为战略方针，各行业发展迅速。中国经济始终以平均约9.5%的年增长速度增长。GDP总量一举从1979年的2612.59亿美元增加到2011年的73011.04亿美元（见表1），增长了近27倍。

表1 我国历年GDP值

统计年度	GDP（人民币）	GDP（美元）	名义增长（基于人民币）	实际增长率	人均（人民币）	人均（美元）
1979	4062.58	2612.59	11.4	7.6	419	270
1990	18667.82	3902.79	9.9	3.8	1644	344
1991	21781.50	4091.73	16.7	9.2	1893	356
1992	26923.48	4882.22	23.6	14.2	2311	419
1993	35333.92	6132.23	31.2	14.0	2998	520
1994	48197.86	5592.24	36.4	13.1	4044	469
1995	60793.03	7279.81	26.1	10.9	5046	604
1996	71176.60	8560.85	17.1	10.0	5846	703
1997	78973.03	9256.53	11.0	9.3	6420	774
1998	84402.28	19194.62	6.9	7.8	6796	821
1999	89677.05	10832.79	6.2	7.6	7159	865
2000	99214.55	11984.75	10.6	8.4	7858	949
2001	109655.17	13248.18	10.5	8.3	8622	1042
2002	120332.69	14538.20	9.7	9.1	9398	1135
2003	135822.76	16409.66	12.9	10.0	10542	1274
2004	159878.34	19316.44	17.7	10.1	12336	1490
2005	184937.37	22576.19	15.7	11.3	14185	1932

（续表）

统计年度	GDP（人民币）	GDP（美元）	名义增长（基于人民币）	实际增长率	人均（人民币）	人均（美元）
2006	216314.43	27134.95	17.0	12.7	16500	2070
2007	265810.31	34956.64	22.9	14.2	20169	2652
2008	314045.43	45218.27	18.1	9.6	23708	3414
2009	340902.81	49905.26	8.6	9.2	25608	3749
2010	401512.80	59312.03	18.8	10.3	30015	4434
2011	471563.70	73011.04	23.1	9.2	35083	5432

注：1978年—2011年历年GDP主要指标：基于现价；GDP／亿元；人均／元；增长率／%。

数据来源：国家统计局。

中国1990年GDP总值是3902.79亿美元（汇率4.783：1），2011年GDP总值是73011.04亿美元（汇率6.4588：1），增长了约17.7倍（美国1990年GDP为58031亿美元，2011年为150877.5亿美元，增长了约1.6倍；日本1990年GDP为30300.5亿美元，2011年为59742.97亿美元，增长了约0.98倍）。总之，中国以世界第一的速度迅速成长、崛起，这一时期成为中国几千年来发展最快最好的时期。

2. 中国股市熊长牛短，总体处于跌势，与蒸蒸日上的中国实体经济迥然不同

中国股票市场源于上海证交所（1990年12月19日成立）、深圳证交所（1991年4月成立）。众所周知，在发达国家及成熟的市场上，股市是一国“实体经济的晴雨表”，实体经济增长快，股市就涨；实体经济增长慢或者下跌，股市就大跌不止。如1929年美国出现经济大萧条，通货紧缩严重，成千上万家企业倒闭，失业潮席卷美国。1929年美国破产银行659家；到1931年，这个数字达到2294家，工业生产与国民收入均下降50%以上。美国股市大跌不止，股灾达4年之久；这场危机甚至影响到英、德、法等欧洲西方各国；由于大萧条旷日持久，几十年后美国股市才回到1928年的点位。而当后来美国出现了25年的长经济增长周期后，股市又开始长期上涨，特别是克林顿的总统任期内，又大涨八年（主板与纳斯达克板均大涨）。

然而，反观中国股市，无论是阶段性的短期，还是中长期，竟然都出现了与实体经济完全不同步的景象，股市总体上处于下跌之中。

1．先以短期为例：1992年中国GDP高速增长，达2.69万亿，增速为14.2%。但同年中国股市却是一场股灾，上证指数从5月份的1429点向11月的392点狂泻。人人谈股色变，直到中央领导人亲自出面讲话救市。

2．从中长期看更为明显：由于在中国股市的早期，股票涨跌受到政府严格限制。因此1990—1991年的100点到几百点都没有反映股市的真实供求情况。1991年上海市政府决定放开股价，此后股市历经涨涨跌跌，但以大跌为主：1993年春曾短期涨到1558点，此后又进入长期下跌阶段；到1994年7月跌到325点；其后股市时涨时跌，总体下跌，与实体经济的坚定向上发展趋势格格不入。多年以后，上证指数于2001年终于涨到2245点，但10年后的2012年4月，上证指数竟然还在2350点左右徘徊（深市雷同），即：实体经济GDP总量从1993年的3.53万亿到2012年中的47万亿，涨了12.4倍，而股市比1993年仅增长0.75倍，与2001年比仅增长了0.07倍，几乎是原地踏步。此事引起了国内媒体的高度关注与一片哀叹。

总之，中国实体经济增长快时，股市不一定涨；中国实体经济调整下跌时，它一定大跌；股市总体上处于跌跌不休的长期低迷状态。这成为了世界经济与中国经济、中国证券市场中的一个谜。

二、中国股市未与实体经济同步增长的根本原因

何以中国股市20多年来未能与实体经济同步增长呢？以下试作探索：

1. 中国人民币在资本项目下不能自由兑换，且近年来货币供应量增长过快，A股多数股价高于美国、欧洲及香港等地，有长期下跌趋势

在近些年大多数时期中，我国货币和准货币增长、投放量较大，投放速度较快，如：M2（流通货币加活期存款加定期存款）在1990年为1.52万亿，1992年为2.54万亿，1996年为7.6万亿，2001年为15.8万亿，2006年为34.56万亿，2009年为60.6万亿，到2012年5月底为89.56万亿。另外，从M2与GDP的比例来看，无论与美日等发达国家比，还是与马来西亚等发展中国家比，中国都处于高位。即使在中国货币政策紧缩的2011年，M2／GDP为89万亿／47万亿，仍高达1.89倍。而美国的M2／GDP的数据（见表2）一直为53%—61%，即货币供应量是受到严格控制的。

表2　部分国家历年M2／GDP比值

	2001	2002	2003	2004	2005	2006	2007	2008	2009
中国	1.44	1.54	1.63	1.58	1.62	1.60	1.52	1.51	1.79
美国	0.53	0.55	0.55	0.54	0.53	0.53	0.53	0.58	0.61
英国	0.87	0.87	0.88	0.91	0.98	1.06	1.11	1.27	1.37
日本	1.30	1.36	1.39	1.38	1.40	1.40	1.40	1.46	1.60
韩国	1.17	1.21	1.17	1.16	1.18	1.27	1.31	1.39	1.47
巴西	0.25	0.27	0.24	0.25	0.27	0.28	0.29	0.36	0.37
印度	0.29	0.64	0.64	0.64	0.64	0.68	0.72	0.77	0.81
马来西亚	1.03	1.00	1.02	1.13	1.18	1.25	1.24	1.22	1.46

注：各国历年M2／GDP，数据来源：国家统计局。

当然，中国在近10年中，M2快速大量投放，但在很大程度上是被迫的、无奈的。例如：在2005年7月，人民币兑美元开始从1∶8.28向上升值后，外资大量涌入中国，在汇率与利率上双重套利，进行投机。与此同时，外汇储备也在急剧增加，以每年4000亿美元、每个交易日20亿美元的速度增长。为了防止人民币升值过快，影响大量中小企业出口，中国不得不每天、每月、每年以人民币大量购买外汇。这样，中国的外汇储备从2005年的5000亿美元急剧上升到2011年的30000多亿美元，外汇占款也大幅增长，国内的M2也因此（还有其他原因）急剧增长。巨额的货币和准货币，加之人民币在资本项目下不能自由兑换，就导致了股价相比多数欧美国家高得多的情况（见表3）。

表3　我国A股市场与纽约证交所指数比较

	中国A股市场		纽约证交所市场	
公司名称	市盈率	市净率	市盈率	市净率
南方航空	8.87	1.41	5.34	1.24
东方航空	9.09	2.16	4.95	1.06
上海石化	46.92	2.47	15.12	1.27
中国石油	13.07	1.68	11.18	1.29
华能国际	60.89	1.51	44.83	1.18
中国铝业	337.5	1.81	150.29	1.47
中国石化	8.39	1.28	7.52	1.26
中国人寿	27.18	2.46	24.20	2.16

注：部分上市公司市盈率与市净率，数据来源：新浪股票，时间：2011年底。

我们选择同时在中国A股和美国纽约证交所上市的中国企业，比较其市盈率与市净率；还可以把A股行业龙头股票与美国道琼斯工业指数股票的市盈率、市净率作比较。

此外，我们还可以把A、B股作比较，由于B股是用美元与港币交易的，它们的投资者定价时更多参考美国、香港股票价格。可以看出A股几乎绝大多数都比B股价高（不在此赘述）。

表4 我国A股市场与美国道琼斯指数比较

中国			美国		
公司名称	市盈率	市净率	公司名称	市盈率	市净率
东软集团	2.038	2.23	美国微软	10.99	4.45
承德露露	29.21	6.65	可口可乐	20.31	5.57
中国平安	16.82	2.35	旅行者保险	18.54	1.08
上汽集团	8.32	1.54	通用汽车	6.23	0.88
中国铝业	337.5	1.81	美国铝业	24.89	1.77

注：部分上市公司市盈率与市净率，数据来源：新浪股票，时间：2011年底。

从这些比较可看出：中国A股绝大多数股票的市盈率、市净率比美国股票要高。

由于A股股价比多数发达国家成熟市场高，则随着人民币汇率升值逐渐向均衡汇率靠拢，资本项目下完全自由兑换的逐渐接近，A股呈现出下跌的不可抗趋势，这也是1990年至今，中国股市长期处于弱势、熊市的根本原因之一。

2. 股权分置，相当部分的国家股、法人股未能流通，导致股票少，股价高；而股权分置改革及未流通股的大量流通、套现也导致股价长期下跌

我国股票市场的一个难治之症是股权分置。即国家股、法人股长期禁锢不能在市场流通，而相当长时期内，仅33%的公众股可以流通。这是世界上独一无二的股市，也是由于历史原因在无奈情况下造成的。1989年12月2日，在关于成立“上海证券交易所”的上海市委常委扩大会议上，时任上海市委书记、市长朱镕基面对着“反对资产阶级自由化”、“反对将国家股、法人股等公有制股权私有化”的社会声音，无奈地决定：国家股、法人股暂不流通，只允许社会公众股（A股）流通。这虽然解了燃眉之急，为上海证交所的成立破冰，但却造成了15年中非常不合理的状况：

1. 从上市公司一建立，就出现了国家股、法人股等大股东严重侵犯中小股东权益的情况。即净资产1—1.5元的国家股、法人股作为发起人股，向社会招股。而社会公众股的定价往往是10—30元甚至更高；例如，用友软件成立并上市时，法人股为1.17元，社会公众股则为36.68元。社会公众股2500万股出资9.17亿元，法人股出资0.88亿元，出资少的发起人股东却获得7500万股，成为大股东，出资多的公众个人股东却成了小股东。这仅仅是2200多家上市公司之一例，其实整个中国股票市场几千家上市公司均存在类似情况。

2. 大股东与小股东的利益不一致。大股东被囚禁着不能流通，股价涨跌与大股东无关。因此他们经常做出有利于国家股、法人股而不利于社会公众股的不负责任的举措（从海外股市看是不可思议的），例如，高价配股、高价增发新股，而国家股、法人股却放弃配股、增发。此外，不分红、少分红、侵占挪用上市公司资金等更是常事，中小股东的利益受到侵害。

从1990年—2005年7月进行股权分置改革前的14年半中，中国股市大多数时间处于下跌，而中小散户处于不断亏损、不断逃亡、不断离市的过程之中。这是中国A股一个长期下跌的根本原因之一。

3. 股权分置改革使股市承压。2005年5月，中国开始进行股权分置改革，国家股、法人股在对流通股进行了少量的股权补偿（大多数为10∶3补贴，实际上据专家计算10∶5的补贴还不够）后，就开始逐步地、分批地、大量地以市场（高）价兑现、套现，流向市场；有的大股东出逃、套现，竟呈“倒垃圾”状。在股权分置改革前，不能流通的国家股、法人股，约占上海、深圳上市公司的股权总额的66%左右。从2005年5月到2012年5月的股权分置改革中，沪深两市的上市公司中，已有大量的上市公司将国家股、法人股套现，撤离股市（证监会发现其变现过快，造成股市大跌后，做出了每年大小非只能变现9.99%的规定）。

中国沪、深两个证券市场国家股、法人股（俗称“大小非”，即大小非流通股）解禁，由于2005—2006年正值股权分置改革初期，解禁相对较少，而从2007年起骤然增多（见表5）。

表5　历年大小非解禁数据，解禁市值按当前市值计算

年份	解禁股份（亿股）	解禁市值（万亿元）
2007	118.42	0.1013
2008	1620	1.78
2009	7547	4.57
2010	3466	5.23
2011	1602	1.34
2012年1月至4月	333.67	0.3734

数据来源：wind数据。

正是由于这样长时间、大批量原来以1—1.5元计入上市公司的国家股、法人股，现在以10—20元甚至更高的市场价格解禁、变现、逃离，中国A股就无奈地被置于长期的大跌之中。

截至2012年5月，上海、深圳两地三市（A股、创业板、中小企业板），仍有22.74%的国家股、法人股未流通变现。但它们变现流通的总态势是不会改变的。而这种变现流通的过程，实际上就是大股东（国家股、法人股）向二级市场合法圈钱、套现，转移利益的过程。源源不断的资金被抽走，肯定对股市形成巨大压力，这也使股市长期处于下跌态势中。这在世界发达国家及新兴国家股市中都是闻所未闻，也不可能发生的。

此外，由于2005年66%的"大小非"及现在的22.74%的"大小非"未解禁流通，而M2的货币与准货币又较多投放，也使A股股价多数高于欧美港股，使股市在人民币升值及"大小非"解禁中有不断下跌趋势。

3. 计划经济体制下的"投资饥渴症"依然在中国股市中顽强存在；IPO新股超量发行使中国股市成为世界股市中上市最快的，大量新股破发并拖累了二级市场走势

中国证券市场之所以未能与实体经济同步发展，另一个重要原因是新股发行上市极快、极多，是世界上规模发展最快的市场。大量的新股发行，从股市大量募集资金、圈钱，使证券市场的二级市场也被严重拖累。

1998年，美国总统克林顿曾来上海证交所访问，他为上海证交所成立8年已有800家上市公司而惊讶。因为美国纽约证交所100年的时间里才有800家上市公司。现在也仅2200多家，而中国沪深上市公司的这个数据还在快速增加。从1990年的11家上市公司到2012年3月，我国上市公司已达2362家，总市值达24.4万亿元。

无论是短时间蓬勃向上的牛市，还是长期大跌不止的大熊市，中国证券市场总是不停地、持续地发新股，募集资金。并且还在进行上市公司的第二次、第三次、第四次融资与再融资运动，即通过配股与增发来圈钱。1990年以来，我国通过IPO（发新股）及配股、增发超规模募集融资情况（见表6），是对这一情况的总结。

表6　20世纪90年代以来我国沪深股市IPO及二次融资情况

年份	上市新股ipo公司	IPO幕资（亿）	再融资				全年总融资（亿）
			增发公司（家）	增发募资（亿）	配股公司（家）	配股募资（亿）	
1990	11	2.109	0	0	0	0	2.11
1991	17	10.869	0	0	0	0	10.87
1992	97	94.644	0	0	0	0	94.64
1993	154	239.943	0	0	55	60.185	300.13
1994	58	60.728	1	7.680	53	51.512	119.92
1995	34	42.023	1	1.160	78	56.247	99.43
1996	203	253.035	0	0	41	66.714	319.75
1997	207	693.023	1	2.550	96	208.415	903.99
1998	111	417.469	7	30.463	160	344.761	792.69

（续表）

年份	上市新股ipo公司	IPO幕资（亿）	再融资				全年总融资（亿）
			增发公司（家）	增发募资（亿）	配股公司（家）	配股募资（亿）	
1999	94	498.935	7	59.949	116	318.978	877.86
2000	145	854.713	30	281.679	161	509.532	1645.92
2001	68	563.182	16	135.130	126	430.636	1128.95
2002	71	516.963	31	193.079	22	56.613	766.65
2003	66	453.508	16	98.522	25	76.524	628.55
2004	98	353.459	14	186.439	23	104.767	644.67
2005	15	57.631	3	266.686	2	2.620	326.94
2006	71	1642.964	58	1049.705	2	4.319	2696.59
2007	121	4469.964	177	3345.974	7	227.675	8043.61
2008	77	1034.380	135	2171.877	9	151.570	3357.83
2009	111	2021.966	133	2999.930	10	105.969	5127.87
2010	347	4911.331	168	3510.306	18	1438.218	9859.85
2011	277	2720.021	187	3877.243	15	421.958	7019.22
2012年1月至5月初	84	546.375	40	883.595	4	101.310	1531.28

数据来源：wind数据。

特别是2008年在全世界几十个股市中，表现最差的中国A股市场（大跌73%），竟然在大跌大灾之年，依旧顽强地发行上市新股（IPO）77家，募资3357.8亿元。

从我国建立证券市场以来，为国有企业等融资、募资始终是股市的首要任务。1995年至2012年5月，总募资4.577万亿元。其中，新股IPO募资2.2万亿元，增发募资1.9万亿元，配股募资0.46万亿元，成为全世界募资融资最密集最多的市场。而这种情况，在发达国家股市中是闻所未闻的，这就是匈牙利经济学家亚诺什•科尔奈早就批评过的：传统计划经济体制下，省长、市长、总经理、厂长，甚至一家医院院长、一所学校校长都有强烈的投资需求及投资饥渴症。因为他们无需像西方国家资本家那样承担投资一旦失败而必须还债的风险，却可以获得投资的巨大好处。亚诺什•科尔奈尖锐地指出："在社会主义经济中，没有一个企业或非营利机构不想得到投资，不存在饱和问题；投资饥渴是长期的，假如刚刚完成的一项投资暂时满足了投资饥渴，很快又会产生新的饥渴，而且比以前更为强烈。"

笔者认为：过去科尔奈批评的情况只发生在传统计划经济体制中。而现在中国股市中，无论国有企业、公有制为主的企业，还是私营企业、中外合资企业都有强烈的投资饥渴欲望及扩张冲动。因为从股市里短时间募集资金得到的快速收益远远超过它们通过搞实业、艰苦奋斗很多年得到的收益；而且这一切都是合法的、无人敢斥责的。

综上所述，由于以上三大主要原因（当然还有一些原因），中国股市在1990年至2012年的23年里，实际上处于一种制度性、系统性缺陷的不规范的严重病态中。中国股市肩负着成千上万家国有企业、民营企业融资的历史重任，但它的另几项功能，如投资功能、最佳资源配置功能、公众监督及搞好企业内部治理功能都受到了极大的限制和伤害。这与中国实体经济在各地政府呵护下的蓬勃向上发展，正好形成了鲜明的反差，更无法与中国实体经济相提并论，只能亦步亦趋地在长期熊市中徘徊。这一局面一直要到人民币在资本项目下完全可自由兑换，国家股、法人股完全流通解禁，新股发行更规范、更合理后，才能得到根本上的改善和好转。

必须旗帜鲜明地反对"国际板"

——从A股比B股价格总体高得多谈起

谢百三

据中国政府网6月1日消息，国务院办公厅日前转发国家发改委等八部门的《关于加快培育国际合作和竞争优势的指导意见》中，提出了一些令人惊愕的意见，其中特别引人注目的是要研究让境外企业到境内发行人民币A股。6月2日晚，上海电视台财经频道于18：00—19：00的黄金时段里与刘纪鹏、我及另外三位嘉宾重点讨论了这件事。五位嘉宾的观点几乎完全一致，认为：此事如近期推出，条件完全不成熟，并深深地为下周及以后股市受到的冲击而感到忧虑（我们之所以不安与担忧，是因为它不像是很遥远的事，国家发改委等八部门的意见啊，不是闹着玩的！）。

国家发改委等八部门的意见原话是这样说的："要研究制定境外企业到境内发行人民币股票的制度规则，认真做好相关技术准备，适时启动境外企业到境内发行人民币股票试点。"《意见》还说："有序扩大证券投资主体范围，提高证券投资可兑换程度，研究允许境外机构在境内发行股票、债券、基金等。"

这实际上就是在研究并要适时启动让境外企业到国内来发A股。"境外企业"实际上是指：中华人民共和国大陆以外的美国企业、欧洲企业、日本企业、台湾（地区）企业，香港（地区）企业，澳门（地区）企业，澳洲企业，非洲企业，东盟、朝鲜、韩国企业，中东企业及南美洲、加拿大企业等。即非中国大陆境内的一切外资企业。但能让它们近期来A股IPO上市吗？

这件事，境外企业是梦寐以求地想了很多年了。据知上海这些年试图搞"国际版"，一些外企就兴冲冲、急吼吼地抢着报名排队了，比如：汇丰控股、纽交所、路透社、可口可乐等等。

为什么我和一些学者始终在这个大是大非问题上持担心、忧虑、不安甚至反对态度呢？其最重要的原因是对我国不利，对我国投资者不利，对我国经济不利，对我国资本市场健康发展不利。因为它会让境外企业在短时间募集、圈走比它们在自己本国本土发新股多得多的真金白银，甚至多2—3倍的钱。

你让它来发行人民币股票，总得按A股价格参照发吧，不可能以它们本土的低价发吧，这就会使中国吃大亏。

首先，我们看看上海证交所本周五（6月1日）收盘时A、B股收盘价的差价。令人惊愕及担忧的是，A股全部比B股贵，少的贵10%—20%（如海南航空），多的贵1—3倍（如SST中纺A/B=4倍，丹化科技A/B=2.5倍）。

请看我们今天查阅整理出来的数据，为了避免有人批评我们挑差价大的为例，故全部排列如下表：

上市公司A股			上市公司对应B股				A/B倍率
股票代码	股票名称	股价（元）	股票代码	股票名称	股价（美元）	换算股价（元）	
600602	广电电子	4.67	900901	上电B股	0.399	2.51	1.86
600604	ST二纺	6.98	900902	ST二纺B	0.375	2.36	2.96
600611	大众交通	6.03	900903	大众B股	0.522	3.29	1.83
600613	永生数据	13.31	900904	永生B股	0.895	5.64	2.36

（续表）

上市公司A股			上市公司对应B股				A/B倍率
股票代码	股票名称	股价（元）	股票代码	股票名称	股价（美元）	换算股价（元）	
600612	老凤祥	26.78	900905	老凤祥B	1.992	12.55	2.13
600610	SST中纺	11.41	900906	ST中纺B	0.451	2.84	4.02
600614	鼎立股份	16.39	900907	鼎立B股	0.746	4.70	3.49
600618	氯碱化工	11.05	900908	氯碱B股	0.542	3.41	3.24
600623	双钱股份	10.55	900909	双钱B股	0.580	3.65	2.89
600619	海立股份	7.95	900910	海立B股	0.561	3.53	2.25
600639	浦东金桥	7.30	900911	金桥B股	0.705	4.44	1.64
600648	外高桥	9.66	900912	外高B股	0.706	4.45	2.17
600650	锦江投资	8.26	900914	锦投B股	0.833	5.25	1.57
600818	中路股份	13.69	900915	中路B股	0.732	4.61	2.97
600679	金山开发	9.39	900916	金山B股	0.467	2.94	3.19
600851	海欣股份	6.29	900917	海欣B股	0.435	2.74	2.30
600819	耀皮玻璃	7.99	900918	耀皮B股	0.533	3.36	2.38
600695	大江股份	5.29	900919	大江B股	0.334	2.10	2.52
600841	上柴股份	19.38	900920	上柴B股	1.049	6.61	2.93
600844	丹化科技	14.07	900921	丹科B股	0.889	5.60	2.51
600689	上海三毛	8.83	900922	三毛B股	0.730	4.60	1.92
600827	友谊股份	11.54	900923	友谊B股	1.328	8.37	1.38
600843	上工申贝	8.42	900924	上工B股	0.496	3.13	2.70
600835	上海机电	9.46	900925	机电B股	1.080	6.80	1.39
600845	宝信软件	16.73	900926	宝信B	1.219	7.68	2.18
600822	上海物贸	6.53	900927	物贸B股	0.585	3.69	1.77
600848	自仪股份	8.48	900928	自仪B股	0.593	3.74	2.27
600680	上海普天	10.79	900930	沪普天B	0.569	3.58	3.01
600663	陆家嘴	12.80	900932	陆家B股	1.072	6.75	1.90
600801	华新水泥	15.55	900933	华新B股	1.822	11.48	1.35
600754	锦江股份	16.49	900934	锦江B股	1.373	8.65	1.91
600295	鄂尔多斯	11.49	900936	鄂资B股	0.949	5.98	1.92
600726	华电能源	2.59	900937	华电B股	0.286	1.80	1.44
600751	SST天海	6.10	900938	ST天海B	0.257	1.63	3.74
600094	大名城	5.49	900940	大名城B	0.425	2.68	2.05

（续表）

上市公司A股			上市公司对应B股				A/B倍率
股票代码	股票名称	股价（元）	股票代码	股票名称	股价（美元）	换算股价（元）	
600776	东方通信	5.67	900941	东信B股	0.414	2.61	2.17
600054	黄山旅游	14.79	900942	黄山B股	1.243	7.83	1.89
600272	开开实业	9.06	900943	开开B股	0.688	4.33	2.09
600221	海南航空	4.94	900945	海航B股	0.694	4.37	1.13
600320	振华重工	4.70	900947	振华B股	0.432	2.72	1.73

（900929锦旅B股，900935阳晨B股，900939ST汇丽B，900948伊泰B股，900949东电B股，900950新城B股，900951ST大化B，没有在A股上市）

从上表还令人揪心地看到，A/B倍率差价大的，如2倍以上的占了大多数，达60%。这就意味着境外企业如来发行A股，其募集的资金将比它在本国募集的多得多。如果是发行5亿—10亿股，那多募走的资金就是个天文数字了。

何以AB股的差价有如此高？

①B股中有不少境外人士在投资，他们用欧美及境外市场做比较而得出B股股价。

②持有美元港币者均有能力去投资欧美等成熟市场股市，B股如贵了，他们就会弃B股而去投资外国公司。故B股价格相当程度上反映了A股如果在欧美成熟市场上市所应有的价格（甚至B股还比欧美市场贵一些）。

③我们还可从同时在中国A股及纽交所上市的公司作此比较。

故，近期如允许境外企业来发人民币股票，必圈走比它们本土多得多的钱。研究研究是可以的，真的来发A股是完全无条件的。

希望我国的新房产税不要成为雨果笔下的“恶税”

——房产税极可能导致大量假离婚并拖冷经济

谢百三

所谓“恶税”，是一个经济学术语，在财政学里是指税种设置不当，征税范围不尽合理，税率、税负不符合国情，对社会的资源配置有时不但没有起到正面的促进作用，甚至还有一定的副作用。例如法国大文学家雨果在他的作品中曾经讲到，法国当时要对城乡房产征收一种“门窗税”，老百姓为了避税，对新房子尽量不开、少开门窗，甚至把原来老房子的门窗堵起来，雨果辛辣地称之为“是对阳光和空气征的一种恶税”。

我现在特别担心财政部某些官员非常热心地要开设的新房产税，如果搞得不好，不向各阶层群众开座谈会、听证会，凭着几个官员照抄照搬国外的洋教条，如果税法、税率设置不合理，不符合国情，有可能会成为雨果笔下的这种“恶税”。“恶税”过去我国也出现过，如20世纪90年代的“宴席税”，规定300元以上要交税，最后全国所有的饭店都开299元的发票来避税，不到一年，只好不了了之，从此再也不谈征收此税。

为什么这么说呢？因为拟议中的新房产税必然会导致千百万家庭的假离婚，对我国的和谐社会是一种冲击和嘲弄。

上海报纸这两天已有报道，有人准备假离婚，以便拥有两套免税的房。网上也出现了网友发帖征求大家对假离婚投票表决，说明这已经形成了一种群体性的避税思维。以下我们要写多篇文章对此事进行分析，并且要向党中央、国务院写信反映我们与财政部某些官员的不同意见。

第一，贸然对居民开征房产税，一定会导致中国千百万家庭的假离婚。如果按照0.3%—1.5%（美国是0.8%—3.5%）来征收，必然会导致中国千百万家庭的假离婚。以上海为例，市区的房子去年5月1号的平均价在4万块／平方米以上，上海几乎很少有90平方米以下的小房子，所以平均每套房都在350万—450万上，如果征0.3%—1%，就会征10000—45000元的税，而上海的户均收入并不高，据了解，至今三口之家年户均收入只有10万块左右。这就等于征了10%—45%的税收（美国的物业税的户均税赋只有2%—3%），一般家庭肯定承受不了。如果第一套不征，第二套征，老百姓躲税、避税的唯一办法就是假离婚。

第二，现在很多城市已经出现了不少假离婚的家庭。全国各大中城市中有人为了争取在房贷中得到优惠利率，已经广泛地利用假离婚达到目的。我所去过的城市如珠海、上海，这个问题也很严重。这可以请各地政府协助调查核实。假离婚有如下特征：

1. 离婚时往往是原有的住房和财产集中在一方，大多集中在女方，离婚后继续在一起生活，叫作“离婚不离家，不准不回家”，很多人离了婚以后得到了银行的低利率贷款又马上复婚。这种假离婚实际上还得到了银行工作人员的暗示与支持。我的一位在银行工作的学生估计上海起码有上千家。如果出现比贷款更严重的房产税，全国的假离婚潮必然不可阻挡。

2. 假离婚的人数将会很多，而且不会受到社会的歧视和非议，只会得到同情。我在去年12月底有幸参加了凤凰卫视《一虎一席谈》关于是否开征物业税的辩论，对方财政部的三位官员分别是财政部科研所所长贾康、中央财经大学税务研究院院长刘桓、中国人民大学中国财政学会会长安体富。当我谈到老百姓会出现很多假离婚来避税时，刘桓竟说：“假离婚可能会有，但毕竟是少数，就像社会上有人贩毒、有人杀人、有人放火，但人民的总体素质是高的，假离婚一定是极少数。”我觉得他们完全不了解中国的国情，杀人、放火、贩毒是危害社会、人民的犯罪行为，假离婚只要夫妻双方约定到婚姻登记处去领一个离婚证，无人知晓，对社会也没有危害，每年还可以减少1万—4万块钱的税赋，一定会大量发生。人们对这种社会现象不但不会非议和鄙视，反而会给予深深的同情，是你的税法、政策多变、不合理，我的对策当然也不合理。其实通过假结婚、假离婚来争取补贴、避税，在我国早已大量发生。

第三，目前中国大中城市有两套房的家庭非常普遍，改革开放30年了，很多家庭都有两套以上的房，第一套自己住，第二套给小孩留着结婚用。在上海没有第二套房，男青年是找不到对象的。上海的风俗是“男出一套房，女出一辆车”。也有很多因为没有房而导致恋人分手。但是这些家庭有些小孩目前只有11—15岁，他们小孩结婚很可能还有10年到15年，如果现在要征房产税，对他们征是否合理？他们要么把房子卖掉，10年到15年后再买回来。如果那时候房价再涨上去很多呢，怎么办？难道逼着他们早恋、早婚、早分家吗？或者就是每年交1万—4万块钱的房产税，10年到15年要交多少钱呢？在凤凰卫视辩论时，我当面问贾康等人：你们家里有小孩吗？有小孩现在你征房产税、物业税，通情理吗？他们都不知所云。

第四，房产税征得轻，对房价没有什么调控作用，甚至会把房产税转嫁到买者和租者头上；如果征得重，可能会导致中国房地产市场的全面冷却，后果非常严重，中国可能成为第二个经济萧条20年的日本。我非常反对炒房地产，制造房地产泡沫，但也非常担心鲁莽地把泡沫捅破，会招致中国经济的狂跌几年乃至十几年的灾难性打击。

第五，香港捅房地产泡沫后的经验教训：1997年7月1号香港回归，特首董建华在发表讲话时说：我担任特首后一定要把香港的房地产价格降下来，使年轻人买得起房，结得起婚，使各国在香港租得起房，办得起公司，我们将每年提供85000套廉租房（大意）。从此香港房地产市场一直跌了整整五年，房价跌掉了60%，出现了很多负资产家庭，GDP连续几年出现负数，经济萧条，失业率很高，港人怨声不迭，每年7月1号大游行，表达自己的不满。直到2002年，香港特区政府才意识到对房地产的问题要特别慎重，恢复了一些有利房地产市场的政策，经济才慢慢复苏。据说董建华很有感慨地说，对房地产这件事情一定要非常慎重、非常小心。每年85000套廉租房的计划最后一次都没有实行过，不敢推出来。

第六，日本捅房地产泡沫后的经验教训：1989年年末，日本政府开始鲁莽地捅泡沫，主要措施是两条：第一条是把银行最终贴现率从1%在半年内迅速提升到6.6%（贷款利息就变成了8.6%），第二条是把房屋买卖增值税从原来的20%上升到30%（即对三年以内的房地产买卖增值部分在交易的时候征30%的税），日本的资产泡沫开始破灭，股市从1990年1月的38900点一直跌到年底的22000点，半年以后日本的房地产也开始暴跌，而且一跌就不可收拾，从1990年一直跌到2002年，跌了12年，房地产价格跌掉了80%。日本的各行各业出现了一片萧条，与房地产有关的所有行业都极不景气，很多企业歇业破产，日本的银行有两百多家（占全国银行数的25%）由于人们还不出房贷按揭而破产，日本经济从此走向颓废，政局不稳，20年当中换了15个首相，日本的股市至今还在9000点附近徘徊，房地产市场一直不景气，最近又被迫实行近似零利率政策。所以中国一定要避免走日本的道路，既要反对房地产泡沫化，又要防止对房地产市场采取鲁莽的政策。如果征房产税，极有可能从此走上日本房地产市场泡沫破灭以后经济萧条、政局动荡的道路，后果是灾难性的。房地产市场一冷却，42个相关产业如钢铁、铜、水泥、电解铝、石灰、玻璃、家具、装修、汽车等各行各业都会一片萧条，很多工厂都歇业倒闭，就会出现几百万农民工回乡、几百万大学生找不到工作的严峻局面。

第七，调控房地产应从根本上抓起，应该减少货币供应量、提高利率和征房产交易增值税，并且切断地方政府和土地的血肉关系，彻底改变、摆脱土地财政的不良格局。

第八，鲁莽地征收房产税对中国不同阶层的老百姓都是一种打击。首先打击的是有两套及以上房子的比较富裕的家庭，而他们恰恰是30年来最拥护改革开放政策的一批人士，他们从改革开放中得到了巨大的收益，现在有两套及以上的房子。征很重的房产税将使他们感到政策多变，会出现新的移民狂潮，不仅是一般的举家移民，而且带走了中国宝贵的资金、科技人才和管理人才，使中国最优秀的一批精英人士流向国外，如澳大利亚、美国和加拿大，陷入北欧国家当年高福利、高税收、低增长的怪圈，使人们对中国的改革开放失去信心。第二个阶层是一般的老百姓，他们往往也有两套房，但是并不富，最近这些买房的人当中，他们的户均年收入只有8万—10万块，他们主要是通过银行按揭对第二套房进行还款。他们全家一个月的收入只有五六千块，生活极其拮据，还要省出两三千块钱来还按揭，对这些人的第二套房征不征税？如北京的一套房在五年以前买入时为100万，现在涨到400万，但是它的按揭才付了5年，还要付25年，如果按照0.5%—1%的房产税，他每年要增加214万的税赋，每个月就要增加2000—4000元钱的税赋，这些人立即陷入无法还按揭或者无法交房产税赋的绝境之中，会对党和国家的政策产生怨恨，并且极可能用假离婚等各种方式来避税、逃税甚至抗税。第三种没有房或者只有一套房的人没有损失，也没有什么好处，并且他们有了小孩要买第二套房的时候仍然要交税。这样他们就对参加改革开放和经济建设，对拼搏创新失去了信心和动力，中国改革开放的动力立即会失去一半。

第九，对于那些改革开放以来付出巨大贡献的企业家，他们现在很可能有家产，几千万甚至上亿，很多人想用来买房，这是最大的消费品，其他的任何东西都花费不了多少消费，房产税一征，他们立即会感觉到无物可买（汽车、电视机等能花费几个钱？），挣钱挣来挣去只是挣了一堆纸币的符号，从而形成了一个社会的动力真空。

第十，以修改房产税的名义实际上来征物业税在法理上是说不通的。传闻中上海等城市房产税细则据说要根据财政部的细则来决定，我们研究来研究去实际上就是个物业税，而物业税是一个必须通过全国人大才能开征的新税种。物业税和房产税有两大区别：根据1986年房产税的有关规定，房产税对工业和商业单位征收，对居民不征收，物业税对每个居民都要征收，新修改的房产税对每个居民都征收，这还是房产税吗？根据1986年的规定，房产税是对房地产的原值（扣除30%的折旧费来收费的），物业税是对市值来收费的。如果对原值来征税，五年十年以前的房价都很便宜，一套房子30万，只对21万征税，每年交一两千块就够了，这个老百姓是可以承受的，但对房地产调控没有什么意义，但修改后的房产税细则却是对市值来征税，这套房已经是300万以上的了，请问这还是房产税吗？这和物业税有什么区别？如果这是新修改的房产税，那么将来的物业税会是什么样子？打着房产税的旗号来征物业税在法理上是不通的。

第十一，我国开征物业税条件完全不成熟，所谓物业是指房地产及房地产下面占有的土地。经济学原理告诉我们，土地随着经济的发展、城市设施的改善是会不断增值的，房地产上涨实际上是下面这块地在涨，我们住的房子是不会涨价的，而是会贬值的，例如我国所有商业银行现在都规定对十年以上房龄的旧房子不可以以房子作抵押来贷款，可见银行普遍认为房子不但不会涨价升值，而且会折旧贬值。但是修改后的房产税实际上是对房子及下面的土地整个征税，我们不拥有土地产权，只借来了70年的土地使用权，并为此支付了高昂的土地使用费和土地占有金，为什么还要交物业税呢？所以用修改后的房产税来征物业税于情于理于法都说不过去，将来很可能会在人大代表和经济学家中被长期争议。财政部和各地政府不提物业税而提房产税，可见他们自己也认为绕开人大征物业税实际上是不合法的，所以换了个房产税的名词。但是打着房产税的旗号、实际上来征收人大未批准的物业税在法理上是不通的。

第十二，房产税在征收过程中有无穷的困难和非常大的难度：一、市值评估谁来评？全国有这样上百万的评估人员吗？他们会不会成为新一批有权有势又容易寻租的官员呢？请你吃个饭，拉拉关系，就把300万降到了150万，不送礼，就把150万升到250万，老百姓一定意见很大。二、最近几年房价涨得很快，但一旦征收房产税，房价也可能跌得很快。我在香港的一个博士生一套1996年买的房子800万港币，董建华开始调控房地产后，跌了五年一直跌到350万，一年比一年低，请问，如果发生这种情况，又按照什么来征税？去年多征的是不是要退税？三、尤其是2009年2月后买房的人都是买在房价的最高点，例如上海市为40000—60000块一平方米，刚刚开始还30年银行按揭，他们当时之所以敢在这个高价位去买，是从来没有想到过会征房产税，知道要征房产税，他们还会这么高价去买吗？如果房价跌得很厉害，他们很有可能成为中国新一代的负资产家庭，停止付按揭，拒绝交税，对国家产生不满。

第十三，据说新房产税中免税的一套不是由家庭自己来决定的，而是根据买进的先后来决定的，那么复旦大学、同济大学、宝钢公司等等原来的国有企事业单位原来买的福利房都很小，现在都住在了新的大房子里，岂不是要对大房子征税了吗？等等等等，还有很多问题。

总之，我们支持对房地产的宏观调控，合理有效的方法是有的，但新房产税不是个好办法。希望财政部的官员对此事慎之又慎，反复调研，例如你们知道上海市现在90平方米以下的房子比例是多少（极少）；你们知道上海市多少家庭拥有两套房，多少中青年夫妻在为子女将来结婚而节衣缩食，在付30年的按揭；你们知道上海市有多少成功人士在听说征房产税以后考虑移民澳洲；你们知道上海、北京、杭州、深圳等有多少个家庭为了你们传言中的房产税坐卧不安，没有过好国庆节。

房地产涨，是有很多原因形成的，其中最重要的原因之一是货币政策。2008年货币政策从紧，房地产跌了一年；2009年货币政策从宽，复旦附近的新房从每平方米2万／平方米涨到3万／平方米，显然这种上涨不是并不完全是人们炒起来的，而是巨量货币拱起来的，你们为什么在2008年不来征房产税呢？2009年涨起来就要征，是城市居民炒起来的吗？万一以后又实行从紧的货币政策，房地产大跌，你在高位征去的税给不给退啊？